（一）“商务”情

▲ 图为本书著者（前排左一）与著名语言学家、商务印书馆原总编辑、总经理、顾问陈原（前排右一）及商务印书馆同仁的合影。

▲ 商务同仁举杯喜迎新世纪。右为时任商务印书馆总经理、商务印书馆国际有限公司董事长杨德炎，中为本书著者（时任商务印书馆国际有限公司总编辑），左为其助理陶万存女士。

▲ 在商务印书馆为百岁寿星戴孝侯举办的生日庆典上，本书著者与老寿星的留影。

▲ 与商务同仁共庆商务印书馆百年华诞。自左至右：李淑敏、程孟辉（本书著者）、王新善（商务印书馆前副总编辑、中国对外翻译出版公司原总经理）、王宝珍、王向荣。

▲ 1987 年，本书著者在新加坡出席商务印书馆建馆九十周年庆典。

▲ 本书著者在国际书展商务印书馆展区接受电视记者的专访。

▲ 出版我国首部《汉英双解新华字典》，是本书著者主持商务印书馆国际有限公司工作的杰作之一。

▲ 我们是黄河的儿女。本书著者与商务印书馆同事白纬女士在黄河壶口装扮陕北汉子与婆姨。

（二）母子情

▲ 心身零距离。本书著者与母亲在一起。

▲ 母子同赏山光水色。

▲ 虽未挽手端坐一处，母子却时时心连心。

（三）家族情

▲ 本书著者（后排右一）的和睦大家庭。

▲ 家族成员聚会为本书著者（居中捧花者）庆 60 岁生日。

▲ 花甲生日，本书著者喜获祝福鲜花。

（四）父女情

▲ 小女童真。本书著者与女儿程秧秧在北京景山公园。

▲ 女儿学成，一家三口的合影。

目　光

——一个美学家的人文思考

程孟辉　著

世界图书出版公司
上海・西安・北京・广州

图书在版编目(CIP)数据

目光：一个美学家的人文思考 / 程孟辉著. —上海：上海世界图书出版公司，2020.1

ISBN 978-7-5192-6581-6

Ⅰ.①目… Ⅱ.①程… Ⅲ.①社会科学—文集 Ⅳ.①C53

中国版本图书馆 CIP 数据核字(2019)第 163238 号

书　名	目光——一个美学家的人文思考 Muguang——Yige Meixuejia de Renwen Sikao
著　者	程孟辉
策　划	东方云子
责任编辑	魏丽沪　吴柯茜
封面设计	钟　颖
出版发行	上海世界图书出版公司
地　址	上海市广中路 88 号 9-10 楼
邮　编	200083
网　址	http://www.wpcsh.com
经　销	新华书店
印　刷	上海景条印刷有限公司
开　本	787mm×1092mm　1/16
印　张	43
插　页	2
字　数	940 千字
版　次	2020 年 1 月第 1 版　2020 年 1 月第 1 次印刷
书　号	ISBN 978-7-5192-6581-6/C·3
定　价	148.00 元

跨界与回归

——序《目光——一个美学家的人文思考》

东方云子

一

2017 年 11 月 10 日至 19 日，中国第一家中外合资出版机构——商务印书馆国际有限公司（以下简称“商务国际”）参与了一年一度全球双“十一”网购节活动，其重点推介的六款汉语学习工具书中，就有程孟辉在商务国际时开发出版的《新华大字典》和《成语大词典》。事实上，商务国际触网多年，在网购平台上开设本版品牌图书旗舰店，已取得不俗的业绩。我在 2016 年、2017 年的北京国际图书博览会上，两度到商务国际展厅购书并向有关负责人了解情况，颇感欣慰。欣慰于曾执掌商务国际的程孟辉虽已离开了图书出版大舞台，但他领导开发的很多汉语和双语工具书，依然是商务国际的主打产品。我多年在不同的季节到北京各实体书店浏览商务国际版图书时得到了印证。当然，这些不断再版的工具书上，“出品人程孟辉”“总监制程孟辉”的字眼已荡然无存，但他和他率领的团队打造的精神食粮至今仍在滋润着读者的心田。当然我们也能想到，不出十年，这些图书产品随着岁月的变迁和人事的更迭而将成为历史的记忆消失在书海中，因为对工具书的需求和编辑理念与《红楼梦》等属于个人著作的经典名著流传千百年而不衰完全不同，未来的商务国际领航人完全可以依照新的理念组织人马开发新的工具书品牌。

我想说的是，曾经有不少业内人士（包括商务印书馆的人）跟我说，程孟辉是学哲学的，一直编辑西方哲学美学方面的图书，他现在去搞语言文字的工具书行吗？其实，这说的就是时下流行的“跨界”。跨界古已有之，中外亦然，只是今天的人把它上升到一个美丽的概念在炒作和升腾。程孟辉从海军航空兵跨界去学西方哲学，再由职业的哲学美学编辑跨界去领导开发语言文字工具书。他是体制内被动的“跨界”，但他每次跨界无疑是顺利和成功的。短短几年他开发了那么多型号、款式的工具书，并且产品再版、重印、畅销，读者的认可就是跨界成功的标志。我的前半生也多次跨界，所以感同身受。

如今，一个跨界成功的出版界学术界人才已回归家庭，在继续他另一个跨界的长征。这是程孟辉的现状。他留给我的思考是 21 世纪我们需要怎样的人才。

21 世纪已消逝近五分之一的时光，但围绕 21 世纪我们需要怎样的人才的命题、课题、话题并没有因“跨世纪”热词的渐行渐远而淡化下来。事实上，当人从自然界的万千生灵中脱颖而出，成为地球的主宰者时，人才就成为推动（或破坏）人类社会文明和自然生态文明进步（或恶化倒退）的决定性因素。

关于人才，我认为现在有两大误区。一是“海归”的就是人才。进入 21 世纪，中国留学生归国（今日称“海归”）的人数已超过 20 世纪海归人数的总和。许多大中城市视“海归”人士及其团队为“掌上明珠”，为其创业降低门槛，提高待遇，给予优惠政策和资金支持，还有减免税等方面的条件，为“海归”人士提供了施展才干和魅力的舞台。有些地方“崇洋媚外”，宁可不用、不重用本土本地人才，也要好高骛远、盲目以优厚待遇引进所谓的“海归人才”，特别是一些开发区、创业园，只要公司里有海归人士一两个以上，就可给入区入园的企业、公司补贴上百万元，结果，钱一到位，有些公司的“海归”员工跑了，公司也搬走了，亏的是当地财政的钱，也就是纳税人的钱。这种“厚海薄土”的畸形理念折射出用人机构和单位的变态思想：“海归”的就是人才！荒唐！

二是体制内的人要么升官，要么辞职下海发财，似乎不为官不下海就不能在体制内做出一番凸显个性、荣耀集体、泽及后世的成就来。还有的体制内机构负责人和人事部门拍板进人时盲从高学历，似乎高学历就是人才，就该引进和重用。当然，人们早已注意到，在中国“50 后”“60 后”大批成功的商界领袖里，多为从体制里的公务员、教师、高知辞职下海经商的。而体制内的人除了按部就班升迁当领导，就只能默默无闻了？

那么，既无“海归”光环，又没有博士学位等高学历，长期在体制里供职的人，能不能依靠自己的努力和能力，成才、成家、成就骄人的业绩，甚至成为国际舞台上的国际化人才？当然能。这样的人才是牛人、超能的人。

说说本书作者程孟辉。他从一名东海舰队的海军航空兵，被选调到北京的国务院出版口，再到广州中山大学的哲学专业学生，然后到北京的百年文化机构商务印书馆当编辑，长期在体制内工作，他怎么就成了我写 21 世纪我们需要怎样的人才的主角，甚至还上升为“程孟辉现象”加以探讨分析呢？人之所以为才，关键在个人。

二

程孟辉在商务印书馆做职业编辑时还算专业对口：编辑西方哲学美学方面的译著和学刊。编辑就是为人作嫁衣的无名英雄，是为无数专家、作家提供“二传手”服务的纽带。无数的编辑默默地埋头编书、外出组稿，与作者、译者协商修改书稿，编书、出书是他们的天职和本分。

精力过人、上海人的精明和航空兵的方向感、哲学思维的敏锐，使程孟辉在出色完成本职工作之余，还把自己锤炼成了“家”——青年美学家。成了“家”，他还要成为青年美学学术活动、社会活动家。作为青年美学学会会长，他带领一批如今已成各领域栋梁之材的青年美学工作者，活跃在美学美育的天地间，干得风生水起。下面是我在 2016 年写的一段综述那段时光的文字——

> 在20世纪80—90年代，他只是商务印书馆专职编学术书和学刊为主的编辑，但他在美学学术领域搅动的风水令人炫目，使一大批青年美学学者紧紧团结在他周围，创造了一个中国青年美学学术发展的春天或者说巅峰期、高潮期。因此，我给程孟辉再加一个头衔——美学学术活动家，业余的话语叫社会活动家。当时或今天，有几个出版社的编辑有这样的号召力、能耐和魄力？比如美学界著名的"厦门会议"，是1991年4月22日—29日在厦门召开的"当代中国美学研究前景展望"学术讨论会。由中华全国美学学会、全国青年美学研究会、福建省美学研究会和厦门市社会科学联合会共同主办。参会的一百多人，是来自全国各地的美学工作者，大家针对中国当代美学研究，从"中西文化碰撞中的当代中国美学""传统中国美学的现代意义""美学如何面对变化中的文学艺术""美学的现实应用""门类美学的当代发展"等方向和问题切入，深入讨论，畅所欲言，充满了浓浓的学术交流气息。《厦门大学学报（哲学社会科学版）》当时还对此次学术会作了专题评述。

"厦门会议"的成功，其实与一个人的推动息息相关，这就是程孟辉。元月我写的几篇与他有关的文章发表后，不少读者给他的定位是"美学家、学者、编辑、出版社老总"。这似乎有点偏颇。搞学问、做编辑，完全封闭自我、闭门造车是很可怕的，如果你不与社会尤其学术界有广泛的沟通、交流，想在人文社科自然科学领域编出好书，是不可能的。这一点我体会非常之深。而1991年前召开的美学"厦门会议"这样具有里程碑意义的学术活动倾注了程孟辉的智慧和心血，功劳大大的。下面，为大家简述程孟辉的美学学术活动历程。

程孟辉历任全国青年美学研究会会长、全国青年美学学术委员会主任、中国戏曲学院学术顾问和《美学与文艺学研究》（杂志）《现代西方美学》《青年美学博士文库》《中国艺术论丛书》主编。创建"中华全国青年美学研究会"，是程孟辉的一大学术贡献。20世纪80年代中国改革开放初期，存在诸多约束和观念束缚，程孟辉以一种卓越的超前意识和前瞻目光，以他为首组织和发起并创建了中华全国青年美学学会（后在民政部重新登记并更名为"全国青年美学研究会"，简称"青美会"），这个学会一经成立，就显示出其特有的朝气和学术锋芒。

1990年4月，该会主办了在浙江金华召开的"当代中国的美学研究"学术讨论会。5月，《会员通讯》第一期编印刊发。6月，北京地区的青美会举行了"80年代的中国美学研究状况及当今研究课题的学术座谈会"。10月，开展"首届全国青年优秀美学学术成果奖"评选，22部著作、2部译著及24篇学术论文获奖。当月底，在上海连续召开"走向生活的中国美学"和"美的创造者与美的研究者"两个座谈会。12月，与上海市青年干部管理学院联合在上海召开"当前青少年审美教育问题"研讨会。

1991年4月，该会发起并与中华全国美学学会等联合主办了在厦门召开的"当代中国美学研究前景展望"学术讨论会。同年4月—6月，组织全国各地青年美学工作者在《福建论坛》《文论月坛》《南京社会科学》《天津社会科学》《学术论坛》等学刊上，就"当代中国美学研究出路"问题展开笔谈。

1992年9月,发起并主办在青岛召开的“文化变革与90年代中国美学”学术讨论会。

1993年1月,发起并主办了在北京召开的“当代文化与审美教育发展”研讨会。5月,发起并主办了在北京召开的“美学与现代艺术”学术讨论会。随后,“第二届全国青年优秀美学学术成果奖”在北京揭晓,13部著作和30余篇论文获奖。9月,由全国青年美学会与首都师范大学中文系联合主办的《美学与文艺学研究》创刊,青美会会长程孟辉与首师大教授赵培杰联手任主编。

1994年,青美会在山西太原召开学术年会。

1997年,由程孟辉担纲主编的大型学术丛书“青年美学博士文库”由东北师范大学出版社出版发行。10名青年博士的理论专著问世,彰显了当代中国青年美学家的整体实力。

显然,程孟辉领衔主导的青美会一经问世就带着一种对中国美学发展走向的关切和思索,为中国美学的持续繁荣和发展提供了深厚的底气。这个团队思想解放、聪明智慧、眼界开阔、锐意进取,许多人学贯中西,功底扎实。他们有的专攻美学原理,有的长于西方美学研究,多向度、多层面,花开八方。

1998年程孟辉受命主持商务国际的常务工作,一干就是十余年。随着他的转场、转型和无奈的“远行”,青年美学或说整个中国美学界似乎没了往日的活力和朝气,加上浮躁文化的冲击、娱乐追星造星运动的汹涌澎湃,美学学术最辉煌的时代过去了,在后程孟辉时代,中国青年美学的寒潮持续蔓延,可惜啊可惜。

三

作为学术客串成长起来的美学家,程孟辉个人的学术著作不断再版、重印。他主编的美学著作不断修订再版,并被列入全国高等院校统一使用的教材。2016年1月10日,我在自己的博客上发表了一篇文章《鲜活二十年的启示——写在程孟辉〈西方悲剧学说史〉再版之时》,该文的一些观点被学术界的专家在媒体上公开引用。现将文中的几段文字摘引如下:

> 在刚刚闭幕的2016北京图书订货会上,一部“陌生却熟悉”的学术书出现在人民出版社展区的新书展架上。这就是商务印书馆资深编审、知名美学家程孟辉所著的《西方悲剧学说史》。长期看中央电视台《新闻联播》节目的观众,对这本书的出版社名字应该不会陌生,出现在《新闻联播》频率最高的出版机构当推人民出版社。人民出版社选择在2016开年再版《西方悲剧学说史》,无疑是对这部兼具学术和历史双重价值的著作的倚重,赋予其新的市场生命力。
>
> 《西方悲剧学说史》从一出生到现在注定与“人民”有缘。1994年,该书由中国人民大学出版社首版。两年后的1996年底,人大社再版重印此书。今天在市面上已看不到最初两版的身影,但在互联网上,依然可以通过旧书网和人大社的网站搜索到有关这本书的出版信息。2009年,《西方悲剧学说史》在中国首家中外合资出版机构——商务印书馆国际有限公司再版。时隔七年,该书又在人民

出版社再版。三次再版，纵横三家中央级出版社，转眼20年！一本学术地位无人能取代的书跨越世纪、鲜活二十春秋，在出版队伍的写书人里应该是绝无仅有的。遥想这本书诞生的20世纪90年代，作者程孟辉正是意气风发的青年学人和硕果累累的编辑家。《西方悲剧学说史》成为他的代表作，也填补了学术界的一项历史空白。

放眼当今的学术界和文坛，著作等身、作品丰厚的人多如牛毛，但真要放在历史的案板上考验，又有几个人几本书算得上有独特价值的代表作？著作不在多，在非凡和独一无二。看前人曹雪芹，一部《红楼梦》足够世人读千年而不厌。今人中我熟悉的程孟辉，有一部《西方悲剧学说史》压身，足矣！

偶然的机会，我在网上看到一篇论文，是中国传媒大学文艺学硕士（中国古典文论与美学方向）武晓蕾写的，题目是“论黑格尔的悲剧冲突说”，发表于2013年8月。一看到这个标题，我非常敏感：该文估计绕不开程孟辉的《西方悲剧学说史》。事实果然如我所料。从摘要和正文的全篇都能看出与程式表述风骨贴近的味道。在其文末的5条注释里有“转引自程孟辉：《西方悲剧学说史》[M]，北京：中国人民大学出版社，1994年第300页”。

在其罗列的参考文献里，同样有程孟辉的《西方悲剧学说史》。

这只是偶然看到的，程孟辉学术著作之魅力可见一斑。出生于1987年的武晓蕾，在《西方悲剧学说史》初次面世那年，才是7岁的小孩。没想到，19年后，这本书与这个长大的孩子有了关联。只有非同凡响的学术著作才有这样的缘分和造化。

由一斑窥全豹，《西方悲剧学说史》的学术地位和影响力不言而喻。尽管我认真拜读过这部佳作，学界的人可能对它也不陌生，但我推荐大家看书的同时，可以搜索程孟辉在1995年第3期《戏剧艺术》杂志发表的文章《西方悲剧学说发展概述》配合阅读，更深刻领悟作者对写作《西方悲剧学说史》的定位——对自古代希腊亚里士多德以来西方悲剧理论家们对悲剧所发表的论点和解释作一历史的叙述。

四

我历来敬佩和推崇出版界的学者型编辑。我国出版界学者型编辑的代表有几个我熟悉的：“30后”的傅璇琮、“40后”的李伟国、“50后”的程孟辉。他们都是我心目中做事务实、人格独立、学范内溢、谦逊守信、与人为善的学者，其共同特点是：不会溜须拍马，书生气浓，直率却不张扬，在学界有地位，出版过独树一帜的个人学术著作，编辑出版了一大批在学术界内外皆有深远影响的书，都做过出版机构的老总，都在“史”上著书立说。中华书局的傅先生曾跟我说：做编辑的如果同时是一个学者，是有优势的，起码对学术界不陌生、没隔阂，容易组到好书稿，编出好书。他常说的一句话是：“我最大的心愿是为学术界办一些实事。”李伟国先生是著名的敦煌学专家、历史学家、辞书专家和编辑家，先后任上海古籍出版社副社长兼副总编辑，上海辞书出版社社长兼总编辑，上海人民出版社总编辑，《辞海》编委会副主任、副主编，浙江大学、华东师范大学、上海师范大学等名校教授，他锐意改革，激活“辞书之家”，带领辞书社同仁倾力挖掘学者名流资源，以各种社会、学术、文化、教育活动为载体，融入大社会，书写了“辞书为王、传统文化精华图书缤纷多彩”的一段传奇。程孟辉先生是商务印书馆资深编审，知名美学家，与傅璇琮先生是两代人，他本是编书与做学问双线并进的编辑，在商务印书馆蜚声中外的学术文化工程“汉译世界学术名著丛书”里，承担了诸如《艺术的起源》《西方的智慧》《美学史》《培根论说文集》《我的哲学的发展》《忏悔录》《物性论》等名著的编辑重任，还编辑了许多“名著工程”之外的哲学、社会科学、人文等方面的图书和学刊，同时出版多部个人学术著作，主编多套重量级的文库丛书，是名副其实的“学者型编辑”，但老天钟爱有经营管理能力的编辑，20世纪末，程孟辉受命执掌中国首家中外合资出版机构——商务印书馆国际有限公司，短短几年，将年轻的商务国际打造成书业内外公认的新型“工具书王国”和双语书出版摇篮，被我总结为“商务国际现象”，程孟辉本人以编辑、学者、经营管理行家的超前目光和多栖能力，创造了一个出版神话，被我称为“程孟辉现象”。

傅先生和李先生都是大学教授，都是历史文献古籍整理专家，他们在多个单位历练，是“与生俱来”的学者编辑。唯独程孟辉自踏入商务印书馆大门，就没离开过这个机构，他先是做编辑，长期默默为人作嫁衣，没做过大学教授，只是工作之余埋头美学、哲学研究，最终成为知名学者。一个专事编书、编学刊的编辑，想在大师云集、人才辈出的西方美学、哲学研究领域有一番作为，谈何容易。程孟辉做到了。他以天赋的悟性、持之以恒的勤奋和日积月累的精深学识证明了他的学术实力。2016年开年，他的代表作《西方悲剧学说史》第三次再版，由人民出版社推出，有感于此，我草就《鲜活二十年——写在程孟辉〈西方悲剧学说史〉再版之时》一文，在出版界引起一些“震动”，诧异却共同的声音是——之前只知程总是出版社老总，没想到他还是一位学者，还出版了这么有学术影响的著作！

对这种悲哀的“诧异”我一点不奇怪。如今的出版界，和着社会大环境的节拍，与浮躁共舞，别说“学者型编辑”日渐稀少而稀罕，就是很多挂着“编辑”名头的编辑，却不安于案头工作，不舍得花时间精力、财力参与学术活动，与学界保持疏远的非互动关系，偶尔为推出评奖类重点图书，才动用各种资源、人脉找学问家们约稿、争选题，更多的情况是千方百计与社会上的民营文化机构合作，依赖民营公司开发选题，组稿、编印、包装都是别人的事儿，出版社的编辑们只是最后看一下清样，写个审稿意见，让社长总编签字发排而已。单纯依靠社会力量(外力)将无论是学术的、普及的书还是畅销书，推上了网络和实体店的销售榜单，再把这些成果归结为出版机构工作总结中具体的责任编辑、复审及终审者的功劳，平日里再依据有关规定写一两篇所谓的论文(我审读过近百篇出版社编辑、副总编辑们写的出版业务论文，你抄我抄，大同小异)找报刊发表，于是，不论熬年头还是“有的放矢”，评上副高、正高职称并不困难，比大学里评副教授、教授容易多了。眼下出版社最不缺的是编审、副编审，还有盲从引进的博士、硕士们，有的出版单位长期坐井观天，迷信“海归”和高学历，招来的人多半眼高手低，业绩平平，不得不靠边或调离。毫无疑问，浮躁文化的大背景下，多数出版人不愿做苦行僧，不再以“学者型编辑”为荣，而是急功近利。

出版社在泱泱大中国，小如麻雀，却五脏俱全，触角伸向所有领域。与各行各业的学术前沿“对接”是编辑们日常的功课与积累。京、鲁、沪、黑、新、桂、湘、赣等省区市的一些出版社的编辑朋友告诉我，他们不再像以前那样外跑，出席全国的各种与本专业有关的学术活动，因为社里不让报销交通费、住宿费，而学术会议的主办机构邀请函里明确费用自理，只好作罢。这种双向“节约”意识编织的窘境，使得编辑们无法融入学术氛围，领略学术前沿风貌，又如何把握和约到最好的作者、学者写出好书呢?!

记得有一次我参加原新闻出版总署党组扩大会议，一位副署长(早年在出版社做编辑多年，曾任中国编辑学会会长，现已退居二线)抛出话题：出版界需不需要学者型(专家型)编辑。大家的观点不一：有人说非常需要，容易约到高水平的书稿；有人说编辑的任务是组稿、编稿，做个杂家、活动家就够了。在我看来，学者型编辑不可或缺。我在出版机构做过编辑、发行、选题管理、印务、版权贸易、秘书等工作，也设计过不少图书的封面和版式，深谙出版的每个环节的内在规律和矛盾。编辑的图书多半是自然科学领域，也有社科人文艺术领域。我虽然不是学者型编辑，但多年跑外审(请专家审稿)的辛苦体会告诉我，必须长期与学术界(以我熟悉的教育科技、医疗卫生、环保、文艺领域为主)保持密切联系，与顶级专家有畅通的沟通渠道，追踪其学术动态，方能在第一时间请到他们坐镇，让他们心甘情愿放下手头的工作，为你花费心思审稿，写出具体的修改意见和建议，假如我自己是个学者型编辑，那更有发言权和号召力了，甚至一呼百应，主编出一套套传世图书。这一点，程孟辉做到了。这里以他编辑的几本书为例，诠释一个学者型编辑的眼光和后效应。

程孟辉编辑的《艺术的起源》一书，由商务印书馆首版于1987年，距今已30年，是“汉译世界学术名著丛书”的一种。该书由德国艺术史家、社会学家、现代艺术社会学奠基人之一的格罗塞(Ernst Grosse)写于1894年。富有戏剧性的是，格罗塞是1927年去世的，在他去世60周年时，中国商务印书馆出版了他的《艺术的起源》中译版，这一年恰逢商务印书馆成立90周年。程孟辉与格罗塞的“对话”“对接”或者说缘分始于《艺术的起源》。1994年，《艺术的起源》问世100周年，这一年，《艺术的起源》中译版的编辑程孟辉出版了自己的学术代表作、填补国内学术研究空白的《西方悲剧学说史》。程孟辉以中国学者的身份再进一步强化自己与格罗塞的缘分，他出版了《格罗塞原始艺术研究》。商务版《艺术的起源》一版再版，在中国产生持久的影响。在我采访过的艺术和非艺术领域的数十位名流人士中，90%以上都读过商务版《艺术的起源》，受益匪浅，不正是对程孟辉这样的学者型编辑辛勤劳作的无形高评吗?

程孟辉编辑的译著《美学史》，是英国哲学家、美学家，表现主义美学代表人物鲍桑葵(Bernard Basanquet)的代表作之一，著于1892年，中译版由商务印书馆首版于1985年。33年来，这部书对中国高校和科研机构的哲学、美学、文艺学领域的从业者和求学者而言，基础性意义显而易见，地位举足轻重，用我的话说是具有穿越黎明前的黑暗、洞见世界美学历史天窗的曙光效应。

让我们来看看更有趣的一幕：《科学究竟是什么?》是英国著名学者 A.F.查尔默斯(A.F. Chalmers)论述当代科学哲学的代表作，诸如波普尔(Popper)、库恩(Kuhn)、拉卡托斯(Lakatos)和费耶阿本德(Feyerabend)等 20 世纪最有影响的科学哲学大家的主要学术思想在书中一览无余，通过对 20 世纪科学哲学的八大流派的现状及未来之述评，提出科学哲学发展的设想。一句话概括就是作者用哲学的眼光审视科学。该书的中译本由程孟辉编辑，商务印书馆于 1982 年 12 月推出第 1 版，首印 1.85 万册。这是中国大陆最早问世的《科学究竟是什么?》中译本。我熟悉的几位从事科学史研究的师长和前辈好友，均读过该书，评价很高。不少开设科学哲学课的高校都用这本书作讲义或教材。不经意间，我读到中国矿业大学附属小学的科学课教师任英丽写的关于《科学究竟是什么?》的读书心得，开篇说："我最大的感受是：此书确为理论书籍之经典！科学的本质在不经意间自然流露，理论不显乏味枯燥，恰是平实生动，让我也在不经意间对科学的本质有了进一步的理解。读过之后，给我的感觉就是心中好似在迷惘的黑夜中望着一盏指引我探索科学教学奥秘的指路明灯。"文中一针见血地说："'科学究竟是什么?'当一个教师不懂得科学的性质，怎么可能真正上好科学课。怎能做到把科学知识的学习寓于科学探究过程中去、寓于科学史和科学与社会的关系的情境中去？充其量只是停留在以识记符号为特征的'应试教育'阶段的教书匠。一个教师掌握了什么是科学，能把科学知识讲活；掌握了科学与其他学科知识的差异，能教好科学这门课程；而掌握了科学的精神，教学中才有可能得心应手、灵活主动、游刃有余！按照目前的我们科学教师状况分析，如果不从根本上解决对科学认识问题，科学教师难免要以真诚的心、加倍的努力、却辅以伪科学的鸩血误导一批批对科学充满好奇之心的孩子！"

一个编辑如果读到别人对你编的书客观、真诚、不乏深度的评价，喜悦之情不言而喻。我在职业编辑生涯中早就体会过这样的幸福滋味。相信程孟辉的体会比我更深刻。

查尔默斯的《科学究竟是什么?》中译本一印再印，但它在中国的存在却有三个版本：商务印书馆 1982 年第一版(定价 0.78 元)；河北科学技术出版社 2002 年第二版(定价 30.00 元)；商务印书馆 2007 年第三版(定价 20 元)。1982 年商务版也就是程孟辉编辑的版本，到第二版问世之前，究竟重印了多少次，已无据可考。第三版是商务印书馆另请译者翻译于 2007 年推出的(其时程孟辉已执掌"商务国际"，向语言工具书高地高歌猛进)，到 2013 年 3 月该版本已是第 4 次印刷。

那么，学界如何评价这几个版本的质量呢？这是一个有趣的话题。我偶然读到了悟道 2008 年 10 月 20 日发表于新浪博客的文章《科学观的转变——读〈科学究竟是什么?〉》。文中说："《科学究竟是什么?》是我接触到的第一本有关科学哲学的著作。……希望弄清楚科学究竟是什么，因此便斗胆跨专业报考了'科学史'的研究生，而《科学究竟是什么?》便是当时两本参考书中的一本。"文中还说："通过研究生期间系统的学习，我对科学哲学也有了更深入的了解，陆续读到了一些科学哲学方面的原著，但现在回想起来对我影响最大的仍是《科学究竟是什么?》这本书，是它将我领进了这个奇妙的殿堂。"该文倒数第二段谈了几个版本的来龙去脉，写道："从大家的评论来看，普遍认为还是第一版比较好。曾经看到有不少理工科专业的学者对本书也有很高的评价。从一定意义上说,《科学究竟是什么?》这本书也架起了文理之间的一座桥梁。”

也就是说,行家们对程孟辉编辑《科学究竟是什么?》中译本的第一版评价最好。仅仅这一点,我心里很温暖,为程孟辉感到骄傲!倘若孟辉非学者型编辑,他能否有眼力有能力把握好一部名著的编辑,能否与译者们从专业上进行探讨交流,提出修改意见,做好原作者和译者“对话”的纽带和桥梁,向社会输送高质量的精神食粮?不可能。

正因为“学者型编辑”的潜能、储备和优势,才使得程孟辉在学界和编辑出版业如虎添翼,硕果累累。他主编《美学和文艺学研究》、“青年美学博士文库”“中国艺术论丛书”,担任《美学百科全书》《外国美学》编委。其主要著作,除了前述的《西方悲剧学说史》《格罗塞原始艺术研究》,还有《现代西方美学》(普通高等教育国家级规划教材、中国高等院校公共艺术课系列教材,人民美术出版社出版)、《西方悲喜剧艺术的美学历程》《西方美学撷珍》《西方美学文艺学论稿》等。译著有《艺术哲学》(获“首届全国青年优秀美学学术成果奖”)和《人的哲学》等。他曾分别被中国社会科学院研究生院和复旦大学聘为美学博士学位论文评议人。其主编的《中国艺术论文库》(十卷本)荣获第十三届中国图书奖。

五

2015年《目光——一个美学家的人文思考》这本书还在编选、修改环节,我随手写了以下文字。

> 脱离母体的着陆与飞翔,始于1951年春天。呼吸着五星红旗下的清风爽气,沐浴着新生共和国的雨露阳光,稚嫩的生命在疯长。终于有一日,青春展翅,他迈入军营,成为人民海军航空兵一员。不久人生再度转向,身在华东的他被“点将”北上进京,涉足文化口。光阴摇曳,转眼间,他又南下羊城,徜徉于全国重点高等学府中山大学校园,成了天之骄子。此刻,低翔的他无法预知自己未来着陆与栖身的职业舞台在哪里。
>
> 有眼的上天冥冥中早已为他铺设了溢满书香的时空。孩童时代就对《新华字典》的编写者和出版者充满敬意、顶礼膜拜的他,无论如何也想不到有朝一日像做梦一样,会走进《新华字典》的出版摇篮,每日编织书香,源源不断向社会输送精神食粮,多年后还率领编写团队,缔造了一部颇具国际视野的《汉英双解新华字典》。
>
> 问世于1953年,与他近乎同龄的《新华字典》,是几代中国人共同拥有的一本书。作为新中国成立后出版的首部以白话释义、白话举例的字典,《新华字典》是迄今最具社会影响、发行量最大的一部权威、典范的小型汉语字典。
>
> 他天生与书有缘——4月23日是他的生日,也是“世界读书日”。他大半辈子读书、编书、出书、写书。书已然升格为他永不分离的精神伴侣。他和文艺复兴时期英国杰出的思想家、作家、戏剧家、诗人、悲剧艺术大师莎士比亚同日诞

生。他的代表作是《西方悲剧学说史》，无不蕴含着天意的契合与绝唱。

2015年，“世界读书日”走过20度春秋。1995年，联合国教科文组织为鼓励全球人阅读而确定每年4月23日为世界读书日，彼时，刚过不惑之年的他，已是中国历史最悠久的出版机构、与北京大学并称中国近代文化双星的商务印书馆的知名高级编辑。他出生于上海，工作于北京；商务印书馆创立于他的家乡上海、迁居于他的第二故乡北京，天作的巧合。

说来有趣，联合国教科文组织确立4月23日为世界读书日，是基于莎士比亚、塞万提斯、加西拉索·德·拉·维加、莫里斯·德吕翁、弗拉基米尔·纳博、曼努埃尔·梅希亚·瓦列霍等为促进人类社会和文化进步做出贡献的名家巨匠皆在4月23日出生或谢世。与生俱来的4月23日，注定与书为伴的“命运”。

他，就是供职于跨越三个世纪、名扬中外的商务印书馆的资深编审、出版家、美学家、经营管理专家程孟辉。

从1951年到2015年，从人生的起航到远离职业舞台，回归小家，甲子风云无常，阅人无数，经事多多，波澜不惊，淡出光鲜职场，不再是主角的岁月帷幕徐徐拉开，却不曾停息做赋闲之人，或忙碌于学术活动、课题研究，或行走天涯，纵横四海，激情依旧，感觉如初。这一切源于他始终拥有的永不疲倦的财富——目光。

宇宙中的自然万物以及人间里诸如偏远山区静态无争的百岁寿星，不具备的一种灵魂叫“目光”，但它(他)们往往是目光的原动力和参照物。300多年前，风华正茂的剑桥大三学生牛顿，在姐姐的乡间果园里，将听觉与目光锁定了掉在地上的苹果，催生了万有引力定律。早期的飞行梦想者，将目光凝聚于翱翔天地间的鸟儿，它们任凭风吹雨淋日晒冰打却平衡无碍，自由自在，仿生成果应运而生——有双翼如鸟翅、外观似鸟儿的飞机问世沿用至今。人们把目光投向寿星云集的区域，找寻长寿秘诀，开发旅游养生产业，推动经济发展，堪称“目光”与“参照体”结合出生产力的范本。某种意义上说，目光就是生产力。

书籍、报刊、音像制品、文物等一切人类文明的成果与载体皆是人类目光的总汇。目光从未孤立存在，你中有我、我中有你，正如程孟辉在其著作《西方美学文艺学论稿》中说的——没有希腊，就不可能有罗马，这是一种“剪不断，理还乱”的天然联系。图书是蕴含信息量和闪光点最为丰富的，读书人读的实际就是前人先贤和今人的“目光”集成。

翻开普天下的学术专著，研读教授、学者和硕士生、博士生们的学术论文，印象最深刻的莫过于书末文末罗列的林林总总的参考资料、文献，这正是作者借鉴他人“目光”结晶的明证。

本书中，程孟辉的学苑论剑与人文札记，无不是将目光对准先哲精神遗产和社会人情风物，透过客体的“目光”唤醒自身的目光，经心脑加工，凝为佳肴，呈现在读者的目光中。

目光的差异是横亘于伟人与庸人俗人的分水岭。人与人的差距无关学历智商与情商的落差，取决于目光的远大与短浅。20余年前，我在《地球，政治家的舞台》一文里说过，今天的世界格局，完全是各个国家和地区政治家们的目光博弈的结果。决策层的目光决定着一个国家和民族的命运。

全世界的旅游爱好者没有人愿意放弃去一个地方——法国巴黎。去巴黎最一致的理由是因了这个浪漫之都深厚的文化艺术底蕴。亿万游客的慷慨，使法兰西更加富足。追根溯源，头功当归路易十四。这位雄才大略、目光高远、法国历史上最伟大也是世界上执政时间最长的君主，在位72年，使法兰西王国成为当时欧洲最强大的国家，使法语成为整整两个世纪里整个欧洲外交和上流社会的通用语言。作为高跟鞋的发明者，他记忆力惊人，提出电与蓄电的构想、鼓励实验燃烧合适金属线，以金属代替蜡烛这一构想深刻影响了爱迪生，他还喜欢研究潮汐现象与天气，提醒科学界立法尊重个人的智慧权利与发明物，痴迷艺术并亲自上阵出演20多部芭蕾舞剧。路易十四的目光实在非凡——建造了凡尔赛宫，筹建法兰西油画雕塑学院、法兰西科学院、法兰西建筑学院，培育了古典主义喜剧奠基人莫里哀、近代哲学之父笛卡尔等一大批巨匠，使法国取代意大利成为欧洲文艺中心。对外，他向中国清朝第四代君主、中国历史上在位时间最长的康熙皇帝派出使节。他们带去浑天器等数十箱科学仪器，献上奎宁治好了康熙的疟疾，帮助康熙就中俄东北边界问题进行谈判，参与绘制中国史上首份现代化全国地图《皇舆全览图》，路易十四还给康熙写过私人信件，奠定了西方大国与东方古国的良好关系。时过300多年，20世纪60年代初，法兰西共和国总统戴高乐将军与中华人民共和国最高领导人毛泽东高瞻远瞩，决定中法建交，使法国成为第一个与新中国建交的西方大国。两国元首超越时空的目光，使中法两国关系迈上新台阶，一迈就是半个世纪。

程孟辉的"目光"虽然没有这样大的能量，却是我们平凡众生守望"目光"、不迷失自我、发现个体存在的价值与意义的"萤火"。

"目光"是孤独与勤奋的总和，是等待怒放的迎春花。这本书是我与程孟辉先生一拍即合的默契礼物，他以谦谦君子的心境，完全依照我设计的框架和写作要求，几经增补完善，成了读者眼前的样子。

在他携妻访美并与旅美的女儿团聚期间，我因遵守交规不闯人行斑马线红灯而原地等待却遭遇飞来横祸——脚跟和踝关节被身后违章车撞伤。感叹如若心身不复存在，何来目光泽世？在他归途之时，我拖着新旧伤情齐发的腿脚，漫步新华书店，发现多位读者正在工具书专架前，挑选商务印书馆国际有限公司的多种字(词)典，我一看，全是程孟辉主持商务国际工作时出版的，已多次重印；再移步全国书业开年盛会——北京图书订货会现场，但见发行商云集中国出版集团"商务国际"展区，品评工具书，与发行员交流。我在一旁摄像记录——他们翻阅的多开本、彩色双色和黑白俱全的辞书，无一不是程孟辉执掌商务国际时期开发和运行的选题。这就是个人"目光"决定国有文化企业是否获得良性持续发展的后劲所在。简言之,“目光”决定谁能笑到最后。我情不自禁为程孟辉点赞。

围绕本书的编写,我与程孟辉的邮件交流也有八九万字之多。随手摘录一段他在2014年国庆前夕给我的复信,一个胸襟坦荡、谦逊真诚、激情洋溢的学长形象跃然纸上——

阁下今半夜凌晨的复信收悉,令我无限欣喜和感动,你的一切的设想(构想)、理念和前瞻性的远见和目光,我深深地读懂了,一切都是那样的默契和不谋而合,人间难得是知己和知音,尽管我们有年龄上的差距,但在世界观和方法论上又是何等的共鸣和一致。到今天为止,我们的友谊和交往已有16年,你为商务国际做了许多卓越的工作,极大地支持我的事业,长期以来,令我欣慰,今天,在我退休后,你仍然在善始善终地为《目光》苦心孤诣,其良苦用心感动着我,其实《目光》出版固然会对出版界、对学界乃至社会带来某种程度的影响,但我更欣赏和欣慰于我们多年来的心心相印、不言自明、高度默契的愉快合作。对此,我十分珍惜。相信,《目光》的出版将是我们友谊更高层次的结晶和象征,同时也将这种友谊通过《目光》昭示于世界——让世人看看,什么叫“君子之交淡如水”,什么叫“高山流水觅知音”,什么叫人类的“伟岸”“真诚”与“崇高”!

为最大限度地缩小或避免《目光》“一头沉”倾向,现在看来,你采取一方面“压缩”学术,另一方面扩充、扩张可读性较高的散文、随笔、游记的两手策略,我深表赞同,这也充分体现了你的思想、智慧和方法论。真可谓“两手都要抓,两手都要硬”!这样一来,加之其他方面(如图文并茂、字号和开本大小的设计、封面的品位和格调)的配合,深信《目光》出版后会取得如期的效果。只要我们尽到了最大的努力,那么,成事与否全在天了!我会按照你的设想和意见,再将相关的文章和所有相关图片,梳理、遴选后择时寄发给你,最终请你定夺。

其实,数年前,本书雏形初现,身在职场的程孟辉即以作者身份盛邀我撰写序言,很快成文献丑,这就是《2010,回归前奏》,记得末尾的落款是这样的:“2010年4月于青海玉树地震灾区”“5月改于四川北川震区”“8月改于甘肃舟曲泥石流灾区”“11月定稿于北京”。重读“时过境迁”的文字,依然激情涌胸……

“目光”,商务印书馆出版的《现代汉语词典》(第5版)给出三款释义:一曰视线,二曰眼睛的神采,三曰眼光、见识。词典列出三个词语以诠释“目光”:目光短浅(形容缺乏远见)、目光如豆(形容眼光短浅)、目光如炬(形容见识远大)。

读者眼帘的书名《目光》锁定的当然是“目光”的最后一个词义:眼光、见识。在我看来,“目光”是一种感觉,一种难以言传的状态和味道。我想,为程孟辉其人其文其书作评价最需要的是感觉。十年前我为某报写发刊词时说“人没有梦想,不如死去”。今借《目光》书,表达一个意思:假如一个人对人对物对事没了感觉,与死已没两样了。为人如行云流水、行事如山的程孟辉,正是始终有感觉的性情中人。

最近30年,一直以体制内的人存在的程孟辉,凭借挥洒才情的勤奋、积淀的底蕴和执著的感觉,不断拓展前行,奠定自己在学术界的地位,展现其在出版界的影响力,最终凭着综合实力武装起来的持续燃烧的感觉成就了职业梦想。我以为,他是中国出版界真正沿着国际化轨道前行的出色的职业经理人。他亦是出版界极为罕见的保持学术地位不动摇,在编辑、经营管理领域站在优秀前沿的复合型人才。这位“50后”学者、出版家,将涉及学术、出版和见闻随笔的文稿,连同学界对其著作之评论文字编选成本书,取名《目光》。希冀通过一个将大半生心血默默奉献给共和国母亲的学人的思考,启示今天的读者甚至各级决策者:21世纪,我们需要怎样的目光,需要怎样的适应现代需要的新型人才。

我自幼喜爱读书,喜欢摘抄书中的优美词句,迷恋绘画,喜欢气象,对天上多姿多彩的云着迷,“美”在我心中扎根。20世纪80年代,还是学生的我莫名其妙地突然对朱光潜等美学家的著作怀有浓厚兴趣,对亚里士多德、黑格尔、叔本华、尼采等大师级人物甚为关注。由此,看了不少商务印书馆出版的相关译作和学术刊物,《外国美学》也在注意之列。当时的出版界不兴署责任编辑和封面设计者之名,尤其是商务印书馆,人们看到的以《新华字典》为代表的商务版书刊几乎都是“集体智慧的结晶”。时入1998年,程孟辉走马上任主持商务印书馆国际有限公司工作,因采访和研究的机缘,我们很快成为相互欣赏的精神知音,之后得知滋润过我青春之心的商务版学术书刊不少是由他编辑或翻译的。

程孟辉在《贺拉斯诗学理论研究》一文里,引用了一句话“诗神把天才,把完美的表达能力赐给了希腊人”。借鉴这一句式,我说:“具有南方人的细腻,又有北方人的豪爽,上帝把男人的完美赐予了程孟辉!”吃饭、聊天、一起坐火车出差,住宾馆的同一个房间。既深沉又淡如水、不带功利目的的交往,使我们纯粹的如兄弟般的友情经受考验。我们的话题除了出版传媒、教育和社会问题及国外见闻,剩下的几乎全是不食人间烟火的精神层面的。我欣赏程孟辉,缘于他的个性与精神气质,也关乎我的“上海情结”。我的义父是上海人,就读复旦,在程孟辉出生那年抵京读研究生,他极其善良、真诚,心细手巧,会织毛衣。程孟辉也是上海人,有着与我义父一样善良真诚的品质。北方人对上海男人有微词和偏见,但我注意到,诸如我义父、程孟辉等一批长期在京生活、工作的上海男人,他们的睿智、细腻和精明自不必说,他们身上的大气、大方和爽快,超乎想象,是南北方女人爱慕和推崇的完美型男人。之所以扯开主题说这个,强调的正是“目光”中的大气。程孟辉得“大气”之势,加上诸多因素,成就一番事业,自在必然之中。

早期的编辑生涯,程孟辉依靠商务印书馆的平台和个人的学术底蕴,向读者奉献了许多优秀的外国哲学、美学食粮,成为20世纪80—90年代初涉足该领域的读者难以淡化的阅读记忆。20世纪90年代末,程孟辉执掌商务国际,由编辑、学人转而成为独当一面的出版经营管理者。十多年来,程孟辉以非语言文字专家的独特嗅觉和哲人美学家的超凡目光,领导商务国际团队,推出了全彩色、双色、双语、多开本、品种多样、款式琳琅满目的工具书,引领中国大陆工具书的潮流与时尚,把工具书推进了有色多元的新时代,为海内外亿万读者营造了一个五彩斑斓的汉语外语工具书王国。由黑白时代走进彩色时代,由一本字典或词典的单一版本或开本,拓展延扩至多种版本或开本、彩色黑白并进、精装平装兼备。我谓之“工具书的美学时代”。这需要掌舵者具有创新理念,有超前意识、勇气和眼光。

回望来时路,无论在美学学术研究还是编辑阵地,抑或是到了职业经理人的位置,程孟辉以执著的努力、到位的感觉，做出了令业界刮目的成绩。尽管他所服务的地盘不大，但其精神产品辐射千家万户。我在各地书店和一些家庭都能看到商务国际出版物的身影。程孟辉到过不少国家，视野开阔，但他坚守一个原则：扎实做事，不弄花架子，认真做出版，不糊弄读者，守固土又拓新天地，把图书定价降下来，既让利于读者，又免盗版者“骚扰”之苦。谁能不为这样的眼光喝彩！

程孟辉在其主编的《现代西方美学》一书“导言”里有如是文字：“早在19世纪美学家们的‘超前意识’中，人类就已经看到了20世纪美学发展的曙光。同样，20世纪现代西方美学今天仍正以一种独特的风姿在迅速发展。从20世纪的现代西方美学中去发现21世纪的曙光和灵气——这就是我们今天的美学研究所必须具备的‘超前意识’。”我想，每个人不可能在幼年时就有超前的眼光和意识，但随着年龄、阅历和思想深度的递增，一种如同天赋却源于生活、专业和社会积累的勤奋与思考的飞跃，会使人在无形的状态里玉成超凡的眼力和意识。前提必须是有一种社会责任感、一种担当和大爱忘我的境界，才可能使如此超前脱俗的目光为社会和公众造福。

程孟辉眼光之毒和意识之独，得益于他个人的修炼和哲学、美学专业的熏陶，得益于他仗义执言、侠骨柔情的真性情，更得益于他时时拥抱的士子精神，才有超前的目光为国内外读者缔造了工具书的新“太阳”。当我纵横万里华夏的书店和家庭，可见商务国际书香飘逸，我想，这就是程孟辉和他统领的团队之目光对读者精神世界的渗透。然而，在程孟辉的话语里，没有辉煌的行动和豪言壮语，仅是轻描淡写的三个字“凭感觉”！正是这轻描淡写，赛过冠冕堂皇的总结。我做过出版机构的编辑，我也曾在专业领域之外凭积累的感觉和眼光编辑出版了一批不断重印再版的优秀图书，我非常认同程孟辉说的凭“感觉”找选题做出版！感觉万岁！我们需要真的感觉。感觉即眼光。感觉不是天上掉馅饼，不是免费的午餐，是一种经久积淀的历练，它甚至需要我们付出半生乃至毕生的时间和精力方可铸就。

对于感觉渐行渐远的人，倘若无缘读程孟辉其人，那么，不妨读一读他的书，让真的感觉真的回归。在当下多元与畸形并存的社会现实，最可怕的是人们对什么都没感觉。那么，请你安静地读一读《目光》，或许能点醒你的梦想，也许会激活你久违的感觉。

都说最美不过夕阳红。由于人类的偏见，人步入晚景便饮悲凉——远离职业舞台，不管他（她）有多么丰富的经验和精力，除非是熊猫级的国宝（被国家和公众需要），否则，居家赋闲，是一致的归宿。在我看来这是一个悲剧。程孟辉这样的西方悲剧学研究专家，也将逃不脱“悲剧”的光顾，但他写过一句名言：“悲剧是一种冷峻而又壮丽的美。”在他的心中，人生的任何阶段都是美丽的，只要你尽力为国家为社会做了实事、好事，就知足了。至于别的，你可以全然不去管它。

相交多年，我深深领悟程孟辉的那种从容、乐观和遵循自然规律的心境。在看得见的未来，程孟辉也将在职业舞台上谢幕，离开他那深爱的为之奋斗大半辈子的学术舞台、出版舞台、管理舞台，由一位美学家、编辑家、出版家和管理专家，回归家庭舞台，开始新的生活。人的生命是有限的。程孟辉，一个有骨气的知识伟男，与他澎湃燃烧的时代必将淡出历史舞台，但程孟辉现象留给哲学美学界、出版界、管理界和文化艺术界、教育界的思考是深远的，是一笔永恒的精神财富。

搁笔之际，欣闻程孟辉的代表作——50 万字的《西方悲剧学说史》再版问世，感觉这是对一度远离学术、专心做出版职业经理人的"回馈"，也是程氏之于学术的再度彰显。这已是我离开北京到地震灾区工作两年间听到的关于程孟辉的第二个利好消息。第一个是：他主编的 84 万字的《现代西方美学》一书，被教育部列入"普通高等教育'十一五'国家级规划教材"，此书同时也是中国高等院校公共艺术课教材之一。如此看来，即使有朝一日，程孟辉淡出学术文化舞台甚至消失了，但他的名字和学术成果还将继续在哲学美学领域和教育阵地释放光芒；他领衔推出的无数工具书还将在世间传扬，滋润着读者的精神田园。这当是程孟辉之"目光"留在今天和未来的绚丽彩虹！

重温几年前草就的如上文字，目光聚焦文图并茂的《目光》，感慨万端。我人生的职业起步于出版机构的专职编辑，和程孟辉一样，"为人作嫁衣"，扮演幕后英雄的角色，美名曰精神产品的设计师、工程师。我们又是写过几本书的人——穿着别人做的嫁衣"出嫁"，彼此没有交集。而今，交集有了——由我和世界图书出版公司的编辑们一道作嫁衣，程孟辉身披《目光》嫁衣"出嫁"在即。与其说我选择将《目光》交给中国出版集团世界图书出版上海有限公司出版，不如说我想把《目光》放在作者程孟辉的家乡上海"生产""出嫁"，以圆我们共同的梦想。鸣谢程孟辉和我共同的挚友、一个学化工出身、同样直率智慧的上海女人——世界图书出版有限公司副总经理、世界图书出版上海有限公司总经理兼总编辑陆琦的成全。让我们一起等待《目光——一个美学家的人文思考》及其姐妹书《目光——美学家带你看世界》的"书花"的入市绽放。

目　录

西哲美韵香千秋

——学术篇

柏拉图和亚里士多德

——古希腊诗学双星

古代希腊是诗的摇篮，也是诗学理论的发源地。希腊神话和史诗不仅构成了希腊早期文学的主要成就，同时也成了欧洲乃至整个西方艺术发展的历史源头。正如恩格斯所说的，如果没有希腊文化所奠定的基础，也就没有现代欧洲。西方文学艺术发展的历史，有力地证实了恩格斯上述论断的科学性。希腊神话和史诗"不只是希腊艺术的宝库，而且是它的土壤"(马克思语)。希腊人就是以此为幻想的基础，进行其最原始意义上的诗歌创作。而作为人类早期意识形态表征之一的诗学理论，也是对人类早期诗的一种总结、提炼和概括。换言之，它是在人类最原始的诗歌艺术的实践基础上逐渐萌生和发展起来的。

早在公元前 8—前 7 世纪，希腊本土就已经有辉煌灿烂的"荷马[1]史诗"和"赫西俄德[2]史诗"。在这些史诗中，就已经有关于诗艺创作中的"灵感说"等理论的萌芽，如荷马在其史诗中向诗神缪斯[3]发出呼告，请求其给人类以诗歌创作方面的灵感。正是在这个意义上，所谓的原始灵感与"神的昭示"具有等同意义。赫西俄德在其史诗《神谱》的"序曲"中曾声称他在赫里岗山上牧羊时，诗神缪斯教他如何吟诗。言下之意就是诗并不真正属于诗人本身，而是属于神。诗人的创作必须诉诸神的帮助。在谈及诗的目的时，荷马也曾不止一次地谈到诗应该给人以快感，让人从中得到某种欢愉和满足。而赫西俄德则认为诗的主要使命就在于传达"神的教诲"。从这里，我们可以看到，这两位古希腊诗人已经涉及诗(广而言之是艺术)与娱乐、教育等问题的原始萌芽。再如，在古代神话传说中俄耳浦斯[4]流传最广的神话说，俄耳浦斯发明了音乐和作诗法，他的歌声能使树木弯枝，顽石移步，野兽俯首。从音乐的方式驯化兽类和野人。安菲翁[5]这对孪生兄弟在婴儿时即被抛弃，由牧人抚养。长大后，兄弟俩攻下忒拜(两人合称忒拜的狄俄斯库里兄弟)，为受尽他们虐待的母亲安提俄珀报了仇。两兄弟以膂力超人著称。此外，安菲翁还是演奏竖琴的圣手，当两兄弟决定在忒拜四周修筑城墙时，石头随着神奇的琴声自动将城市城墙砌成。用诗和音乐的方式感化顽石，使其自如移动，完成了底比斯城堡的修筑。这些古老的希腊神话虽然在我们今天看来显得非常离奇，但有一点却是可以肯定，即那时的人们已经认识到了诗有其特殊神奇的心灵启迪作用。上述这些情形是西方人最早关于诗的观念，这些观念既是十分原始的，又都是很唯心的。

然而，到了公元前 6 世纪，随着思辨哲学的日益兴起，上述这些原始的诗的观念开始受到冲击,尤其是哲学影响开始渗透到原始诗艺观念方面。这就出现了所谓的“诗与哲学之争”的历史时代。针对荷马史诗当时已家喻户晓并已成为大众教育的工具,哲学家们常常是从哲学和道德的双重角度对荷马史诗提出各种批驳。如唯物主义哲学家赫拉克利特(Herakleitos,约公元前540年—公元前480年)认为,世界是一个包容着万物的整体,它既不是神创,也不是人创。它在过去、现在和将来都是按规律燃烧着、熄灭着的永恒的活火,宇宙万物普遍处于对立斗争的状态,有斗争才有发展。他因此认为,荷马祷告神灵停止人间的斗争是不会使人满意的。并且认为,诗这样的艺术绝不是神的产物,诗人不应诉诸神,而应诉诸(模仿)自然。古希腊的另一位哲学家色诺芬尼(Xenophanes)受米利都学派的影响很深,他认为,一切事物都源于水和土,反对把神说成和人一样,主张一神之说,反对多神之说。他责备荷马写神灵具有人类的败德。到了公元前5世纪,贵族出身的古希腊抒情诗人平达[6]在其颂歌中提出了天才与技巧的相对价值问题,平达认为,诗人的灵感主要源于天赋,而单凭技巧是不可能成为诗人的。不过,他同时又承认后天努力的重要性,因此,平达的所谓“诗人的灵感”是天赋与后天勤奋结合的产物,与荷马史诗中所言的那种“灵感”不同,后者是有神秘性,而前者就没有那种神秘性。此外,还有西摩尼得斯[7]的“诗是有声之画,画是无声之诗”的名言,更是道出了诗与这两种艺术的区别(个性)和联系(共性),如此等等。

以上简要列述的自公元前8世纪至公元前5世纪这300年间希腊本土诗人在其作品中所表现的那种诗的论点和观念。由此我们可以清楚地看到,早在距今2700年前,西方人就已经有了关于诗学理论的萌芽,为以后希腊诗学理论的发展创造了决定性的基础条件。古希腊著名的唯心主义哲学家和诗学理论家柏拉图的诗学理论正是通过对上述希腊早期诗学理论的萌芽的批判、继承和改造,从而发展和确立起来的。尽管这种初创的理论浸透着唯心主义色彩,但它毕竟以一种独立的理论形态登上了诗学理论历史发展的舞台。

一、柏 拉 图

柏拉图(Platon,公元前427年—公元前347年),古希腊著名的唯心主义哲学家。生于雅典一个显赫的贵族奴隶主之家,从小受过良好的贵族教育。他是苏格拉底的得意门生,对苏格拉底非常崇敬,认为苏格拉底才是真正哲学家的楷模,正义的象征。公元前399年,苏格拉底被民主党以煽动蛊惑青年之罪名处以死刑。在对民主党极度仇视的心理驱使下,柏拉图便毅然出走,去埃及、意大利、叙利亚等地游历。在这漫长的游历生涯中,他接受了爱利亚学派和毕达哥拉斯学派的哲学思想。他还曾去西西里的叙拉古,并结交那里的王族第翁(Dion),试图游说那里的僭主按其主张建立一个“理想国”。然而,后因王族第翁(僭主狄奥尼修斯的妻舅)与叙拉古王狄奥尼修斯(Dionysios)之间有矛盾,迫使他不得不重返雅典。他在雅典城外的阿加德米亚(Academia)创立了一所学园,从事讲学与写作,吸引了希腊各地的众多学者。

柏拉图是西方哲学史上第一个创立了完整的客观唯心主义哲学体系的人。这一哲学体系的核心命题是"理念说"。柏拉图的"理念说"将理性世界和感觉世界对立起来，认为感性的具体事物不是真实的存在，在感觉世界之外还有一个永恒不变的、独立的、真实存在的理念世界。其实，柏拉图的理念说明显带有目的论的性质。学界普遍认为，柏拉图的那些早期对话都是发挥苏格拉底的哲学思想，例如主要是讨论诸如勇敢、正直、友谊、正义等一些属于伦理、道德范畴等方面的问题。他在《国家篇》中提出了"善的理念"的命题，认为这是最高的、理想世界的太阳，一切美的事物都以达到绝对的美作为自己的目的。在柏拉图看来，事物的本质属性不仅在于它们的自然属性，还在于它们自身的功用（即合目的性）。柏拉图的理念本身经历了一个发展的过程。然而，他始终把善看成是最高的理念，认为唯有善是一切认识真理的源泉，宇宙最高和最后的目的。各种理念在善的统辖之下，形成了一个有条理的、真实的世界。实际上，这个善就是神。

柏拉图的整个哲学思想的核心是理念，同样，其美学思想的核心也是理念。在他看来，只有理念世界才是唯一真实的存在，而物质的感性世界则是不真实的，它充其量只不过是理念世界的影子而已。个别事物的美是相对的，变幻无定的，只有美的理念或"美本身"，才是绝对的永恒不变的。现实中一切美的事物之所以美，都不过是"分有"了"美本身"而已。"美本身"不能通过感觉器官去感受，只有真正的哲学家凭其理性、灵魂的"回忆"才能认识。柏拉图文艺思想的主要核心是"模仿说"。他认为，模仿是文艺的本质。现实世界是对理念世界的模仿，而艺术则是对现实世界的模仿，因此，正是在这个意义上，艺术是模仿的模仿（或曰"影子的影子"）。不过，艺术的模仿只是一种机械的复制，它不带有任何创造性，且具有迷惑人心的不良作用。因此，柏拉图对艺术和艺术家是持贬斥和敌视态度的。柏拉图是西方美学史上最早对美和艺术问题进行哲学思考的人，他早年写的《大希庇阿斯篇》就是一篇专门讨论美学问题的专论，其他如《伊安篇》《高吉阿斯》《普罗塔哥拉斯》《会饮篇》《斐德若篇》《理想国》《斐利布斯》《法律》等篇章，也都涉及美学问题。

柏拉图的诗学理论是他整个美学和文艺思想的重要组成部分，这些理论与其整个哲学美学思想一样，散见于上述有关篇章中，其中尤其以《理想国》和《伊安篇》等为主。柏拉图的诗学理论是对古希腊诗学理论萌芽的宝贵发现和总结，在此基础上予以批判性地继承和发展，并第一次把诗的真实性——"灵感说"和诗的教育功能问题提到了美学文艺学的高度来加以考察和论证。如果说，西方诗学理论源头在古代希腊，那么，我们也同样可以这样说，古代希腊诗学理论的源头在柏拉图，是他第一次把对诗的思考提到了哲学的高度（或曰纳入了哲学思辨的轨道）。

（一）诗·诗人与灵感

关于诗是怎么产生的这个问题，早在柏拉图之前就已经有人在予以思考了。我们上文中提到的荷马和赫西俄德，他们分别在其史诗中谈到缪斯是如何给诗人以心灵的启示，从而诗人在神的启示下吟诵出不朽的诗篇。德谟克利特[8]等哲学家在其思想理论中也涉及诗人作诗与神圣灵感之间的关系。如德谟克利特就曾说过："一位诗人的热情并在神圣的灵感之下所作成的一切诗句，当然是美的。”[①]这里的所谓“神圣的灵感”就是指神的启示。柏拉图是一位唯心主义的哲学家，他后于荷马、赫西俄德等诗人两三百年，在他之前，由于哲学的逐步兴起而发生了所谓的“诗与哲学之争”。色诺芬、赫拉克利特从其哲学立场出发，攻击荷马及其史诗。柏拉图就是借此为据，声称他要继续以往的那种哲学与诗的争战。反映在对诗的看法上，他也是由灵感问题入手，阐述他的基本诗学立场。

古希腊人关于“灵感”的说法大多是与神联系在一起，不管是荷马、赫西俄德，还是后来的平达，他们都认为诗的来源在于神灵或天赋。希腊文中的 vθos 的最原始含义就是“神来附体”“神灵感发”之意。这就是“灵感”这个词的根源。英语中的“热情”（enthusiasm）一词就是由古希腊文中的神灵感发之义衍变而来。所以，西方后来的学者也往往把灵感解释为有“陶醉”“迷狂”成分的一种心灵感应状态。从这个意义上说，灵感也有“着魔”之意。总之，灵感是一种极其神秘的东西，它是一种神授、神助、神启的神圣感应的东西。诗人就是借着这种神的启示，在如醉如痴的迷狂状态中唱出他们的即兴诗篇。柏拉图是古希腊第一位集“灵感说”之大成的哲学家，也是第一个对“灵感说”作出系统解释的人。不过，“灵感说”在柏拉图那里，则成了他攻击诗人的一个理论根据。

柏拉图是一位敌视文艺、敌视诗人的哲学家。他尤其对荷马持否定的态度，并予以无情攻击。他首先认为，荷马虽然在其史诗中论及神，但他根本不懂得神性。他指责荷马在其史诗中把神描绘为争吵不休、撒谎和残酷无情。荷马纵然是论神的权威，但他本质上也不理解神，故他算不得是一个智者。柏拉图认为，即使退一步说，如果是智者，那么，你荷马作为智者的智慧又用到哪里去了呢？智慧的结果又体现在哪里呢？你荷马有何关于国家政体的设计构想，有何关于优秀法典制订的良思呢？希腊究竟有一些什么样的战争是依靠了荷马的智慧帮助而取得胜利的呢？因为，任何一位学识渊博的智者和学问家，他总是在国家、民族或人民的重大问题上能有其作用，有其贡献，有其积极的正面效应，总是由于智者的智慧而给时代或后世留下鲜明深刻的印痕。然而，人们从荷马那儿看不到上述这些于国于民有利的结果。尽管荷马写出了伟大的史诗，但这不是荷马自己的天才或技巧所致，而是因为得力于神。其实，荷马本人根本不懂得神及其自己的史诗。在《申辩篇》中，柏拉图陈述了他的如下观点：他认为像荷马一类的史诗，它既无艺术性，也无科学性，“诗人的创作不是通过智慧而是通过天性，是由于他们得到了灵感。这就像宣示神谕的预言家一样，他们讲了许多美妙的东西，可惜，对于这些东西，他们自己一点也不懂”。[②] 在这里，柏拉图把诗人视为神意的传达者，他与宣示神谕的预言家们没有什么两样。诗人的诗作是一种灵感的产物，而不是诗人自身智慧或思想的产物。因此，在这个意义上，诗人不是聪明者，绝顶聪明者乃是神。诗人，“他们以诗自豪，自以为对什么都是聪明绝顶，其实他们并不聪明”。[③]

在对诗人的智慧作了否定之后，柏拉图也同样否定诗人的诗歌创作技能。他认为，所

① 北京大学哲学系美学教研室.西方美学家论美和美感[M].北京：商务印书馆，1980：17.
② 柏拉图.苏格拉底的自辩[M]//缪灵珠.西方文艺理论史纲.北京：中国人民大学出版社，1985：22.
③ 柏拉图.苏格拉底的自辩[M]//缪灵珠.西方文艺理论史纲.北京：中国人民大学出版社，1985：39.

谓的创作技能在诗人那里也根本不存在，如果说有这种技能本领的话，那也是来自神示意义上的那种灵感。这种灵感只有在诗人丧失平常的理智而陷入某种陶醉或迷狂状态时才会产生。神示意义上的诗也就是在那时被源源不断地传达出来。这个论点，柏拉图在其《伊安篇》中谈得比较透彻。伊安是古希腊的一位职业吟诵诗人，有一次，他刚从奥林匹克赛诗场上得胜而归，充满自豪，但由于伊安本人对诗人的认识辨别能力很差，若没有文字的提示，他根本无法对荷马诗中的英雄作出自己的解释，故经不起苏格拉底等人的刨根究底的追问，结果证明伊安和荷马他们都不懂技艺（如军事的、政治的技艺和民间那种为了谋生而学的手工艺），诗人不懂得军事而居然写战争、不懂得补鞋术而居然写鞋匠。除了专业技艺知识外，诗人作诗的那种诗艺本领也不是他们自己的，而是全凭那种神赐的“灵光”。柏拉图说：“凡是高明的诗人，无论在史诗或抒情诗方面，都是不凭技艺来做成他们的优美的诗歌，而是因为他们得到灵感，有神力凭附着。科里班特巫师们在舞蹈时，心理都受一种迷狂支配，抒情诗人们在作诗时也是如此。他们一旦受到音乐和韵节力量的支配，就感到酒神的狂欢，由于这种灵感的影响，他们正如酒神的女信徒们受酒神凭附，可以从河水中吸取乳蜜一样，这是他们在神志清醒时所不能做的事。抒情诗人的心灵也正是这样，他们自己也说他们像酿蜜，飞到诗神的园里，从流蜜的泉源吸取精英，来酿成他们的诗歌。他们这番话是不错的，因为诗人是一种轻飘的长着羽翼的神明的东西，不得到灵感，不失去平常理智而陷入迷狂，就没有能力创造，就不能作诗或代神说话。”①我们从上面所引述的这段话中看到，柏拉图把灵感作为诗人进行创作和产生作品的首要前提，离开了这个前提，也就无所谓诗人的诗作。在柏拉图看来，活生生的肉体的诗人本身，他并没有什么特殊的优长之处，他只是充当了神示的一种载体，他似乎是神传授其旨意的一种工具。在正常的理智清醒的状态下，诗人与常人并没有什么两样，诗人只是在其进入迷狂或陶醉的状态下，将神示的东西传达出来时，他才是真正的诗人，也就是说，诗人在抛弃或超越了那个平常意义上的“自我”，开始说起“神的旨意”时，他才是诗人。总之，没有迷狂，没有神示，就不能成其为诗人。诗是迷狂的产物，而不是神志清醒的产物。所以，诗人是无法对自己的诗作出说明性解释的，更不能以其诗而为人师。

灵感作为一种迷狂的产物，柏拉图在《斐德若篇》中列举出四种迷狂，它们分别是预言的迷狂（如女巫对神谕的传达）、宗教的迷狂（如举行赎罪祛灾时祈祷者的心理状态）、诗兴的迷狂和爱美的迷狂。其中第三种迷狂，即诗兴的迷狂与本文主题直接有关。我们不妨再引述柏拉图的有关论述，他说，诗兴的迷狂“是由诗神凭附而来的。她凭附到一个温柔贞洁的心灵，感发它，引它到兴高采烈神飞色舞的境界，流露了各种诗歌，颂赞古代英雄的丰功伟绩，垂为后世的教训。如果没有这种诗神的迷狂，无论谁去敲诗歌的门，他和他的作品都永远站在诗歌的门外，尽管他自己妄想凭诗的艺术就可以成为一个诗人。他的神志清醒的诗遇到迷狂的诗就黯然无光了”。② 这段论述的最有价值之处就在于它揭示了

① 柏拉图.伊安篇[M]//缪灵珠.西方文艺理论史纲.北京：中国人民大学出版社，1985：39－40.

② 柏拉图.斐德若篇[M]//缪灵珠.西方文艺理论史纲.北京：中国人民大学出版社，1985：41.

诗的本质，即诗不是诗人自身思想的产物，而是神的产物。诗人的那种创新的内在驱动力乃是从神那里获得灵感后才有的，诗人不代表自己，而是代表神的意旨。相反，诗人如果没有神的帮助，得不到神性的灵感，他就不会进入迷狂或陶醉状态。这样，也就不会产生创作的内在驱动，因此，诗的创作就不会实现。换言之，他就代表不了神说话。总而言之，无论是迷狂也好，灵感也好，都是源于神赐或神助。柏拉图的"灵感说"，性质上是一种非理性的神秘主义诗学观。它的要害之点是从根本上否认了诗人创作的技巧和诗的真实性。

（二）诗歌的模仿性及其地位

模仿，尤其是艺术的模仿，在柏拉图的美学体系中有其特殊的解释。柏拉图常说，诗人的艺术在于模仿。他在《蒂迈欧篇》中把诗人称作是"一伙模仿者"[①]作为"模仿"概念，不是柏拉图首创，较之柏拉图更早一些的古希腊唯物主义哲学家也曾提出文艺要模仿自然、模仿现实等主张。留基波和德谟克利特也曾说过，人是"从天鹅和黄莺等歌唱的鸟学会了唱歌"[②]的。这种观点从发生学的角度来说，也确实有其艺术实践为依据的。古希腊的雕刻是直接模仿人体，音乐模仿自然的声音，舞蹈模仿生产劳动，戏剧模仿现实生活中人的活动，上述这些模仿都是具有朴素唯物主义的性质特征，但后来都被柏拉图拿去利用和歪曲、篡改了。柏拉图的模仿说则与之相反，由于其唯心主义哲学体系的规定性，他从其"理念论"出发，对唯物主义意义上的艺术模仿作了根本性的否定和抛弃，提出艺术的模仿对象不是自然和现实，而是虚无缥缈的理念。作为文艺重要组成部分的诗艺，也同样如此。诗歌在柏拉图的心目中，其地位十分卑下。按照柏拉图的模仿理论，我们可以用下面的公式来表述：理念——现实——诗。对这个公式的具体解释应是：现实（或自然）是对理念的模仿，而诗则是对现实的模仿。理念世界是第一性的，现实世界（或自然界）是第二性的。后者是对前者的不完全的模仿，诗又是对现实世界的不完全的模仿。因此，诗是"模本的模本""影子的影子"，它与真理隔着两层，更不真实。柏拉图正是由此否定了诗的真实性和创造性。柏拉图也正是用他那唯心主义"理念论"的哲学标尺来衡量诗，从而给它下了这样一个定论：其一，诗是不真实的，而就诗人来说，"从荷马起，一切诗人都只是模仿者，无论是模仿德行，或是模仿他们所写的一切题材，都在得到影像，并不抓住真理"。因此，作为诗人所创作出来的诗，自然也就不能给人以真理。其二，诗与其他文艺一样，是一种惑乱人心，有伤风化的东西。模仿诗人的作品不但不给人以真理的教导，而且往往给人心种下恶因，迎合人心中的无理性部分，培养人性中的低劣部分，激动人的情感，满足人的感伤癖、哀怜癖，使人失去理智控制，不能达到正义等。由此看来，诗的地位低下主要是因为作为"模仿的模仿"的诗揭示不出什么真实的东西使人得益。故柏拉图在《斐德若篇》中将人分成三六九等，诗人排在第六等，列在体育家、医生、预言者或宗教徒之下。

柏拉图除了对诗人作等而下之的等级划分外，他还对诗进行分类表述，他说"凡是诗

① 柏拉图.蒂迈欧篇[M]//缪灵珠.西方文艺理论史纲.北京：商务印书馆，1979：19.
② 北京大学哲学系外国哲学史教研室.古希腊罗马哲学[M].北京：商务印书馆，1981：112.

和故事可以分为三种：第一种从头到尾都用模仿，像你（指苏格拉底）提到的悲剧和喜剧；第二种只有诗人在说话，最好的例子也许是合唱队的颂歌；第三种是模仿和单纯叙述掺杂在一起，史诗和另外几种诗都是如此”。[①] 柏拉图的上述观点勾勒出了三种不同的诗体风格特征。悲剧和喜剧自始至终都显示出了模仿的风格特征。如果这样说，那么索福克勒斯的《俄狄浦斯王》、欧里庇得斯的《特洛亚妇女》《美狄亚》和阿里斯托芬的《巴比伦》《骑士》等都是属于此种类型。史诗是模仿与叙述的混合使用，《伊利亚特》《奥德赛》就是充分体现了这种风格特征，唯独颂歌只是诗人单纯地叙述。柏拉图对于古代希腊诗歌的繁荣局面是很清楚的，他也知道，无论是悲剧、喜剧还是颂歌和史诗，都是建立在对现实模仿的基础上的，作品中描写的那些英雄人物和社会事件都是栩栩如生的，它们从各个不同的角度和侧面反映了古代希腊社会的背景和风貌。而柏拉图本人由于其政治立场所决定，他是不愿看到在诗歌艺术中如此生动地模仿（表现）广阔的社会生活场面。因为这种模仿（表现）对于贵族统治阶级是不利的。首先是对模仿者的身心健康不利。他认为，模仿者一旦对那些社会上的下等之人或“卑污”事情模仿（表现）惯了，久而久之就会弄假成真，养成习惯就不好了。它的最终“恶果”是导致人心的被“腐蚀”，思想品德走向“堕落”。因此，柏拉图是既敌视诗人（包括悲、喜剧诗人），又敌视诗歌艺术，极力主张把诗人与诗一同驱除出他的那个所谓的“理想国”，并且千方百计设置种种障碍，对诗模仿的对象提出种种清规戒律来加以限制和阻挠。

首先，诗应该以统治阶级中的上层人物和奴隶主贵族当做模仿的对象，至于一般的下等人，如工匠、船夫、妇女、奴隶均不能进入诗歌作品。

其次，诗歌应模仿那些为奴隶主贵族们所推崇的所谓“英勇、宽宏、虔敬和有节制”等品德，而像那些打架争斗、骂天咒神、装疯卖傻、喜怒无常一类的卑劣丑恶之事，坚决不准在诗歌中出现。

再次，即使是对一些自然景物的描写，也要以有利于对人的美德的培养为标准。因此，自然界中的有些现象，诸如雷鸣电闪、风吼海啸、鸡飞狗跳等都应该成为诗歌模仿之大忌。

从柏拉图所规定的上述三种模仿对象范围我们可以看到，柏拉图的诗的模仿是从维护奴隶主贵族阶级利益，鄙视反对人民大众为原则的。不过，他的诗艺模仿理论也是漏洞不少，矛盾百出。他一方面否认诗的真实性，另一方面又要给诗规定某种带有现实主义意义上的模仿对象，如可以模仿为贵族阶级所赞赏或推崇的社会事物。这就构成了柏拉图诗艺模仿说的一个主要的理论致命伤。

为了使诗人们更有效地按照他所规定的那种原则去从事诗艺创作中的模仿活动，柏拉图主张诗人必须做到下述几点。首先，他必须严格进行自我修炼，提高自身的品格素质。在柏拉图看来，只要诗人自身的品格素质达到奴隶主贵族阶级所需要的那种境界和高度，那么，他就会自然而然地在其诗歌创作中懂得哪些人的言论行为和社会事物是“高

① 柏拉图.文艺对话集[M].朱光潜，译.北京：商务印书馆，1979：50.

尚”的，可以作为其诗歌模仿的对象，哪些人的言论行为和社会事物是“丑陋和卑劣”的，从而不准其进入其诗歌模仿的对象范围。其次，诗人本身首先必须是具有天然的禀赋并接受奴隶主贵族阶级所规定的有关训练。柏拉图是持有强烈的“天才观”的哲学家，他认为，诗人就是天才，但光靠这种天才还是不够的，还必须在后天接受教育和训练，这种训练可以使诗人在人格品质方面更趋完善。在这方面，柏拉图主张诗人要在自然科学方面接受教育。他说“凡是思想既高超而表现又能完美的人们都像是从自然科学学得门径”。[①] 因为，对自然科学知识的掌握，有助于提高诗人对事物的识别能力和艺术创作方面的表现力。再则就是诗人应重视对人的心灵的观察和研究。柏拉图明白，诗人们创作出来的诗艺作品是要让人看，让人听的，其最终目的是要用它来打动其心灵，感化他们，从而达到诗的目的。而不懂得人心，又怎能写得出打动人心的诗作呢。

总之，柏拉图的诗歌模仿是以唯心主义的“理念”为基础，但其中的积极成分也是有的，如他承认诗歌在对客观现实模仿的同时，作为艺术，它有感化人、教育人的一面。此外，诗歌模仿以感性的现象世界为其对象，这种感性的现象世界不是某种虚无缥缈的抽象事物，而是很具体的。这一点，柏拉图说得是有道理的。令人遗憾的是，他不懂得诗歌本身通过对其对象现象的描绘本身，也能揭示其本质。再则就是柏拉图认为，诗歌模仿不是一种盲目行为，而是有鲜明的针对性的，这也是对的。

（三）诗歌的教育功能及其社会影响

柏拉图是希腊奴隶主阶级统治的忠实维护者，因此，他非常懂得教育的作用和诗歌这样一种艺术在教育方面对人们所起的影响作用。上面我们已经讲了，柏拉图敌视艺术，敌视诗歌，并给诗的创作设置种种的限制和障碍。他对“模仿的诗”尤其持敌视的态度，并不遗余力地予以嘲讽和攻击。我们这里所说的“模仿的诗”，它不仅包括像荷马、赫西俄德等一类史诗，同时也包括悲剧和喜剧。

在柏拉图的理想国中，他是十分重视教育对国民心灵的影响作用的，尤其是对儿童来说，更是至关重要。因为，儿童是国家的未来，儿童是他那个理想国未来的兴衰成败之关键所在。所以，柏拉图特别关心儿童的教育和成长。在古代希腊，尤其是在雅典城邦，人们也普遍关注儿童的教育。在当时，诗与音乐构成了儿童教育的主要科目。而作为一贯敌视艺术、千方百计想把艺术逐出理想国的柏拉图在这个问题上同样坚持其一贯的立场。他认为，像诗这样的艺术不宜作为儿童的教育科目。他把诗列为不良的科目和教育工作，认为儿童是国家未来的保卫者，他们辨别是非真伪的能力还很弱，如果让孩子从小受到诗艺的教育，那么，这种不良的教育只能使儿童的性格发育不良，一害自己，二害国家。因此，他要极力反对。当然，柏拉图的这种主张显然是同其一贯坚持的宗教信仰、道德观念和政治思想分不开的，同其唯心主义的哲学立场分不开的。具体地说，他对诗的教育功能做了这样的阐述。

---

① 柏拉图.文艺对话集[M].朱光潜，译.北京：商务印书馆，1979：160.

第一，诗是一种亵渎神灵，有伤风化的东西。

柏拉图的哲学是唯心主义的“理念论”，而唯心主义哲学往往总与宗教神学有着天然的联系。柏拉图既是唯心主义哲学的始祖，也是神学论大师。他的“灵感说”就是一种神性的体现。在柏拉图哲学中，神是至善至美的，它真实、纯一，永恒不朽。神不是万物的因，而仅仅是一切好事物的因，人间的那些诸如苦难、不幸之类的坏事因皆与神无关，而只是苦难不幸者自身的原因所致。此外，由于神是一种真实、纯一的东西，故它不会通过变形或降梦等手段来欺骗人类。奴隶主贵族阶级的统治是一种神意的象征。它是有赖于神权之助巩固和行使其统治的。因此，柏拉图的理想国中时时处处不忘宣扬维护神权的重要性，因为维护神权本质上就是维护了希腊奴隶主贵族统治。那么，按照上述主张，荷马史诗又怎么样呢？显然是糟糕透了，因为荷马史诗中有不少在柏拉图看来是亵渎神明的地方，如写神如何骑在人类头上作威作福、降临灾祸，如何用变形的方法化为卑劣小人欺骗人类，还把神写成具有淫秽、争吵、嫉妒、寻欢作乐等。这些都是对神灵的亵渎。如果这样的诗让希腊青年看了，就会使他们“误入歧途”，去干坏事情，于国家是不利的。

第二，对英雄名誉的诋毁。

柏拉图要求希腊的英雄们统统应该是国家的忠诚卫士，他们理应具备正直、勇敢、临危不乱，自我克制等美德。他指责荷马史诗抹杀了英雄的美德，诋毁了英雄的形象。例如，把特洛伊战争中的英雄阿喀琉斯描写成性烈如火、凶暴易怒的偏执狂，他十分贪婪，居然接受阿伽门农的礼物，视全军将士的灾难于不顾。他骄傲自大、刚愎自用，他是杀人不眨眼的恶魔。荷马史诗《伊利亚特》中对阿喀琉斯有一段这样的描写：“太阳烤干的山麓上，从沟壑里发出一道野火把整个森林都燃起来，一阵狂风刮了那火焰倒到东边又倒到西边似的。他凶狠得同一个恶魔一般，紧紧地追逐他的牺牲者，满地都淌黑了血。”其实，荷马史诗《伊利亚特》在其描写诸如阿喀琉斯这一类英雄时，还是采取了比较现实、客观的手法，诗中对阿喀琉斯英勇善战、富于正义感、爱将士、爱民主、反对强暴、对朋友真挚坦诚等美德作了歌颂。由此可见，荷马对这一英雄形象的塑造是比较立体的，多方面的，既有颂扬英雄伟大的一面，又有看到他弱点的一面。阿喀琉斯既有一般英雄所共同具有的那种英勇战斗的崇高精神，又有为别的英雄所不具有的特殊性格。实事求是地说，荷马对阿喀琉斯的描写是比较成功的。柏拉图之所以认为荷马史诗不好是因为这样的客观描写对奴隶主贵族统治不利。因此，把它说成是荒唐可笑的故事，认为如果让这种荒唐可笑的故事讲给青年人或儿童们听，就必然会影响下一代的身心健康，这对国家的统治无疑是不利的。他在《理想国》第三卷中写道：“像这样的英雄们也做过同样的坏事，谁不自宽自解，以为自己的坏事可以原谅呢？所以我们必须禁止这类故事，免得青年人听到容易做坏事。”总之，唯恐青年一代从荷马史诗中了解到奴隶主贵族（英雄们按其阶级地位的归属均属此列）的弱点和缺陷，对其统治不利。故柏拉图要予以竭力地禁止，这就是他对荷马史诗予以攻击的意图所在。

第三，诗的审美快感与社会效用。

诗，作为一种艺术，它对人所起的那种潜移默化的影响这一点，柏拉图是十分懂得的。

在他的“理想国”中，其教育的目的不外是两个方面：一是使受教育者在体育方面得到锻炼，这方面的教育必须诉诸体育；二是使受教育者在心灵方面得到塑造，这方面的教育诉诸音乐。在这两种教育中，心灵教育（即塑造灵魂）是很重要的，同时他也深知那种“用故事来形成儿童的心灵，比起用手来形成他们的身体，还要费更多的心血”。其实，柏拉图在这个问题上所持的立场也是挺自相矛盾的。他一方面站在某种维护奴隶主贵族统治的立场，主张要将诗人和诗驱逐出他的“理想国”，然而一方面又声称允许其回来，只是有一个条件，那就是诗人所做的那些诗“不仅能引起快感，而且对于国家和人生都有效用”。他说：“如果证明了诗不但是愉快的，而且是有用的，我们也就可以得到益处了。”柏拉图在这里提出了一个诗的快感和效用统一的标准问题。他不否认作为艺术的诗必须具有审美意义上的令人愉悦的作用，但他更强调的是它的社会效用。如果光有令人愉悦的审美快感作用而不具有（或不产生）社会效用（当然是指积极的正面社会效用），那么，这样的诗在柏拉图看来是不良的艺术，它就被拒斥于“理想国”之门外。以往那些抒情诗和史诗，往往普遍具有快感而无效用。它们自然是禁止进入柏拉图的“理想国”的。如果让这些诗进入理想国，那么，后果将不堪设想。因此，他特别提醒人们：“千万记着，你心里要有把握，除了颂神的和赞美好人的诗外，不准一切诗歌闯入国境。如果你让步，准许甜言蜜语的抒情诗或史诗进来，你的国家的皇帝就是快感和痛感，而不是法律和古今公认的最好道理了。”①当然，柏拉图贬斥诗也不是绝对的，如果诗歌旨在对神或者对奴隶主统治者歌功颂德，替国家培养出他心目中的理想卫士，那么，这样的诗还是可以接受的。因此，在理想国中还是有地位的。正是基于这种原则，柏拉图同时也认为，“应该寻找一些有本领的艺术家，把自然的优美方面描绘出来，使我们的青年像住在风和日暖的地带一样，四周一切都对健康有益，天天耳濡目染于优美的作品，像从一种清幽境界呼吸一阵清风，来呼吸它们的好影响，使他们不知不觉地从小培养起对于美的爱好，并且培养起融美于心灵的习惯。”②不难看出，柏拉图所倡导的诗无非一是要避开现实斗争，专门描绘一些自然之美，二是要粉饰现实而对神以及希腊奴隶主贵族歌功颂德。

在上述两种诗中，柏拉图尤其喜欢后者，因为这种诗最有利于对理想国保卫者的熏陶和培养，有利于奴隶主贵族统治的巩固和发展。其实，柏拉图提出的所谓诗的“效用”是针对诗的“快感”而言的，因为柏拉图本质上是反对所谓的“快感”的。那么，柏拉图的诗的快感，其内涵究竟是什么呢？弄清楚这一点，有助于我们对其诗的“效用说”实质的理解。

快感是什么？简言之，快感就是人在生理上所获得的某种快适之感。而通过对艺术之类的欣赏这种审美过程也能获得某种适意的生理感受，它是人的审美需要获得满足的生理状态。一般说来，快感乃是美感的初级阶段。美感包括快感，但绝对不等于快感。因为它是高级神经心理活动的感情状态，不只是单单的生理感受。总之，快感是一种与人的

① 柏拉图.理想国[M].郭斌和，张竹明，译.北京：商务印书馆，1986：407.
② 柏拉图.理想国[M].郭斌和，张竹明，译.北京：商务印书馆，1986：107.

生理、心理、生物等机能密切相关的复杂的快适感受活动。柏拉图的快感说，就是开了西方美学史上从理论上讨论快感的先河。不过，柏拉图的快感说与我们今天通常所说的“快感”既有联系又有很大的不同。因为，柏拉图是站在唯心论的理念论立场，按照他的政治观点和伦理观念来解释快感的心理作用的。在柏拉图看来，凡是一般正常人，都具有理智和情欲两个部分。而理智是理性的部分，情欲则是无理性部分。这两个部分本质上常常是互相排斥和冲突的。理智往往是对情欲予以制约的，而情欲往往总是试图突破理智的羁绊而肆意奔腾，而体现在艺术模仿方面，理性部分是很难模仿的，而非理性部分则易于模仿。为了适合公众的情欲和趣味，同时也为了猎取名利，模仿人往往就在人的非理性部分方面下工夫，他利用人性中感情脆弱、性格多变、情绪激动等弱点投其所好，使之摆脱理性（理智）的束缚，从而获得快感，而不愿做出艰苦的努力去模仿人性中的理性部分，从而以理性（理智）去克服情欲。这种情形在古希腊的悲剧和喜剧诗体中表现得最为明显。这些剧体诗根本不愿去模仿人性中的理性部分。悲剧使其观众一个个变成了哀怜癖和感伤癖，喜剧往往逗起观众的“诙谐欲念”。这两种戏剧诗体只注重于滋养欲念和快感，却不利于对“理想国”统治者接班人和保卫者的培养。

因此，柏拉图本质上是反对诗给人以快感的。他希望理想国培养大批的优秀人才应是言笑平和，与欲念和快感不沾边。他指责悲剧和喜剧诗人，其作品充其量是低劣者和低劣者的配合，是离真理（或理念）、理智很远的低劣者，其作用是种下恶因，迎合了人性中的无理性部分，使人性中的低劣部分得到了滋生和发展，从而扼杀了人的理性部分。

综观柏拉图的“快感”与“效用”之说，我们已经不难看出，他是敌视快感而提倡效用的，并用效用来反对、抵制、扼杀快感的。他所说的诗人对人性和“非理性部分”的描写是低劣之人低劣的产物，其实恰恰是古希腊诗艺的现实主义所在。而他所说的所谓“效用”和真理正是指奴隶主统治的社会功利。按照柏拉图的这种诗艺创作标准，那么，正常的人性被压抑，诗艺的本质被摧改，诗艺的价值标准被颠倒。在这种带有鲜明政治色彩的“效用说”的渲染鼓吹下，势必导致政治效用与艺术力量的矛盾对立。柏拉图的诗的“效用说”就是把诗纳入了政治的轨道，诗的审美快感服从于效用（政治）的需要。

其实，柏拉图是懂得作为诗（艺术）它所肩负的使命是什么？而“效用说”本质就是对现实主义诗艺创作的一种否定，使之变成一种政治的婢女。为了政治的需要，为了共和国城邦的利益，必须对诗歌创作进行严格的规定：诗人该写什么，不该写什么，诗歌歌颂什么，讽刺什么，诗歌创作该用何种体裁，何种语言、语气、语调，写神就得把神说得十全十美，不能有损其神明的形象，并且要用这样的标准衡量、检查以往的一切诗艺作品，合我者昌之，不合者则予以毫不留情的删改，乃至“驱逐出境”。正是按照这种标准，即使像荷马史诗这样的伟大作品，也都是被其“一笔勾销”，无情驱逐。由于荷马史诗中描写了神的弱点，因此，就显得有点“大不敬、不完善、不合宜”，总之，不符合柏拉图的“效用”标准。柏拉图的诗学理论本质上是一种功利主义艺术观，按照这种理论，诗人及其创作将无路可走，这种让诗的创作丧失相对独立性，从而使其成为奴隶主阶级政治附庸的企图是一种落后的反艺术的理论。这种理论后来遭到了他的学生亚里士多德的批判和否定。

(四)诗歌创作的辩证法

柏拉图的哲学是唯心主义的哲学。不过,我们也不能因此而对其持一概否定的态度。其实,柏拉图的哲学中有其积极的东西:这就是它的辩证法因素。我们知道,早在柏拉图之先,西方就已经有了辩证思想的萌芽,如公元前6世纪古希腊爱利亚学派[9]的巴门尼德围绕着世界的本原问题提出了存在是"不动的","只有唯一不动的存在"才是真实的论点。他认为,如果承认事物的多样性和运动就会陷入矛盾,承认"多"的存在就会陷入无限大和无限小的矛盾。巴门尼德的学生芝诺据此作出"飞矢不动"的论证,把有限与无限、连续性与非连续性加以割裂,夸大运动的间断性,否认运动的不间断性,从而从根本上否认运动。这一论证在客观上接触到了运动本身所包含的间断性与不间断性的矛盾,原则上假设了空间与时间是可以无限分割的。芝诺的这种论辩方法被西方学者们称为人类最原始意义上的辩证法,亚里士多德则将其称之为"辩证法的创立者"。赫拉克利特则更是从朴素的形式明确地提出并证明了对立统一的辩证思想,认为一切统一物都是由两个对立物所组成。这一原则不但适用于自然和社会,而且适用于其他一切领域,例如日与夜、阳与阴、冷与热、干与湿、善与恶、美与丑、疾病与健康、战争与和平、生命与死亡等,自然和社会现象莫不如此。而且这些对立面都不是一成不变的,而是互为因果,互相转化的。正是在这个意义上,同一事物既存在又不存在。因此,人也就不能两次踏进同一条河流。一切事物都由对立而产生,如音乐即是如此,它是由各种不同的音调组合而成,从而产生出最和谐之美。赫拉克利特因此被称为"辩证法的奠基者"。柏拉图之师苏格拉底的辩证法思想则体现为:他强调用综合和分析的方法研究事物的现象与规律、感觉与概念的关系,从而从这些关系中去探求和揭示事物的本质特征。他的所谓的"如其本然地看出一和多",把"纯一"和"杂多"统一起来,就是这个意思。上述辩证法思想对柏拉图诗艺创作辩证法的形成产生了重大的影响。柏拉图正是提取了赫拉克利特的朴素的辩证思想,并在"苏格拉底式的辩证法"基础上发展并形成了他自己的一套辩证思维方法,并用这套思维方法来观察和解释诗歌及其创作,并提出了一些辩证的诗歌创作原则。

首先,柏拉图认为,和谐优美的音乐是由一些不同的高音低音和快慢节奏有机协调而成,它体现了一种对立统一的辩证关系。诗的情形也是如此。诗的格律也同样存在着长音与短音的有机合理的配合。此外,诗歌本身也存在着形式与内容、思想与文辞、节奏与词句、快感与效用之间的对立统一的辩证关系。

其次,是一与多的有机统一性。与写一篇文章一样,诗人的诗歌创作也必须遵循这种统一性。一部诗歌,它是由每句具体的诗句和段落所组成。在《斐德若篇》中,柏拉图针对诗人的创作这样写道:诗的结构"应该像一个有生命的东西,有文所特有的那种身体,有头尾,有中段,有四肢,部分和部分,部分和全体,都要各得其所,完全调和"。就拿悲剧这样的诗体来说,它"要把这些要素安排成一个整体,使其中部分与部分以及部分与全体都和谐一致",它不但要有头有尾,有中段,而且更重要的是组合成一个有机的整体,务使各个部分都不能增减,因为有增有减往往有损于其整体。柏拉图的上述论点,旨在强调以下两点。一是诗歌具有整体统一性。它必须把一切与主题有关的杂散凌乱的事项统摄于某一个普遍的概念之下。一切与之无关的事项都应剔除其外。二是顺自然的关节，把整体剖析成各个部分。这就是我们平常所说的那种"分析与综合"。总之，柏拉图诗歌创作辩证法的核心之点主要体现于"对立的调和"与"有机的统一"这两个基本原则上。后来，他把"有机的统一"这个为文艺创作而提出的原则推广到一切事物上，甚至用来指导他那个"理想国"的组织与建设上。柏拉图的"有机统一说"对后世影响很大，亚里士多德也曾将这一学说运用于他的戏剧研究，这一点，我们可以在其《诗学》中清楚地看到。

（五）对柏拉图诗学理论的简要评价

柏拉图诗学理论的产生和形成是由其所处的特定的社会历史条件所决定的。柏拉图本人生活在希腊历史的大动荡、大转折的时代。当时的希腊奴隶主贵族党随着民主党的日益兴起而开始走向衰落。学术上哲学派别应运而生，这些新派学说普遍对原来的那些宗教信仰、伦理道德观念、法律制度以及风习等持否定和排斥的态度，并提出"人是万物的尺度"的口号，并以此衡量社会的形形色色事物。这对雅典的统治者来说无疑是一个极大的威胁。柏拉图就是在这样一种社会历史发展现实面前站出来为旧有没落阶级辩护的"忠实勇敢者"。他极力反对新的哲学和社会道德观，反对"人是万物的尺度"的口号，并站在奴隶主贵族统治的立场奔走呼号，扬言要将这些"新生事物"扫荡干净，并建立一种所谓的"理想国"。他的诗学理论就是他的整个哲学观和文艺观的一个重要部分。

柏拉图重视诗歌是有其社会历史原因的。首先，具有历史进步意义的荷马及其史诗在人民的心目中享有很高的地位。长期以来，希腊人民把荷马史诗奉为生活的教科书。这种情形正如色诺芬尼[10]所说的那样："从最初的时代起，所有的人都向荷马学习。"①荷马史诗不但是希腊人民生活的教科书，而且也成了希腊艺术的土壤和条件。其次，其他各种艺术（如音乐、悲剧和喜剧等）对人的思想品格的熏陶和影响。这些艺术对人们的潜移默化的心灵影响是巨大的。它们在群众中很有市场。柏拉图看到了诗对人所产生的巨大影响。因此，他提出了作诗要有标准，并对以往的诗进行严格审查。通过审查，发现这些作品都是在"撒谎"，而根本不是在追求"真理"。诗人们也都是在讨好群众，迎合"人性中低劣的部分"。鉴此，柏拉图主张将那些惯于把神和英雄写得与普通人一样地撒谎、犯罪、贪婪、残酷，惯于写因果报应、赏善惩恶并用一些毛骨悚然的字眼吓唬人的诗人及其作品毫不留情地逐出理想国，并重新提出新的诗歌创作标准来对诗人们做出规定。其中最主要的是要把神的形象写好。他们是一切好事的因，他们的形状不可改变。其次写人也要写人的勇敢、真诚、镇静、节制等美德，而不单单去模仿其疯癫无知、喜怒无常等。总之，柏拉图认为，诗歌必须服从政治，必须服从"理想国"的利益。如果有了这个前提，那么，诗人和诗是可以被承认和接受的，所以，在《理想国》第三卷，柏拉图明确表示："我们只要一种诗人"，那就是"他们的作品须对我们有益；须只模仿好人的语言，并且遵守我们原来替保卫者们设计教育时所定的那些规范"。

① 北京大学哲学系外国哲学史教研室.古希腊罗马哲学[M].北京：商务印书馆，1978。

以上所述，我们权且可以将其视为是对柏拉图诗学理论的一个简要概括。的确，柏拉图的诗学理论与他的整个美学思想一样，带有很大的保守性，特别是他的灵感说为以后颓废主义埋下了种子，成为后世天才论和唯心主义创作理论的基础，但在一些具体的见解中，仍然会有某些为我们所可取、所值得借鉴的合理因素，如他认为，诗歌作品中过多地写一些消极性的事物（如疯狂、残杀、暗算、贪婪等）往往会给人造成某种负面的教育影响。诗歌创作要善于综合分析，将各种零散的材料有机地统一，诗歌必须考虑到其教育功能和社会效果，等等。这些都是柏拉图诗学理论的合理性因素。实事求是地说，柏拉图的诗学理论体系是颇为复杂的，从其许多具体的对话中我们看到，他的这一理论也存在着不少矛盾，如既敌视诗人，又主张诗人如果能写出有益于其理想国的好诗则可以受到欢迎，等等。正是由于柏拉图诗学理论的复杂性结构，故给后世造成的影响也是比较深远而又复杂的。不管怎么说，柏拉图诗学理论是在对古代希腊诗学理论萌芽予以总结、概括的基础上发展而成的。仅仅就这一点来说，他也是有其历史贡献的。也正是从这个意义上我们可以说，柏拉图的诗学理论开创了西方诗学理论的先河。他的学生亚里士多德就是在对其唯心主义诗学理论的批判基础上，异军突起，建立起现实主义的诗学理论体系。

二、亚里士多德

不管我们对柏拉图的诗学理论持有什么样的看法，但有一点必须肯定，那就是柏拉图是一位聪明的唯心主义哲学家。在他那里，我们可以看到一套比较完整的诗学理论体系。这套理论体系一方面影响了亚里士多德，另一方面也遭到了亚里士多德的批判。在西方，许多学者认为，亚里士多德是对柏拉图思想作出最好反应的哲学家。亚里士多德是柏拉图的学生，他尊敬柏拉图，但在探求真理方面却有他自己的立场和原则。这正如亚里士多德自己所说："吾爱吾师，吾尤爱真理。"这句名言足以说明亚里士多德对柏拉图学说的批判与继承（且批判多于继承）的关系。亚里士多德正是在对柏拉图观点既继承又批判，批判多于继承的基础上发展出了自己的学说，以致形成了一个与柏拉图唯心主义思想相对的异军学派，从而被人们视为与柏拉图并列的西方美学思想的两大源头。与柏拉图截然不同，亚里士多德走的是一条逐渐抛弃神学目的论和理念论而倾向于对现实世界进行哲学探讨和科学研究的道路。无论是在他的哲学还是自然科学研究中，人和自然始终是他研究的主要对象。他的诗学理论研究自然也体现了这一特征。

亚里士多德（Aristotelēs，公元前 384 年—公元前 322 年），生于希腊北部加尔希狄克半岛的斯塔吉拉城。其父尼柯马库斯是马其顿王阿穆塔的宫廷御医。这一特定的社会背景条件使亚里士多德从小与马其顿王室建立某种长久密切的联系成为可能。17 岁进雅典柏拉图学院，一学就是 20 年。37 岁（公元前 347 年）那年，柏拉图去世，亚里士多德遂与同学希洛克拉底一起离开雅典，前往小亚细亚讲学，并受聘为马其顿王子亚历山大（Alexander，公元前 356 年—公元前 323 年）之师。公元前 355 年，他重返雅典，创立了吕克昂学院。据说他常在林荫路上一边散步一边讲学，故被人们称之为"逍遥学派"。亚历山大死后，因有亲马其顿的嫌疑而被迫逃离雅典去卡尔西斯避难，次年（即公元前322年）逝世，终年62岁。

亚里士多德是古希腊著名的哲学家和博学者。他总结了自泰勒斯以来古希腊哲学发展的成果，破天荒第一次将哲学与其他科学区别开来，从而开创了逻辑、伦理学、政治学和生物学等学科的独立研究。在古代希腊，他与柏拉图犹如交相辉映的双子星座，恩格斯称他是古希腊思想家中"最博学的人物"。马克思则称亚里士多德是"古代最伟大的思想家"。

亚里士多德的哲学是以对柏拉图"理念说"的批判为其基础的，而他的文艺观则是从对柏拉图的"模仿说"的批判开始的。柏拉图哲学的核心是割裂理念与实物的联系，认为实物是理念的模仿，因而模仿实物的文艺只是"模仿的模仿"，是不真实的。而亚里士多德则认为一般寓于个别之中，本质就在实物之中，因此，对实物的模仿，不仅反映本质，而且带有普遍性，更富有哲学意味。同样，美的理念，即一般的美，也不能离开具体的美的事物。一般的美，美的事物的本质，也只能存在于具体的，能感觉得到的美的事物之中，并不能先于美的事物而存在，也不能脱离美的事物，这种美学观点同样也渗透在他的整个诗学理论中。亚里士多德是古代希腊思想家中第一个著书立说的人，他采取科学的逻辑方法，对各门科学作分门别类的系统研究，从而打破了古代浑然一体的论述方式，从而推进了人类认识水平向更高阶段发展。他将科学分为：(1) 理论的科学（其中包括数学、物理学、生物学、心理学等）；(2) 实践的科学（其中包括伦理学、政治学、经济学、战略学等）；(3) 创造的科学（如诗学和修辞学就属于这一范畴）。亚里士多德一生的著述是十分丰富的，其中最主要的著作有：《工具论》《形而上学》《物理学》《伦理学》《政治学》和《诗学》等。下面，我们就围绕着亚里士多德美学和文艺思想的代表作《诗学》对其诗学理论作一考察。

（一）诗是对现实世界的模仿

在古代希腊，关于诗与现实世界的关系问题一直为哲学家、美学家和文艺理论家们所关注。在亚里士多德之前，唯物主义哲学家赫拉克利特和德谟克利特就已经提出了"文艺模仿现实（自然）"的理论。如赫拉克利特认为，自然是由联合对立物造成最初的和谐，而不是联合同类的东西。艺术也是这样造成的，显然是由于模仿自然。绘画在画面上混合着白色、黄色和红色的部分，从而造成与原物相似的形象。音乐混合着不同音调的高音和低音、长音和短音，从而造成一个和谐的曲调，构成一部完整的艺术。德谟克利特则认为，艺术起源于模仿，艺术最初是从自然中获得启示。他说，在许多重要的事情上，人们是模仿禽兽，做禽兽的学生。如人类从蜘蛛网这样的自然现象中通过模仿学会了织布和缝补、制衣，从燕子衔泥做窝这种自然现象中学会了建造房屋，从夜莺的鸣叫声中学会了唱歌，等等。由此，他引申出诗人及其创作的看法：一位诗人以热情并在神圣的灵感之下所作成的一切诗句当然是美的。赫拉克利特和德谟克利特上述关于艺术模仿自然的看法是西方文艺史上现实主义创作思想的早期萌芽。这种萌芽体现了早期文艺理论家们对艺术的朴素的唯物主义的简单理解。

值得指出的是，"模仿理论"并不是只能为持唯物主义立场观点的人所独有，同样，持唯心主义哲学立场的人也同样可以用“模仿说”来阐述其艺术观点。关于这一点，表现得最典型的是柏拉图。我们在上文中已经谈到，柏拉图也谈艺术是一种模仿，但他与赫拉克利特和德谟克利特在这个问题上的根本不同之点就在于：赫拉克利特和德谟克利特强调的是艺术对现实（如鸟儿筑巢、夜莺歌唱）的直接模仿，而柏拉图只是旨在强调艺术是由模仿现实世界而来，而这个现实世界是理念世界的一种模仿（换言之，他本身就是一种影子或第二级的东西）。所以，这种模仿对象是没有真实性（或曰现实性）基础的，艺术说到底是一种影子的影子。既然模仿的是一种非真实的东西，因此，艺术也不可能反映真实，更谈不上揭示世界或现实的本质和规律。这是柏拉图唯心主义艺术观的反动性的核心之所在。亚里士多德的诗学理论就是从批判柏拉图的以“理念论”为核心的唯心主义“模仿说”入手的。

柏拉图对诗的最基本解释也与他对其他文艺的解释一样，即它是一种“模仿”，一种对现实世界的模仿，或曰模仿的模仿或模本的模本。亚里士多德则提出了与之截然相反的“模仿”观点，即诗是对现实世界的模仿，从字面上看似乎与柏拉图的模仿说很相似，其实不然。柏拉图的“模仿”所指的那种“现实世界”是一种不真实的虚幻的东西，是一种影子（理念的影子），诗是对这种不真实的虚幻性的东西（影子）的模仿，因此，它就是虚幻的虚幻（或曰影子的影子），所以，它与真理或真实隔着三层，并以此为据指责诗人、罗织罪状。亚里士多德则比柏拉图高明、他从诗的这种艺术模仿中看到了一种普遍与特殊的辩证统一关系。他抛弃了（或者说从根本上否定了）柏拉图的所谓理念（或理式），肯定现实世界的实存性质，从而也就肯定了以模仿现实世界实存性为其主要特征的诗这门艺术的真实性。

不但如此，亚里士多德甚至认为，以模仿为其主要特征的诗，甚至比它的模仿对象——现实世界——更真实，因为诗所模仿的并不是如柏拉图所说的只是现实世界的那种外形（指非本质范畴的东西），而模仿的是现实世界所具有的那种必然性和普遍性。这种必然性和普遍性其实就是它的本质。亚里士多德的这一论点在其整个诗学中始终占据着主导地位，也是其诗学现实主义的一个基本原则或出发点。在《诗学》第九章，亚里士多德通过将诗与历史做比较的方式强调指出诗人的职责和诗的真实性特征。他这样写道：“诗人的职责不在于描述已发生的事，而在于描述可能发生的事，即按照可然律或必然律可能发生的事。历史家与诗人的差别不在于一用散文，一用‘韵文’，希罗多德的著作可以改写为‘韵文’，但仍是一种历史，有没有韵律都是一样，两者的差别在于一叙述已发生的事，一描述可能发生的事。因此，写诗这种活动比写历史更富于哲学意味，更被严肃地对待；因为诗所描述的事带有普遍性，历史则叙述个别的事。所谓‘有普遍性的事’，指某一种人，按照可然律或必然律会说的话，会行的事，诗要首先追求这目的。然后才给人物起名字，至于‘个别的事’则是指亚尔西巴德所做的事或所遭遇的事。”[①]在这里，亚里士多德已经十分明确地点出了诗人的基本使命。由于诗和历史各自有其不同的使命特征，因此，

① 亚里士多德，贺拉斯.诗学·诗艺[M].罗念生，杨周翰，译.北京：人民文学出版社，1962：28－29.

诗人也必然与历史学家不同，历史学家撰写历史旨在叙述以往业已发生的事，而诗则是重在描述可能将要发生的事。就业已发生了的事而言，其中有不少定是一些纯粹的偶然现象，它们之间彼此缺乏某种内在的联系，不符合可然律或必然律。而诗就不同了，它描述一些可能发生的事，而这些事前后承续则合乎可然律或必然律，从而也就体现了事物的内在联系和因果关系，换言之，它符合事物发展的必然规律。本来历史家按理应该通过其对历史的叙述来揭示历史发展的客观规律，然而，在亚里士多德所处的那个时代，古希腊历史大多是编年纪事，它不能体现出历史的必然性，因此，亚里士多德在对历史的发展规律的认识上也是受其时代局限的。不过，他将诗与历史做一比较的用意是颇为深刻而又明白的，那就是：诗不能只仅仅停留于对某些偶然现象的模仿，而是要透过现象揭示其本质和规律。诗不能离开具体的事物来叙述一般，而是要通过特殊的、个别的人物事迹来揭示蕴藏其中的那种必然性和普遍性（这里涉及普遍与特殊的辩证统一关系）。

为了在诗的创作中有效地体现上述原则，亚里士多德还认为，必须破除以往诗艺创作中仅局限可从传统故事中去寻找题材的陈规，从而允许诗人们用虚构的方式进行其创作，因为，这样做更能使个别得以鲜明、生动地展示，更能有效地模仿现实世界。就拿由史诗演变而来的悲剧诗体来说，它也完全可以不拘泥于传统故事而由悲剧诗人自己进行自由的虚构创造。他说："在悲剧中，诗人们都坚持采用历史人名，理由是：可能的事是可信的，未曾发生的事，我们还难以相信是可能的，但已发生的事，我们却相信显然是可能的，因为不可能的事又不会发生，但有些悲剧却只有一两个是熟悉的人物，其余都是虚构的。有些悲剧甚至没有一个熟悉的人物，例如阿伽同的《安透斯》[11]，其中的事件与人物都是虚构的，可是仍然使人喜爱。因此不必专采用那些作为悲剧题材的传统故事。那样做是可笑的。"①亚里士多德的上述论点的核心是：诗人在其创作取材时根本不必拘泥于故事情节必须已经发生这一点，因为那样的话，就不一定符合可然律或必然律。悲剧中的事件和人物完全可以由悲剧诗人进行虚构。只要虚构出来的人物或事件符合可然律或必然律就行。作为观众，他们看戏根本不去关心剧中的人物或事件是否在历史上确实出现过，他们也根本不关心剧中人物在历史上的知名与否。悲剧诗人只要能将剧中的人物或事件塑造得符合可然律或必然律，就会赢得观众的喜爱。这样的创作及其作品更能充分有力地反映现实世界，也更能将蕴藏在欣赏者之中的那种艺术鉴赏的积极性和创造性调动起来。此外，亚里士多德的上述主张，对于从事诗艺创作的诗人来说，无疑是一大福音。诗人们如果将其创作题材仅仅局限于从已经发生的事物或事件中去寻找，那么，其题材来源显然是很狭窄的。现在，亚里士多德提出了在符合可然律和必然律的前提条件下，诗人们可以进行必要的（或曰合理的）虚构，这就为诗人们的自由创作开辟了广阔的天地。

其实，亚里士多德的上述创作主张并不是在一般陈述意义上泛泛谈及的。相反，我们应该把它看做是亚里士多德对古代希腊诗艺创作的经验总结。为了进一步证明这一点，我们有必要引述亚里士多德《诗学》第二十五章中的一段有关论述："诗人既然和画家与其

---

① 亚里士多德，贺拉斯. 诗学 · 诗艺[M]. 罗念生，杨周翰，译. 北京：人民文学出版社，1962：29－30.

他造型艺术家一样，是一个模仿者，那么，他必须模仿下列三种对象之一：过去有的或现在有的事、传说中的或人们相信的事、应当有的事。”[①]这里列述了诗人的三种模仿对象，其实我们也可以把它们理解为三种不同的创作方法。第一种，所谓“照事物的本来的样子去模仿”，就是指模仿业已成为事实的已经发生了的事；第二种则是指那些历史上流传下来的神话传说，也就是指可以按照人们所说所想象的事物的样子模仿；第三种模仿应当有的事，则是指按照事物应有的样子去模仿。对于上述三种创作方法（或曰创作形式），亚里士多德最为推崇的是第三种，即诗人应按照事物应有的样子去模仿。他十分赞赏索福克勒斯的创作风格，因为这位悲剧诗人在“按照事物应当有的样子去模仿”方面做得比较出色。故亚里士多德要求人们像索福克勒斯那样去从事其创作。他说：“如果有人指责诗人描写的事物不符合实际，也许他可以这样反驳：‘这些事物是按照它们应当有的样子描写的’，正像索福克勒斯所说，他按照人应当有的样子来描写，欧里庇得斯则按照人本来的样子来描写。”[②]在《诗学》中，亚里士多德始终把索福克勒斯视为其理想的悲剧诗人，而欧里庇得斯则是经常遭到他的批评和指责的。由此可见，亚里士多德上述话语中对索福克勒斯和欧里庇得斯的褒扬和贬抑是显而易见的。而通过这种褒扬和贬抑，我们也可以清楚地看到亚里士多德的那种理想的创作方法。

（二）诗的美感及其教育作用

在诗的美感及其教育作用这个问题上，亚里士多德也有其独特的理论建树。而这一理论建树也同样是在对柏拉图理论批判的基础上得以确立和实现的。按照柏拉图的观点，诗只能模仿现实的现象，而根本不能揭示现实的本质和规律，因此，也更谈不上诗有对现实世界的认识功能。此外，柏拉图还把诗的那些积极的功能（如它能激动人的情感，使人从中获得审美意义上的愉快）指责为是“培育发育人性中低劣的部分，摧残理性的部分”，对人起着某种贬坏道德的作用，等等。柏拉图正是通过他对诗的审美价值与社会功用的对立来否定诗的审美意义和价值。亚里士多德则基于自己的伦理观，提出了与柏拉图截然相反的观点，从而为诗和诗人进行积极的辩护。要辩护，就必须要有充分的辩护理由，那么，亚里士多德为诗和诗人辩护的理由又是什么呢？首先，他总结了以往古代希腊的伦理思想，尤其是总结和发展了赫拉克利特的伦理思想，认为那些为人性所固有的欲望、情感的东西都是属于人的特殊本质范畴的东西，它们都是人的功能的表现。因此，人们要求在欲望和情感等方面得到满足是正当合理的。此外，人还有别的其他一些诸如过“理性生活”的功能（这种功能是使人区别于动物的一个最基本标志），正是有了这种理性功能，所以，人们才在情感等方面懂得如何同情人、怜爱人、憎恨人、蔑视人，哪怕是在为自己追求和谋取幸福生活的同时，也时时以理性为指导。理性是人控制情感（或情欲）的最有效的保证。如果一旦失去理性，那么，情感就会像脱缰的野马肆意奔腾。因此，理性是

---

① 亚里士多德，贺拉斯.诗学·诗艺[M].罗念生，杨周翰，译.北京：人民文学出版社，1962：74.

② 亚里士多德，贺拉斯.诗学·诗艺[M].罗念生，杨周翰，译.北京：人民文学出版社，1962：94.

很神圣的，它是人性中最宝贵的东西。一个有教养、有理性的人，一定很会处理理智与情感的关系，换言之，在这样的人那里，情感与理智总是会处在一种平衡的状态，从而其人格也相应地得到了完善。这样说来，理性与情感也是一种相辅相成的关系。一旦失去平衡，那么，不论其天平向哪一方倾斜，都是不利于其人格的和谐与发展的。

理性与情感构成了相辅相成的关系，而情感和理性都与人的后天所受的社会教育和影响有关。诗的美感作用和社会教育意义就是不可低估的。这里牵涉诗的起源和社会作用等问题。亚里士多德说："一般说来，诗的起源仿佛有两个原因，都是出于人的天性。人从孩提时候起就有模仿的本能（人与禽兽的区别之一，就在于人最善于模仿，他们最初的认识就是从模仿得来的）。人对于模仿的作品总是感到愉悦。经验证明了如下三点：事物本身看上去尽管引起痛感，但惟妙惟肖的图像看上去却能引起我们的快感，例如尸首或最可鄙的动物形象。其原因也是由于求知不仅对哲学家是快乐的事，对一般人亦然，只是一般人求知的能力比较薄弱罢了。我们看见那些图像所以感到快感，就是因为我们一面在看，一面在求知，断定每一事物为某一事物，比方说，'这就是那个事物'。假如我们从来没有见过所模仿的对象，那么，我们的快感就不是由于模仿的作品，而是由于技巧或着色或类似的原因。模仿出于我们的天性，而音调感和节奏感（至于'韵文'则显然是节奏的段落）也是出于我们的天性，起初那些天生高于这种资质的人，使它一步步发展，后来就由临时口占而做出了诗歌。"①

上述这段论述很重要，它涉及诗的起源以及诗的内容和本质问题。亚里士多德将诗的发生与人的天性联系起来。人类由于其本能的需要，故人在其孩提时期就有本能的模仿要求和模仿习惯。这是理性之人区别于无理性动物的一个根本标志。人不仅通过模仿获得对现实世界的知识，而且也通过对现实世界的模仿，获得审美意义上的快感。艺术模仿本身就是一个认识现实世界的求知过程，这种求知过程本身也是获得快感的过程。亚里士多德把艺术模仿和认识世界联系起来，人的最初的知识就是通过模仿获得。像诗这样的模仿艺术之所以能令人产生快感，就是因为人能通过它而一面在欣赏，一面在求知。因为求知在亚里士多德看来，不但对于哲学家，就是对于一般人来说都是最令人快乐的事。区别只在于常人的求知能力不如哲学家。也正是在求知产生快感这个美学意义上，亚里士多德推崇索福克勒斯式的诗体创作方法，即诗最好是模仿"可能发生的事"，因为，"可能发生的事"是一个只有预计但无法确认的东西。诗人以这样的东西作为其模仿对象，无疑就是意味着诗人通过模仿，在对其进行艺术欣赏的同时，要去深刻地认识它，而认识的目的是为了将这种"现实世界"的本质和规律揭示出来。这种对可能要发生的事物的本质和规律的揭示既是一个求知的过程，也是一个产生无穷审美快感的过程。

亚里士多德的这种把审美快感与艺术的认识内容结合起来的看法无疑是其理论的一大特点。这一特点告诉人们，审美快感的根源并不仅仅限于艺术的形式，而且也与艺术的内容（这里指求知过程本身）有关。两者相辅相成的关系本质构成了审美快感的来源。在

---

① 亚里士多德，贺拉斯.诗学·诗艺[M].罗念生，杨周翰，译.北京：人民文学出版社，1962：11－12.

《诗学》中，亚里士多德就诗的形式与内容的关系对审美快感所起的作用做了重点的论述。在这一点上，无论是史诗还是悲剧等诗体都是如此。就拿史诗来说，它的技巧、音调和节奏感等因素所产生的形式之美都与审美快感有着密切的联系，“史诗的情节也应像悲剧的情节那样，按照戏剧的原则安排，环绕着一个完整的行动，有头、有身、有尾，这样，它才像一个完整的活东西，给我们一种它特别能给的快感”。① 很显然，亚里士多德这里所说的“快感”，就是一种审美快感。这种快感是由史诗的那种完整的形式结构所引起的。同样，亚里士多德在论述悲剧诗体所产生的快感时，他对之作了更细的论证。在亚里士多德那里，悲剧是要借观众的恐惧和怜悯来给观众以快感。这种“恐惧和怜悯之情可借‘形象’来引起，也可借情节的安排来引起，后一办法为佳，也显出诗人的才能更高明，情节的安排，务求人们只听事件的发展，不必看表演。也能因那些事件的结果而惊心动魄，发生怜悯之情；任何人听见《俄狄浦斯王》的情节，都会这样受感动。诗人若是借‘形象’来产生这种效果，就显得他比较缺乏艺术手腕；这个办法要依靠装扮者的帮助”[12]。“有的诗人借‘形象’使观众只是吃惊，而不发生恐惧之情，这种诗人完全不明白悲剧的目的所在。我们不应要求悲剧给我们各种快感，只应要求它给我们一种它特别能给的快感。既然这种快感是由悲剧引起我们的怜悯与恐惧之情，通过诗人的模仿而产生的，那么，显然应通过情节来产生这种效果。”②亚里士多德在上述论述中假设了悲剧引起怜悯与恐惧所诉诸的两种方式或途径：第一种是通过“形象”，第二种则是通过“情节的安排”。然而，亚里士多德明确表示，他首先认同后者，一切高明的诗人都会持此选择的。而这里所说的“借情节的安排”也是一个涉及诗人的艺术技巧问题，即他要从整个悲剧诗体的全局出发来将情节进行有机的整理，从而达到多样性的有机统一。这也是出于对形式美的考虑。当然，这种情节的有机安排又不单单是一种纯粹的形式组合，而它同时又是由情节内容所规定的，即由情节内容发展的内在逻辑所规定。

从上述亚里士多德对史诗和悲剧这两种诗体创作的阐述中，我们看到，亚里士多德注重诗体艺术的形式美，但同时也不是将这种形式美孤立起来看的，而是与内容联系起来，从而承认无论是史诗还是悲剧等艺术，形式与内容都是有机联系的，而且是内容决定着形式。亚里士多德的这一美学主张是很值得我们加以肯定的。

亚里士多德关于悲剧诗体的论述是他整个诗学理论的重要组成部分，但由于本文篇幅所限，这里不作详谈，当另文撰述。

注释

1 荷马（Homeros，约公元前9世纪—公元前8世纪），古希腊诗人，到处行吟的盲歌者，生于小亚细亚，相传著名史诗《伊利亚特》和《奥德塞》为他所作。关于荷马是否确有其人，他的生存年代、出生地点以及两部史诗的形成，争议很多，从而形成了欧洲文学史上的所谓“荷马问题”。

2 赫西俄德（Hesiodos，约公元前8世纪），古希腊诗人，稍后于荷马，代表作长诗《农作与日子》（又译

---

① 亚里士多德，贺拉斯.诗学·诗艺[M].罗念生，杨周翰，译.北京：人民文学出版社，1962：82.

② 亚里士多德，贺拉斯.诗学·诗艺[M].罗念生，杨周翰，译.北京：人民文学出版社，1962：42－43.

《劳动与日子》),谴责贵族的骄横,歌颂农业劳动,介绍不少农事知识。另有长诗《神谱》(一说不是他的作品),叙述希腊诸神的世系与斗争。

3 缪斯,希腊神话中九位文艺和科学女神的通称,都是主神宙斯和记忆女神的女儿,其中克利俄管历史,欧忒耳珀管音乐与诗歌,塔利亚管喜剧,墨尔波墨涅管悲剧,忒耳西科瑞管舞蹈,埃拉托管抒情诗,波吕许尼亚管颂歌,乌拉尼亚管天文,利俄珀管史诗。

4 俄耳浦斯,希腊神话中的佛律癸亚歌手,河神阿格洛斯和卡利俄珀的儿子。

5 安菲翁,宙斯和忒拜公主提俄珀的儿子,仄托斯的孪生兄弟,尼俄柏的丈夫。

6 平达(Pindaros,约公元前 518 年—约公元前 438 年),古希腊抒情诗人,其诗体辞藻华丽,格律严谨,传世之作有四十多首,内容大多赞美希腊诸神和奥林匹亚竞技的获胜者,宗教气氛浓厚,欧洲文学中的平达体颂歌,即因他而得名。

7 西摩尼得斯(Simonides of Ceos,约公元前 556 年—约公元前 468 年),生于爱琴海凯奥斯岛的抒情诗人。他曾首创胜利者颂歌,以祝贺奥林匹亚竞技会的优胜者。他那为纪念公元前 480 年斯巴达后卫部队坚守德摩比利(温泉关)隘口抵御波斯人而写的诗句,是永志难忘的墓志铭。他声誉极盛,其酒神颂歌在雅典竞赛中多次获胜。

8 德谟克利特(Democritus,约公元前 460 年—公元前 370 年),古希腊唯物主义思想的重要代表人物,原子论的创始人,据传他写过《节奏与和谐》《论音乐》《论诗的美》《论绘画》等一系列有关美学的著作,可惜已全部失传。

9 爱利亚学派乃是古希腊唯心主义哲学学派,公元前 6 世纪至公元前 5 世纪产生于意大利南部古希腊人居留地爱利亚(位于今意大利那不勒斯附近)。据亚里士多德的说法,色诺芬尼是该派创始人。该派的主要哲学思想特征是:反对伊奥尼亚学派的朴素唯物主义和自发辩证法思想,认为思维和存在是同一的,而“存在”必然是“一”,并且是静止的。

10 色诺芬尼(Xenophanes,约公元前 565 年—约公元前 473 年),古希腊哲学家,受到米利都学派的影响,认为一切事物都从水和土而出,反对把神说成和人一样;反对多神之说,但认为有一个全视、全知、全听的神,它是无所不在、不动不变的。后一思想和巴门尼德的学说近似,因而亚里士多德称色诺芬尼为爱利亚学派的第一个代表人物。

11 阿伽同(Agathon),约死于公元前 400 年。安透斯可能是神话传说中的英雄,这名字被阿伽同所借用,作为其剧中的虚构的人物。一说该剧名应是《安托斯》,即“花”之意。

12 “装扮者”原义作“支付歌队费用者的义务”。古希腊戏剧的歌队费用是由富裕的公民来承担的。这个词大概转义为“演员的面具和服装的负责人”,或作“外来帮助”和“装扮者的帮助”解。

贺拉斯诗学理论初探

如果说，古代希腊是诗的摇篮，同时也是诗学理论的发源地，那么，古代罗马则体现为对古代希腊诗歌和诗学理论的仿效和尊崇。也正因如此，罗马以后的欧洲美学家和文艺理论家们一般习惯上都把古代罗马的诗艺作品以及诗学理论的崇古仿古倾向称之为古典主义，而把17世纪以后的古典主义叫作“新古典主义”或“假(伪)古典主义”。在我国学界，学者们一般把欧洲17世纪的文学运动也称为古典主义，把罗马文学的崇古倾向称为罗马古典主义。

由此可见，罗马古典主义是西方文学理论史和美学史上的一个特殊的学术概念，它与17世纪以后的古典主义有着内涵上的差别。罗马时代古典主义文学理论的最杰出的代表就是贺拉斯的《诗艺》。在这部千古不朽的经典论著中，集中体现了古代罗马的诗学理论。当然，贺拉斯的诗学理论的产生和形成也是以其特定的历史条件和时代背景为基础的。

历史的看，贺拉斯是古代罗马的一位幸运人物。因为，他生活在罗马文学发展的黄金时代，即史学家们通常所说的“奥古斯都时代”，与维吉尔和瓦留斯两位著名的大诗人处于同一时代，其声名不相上下。贺拉斯(Quintus Horatius Flaccus，公元前65年—公元前8年)生于意大利东南部的韦努西亚(今韦诺萨)一个贫民家庭，其父当过奴隶，获释后成为“自由人”，略有产业，因而使贺拉斯早年有条件在罗马受到良好的教育。贺拉斯在罗马学习一段时间后，又去雅典深造，主攻文学与哲学。从那时起，他就十分崇拜希腊文化。公元前44年，恺撒被刺，他加入共和派。共和派失败后，他逃回意大利，这时，其父已死，家业破败，生活十分贫困，后又历经坎坷，晚年生活稍为安定，并由倾向共和转向支持帝制。贺拉斯流传至今的主要著作有《长短句集》《讽刺诗集》(7卷)《颂歌集》(4卷)等。对西方文学产生深刻影响的主要是《歌集》和《书札》。书札共三卷，第一卷内容接近讽刺诗，论及诗的题材、布局、风格、语言、音律以及其他技巧问题；第二卷以文艺评论为主，论及诗的种类(尤其是悲剧)；第三卷是给皮索父子三人的诗体信。后来著名的修辞学家昆提利弩斯将此信称为《诗艺》，故后世就以此名沿用至今。《诗艺》论及诗人的天才和艺术创作等。

确切地说，《诗艺》不是一部严格意义上的美学论著，也不是一部纯粹的文艺研究著作，它只是著述了贺拉斯在艺术创作(尤其是诗歌创作)方面的一种看法。贺拉斯所处的古罗马与古希腊的一个重要的不同之点就是：古罗马不像古希腊那样崇尚哲学思辨，相反，它是一个重视实践的民族。这个民族的文学艺术家普遍注重文艺创作的实践经验。换言之，他们往往是以经验（而不是以哲理性的思辨理论）指导其文艺创作。贺拉斯的《诗艺》就是一部充满着经验之谈的古典学术理论文献。当然，就在这种经验之谈的论述中，也闪耀着许多精彩的美学文艺学见解。贺拉斯在诗中，其着眼点并不在于什么是自然美或社会美等方面的问题，而是艺术的美，而且主要是关于诗艺创作中的种种美学问题。因此，正是从这个意义上来说，贺拉斯的《诗艺》也可以说是古代罗马流传至今的第一部诗歌美学经典。《诗艺》在理论上继承了亚里士多德的模仿（即艺术模仿自然）学说，强调作家或诗人要了解生活，投身于现实的生活实际，与现实建立密切的联系，从中吸取创作的源泉，劝导诗人从“生活习惯里去寻找真正的范本”。在接受传统的模仿说的同时，他还提出“创造”这一概念，即创造可以凭想象虚构，但这种旨在为了取悦于人而作的虚构必须接近生活的真实，否则，创作出来的作品就会像在树林里画条海豚，在海浪里画只野猪那样不协调，不自然。贺拉斯强调一部优秀的作品的源泉在于诗人的正确的思辨。

在人物性格的刻画上，贺拉斯也主张描写“典型性格”，但他所说的“典型”实际上是一种定型的类型，即对传统人物传统写法持一种认可态度。这同他崇拜古典文化思想脉络是一致的。贺拉斯还以各种不同年龄层次的人所具有的不同性格为例，认为老年人或年轻人或幼孩作为一种类型，他们各有其共同的性格，即所谓的“共性”，这种“典型”说显得比较牵强和肤浅，给人以概念化的感觉。贺拉斯还强调文艺的功用在于对人起到教益，他认为，诗人的目的在于给人以教益，或给人以娱乐，或是把愉快或有益的东西结合在一起。贺拉斯还强调诗对开发文化的作用，用诗来引导人类从野蛮走向文明，给人指明生活的道路。在艺术创作中的题材处理上，贺拉斯倾向于保守，除沿用古典作品中的那些“典型”的题材，他还主张像“诗的格律”等也都应该沿用希腊诗的格律。不过，贺拉斯虽然强调模仿古典，但他也反对创作中的生搬硬套。总之，沿用旧题材，尽可能要以不妨碍反映现实生活为前提。贺拉斯的文艺思想和《诗艺》一书，对西方思想尽管有保守的一面，但现实主义的文艺思想毕竟占了主导地位。下面，让我们就以《诗艺》一书为主要依据，对贺拉斯的诗学理论作一重点考察。

一、贺拉斯诗学理论生成的背景条件

任何伟大学说的产生和形成，都有其特定的时代背景条件，这是一条规律，贺拉斯诗学理论的产生和形成，自然也离不开这一规律。那么，贺拉斯诗学理论产生和形成的背景条件（或基础）又是什么呢？这就是希腊化时期[1]的文艺理论背景（其中最主要的是希腊化时期的诗学这一理论背景）。这一时期的文艺理论背景对贺拉斯诗学理论的生成起着直接的决定性的影响。

大约在公元前 4 世纪，经过了伯罗奔尼撒战争[2]后的雅典，先是败于斯巴达，后又败于马其顿，连年的战争和雅典的屡屡易主，使国家元气大伤，从而使这个典型的奴隶制国家的经济基础也逐渐发生动摇。此外，这个国家后期激烈的党派之争和几次规模不小的解放战争，致使该国的社会秩序也日趋混乱，雅典昔日的文化辉煌逐渐成为历史。尽管当时的雅典仍然还保持着希腊学术的中心地位，但反映在诗歌等文学创作领域，已经呈现出衰落、凋谢的迹象，而反映在诗学方面的理论研究也随之呈衰落之势。

随着政治斗争的加剧，希腊的政治中心逐渐从雅典转移到马其顿。马其顿国王亚历山大[3]雄才大略，骁勇善战，凭其雄厚强大的军事实力，仅用不到十年的时间，席卷天下，吞并诸多异邦，创建了一个横跨欧亚非三洲的庞大帝国。但是，由亚历山大一手建立起来的这个新帝国，由于其内部民族繁杂、组织结构松散、潜在矛盾深刻等原因，当亚历山大于公元前 323 年去世后，其内在矛盾立刻爆发，国家随之分裂，成为亚洲的塞琉西（叙利亚）王国、托勒密（埃及）王国、马其顿本部以及若干个较小的独立城邦。历史学家们所谓的“希腊化时期”就是从这个时候开始的。

由此可见，在历史学家们通常所谓之的“希腊罗马”历史概念中，必然包含着“希腊化时期”这个内涵。这里涉及一个古希腊罗马社会的历史发展的分期问题。从公元前 3 世纪初到公元 3 世纪的 600 年中，古希腊罗马社会发生了一系列具有重大历史意义的事件，而且这种历史发展呈现出相当的复杂性。希腊由繁荣转入衰落之后，亚历山大帝国一度称雄，继而也走向衰败，由此诞生了强大的罗马帝国。罗马帝国在其盛极之后也同样走向了衰亡。在这样一个历史时期，世界的经济、政治和文化发生了巨大惊人的激变。然而，反映在美和艺术领域的观念情形则不同。这正如波兰美学史家塔塔尔凯维奇在读到希腊化时期的分期问题时所指出的那样：“公元前 3 世纪是在雅典，尔后在亚历山大里亚用希腊语宣扬的观念，六个世纪之后传到了罗马时，只起了一些微不足道的变化。所以，从美学史的角度来看，这漫长的六个世纪可以看做是一个时期，虽然这一阶段的经济史和政治史可以分为两个时期，即公元前三个世纪的希腊化时期和公元初三个世纪的罗马时期。”“人们通常把希腊化文化与希腊人创造的希腊文化对立起来。所谓希腊时期，是指希腊人相对地闭关自守，它很少受其他民族的影响，也很少影响其他民族的那个时期。希腊化是一种地域有限的单一、单纯的文化。所谓希腊化的文化，是指从公元前 3 世纪开始影响于周围诸国的文化，它传播甚广，却失去了原有的单一性。希腊文化和希腊化文化的分界，是马其顿王亚历山大统治时期。希腊化也就是从这一时期开始的。”①

在希腊化时期，埃及的托勒密王朝十分重视学术研究，当时的政府不惜重金投资学术繁荣活动，兴建大型的图书馆，搜集希腊珍稀典籍，招纳各种有识学者，故当时的埃及一时竟成了希腊学者的云集之地，从而使西方文化传播于东方并与东方文化融合成为可能。不过，希腊化时期的文化学术状况与希腊在其繁荣水准程度上是有很大差距的。希腊化时期的学者们，他们的工作重在对古代希腊文献典籍的校勘、整理和诠释。这一点，在语法、修辞、韵律等方面尤其如此，应该说，希腊化时期的学者们，他们在对古代希腊思想家文献典籍的整理和保存方面是立下大功的。没有他们的精心整理和保存，两千年以后的我们就不可能对古代希腊罗马有如此全面、系统、深刻的了解。同时，这个时期的学者们

① 塔塔尔凯维奇.西方美学史：古代美学[M].理然，译.南宁：广西人民出版社，1990：161.

在自然科学和社会科学方面，也有卓越的建树。然而，令人遗憾的是，这个时期的学者们往往由于长期埋头于书斋，脱离政治斗争，故也局限了他们的视野，束缚了他们的理想，因此，希腊化时期竟很少产生伟大的思想家的深刻哲学理想和影响深远的文学作品，就不难理解了。

由于希腊政治、经济和文化的衰落，故在希腊化时期，反映在社会生活领域的情形也发生了骤变。像古代雅典城邦那样的民主制已经成为一种历史的陈迹，个人与城邦集体统一的那种希腊盛世的政治情势已经一去不复返了。作为个体的人已经从社会中分裂出来，从而，进行一些独立的分散的活动，正是以往这种个人与国家间密切联系的纽带被松弛，故而使那些脱离了社会政治生活的人，只沉迷于个人的成败悲欢，致使个人主义和颓废思想也由之得以滋长。这种情形反映到文学上，那么，就与古代希腊形成了鲜明的对照。昔日希腊诗人所探讨、所研究的社会和人生等重大问题，到了希腊化时期，则就完全不是这么回事了。诗人们关心的不是国家或集体的利益和命运，而往往关注（或描写）的是个人的命运和日常的人生境况。诗人们不是对都市的喧嚣持厌弃的态度，向往田园牧歌般的生活情调，就是怀着感伤的情态纵情于诗酒，咏叹呻吟。这种颓废之风曾一度笼罩着文坛。同时也深刻地影响到整个文艺理论的发展进程。这种颓废感伤的文艺实践客观上要求理论家们要予以新的概括和总结，希腊化时期的一些诗学理论就是在这样一种文艺（诗歌）创作实践的条件下应运而生的。

二、贺拉斯诗学理论的基本内容和特征

在上文中，我们已经简略地提及：贺拉斯的诗学理论渊源于希腊化的新诗学。然而，他所生活的那个时代正值罗马诗歌艺术最繁荣的"黄金时代"。贺拉斯不但以新诗人的姿态站在时代发展的潮头，而且怀着一腔锐意改革的热血，立志要为罗马的诗歌艺术创建新的诗歌艺术传统。从《诗艺》等经典著作中，我们可以看出他的诗学理论是与当时的时代发展紧密联系在一起的。换言之，他的诗学理论反映了当时时代的发展特征。下面我们拟从五个方面对贺拉斯诗学理论的基本内容和特征作一概述。

（一）对古代希腊模仿、合式等传统的继承和发扬

贺拉斯与亚里士多德不同，亚里士多德不但是古希腊最卓越的文艺理论家，而且同时也是古希腊最卓越的哲学家，而贺拉斯则不然，严格说来，他不是一位哲学家。因此，他也很难做到像亚里士多德那样，从自己的哲学观点出发去研究和考释诗歌艺术的本质问题。在诗艺与现实的关系问题上，他只是接受了古代希腊哲学家关于诗艺模仿自然的观点，并从"适度""合理"这个基本思想出发，强调诗人对生活的体验，要求他们注重对生活的观察，从生活现实中去寻找诗歌艺术的源泉。因为在贺拉斯看来，只有这样，才能使诗歌艺术作品合情合理。贺拉斯对古代希腊的模仿说传统理论十分推崇，不过，他也强调，不能对自然作简单的模仿，而是应该做到"模仿加合式"。"模仿加合式"是贺拉斯的重要的诗

艺创作观。在这两者中，模仿是带有主导性的，是内容，合式是辅助的，是形式，后者是为前者服务的。其实，“模仿加合式”的理论是明显接受了亚里士多德的思想。贺拉斯认为，诗人固然有大胆自由创作的权利，但他也不能太离谱。他的创作应是有一定之规的，他的作品的形式和内容也应该是统一的，而不是对立的和排斥的。他说，诗人尽管可以要求有大胆创新的权利，但“不能因此就允许把野性的和驯服的结合起来，把蟒蛇和飞鸟、羔羊和猛虎交配在一起”。离开了上述的创作规则，必然会闹出笑话。诗人的创作和其他艺术创作一样，不能任意胡乱地花样翻新，否则，就像画家在树林里画上海豚，在海浪上画只野猪那样令人可笑，不伦不类的凑合，绝不是创作，更不是艺术。真正的艺术创作，必须符合情理，符合生活的真实，符合自然，它是一种内容与形式的和谐统一。

内容与形式的和谐统一是早在古代希腊的诗艺创作中就已经为诗人与诗学理论家们所重视和研究的论题。古典主义诗学理论家也已经开始重视这个问题，因为这个问题十分重要，它与诗歌艺术的品质有着根本的联系。古典主义诗学理论家们号召诗人们应该向古典诗艺作品学习，学习这些作品中的优秀品质。那么，这些诗作的优秀品质是什么呢？在贺拉斯看来，那就是“合式”。“合式”这个概念，在贺拉斯的《诗艺》一书中反复出现，几乎贯串于此书的始终，它包含有恰当、妥帖得体、使人感到完美等意义。我们知道，“合式”一词并非是贺拉斯的首创，早在古希腊时代，亚里士多德等大哲就已经开始使用该词，如我们所熟知的亚里士多德的《诗学》和《修辞学》中都屡屡用及此词。但是，在那种情况下，“合式”只是作为一般的概念被谈及。然而，不同的是，在贺拉斯的《诗艺》中，“合式”被得以高度的强调。其重要程度用我国已故美学大师朱光潜先生的话来说就是：“到了罗马时代，合式就发展成为文艺中涵盖一切的美德。”[①]只要我们历史地考察“合式”一词的历史由来，我们就不难发现，贺拉斯的“合式”概念的提出绝非是一种随意的产物。相反，它是受古希腊诗学理论家思想的影响所致，尤其是明显地继承了唯心主义诗学理论家柏拉图的“有机统一说”和“百科全书式”的哲学家亚里士多德关于悲剧情节“整一性”的思想原则。此外，就社会根源而言，当时的罗马贵族等级观念已经很强烈，尤其是在宫廷或贵族阶级内部，人们的行为普遍依照一定的规矩，言谈举止要符合各自的地位和身份，即一切都要符合“合式”的原则。在奥古斯都时代，这种为贵族们所提倡的“合式”原则，不但盛行于人际的社会交往中，而且也体现在诗艺创作中。

（二）诗的功用

关于诗的功用问题，贺拉斯是十分重视的，并在《诗艺》中有较多的论述。按照贺拉斯的观点，他认为，诗人作诗的目的无非是为了“给人益处和乐趣，他写的东西应该给人以快感，同时对生活有帮助。在你教育人的时候，话要说得简短，使听的人容易接受，容易牢固地记在心里。……寓教于乐，既劝谕读者，又使他喜欢，才能符合众望。”[②]贺拉斯的上述

① 朱光潜.西方美学史：上卷[M].北京：人民文学出版社，1982：105.
② 亚里士多德，贺拉斯.诗学・诗艺[M].罗念生，杨周翰，译.北京：人民文学出版社，1962：155.

论点，言简意赅地揭示了诗艺创作的特点和规律。所谓诗的寓教于乐，就是一首诗必须在思想性方面给人以启迪与教益，在艺术性方面给人以欢乐和愉快。读者在这种欢乐和愉快中受到教益。在贺拉斯那里，教与乐相比，前者更为重要，乐是属于第二性的。在《上奥古斯都书》中，贺拉斯也一再强调诗的功能在于给人以良好的教育和对国家有利，诗应该以歌颂古今历史上的英雄豪杰和英雄事迹为己任：

维吉尔和瓦留斯，陛下所爱的诗人，
都没有辜负您的赏识和您的赠品，
他们深受皇恩而使您扬名于远近；
诗人歌颂英雄人物的风度和精神，
比起古铜的铸像还要动人而逼真。①

在《诗艺》中，他又对维吉尔派的罗马诗人的功业倍加盛赞，其中有诗句这样写道：

没有一种诗体罗马诗人不曾试过，
敢于不步希腊的后尘是值得称可；
他们自辟蹊径，不论悲剧或喜剧，
总是把祖国的丰功伟绩颂赞讴歌。②

从上述所引的诗句中，我们不难看出，贺拉斯不是一般地强调诗的教益功用，而是把这种功用提高到与政治、国家的前途与命运的高度。在他看来，诗人是完全可以通过诗歌来为国家服务。如果诗歌离开了教育功能，那么它就失去了存在的意义和价值。因此，他极力主张要改革以往遗留下来的旧有诗风，通过改革，来唤起诗人们为祖国的事业而创作诗。在谈到关于诗的任务时，贺拉斯这样写道：

在洪荒时代，奥菲士这先知和神巫，
制止林居蛮族的残杀和生活卑污，
因此相传他能够驯服雄狮和猛虎，
据说当年安斐翁把忒拜城墙建筑，
弹琴使顽石点头听凭他随意摆布，
温柔地恳求石块走到它应到之处。
相传远古诗圣划分公私，区别僧俗，
禁止淫乱的结合，定下婚姻的礼教，
建立城市的秩序，把法律刻在匾木，
因此神圣的诗人和诗歌享得荣誉。
后来超凡的荷马以其诗垂名千古，
提泰奥斯[4]以其诗鼓舞着人心向武，
诗歌又传达神谕，指示人生的道路，

① 缪灵珠.缪灵珠美学译文集：第1卷[M].北京：中国人民大学出版社，1987：75.
② 缪灵珠.缪灵珠美学译文集：第1卷[M].北京：中国人民大学出版社，1987：55.

匹耶里西的乐府博得帝王的眷顾，

设立赛诗的节令，安慰劳人的辛苦。①

诗的作用和功能实在是太大了，一首好诗，它既能有利于道德教化，避免邪恶和淫乱，甚至在祖国面临重大的危难时刻，还可以像战斗的号角那样，唤起民众，鼓舞斗志，奋勇参战，前仆后继。诗能开启人们蒙昧无知的头脑，给迷茫的人们指明生活的方向。正是因为诗歌的神圣性和它的巨大的社会教育功能，所以，神圣的诗人和优美壮丽的诗篇理所当然地要享得荣誉。伟大的荷马自然应该流芳百世，名垂千古。

（三）诗艺创作中的天才与技巧

天才与技巧是文艺理论中经常讨论的问题。自从古代希腊以来，这个问题就一直为哲学家、美学家和文艺理论批评家们所探讨所关注。反映在诗学理论上，也是同样。贺拉斯对诗艺创作中的天才与技巧问题，提出了自己的看法。他认为，一首好诗的诞生，不但要靠天才，而且也有赖于天才的后天勤奋和刻苦训练，两者缺一不可。不能偏废，请看贺拉斯本人的观点：

有人问，好诗要靠天才还是靠艺术，

依我看，勤奋苦学而无天生的品赋，

或者虽有天才而无训练，皆无用处，

因为两者必须彼此协助互相亲睦。②

这里，贺拉斯其实是在告诫诗人，所谓纯粹单方面地靠天才或靠技巧创作诗是不可能的。具有天才条件的诗人们，理应在实践中勤学苦练，将自身的天赋和后天的苦修苦练巧妙而又紧密地结合起来。这种天赋和勤奋苦练相结合是诗人们写出好诗的最基本条件。

现在，我们再来看看，贺拉斯的“天才”概念的具体内容究竟是什么。一般说来，所谓天才，自然是指人的先天禀赋。自从古希腊以来，文艺理论家们就有关于天才的说法，尤其是在谈到文艺创作中的天才问题时，总也不免涉及与天才有关的“灵感说”等问题。关于灵感问题，柏拉图等已经有过较全面详细的论述。柏拉图认为，诗人写诗，并不是靠智慧，而是有赖于天赋和神助，不是靠技艺，而是凭灵感。诗人只有在失去正常理智而进入一种迷狂状态的情况下才能写出好诗。在古代希腊的唯心主义诗学理论家们看来，灵感的来源是天才、神助、迷狂、醉酒等。总之，诗人需要一种迷态的疯狂，需要一种非正常情况下的“情感冲突”，灵感就是从这种“情感冲动”中得以生成。“诗狂说”在古代希腊曾经是颇为流行的。似乎诗人不疯狂就不成其为诗人，天才不疯狂就写不出诗，所谓的“狂而后工”说的就是这个意思。“诗狂说”的影响是很坏的，它导致了相当一部分的天才诗人也装疯作狂，故意把自己搞得衣履不整、行为狂放、纵情酒色，借此逃避现实。因此，当时的诗风也很不正，似乎诗越写得像出自狂人之口就越好，越显出诗人的天才。总之，在那种

① 缪灵珠.缪灵珠美学译文集：第1卷[M].北京：中国人民大学出版社，1987：55.
② 缪灵珠.缪灵珠美学译文集：第1卷[M].北京：中国人民大学出版社，1987：62.

“诗狂说”的影响下，诗人不疯狂算不得好诗人，诗歌不胡诌也算不得好作品。整个诗歌创作风气被“诗狂说”给搞得一派颓废。例如，当时的亚历山大里亚学派，就是极力推崇“诗狂说”。针对诗坛上的上述这种不良时风，立志改革诗坛的贺拉斯则予以坚决的反对。他认为，诗绝不是诗人迷狂或神助的产物。相反，它是诗人头脑处于清醒状态的产物。诗是一种反复锤炼而得的精工之作，诗人在创作时，必然是通过苦苦吟诵而成，所谓通过一时的疯狂迷醉就可得的理论是根本不成立的。因为诗是一种境界，这种境界的达到完全有赖于诗人的天才和苦练。所以，贺拉斯从来都认为，天才与疯狂是两回事。这就是向主张“诗狂说”的亚历山大里亚学派的诗人们提出了批评和警告。在《诗艺》第三章的《引论》中，贺拉斯有针对性地这样写道：

德谟克利特[5]相信天才胜于拙技巧，
不许清醒的诗人在赫里岗[6]山逍遥，
不少诗人居然不剪指甲不修容貌，
流连于幽僻之地，回避浴场的尘嚣，
仿佛只要他永远不请理发匠代劳，
给他剃光三剂妙药治不好的头脑，
他就必定赢得诗人的光荣和雅号。①

表面看来，似乎贺拉斯是对德谟克利特的批判，其实是针对当时诗坛创作风气中的不良时弊。他以嘲讽的口气谴责“诗狂说”的荒唐。那种指甲不修、衣衫不整、蓬头垢面、容貌腻人，故意把自己装扮得似疯似癫，并想以此获得诗人之光荣和雅号的人们，在贺拉斯看来不但是颓废，而且显得无知，这不能不说是当时诗坛的一大不幸。

(四) 诗人的创作与修养

正是看到了当时诗坛存在着的诸如“诗狂说”这样的种种弊端和诗人队伍素质的每况愈下，贺拉斯才大声疾呼，他强调诗人要加强自我修养(尤其是思想方面的修养)。诗人创作不是一件轻而易举的事，不是靠迷狂和神助，而是主要靠天才和磨炼。只有勤学苦练，辛劳流汗，才能使业精致，写出好诗，这是成功诗人(推而广之，也泛指成功的文学艺术家)取得卓越成就的基本途径：

人若希望在竞技场中把锦标夺取，
必须自少就刻苦锻炼和饱受辛苦，
流过汗也受过冻，连酒色也须戒除。

诗人创作不但要能吃苦，而且要有严谨的创作态度。针对当时佯狂诗人的胡乱行吟，贺拉斯提出一定要有严肃的创作态度。诗人对自己的诗作一定要字斟句酌，严格推敲：

一首诗若不是经过许多天的揣摩，
许多次的改削，十几回的反复琢磨，

---

① 缪灵珠.缪灵珠美学译文集：第1卷[M].北京：中国人民大学出版社，1987：56.

宛若雕刻家在石像上用指甲摩挲，

努玛的后裔，你可以说此诗欠妥。①

这是对诗的质量的基本要求。诗是言志的文字，它的语词必须高度凝练、深刻，因此，诗人不能信口开河，胡诌八咧，而是必须用词精当，含意深刻。绝不能像佯狂诗人那样，不管有否水平，都胡乱写诗：

不懂得驶船的人不敢在海上航行，

不懂得药草用途的人，不敢用它治病。

医生要懂得医道，木匠要能运刀斧，

但今日人人乱写诗，不论有无技术。

由此可见，贺拉斯对诗人写诗的要求是针对佯狂诗人乱写诗而言的，同时也是针对当时不良的诗歌创作风气来说的。除了对诗歌创作提出了要仔细斟酌、严格推敲外，贺拉斯还要求诗人要虚心听取别人的批评意见，千万不要自以为是，因为，一切能善于吸取别人意见的人，总是对提高自己的诗作质量有帮助。反之，就只能是夜郎自大，孤芳自赏。这种诗歌创作中的盲目自信和骄傲自大是诗歌创作的大忌。因为，这种听不进别人意见的人，最终的结果是别人再也不会白费口舌地向他提意见。这样，诗人离失败已经不远了。贺拉斯主张，即使是成功的得意之作，一旦诞生，也不必着急仓促发表，不妨将其束之高阁一些年头。对那些实在不愿发表的诗篇，不妨将其毁掉，根本用不着去吝惜，因为发表诗歌是一件慎之又慎的事，一言既出，驷马难追。

贺拉斯的这种对诗歌创作的严肃性和谨慎态度，是值得我们称颂的。一切精美的传世之作，都是诗人们呕心沥血的产物。只有以这样的方式产生出来的作品，才有可能富有思想性和艺术性，才有可能对社会和后世人类具有教益意义。

贺拉斯不但对诗歌创作的严肃性提出了要求，而且对诗歌提出了审美标准，这就是：诗歌既然是一种文学艺术，那它除了具有宣传教育人的功能外，它同时还必须具有艺术感染力，即它必须要达到使人愉悦、引人入胜的境界。艺术的价值在于其正确性和完美性：

诗的创作和发明是为了使人欢欣，

如果不力争上游，难免向下游沉湎。②

贺拉斯把诗的创作和发明的目的(即功能)说得相当明白透彻，那就是为了取悦于人，使人从中获得愉快。因此，从这个意义上讲，诗人只要朝着这个方向努力，那么，就是意味着朝着艺术的最高标准攀登，从而达到诗歌艺术的完美境界。

当然，在如何评价诗歌艺术的问题上，贺拉斯也并不简单地要求人们将诗分成好诗、坏诗、平庸诗等，而是在基本肯定某诗教益意义和美学价值的同时，允许诗歌存在某种不足或缺陷，而不应对之求全责备。因为，事实上，所谓十全十美的诗是很难找到的：

但如果一首诗美不胜收，满目琳琅，

---

① 缪灵珠.缪灵珠美学译文集：第1卷[M].北京：中国人民大学出版社，1987：56，216.

② 缪灵珠.缪灵珠美学译文集：第1卷[M].北京：中国人民大学出版社，1987：60.

纵使稍有些瑕疵，我也不飞短流长，
那是无心的败笔，难免的人之常情。①

看来，贺拉斯是懂得辩证地看问题的。他懂得瑕不掩瑜的道理，他也懂得一首诗歌，只要其基调或基本倾向是好的，那就不应该因此而求全责备，否定其主要价值。因为，好诗中的缺陷是一种正常的现象，它较之疯狂诗有着本质的区别。人们在对其作出评价时，必须做到全面、客观、公正，更不应该因此而否定其主要的思想和艺术价值。

贺拉斯不但能做到比较客观合理地看待诗的价值，而且，他同时也意识到：一首诗的好坏取决于诗人的学识修养、精神品格和创作技巧等。因此，他也十分强调诗人后天的学习和自我修养。在这里，让我们来仔细看看，贺拉斯所强调的加强诗人后天学习和自我修养的内容究竟是什么。

首先，诗人应该加强其人格品质的修养。诗作为一种艺术，它一方面供人欣赏，使人愉悦。另一方面，它又给人以教益。因此，诗人作诗，首先要学会如何做人。只有人格完善的诗人，才能创作出优美的诗篇。否则，就谈不上写出好诗，更谈不上给人以教益。那么，我们不禁要问，贺拉斯在当时为什么要强调诗人的人格修养呢？要回答这个问题，必须联系当时他所处的那个时代环境。在贺拉斯所生活的那个年代，罗马贵族（上层社会）十分腐败，贵族成员大多利欲熏心，见钱眼开。当时，在伊壁鸠鲁学派中流行“自享其乐”的学说，后来被人们庸俗化地解释为单纯追求某种“感官享受”。在权贵面前，文学艺术似乎变得唯唯诺诺，似乎成了权贵的一种依附，昔日（尤指希腊的辉煌时代）那种尊崇和圣洁，这时已经变得荡然无存。贺拉斯正是在将古代希腊诗人及其诗歌的辉煌与当时罗马诗人及其诗歌现状作了对照比较之后，才深深感到罗马诗坛的不幸。古代希腊诗人的高尚心灵和崇高境界以及他们所开创的优良诗歌传统，在罗马几乎丧失殆尽。诗人们一个个拜倒在金钱的脚下，是铜臭腐蚀了诗人的心灵，贺拉斯正是面对着诗风日下的现状，缅怀古代希腊诗坛的辉煌，谴责铜钱对诗人灵魂的腐蚀：

希腊人不追求什么但求诗坛盛誉，
诗神授以天才和珠圆玉润的诗句。
罗马青年却自少学会了计较锱铢，
养成了把一单元分成百分的兴趣。
呜呼，一旦铜臭和贪欲把灵魂玷污，
我们又怎能希望诗人所做的歌曲，
值得涂上杉油，珍藏在光滑柏橱？②

诗人已不配做诗人，被铜臭腐蚀了心灵的诗人，还能做出什么样的好诗呢？他们的诗作还有什么值得人们珍藏保存的价值呢？由此可见，面对着当时罗马诗坛的不良风气，贺拉斯更是缅怀昔日希腊诗坛的圣洁、高尚和辉煌。应该看到，贺拉斯在强调诗人作诗首先

---

① 缪灵珠.缪灵珠美学译文集：第1卷[M].北京：中国人民大学出版社，1987：59.
② 缪灵珠.缪灵珠美学译文集：第1卷[M].北京：中国人民大学出版社，1987：57－58.

要具备优秀的人格品性方面是有进步意义的。贺拉斯懂得，诗人是塑造人的灵魂的人，而塑造人的灵魂的人，就首先必须使自己有高尚的情操和修养。这是优秀诗作产生的前提，推而广之，一切艺术家都应该注重自己品性的培养和锻造，首先应该懂得学会怎样做一个心灵高尚的人。贺拉斯的这种观点，在今天仍有教育意义。

（五）关于诗的内容和形式

在前面，我们在论述贺拉斯对古代希腊模仿、合式传统的继承和发扬时已经谈到了诗的内容与形式的问题。这个问题在贺拉斯的《诗艺》中也是作为一个重要论题提出来的。下面，我们就内容和形式问题做一重点阐述。

贺拉斯的诗学理论，与古代希腊柏拉图、亚里士多德等大哲的理论不同，前两者的理论大多体现一种哲学的思辨特征，而他的诗论则以一种比较通俗的方式来予以表述。他那种以诗的形式来阐述诗论的特点的确是开创了古代诗论的新风。反映在对诗的内容与形式的论述上也体现了这种特点。

1. 诗的内容

关于诗的内容，贺拉斯论述的重点是在诗的题材、人物性格和思想感情这三个方面。

（1）题材

与其他任何文艺作品一样，诗也同样存在着一个如何选择题材的问题。这个问题是《诗艺》所关心的重要问题。在与皮索父子的谈话中，贺拉斯对他们这样说："用自己独特的办法处理普通题材[7]是件难事；你与其别出心裁写些人所不知、人所不曾用过的题材，不如把特洛亚的诗篇改编成戏剧。"①从以上所引的这段话中我们看到，对古代希腊的尊崇和模仿是贺拉斯诗学理论的一大特征。贺拉斯的《诗艺》时时处处体现出一种对希腊艺术的敬仰和追随。他崇敬荷马及其史诗，不论是谈到诗的内容和形式，还是谈到诗人，他总是处处以荷马为楷模，当他在谈到诗的韵律问题时，他强调指出罗马诗人不宜过分拥有太多的创作上的自由权利，从而天马行空，不受拘羁，这样做是得不到读者赞美的。相反，诗人应该"日日夜夜揣摩希腊典籍"。②从这种优秀的希腊典籍中寻找和领悟诗艺创作的标准和规则。英国启蒙运动时期的古典主义诗人蒲伯[8]同时也是一位杰出的诗学理论家，他对贺拉斯的诗学理论颇有精深的研究，但曾将贺拉斯上述"日日夜夜揣摩希腊典籍"的诗句译成："研究荷马，欣赏荷马，白天读他，晚上沉思他。"③不难看出，贺拉斯的诗歌创作理论确实已经成了当时罗马诗人创作的古典主义的理论原则。这种理论原则的诞生同时也反映了时代的脉搏和古罗马的民族性格。

前面讲到，《诗艺》的诞生正值古罗马奥古斯都盛世。由于国家实现了统一和各种改革的成功带来的繁荣，使那些以往（即在公元前 1 世纪罗马共和末期）由于各种党派之纷争而发展起来的演说和辩论之风逐渐失去用武之地，随之而起的是诗坛的繁荣。诗人们

①② 缪灵珠.缪灵珠美学译文集：第 1 卷[M].北京：中国人民大学出版社，1987：54.

③ 潘翠青.西方文论辨析[M].广州：中山大学出版社，1984：35.

可以登台抒发豪情壮志，歌颂奥古斯都盛世。因此，当时的罗马诗坛上出现了呈鼎立之势的三种流派。在这三种流派中，其中第一种流派是以标榜纤靡风格、追求新奇手法、作品带有感伤情调为主要特征的颓废的诗派（也有人将其称为亚历山大里亚诗派）；第二种流派则以师承古代拉丁诗为主要特征的诗派，该流派的诗歌由于内容守旧、脱离现实而显得保守、僵化，缺乏应有的生机与活力；第三种流派则与上述两种流派截然不同，它的主要特征表现为崇尚并复兴古代希腊的诗风。贺拉斯就是这一流派的一个典型代表。

贺拉斯认为，诗歌内容的好坏，一个重要的前提就是看其所选的题材如何。因此他主张，新时代的诗歌，应该以古代希腊作品为创作的楷模。应该看到，贺拉斯的这种创作主张的产生不是偶然的。从当时诗坛的实际情形看，奥古斯都时代的诗坛都是在学习和模仿古代希腊诗歌的基础上形成的。无论是在神话还是在戏剧和诗歌方面的情形都是如此。可以说，没有希腊，就不可能有罗马，这是一种“剪不断，理还乱”的天然联系。贺拉斯正是在古代希腊诗学与罗马的那种“剪不断，理还乱”的千丝万缕的联系中，看到了要摆脱古代希腊诗学成就的影响是不可能的。相反，他认为，应该尊崇，应该模仿，应该借鉴，而尊崇、模仿、借鉴是为了创新、创造和发扬。

“诗神把天才，把完美的表达能力赐给了希腊人”，正是希腊人所具有的高尚圣洁的品德，才创作出了人们“值得涂上杉油，珍藏在光滑柏橱”里的诗作。贺拉斯之所以要求皮索父子“日日夜夜揣摩希腊典籍”，就是因为诸如荷马一类的希腊史诗是诗神智慧的象征，是代表了神意。这类诗在题材的选择和提炼以及作品的结构方面都表现出种种非凡伟大的魄力。荷马史诗创造了人类诗歌史上的伟举和奇迹，它犹如灯塔光芒万丈，永照千秋，从而“激发人们的雄心”，使之怀着必胜的信念“奔向战场”。

除了荷马史诗，贺拉斯对古代希腊悲剧诗人（如悲剧之父埃斯库罗斯等）也推崇备至，认为他们的悲剧诗也是神创的，是一种登峰造极的艺术。这种诗体不仅引导演员通过道白表现内容上的崇高与壮美，而且通过文雅的演技表现形式上的优美。因此，贺拉斯总是反复强调，诗人们要以古代希腊的优秀诗人及其诗作为光辉典范，创造出优秀的、“升到辉煌的顶峰”的诗篇来。

当然，贺拉斯在强调尊崇、模仿、借鉴古代希腊题材的同时，也不是对所有古代题材而言的，而仅仅是指古代希腊的优秀题材。他也承认，古代诗中并非什么都好，也有劣作，对之，贺拉斯也是予以抨击的，他也曾指责“古代英雄诗系的诗人”往往只是会夸海口、说大话，华而不实，拿不出像样的东西来。对于这样的古代诗，也绝不是为贺拉斯所推崇的。

在阐述了贺拉斯在题材问题上重视对古典诗作的模仿的同时，我们同样也有必要指出，贺拉斯所说的对古典题材的模仿，并非停留于机械死板的生搬硬套。相反，他也主张通过模仿、借鉴来实现罗马时代诗歌的创新。在谈及诗歌的创新问题时，贺拉斯这样写道：

写凡庸主题而独运匠心是件难事；
把伊利翁之歌编成一部剧，
就胜似独创一个无人知无人歌咏的主题。
稗史的公共遗产，你个人也有权益，

只要你不留恋平平无奇的园地，
只要你不是食古不化逐字去追译，
只要你模仿古人时不自设陷阱，
胆怯和清规使得你不敢越雷池。①

这是一段主张诗歌创新的精彩论述，它集中体现了贺拉斯的创新意识，其核心思想就是：诗人们在尊崇、模仿、借鉴古代诗作典范的同时，也应有所创新的权利。对古典的东西不能囫囵吞枣似地全盘照搬吸收，而是应该有所选择地咀嚼和消化，从而从中吸取有益的营养。诗人创作的大忌是墨守成规，谨小慎微，作茧自缚，不敢超越前人。这样的话，所谓的创新就更无从谈起了。

其实，贺拉斯的以上论述，似乎是有所指的。我们不妨从早期罗马文字的发展状况看，当时盲目仿古之风颇为盛行。这种风气的盛行，客观上阻碍了包括诗歌在内的文学创新。对之，贺拉斯是持异议的。贺拉斯的崇古与古代罗马有些人（如泰伦斯）[9] 的仿古不同，仿古者们对古代希腊作品往往是照搬照抄，而贺拉斯在古与新的关系问题上是有自己独特见解的。这就是不守旧，要有所创新。从这里，我们可以看出，贺拉斯的古典主义诗学理论中含有革新的辩证思想。这一点，是为当时的许多诗学理论家们所不具备的。

（2）人物性格

关于诗歌中的人物性格，也是贺拉斯所关注的一个重点问题。诗歌中所描写的人，是以性格为存在的形式，人性的丰富性主要表现为性格的丰富性。一般来说，从一个人的个性特征中能显出他所具有的那种思想、情感、欲望、学识、修养等全部心理或精神因素，同时也可以看出整个人类社会历史对他的影响程度（换言之，从一个人的性格中，能见出当时的社会历史特征）。作为文学分支的诗歌艺术，它的中心对象就是人。诗歌描写人，主要是旨在揭示人的性格。也正是在这个意义上，我们完全可以这样说："诗学即人学"或曰"人的性格学"。在诗歌创作中，尤其是在那些以塑造人物形象为主体的诗歌样式，如悲剧诗、叙事诗、史诗、颂诗等的创作中，塑造人物性格就占据着相当重要的地位。正如莱辛[10] 所言：对于诗人们来说，"只有性格是神圣的"，因此，加强性格，鲜明地表现性格，是诗人在表现人物特征的过程中最当着力用笔之处。在《诗艺》中，贺拉斯曾屡次谈及人物性格问题，他主张要将人物性格与所选择的题材严格一致起来，比如描写古典题材《伊利亚特》中的阿喀琉斯，你就应该：

要写他的性情急躁、暴戾、刚愎、勇猛，
不受法律的约束，动辄以武力行动。②

如果描写美狄亚，那么情形就应该是将其写得刚强、狠心，如果写伊诺，则应该将其描绘成"泪满愁容"，还有可以将伊康写成"背信弃义"，将伊娥写成流浪他途，将奥瑞斯提写成沉痛悲伤，如此等等。总之，描写人物的性格应根据其年龄、性别、身份、学识等的不同

---

① 缪灵珠.缪灵珠美学译文集：第 1 卷[M].北京：中国人民大学出版社，1987：47－48.
② 缪灵珠.缪灵珠美学译文集：第 1 卷[M].北京：中国人民大学出版社，1987：47.

而不同,不能千篇一律,更不能张冠李戴。写强盗不能“仁慈”,写良民不能奸恶,写帝王不能谦卑,写小民不能高贵,写公主不宜丑陋,写王子不宜贫乏,如此等等。任何角色都应有其适切的性格规定,如果一旦背离了这种性格规定,那就会给人以装腔作势或矫揉造作之感,从而缺乏自然、真切、生动的效果。

当然,性格的刻画是一个综合性的工程,反映在诗歌描绘中,诗人所描写的人物性格的烘托有赖于诸多方面的努力,其中包括环境、周围人物的烘托。如果搬上舞台,还有衣着服饰和台词等的效果的烘托,其中,台词也是十分重要的。因为,台词体现人物性格的内在心灵本质,什么样的人讲什么样的话,语言与人物的身份、地位的一致是至关重要的。因此,贺拉斯谈到人物性格与台词的关系时说:

如果人物的语言和他的命运不相符,
罗马观众无论贵贱都会嗤笑狂呼。
说话要适合身份:是神或英雄人物,
老态龙钟的长者,少年气盛的纨绔,
炙手可热的贵妇,殷勤献媚的乳母,
贯跑江湖的货郎,小康之家的农夫,
或他乡异国之人,各有不同的吐属。①

早在两千多年前,贺拉斯就已经懂得语言是刻画人物性格的关键性因素,而这种因素在诗歌中则显得更为重要,因为语言(即台词)不仅是人物性格刻画的需要,同时也是审美的需要。艺术感染,打动人们心灵的需要,贺拉斯说:

一首诗不仅要美,它还须具有魅力,
能够引带听众的心灵随意之所之,
人面是以笑报笑,所以也以泣报泣。
如果你要我落泪,首先要自己生悲;
于是乎,你的不幸,忒勒福呀珀琉斯,
才能令我动乎中,如果你不像悽切,
就使我昏昏欲睡或教我活活笑死。
悲歌适合于愁容,严词只宜于盛气,
谑语则嬉眉笑脸,道貌则庄重其词。②

看来,诗歌中的语言台词不能滥用。它应有严格的针对性,首先是应该考虑到人物自身的特征,即什么样的人说什么样的话,其次是要考虑语言台词的类型性,如庄重类、喜庆类、悲愁类、戏谑类、恶行类、善举类、高贵类、贫贱类、虚伪类、诚实类等等。针对每种不同的类型,就应该相应地、有针对性地选择不同的语言台词。只有这样,才能使人物的性格特征得到最合理最充分、最完整的刻画。

---

① 缪灵珠.缪灵珠美学译文集:第1卷[M].北京:中国人民大学出版社,1987:47.
② 缪灵珠.缪灵珠美学译文集:第1卷[M].北京:中国人民大学出版社,1987:46-47.

在谈到创新问题时，贺拉斯又一次强调人物性格的适切性和前后一贯性，他说：

假如你搬上舞台一个新鲜的主题，
假如你敢于塑造一个崭新的烈士，
他的性格必须贯彻前后一致。[①]

这是诗歌创作的一个大原则。试想，如果一首诗歌在离开了上述原则的情况下创作出来，那将成为何等的模样。当然，我们注意到了贺拉斯在强调诗歌人物性格刻画的一致性原则时，除了人物的身份、性别、社会地位，甚至种族差异等特点时，较多地考虑到了人物的年龄段关系，因为在他看来，年龄段关系与人物性格的关系也是相当密切的。他甚至建议诗人们，如果你们要想让自己的诗歌受人欢迎，如果你们想让自己的诗(其中包括悲、喜剧体裁的诗在内)赢得听众或观众的鼓掌、喝彩，那么，就请你们听听贺拉斯的下述忠告：

你必须注意老幼少壮各有其行藏，
务使举止同各种性格和年龄相当。
小孩刚牙牙学语，踏步还摇摇晃晃，
便喜欢找同年玩，一会是怒目金刚，
一会是低眉菩萨，时时是喜怒无常。
未长胡须的少年，当老师不在身旁，
随即骑马弄狗在阳光满地的草场；
对恶行柔软如蜡，对规劝坚硬如钢，
不懂得有备无患，只知道挥霍猖狂，
欲望无穷，贪新厌旧，随时改变主张。
年龄渐长，心情改变，欲望也就转移，
追求金钱和朋友，成了野心的奴隶，
小心翼翼唯恐做出后悔莫及之事，
人到了暮年便有忧心忡忡的愁思；
或因他贪得无厌，是守财奴、吝啬鬼，
或因他处理事务，缺乏热情和勇气；
因循苟且，不敢奢望，而又贪生怕死；
顽固执拗，怨天怨地，慨叹今不如昔，
怀恋自己的童年，教训后生的小弟，
来日方长欢乐多，去日苦多乐事稀，
所以要注意适合各种年龄的习气，
免得把老人的心事赋予青春时期，
免得把成年的特性赋予少年稚子。[②]

① 缪灵珠.缪灵珠美学译文集：第1卷[M].北京：中国人民大学出版社，1987：46－47.
② 缪灵珠.缪灵珠美学译文集：第1卷[M].北京：中国人民大学出版社，1987：49－50.

这既是一段诗歌创作的忠告，又是贺拉斯自身诗歌创作实践经验的自我总结和对古罗马时代其他诗人的诗歌创作的具体性指导。当然，贺拉斯注意到年龄与性格特点的关系在一定程度上是对的。一般说来，童年、少年、青年、壮年、老年、暮年的各个年龄段确实存在着不同的带有普遍性的人物性格特征，这些特征是诗人们在刻画人物性格时必须考虑到的，但这不是构成人物性格的唯一特征。应该看到，构成人物性格的因素是多种多样的。贺拉斯在这方面比较多地关注年龄等因素所构成的人物性格的外在特征，而未能对人物内在性格特征的诸多因素予以足够的关注和论及，这不能不说是他在“性格说”上的一大缺憾。

(3) 思想情感

关于诗的思想情感问题，也是贺拉斯在谈到诗的内容时所论及的一个方面。贺拉斯主张，诗人写诗，必须考虑到诗的真实动人并能给人以正确有益的思想。因此，为了做到这一点，诗人应该向希腊哲学家学习，从他们的思想宝库中吸取有益的东西。在思想与技巧（艺术性）相比较之下，思想性似乎显得更重要。一首诗，如果光是辞藻华丽，而缺乏真实动人的思想，这样的诗不能说是佳作。相反，如果思想内容丰富，那么，即使技巧上稍逊色也倒还可以，请看贺拉斯的论点：

我对从事模仿的诗人奉劝一件事：
向生活寻找典型，向习俗吸取言词。
有时候一部戏，写的是平凡事迹，
人物刻画得正确，虽然辞藻不华丽，
缺乏力量或技巧，却比无内容的诗，
悦耳的雕虫小技，更令人心旷神怡。①

可见，贺拉斯固然重视诗的技巧，但他更重视诗的内容以及由之产生的思想情感。其实，这也不奇怪，因为，贺拉斯是非常重视诗的社会教益功能的，如果一首诗光有华丽的词句和悦耳动听的音韵而缺乏实际的思想内容，是达不到启发人、教育人之目的的。贺拉斯要求诗人带着饱满的思想感情去创作，诗人只有带着切身的体会和饱满的思想感情去创作，才能使自己的诗震撼人心，换言之，只有诗人自己具有悲痛感，他的诗作才有可能催人泪下，只有诗人自己具有欢乐感，他的诗才有可能令人开怀大喜。所以，贺拉斯坚信下述道理：

一切佳作的源泉在于正确的见识：
苏格拉底的著作能把题材供给你，
一旦掌握了题材，辞藻便自然来矣！
一个人懂得对国家，对朋友的义理，
敬爱父兄的孝悌，接待宾客的礼仪，
元老应尽的义务，清官应秉的正义，
奉命出征的将军应如何厥尽其职——
他必然知道将人物写得合情合理。②

---

①② 缪灵珠.缪灵珠美学译文集：第1卷[M].北京：中国人民大学出版社，1987：57.

诗人有了正确的认识，华丽的辞藻与丰富合理的思想内容都将源源不断而来。这样，对社会有教育意义的、人物性格生动、情节丰富的佳作就由之而生。贺拉斯在强调诗的内容的同时，始终没有忘记诗歌的辞藻的华美性。由之看来，他也并没有忽略诗歌内容与形式的有机统一性。下面，我们再简要地看看贺拉斯对诗的形式的见解。

2. 诗的形式

在《诗艺》中，贺拉斯就诗的形式问题论及得较多，他看到了形式对一首诗来说的重要性，它与内容构成了缺一不可的互相对等的两个方面。贺拉斯的形式理论主要包括以下四个方面，即结构、语言、韵律和体裁。

(1) 结构

一首诗与一幅图一样，都是有其内在结构的。但是，一幅画也好，一首诗也好，其结构是否合理却直接关系到它们品质的优劣。一首诗如果没有结构，就不可能成为一部完整统一的艺术。诗的结构离不开其内容的制约，离不开诗艺的审美规律，离不开诗人及其诗作欣赏者的主观审美需要。任何一首诗，往往都离不开诗歌自身的逻辑规定，离不开诗作的题旨和诗的艺术审美规律，离不开人为的创新。早在古罗马时代，贺拉斯就已经很懂得诗歌形式在诗中举足轻重的地位。在给皮索父子的信中，他开宗明义就将话题切入“形式”中。他认为，任何艺术作品都存在着一个形式的统一(或曰一致)的问题。诗歌与绘画一样，如果形式、结构不统一，不协调，那就会闹出笑话：

设使画家凭幻想给出人头接马颈，
东拼西凑的肢体披上五彩的羽翎，
随意挥毫画成上半身是类人艳彩，
下半身却是丑陋不堪的一尾鱼精，
朋友，你有缘一见，岂能忍得住笑声？
要知道，皮索先生，作品恰如这画景，
要是像病夫梦魇，满篇是怪形怪状，
任何形体都没有如此头颅和足胫。
诗人和画家，你说，皆有幻想的权柄。
是的，我梦寐求之，也允许列入憧憬。
但断非想入非非，让驯良匹配野性，
蛇蝎同小鸟相爱，羔羊同猛虎谈情。[①]

结构的合理巧妙是诗人成功的一大要诀，如果违背常规，将人头接在马脖子上，鲤鱼背上长出闪闪发光的羽毛，岂不显得荒诞可笑。绘画的大忌是胡乱拼凑，诗歌艺术也是一样。如果诗人在诗中描述凶险的毒蛇与天真的百灵鸟爱恋，温良恭顺的小羊与威猛凶狠的老虎谈情，这种不合常理的构思和拙劣的拼凑只能破坏诗的和谐和整体性。这样的劣作只能让欣赏者嗤之以鼻。那么，诗人作诗应注意什么呢？应该注意诗歌的有机条理性

① 缪灵珠.缪灵珠美学译文集：第1卷[M].北京：中国人民大学出版社，1987：41.

和整一性。诗人在描写古典题材的同时要善于花样翻新，将人所皆知的事物重新写成脍炙人口的新颖诗歌。他还要求诗人们向希腊诗人学习，向荷马学习，从而写出像《伊利亚特》这样一类内容清新、不落俗套、结构又完整统一的新颖诗篇。

（2）语言

关于诗歌的语言问题，我们在前面谈到人物性格时已经部分涉及语言与人物性格特征的关系。除此之外，贺拉斯还谈到诗歌创作中的语言来源问题。这种语言一是来源于日常的现实生活；二是来源于希腊的传统。同时，他也强调由于时代的发展和变化，语言也不能一成不变地停留在原来的水平上，而是应该相应地根据时代的发展变化而发展变化。因此，诗人的语言也必须要有所突破和有所创新。所谓的万世长存、亘古不变的语言是没有的。

此外，语言要用得恰当，不能不分时间、地点、条件、场合而随便滥用。在那些充满诙谐的喜剧中所使用的语言就不能照搬到悲剧中去，这是由语言自身的功能和规律所决定的。喜剧中宜用讥讽的语言，而悲剧中则大多用庄严持重、深刻凝练的语言，它对于喜剧中的那些嘲讽或诙谐滑稽的语言往往是不屑于一顾的。在论及悲剧诗体时，贺拉斯这样说：

悲剧却不屑胡诌此种无聊的语句，
它像在节日应邀起舞的良家妇女，
在轻佻的浪子之间总是腼腆心虚，
皮索先生，如果我想写一部羊神剧，[11]
我就不喜欢只用粗劣的日常言语，
我也不愿意抛弃悲剧的珠玑美玉，
以至观众对于剧中人物茫无头绪，
弄不清他是男仆，或是大胆的侍女——
她狡诈多端将主人千两黄金骗去——
还是塞勒诺斯[12]，酒神的老师和朋侣。①

不同的戏剧诗体，使用不同的语言，这是由戏剧诗体种类自身的性质特点所决定的，因此：

我认为如果把林野牧神写入戏剧，
就不要把它写成仿佛在闹市家居，
好像纨绔子弟惟以情歌自娱或者市井之徒满口尽是淫词污语。②

悲剧诗体中的英雄以崇高、庄严为基本特征，从俄狄浦斯和被缚的普罗米修斯口中是喊不出污言秽语的，同样，米南德笔下的喜剧主角也定然不会说出高雅庄重的语言。

（3）体裁

贺拉斯颇为重视诗歌的体裁，因为不同的体裁具有各个不同的用途，彼此是不能混淆的。例如悲剧诗体只能用来表现帝王将相和英雄豪杰等的悲剧性命运。喜剧诗体也只能

①② 缪灵珠.缪灵珠美学译文集：第1卷[M].北京：中国人民大学出版社，1987：53.

用来表现平凡百姓或其他普通人生活中的可笑事件，总之，在诗体中喜剧的主题不能使用悲剧的诗句，同样，如果要歌咏提耶斯提[13]一樽俎，

就不能使用适合喜剧的日常谈吐。

让各种体裁守住它所应在之处。①

各种不同的戏剧诗体各司其不同的职责，以完成其各自的使命。按照贺拉斯的观点，像悲剧和喜剧这样的诗体是应有严格的规定和界限的，互相不得混淆，更不得有介乎这两者之间的戏剧诗体存在。如果这样的话，后来在欧洲戏剧史上发展起来的传奇剧诗体和悲喜剧诗体（又曰正剧诗体，如18世纪法国启蒙学者狄德罗所开创的市民剧等）都是不应该有的。在这一点上，贺拉斯过于机械恪守希腊古典的各种诗体范例，故反映在对诗体体裁的看法上，观点不免显得执拗和僵化。这一点，显然是不足取的。不过，考虑到在诗歌创作中个别特殊情况的需要，他也在一定程度上承认：即使是喜剧诗体也免不了绝对不使用豪言壮语，即使是悲剧诗体，有时也免不了绝对不使用散文对白等。由此可见，贺拉斯在关于诗体体裁方面的观点，其基本倾向是保守的，在这保守的同时，也有某些辩证的色彩。

三、对贺拉斯诗学理论的简要评价

在对贺拉斯的基本理论作了以上简要论述之后，我们有必要看到：贺拉斯所处的时代是一个比较特殊的时代，它前承西方文明的轴心时代古希腊，后接漫长的千年中世纪。罗马文明与希腊文明相比，前者自然远比后者逊色。这种逊色体现了西方文明历史发展所呈现的波浪式的起伏特征。尽管罗马文明不如希腊文明，但正是罗马文明使辉煌灿烂的希腊文化和文明得以保存和传世(甚至在某些方面同样还有发展)。体现在诗学理论方面，如果说柏拉图和亚里士多德是西方诗学理论的开山鼻祖，那么，贺拉斯当之无愧称得起是西方古典主义诗学理论的奠基者。尽管他的诗学理论远不如柏拉图和亚里士多德丰富、深刻、完善和充满哲理，但它却从另一个方面使之更通俗、更浅显和更贴近现实生活。也正是因为他的诗学理论的这种更通俗、更浅显和更贴近现实生活等特征，故使他的理论更便于人们理解、接受和传播，更何况贺拉斯的诗学理论还确实提出了不少诸如“合式”“寓教于乐”等积极、合理的主张。也许正是由于这些原因，贺拉斯的诗学理论受到了后世（尤其是文艺复兴时期和古典主义时期）诗学理论家们的欢迎、推崇和赞扬。尽管贺拉斯所提出的那些古典主义诗学原则客观上并没有改变当时罗马诗坛的颓废风气，但贺拉斯的诗学理论对后世还是产生了不可小视的影响。后世人们还是从中吸取了不少有益的东西。例如他的“合式”原则，就尤其为中世纪的神学家们所赏识。

总之，贺拉斯的诗学理论有其可取的一面，也有其古板教条等消极保守的一面。从他的诗学理论的总体状况看，可以说是保守有余、创新不足。稍有文学理论史常识和粗粗读过贺拉斯的《诗艺》之作的学者们都知道，在《诗艺》中所提出的一些古典主义诗学原则，其

① 缪灵珠.缪灵珠美学译文集：第1卷[M].北京：中国人民大学出版社，1987：46.

实，早已为近代作家的创作所突破，但我们今天的人们就不能因此而否定贺拉斯诗学理论的历史价值和存在意义。应该看到，《诗艺》一书毕竟是贺拉斯本人一生诗歌创作实践的经验积累和思想结晶，其中有经验，有教训，有粗陋之说，亦有真知灼见。把这样一部古典诗学理论典籍放在人类思想发展的长河中来加以研究考察，它对于我们今天的后世人来说，仍然具有不可低估的参考价值和借鉴意义。

注释

1 希腊化时期，又译"希腊主义"或"希腊主义时代"。史学上通常是指公元前 334 年马其顿国王亚历山大率军开始东侵到公元前 30 年罗马灭亡埃及之间的一个历史时代。一般认为是奴隶制度在地中海东部和亚洲西部进一步发展的时代，也是希腊与其他各地经济、文化广泛交流的时代。"Hellenismus"一词为德国历史学家德洛依森(Johann Gustav Droysen，1808 年—1884 年)首先使用(1936 年)，含有夸大希腊历史作用之意。希腊化时期的主要国家有托勒密(埃及)、塞琉西(叙利亚)、马其顿和希腊(巴尔干)、柏加马(小亚细亚)等。

2 伯罗奔尼撒战争是指古希腊斯巴达为首的伯罗奔尼撒同盟与海上强国雅典之间的战争。两大奴隶主集团争夺希腊地区的霸权是战争的主要原因，第一阶段(公元前 431 年—公元前 421 年)：斯巴达陆军攻入亚提加，雅典海军活动于南部希腊沿海一带，互有胜负，至签订"反西亚斯和约"而宣告停战。第二阶段(公元前 415 年—公元前 404 年)：雅典远征西西里，惨遭失败。斯巴达在波斯援助下，最后获胜。和约规定：雅典交出船只，解散"提洛同盟"。战争使希腊经济遭到严重破坏，霸权转入斯巴达之手。

3 亚历山大，即亚历山大大帝，马其顿国王(公元前 336 年—公元前 323 年)。腓力二世之子。少时师从于哲学家亚里士多德，醉心于荷马史诗中的英雄人物。即位后，镇压希腊各城邦的反马其顿运动，大举侵略东方。公元前 334 年，率军越赫勒斯湾入小亚细亚，败波斯王大流士三世于伊苏城(公元前 333 年)。南进叙利亚，攻占腓尼基，转入埃及(公元前 332 年)，并在尼罗河三角洲建立亚历山大城。公元前 331 年进兵"两河流域"，在高加米拉与波斯军交战，获胜。次年波斯帝国及阿契美尼德王朝遂亡。亚历山大于公元前 324 年返抵巴比伦，并在东起印度河西至尼罗河与巴尔干半岛的领域内，建立起亚历山大帝国。公元前 323 年，随着亚历山大的病逝，帝国亦迅即瓦解。

4 提泰奥斯是公元前 7 世纪的斯巴达人，他所写的那些描写战争的诗极富鼓动性。

5 德谟克利特(De Mokritos，约公元前 460 年—公元前 370 年)，古希腊唯物主义哲学家，与留基伯并称为原子说的创始人。他也主张"诗狂说"，认为人若没有几分疯狂就不能称其为诗人。

6 赫里岗是指古希腊神话中诗神所居的山，亦即诗歌领域。

7 这里的所谓"普通题材"是指"广泛的""日常生活的"，亦即不适于诗歌、戏剧的"新奇的"题材。贺拉斯主张用在他那个时代已是"古典的"题材。

8 蒲伯(Alexander Pope，1688 年—1744 年)，18 世纪英国启蒙运动时期的古典主义诗人，深受法国文艺批评家波瓦洛的影响，著有诗体论文《批评论》，阐述古典的审美原则，主张诗歌应该模仿自然，认为古代希腊、罗马的作品是艺术的典范。

9 泰伦斯(Publius Terentius Afer，约公元前 190 年—公元前 159 年)，古罗马喜剧作家。其作品大多根据希腊新喜剧(主要是来南德的作品)改编而来。剧作比较忠实于原作，在内容方面保持了希腊新喜剧常见的主要情节，如恋爱、嫉妒、猜疑和弃婴等。

10 莱辛(Gotthold Ephraim Lessing，1729 年—1781 年)，德国启蒙运动时期的思想家、剧作家和文艺理论家。其美学论著《拉奥孔，论绘画与诗的界限》《汉堡剧评》，奠定了德国现实主义文艺理论的基础。他的理论和著作，体现了资产阶级民主主义精神，对德国文化的发展产生了重大的影响。

11 指由古代希腊悲剧大师们创造的羊神剧(即悲剧的前身)。

12 塞勒诺斯，古代希腊羊神剧中的主要角色，酒神之师。

13 提耶斯提(又译为"提厄斯忒斯")，诱奸其嫂，其兄阿特柔斯为了报复，杀其儿女并请其人肉宴，意即悲剧题材。

中世纪欧洲的美学三杰

“中世纪”是一个特殊的历史概念，史学上一般将公元476年西罗马帝国灭亡至14世纪这段历史时期称为“中世纪”，或曰“千年中世纪”。欧洲中世纪大致由两个阶段构成：第一阶段是从公元5世纪至11世纪，这个阶段是欧洲封建制度得以形成和确立的时期；第二阶段则是从11世纪至14世纪，此乃欧洲封建制度得以高度发展和繁荣时期。千年中世纪的历程就是欧洲社会封建主义的生产方式从形成、发展、繁荣走向衰落的历程，也是欧洲诸多民族、国家和民族文化得以逐步确立和发展的过程。与此同时，大约在公元1—2世纪流传于罗马帝国统治下的各族人民之间的基督教开始了它对欧洲的统治。基督教在其早期阶段，反映了当时奴隶和平民对奴隶制的憎恶。由于它的教义中有诸如宣扬平等、反对私有制度和专制政治等内容，构成了对奴隶主统治者的威胁，故遭到了统治者的残酷迫害和镇压。专制统治者的残酷迫害和镇压，使渴望着自由生活的人们对现实人世感到厌倦，于是，他们便把自己的命运无可奈何地寄托于来世，渴望能在渺茫的彼岸世界寻找到幸福的“伊甸园”。后来，统治者又利用了基督教中一些消极的思想，如今生今世要忍耐、要顺服、寄希望于来世以及禁欲主义等，并干脆把基督教奉为国教，从而名正言顺地成为统治阶级统治和压迫人民的精神支柱。

正当罗马统治者利用基督教对人民进行精神麻醉时，新柏拉图主义的最著名代表普鲁提诺为基督教哲学、美学和文艺理论的发展铺平了道路。他在继承和发展柏拉图客观唯心主义哲学思想的同时，吸纳了当时的基督教神学，从而开创了新柏拉图主义。新柏拉图主义哲学思想的核心是“太一”。“太一”是无限的，绝对的，它超越于一切存在和思维，是一种真善美的统一，即神。“太一”创造万物的过程表现为源泉流溢的过程，即首先流溢出的是“奴斯”（一种纯粹的理智精神或思想），然后从“奴斯”中流溢出灵魂，最后再从灵魂中流溢出物质世界。故存在表现为三个阶段或三个等级。灵魂必须消除一切欲望，从肉体中超脱，经过“净化”进入“出神”“忘我”的状态，达到与“太一”融合，即与神合为一体。

从普鲁提诺的“太一”说中我们看到：“太一”与“物质世界”是彼此截然对立的。普鲁提诺的这种对立学说为中世纪基督教神学关于天国与尘世、灵魂与肉体对立的说法提供了论据。正是在普鲁提诺的这种宗教哲学思想的影响下，使得中世纪的基督教文艺思想完全融汇在宗教神学之中，这正如恩格斯所说的，中世纪“把意识形态的其他一切形式——哲学、政治、法学,都合并到神学中,使它们成为神学的科目。"[①]浓重的基督教神学迷雾笼罩着欧洲各国的教育和文化,致使当时欧洲的哲学和文艺无不具有宗教的性质。作为欧洲中世纪哲学分支的欧洲中世纪美学也一样,它直接地与宗教神学发生了密切的联系,从而被纳入神学之中。圣·奥古斯丁和圣·托马斯·阿奎那就是把普鲁提诺的新柏拉图主义渗入基督教神学、美学和文艺理论中去的中世纪的杰出代表。

在西方美学史上,对于中世纪的美学,即使是西方学者对此也持有不同的看法,有的把中世纪的美学看做是美学史发展的一个繁盛时代,有的则认为,中世纪是美学发展的一个最薄弱的时期(甚至认为是一个空白)。这种判断与资产阶级学者对中世纪文化的总体判断是一致的。英国唯物主义者们曾有过这样一种说法,即中世纪的文化乃是统治阶级压迫欺诈与下层平民百姓自身的愚昧无知两者结合的产物。因此,有人甚至在上述论点的基础上继续引申,认为中世纪是人类历史发展的一个"断层"。德国大哲黑格尔在谈到这段历史时用一种深沉含蓄而又令人寻思的委婉语调写道:"中世纪的艺术是沉了的夜色,文艺复兴的艺术是初吐的曙光。"[②]其实,上述资产阶级学者对中世纪美学理论和艺术文化状况所下的论断尽管有其合理的一面,但同时又都在不同程度上犯有错误,导致这种错误的根源在于他们未能清楚地看到这样一个事实,即在中世纪形成的封建制度总比奴隶制度这样的社会经济结构要进步。谁看不到这一点,谁就不可能对中世纪的文学艺术状况做出科学合理的结论。恩格斯在《路德维希·费尔巴哈和德国古典哲学的终结》中一方面对中世纪的愚昧作了严厉的批判,一方面对上述资产阶级学者的错误论点进行了驳斥,他说:"这种非历史的观点也表现在历史领域中。在这里,反对中世纪残余的斗争限制了人们的视野。中世纪被看做是由千年来普遍野蛮状态所引起的历史的简单中断,中世纪的巨大进步——欧洲文化领域的扩大,在那里一个挨着一个形成的富有生命力的大民族,以及14世纪的巨大的技术进步,这一切都没有被人看到。"[③]马克思和恩格斯曾许多次地告诫人们要客观地去认识中世纪,不但要看到中世纪神学对于哲学、科学和艺术的有害影响,同时也应该必须看到中世纪的唯名论所含有的唯物主义倾向,以及民间艺术中的那种争取自然表现反对禁欲主义的斗争倾向。因此,我们完全可以这样说:中世纪文化有其革命的进步的一面,同时也有其落后腐朽和反动的一面,反映在美学领域,情形也是如此。

中世纪美学(或曰中世纪的基督教神学美学)是由希腊罗马时期的普鲁提诺美学发展过渡而来。在中世纪的早期阶段(约公元4世纪至8世纪),西方流行基督教哲学,这时的美学家也大多是些教父出身的哲学家和思想家。他们是新的宗教文化的代表。他们用这种新的宗教思想文化取代古希腊罗马的思想文化,从而登上了中世纪的思想文化舞台。他们具有崭新的宗教神学世界观。这种与基督教发展相联系的世界观完全服从于基督教会的利益。与此同时,古希腊罗马美学中的许多宝贵遗产也随之转移到了中世纪的美学

① 中共中央马克思恩格斯列宁斯大林著作编译局.马克思恩格斯选集:第4卷[M].2版.北京:人民出版社,1995:251.

② 缪灵珠.西方文艺理论史纲[M].北京:中国人民大学出版社,1985:189.

③ 中共中央马克思恩格斯列宁斯大林著作编译局.马克思恩格斯全集:第4卷[M].北京:人民出版社,1963:225.

之中。8世纪之后，经院哲学日趋兴盛，一直到12世纪。基督教哲学的主要特征是信仰上帝，鼓吹“创世说”，由此派生出所谓“原罪”“来世”等说教，而经院哲学则是对基督教教父哲学的继承、发展和演进。由于中世纪宗教神学占了统治地位，因此，当时的哲学则是“神学的附庸”，美学的命运当然也是这样。

欧洲中世纪美学，从整体上来看，它的基础是宗教神学，它的核心是上帝，它的表现特征是神秘主义。中世纪美学也承认美的存在，但美的根源在于上帝。基督教的上帝涵盖了一切。上帝代表了最高的智慧和最高的美，是一切感性事物的美的根源。而自然之美、艺术之美、现实世界中的形形色色的美都是一些感性事物之美，也是一种低级的、有限的美。它的功能就在于充当了人们观照上帝的中介，它们本身不具备独立自存的价值。经院派美学在对美的自然之物和艺术的看法上，他们鄙视艺术之美，而看重自然之美，因为前者是人造的，含有虚假的成分，而后者则是神所派生。他们要求人们从自然之美这种上帝的作品中去观照和赞美上帝。因此，经院派美学的主要对象不是文艺，而是上帝这个无形的最高神。中世纪美学的主要特征集中体现在圣·奥古斯丁和圣·托马斯·阿奎那以及但丁的学说中。

一、奥古斯丁

奥古斯丁(Aurelius Augustinus，公元354年—430年)是欧洲中世纪罗马帝国基督教思想家，教父哲学的主要代表，新柏拉图主义者，生于北非塔加斯特(Tagaste，今阿尔及利亚的苏克阿赫拉斯)。母亲是基督徒，父亲为异教徒。早年曾在马道拉、迦太基等地受教。一度当过摩尼教信徒，接受该教的善恶二元教义，后抛弃摩尼教。于387年春至米兰受洗，皈依基督教，开始过一种恬淡寡欲的修道生活。次年返回北非。391年访问希波，升任神父，在希波主教瓦勒里乌斯手下任副主教。瓦勒里乌斯去世后，奥古斯丁接任主教至终身，死后被教会封为伟大的圣师。主要著作有《忏悔录》《论上帝之城》和《论三位一体》等。

奥古斯丁学说的特征是用新柏拉图主义学说来阐述和论证基督教教义，用哲学来解释神学，以神学为核心，强调真正的哲学只能和真正的宗教(即基督教)结合在一起才能得以确立。奥古斯丁认为，神和灵魂是整个基督哲学的核心。奥古斯丁在强调神的前提下，宣扬“原罪”和“神恩”，声称人人生来都是有罪的，只有信仰上帝才能得救。在伦理思想方面，奥古斯丁把神创说和柏拉图的理念论结合起来，把道德的善恶归结为人对上帝的关系。他的伦理思想对后来的托马斯·阿奎那产生了很大的影响。

奥古斯丁的美学思想集中在《忏悔录》和《上帝之城》两部主要著作中。奥古斯丁在美学上受普鲁提诺的思想影响很深。他不仅从普鲁提诺那里接受了“一切美的源泉在于上帝”的主张，而且对美作等级的划分。他把精神道德范畴的美划归为较高级的美，上帝是最高的美(或曰至美)，它象征着真善美的统一。在给美下定义时，他认为一般的美就是“整一”与“和谐”，有形的物质之美就是“各部分的适当比例，再加上一种悦目的颜色”。以后，奥古斯丁又修改了他的上述论点，认为美的根源归根到底是上帝，因为上帝本身就是“整一”，和谐之所以美，就是在于它代表杂多的有限事物所能达到的最近于上帝的那种整一。奥古斯丁认为，上帝把他自身所具有的“整一”印到他所创造的事物上，从而使这种有形的感性之物具有上帝的属性，但它们又永远达不到上帝那种整一的完善程度，而人们正是可以通过从这种感性事物的整一性中观照到上帝的整一。正是在这个意义上，奥古斯丁认为，越是完美的事物，它的整一程度就越大。他还由此引出对完满的数之美的歌颂。他把数加以绝对化和神秘化，认为现实世界好像是由上帝按照数学的原则创造出来的，所以才显出整一、和谐和秩序。他说，数始于一，数以等同和类似而美，数与秩序不可分。人体的匀称以及一切物体的常规运动都由数在管着，因此，一切美的要素都在于“数”，圆是理想的几何图形。“整一”学说是奥古斯丁美学思想的核心。他把整一说作为克服那种迷恋于摩尼教关于世界悲剧性地分裂为二、关于光明与黑暗永恒斗争学说的一种手段。奥古斯丁还认为，美与丑是对立统一的两个概念，两者互为因果，互为存在，丑本身虽然不是美，但它是作为美之形成的一种要素，它与美相比较而存在，相形之下产生价值。他还把“美”和“适宜”这两个概念对立起来，认为美是自身的相适合，而适宜只是适合于某种东西，美与可耻、丑相对立，而适宜的对立面则是“怪诞”。美的价值在于美本身，而在适宜中则存在着效用、合目的性的因素。奥古斯丁的美学思想中包含着许多朴素辩证法思想。他的美学思想在中世纪美学中占有重要的地位。下面我们拟从四个方面对奥古斯丁美学思想作一具体论述。

（一）美在于事物的“整一”与“和谐”

美在于事物的“整一”与“和谐”是奥古斯丁美学理论中的一个基本观点。这个观点的形成，追溯其根源，无疑是受了毕达哥拉斯学派的影响，因为，毕达哥拉斯学派就十分主张“美是和谐与比例”的观点，如他们提出“身体美是各部分之间的对称和适当的比例”等。奥古斯丁在毕达哥拉斯等以往学说的影响下，也提出了美的整一与和谐等理论。他在其《忏悔录》第四卷中这样写道：“我观察到一种是事物本身和谐的美，另一种是配合其他事物的适宜，犹如物体的部分适合于整体，或如鞋子适合于双足。”[①]这个论点是奥古斯丁在经过相当一个时期的思考后提出的，并在他皈依基督教之前撰写的《论美和适宜》一书中作了全面的表述。《论美和适宜》一书，据奥古斯丁自己讲，有两三卷。这是作者的早年之作，书中所表达的“美和适宜”的观点，我们可以把它看做是奥古斯丁早期美学观点的一种特征。奥古斯丁本人当时对自己的这种观点还是比较得意的。在他皈依基督教之前，由于人的本性所致，或者是由于他受古代希腊罗马哲学、美学和文艺思想影响较深，因此，他的美学观点仍然体现着世俗的（或曰非宗教神秘的）特征。他对美的理解往往还是与现世人生贴得较近的。那种由“部分适宜于整体”引申出“鞋子适宜于双足”的美学观，是不带有任何神秘主义色彩的。我们从奥古斯丁早年的这种美学论点中见不到造物主——上

① 奥古斯丁.忏悔录[M].周士良，译.北京：商务印书馆，1963：64.

帝——的影子，甚至，他自己也在后来的《忏悔录》中说："这一切，我当时并不知道，我所爱的只是低级的美。"①奥古斯丁在他的这种早期美学理论中提出了"美""适宜""和谐"这样三个范畴。他在给"美与适宜"下定义时进一步涉及这三个范畴，他说："我的思想巡视了物质的形象，给美与适宜下了这样的定义：美是事物本身使人喜欢，而适宜是此一事物对另一事物的和谐。"②这个美学定义表述了"美"与"适宜""和谐"的关系。按照奥古斯丁的说法：美是事物之所以被人所喜欢的一种原因（或属性），反言之，某事物由于不具有美这个原因或属性，所以也就不会有人喜欢；而适宜是事物与事物之间的一种合理、恰当的关系，这种关系也可以称为和谐关系。正是这种和谐关系，才使美得以生成。所以，奥古斯丁的"美和适宜"也是旨在揭示事物之间的一种"和谐"关系。由此可见，奥古斯丁的"美和适宜"理论没有什么神秘主义可言。相反，它还是一种颇为世俗素朴的看法。

（二）美与上帝

前面讲到，奥古斯丁关于美在于事物的"整一"与"和谐"的美学观是素朴的非神秘主义的，这是他早期的观点。后来，他皈依基督教，向着宗教神学的深渊走去，随之，他的美学思想也发生了根本性的转变，即由世俗素朴走向了宗教神秘主义。皈依基督教后，奥古斯丁发现自己早期的美学观点需要更正，如他先前所说的那种美是一种低级之美、次要之美，而真正的、最高层次的美不是别的，只有一个，即上帝的美。在《忏悔录》第七卷中，奥古斯丁这样写道："天主是美善的，天主的美善远远超越于受造之物，美善的天主创造美善的事物，天主包容、充塞着受造之物。"③上述论点表明了奥古斯丁完成了他美学思想的根本性的历史转折，即在美的观念上由素朴走向了神秘，把美的根源归之于至善至美的上帝。美善的上帝创造了美善的万事万物。是上帝，"从空虚中创造了近乎空虚的未具形象的物质，又用这物质创造了世界，创造了我们的子孙们所赞叹的千奇万妙"。④ 这种千奇万妙的创造物又是什么呢？就是上帝所创造的一切形形色色、美轮美奂的事物。对之，奥古斯丁作了这样的具体表述："我们看见了天和地，即物质受造物的上下两部，或物质的和精神的受造物；我们看见了划分黑暗的光，点缀着物质世界或整个受造物的各个部分。我们看见了诸水分为上下后中间的苍穹，即宇宙的最初物体，或现在名为天的空间，飞鸟翱翔于其间，中有汽化之水，晴夜凝而为露，重浊的水流而为雨。我们又见万流委输，海色的壮丽，大陆上圹壤的原野和长满花卉树木景物宜人的腴壤。我们又昂首而见'光体'，太阳充盈照耀着白昼，黑夜则有月色星光的抚慰，同时又成为时间的标识。我们又见卑湿之处滋生了鳞介鲸鲵和飞翔的禽鸟。因鸟翼所凭的浓厚的空气是由水蒸发而成的。我们看见地面点缀了动物和依照你的肖像而造的人类，人凭借了和你相似之处，就是说凭借了理性和理智，统治百兽……我们看见了这种种，每一样都已美好，而综合一切尤为美好。"⑤光

① 奥古斯丁.忏悔录[M].周士良，译.北京：商务印书馆，1963：64.
② 奥古斯丁.忏悔录[M].周士良，译.北京：商务印书馆，1963：66.
③ 奥古斯丁.忏悔录[M].周士良，译.北京：商务印书馆，1963：118.
④ 奥古斯丁.忏悔录[M].周士良，译.北京：商务印书馆，1963：263.
⑤ 奥古斯丁.忏悔录[M].周士良，译.北京：商务印书馆，1963：321－322.

明、黑暗、苍穹、飞鸟、碧海、原野、日月星辰、时间空间、人类、禽兽、理性、智慧……茫茫宇宙，天地万物间，一切美的事物，无不都是上帝创造。至善至美的上帝，创造出了至善至美的万物，因此，从每一美善事物中，都能折射出上帝之光辉和大美。正是从这个意义上，我们完全可以这样认为，奥古斯丁的万物之美都是带有象征主义的，即它们都象征着上帝的理性与智慧。从整体意义上看待万事万物之美，就更可以从总体上见出上帝创造万物的智慧、理性和秩序，从而见出上帝美善的超越时空性和神圣性。

在《忏悔录》第十三卷中，奥古斯丁这样写道："天主，你看了你所造的一切，'都很美好'，我们也看见了，一切都很美好。你对每一项工程，说：'有'，就有了，你看见每一样都是好的。我计算过，你前后共七次看了你所造的，说好；第八次你看了所造的一切，不仅说好，而且说一切都很好。因为每一项分别看，仅仅是好，而合在一起，则不仅是好，而且是很好。任何美好的东西也都如此说。因为一个物体，如果是荟萃众美而成，各部分都有条不紊地合成一个整体，那么虽然各部分分别看都是好的，而整体则更为美好。"①这里，奥古斯丁仍然在解释上帝与其被造物的关系，上帝的智慧是被造物美丽的根源，如果没有上帝的智慧，宇宙将永远是混沌空茫。没有上帝的创造，哪来的白昼与黑夜，哪来的时间与空间，哪来的飞禽与走兽，哪来的日月星辰，湖海山川……一切的一切美，都应归之于上帝的智慧与功劳。一切的一切众美荟萃，更能反映出上帝的至善至美。上帝啊，唯独你是万物之美万物之善的根源："是你，主，创造了天地；你是美，因为它们是美丽的；你是善，因为它们是好的；你实在，因为它们存在，但它们的美、善、存在，并不和创造者一样；相形之下，它们并不美，并不善，并不存在。"②万物之美，尽管它们美，但它们终究是被创造物，即是由上帝之美派生而出，因此，它们的美，它们的善，它们的实存性质较之创造者上帝，自然是要逊色得多。它们与上帝（之美）的关系，永远是主从关系，派生与被派生的关系。

从奥古斯丁的"美在上帝"的神秘主义美学观中，我们可以看到，他的这种理论的形成，就是当他皈依基督教后，放弃了早期在毕达哥拉斯学派影响下形成的美在"整一""和谐"，物体美是"各部分之间的适当比例，再加上一种悦目的颜色"等观点，从而走向新柏拉图主义后形成的，其中最主要的是柏拉图的理念论和普鲁提诺的思想影响。普鲁提诺在谈到事物之所以美的原因时，他把它们归之于由于分享得一种理式，他在其著名的《九卷书》中表述了他的这种神秘主义美学观：一件东西既化为整一体了，美就安坐在那件东西上面，就使那东西各部分和全体都美，但是当理式来到一个单纯的或各部分同质的东西上面，就使那东西在全体上显得美。这就好像一种自然力，像艺术一样进行，在前一种情形之下，把美授给一整座房屋和其中各部分，在后一种情形之下，把美授给一块单纯的石头。这样，物体的美是由分享一种来自神明的理式而得到的。普鲁提诺的理式是与神明等同的概念，这一观点充满着宗教神秘的色彩。此外，普鲁提诺还进一步提出了"真善美统一于神"的观点。这些观点对奥古斯丁的影响极大。我们完全可以这样说，奥古斯丁的美学

① 奥古斯丁.忏悔录[M].周士良，译.北京：商务印书馆，1963：319.
② 奥古斯丁.忏悔录[M].周士良，译.北京：商务印书馆，1963：235.

观主要是在普鲁提诺美学观基础上的一种发展和演进。他的上帝创造了万物之美的观点，其实也是在表述一种“杂多”与“统一”的哲学、美学关系。奥古斯丁认为，美的事物是形形色色、千千万万，但全能的至善至美的上帝却只有一个。上帝造物（或曰创世）时，把他的完整性和统一性赋予了万物。事物之所以美轮美奂，就是因为在杂多的美善事物中包含着上帝的统一和完整（即至善至美），从而构成了寓多于一的匀称、秩序、和谐的造物主和被造物之间关系的存在特征（或存在方式）。总之，上帝是最完美、最和谐、最有秩序的整一。他是万物之美的最高统帅（或曰万美之母）。

（三）丑是构成美的一种要素

把“丑”这一特定的美学概念视为构成美的统一体的一种要素，这是奥古斯丁的美学独创。这个观点得以产生的哲学基础是“和谐”与“对立统一”的辩证法。奥古斯丁认为，美就在于它的“和谐”，而真正的“和谐”就在于“对立的统一”。他在对上帝极尽歌颂、赞美的同时，也总是强调：“万物在时间之中，有始终，有升沉，有盛衰，有美丑。因此它们有晨有夕，或幽而隐，或明而显。”①这些现象都体现了宇宙万物的“和谐”与“对立统一”原则。由此，我们可以把水与火、冷与热、善与恶、悲与喜、贵与贱、黑与白、天与地、长与短、古与今、男与女、快与慢、生与死，等等自然和社会现象都看做是一种对立统一的关系，它们既互相对立，又互为依存和互相映衬。没有热，也就无所谓冷，没有恶，也就无所谓善，没有卑贱，也就无所谓高贵。

作为审美范畴的“美丑”也是一样，没有丑，也就无所谓美，美丑都是相比较而存在的。例如，反映在道德方面的美德与败德、善行与恶行都是属于“美丑”的范畴。奥古斯丁甚至认为，美德和善行在于统一，败德和恶行在于分裂，他说：“我曾在道德方面爱其宁静，在败德方面恨其骚乱，所以，在前者中观察到一种统一，在后者中观察到一种分裂。并且，在那统一中，我曾认识到具有理性的灵魂，真理的本性所含的至善；但在这一分裂中，我则已有过这样的悲惨的想象：以为那里存在着非理性生活中的某一未知的实体以及恶的本性，这至恶不仅是一种实体，也是现实生活；但它并不导源于你，啊，我的上帝，万物之主。”②无论是美德或败德，无论是统一与分裂，它们都是美丑范畴的对立统一。没有丑，就无法构成美的形式：“在我们看来，宇宙万象仿佛是混乱的。这正如我们如果站在一座房子的一拐角，像一座雕像一样，就看不出这整座房子的美；再如一个士兵也不懂得全军的部署；在一首诗里，一个富于生命和感情的音节也见不出全诗的美；对照的方法使演讲词有美；阴影在一幅画中也有其作用，所以美是由对立的和谐所显示出来的。”③阴影在画中为其美的显示做出了贡献，从而成了美之所以形成的一种要素（当然，其前提必须是“和谐”与“统一”）。将“丑”孤立地看是见不出美的，只有在和谐的整体中，丑的部分（或上面所说的“阴影”部分）才有助于构成和谐或美。对此，朱光潜先生把它解释为在整体美里是作为被

① 奥古斯丁.忏悔录[M].周士良，译.北京：商务印书馆，1963：322.
② 缪灵珠.西方文艺理论史纲[M].北京：中国人民大学出版社，1985：216.
③ 缪灵珠.西方文艺理论史纲[M].北京：中国人民大学出版社，1985：216－217.

克服而纳入统一体里的一个对立面来了解的。因此，奥古斯丁美学观中的“丑”，尽管它是构成美的一种要素，但就“丑”本身而言，它的形式是欠缺的或不完善的，故即使在它成了一种美的要素时，它的美也始终处于一种较低级的层次。奥古斯丁甚至认为，它“并不导源于上帝”，它充其量只能作为上帝所创造的那种美的事物的一种“映衬”而已。正是在这个意义上，奥古斯丁认为，世上没有绝对的丑，但也确实存在着一些与其他组成得更完美和更富有对称性的事物相比而显得不足的事物。丑，仅仅是相对的残缺而已，所以，作为丑的范畴的“罪恶”，一旦得到惩治，就会成为正义美的一部分。如果没有罪恶，如果没有对罪恶的惩治，那么，又如何谈得上显示“正义美”的力量呢？既然丑都是相对的（换言之，即世上没有绝对的丑），因此，奥古斯丁也要求人们不要忽略那些表面看来颇为卑微的事物。甲壳虫、跳蚤等幼小生物，在一般人看来似乎既丑陋又微不足道，但只要人们仔细观察其形体结构，也可以观察到它们那精巧的结构等美的要素。

奥古斯丁的丑是美的要素的论点，旨在说明一切事物的美都来源于差异性和多样性（或曰差异面的对立），这种差异和对立是构成美所不可或缺的。正因为这样，故有的诗人们为了使自己的诗增加色彩，故意利用某些语法错误或不规范的语句。因为这样做，悦耳音乐的和谐声音借助各种不同的声音的协调就可变得更加悦耳。以此类推，一出好戏，为了充分表现英雄人物的美的本色，离不开衬托他的丑角或反面人物，要不然，就正如普鲁提诺所说的那样，戏剧如果没有坏人角色的参与，它就将会失去力量。由此可见，丑角也是戏剧美学力量的构成要素。正是由于丑角的衬托，才使剧中英雄的美在对立统一的和谐整体中得到充分的显示。奥古斯丁从美是上帝的原则出发，把对立统一的和谐看做是美的前提，并由此得出丑只不过是统一体的一个组成部分或一个要素的结论。奥古斯丁关于美与丑对立统一的观点，是建立在“上帝之美”基础上的，他的“丑”是美的构成要素理论，其本质是为至美服务的。他主张丑是形成美的一种要素，目的是为了实现美，最终是为了说明至美的存在。而至美是什么？至美就是他所崇奉的天主、上帝。上帝无所不能，它是真正的万美之美。

奥古斯丁的这一观点，在西方美学史上是很有独创性的。英国现代新黑格尔主义者伯纳德·鲍桑葵在谈到奥古斯丁的“丑学”理论时认为，古代形式美学中同统一相关联的多样性被奥古斯丁更深刻地解释为矛盾双方的对立。在一首美的歌曲中，在修辞学的对偶中，在一幅画的阴影中，也都是这样，阴影如果布置得正确，并不会使画显得丑，毒药、危险的动物等，全都在世界上占据应有的地位，因此，也就成为世界之美的要素。鲍桑葵承认，奥古斯丁的“丑是美的映衬或构成美的从属性要素的理论”对于传统意义上的或几乎是传统意义上的和谐或对称的美是有所贡献的，奥古斯丁的“丑学”理论的主要优点就在于：它“比任何希腊人都更直接地处理了丑的问题，比普鲁塔克要直接，因为普鲁塔克只是把丑看做是艺术技巧的证明，除此以外，就把丑从艺术中排除出去。也比普鲁提诺要直接”。[①] 的确，奥古斯丁把“美与丑的对立统一、和谐、映衬”的观念引入美学中来，使丑具有了应有的

① 鲍桑葵.美学史[M].张今，译.北京：商务印书馆，1985：178.

美学地位，从而丰富了西方美学史范畴的内涵，使西方美学史的研究向前推进了一步。对此，我们必须予以足够的肯定和重视。

（四）关于文学艺术的美学思考

奥古斯丁关于文学艺术的美学思考，也同样充满着神秘主义的色彩。早年的奥古斯丁也颇为热爱世俗的文艺，也承认这种文艺的感染力。后来，他皈依了基督教，其文艺美学思想发生了根本性的转折，从那时开始，奥古斯丁主张文学艺术必须为宗教神学服务。艺术的使命就在于通过自然美和形体美来实现对真善美的统一体——上帝的歌颂。例如，雕塑和绘画等造型艺术可以用来装饰教堂，诗歌和音乐等艺术理应赞美万物的创造者——上帝。奥古斯丁文艺美学思想的核心是：他把世俗文艺视为神学之敌，并力图使文学艺术成为神学的婢女。奥古斯丁的这种文艺思想主张，其本质与取消文艺并无二致。下面，我们从艺术的使命和对世俗艺术的敌视两个方面谈谈这个问题。

1. 艺术的使命

奥古斯丁关于艺术使命的思考，归结起来说就是：歌颂上帝，为教会服务。在奥古斯丁的神学美学观看来，一切大自然的美，如太阳、月亮、山川、大地等，都是上帝之美的一种表征。因此，歌颂这些美，就是歌颂美的创造主——上帝。艺术的使命就在于此。在《忏悔录》第三卷第六节中，奥古斯丁以这样的语词和语气歌颂上帝："关于世界，即使是哲学家们所论确切，我为爱你的缘故，也应置之不顾，你是我最慈爱的父亲，万美之美。唉，真理，真理，那时我怎样从心坎儿最深处向往着你，那时这些人经常用各种方法在长篇累牍的书中向我高呼着你的名字，可惜这仅仅是空洞的声音。我渴求着你，而拿来供充饥的肴馔，不是你而是太阳、月亮；这些美丽产品是你创造的，但不是你，也不是最好的工程，因为你所创造的精神体，胜过天空璀璨的星辰。我如饥如渴向往的也不是那些精神体，而是真理，是你本身，'永无变易、永无晦蚀'的你。"①上帝是生命的生命、灵魂的生命，是一种永无变易、永无晦蚀的存在。一切宇宙中的日月星辰、湖光山色之美都是取决于上帝这个万美之美，故奥古斯丁主张通过对有形的日月星辰等自然美、形体美的歌颂来礼赞上帝，从自然美中去观照上帝之美，从人间的世俗之美中去观照天国之美，从有限的美中去观照无限的美。由此可见，所谓的天国之美、神之美、无限美，都是体现上帝之美的本质。世间万物之美只是体现了上帝之美的本质属性。奥古斯丁的这种观点，其特征体现为理想性和抽象性，它深深打上了中世纪教父哲学美学的标记和烙印。这种美学观的形成是与古代希腊柏拉图的理念论和亚里士多德的共相学说的影响是分不开的。此外，奥古斯丁主张艺术应为教会服务，他曾规定在他所管辖的教区内，可以用雕塑和绘画等造型艺术装点教堂，用诗歌和音乐歌颂上帝。自从奥古斯丁开始，教会创设了文法、修辞、逻辑和算术、几何、天文、音乐等所谓"七门文艺"，前三门为人文学科，后四门为自然学科。这些文艺科目的创设是旨在为教会培养僧侣服务。

---

① 奥古斯丁.忏悔录[M].周士良，译.北京：商务印书馆，1963：42.

2. 对世俗艺术的敌视

正因为奥古斯丁主张艺术的使命在于歌颂上帝和为宗教神学服务，故一切不合这一主张的艺术在他看来都是应该予以敌视的。奥古斯丁早年爱好世俗文艺，皈依基督教后，他对其早年对世俗文艺的爱好深表忏悔，并认为世俗文艺具有强烈的感染力，易于使人发生共鸣，将人们误入歧路。因此，必须对其认真清算。奥古斯丁敌视艺术的主要原因在于：首先，艺术亵渎神灵，如荷马史诗中就有不少地方显得对神很不敬。其次，艺术对道德具有败坏作用。就拿悲剧或喜剧来说，前者尽是表现一些幸灾乐祸之事，后者则表现人的某些卑鄙行径。最后，艺术对人的灵魂有腐蚀毒化作用。奥古斯丁尤其不喜欢像荷马这样的古代诗人及其作品。他一方面也承认荷马作为艺术家，堪称是古代诗人中的高手，是一位"迷人的小说家"，善于巧妙地编织美丽动人的故事，但他同时对其诗中的虚构性无法容忍，因为它败坏人心："人世间习俗的洪流真可怕！谁能抗御你？你几时才会枯竭？你几时才停止把夏娃的子孙卷入无涯的苦海，即使登上十字架宝筏也不易渡过的苦海？我不是在你那里读到了驱策雷霆和荒唐淫乱的优庇特吗？当然他不可能兼有这两方面；但这些故事却使人在虚幻的雷声勾引之下犯了真正的奸淫时有所借口，哪一个道岸俨然的夫子肯认真地听受一个和他们出于同一泥沼的人的呼喊：'荷马虚构这些故事，把凡人的种种移在神身上，我宁愿把神的种种移在我们身上？'（罗马作家西塞罗语）。说得更确切一些，荷马编造这些故事，把神写成无恶不作的人，使罪恶不成为罪恶，使人犯罪作恶，不以为仿效坏人，而反以为取法于天上的神灵。"①在奥古斯丁看来，荷马真是大逆不道，他的创作上的虚构混淆了上帝与凡人的区别，抹杀了罪恶与否的界限，他把上帝的东西移到凡人身上，将凡人的东西移到上帝身上。这哪里还有什么上帝的神圣可言。对荷马这种亵渎神明的文艺作品，在这位基督教父看来是绝对不能容忍的。故奥古斯丁像当年的柏拉图一样，站在反动的统治阶级立场，一方面用他的道德标准衡量世俗艺术，并给以罗织罪状，一方面对之予以行为上的反对和排斥。奥古斯丁看到了世俗艺术的感染力（如悲剧等都有很强的艺术感染力）。正是这种艺术所具有的强烈的感染力，所以，它们所带有的毒害效应也相应地要大。这对基督教神学无疑是一种威胁，因此，这也就成了奥古斯丁反对和排斥世俗艺术的基本原因。

二、托马斯·阿奎那

托马斯·阿奎那（Thomas Aquinas，约 1225 年—1274 年）是欧洲中世纪最有代表性的意大利神学家和诗人，也是经院哲学的主要代表。他集中世纪基督教神学之大成，断言信仰高于理智；同时又认为理智来自天主，具有一定的独立性，同信仰并不矛盾。他的主要著作有《论存在与本质》（1254 年—1256 年）、《反异教大全》（1264 年）、《论灵魂》（1269 年—1270 年）、《神学大全》（始于 1265 年至 1266 年间，至去世前未完成）。其美学思想散

① 奥古斯丁.忏悔录[M].周士良，译.北京：商务印书馆，1963：192.

见于《神学大全》。托马斯·阿奎那的哲学立场和奥古斯丁是基本一致的。他把美学问题都牵强于神学，所不同的是，他在一定程度上接受了亚里士多德的思想观点，并且加以发展以适合于神学的需要。他提出的美的三要素原则，认为美有三个要素：第一是一种完整性或完美，凡是不完整的东西就是丑的；第二是适当的比例或和谐；第三是鲜明性，所以，鲜明的颜色被认为是美的。这三种要素归根到底是牵涉到美的形式问题。托马斯·阿奎那认为，由于美是属于形式因的范畴，它又与善不可分割，两者都是以形式为基础的，所以，人们通常把善的东西也称颂为是美的，但美与善究竟还是有区别的：善是一种目的，它同欲念有联系，而美都涉及认识功能，它使人们见后产生愉快，所以，美在于适当的比例。作为美，它在本质上是不涉及欲念的，它只具有鲜明性(如具有神的属性，放射活的光辉等)。至于美感，托马斯·阿奎那认为，人和其他动物不一样，动物在感官对象面前无动于衷，而人可以从感官对象之美中获得乐趣。与圣·奥古斯丁一样，托马斯·阿奎那的美学思想也是建立在神学基础上的，因而也带有神秘主义和唯心的性质。他的美学思想也是为维护基督教服务的。他的这种美学上承新柏拉图派的神秘主义美学，下启康德主观唯心主义和形式主义美学。欧洲中世纪美学，虽然在整个西方美学史的发展长河中几乎处于停滞状态，但作为美学发展的一个历史环节，我们没有理由不予以重视。因为，圣·奥古斯丁与托马斯·阿奎那(还有我们将要在下面讲到的但丁)美学思想的确立这一事实本身就足以说明中世纪美学的历史地位和研究价值。下面就托马斯·阿奎那的基本美学思想拟从四个方面作一叙述。

(一) 美的三要素

美的三要素理论是托马斯·阿奎那美学思想中的重要组成部分，这三个要素就是：完整、和谐与鲜明。在《神学大全》卷一中，托马斯·阿奎那是这样表述的：“美有三个要素：第一是一种完整或完美，凡是不完整的东西就是丑的；其次是适当的比例或和谐；第三是鲜明，所以鲜明的颜色是公认为美的。”①“人体美在于四肢五官端正匀称，再加上鲜明的色泽。”②

托马斯·阿奎那的上述美的三要素理论，很明显来源于新柏拉图主义者普鲁提诺的学说和奥古斯丁的学说，甚至可以说是对奥古斯丁美学理论的一种仿效。前文中我们已经指出：奥古斯丁是在普鲁提诺和毕达哥拉斯学说的影响下，认为美在“整一”“和谐”，物体美是“各部分之间的适当比例，再加上一种悦目的颜色”。托马斯·阿奎那与奥古斯丁在美的问题上都十分注重审美对象的形式特征，即他们两者都是首先强调整体统一，其次是强调比例的对称或和谐。奥古斯丁的“悦目的颜色”在托马斯·阿奎那这里则以“鲜明的色彩”取而代之。托马斯·阿奎那把事物的统一或完整性看得很重，甚至认为，不完整的东西与丑没有什么两样，换言之，事物的完整性一旦遭到破坏，那它就失去了美的基础或前提。因此，在托马斯·阿奎那的美学三要素中，完整是最关键性的，其次是匀称，即比

①② 北京大学哲学系.西方美学家论美和美感[M].北京：商务印书馆，1980：65.

例之间的和谐一致。如果不具备和谐、匀称的条件，事物将会变得畸形，畸形也是丑的。托马斯·阿奎那主张美的事物还必须和谐、匀称，因为和谐、匀称是体现为事物各部分的有机协调关系，事物的美，除了它的完整性外，其次就在于这种协调和颜色的鲜明。在论及协调和鲜明的审美关系时，托马斯·阿奎那这样写道："鲜明和比例组成美的或好看的事物。达奥尼苏斯说，神是美的，因为神是一切事物的协调和鲜明的原因。身体美在于五官端正和色泽鲜明。鲜明和比例都植根于心灵，心灵的功能就在于把一种比例对称安排好并且使它显得明亮。所以纯粹的本质的美居留在观照生活里，因此关于对智慧的关照就有过这样的话：'我对她的美成了一个钟情者。'优美的道德品质由于有理智的秩序在它们上面照耀着，就有美在它们上面照耀，特别是把蒙蔽理智光辉的淫欲清洗去的节制。"① 事物的美离不开鲜明。鲜明的或鲜明的颜色是指来自上帝的光辉的普照。在基督教义看来，上帝以其光辉普照万物众生，尘世间的一切鲜明美丽的色彩均来自上帝。托马斯·阿奎那把"鲜明"作为美的第三个要素，是意识到光辉这一美的形式的重要性或价值功能就在于：它能将完整统一而又有和谐秩序的事物更进一步充分而又丰富地呈现于人们的心灵。

吉尔伯特和库恩在谈到托马斯·阿奎那的美学思想与圣·奥古斯丁的非常接近的同时，也谈到了对他们两者所谓的"悦目的颜色"和"鲜明的光辉"的看法，他们说："对作为光的美的最简单的解释，就是鲜明的颜色或光泽所带来的快感。而且，这种显而易见的意义说到底又是哲学意义的一部分。圣·托马斯本人就常常解释美：'光辉之意就是：把色彩鲜明的各种物体说成是美的。'在传统的美的定义中，就常常把'颜色的悦目'附加在物体'各部分的协调一致'上。正如有的人认为，大教堂的匀整和赞美歌的结构说明了审美形式的意义一样，人们也很容易认为，镶嵌艺术中的黄金和青金石及手抄本中的插图，也是这种审美光泽的具体说明，但是这里面还隐藏着更多的东西。鲜明的颜色与黄金光泽的诱惑力，仅仅是光泽全部力量的外在象征。要领悟光泽的全部力量，就必须了解，神秘主义者在激发美感的光中及在这种光背后看到了一种不可思议的、比太阳还明亮的光。而且，在这种光的内部，还有另一种光——'自身生气勃勃的光'，只要看到这种光，就可以使悲伤和痛苦烟消云散。还必须知道，作为这种'自身生气勃勃的光'——上帝的概念，是满载着复杂的宗教史和哲学史来到了奥古斯丁、伯纳瓦图拉、艾利杰娜[1]以及圣·弗朗西斯的神学思想中的。"②吉尔伯特和库恩上述对托马斯·阿奎那的这一美的要素的审美功能以及它与上帝的关系作了深刻、透彻的揭示。其实不但光是如此，他的整个美的三要素都是与上帝密切相关的，即它们都是上帝的体现，或者说，它们都导源于上帝。

（二）美善异同及其与真之关系

在《神学大全》第一部分，托马斯·阿奎那重点讨论了美善异同及其与真的关系。下

① 基尔伯伦.圣·托马斯的哲学文选[M]//北京大学哲学系.西方美学家论美和美感.北京：商务印书馆，1980：66.

② 吉尔伯特，库恩.美学史[M].夏乾丰，译.上海：上海译文出版社，1989：186.

面，让我们先来谈谈美与善的关系，即这两者之间的相同之处和不同之处。在上文我们所引述的托马斯·阿奎那的论点中，就有关于优美的道德品质（善）由于有理性的秩序（上帝的光辉）在其上面照耀，就有美在他们上面照耀着。尤其是节制的德行清除了那蒙蔽理性光辉的淫欲。上帝是万物生活和一切灵魂的主宰，他的光辉照耀一切，正是在上帝的光辉照耀下，使得人的行为道德高尚，使得感性事物美不胜收，两者都源于上帝之光，在这一点上，美与善是相同的。当然，行为道德的善是渊源于理性的光辉，感性事物的美则是渊源于色泽的光辉，但不管是理性的光辉，还是色泽的光辉，它们说到底都是神的或上帝的光辉。托马斯·阿奎那也正是在这上述意义上认为美与善是相同的，甚至认为“精神美和可敬的善是一回事”①。

然而，托马斯·阿奎那同时又认为，美与善也有不同的地方，他说：“美与善究竟有区别，因为善涉及欲念，是人都对它起欲念的对象，所以善是当做一种目的去看待的。所谓欲念，就是反向某种目的的冲动。美却涉及认识功能，因为凡是一眼见到就使人愉快的东西才叫作是美的，所以美在于适当的比例。感官之所以喜爱比例适当的事物，是由于这种事物在比例适当这一点上类似感官本身。感觉是一种对应，每种认识能力都是如此。认识须通过吸收，而所吸收进来的是形式，所以严格地说，美属于形式因的范畴。”②托马斯·阿奎那在以上论述中，揭示了美与善区别的最基本特征：前者与人（审美主体）的认识功能有关，使人见后产生心灵愉悦的东西即是美，而后者则与人的欲念有关，欲念都是带有“目的性”意义的。相反，与认识功能有关的美，它无外在的目的，故与欲念无关。主体在对一件美的事物进行观照时，往往是不带有欲念的。当主体在观赏一件艺术珍品时，他凝神于作品中的美的意蕴，如果怀有欲念的目的，那就进入不了审美观照的境界，因而也不可能获得审美的快感或愉悦。因此，在西方，相当一部分哲学美学家们都认为，审美观照是一种不计实利的（或曰排除了利害观念的）活动。托马斯·阿奎那明确表示：“美在本质上是不关欲念的，除非美同时分得善的本质。就同时分得善的本质这点来说，真也是有关欲念的，但是按照它自己的本质，美具有鲜明性。”③

在进一步分析托马斯·阿奎那关于美善异同的同时，我们有必要对他关于“真”以及真、善与美之间的看法作一简析。在《神学大全》中，托马斯·阿奎那比较有所侧重地论及了真善美的关系，并认为，真善美三者均起源于上帝，即它们都蕴涵于上帝的理智中，与其说上帝是真善美的本体，倒不如说上帝是真善美的原因。就上帝本身而言，它无所谓真善美而只有在人们将其视为存在时，它才是真的；将其视为目的时，它才是善的；将其视为纯形式时，它才是美的。不过，在真善美三者中，真是先于善、美的。存在是一切显现性事物得以显现的前提和根据。一件艺术作品要让人们鉴赏，首先它要得以存在，有了这个存在的前提，人们才有可能从这种存在的趋向中去发现其趋向（艺术作品就是审美的趋向）特征。在上帝那里也是一样。上帝的光辉普照，就得有光辉之源，没有“真”，善和美又从何

① 阿奎那.神学大全[M]//缪灵珠.西方文艺理论史纲.北京：中国人民大学出版社，1985：245.
② 阿奎那.神学大全[M]//缪灵珠.西方文艺理论史纲.北京：中国人民大学出版社，1985：246.
③ 阿奎那.神学大全[M]//缪灵珠.西方文艺理论史纲.北京：中国人民大学出版社，1985：247.

谈起，因为，后两者是不可能离开前者而成为独立自存之实体的。

（三）审美乃是一种视听直觉活动

托马斯·阿奎那曾经给美作过这样一个著名解释："凡是单靠认识到就立刻使人愉快的东西就叫作美"①，"与美关系最密切的感官是视觉和听觉"②③，"与美关系最密切的感官是视觉和听觉"，这就很清楚地表述了美的事物的直观性。作为美的事物，它必须是给人以愉快的东西，同时，这种对美的事物的认识，主要是通过视觉（眼睛）和听觉（耳朵）这样两种感官。这两种感官是直觉活动的工具，美的事物是直觉的对象。作为审美主体的人，一旦观赏到一件美的事物，他自然会被该事物的美所迷住，从而使其陷入审美愉快的狂喜状态。同样，当一个人聆听一首优美的乐曲，那优美的旋律也定然会使聆听者陷入迷人的遐想或对美好事物的憧憬的喜悦状态。当然，这种通过视听直觉而引起的审美愉快活动是一种即兴而起的未加思考（也根本不可能有时间去思考）而获得的心灵满足。因此，这样的审美活动是不追求其审美对象内在意蕴（或深层含义）的直觉性鉴赏活动。换言之，它始终停留在对审美对象（或美的事物）的"形象直觉"的感性认识阶段上。

托马斯·阿奎那明确地把视觉和听觉作为审美的感官，就是考虑到美的事物诉诸的就是这两种官能："我们只说景象美或声音美，却不把美这个形容词加在其他感官（例如味觉和嗅觉）的对象上去。"③托马斯·阿奎那为何只说景象美或声音美，而不说味道美或其他美的事物呢？其实，从他的整个思想体系综合分析起来看，他之所以这样说不外乎是基于以下原因：首先，无论是视觉感官还是听觉感官，两者的使命都是为更高的理性服务。美是一种属于形式范畴的东西，它所表现出来的有机统一性是最容易为眼睛、耳朵这两种视听感官所掌握和感受的，而那些属于形式因范畴的美的事物所表现出来的整体性（或统一性），很难为味觉或嗅觉等感官所认识或掌握。其次，审美活动是不计实利的，而无论是味觉或嗅觉则都是直接与肉体快感有关，它们往往很会引起目的意义上的欲念。而肉欲意义上的生理快感与鉴赏意义上的审美愉快两者毕竟具有质的区别。

其实，托马斯·阿奎那的上述理论观点也并非是他的独创，追溯其根源，我们发现，它也是从普鲁提诺的有关观点发展演变而来。普鲁提诺在谈到物体美的由来和原因时曾这样论述："美主要是通过视觉来接受的。就文辞和各种音乐来说，美也可以通过听觉来接受，因为乐调和节奏也是美的。"④的确，普鲁提诺的这种观点不但影响了奥古斯丁，同时也影响了托马斯·阿奎那。由此我们可以清楚地看到，中世纪美学思想与普鲁提诺的那种师承和发展关系。同时，我们也应该看到，托马斯·阿奎那的这一直觉说思想，对后世也产生了深刻的影响。例如，后来康德、克罗齐提出的所谓美只涉及形式而不涉及内容的"直觉"理论就是在托马斯·阿奎那的上述理论基础上萌生、发展而来的，甚至对形式主义美学也产生了相当大的影响。毋庸置疑，托马斯·阿奎那的审美直觉理论并不是对普鲁

①②③ 北京大学哲学系.西方美学家论美和美感[M].北京：商务印书馆，1980：67.
④ 北京大学哲学系.西方美学家论美和美感[M].北京：商务印书馆，1980：53.

提诺上述观点的简单继承，而是有重大的发展和创新，起码从他的理论主张中，我们似乎能感觉到，他是试图在审美愉悦（属于心灵范畴）与生理快感（属于肉体范畴）之间寻求一种分野的标志，并且明确把视听感官列入审美活动范围之内。这两点是托马斯·阿奎那直觉理论的特征和历史价值所在。文艺复兴时期的绘画大师达·芬奇也许正是在托马斯·阿奎那上述论点的影响下，甚至提出了视觉高于听觉，从而把绘画艺术置列于音乐和诗歌之上的理论主张。

（四）艺术·艺术家及其创作

托马斯·阿奎那关于艺术、艺术家及其创作的见解比较集中地体现于《神学大全》第二部分，尤其是在讨论神学的德行与自然的德行过程中较深入地涉及这些问题。托马斯·阿奎那的艺术观，从其总体来看，基本上沿袭了亚里士多德的观点。当然，这种沿袭不是一种简单意义上的机械重复，而是有所发展和衍变，并赋予了新的含义。

美的要素在于完整、匀称和鲜明，这是托马斯·阿奎那对美的基本界定。正是在此基础上，他对艺术的本质做了进一步的深入探讨。他认为，上帝是万能的创造者，是最高智慧的象征和化身。上帝对万物的关系犹如艺术家对其作品的关系一样。世界是上帝的创造物，艺术作品是艺术家的创造物。艺术创造也是一种智慧创造。在艺术家创造之前，“在每一个艺术家的心中，已经存在着他将凭其艺术加以创造的那件东西的概念”，那么，这种概念究竟是一种什么东西呢？这种概念不是别的，正是上帝智慧所抱有的理想，它“具有一个范本、艺术或理念的性质”。[①] 艺术家本人也是上帝的创造物，艺术家的创作概念也是来自上帝，因此，作为表现艺术家心灵的艺术作品，它说到底是通过表现艺术家的心灵、理念而体现了上帝的智慧和理想。因为“上帝范铸了人体，也就赋予了它以一种倾向，使之最适于这一种形式和各种活动”。[②] 更何况艺术家“总想赋予他的作品以最好的倾向”。[③]托马斯·阿奎那这里是旨在强调“艺术作品起源于人的心灵，后者又为上帝的形象和创造物，而上帝的心灵则是自然万物的源泉”。[④] 在艺术创作问题上，托马斯·阿奎那也谈到模仿自然的问题，不过，他的所谓模仿自然，归根到底也是上帝智慧使然，他说：“亚里士多德教导我们，艺术所以模仿自然，其根据在于万物的起源都是互相关联的，从而它们的活动和结果也是如此的。……因此，艺术的过程必须是模仿自然的过程，艺术的产品必得仿照自然的产品。学生进行学习，必须细心观察老师怎样做成某种事物，自己才能以同样的技巧来工作。与此同时，人的心灵着手创造某种东西之前，也须受到神的心灵的启发。”[⑤]总之，即使是像“模仿自然”这样的艺术创造，也是一种神灵使然。正是在这个意义上，艺术家的艺术创作，不是旨在反映生活的自然、社会属性，也并不反映艺术家自身对现实世界的看法，而是在神灵的启示下表现上帝为艺术家所创造的那种“意识”或“理念”。

---

① 阿奎那.阿奎那政治著作选[M].马清槐，译.北京：商务印书馆，1963：110－111.
②③ 伍蠡甫.西方文论选：上卷[M].上海：上海译文出版社，1988：145.
④ 伍蠡甫.西方文论选：上卷[M].上海：上海译文出版社，1988：147.
⑤ 伍蠡甫.西方文论选：上卷[M].上海：上海译文出版社，1988：148.

三、但　丁

恩格斯在《〈共产党宣言〉意大利文版序言》中写道:“封建的中世纪的终结和现代资本主义纪元的开端,是以一位大人物为标志的。这位人物就是意大利人但丁。他是中世纪的最后一位诗人,同时又是新时代的最初一位诗人。”[①]但丁(Dante Alighieri,1265 年—1321 年)这位晚于托马斯·阿奎那 40 年出世的意大利诗人是欧洲中世纪三大杰出的美学代表人物中的最后一位。但丁是文艺复兴运动的先驱,出身于佛罗伦萨城的没落贵族家庭。他生活的时代正是“近代世界曙光在意大利兴起的时代”[②],在政治上反对教皇,向往近代国家的世俗政权,早年参加新兴市民阶级反对封建贵族的斗争,曾当选为佛罗伦萨共和国行政官。早期的诗集《新生》歌颂理想中的爱人,表达对美好生活的渴望。他曾因反对罗马教皇而于 1302 年被终生流放,至死未能返回故乡。著名的叙事长诗《神曲》是他的代表作。此作广泛反映中世纪后期意大利的社会矛盾,辛辣地讥讽和无情地揭露了教皇政权、封建无政府状态和正在得以萌芽的资本主义关系所产生的罪恶。除《神曲》外,但丁的其他主要著作还有《帝制论》《论俗语》《筵席》《牧歌》《书信集》等。

但丁美学思想主要反映在《论俗语》和《筵席》等著作中。与中世纪的奥古斯丁和托马斯·阿奎那具有很大的不同,但丁美学思想明显表现出了人的觉醒。对人生的自由和超乎自由的看法确实代表了一种新的时代精神和新的文化。但丁所处的时代,正值 13—14 世纪之交,这时的世俗政权已经在逐步得以加强,人性意识开始觉醒。在美学方面,由于经过了经院哲学的系统化,摆脱神学桎梏的现象逐渐开始抬头,那种以人性的光辉和高贵为特征的美学思想开始萌生。但丁的美学思想就是反映了这一时代特点。在世俗与教会、皇权与神权激烈斗争的年代,托马斯·阿奎那可谓彻底站在教会的立场,把哲学当做神学的婢女,从维护神权的立场出发谈论美学问题。与之相反,但丁则站在世俗的立场上,为加强皇权而奔走呼号,他以诗为武器,从人学的角度谈论美学问题。说但丁是欧洲文艺复兴运动的先驱,也正是基于上述意义来说的。总之,但丁的美学思想反映了中世纪后期的意大利社会生活,它具有人文主义思想的萌芽。然而,由于但丁是新旧两个时代交汇点上的人物,所以,他的美学思想也明显地表现出其世界观上的矛盾性。他一方面反对宗教和贵族,肯定现世生活,宣扬追求真理、知识和至善精神;另一方面则又认为,信仰高于一切,对于神圣罗马皇帝的力量抱有幻想。此外,他的美学思想仍带有中世纪的宗教神秘色彩。

(一) 作品谈

1. 关于作品的主题

但丁的代表作《神曲》[2]问世后,作者曾将这部作品的《天堂篇》献给斯加拉族的亲王

---

① 中共中央马克思恩格斯列宁斯大林著作编译局.马克思恩格斯选集:第 1 卷[M].2 版.北京:人民出版社,1995:249.

② 中共中央马克思恩格斯列宁斯大林著作编译局.资本论:第 3 卷[M].北京:人民出版社,1975:24.

康·格朗德[3]，并且专门写了一封解释《神曲》的信——《致斯加拉亲王书》。人们一般都将它视为《神曲》的绪言或引论。信的内容颇为丰富，涉及许多文艺理论问题，从中可以看到但丁关于文艺的基本观点。

但丁是十分重视文艺作品主题的深刻性及其含义的丰富性的，在解释《神曲》的多义性时，他说："为了阐明所说的问题，必须知道，我这部作品的意义不是简单的，反之，可以说是'多义的'，就是说，含有多种意义。第一种意义是照文字上的意义；第二种意义是照文字所表示的事物的意义。第一种可以称为字义的意义；第二种可以称为讽喻的或神秘的意义。为了更清楚地阐明这种说法，可以把它应用到如下的诗句：'以色列出了埃及，雅各家离开说异言之民，那时犹太是主的圣所，以色列是他的领土。'如果只看字义，这句诗对我们说的是在摩西时代以色列的儿女离开埃及；如果看它的讽喻意义，它说的是基督为我们赎罪；如果看它的道德意义，它说的是灵魂从罪恶、哀伤悲惨中转入蒙恩状态；如果看它的神秘意义，它说的是神圣的灵魂摆脱尘躯的奴役而享得永久的自由。这种神秘的意义虽则有种种名称，但是这一切一般可以称作讽喻的或寓意的，因为它们和字义的或历史的意义有所不同。"①我们所引的但丁这段关于作品多义性的论述，从表面看好像是在强调作品字义的和讽喻的这样两种意义，其实，但丁更重视的是旨在强调作品的第二种(即讽喻的)意义。而且，这种"讽喻的"意义与托马斯·阿奎那那种浸透宗教神学意味的"讽喻说"是有较大不同的，那就是：它并不旨在以此解释圣书。相反，它旨在对世俗文艺作出现实主义的解释。因此，但丁认为，人们如果一旦明白了"讽喻说"，那么，根据这种"讽喻说"，文艺作品理应有两种主题，即字面意义上的主题和讽喻意义上的主题。

就《神曲》而言，"仅就字面意义来说，不外是'灵魂在死后的情况'，因为整部作品是针对着围绕这点而予以发挥的。但是，如果从讽喻方面来了解这部作品，它的主题是'人，由他自由意志的选择，按其功或过，应该得到正义的赏或罚'"。② 从这两种意义的背后，我们似乎看到了两个但丁：一个是承认灵魂存在，并在灵魂死后碰到种种境遇的但丁；另一个是强调人的存在性和人的现世的自由意志行为及其由此带来的后果(如善有善报、恶有恶报等)的但丁。我们通过但丁运用讽喻说对《神曲》主题等的解释，可以窥见他思想的进步性。首先，这种讽喻说本身表明：但丁已经举起了人文主义文艺思想的战斗旗帜。这对当时的宗教神学无疑是一种挑战。但丁强调作品的主题是写活生生的人而不是写虚无缥缈的神。作品的主人公也是由人而不是神来担任。作品的创作目的也是为了活生生的人的现世的幸福美满。而且，人的幸福是可以通过其自身的努力获得的。人在现世中，可以按其自由意志选择自己的行为方式。当然，其行为方式的善恶好坏所导致的赏罚也理所当然地由人自己来承担。但丁关于"讽喻说"的思想观点，在神权至上的中世纪，可谓是有离经叛道的异端之嫌。由此可见，但丁的这种双重思想倾向表明了他虽然也是中世纪

① 缪灵珠.缪灵珠美学译文集：第1卷[M].北京：中国人民大学出版社，1986：311－312.
② 缪灵珠.缪灵珠美学译文集：第1卷[M].北京：中国人民大学出版社，1986：312.

的杰出诗人和美学代表，但由于历史已经发展到了新旧时代交替的阶段，故但丁的思想已与奥古斯丁和托马斯·阿奎那有较大的不同了，即世俗主义观念的抬头和人的地位的强调，必然导致宗教神秘主义和上帝观念的弱化和动摇。

2. 关于作品的美与善

中世纪美学的最基本特征是它的神性。这种美学把形式和光辉视为美的最重要的特质，其本源就在于上帝。持这种神学解释的不光是奥古斯丁和托马斯·阿奎那，但丁也是如此。不过，但丁并非在一切场合都从这种神性的原则立场出发，例如，当他进入对艺术的考察和分析时，便往往从世俗人性的观点出发。他也同样认为，艺术之美的关键在于形式和光辉，但这里需要特别指出的是，但丁所指的艺术，是非神所创造，而是为艺术家（或诗人）所创造，因此，它的形式和光辉之源是来自人性而不是来自神性。在《筵席》篇中，但丁说："每一个作品中的美与善是彼此不同，各自分立的。作品的善在于思想，美在于辞章的雕饰。善与美都是可喜的，这首歌的善应该特别能引起快感。由于这首歌里出来说话的有几个人，所要找出的区分也很多，这首歌的善是不易了解的，我看一般人难免更多地注意到它的美，很少注意到它的善。"①

这里的美和善已不是根源于上帝意义上的那种至善至美，而是根源于艺术家（或诗人）意义上的善和美。由于每个艺术家或诗人各具有不同的特征，故体现在每部作品中的善与美也是彼此各不相同的。但丁对这样一类作品的善与美加以分别开来解释。作品之所以善，就是因为其思想，作品之所以美，就是因为其"辞章的雕饰"，这种"辞章的雕饰"其实也是一种"形式"和"光辉"。体现在文艺作品（例如诗歌）上，就与结构、修饰、韵律等有关。因此，但丁这里所说的"美在于辞章的雕饰"，其实就是"美在形式"的另一种表述，他强调的是作品的形式，因为，作品的形式与作品之美有着直接的关系。但丁认为，作品的形式一般都具有这样两层含义：即一是文章的形式，二是处理的形式。所谓"文章的形式"是指作品的篇章结构，所谓"处理的形式"是指作品内容的艺术表现手法。但丁的《神曲》就其篇章结构而言是按照三重划分法进行的：第一重划分法是全部作品分为三篇——《地狱》《炼狱》和《天堂》；第二重划分法是每篇分为若干曲——三十三首短歌；第三重划分法是每曲分为若干诗行——每三行一节。但丁所说的"处理形式"其实指的是一种艺术表现手法。就《神曲》而言，它的艺术表现手法体现了多样性的特点，用但丁自己的话来说就是："处理的方式或方法是诗歌的，虚构的，描写的，旁及的，比喻的，同时也有定义，有分析，有证明，也有举例。"这是但丁对《神曲》艺术表现手法种类特点的基本概括。但丁非常重视这种"处理的形式"，甚至觉得这种"处理的形式"比"文章的形式"更重要。但丁所列举的上述作品表现手法的种类都是具有其特定意指的，如其中所谓"诗歌的"，往往是指作品必须要严格按照辞藻的修饰和韵律，作品既是叙事的，又是抒情的、诗意的；所谓"虚构的"是要求作品融真实与幻想（或现实与理想）于一体；所谓"描写的"就是对作品中的人与事（包括自然与社会背景条件等）进行真实、生动的描述；等等。除此之外，《神曲》

① 北京大学哲学系.西方美学家论美和美感[M].北京：商务印书馆，1980：68.

还采用旁及、比喻等艺术表现手法，也有不少地方涉及思辨性的论证、界说和辩论、驳斥、举例等。由于但丁的《神曲》在处理手法上的多样性，故使该作品在写实和浪漫手法的结合上取得了较大的成功，作品因而较全面、深刻地反映了广阔的社会生活内容和诗人自己的人生体验。

3. 关于作品的社会教益意义

《神曲》是一部哲学作品。这是但丁本人在《致斯加拉亲王书》中说的。不过，这部哲学作品按其性质来说是属于道德行为范畴的哲学作品（或曰“伦理学”）。既然是属于道德行为范畴的哲学作品，那么，它势必与作为道德行为实行者的人有关，与人的整个道德思想水平和行为方式等有关，与社会的整个道德水准有关，与人们的伦理观念有关。总之，人的道德观念决定着（或制约着）人的道德行为，而道德观念的形成与人所受的社会影响（或与决定这种影响的社会环境条件）有关，这里就牵涉人的道德行为与道德观念（或道德意识）的关系，以及道德观念（或道德意识）的形成与社会的普遍道德教育有关。但丁在谈及《神曲》的哲学思想时，曾这样明确写道：《神曲》的“全诗和其中的各部分都不是为思辨而设的，而是为可能的行动而设的。如果某些章节的讨论方式是思辨的方式，目的却不在思辨而在实际行动”。[①] 但丁的这段话表述了这样两层意思：第一，《神曲》作为一部文学作品，它的讨论方式可能是思辨的，它的基础也可能是哲学的，但思辨绝不是目的，《神曲》的目的在于一种行动（或行为）。第二，这种行动（或行为）是一种伦理意义上的道德行动（或行为）。但丁把《神曲》看做是一种能对社会化的人的道德行动（或行为）产生影响的作品。

但丁在中世纪的尾声时期，不但意识到了文艺作品要以表现“人”为其主题的重要性，而且提出了文艺作品对人的行动（或行为）以影响的理论主张，确实是一大理论进步。当然，至于但丁所说的那种“人”的内在含义究竟是指什么，这个问题值得我们再加以仔细研究，但对“人”的地位及其行动或（行为）本身的重视就意味着神的观念正在发生动摇。但丁所提出的那种诗不是为思辨而设，而是旨在要影响人的行动（或行为）的理论的实质是承认人的现实活动的客观实际性及其积极的意义。既然诗能影响人的行动（或行为），那就应该鼓励现世的人们积极乐观地为自己现实的幸福人生而努力奋斗。但丁的这一理论的进步意义就在于此。这一理论是来之不易的，朱光潜先生在谈到但丁这一理论的价值和意义时认为，这一理论的提法是新的、深刻的，它比起贺拉斯的教益说要更为明确。

（二）语言与诗

但丁的《论俗语》一书对语言与诗作了深刻的理论探讨。这是一部最早用拉丁文写的关于意大利诗及其文体和诗律的著作。该书旨在阐明俗语的优越性和形成标准意大利语的必要性。对于解决意大利的民族语言和文学用语具有重大的意义。我们知道，但丁的

① 朱光潜.西方美学史：上卷[M].北京：人民文学出版社，1980：140.

《神曲》就是用意大利俗语撰写而成，其理论根据就是源于此著。《论俗语》一书的主题就是论证“光辉的意大利俗语是最优秀的语言”[①]。此书不仅是一部欧洲自近代以来语言史上第一部完整的著作，同时也是但丁一生中最重要的一部关于艺术、诗歌的哲学美学著作。但丁正是从语言入手，比较全面系统地阐明了他对诗歌艺术的美学主张。

1. 对意大利俗语性质的基本界定

但丁在他的《论俗语》中，以较多的篇幅来谈论人是上帝创造，而且是为上帝的需要而被创造，上帝不但创造了人，并且赋予人这个创造物以语言的能力，人凭借自己所拥有(或为上帝所赐)的这种语言能力，从而可以进行有条理的情感流露或交流。但令人遗憾的是，由于人类的本性是倾向于犯罪，当他们获得语言后，在巨人的唆使下，总想巧夺天工，超越上帝，以致遭到上帝的鞭挞，使其在语言上遭到了一次大的劫难。经过这次劫难，才有了俗语问题。经过但丁的比较、筛选之后，只有一种光辉的、中枢的、宫廷的、法庭的俗语是意大利一切城市的最优秀的语言。这种语言是但丁寻遍意大利的高山和平原，历尽千辛万苦，对意大利众多语言进行认真仔细的比较、筛选后找到的优秀语言。但丁说：“我们既然发现了我们所搜寻的东西，我们就要说，意大利的光辉的、中枢的、宫廷的、法庭的俗语，就是属于意大利一切城市而不专属于某一城市的那种语言。意大利一切城市的方言都以此来衡量和比较。”[②]但丁极其看重这种语言，是因为他发现这种语言综合了包括意大利各地方言在内的各种语言的优点，并且分别对其“光辉的、中枢的、宫廷的、法庭的”四种特性作了阐明，但丁认为，只有这样，才能够把这种语言的性质揭示得更清楚。

先谈谈俗语那“光辉的”特征。但丁写道：“首先，让我们说明‘光辉的’这个形容词的意义，为什么我们称这种语言是光辉的？我们所谓‘光辉的’，指照耀它物而本身又受照耀的东西。因此我们说某些人是光辉的，或是因为他们受到权力的照耀而又以正义和仁慈照耀别人，或是因为他们受过很好的训练而又给别人以很好的训练，正如塞内加和奴马·庞培那样。我们所说的这种俗语是因训练和力量而提高的；同时又以荣耀和光荣提高它的拥护者。”[③]一种优秀的语言，犹如某位杰出的思想家一样，两者都是受上帝光辉照耀的对象，同时又以自己的光辉去照耀其对象。卓越的思想家主张以能给人以良好的训练，就是因为他们曾受过良好的训练。作为意大利的优秀俗语，它之所以是光辉的，原因之一就是它们原先“是从许多粗野的意大利词汇、繁杂的结构、错误的词句、村俗的发音中间挑选出来”[④]，从而使其“达到像匹斯托雅人齐诺及其友人在歌体词中所表现的那样优美、清楚、完整、流畅”[⑤]。吸取众多语言之优长之处，从而使其达到在诸多语言中占有独特优胜的地位是俗语达到“光辉”境界的主要原因。由于这种语言的优美、清楚、完整和流畅等特点而使更多的人心灵激荡。这种俗语就是因此而获得荣誉，受人青睐，但丁甚至不无得意地说：“凡是使用这种语言的作家，可不是比王公大臣达官显贵更有名声吗？这是无须证

① 缪灵珠.缪灵珠美学译文集：第1卷[M].北京：中国人民大学出版社，1986：288.
②③④⑤ 缪灵珠.缪灵珠美学译文集：第1卷[M].北京：中国人民大学出版社，1986：286.

明了。至于它如何使它的挚友光荣，我自己就有所体会，我为了这种光荣的甘味，甚至把放逐之苦置诸脑后，所以，我们应该说这种语言是光辉的。”①

那么，对于俗语那“中枢的”（也有将之称为“中心的”）特性，但丁又是作何解释的呢？对此，但丁采用一种形象化的比喻手法来解释。他说：“正如门随枢而转，枢转向哪方，门也转向哪方，向里或向外，同样，所有城市方言都随着这种光辉的语言动、静、往、返。”②这里，但丁其实是在强调俗语的中心地位。意大利地方语言众多，无论是各地的城市、乡村一律都要以此语言为衡量和比较的基准。反言之，任何方言土语与光辉的俗语相比，其地位都是次要的。但丁心目中的这种光辉的俗语在意大利具有独一无二的优胜地位。

至于俗语的“宫廷的”特性，但丁的意思是要说明这种语言应该成为官方使用的语言，或者说应该作为意大利的“官话”。之所以要用“宫廷的”字眼，对之但丁作了如是假设：凡是宫廷均即“皇家”“中央”和“朝廷”之意，它与全国各城各地都会发生联系与交流，而这种联系与交流所应采用的最好语言就是俗语。但丁说：“我们说它是‘宫廷的’，理由是：如果意大利人真的有个宫廷，在宫廷中就要说这种语言。因为宫廷是全国的共同家庭，是境内各部分的威严的统治者，所以，凡是各部分所共有而非一部分所特有的人物，都应该常常来往于宫廷，或者逗留在宫廷之中，任何其他地方都不配接待这样伟大的住客。我们所说的那种俗语事实上就是如此。因此，常常出入王宫的人们总是要使用这种光辉的俗语。”③

那么“法庭的”又作何解释呢？这里，但丁也是一种比喻，即用“法庭的”概念，阐述俗语在意大利作为一种衡量人的言行的标志和尺度。它像“法度”一样成为一种衡量事物的准绳。

以上是我们就但丁对俗语“光辉的、中枢的、宫廷的和法庭的”四大特性的基本含义的简要叙述。但丁在对俗语的以上四大特性作了简洁的阐述之后，于是，他笔锋一转，转入谈论如何将俗语运用到诗界的问题。在《论俗语》卷二第一章，但丁一开头就明确宣告：这种光辉的意大利俗语不仅适用于散文，而且同样也适用于诗的创作。不过，由于散文作家往往是从诗人那里学得这种语言，而且，诗人似乎始终是散文作家的模范，故诗在一般人们的心目中自然具有某种优越性。但丁正是由此入手，对俗语与诗体的关系（或曰俗语在诗体上的运用）展开了比较深入透彻的探讨和分析。

2. 意大利俗语与诗体

记得我国的美学宗师朱光潜在谈到但丁的《论俗语》时曾说过这样的话：“《论俗语》不但是但丁对自己创作实践的辩护，也不但是要解决运用近代语言写诗所引起的问题，分析各地方近代语言的优点和缺点，作出理论总结，用以指导一般文艺创作的实践，而且还应该看做他想实现统一意大利和建立意大利民族语言的政治理想中的一个重要环节。但丁面临的问题颇类似于我国五四时代初用白话写诗文时所面临的问题。白话（相当于但丁

① 缪灵珠.缪灵珠美学译文集：第1卷[M].北京：中国人民大学出版社，1986：286.
②③ 缪灵珠.缪灵珠美学译文集：第1卷[M].北京：中国人民大学出版社，1986：287.

的'俗语')是否比文言(相当于在教会中流行的拉丁语)更适合表达思想情感呢?白话如何提炼才更适合于用来写文学作品呢?这里第一个问题我们早已解决了。事实证明:只有用白话,才能使文学接近现实生活和接近群众。至于第二个问题,我们还在摸索中,还不能说是解决了,特别是就诗歌来说。因此,但丁的《论俗语》还值得我们参考。"[①]但丁在《论俗语》中对俗语与诗的关系作了相当认真的探讨和详尽论述。这种论述对我们今天的人们如何用通俗白话文写诗仍然具有重要的借鉴意义和参考价值。

(1) 俗语最适合于富有才气的人使用

前文已经讲到,但丁喜欢俗语,看重俗语,并把它定性为光辉的、中枢的、宫廷的和法庭的,其中,但丁把光辉的特性作为俗语的最重要最基本最起决定性作用的特性。那么,对于这种光辉的语言,是不是所有借此写诗的人都有资格使用它呢?但丁对此的回答是否定的。他认为,从表面上看,好像任何人都可以用俗语来写诗,因为光辉的俗语可以令粗俗的题材增光添彩,这犹如一个能力弱的人需要更多的帮助一样。其实,持这种观点是不对的。为什么不对呢?但丁表述了这样的意思:这种光辉的语言使用必须慎重,即使是一流诗人也不能滥用它,"这种光辉的语言,正如我们其他的行为和我们的衣饰一样,必须适合使用的人;因为富人才能慷慨挥霍,显贵才能穿起绛袍,同样,才识过人者始能使用这种光辉的语言,别人就不配了"[②]。在但丁看来,世间一切事物,都有其自己的适合对象,如骏马只能适合于好的骑手,良弓只能适合于好的射手,经商、打仗、从政之类也必须要有相应的人才去适合它。不同的人才适合于不同的行当,其中都有内在的法则所规定着,制约着,不得任意违背。但丁正是从事物的适应原则中推论出"凡物对于个别的人适用,则其人也必须具有特种的才能……如果事物之适用与否系乎用者个人的才能,有能者始能用之,而人之才能也有高中下之别;那么,显而易见,事物之佳者,适合于常才,更佳者,适合于中才,最佳者适合于高才"[③]的结论。因此,最好的思想当然只能来自天才与学识,而最好的语言也自然只适合于才识兼备的学问高手,而并不适合于所有写诗的人,因为不少是并无真才实学的。作为光辉的俗语,怎能与孤陋寡闻、无知无识的山野匹夫结缘呢?但丁旨在极力强调光辉的俗语必须由才识兼备的驾驭语言的高手诗人与之相适应,这样的结合才有可能使其诗锦上添花,否则就不但不会使其诗作增添美的色彩,反而显得更丑。这种不合时宜、弄巧成拙的做法,其审美效果必然是走向反面。

(2) 俗语应由高贵的主题与之相适应

除了上文所述的,光辉的语言最适合于最有才学的诗人来使用外,但丁还认为,光辉的语言不是对一切主题都适合。相反,它只适合于(或最值得)写那些高贵的主题。这里就牵涉主题选择的标准问题。那么,什么样的主题才算是值得写,什么样的主题不值得写?无论是值得写的主题还是不值得写的主题,在对其做出值得写与否的判断之前,人们首先要对它的内在价值做出评估。就拿人或事物来说,也都存在着"内在价值"问题。智

① 朱光潜.西方美学史:上卷[M].北京:人民文学出版社,1963:141.

②③ 缪灵珠.缪灵珠美学译文集:第1卷[M].北京:中国人民大学出版社,1986:289.

慧的、精明干练的君主理应让他去治国理政；骁勇善战的将军，理应让他去带兵打仗，也值得胜利之神去频频光顾他；作恶多端的强盗，理应受到惩罚，最值得赐他一死。但丁在谈及事物的价值时这样写道："我们必须知道所谓'值得'是什么意思。我们说，具有价值的事物是值得珍视的，正如说具有高尚品质的事物是高尚的那样。设使已经知道授予品质的甲事物是什么，也就能够知道接受此品质的乙事物的性质了。那么，如果我们知道价值是什么，我们也就知道所谓'值得的'东西是什么了。价值，是功与过的效果或结果：所以某人有功，我们就说他值得好报，某人有过，我们就说他值得恶报。"①这就叫作"善有善报，恶有恶报"。当然，就善恶而言，也还是有小善、中善和大善之分；恶也一样，有小恶、中恶和大恶之分。这种不同程度的善恶自然值得有不同的报应来与之相适应。同样，但丁认为，"所谓光辉的俗语是种种俗语中之最好者，那么，只有最好的主题才值得用它来处理，而我们就称这些主题是一切可能的主题中之最有价值者"。②

但丁所说的这种最有价值的高贵的主题基本有三种，即功利、快乐与正道。这三种主题是基于人的植物的、动物的和理性的生活特性。因为，就人是植物的特性而言，他追求功利；就人的动物的特性而言，他追求快乐（在这一点上，他与禽兽相似）；就人是理性的特性而言，他追求正道，而也正是在这一点上，人才堪称是万物之灵，或者说，人具有天使的本性。人的一切言论行为都离不开上述三种生活特性。即便是在上述三种生活特性中，总也有一些事情是同类事情中较为重要的，一些事情则是同类事情中最重要的。正是这些最重要的事情，就应该大书特书，而这种大书特书的使命，理所当然地应该由最重要的光辉的俗语来承担。那么，什么事情才称得上是最重要，从而可以成为优秀的俗语大书特书的主题呢？但丁说："首先，就功利而言，关于这点，假如我们仔细思考追求功利的人其目的何在，我们就不难发现，其目的不外是安全。其次，就快乐而言，我们说，最愉快的事情莫过于满足最优美的欲望，而这就是爱情。最后，就正道而言，无疑美德居于首位。因此，安全、爱情、美德——此三者似乎是应该大书特书的首要事情。我是指它们中之最重要者，例如，武功之英勇，恋爱之热情，意志之方向。倘使我们予以适当的考虑，我们将发现最辉煌的作家无不全用俗语来歌咏这些主题。例如，伯尔特兰·杜·波纳之歌咏武功，阿诺特·但尼尔之歌咏爱情，吉洛特·杜·波内尔之歌咏正义。匹斯托雅人齐诺歌咏爱情，他的友人之歌咏正义。"③但丁以最明确的语言阐明了光辉的俗语应该去大书特书人类生活中何种主题，并且列举了伯尔特兰·杜·波纳一类著名作家用俗语歌颂安全、爱情和美德主题的典范。但丁说，他之所以如此深刻详细而又不厌其烦地阐述是旨在让人们知道什么是应该用最高尚的、光辉的俗语来歌颂的恰当主题。

（3）光辉的俗语适合于歌体诗

在谈到光辉的俗语究竟应该纳入一种什么样的形式问题时，但丁明确表示，通过各种实践比较，最优秀的俗语应该纳入的最好形式莫过于歌体诗，他在文中这样论述道："用俗

① 缪灵珠.缪灵珠美学译文集：第1卷[M].北京：中国人民大学出版社，1986：290.
② 缪灵珠.缪灵珠美学译文集：第1卷[M].北京：中国人民大学出版社，1986：291.
③ 缪灵珠.缪灵珠美学译文集：第1卷[M].北京：中国人民大学出版社，1986：292.

语写诗的人们也曾使用过种种不同的形式来歌咏，或用歌体诗的元诵歌(canzone)，或用舞曲体的芭蕾曲(ballad)，或用十四行的商籁体(sonnet)，或用其他非法定、非正规的体裁……我们认为，这些形式中的歌体诗最为优越，所以，如果说最优越的东西值得最优越的报酬，那么，那些值得使用最优越的俗语的主题，就值得纳入最优越的形式，从而应该用歌体诗来处理了。"[①]光辉的意大利俗语是歌体诗的最好装饰，也最值得为之装饰。因为，歌体诗是最优越的形式。但丁指出，之所以说它是最优越的形式，其理由是：首先，凡是用韵文写的诗皆可以称为歌，但唯独歌体诗享有"歌"的名称；其次，歌体诗不像舞曲那样，是为舞蹈者而作，并必须借助舞蹈者的表演来获取效果。相反，它可以凭其本身就能产生它应有的全部效果。因此，但丁说，尽管舞曲体较之十四行的商籁体要优胜，但舞曲体与歌体诗相比，后者应该被视为比前者更高贵；再次，如果说，凡是能给作者带来更大荣誉的作品似乎更可贵的话，那么，毫无疑问，歌体诗将比舞曲体能给作者带来更大的荣誉。最后，就在于作品的内在包容性，在各艺术门类的作品中，有的包容性很小，有的较大，有的则很大。但丁认为，在艺术作品中，凡是能包罗一切艺术因素者最为可贵。因此，既然诗是一种艺术作品，而唯独歌体诗能兼备一切诗艺而有之，所以歌体诗是最可贵的，从而这种体裁是最可贵的形式。凡是属于诗艺方面的因素皆尽见于歌体诗中。歌体诗是集一切艺术之大成。所以，不管在上述的哪种比较意义上，但丁得出结论认为，歌体诗是最可贵的诗，从而它的形式也无疑是最可贵的。光辉的意大利俗语只有纳入这种高贵诗体的形式中，才是最值得的，而且定能为这种歌体诗增添奇异而又神圣的光彩。

但丁关于俗语与诗的论述是比较详尽完备的。除了我们以上所述的内容外，他还谈到俗语与诗的庄严性、作诗的造句法、诗的风格与词的选择、关于诗的两种情感、诗的各部分安排、诗行与音节，等等。这些都是但丁诗学美学的重要组成部分。由于本书篇幅所限，这里暂且从略，容待另文撰述。

关于欧洲中世纪时期美学思想的基本内容和特征我们就暂且叙述到这里。从我们对奥古斯丁和托马斯·阿奎那以及但丁这三位美学代表的美学思想的剖析、研讨中不难看到，欧洲漫长的千年中世纪，其美学也并非是处于绝对沉寂的状态。如果说奥古斯丁和托马斯·阿奎那的美学思想充满了宗教神学精神的话，那么，我们也完全可以有理由这样说："上帝"的观念到了但丁时代已经开始发生了动摇。从但丁的美学思想中，我们可以看到，在"上帝"的神秘阴影下，时而信步走出一个"世俗的人"。这位美学家在经常强调上帝是美的创造者的同时，又会不时论及世俗艺术的如此这般。从整个欧洲中世纪美学的总体发展状况看，它曲折地反映了那个时期社会政治、经济、思想文化这一变化历程。然而，就意识形态领域而言，它又不完全与中世纪的社会历史发展密切对应，而是与哲学交织在一起，并共同依附于基督教神学。美学的情况充分体现了这种时代特征。那种基本渊源于古希腊罗马后期新柏拉图主义者普鲁提诺思想的中世纪神学美学，在经历了教父哲学美学和经院哲学美学之后，到了但丁时代，由于世俗思想文化的抬头，美学也开始由神学

---

① 缪灵珠.缪灵珠美学译文集：第1卷[M].北京：中国人民大学出版社，1986：292.

向人学转变，而正是但丁美学思想中的人文主义的抬头，为文艺复兴运动和文艺复兴时期美学的形成和发展奠定了基础。

综观中世纪美学三大代表的思想理论观点，我们完全可以这样说：奥古斯丁和托马斯·阿奎那在神学和上帝问题上，其思想观点基本前后一致。但是，到了但丁时代，中世纪美学思想内容发生了明显的变奏，那就是神学的动摇和人学的崛起。正是从这个意义上，我们说，但丁是一个在思想上既具上帝观念，又有世俗倾向的双重人物。英国当代美学史家伯纳德·鲍桑葵在谈到但丁的这种思想双重性时这样写道："但丁的形式是独特的、富于个性的……但表现他的思想的工具却是一种二元论。在这方面，他的思想代表了他的思想所表现出来的中古时代的意识，即近代早期意识。他使天国遭到了柏拉图的理念所遭遇的同一命运。他使统一原则凝固为某种物质的东西，至少是某种感性的东西，同具有这种统一的东西对立起来，作为'另一'世界的'这一'世界对立起来。这样一种思路是不可避免的。对于早期的年代来说，实在不能不意味着物质的实在。精神上的进步，除了作为非现世的栖息之所外，不可能成为人民信仰的对象。这第一个二元论——我们这个形象世界和另一个形象世界的二元论——就构成了但丁的作品的内容。"①的确，鲍桑葵的这一论点是正确的，他看到了但丁思想的双重性特征，正是这种二元论的思想特征体现了但丁美学思想中的历史进步意义。诞生于中世纪末期的但丁，已经不但偏离了奥古斯丁和托马斯·阿奎那，而且甚至更远地离开了普鲁提诺。如果我们拿但丁的美学思想与普鲁提诺的美学思想作一全面的历史的比较，就不难发现，在普鲁提诺美学思想中的人学趋向神学，而在但丁美学思想中已经发展到了神学开始趋向人学的阶段。这种在宗教神学桎梏下的人性的复苏，正是中世纪晚期美学的一大历史进步。正是这种历史的进步，从而为欧洲文艺复兴时期美学的兴起奠定了坚实的思想理论基础。也正是在这个意义上，我们说：但丁——作为欧洲中世纪的最后一位杰出的美学家和文艺复兴时期美学的先驱，您是卓越的、伟大的、非凡的！

注释

1 伯纳瓦图拉（St. Boanaventura，1221—1274）和艾利杰娜（Erigena，815—880）分别为意大利和法国神学家。

2 《神曲》写于1307年—1321年。全诗分《地狱》《炼狱》《天堂》三部分，共14 000余行，作品以梦幻故事的形式、隐喻象征的手法，描写作者游历"地狱""炼狱"和"天堂"的情景。广泛反映中世纪后期意大利的社会生活，大胆谴责贵族和教会统治的罪恶，表达当时人民反对封建教会的情绪，但未能摆脱基督教神学观点。就艺术而言，《神曲》形象生动，语言丰富，对意大利统一民族语言和文学用语的形成，起了很大的作用。

3 康·格朗德曾是意大利勿罗拉地方斯加拉族亲王（1311年—1329年）。《神曲》天堂篇第17篇借但丁远祖的魂灵之口，对康·格朗德博施济众的美德以礼赞。也许在但丁被流放那里时，曾受过其保护和恩惠，故但丁后来以《天堂篇》相赠。

① 鲍桑葵.美学史[M].张今，译.北京：商务印书馆，1985：206-207.

文艺复兴时期的悲剧学说

文艺复兴运动是欧洲历史上一次伟大的意识形态革命。这场洪波连天的伟大革命运动发生在中世纪的后期,但在本质上却标志着中世纪的结束和新时代的开始。公元 14 世纪中叶,随着资本主义生产关系在封建社会中逐步萌芽,如城市商品经济的发展和随着世俗政权反对教会斗争的发展,文化上也开始反映新兴资产阶级的利益和要求,一种广泛的文化运动首先在意大利各城市中蓬勃发展起来,后又逐渐推广到德、法、英、荷等欧洲其他国家。"文艺复兴"这个词,最初是意大利画家兼建筑家瓦萨利(Giorgio Vasari,1511 年—1574 年)使用的。他在《优秀建筑家画家雕刻家传》(1550 年出版)中指出:那个时代的意大利造型艺术的特点是复兴古代的审美标准,艺术的目的在于模仿自然,表现人的个性,高扬人的思想感情,这就与中世纪神学统治的教会文艺思想、与表现心灵朝向天国的哥特式建筑、与抽象的象征的甚至是怪诞离奇的艺术形象有着本质的区别,所以,就文艺的范围来说,所谓的文艺复兴,其实就是对中世纪以前古希腊罗马文化的重新肯定和发扬,换一句话说,就是意味着古希腊罗马古典艺术和美学的"再生"。

文艺复兴时期的美学打着复兴古代文化的旗号,实质上是新兴资产阶级美学思潮对封建的中世纪神学美学的第一次有力冲击。它是中世纪神学美学向近代人学美学过渡的一个环节。它标志着美学从神学迷雾中的一次觉醒和解放。中世纪的美学是宗教神学的婢女。它否认世间的幸福和美,宣扬美在上帝,从而剥夺了人的审美追求。而以人文主义为基础的文艺复兴时期的美学,则主张把美从上帝那里夺回还给人类,使美真正回到人间,从而结束了神学统治的美学的黑暗年代,为近代人学美学的产生奠定了基础。人性论是文艺复兴美学的理论基础,当时的美学都是以肯定人性、为人性高唱赞歌为出发点的。莎士比亚在其悲剧杰作《哈姆雷特》中写道:"人类是一件多么了不得的杰作!多么高贵的理性!多么伟大的力量!多么优美的仪表!多么高雅的举动!在行为上多么像一个天使,在智慧上多么像一个天神!宇宙的精华!万物的灵长!"在文艺复兴时期的文学艺术中充满着对人性美的描绘和讴歌。这一点,在文艺复兴时期的文学,尤其是莎士比亚的悲剧中体现得尤为明显。

文艺复兴时期涌现出了许多杰出的悲剧艺术。莎士比亚悲剧的诞生标志着希腊戏剧的光芒又重新照射欧洲戏剧舞台。戏剧舞台上的英雄们的慷慨陈词与历史车轮的隆隆转动,从来没有像现在这样呼应得如此紧密。在文艺复兴的悲剧舞台上,终于寻找到在古希腊舞台上展现过的英雄们的历史回声——这就是伟大的古典悲剧艺术的再生。

就在欧洲文艺舞台上重新出现一片蓬勃生机，悲剧艺术之花竞艳开放的同时，文艺复兴时期的各国悲剧理论领域也呈现出一派繁荣的景象，涌现出像特里西诺、斯卡里格、明屠尔诺、钦提奥、卡斯特尔维特洛这样一些杰出的悲剧理论家，他们作为人文主义悲剧学说的主要代表，重新对悲剧艺术作出了新的理论思考。

一、特 里 西 诺

特里西诺(Gian Giorgio Trissino，1478 年—1550 年)，意大利文艺理论家和剧作家，也是意大利重要的戏剧改革家。他在文学史上的最大贡献就是使意大利戏剧希腊化，他在这方面的代表作是一部无韵诗悲剧《索福尼斯巴》(写于 1514 年—1515 年，1524 年出版，首演于 1562 年)。这部悲剧完全是以古希腊悲剧为楷模，墨守亚里士多德的悲剧定义写成的，因此，从其风格上就可以看出，它完全摆脱了中世纪“圣迹剧”的传统。在文学史上，他被人们称之为是第一个“现代”悲剧作家。他的主要理论著作是《诗学》(1529 年)，全书分前后两部，前部第一卷重点论述悲剧和喜剧。特里西诺在文艺理论上，对亚里士多德学说持半是保守半是发扬的态度，这一点，在他的悲剧理论中也表现得比较明显。

特里西诺的悲剧理论主要是通过对亚里士多德悲剧学说的解释体现的。不过，他对亚里士多德的悲剧学说的论证是用“以经解经”的方式进行的。比如，他对亚里士多德的“恐惧与怜悯”的解释就是完全采取亚里士多德《修辞学》卷二第五节的理论予以阐明。他自己只是在这种“以经解经”的过程中，适当穿插性地提出自己的一些论点。那么，特里西诺为何要这样做呢？考察这一点，我们不能脱离当时的时代和环境因素。特里西诺所处的意大利，正值公侯专制独裁的时代，“言论自由”对于一般人(包括学者)来说根本不存在。一个小小的城市公侯就是一个小霸王，他操持着生杀予夺的权力，因此，当时的人说话(言论)都是十分谨慎的，唯恐惹怒公侯，引来杀身之祸。用特里西诺自己的话来说：“能加害于我们的人们的敌意与暴怒是恐怖的，因为他们既与我们为敌或者恨我们，那显然他们可能并且意欲伤害我们。”特里西诺所列举的恐惧对象，其实就是当时的王公贵族的写照。而他之所以“以经解经”，这也是一种表达自己理论观点的手段，主要是考虑到避免自己的言论惹恼那些掌握大权的王公显贵。

如果光从字面意义上来看，人们可能会提出这样一个问题，即特里西诺对恐惧和怜悯的解释似乎是针对当时的王公权贵的，既然是这样，那么，他的悲剧理论是基于政治还是基于艺术？我们的答案是：在特里西诺看来，就悲剧的范畴来说，政治问题与艺术问题是一致的。特里西诺本人也承认，“悲剧是对最重要最伟大的人物的一种模仿”①。这种最重要最伟大的人物，就是特指帝王将相和显赫权贵。我们知道，早在但丁时代(即亚里士多德的《诗学》尚未被发现之前)，悲剧创作坚持一条“先喜后悲”的原则，一切情节的安排

① 缪灵珠.缪灵珠美学译文集：第 1 卷[M].北京：中国人民大学出版社，1986：340.

都从这个基本的原则出发。只是到了16世纪，亚里士多德的《诗学》重见天光之后，人们才又匆匆把原先已定型的“先喜后悲”原则改回到亚里士多德的悲剧定义上来。这可能也是为了与当时的政治情势合拍有关。

特里西诺的悲剧理论主要通过以下五个方面进行阐发：

（一）性格塑造中的“美好”原则

由于悲剧是对最重要最伟大的人物的模仿，所以，特里西诺认为，作为悲剧作家，他就应该像最好的画家那样去塑造他作品中的人物。虽然画家的主旨是要画出人物的真实面貌，但是，也不妨把这些人物画得更美一些。诗人的情况也是这样，“诗人们在模拟（描写）愤怒者、怯懦者、懒惰者等人物之时，还得把他们的精神面貌描写得更好些，也就是说，更温和、更慈祥，而不是更骄傲、更凶恶”。他还以荷马和泰伦提乌斯的作品为例，认为荷马笔下的阿喀琉斯尽管是愤怒的，但也不乏仁爱和善良。在泰伦提乌斯的《赫库巴》中，岳母对乳娘、娼妓对主妇都是和蔼可亲的。因此，特里西诺主张，悲剧作家也应该像画家和上述诗人那样，遵守上述的“美好”创作原则。

（二）悲剧作家在性格塑造过程中的心理感受原则

剧作家自身的情感因素对于悲剧性格的塑造也是关系极大的。这里牵涉一个悲剧作家自身的心理感受问题。因为，悲剧是要朗诵给人听的，演示给人看的，它的最终效果是要通过观众的视听感官来实现的，因此，特里西诺特别强调悲剧作家“应该留心那些必然会以诗诉诸感官的亦即诉诸视觉和听觉的事物”。① 他说，作为一个悲剧作家，“他应该考虑到，他所写的悲剧是要朗诵的，一举一动是给人看的，台词和音乐是给人听的。所以，他应该用恰当而悦耳的词句来处理情节，在安排情节之时，应该把一切放在眼前审察，自演一番，仿佛自己粉墨登场参与那些行动一样，因为，如果他这样做，他就会看清楚所有人物的精神面貌，而相反的和矛盾的事情也洞察无遗，而且如果他把受激情支配的人物的一举一动放在眼前，尽可能地远远观察，他便会仿佛身受那些激情的支配，因为受激情支配的人们自然而然正确地表现出苦恼者如何苦恼，悲哀者如何悲哀”。②综观以上所述，我们似乎看到特里西诺所强调的两条原则，一是美化原则，二是情节（激情）原则。前者主要是考虑到它要诉诸视听，因此必然通过“美化”强化感官和知觉效果；后者则是强调悲剧作家必然像诗人一样，带着感情（或激情）去创作，因为只有受激情支配的人们才能自然正确地表现出真情实感（即正确地表现出苦恼者如何苦恼，悲哀者如何悲哀）。特里西诺的这一论点与亚里士多德的创作理论十分相符。亚里士多德也认为，才情高超的人适宜于作诗，激情奋发的人也适宜于作诗，因为前者深知怎样考察激情，后者深知怎样形成激情。

---

①② 特里西诺.诗学[M]//缪灵珠.缪灵珠美学译文集：第1卷.北京：中国人民大学出版社，1986：340－341.

（三）悲剧作品的梗概与枝节

对于一部悲剧来说，它的整体结构和情节安排如何，会直接关系到作品的质量。这也是悲剧创作中所要重视的关键，特里西诺认为，创作一部悲剧作品，首要的任务就是悲剧作家要拟定台词的梗概，然后再将枝节插入其中。所谓拟定台词的梗概，特里西诺说，它“不外是起草他所想模拟的全部剧情”（即剧情大纲）。特里西诺以他自己的悲剧代表作《索福尼斯巴》为例，该剧的剧情大纲是这样的：两个共和国交战，甲国同一个王者结盟，乙国为了使王者脱盟，把将军之女嫁给他为后，所以王者便脱盟了。于是，两国交战，笼络了王者的乙国竟把甲国打败，王者成了阶下囚。另一君主是胜利国的盟友，进入囚王的城邦，囚王之后求他不要把她交给胜利国，他答应照她的要求办理，为了做得更好些，他娶她为后。婚后，胜利国的元帅派使者来索取王后，君主既娶了她，不愿把她舍弃，便去见元帅，元帅却要把王后作为战俘送到胜利国去。所以君主虽然娶了她，但是不能守约，于是送给她毒药，叫她服毒，以免落入敌手。她接受了，饮鸩而死。这就是《索福尼斯巴》的基本剧情，其余的都是枝节成分。不过，特里西诺强调指出，枝节必须贯彻少而精的原则，不能无限枝蔓，而且必须符合整个剧情的规定性。总之，枝节能做到既少且短，就最为合适。因为，这也是悲剧自身的性质所决定的。悲剧千万不可像英雄史诗那样，枝节既多又长。特里西诺指出，像荷马的《奥德赛》和维吉尔的《埃涅阿斯纪》中的枝节情形，是万万为悲剧所不可取的。

（四）恐惧和怜悯的性质及根源

恐惧和怜悯是亚里士多德悲剧定义中的重要概念。上文提到，按照亚里士多德的观点，一部悲剧，必须能引起怜悯和恐惧之情，如果做不到这一点，就称不上是悲剧。因为，引不起怜悯和恐惧，就无法实现“净化”，也就达不到悲剧的效果。而亚里士多德认为，悲剧之所以能引起怜悯和恐惧，主要是悲剧模仿的对象有其特殊的规定。写好人由顺境转入逆境，坏人由逆境转入顺境或十恶不赦的人由顺境转入逆境，都不能引起怜悯和恐惧之情，因为它们都不合悲剧的要求。怜悯是由一个人遭受不应遭受的厄运而引起的，恐惧是由一个遭受厄运的人与我们相似而引起的。这样说来，悲剧的主人公应当比一般人好而又与一般人相似。这样的人不十分善良，也不十分公正，而他之所以惨遭不幸，根源不在于他作恶，而在于他犯了过失。这就是说，悲剧主人公的不幸遭遇并不是由于其作恶，而是由于其判事不明而犯的错误。这样的犯错误者，是悲剧模仿的最适合的对象。这种对象的结局最能激起怜悯和恐惧之情，致使悲剧达到最佳效果。亚里士多德对悲剧模仿对象所作的这种规定，无疑是他根据古希腊悲剧艺术的实践经验总结出来的。特里西诺沿着亚里士多德悲剧定义的思路，继续探寻恐惧和怜悯的深层根源。

1\. 恐惧说

在回答恐惧究竟是什么时，特里西诺指出：“恐惧是因想象到可能来临的大祸或痛苦的不幸而引起的烦恼或不安。”[①]接着，他对上述的恐惧定义又作了这样的说明，他说：“因

① 缪灵珠.缪灵珠美学译文集：第1卷[M].北京：中国人民大学出版社，1986：343.

为不是所有的不幸都是可怕的，没有人害怕成为不义或懒惰。虽然这两者都是不幸，但是唯独那些能带来死亡或最大痛苦和烦恼的不幸，才为人所畏惧。而且这些不幸往往也不是为人所畏惧，而唯独当它们似乎近在身边而且可能降临头上之时，才是可怕的，因为当不幸尚未确定或者十分遥远之时，它们是不可怕的。例如死亡，人人皆知必有死亡的一日，但是因为死不是近在眼前，我们就不去想它。”[①]从上述这段说明性的文字中，我们看到，特里西诺旨在解释这样两层意思：第一层意思是“恐惧什么”？用特里西诺的话来说是为什么而烦恼或不安；第二层意思是“激起恐惧的距离感”（或实际可能性）问题。只要能激起人们心里恐惧的东西，就必定存在着一种可能性（或曰距离感很近——起码从每人的自我理解上是如此）。如果缺乏一种心理距离感，也不可能激起恐惧。就拿死亡来说，人人都不希望死，但人人又都将不可避免地要经历死亡的威胁。如果人们从一生下来就天天担心死亡的到来，那人生就永远处于某种“烦恼或不安”的状态之中。而事实上，人们在一般情况下并不为死亡而恐惧，原因很简单，因为死亡尚未到来。就拿年轻人来说，死亡对他来说是几十年以后的事，无须去天天恐惧它。而那些年岁大的、精神上欠达观的人，或是身患重病或绝症的人，或者是那些狱中的死囚，他们往往对死怀有一种恐惧的心理。这里，就是特里西诺所说的那种产生恐惧的条件。同样，观众在欣赏悲剧时，剧中主人公的厄运由于主人公是一些与我们十分相似的人，因此，从心理距离感上来理解，这种厄运似乎也随时有降临到我们头上的可能，尽管观赏者也明白自己是在看戏，但潜在的“自卫意识”和“安全意识”会时时驱使其将自己与剧中人物作比较，在引起恐惧感的同时，也产生一种为自己实际并没有遭难而感到自慰的庆幸感。总而言之，恐惧感的产生必须建立在大祸降临的实际可能性基础上。

在对恐惧作了上述说明之后，特里西诺接着谈了人类的不义行为与恐惧的关系，由此导致敌意、陷害和仇杀之类足以引起恐惧的行为。特里西诺说：“不义行为，如果是强暴的，也引起恐惧，因为不义的人之所以不义是有意为之的，这就表明他们会尽其能力之所及为所欲为。同样，一个有才能的人受了损害，如果他有权力的话也是值得恐惧的，因为他既然受害又大权在握，显然他往往可能为所欲为。所以，意志和权力两者兼备了，那就祸在眉睫了。可能为非作歹的人，如果心怀恐惧，也是一种危险的征候，因为此种人必然时时刻刻有所准备，况且因为人们多半居心叵测，甘受贪欲所迷，在危难中又贪生怕死，因此之故，自己的命运操于别人之手，就总是心惊胆战的事情。所以一个人犯了严重的罪行而被别人知道了，他就觉得那些知情人是可怕的，因为他害怕他们会泄露秘密或者会出卖他。能够加害者对于可能受害者是可怕的人物，因为人们多半有能够加害时就加害的倾向。曾受害的人，或者自以为即将受害的人，是有危险性的，因为他们会随时伺机报复。同样，曾加害于别人者，如果有权有势，也是可怕的，因为他们害怕别人报复，而这种报复是在危惧的对象之列。人们在争夺自己所不能尽有的东西之时，也是恐怖的人物，因为此等人总是彼此敌对。畏惧强者的弱者，对于强者来说同样是危险性的人物，因为弱者亦不

① 缪灵珠.缪灵珠美学译文集：第1卷[M].北京：中国人民大学出版社，1986：343.

难加害于强者。同理，为强者所畏惧的弱者照理是可怕的，曾杀强者的弱者也照理是可怕的，曾攻击强者的弱者，一旦掌握大权，便是危险性的人物。在受害者、敌人、对手之中，性情暴躁但胸无城府的人，反比阴柔险毒、口蜜腹剑的人来得不那么可怕，因为后一种人何时动手何时不动手是不可测知的。在一切恐怖的事情中，最可怕的是虽则不曾实现，但或因根本不能改变，或因改变之权不操于我而操于敌，从而是不可能改变的事情。无法挽救，或者虽能挽救但不易挽救的事情，也是可怕的。"①特里西诺把人类的不义行为视为恐惧的主要根源，而这种不义行为可以产生于多种方面、多种渠道、多种人等。特里西诺在这里列举了有能力的人、为非作歹的人、曾遭受过他人害的人或自己恐惧将要被他人加害的人、有权势者、没有权势者、强者、弱者等。这些人由于他们自身的地位和处境，往往在"自我保存"的本能意识驱使下，必要时可以不择手段地为达到保护自己"自我完善"的目的而干出坑害他人的不义行为。人是很复杂的，因此，这种不义之举也是来自多方面的，而恐惧的根源则主要来自人类本身。

不过，尽管特里西诺认为恐惧来自多方面的人，但只要仔细分析他的论述，我们似乎觉得，特里西诺特别强调如下之点：不义行为主要来自那些手中握有大权的"有权有势"的权贵（或曰强者）。因为有权有势的强者，一旦对人怀有敌意，他要加害于人比那些无权无势的弱者要容易得多。他一旦要干那些不义之举，所造成的威慑力要比弱者强得多。因此，强者更能给人以恐惧感。前面我们讲了，从总体上说，特里西诺的悲剧学说带有一种政治色彩。从上述引文中我们也可以看出，这是特里西诺根据当时的政治斗争，进一步发挥亚里士多德所说的那种"恐惧心理"。特里西诺的"恐惧心理"说，对于文艺复兴时期的创作实践产生了深刻的影响。这一点，我们通过这一时期（尤其是莎士比亚）的悲剧作品可以看得很清楚，无论是《哈姆雷特》，还是《麦克白斯》和《李尔王》，都可以看到类似于上述这样一种复杂的恐惧心理的描写。就以《麦克白斯》一剧为例，该剧主人公麦克白斯，作为一个强者，他对外界也有所惧，他惧怕班科，因为后者知道他因女巫的预言而动了谋夺王位的野心。他惧怕班科泄露秘密。同样，班科也惧怕麦克白斯，因为他是一个不义的强者，可以为所欲为。麦克白斯畏惧邓恳王的两个儿子马尔科伦和多拿尔班，因为他们是受害者，可能伺机报复。他们也畏惧他，因为他是加害者而且有权。作为对恐惧心理复杂结构的描写，《麦克白斯》是一部典型的成功之作，而且，恐惧的根源主要是来自强者的不义之举（加害于人）。亚里士多德的悲剧定律是要描写显赫的王公贵族，特里西诺在承认并接受这一定律的基础上似乎还多了一种暗喻：王公显贵的残暴（不义之举）是导致恐惧的主要根源。正因为王公贵族的不义和残暴，故他们的心情也是不宁的、不悦的，因为残暴意味着害人，害了人，害人者的心理也必定是恐惧的——惧怕被害者的报复。这种彼此恐惧、彼此加害、彼此提防、彼此不得舒心快乐的恐惧复杂心理，在文艺复兴时期的作品中比比皆是。这不能不说是与特里西诺的上述学说有关。不过，特里西诺的这种悲剧理论，至少从一个侧面忠告王公贵族（或向王公贵族一类的强者们暗示）不要过分残暴，不要有

① 缪灵珠.缪灵珠美学译文集：第1卷[M].北京：中国人民大学出版社，1986：343－344.

了权势就为所欲为。因为,那样做,对他们自己也很不利。文艺复兴时期许多悲剧的教育意义也许就在于此。

2. 怜悯说

谈到怜悯,特里西诺下了这样的界说:"怜悯是为了某种不幸或似乎不幸的事而发愁,这种不幸可能是致命的或痛苦的,而且落于不应受难的人身上,于是旁观者想到自己或他的亲友也可能遭到这种不幸。当不幸似乎近在身边之时,尤其是如此。"①这段简短的界说,包含着五层意思,在这五层意思之间呈现一种逻辑递进关系。第一,是怜悯的产生根源——不幸;第二,不幸又分带有痛苦性质的和带有致命性质的两种,两者在程度上体现着差异;第三,无论带有痛苦性质或致命性质的不幸必须降临到那些不应遭难者的身上(即使此人有过失,也远远达不到给予如此惩罚的程度);第四,这种不幸能导致旁观者产生一种联想:担心自己及亲人(如父母、兄妹、妻子、儿女等)也可能会遭此劫难;第五,当这种不幸在人们的心理距离上产生一种很逼近的感觉时,这种怜悯之情就会显得更加强烈。这五层意思把怜悯与不幸的基本关系作了较为系统的揭示,但这还不完全,因为上述因素都是带有某些客观性质。除此之外,还有产生怜悯之情的自身的主观因素(尤其包括主观的心理因素)。换言之,不是所有的人都能产生怜悯之情的,而只有具备特定条件因素的人才有可能产生怜悯之情。对此,特里西诺认为,只有具备下述条件者,才有可能产生怜悯之情:第一,当自己或其他亲友有可能遭到厄运;第二,以为厄运有可能降临到自己头上(这种人以前也遭受过厄运,而且目前正在得以解脱,所以,这种既尝过厄运的滋味,又为自己现已摆脱了厄运而庆幸的人,比一般没有尝过这种滋味的人更担心厄运的降临);第三,老年人也容易产生怜悯之情,因为他们老成持重,经验丰富,对他们来说,一生中酸甜苦辣都经历过,因此,对人世的不幸和悲惨体会较深,容易产生怜悯之情;第四,"脆弱者、怯懦者、老练者也容易动怜悯之心,因为他们以理性律己";第五,有妻儿老小,兄弟姐妹者,这种人也容易产生怜悯之情,因为这些人在一个充满着骨肉之情的感情氛围中生活,比较懂得情谊和友爱,因此,也颇具"恻隐之敏感",在这种人的心理上,易于产生那种担心自己的亲人也有可能遭受厄运的悲愁心理;除此之外,还有一种人也较能产生怜悯之情,这就是以中庸处世的人,这种"守中庸之道的人,也就是说,既非易怒,亦非大胆,既非狠恶,亦非不义的人,却往往能悲天悯人"。② 以上六种人,最易产生怜悯之情。特里西诺分析了这六种人,认为他们各自都有易于产生怜悯之情的心理根源(即这种怜悯心理的产生多半是同某人自身的经历和社会关系有关)。

与上述那些易于产生怜悯之情的人相反,也同样有一些人,他们往往不太容易产生怜悯之情,这也是由他们自身的特殊条件所决定。特里西诺通过对人格心态的分析,认为有下述几种人不易产生怜悯之情:第一,生活中处境一败涂地的人,这种人不可能产生怜悯之情,"因为他们想到他们既已受过这么多痛苦,就再也不会受苦"③;第二,自以为十分幸

① 缪灵珠.缪灵珠美学译文集:第1卷[M].北京:中国人民大学出版社,1986:345.

②③ 缪灵珠.缪灵珠美学译文集:第1卷[M].北京:中国人民大学出版社,1986:345-346.

运的人，这种人也不会产生怜悯之情，“因为这种人反而轻视苦命人，为的是他们相信自己一切顺利，便以为自己不可能遭受苦难，而无灾无难确实是人生之一大幸事”[①]；第三，在心理上易受激情强烈支配的人，这些人平时往往动辄大怒，大胆妄为，心绪不平稳，理性控制能力差，这种人一般都把祸福后果置之度外，行为上跟着情绪走，因而好偏执一端；第四，人格品质上生来就是天性狠毒，多行不义的人，这些人是很难产生怜悯之情的，因为“此等人从来都是为非作歹，加害于人的，绝不会想到自己可能受苦”，因此，就更不会想到别人遭难，从而为别人的遭难而怜悯；此外，还有一种人也不易产生怜悯之情，这就是那种平时生性极其怯懦的人，因为这种人尽管不是坏人，平时也不做伤天害理的坑人事，但由于他们那种极端（超常）的怯懦性格，致使他整天处于那种惶惶不可终日的恐惧状态。这种人，自身心理上就始终存在着一种“危难随时临头”的不安全感，就谈不上对别人的苦难产生怜悯。换言之，产生怜悯心理的人，一般说来，他的现实处境（无论是精神的处境和肉体的处境）都要比怜悯对象好。这是一种比较特殊的例子。

在详细论证了哪些人易于产生怜悯之情、哪些人不易产生怜悯之情的原因之后，特里西诺接着又论证了哪些事情最能激起人的怜悯之情。特里西诺指出：“能动人怜悯的事情，是致命的苦难，大悲大哀，以及一切命运所使然的大不幸。此等困厄难堪、大悲大哀的事就是死亡、重伤、肉体的磨难——例如年老、疾病、饥馑。命运所使然的一种不幸，是没有朋友，或者知交零落，所以，朋友的惨别，伴侣的生离，是黯然销魂的。貌丑、体弱、残废，乃至别人对你以怨报恩——这是常常发生的事——都能引人怜悯。一个人受尽千辛万苦，死后才有好报，也是令人痛惜的。一生未得过幸福，以及好景来临，已经不能享受，这也是可惜可怜的。所有这些就是引起怜悯的事情。”[②]人生有许多令人不快、不畅、不悦的事，但这些不快、不畅、不悦都不是厄运（大难），它们与厄运比较，程度上有很大的差别，前者可以为了一件小事而导致心理上的暂时不爽、不悦、不畅快，但无论在肉体上和心理上都构不成“灾难”或“厄运”，因而激不起人们的怜悯之情。而唯有造成心理或肉体上的巨大深刻的惨痛事件，才能构成灾难或厄运。而只有达到这种程度的灾难和厄运，才有可能激起怜悯的感情。这种情形就是死于非命的横祸、老年人晚年丧子的悲惨、恩爱夫妻或和睦家庭由于外界加害的原因而导致的妻离子散和家破人亡、昔日的显贵由于权势的旁落而成为今日的阶下囚、爱情憧憬的破灭……这些能导致人们心理上大悲大哀的事件，都可以作为激起怜悯之情的一种根源。总之，这些令人悲哀的事件都是以能激起人们的心理痛苦为前提的。也正是在这个意义上，悲剧是不可避免的，怜悯之情的产生也是不可避免的。

以上是由不幸事件所激起的怜悯。还有一种情形，就是那种能在我们心理上引起怜悯的人（当然这种人与上述事件也有关系）。特里西诺说，在我们的心理上，能引起我们怜悯的人，往往是我们认识的，但并非至亲关系的人，因为，当我们的亲人受难或即将受难时，我们的哀感就仿佛为自己而悲。所以，亚里士多德说：“阿西马斯的儿子被处死刑，他

① 缪灵珠.缪灵珠美学译文集：第1卷[M].北京：中国人民大学出版社，1986：345.
② 缪灵珠.缪灵珠美学译文集：第1卷[M].北京：中国人民大学出版社，1986：346.

不为儿子而泣，但是当他看见一个朋友乞食时，却潸然泪下，因为看见朋友乞食是可怜的，而自己的儿子的命运是悲惨的，悲惨与可怜是两回事，悲惨甚至排斥怜悯，而且足以带来相反的感情。”[①]在这里，特里西诺一是强调引起我们怜悯之人的最基本前提条件，即他们既不是与我们毫无关系、毫不相识的陌生人，又不是与我们关系最密切的骨肉亲人，而是与我们有关但不怎么亲近的为我们所认识的人。这种人一旦受难，会在我们自身的心理感觉上产生一种最强烈的怜悯效果——一种仿佛悲哀即将降临于自己头上，从而为自己悲哀的感觉；二是强调悲惨与可怜的区别：前者只能发生在作为像儿子这样一类亲人的身上——这种事件是悲惨事件，后者只能发生在像朋友这样一类与我们相关，又为我们所认识，但关系比不上儿子这样亲密的人身上。怜悯的情感不是建立在对自己亲人的不幸的反应基础上。反之，悲惨的情况也是如此。这是特里西诺对悲惨与怜悯关系的基本解释。

不过，特里西诺特别强调怜悯之情最能从“同类”或“类似”的事件或情形中产生。这种“同类”或“类似”的程度越高，产生怜悯之情的可能性也就越大。他说：“当灾难逼近眼前……我们怜悯与我们同年龄、同特性、同地位、同种族的人，因为在此等情况下我们也看到我们自己可能遭到的际遇，所以，可以一般地说，凡是我们害怕自己可能遭遇的不幸，当我们看到别人有此遭遇时，就能激发我们的怜悯。”[②]这种“相同”或“类似”给人们的心理造成了一种“灾难”或“厄运”离我们很近的感觉。随着这种“逼近”的心理效果的产生，怜悯之情也就随之增强。从这个意义上来说，悲剧作家在创作题材的选择上，应该选择那些无论是从时间或空间或人物种类上都应十分近似于我们的题材，以便更有利于怜悯之情的激起。因为像“千载之前的事或者万世之后的事既然我们早已忘怀或者不能预测，就全然不会或甚少会激发我们的怜悯”[③]。因此，悲剧作家即使真正要描写离我们很远的古代题材，那也尽量想方设法通过各种方式或手段来“缩短”由于题材本身的“遥远的”时代因素和古代人物所处的那种时空和性格种类上的差异所造成的“心理距离感”，“把这些事迹表现得可悲可怜”，从而达到“以古代的事迹来引起人怜悯”的目的。同样，如果用像表演古代题材那样的方法（即缩短心理距离的方法）来表演正在发生或即将发生的在心理距离上离我们很近的灾难，更能激起可悲可哀的怜悯效果。一般说来，缩短心理距离的手段是多种多样的，如在舞台表演时，完全可以通过用语言、面具、服装等手段来达此目的。这样做只是为了一个目的，即从心理上去深深打动观众，从而有利于怜悯和悲愁心绪的激起。因为，“举凡显示苦难近在身边和受难者无辜受难的事情，都能够引起最大的怜悯”[④]。这就是特里西诺怜悯说的核心思想。

（五）悲剧与喜剧性质之比较

悲剧与喜剧，两者在风格体裁和性质上既有共同点，也有区别点。特里西诺将这两者

---

①② 缪灵珠.缪灵珠美学译文集：第1卷[M].北京：中国人民大学出版社，1986：346.
③④ 缪灵珠.缪灵珠美学译文集：第1卷[M].北京：中国人民大学出版社，1986：347.

进行了比较，他认为，喜剧往往是一种对不大庄严而且较为下品的行为和性格的模仿。这种模仿是为了嘲笑、讽刺和非难它们，从而教人以德。这是喜剧惯用的手法，而悲剧则不同。悲剧凭借怜悯和恐惧对人进行教诲。在情节问题上，喜剧的取材要从能达到诙谐和逗笑的效果出发。这一点，悲剧的取材与喜剧截然不同，因为悲剧之所以产生教育的效果是靠怜悯、靠流泪、靠恐惧。因此，悲剧取材于伟大显赫人物的可怜事迹。在喜剧中，虽然有些懊恼的事件，但是它们不会引起创伤和死亡，而且结局都是皆大欢喜，例如结婚、和解、平安无事，剧中人因此安然下场等。而悲剧中往往具有悲哀和死亡，总是以不幸为结局。

由于喜剧带有荒诞的色彩，所以喜剧的创作较之悲剧创作，清规戒律要少些，体现在创作手法上，也较灵活多样，例如，喜剧的剧情和人名全可虚构，而悲剧的剧情和人名基本上(全部)或大部分是真实的。体现在语言方面，喜剧的基本要求则是平凡、诙谐，所用的隐喻及其修辞也应该是通俗易懂，像平常谈话那样。因为喜剧是模仿日常谈吐的，所以喜剧不应该使用外来的词句或给人以陌生感的语调，不应该过分雕琢和过分装饰。这是喜剧的本质属性所规定的。如果喜剧用堂皇高雅的文字来加以雕琢，反而淹没了其思想性格，况且，不大常用的词往往给人以脱俗文雅之感。这显然是不适合于喜剧的。相反，这些为喜剧所忌用的语言，正是为悲剧所渴求的。悲剧要表现一种庄严、神圣、恢宏、崇高的主题，给人以肃穆、惊奇之感。主人公也都是王公贵族。因此，它的语言务求崇高、堂皇、富丽，这样才能使人有一种高雅之感，从而有利于悲剧主人公思想、性格的揭示，有利于情节和主题的表现。

二、斯卡里格

斯卡里格(Julius Caesar Scaliger，1484年—1558年)，意大利文艺复兴后期的重要学者，也是当时著名的悲剧理论家，生于巴杜亚，1525年由意大利迁居法国阿让并加入法国籍，此后在阿让一直住到逝世，毕生从事植物学、动物学、语法研究和文学批评，自称是德拉·斯卡拉家族的后裔，1531年和1536年他以两篇批判埃拉斯穆斯所著的《西塞罗风格》的激烈尖刻的拉丁文演说词一举成名。他的学术著作均在晚年发表，主要著作有《植物论》(1556年)、《培养智慧的秘法》(1557年)、《论拉丁语》(1540年)和《诗学》(1561年)等。他的主要兴趣在于对古典作家作进一步了解和批评性评价，《诗学》是其主要理论代表作。此书在以很大的篇幅传播亚里士多德和贺拉斯学说的同时，试图为文学的内容和形式规定标准。他的《诗学》初版于法国里昂，因此，他在法国的影响也比较大，而且波及欧洲及欧洲以外的其他国家。欧洲的文艺理论中心由意大利转向法国自然有多种原因，但斯卡里格无疑在其中起了特殊作用。

斯卡里格是文艺复兴后期一个地位比较特殊的学者。在他生前，主观上曾想雄心勃勃地大干一番，他不但想把亚里士多德和贺拉斯以及其他一些拉丁语学者的理论调和在一起，而且还想把拉丁语范围内的悲剧、喜剧、史诗等也调和在一起，从而想在理论上重新有所创新，充当集大成者，但他未能遂心所愿。斯卡里格确实博学多才，但是他在做学问上也有不少毛病，比如，他的文章一般都是枝蔓泛散，给人以一种烦琐冗长之感。加之他本人的性格倾向于刻板和迂阔，因此，对古代经典学说持较为保守的态度，却又把自己的刻板强加于古代经典，所以，经过他的阐述，亚里士多德理论中本来所具有的那种规定性、灵活性都被减少了、取消了，变成了某种纯粹的清规戒律或教条，这是一个方面。另一方面，由于斯卡里格此人在学术上又比较狂妄自负，甚至对亚里士多德这样伟大的古代学者及其理论也不是抱毕恭毕敬的态度，而是予以大胆的怀疑和否定。当然，对前人学者及其理论持怀疑和否定本身倒并不一定是坏事，但问题是，他将亚里士多德的理论过于绝对化和凝固化，批判中往往带着一种武断。因此，对他的这种学术研究作风，后世学者也有微词。

不过，尽管如此，斯卡里格的理论(尤其是在悲剧理论方面)还是有其独到的个性和可取之处，他的学说反映了文艺复兴晚期理论研究的现状和发展趋向。要不然为什么有的西方学者要把他的理论与维达、布瓦洛的理论列在一起，作为古典主义理论发展所经历的三个阶段的标志呢？下面，就让我们简要地分析一下他的悲剧理论的基本精神。

(一) 对悲剧起源及其名称由来的简要考释

在《诗学》卷一第六章，斯卡里格对悲剧的起源及其名称的由来作了这样的论述，他说：“悲剧这名词出自 τράγos，意即公羊，只因为悲剧是为了祝神而设的，人们惯常用公羊向这位神祭献。再则，比赛获胜的诗人也获得公羊为奖，他就以此祭献神灵。典籍有记载，当做确实的事实，据说悲剧起初是在葡萄收获时节演出的，语法学家就以此为借口，说这句词出自 τρυγημα(葡萄酒)，仿佛它就是阿里斯托芬《阿卡奈人》中确实使用过的 τρυγωδια(悲剧)这个字。我们不知道谁是悲剧的发明人，但是我们知道忒斯庇斯曾改良悲剧。他是第一个用货车巡回演出悲剧，用渣滓涂在嘴上作为假面具的人。因为 τρυζ 意为渣滓，正如 τρυγημα 意即葡萄酒，所以有人认为悲剧这名词是因使用渣滓而起的，然而这是错误的，因为悲剧这个名词在忒斯庇斯以前早已有之。”①我们知道，亚里士多德的《诗学》重见天日之后，一度成为文艺复兴时期专家们考证和研究的热点。亚里士多德《诗学》的主体部分就是论述悲剧和史诗，因此，当时的学者，在研究亚里士多德的悲剧定义时，必然要对悲剧的起源及其名称的由来作一番考究。斯卡里格从词源学的角度来分析和论述悲剧的起源及其名称的由来，从正面肯定了“悲剧”一词来源于古希腊的“公羊”一词，即 τραγos，从而对那种认为悲剧一词是使用渣滓的缘故的说法予以了否定。这是应该称道的。

(二) 悲剧风格的基本要求

斯卡里格在将悲剧和喜剧作了比较研究之后，他认为，这两者既有区别又有联系。所谓联系，两者作为模仿性艺术，它们的模仿对象都是现实生活。但是，两者的区别也在于

---

① 缪灵珠.缪灵珠美学译文集：第1卷[M].北京：中国人民大学出版社，1986：366.

剧中人物的差别以及由此而生的行为性质和行为结果的差异。这种差异导致了悲、喜剧风格上的差异。就拿悲剧和喜剧的取材和语言来说，“喜剧从乡村的或城市的下层生活中采取人物。一出喜剧的开场描写事情的混乱状态，演至结局，这混乱状态便得到巧妙的澄清。喜剧的语言是日常生活的语言。反之，悲剧选用帝王将相的角色，他们的事迹是城市、要塞和军营中的事情。一出悲剧开场是比喜剧平静无事的，但是结局就令人惊心动魄了。悲剧的语言是庄严的、洗练的，离口语较远。一切事都带有一种不安的外观，劫运难逃之感笼罩着一切，剧情中有流浪和死亡的事情”。[①] 这里，斯卡里格强调了四点：第一，悲剧的人物取材范围必须着眼于帝王将相这样一类名声显赫的身居高位者。这一点与喜剧专门描写乡村或城市中的下层人相对。第二，悲剧事件的取材范围，要在城市、要塞和军营中寻找，因为在那里定有高位者，比如，城里有帝王，军营中有将军。第三，语言必须凝练、庄重、高雅、脱俗，尤其切忌口语化。这样，才能体现出严肃剧的基本特征。第四，悲剧要具备厄运笼罩(或大难临头)的恐怖感，这种恐怖气氛，可以通过剧中人物的流浪乃至不幸的死亡来表现。当然，上述四点中，最核心最关键的是要达到主人公的大难临头，即表现出一种主人公命运的“不幸”。这一点，斯卡里格和亚里士多德的悲剧结局观点基本上是一致的。这也是他的悲剧理论所强调的主旨。对此，他说了这样一句话：“据传说，马其顿王阿刻芬斯是欧里庇得斯的挚友和恩主，曾要求诗人把他写成一出悲剧的英雄，但是欧里庇得斯答道：我确实做不到呀，您的生平没有足够的不幸。”这句话充分反映了斯卡里格的悲剧观，即王公贵族这等阶层固然是悲剧题材选择的基本目标，但也不是所有的王公贵族都可以成为悲剧题材，因为，这个阶层中的人物，就其品格来说，也是各有不同，更何况他们的结局也是差别很大。有的人一生安然无恙，荣华富贵；有的人一生动荡坎坷，结局不幸，后者才有可能成为悲剧的题材(当然还应包括主人公的自身条件，如好人犯过失、品格崇高等)。

(三) 对亚里士多德悲剧定义的挑战

其实，尽管斯卡里格想在理论上超越前人的愿望未能实现，他的理论观点也为后世学者所议论，但是，有一点可以肯定，他敢于用怀疑和批判的目光看待以前的理论成就，这一点本身就值得我们赞许。正因为此，他对亚里士多德的经典性的悲剧定义提出了自己的看法，从而使他的理论跃上了一个新的高度。

亚里士多德的悲剧定义是：悲剧是对于一个严肃、完整、有一定长度的行动的模仿，它的媒介是语言，具有各种悦耳之音，分别在剧的各部分使用；模仿方式是借人物的动作来表达，而不是采用叙述法；借引起怜悯与恐惧来使这种情感得到陶冶(净化)。对于这样一个西方美学史上的经典性定义，斯卡里格提出了异议，他说：“我并不是要抨击这个定义，而只是想添加我自己的一点意见：悲剧是对知名人物的不幸遭遇的模仿，它使用表演形式，描写悲惨的结局，而且用动人的韵语来表现。虽然亚里士多德还加上音乐和歌曲两

① 缪灵珠.缪灵珠美学译文集：第1卷[M].北京：中国人民大学出版社，1986：365.

个成分，但是，正如哲学家们所说的，这两者并非悲剧的本质，悲剧的唯一本质的成分是表演。'有一定长度'这句话是用来区别悲剧和史诗的，史诗有时是冗长的，但是史诗也并非往往如此，例如缪齐俄斯的作品。再则，'净化'一词，未免取义太窄，因为并非每一个主题都能产生此种效果。"[①]重读亚里士多德的悲剧定义，再细细品味斯卡里格的这段挑战性文字，我们可以看到，他对亚里士多德的悲剧定义是持批判态度的。他强调表演要素的至尊地位，并指出所谓的"有一定长度"这种说法其实并没有说到点子上，因为"一定长度"也不是为悲剧艺术所独有。再则，"有一定长度"也并不能用来作为区别悲剧和史诗的唯一标志，更何况史诗尽管一般说来比较冗长，"但是史诗也并非往往如此"。至于"净化"，斯卡里格认为，这个词取义狭窄，因为不是所有的悲剧都能产生此种效果。此外，他还对悲剧的时间、地点限制等问题作了深入的研究，并且提出了自己的看法。他十分重视悲剧的道德教育作用，认为亚里士多德所推崇的悲剧的情节、事件应为道德教育这一目的服务，并且提出了"事件是一种教导手段，道德品质是我们受到教导后要实际运用的。所以事件只能是叙述中的一种例证或工具，叙述的目的仍是道德品质"。这些论点对其后悲剧作家的创作颇有影响。斯卡里格作为意大利文艺复兴后期的学者，他敢于向亚里士多德的悲剧学说提出质疑和抨击，敢于提出自己的理论说明，并且确有一定的独到之处，这不能不说是对古希腊悲剧学说研究的一种深化，他的悲剧学说的主要价值也正在于此。

三、明 屠 尔 诺

明屠尔诺（Antonio Sebastian Minturno，1500 年—1574 年），意大利文艺复兴时期的文艺理论家，原名安东尼奥·塞巴斯蒂亚诺，曾在大学教授过古典文学，担任过乌真托和克罗托内地主教。他还常用俗语和拉丁语写作诗歌散文。在当时文艺界围绕着阿里奥斯托的传奇叙事长诗《疯狂的罗兰》背离史学的写作传统而进行的论战（通称古今之争）中，他持保守的立场，其观点与革新派钦提奥等人相对立，他拥护古典理论，反对新型诗，强调诗人必须遵循亚里士多德等制定的规则，模仿古典诗人，贬抑《疯狂的罗兰》，认为这种传奇体文学作品违背了亚里士多德制订的情节一致律的古典规则，它描写的事件虚假、不完善，脱离了真实的原则。明屠尔诺的主要理论著作有《论诗人》（1559 年，用拉丁文写成）和《诗的艺术》（1564 年，用塔斯康语写成），他在《诗的艺术》一书中指出，"诗的艺术"有助于对亚里士多德和贺拉斯的诗论以及荷马、维吉尔、但丁等作品的理解，文艺是对人的各种行为、情感和风尚的模仿，自然界常常是粗糙的、原始的，需要借助修饰手段予以删削和美化。明屠尔诺文艺思想的主要内容是阐述文艺的理性和规律性，强调文艺标准的普遍性和永恒性，以及古典文学的优越性和模仿古典的必要性。他的许多观点都是新古典主义的基本信条，对 17 世纪法国古典主义文艺理论产生了重大的影响。

明屠尔诺的悲剧理论，也是从尊崇古典权威的前提出发提出来的。他说，包括"戏剧

---

① 缪灵珠.缪灵珠美学译文集：第 1 卷[M].北京：中国人民大学出版社，1986：366.

体诗”在内的艺术，本质和规律稳定不变，古今皆然，因此，当人们在研究中对已经揭示了这些本质和规律的亚里士多德和贺拉斯的权威著作，我们应持一种谨慎和尊崇的态度，“尽管这门艺术在这个时候，那门艺术在另一个时候经历到变化，它的内在本质总是不变的，变的只是某种偶然的性质或是模仿方式和雕饰”。① “在我看来，那些设法在这些幻梦中找出一种新型艺术的人，就好像要在非洲沙漠里找绿树青草。毫无疑问，这不是别的，只是在生性仇视理性的人们当中找法律，在浮华中找真理，在错误中找正确的东西。尽管这批人为着要显示自己才力和学问都很强，也努力向世界介绍一种新的诗艺，但是，他们并不因此就有那么大的权威，使我们竟去相信他们而不相信亚里士多德和贺拉斯。”②这是明屠尔诺崇拜古典权威、排斥革新派思想的心理道白。他用一种形而上学的静止的观点去看待古典理论权威的思想观点，一味肯定古典权威对艺术本质特性揭示的深刻性和永恒不变性，而对革新者持一种嘲讽和蔑视的态度，把他们说成是旨在“显示自己的才力和学问”，试图“向世界介绍一种新的艺术”。应该承认，明屠尔诺在传播亚里士多德和贺拉斯等古典权威的思想理论方面是有其历史功劳的，但他在积极传播优秀古典思想的同时，也充当了意大利文艺复兴阵营里的保守派。这一点，显然是不足取的。他的悲剧理论，同样也浸透着上述这种保守性。不过，公平地说，也正是由于这种保守性构成了明屠尔诺的悲剧理论的特色，从而为 17 世纪古典主义悲剧理论的创立奠定了基础。此外，在文艺复兴时期的悲剧学说之争中，明屠尔诺和具有进步倾向的钦提奥曾展开过激烈的辩论，这对活跃当时的学术空气、开展研究、促进悲剧学说的发展是有积极意义的。

（一）悲剧诗人的天然使命

和任何其他艺术家一样，悲剧诗人也有他自己的天然使命。不过，这种使命在不同的悲剧理论家看来具有不同的内容。明屠尔诺在谈到悲剧诗人的使命时写道：“诗人的任务不是别的，就是用诗来讲话，以便教导、娱乐、感动别人，所以他能洗净观众心中的激情。”③明屠尔诺在这里所强调的是诗人的任务（即悲剧的目的）。悲剧诗人应该成为常人生活的导师和净化常人心灵的医生。这不仅是悲剧诗人的使命，也是悲剧的目的。亚里士多德强调悲剧的目的在于通过激起怜悯和恐惧，使人的灵魂得到净化。明屠尔诺在这里充分体现了他对亚里士多德这位伟大的古代悲剧理论权威的虔敬和尊崇。不过，他似乎把悲剧诗人的使命和悲剧的目的阐述得比亚里士多德更为具体。从我们以上所引的那段原话看到，明屠尔诺简练地点出了悲剧诗人通过诗来达到使人从中领受到教益、感受到愉悦、从而产生激动这样一种效果，而这种效果正是观众灵魂得以净化的必要前提。悲剧诗人的具体工作方式都应从这种效果出发。因为，从某种意义上讲，悲剧诗人和那种用以毒攻毒的方式去给病人治病的医生一样，他也是医治观众心灵疾患的医生，而这种医治对象的具体情况则更为复杂，因为他们直接与人生的“命运”有关，而人生的命运是一个含意

---

①② 余秋雨.戏剧理论史稿[M].上海：上海文艺出版社，1983：155.

③ 明屠尔诺.论悲剧[M]//缪灵珠.缪灵珠美学译文集：第 1 卷.北京：中国人民大学出版社，1986：390.

十分深广的复杂概念。就拿在悲剧舞台上出现的那些王公贵族来说，尽管他们崇高、伟大，声名显赫，但也难免陷入厄运（由顺境转入逆境），因而，人们往往会从中体悟到："人在富贵荣华中不要信赖浮世幸福，世间就没有一个人长生而不老，永健而不衰，也没有一个人永乐而不苦，长贵而不贱。在别人身上看到命运的重大转变，我们就应该知道谨慎处世，以免意外的灾难落到我们身上，万一大难临头（因为人生多故，灾难苦人），我们也知道以忍耐的精神逆来顺受。"①

然而，悲剧的最终目的不是要给人们带去心灵上的不快，给人们的生活平添烦恼。相反，它是要给人以教益和快乐，使人从一种不幸的（或不快的）心灵感受中解脱出来（或净化出来），"悲剧诗人，除了用诗章的快感和语言的藻饰以外，还用歌、用舞、用景象使我们感到莫大的快慰。他决不会拿不快的事情给我们看，他也决不会以不快的情绪来感动我们；反之，他凭借语言的力量和思想的深度唤起我们的激情，惹起我们的惊叹，既以恐怖充满我们的心，又感动我们的心去怜悯"。②

一出悲剧要达到人们心灵上的骇异，要使他的心灵既充满恐惧，又产生同情，光靠上述的处理手段还是不够的。除此之外，更关键、更起决定性作用的就是对悲剧题材（及其悲剧主人公）的选择和塑造，因为这个环节直接关系到该剧的情节能否动人和能否令人可怖可悲这样一种效果。希腊古典悲剧所选用的那些题材，如希波吕托斯的惨死、俄狄浦斯王的自刺双眼和不幸放逐，都是为悲剧本性之所求的绝好题材。因为，只有此类可怕的、悲惨的和意外的遭遇，才有可能激起观众的怜悯和恐惧，由此产生快感，从而使人的激情得以净化。正是在这个意义上，明屠尔诺把悲剧诗人与看病的医生作了这样的类比：医生能用毒药排除折磨肉体的病毒，他的本领并不胜过悲剧诗人，因为诗人凭借诗中巧妙地表现激情之力量能洗净观众心中的莫大烦乱。由此推而广之，如果音乐凭借献祭时的歌能净化人的心灵，诗人岂能不凭借诗的谐调收到同样的效果呢？总而言之，净化人的心灵，这无疑是悲剧诗人的最高目的和天然使命。明屠尔诺在这个问题上所持的观点和亚里士多德几乎是一脉相承的，所不同的是，他在类似于复述亚里士多德悲剧定义的基础上加上贺拉斯关于"给人以教益和乐趣"的内容，此外，他在解释亚里士多德定义中悲剧的"净化"作用这一问题时，用医学上的"以毒攻毒"来比拟，这一论点引起了后世研究者的关注和重视。其历史影响也是不可低估的。

（二）悲剧的内容和人物角色的选择

明屠尔诺对悲剧的内容作了这样的说明：悲剧内容"应该是壮丽而又严肃的，它描写伟大有名的人物和显著稀奇的事迹，因为它告诉我们古代英雄豪杰的际遇，叙述他们的所作所受，但也不是一切际遇，而仅仅是那些结局可怕而且悲惨的事情。但是，你会觉得，这种非凡人物有些是善的，有些是恶的，有些是半恶半善的，既不是在道德上超群出众，又不是罪大恶极，以致他们因命运打击而遭受的不幸，都应该完全归咎于他们自己。因此，在

①② 缪灵珠.缪灵珠美学译文集：第1卷[M].北京：中国人民大学出版社，1986：391.

悲剧中描写至善的人或极恶的人陷入任何的患难，都是不合理的，使观众眼见大德至善的人，受残酷可怕的命运打击而至身败名裂，不但是不恰当的，而且会被视为卑劣可耻的做法”。[①] 悲剧的内容和人物角色，都应有严格的选择。这是悲剧性质之使然。从亚里士多德开始，这个信条两千多年来至今未变。明屠尔诺在其《诗艺》中对亚里士多德的有关论点作了更详细明确的阐述。第一，悲剧内容必须严肃、壮丽；第二，悲剧人物的类型必须是英雄豪杰。考虑到悲剧的目的是激起怜悯和恐惧，引起惊奇（快感），以致实现对人的心灵净化，故必须选择合适的英雄豪杰和“显著稀奇的事迹”。选择至善的和至恶的人都不行，因为前者遭难会引起人们的反感，后者遭难往往又激不起恐惧和怜悯。所以，明屠尔诺主张悲剧诗人要在那些荣华富贵的人中，挑选那些既非大德至善，亦非一无可取的人物来描写。其实，这种人是善多于恶，他所以不幸，与其说是由于有意为非作歹，倒不如说是由于人性所难免的错误，例如俄狄浦斯、忒耶斯提斯、克瑞翁等，都是符合上述选择原则的最佳悲剧人选。

在按照上述那种特定的选择原则选定悲剧主人公后，对这种主人公命运的描写同样也必须遵循亚里士多德的规则，不能由逆境转入顺境，而必须由顺境转入逆境，用明屠尔诺的话来说就是“不应使一个悲惨愁苦的人转为快乐幸福”，因为，一切时来运转（指由逆境向顺境转变）的情节无法使观众惊骇，因此，便谈不上所谓的动人和怜悯。令人惊骇的事件起码必须具备下述四个条件：第一，惊骇事件的承受者，他必须是英雄豪杰；第二，这个英雄豪杰既不是至善，亦非至恶，而是有过失；第三，这个既非至善亦非至恶，而是有过失的英雄豪杰必须遭难；第四，他的这种遭难必须出于意外（或事与愿违）。上述四个条件之间的关系是紧密相连的，其重要性应该说都是等同的。因此，只有同时具备上述四个条件，才有可能激起怜悯和恐惧，缺一不可。不过，从明屠尔诺所列的上述四个条件中，我们看到，他对“意外”这个条件似乎给予更多的关注。他说：“凡是动人怜悯或令人恐惧的意外遭遇，我们总认为是惊心动魄的，尤其是如果这些灾难之发生好像同我们的希望和信念背道而驰，因为命运所使然的不幸，虽然它们本身似乎是不值得我们惊讶，但是当我们想到这是由于天意或阴谋的后果之时，便会引起我们的感叹。”[②]

（三）悲剧题材的选择范围

在悲剧创作中，悲剧诗人首先要做的工作就是如何从人类生活的素材中选择能用以表现悲剧主题的题材。在选定这种题材之前，悲剧诗人自身就必须要有相当的悲剧生活经验的积累（无论是直接的或间接的）。一般说来，像在悲剧这样的叙事性作品中，悲剧作家是以对悲剧人物形象的塑造作为其创作的中心任务。悲剧诗人要描写人物，就必然要把他所要描写的人物放在具体的环境（包括时代形势、社会环境、自然景物以至人物活动的具体场所等）中来表现，而一定的悲剧人物在一定环境中的行动（矛盾、冲突）构成了一系列的悲剧事件。这些悲剧事件就是构成悲剧作品的情节因素。因此，在悲剧创作中，题

---

① 缪灵珠.缪灵珠美学译文集：第1卷[M].北京：中国人民大学出版社，1986：393.
② 缪灵珠.缪灵珠美学译文集：第1卷[M].北京：中国人民大学出版社，1986：394.

材的选择是至关重要的。

自从亚里士多德以来，悲剧理论家们对悲剧的题材选择就已经作出了严格的规定，亚里士多德就明确强调，最好的悲剧应模拟足以激发恐惧与怜悯的行为，它不宜写好人由顺境转入逆境，因为这样做不足以激发人们的恐惧与怜悯，反而会引起人们的反感；它也不宜写恶人由逆境转入顺境，因为这样做从根本上违背了悲剧的基本精神；也不能写穷凶极恶的人由顺境转入逆境，因为如果描写这种题材，虽然能使观众的正义感得到满足，但它激发不起既不以美德或正义著称，而又不是德邪行败的人，他的不幸是由于其"过失"，这种人名高望重，声势显赫。如俄狄浦斯王、提厄斯忒斯等或类似名门望族的人，才可以有资格被选为悲剧的题材。明屠尔诺在这一点上也是亦步亦趋地跟在古典权威后面，对悲剧的题材选择作了这样的规定：那些惊心动魄或者令人怜惜而使观众感慨系之的事情，尤其是悲剧诗人的题材。在提出了上述这样的基本原则之后，他又唯恐人们在理解上发生偏差，故接着就更明确地做出了一个具体的界说："凡是遭受离奇灾难的人，不论是善是恶，只要这灾难是惊心动魄的，或是引起怜悯的，都属于悲剧的范围之内。至于亚里士多德说最好的悲剧是甚少的，这不是为了别的原因，只是因为甚少人遭受或做出严重而可怕的事情。显而易见，在这样的情况下，我们必须考虑受难者是谁和作难者是谁。关于作难者，毫无疑问，这个规则是正确的：就是说，作难者应该是死者、伤者或类似的受难者之朋友或亲人。至于受其害的人，即使他是敌人而且理应受苦，他的情况也不因此就完全不值得怜悯。"①

这里，明屠尔诺在对悲剧题材的选择范围作了比亚里士多德更具体更明确界说的基础上，对受难者与作难者之间的关系也做了进一步的扼要阐述。同时在肯定了悲剧题材选择范围的同时，也明确强调指出有两种典型的现象（或情形）不宜作为悲剧的题材。第一，受敌之伤（害）的人，尽管这种人遭受到不幸，但决然激不起人们的可怕可怜之心，因为仇敌之间的互相残杀和伤害是一种符合情理的现象，对于这种残杀或伤害，人们不会感到惊奇和愕然。第二，善人遭难。因为从常人的正义感出发，品行完好的善人是不应遭难的。好人理应一生平安。这种人的遭难，只能激起观众心头的愤恨、厌恶，因此，根本激不起怜悯和恐惧。

四、钦 提 奥

钦提奥（Giraldi Cinthio，1504 年—1573 年），意大利文艺复兴时期的作家、诗人和文艺批评家。

15 世纪中叶以后，对亚里士多德的《诗学》和贺拉斯的《诗艺》进行研究和解释成了学界的一种风气，围绕着如何看待古典规则问题，形成了保守和革新的古今两派之争。保守派把亚里士多德和贺拉斯的诗学理论看成是一种牢不可破的法则，认为它们是为任何时

---

① 缪灵珠.缪灵珠美学译文集：第 1 卷[M].北京：中国人民大学出版社，1986：394 - 395.

代都适用的永恒真理。而革新派则强调理性与经验，反对对古典理论法则的盲目崇拜，主张文艺应该根据时代、民族和风俗习惯的不同而变化。

在这场古今之争中，钦提奥站在革新派的一边。他的文艺批评表现出尊重现实、要求创新、不盲目迷信古代权威的进步性。例如他认为，亚里士多德所规定的关于诗的一些规则（动作的整一性等）不适用于传奇体叙事诗，应该允许诗人在创作中打破陈规，有所创新，不应盲从古典权威，更不能让古人的理论束缚住手脚。当阿里奥斯托的长篇传奇叙事诗《疯狂的罗兰》因突破了情节一致律（或曰动作整一性）的传统而受到保守派的代表明屠尔诺的攻击时，他曾针对明屠尔诺批评《疯狂的罗兰》没有遵从古训的论点，撰写了《论传奇体叙事诗的写作》一文，极力为阿里奥斯托辩护，认为阿里奥斯托做得对，追求创新、反对保守应该成为当代文学的首要任务。

他还针对当时保守派指责新型诗是"反历史主义"的言论，指出诗的真实性不同于历史的真实性，历史学家"只写真正发生过的事迹，并且按照它们真已发生的样子去写，诗人写事件，并不是按照他们实有的样子，而是按照它们应当有的样子去写"。这样，诗人和历史学家所起的作用也就不同，由于"历史不能违背史实，对人的善行和恶行都一律要写，故历史学家对人有益处也有害处"。"诗人却不然，他借虚构来模仿辉煌的事迹，不是按照他们实有的样子，而是按照它们应当有的样子，可以适当地使罪恶的事物总是要引起可怕的苦痛的后果……这样，就使我们的类似的情绪得到净化，激发我们去行善"，使我们"既感到愉快，又得到教益"，所以"诗人在给人教益的本领上远比历史学家优越"。

钦提奥不仅在诗学理论上是这样说的，而且在实践上也是这样做的，他在其诗作《赫丘利》（1557年）中，试图将亚里士多德的原则同天主教道德观协调一致。此外，他还创作了多部悲剧，其中包括《奥尔贝凯》（1541年）、《狄多》（1542年）、《阿尔蒂莱》与《克里奥帕特拉》（1543年）、《日神塞勒涅》《尤菲米娅》《阿伦诺皮亚》《埃皮蒂亚》和《安蒂瓦洛梅尼》（1549年）。在上述这些悲剧中，钦提奥一面奉行亚里士多德的原则，同时又注入了新鲜的戏剧成分。值得一提的是，莎士比亚的《奥赛罗》就是从钦提奥的威尼斯的摩尔人故事衍生而来的。钦提奥在悲剧理论方面同样表现出不迷信古典权威，尊重现实和对新的悲剧创作原则的不懈追求，他的悲剧理论代表了当时进步的戏剧创作主张。

（一）悲剧中的情节

1. 悲剧的情节来源和虚构原则

情节，一般是指叙述性的文艺作品中所描写的人物之间的相互关系以及由此而衍生的一系列生活事件。简单地说，就是指人物关系的总和。在亚里士多德的悲剧学说中，情节是对行动的模仿（即对事件的安排），它是构成悲剧的最重要的因素。各种叙述性的文艺作品，都有其自身的情节来源。因此，作为悲剧，它也有为其自身的剧种性质所规定的情节来源。

钦提奥从他的"尊重现实，力图创新"的原则出发，对悲剧的情节来源作出了如下论证：首先一个问题是，在喜剧中，它的情节来源可以虚构，剧中尽可以描写一些荒诞离奇的东西，以致达到对丑陋、虚假、陈旧等事物的嘲笑和讽刺，从而引人发笑，给人以善恶美丑的价值判断。那么，悲剧描写帝王将相和宫廷贵族中的显赫人物，它的情节能否虚构？钦提奥认为，可以。他说，虽然喜剧与悲剧都要有情节，但是有人认为，悲剧的情节应该取材于历史，而喜剧的情节应该由诗人杜撰。这样的差别似乎是有理由的——喜剧处理市民日常生活中发生的事情，而悲剧则处理名人和帝王的事迹，因为喜剧描写平民，悲剧则描写帝王将相。因此，既然伟大人物是举世瞻仰的人物，他们所做的稀奇事迹一旦完成，就不可能不声闻于世，否则，这就不符合生活的真实了。所以，既然悲剧描写立德之功的人物，从而叙述光辉的事迹，这些事迹搬上舞台之前，定然早已家喻户晓。但是，平民的行为却可以完全虚构，因为这类事情多半是声闻不出于户，而且很快就被人忘记了。所以，诗人如果要上演一出新的喜剧，他就大有用武之余地，可以从心所欲来杜撰。然而，虽然这个推论看来似乎颇有道理，但是我认为，悲剧的情节，正如喜剧的情节那样，也可以由诗人杜撰。

钦提奥的上述这个论点的提出是出于何种考虑的呢？我们只要细细分析他在《论喜剧与悲剧的创作》中的一段原文就可以找到答案。首先，钦提奥认为，从悲剧创作的历史状况看，以前悲剧创作中的虚构现象也是不乏其例，更何况古希腊的亚里士多德对此也没有严格的规定。他说："亚里士多德不论在什么问题上都是颇有见识的，他就曾在《诗学》中不止一次承认这点，后来，在拉丁作家中，科努图斯[1]虽然说过喜剧虚构情节，悲剧则通常取材于历史，但是，也表明悲剧不一定须时时取材于历史的。"在这里，钦提奥从历史（包括希腊古典）的悲剧创作理论中找根据，尽管以往的悲剧在情节的来源方面一般都是取材于（真空的）历史（如亚里士多德《诗学》第十四章中："悲剧都取材于为数不多的家族的故事"），但这也不是一个一成不变的法则，必要时，它可以突破上述这种规则而有所创新。总之，只要有利于悲剧的总体效果，即只要能强化悲剧的感染力（打动人们的哀情），只要这种情节合乎常情，而且离可能发生和时常发生的事情不远（这里指很相近的意思），那么，创作中的这种虚构何尝不可。这就说明两点：第一，悲剧创作在必要时，可以像喜剧创作一样，采用虚构；第二，虚构必须有前提，即必须有利于打动人心，情节必须合乎常情。换言之，虚构不能离谱（指日常生活中的真实）太远，要有可信度。如果虚构的情节荒诞不经，无法使人置信，就反而会影响剧作的效果。另外，虚构的情节往往比真实的历史情节更能吸引观众，引人入胜。因为，历史上的真实情节本身对于熟悉历史的观众来说不会觉得有什么新奇，而虚构的情节也许因为是初次印于观众的心中，故能引起他们的更大关注，从而"更能够感动人心去采纳美德的教训"。作为观众，他也清楚地知道："要了解舞台上的剧情，唯有靠演出的事迹，舍此别无他法。所以，一旦他看明白了一些情节，而且觉得它大抵写得不坏，他就会留心谛听，力求不遗只字了。"①这是钦提奥对观众在观赏舞台上的戏剧情节时的一种"接受心理"的考察结果，从这一考察结果中认定悲剧中的虚构情节，也能产生"动人哀思的感染力"。不仅如此，他还直接拿他自己创作的悲剧《奥尔贝凯》为例来强调说明这一点。他说："就拿我的《奥尔贝凯》（情节是虚构的）来说，它每次演出时，

---

① 钦提奥.论喜剧与悲剧的创作[M]//缪灵珠.缪灵珠美学译文集：第1卷.北京：中国人民大学出版社，1986：412.

不但新的观众（朱理奥先生，容许我说真话，我并非自吹自擂，而是想以最近的例子来证实我现在所说的罢了），甚至每次上演都临场的人们，皆不能忍住叹息和呜咽。"①无疑，钦提奥把他的剧作演出的成功看成是虚构情节在悲剧演出中的成功。对此，他十分自信地说："经验证明，虚构的情节能够有此种感染力。"故在他所创作的一些悲剧中，其情节来源都是不乏虚构的。

2. 对悲剧中双线情节的倾向性意见

悲剧中出现双线情节的作品一般来说并不多见（在古希腊悲剧中则更是稀少）。这种类型的悲剧并不普遍为人们所推崇，亚里士多德也并不喜欢此类悲剧，但钦提奥对这种"双线情节"颇感兴趣，而且大有想在悲剧中跃跃欲试的劲头。他说："尽管亚里士多德不大赞成双线的悲剧，但是就喜剧而论，双线的结构是颇值得赞扬的，它使泰伦提乌斯[2]的戏剧获得惊人的成功。"那么，何谓"双线情节"？它在戏剧中的功用究竟是什么？对此，钦提奥作了这样的解释："我所谓的双线情节，是指剧情中生活地位相同而品质各异的人物，例如，两个性格不同的恋人，两个性格各异的老翁，两个品德相反的仆人，诸如此类。在《安德罗斯妇人》（公元前 166 年）以及这位诗人[3]的其他剧本的情节中可以看到。显然，这些地位相同而习性不同的人物能够使情节的症结和解决十分动人。"②在这里，钦提奥把双线情节的具体内容和它在剧中的功用说得一清二楚。当然，上面只是指双线情节在古罗马（尤其在泰伦提乌斯）作品中的成功。

钦提奥认为，这种双线情节不仅仅限于在喜剧创作中，同样，也可以运用于悲剧创作，而且，相信也会获得成功。对此，钦提奥寄予了很大的希望，他说："我相信，如果一位妙手的诗人在悲剧中巧妙地仿效此种方法，而且把症结布置得在解决时不会引起纷乱的话，那么，悲剧的双线结构之可喜就并不下于喜剧的了（要常常记住，应该给亚里士多德以应有的尊重）。假如有人赞成此种方法，但所持的见解与亚里士多德的不相同，我想，也不应该责备他们，尤其是如果悲剧有快乐的收场。"③这说明钦提奥对古典的悲剧理论持很大的保留。他对亚里士多德及其古典悲剧理论始终怀着虔诚的敬意，但也绝不盲从，而是始终坚持用一种现实的理性的目光来加以审视。合者则用之，不合者则弃之，即便对亚里士多德的学说也是如此。这是意大利文艺复兴时期革新派学者对古典理论所持的基本态度和理论研究的风格特征。

3. 对"死亡"情节的两种处理方式

悲剧，它所描绘的主人公，其结局一般都是不幸的，而这种不幸的结局往往是以死亡（即肉体上的毁灭）为其标志。如欧里庇得斯悲剧《赫克里斯》中俄瑞斯忒斯的被杀和索福克勒斯悲剧《厄勒克特拉》中埃革斯托斯的被杀等。然而，对剧中的这种"死亡"情节如何安排，往往是悲剧创作中的一大课题。从所有悲剧的实际情况来看，对"死亡"的处理基本上是采取两种方式：一种是在舞台上直接展示"死亡"的情形；一种则是放在暗场进行。

① 钦提奥.论喜剧与悲剧的创作[M]//缪灵珠.缪灵珠美学译文集：第 1 卷.北京：中国人民大学出版社，1986：412.

②③ 缪灵珠.缪灵珠美学译文集：第 1 卷[M].北京：中国人民大学出版社，1986：413.

这种暗场的情形往往是或者使观众听到死者在后台痛苦不迭地呻吟(如受刑、病魔缠身或招致严重伤残等的呻吟),或者让报信人口述其死亡(这种用报信人转达死亡的方式不但可以适用于那种以快乐收场的悲剧,也可以适用于以悲惨收场的悲剧,这主要视剧情的具体情况来定),等等。从上述两种对“死亡”情节的处理方式看,两者可以在不同的悲剧情节中酌情选用。古罗马诗人和文艺批评家贺拉斯十分推崇对“死亡”的暗场处理法。这可能是因为他考虑到尽量在舞台上避免那种过分悲惨的情节出现。贺拉斯不主张在悲剧舞台上出现“残酷的行动”,也不主张悲剧主人公的死是由于“残酷的行动”所致。这一点,钦提奥看得很清楚,因此,他说:“悲剧中的‘死亡’应该没有残酷的行动,最好的剧本必不让那些受苦受难而引起恐怖与怜悯的人物作出残酷的举动。……这就是贺拉斯想指出的,他教导我们不要让美狄亚在舞台上杀子”。[①] 钦提奥在上述这段话中,点出了贺拉斯对悲剧创作的要求和衡量悲剧作品的标准,即一部好的悲剧作品,应力求避免“悲惨的”死亡场面。而像辛尼加悲剧《美狄亚》中女主人公在舞台上杀子的情节应看做是悲剧创作的大忌。

从对“死亡”情节的处理问题的研究上,钦提奥基本看到了亚里士多德和贺拉斯在这一点上是有共识的,但问题是,为什么会出现《美狄亚》这类在舞台上杀子,即在舞台上展示“死亡”情节和直接暴露人物的凶残行动,而且这种行动不是出于一种认识上的过错或受制于某种外来的因素,而是一种故意之举?难道这位悲剧诗人不知道亚里士多德和贺拉斯这两位古典悲剧理论权威早已有明确的创作规则?对于欧里庇德斯和辛尼加在《美狄亚》问题上双双不听古典权威忠告的行为,钦提奥百思不得其解。最后,他也万般无奈地声称:愿意把这个难题留给更高明的批评家去解决。

上面,钦提奥只是分析了古典悲剧理论权威们对“死亡”情节的处理意见。其实,无论是贺拉斯还是亚里士多德,他们也不是一概排斥在舞台上出现“死亡”的场面。相反,对于那些“恰当死亡”(区别于那种由于残酷的行动而导致的悲惨死亡)的情节,是可以在舞台上出现的。因为,这样做的最大优点是,它能用一种强烈的生动形象的舞台画面诉诸观众的视听感官,从而感染观众,打动他们的心灵,由此激发起他们的怜悯和恐惧之情,达到悲剧的效果。因此,前面所说,在悲剧创作中“对死亡的两种处理方式究竟选择哪一种必须视具体情况,这个具体情况,就是看‘死亡’情节本身的性质,那就是这种死亡是由残酷的行动”导致的呢,还是一种不具备上述这种性质的“恰当的死亡”?前者的情节只有放在暗场(即用别人口头转述等),后者则可以出现在悲剧舞台上。对此,钦提奥作了这样的明确阐述:“贺拉斯的教训并不是说恰当的死亡场面不应公开演出,而是说惨杀的凶死应该避免。因为亚里士多德曾说过,由于亲人之间的错误(区别于残酷的行动——本书著者注)而招致的死亡、磨难、创伤,如果是当众表演,是很适合于悲剧的怜悯的……耳闻的事不如目睹的事那么能迅速地打动人心。所以,口述的情节不如目击的情节显得那么可怕可怜。所以,如果事情并非不可置信的(例如,普洛克涅化为鸟、卡德摩斯化为

① 缪灵珠.缪灵珠美学译文集:第1卷[M].北京:中国人民大学出版社,1986:416.

蛇)，或者并不在舞台上演出残酷的行动，例如，父母有意杀害其儿女(这不但是残酷，甚至不可置信)，可怕可怜的事情是可以在舞台上演出的，为的是使他们比仅是口述时更能感染观众的心理。”①

(二) 悲剧的各种收场和观众的心理期待

悲剧中的所谓收场也就是指结局而已，而这种结局往往是指主人公的命运之归宿。悲剧中主人公的命运归宿演得成功与否，直接关系到它能否满足观众的心理要求(或心理期待)。这无论是对于以悲惨为结局的悲剧或以快乐为结局的悲剧都是如此。对于一般人来说，对于以“悲惨”为结局的悲剧是比较好理解和接受的，而对于那种以“快乐”为结局的悲剧，就不是那么回事了。有些人往往把它理解为不是纯粹的悲剧，或是悲喜掺杂的悲喜剧。其实不然，它们在本质上还是有区别的。钦提奥指出：“悲剧有两种：一种结局悲惨，另一种结局快乐，但是后一种在剧情向结局发展的过程中，并不因此就放弃恐怖和可怜的场面，因为非此就不能成为好的悲剧。这一类型的悲剧，亚里士多德名之为混合悲剧，普劳图斯在《安斐特吕翁》的序幕中给我们指出了，他说该剧的人物富贵贫贱混杂在一起。这番话他取自亚里士多德的《诗学》，其中有一节论及这种悲剧。这种悲剧本质上更能取悦于观众，因为它有快乐的收场。”②

在亚里士多德的希腊古典时代，悲剧的结局就并非是千篇一律的了。亚里士多德正是看到了这一戏剧体裁的创作情形，因此，他在理论上作了探究。特别是在涉及什么样的情节结构为最理想时，亚里士多德的答案是：最好的悲剧不应该是简单的结构，而应该是采取复杂的结构，而且模仿足以激发恐惧和怜悯的行动，因为这是悲剧模仿的特点。这里，我们看到了亚里士多德相当重要的悲剧创作原则是：诗人在对事件(行动)的模仿中，何者应守，何者应戒，一切都以能够有利于激发怜悯与恐惧为标准(或曰出发点)。因为写好人由顺境转入逆境，不但不足以激起怜悯与恐惧，反而使人反感。写恶人由逆境转入顺境，既无悲剧可言，也违背悲剧主旨，更不能满足正义感的需要，激发怜悯和恐惧就更无从谈起。写十恶不赦的人由顺境转入逆境，虽然能满足人们的正义感，但也不足以激发怜悯与恐惧。元凶受难不会使人产生怜悯，也不会引起恐惧。唯有写那种他既不以美德或正义著称，也不是行邪恶的人，像俄狄浦斯、提厄斯忒斯或与此类似的出身名门望族中的人。这是悲剧模仿最合适的对象。希腊古典悲剧中大多数是这类人物。现在，钦提奥所提出的问题是：在悲剧中，如何用快乐的收场来更取悦于观众。这就要采用上面所说的“双线情节”。悲剧中的双线情节往往是以否运收场，例如《奥德赛》就是专写善恶之人各有相反的结局。这种以快乐收场的悲剧，其中有一个重要的环节，就是亚里士多德所说的“相认”(或者说“认出其人”)。剧中人物开始时互相为敌，例如，俄瑞斯忒斯和埃斯托斯，后来通过“相认”终成挚友，安然下场，谁也不杀谁。这

① 缪灵珠.缪灵珠美学译文集：第1卷[M].北京：中国人民大学出版社，1986：417.
② 缪灵珠.缪灵珠美学译文集：第1卷[M].北京：中国人民大学出版社，1986：414.

其实是为喜剧所固有的手法。亚里士多德也认识到了这一点。他也认为,这种“相认”以致和好绝不是悲剧所应有的,而它之所以在悲剧中得以应用,其原因无非是这种结构能给人以快感。钦提奥十分重视“双线结构”悲剧中所出现的“相认”环节,他说:“‘相认’,不如说‘认出其人’,尤其适合这种悲剧(指快乐结局的悲剧),我们为之忧惧并寄予同情的人们,因为相认而脱离危险和死亡。在亚里士多德教导我们的种种‘相认’中,有一种尤其可取,就是说,由于相认,命运好转,反祸为福……然而,这种可贵的相认与快乐收场的悲剧关系至为密切。所以,它也不太适合不幸的收场,在后者它产生与上述相反的效果,也就是说,反福为祸,化友为敌。”[①]这里,钦提奥明确提出“相认”并非在一切悲剧中都适用,而只适合于以快乐为结局的悲剧中。反之,在以悲惨为结局的悲剧中则不太适用。否则,其效果是绝对不佳的。由此可见,上述各以“悲惨”或“快乐”收场的两种不同类型的悲剧,它们各有其特点和优势。尤其是那种以快乐收场的悲剧不仅为亚里士多德所认为,也为钦提奥所喜欢和推崇。

钦提奥历来认为,无论是写快乐收场或“悲惨”收场,只要写得好,都会有利于悲剧效果的产生。比如像辛尼加那样的剧作家,专门致力于写以“悲惨”收场的悲剧,而从不写以快乐收场的悲剧。这样做,当然有他的优势,比如辛尼加的悲剧作品“在慎重、严肃、得体、壮丽的字句的技巧等方面,都超过所有的希腊作家”。不过,尽管如此,钦提奥对此只是仅仅停留在口头上的赞誉,而在实践上,他走的却是另一条路:专写以快乐收场的悲剧,比如,他的一些悲剧作品(如《阿尔蒂莱》《日神塞勒涅》《安蒂瓦洛梅尼》等)都是以快乐收场的悲剧。不过,钦提奥对此类以快乐收场、故不怎么恐怖的悲剧在创作上提出了明确的要求,那就是:它的情节安排必须合理巧妙,以致能使观众的心情悬宕在恐怖和怜悯之间,直到剧终。剧终则以快乐的收场使所有观众的心灵得到慰藉。这种使观众悬念的方法,诗人应该善于运用,务使结局常常隐于云雾中,但是剧情随着情节的展开,使观众感到被引向结局,但不能断定此剧如何结束,而且,在这种悲剧中,为了使观众能感受到更大的满足和更好的教育,作者对那些使得剧中一般好人受难的罪魁祸首作出这样的结局安排:让他们惨遭大祸乃至整个肉体上的毁灭(死亡)。像欧里庇德斯的悲剧《赫拉克勒斯的儿女》中的俄瑞斯忒斯和索福克勒斯的悲剧《厄勒克特拉》中的埃革斯托斯的死亡(被杀)那样。钦提奥不仅在悲剧的创作理论上这样主张,而且在他自己的悲剧创作中也将这种主张付诸实施,他说:“我也效法他们(指索福克勒斯和欧里庇德斯等古典悲剧大师)的榜样,在《阿尔蒂莱》中让阿斯塔诺死去,在《日神塞勒涅》中让格里波死去,他们正死在由于恶念自以为比谁都幸福之时。因为,当观众看到剧终时狡黠者终于受骗堕入罗网,不义者和邪恶者终于倾覆,这就大快人心了。”[②]

人们不禁要问:为什么钦提奥本人一方面对以“悲惨”收场的悲剧也持肯定和赞成态度,而另一方面在创作实践上却不付诸实施呢?这当然有其各种主客观原因,但最基本的

① 缪灵珠.缪灵珠美学译文集:第1卷[M].北京:中国人民大学出版社,1986:414-415.

② 缪灵珠.缪灵珠美学译文集:第1卷[M].北京:中国人民大学出版社,1986:416.

原因还是从当时的现实实际出发，即从当时意大利观众的喜好时尚和剧本演出的舞台效果出发。对此，钦提奥说："我虽曾写过一些以快乐收场的悲剧，例如《阿尔蒂莱》《日神塞勒涅》和《安蒂瓦洛梅尼》等，这不过是对观众的让步，为了使这几出戏在舞台上更动人，为了我可以和时代的风尚相合。因为，虽然亚里士多德说这是迎合观众的无知，而且有人维护过前一种方法，但是我仍然认为，戏是为观众的娱乐上演的，与其以更壮丽的戏使观众不快，不如以稍差一些的戏使观众满足（即使应该认为亚里士多德的意见更高明些），因为，创作一出虽然更可钦佩但在上演时令人生厌的戏剧，其用处就甚微了。因结局悲惨而显得恐怖的情节（如果它似乎引起观众的反感），可以用书斋剧；快乐收场的情节却适合于舞台。"[①]从这段精妙的回答中，我们看到钦提奥为什么如此宽容以快乐收场的悲剧，这与他的整个尊重现实，一切从现实需要的原则出发，在此基础上力求创新，不盲目迷信古典权威的革新思想是分不开的。在钦提奥看来，观众就是上帝，悲剧应该去迎合他们的喜好心理，而不是给他们送去"反感"（而在他看来，那些以悲惨为结局的悲剧，尽管舞台场面显得很壮丽，但往往令人产生不快）。正是在这种思想（即"现实"和"求实"的精神）指导下，钦提奥认为，只要观众喜欢，只要迎合时尚，只要适合于在舞台上演出（演得更动人），即便是质量稍差一些的戏也未尝不可。这是钦提奥对以"快乐"收场的悲剧的基本思想倾向，也是他悲剧理论的一个重要特色。

从以上我们关于悲剧收场的叙述中，人们可以看到，作为悲剧，它至少有两种收场。对于以悲惨结局的悲剧，人们不会有什么疑问，但对于以快乐收场的悲剧，戏剧理论史上对之也是有争论的。我们知道，自从亚里士多德以来，人们就将悲剧和喜剧看做是一切戏剧形式中两种最基本的形式，而且以这两种戏剧形式作为考察其他戏剧形式的尺度。然而，除了上面两种剧外，在古代希腊，还存在着一种萨堤洛斯剧[4]。这种剧与当时的悲剧和喜剧截然不同。此外，有的戏剧家似乎特别喜欢写一些不以死亡为结局的戏剧，或者把滑稽成分写进无滑稽成分便不可笑的剧作中。在古罗马，也有人可能仿效比较自由的模拟笑剧的传统，试写出喜剧，剧中人物都选自英雄传说和神话故事。因此，有一种戏剧，或者更准确地说，有一些类型的戏剧，是可以从优秀的古典戏剧典范中寻求其根源的。在这些类型的戏剧里，悲剧成分与喜剧成分通常总是以某种方式交织在一起，尤其是在文艺复兴时期，当英国兴起一种"新的剧院"[5]之风的时候，这种将悲剧和喜剧成分合在一起的现象迅速发展，从而产生了多种多样的艺术形式，如浪漫喜剧、鲍曼与福莱亚的悲喜剧和具有大量喜剧成分的调剂悲剧。到了更晚的年代，由于受到社会观点改变的影响，又产生了感伤喜剧。在这类喜剧中，剧作家把欢笑搁置一旁，却专门描写道德方面的思虑和引起同情的哀婉。以上所述，旨在扼要地阐明掺和进喜剧成分的悲剧（调剂悲剧）也是一种时代发展的产物，它的表现形态本身就可以作为一种时代特征。关于以上所述的悲喜剧和结局圆满的同源悲剧的问题，是较早时期就为戏剧理论家们所致力于探讨的课题。在文艺复兴时期，除了钦提奥本人外，意大利大多数文艺评论家也都主张悲剧性质的戏剧可以具有

① 缪灵珠.缪灵珠美学译文集：第1卷[M].北京：中国人民大学出版社，1986：415.

圆满的结局(即都可以掺进喜剧的成分)。我们前面所述的斯卡里格和后文将要谈到的卡斯特尔维特洛等在这个问题上也都是意见一致的。他们都表示允许这种带有调剂成分的戏剧的存在。法国早期的许多文艺批评家如拉·达依尔和伏克兰也都遵从钦提奥、斯卡里格和卡斯特尔维特洛等的理论主张。

(三) 人物、情节和观众的正义感

一出悲剧,它要表现的主要目标是剧中人物(尤指主人公)及其行动。作为剧作家,对之处理的成功与否直接关系到作品的成败。而对之衡量的标准当然是看它能否在观众的心灵中激起怜悯与恐惧。因此,反过来说,要使一部悲剧演得成功,就首先必须做到它能激起人们的怜悯和恐惧。而要达此目的,悲剧创作首先要选择好它所要表现的人物(及其行动)。对于这个问题,钦提奥做出了这样的回答:"善恶参半的人(处于善与恶的中间状态的),如果遭遇到可怕的灾难,便惹起我们莫大的怜悯。其原因在于:观众觉得,这个受难之人无论如何是值得受到一些惩罚的,但是不应受如此严重的惩罚。这种正义感,加以惩罚的严重(惩罚过重),便引起悲剧所不可缺少的恐惧与怜悯。"

在上述论点中,钦提奥其实点出了产生"怜悯与恐惧"的三个基本条件:第一,人物必须是不好不坏的"中间状态的人";第二,犯有过失而受惩罚过重;第三,观众自身带着(具有)正义感。只有具备上述这三个基本条件,恐惧与怜悯的产生就成为可能了。否则,所谓的悲剧就无从谈起了。综览古代希腊悲剧,无一不是如此。其中最典型的莫过于索福克勒斯笔下的俄狄浦斯。因为俄狄浦斯是一位思想德行均属高尚的上品人,而这样的人犯了错误,受到过重惩罚,最能有效地激发人们的怜悯与恐惧(这当然是要与观众的正义感心理结合)。剧情的高潮正是形成于主人公的行为走向了其愿望的反面:俄狄浦斯原初想根究一切要惩罚他父亲的人,同时心怀恐惧地生怕自己与母亲结婚,结果他万分焦急地要给这凶手以正当的处罚,而又千方百计力求避免娶母的错误,乃至情节达到结尾时,他才恍然大悟,原来自己就是那个不慎而铸成大错的人。所以,任何苦难临身,他都能默默地忍受,从而博得人们的最大同情。

剧作家之所以这样安排情节,一是为了激起怜悯与恐惧的效果,二是为了严守思想品行高尚之人思想行为逻辑的一致性。俄狄浦斯之所以在恍然大悟后能做到对任何苦难临身都能默默忍受,是因为他原先就有对他在不知道的情况下所犯的那种"罪错"深恶痛绝的道德思想基础。按其自身的品格逻辑,他对之肯定是不能自我原谅的,故做出了自刺双眼的骇人行动,而作为带着正义感看戏的观众,他们觉得:不知者不为过,俄狄浦斯的过错完全情有可原。但是,正是在对这种完全情有可原的过错以过分严酷的惩罚过程中,观众的恐惧与怜悯之情产生了,悲剧的目的也就因此达到,故钦提奥说:"由此可见,人犯了罪而不自知,当犯罪者招致其罪行的惩罚之时,能引起莫大的恐怖与莫大的怜悯。而这以神奇的力量洗净观众心中这类错误,因为观众会默然作出结论对自己说:如果悲剧的人物由于不由自主的错误,尚且受到如此严重的惩罚,设使我自甘犯这样的罪,我会得到什么报应呢?我们称道悲剧的光辉事迹,并非因为它们值得赞美,或者合乎道德,而是因为它们是最上流的人们的行为。"①

由此看来，悲剧创作中对人物（及其品格行为）的选择极其重要，因为人物及其行动与能否激起怜悯和恐惧关系极大（当然还要符合其他条件，如观众自身的正义感等）。钦提奥正是因为看到了这一点，故他特别强调悲剧创作要注意对事迹的选择。他说：在创作中，只有对事迹加以选择和剪裁，一出悲剧才能写得好，"在所表现的思想上，在所描写的人物的特征上，在他一般的合适及其他等等情况，都合乎诗人写作的时代要求。凡是思想和性情倾向于下品的人们，就不能作此种选择，因为他们偏爱卑鄙龌龊的事物，例如，希腊作家阿里斯托芬……"②钦提奥在这里已经无形中给悲剧（而且也给喜剧）的题材选择作了规定：上流人物应当成为悲剧创作的选择对象，因为这种人行为磊落、品格高尚，而下品的人物应当是喜剧创作的选择对象，因为他们偏爱的都是一些与上流人物相反的事物。这些人物应该为阿里斯托芬一类的喜剧作家所关注和青睐。

（四）悲剧的语言、韵律和幕数

先说悲剧的语言。悲剧艺术是整个戏剧艺术的重要组成部分。我们这里分析的是钦提奥关于作为悲剧演出依据的悲剧文学脚本（或曰剧本）。悲剧文学是悲剧艺术的基础。悲剧必须在悲剧文学提供的内容基础上进行再创造才能演出。悲剧文学与一般的文学体裁（如小说、诗歌、散文等）一样，必须通过语言文字创造形象，并也可供人案头阅读，所不同的是：它的语言文字内容必须通过导演、演员、舞台美工的再创作（尤其是演员的当场表演）转化为舞台形象而直接呈现于观众眼前。在文学语言的运用上，悲剧作家除了用简洁概括的叙述性语言交代特定的时间、地点、场面布景、人物主要动作表情和为舞台实际演出提供依据外，对悲剧情节和矛盾冲突的展开、悲剧人物性格的揭示，一般只能通过剧中人物的动作、独白和对话来实现，而不能像别的文学体裁那样直接用作家的叙述性语言来实现。此外，作为悲剧，由于这种剧的脚本本身的严肃性决定了它所用的语言不能像喜剧那样朴素、纯洁、亲切，只适合于平民阶层的口味，而是应该体现出一种壮丽、庄严、典雅和王者之风。

钦提奥在谈到悲剧的语言选择问题时，明确指出：悲剧和喜剧在语言选择上走的完全是两条截然不同的路。对于喜剧来说，"语言的藻饰、崇高的吐属、明喻、隐喻、修辞格式、希腊人所谓的对偶的对照法以及其他适合于悲剧的辞藻……只能是偶然合用而已，因为这一切是与喜剧人物格格不入的。一个作家欲以这些方法使其作品具有光辉，则反为使之黯然失色，极不相称。反之，悲剧却爱用这些藻饰，因为一切富丽堂皇的辞藻，只要使用得恰当，莫不适用于悲剧。悲剧比所有其他的诗体是严肃得多的"。③ 悲剧是一种具有相当严肃性的剧体，因此，与之相应的是，它所使用（或曰选择）的语言都应该是极其严肃的。但是，钦提奥在上述论点中，我们有一点要特别注意，那就是强调对严肃语言的使用

①② 缪灵珠.缪灵珠美学译文集：第1卷[M].北京：中国人民大学出版社，1986：414.

③ 钦提奥.论喜剧与悲剧创作[M]//缪灵珠.缪灵珠美学译文集：第1卷.北京，中国人民大学出版社，1986：420.

必须有一个条件——恰当，即某种语言必须出于合适之人的口中，才能起良好的效果，否则，作用就会适得其反。总之，“悲剧语言应该使用得恰当，因为这些藻饰的和崇高的吐属，对于被大悲大哀压倒的人们是很不合宜的。一个人被悲痛压倒而还有心情作此种谈吐，那似乎不合乎生活的真实。……然而，一个人若以报信人的身份来吐露暗场中发生的事情，而剧中的痛苦和恐怖有赖于这番话，那些修辞格式就对他合适了。而且，由于受难者的地位，或者由于这不幸事件的听者的地位，也适宜用这些辞藻来报信，希腊和拉丁的悲剧就有例可证”。① 看来，按照钦提奥的观点，这种藻饰性的崇高悲剧语言出现在报信人一类的人口中似乎最为合适。它可以由此表达那些被杀之类不宜在舞台上公开展示而只宜放在暗场处理的情节，因而也最能发挥出激起怜悯和恐惧的效力。钦提奥在他自己的悲剧作品中也进行了这方面的尝试。他的悲剧《奥尔贝凯》中的奥隆提斯及其孩子们死亡的情节（这些情节宜在暗场处理）就是通过报信人用一种壮丽、庄严、典雅的藻饰性语言来表达的，而且取得了比较好的（悲剧）效果。钦提奥正是从自己成功的创作实例中，使他更确信，报信人是可以使用藻饰的，“因为悲剧命脉之所在的一切恐怖和怜悯是由他吐露，所以应该用种种恰当的辞藻来加强这些感情。况且，事态的恐怖引起畏惧和战栗，那是目击其事的人所能发生的，所以报信人仿佛激动如狂，就只能吐出耸人听闻的话，他存在心中的恐怖就充满在说话中了，而且他也应该竭尽能力去叙述那可怜可怕的命运，说明当时的举动、悲欢、语言、暴行、绝望、受难者的死况，诸如此类，这一切统括起来不外是说他是被杀了。固然三言两语可以说明一切，但是就不如详细叙述那么动人了”。② 钦提奥是十分重视“报信人”这个角色在悲剧中的举足轻重的作用的，因为有了这个人，悲剧中的许多复杂情节就可以通过他来表述。这个报信人在悲剧舞台上具有相当大的灵活性。他可以承担起相当多的表演“悲剧”场面的情节。这种报信人往往是在最关键的时刻出现，从而引出最关键性的情节，说出最关键性的悲剧语言，从而把悲剧剧情推向高潮。这就是钦提奥所理解的那种悲剧的语言一旦由恰当之人口中吐出，怜悯和恐惧的悲剧效果就会随之产生的基本意思。

至于悲剧中的韵律与幕数，钦提奥也提出了比较明确的论点。钦提奥并不一概排斥有韵诗在悲剧中的地位。他认为，有韵诗一般比别的种类的诗离日常谈话较远，比无韵诗带有更多的书卷味。它适合悲剧中的某些对话，尤其适合歌队的唱词，而且，如果为了达到更悦耳动听的效果，不妨将参差不齐的韵和整齐的韵混合在一起使用。另外，韵也可以在悲剧中的说教部分和动人的场面（比如某种为了引起怜悯或表示喜出望外而设的场面），“因为愉快的感情和说服的语句，为了使听者更容易接受而牢记心中，有时候也会押韵的”③，但用不用韵，在悲剧中，也不是绝对的，即使不用也不算为过，“而悲剧的其他部分就应该使用无韵的长句子，因为有韵的长句子不适用于今日（指钦提奥所处的文艺复兴

① 钦提奥.论喜剧与悲剧创作[M]//缪灵珠.缪灵珠美学译文集：第 1 卷.北京，中国人民大学出版社，1986：420.
② 缪灵珠.缪灵珠美学译文集：第 1 卷[M].北京：中国人民大学出版社，1986：421.
③ 缪灵珠.缪灵珠美学译文集：第 1 卷[M].北京：中国人民大学出版社，1986：419.

时代)的悲剧,正如它不适用于希腊拉丁的英雄史诗”①。

当谈到悲剧的幕数问题时,钦提奥说:“拉丁作家主张情节应为五幕:第一幕应含有梗概;在第二幕,梗概所包括的事件开始向结局发展;在第三幕,障碍和乱子发生了;在第四幕,开始出现挽救危险的方法;在第五幕,是意料中的结局,梗概中的一切事情得到圆满解决。这些道理只适合于喜剧,但是,如果予以妥善的修改,也可用于悲剧。”总之,拉丁作家的这种分幕法是为悲剧和喜剧所共有的。

(五)《〈狄多〉辩》论点种种

钦提奥在《〈狄多〉辩》中提出了除上所述以外的其他一些关于悲剧创作的论点。下面,我们择要作一考释。

第一,关于悲剧中人的数目问题。

在古代悲剧中,剧中人数没有明确的规定,有的有六个人物,有的则有七个人物,有的甚至也有八九个或十来个的。钦提奥主张,悲剧不应在人数上作明确的死规定,而应该从实际出发来确定人物的多少。剧中人物可以尽量地多——以足够使情节的各部分冠冕堂皇、有条不紊地发展到结局为止。钦提奥提倡悲剧人数尽可能增多的主要理由是:悲剧模仿的对象既然是声名显赫的王者(或与之有关或类似的赫赫显贵),那么帝王之事总是规模宏大,而且有种种地位的人参与其事,有许多人拥护受难者,也有许多人帮助罪魁祸首。这些情节要得以详细地展开需要一个规模相当的班子,否则就很难将此项“演出工程”进行到底。所以,钦提奥认为,剧中演出人数的增加“多半是为了表现情节的庄严”,但人数必须运用得当,尤其是在“列国的王者及其朝臣在舞台上出现的场合”更是如此。

其实,钦提奥的这种演出人数增多的创作论点,也是随着时代的发展而产生的一种新的演剧理论。他的这一理论的提出,从严格意义上说是对亚里士多德时代悲剧演出风格的超越。从古希腊罗马时代发展到文艺复兴时代,社会有了相当大的发展和变化,悲剧演出的规模和风格总不能永远停留在一个水平上,而且演出的格局总要适应现实时势的需要。钦提奥正是在这一点上有了很大的突破。这种突破性的创新的思想动因,我们可以从他给非拉腊公爵厄科尔二世(Ercole Ⅱ)的信中的一段话中看得很清楚,他说:“陛下在先王的时代曾见过只有五个演员的喜剧是多么贫弱可怜,而且(尽管情节是十分动人),要把它发展到结局又是多么困难,因为观众始终看着、听着同样的人物便会觉得讨厌。而且,假如这种单调情况在喜剧上尚且似乎难看而喜剧只是表现无足轻重的平民的行为的,那么,在表演帝王之事就显然应该弃之如敝屣了,尤其是在我们的时代,诸侯大公之廷都充斥着最尊贵的人物。所以,只要登场的人们不是必要的角色,只要他们并不造成混乱,而都参与其事和产生适合于他们身份的效果,那么,人数之多总比人数之少能够使得舞台场面往往显得更加富丽堂皇,更加赏心悦目。有人以《俄狄浦斯王》为论证,那是不中肯

① 缪灵珠.缪灵珠美学译文集:第1卷[M].北京:中国人民大学出版社,1986:419.

的,因为亚里士多德引这个故事,并非以其人数为范。”①

总之,钦提奥的主张是,时代发展了,悲剧的演出不能停留在古希腊时代那样的七八个或十来个人的水平上,而是应该大大增加。只有人数大大增加,使用得当,才能表演出为悲剧所特有的那种庄严而又富丽堂皇的气势和场面。他的《狄多》就是按照上述理论原则创作的,其中也用了众多的人参加表演。钦提奥在回答之所以要动用众多的人数时说:“因为这出悲剧含有两班不同国度的王室人物,他们都有适合他们品位的朝廷。”②总之,在悲剧人数问题上,钦提奥始终坚持自己的这一主张,他说:“当我见到古人评论希腊悲剧对于使用人物最多者大加赞扬,我就更加深信这种意见了。”③

第二,关于悲剧中的独白问题。

有的批评家们对钦提奥《狄多》剧中的独白提出了质疑,他们认为,作为帝王者,不宜当众谈论他们的事情,也不宜独步室中自言自语,因为这样做,不合乎像真性原则。这种质疑涉及在悲剧中王者独白的可行性问题。对于批评者的这种非难(钦提奥是这样称谓的),钦提奥认为,这种非难不但论点苍白无力,而且也说明他们自身的愚蠢无知,并针对批评者所提出的论点,明确阐述了他自己的主张。他说,如果实际情形果真如批评者所说的那样,舞台上的帝王们不能当众谈论他们的事情,也不能独步室中自言自语,那么,悲剧舞台上就根本“不应该表演帝王王后同他们的大臣部长商谈问题的场面了,因为这些商谈无一是公开进行的,可是它仍然可以在舞台上演出。然而,尽管我的批评家是无知得可怜的人,他难道不了解:虽然剧场代表着一个城市的人,但是观众还是把这些谈话只当做是在帝王的密室中进行的吗?所以,他们在舞台上演出正如在密室中交谈一样,因为这是舞台表现所要求的。至于这种独白的谈话,我觉得它可以使得情节具有如许的帝王之尊严,所以省却它反为是一种过错。这是罗马戏剧的惯例所完全认可的,所以它们常常使用独白,不论在喜剧上或悲剧上”。④

钦提奥不仅从古代的演剧史上找到了悲剧独白的历史根据,而且从戏剧演出的最一般的常识问题上驳斥了批评者的非难。因为任何一位看戏的观众都不会把舞台上的情节当成是真正的现实,看戏毕竟是看戏,观众毕竟是观众,即使是由于艺术所造成的错觉而导致观众一时把舞台上的假象误认为真的,那也只是暂时的现象,观众一旦醒悟,他的感觉仍然要回到现实中来的。而《狄多》的批评者却无视了这一点。对此,钦提奥也略带疑惑的口气责备他们:“我不了解为什么我的批评家,为了确立他的主张,竟然提出这样的论点,说观众听见他们的谈话。因为他应该知道,演员是绝不把观众放在心目中的。所以,他们说话就好像是在自己的家里和在自己的私房中一样,理所当然,他们可以谈论自己的事情。”⑤因此,批评者的上述那种所谓帝王们的当众独白不合乎像真性原则的说法是站不住脚的。更何况这种独白在客观上还确实起到一种有利于情节展开的作用,如帝王们可以通过独白来增强其帝王的尊严,等等。也正是在这个意义上,钦提奥认为,“独白”不

---

①②③ 钦提奥.《狄多》辩[M]//缪灵珠.缪灵珠美学译文集:第1卷.北京:中国人民大学出版社,1986:407-408.

④ 钦提奥.《狄多》辩[M]//缪灵珠.缪灵珠美学译文集:第1卷.北京:中国人民大学出版社,1986:408.

⑤ 钦提奥.《狄多》辩[M]//缪灵珠.缪灵珠美学译文集:第1卷.北京:中国人民大学出版社,1986:408-409.

但不能省却，而且必须更加完善，而对于想在悲剧中省去独白，无疑是一种过错。

第三，关于悲剧创作中的继承和创新问题。

《狄多》的批评者指责钦提奥，认为他的《狄多》未能写出像索福克勒斯的《俄狄浦斯王》中的主人公那样的形象，而伟大的悲剧理论家亚里士多德就是从该剧取出戒条，并将之视为完美悲剧的金科玉律。对于《俄狄浦斯王》所表现的那种不同凡响的悲剧主题，钦提奥认为，他的《狄多》的确是相形见绌，远远不如，这一点，批评者确实说得没有错。但是，他又指出，像《俄狄浦斯王》这样的剧本可谓是空前绝后的(即从前不曾有过，今天文艺复兴时代当然没有，今后恐怕也不会再有——钦提奥的这一论断无疑是有道理的，自从索福克勒斯时代到今天，人类戏剧史上再也没有产生过如此壮丽辉煌的悲剧杰作。古典悲剧大师可谓穷尽了人类悲剧天才的灵思)，而亚里士多德之所以选择这一剧作作为悲剧创作的楷模，是“因为此剧的题材确实是举世无匹的。况且此剧的作者无疑表现出一种惊人的敏锐才能，因为情节的结和解都是绝妙之作”。此外，从创作者方面来说，索福克勒斯发现这部悲剧题材原始的安排就显得是那样的自然妥帖，故诗人把它拿来，不怎么费太大的力气就把它改创成一出骇世之作，所下的最明显的功夫无非就是“用适合于这主题的字句予以装饰而已”。

如果人们仅仅用一种标准(仅题材而言)来将一切悲剧与《俄狄浦斯王》相比，那么，所有其他的悲剧都将是黯然失色的。显然，这样的比较是不妥的。钦提奥说：“如果我们要尊重诽谤者的判断，我们就不得不说，所有在《俄狄浦斯王》以前以后所作的悲剧都是毫无价值的了。因为没有一出悲剧在主题方面可以和它媲美。而且，如果因此就说所有其余的希腊剧本和拉丁剧本都毫无价值的话，我也用不着觉得惭愧，即令我这一出剧，以及我奉陛下指非拉腊公爵厄科尔二世(Ercole Ⅱ)之命而作的其他剧本，或者我为了想有益于世道人心，丰富我们的语言，尽我的知识和才能而创作的一切剧本，通通都遭受到同样的命运。然而，假使我的批评家有意反对我的这一欲望不曾冲昏他的头脑，他就可能清楚地看到，凡是有见识的人都明白的事情，也就是说，尽管亚里士多德对《俄狄浦斯王》大为敬佩，但他并不是对其他作品就毫无敬意，以致不想利用它们来作出有关值得赞美的悲剧创作的清规戒律。”①

钦提奥在这里所强调的是，尽管《俄狄浦斯王》所展示的悲剧主题盖世无双，但它也不能涵盖所有的悲剧创作原则，更何况亚里士多德也没有作这样的死规定，即除了《俄狄浦斯王》之外，再也没有别的任何优秀悲剧可资后人参照或充当楷模。恰恰相反，亚里士多德对别的优秀悲剧也同样怀有敬意，他在理论上同样承认别的优秀悲剧也可以用来作为“值得赞美的悲剧创作的清规戒律”。另外，作为每个时代的悲剧作家，他绝不能永远死守某种一成不变的陈旧的创作规则而必须在继承前人总结的优秀的创作规则基础上，有所突破，有所创新，这是新的时代和新的社会历史发展的需要。任何墨守成规的创作是没有出路的。钦提奥的悲剧创作主张是旨在创新，旨在让作品符合时代的需要。悲剧作家在创作中，首先考虑的

---

① 钦提奥.《狄多》辩[M]//缪灵珠.缪灵珠美学译文集：第1卷.北京：中国人民大学出版社，1986：408－410.

是作品如何创新，而不是如何去死板恪守古典悲剧创作规则。他说："我坦白地承认，《狄多》在内容方面是和《俄狄浦斯王》有所不同的。然而，我不肯承认，在悲剧所有的品质和在技巧上，在我取自眼前的维吉尔[6]的主题所容许的范围之内，《狄多》就不可能和《俄狄浦斯王》同居一品。假如我有时候，为了符合我们这时代的惯例，也会离开亚里士多德所订立的清规戒律，我之所以这样做也是依照古人的先例，因为谁都知道，欧里庇得斯的悲剧开场就不像索福克勒斯的一样，而且，我曾说过，罗马作家布局的方法也是不同于希腊作家的。"①看来，钦提奥的观点十分鲜明，他的创作原则既不是一概机械笼统地仿照古典规则，也不是一概排斥，而是有继承，但不盲目，只要符合现实，有利于现实，不妨突破古典规则。总之，悲剧创作中的"创新"是主要的。创新是时代的需要，"创新意识"也是文艺复兴时期革新派悲剧理论家进步性的主要标志，而钦提奥又是在这一点上表现得尤为明显。

五、卡斯特尔维特洛

卡斯特尔维特洛（Ludovico Castelvetro，1505 年—1571 年），文艺复兴时期意大利人文主义戏剧理论家和文学评论家。公元 16 世纪，意大利学者塞尼把亚里士多德的《诗学》译成了意大利文，此后，解释这部古典美学名著的人日益增多了起来，并由此形成多种流派，卡斯特尔维特洛在当时形成的诸流派中属新派。他因以翻译亚里士多德的《诗学》并提出了独创性的论点而出名。他维护戏剧创作上的时间、地点和情节一致的原则，因此为文艺复兴和法国古典主义的戏剧评论提供了准则。卡斯特尔维特洛出身于贵族，曾先后在博洛尼亚、费拉拉和帕多瓦攻读法律，后又去锡耳纳研究文学。他一生中写了许多著作，遗憾的是大部分已散失。他保存下来的主要著作是《亚里士多德〈诗学〉诠释》（以下简称《诠释》，发表于 1570 年）。此书基本上是坚持用亚里士多德的观点来研究当时的文艺问题，同时也传播了亚里士多德的思想。尽管此书在立论上有许多不尽如人意的地方，但它在戏剧史和文艺评论史上所产生的影响却不可低估。卡斯特尔维特洛强调戏剧的现实意义，澄清修辞学和诗的区别，他反对早期那种认为诗不仅是消遣而且是教育工具的观点，明确提出文艺以娱乐民众为目的，反对把文艺变成封建教会的说教工具。他是文艺理论史上第一个把娱悦心灵视为诗的唯一目的的人。他的这种主张得到了后来许多资产阶级批评家的赞许。对于卡斯特尔维特洛理论上的功过得失，我们不妨引用法国文艺理论家拉班的话，拉班在其《论当代诗学》（1675 年）中曾这样写道："卡斯特尔维特洛好像故意要与亚里士多德为难，他往往不是把原文解释得更清楚，而是弄得更糊涂，但是，尽管如此，他仍然是所有注疏家中最深入的、可以给我们提供最多学习材料的人。"我们认为，拉班的这段评论可谓恰如其分。自然，作为文艺复兴时期的文艺理论家，卡斯特尔维特洛是要想通过对亚里士多德《诗学》的翻译和注释提出他的独创性的论点，他的悲剧理论也正是通过对亚里士多德《诗学》的诠释提了出来。与他同时代学者的理论相比，他的《诠释》

---

① 钦提奥.《狄多》辩[M]//缪灵珠.缪灵珠美学译文集：第 1 卷.北京：中国人民大学出版社，1986：410.

具有一定的深度，故他的悲剧理论在整个戏剧理论发展史上产生了比较深远的影响。

（一）情节、地点、时间一致理论的提出

情节、地点、时间一致理论的提出，使卡斯特尔维特洛成了戏剧理论史上的瞩目人物。西方有的学者把他的这一理论看成是后来形成的“三一律”的雏形，也有人称卡斯特尔维特洛是“三一律”的创始人。总之，“三一律”使他声名大振，“三一律”也使他蒙受不少非难。其实，卡斯特尔维特洛是在亚里士多德《诗学》提出的情节一致律的基础上，重新归纳了时间一致律和地点一致律，从而对悲剧提出了更新更高的要求。

卡斯特尔维特洛认为，悲剧表演的时间和所表演的事件的时间必须严格地相一致，事件的地点必须不变，仅限于一个单一的地点，并以一个人能看见的范围。悲剧事件的时间应当不超过12小时。总之，悲剧中的情节、时间、地点必须保持各自的整一、一致。在《诠释》中，卡斯特尔维特洛对此作了较为详细的阐述，他说：“戏剧应该是原来的行动需要多少小时，就应用多少小时来表现。因此既然悲剧和喜剧都属于戏剧体，它们演出的时间当然不能超过观众的方便。表现的事件也不应多于演出所需的时间里可能发生的事件。同时，正如我所说，永远需要照顾观众的舒适，因为在几小时后，观众总得离开剧院去进行一些诸如吃、喝、睡和其他人类生活必需的事情。”[7]“表演的时间和所表演的事件的时间，必须严格地相一致……事件的地点必须不变，不但只限于一个城市或者一所房屋，而且必须真正限于一个单一的地点，并以一个人就能看见的为范围。”①卡斯特尔维特洛这里提及了时间、事件和地点问题。在他看来，时间的长度规定对观众的心理反应是很关键的。卡斯特尔维特洛历来认为，悲剧的主要目的是取悦于观众，如果一出悲剧在时间上没有适当的限制，就会损害其效果，因为观众除了看戏，还有别的活动要进行，他迟早总得离开剧场。因此，他明确规定，事件的时间应该不超过12小时。由于悲剧在时间上作了明确的限制，所以，一出剧不能在有限的时间内同时表演好几个相距很远的地方，由此必然作出对地点加以限制的规定：由于剧情的时间和地点都有严格的规定，这就必然进一步对事件加以限制。对此，卡斯特尔维特洛作了这样的诠释：“并不是因为一个情节难于容纳好几个事件，而是依据时间上只允许12小时的最大限度以及表演地点上的严格限制，既不能表演众多的事件，也不允许表演事件的全部过程，即使是一个任何长度的完整事件的全部。这就是事件一致的主要原则和重要理由。这个一致性，就是在情节的模仿中，单一的主人公的单一事件，即使有两个事件，也因它们已紧相依傍而可作一个计。”②

卡斯特尔维特洛在亚里士多德情节一致的基础上重新提出时间、地点、情节一致原则，确实可以说是悲剧理论的一大突破性进展。这一理论的提出，对后世的理论研究促动很大。他的这一理论的主要价值在于创造性地提出了时间和地点一致性原则。这两个一致性的提出，势必对悲剧创作提出了更新更高的标准。卡斯特尔维特洛在谈到这一理论

① 马奇.西方美学史资料选编：上卷[M].上海：上海人民出版社，1987.
② 余秋雨.戏剧理论史稿[M].上海：上海文艺出版社，1983：164.

的实际价值时这样写道:"在一个极其有限的时间和极其有限的地点之内完成的主人公的巨大命运的转变,比起在一个较长时间和范围较大的地点内完成的命运转变来,它要奇妙得多。"[①]总之,卡斯特尔维特洛的时间、地点、情节一致的理论,旨在为了更适应于舞台的表演和更有利于观众的欣赏。

以上就是卡斯特尔维特洛的时间、地点、情节一致性的基本内容。这一理论也是卡斯特尔维特洛戏剧理论研究中运用逻辑推导的产物,即把舞台演出作为推导的出发点,从而推导出时间、地点、情节(事件)一致性理论。这一理论除了其不可低估的创造性价值(如对悲剧进行必要的和适当的限制等)外,同时它也存在着弊病,如把上述的时间、地点、情节(事件)的一致当做死板僵化的法规等(这也是引起后世对其非议的原因所在)。

从亚里士多德的悲剧学说中关于"情节整一"理论的提出到作为17世纪欧洲新古典主义运动中普遍遵循的剧本创作法则的"三一律"的定型性完成,中间经历了漫长曲折的引申、衍变、演进和发展过程。对亚里士多德《诗学》中的情节整一说,卡斯特尔维持洛基本上是忠实虔诚地恪守了。这一点,我们可以从他的《诠释》中看得很清楚。因此,在"三一律"的产生和形成过程中,情节这个环节并不存在多大问题,关键之点是在"时间"和"地点"上,而这两者相比,"时间"则更为复杂。亚里士多德在关于悲剧的时间限制问题上曾经说过这样的话:"就长短而论,悲剧力图以太阳的一周为限。"其实,亚里士多德这里所说的一周是一个不严格的时间概念,他是根据当时希腊雅典所经常举行的那种戏剧比赛习惯,希望一次比赛能在一个白天时间段内表演完一个剧作家的三出悲剧和附带的一出笑剧。由于亚里士多德当时在表述上没有给太阳一周以明确的界定,故导致后世学者(尤其是文艺复兴时期的学者)对此作出多种解释:如前面所述的另一位意大利悲剧理论家钦提奥就认为,亚里士多德所说的"太阳一周"不是指演出的时间,而是指剧情的时间(这一观点提出于1545年)。洛波特利根据人们在晚间一般不活动的理由,认为亚里士多德的"太阳一周"只是指白天而已(这一观点提出于1548年)。塞格尼则以希腊戏剧中有些行动也是在夜间进行的为根据,故认为"太阳一周"就是指一个白天和一个黑夜,即24小时(这一论点提出于1549年)。后来,法国古典主义剧作家高乃依在翻译中把亚里士多德所说的"悲剧力图以太阳一周为限"译成"悲剧必须以太阳一周为限",从而使这句话在语气上更加强化和肯定。正是亚里士多德《诗学》中的这句颇为普通平和的话,在后世学者中引起了莫衷一是的解释,而卡斯特尔维特洛则是在"三一律"的产生和形成过程中,作了关键性的总结和归纳,从而为后世学者继续使"三一律"更加臻于成熟完善创造了条件,他的真正的理论贡献就在于他所提出的对地点限制的规定。

(二)悲剧中的性格

亚里士多德把情节放在他的悲剧六要素中的首位,这一点也体现了他的悲剧理论的

① 中国社会科学院外国文学研究所.欧美古典作家论现实主义和浪漫主义(一)[M].北京:中国社会科学出版社,1980:120.

一个特点。性格尽管也很重要，但与情节比，它毕竟是第二位的东西。卡斯特尔维特洛在对亚里士多德上述观点持认可态度的同时，他也十分强调性格在悲剧中的地位和价值，他说，人们在多数行动中，不是隐藏而是展露他们的性格。悲剧如果不表现人物的性格和思想，就不能认为是尽了悲剧模仿人类行动的职责。因为人在行动时，总是展露自己的性格、思想的，只是各有多少不同而已。没有性格的悲剧还能算是好的悲剧，这是我所不可理解的。卡斯特尔维特洛在这里主要是揭示了情节（行动）与性格的关系。行动是展示性格的主要方式，行动也是体现性格的一种表征。卡斯特尔维特洛的悲剧如果不表现人物的性格和思想，就不能认为是尽了悲剧模仿人类行动的职责这一论点从一个方面说明了人类行动与人类性格的那种互为依存的深刻内在关系。在卡斯特尔维特洛看来，那种所谓不展露性格的行动和不通过行动展示的性格都是不可思议的。他把行动是否表现性格看做是一出悲剧成功与否的关键。行动与思想、性格是形影相伴的东西，人们完全可以这么说：只要有人类行动的地方，就必然有人类的思想、性格在同时展露。只不过是在不同的行动中，性格和思想的展露也存在着程度上的差异。按照卡斯特尔维特洛的上述理论，我们可以作这样的归纳：行动即性格。悲剧行动的使命即是展露悲剧性格。一出悲剧如果没有性格那是不可思议的。因此，卡斯特尔维特洛得出结论认为，尽管性格不是动作的部分，但两者紧相伴随不可分割，而且性格通过行动显示出来。所以我们不应把性格看做可以和动作分割的一部分，因为没有性格，动作就不能完成。在情节和性格关系理论问题上，卡斯特尔维特洛基本认同亚里士多德的理论，并在此基础上又对这两者的关系作了更深入的探讨，明显地把这两者作为一种对于悲剧生命来说是至关重要的要素而放在特殊重要的位置上。

（三）悲剧与喜剧之比较

卡斯特尔维特洛的《诠释》，主要是通过对亚里士多德诗学理论（尤其是其中的史诗和悲剧理论）来提出自己的文艺观点和美学理论。他的整个重点是放在对悲剧的释述上，同时，他也涉及一些喜剧问题，并且通过悲剧与喜剧之间的比较，论述这两者间的区别。卡斯特尔维特洛进行悲、喜剧比较研究，首先是从这两种风格上对应的戏剧的不同的人物结构和不同的结局入手。他认为，笼统地说喜剧的结局是以顺境告终，悲剧的结局是以逆境告终似乎不妥。作为研究者，他应该清楚地看到这样一种实际情形，那就是无论是在悲剧中还是在喜剧中，都可以各有顺境和逆境的结局，不过这种顺境或逆境的结局都有各自不同的特点。对此卡斯特尔维特洛作了这样的具体阐述："喜剧结局的顺境在于本人或者所爱的人挽回所受的挫辱，或者中止旁人认为不能中止的耻辱，或者重会失去的人或重得失去的贵重东西，或者在爱情方面如愿以偿，但是喜剧的逆境只限于本人或者所爱的人们蒙受适度的羞辱，或者财产方面不太严重的损失，或者恋爱在最后受到挫折以及类似的事。这是两种对喜剧相宜的结局。"①同样，悲剧也具备与喜剧一样的两种结局。不过，与喜剧不同的是，"悲剧的顺境结局仅限于本人或者所爱的人们幸免于死，或者摆脱悲惨的生活，

① 《古典文艺理论译丛》编委会.古典文艺理论译丛(6)[M].北京：人民文学出版社，1957：9.

或者保持爵位；另一方面，它的逆境仅限于本人或者所爱的人们死于非命，或者陷入悲惨的生活或者丧失爵位。这两类是悲剧的恰当结局”。[①] 所有上述这些不同类型的结局，都与不同类型的人物结构有关，即两者的区别在于所构成的人物类型上的差异，例如，“喜剧里的人物性格平庸，他们只知道奉公守法，忍气吞声，遇事就跑到法官那里，恳求法令恢复他们的荣誉或者弥补他们的损失。他们不把自己的行为看成法律，或者根据同一理由，像君王那样，不顾一切，杀死亲戚、本人或者外人。而且由于他们处境卑微，要他们感到快乐，也没有必要夺去他们眼前的幸福，因为他们的幸福还大有增长的余地，通过寻常的事件，类似向往已久的婚姻等，就可以达到。另一方面，寻常的伤害和挫折就足以使他们郁郁寡欢”。[②] 这是喜剧里的人物情形。相反，悲剧中的人物，其风格则与此截然不同。“悲剧里的人物地位显贵，意气风发，心性高傲，勇于追求自己向往的目标，倘使受到伤害或者认为将要受到伤害的话，他们绝不跑到衙门去告状，也绝不忍气吞声来忍受，而是听从情感的驱使，把自己的行为当做法律，为了报复，杀死外人或者近亲，甚至在绝望之余，不但杀死近亲，而且有时候杀死自己。这样的人，一旦身居王位(普遍认为这是人类幸福的顶峰)就能睚眦必报，不容许些微的伤害或侮辱，也绝不会容忍或者遭遇财产方面的轻微损失。婚娶和恋爱方面的满足也不能增益他们的快乐，因为说实话，他们生活在不断的婚姻和情欲的满足中，所以真要他们快乐的话，就必须先夺取他们的幸福，或者至少也要使他们陷入不容置疑的危险，把摆脱危险看成快乐，同时制造悲哀的境界，就必须以惊人的速度，让他们陷入贫困和卑微的地位。”[③]

卡斯特尔维特洛的悲剧、喜剧区别比较，其注意力集中在人物的结构上。悲剧和喜剧的人物结构截然不同，由此产生截然不同的人物性格特征。喜剧人物往往显得平庸、鄙琐、眼光短浅、气量狭小，他们的社会地位一般也都比较低微。而悲剧人物则往往高贵洒脱、眼光远大、气度恢宏。他们不会在受到伤害时忍气吞声，苟且偷安，更不会到衙门去告状(那是无权无势、没有地位的下等人的举动)，而是任凭其情性的驱使。这些都体现了悲剧和喜剧人物行为和性格上的巨大的本质差异。应该承认，卡斯特尔维特洛对于悲剧人物和喜剧人物性格差异的揭示和描绘是颇为深刻而又生动的，但是，令人遗憾的是，他未能很好地将这种体现性格的行动根源揭示出来。这不能不说是卡斯特尔维特洛理论的一大缺陷，不过，对此我们也应有情可原。因为，从历史的角度看，在文艺复兴时期，由于其戏剧理论的立论基础(对卓越戏剧作品的参考和选择范围)要比后世窄小得多，这就难免对某些问题的深层根源的探讨受到限制。明确了这一点，我们对卡斯特尔维特洛的上述理论缺陷就不难理解了。

(四) 悲剧行动及其产生之根源

1. 悲剧行动的种类

卡斯特尔维特洛根据悲剧行动的性质，将其分为下述五类。第一类，邪恶的行动，这

---

① 《古典文艺理论译丛》编委会.古典文艺理论译丛(6)[M].北京：人民文学出版社，1957：9.

②③ 《古典文艺理论译丛》编委会.古典文艺理论译丛(6)[M].北京：人民文学出版社，1957：10.

方面的例子有菲德拉向丈夫前妻的儿子求爱。第二类，邪恶而又骇人的行动，如美狄亚残忍地杀死自己无辜的亲子。第三类，痛苦的行动，如珀琉斯的情形，他杀死其兄弟福库斯，因此被逐出家门，流离失所①。第四类，可以宽恕的行动，例如露克莉提亚，在生命安全受到极大威胁[8]的情况下，担心自己死后蒙受不白之冤，故只得依顺塔昆努斯的情形。第五类，骇人的但不是邪恶的行动，这种行动又可分出四种不同的类型：A. 它是在出于必要或相当于必要的情况下之所为，例如卡多[9]自杀和俄瑞斯忒斯杀母，有必要性或者近乎必要性可以一目了然，他们都不是恶人，都是迫于无奈，才作出如此骇人之举；B. 由于不了解自己和对方的关系而所为，这种行动称不得邪恶，如俄狄浦斯杀父娶母的情节，因为他事先根本不知道拉伊俄斯和伊俄卡斯忒是自己的生身父母，反之，拉伊俄斯和伊俄卡斯忒也不知道俄狄浦斯就是他们的亲生儿子，这是一种“不知不为过”的骇人之举；C. 由于行动者本人的缘故而所为，这也算不得邪恶，如赫克里斯发疯，杀死其爱妻和亲子，阿塔玛斯[10]也由于发疯，杀死他的儿子；D. 由于兵器出手有差错的缘故，也称不得邪恶，如珀琉斯本想杀死一头野兽，不料杀死了他的一位最好的朋友优里提昂[11]，再如阿德剌斯托斯也是想杀死一头野兽，结果一失手却将他的主人、克罗索斯的儿子阿提斯[12]杀死。卡斯特尔维特洛所列述的上面五类悲剧行动，第一、第二两类容易激起憎恨和谴责，第三类，人们给予几分谴责几分同情，第四类显然是情有可原的行动，第五类似乎普遍具有合理性，即行为的承受者主观意图都不坏，但结果却导致了悲剧，这种行动的结果其实最能打动人心，最能激起恐惧和怜悯，因而也最易产生悲剧效果。

2. 悲剧行动的根源

以上是卡斯特尔维特洛对悲剧行动的归纳和分类。同时，他对产生这种悲剧行动的原因作了深层的分析，并得出结论认为：“促使一个人行动的原因有两种：一种是和利益相关或者与虚有其表的利益相关；另一种是和灾难相关或者与虚有其表的灾难相关。和利益相关的原因又有两种：或者是为了得到目前没有的利益，或者是为了保持目前已有的利益。……和灾难相关的利益也有两类：或者是为了避免未来的灾难，或者是为了摆脱当前的灾难。”②在揭示了悲剧行动产生的原因后，卡斯特尔维特洛又分别列举了与利益相关和与灾难相关的悲剧行动。比如与利益相关的悲剧行动，克吕泰涅斯就是一个典型。此人为了得到她以前所没有的那种利益（即与埃癸斯托斯私通），贪恋色欲，背弃丈夫，为了保持业已得到的利益，为非作歹，竟将丈夫阿伽门农杀死，竟将儿子俄瑞斯忒斯逐出他完全有权继承的王国[13]。与灾难相关的悲剧行动的例子，如菲德拉[14]向希波吕托斯求爱未成，又怕事情张扬出去会身败名裂，为了避免这些灾难，她为非作歹，以致在她的丈夫忒修斯面前诬告希波吕托斯，以此激怒其丈夫，借用他的力量收拾希波吕托斯。这是一种为摆脱现实灾难而不择手段的情形。如不这样做，当事人本身就得陷于灾难。当然，即使是这样做了，也未必就一定能逃脱灾难。（或者说未必当事者本人就不遭受伤害或折

① 亚里士多德，贺拉斯．诗学·诗艺[M]．北京：人民文学出版社，1962：142.

② 《古典文艺理论译丛》编委会．古典文艺理论译丛(6)[M]．北京：人民文学出版社，1957：12.

损——甚至也可能是巨大、惨重的伤害或折损，如菲德拉的情形就是如此。丈夫一旦将刚强、文雅、优美的儿子杀死，岂不是当事人的巨大惨重的损失！)因此，在有些情况下，尽管当事人通过种种手段或行为方式将眼前的灾难摆脱了，但也是以忍受(或重遭)新的灾难(当然程度上也许会比原来的要弱一些)为代价的。卡斯特尔维特洛因此认为，摆脱当前的灾难，可以通过复仇、惩戒或变换(即以较小的灾难替代较大的灾难)；回避未来的灾难，可以用不公正的手段，也可以用表面上看来似乎是合理的手段。通过复仇来摆脱当前的灾难，如美狄亚为了对伊阿宋进行报复，杀死自己的孩子；通过惩戒来摆脱当前的灾难，如托夸图斯曼[15]处决自己的儿子；通过变换或者用较小的灾难来替代，如菲德拉的悬梁自尽；通过不公正的手段回避未来的灾难，如菲德拉害怕自己声名狼藉，便诬告希波吕托斯对其强行非礼；通过表面上合理的手段回避灾难，例如赫克里斯错认爱妻和儿子是野兽，因而把他们全部杀死[16]；用不公正的手段得到利益，如克吕泰涅斯不顾廉耻与埃癸斯托斯私通，并且如愿以偿；用不公正的手段保护利益，如克吕泰涅斯为了自身的安全，害死丈夫阿伽门农，将儿子俄瑞斯忒斯逐出国门；用表面上是合理的手段获得利益，如俄狄浦斯认为自己和伊俄卡斯忒没有亲属关系，娶她为妻，登上底比斯王位；用表面上是合理的手段保持利益，如卡娜克把私生子送往他乡，掩盖她的乱伦行为[17]。我们看到，以上描述包含了八种不同的悲剧行动。这八种悲剧行动归根结底是与行动者本人的利益或灾难有关。为了获得或保持行动者的某种利益和为了摆脱或避免行动者的某种灾难，他们必须相应地采取某种悲剧行动。这种悲剧行动都是受行动者的性格所支配的。他们的性格(或心理处境)与他们的行动之间有着一种逻辑上的因果联系。总之，悲剧行动的根源产生于处于困境或不幸中的悲剧性人物的心灵搏斗，而所有这些悲剧行动都与悲剧人物的利害紧密相关，离开上述条件，就不会有悲剧行动。因此，悲剧行动与悲剧人物的处境(艰难困厄程度)以及由此激起的心灵激荡(心灵的矛盾冲突)是一致的。换一句话说，越是与巨大利益(或巨大灾难)有关的悲剧当事人，在他的性格上所激起的矛盾冲突也就越强烈。因而，由此产生的行动必然更具深刻性，从而也就更能产生骇人的悲剧效果，给人以一种冷峻、壮丽而又神圣的美感。

(五) 悲剧受难的种类

卡斯特尔维特洛不仅对悲剧行动进行了分类，而且也列述了悲剧受难的种类。要对悲剧受难进行分类，其首要前提就是必须弄清楚悲剧受难究竟意味着什么？也就是说，要给“悲剧受难”下一个什么样的界说。对此，卡斯特尔维特洛是这样表述的：“首先，受难可以看成痛苦，或者看成焦急。受难表现为痛苦，可以是被杀，如拉伊俄斯；负伤，又如菲罗克忒斯；悲惨的桎梏，如普罗米修斯在高加索山上[18]；凌辱，如他玛大卫的儿子暗恋妹妹他玛[19]以及其他。受难表现为焦急，如忒修斯错以为儿子希波吕托斯奸污后母，或厄俄路斯发现子女马卡留斯和卡娜克有乱伦行为。”①由此可见，卡斯特尔维特洛的“悲剧受难”内

① 《古典文艺理论译丛》编委会.古典文艺理论译丛(6)[M].北京：人民文学出版社，1957：14.

涵是指包括死亡(即人身肉体的毁灭)在内的痛苦和焦急的经历。值得说明的是,这里的痛苦包括人生的困苦和甚至濒临死亡的那种极度的危难和极度的痛苦。这里所说的焦急也不是一般意义上的焦虑心理,而是指在人的深部心理所引起的一种心灵的动荡和不安。这种心灵的动荡和不安给人造成困惑、恼怒、忧愁、焦虑等。它在本质上纯属是一种心灵的磨难。上述分类是根据受难的表现形式来作出的。我们不妨把它归纳为下述五种：死亡(被杀)、负伤、凌辱、焦虑及其他。当然,这也不是严格意义上的归纳。

卡斯特尔维特洛在作了上述分类的同时,根据受难者的性质,又对受难进行另一种区分。他指出,对受难者来说,一种是罪有应得。这种人一般都是为非作歹的坏人,如卡娜克的下场那样,她的受难自然是理所应当的。一种是理所不应当的。这种人往往是好人或善良的无辜者,如卡娜克和马卡留斯所生的孩子。这种人不应该受难。还有一种是好人遭难(善人未得好报),像希波吕托斯那样,虽是好人,但不幸惨死于非命。这是卡斯特尔维特洛根据受难者的性质所作出的三种区分。

在对受难作了上述三种区分的基础上,卡斯特尔维特洛接着分析了受难的原因和受难与行动的关系,以及行动与由此导致再次受难的关系,等等。他说:“我们应当注意,是原因引起行动,行动引起受难;这种受难又可以变成另一种行动的原因。这种行动又引起新的受难。因此,一个情节当中,可以一个接一个地出现几种原因和几种受难的实例。”① 对此,他再次以菲德拉为例。菲德拉为了情欲上的满足,向自己丈夫前妻的儿子求爱,而希波吕托斯又为自己的这种作恶行为感到焦急,于是他又相应地做出那种表现焦急的行动(离开本土和父亲的王宫),而希波吕托斯的出走(放弃继承王位的机会)又导致了菲德拉的焦急不安。这种焦急不安又构成了她再次作恶(悲剧性行动——诬告无辜的希波吕托斯对其强行非礼)的原因。这一行动又导致了忒修斯的焦急(受难)。于是,忒修斯又去谴责一个该当赐福(继承王位)的儿子。这一行动的结果导致了希波吕托斯的受难(惨死)。而希波吕托斯的受难又为菲德拉的死亡(悬梁自尽的骇人行动)提供了原因。当然,菲德拉的死亡与希波吕托斯的死亡不同,前者是恶人干坏事,罪有应得,而后者则是无辜者的不幸。卡斯特尔维特洛在这里揭示出了古希腊悲剧中的那种行动：受难——再次行动——再次受难因果关系上的恶性循环。不能不承认,这一理论归纳是卡斯特尔维特洛对古希腊悲剧研究的一大建树性总结。

(六) 悲剧中的行动者

前面我们已经对卡斯特尔维特洛的悲剧受难的种类和悲剧行动的根源作了简要的叙述。这个叙述很有必要。只有明确了受难的种类和与这些受难种类有关的悲剧行动者的范围,才有可能知道哪些类型的人物适合于在剧中充当悲剧的行动者角色(自然是主要角色),哪些类型的人物适合于在悲剧中充当受难者角色。悲剧中的行动者和受难者一般都是充当台柱。因为一出悲剧的成功与否,往往取决于他们的“戏”。而最主要的是,他们所

① 《古典文艺理论译丛》编委会.古典文艺理论译丛(6)[M].北京：人民文学出版社,1957：14.

担任的角色的性质决定了他们与欣赏者的关系最为密切。他们的行动和处境往往最为欣赏者所瞩目。他们的一言一行(性格展露)的效果的优劣程度,直接关系到在欣赏者心中引起恐惧和怜悯的程度。

卡斯特尔维特洛对悲剧行动者问题的探讨首先是从行动与恐惧、怜悯的关系入手。他说:“凡是由不公正的原因引起行动,同时也知道原因不公正的人们,都不能在旁人心中激起怜悯与恐惧,因为谁都不相信自己对旁人会有采取不公正行动的愿望。反之,由公正的原因引起行动的人们,就会在旁人心中激起恐惧和怜悯。”①上述这段论证的最关键之点在于行动原因的公正与否。因为行动者的行动原因的公正与否直接与怜悯、恐惧相关。以托夸图斯这个悲剧行动者来说,由于他那个担任队长的儿子违犯了他的号令,故将其处死(斩首示众)。这是一种由公正原因(出于维护法令、顾全大局等考虑而大义灭亲)而引起的行动。这种行动给人以极其强烈的崇高感。再如有的人由于主观认识上的错误,从而干出惊人可怕的事。这种情形的例子如疯子赫克里斯,误将其爱妻和孩子当做野兽杀死。这种悲剧行动往往既能引起人们的巨大恐惧,又能使人产生深刻的怜悯。然而更能激起人们怜悯和恐惧的,是由于兵器出手差错而做出骇人行动的人。这方面的例子有珀琉斯和阿德剌斯托斯。他们这两个人本来都想杀死一头野兽,但是投枪的时候双方都不慎失手,结果一个刺死好友优里提昂,一个刺死主人阿提斯。这是一种主观上原先意想不到的悲剧行动。还有一种情形,这种情形也就是为古希腊悲剧艺术所最为推崇的,那就是更强烈的恐惧和更深刻的怜悯可以来自那些不了解对方而做出骇人行动的人们。这种人在古希腊悲剧中比比皆是。比较典型的例子如喀倪剌斯和他的女儿同寝[20]。又如俄狄浦斯在得到得尔福神示关于他将来要“杀父娶母”的预言后,原来以为只要离开父母,就可以避免骇人的行动,结果事与愿违。这种主观上离开的结果,在客观上却更靠近了这种骇人的行动,直至最后骇人行动的兑现。上述两个例子的基本特征均表现为:当这种恐惧和这种怜悯达到高潮时,行动者本人对于对方往往是一无所知,故靠近并陷入了骇人的行动,采用的还偏偏就是他们原先以为可以用来帮助他们避免或者远离骇人行动的那种手段,结果却干出了他们自己不愿发生的事来。上述五种悲剧行动者,由于导致其行动的具体条件不同,故在行动产生后由此激起的怜悯和恐惧的程度也不同。卡斯特尔维特洛因此将其作了这样的逻辑排列(按引起怜悯和恐惧的强弱程度)。

第一种是那些深思熟虑又理由公正的行动者。他们的行动所产生的怜悯和恐惧最弱。

第二种是那些错误的行动者。他们的行动引起怜悯和恐惧稍强。

第三种是那些错在失手(例如,在兵器使用方面出现差错如误投、误刺等)的行动者。他们的行动引起的怜悯和恐惧较之第二种要强。

第四种是那些不了解有关对方的行动者。这些人的悲剧行动所产生的怜悯和恐惧比第三种强。

第五种是那些主观上力图采取某种手段来避免某种在意识范围中的(已知的)可怕的

① 《古典文艺理论译丛》编委会.古典文艺理论译丛(6)[M].北京:人民文学出版社,1957:15.

灾难,但由于不了解对方,结果恰恰适得其反的行动者。这类人的悲剧行动可以说是惊天动地。由此产生的怜悯最深刻,造成的恐惧也特别强烈。因此,这样的悲剧行动者最为悲剧艺术家所青睐,也最为悲剧理论家所礼赞和推崇。卡斯特尔维特洛对之就是如此。

(七)悲剧中的骇人事件

在悲剧中,骇人的事件和骇人的行动具有同样重要的意义。而且,两者似乎密不可分(这两者从其性质上来说是既有区别,又有联系)。从一定意义上说,悲剧行动决定怜悯和恐惧。同样,骇人的事件也具有这样的地位和重要性。可以看出,卡斯特尔维特洛在对亚里士多德从诗学的诠释中也已清楚地认识到了这一点,故他对这个问题作了比较详细而又深刻的阐述。首先,他把骇人的事件按照三种不同的对象分为三种类型:第一种,骇人的事件可以体现在不具备理智的动物和不具备感觉能力的事物身上;第二种,骇人的事件可以体现在根据计划而有意做出骇人行动的人身上;第三种,骇人的事件体现在那些并非有意想做出骇人之举的人身上(这一种类还可以继续进行细分,一类是为本来几乎是不可能的骇人行动提供起因的方式;另一类是当事人由于受骗,做出骇人的行动)。这是卡斯特尔维特洛对悲剧骇人事件的基本分类。下面我们来分别考察这三类骇人事件的具体内容究竟包含着什么。

先谈第一种:骇人的事件体现在不具备理智的动物和不具备感觉能力的事物身上。它们的行动越是(或者好像是)受到理性的支配,或者说像按部就班有计划工作的人们一样,就越发产生骇人的效果。对此,卡斯特尔维特洛举了某故事中的一段奇谈:一匹牡马不肯和生它的牝马成为配偶,但在黑暗中看不清楚,还是和那匹牝马误交了。事后,牡马异常难过,竟一头撞死在岩石上。这是一段完全将动物人格化的理性主义描写。作为天生就是没有理性的马,也具有了人格化的理性,懂得了礼义廉耻,子(牡马)与母(牝马)的误交,导致了牡马心灵的冲突,最后以心灵和肉体的毁灭(受难)而告终,从而酿成了骇人的事件。这种事件的骇人效果导源于什么呢?导源于人们的常识和伦理道德标准。我们知道,在日常人们的生活中,如果真有哪个儿子明明知道对方就是自己的生身母亲,还要和她建立配偶(或发生性行为)关系,那就自然会引起人们的惊骇,并将会作为一种不光彩的丑闻来加以传播和耻笑。而所谓的耻辱和不光彩以及由此而引起的人们的惊奇,都是因为人们(无论是哪个时代或无论发生在人类的任何地方)觉得这样的事件发生得违反常理(即与理性的人类生活规范相悖)。所谓天理不容就是指的这样一类事件。因为它发生在理性支配下的人类。相反,类似于这种子母交合的事情如果在没有理性和伦理观念的牲口或其他禽兽一类的动物中发生,就不足为奇了。之所以说它不足为奇,其理由仅仅是因为它们是无理性的牲畜。在奥维德的词里,美[21]说了这样一句话,完全可以作为对我们以上所述的扼要概括。现不妨引述如下:

别的动物随意结合,算不得犯罪,
母牛让父亲蹬在背上并不可耻,
公马的女儿可以成为它的配偶。[22]

小公马与生下它的老母马交配，小母牛与其生父老公牛的性交，所有动物之间的杂交、乱合在人类看来都是极其平常的事，丝毫不能引起惊奇，更谈不上是骇人事件。相反，如果真有哪匹公马执意要避免这种关系，我们倒要为之感到惊奇。它这样做，倒是超越了作为动物所具有的那种常性。因为，这样的举动只有受理性和伦理观念支配的人才能作出，动物之间的乱交乱合是为天理所容的(即也为人们的常识所理解)。相反，没有理性的动物一旦做出了为理性的人才能做的事，同样也能构成骇人的事件。这种骇人事件构成的基础，同样在于作为不具备理性的动物超越了其本性。

以上说的是骇人的事件体现在没有理性的动物身上的情形，而对于没有感觉的事物来说，情况也是一样。就拿一座石像为例，如果它偶然倒下，而恰恰把石像本人生前的凶手或仇敌砸死[23]，而另一座石像也偶然倒下，砸死的既不是石像本人的仇敌，也不是石像本人的朋友，那么，就发生的这两种事件来说，前者更是一件骇人听闻的事件，因为石像按理是没有思想的，但这种偶然的倒下，却稳准狠地将其仇人砸死。从这种事件的表现形式来看，石像似乎有一种灵性在支配着它。石像砸死仇敌的事件之所以令人惊骇，就是因为它的表现形式与富有理性头脑的人干出来的事情是一致的。这是构成骇人事件的一种来源。

第二种骇人的事件。这种事件往往发生在经过深思熟虑后有意做出骇人行动的人们身上。卡斯特尔维特洛说："遇到这种情况，起因越是不充分，惊人的因素就越强烈。一个人杀死仇敌，我们并不大惊小怪，但如果杀死的并非仇敌，或者甚至于还是朋友，我们就会大惊小怪。"①这里，骇人事件是建立在"杀死了不该杀死的人"这个命题基础上的。作为死者，他在不该死的情况下死了，他很冤屈。作为生者，人们对死者的这种下场自然产生怜悯。在怜悯的同时，也伴随着一种本能的恐惧：担心自己也有可能被朋友所害。这种恐惧的心态在一般的常人中，往往都是不同程度地潜藏着。要是被杀死的人是杀者的仇人，那么，这种事件一般都为人们所易于理解。对于杀者来说，他少了一个仇人，生活中多了一分太平，心灵上多了一些宽心。这种事件很合常理，故是不会使人产生惊奇感的。惊奇感必须要求人们在心理上对事件的理解形成一种巨大的反差(即事件往往在按常理所意料不到的情况下构成或产生)。这方面的情形在人们的生活中还是常有的。如为了夺人(朋友)之好(妻子)，为了猎取某种名誉、索取某种钱财，不惜损害(甚至加害于)亲朋好友，干出伤天害理之举。这种事件的起因往往很不充分，它常常出乎人们的意料，故一旦构成，给人造成巨大的心理震动。

第三种骇人的事件。这种事件与第二种不同，它往往体现在那些并非有意想做出骇人之举的人身上。卡斯特尔维特洛又将这种事件分为甲、乙两类。

1. 甲类事件

这类事件主要表现为惊人的因素为骇人的行动提供当事者意想不到的起因。而按照当事者所采用的方法，它又可分为下述三种情形：① 行动与所达到的骇人的后果直接对

① 《古典文艺理论译丛》编委会.古典文艺理论译丛(6)[M].北京：人民文学出版社，1957：18.

立，如《俄狄浦斯王》剧中的情形，俄狄浦斯听到他将来要“杀父娶母”的神谕后，为了避免这种骇人事件的发生，他离开了科任托斯，远奔他乡，以为这样就可以避免神谕中所说的那种事件的发生，但他万万没有料到，正是他的出走，导致了他干出杀父娶母的骇人事件，愿望与结果相反，行动与结果完全对立；② 行动与骇人的后果并非截然相反，而是两不相干，如喀倪剌斯的情形，本来，喀倪剌斯和他女儿美的乳母已经安排好了，夜晚把一位邻居的少女带来和他睡觉。这一事件本来很普通，与骇人的后果相距甚远，或者说是两不相干，但万万没有想到，结果他反而干出了骇人的事来，原因就在于乳母后来将他的女儿带来顶替邻居的少女，与他同床，故导致了骇人事件的发生；③ 行动是中性的，它可以引起骇人的或非骇人的后果，如耶弗他的情形，耶弗他和敌人交战，对上帝立誓，一旦得胜，就把回家遇见的第一个人献祭。这个誓是中性的，两可的，既可以使他做出骇人之举，也可以不做，因为假使第一个出来遇见的是他的仆人，把他献作牺牲也称不了什么骇人之举，但结果第一个出来的人正是他的女儿，被作为牺牲献给上帝，造成了骇人的悲剧事件。

以上三种情形的基本表现特征都是骇人事件的行动承受者主观愿望上都并非有意想作出这种惊人之举，但结果却是与愿望相反。不过，这三种类型的骇人事件在其程度上存在着差异，其中俄狄浦斯的行动所产生的骇人程度最为强烈，喀倪剌斯的较之俄狄浦斯的要弱，耶弗他的最弱。由此看来，事件的骇人程度与当事者（或行动者）的原先预料关系极大。事件的结果越是出乎意料，越引起惊奇之效。在上述三种事件中，中性的行动往往在人们的心理上产生中性的心理效应，一种不带有绝对性质的两可估计。比如，耶弗他，尽管他已向上帝宣誓，一旦得胜，就把回家路上遇见的第一个人拿来献祭。这里包含着一个假定性因素：“一旦胜利”。由此出发，如果一旦与敌交战失败，就不存在杀人献祭的问题。这种两可的中性行动，使由此产生的事件的惊奇效果大大受到削弱。因为耶弗他的那种带有条件性的发誓，同样会在人们心中产生两种预料，而这一行动之所以又产生了惊奇，是因为他在回家路上第一个遇见的不是别人，而恰恰是他的女儿。这个事实的出现，是为当事者本人所万万没有料到的，从而导致了骇人事件的诞生。但是，除了耶弗他本人外，人们对之起码有两种以上的心理预料。一是人们对耶弗他能否获胜有两种预料；另外是即使获胜，要用谁向上帝献祭的猜测。回家路上碰到的第一个人还不知道是谁呢！而这个“未知的谁”，也包含着他女儿的那种可能性。这种可能性的因素，将会削弱事件的惊人度。因为它弱化了人们的心理反差（即人们对那种骇人事件的产生，事先多少有某种程度的预料——哪怕是极微小程度可能的预料）。与上述耶弗他的那种中性行动及其所导致的骇人事件相比，两不相干的行动所产生的事件其惊骇程度就比中性行动所产生的事件要强烈。前面所述的喀倪剌斯根据事先的安排是与邻居少女同寝的，后来由于乳母将美带来替代了邻居少女，从而导致了喀倪剌斯与自己的女儿睡觉这样的骇人事件。人们对这种行动所造成的事件更是缺乏心理准备。本来是两不相干的事，结果还是相干了。这种事件的惊人度是比较强烈的。除了上述两种行动所产生的事件都是惊人的（尽管有程度上的差别）外，直接对立的行动（即主观意愿与行动的结果完全相反）是最能产生骇人事件的。这种事件的产生，其根源在于当事者本人事先对其结果毫无所料（或者说根本无法预料）。俄狄浦斯的行动堪称是这种情形的典范：当事者本人的愿望（包括由愿望所支配的行动）与结果直接对立，从而导致骇人事件。卡斯特尔维特洛在对上述三种骇人事件作了详细的论证后指出，此类事件所引起的恐惧和怜悯也是与其惊人的程度成正比的，由此产生的怜悯和恐惧也有程度上的差别，即第一种最强，第二种较弱，第三种最弱，“因为一个人越是公开表白他想逃避骇人后果的愿望，他就越值得同情，越是费尽心机，结果还是不能逃避，也就越能在旁人心里造成恐惧。在上述情况中，耶弗他就不符合上述两项标准，喀倪刺斯符合的程度也比不上俄狄浦斯”。①

2. 乙类事件

这类事件主要表现为完全没有起因，只是由于当事人受骗而不情愿地做出骇人的行动。这种骇人的因素可以根据当事人的情况再分为下述两种情形：① 被人所骗，如忒修斯被菲德拉的诬告所蒙蔽，诅咒自己无辜的儿子希波吕托斯，从而导致了他的惨死；再如罗特被两个女儿灌得酩酊大醉，以致认不出她们来，并与她们睡觉[24]，等等；② 被非人的原因所骗，如疯了的赫克里斯杀死了他的妻子和孩子，又如伊菲革涅亚[25]和兄弟互不相识，险些把他作为献神者而杀死[26]，等等。

在上述两种情形中，无论是被人所骗，还是被非人的原因所骗，由此产生的惊人因素的大小不能一概而论，都有其不同的情况。不过从一般的情况来说，人为的骗局所产生的惊人程度较之非人为的要差一些。其原因首先在于：非人为的骗局比人为的骗局要更为稀少得多。少见必然就多怪，这是非人为骗局所以更能引起惊奇的天然优势。其次，对于人为的骗局，在某种情况还有被识破的可能，并且被骗人也可能具备一定的防范和对付的能力。而非人为的骗局则就无法预见，防不胜防。因此，它在人们心中唤起的恐惧和怜悯也就较之人为的骗局要更强烈。

（八）悲剧的目的

作为一种艺术，只要它存在，就必然有其自身存在的目的。作为戏剧艺术重要种类的悲剧，当然也不例外。那么悲剧的目的究竟是什么呢？对此，卡斯特尔维特洛在《诠释》中作出了与亚里士多德不尽相同的解释。现在，我们先来看看卡斯特尔维特洛对亚里士多德关于悲剧目的的解释。我们知道，在古希腊，身为亚里士多德老师的柏拉图，他是敌视悲剧艺术的。他认为，悲剧艺术会对人的道德教育起不良的作用。亚里士多德不同意柏拉图的这种说法。他认为，悲剧通过怜悯和恐惧能起到对心灵（或曰激情）的净化作用（这其实就是强调了悲剧的实用作用），并把这个论点写进了悲剧的定义中。卡斯特尔维特洛认为，亚里士多德这个定义的提出，无形中否定了那些起不到上述作用（净化作用）的悲剧的存在，而实际上，这种起不到净化作用的悲剧不但大量存在，而且比起具有实用作用的悲剧还要多得多。这些悲剧尽管不起实用作用，但能给人以快感。

正是有鉴于此，卡斯特尔维特洛对亚里士多德的上述理论提出了这样的质疑：他说，

---

① 《古典文艺理论译丛》编委会.古典文艺理论译丛(6)[M].北京：人民文学出版社，1957：19.

既然亚里士多德在"说起一般诗歌起源的时候,他实际上已经说明了诗歌被创作出来,主要是为了快感,不是为了实用(这里是指教益),如果这样说是正确的话,那么,为什么他又认为,悲剧作为诗歌的一种形式,主要只该在实用教益上着眼呢?为什么不能撇开实用(教益),主要只在快感(娱乐)上着眼呢?"[①]在提出了上述质疑后,接着他又说:"亚里士多德本来无须注意实用,或者即使注意,稍稍注意一下也就够了,不该排斥其他一切和实用无关的悲剧,并且应该规定实用只限于一种情况,即造成对恐怖和怜悯的净化。其实,即使重视实用,其他悲剧也不是一无可取,例如有些悲剧,具有好人从逆境转入顺境,或者恶人从顺境转入逆境的内容,大家看后了然于心,坚定虔诚的信念,即万事有神做主,神会特殊照管他的信徒,保佑他们、打击他们的敌人和他的敌人。"[②]这里,卡斯特尔维特洛的确抓住了亚里士多德论点不严密的地方。因为亚里士多德一方面强调悲剧给心灵以净化这样一种实用作用;另一方面,他又认为"快感是悲剧的唯一目的"。对这种同是出于亚里士多德之口的矛盾说法,卡斯特尔维特洛并没有苛求责备,而是用一种比较宽容的口吻作了这样的合理解释。他说,由于亚里士多德的目的是为了驳斥柏拉图的"悲剧对人的道德有不良影响"的论点,故他强调赞成那种给人们以良好教育、以恐惧和怜悯来净化激情的悲剧。正是由于亚里士多德"一心一意就想做到这一点",故也就"并不注意自己和自己说过的话有矛盾"。不管卡斯特维特尔洛对亚里士多德悲剧目的论作何种解释,他自己的悲剧目的论显然已经表述得异常清楚:悲剧的主要目的是给人以快感(娱乐),而不是实用(教益)。在悲剧究竟是为了快感(娱乐)还是实用(教益)的问题上,如果说,亚里士多德还有模棱两可的或带有自相矛盾性质的解释,那么,卡斯特尔维特洛在《诠释》中已经说得明明白白了。不管怎么说,就卡斯特尔维特洛对悲剧目的性予以明确解释这一点,他无疑是对亚里士多德悲剧定义的一个大的修正(不管这种修正的正确和合理程度如何)。也正是他对悲剧目的作出了如此明确的解释,故使他的悲剧理论更具特色。

(九) 悲剧的快感

前面讲到,卡斯特尔维特洛认为,悲剧的目的不是实用,而是快感。下面我们再来看看卡斯特尔维特洛对悲剧快感的解释。

首先,必须回答快感的来源(或快感得以产生和形成的前提条件)是什么。卡斯特尔维特洛答道:悲剧中的那种特有的快感"来自一个由于过失、不善亦不恶的人由顺境转入逆境所引起的恐惧和怜悯"。这就是一个人必须具备三种特有的条件:(1) 他本人必须有过失;(2) 人品不善也不恶;(3) 由顺境转入逆境——只有如此才能引起人们的怜悯和恐惧,从而导致快感的产生。那么,为什么具有上述三种条件,尤其是第三种(当人们看见一个不该受难的人受难),才会使人产生快感呢?对此,卡斯特尔维特洛也承认,如果按照理性,人们从中得到的不应该是快感,而应该是一种不快之感(或曰反感)。但是,亚里士多

① 《古典文艺理论译丛》编委会.古典文艺理论译丛(6)[M].北京:人民文学出版社,1957:21.
② 《古典文艺理论译丛》编委会.古典文艺理论译丛(6)[M].北京:人民文学出版社,1957:22.

德所理解的“快感”是指借助激情，把恐惧和怜悯从心中清洗出去。他说：“这种清洗或者这种驱除，根据他的说法，如果来自相同的激情，就完全有资格被称为‘黑多奈’（Hedone），亦即快感或者喜悦，同时也应当正确地称为实用，因为这是靠很苦的药剂得到的心情的健康。源自怜悯和恐惧的快感是真正的快感……产生这种快感的场合是：当别人不公正地陷入逆境，因而感到不快的时候，我们同时也认识到自己是善良的，因为我们厌恶不公正的事。我们天生都爱自己。这种认识自然引起很大的快感。与此同时，我们还可以得到另一种相当强烈的快感，这就是看到别人遭受不合理的苦难，认识到这种苦难有可能降到我们或者和我们一样的人的头上，我们默默然，不知不觉就明白了世途艰险和人事无常的道理。这种道理比由别人像教师那样一本正经地灌输给我们更远能使我们喜悦。”①这种喜悦，就是指一种“快感”——一种经过人们领悟后而产生的心理愉悦（也可以称为“间接快感”）。卡斯特尔维特洛在这里所强调的是这种“间接快感”的基本来源（或产生快感的基本条件），以及它为什么比一般快感更强烈。关键就在于人们对一个不善也不恶但又犯有过失之人遭受了不应有的由顺境转入逆境这样一种事件的理解和思索，从而在心中产生一种“顿悟”。这种“顿悟”的结果使人获得一种特殊的快感。这种快感之所以与平常的快意不同是因为全靠人们主观心智上的悟，而不是靠客观上老师的开导。按照常理来说，人普遍是自爱的，总希望自己舒适安宁和心理满足，故人们也往往唯恐自己在生活中出现坎坷、磨难和挫折。正因为此，当他看到大难或不幸降临在别人头上的时候，就会自然联想到自己，由此会产生一种怜悯（对受难者的怜悯）和恐惧（担心自己也可能遭此厄运）。正是在这种怜悯和恐惧情绪被激起的时候，快感也随之诞生了。英国经验主义美学家帕克在谈到悲剧问题时，曾对怜悯和恐惧的性质作了这样的揭示，他说，所谓的恐惧和怜悯之心，其实“就是一种伴随着快感的情欲”。这个结论基本上揭示出了像卡斯特尔维特洛所说的上述那种悲剧快感的性质。

卡斯特尔维特洛在《诠释》中还谈到悲剧与史诗之间的异同以及悲剧的现实感等问题，但从这些谈论的内容看，与亚里士多德的观点基本上是一致的，故在这里我们就不必再多费笔墨了。

卡斯特尔维特洛是对整个欧洲文艺复兴影响最大的文艺理论家之一，然而他一生坎坷，并于 1571 年（即《诠释》在维也纳得以发表后的第二年）死于瘟疫。为卡斯特尔维特洛写传的穆拉托利先生在《卡斯特尔维特洛小传》中曾这样写道，卡斯特尔维特洛的逝世，使意大利失去了“一个天资颖悟、闻见广博的学者，一个名传遐迩的哲学家和批评家。他一生颠沛流离，虽然按理说来，应该享受好得多的命运”。这句话既可以当做穆拉托利对卡斯特尔维特洛历史地位和影响的积极评价，同时又可以当做作者为命运对这位学者的不公而发出的叹息。在文艺理论史上，卡斯特尔维特洛究竟应该占有什么样的地位？这一直是个久经争论而未解决的问题。这里主要牵涉对其《诠释》如何看？应该承认，在卡斯特尔维特洛的《诠释》中，确实有不少地方对亚里士多德的学说作了发挥（并不严格地停留

---

① 《古典文艺理论译丛》编委会.古典文艺理论译丛(6)[M].北京：人民文学出版社，1957：23.

在对其学说的解释上)，并且有些论述完全是属于对亚里士多德《诗学》原文理解上的错误。最为典型的就是所谓的“情节一致律”和由此推演出来的悲剧时间、地点一致律(即三一律的雏形)。这种情节、时间和地点一致律后来在古典主义悲剧作家那里变成了僵死的创作规则，从而阻碍了戏剧的发展。也正是由于后来的“三一律”是在卡斯特尔维特洛的“情节、时间、地点一致律”基础上发展而来，故当人们一提起“三一律”就自然把卡斯特尔维特洛的名字联系在一起。也正是由于这个原因，卡斯特尔维特洛在文艺批评史上屡遭反对派的嘲讽和抨击，致使《诠释》中的许多独创性的论点没有引起人们应有的重视。卡斯特尔维特洛《诠释》中关于悲剧的论点也不乏有许多独创性的建树。例如，当他在解释什么样的人物可以充当悲剧角色时，提出可以把好人遭难作为悲剧的主题。这显然是同亚里士多德的论点有分歧的。对此，有人认为，悲剧把好人遭难作为其主题，这里就有一个报应失当(即违背了善有善报、恶有恶报的原则)的问题。而报应失当的故事又往往有可能会招致观众在心理上对主宰一切的上帝的反感。对此，卡斯特尔维特洛的回答是：悲剧的作用仅在于激起恐惧和怜悯，怨恨上帝并不能抹杀它的艺术效果。

尽管在卡斯特尔维特洛以后形成的“三一律”有不少弊病，我们也无须去为之辩护，但对于“三一律”的原始雏形，即卡斯特尔维特洛的情节、时间、地点一致律，我们应该历史地看。卡斯特尔维特洛在当时提出这一论点，一是基于对亚里士多德情节整一说的合理引申，二是出于对当时的现实舞台和现实观众的考虑，这两个因素都是受到时间和地点所限制的。卡斯特尔维特洛正是从上述这两个过于偏狭的前提中推导出“情节、时间、地点一致律”原则。因此，从某种意义上说，它有利于剧作情节结构的紧凑、集中、简练，但并不适用于一切题材，更不能适用于一切戏剧形式。另外，我们也应必须看到，卡斯特尔维特洛在他那个时代，供他研究亚里士多德《诗学》的参考剧目也很有限。从他的《诠释》中，我们看不到他列举莎士比亚和维伽等作品的实例，而不少例子都是从古希腊三大悲剧大师和薄伽丘的《十日谈》里借用而来。由此足见，当时的戏剧创作不足以帮助卡斯特尔维特洛阐述问题。正是由于戏剧创作实例的限制，他的悲剧理论研究的广度和深度也相应地受到影响，因而某些论点难免失之偏颇。对此，作为后人，我们也应该予以客观的鉴谅。尽管如此，卡斯特尔维特洛仍不失为欧洲文艺复兴时期最有影响的悲剧理论家。

注释

1 科努图斯：尼禄王时代的文人和批评家。

2 泰伦提乌斯(Terentius，约公元前190年—公元前159年)：著名的古罗马喜剧作家，短暂的一生中写了《宦官》《婆母》《兄弟》等六部诗剧，全部得以保存。

3 指泰伦提乌斯。

4 萨堤洛斯是希腊神话中半人半羊、居住在森林中的最低级的林神。萨堤洛斯剧乃是悲剧三部曲(每次竞赛必须演三部曲)后附加上第四部曲，旨在调节和吸引观众。

5 1576年以前，英国戏班子没有固定的可供演出的公共剧院，除有时在宫廷或贵族府邸或市镇大厅演出外，它们多半是在旅店院中临时搭台演出的。1576年，著名演员詹姆士·巴贝治在敌视戏剧的伦敦当局的管辖范围外的城南区，用木材建立了英国第一座公共剧院，并将之命名为“戏园子”。同年，有人建立了第二座剧院，命名为“帷幕剧院”。一个名叫菲利浦·汉斯劳的富裕的皮毛商人，于

1586年建立了第三座剧院，命名为“玫瑰剧院”，1599年建立了“幸运剧院”，1613年又建立了“希望剧院”，1595年有人建立“天鹅剧院”。1598年詹姆士·巴贝治的儿子理查·巴贝治(与莎士比亚同属宫廷大臣剧团)将“戏园子”拆毁，利用旧材料，在泰晤士河南岸建立了著名的“环球剧院”。莎士比亚中、后期的剧作就经常在这里演出。

6 维吉尔(Virgil，公元前70年—公元前19年)，古罗马诗人。

7 卡斯特尔维特洛：《亚里士多德〈诗学〉诠释》，第三章，第57节。

8 李维：《罗马史》第一卷。塔昆努斯威胁露克莉提亚说，如果她不依顺于他，就要把她杀死，并诬蔑她曾和奴隶私通。

9 卡多(公元前95年—公元前46年)，古罗马政治家，以性格坚强正直闻名于世，内战中，反对恺撒，败后不肯受俘而自杀。他是古罗马人琉坎的史诗《法沙利亚》中的主要人物。

10 希腊神话中的底比斯王。神后希拉使他发疯，杀死了亲子莱阿克斯。

11 此人实际上是珀琉斯的岳父。

12 希腊史学家希罗多德(Herodotos，约公元前484年—约公元前425年)曾记载此事。

13 参见埃斯库罗斯《俄瑞斯忒斯》三部曲。

14 见欧里庇德斯《希波吕托斯》，菲德拉是弥诺斯和帕西淮的女儿，阿里阿德涅的妹妹，忒修斯的第二个妻子，希波吕托斯的继母。

15 利俄斯·托夸图斯是古罗马的一位将帅，因儿子违反军令，和敌将独斗获胜，下令将他处死(公元前540年)。

16 此种题材常常为古希腊悲剧大师欧里庇德斯和古罗马的辛内加所采用。

17 意大利有这样一部悲剧，描写卡娜克与兄弟马卡留斯恋爱并发生性关系。

18 埃斯库罗斯：《被缚的普罗米修斯》。

19 见《旧约·撒母耳记下》第十三章。

20 喀倪剌斯，希腊神话中的塞浦路斯岛的国王，帕福斯女神阿芙洛狄忒的祭司，这位女神的祭司氏族是喀倪剌斯族的始祖，阿波罗的儿子。也有一些神话说他把自己的女儿误认为邻居的少女而与其同床。

21 希腊神话中塞浦路斯岛国王喀倪剌斯的女儿，由于一向忽略对爱情女神的供奉，故被罚对其父亲发生不正当的情感。

22 奥维德：《变形记》，第十章，第324～326行。

23 这种情节亚里士多德在其《诗学》第9章中提到过：阿耳戈斯城的弥堤斯雕像倒下来砸死那个看节庆的、杀他的凶手。

24 《旧约·创世纪》第十九章。

25 伊菲革涅亚，希腊神话中的女主人公，阿伽门农和克吕泰涅斯的女儿(一说是忒修斯和海伦的女儿，由克吕泰涅斯抚养)。

26 见欧里庇德斯《伊菲革涅亚在陶洛人里》。

开创独特唯物主义美学体系的人

——狄德罗美学思想研究

人类的伟大先哲——亚里士多德，在他的前驱（如毕达哥拉斯、赫拉克利特、德谟克利特等）的卓越思想基础上，创立了唯物主义美学。这种唯物主义美学在同形形色色的唯心主义思想的顽强对垒中，不仅保存了自己，而且到了18世纪，发展成了美学的主导流派，并在革命的资产阶级思想家中找到了当之无愧的继承人，其中最主要的就是法国启蒙运动思想家、杰出的战斗唯物主义者德尼·狄德罗。

狄德罗是马克思主义以前最彻底的唯物主义美学家，近代现实主义文艺理论的奠基人。他在前人卓越的思想（特别是英国唯物主义美学的重要成就）基础上，对美学作了新的探索，从而形成了具有独特风格的唯物主义美学体系。这一体系对后世产生了巨大的影响。坚持用科学理性的世界观和方法论研究狄德罗的美学思想，是研究整个狄德罗哲学思想的一个不可忽视的重要方面。

一、美的客观性

什么是美？美究竟是客观的还是主观的？对这些问题，不同的美学家对此作出过不同的回答。唯心主义美学家认为美是心灵的产物，是心灵的外化（即对象化）。狄德罗对此却作出了截然不同的回答。他认为，美绝不是理念的表现，而是客观存在的东西，对象的美根本不依赖于欣赏者而独立存在。他说："无论他（指欣赏者——本书著者注）从自然中采用例子，还是从绘画、道德、建筑、音乐中借取典范，总可以发现那些本身具有唤起关系观念的东西，而他称之为实在的美，也总可以发现那些唤起他将其他事物加以比较的适当关系的东西，而他称之为相对的美。"①无论是实在的美，还是相对的美，它们都是客观的东西，只有事物自身同其周围的事物具有某种客观的联系，才能在人的悟性中唤起关系的观念。因此，在狄德罗看来，坚持美的客观性，这是唯物主义美学的最基本的原则。他说："我的悟性没有给事物添一点东西进去，也没有去掉一点东西。不管我想到或一点也没有想到卢浮宫的门面，其一切组成部分照旧有这种或那种形式，其各部分间也照旧有这

---

① 《文艺理论译丛》编委会.文艺理论译丛(1)[M].北京：人民文学出版社，1958：34.

种或那种安排。……不论有人无人，罗浮宫的门面并不减其美，但这种美仅仅是对于身心构造和我们一般的可能有的人们而设的；因为对于别的人们，罗浮宫的前面可能既不美也不丑，甚至是丑的。”①在上述这段引文中，我们可以看到，狄德罗已经提出了一个唯物主义的原理，即认为美完全是客观存在于人的感知、观念之前，并且不以这些感知、观念等为转移而独立存在。具体而言，狄德罗旨在说明下述两点：第一，美有客观性，但在“具有身体和理智的人”那里，对美仍有各种不同的看法，因为，每个“具有身体和理智的人”的主观条件各有不同(例如他们的学术水平、美学修养、思想风格乃至所从事的职业和所处的环境以及理想、信仰等条件不同)而对同一事物的审美评价各有不同；第二，狄德罗力图在被反映的东西(例如某一审美对象)和反映(例如具有身体和理智的审美主体)之间，在作为“自在之物”的美和成为“为我之物”的美之间建立一种联系。此外，这段引文还表明，狄德罗已经意识到，尽管美是客观存在，但对这种客观存在的美给以审美领悟和审美判断的只能是“具有身体和理智的人”才能完成。因为，人与自然界的一切非理性物不同，人具有数千年养成和积淀形成的“本质力量”(马克思语)。诚然，如果没有这种“本质力量”，人就看不到(或听不到)这种客观的美。他就会在壮美的大自然面前无动于衷，这就更谈不上有什么诗情的激发和对美妙世界的憧憬。因此，我们可以这样说，只有人才具有这种不仅创造美而且能知觉和领悟美的理性化的能力。这种能力绝不是由人的“自然属性”所决定，而纯粹是一种社会性的现象。换一句话说，就是人的长期的社会化的生活和生产活动所形成的一种审美能力。这种能力也只有为人这个特殊的“灵性”所拥有。

狄德罗关于美的客观性的论述，无疑是坚持了唯物论的反映论观点。但是，他在论述这一原则的同时，对于美在人的主观观念(审美主体)的反映过程的解释显然有点过于简单化。因为，我们知道，对事物的审美知觉的形成是一个相当复杂的过程。审美判断不仅有赖于审美对象的客观属性，而且始终离不开审美主体的主观趣味的判断。正是由于他对这一原则的论述过于简单，所以在西方美学界，也曾有一些人对狄德罗的美的客观性学说作过曲解，认为狄德罗美学观中也有美是主观的成分，例如法国的列斐伏尔就声称狄德罗的上述理论同那种美是主观的、理性的、相对的理论没有什么两样。它们之间的关系则是一种一唱一和的关系。在列斐伏尔等人看来，既然美是理性的，是借助于我们的感官而为我们的悟性所注意的实在关系，那么，这个悟性主体就是主观性的基础。我们认为，这纯粹是一种机械的形而上学观。他们没有看到狄德罗在这一观点上的辩证思想。因为，狄德罗在论述美的客观性时，已经明明白白地强调，当他在对审美客体进行领悟时，既没有加进任何东西，也没有去掉任何东西。我们的主观理性(审美力)是丝毫不影响独立不倚的客观美。事物的美仅仅是由它的内在联系和它本身同其周围的外部世界的联系所构成或决定。我们悟性中的关系只是实在关系在不同的个体人物中产生不同的个体反映，这本身同客观的实在美没有关系，而只是审美主体的主观原因所致。对这个问题的正确答案，唯有从审美主体的社会性原因中去寻找。

---

① 《文艺理论译丛》编委会.文艺理论译丛(1)[M].北京：人民文学出版社，1958：19.

因此，在谈到有"主观的美"时，狄德罗也仅仅是想为论证主体悟性的社会性打基础，那就是，尽管每个个体的人，每一个阶层、民族、时代的代表人物都可能有自己的美感和美的观念。例如，当有人问他："在君士坦丁堡，那些房子好像监狱的模样，它们美吗？"狄德罗答道：这些房子的模样"符合土耳其人的美感"。"那土耳其人的美感好吗？"对此，狄德罗要求人们应该尊重一个人或一个国家或一个民族的风俗习惯，应该从这种良好的习俗中去发现那个人或国家、民族的良好的美感，他说："一个年轻的浪荡哥儿在旧王宫广场散步，在那里看到小小的翘鼻子、笑嘻嘻的嘴、机灵的眼睛、饶有深意的举止，他就嚷道：'啊，她多迷人！'而我呢，我轻蔑地转过身去，我的眼光停留在一张我发现是有天真、坦率、质朴、高尚、尊严、端庄的脸上。你以为很难确定：是那年轻人，还是我错了吗？他的美感可归纳为这句话：'我爱恶德'，而我的则是这句话：'我爱美德'。每个人评判莫不如此，最终可归纳为前一句或后一句话。"从上面我们看到，尽管对美的态度是主观的，但还是有不依赖于"有没有人观察它"的客观美。主体悟性中的关系只是实在关系的反映。在这一点上，深刻体现了狄德罗的唯物论的反映论思想，他坚定地站在唯物主义的立场观察自然、观察一切审美对象。

二、美是关系

在确立了美的客观性之后，狄德罗并没有终止对美的本质这一问题的深入研究。他懂得，在确立了美的客观性后，如果不给美下一个定义，就不可能找出美的规定性，因此，他首先确定美的特征，即找出物质现实中能使物体和现象成为美所必需的那种要素。狄德罗根据特征是为现实的现象本身所固有这一唯物主义信念提出了问题："在我们称为美的一切物体所共有的素质中，我们选择哪一种来赋予它以'美'这个名词呢？"①对此，狄德罗的答案是："我看很明显，只有这样一种素质才合格，有了它，就使得所有这些物体成为美，它的多或少(假如它能增减的话)，就使得所有这些物体有较多或较少的美；没有它，就使得这些物体不再是美；它不能改变自己的本性，以致使该种类的美也不改变；与它相反的素质会使最美的物体变成讨厌的、丑的；总而言之，由于这种素质，美才发生、增加、千变万化、减少、消失。但是，只有关系这个概念引起所有这些结果。"② 因此，狄德罗得出这样一个结论：美的特征、美的最本质的特点就是现实之间的各种事物的必然的联系，换一句话说，物质世界的物体和现象在它们不断相互影响的过程中产生于它们之间的那些多种多样的关系。这就是狄德罗在《论美》中提出的那个"美是关系"的学说，狄德罗在详细论述这一学说时这样写道："我把一切本身有能力在我的悟性之中唤起关系概念的东西，称之为在我身外的美；就一切唤醒上述概念的东西，我称之为与我有关的美。"③

狄德罗在提出了上面这个著名的公式之后，接着就对这一公式作了一系列的解释，我

①② 《文艺理论译丛》编委会.文艺理论译丛(1)[M].北京：人民文学出版社，1958：18.
③ 北京大学哲学系.西方美学家论美和美感[M].北京：商务印书馆，1988：129.

在之前谈到的“绝对美”和“相对美”概念就是因此而提出的。其中，关系到人的美都是相对的美。它有赖于观赏者的领悟和判断，而这种判断“总是几乎都只涉及相对美而同绝对美无关”。因此，狄德罗上述公式的主要思想是，如果美外在于我，那么，美就是一切能够在我的意识中唤起关系这个观念的东西，从而关系到我的美就是一切在我身上唤起这种观念的东西。在这里，狄德罗其实对“实在的美”和“见到的美”之间有什么联系他自己也没有弄得很清楚。“实在的美”和“见到的美”在狄德罗那里似乎还有某种对立因素存在，这个问题的关键，除了上文说的他在一定程度上受17、18世纪某些唯心主义哲学家的思想影响外，还在于他没有完全意识到人和自然以及社会这些概念之间的辩证联系。我们在《论美》和狄德罗的其他论著中，很少看到他从社会学角度去探索美的本质问题，这可能是导致他提出上述论点的主要原因。另外，我们必须还要说及的一点就是，在马克思主义以前，无论是唯物主义的美学家，还是唯心主义的美学家都没有对美作出正确的定义，狄德罗也试图用“美是关系”的概念来给“美”以规定性，但是，不很成功，因为，“关系”这个概念过于宽泛。人们对“关系”可以作多种理解，例如，同一事物的各部分之间的关系，如某一事物自身各部分的比例、对称、秩序排列等形式要素，再如此事物与他事物之间的彼此关系，如大自然中的森林与大地的关系、山脉与河流的关系、星星与月亮的关系、月亮与太阳的关系、人与人之间有同志关系、姻亲关系、老人与小孩的关系、男人与女人的关系，道德方面有善恶关系、卑下和崇高的关系，还有如审美主体与审美对象之间的关系，等等。总之，任何一种物体归根到底是由多种多样的关系的总和所决定，没有关系的物体是不可思议的，正如没有物体的关系是不可思议的一样。例如，安徒生作品中的癞蛤蟆虽然不美，但谁也不可否认它有各部分的组成关系(丑陋的癞蛤蟆也必须有头、身、腿等部位组成)。因此，我们看到，如果就关系这个概念本身，不对它作进一步的区别(或者说对“关系”一词本身不作严格的特殊意义上的规定)，那么，关系一词将始终停留在一般的普通意义上，它在不含有任何特殊意义的情况下，便可以作为美的事物的定义(如美丽的孔雀是由头、身和光灿灿的羽毛组成的那些关系)，也可以作为丑的事物的定义(如以上所说的癞蛤蟆的例子)。当然，美在它的表现中始终离不开关系，但不能因此说“关系”可以概括“美”的一切。此外，从形式逻辑的角度看，美和关系这两个概念的外延之间的区别是很大的，因此，不对“关系”作严格的规定，就更不能作为美的定义。

在论述了“美是关系”之后，在这里要特别说明的是，尽管狄德罗的“关系”学说在解释美的过程中有其不足的地方，但他在提出事物处于相互关联中，已经看到了审美客体存在过程中所具有的普遍关系(即这种客体自身各部分的关系，以及它同其周围事物的关系和同审美主体的关系等)，因此，既然有普遍的关系，也就有存在物的统一，这里反映了狄德罗美学中的辩证法思想，同时也可以看出他的美学思想是建立在唯物论的反映论基础上的。

三、真善美的统一

“真善美”的问题是一切美学家和文学艺术家们所特别重视研究的问题，狄德罗在他的《论美》等著作中多次地谈论这个问题，他在《绘画论》的第七章中这样写道："真善美是紧密结合在一起的。在真和善两种品质之上加以一种难得而出色的情状，真就显得美，善也显得美。"又在《拉摩的侄儿》中说："真是圣父，由他产生的善是圣子，再由圣子产生的美是圣灵。"也就是说，美源于善，善源于真，形成了三位一体的源流关系。狄德罗后来在《论戏剧体诗》中又说："真理和道德是美的朋友。您想要成为作家吗？您要成为评论家吗？请从善人开始。"分析以上的论述，我们不难看到，狄德罗的真善美关系是一个有机统一的整体，彼此紧密联系，不可分割。按照狄德罗的这一思想，一切美的东西，自然必须同善和真发生联系，离开了真与善的美就不可能是真正的美。

我们知道，真善美虽然是一个不可割裂的有机整体，美虽然与真有着不可分离的亲和关系，但真并不等于美，因为，美不是客观规律本身，而是运用客观规律改造世界的人的能动创造的实践活动的实现（例如马克思所说的"劳动创造美"），而真作为客观世界的规律性和作为科学认识的对象，它自身无所谓美和丑。只有当客观规律不仅为人们所认识所掌握，而且被人们运用于改造世界的实践活动中去，它的具体感性的存在形式成为人的能动创造的活动所必须掌握的东西，并成为对这种活动的肯定的时候，真才有美的意义。这就是美和真的辩证联系。现在，我们来看看，在狄德罗的美学中，真善美是怎样统一的。

什么是"真"？狄德罗认为，"真"源于自然。狄德罗是自然的崇拜者。但是，这里我们首先要补充说明的是，狄德罗所理解的"自然"不是指一般区别于社会的那种自然，而是包括社会概念在内的那种自然，一句话，他所理解的那种自然就是现实世界。当然，首先是指以人为主体的社会活动。有了这个"自然即是社会"的前提，我们就可以理解狄德罗艺术创作中的"模真"思想。

狄德罗除了是一位追求真理的哲学家，同时又是一位现实主义的艺术创作大师，在他一生的创作活动中，始终坚持艺术之美和自然之真的联系，反对所谓的"纯艺术"，主张创作以"真善美有机统一的"严肃文学和喜剧。在美学理论方面，狄德罗始终认为艺术是对自然的模仿，艺术美是对现实美的模仿。现实美是第一性的，艺术美则是第二性的。在《绘画论》中，狄德罗认为绘画创作的最重要的原则就是"模真"（即模仿人类社会生活这个自然）。狄德罗在处理艺术和自然关系上能作出上述唯物主义的论述是难能可贵的，这对后来的唯物主义美学家产生了深远的影响。由于哲学家们在哲学基本问题上的分歧，对艺术模仿也持各种不同的观点。例如在西方美学史上，曾第一个对美的问题进行深入思考的哲学家柏拉图，他从唯心主义的"理念论"出发，提出了唯心主义的美学观。他认为，人所创造的美来源于心灵的聪慧和善良，心灵美与身体美的谐和一致是最美的境界①，艺术是对现实的模仿，现实世界是理念的影子，艺术则是影子的影子。狄德罗的模仿说是建立在物质第一性基础上的。他首先承认艺术的模仿对象是纷繁复杂的大千世界。在这个世界里，各色各样，无奇不有，这是艺术家从事创作的广大天地。他正是在这个物质第一性的唯物主义的思想支配下，才极其热情地鼓励作家和艺术家要深入生活，要到工厂、田

① 柏拉图.文艺对话集[M].朱光潜，译.北京：人民文学出版社，1963：61，64.

间等市民社会中去。用我们今天的话来说，就是要深入社会、深入实践，因为，那里才是艺术家取之不尽用之不竭的创作源泉。在这些问题上，我们看到，狄德罗坚定地站在唯物主义的立场，他“把基本的哲学派别鲜明地对立起来”①。

在追求真善美的统一中，狄德罗极其强调艺术作品的思想性及其美的社会效果和艺术的教育作用。他认为艺术作品的内在思想和内容，其地位应高于艺术作品的形式。他说，任何雕刻和绘画都应该是一句伟大格言的体现，都应该是对欣赏者所上的生动的一课，否则就会暗无生气。艺术家要具备两个主要条件，即道德和远景。诚然，狄德罗已经看到，艺术美尽管以善为前提，但归根到底应符合和服从善。所谓艺术中的善，就是艺术家创作艺术不但要以自然为摹本，而且必须反映社会生活，必须符合人类的社会实践活动，也就是说要合目的性。一件艺术作品，就它符合人的目的（即满足于人的某种需要，如一场芭蕾舞，它满足人们艺术欣赏的需要，使人在感官上得到愉悦，得到感官的满足）来看，它是善，而就它是人类改造世界的创造性活动的结果（如米开朗琪罗的《大卫》，是人的创造性的智慧和才能的客观实现、肯定和对象化）来说，它是美。此外，就一件美的艺术作品的诞生和对这件艺术作品的欣赏能够鼓舞人改造世界的信心和热情、提高人们改造世界的智慧和能力来看，艺术作品的美尽管没有直接与功利的目的相联系，但它的最终的社会意义仍然在于激励人和鼓舞人更好地去进行改造自然和参加社会实践斗争。在这个意义上，它归根结底还是善。因此，艺术中的善，无疑包含着教育人、启发人、鼓舞人，使人对生活建立信心并为人类的进步事业而奋斗。这是艺术的社会功能，也就是艺术的善。所以，狄德罗主张，艺术家应是“人类的教师，人生痛苦的安慰者，罪行的复仇者和美好德行的奖赏者”。因此他又说，艺术家（比如演员）在演出戏剧时，必须从“合目的性”出发来考虑社会效果，演出也要看对象，他说：“在戏剧表演中不针对观众，就如同他不存在一样”的人不会是个真正的戏剧家。他设想能在舞台上展现一些物体以及它们的全部细节，使观众能立即理解它们的意义和价值。他强调艺术作品的感化作用，在《论诗体剧》中，狄德罗有这样一段耐人寻味的论述：“人们在看完演出之后，从剧场带回家的不是言语，而是深刻的印象，不是对一句名诗所报以的掌声，而是在久久的静默之后从心底里发出的一阵阵快意的叹息。”可见，狄德罗对艺术的社会效果是多么的重视。他因此极力主张一切艺术都要达到这种“合目的性”。狄德罗不但要求别的艺术家们要这样，他在自己的作品中也是贯彻了上述思想，例如，他的《拉摩的侄儿》，通过一个叫花子、流浪汉式的主人公——拉摩的侄儿这样一个典型矛盾人物，揭露当时法国社会的不合理性“各种不同地位的人的互相吞噬，正直人不快活，快活人不正直”。拉摩的侄儿不受现成道德观念和固定的善恶概念来束缚，他厚颜无耻，但又坦率无忌地叙述他是以怎样无耻下流的手段强奸一名少女，并且公然表白：“我叫作德行的东西，你叫作邪恶；而我叫作邪恶的东西你却叫作德行”②，狄德罗不但揭露了人物的矛盾，而且还以赞赏的口吻写道：拉摩的侄儿的所作所为正可“使

---

① 中共中央马克思恩格斯列宁斯大林著作编译局.列宁选集：第2卷[M].3版.北京：人民出版社，1972：33.

② 狄德罗.拉摩的侄儿[M].江天骥，译.北京：商务印书馆，1981：68.

真理显示出光芒，他使人认识谁是善良的人，他把恶棍的假面具揭穿了”[①]，狄德罗希望“他会像一颗酵母一样开始发酵”，从而去“动摇着和改动着人们”[②]，从封建桎梏中苏醒过来。这部充满着辩证法的杰作一问世，就受到黑格尔的瞩目，黑格尔当时正在写他的第一部传世巨著——《精神现象学》，他深为主人公（拉摩的侄儿）的入木三分的“辩证谈吐”所折服，他在该书中这样写道：“不顾羞耻地讲出欺诈行为，恰好是最高的真理。”马克思主义经典作家在看了这部伟大的作品后也给予了极高的评价，马克思在1869年4月15日致恩格斯的信中称它是“无与伦比的作品”[③]。

此外，在论述狄德罗的“真善美统一说”这个问题时，我们必须看到，狄德罗的“模真”思想的一个重要组成内容就是形象思维理论。我们知道，形象思维是相对于抽象思维而言的。一般说来，形象思维同艺术家发生联系（当然艺术家有时也进行抽象思维）。抽象思维同哲学家发生联系（同样，哲学家有时也进行形象思维）。在这个意义上，形象思维就是艺术性的思维，就是作家和文学艺术家在从观察生活、吸取创作材料到塑造艺术形象这整个创作过程中所进行的思维活动和思维方式。狄德罗的形象思维坚持了物质第一性的唯物主义原则。他是站在唯物主义反映论的立场来论证思维问题的。他认为哲学家和艺术家在从事自己的研究和创作中，各自都有自己的思维方式，前者是抽象思维，后者是形象思维。他说：“诗里的真是一回事，哲学里的真又是一回事。为了存真，哲学家说的应符合事物的本质，诗人只求和他所塑造的性格相符合。”[④]因此，尽管哲学家和诗人的思维方式不同，但他们对现实的反映又都可以是真的。艺术家的创作离不开形象思维，而形象思维必须遵循认识的一般规律，即通过实践由感性阶段发展到理性阶段，以致达到对事物本质的认识，但形象思维又有它的特殊规律：它一般不脱离具体的形象（即便是对往事的回忆也是如此），而只是舍弃那些纯粹偶然的、次要的、表面的东西。因此，狄德罗说，形象思维“是人们追求形象的机能”[⑤]，又说，这种形象思维“总是以具体的事物为对象”。在这里，狄德罗其实是旨在强调形象思维的物质基础，这是他现实主义思想在形象思维中的体现。同时，狄德罗还看到，形象思维同抽象思维一样，它同逻辑思维之间不是一种排斥关系，而是一种相辅相成的关系。狄德罗之所以懂得这一点，是因为他从现实主义的创作观点出发，已经意识到了无论是作家、诗人、演员、音乐家和一切形形色色的艺术家，他们的思维都是在对现实生活进行深入观察、体验、分析、研究之后，选取并凭借种种具体的感性材料，通过想象、联想和幻想的方法，塑造完整而富有意义的艺术形象，以表达自己的观点。如莎士比亚的《李尔王》，作者通过主人公李尔王的形象，揭露原始积累时期的利己主义，批判对于权势、财富的贪欲，从一个侧面反映了圈地运动时期英国广大农民流离失所的社会现实。再如，米开朗琪罗的《大卫》，通过大卫的英雄形象，表现了作为当时共和国力量的象征。所以，无论是艺术家的想象和哲学家的推理，都必须遵循逻辑思维。我们因

---

①② 狄德罗.拉摩的侄儿[M].江天骥，译.北京：商务印书馆，1981：3.
③ 中共中央马克思恩格斯列宁斯大林著作编译局.马克思恩格斯全集：第32卷[M].北京：人民出版社，1964：283.
④ 《文艺理论译丛》编委会.文艺理论译丛（2）[M].北京：人民文学出版社，1958：28－29.
⑤ 伍蠡甫.西方文论选：上卷[M].上海：上海译文出版社，1988：358.

此看到，狄德罗的逻辑，实际上是指各种现象之间联系的经验。他的形象思维，也不是一种臆想，而是经过对社会事物和人的长期观察、摸索和认真思考，从特殊到一般，从分散到集中，从感性到理性的不断反复的认识过程。它是一种唯物论的反映论。在西欧美学史上，狄德罗能第一个明确提出“形象思维”理论，这无疑是对18世纪唯物主义美学理论发展的又一贡献。

四、小说及其风格

狄德罗不但是18世纪法国杰出的哲学家，而且也是优秀的小说家。他的小说无论是从内容到思想都是比较深刻的。除了《拉摩的侄儿》这部哲理小说受到马克思、恩格斯和黑格尔等伟人的高度评价外，他的其他几部小说在法国乃至世界文坛上也占有一定的地位。狄德罗的小说普遍具有立意深刻、文笔生动和富有独创等特点，使人读起来有别开生面之感。狄德罗小说体现了作者在文学方面卓越的艺术天才。

按照马克思主义的唯物史观，时代造就英雄和伟人。应该说，小说家狄德罗也是那个时代所造就的人物。同样，他的小说也是时代的产物。18世纪初期，古典主义在法国剧坛仍占统治地位，但已经处于夕阳无限好，只是近黄昏的境地，开始显露出它那日趋衰败的迹象。从18世纪20年代起，以狄德罗为代表的启蒙文学开始成为法国文学的主流。杰出的启蒙作家狄德罗，继承了法国良好的文学传统，并且吸取了英国文学中的优秀成果，创作了他那独具风格的小说，从而使启蒙思想在法国和整个欧洲得以广泛传播。狄德罗是资产阶级现实主义美学的早期代表，在小说创作中，他反对古典主义的创作原则，主张艺术模仿自然，从而反映现实生活。狄德罗的主要小说有三部，其中的《修女》主要是揭露教会的残酷和黑暗，小说通过可怜的孤女苏姗・西孟南在修道院所遭到的迫害，猛烈抨击教会对人的精神上的压迫和摧残。另一部是《宿命论者雅克》，此书通过主人公雅克的生活遭遇，揭露封建社会和资产阶级的腐朽黑暗，他通过雅克在遭到主人挨打时常说的“上帝就是这样规定的”这句口头禅来启发人们去深思，从而启发人们的反封建反宗教意识，起到了巨大的启蒙作用。还有一部就是《拉摩的侄儿》。

在狄德罗以前的古典主义时代，法国的小说还是处于摸索阶段，当时，除了一种混合的体裁(即骑士小说)外，那个时代的小说家们写些什么呢？他们只是写一些风流韵事式的放荡故事，写一些可怜没落阶级英雄的奇遇，等等。到了18世纪，法国小说继续在摸索中前进，但这时，它已开始向内容、技巧和形式方面发展。在那里，那些还不善于把他所处的那个社会里的形形色色现实情形用小说的形式表现出来的作家们，他们只有像记日记和记流水账那样把现实片段式地罗列起来。在内容方面，小说家们还在犹豫彷徨，他们不懂得小说作家必须深入生活，即深入社会的复杂关系中去。他们把小说的内容只局限于一种“情感的”或意识形态的内容或色情的内容范围内，因此，小说创作的范围极其狭窄，题材十分有限，内容自然也就十分贫乏。正是在小说界处于这样一种徘徊不前的沉寂状态中，狄德罗冲破了这种沉寂和局限，重新开创了法国小说的一代新风(我这里尤其是指狄德罗在对法国小说的形式和内容方面所作的贡献而言)。

狄德罗懂得小说的内容,主要是指人们日常的社会生活,说得更确切些,小说的源泉就蕴藏在日常生活中,在狄德罗看来,那些"沿路的客栈比那些远离大路、不论神秘与否以及是否为遗址的城堡更富于小说性"。他在《宿命论者雅克》中深刻地体现了他的这一思想:"接触生活——那是农民的生活和外科医生、工匠、船长、大贵族、客栈老板的生活——雅克和他的主人一边骑着马,一边谈论着一个形而上学的主题,以让真实的世界运动起来并展现在我们的眼前。"至于狄德罗的这种创作方法是不是从西班牙作家塞万提斯的《堂吉诃德》一书中获得奥秘这一点我们在这里暂且不必管它,在狄德罗的小说风格中,我们不难窥见,狄德罗对现实生活的观察是极其细致的。他一贯强调要正视真实(即正视日常生活),他在给里科波尼夫人的信中说:"在世界上一切都可被人察觉,在一次喧闹的谈话中,一句暧昧的话、一个手势、一个眼神常会泄露内情。"因此,对于目光敏锐而又善于观察和捕捉"物体的真实价值"的狄德罗来说,一切都是富于意义。

狄德罗的《修女》,描写一位女性的生活现实。故事通篇描写女性的性格、行为和心灵活动。狄德罗把他对女性现实的探究成果集中体现在这部作品中。在对女性实行压迫的那种社会结构的解体中,妇女们已开始为自己的生活和权益而斗争,她们也要像男人那样要生活,要劳动,要自由行动,也要自由地选择意中人为自己的伴侣等,她们已经开始用各种方法来自卫。狄德罗从传统的女性特点中发现了一种饶有趣味但却是模糊的现实:真实的女性,也就是由奸诈、不满、忧虑、功利思想、长期思考而致的智慧过人、关于隐藏又难以捉摸的自私所形成的女性的恶毒,在这一连串的女性形象中,最感人的形象是些"不规矩的女人"。应该看到,妇女为争取自身的解放而起来同压迫她们的现存社会做斗争,这在客观上已经打乱了该社会的现存结构。狄德罗通过《修女》这部小说,已把改革的"手术刀"刺到了旧社会的脓包。自从中世纪以来,女修道院就收容那些所谓"多余的"女性,这就给贵族和资产阶级家庭摆脱和抛弃那些他们所讨厌的女孩(如失宠者、精神病患者等)创造了条件。狄德罗笔下的西孟南小姐既不是失宠者,也非精神病患者,而是一个极其正常、健康的热烈追求生活的女性,仅仅是因为她是私生女,当她出嫁的时刻即将到来时,便将她送进了修道院。因为她没有权利继承其父亲的财产。我们从《修女》一书中不难看到,狄德罗是想表达这样一个主题:女性们渐渐意识到她们自己存在的价值和意义,意识到其自身应该是自由的和人道的。狄德罗指出西孟南小姐的成长,从几乎是被动的承受压迫到逐渐觉醒并奋起反抗,从青春期的不安到要求自由解放的愿望,我们在阅读这部作品时,不能不把这些看做是这部传奇般小说的主题。在狄德罗的《修女》这部作品中,我们还看到,作品内容丰富,情节迂回曲折,作家在创作构思中,似乎没有给人物以个性规定,也没有把故事情节纳入使读者读了开头就能推知结局的那种不幸的轨道。正是在这种故事情节的不定性中,更使矛盾冲突隐而不发,倍加耐人寻味,对此,我们不能不认为这是《修女》这部小说至今盛誉不衰的一个主要原因。

尽管《修女》是一部虚构的小说,却充满了真实感。狄德罗描写西孟南,是把她作为一个活生生的修女的典型形象来刻画的,她既体现了作者创作构思上的丰富的想象力,又可以体现作者的现实主义思想。有这样一个例子：一天，当狄德罗正在写这部作品时，他的一位朋友闯进门来，只见他在痛哭流涕，把那位朋友怔住了，以为出了什么事，便问他究竟，狄德罗回答说："我在为我写的故事伤心。"可见，他已经完全给作品的主人公苏姗·西孟南小姐所占领。西孟南这个人物典型虽属虚构，但她的形象来自现实。这位哲学家就是这样通过极其严肃地对待每一个虚构的主题，来表达深刻的现实。因此，这部小说可以说具有两重性，即它既是完全真实的，又是完全虚构的。可以断言，如果现实生活中没有"西孟南式"的轶事，那么，狄德罗即使在写作上有丰满的翅膀，也很难在想象的蓝天里如此自由地翱翔。

狄德罗的另一部重要小说——《宿命论者雅克》，从这部小说的书名中，我们就显而易见地看到了书中的主人公是一个宿命论者的形象。在哲学上，人们一谈到宿命论，就自然会使人们去思考自由和必然性的问题。在生活中，人们往往普遍倾向于这样一种态度：前途上的胜利者（或者说成功者，包括学业、事业、爱情、官场纷争等）一般都会产生一种自由和强大（即有力量——指能力，包括在社会生活中的竞争能力），这种成功也就是我们通常所说的走运。这种所谓的运气不受外界条件的制约所影响。但是，由于这种完全偶然性的假象掩盖了这个社会体制所特有的必然性，命运就成了资产阶级生活的本质。因此，其结论是，每个个人的前途均由机缘的偶然性所支配，人们的理性是无法认识必然性，也无法认识自由。狄德罗似乎已经看清楚了这个问题的本质，他说："对于雅克来说，命运就是一切和他接触或相邻近的东西，他的马、他的主人、狗、女人、驴子、小嘴乌鸦。"在狄德罗的笔下，命运也就是完全的偶然性，相信命运（即机遇）的意识不可避免地变成了迷信。在这部小说的创作风格上，狄德罗是有一些独创性的新意的——它在一定程度上似乎离开了"小说"的范围，其实不然。在狄德罗看来，当时的有些小说（如英国小说）一切的机遇都是早已安排好了，但一切又都是不可能，而狄德罗对小说的最基本要求是什么呢？是真实可信，尽管他作品中的真实较之有些小说家的传奇故事更荒诞。西方有位学者在评价这部小说的特色时这样写道："任何故事都没有雅克和他主人旅行的故事那样掺和了那么多的反省、离奇和轶事。"总之，小说尽管荒诞，但不失为"真实"。此外，由于创作风格上的需要，小说所采用的对话形式因此在一定程度上必然会影响故事情节的连贯性，但仍不失为井然有序，而且，新颖的主题，独特的语气和优美的文笔融成一个整体，法国有人称这部小说"犹如一部音乐作品"是有它的道理的。

当然，我在这里必须要指出的重要一点是，狄德罗小说的另一特点，乃是采用对话的手法，这是他的小说体裁的最大特色。正因为是采用了"对话体"，因此，有人甚至不承认上述三部作品是小说，其实，这是不对的，不公平的。因为，从具体的历史角度考察，狄德罗之所以要采用对话体，看来有多种考虑，其中，对话体的叙述比较灵活，譬如，对话体一般不一定必须要有结论式的结局，而在狄德罗作品所涉及的形形色色人物中，有些人是很难处理和很难给以定性的，而采用了对话体，这一类的困难问题就可以得到妥善避免，此外，当然还会出于其他的考虑。至于狄德罗的文笔，有人认为，他的文笔既不是讲故事的文笔，也不是抒情诗人的文笔，而是"对话作家"的文笔，等等。我认为，上述这种看法未免有点失之偏颇，下这种论断的人，他们根本看不到狄德罗小说的思想深刻性，尽管这种小说是以对话的形式出现，但绝不是随随便便，信口雌黄地胡说一气。狄德罗作品内容的最大特点是真实性强。作者经过多年的酝酿构思又经多次修改才写成如此深刻而又精彩的文字。

五、戏剧理论

狄德罗美学思想的其中一个最重要的组成部分就是他的戏剧理论。文艺复兴运动以前，在法国和欧洲的主要文艺思潮是古典主义，这种古典主义在法国尤为典型，发展也最完备，其特点是主张用民族规范语言，按照规定的创作原则（如戏剧的“三一律”）进行创作，崇尚理性和“自然”，以此作为创作的指南，并以古希腊罗马的文学艺术为典范，甚至大量采用古代题材表现宫廷贵族的生活理想和心灵风格等。古典主义戏剧（悲剧、喜剧），作为一种文艺思潮，它在历史上有其进步的意义，但是，由于它的产生和发展同法国的君主专制制度和绝对王权观念的形成和演变有着休戚与共的联系，因此，尽管古典主义戏剧在历史上有进步意义，并且在法国的戏剧领域中一度占有绝对的统治地位，但到了 18 世纪中叶，随着资本主义的逐渐形成和封建社会的逐步解体，古典主义美学教条和它那固有的脱离人民、脱离现实的倾向逐步成为一种时代的精神阻力，妨碍着先进的现实主义戏剧的崛起，人们再也不能容忍那种专为满足封建君王和贵族的高雅情趣并为之歌功颂德的宫廷艺术。因此，时代的发展给人们提出了这样的要求：必须冲破那种专为宫廷贵族老爷、太太、少爷、小姐服务的旧的腐朽的古典主义艺术体系，创立适合于新兴资产阶级所需要的新的剧种，这个任务就这样历史地落到启蒙思想家狄德罗的肩上。

（一）市民剧的创立

在整个文艺方面，狄德罗最关心的就是戏剧。他在戏剧领域的贡献，使他称得起是近代戏剧美学的伟大先驱。

大约在 17 世纪末 18 世纪初这一时期，在英国的剧坛出现了一种新的剧种，叫作“感伤剧”。这种剧的特点是用通俗易懂的日常语言描写平凡人的平凡生活，它往往是充满着感伤的情调，并且带有劝善惩恶等道德意味，因此，法国人也称它为“泪剧”。这一剧种是在打破古典剧种框子的情况下确立起来的。狄德罗的“市民剧”正是受英国的上述这种“感伤剧”影响的启示而创立的。悲剧和喜剧是法国古典主义戏剧的主要体裁。这两种体裁的划分完全是为了适应宫廷和贵族阶级统治的需要，因此，就必然有尊卑高下的区别。反映在表演的社会功能上，悲剧是受人尊崇的，它是一种阳春白雪的剧种，属于高贵体裁，表现的题材和范围一般都是宫廷贵族和上流社会中的风流韵事以及他们的思想活动和行为风尚，并且饰以一种崇高悲壮的色彩。而喜剧则不然，这个剧种的主要任务是表现下层社会人民（即第三等级和同该等级颇为接近的小贵族）的生活状况，因此被人们看做是一种“卑下的”体裁。狄德罗的“市民剧”超出了上述两种戏剧的局限。它既不像悲剧那样热衷于表现上流社会，为他们歌功颂德，也不像喜剧那样对社会恶习有那么多的揭露和讥讽，而始终旨在宣扬新兴资产阶级所推崇的道德品质，所以，也有人把这种市民剧叫作“严肃的喜剧”。狄德罗在1757年创作的《一家之主》和1758年创作的《私生子》就是这种严肃剧的代表作。虽然在古典主义的悲喜剧之间存在着不可消除的差别——悲剧用来为王公贵族唱赞歌，喜剧用来对下层人民作讥讽，但是，它们归根到底都是为封建统治阶级服务的。因此，在这样的戏剧中，不可能有劳动人民（即第三等级）的形象（指作为被歌颂的形象）在其中出现，而狄德罗的市民剧，正是代表了第三等级的利益。市民剧的创立，从根本上打破了古典主义戏剧在当时戏剧舞台上的一统天下的局面，打破了悲喜剧之间的严格界限。

《私生子》和《一家之主》的问世标志着新生的市民剧的创立和对悲喜剧革新的成功，尽管这两个剧无论从内容到形式都还不太完善，但它们毕竟是作为一种新生事物出现在法国的旧戏剧舞台上。我们知道，无论是悲剧和喜剧，由于这两者的那种不可逾越的界限和表现题材的限制，因此，在客观上给这两种体裁的戏剧造成了很大的限制——使这种体裁始终处在一个狭小的范围里。狄德罗认为，作为社会的人，他“不总是处在痛苦中，也不总是处在喜悦中”，因此，反映在戏剧表演中也不应该只有悲剧和喜剧两种形式。狄德罗就是想要在这种悲剧和喜剧之间创立一种介于这两者之间的戏剧体裁。这就意味着，在“现在的戏剧（即悲剧和喜剧）体裁之间有一个空间（是一个广阔的生活空间）”，狄德罗的“严肃的喜剧”的优越性就是由于它处于这两种体裁之间，上下有路，左右逢源，要表现的对象十分广阔丰富，而不像悲剧、喜剧那样受体裁界限的严格限制。尤其是古典戏剧到了后期已发展到了一个极端：一方面排斥表现那些迷离神奇的东西，另一方面又排斥诙谐风趣的成分，因此在表演上发生了很大的困难。在谈论戏剧的特点时，狄德罗把当时法国的戏剧分为四种：第一种是古典的喜剧，这种喜剧是可笑和恶习；第二种是严肃的喜剧（即他创立的市民剧），这一喜剧主要表现道德和社会责任（如《一家之主》中所描绘的那样）；第三种是古典悲剧，主要的表现题材是民众的灾难和大人物的不幸；第四种是家庭悲剧（如《私生子》中所描写的那种私生子的不幸命运）。从以上四种戏剧的排列中，我们看到，狄德罗有意将严肃的喜剧和家庭悲剧这两种体裁同古典主义的悲喜剧相提并论，这就从理论上对代表第三等级利益的上述两种戏剧首先加以肯定和认可，应该说，狄德罗在同古典主义戏剧的挑战中所采用的这种策略也是颇为巧妙的。新的戏剧体裁的确立，标志着旧的戏剧的桎梏被彻底打破。

古典主义的悲喜剧，专为王公贵族歌功颂德、树碑立传，并嘲讽取笑市民社会。随着社会历史的发展，这种现象再也不能继续下去了，时代向进步的艺术家提出了要求，那就是必须要有一种新的戏剧体裁来取代上述这种陈腐的传统剧。狄德罗的“严肃的戏剧”就是在这种情况下应运而生的。这一剧种诞生后的使命，就是要代表第三等级的利益，并以“人类的美德和本分”作为戏剧表现的主题。相形之下，这两种新旧体裁剧种的对立性就很清楚了，前者对市民阶级是讥讽的，而后者则是歌颂的。总之，这一新剧种经过同旧古典主义戏剧的斗争，终于确立了自己的地位，这在客观上表明新兴的资产阶级在戏剧舞台上也已出现了自己美好的形象。在分析研究狄德罗的戏剧思想时，这一重要的社会历史意义我们不能低估。

此外，市民剧在语言上也作了重大的改革。在古典主义时代，贵族统治阶级为了显示自己的高雅趣味，因此，严格规定戏剧（尤其是悲剧）必须用韵文。对此，狄德罗认为完全没有这个必要，并极力主张消除那种韵文和散文之间的人为的鸿沟。狄德罗认为，散文不但可以写喜剧，而且也同样可以用来写悲剧，这样的悲剧也同样是诗篇。这里可以看出狄德罗的思想是十分解放的，改革也是很彻底的。他从本质上蔑视这种束缚人手脚的创作陈规，而主张怎样写自由就怎样写，怎么表达合适就怎么表达，至于形式，那是可以灵活多样的，根本没有必要像封建贵族那样为了显示自己的高雅而在创作中拘泥一格。

总之，狄德罗的市民剧（由于这个剧种是介于传统的古典主义悲剧与喜剧之间，故也叫正剧）开创了法国剧坛的一代新风，它对后世有很大的影响，例如，在法国，著名的戏剧大师博马舍的喜剧代表作《塞维勒的理发师》和《费加罗的婚礼》以及论文《正剧体裁纲要》就是受狄德罗戏剧思想影响的产物，甚至像德国著名的作家和哲学家莱辛、黑格尔等也都深受其影响。这足以说明狄德罗戏剧理论的历史意义和价值。

（二）戏剧艺术与现实生活

任何一门艺术，它都有一个创作的源泉问题。因此，戏剧艺术自然也不例外。现在我们来看看在狄德罗的戏剧理论中，他是如何处理戏剧艺术同现实生活之关系的。

在狄德罗的戏剧理论中，贯串着一条"艺术模真"的主导思想，即"艺术模仿自然"。我在上文已经谈到，在狄德罗理论中的"自然"，主要是指现实世界，因此，所谓的艺术模真，就是要求艺术反映生活，反映现实世界中的客观存在的形形色色关系。正是从这一前提出发，狄德罗提出戏剧家（当然也包括演员在内）要深入社会，深入实际生活中去，认真细致地观察这个"自然"，分析这个"自然"，把这个"自然"作为戏剧创作的"范本"。他说："你要想认识真理，就得深入生活，去熟识各种不同的社会情况，到乡村里去试住一阵子，看看那些小茅舍，详细询问那里的人们，或者，最好是瞧瞧他们的卧床、食物、房屋、衣服。"深入生活，以现实的客观世界作为戏剧家创作的真正源泉，这是狄德罗唯物主义美学思想难能可贵的组成要素。

由此看来，狄德罗戏剧中的现实主义较之他小说中的现实主义更强调其"社会性"——生活的真实性。在戏剧表演中，狄德罗特别强调表现生活中的真切情形，即只要日常生活中有的，戏剧中都应该有，不应该去限制它，吞没它，更不应该去人为地矫饰装扮它，否则就不符合真善美统一的原则，就会使戏剧的价值受到折扣。狄德罗这里所强调的那种自然中有的，戏剧舞台上也应该有的思想是在认识到艺术真实和生活真实的关系这个前提下说的。这里拿戏剧中的写人来说吧，法国古典主义戏剧家高乃依和拉辛他们认为自己的创作任务不是要描写普通的凡人，不是单纯地描写活的人，而主要是描写没有任何大的弱点和缺陷的"英雄和伟人"。高乃依的几十部剧本，如人所共知的《熙德》《贺拉斯》《西拿》等都是恪守上述古典主义的创作原则，宣扬和赞颂维护君主专制制度的英雄，而在他的剧本中就根本没有普通人民的地位,即使有,也是被丑化和扭曲了的形象。这说明了古典主义剧作家不能做到公平地对待现实,因此,也就不可能真正做到客观地反映现实世界的本来面貌。同这种古典主义的创作艺术相反,说得更确切些,同高乃依、拉辛的宫廷悲剧相反,狄德罗严格遵循现实主义的创作原则,要求戏剧中的主人公应该是具有各种优点和缺点的人,并且要求把人物描绘成现实生活中所存在的那样。这一要求的提出同当时的客观社会历史条件有着密切的关系,它首先是由恢复社会的人的自然权利、从封建的基督教的道德精神的束缚下争取个性解放的思想斗争所决定的。同时,这个要求也在艺术特性本身中找到自己深刻的根据,因为,我们知道,艺术特性要求尽可能把艺术形象个性化,即尽可能在艺术表演中体现出它的情绪和具体的感情。

上面谈到,狄德罗的严肃的喜剧是作为古典主义戏剧的对立面(不是在介于悲喜剧之间的那种新的戏剧形态这个意义上说的,而是就从对古典主义戏剧的否定意义上说的)出现的。他站在新的严肃剧的立场上,主张戏剧不要表现那些空洞的人物形象,而应该严格按照日常生活中确实存在的那样去表现有血有肉有思想有灵魂有情感的实实在在的社会化的人。狄德罗认为,戏剧中的真正的主人公只能是具有高尚德行的模范人物,即具有高度的公民热忱的个体的人,这些人能奋不顾身地为捍卫资产阶级思想家们所提出的那种合理的社会理想而斗争。狄德罗真诚地相信,不但是资产阶级,而且是第三等级的人也都有成为高尚公民的可能。由于狄德罗坚持了这一思想并相信这种转变(即第三等级的公民向高尚公民转变)的可能性,所以,他认为,要在戏剧中确立第三等级公民的形象,这个形象要体现个人和社会的“和谐”,这种“和谐”就是他所说的那种“自然状态”。因此,18世纪启蒙学者所提出的“大自然是艺术的第一模特儿”这个“艺术模真”的口号的主旨,是要求戏剧家和一切艺术家通过普通人的形象来揭示现实生活中的“自然的人”,这的的确确是一个了不起的进步。

综上所述,我们看到,狄德罗的美学体系是他的哲学思想的一个极其重要的组成部分。他的美学思想在法国启蒙运动中占有十分重要的地位。作为一个资产阶级启蒙学者,狄德罗对欧洲乃至整个人类的文明和进步所作出的贡献是不可磨灭的,尤其是他在反古典主义美学和批判封建贵族文化方面表现出来的那种英勇、坚定就更显得可贵。狄德罗的美学理论不仅对18世纪的法国启蒙运动有巨大的指导作用,就是对后世也产生了重大影响,但是,作为18世纪的伟大思想家狄德罗“也和他们的一切先驱者一样,没有能够超出他们自己的时代所给予他们的限制”①,反映在他的美学理论上,还有许多不完备的地方,但这并不影响他的美学思想的历史地位和价值。自从亚里士多德时代以来,唯物主义美学到了狄德罗时代,可以说,它的发展进入了一个飞跃性的阶段,狄德罗把战斗的唯物主义美学旗帜举到了他所能举的高度,他在前人研究成果的基础上创立了具有独特风格的美学体系,从而使唯物主义美学的发展进入了一个新的里程。

---

① 中共中央马克思恩格斯列宁斯大林著作编译局.马克思恩格斯选集:第3卷[M].2版.北京:人民出版社,1995:57.

唯意志论审美哲学中的艺术分类

——叔本华美学思想研究

素以其反理性主义的唯意志论和悲观主义的人生观著称的德国哲学家阿图尔·叔本华不但有一个完整的哲学体系，而且有一个完整的美学体系。他的美学思想，从其性质来说，基本上是继承了康德，因此，西方有的学者称他是“真正的后康德派”。由于叔本华所处的历史条件比较特殊，因此，构成他的哲学理论也有几大特殊要素，其中最主要的是康德学说、柏拉图学说和印度文化。[1]叔本华的美学和他的哲学一样，基本上没有超出康德的圈子，所不同的是，他只是更多地以贝克莱式的主观唯心主义摒弃了康德哲学的唯物主义因素，因此，我们也可以说，叔本华美学是康德美学的一个改制品。当然，在整个美学思想的形成过程中，叔本华除了接受其正宗先师康德的影响外，当时德国的其他几位哲学大师也都在不同程度上对他产生影响。这些人中主要有莱布尼茨、费希特、谢林、黑格尔，同时还有贝克莱。叔本华从这些人的思想理论中得到了许多启迪，从而形成了他的独特的思想体系。限于篇幅，本文并不奢望对叔本华的整个美学思想作面面俱到的考察，而只是就他美学中的艺术分类主题作一探讨。

一、唯意志论——叔本华艺术分类的哲学基础

“世界是意志和表象”，这是叔本华哲学思想的骨干。“意志”和“表象”是叔本华哲学中的两个核心命题。叔本华在他的哲学代表作《作为意志和表象的世界》一书，开宗明义地写道：“‘世界是我的表象’，这是一个真理，是对于任何一个生活着和认识着的生物都有效的真理，不过只有人能够将它纳入自省的、抽象的意识罢了。并且，要是人真的这样做了，那么，在他那儿就出现了哲学的思考。于是，他就会清楚而确切地明白，他不认识什么太阳，什么地球，而永远只是眼睛，是眼睛看见太阳；永远只是手，是手感触着地球；就会明白围绕着他的这世界只是作为表象而存在着的；也就是说这世界的存在完全只是就它对一个其他事物的，一个进行‘表象者’的关系来说的，这个进行‘表象者’就是人自己。”①由此我们看到，作为主体之代表的人，是一切表象的根据和条件，世界上的万事万物都离不

① 叔本华.作为意志和表象的世界[M].石冲白，译.北京：商务印书馆，1982：52.

开这个主体条件。主体可以认识一切，但它本身却不为任何事物所认识。万物都具有为主体而存在的性质，一句话，主体就是这个世界的支柱。

叔本华对“表象世界”有其特殊的解释，他认为，表象的世界有着两个不可分割的半面：一个半面是客体，另一个半面是主体。这两个半面互相依存，存则共存，亡则共亡，双方互为界限，客体的起处便是主体的止处，但是尽管如此，这个表象的世界只能是建立在“表象者”这个关系上，即离不开主体的意志而存在。这种观点其实就是一种唯心主义神秘化了的观点，这种观点同贝克莱的“存在就是被感知”的主观唯心主义主张本质上没有什么两样，两者都承认世界的存在只是我的感觉（或我的意志的客体化）而已。在谈到这一思想的理论来源时，叔本华毫不隐讳地表明他是受了贝克莱的影响，并且认为，贝克莱在他之前表述出这一学说，无疑是对哲学的一大贡献。然而，最令人深感遗憾的是，康德恰在这个问题上完全忽略了，这是康德哲学的一大缺憾。根据叔本华的理论，整个世界只是一种同主体有联系的客体，是一种直观者的直观，一句话，就是一种表象。无论在什么样的时间、空间和条件下，一切能属于这个世界的东西，都不可避免地带有主体的性质，世界万物的存在都是以主体的存在为先决条件，没有主体就无所谓世界，因而也就无所谓“表象”。有了主体，才能有世界，这个世界，就是表象。叔本华的这一理论是很荒谬的，它迎合了一切主观唯心主义者的口吻，本质上是对那种客观世界第一性和不依赖于人的意志而独立存在的唯物主义观点的完全否定，从而把整个外在世界归结为主体、自我的产物。贝克莱的“存在就是被感知”就是集中反映了他的主观唯心主义，而叔本华只是用意志的客体化的说法来重复和强化贝克莱的这一哲学命题。从本质上说，叔本华的上述理论主张无疑是对贝克莱主观唯心主义理论的一种继承和演进。

主体可以认识一切，而它本身却并不为任何事物所认识，从这个意义上说，主体就是构成这个世界的“材料”。至于“人”这个主体，在叔本华那里有其特殊的解释。他既可以是主体，也可以是客体，当他认识着的时候是主体，当他被认识的时候就成了客体，两者互为因果，双方互为界限。当人体在被认识时，这种人体已经是客体，从这种观点出发，也可以把人体称为表象。不过，身体乃是一种直接客体，它也和其他诸多的客体一样，服从于客体的那些规律。至于作为表象的那个世界，叔本华指出，他有着本质的必然的不可分割的两个半面：一个半面是客体，其形式就是空间和时间，世界的多样性就是由这些时空条件所决定；另一个半面是主体，它不在时空中，因为任何主体都是完整的。这两个部分（即主体和客体）都是不可分的。因为，任何一个半面都只能是由于另一个半面或者说相对于另一个半面而有意义、而存在，这两者的关系也是一种存则共存，亡则共亡的关系。

叔本华的先师康德在认识论上是坚持一种先验的唯心主义观点，主张自在之物（或曰物自体）不依赖于人的意识而独立存在，它是感觉的源泉，但又断言这是不能认识的。认为时间和空间是感觉的先天形式，是构成感性认识的必要条件。自然界（即现象）的一切规定性（因果关系等）都取决于人的意识，并认为这些规定性（因果关系等范畴）是知性本身所固有的先天形式。叔本华在这一点上完全继承了康德，他认为，一切客体所具有的那种本质的，从而也是普遍的形式（即时间、空间和因果性）毋庸认识客体本身，单从主体出发也是可以发现的，可以完全认识的，因为这些形式是早就先验地存在于人们的意识中。康德的这一观点，使叔本华在艰难的困境中重新找到了出路，他十分赞赏康德的这一学说，说康德“发现了这一点，是他的主要的，也是很大的功绩”。[①] 而他提出的上述那种主客体之间互为界限(即客体的起处便是主体的止处)，存则共存、亡则共亡的根据律，就是我们先天意识着、为客体所具有的一切形式的雷同表述。而我们纯粹先天知道的一切并不是别的，而正是这一定律(根据律)的内容。由此可见，叔本华的“根据律”，在他的认识论中很有地位，因为，唯有根据律支配着整个表象的世界。由于根据律在叔本华认识论中的位置极其重要，加之这一学说的形成是同康德学说有关，故对此我想再作进一步的说明。

叔本华看重根据律，认为它是解释一切的原则，解释一个事物，意味着把该事物的存在或关系归因于某种形态的根据律。叔本华的根据律有四种类型，这就是存在根据律、变化根据律、行为根据律和认识根据律。外在和内在的感性，即空间和时间形式中的感知属于第一根据律，知性和因果属于第二根据律，自我意识和动机属于第三根据律，理性、认识的根据和逻辑属于第四根据律。一切客体都服从于根据律，都存在于根据律的各种形态中。但是，主体则不然，它不受根据律支配，反过来，根据律的几种形态倒要以主体为前提条件，因为世界只是相对于主体的认识而言，在主体的认识中存在，脱离了认识的世界在叔本华看来是不可思议的。叔本华兜了一个很大的圈子，但是，万变不离其宗，归根到底，整个世界的存在来源于认识，而认识只能是由有意志的人这个主体来完成，这个主体就是“我”，因而，世界唯我而存在，世界离我而乌有，世界唯我的意志所转移，这就是叔本华唯我主义认识论体系的最基本的内容。

“世界是意志和表象”构成了叔本华哲学的核心命题。在这一命题中，意志比表象更为重要，表象只代表现象世界，而意志却决定着世界中的一切。

我们不妨这样说，叔本华的意志是追随康德的产物。叔本华认为，康德的自在之物，尽管很神秘，但是，通过某种非理性的或超理性的直觉(即审美的、神秘的经验)是可以认识的，这种非理性的或超理性的直觉就是意志。叔本华的意志是作为世界存在的根源出现的。当然，只有当意志进行活动时，才有世界，所谓的“死意志”在叔本华那里是根本不存在的。这里，我必须要谈谈意志与认识主体的关系。在叔本华那里，意志和认识主体不是一回事，“意志活动和身体活动不是因果性的纽带联结起来的两个客观认识到的不同的情况，不在因和果的关系中，却是二而一，是同一事物，只是在两种完全不同的方式下给予的而已：一种是完全直接给予的，一种是在直观中给予悟性的。身体的活动不是别的，只是客体化了的，亦即进入了直观的意志活动”。[②] 这就对意志活动和身体活动的同一性作了最基本的描述。意志这个东西作为人的自己的身体的本质自身，首先是在身体的有意识的活动中将其自身透露出来，这些有意识的活动表现为意志活动的“可见性”。叔本华认为，这种“可见性”和意志活动是直接而完全同时发起的，和意志活动是同一回事，只是

---

① 叔本华.作为意志和表象的世界[M].石冲白，译.北京：商务印书馆，1982：29.
② 叔本华.作为意志和表象的世界[M].石冲白，译.北京：商务印书馆，1982：151.

由于这种“可见性”转入了“认识”的形式，亦就是成了一种表象，才和意志活动有区别。因此，世界是表象，就是意志的客体性。意志与表象的联系和区别也在于此。

叔本华在《作为意志和表象的世界》中，对意志和自在之物这两个概念之间的关系作了相当多的论证。我们知道，在康德哲学中，康德曾把世界分成两种，一种是以理解力行使职能的现象界，这种现象界受自然的必然律支配；另一种则是以理性行使职能的本体界，这种现象界不受自然的必然律的支配，它们完全是绝对自由的。这是两个彼此独立、各有界限、互不超越的世界。康德的《判断力批判》就是试图用一种通过“判断力”这座桥梁把现象界和物自体、把自然与必然、道德与自由沟通起来，调和起来。叔本华对康德的自在之物加以改造，提出了“意志说”。在他看来，康德所说的现象界不是别的什么东西，而就是一种表象。一切表象，不管属于哪一类，都是现象，而唯有意志才是自在之物。既然意志是自在之物，它就不同于现象，因为，自在之物不具备现象的形式，只有在意志出现为现象时，它才进入这些形式。除了对康德的物自体进行改造外，叔本华还到柏拉图哲学中去寻找论据。叔本华认为，康德的“自在之物”和柏拉图的“理念”，两者的结论是殊途同归的，这两种学说的内在旨趣也完全一致，双方都把可见（或可闻）的世界看做为现象，认为该现象本体只是一种虚无的东西，只是由于把自己表于现象中的东西（即在康德方面是自在之物，在柏拉图方面是理念）才有意义。这是叔本华对康德、柏拉图哲学殊途同归这一表现特征的基本看法。然而，在另一方面，叔本华又看到了两者之间的区别，他说：“尽管在康德和柏拉图之间有着一种内在的一致，尽管浮现于两人面前的是同一目标，而唤起他们、导引他们从事哲学的是同一世界观。然而，在我看来，理念和自在之物并不干脆是同一个东西。倒是应该说，理念只是自在之物的直接的、因而也是恰如其分的客体性。而自在之物本身都是意志。……与此相反，柏拉图的理念却必然是客体，是一个被认识了的东西，是一表象。正是由于这一点，不过也仅是由于这一点，理念才有所不同于自在之物。”[①]这样，叔本华就可以从这两位哲学先辈那里分别找出意志和表象的历史回声，为其神秘主义的哲学体系提供论据。

意志把自己客体化于现象中，而现象之间则是千差万别的，但意志作为一种自在之物，它本身不包含多样性。它在客体化的过程中，虽然其程序之间有很大差别，但意志本身是不可分割的，在任何现象中出现，意志都是以整体的形态存在。因此，作为意志的世界，我们可以这样理解，即叔本华的意志，本质上就是一种先验的主观性，可以把这种意志理解为永恒的主体，而这种永恒的主体永远不可能成为客体，从而也就永远不可能通过正常的认识和概念的途径来认识自己。其次，这种意志就是一种主体（尤指人）的先天的本能冲动。叔本华对意志和表象的关系的探讨和论证，是叔本华对其唯心主义的唯意志论哲学体系论述的重点，也是我们理解他的这一思想本质的关键。因此，在明确理解康德自在之物和柏拉图的理念为何物的同时，我们还必须看到叔本华这一理论的形成同斯宾诺莎的神学传统有联系。斯宾诺莎神学传统始终把上帝表现为最终实体，以此来反

---

① 叔本华.作为意志和表象的世界[M].石冲白，译.北京：商务印书馆，1982：245.

对那种上帝表现为第一原因的托马斯、莱布尼茨传统。因为，作为意志的世界是对作为表象的世界的最终实体，这个论点当然是就上帝作为世界的形而上学的最终实体这个意义来说的。

二、叔本华艺术分类的基本内容和特征

叔本华的艺术分类是以他的唯意志和理念为其基础的，只有理解了叔本华艺术分类的哲学基础，才有可能对叔本华美学中的艺术分类这个主题作深入的考察。应该看到，叔本华的独特的艺术分类法使他的美学理论更具特色。我们知道，叔本华是根据各种艺术的对象材料，而不是根据这些艺术的媒介来给各种艺术分类的。当然，他也没有忽略艺术的对象材料是由艺术的媒介所决定这一原则。正是在这一点上，他的艺术分类法同黑格尔的分类法十分相似，但就其内容看，叔本华的艺术分类理论较之黑格尔则要简单得多，贫乏得多，在整个艺术分类中，始终体现了唯意志论和理念说的特征。下面，让我们来对叔本华的整个艺术分类作一具体考察。

（一）建筑、绘画和雕塑

建筑、绘画和雕塑，三者都属造型艺术，而叔本华最重视的就是建筑，在关于建筑艺术的论述中，叔本华这样写道："建筑艺术在审美方面唯一的题材实际上就是重力和固体性之间的斗争。以各种方式使这一斗争完善地明晰地显露出来就是建筑的课题。"①"……建筑艺术的作用不仅只是数字，而且也是动力学的……通过这一艺术而使我们欣赏的不仅是形式和匀整性，反而更应该是大自然的那些基本力，那些原始的理念，意志客体性那些最低的级别。"②建筑的目的就是要使物质的材料的永恒性（即它的永久性结构）显示出来，建筑物构成它的各种材料的特性（如重力、固体性、内聚力等）显露无遗。因此，在这一点上，叔本华同普鲁提诺和培根十分相像，普鲁提诺有句名言："美是这样一种东西：它与其说是对称本身，倒不如说是显示了对称，并且它也确实唤起了热爱。"培根在他的《论美》中曾这样写道："我并非说画家不应该把面孔画得比实际更美，我只是说他在画的时候，应该凭一种得心应手的技巧（就像音乐家奏出一支优美的曲调那样），而不是死规矩。我们常看到一些面孔，就其中各部分孤立地看，看不出丝毫的优点，但是就整体看，它们却显得很美。"③培根虽然是唯物主义和整个现代实验科学的真正始祖，但培根的"美不在部分而在整体"的美学思想却为叔本华所接受，这一点，在叔本华对建筑艺术的理论阐述中体现得尤为明显。叔本华始终把建筑艺术作为一个美的整体艺术，通过这一整体艺术结构来展示构成它的各种材料的审美特性。在这样一种以整体形态出现的建筑艺术中，唯一能够成为审美材料的东西就是重力和固体性之间的斗争，并且把这种重力、固体性、内聚力、

① 叔本华.作为意志和表象的世界[M].石冲白，译.北京：商务印书馆，1982：298.

② 叔本华.作为意志和表象的世界[M].石冲白，译.北京：商务印书馆，1982：300.

③ 培根.论美[M]//北京大学哲学系美学教研室.西方美学家论美和美感.北京：商务印书馆，1988：77－78.

硬性等作为建筑艺术中的意志的最低级别的客体性。由于这些原因，故展现于人们眼前的建筑艺术，它的客观意义也就相对地变得微小。还有一种同建筑艺术有着密切关系的东西，那就是“光”。光能给建筑艺术增添审美价值，比如一座以阳光充足的蓝天为背景的建筑，可以获得双重美，而在清辉幽淡的月光下又将会产生截然不同的另一种效果。因此，艺术家（这里尤指建筑师身份的艺术家）在设计和建造一座建筑时，必须考虑到“光”感效果（其中包括建筑的规模、坐落的位置和方向以及整个建筑物内外各部分所采用的色调等）。叔本华认为，建筑艺术除了注定要显露重力和固体性外，同时也显露与这两者相反的“光”的本质，因为“光”这个东西作为最完美的直观认识方式的条件和客观方面的对应物，是事物中最可喜的东西，它在建筑中最能唤起人们的“喜爱”。在叔本华谈到关于建筑对视察者的那种积极影响时，他似乎已经接触了“移情说”理论。为了证明这一点，我在这里引证叔本华的一段原话：“当人们在看到一个美丽的、适当照明了的建筑物时，欣赏的享受与其说是在于把握了理念，倒不如说是在理念的、随把握理念而起的主观对应物方面。即是说，欣赏的享受主要是在于鉴赏者在看到建筑物时，摆脱了为意志服务的、服从于根据律的个体的认识方面而上升为纯粹的、不带意志的‘认识主体’了，也即是在纯粹的，从欲求和个性的一切痛苦中解放出来的观赏本身中。”[①]叔本华对建筑艺术的这种严重错误和不公正在于他对建筑艺术的目的的限制，认为建筑艺术的目的仅仅是表达“最初的理念”，即表达“最低级别的意志客体性——一种在固体性和重力之间的假设性意义上的斗争”。

建筑艺术和别的造型艺术不同，建筑所提供的不是实物的拟态，而是实物本身。如色利尼所做的那尊坐落在佛罗伦萨大公府广场的《佩修》雕像，它展现了一个崇高壮美的审美形象，它纯粹是一部审美作品。而建筑，尽管它从审美上看多么雄伟、崇高和壮美，尽管有的建筑也有物的拟态出现，如黑格尔《美学》中所说的那种介于建筑和雕塑之间的建筑，它们归根到底都是旨在提供实物自身，我们不妨把这种实物自身的建筑同实用价值的含义等同，但它又能达到审美目的。叔本华看到了这一点，他认为，建筑艺术作品“很少是纯粹为了审美的目的而完成的。审美的目的反而是附属于其他的、与艺术不相干的实用目的之下的。所以建筑艺术家的大功就在于审美的目的尽管从属于不相干的目的，仍能贯彻、达成审美的目的”。这是建筑所拥有的优越性。譬如法国有一位叫李·科伯西尔的建筑设计师所设计的一座教堂，我认为很能说明上述论点，科伯西尔在设计这座教堂时，他的目的就是要人们通过这座建筑物来领会到其中的一些审美意蕴。这座教堂的外形结构暗示着一个戴帽子的荷兰人头像，其构造的细腻竟达到有眼睛、鼻子、嘴巴、耳朵的程度。从其审美效果看，这座建筑已经不是那种为神灵和向神灵祈祷提供集会场所的教堂，而是作为一个巨大的雕像吸引着人们去观赏它。叔本华认为，作为建筑师的艺术家的这种别具匠心的艺术功力是应该令人赞叹的。由于作为建筑师的艺术家的这种丰富的想象力和卓越的艺术才能，才使审美目的同实用目的紧紧地结合在同一部作品中。当然，叔本华也

---

① 叔本华.作为意志和表象的世界[M].石冲白，译.北京：商务印书馆，1982：301.

强调指出，这种建筑艺术的设计是要根据时间、地点等具体环境条件来确定的，如建造宫殿就应该使建筑艺术之美同宫殿的内涵相一致，而建筑寺庙之类，也应该让这种艺术之美同某种恬淡寡欲、修身养性的气氛相谐和。还有，在地理位置和气候条件不同的情况下，建筑也应该体现不同的风格。如寒冷的北欧，那种严实的鸽子笼式的房子格局自然使建筑艺术的审美目的大受限制，但可以用尖顶的阁塔以及借助于种种雕塑（包括浮雕）的装饰来弥补审美目的上的不足。而在热带和亚热带地区，建筑物完全可以体现一种敞亮、明快的风格，以便同整个生机勃勃的外界自然相协调，如此等等。因此，叔本华认为，只有在尊重这样一个前提下，建筑艺术才能以一种最自由的方式追求其审美的目的，它才能最充分地体现意志最低级别的客体性，才真正有前途。当然，叔本华的上述观点，在它遵循建筑艺术的基本规律和法则方面是对的，但他把完美的建筑和完美地体现意志最低级别的客体性等同起来，这显然是错误的。

至于绘画和雕塑，叔本华写道："……可是，动物画和动物雕塑又展出一个高得多的级别。[①] ……最后直接地、直观地把这种理念即意志可以在其中达到最高度客体化的理念表达出来乃是故事画和人像雕塑的巨大课题。……人的美是一种客观的表现，这种表现标志着在其可被认识的最高级别上，最完美的客体化，根本是人的理念完全表出于直观看得到的形式中。"[②]叔本华把人的美解释成是意志的最完美的客体化，是可以被认识的最高一级别上的客体化。因此，人应该成为绘画和雕塑的主题，绘画和雕塑应该表现这种人体美的理想的典型，表现这种意志的最完美的客体性。而在表现人体美这一理想的典型时，属于人的体态之美，如强健壮实的身躯、匀称娇柔的身段，亦即人的肉体特征之美，一般说来，表现这些美，应由雕塑来承担。而表现人的精神特征的美，最好应该由绘画来承担。达·芬奇的《蒙娜丽莎》中的蒙娜丽莎那安详、典雅、深沉的神态和波提切里《春天》中的柔和、恬静、幽然的气氛只能通过绘画才能得到如此完美的表达，而雕塑是无论如何做不到这一点的。反之，如果让绘画来承担表现《大卫》雕像中的大卫那强健雄壮、象征着共和国力量不可战胜这样一种形体特征也是很难想象的。这正是雕塑和绘画的基本区别，也是这两者各自所负的天然使命。

由于雕塑和绘画有着天然的分工和表现功能，即雕塑侧重表现人的形态之美，而绘画一般则着重表现人体的内在的精神气质。从这个意义上，雕塑尽量完美地表现人体的外观，绘画则尽量细致地展示人的内心世界。既然雕塑是以表现人体美为主的，因此，叔本华认为，雕塑的主题应该是裸体的人，只有表现裸体才能完美地表现人体之美。当然，在雕塑中，不排除有衣着的雕像，但出现这种例子是有前提条件的，即这种衣着只能是在有利于表现身段的情况下才得以允许存在，如以描写中国古代传说中的天女散花为题材的雕塑。尽管那种天女不是以裸体的形式出现，但那种悠然飘忽的衣衫裙带间接地有利于表现天女那娇美的身段；而如果让《大卫》穿上衣服，那定将会破坏美和力的和谐，从而就

① 叔本华.作为意志和表象的世界[M].石冲白，译.北京：商务印书馆，1982：301－302.
② 叔本华.作为意志和表象的世界[M].石冲白，译.北京：商务印书馆，1982：306.

更谈不上雄健壮美身材的表现。不过，有一点要特别指出，凡是那些带有遮掩性的非裸体雕像，它对人体身段的表现还要诉诸审美主体的悟性（或理解力），这种悟性能透过人体的掩饰而透视到真正的人体形态。鉴于这个道理，因此，叔本华风趣地说，“少穿衣服或完全不穿衣服是有利于欣赏美的身段；所以一个很美的人，如果他既有审美趣味，又可按照审美趣味而行事的话，那他最喜欢的就会是少穿衣服，最好是几乎裸着身子过日子，仅仅和希腊人一样着那么一点儿衣服”①。

绘画的着眼点则与雕塑不同，它注重对人的精神、意志、品格、气质的描写，以此达到作品的美和优雅。这就需要艺术家在创作时理解在意志客体化的最高级别上所表现出的那种意志素质，从而将这种意志素质惟妙惟肖、尽善尽美地表现出来，这是作为严格意义上的艺术家的最基本的功力和使命。再说，“人的理念是在这一切个体行为中”，它是“通过这一切个体行为逐渐展开的，因此，绝对没有一种生活过程是可以排斥于绘画之外的”②。叔本华懂得绘画既然是描绘人，描绘人的意志素质就不可能光为画人而画人，相反，它的题材必须是同人有关的整个人的生活过程（即行为过程）。因此，叔本华也主张在选择题材方面，绘画和雕塑是绝对不同的。雕塑的题材是比较狭窄而严格的。雕塑的注意力主要在于描绘人、颂扬人的美和力量上。雕塑形象的艺术表现力取决于该艺术作品所具有的那种优美动人、紧凑有力、比例匀称、轮廓清晰等特点上。而绘画的题材则应该广泛得多，否则，绘画的审美价值功能和社会意义就会受到限制和削弱。叔本华举例批评文艺复兴时期意大利的天才画家们，尽管他们所创造出来的艺术作品价值很高，然而，从作品内容看，当时的艺术家们在一个很狭小的范围内选择绘画题材，即他们的艺术题材必须有利于歌颂和赞美现存的统治，一切与之不合的题材都将被拒之于外。叔本华把这种情形称为绘画艺术中的“不幸”。不过，他对15—16世纪意大利天才艺术家们的那些表现所谓真正的（即基督教的）伦理精神的绘画持积极的肯定和赞美的态度。他认为，这类绘画的技巧高超是迄今（至他那个时代）为止仍然无与伦比的。天才艺术家使画中的人物充满着伦理精神，如拉斐尔的那幅作于1504年的《圣母的婚礼》这是画家年轻时画的一幅木板油画，画面是一个大理石广场，背景是一座想象的建筑画，描绘了耶稣未来的双亲——圣母和圣约瑟夫的婚礼。此作品现陈列于布勒拉美术馆。和提香作于1515年的《圣爱和俗爱》这是提香的油画，画面通过对两个妇女形象的描绘，旨在比较异教徒与基督教徒的不同。这类画按其内容来说，称不上反映历史题材的故事画，因为他们不描写事态的发展过程，也不描写深刻的行为，而只是通过一些神圣人物，通过他们的形态、举止和神情来展示某种主题。叔本华说，人们可以从画中神圣人物的眼神和表情中“看到那最圆满的‘认识’的表情和反映”。因此，他认为，这样的绘画，才称得上“是绘画艺术中最高的、最可敬佩的成就”，因而也能最充分最完美地体现这些艺术所处的那个级别的意志客体性。

---

① 叔本华.作为意志和表象的世界[M].石冲白，译.北京：商务印书馆，1982：318.
② 叔本华.作为意志和表象的世界[M].石冲白，译.北京：商务印书馆，1982：319.

（二）诗歌

在叔本华的美学中，诗歌和其他艺术一样，它的目的也是要表现出人的理念。诗人作诗，不能离开“表出理念”这一宗旨，否则他就不是一个好诗人，因此，不表出理念的诗，就不是真正的诗，至少说不是纯粹的好诗。当然，诗歌有多种类型，如叙事诗、抒情诗、田园诗、史诗、颂诗、讽刺诗等，不管何种类型的诗，不管诗人的创作手法如何，都是一种带有主观性的艺术，但由于诗的具体种类不同，因此，它们的主观性程度也不同。叔本华把诗的主观性程度的高低如何作为衡量诗歌难易的标准。在他看来，抒情诗的主观性程度最高，因此，它也是一种最容易的诗体。这种诗对于常人来说都能做到，因为，“写这种诗，只要在激动的那一瞬间能够对自己的情况有一种生动的直观就行了。……抓住一瞬间的心境而以歌词体现这种心境就是这种诗体的全部任务”①。当然，这类抒情诗（即非真正的抒情诗人所做的诗），其格调终究要低一些，质量自然也就要次一些。然而，尽管抒情诗很简单、容易，但“真正诗人的抒情诗还是反映了整个人类的内在（部分），并且亿万过去的、现在的、未来的人们在由于永远重现而相同的境遇中曾遇到的、将感到的一切也在这些抒情诗中获得了相应的表示”。②这也就是为什么一部好的抒情诗之所以能脍炙人口、历久常新的基本原因。

至于那种歌咏诗，叔本华从严格意义上对它的本质下了如下的定义：第一，“充满歌唱者的意识的是意志的主体，亦即他本人的欲求”；第二，歌唱者由于看到周围的自然景物又意识到自己是无意志的、纯粹的“认识”主体。这种主观欲望和对那些不期而来的（甚至可以说是主动邀请上来的）优美环境的纯粹欣赏互相混合。这样，就形成了一种状态，即主观的心境、意志的感受把自己的色彩反映在直观看到的环境上，后者（即直观所看到的环境）对于前者也是如此。这就是叔本华对歌咏诗的基本界说。说到底，这种歌咏诗是建立在一种关系，即建立在一种主体欲望和环境的关系这个基础上的。叔本华指出，“真正的歌咏诗就是刻画这一整个如此混合、如此界划的心灵状态”③。

至于诗歌的题材，叔本华认为，无论是抒情诗、歌咏诗还是别的什么诗体，它的题材不外乎是两个方面，即有形世界方面和无形世界方面。一切激动人心的东西，一切人类宣泄出来的东西和一切埋藏在人类心灵深处的东西，一切在人的心灵深处孕育滋长着的东西，都可以作为诗歌的题材。此外，整个大自然也是诗歌的题材，因此，从这个意义上，叔本华认为，诗人既能歌颂感性的享乐（尤指由于对大自然的热爱所引起的人生快乐），也能歌颂神秘的境界（指思想和神灵范畴的内容），可以写悲剧，同样也可以写喜剧，可以表现崇高，也可以表现鄙琐，总之，诗歌“应该是人类的一面镜子，使人类意识到自己的感受和营谋”④。

（三）音乐

在叔本华看来，音乐是一种尤为特殊的艺术，它完全独立于其他一切艺术之外。它和

①② 叔本华.作为意志和表象的世界[M].石冲白，译.北京：商务印书馆，1982：345.
③ 叔本华.作为意志和表象的世界[M].石冲白，译.北京：商务印书馆，1982：346.
④ 叔本华.作为意志和表象的世界[M].石冲白，译.北京：商务印书馆，1982：350.

别的艺术不同，音乐仅仅是表出理念，那就是意志的客体性，是意志的直接表出。音乐是一种可听得见的意志。音乐与世界的关系，从艺术模仿这个意义上来说，犹如表现对于被表现的、仿制品对于原物的关系那样。如果我们光这样说，还没有说出音乐的基本特征，因为上述这些关系也为其他艺术所具备。“音乐对于世界的那种复制关系是一种极为内在的、无限真实的、恰到好处的关系”，并且，音乐要求人们在它奏出的瞬间就要将它领会，因为音乐不同于别的艺术，它是一种意志的直接客体化和写照。我们知道，柏拉图的“意志的恰如其分的客体化指的是一种理念。艺术的目的就是要认识这种理念，从而凭借理念使意志客体化。”理念在杂多性中体现，才构成了个别事物的世界，而唯有音乐，它跳过了理念，直接表现意志。音乐不同于其他艺术，它也绝不是理念的写照，而是意志自身的写照（尽管这理念也是意志的客体性），音乐的表现对象不是现象，而是一切现象的内在本质，即意志本身。叔本华说，我们由此看到，“音乐的效果比其他艺术效果要强烈得多，深入得多，因为其他艺术所说的只是阴影，而音乐所说的却是本质”[①]。我们可以把叔本华的这句话说得更具体些，就是音乐不是要表现生活中的那些欢乐和苦闷、幸福和灾难，而是要表现这些欢乐和苦闷、幸福和灾难自身，音乐不是现象的写照，不是意志恰如其分的客体性的写照，而是意志自身的体现。音乐的使命是表现一种同现象同理念有别的那种自在之物，而由音乐所表现的自在之物，叔本华要求人们把它称为形体化的音乐，或者叫作“形体化了的意志”。

音乐要表现意志，要表现一种自在之物，这在客观上就对音乐本身提出了一种要求，即要求它具有严肃性，叔本华认为，意志作为一切的一切之所系，它在本质上是一种最严肃的东西，而要表现这样一种严肃的意志的音乐，它自身必须具有严肃性，只有这样，音乐才能做到将意志完美地客体化。一切优秀的音乐作品，它们都能打动人心、感人至深，这些作品之所以把人们带进对生活的憧憬，音乐自身也像“亲切习见的而又永远遥远的乐园一样掠过听众的面前”。这些都是由于音乐把人们最内在的本质所有一切的动态都反映了出来，在于它自身具有严肃的品格。只有这样，音乐才能将最严肃的意志（或者说自在之物）完全地表现出来。

（四）悲剧

叔本华认为，悲剧是最高的诗艺，也是整个文艺的高峰。它专门表现人类生活中的不幸，表现意志客体性的最高级别上的意志和它自身的分裂。叔本华在整个艺术分类中，十分推崇悲剧，因为作为文艺最高成就的悲剧，它是以表现人生可怕的一面为其主旨的，它在我们面前演出了人类难以形容的痛苦和悲伤，演出邪恶的胜利，嘲笑着人的统治，演出正直、无辜的人们不可挽救的失陷，等等。而正是这一切暗示着宇宙和人生最本质的东西。一句话，悲剧展现意志同其自身的矛盾冲突，同其自身的分裂。

叔本华悲剧理论的特点是把以人为主体的这个世界看得太坏，这是他的悲观主义理

① 叔本华.作为意志和表象的世界[M].石冲白，译.北京：商务印书馆，1982：363.

论的根源之所在，也正是由于这一点，才使他得以在很大程度上区别于别的哲学家。正如罗素说的，“叔本华在哲学家当中有许多地方与众不同。几乎所有其他的哲学家从某种意义上讲都是乐观主义者，而他却是悲观主义者”①。叔本华的悲剧理论，是他的悲观主义理论的集中体现。叔本华认为，在这个世界上，根本没有什么正义可言。悲剧就是斗争在意志的最高级别上发展到了顶峰的时候，以一种可怕的姿态出现，它的最显著的特征是表现在人的痛苦和不幸上。这个世界是一团黑暗，人生似乎生活在一个永无尽头的漫漫长夜中，根本找不到光明的前途。此外，人类不同个体间意志上的差别，加之“多数人又是心肠不好和错误百出”，造成了人与人之间的自相争斗和残杀，而这种残杀是极其悲惨和痛苦的，这种悲惨和痛苦使人的认识得到了纯化，从而原有的自私心消失了，心境进入恬静寡欲的境界，甚至可以不惜对整个生命和生命意志的放弃。叔本华列举了《浮士德》中的玛格利特、加尔隆得剧本中的刚直王子用以说明这些悲剧中的高尚人物在经历了漫长的斗争和痛苦之后，最终永远放弃了他们从前所热烈追求的目标，永远放弃了人生的一切享乐。在叔本华这位绝望、悲观的哲学家看来，这个世界是邪恶、非正义占据统治地位，作为人，他根本没有什么幸福可言，因此对音乐、快活之类的东西无须向往，无须追求，人本来就是命运的奴隶，命中有的自然会有，命中没有的就无须求，一切听其自然，听从命运之神的摆布。人生应该引导自己走向清心寡欲和自我满足。在这个世界上，“人的最大的罪孽就是：他诞生了”。在这个噩梦般的世界上，人的诞生，本身就意味着痛苦的诞生，不幸的诞生，一句话，就是悲剧的诞生。这就是宗教意义上的那种所谓人生与之俱来的“原罪”。悲剧中的高尚人物，都在赎这种“生存本身之罪”。人如要幸福，只能寄托于来世，寄托于那个为宗教信徒所信仰的彼岸世界——天国。叔本华就是用宗教的外衣掩盖了人生悲剧的本质，掩盖了非正义、不合理性的黑暗社会的罪恶根源，让人们安于噩梦般的现实状况而一心去向往来世。

叔本华认为，悲剧既然以表现人生的痛苦、不幸、灾难等可怕的一面为主题，它大致可以分为三种类型：第一种类型，酿成不幸命运的肇祸人就是剧中角色本身，如《威尼斯商人》中的夏洛克就是属于这种类型；第二种类型，导致不幸的可能是盲目的命运（或者说偶然和错误），属于这种类型的，如索福克勒斯的《俄狄浦斯王》和《厄勒克特拉》等，这类悲剧都是描写理想化的英雄人物与命运的冲突，但最终都因不能挣脱命运的摆布而走向毁灭；第三种类型，就是普通人由于在彼此地位环境条件的不同这类关系上的差别而造成的矛盾和冲突，以致给人与人之间造成了伤害和不幸，而造成这种伤害和不幸又不能归咎于普通人的任何一方。在这种悲剧的形成过程中，没有恶毒之极的人物参与，只是那些道德上平平常常的人的互相对立所造成的不幸。在上述三种类型的悲剧中，叔本华尤其赏识最后一种，他说：“我觉得最后这一类悲剧比前面两类更为可取，因为这一类悲剧不是把不幸当做一个例外指给我们看，不是当做由于罕有的情况或狠毒异常的人物带来的东西，而是当做一种轻易而自发的，从人的行为和性格中产生的东西，几乎是当做人的本质上要产生

① 罗素.西方哲学史：下卷[M].马元德，译.北京：商务印书馆，1976：303.

的东西。这就是不幸也和我们接近到可怕的程度了。”[①]从叔本华尤为推崇第三种类型的悲剧的论述中，我们看到叔本华的反理性主义立场已经暴露得很充分了。他把由人组成的这个社会（这个世界）看成是一个没有正义、没有理性、没有宁静的空间。在这个生存空间里，人人有后顾之忧，人人不得安宁，随时都有遭来横祸的可能。因为，由常人之间的冲突所酿成的悲剧事件随时可以发生。尽管第一、第二两种类型的悲剧的威慑力离我们比较远，由这两种悲剧造成的恐怖一般说来是可以避免的，但第三种悲剧对常人的威慑力很大，这类悲剧的威慑力“光临到我们这儿来的道路随时都是畅通无阻的”，因此，叔本华的结论是：“我们看到最大的痛苦，都是在本质上我们自己的命运也难免的复杂关系和我们自己也可能干出来的行为带来的，所以，我们也无须为不公平而抱怨。”这是叔本华推崇悲剧的真正目的。上述论点就是他从反理性的悲观主义立场出发，宣扬“人生即是悲剧的诞生”的论点。他要求一切遭受苦难的人们无须去挣脱它，而应该达到一种认识，即这种苦难是与生俱来的，需要的是对世上的邪意，非正义和不公平不要有任何的抱怨和斗争，作为受苦受难的悲剧之人，只需一心一意赎他的“原罪”就行。这就是叔本华悲剧理论的要旨所在。

悲剧理论，早在古希腊时代就已经形成，像埃斯库罗斯、索福克勒斯等悲剧作家就是在那时产生的。欧洲文艺复兴时期的英国莎士比亚悲剧以人文主义观点宣扬新兴资产阶级的政治理论和生活愿望，17 世纪的法国古典主义悲剧则提倡理性、维护君主专制，艺术上崇尚和谐典雅。18 世纪启蒙运动时期的悲剧大多直接描写资产阶级的现实生活，宣扬自由、平等、博爱等。那么，到了 19 世纪的德国，叔本华的悲剧理论又发展到了一个什么样的程度呢？从悲剧发展的历史角度，我们怎样来看待叔本华的悲剧理论呢？我认为，叔本华的悲剧理论是一种消极的艺术理论。在一定程度上他的这种理论是倒退了。按其性质来说是反动的，这种反动性的根源在于他的悲剧理论的哲学观是错误的，因为叔本华把一切表现、一切客体现象都看成是产生于意志。只有这种意志才是一切个别事物以及整体的最内在的本质和核心。而叔本华心目中的意志乃是一种盲目的不可遏制的冲动，是一种不可认识的非理性力量。世界的本质就是在于这种盲目性和非理性。正因为“意志”的本质是盲目的、非理性的，因此，人生的欲望和追求是永远得不到满足的。这样，人生就必然是痛苦的，其结局必然是悲剧，因而，人生的本质就是苦难，就是悲剧。

与同是处在 19 世纪的德国黑格尔的悲剧理论比较，叔本华的悲剧理论则显得消极、单调和欠深刻。黑格尔虽是绝对唯心主义者，他的悲剧理论也有许多缺陷，但他的那些关于悲剧的本质在于不同伦理观念之间的冲突、悲剧的性格同悲剧环境的矛盾冲突等思想都闪耀着辩证法的光辉。黑格尔悲剧所体现的不是真善美的幻灭，而是理性、是“永恒正义”的胜利，不是引起对生活的绝望，而是重新确立起对生活的信心，而叔本华则是从根本上否定世界、否定人类向往理性、向往正义、向往光明，否认人生有幸福、有好结果。总之，叔本华艺术分类中的悲剧理论是他的反理性的悲观主义立场的最彻底、最充分的体现，这

① 叔本华.作为意志和表象的世界[M].石冲白，译.北京：商务印书馆，1982：352－353.

一点，显然是不足取的。

三、叔本华艺术分类的美学地位及其影响

综上所述，我们已经可以清楚地看到，叔本华艺术分类的哲学基础是唯意志论，他的那些有序列的艺术等级是意志客体性在不同级别上的体现。叔本华在他的艺术分类中，按照从低级到高级的艺术序列，分别对建筑、雕塑、绘画、诗歌和音乐予以逐一的考察和论证。然而，应该指出的是，即使在叔本华的艺术分类中，他对上述诸艺术类型也是有厚此薄彼思想的。叔本华比较重视下述几种艺术类型，这就是音乐、诗歌和悲剧。在叔本华看来，他的“悲剧”是一种诗的最高造诣，只有悲剧才能全面充分地展示人类生活的可怕的一面。人生本质上就是痛苦的，因此，人就不应有摆脱痛苦的欲望。叔本华就是通过这样一种悲剧理论来要求人抑制欲望，否定人的生命意志，从而摆脱一切世俗的欲念，以达到宗教的涅槃境界，从而抛弃科学观念和以理性为基础的道德规范而进入无我之境。叔本华认为，这样一来，人们就可以超脱现象世界而进入自在之物的世界，即意志。叔本华的悲剧理论是这样，而他的音乐理论则更是如此。叔本华艺术分类中的音乐理论对后人产生了很大的影响。叔本华关于音乐的一段最精彩的表述是：“音乐是跟有形世界完全独立的、完全无视有形世界的，即使没有世界也能够在某一形式上存在的，这是与别的艺术所不同的地方。”处于 19 世纪末叶的德国唯物主义艺术史家格罗塞，对叔本华的这一天才学说推崇备至，他说，音乐的确“可以说是一种纯粹独立的艺术，它的方法和功能，其他艺术都不能和它相比，关于音乐的这种特殊地位，从来没有像叔本华那样说得如此有力”。英国新黑格尔派的领袖鲍桑葵在评价叔本华的音乐理论时说：“如果说叔本华的音乐学说中的主要要素毕竟是一种神秘概念的话，那么，无论如何，叔本华至少替黑格尔为音乐指定的地位——最主要的浪漫主义艺术——作了解释，并且用有力的语言，使哲学界和音乐界对音乐的神秘力量的难题产生了深刻的印象。”①美国著名的美学思想家帕克对叔本华的音乐理论则更是倍加赞赏，他说：“叔本华关于音乐即是意志的形象提法乃是关于音乐的真正的审美解释。”②从上述学者的具体论述中，我们足以看到，叔本华艺术分类学说在其整个美学体系中的地位十分重要。尽管叔本华的艺术方法与黑格尔大致相同，但就其内容来说，则和黑格尔的不同，并且也不如黑格尔的丰富，不过，这并不影响叔本华艺术分类学说本身的学术价值及其在他整个美学中的地位。因为我们知道，在黑格尔美学中，他的艺术分类是颇为精密细致的，可以这样说，自古希腊罗马以来的哲学巨匠中，迄今为止，还没有一个哲学家在艺术分类学说上能和黑格尔相比的。黑格尔的美学，就其整体来说，它本身就是一种艺术理论，正如黑格尔他自己所申述的那样，他的美学就是一种艺术理论或艺术哲学。对于叔本华的艺术分类学说，研究界对其评价也不尽相同。我个人认为，对叔

---

① 鲍桑葵.美学史[M].张今，译.北京：商务印书馆，1986：473.

② 帕克.美学原理[M].张今，译.北京：商务印书馆，1965：144.

本华的艺术分类学说应该有一个全面的、实事求是的评价。尽管这种艺术分类是建立在唯心主义的唯意志论基础上，尽管叔本华的艺术分类内容也体现了他的悲观主义的反理性的哲学立场，但是，我们不能因此而否认他的美学价值和地位。我认为，正是这种唯意志论的哲学基础和悲观主义的反理性的哲学立场构成了如上所述的叔本华艺术分类的特征，并由此对后人学者产生影响。鲍桑葵在谈到叔本华美学思想特征对世界思想史的影响时曾说过这样一句话："叔本华不论就他的资料来说，还是就他的理论来说，他是一个真正的后康德派。文明欧洲的流行的悲观主义和神秘主义在很大程度上是起源于叔本华的。"①因此，我认为，研究叔本华的美学思想，如果忽视了对他的艺术分类的研究，那么，要想对他的整个美学思想乃至整个哲学思想有一个全面正确的理解也是难以想象的。本文的目的只是作为探讨叔本华美学思想的一块粗糙之砖抛给美学界和艺术界的读者、朋友和同行们，旨在能引出对叔本华美学研究的更多的美玉和明珠，但愿我能如愿以偿。

注释

1　主要是印度的优婆泥沙昙《奥义书》。

① 鲍桑葵.美学史[M].张今，译.北京：商务印书馆，1986：467.

弗莱和贝尔

——英国形式主义美学的杰出代表

20世纪初，在英国产生了一个新的艺术心理学流派，这就是我们通常所说的现代（英国）形式主义美学。这个流派的全盛时期是在20世纪的20—30年代，主要代表是英国著名文艺批评家洛杰·弗莱（Roger Fry，1866年—1934年）和克莱夫·贝尔（Clive Bell，1881年—1964年）。形式主义美学在现代西方美学之林中独树一帜，被公认为西方"三大美学"[1]之一。著名英国美学大师奥斯本甚至称它是"当代艺术理论中最令人满意"的一种。英国现代形式主义美学与一般的现代西方美学流派不同，它更多地与艺术（尤其是与有形的视觉艺术）有密切联系。更准确地说，现代英国形式主义美学是对以塞尚、凡·高为代表的后印象派美术经验的概括和总结。这一理论对以后的艺术发展也产生了相当大的影响。因此，要了解和研究现代西方艺术和现代西方美学，必须重视对英国形式主义美学理论的研究。

一、现代英国形式主义美学的产生

首先让我们来简略地回顾一下形式主义美学的历史发展进程。作为一种美学形态，形式主义美学可谓源远流长。早在两千多年前的古希腊，毕达哥拉斯学派就曾试图从几何关系中寻找美的规律，如他们认为一切立体图形中最美的是球形，一切平面图形中最美的是圆形，等等。18世纪英国画家和艺术理论家荷迦兹（William Hogarth，1697年—1764年）在其代表作《美的分析》一书中提出了形式的变化和数量关系决定着美，如他提出的美的六要素（或六原则，即适宜、变化、一致、单纯、错杂和量的和谐合作产生美）的理论，在美学史上很有影响。启蒙运动时期的德国古典美学家文克尔曼（Winckelmann）从几何学的观点探寻美，他在其《古代造型艺术史》和《关于在绘画和雕刻中模仿希腊作品的一些意见》等论著中都反复强调"美在形式"的理论。德国古典美学的奠基人康德更是明确强调形式的审美功用，他说："在一切美的艺术中，最本质的东西无疑是形式。"康德之后，形式主义美学继续得以发展，如德国的赫尔巴特（Herbart）及其学生齐美尔曼（Zimmermann）提出，美只能从形式来检验，而形式则产生于作品各组成要素的关联中。英国新黑格尔主义者，著名美学史家伯纳德·鲍桑葵（Bernard Bosanquet，1848年—1923年）也十分重视

“形式”的研究，他说：“当我们说审美态度是体现在‘形式’上的情感时，我们到目前为止对审美态度所观察到的一切，都概括在一个词里面了。这个‘形式’就是我们看见在审美态度里的不同程度、不同层次存在着的，而且只要是不存在审美态度的地方，也就不存在形式。”[①]鲍桑葵始终是把审美态度同形式紧密地联系在一起。奥地利的乐理学家爱杜阿德·汉斯利克(Eduard Hanslick)还提出了“音乐就是声响运动的形式”的理论，认为音乐是一种不依附、不需要外来内容的美，它存在于乐音以及乐音的艺术组合中。优美悦耳的音响间的巧妙关系，它们之间的协调和对抗、追逐和迎合、飞越和消逝——这些东西以抽象的形式呈现在我们直观的心灵面前，并且使我们感到美的愉快。[②] 汉斯利克的上述理论对当时音乐理论研究产生了相当大的影响，这一理论把形式主义美学推向了一个更新的高峰。

进入 20 世纪，弗莱和贝尔在英国分析哲学和后印象派文艺思潮的影响下发展出了一种新的形式主义美学理论。当然，真正能比较全面完整地代表形式主义美学理论成就的是贝尔理论。为了叙述的方便，我们在全面介绍贝尔的形式主义美学理论之前，先对弗莱的美学理论作一简要的叙述。因为弗莱的理论对贝尔学说的形成产生过重大积极的影响，之后又和贝尔一起就许多形式主义美学理论问题进行了共同的探讨。因此，我们在评论弗莱和贝尔的理论贡献时，要看到他们二位对形式主义美学理论贡献的侧重点。弗莱的“纯形式”理论影响了贝尔学说的形成乃至发展，并且也和贝尔一道在总结后印象派艺术的基础上创建指导现代派艺术发展的形式主义美学，但贝尔学说则比弗莱学说更深刻、更全面地总结了后印象派艺术的实践，并对后人产生了更大的影响。现在，我们先介绍弗莱学说。

上文已经简略提到，洛杰·弗莱是当代英国著名的画家和艺术评论家，形式主义美学的主要代表，与克莱夫·贝尔齐名。生于伦敦，早年曾先后在克利夫顿公学和剑桥大学英王学院就学。他的绘画作品大部是风景画，以描写江河山川见长，尤其注重构图的形式意味，造诣精深。弗莱是现代英国少有的艺术理论和艺术实践兼备，并且在这两个领域均做出卓越成就的画家和艺术评论家。他的早期艺术评论的主要对象是意大利文艺复兴时期的艺术，在当时就已经展露出与众不同的才华和审美鉴赏力。后来，在将后印象派绘画向英国观众介绍的同时，他与贝尔一起，以后印象派艺术为基础，构建起形式主义美学理论体系。弗莱一生著述甚丰，但主要的有《视像与构图》(1920 年)、《艺术家与心理分析》(1924 年)、《变形》(1926 年)等。其中，《视像与构图》是弗莱形式主义美学理论的代表作，尤其是书中的《论美学》篇，集中体现了他的形式主义美学观。这篇著作给贝尔的“有意味的形式”学说的确立产生了相当大的影响。贝尔本人曾称他的这一论著是“自康德时代以来对这门科学所做的最有益的贡献”。

弗莱形式主义美学理论的形成与分析哲学的代表穆尔的影响也有很大的关系。我们

---

① 鲍桑葵.美学三讲[M].周煦良，译.上海：上海译文出版社，1983：7.

② 汉斯利克.论音乐的美[M].杨业治，译.北京：人民音乐出版社，1978 年：49.

知道，分析哲学是现代西方最主要的哲学流派之一。它的影响几乎遍及西方各国。它是当今在英国、美国和北欧一些国家中占主导地位的哲学。在德国和法国，虽然自第二次世界大战后，现象学和存在主义等非分析的哲学已压倒了分析哲学，但不等于说分析哲学在那些国家已经销声匿迹。相反，在相当一部分大学中，分析哲学仍然很活跃。分析哲学的历史最早可以上溯到19世纪末和20世纪初的伯特兰·罗素（Bertrand Russell，1872年—1970年）和穆尔（George Edward Moore，1873年—1958年）。以他们对在英国占统治地位的新黑格尔主义的反叛为标志，分析哲学反对传统的思辨哲学方法，创立一种与之相对的哲学——分析哲学。他们反对建立一种像黑格尔哲学那样的庞大的哲学系体，而是主张像自然科学那样，逐个解决现实中的问题。穆尔是最有影响的实在论哲学家。他对于伦理学问题的系统研究和对于哲学的极为细致精深的探讨使他成为现代英国最杰出最富有影响的思想家。他的《伦理学原理》（1903年）、《判断的本质》（1899年）、《反驳唯心主义》（1903年）等论著旨在清除德国古典哲学（尤其是康德和黑格尔）对英国哲学的影响。他在伦理问题上提出了“通过直接的理解可以认识‘善’”的理论，被人们称之为“伦理的直觉主义者”。这些都给弗莱的形式主义美学产生了不小的影响。弗莱（也包括贝尔）深受穆尔的伦理观念和“直觉”学说的影响，强调伦理意义上的“善”和艺术意义上的“美”各自具有独特的性质和价值，并由此认为艺术和人的现实活动无论从目的和手段来讲都存在着本质的区别。作为具有审美感意义上的艺术作品，它应该凭借其美的形式取悦于人，由此唤起人的审美情感和心理快感。这种审美情感和心理快感的产生同任何现实生活内容无关。作为创造美的艺术家，他的主要任务是考虑如何表现，而不是考虑要表现些什么（指现实生活内容）。作为一部有价值的艺术作品，它的全部意义就在于作品的形式结构，而不是在于其说明了什么，表达了什么。人类历朝历代传世下来的艺术珍品，其价值和意义全部在于作品本身的形式结构。这种形式结构是艺术作品的本质和精髓，是人类获得审美快感的真正源泉。任何人只要将愉快和快感这样一些审美情感和对象（艺术作品）的形式结成唯一的关系，并在这些形式中去激发自己强烈的快感，就会获得真正的具有高度美学价值的“纯粹的美感”。这是弗莱和贝尔全部美学理论的核心和前提。

除了穆尔分析哲学的影响外，康德以来的“纯形式”理论对弗莱和贝尔美学理论的形成也产生过重大影响。比如，弗莱把“纯形式”理论推向一个高峰，具体地说，就是他把美和美感同现实生活隔离开来，把艺术作品纳入了“纯形式”价值的范畴，一切艺术都是建立在“纯形式”的基础上，而一般的大众往往受各种生活经验的影响，他们这种在现实生活中所积累起来的经验往往会干扰审美鉴赏，从而领悟不到“纯形式”美中所潜藏着的美感内容，从而有碍于审美情感的激发。另外，受现实生活干扰（或制约）的普通人，他们的现实生活经验还会干扰审美联想，导致审美内容与形式结构脱节，而他们所追求的只是简单平淡的生活趣味，而不再是复杂丰富的审美趣味。弗莱把由之而产生的艺术称为“不纯的艺术”“通俗的艺术”和“商业化的艺术”等。而那些具有独特审美情感的艺术家则不同，他们不像普通人那样受日常“利害”经验的干扰，他们的心理已经达到一种超越，他们不受一般生活经验的制约。在艺术创作时不受“实利趣味”所支配，而只是专注于单独孤立的形式关系，从中获得独特杰出的艺术价值。这就是弗莱把“纯形式”推向独尊的标志。下面，我们就弗莱的形式主义美学理论作一详细的考察。

二、形式主义美学主体之一：弗莱学说

（一）双重生活理论的提出——艺术和想象

在《论美学》篇中，弗莱是从论述人的双重生活，即现实生活和想象生活开始来论述艺术和美学问题的。他认为，人的这两种生活存在着巨大的本质差异。在现实生活中，人们（甚至也包括动物）要经历各种困苦危难的境遇：如灾年闹饥荒，人们就有面临着冻死饿死的危险；如一个不会游泳的人不慎失足落水，就有面临淹死的可能；房屋起火，就有烧死人的可能，如此等等。总之，在现实生活中，这种来自不测的危险性给人的生活构成了巨大的威胁。这种威胁也是一种生存环境中的自然淘汰，它客观存在，不可避免。而这种自然淘汰过程“使诸如躲避危险之类的本能反应成为整个生活进程中的重要组成部分。人把他的全部有意识的努力都集中在这一方面。然而，在想象生活中，这种‘反应行动’是不需要的。因此，人的整个意识都可以集中在他的生活经验的知觉方面和情感方面。在这种想象生活中，我们以这种方式获得一组不同的价值，获得一组不同的知觉”。[①] 把人的意识能力集中于对付自然的威胁和集中于属于生活方面的知觉和情感方面是人的现实生活和幻想生活的根本区别。艺术就是与后一组的意识能力发生联系，也就是说，艺术与人的知觉和情感发生联系。这种知觉和情感的产生，由此就构成了一种艺术活动。弗莱正是以这种与知觉和情感有着血肉联系的艺术活动作为他全部艺术和形式主义美学理论研究的考察基点。

弗莱在阐述现实生活和幻想生活时，他也意识到这里的关键是人的意识（即在现实中的意识和幻想中的意识）。这两种意识功能是在两种截然不同的境况下产生的两种截然不同的结果：前者（现实中的意识）产生带有现实利害感的本能的反应行动，后者（幻想中的意识）则产生知觉和情感，从而获得一种（艺术）价值。弗莱以通常人们观看电影的情形为例。他说，人们从电影中看到某种行动（如惊险行动：一匹失控的马和马车），人们对其反应的结果是，不必迅速躲开现场或上前勇敢阻拦。因为，这毕竟不是现实生活中的危险。这种虚幻的危险场面并不构成实际的危险。恰恰相反，人们倒是可以从这种情景（非现实境况）中更清楚地看见这些“非常令人感兴趣而又不相干的事物”。因为，作为电影观众，当他观看银幕上的场景时的感受与他在现实生活场景中的感受是不一样的。因此，他的意识反应也是截然不同。弗莱以自己的一次亲身经历加以说明。他说，一次当他在看电影时，看到影片中的一辆列车驶入某外国车站，但那儿没有站台，列车一停稳，从车上下来的人立即都向右转，好像朝东边的方向跑去。这种刚下火车，乘客队伍乱哄哄的景象反映在电影银幕上，自然有点像滑稽表演。这种情景搬到银幕上，观众看了似乎显得很滑

① 蒋孔阳.二十世纪西方美学名著选：上册[M].上海：复旦大学出版社，1988：176.

稽，但是，在现实生活中，凡是去火车站乘坐过火车的旅客都有这种亲身体验。当人们身临其境（生活在现实中）时，像银幕上所展现的这种滑稽事物“无法进入我们的意识”，这时一般人的意识往往是集中在与他本人现实生活有关的问题上，如忙于寻找行李、忙于办理中转签字手续、忙于打听到某城后的下榻处在哪里，等等。他实际上所关注和所看到的仅仅是那些与他的利害有关的或有助于他做出“恰当反应行动”这样一些事情。由于现实生活与幻想生活所引起的意识差异如此之大，所以，弗莱以此（电影）作为观察人类的想象性生活本质的一个侧面。人们可能又要问，为什么一定要从电影这样一种艺术入手？这是因为电影是现实生活的综合概括和提炼，它“几乎在各方面类似于现实生活，除了心理学家称作我们对感觉的反应的意动部分，即作为结果而发生的恰当的行动是被去掉的”，但是至于电影幻想，贝尔也指出：“由于这些幻想引起的无论什么情感，虽然好像要比普通生活中的那些情感更加微弱，却能够更加明确地提供给意识。如果呈现在感官面前的景象是偶然事件的景象，由此所引起的我们的怜悯和恐惧的情感，虽然是弱的，却由于我们知道没有人会真正受害而能够感受得非常充分。因为，这些情感不会像在生活中那样，马上变成援助行动。”①这里提出了人们在现实生活中对（实际存在的）环境的意识反应和他对在观看电影银幕（推而广之，延伸到戏剧表演或其他动态艺术）上的那种环境的意识反应是截然不一样的，而导致这种意识反应上的差异的最基本前提是：前者建立在身临其境的“实在存在”的基础上，而后者则是建立在明知对自己不构成任何威胁或安全、因而也无须采取反应行动的基础上。尽管身临其境的场面轰轰烈烈，但由于自己身在其中而难免有点“当事者迷”，就像上文所述的车站上的情形那样。而当人们在观看电影中的场面时，由于自己是全心观看银幕的观众，对银幕中的虚幻的场面一览无余，能产生更强烈的意识反应，人们对这种虚幻场景的感受就更加充分深刻。

在列举了电影的例子后，为了进一步阐明幻觉生活的本质，弗莱又以镜子中的镜像为例。镜像与电影效果是相似的，但区别在于，电影是艺术而镜像不是艺术，它是现实生活的机械、呆板而又逼真的反映。而当人们在观看这种机械、呆板而又逼真的反映（如当人们从一面镜子中观看街景）时，他是把镜像中的一切作为一个整体来看。现实生活中，往往有这样一种情形，人们在街上走，他所关注的是与他有关的东西，如肚子饿了，他想找家饭馆，遇到多年不见的熟人或朋友，他会仔细端详这几年来对方的容貌变化，是胖了还是瘦了，是变白了还是变黑了，是变美了还是变丑了，如此等等。在这种时间的瞬间性连续中，他虽身在大街上，但对街景的其余部分一概无意去注意。弗莱认为，街景本身的吸引力被剥夺的原因，是由于人们在现实生活中“正在对生活本身做出反应”。但是，对镜像的反应就不同了。人们往往把镜像看做一个整体，自己也像看电影一样观看内中的一切，也无所谓选择。弗莱说：“那时，镜子中的景象立刻具有了幻觉性质，而我们则成了真正的观众，不再选择我们愿意看的，而是相同地观看每一样事物。我们由此开始注意一些外貌和种种外貌之间的关系。这些东西从前（指在现实生活中——编者注）常常逃脱了我们的注

---

① 蒋孔阳.二十世纪西方美学名著选：上册[M].上海：复旦大学出版社，1988：177.

意，其所以如此，是因为我们对于我们所愿意吸收的印象的选择，造成了那种永久性的节省。在生活中，我们的这种节省是经由无意识的过程完成的，而这面镜子的镜框，在某种程度上把所反映的景象从原来属于我们现实生活的景象变成属于想象生活的景象。"①这是镜子能制造幻觉的天然功能。这种幻觉的效果和电影等艺术一样，不直接导致人的"反应行动"，而却能够导致人们将其意识集中在与其生活经验有关的"知觉和情感方面"。因此，正是在这个意义上，弗莱指出："这种镜子的镜框使它的镜面成为一件非初步的艺术作品，因为它帮助我们达到艺术幻觉。如同你（泛指读者——编者注）可能已经猜到的，这就是这次我所要得出的全部结论，即艺术作品与人们或多或少地过着的这种占第二位的想象生活有密切的联系。"②弗莱的上述论断同时也说明了这样一个道理，艺术与想象生活的关系是密不可分的，想象创造了艺术，艺术反过来又刺激了想象，从而在新的更高层次上的想象将会产生更高层次的艺术。一个缺乏想象力的艺术家，要想创造出惊人的艺术杰作是不可思议的。同样，没有艺术的发展，要想提高和丰富人们（包括艺术家在内）的想象也是不可能的。

在深入论述艺术和想象的关系问题的同时，弗莱认为，不仅电影是一种想象艺术（或曰经验艺术），一切造型艺术也都是想象生活的表现，而绝不是对现实生活的简单模仿。关于模仿，美学史上不乏论证，两千多年前的柏拉图就认为，模仿乃是人的天性，"人从孩提时候起就有模仿的本能（人和禽兽的本质区分之一，就在于人最善于模仿，他们最初的知识就是从模仿得来的），人对于模仿的作品总是感到快感"。③ 弗莱则认为，模仿和再现不是艺术的根本，如造型艺术一类东西是一种想象生活的表现，更不是对现实生活的复制和模仿。弗莱以儿童绘画的情形为例，他说："如果让儿童们自己作画，我相信，他们绝不会复制他们所看见的，绝不会像我们所说的那样'取自自然'，而是以可爱的直率和真挚，表现内心的各种形象，这些形象组成他们自己的想象生活。"④ 由此看到，弗莱的"想象生活"指的是一种知觉和情感，指的是一种经验。由于这种"想象生活"不导致"反应行动"，因此是同现实脱离的。在现实生活中，凡是产生的"反应行动"都是与道德责任有关。而在想象生活中，由于不产生反应行动，故不存在道德责任问题，也不会受到实际生活的制约。

（二）想象与宗教、道德

想象不导致反应行动，它与现实生活脱离。那么，现象生活对道德情感有没有影响呢？按照严格意义上的清教徒观点，想象生活同追求感官快乐的生活一样，因此，它应该受到谴责。而按照另外一种与之相对的观点（如道德家罗斯金们所持的那种观点）则认为，想象生活是绝对需要的。弗莱说，沿着罗斯金道德家们的观点延伸，就会涉及一种"非常难以对付的特殊辩护，甚至会导致一种自我欺骗。这种欺骗在道德上完全是令人不快

①②④　蒋孔阳.二十世纪西方美学名著选：上册[M].上海：复旦大学出版社，1988：178.

③　北京大学哲学系美学教研室.西方美学家论美和美感[M].北京：商务印书馆，1980：41－42.

的。这里其实触及了宗教问题。因为宗教也是一种想象性的东西。宗教经验也是一种同人的本性中的某些精神能力相一致的经验。且不说这些能力的运用对于现实生活的影响，这种运用在本质上就是善和合乎需要的”。弗莱接着又说：“因此，我也认为，如果艺术家喜欢的话，他能采取一种神秘的态度，并且能声称，他所述的这种想象生活的丰富与完满，可以相当于一种实在，这种实在比我们所了解的尘世生活中的任何实在都更为真实和重要。”[①]弗莱的这段话说得比较玄妙，但是，只要我们把握住了他的“想象生活”的本质，对此话的理解就比较容易了。弗莱的这段话的主旨是要表明这样一种观点，想象生活高于现实生活。具体地说，它比现实生活更丰富多彩，更完满，也更概括，因此，“由艺术产生的愉快，同单纯感官的愉快相比，具有一种完全不同的特征，并且显得更为重要”[②]。由于想象比实在生活更凝练、更丰富、更概括，所以，从某种意义上说，它可以涵盖实在生活。正是基于这一点，弗莱说：“我们甚至倒应该以现实生活对于想象生活的关系来为现实生活辩解，以自然类似于艺术来为自然辩解。我的意思是说，由于想象生活最后能够或多或少地体现那种人类新感受到的他自己本性的最完整的表现和他们固有的种种能力的最自由的运用。因此，我们可以根据现实生活在各个地方与更自由的和更丰富的想象生活近似来解释现实生活，为其辩护，而不管这种近似是怎样不完全和不充分。”[③]当然，尽管想象与道德有关，但是，想象与道德并非始终在同一水平线上。这一点弗莱本人也是承认的。

（三）想象与知觉、情感

在现实生活中，出于功利的需要（也就是说出于做出行动反应的需要），视觉变得很专门化。视觉的一大功能就是在形形色色的场景中按照自己的生活需要做出选择，选择有利于自己生存需要的人和物，舍弃那些对自己无关紧要的东西。因此，现实生活中，视觉所接触或关注的范围其实是相当狭窄的。而且，被视觉所选中的人或事物都被“归入我们的理智所区分的某个类别中，而我们事实上也就不再去观看它们了”，因为这种人或事物除了同实用功利有关外，不存在反复让人看的观赏价值，但另一种情况就不同了，一件精美的工艺品，它的存在并非基于实用功能，而是完全为了人们的观赏而被制造出来的。只有与这种艺术品建立起来的观赏关系才真正构成一种审美观照。弗莱说：“只有当一个事物仅仅为了我们的观看这一个目的而存在于我们生活中的时候，我们才真正地去观看它，就像看一件中国的装饰品或是一颗宝石那样。对于这样的东西，即使最普通的人也会在某种程度上采取脱离一般需要的纯观照的艺术态度。”[④]在对艺术的纯审美观照中，感官知觉具有极大的重要性，它直接与审美情感的激发有联系。但是，在现实生活中，某种更强烈的情感，反而会产生某种麻木的影响，弗莱把这种情形看做与某些动物身上的恐惧情绪所产生的麻木影响差不多。这种由某种强烈情感所产生的麻木影响由于需要做出行动反应，正是这种“反应行动的需要，催促着我们，妨碍我们充分地认识到我们所感受的情感

①②③　蒋孔阳.二十世纪西方美学名著选：上册[M].上海：复旦大学出版社，1988：179.
④　蒋孔阳.二十世纪西方美学名著选：上册[M].上海：复旦大学出版社，1988：181.

是什么,妨碍我们将这种情感状态与其他的状态很好地协调起来”。[①] 因此,现实生活中的情感感受是受反应行动的制约,在功利条件支配下,知觉感受和在想象情形下的情感感受是完全不一样的。因此,弗莱所说的“我们实际地体验的种种情感动机,对于我们是太密切了,致使我们不能明确地感受到它们”。[②]这是指在现实生活中,由于出于功利,必须做出反应行动(指某种强烈的情感)而导致感受上的麻木。相反,在想象生活中,没有功利原则的制约,没有反应行动,人的整个意识可以全部集中在与经验有关的知觉和情感方面。所以,人人都可以“既能够感受到情感,又能够观照到这种情感。当我们真正为戏剧所感动时,我们总是既在舞台上,又在观众席上”。[③] 在这里,弗莱指的是在想象生活中所获得的某种升华或超越。这种升华或超越是当我们在观赏艺术达到一定程度时所常常产生的现象。

在解释艺术与情感的关系时,弗莱还以托尔斯泰的观点为例进行分析,并提出自己的理论主张。托尔斯泰把由艺术所唤起的情感看成是对现实生活的情感反应。正是在这种观点的支配下,托尔斯泰把文艺复兴时期米开朗琪罗、拉斐尔、提香等绘画作品和贝多芬的作品视为坏的和虚假的艺术来加以否定。弗莱说,托尔斯泰的这种观点“会使任何一个缺乏英勇气概的人望而却步”[④]。在这里,弗莱同托尔斯泰存在着根本的艺术观上的分歧。按照托尔斯泰的观点,衡量一切艺术价值的标准在于现实生活(其中当然也包括宗教和道德标准)。比如,在用什么方法来区别作品的优劣好坏这个问题上,托尔斯泰认为,艺术的使命就在于用“善良的、为求取人类幸福所必需的感情”去代替“低级的、较不善良的、对求取人类幸福较不需要的感情”。艺术“越是能完成这个使命,它就越是优秀”[⑤];反之,则低劣。托尔斯泰进一步又从人类的宗教观念角度来衡量艺术作品的优劣好坏,他指出:“艺术所表达的感情的好坏往往就是根据这种宗教意识加以评定的。只有根据一个时代的宗教意识,我们才能经常从所有各个艺术领域中选拔那些传达出把这一时代的宗教意识体现在生活中的感情作品。”[⑥]因为,在托尔斯泰看来,唯有宗教意识才是“促使人类和上帝结合,并促使人们互相团结的那种感情”[⑦]。也只有这种感情才能完成艺术的使命。在艺术创作方面,托尔斯泰的观点是要创作出有助于艺术使命完成的、具有强烈艺术感染力的作品,首先要求艺术家本身必须具备多方面的优良条件(其中包括艺术家本身的学识修养和阅历等),同时还必须要求艺术家站在时代的高度,即要求他“必须处于他那个时代最高的世界观的水平,他必须体验过某种感情,而且他有愿望,也有可能把这种感情传达出来。”[⑧]总之,托尔斯泰的艺术观要旨是艺术只是人与人在现实生活中相互交际的一种手段,艺术的核心问题是传达感情,艺术的创作过程,也就是艺术家把他自己心里所唤起的曾经一度体验过的感情,用动作、线条、色彩、声音和言词将之传达出来,从而

---

①② 蒋孔阳.二十世纪西方美学名著选:上册[M].上海:复旦大学出版社,1988:181.
③ 蒋孔阳.二十世纪西方美学名著选:上册[M].上海:复旦大学出版社,1988:182.
④ 蒋孔阳.二十世纪西方美学名著选:上册[M].上海:复旦大学出版社,1988:184.
⑤ 托尔斯泰.艺术论[M].丰陈宝,译.北京:人民文学出版社,1958:152.
⑥ 托尔斯泰.艺术论[M].丰陈宝,译.北京:人民文学出版社,1958:153.
⑦ 托尔斯泰.艺术论[M].丰陈宝,译.北京:人民文学出版社,1958:158.
⑧ 托尔斯泰.艺术论[M].丰陈宝,译.北京:人民文学出版社,1958:113-114.

使别人也能体验到这种感情而已。对之，托尔斯泰用这样一句话作了概括，他说：所谓的艺术创作活动，其实就是“一个人用某种外在的标志有意识地把自己体验过的感情传达给别人，而别人则为这些感情所感染，也体验到这些感情”。[①] 这是托尔斯泰全部艺术观的核心。弗莱站在截然不同的角度审视和批驳了托尔斯泰的上述观点。首先，他指出，托尔斯泰的所谓“用对现实生活情感的反映”的标准来衡量艺术，客观上是对伟大的文艺复兴时期许多人类最优秀的艺术家作品的否定。另外，按照他的那种“合乎道德需要”而创作出来的艺术作品，其艺术价值又如何呢？弗莱说：“托尔斯泰的理论甚至也未能使他稳妥地摆脱自己著作中的困难。因为，在他所列举的一些合乎道德需要因而是好的艺术例子上，他不得不承认，它们大部分是在质量低劣的作品中找到的。”[②]这就从客观上说明，除了道德标准之外，还有别的标准，而且必然有更好的标准。因此，弗莱主张：“我们必须故意这样的尝试，即故意用艺术作品对生活的反应来评价艺术作品。我们必须把艺术作品看成是以自身为目的的情感的一种表现。这个观点使我们回到已经得出的见解上来，即艺术是想象生活的表现。”[③]其目的就是为了表现（或传达）在艺术家心中被唤起的为艺术家早已经历过的情感体验。弗莱的这一观点，其实就是一种“纯艺术”观点。根据这一观点，艺术家的创作目的始终是“为艺术而艺术”。这一观点为贝尔的“有意味的形式”理论的确立无疑起着重大影响。

（四）艺术（构图）中的多样化和秩序感

前面已经谈到，弗莱的艺术其实就是一种想象生活的表现。因此艺术是一种同反应行动无关、并且超越于利害关系的东西。在对作为想象生活表现的艺术的观照时，首先需要具备下列两个条件，即艺术的多样化和秩序感。没有这两个前提，我们的感觉就会混乱，审美观照也就无法进行。多样化和秩序感是（艺术）形式美的基本法则。具体地说，它们是对形式美中对称、平衡、整齐、对比、比例、虚实、变幻、参差、节奏等规律的集中概括。它应该是各种艺术门类所必须共同遵循和追求的法则。其基本要求是，在艺术形式的多样化、变幻性中，见出内在的和谐统一关系，使艺术形式既具有鲜明独特性，又表现出本质上的整体性，从而更充分地表现艺术内容。而这个和谐统一关系，就是一种符合艺术内在规律的和谐的“秩序感”。弗莱的“多样化和秩序感”理论是他形式主义美学的相当重要的组成部分。对于他的这部分理论，我们必须重点阐述。

先谈谈鉴赏判断过程中的审美心理层次。弗莱指出：“自然中的许多事物，比如花朵，具有高度的秩序与多样化这两种特性，这些自然物体无疑能够激起和满足那种作为审美态度特征的明显无利害关系的观照。这种看法也许会遭到人们的反对，但是在我们对一艺术作品的反应中，却有更多的东西——有被意识到的目的，有被意识到的特殊性同情关系，即对于创造这件作品以便明确唤起我们感觉的那个人的特殊同情关系。当我们见到

① 托尔斯泰.艺术论[M].丰陈宝，译.北京：人民文学出版社，1958：47－48.
②③ 蒋孔阳.二十世纪西方美学名著选：上册[M].上海：复旦大学出版社，1988：184.

比自然更高级的艺术品如此调整我们的感觉，以致在我们身上唤起深刻的情感时，这种关于同创造者之间的特殊联系的看法，就变得非常强烈了。我们感到，他表现了某种一直潜伏在我们身上的东西，而这种表现是我们从来未能实现的。他在展现他自己的同时，也把我们展现给了我们自己了。”[①]弗莱强调艺术的纯形式化，强调艺术与纯粹的想象生活等同，强调艺术与反应行动和实际利害无关。因此，尽管自然界中的花朵很美，很有秩序感，但它们毕竟不是艺术家别具匠心的创造物，它们无法像艺术作品那样去让人产生一种同反应行动和实际利害无关的审美情感。因为，自然界的花朵，没有创造者（艺术家）的意图、情感体验和表现意识，没有一种含蓄的内在意蕴。相反，只有当人们从一幅画中欣赏“花”这样一种自然物时，由于这种艺术中的多样化和秩序化的特征调整了人的感觉（或曰对感觉发生影响），才有可能唤起一种自然界中真实的花朵所无法唤起的深刻的审美情感。正是在这个意义上，艺术鉴赏者与艺术创作者意义上的艺术家，他们之间具有某种潜在的天然联系，尤其是作为鉴赏者，他被激发起来的那种情感，与艺术创造者的创作目的和表现意识之间的联系就更加密切。当然，这种联系是极其内在和极其深层的。在这里，弗莱还涉及这样一个问题：被创造出来的、并已展示在鉴赏者面前的这部已完工的艺术作品，作为艺术家的一种经验、感受和情感的流露和表现，它本身并没有等级层次，但是，在相对于正在进行审美鉴赏的主体来说，对该艺术品的感觉（感受）的深度如何，主要取决于其自身对作品多样化和秩序感的敏感性程度和领悟力。比如，有十位艺术鉴赏者，在各种条件和机会均等的情况下鉴赏塞尚或凡·高的同一幅绘画，但我们可以断言，在这十位鉴赏者的心理所唤起的审美情感的程度必定有差异（有的甚至有巨大的差异）。这里的问题就牵涉某个鉴赏者本身对艺术作品多样化和秩序感的敏感程度（或曰知觉领悟上的层次差异）。而这种敏感程度或领悟上的层次差异的根源又是极其复杂的，它几乎是同人的整个存在环境条件和经历有关，如包括每个人的学识修养、社会背景、自身经历、生活条件、他所从事的职业、他所处的现实环境、精神意识（其中包括心理变态或神经质等）、道德水平、宗教信仰等。这种对艺术的知觉领悟意识水平，其实早已定型，只是没有合适的对象，它不会表现出来。一旦有合适的对象，这种对象就会在鉴赏者（或领悟者）的一定的审美心理层次上发生有效的联系（共鸣）。弗莱称这种有效的联系（共鸣）是感知者从对艺术的鉴赏中领悟了自己，展现了自己。弗莱把这种过程看做是一种人“对于目的的认识”，并把这种认识称为“是恰当的审美判断的一个基本组成部分”。[②]当然，弗莱同时也指出，艺术家是通过创造具有“多样化和秩序感”的艺术作品来作用于审美者的感知，从而唤起人们的审美感情，也正是因为这样，弗莱才强调说：“如果我们的情感是靠感觉来唤起，我们也要求这些感觉具有有目的的秩序和多样化。”[③]

弗莱也十分注重艺术形式的多样化统一，并把它看做是艺术创作的重大原则。他说：“艺术作品中的秩序的一个重要方面，是统一性。为了使我们能够舒适地把艺术作品视为一个整体，某种统一是必不可少的。因为如果缺乏统一性，我们就不能从整体上去观看艺

①②③　蒋孔阳.二十世纪西方美学名著选：上册[M].上海：复旦大学出版社，1988：185.

术作品。我们的注意力会转到其他那些对完成这个作品的统一不可缺少的东西上去。”[①]弗莱的以上论述，旨在强调艺术作品的统一。这种统一就是作品的多样化和秩序感，实现了这个统一，作品就是和谐完整的。那么，现在的问题是，用什么标准来衡量作品的和谐完整呢？标准就是两个字——平衡，即知觉感官与艺术对象之间的和谐与平衡。换一句话说，就是当知觉者把注意力集中到艺术对象时，他的注意力对于他所关注的艺术对象的各部分是均衡的和等距离的。如有失衡，和谐和统一定被破坏。为了进一步强调说明这一点，弗莱以人们在欣赏绘画时的情形为例，他说：“一幅绘画作品的这种统一性，应归于眼睛与画中的主要线条之间的吸引力的平衡。吸引力的这种平衡的结果是，目光乐于停留在这张画的范围内。这是关于绘画构图统一性的一种类型（即一张平面图，观赏者可以一目了然）。还有另一种绘画统一性的类型，就是与之相反。同是一幅绘画，不能同时作用于我们的视觉。如面对一幅很长的中国历史画卷，鉴赏者对之不能做到一览无余，而必须在道德性的过程中逐步分段鉴赏。”[②]那么，在这种情形下，是否有失去统一平衡的可能性呢？弗莱认为，那也未必。他说：“在一幅中国画里，长度如此延续着，以致我们根本不能马上看完一整幅画，我们也没有被要求这么去看。一幅风景画常常画在如此长的一卷丝绸上，致使我们只能在相继的各个部分中看它。随着我们将这张画从一端铺开，又从另一端卷起，我们能够横越连绵不断的广阔区域，也许能够追寻某一条河流从发源地到入海口的一切变化。然而，当我们看完以后，我们都能够从这张画中得出一种非常强烈的统一印象。”[③]这里的统一和平衡的前提与一整幅可以一览无余的小型绘画不同。鉴赏画卷的情形犹如读一篇长诗或聆听音乐那样，强调主体知觉领悟中的上下（或前后）的连贯意识，正是在这种连贯意识中，人们看完一篇小说，聆听完一首乐曲，“阅读”（鉴赏）完一幅历史画卷。那么，这种连贯意识的被提醒又有赖于某种秩序的呈现形式。这种秩序就是一个有机的和谐。因此，使鉴赏者觉得每一个相继的组成部分与其前面的部分有一种基本的连续和协调的关系。“我们观看绘画时对画的统一性所产生的感觉，主要具有这种性质。在我们看来，如果这幅画是一幅好画，那么，随着我们的目光扫向每一根线条，根据线条的调整，就会把秩序和多样化提供给我们的感觉。尽管这幅画几乎完全缺乏我们习惯上要求于绘画的那种几何学的平衡，但它们仍然具有显著的统一。”[④]以上是弗莱所重点研究的绘画鉴赏过程中的两种不同类型的多样化的统一、平衡问题。前者是普遍意义上的绘画鉴赏，后者则是属于带有特殊性的（即不是在几何学平衡意义上的）绘画鉴赏。但是，不管是哪种类型的构图统一性鉴赏，它们都是以多样化的统一的形式展示在鉴赏者面前，并以此通过知觉来唤起鉴赏者的审美情感的。所不同的是，后者不具备几何学意义上的平衡，而这种缺陷在鉴赏者的连贯意识中得到补偿。因此，从鉴赏者的感觉和唤起审美情感这个意义上，它们两者其实是殊途同归。弗莱还以美国艺术理论家罗斯的研究为例，来进一步论证他的上述理论，他说：“哈佛大学的德恩曼·罗斯博士在他的《纯构图理论》中，也

---

① 蒋孔阳.二十世纪西方美学名著选：上册[M].上海：复旦大学出版社，1988：186.
②③④ 蒋孔阳.二十世纪西方美学名著选：上册[M].上海，复旦大学出版社，1988：187.

已经进行了最有价值的研究，这种研究是由关于对平衡的一些初步的思考组成的。罗斯博士把他的结论总结在这样一条公式里：一件作品的价值是与它所显示的有秩序的连接关系的数目成比例的。"[①]这里我们看到罗斯所强调的平衡是一种纯粹的艺术抽象和形式抽象。在这种抽象中仅蕴含着作为艺术生命力基础的"意味价值"。这种"意味价值"就是一种为"纯形式"所拥有的"全新价值"。当然，抽象的纯形式始终是排斥再现的，因为，几乎在所有的绘画中，都由于再现的原因，引起对于纯形式结构的干扰和损害。

多样化和秩序(或者说多样化的和谐统一)是事物对立统一规律在人的审美活动中的具体表现。人类自从懂得对美的追求的那一天起，就已懂得对多样化统一的追求。厌恶单调、呆板和杂乱乃是为不同时代和不同民族的人类所共有的审美心理。在西方美学史上，毕达哥拉斯学派是最早发现多样化统一法则的哲学学派。当时的美学家和数学家们从数的原则出发，认为美是数量比例关系见出的和谐，和谐是对立因素的统一。此后，经过古代罗马、中世纪，尤其是文艺复兴和启蒙运动历代艺术家的不断探索，多样化统一才成为公认的形式美的基本法则。当然，各个时代的美学家对于多样化统一的解释也是各不相同的。如中世纪的理性主义美学家们认为，多样化统一是与神学目的论联系在一起，它是上帝意志的体现。德国古典美学的集大成者黑格尔则认为，多样化统一是内在生命在杂多形式中的灌注，在内容和形式的辩证关系上强调多样化统一法则。弗莱之所以如此推崇罗斯的"一件作品的价值是与它所显示的有秩序的连接关系的数目成比例"这一绘画研究结论，是因为这一结论与他的纯形式理论十分合拍，用他自己的话来说，"在艺术中，表现出来的东西并不重要，真正重要的是，这些东西是如何被表现的"[②]，即通过一种什么样的形式来表现绘画构图中的多样化统一的。这才是衡量一部艺术作品的关键所在。

(五) 五种(艺术)构图的情感要素

艺术家是如何将自己的情感体验表达出来，他是如何利用艺术作品来使我们的知觉得到满足，从而唤起我们的审美情感，这个过程就是艺术作品过程。弗莱把这个转变过程的各种方法叫作构图的情感要素，它共有五种。

第一种：用来描绘外形的线条韵律；

第二种：块面；

第三种：空间；

第四种：明暗度；

第五种：色彩。

弗莱在提出了上述构图的五种要素后，分别对它们进行了具体的解释，他认为，上述五种构图要素尽管功能不一样，但它们都有一个共同点，那就是同人的肉体生存的基本条件有关：韵律诉诸肌感觉；块面诉诸对重力的适应；当空间判断应用于生活时，它同样是

① 蒋孔阳.二十世纪西方美学名著选：上册[M].上海：复旦大学出版社，1988：186.

② 奥尔德里奇.艺术哲学[M].程孟辉，译.北京：中国社会科学出版社，1986：139.

意味深长和普遍的，比如对斜面的感受，同我们对地球构造的判断有关；光线是我们生存的必要条件，因此，我们对之特别敏感；色彩相对来说，它是上述诸要素中一种对生活需要并不具有关键或普遍重要性的要素，它的情感效果既不像其他的要素那样深刻，也不像它们那样确定。总而言之，由于上述的构图五要素都是直接同我们身体的某种需要有着密切的联系，因此，同诗歌等其他非造型艺术相比，造型艺术具有极大的天然优势，“这种优势在于，造型艺术能够更直接和更迅速地诉诸我们赤裸裸的肉体生存所伴随的情感”。[①]这里，弗莱强调了造型艺术的特殊地位。在弗莱看来，造型艺术与音乐、诗歌艺术是不同的，它们对人所产生的感觉作用也是不同的。比如，造型艺术的那种能够对人的肌感觉产生刺激的线条的韵律，比起音乐提供给耳朵的韵律要微弱得多。但是，造型艺术尤其使鉴赏者感到秩序和多样化。当造型艺术描述的是自然外貌（尤其是人体外貌）时，将会在人的心灵深处激发起一种强烈的共鸣情感。如当人们鉴赏米开朗琪罗的《大卫》雕像时，这一作品的立体结构（包括色调）使人认识到大卫这个人物的动作形态蕴涵着为正义事业而奋斗的崇高精神，大卫的精神气质象征着一种英勇无畏和不可战胜的力量。而在这种认识产生和形成之前，必须还先经历这样一个知觉环节，那就是首先使人感到这尊雕像的多样化和秩序感。只有在这个感觉前提下，人们才能获得种种情感要素。

（六）艺术创造及其目的

前面讲到，弗莱承认自然中存在着美，同时也承认艺术家创造美，但弗莱尤其重视艺术家创造的美——艺术作品。因为艺术美是旨在唤起人的审美情感。艺术作品中蕴含创作者（艺术家）的创作目的和经验。艺术家创造艺术绝不是为了实用价值，而是为了让人们摆脱实用目的去鉴赏和领悟它，从而获得某种有利于陶冶情性的审美价值。艺术本身是超功利的，故人们应该把它仅仅看做是一种审美对象，而不是有“实用价值”的东西。弗莱说，这是“恰当的审美判断”的最基本特征。基于这种特征，艺术家在将自己的某种纯粹的感觉变为由感觉唤起的情感时，“他使用那些打算激起人的情感的自然形式，他以这样一种方式展现这些形式，致使形式本身在我们身上引起各种情感状态，这些情感状态是建立在我们肉体和生理本性的各种基本需要之上的。因此，艺术家对待自然形式的态度，按照他所希望唤起的情感不同，必然是无限多样的。”[②]多样化是对艺术家创作的基本要求，而艺术创造中的基本目的乃是通过多样化和秩序的形式创造能唤起审美情感的对象，这种形式绝不是对自然的简单描绘、复制或再现，而是浸透了艺术家的创作目的和意图（即展示艺术家自身感受，并以之唤起人们审美情感的一种“纯形式”艺术）。

（七）对艺术作品的形式和本质的解释

弗莱形式主义美学理论在相当大的程度上是建立在对后印象派艺术总结的基础上

① 蒋孔阳.二十世纪西方美学名著选：上册[M].上海：复旦大学出版社，1988：188.
② 蒋孔阳.二十世纪西方美学名著选：上册[M].上海：复旦大学出版社，1988：190.

的。首先，弗莱推崇的是以塞尚为代表的后印象派绘画。他认为，印象派绘画缺乏结构性构图，而后印象派艺术正是在结构性构图方面极大地优胜于前者，其中最典型、最有代表性的是塞尚和凡·高的作品，他们的作品表现出了一种崭新的划时代的风格。1911年，弗莱在英国格拉夫顿画廊举办过一次别开生面的后印象派画展，这些作品反映了一种创作新潮，用弗莱自己的话来说，他借此机会，"挑选合乎新方向的作品介绍给英国大众"①。这些合乎新方向的作品，弗莱首次将其冠以"后印象主义"的名称，并认为，这个名称"是一个最含糊、最暧昧的字眼"。在当初来说，这一字眼本身原先并不包含更多的实际内容，而仅仅用来标明一种时间上的界限——一种与印象派运动既有关联，但又与之脱离的艺术运动方向。以后，谁也没有料到，后印象派成了一种崭新的艺术流派的响亮称呼响彻整个环宇。

后印象派运动的最基本特征是对原始艺术的复归(或曰对形式构图观念的复归)。后印象派在人们普遍追求一种时尚——艺术的自然主义再现——的情况下，不满足于印象派对自然的客观描写，它们毅然冲破了印象派绘画原则的束缚，从而强调艺术家主观感受的再创造。这是对以往传统绘画原则的重大挑战，因此也遭到了来自各方面的攻击。也有人将后印象派运动称为"一种无政府主义运动"。弗莱则完全竭诚支持这种运动，并始终认为它是一种艺术进步的革命运动。后印象派绘画对于当时那些所谓有教养的"公众"来说，似乎是大逆不道，难以容忍，但在一些年轻的英国艺术家及其朋友们中间，却引起了强烈的共鸣。弗莱的许多艺术观点都是在同这些年轻的艺术家的讨论过程中提出的。

弗莱的形式主义美学思想也是经历了一个逐步完善的发展过程，他也曾对他自己早期的某些观点作过自我批判。弗莱早期的美学研究主要集中在对美的本质等方面的探讨，他说，那时，"像我们的前辈那样，我试图寻找出判断艺术美或自然美的标准。这种寻找总是导致混乱不堪的矛盾，或是导致某些形而上学的观念，这种观念如此模糊不清，以致不能适用各种具体事例"。② 弗莱也承认托尔斯泰的艺术理论具有重大的美学价值，正是托尔斯泰的艺术理论使他从早期的迷误中清醒起来，并高度评价《艺术论》一书的发表是一种"富有成果的美好思考的开端"。托尔斯泰艺术理论的价值并不在于他对艺术作品所做的那些评价，而是在于他对各种传统美学体系所提出的批评和质疑。托尔斯泰认为，尽管前人学者关于"美"的解释汗牛充栋，但关于美的定义归结起来不外乎两种，一种是客观的、神秘的；另一种是主观的、简单明了的。一切在人的心灵深处产生快感的东西就是美，而艺术只是一种用来"表现美的活动"。但是，上述这些论点都不正确，因为，它们都从根本上忽视或歪曲了美和艺术的意义和作用。他说："为了正确地给艺术下定义，首先应该不再把艺术看做享乐的工具，而把它看做人类生活的条件之一""艺术是人与人相互之间交际的手段之一"③。它是用来作为传达人的情感的一种手段，这是艺术的本质所在。弗莱非常赞赏托尔斯泰的上述观点，认为这是托尔斯泰理论中的"极为重要的观念"。

---

① 蒋孔阳.二十世纪西方美学名著选：上册[M].上海：复旦大学出版社，1988：192.
② 蒋孔阳.二十世纪西方美学名著选：上册[M].上海：复旦大学出版社，1988：194.
③ 托尔斯泰.艺术论[M].丰陈宝，译.北京：中国社会科学出版社，1986：45.

在对艺术的本质问题做了阐述之后，弗莱对艺术作品的形式问题做出了解释。弗莱认为，艺术作品的形式是艺术作品最基本的东西，它是艺术家对现实生活中的某种情感加以理解的直接结果。因此，情感与形式始终是形影相伴，不可分割地联系在一起的。鉴赏者是通过形式来领会、感受和理解艺术家原先所获得的那种情感。请注意，在这里，弗莱已经引出了他的美学理论的核心主题——“形式”。他说：“正是对这些属于纯形式反应的事例的观察，使得克莱夫·贝尔先生在《艺术》一书中提出这样的假设：不管生活情感看来会对艺术作品起多大的作用，艺术家实际上并不关心它们，而只关心一种专门的和独特的情感——审美情感——的表现。一件艺术作品具有传达审美情感的特殊性质，它之所以能够传达审美情感，是因为它具有‘有意味的形式’，他还声称，自然的再现与这种特殊性质毫不相干，一张画完全可以是非再现的。”①贝尔这一假设的核心是否定艺术对自然形式的描绘，即艺术不是现实生活情感的反映，而是表现一种纯粹的“审美情感”。而这种纯粹的审美情感的表现不是诉诸对自然的再现或模仿，而是诉诸一种“有意味的形式”。后印象派绘画的实践，正是体现了这一艺术原则。弗莱十分赞赏贝尔的这一艺术创作原理，他说：“关于艺术作品中的情感表现，我认为贝尔先生对于通常所公认的艺术即生活情感的表现这一观点所做的尖锐挑战，具有重大的价值。它导致这样一种尝试，使纯粹的审美情感脱离所有复合的情感。”②

弗莱的形式主义艺术美学理论，到了后期显得更为成熟完备。他的那些在1909年发表的《论美学》中所提出的观点，在后来的《回顾》（发表于1920年）中阐述得更为详细，尤其是对生活情感和审美情感作了详细的阐述和明确的区分，并明确提出：审美情感是一种纯形式的情感反应，这种反应形式绝不会与任何其他的情感反应融合。这是弗莱整个美学理论的基本点。也正是在这个基本点上，他与贝尔的“有意味的形式”学说融会合流，从而构成了现代英国形式主义美学的基本内容和特征。

三、形式主义美学主体之二：贝尔学说

克莱夫·贝尔（Clive Bell），生于1881年，幼年和青少年时代曾先后在英国公立学校和剑桥大学受教。当他刚步入成年时代，20世纪的钟声也随之敲响。在介绍贝尔美学理论的时候，我们有必要追溯到1874年4月15日。那天，印象派画家们在巴黎卡普辛大街摄影师纳达尔的摄影棚里展出了他们的“独立画展”。之后，类似的画展又举办多次。以此为开端，后印象派和以塞尚为开路先锋的现代派绘画的思潮纷纷涌现。克莱夫·贝尔当时就是在这样一种艺术实践的环境中熏陶、成长起来的。和弗莱一样，贝尔既深受康德以来的哲学和美学上的“纯形式”论和“直觉”说的影响，又接受了英国分析哲学和穆尔以及后印象派的一些观点。但是，就其核心思想的命题“有意味的形式”的提出来看，他更直接地接受并发展了弗莱的“纯形式”理论。也正是在这个意义上，我们可以这样说，弗莱的

①② 蒋孔阳.二十世纪西方美学名著选：上册[M].上海：复旦大学出版社，1988：196.

“纯形式”理论，是贝尔“有意味形式”得以确立的一块基石。对于弗莱和贝尔的美学贡献，我们可以这样说：弗莱为贝尔学说的确立奠定了基础（当然不是全部），贝尔则把弗莱的“纯形式”学说推向一个更新的高峰。下面我们拟从九个方面谈谈贝尔学说。

（一）一个卓越命题（假设）的提出

20世纪早期（即20世纪10—20年代），是贝尔艺术理论的主要活动时期。《艺术》（Art）一书就是那时的产物。此书一出版，首先在英国，其次是在整个欧洲大陆都受其影响。贝尔的《艺术》共由下面五个部分组成：“什么是艺术？”“艺术与生活”、基督教艺术“坡道”“当前艺术”的诸运动、瞻望未来。其中第一部分是全书的核心，而第一部分的核心内容集中于一个美学假设——“有意味的形式”。这个假设成了现代英国形式主义美学的理论标志。由于“有意味的形式”始终涉及同美有关的艺术问题，因此，在具体展开对这一假设的论证之前，我们有必要对贝尔所指的“艺术”一词作一简要的说明，这对于了解贝尔的整个形式主义美学理论颇有裨益。

我们知道，英语中的“art”历来有“美术”（狭义的）和“艺术”（广义的）两种解释。狭义上的解释，一般仅指绘画、雕塑、建筑和工艺美术等。广义上的“art”，一般除了指上述“美术”范畴的几种艺术门类外，还包括诗歌、音乐、舞蹈、戏剧表演等，像黑格尔在古典美学中所用的“美的艺术”（Fine art），其基本内涵与我们这里所说的广义上的“art”大致等同。因此，可以这样说，黑格尔整个美学体系是以研究广义上的“art”（Fine art）为基本对象的。正如黑格尔在构建他的庞大的美学体系时，开宗明义第一句话所申明的那样，他所研究的对象“就是广大的美的领域，说得更精确一点，它的范围就是艺术，或则毋宁说，就是美的艺术”。[①] 因此，正是在这个意义上，我们完全有理由说，黑格尔的美学本质上就是一种艺术理论。而且是一种在“广大的美的领域”这个意义上的“艺术理论”。黑格尔研究的领域是这样，那么，形式主义美学（贝尔）的研究领域又是怎样呢？恰恰相反，贝尔的艺术理论是在一个与黑格尔艺术理论完全不同的狭窄的意义上进行的。黑格尔的Fine art，除了建筑、绘画、雕塑，还包括音乐、诗，乃至作为崇高的诗范畴的悲剧在内，而贝尔的艺术理论的对象是建筑、雕塑和绘画，我们基本上可以用有形艺术或视觉艺术（Visual art）这个词来加以概括。因此，贝尔的“艺术”不是Fine art意义上的“艺术”，而是Visual art意义上的“艺术”。他的《艺术》一书的研究对象就是在这样一个视觉艺术的范围之内。下文中提到的art，一般都是指Visual art，如没有另外的特殊意义，文中不再另作说明。

“有意味的形式”，英文词为Significant form。Significant在英文中是“（富）有意义的”或“意味深长（含意深长）的”，用在语言词缀方面指某种带有实义的性质。其次还有“重要的”“重大的”（important）等多种解释，内中还有suggestive等含义，因此，从总体意义上把握，将Significant form译成中文“有意味的形式”（也有译成“有意蕴的形式”）应该说在英汉语义的对应转换表达上是相当精确适切的。我们对这个词不宜再存有什

---

① 黑格尔.美学：第1卷[M].朱光潜，译.北京：商务印书馆1979：3.

么疑虑。

“有意味的形式”这一命题，构成了贝尔理论的核心，也是整个形式主义美学的核心。上面我们已经提到，贝尔是在接受并发展了弗莱纯形式的基础上提出了“有意味的形式”这一美学假设，这只是从其总体理论而言的。我们现在来看看这一命题是在一种什么样的具体条件下提出的。

贝尔，作为一个艺术理论家和艺术批评家，他是十分重视对艺术的研究和解析，而这种研究和解析的前提是建立在评论性的鉴赏基础上的。他希望有人能在艺术论问题上提出一种系统的令人信服的艺术审美理论，而能提出这种理论的人，必须具备下述两个条件(或能力)，这就是对(视觉)艺术的敏感性和清晰的思维能力。这两种品质对艺术家或艺术理论家都是至关重要的。他认为，如果一个人没有对艺术的敏感性，那么，所谓的审美体验就无从谈起。而没有以广泛的和深刻的审美体验作基础的艺术理论是不会有任何价值的。此外，他还认为，对一件艺术作品(如塞尚的《玩纸牌的人》或凡·高的《星光之夜》或布德尔的《持剑的赫拉克列斯》)很快做出敏感反应的人，其思维不见得就很清醒。他们一般都是缺乏某种理智地从作品之外提供的那种真正的“材料”中得出正确结论的能力。他称这种“反应敏感”与“思维不清”的分离现象是艺术理论家的“不幸”。正是在这个意义上，贝尔认为：“事情往往是这样，最严格的思想家往往欠缺审美经验。”[①]在同智力有关的思维和同知觉有关的敏感之间，贝尔在个人感情上更倾向于后者，因为只有具备后者，才有可能使人在奇特美妙的审美客体面前如痴如醉。这种如痴如醉的情感是由艺术作品中的那种特殊的性质(要素)所决定(激起)的。贝尔指出，“所有美好科学的出发点，必须是某种独特情感的一个体验”。这个理论就其严格意义来说，是有其道理的，因为，它内部包含着承认个人的“经验”。但是，贝尔的总体思想却不然，他心目中的“某种独特情感的个人体验”全部是一种纯粹呈现性的东西，他认为，任何一种美学体系都不具有客观的正确性，那些所谓的以客观真实性为基础的美学体系，都是荒谬的。这里，贝尔理论中的主观唯心主义性质暴露得非常充分。正是在充分强调了个人审美体验的主观性基础上，他认为，视觉艺术作品会激起一种特殊的情感。而人们如果能从激起这种特殊情感的作品中发现某种普遍性，人们就可以从中发现艺术作品的根本性质。因而，美学中的根本问题也就能迎刃而解了。那么，这种性质是什么呢？能激起我们审美情感的所有对象中所共有的性质又是什么？“在圣·索菲亚(大教堂建筑)、在莎特儿(大教堂建筑)的窗户中，在墨西哥的雕刻、一只波斯陶碗、中国的壁毯中，在帕杜瓦城的乔托的壁画中，以及在普桑、弗兰切斯卡、塞尚的绘画杰作中，普遍存在着的一种性质是什么呢？有一个可能的回答——Significant form(有意味的形式)。在上述每件作品中，激起我们审美情感的是以一种独特的方式组合起来的线条和色彩，以及某些形式及其形式之间的相互关系。这些线条和色彩之间的相互关系与组合，这些给人以审美感受的形式，我称之为‘Significant form’，

① 《外国美学》编委会.《外国美学》(1)[M].北京：商务印书馆，1985：208.

而‘Significant form’则是为所有视觉艺术中普遍存在的性质。”①

(二) 作为“终极实在”之感受的“有意味的形式”

上面我们已经阐述了“有意味的形式”产生的缘由和这一命题与广义和狭义两种“艺术”的关系。下面我们来看看这一命题与主体的审美感受(主体对作为审美对象的艺术作品的鉴赏)的关系。在《艺术》第36页，贝尔写道:“所谓‘有意味的形式’就是我们可以得到某种对‘终极实在’之感受的形式。”这里，贝尔将这个“有意味的形式”与主体对某种对象(艺术作品)的感受之间画了一个等号。他在进一步的解释中说，当人们把审美对象(艺术作品)本身看做目的，而不是达到任何其他目的的手段的时候，我们所获得的审美感受就是对某种“终极实在”的感受。这种“终极实在”就是用形式表现出来的“意味”。换言之，一切“有意味的形式”也必定仅存在于艺术作品之中，并且只为艺术家所创造，因为只有艺术家能够在作品中组合和安排各种线、形、色，他借这种线、形、色为媒介，来表达自己的审美感受(或情感)。因此，贝尔的审美之美就是专指由艺术家所创造的那种“艺术美”。由此贝尔提出，在艺术鉴赏中，只需具有一种形式感和色彩感以及一些有关三维立体空间的知识，而无须从生活中携带什么，无须具备有关生活观念与事物的知识，无须熟悉生活中的各种情感。上述这两段话，我们可以把它理解为是审美鉴赏中激发主体审美情感的一种必要前提。这个前提反映了贝尔的纯艺术(即为艺术而艺术)观。在贝尔的艺术论中，艺术就是一种“有意味的形式”，因此，这个核心观念也反映了贝尔的纯形式(即为形式而形式)观。基于这种观点，贝尔以造型艺术中的“描述性绘画”为例进行批判性剖析。在“描述性绘画”中，形式不是作为情感的对象，而是作为传达消息的媒介(或手段)。贝尔写道:“我们都熟悉一种图画，这种画使我们感到有趣，引起我们的称羡，却并不作为一件艺术作品而感动我们。这种类型的画就是我所说的‘描述性绘画’，那就是说，在那种画中，形式不是作为(审美的)情感对象，而是作为一种手段而暗示(日常生活中的)情感或传达知识见闻。表现心理状态的或有历史价值的肖像画，描绘风土地形的作品，讲述故事和情势的画，以及各种各样的插图，都属于此类……这类作品也使我感到有趣，它们也会以一百种方式感动我，但是它们不在审美上感动我，依据我的假设，它们不是艺术作品。”②因此，人们从中也永远不能获得那种“终极实在”。

(三) 对“描述性绘画”的贬斥——意味着对传统艺术的挑战

应该说，贝尔的艺术理论比较严格，他从心眼里轻视“描述性绘画”，其理由是，这种绘画很俗气，很直露，情节性很强，作品的情节即是内容。用我们通俗一点的话来说，作品很不含蓄，缺乏深沉感，没有什么潜在的暗示意味，人们看了一目了然，也许能在一定程度上勾起一些人的好奇心，但它不能唤起(审美的)情感。贝尔对“描述性绘画”的批判原因也

---

① 《外国美学》编委会.《外国美学》(1)[M].北京：商务印书馆，1985：208.
② 《外国美学》编委会.《外国美学》(1)[M].北京：商务印书馆，1985：212.

正在于此。不过，贝尔的这个理论可谓具有独创性。这一理论的提出，意味着同传统绘画的挑战。应该看到，在贝尔之前，无论是在西方绘画史上，还是在东方绘画史上，“描述性绘画”历来处于相当重要的地位。在人们的传统观念中，所谓的绘画，相当程度上就是指“描述性的叙事绘画”。它的内容是要表达建筑和雕塑等造型艺术所无法承担的使命。在艺术理论家的心目中，一般也往往把绘画的情节与绘画的内容相等同的。这种似乎是自古以来就成定律的绘画观念（或曰绘画法则）受到了贝尔的挑战，这不能不说是一惊人之举。贝尔认为，任何一幅如描绘欢乐热闹场面的画，尽管里面的内容能打动人，勾起人们的欢笑，受人欢迎，但毕竟不是“有意味的形式”。正因为此，这样的画可能使人产生惊奇，但绝对无法使人从中获得审美的狂欢。另外，从就描述的功能来说，日益发展、日趋完善的摄影艺术完全可以取代这种“学院派”的写实绘画。

使贝尔感到颇为棘手的是他对绘画中的“再现因素”（或“写实因素”）同“有意味的形式”之间的关系的处理上。我们知道，所谓的“描述性绘画”，它一般离不开再现或写实，而这种明明白白、一览无余的描述方式同富于暗示和含蓄的“有意味的形式”是绘画中的两个极端，很难将其圆满调和、撮合。面对着传统绘画的强大的描述势力，贝尔尽管在艺术论中反复论述这一点，也不得不在理论上做出一些通融和让步，在谈到描述性的再现因素时，他这样写道：“在许多伟大的作品中存在着一种多余的再现成分或描述成分，那是毫不足怪的。……‘再现’未必十分有害，而高度写实的形式也可能是极其有意味的。然而再现的手法往往标志着一个艺术家的弱点。一个画家（的创造力）过于薄弱以致无法创造出多少能激发审美情感的形式，他就将借助于对于生活情感的暗示，以便稍作弥补。而既然要激发起生活中的情感，他就必须采用再现的手法。”从这一论断上，我们看到，贝尔在一定程度上陷入了自相矛盾的困境。他们所指的“严格理论”中包含着许多不严格的因素，这种因素使他的美学理论在一定程度上打了折扣。

（四）对“美”的解释

从上文中，我们已经对贝尔的Significant form命题作了基本的阐述。贝尔的Significant form其实就是指具有审美性质的“美”，即指艺术意义上的“美”。因为，在贝尔看来，原来那个“美”（beauty）用得太多、太滥、太俗，这个概念就其内涵来说，覆盖面太宽，它可以指艺术中的美，也可以指自然界中的美，也可以指人的社会生活、精神领域里的美（如精神品格高尚范畴的那种崇高境界和道德美），心里产生快感意义上的愉悦之美，压抑的情感得以宣泄之后，情感得到新的昂扬振奋之后的心理平衡之美，等等。贝尔之所以用Significant form这一概念，旨在用来区别广义之美，而仅仅指艺术之美——艺术中的狭义（视觉艺术）之美。在《艺术》一书中，贝尔开宗明义指出，所指的“有意味的形式”实是一种审美意义上的假设（aeasthetic hypothesis）。他的整个艺术论就是在这个“审美假设”的基础上全面展开的。

由于贝尔的Significant form这个审美假设内涵极窄，因此，不但史诗、音乐等美的艺术被排斥在外，一切自然之美（如湖光山色、鸟语花香等）和社会之美（如崇高、伟岸、英勇、仁义、宽容、善良、智慧等)也都不在此内。为了说明与“有意味的形式”等同的那种美,贝尔指出,人们日常生活和平时一般所谈论的那种美,如这位姑娘长得真漂亮,牡丹花儿开得真美,晚霞多绚丽等都是指一般意义上的“美丽事物”,但它们不具有“艺术”意义上的“美”的价值。在贝尔看来,一切自然生成的美不具有“审美价值”,即不具有“有意味的形式”,而所指“有意味的形式”,必须具备下述两个条件:第一,它必须是出自艺术家之手的艺术作品(带有艺术家创造活动的印记);第二,它必须是有形的视觉艺术(如绘画、建筑、雕塑等),总之,要体现艺术家的审美情感。这样的艺术之美与上面所说的那种山美、水美、花美、草美、母爱之美、人情仁爱之美有着本质的区别。我们在这里不妨将之谓之“俗美”(尤指自然之美等)和“雅美”(由艺术家创造的视觉艺术)。与俗美不同,但也进不了“雅美”范畴的诗歌、音乐等非有形(非视觉)艺术,贝尔也一概不予重视。比如,他对音乐这样一种艺术持不屑一顾的态度。我们知道,像对音乐这样一种抽象艺术,美学史上,多少美学大师倾心膜拜,就拿德国近代美学大师叔本华为例,他就认为,音乐是一种尤为特殊的艺术,它完全独立于其他一切艺术之外。它和别的艺术不同,音乐仅仅是表出理念,那就是意志的客体性,是意志的直接表出。音乐是一种可听得见的意志。音乐对于世界的那种复制关系是一种极其内在的、无限真实的、恰到好处的关系,“音乐的效果比其他艺术效果要强烈得多,深入得多,因此其他艺术所说的只是阴影,而音乐所说的却是本质”。[①] 叔本华的这段精彩论述道出了音乐艺术的特殊本质。然而,贝尔则相反,除了视觉艺术范围内的“美”之外,其他艺术同“Significant form”没有关系。而至于音乐,在贝尔看来是根本没有审美力的。而没有审美力的艺术是进不了他的“美”的伊甸园的。音乐、诗歌这样的艺术进不了贝尔的“审美的”世界。同样,反映人类崇高伟大的社会美也进不了他的“审美的”世界。这种在“纯美术”化的艺术基础上建立起来的美学理论,我们不能将它称之为“广义的美学”,其实,它是一种狭义的美学(或曰贝尔的“形式主义视觉艺术美学”)。

在对艺术(广义的艺术和狭义的艺术)和“美”的类型(自然美、艺术美和社会美等)作了上述区分后,我们基本弄明白了贝尔的艺术论范围和“有意味的形式”构成的条件。而那种具有审美情感的“雅美”艺术,又是怎样产生的呢?贝尔认为,这种艺术只有通过艺术“意匠”(design)才能在作品中创造出来(才有一种“有意味的形式”出现),这种形式才是最严格意义上的审美之美。由此可见,“意匠”在贝尔形式主义美学理论中的地位至关重要。那么,贝尔所指的艺术创作中的“意匠”又是一种什么样的东西呢?

(五)“意匠”——展现审美之美的媒介(手段)

首先应该说明,“意匠”这一概念并非是贝尔先生的独创,早在康德那里就已经采用了这一概念,贝尔只是继承和发展了康德的“意匠”说。在《判断力批判》一书中,康德曾这样写道:“在绘画、雕塑和一切造型艺术中,在建筑和园林艺术中,就它们是美的艺术而论,本质的东西是意匠。只有它才不是单纯地满足感官,而是使人愉悦它的形式,因此,这才是

---

① 叔本华.作为意志和表象的世界[M].石冲白,译.北京:商务印书馆,1982:363.

审美趣味的先决条件。"[1]贝尔的美，既不是指一般人理解的那种"自然美"，也不是那种涉及人的概念(如异性之间的倾心爱慕等)那种美。艺术中的那种带有再现因素的东西也不是一种审美之美。它像康德所说的审美不涉及任何的功利和观念，不沾染感官的吸引力。贝尔的"意匠"说充分体现了康德的这一思想，并有新发展。因此，贝尔的"意匠"是一种与再现和功利观念相异的、而同"有意味的形式"相一致的展示真正美的价值的东西。"意匠"的英文原词是 design，这个词的基本原意是构图(思)、(用心)设计，一般意指心中已构成图谱的意思，作曲家的音乐构思、画家的构图都是这个意思。这里可以指艺术家创作中的那种旨在表现其审美情感的创作"匠心"。正如贝尔自己所说的："一件艺术作品的每一个形式，必须使它具有审美的意味，每一个形式也必须成为有意味的整体的一个组成部分。因为，正如通常的情况，诸部分组合成一个整体，其价值大于诸部分相加之和。如果是这样的话，那么，把诸部分有机地组合成一个有意味的整体，就叫作意匠(Design)。"[2]这就是贝尔对"意匠"所下的基本定义。因此，我们也可以换一句话说，贝尔的"意匠"，就是艺术家为了创造"有意味的形式"而所进行的一种整体性的组合构思(或设计)。值得指出的是，以往的艺术家们也注重"意匠"，但他们一般都是过于在作品的具体情节和内容方面下工夫。而贝尔所说的"意匠"，是比较明确地指注重作品形式的组合安排。例如，就拿绘画来说，画面要有严密的有机组合，尽量给人以紧密感，以便于那种"有意味的形式"的表现。因此，贝尔所谓的"意匠"实际就是一种抽象的艺术家创作中的构思组合。它与"模仿性的"写实艺术有着根本的不同。这两者之间的关系是矛盾的。

视觉艺术基本可以分为两大类，这就是再现性的模仿艺术和非再现性的形式艺术。所谓的再现性的模仿艺术，一般是以写实为主，通常见之于绘画、雕塑，其基本特征一般都是模仿具体物象。如雕塑，它的主要表现对象是自然界中最有灵性的人，通过人的姿态、神情的特定含义来表现某种自然现象和社会关系。绘画则与雕塑不同，它主要是通过占有一个平面，运用各种绘画语言让人的感官产生错觉，从而使二维空间产生三维空间感。绘画表现比雕塑具有更广阔更丰富的自然和社会生活内容。非再现性的形式艺术一般没有再现的任务，主要是追求形式意蕴和形式美。因此，它的形式是一种抽象化的含有"有意味的"要素组合，也就是贝尔所说的那种"意匠"。

现在，我们已经基本明白，贝尔的"意匠"同再现性的模仿艺术存在着根本的矛盾。艺术作品如果过分追求酷似，那么，势必损害"意匠"要求。而如果一味追求"纯形式"即"意匠"的要求，那么，创造逼真的艺术也就成了一句空话。这两者在创作上是互相排他的。

(六) 对叙述性作品的批判和否定

由于贝尔强调艺术作品的"有意味的形式"，因此，他喜欢一切按照"意匠"要求创作出来的非表现性的艺术，而轻视一切与之相悖的叙述性作品。他认为，所谓的叙事性作品，

---

① 《外国美学》编委会.《外国美学》(1)[M].北京：商务印书馆，1985：214.
② 《外国美学》编委会.《外国美学》(1)[M].北京：商务印书馆，1985：215.

尽管它们画着具体的反映现实生活的事物和情景，但这种画的“叙述性”决定了它们不是用来唤起人的审美感情，而只是用来传达某种信息，表达某种思想观念。贝尔列举当时很有名的“意大利未来派”的作品，认为那些出于“意大利未来派”的有胆有识的青年画家之手的、堪称叙述性绘画典范的作品，其实与艺术不太相干。因为，未来派艺术常有颇为强烈的政治色彩，故从某种意义上说，这种强烈的政治色彩损害了艺术的“意味”价值。未来派艺术的特征在于“它旨在用线条、色彩来揭示某一特殊时刻心理上的混乱状态。它们的形式不是为了引起审美情感，而是为了传达信息”。因此，未来派绘画作为一种艺术并不值得称道。而这种作品的名声如此之大，其原因在于它通过线条、色彩来揭示某种有趣而又复杂的心理状态。它的主旨并不在于展示其艺术性，而在于揭示各种不同的心理状态。所以，与其说未来派绘画是一部成功的美术作品，倒不如说是一篇出色的心理学文章。从“叙述性”这个意义上来说，叙述性程度越高，对“艺术”的纯审美意义的损害也就越大。

叙述性的写实手法，在中世纪和中世纪以前，一直是很流行的，但自进入了文艺复兴时期，追求逼真的写实手法开始受到挑战。正如冈布里奇所说的，文艺复兴时期的画家们为之奋斗的课题，始终是关于怎样把写实的要求与意匠的要求结合起来。这种将“写实和意匠”两者巧妙地结合起来进行创作的尝试可谓开辟了一代艺术创作的新风。达·芬奇就是这种尝试的成功者。他的传世杰作《最后的晚餐》无论是从其“写实”角度看其逼真性，还是从其“意匠”角度看其“有意味的形式”的美妙性，都可谓天衣无缝，无懈可击，令人倾倒。然而，贝尔却不能容忍这种折中性的平衡化艺术。他认为，这种“写实和意匠”的平衡结合，结果还是在一定程度上破坏了“有意味的形式”的创造和表达。如果要真正全面地激发起审美情感，那就必须让写实绝对服从意匠的需要。由此我们不难看到，贝尔是在寻求一种纯而又纯的审美（创作）形式，但这又是难以做到的，这甚至连他自己也难以阐述清楚。贝尔这种理论与实践上的矛盾，使他的这一学说陷入了困境，故他也不得不在强调“写实”绝对服从“意匠”需要的同时，承认“再现性的写实因素”可以作为某种艺术创作中的赘物而给以勉强保留。

（七）对原始艺术的推崇和礼赞

贝尔从其艺术的“纯形式”的思维逻辑基点出发，轻视一切描述性艺术及其创作手法。一切写实性很强的作品，都被他看做是严重破坏美感的作品。相反，他很推崇人类早期的原始艺术作品，其理由是，原始艺术通常不带有叙述性质。原始艺术中看不到精确的再现，而只能看到“有意味的形式”。原始艺术中很少有“修饰”的成分，这是原始艺术之所以感人的主要之点，这一点，也是为别的任何艺术所无法媲美的。当然，贝尔同时也指出，并不是一切原始艺术都是好的艺术。相反，原始艺术中也有不好的作品，如它的装饰过分、比例失调、制作粗糙、结构臃肿、烦琐等。但总体来说，原始艺术作品含有更高的艺术趣味。贝尔素来反对艺术家去追求艺术的逼真和酷似。他认为，如果逼真、酷似是艺术家所追求的目标的话，那么，一架照相机就可以解决比绘画更酷似、更逼真的问题。贝尔主张一种富有节奏感、色彩感和空间感的“意匠”和富有表现力的“变形”。而这些特征都为后印象派绘画所具有，故贝尔是十分欣赏塞尚等艺术家的作品。由此出发，贝尔同样喜欢“原始艺术”[2]。他列举了为他所喜欢的七种“原始艺术”。这就是：(1) 古代苏默尔艺术；(2) 王朝以前的埃及艺术；(3) 古风时期的希腊艺术；(4) 中国魏、唐诸大师的艺术；(5) 日本古代艺术；(6) 第6世纪原始主义风格的拜占庭艺术（及其在西部诸蛮族中的发展）；(7) 白种人尚未来临之前的中南部美洲的艺术。这七种原始艺术具有下列共同特征：第一，写实性欠缺；第二，创作技法上没有故弄玄虚；第三，具有卓越的、给人以深刻印象的形式。在这三种基本特征中，其实，贝尔最感兴趣的是第一种。写实性欠缺，用贝尔的艺术趣味标准来衡量，恰恰是一个莫大的优点。在写实性欠缺的背后，正是潜藏着“原始艺术”创作者深刻的“意匠”用心。在“原始艺术”中，之所以很少有再现，更少那些修饰性的故弄玄虚，这一是因为“原始艺术”作者的创作能力达不到去创作幻想性艺术的高度，二是因为出于他们本身的欲望。原始艺术的作者他们没有别的希冀，仅仅是出于他们要表达形式感的强烈愿望。他们对创造幻想或者不感兴趣，或者没有能力①。他们“也不去显示其高超的技艺，却集中全部精力于一件必要的事实——形式的创造。因而他们创造出了人类拥有的最卓越的艺术”②。

在上述理论中，除了贝尔肯定“原始艺术”的“形式意义”和由之产生的审美价值外，毋庸置疑，贝尔的理论中仍然存在着矛盾。因为，即使是上述七种“原始艺术”，也并不是全部建立在“纯形式”基础上的。其中相当程度的“原始艺术”也是具有“再现性”因素的艺术，而贝尔一方面把艺术中的再现性视为与审美情感无关的赘物（只允许其勉强保留下来），一方面又把“原始艺术”的那种形式创造称之为拥有人类最卓越的艺术价值。显然，由于贝尔所强调的艺术形式是一种纯粹的形式，他容不得任何意义上的“写实和再现”，而作为写实性很强的视觉艺术，要在贝尔的理论中彻底使“再现”消逝，这似乎是难于上青天的事。正因为贝尔在“有意味的形式”这个意义上对艺术的“意匠”如此苛求，故最终他的理论必然是陷于矛盾和玄虚神秘的复杂境地。这不能不说是贝尔理论的令人遗憾之处。

（八）贝尔与后印象派艺术

稍有美学史常识的人都知道，任何一个时代的美学和文艺理论的发展都是建立在当时的文艺实践基础上的，同时又为该时代及其后来的文艺发展指引方向。贝尔的艺术理论正是如此。它不仅是对后印象派艺术实践的总结，而且对整个现代派艺术产生了巨大深远的影响。

后印象派可以有广义和狭义两种解释：广义是指继承印象画派，并加以变革的各个不同的流派；狭义是指以塞尚、凡·高、高更等人的创作方法为主的流派。我们在这里所说的后印象派，上述两种都包括，但又以塞尚的后印象派艺术为主。

---

① 马奇.西方美学史资料选编：下卷[M].上海：上海人民出版社，1987：1062.
② 马奇.西方美学史资料选编：下卷[M].上海：上海人民出版社，1987：1054.

1885年,印象派画家在第八次画展后,观点上发生了分歧。一部分画家对以前那种对客观事物表面上的色光现象的视觉再现提出了异议,他们主张以视觉为媒介,来表达创作者对客观事物的认识、解释和由此产生的内心情感。艺术家们普遍注重自身感情的自我表现,故而形成了一个艺术家一种风格的局面,他们之间的绘画作品很少有共同之处。他们中的画家大多是法国人,原先都是印象派画家,但他们都反对印象派的束缚(印象派的最基本原则是客观地描绘自然中稍纵即逝的光与色的效果)。后印象派画家正是抛弃了这一狭隘的目标,强调主观感受的再创造(自我感受的再表现),即追求一种更高层次的表现热情。反映在具体的创作实践(手法)上,一般不表现光,而是注重色彩的对比关系、体积感和装饰性等。当然,后印象派画家之所以能自由地选择传统题材以外的主题,运用色彩分解小笔触描绘确定形体的技法,是与印象派的纯色表现有关。后印象派的前生,大致可以从印象派内部的意见分歧开始说起,但真正从印象派独立衍生出来则要从1878年说起。那年,塞尚以"使印象派像博物馆的艺术那样牢固和持久"为由而脱离了印象派运动。其实,我们也可以把这一理由看做是塞尚与印象派分道扬镳的独立宣言。印象派画家的作品的最基本特征是描写瞬间的印象,而塞尚的作品往往与之大相径庭。他的作品(尤指风景画和静物画)总是蕴含着某种值得怀念的永恒性。塞尚认为,绘画的主旨就在于对形、色、节奏和空间的探索,并企图借助色彩的配合而不依赖明暗效果表现体积等。比如,他极善于运用明朗欢快的色彩,这一原理我们可以从《玩纸牌的人》《静物》(作品存于巴黎卢浮宫)等作品中看到。此外,塞尚作品十分注重自然形体的内在结构和物体表面与深层的关系。塞尚艺术对20世纪立体主义的发展产生了很大的影响。后印象派的另一位杰出画家修拉在1884年巴黎独立者沙龙上也提出了与塞尚基本相同的绘画主张,这就是要比印象派更注重构图和着色技巧,更深刻地研究色彩的功用。修拉以印象派惯用的分解色块为出发点来表现光的闪烁,通过光学方式探索色彩的发光效率。他以微小的色点连续敷施对比色,使不同的颜色从一定的距离看逐渐融合,变成主色。这种被称为点彩主义的纯理性技法被当时许多画家所接受,并促使20世纪的画家做类似的实验。后印象派的另一特征就是完全抛弃自然主义的态度,对20世纪以后的立体主义和野兽派产生了巨大的影响。塞尚毕生追求表现形式,尤其是对运用色彩造型有新的独创,故素有"现代绘画之父"的美称。

我们在阐述弗莱的形式主义美学理论特征时就已经谈到,后印象派(Post-impressionism[3])一词是英国画家和艺术评论家R.弗莱在一个偶然的机会(画展上)首先提出的,以后就约定俗成,正式被推广应用,直至今天举世闻名。

贝尔和弗莱都十分重视和推崇后印象派绘画,并认为塞尚是开创新风的杰出画家。贝尔和弗莱在塞尚以前的作品中已经感受到了那种"有意味的形式"。贝尔说:"由于种种原因,当时出现的后印象派并没有引起革命。艺术传统也仍处于昏睡状态。但是,也间或出现一两个敢于同根深蒂固的传统习惯搏斗,并且创造出了'有意味的形式'的天才。仅举这样的几位艺术家为例:尼克拉斯·浦桑(Nicolas Poussin)、克劳德(Claude)、埃尔·格列柯(El Greco)、查尔丁(Chardin),还有英格莱斯(Ingres)和雷诺珂。这几位艺术家的作品与乔托和塞尚的作品同样的感人。”①“有意味的形式”是贝尔衡量一切艺术品优劣的基本标尺，而在塞尚之前，最富有这种“有意味的形式”的是那些“原始艺术”作品。“原始艺术”作品的诞生，使贝尔喜出望外，激动不已，从而使他更坚定了自己的那种“有意味的形式”的审美假设。他说：“塞尚作品使我感到极为兴奋，而后，我发现他的作品最鲜明的特点是坚持以创造‘有意味的形式’作为至高无上的目的。当我意识到这一特点时，出于对塞尚及其门徒的崇拜，更加坚定了自己的审美理论。自然，我很容易便喜爱上这些后印象派作品了，因为，从这些作品中，我可以看到我从其他别的作品中见到的最使我感动的某种东西。”②不言而喻，在贝尔看来，后印象派作品是最能充分体现“有意味的形式”的艺术高峰。在贝尔的眼中，后印象派艺术不是一种孤立的神秘的艺术，它和别的艺术流派的艺术一样，也是艺术史发展的产物。后印象派作品有反传统的成分(矫印象派画风之正)，但它也绝不是一种完全反传统(或割裂传统)的艺术。它只不过是一种“有意识地反对某些对现代艺术发展起阻碍作用的旧传统。它坚决否认艺术必须永远沿袭过去的程式。但是，这一点绝不仅仅是后印象派的标志，它恰恰是艺术生命力的最一般标志”③。正是在这个意义上，贝尔认为，“一幅后印象派的佳作，其精彩处也正是其他优秀绘画作品的精彩之处。因为艺术的基本性质是永恒不变的”④。这个基本性质就是艺术的内在生命力——“有意味的形式”。

任何艺术都不是孤立地产生，而是有其源流关系，即使是远古时期的原始艺术，它们的产生和形成也同样与原始人的生存方式有着密切的联系，更何况人类进入了文明时代以后的艺术形式。任何艺术之间都具有某种共同点和差异点，由此构成形形色色、纷繁复杂的艺术形态(风格)和艺术流派(指创作手法不同而言)。用贝尔的话说：“艺术就像永不枯竭的溪流，那源远流长、世代流淌的溪水时而宽，时而窄，时而深，时而浅，时而快，时而慢，连它的颜色也始终变化着。然而，又有谁能确切地标出这些变化的分界线呢？19世纪初期，艺术溪流处于低潮，到了印象派兴旺时期，它已经丰富得多了。当前的艺术运动在某种意义上只是对印象派画家起了反对作用。任何想要阻挡艺术溪流的企图，任何要确切划出某个派别或运动，并说：‘艺术从这里开始，到那里结束’的企图都是荒唐透顶的。这是纯粹的学院派作法。在现今的优秀画家中，不受塞尚影响或在某种意义上不属后印象派的寥寥无几。然而，不远的将来，就会出现一个伟大的天才，就会制造出表面形式不同于塞尚作品的‘有意味的形式’。”贝尔的这种艺术(史)观应该说是合理的。衡量一切形式艺术(假定其他艺术也是如此)，不能割断历史，不能抛开艺术生成的环境条件，否则就不会得出正确的评判。后印象派艺术与其他任何艺术一样，它从印象派中衍变出来，但又冲破了印象派的束缚。它既有印象派艺术的胎记，但又是一种崭新的更为新颖进步的艺术，用贝尔的话来说，它更富有“有意味的形式”，更具美学价值，更能唤起审美情感。世上的艺术千姿百态，千差万别，表现风格各不相同，但衡量艺术质量优劣的分野只有“好与

---

①② 马奇.西方美学史资料选编：下卷[M].上海：上海人民出版社，1987：1062.
③④ 马奇.西方美学史资料选编：下卷[M].上海：上海人民出版社，1987：1063.

坏”两种。贝尔在推崇后印象派绘画的同时，他没有割断历史。他也承认艺术史发展长河中不乏许多富有意味形式的作品。相反，贝尔倒是强调要人们“全面地看待艺术史，把艺术品多产的各个时期看做整个艺术史中各个独立的阶段”。贝尔客观上也承认后印象派是艺术史发展的必然产物，为他的“有意味的形式”这一美学假设提供了强有力的佐证，从而更坚定了他的这一美学理论，但贝尔也看到艺术的发展将会导致具有更新形态的更高价值的东西出现。在“有意味的形式”这一美学标准衡量下，贝尔的视野虽以后印象派艺术为主，但同时也把衡量的目光伸向更广泛的艺术领域，并且也同样预示到了继塞尚之后定将会有更新更富有美学价值的艺术产生。他说：“首先，我赞赏后印象运动。这个时期是优秀艺术家层出不穷、艺术兴旺发达的时期。我也深信，构成后印象派的基础并导致它兴起的那些因素，比现代艺术史中记载的任何其他运动的因素都更能激励艺术家充分地表现他们的才华，也更有益于培养出优良的艺术传统。但是，我对后印象派运动的兴趣及对它产生的很大敬意，并未使我忽略其他运动中出现的伟大艺术品。我也不希望今后将出现的表面上反塞尚传统的新形式会使我对任何新形式的创造之伟大视而不见。”①这里，我们也可以说，作为20世纪现代英国形式主义美学代表贝尔，他在美的形式上确实把目光探伸得比较广大深远。他不仅看到了历史上艺术作品中的形式美价值，而且预示着在继塞尚之后将仍有可能会产生更伟大的“有意味的形式”作品。“形式”是一切艺术的永恒共性。贝尔正是在这个永恒的艺术共性面前，主张一切艺术在“有意味的形式”审美评判标准面前，一概都是平等的，不管这种艺术作品是原始的、古典的，还是现代的和未来的。

在强调后印象派艺术创新价值的同时，贝尔指出，后印象派艺术其实也是一种“视觉艺术的伟大传统的复归”②。后印象派的出现，对写实性艺术无疑也是一种挑战。因为，该派画家一反传统的描述写实手法，不注重再现和技巧，而注重创造“有意味的形式”，注重创造能充分激起审美情感的艺术。后印象派承认艺术创造是一种十分浩繁的劳动，艺术家无须把精力耗费在酷似和技巧方面，而应该重在表现“有意味的形式”。因为，任何一种人为地追求作品的再现的努力，都会削弱“有意味的形式”，从而相应地减少作品的艺术价值。后印象派的最基本原理就是不主张作品的再现和技巧，而是主张按“意匠”要求创作“有意味的形式”的作品。因此，“后印象派远非是一般人所认为的那种无私的革命。事实上，它是一种复归。这个伟大的传统将把曾经呈现于原始艺术家面前的理想又一次呈现在当今的每个艺术家面前。自20世纪以来，只有极少数的几个天才抱有这个理想。后印象派恰恰对艺术的基本戒律做了重申。这个基本戒律就是艺术家要创造形式。后印象派正是因为遵循了这个戒律，才得以同拜占庭的原始艺术以及艺术产生以来奋斗发展起来的各个重要艺术运动联系起来”③。前面我们已经就贝尔所说的“原始艺术”作了简要的论述。可以这样说，贝尔推崇如拜占庭这样一类的原始艺术是因为那种艺术的功夫在于其“有意味的形式”，而不在于叙述性的描绘上，不在于酷似上，总之，不是写实性的艺

---

① 马奇.西方美学史资料选编：下卷[M].上海：上海人民出版社，1987：1064.
②③ 马奇.西方美学史资料选编：下卷[M].上海：上海人民出版社，1987：1065.

术。而后印象派艺术在20世纪初成为一种巨大的新的艺术浪潮席卷欧洲，这种巨大的艺术革命浪潮汹涌澎湃，声势浩大。它确实冲击着一切旧的传统艺术中有碍于“有意味的形式”的表出的东西，它所谓的后印象派艺术是原始艺术的复归正是在这个意义上说的。

“有意味的形式”这个假设本身，其意义就很深刻。任何一部作品都是通过形式得以展示的。现在，问题的关键是，这种形式必须有意味，没有意味就不成其为艺术作品。因此，意味的深刻程度，决定了艺术作品的价值、地位和命运。形式主义美学正是在这一点上恪守原则，寸步不让。他们衡量作品，统统要在“有意味的形式”标尺面前见高下。正是由于这个原因，在形式主义美学家看来，一部作品是怎样被创造出来以及艺术家的创作意图和技巧都是无关紧要的，而关键的问题是看做品是否能激发起人们的审美情感。粗看起来，一幅优秀的后印象派作品和其他一切艺术作品都十分相似，但它们毕竟区别于一般的优秀艺术作品，它们摒弃了传统画法中的那些有碍于情感表出的画法。当然，就后印象派的前身来说，也有质量不高的作品，但那不是真正的后印象派绘画。贝尔列举了在巴黎举办的“秋季沙龙画展”或“独立画展”后认为，这些同时出于后印象派之手的数百幅作品，其中也有不少是毫无价值的。这些无价值的画之所以失败，就是这些作品的形式没有意味，不能引起人们的审美反应。而人们带有贬义地把这些作品统称为“后印象派绘画”，则是“后印象派绘画”的不幸。应该看到，在以塞尚为标志的后印象派运动同这一运动中应运而生的大批惊人的优秀作品的产生，全应归功于后印象派的解放和革命的学说。当然，在这种大量的涌现和后印象派名声大振的情况下也难免会有一些滥竽充数的东西冒充后印象派作品，但这无关紧要。“后印象派艺术不是专为反对人类的愚蠢和才能才存在的，它所能做到的不过是将艺术的起码要求展示在画家面前（指‘有意味的形式’的作品的诞生——本书著者注）。它只能告诫那些天才人物和聪明的学生：‘不要把时间、精力浪费在无关紧要的事上，全神贯注于重要的工作，集中精力创造‘有意味的形式’吧！”①

的确，作为一种贝尔在后印象派艺术实践基础上总结出来的形式主义美学理论，一旦确立，就会对现实产生巨大深远的影响。尽管塞尚以及他的有成就的同行们的艺术风格在他们生前并没有得到一致的公认，然而，贝尔和弗莱成了塞尚艺术风格的理论概括者和总结者。弗莱为塞尚派艺术取名“后印象派”，贝尔不但加以承认，而且还极力推广，一直沿用至今。贝尔的《艺术》一书，通篇洋溢着对后印象派的推崇和礼赞。贝尔把后印象派的艺术视作是他所处的那个时代的艺术顶峰（当然，贝尔倒是看到并承认，这种艺术的发展只是源远流长的艺术历史发展过程中的一种流变的结果。他也断言，在塞尚后印象派之后，还将会有更伟大的艺术出现）。贝尔形式主义美学思想的核心就是提出了“有意味的形式”这一美学命题，以此作为衡量一切艺术作品优劣的标准，并同样以此来审视和研究人类整个（视觉）艺术发展史。

贝尔也承认塞尚之所以能画出如此有价值的“艺术作品”是由于塞尚开创了一种独特的合乎其目的的绘画技巧。这显然是对于画家的技艺要求，而对于绘画艺术本身，关键的

① 马奇.西方美学史资料选编：下卷[M].上海，上海人民出版社，1987：1067.

问题是如何表现艺术主题(即如何表现艺术价值本身),衡量的标准只有一个,这就是看艺术作品能否激起审美感情。这一点,也是艺术作品的美学价值所在。贝尔在20世纪初就已预见到后印象派将继续发展和产生影响,预见到它有一个理想、宏伟的未来,当这种未来一旦成为现实时,塞尚将不仅是作为后印象派的代表,而且是定将成为像乔托和马萨丘一样的伟大艺术家。贝尔的预见不愧为英明正确,在塞尚生后,他被后人公认为“现代艺术之父”。

保罗·塞尚(Paul Cézanne, 1839年—1906年),生于法国南部普罗旺斯的埃克斯。早年受过良好的高等教育,曾在大学攻读法律,后来进巴黎私立的“斯维塞学院”,并与印象派画家莫奈等人建立了友谊。但是,他从一开始就与莫奈等人的观点有分歧。莫奈等人曾长期探索光、色与空气的表现效果,追求光的变幻,他们常常在不同的时间和不同的光线下,对同一对象做多幅的描绘。从自然光色的变幻中抒发瞬间的视觉感受。塞尚则不然,他把精力集中在对客观形态的内在结构的探讨上。他说:“莫奈只不过是用眼睛画画”,而“我的方法是对虚幻的痛恨,它是现实主义,它充满着现实里的英雄气概”。他崇尚培根的名言:“艺术家就是人加自然。”但要使艺术家真正忘情地超越自我而进入自然境界,其难度是很大的。由此,他得出结论认为,“在自然里,一切物体均为近乎球体、锥体和圆柱体的形状,人们必须在这些单纯形象的基础上学习绘画,然后才能画一切想画的东西”。塞尚在这里强调一种画家对绘画现象对象的认识方法,通过这种认识方法,来达到艺术家的某种带有“升华”性质的独特的艺术感受,从而去寻求到合理的表现或抒发情感的渠道,创造出如贝尔所说的那种美学假设——“有意味的形式”。从塞尚的风景画中,如《圣维克多山上的松树》《爱斯塔克看马赛港》中,人们可以看到塞尚对艺术作品的结构的追求甚于对光影和空间深度表现的追求,使作品所呈现的复杂的空间画面既具有一种深沉的力度感(如《穿红马夹的少年》《塞尚夫人》等作品),又透出一种纯净、简洁、明快、由色彩的变幻所生成的构图的坚实感。在塞尚的艺术作品中,静物画是塞尚艺术的集中体现,它尤其体现出了塞尚的造型观念。在塞尚的静物画中,他往往利用双眼的视点差异,造成令人不易觉察的视角差,故意把同一平面上的静物画得不在一个透视面上。这种能体现多视角的造型,是塞尚艺术的一大独创。这一技巧对现代派绘画艺术产生了很大的影响。正如前面已经略略提到,塞尚艺术一开始并不为人所注意,直到他去世后的第二年才逐渐为人们所重视,并得到巴黎画坛的承认,此后便名声日益大振。令人遗憾的是,尽管塞尚艺术上的成就很高,但他本人却没有建立起自己系统的绘画理论。真正为塞尚后印象派艺术加以概括总结的是贝尔(也包括弗莱)。因此,在谈论塞尚艺术时,可以不涉及贝尔,但是在介绍和论证英国现代形式主义美学理论时,抛弃塞尚及其后印象派艺术是无论如何说不清楚的。因此,我们在这里将塞尚生平和艺术成就(看来似乎不属本文论述范围的题外话)作一简要介绍的目的也正在于此。

(九) 艺术与宗教的关系

在贝尔的形式主义美学理论中,艺术与宗教十分相似。因为这种相似都是建立在这样一个基础上，两者都相信有某种所谓的"终极价值"存在。贝尔说："按我的理解，宗教是表达个人对宇宙的情感意味的感受。如果说，艺术也是相同的表达，我不会感到惊奇。无论如何，这两者所表达的情感都不同于和超越于生活中的情感。"这里，艺术与宗教之间都拥有一个共同点，这就是它们两者都是通过非人世精神状态（终极实在）的途径，用贝尔的话来说就是："艺术和宗教是人们摆脱现实环境，达到迷狂境界的两个途径"，它们两者"都是达到同一类心理状态的手段"①。正是在这个意义上，艺术与宗教同在，他们同属一个世界。这个世界，就是贝尔所说的"精神信仰"。那么，这种精神信仰又是怎样产生的呢？理由很简单，就是因为人们相信世上存在着比一般事物更重要的东西。而且这种相信无须任何的证明和根据，也无须人们去解释，它是一种人们对无条件的、普遍的东西的意识。宗教和艺术在"信仰"问题上全然是相通的。换言之，艺术也和宗教一样，是一种信仰的东西。宗教上的信则灵，不信则不灵，反映到贝尔的艺术理论上，就是只要你所信的，就可以显灵（即发现有"意味的形式"）；反之，就不显灵，你就很难发现"有意味的形式"，故你的审美情感也就无法唤起。在作了上述论述之后，我们现在就明白了贝尔的艺术与宗教的关系以及它的"有意味的形式"与宗教信仰的关系。总之，"有意味的形式"离不开信仰。正是基于这种信仰，贝尔才提出了审美经验是一种纯粹的主观性东西，任何客观性的标准都是在被排斥之列。我们知道，一切宗教都是带有不同程度的神秘主义色彩，贝尔把艺术同宗教相提并论，致使其美学理论也带有一定程度的神秘主义色彩。

四、对形式主义美学的简要评价

以贝尔和弗莱为代表的形式主义美学是现代西方美学的重要流派之一。这一流派将美学史上的形式主义发展到了一个崭新的阶段。换一句话说，现代形式主义美学是传统形式主义美学发展演进的结果。无论是贝尔还是弗莱，他们都从视觉艺术领域出发，以后印象派画家的创作实践为基础提出了自己的美学主张。记得我国有位学者在谈到现代形式主义美学的源流关系时说过这样一句话："如果说后印象派是现代形式主义美学理论得以形成的现实之源，那么，自古希腊罗马以来的形式主义美学传统无疑就是它的理论之源。"我认为，这句话说得恰如其分。由于现代形式主义美学理论是对后印象派的总结和概括，并且还与以毕加索为代表的立体派等艺术流派合拍、呼应，并极力地为这些现代派艺术的出现辩护，故被现代派艺术大师和艺术理论家们推崇为"现代艺术理论中最令人满意的"一种。在弗莱和贝尔美学思想的形成过程中，他们都是深受康德以来的"纯形式化"和"直觉"说的影响，他们都主张一种"纯形式化"的美和美感理论，即美和美感是同一种纯粹的审美情感，它与现实生活没有关系。由此将这两个重大的美学概念纳入纯形式价值范畴。弗莱从"纯形式"出发，认为现实生活中的大多数人是受各种现实关系的制约，并在这种现实生活的条件下积累了大量的关于现实生活的观念和情感。这种现实化的观念和

① 贝尔.艺术[M].周金环，等译.北京：中国文联出版公司，1984：62.

情感是同实利有着密切的关系。当人们在对艺术作品进行纯审美观照时，这种观念和情感将会在审美中产生一系列有碍于审美的联想，导致审美内容与形式结构无关的状态，追求的只是生活的趣味而不是审美的趣味。弗莱把由此而产生的艺术称为“不纯的艺术”。总之，这种“不纯”是同现实生活的经验、观念和情感有关。另一类情形则与此截然不同，那就是有极少数的人（这些人都是一些伟大的艺术家们），他们对形式结构有一种独特的感知方式。他们在对形式结构（如一部艺术品）的感知时，可以不受任何现实生活中的联想的干扰，而只是对单个独立的形式结构特别敏感，由此领悟到某种杰出的审美价值（如贝尔所说的那种“有意味的形式”）。弗莱对形式美的重视和对艺术规律的强调，使他的形式主义美学理论颇具特色。但是，他在强调形式结构时走向了极端，即他过分地夸大了形式结构的作用，从而割裂了形式和内容的关系，直到从根本上否定内容、否定艺术的社会价值和功用。

贝尔的观点构成了整个形式主义美学的主体。弗莱虽然对于贝尔提出的“有意味的形式”是赞成的，同时也承认要将这个“假设”解释清楚是很困难的，并且一再含蓄地表示，由这个“假设”所引起的问题是十分复杂的。尽管弗莱与贝尔在“形式”问题上观点一致，但他们之间仍然存在着一定程度的理论差异（如弗莱对贝尔在完全否定艺术的再现问题上也存在着很大程度的保留）。贝尔美学理论形成的时代背景条件与弗莱差不多。贝尔美学理论的主干可以用这样一个图式来表示：“艺术”——“有意味的形式”——“终极实在”（物自体）。而他极力推崇后印象派作品是因为他欣赏该派艺术创作中的“简化”和“构图”原则。在《艺术》一书的其他几章中，如“艺术与生活”“基督教艺术”“坡道”“运动”“未来”中他都分别论及艺术与宗教、艺术与历史、艺术与伦理、艺术与社会、艺术创作与自由等问题。对所有这一切问题的论述都是紧紧围绕着艺术是“有意味的形式”这个审美假设展开的。贝尔认为，一切东西，只要它是美的，它的各个部分就被组合在一个特殊的方式中，它们共性便是“有意味的形式”。线条和色彩在特殊方式下组成某种形式或形式的关系激起人们深刻的审美情感。这线和色的关系的组合就是“有意味的形式”。一切艺术的本质，仅存在于这种“有意味的形式”中。贝尔的“有意味的形式”理论，给整个现代西方美学和西方现代派艺术产生了深远的影响。它一方面强调艺术的形式美作用，另一方面又割断艺术与现实的联系，使之成为“纯艺术”或“纯形式”，成为少数艺术家自我欣赏的产物。由于贝尔的艺术论是仅仅建立在对后印象派艺术作分析、评判和总结的基础上，仅仅以绘画的审美特征来概括一切艺术种类的共同规律，从而陷入了片面性。他的美学上的“纯形式”观点和审美活动中的神秘主义的“直觉”说都反映出贝尔学说的理论局限。

从现代形式主义美学的实际内容和基本特征来看，这一理论的产生和形成同 19 世纪流行于欧洲的文艺思潮——唯美主义也有着至关重要的联系。唯美主义不主张艺术承担社会教育的义务，而是主张“为艺术而艺术”，即艺术不反映生活。在绘画艺术方面，表现为作品脱离现实生活，内容空虚，外表结构形式复杂华丽。在现代形式主义美学理论中，我们基本上可以找到上述特征。历史上的形式主义美学，尽管在不同的时代具有不同的理论内容和特征，但是有一点几乎是共同的，即这些理论都不外乎是或者力图为艺术形式寻找科学的论据，或者就是走向神秘主义。以贝尔、弗莱为代表的英国形式主义美学理论是继承了康德的神秘主义。它们以“信仰”作为出发点来解释艺术，从而无视乃至抛弃科学。现代形式主义美学理论概括起来，大致有以下几个主要特征：

第一，以审美体验为基础。这是形式主义发展的一大进步，但这种审美体验强调的是审美主体的主观情感，这种情感同现实生活中的利害无关。现代形式主义美学不懂得审美体验是一种主客体相互作用的过程，不懂得审美体验的源泉和对象是客观存在的美，这种体验是受对象美的特性的制约，并随着对象的发展而发展，不懂得这种体验的内在依据和主观条件是人在实践中产生的审美需要和一定的审美观点、审美能力，并发挥着人的能动性和创造性，而是一味强调审美经验的主观性。因此，我们看到，现代形式主义美学同18世纪英国经验主义哲学的影响是很有关系的。如贝克莱就认为，感觉观念不以外物为原因，也不是外物(指客观事物)的反映。反之，外物的观念的集合，其存在即在于被感知。贝克莱把一切感觉经验都看成是纯主观的事物。现代形式主义美学在这一点上同贝克莱的观点没有什么两样。

第二，强调艺术自身的美学价值。现代形式主义美学继承古典美学的传统观点，强调艺术是以其自身为目的。康德在谈到审美判断理论时曾经这样说过：“一个关于美的判断，只要夹杂着极少的利害感在里面，就会有偏爱而不是纯粹的欣赏判断了。”[①]这里明显是指要激发起一种纯粹的审美情感，前提必须是建立在对艺术的纯粹的审美欣赏判断基础上，而如果受现实生活有关的利害的影响，就会干扰这种欣赏判断，从而就会产生偏爱。在这里，形式主义美学与康德美学的区别只在于，康德强调的是鉴赏判断中的审美主体那种纯粹的不夹杂任何功利欲念的判断，而现代形式主义美学则是从审美对象(艺术)角度，强调一种“纯形式”——一种与现实生活中的“反应行动”无关的“有意味的形式”。

必须看到，现代形式主义美学在强调艺术具有与其他事物不同的审美特征这一点上，它是对的。但是，由于这种理论无视艺术与现实生活的密切联系，否认艺术是对现实的反映，片面夸大艺术的形式价值，从而使艺术成为一种脱离现实生活，仅仅依赖于人的主观审美体验的东西，这不能不说是现代形式主义美学的一大缺憾。

第三，现代形式主义美学与其他美学理论明显不同的一点是：它的理论代表人物本身都是从事艺术实践的艺术家和艺术评论家，他们的美学理论都是在对艺术实践考察的基础上提出来的，而不像别的美学理论，往往是从哲学的角度来阐述其学说。而且，现代形式主义美学所论及的艺术范围仅仅限于视觉艺术，主要是以后印象派运动为主要研究对象。同时，作为现代美学流派，形式主义美学由于缺乏从哲学的高度来看艺术，因此，其理论概括的深度相对也受到限制，特别要指出的是，现代形式主义美学所研究的对象是一种“纯形式的艺术”，这种艺术几乎是与人们的现实生活无关的东西。因此，在现代形式主义美学理论中，对于艺术与自然、社会等领域的关系阐述得是相当少的，可以这样说，现代形式主义美学所研究的不是艺术的社会性和艺术的自然性，而是艺术的主观特性，艺术的某种“纯形式”价值。

---

① 康德.判断力批判：上卷[M].宗白华，译.北京：商务印书馆，1964.

现代形式主义美学对于其他现代美学流派，如对于带有科学倾向的结构主义、格式塔心理学美学、符号论美学、现象学美学等产生过较大的影响。它的许多理论观点，至今仍在产生着影响，有的继续为我们今天的人们所关注和重视。

注释

1 其余两大美学是以克罗齐、科林伍德为代表的“表现主义美学”和以卡西尔和苏珊·朗格为代表的“符号学美学”。

2 这里值得作一补充说明的是，贝尔所指的“原始艺术”，并非仅指远古时代原始部落民族和格罗塞、利普斯、博厄斯等艺术史家所考察过的亚洲、非洲、美洲等地区尚存的“活化石”原始民族的艺术。20 世纪，西欧一些艺术理论家们为了将中世纪和文艺复兴初期的那些比较稚拙但又具较高艺术价值的作品同文艺复兴顶峰时期的艺术相区别，故把这些稚拙艺术称为“原始艺术”。如“意大利的原始派艺术”就是这种区分的产物。21 世纪初，“原始艺术”的概念扩展到更广大的范围，即区别于“古典艺术”意义上的艺术都是原始艺术。我国吴甲丰先生甚至说：在欧洲、中东乃至全世界，除了发源于希腊的“古典艺术”之外，其余的都被列入“原始艺术”的名下。不管原始艺术的概念是窄是宽，我们在这里作上述说明，旨在有利于对贝尔“原始艺术”观的论证和阐述。

3 Post-Impressionism，出自弗莱的《视像与意象》一书的最后一章，该章其中写道：“我抓住这个(展出的)机会，选出合乎新倾向的作品介绍给英国观众。为了方便，有必要给这些艺术家们定一个名目，我就选择了一个最含混最笼统的名称，叫作‘后印象派’。”

尼采的悲剧思想

尼采的整个唯意志论哲学思想体系主要是通过对悲剧的解释来体现的，因此有人认为，尼采悲剧思想是构成他整个哲学思想体系的基础。尼采的悲剧思想主要集中在《悲剧的诞生》一书中。在此书中，尼采在批判地考察前人悲剧思想的基础上，第一次把阿波罗（日神）和狄奥尼索斯（酒神）这两个概念引入悲剧思想领域。前者代表造型艺术，后者则代表音乐艺术。这两个概念对理解尼采的整个悲剧思想至关重要。尼采哲学的真正精神导师是叔本华，同样，尼采悲剧思想的形成也与叔本华的哲学有着密不可分的联系。反映在尼采的学说中，他虽然也认同叔本华的唯意志论和反理性主义，但不同意叔本华的悲观主义。尼采哲学充分体现了他对传统文化（特别是基督教文化）和现代生活的深刻反思。尼采宣称“上帝死了”，主张对一切价值进行重估。他的《悲剧的诞生》就是这种“价值重估”的最初尝试。他的整个悲剧思想也体现了这种“价值重估”的特征。下面，我们拟从三个方面对尼采的悲剧思想作一概述。

一、悲剧是一种最原始形态的合唱

尼采认为，传统的流行看法已经告诉人们，悲剧发端于合唱，它本质上就是从合唱演变而来的，正是从这个意义上，尼采主张要把合唱视为“原始悲剧”。然而，问题并不是那么简单，就是在对合唱的看法上，也存在着种种分歧。如德国浪漫主义美学的主要奠基人施莱格尔就提出要把歌队视力“观众的典范和精华”，即把他们当做是“理想的观众”。尼采反对施莱格尔的上述论点，他认为，施莱格尔的上述见解与传统说法对照起来，就不免显得粗陋和科学。因为，早期希腊悲剧的历史已经揭示了这样一个事实：合唱早在舞台情节出现以前就已经存在了。从本质上来说，施莱格尔对合唱的解释充其量只是触及了一个复杂问题的皮毛而已，它离问题的本质还相去甚远。

席勒对合唱倒是提出了比施莱格尔更深入的看法，他在《麦西纳的新娘》的序言中，对合唱队的意义发表了一些颇有价值的见解。席勒把合唱队视作一堵有生命的墙，悲剧用它将其围起来，与整个现实世界隔绝，从而“替自己保存理想的天地和诗意的自由”。尼采认为，席勒的上述看法也未能揭示出合唱的本质。那么，合唱的本质究竟是什么呢？尼采认为，合唱其实是一种自然生灵的再现，“这些自然生灵简直是不可消灭地生活在一切文明的背后，尽管世代更替，民族历史变迁，它们却永远存在”①。

原始的萨提尔合唱（Satyr Chor）以直观朴素的形式向人们昭示了这样一个颠扑不破的真理：在大千世界里，尽管一切都在运动和流变，自然界中尽管有生老病死这样一种个体的衰亡和毁灭现象，但支配着万物众生的生命力却是永恒不朽的。在萨提尔这种原始的合唱中，就根本不存在观众与合唱之间的区别，合唱不是表演给人看的，而是希腊人自身的一种精神需求。因此尼采说：“根据这一看法，我们可以把原始悲剧的早期歌队称作酒神气质的人的自我反映。这一现象在演员表演时最为清楚，倘若他真有才能，他会看见他所扮演的人物形象栩栩如生地飘浮在眼前。萨提尔歌队最初是酒神群众的幻觉，就像舞台世界又是这萨提尔歌队的幻觉一样。这一幻觉的力量如此强大，足以使人对于‘现实’的印象和四周井然就座的有教养的人们视而不见。希腊剧场的构造使人想起一个寂静的山谷，舞台建筑犹如一片灿烂的云景，聚集在山上的酒神顶礼者从高处俯视它，宛如绚丽的框架，酒神的形象就在其中向他们显现。”②随着合唱的发展，它要去感动更多的人，使更多的人去体验酒神情状，于是，在合唱的基础上出现了情节和舞台形象、对白、布景等。尼采把这种发展了的合唱称为“酒神颂式的合唱”。这是合唱性质的一个历史性转折。原先的合唱完全是酒神性质的，而当这种合唱发展到有情节、舞台形象、对白等内容时，就意味着日神因素介入合唱。正是日神因素的介入，使原始的合唱发展为悲剧的雏形成为可能，即这种合唱已经不是本来意义上的那种合唱，而是一种原始的“戏”。尼采在解释合唱的这一历史发展过程时曾这样明确写道：“酒神，这本来的舞台主角和幻象中心，按照上述观点和按照传统，在悲剧的最古老时期并非真的在场，而只是被想象为在场，也就是说，悲剧本来只是‘合唱’，而不是‘戏剧’。直到后来，才试图把这位神灵作为真人显现出来，使这一幻象及其灿烂的光环可以有目共睹。于是便开始有狭义的‘戏剧’。”③这种狭义戏剧的出现标志着酒神与日神的最原始的融合——合唱进入高级阶段。尼采认为，在合唱的这样一种高级阶段，“酒神颂歌队的任务是以酒神的方式使听众的情绪激动到这地步，当悲剧主角在舞台上出现时，他们看到的绝非是难看的戴面具的人物，而是仿佛从他们自己迷狂生出的幻象”。这就是日神的梦境状态，在这种状态中，日常的现实世界犹如被蒙上了一层面纱那样显得模糊不清，“一个比它更清晰、更容易理解、更动人心弦然而毕竟也更是幻影的新世界在不断变化中诞生，使我们耳目一新”。这种耳目一新的效果就是酒神和日神的交融所致。这种交融的情景，往往体现为在情绪上是酒神式的，而在场景上则是日神式的这样一种特征，“因此，我们在悲剧中看到。两种截然对立的风格：语言、情调、灵活性、说话的原动力，一方面进入酒神的合唱抒情，另一方面进入日神的舞台梦境，成为彼此完全不同的表达领域”。④ 这两种彼此完全不同的表达领域从本质上显示了酒神精神的艺术和日神精神的艺术之间的区别。一般说来，前者是主观性的艺术，后者则

① 尼采.悲剧的诞生[M].周国平，译.北京：生活·读书·新知三联书店，1986：28.
② 尼采.悲剧的诞生[M].周国平，译.北京：生活·读书·新知三联书店，1986：31.
③ 尼采.悲剧的诞生[M].周国平，译.北京：生活·读书·新知三联书店，1986：33.
④ 尼采.悲剧的诞生[M].周国平，译.北京：生活·读书·新知三联书店，1986：34.

是客观性的艺术。它们虽然互相对立，却又有联系并互为补充。酒神精神的艺术虽然是主观性的，但当它在表达内心深处的情感时，它的基本目的就是要将这些情感“客观化”（或曰“客体化”），而要达到这一目的，就必须诉诸日神的艺术，因为，唯有光明之神阿波罗是形体的设计者，所以，酒神精神的艺术与日神精神的艺术相融合才能产生悲剧。

二、音乐与神话及其在悲剧中的关系和地位

音乐与神话，也是尼采悲剧理论中阐述得比较多的两个范畴，在尼采看来，悲剧在其发展的各个历史阶段都是以音乐为基础的。尼采对音乐的解释，在相当程度上继承了叔本华的音乐理论，并在此基础上再给它披上了一件华丽的酒神冲动的外衣。

叔本华认为。音乐乃是一种非常特殊的艺术，它完全独立于其他一切艺术之外。它和别的艺术不同，音乐仅仅是表现出理念，那就是意志的客体化。音乐是一种可以听得见的意志，它与世界的关系，从艺术模仿这个意义上来说，犹如表现对于被表现的、仿制品对于原物的关系那样。一切优秀的音乐作品，它们都能打动人心。这些作品之所以把人们带进对生活的憧憬，音乐自身也像“亲切习见的而又永远遥远的乐园一样掠过听众的面前”，这些都是由于音乐把人们最内在的本质所有的一切的动态都反映出来；在于它自身具有严肃的品格。只有这样，音乐才能将最严肃的意志（或者说自在之物）完全地表现出来。这就是叔本华对音乐的基本解释。尼采对叔本华的上述观点不但在口头上予以赞同，而且在实践上全盘继承。他认为，那种以造型和叙述文学为其主要内容的日神艺术和那种以音乐为其主要内容的酒神艺术之间的巨大矛盾被叔本华意识到了。这是叔本华的功劳所在。因此尼采这样写道：“根据叔本华的学说，我们把音乐直接理解为意志的语言，感到我们的想象力被激发起来，去塑造那向我们倾诉着、看不见的、却又生动激荡的精神世界，用一个相似的实例把它体现出来。另一方面，在一种真正相符的音乐的作用下，形象和概念有了更深长的意味。”①这里，尼采不但承认叔本华说的音乐是意志的客体化，而且明确指出，音乐以一种为任何理性所无法把握的力量深入世界的本质之中，从而揭示了世界心灵深处的那种“原始矛盾和原始痛苦”。事实上，这种音乐已经进入了本体界，它象征着原始意志，最充分地体现了酒神精神。

从叔本华的悲剧音乐观到尼采的悲剧音乐观，我们看到，后者紧紧追随前者，可谓亦步亦趋。叔本华的“音乐是意志的直接客体化”的理论，在尼采那里则体现为音乐是“原始的痛苦的无影无形的反映”。尼采把音乐看得很高，悲剧就是通过音乐得以表现的，或者说，悲剧就是“非常音乐性”的。他通过强调音乐来否定希腊悲剧源于祭祀日神的说法。尼采承认日神在希腊悲剧中拥有重要的地位，但日神的地位最终还要附属于酒神，酒神就是音乐神，因此，在尼采的悲剧学说中，酒神与音乐在某种意义上是两个等同的概念。在说到日神与酒神之间的关系和各自的作用和地位时，尼采指出：“酒神艺术往往对日神的

① 尼采.悲剧的诞生[M].周国平，译.北京：生活・读书・新知三联书店，1986：70.

艺术能力施加双重影响。音乐首先引起对酒神普遍性的譬喻性直观，然后又使譬喻性形象显示出最深长的意味。”①从字面上看，尼采的这句话似乎有点费解，其实，他阐述了这样两层意思，我们不妨可以用“音乐”和“抒情诗”分别作为两个层次不同的概念加以说明：音乐是酒神（意志）的客体化，抒情诗则是音乐的客体化。它把代表着意志的音乐转化为明朗的观念和形象。因此，酒神和日神的真正融合不是在“音乐阶段”而是在音乐客体化的“抒情诗阶段”。从这个意义上说，抒情诗人首先是位酒补精神的艺术家，他在音乐中揭示其痛苦的原始自我，“在日神精神的梦幻的感召之下，这音乐又化为象征型的梦境图景在他眼前展开”。尼采把悲剧的诞生和抒情诗的诞生相比，悲剧其实正是“抒情诗的最高发展”，它们是“日神精神的象征所表现的音乐”。音乐的客体化（或形象化）的最终实现必然通过抒情诗，因此，尼采指出，正是“从这些自明的，但未经深究便不可达到的事实中。我推测音乐具有产生神话即最意味深长的例证的能力。尤其是产生悲剧神话的能力”②。

从以上论述中我们看到，尼采不但重视音乐与悲剧的关系，而且也重视音乐与神话的关系。音乐可以在不借助任何外界条件帮助的情况下直接深入世界本体的内核中，而神话则不然，它主要有赖于形象画面，它“想要作为一个个别例证，使那指向无限的普遍性和真理可以被直观地感受到”③。神话其实是一种具有形而上意义的对世界本体的“譬喻性观照”。在悲剧中，音乐要向观众昭示世界的本质，它就必须要诉诸神话，因为，神话可以“在譬喻中谈论酒神认识”，从而使音乐的客体化成为可能，尼采说：“悲剧在其音乐的普遍效果和酒神式感受的听众之间设置了神话这一种崇高的譬喻，以之唤起一种假象，仿佛音乐只是激活神话造型世界的最高表现手段。悲剧陷入这一高贵的错觉，于是就会手足齐动，跳起酒神颂舞蹈，毫不踌躇地委身于一种欢欣鼓舞的自由感，觉得它就是音乐本身；没有这一错觉，它就不敢如此放浪形骸。神话在音乐面前保护我们，同时唯有它给予音乐最高的自由。作为回礼，音乐也赋予悲剧神话一种令人如此感动和信服的形而上的意义。没有音乐的帮助，语言和形象绝不可能获得这样的意义。尤其是凭借音乐，悲剧观众会一下子真切地预感到……万物的至深奥秘分明在向他娓娓倾诉。”④尼采的这段论述在其整个悲剧学说中非常重要，它从根本上点出了音乐与神话互为依存的关系以及神话与日神的基本特征。作为酒神内容的音乐。它要将世界及其本质昭示于观众，就必须通过神话，因为“神话的譬喻画面使我们得免于直视最高的世界理念”。神话，从其性质来说，它是日神的一种体现方式，酒神音乐是世界的真正理念，悲剧则是这种理念的反光而已，而且，只能是局部，而不是全部。正如“尽管无数同类的现象可以因某种音乐而显现，但它们决不能穷尽这种音乐的实质”一样，一面镜子固然可以反映现实世界！但它永远只能反映这现实世界的局部，而不能反映其一切。在尼采看来，悲剧神话本质上是“酒神智慧借日神艺术手段而达到形象化”，它是悲剧实现其最高目标的必要条件。

---

①② 尼采.悲剧的诞生[M].周国平，译.北京：生活·读书·新知三联书店，1986：70.
③ 尼采.悲剧的诞生[M].周国平，译.北京：生活·读书·新知三联书店，1986：74.
④ 尼采.悲剧的诞生[M].周国平，译.北京：生活·读书·新知三联书店，1986：91.

三、悲剧的衰落与复兴

尼采对希腊悲剧的分析和评估也是很特别的。在希腊的三大悲剧家中，他推崇埃斯库罗斯和索福克勒斯，认为他们俩的悲剧真正标志着希腊悲剧艺术达到了顶峰。而自他们以后，悲剧则开始走向衰落和毁灭。尼采对欧里庇得斯没有好印象，他对这位悲剧大师的评价是极其糟糕的。他认为，就是这位欧里庇得斯将酒神从悲剧中赶走，从而导致了悲剧的衰亡。其实尼采衡量和评价希腊(乃至其他一切)悲剧的优劣和兴衰是以酒神(同时也包括与之相适应的日神)在悲剧中的地位为主要根据的。因为在尼采看来，无可辩驳的传统事实已经告诉人们："希腊悲剧在其最古老的形态中仅仅以酒神的受苦为题材，而长时期内唯一登场的舞台主角就是酒神。"①酒神一直是希腊悲剧的主角，无论是埃斯库罗斯还是索福克勒斯，他们的悲剧都是酒神唱主角。在那时的希腊悲剧舞台上，所有的著名悲剧角色(如普罗米修斯、俄狄浦斯等)统统"都是这位最初主角酒神的面具"，但不幸的是，悲剧发展到了欧里庇得斯的阶段，情形发生了急剧的逆转：欧里庇得斯主张将酒神从悲剧中驱逐出去，在没有酒神的基础上重新开创新型的悲剧。尼采认为这是希腊悲剧艺术的不幸。他为此而感到痛心，认为希腊悲剧的灭亡不同于其他别的艺术。别的艺术都能享尽天年，寿终正寝，而它却因一种不可解决的矛盾冲突而陷入杀身的境地。希腊悲剧的这种不幸结局，自然应归罪于"渎神的欧里庇得斯"，因为，他赶走了酒神，从而导致了悲剧的毁灭。随着希腊悲剧的毁灭，诗也就一去不复返了，于是"出现了一个到处都深深感觉到的巨大空白"。那么，"渎神的欧里庇得斯"又是通过何种手段或方式来达到其驱赶酒神的目的的呢？因为，他是真正"经历了悲剧的垂死挣扎"。不过，在尼采看来，就是"欧里庇得斯想把悲剧仅仅建立在非酒神基础之上"，但他本人也只不过是一副面具而已。在欧里庇得斯的背后，还隐匿着另外一个人，此人就是借欧里庇得斯之口发表其思想的"崭新的灵物"——苏格拉底。尼采指出，这是新的对立，即酒神精神与苏格拉底精神的对立，而希腊悲剧的艺术作品就是毁灭于苏格拉底精神。因为，苏格拉底的精神实质上是崇尚理性和辩证法的。苏格拉底把运用智慧探究自然的奥秘看做是人类唯一崇高而又神圣的任务。他认为，现实世界的一切都是不可靠的，因为它们不是以理性和知识为基础的，所以，应该加以抛弃。由此出发，苏格拉底提出，为了重建一套与传统形式迥异的全新文化、艺术和伦理道德体系，就必须对现实进行根本性的改造。这样，以非理性的酒神音乐为其基本特征的悲剧自然就首先成为改造的对象，而对这种悲剧的根本性改造就是要把酒神驱逐出去。尼采认为，"在苏格拉底看来，悲剧艺术从来没有'说明真理'，且不说诉诸'不具备多大智力的人'，甚至不能诉诸哲学家：这是拒斥悲剧的双重理由。和柏拉图一样，他认为悲剧属于谄媚艺术之列，它只描写娱乐之事，不描写有用之事，因此他要求他的信徒

---

① 尼采.悲剧的诞生[M].周国平，译.北京：生活·读书·新知三联书店，1986：40.

们戒除和严格禁绝这种非哲学的诱惑”。[①] 面对着苏格拉底精神对希腊悲剧的冲击，面对着新的苏格拉底乐观主义的舞台世界，尼采不由得追溯起悲剧的酒神基础早在索福克勒斯那里就已经似乎显露出瓦解的征兆：在那时，就已经表现出处理合唱时的困惑。尼采说：“这是悲剧的酒神基础在他那里已经开始瓦解的一个重要迹象。”[②]到了欧里庇得斯，悲剧的酒神基础走向全面瓦解。这时，苏格拉底的“乐观主义辩证法扬起了它三段论鞭子，把音乐逐出了悲剧。也就是说，它破坏了悲剧的本质，而悲剧的本质只能被解释为酒神状态的显露和形象化，为音乐的象征表现，为酒神陶醉的梦境”。[③] 的确，尼采尽管将欧里庇得斯斥之为毁灭悲剧的元凶，尽管他把悲剧的最终崩溃归罪于苏格拉底主义的进攻，但是有一点已经很明白。那就是早在苏格拉底之前，就已经有一种反酒神倾向在开始渐渐抬头，而反映到苏格拉底身上，只不过是他使这种破坏性的倾向“得到了特别严重的表现”而已。这就说明，就是在希腊悲刚的黄金时代，也早已隐伏着悲剧衰落的危机。随着酒神精神的被抛弃，与之相适应的日神精神的地位也自然就得不到应有的保障。酒神精神被抛弃了，音乐自然就没有地位了。音乐消失了，“悲剧必定随着音乐精神的消失而灭亡.正如它只能从音乐精神(酒神冲动)中诞生一样”。

其实，苏格拉底主义代表着一种日益发展着的理性的新思潮，尼采极力维护的酒神精神与之是格格不入的和相悖的，所以，它对世界本质的感知是以一种神秘的方式出现的。在尼采的反科学的反理性主义观点看来，苏格拉底主义倒像一种见不出统一风格的杂拌，它似乎倒是一种衰落文化的象征。这正是尼采的悲哀所在。他是站在反理性反科学的立场来对待苏格拉底的科学精神。尼采的所谓悲剧的毁灭，就是基于以苏格拉底为代表的科学思潮蓬勃兴起后，悲剧艺术所受到毁灭性的打击而言的。以理性主义为其主要特征的科学和以神秘主义为特征的非理性的酒神是水火不相容的。两者相斗，最后，酒神基础崩溃，从而导致悲剧的毁灭。

希腊悲剧一度毁灭，尼采感到痛心。然而，这种毁灭从整个悲剧历史发展长河来看只是一种波浪式前进的曲折起伏而已。令尼采感到欣慰的是：他从对苏格拉底主义发展的轨迹中看到了苏格拉底思想发展的前后不连贯性。这种不连贯性决定了苏格拉底只能一时使悲剧遭到致命的打击，但他未必永远战胜酒神精神。换言之，已被毁灭的悲剧还有再生的可能。

那么，现在的问题是，一度被苏格拉底主义所埋葬的悲剧究竟在哪块幸运的热土上重新获得再生呢？尼采的回答是：德国。这个国家尽管历经动荡和磨难，但它不像法国那样为现代文化所同化而丧失其自身固有的民族特征。相反，德国由于它具有与法国截然不同的稳定性结构而使它那富于酒神力量的德国精神丝毫未损。这个国家以它特有的顽强、勇敢和坚毅，冲破了中世纪的千年长夜，宗教改革所奏起的圣乐“第一次鸣响了德国音乐的未来方式”，振兴酒神精神的使命自然就历史地落到了国家的肩上，于是它在新的社

---

① 尼采.悲剧的诞生[M].周国平，译.北京：生活·读书·新知三联书店，1986：58.
② 尼采.悲剧的诞生[M].周国平，译.北京：生活·读书·新知三联书店，1986：60.
③ 尼采.悲剧的诞生[M].周国平，译.北京：生活·读书·新知三联书店，1986：61.

会历史发展条件下又重新培育起了不朽的德国音乐，从而为悲剧的再生创造了条件。尼采认为，唯有伟大的德国音乐才无愧地称得起酒神音乐的正宗后裔，唯有此种音乐能使被苏格拉底主义所毁灭的悲剧重新得以更生。德国音乐的最杰出代表理查·瓦格纳，他的音乐使悲剧在新的时代得以更生成为可能。曾被苏格拉底主义毁灭的古代希腊悲剧在理查·瓦格纳的音乐之声中获得了永生！

尼采在其早年时期就已认为，他自己在哲学上是十分严谨的，而生活和思想方面的"真正的基本问题"也已经被伟大的秘教者叔本华所极其清楚地指明。尼采这里所说的"真正的基本问题"无疑就是叔本华的"世界就是意志和表象"。叔本华把盲目的非理性的意志说成是世界的本质，并由此得出：人在盲目的意志支配下，他注定一生在永无休止的追求中而其欲望又永远得不到满足，因此，人生本质上是痛苦的。艺术只能使人暂时摆脱痛苦，但它不可能从根本上消除痛苦。而要彻底摆脱痛苦，就得否定生存意志，清除一切欲念，绝对忘却自我，实行"退让"精神，杜绝生命之源，乃至最后达到人类的寂灭。人类寂灭了，也就无所谓痛苦了。叔本华就是通过悲观主义的唯意志论诱劝人们悲观厌世。但是，叔本华的这种思想只给早年的尼采以影响，而尼采在写《悲剧的诞生》时，他已经意识到了叔本华的上述思想不可取。尼采对叔本华所说的悲剧使我们认识到生活不能提供任何真正的满足，因此不值得我们留恋，而悲剧把我们引向的最终目的就是退让的观点持有异议，他说，酒神昭示给他的却是与之完全不同的东西.他给人的教训不是失败主义的，它和退让屈从精神相距何止千万里。从这里我们看到尼采的悲剧思想不是在叔本华的思想支配下形成的，而是在一种与叔本华哲学相悖的新的思想指导下形成的。《悲剧的诞生》表明了尼采的思想在早期形成阶段就是以与叔本华的思想截然不同的独立形态出现的。

出发点相同，结论不同。尽管尼采也是用叔本华的唯意志论的观点去谛视人生，他所说的日神和酒神也固然是受了叔本华的"意志与表象"的启示，但在其悲剧学说的具体阐述过程中却完全找不到与叔本华相似的论点。关于这一点，我们从以上关于尼采对悲剧的具体论述中可以看得很清楚：他的论述除了唯意志论的基本立场和叔本华相同外，他对悲剧的结论往往是与叔本华的看法截然不同的。关于这一点，尼采自己在《偶像的黄昏》中说得尤为清楚："叔本华把'舍弃意志'说成艺术的全部目的，把'产生听天由命的情绪：奉为悲剧的伟大功用。——但是，我早已阐明，这是悲观主义者的光学，是'毒眼'。"①"悲剧远不能证明关于希腊人的叔本华意义上的悲观主义的任何说法，相反的，它倒可以被看做是对悲观主义的坚决拒绝和相反的例证。甚至在生活的最不可思议和最艰难的问题上仍对生活表示肯定，生活的意志甚至在它的最高类型遭到牺牲时也仍对它自己的无穷无尽的力量感到欢乐——这就是我称之为酒神精神的东西，这就是我相信是通往悲剧诗人的心理桥梁。不是为了摆脱恐怖和怜悯，不是为了用猛烈发泄的办法去清除过于强烈的情感而使自己净化——亚里士多德就是这样理解悲剧的——而是为了使自己成为生成的永恒欢乐，而超越于一切恐怖和怜悯之上——那种欢乐甚至还包

---

① 尼采.悲剧的诞生[M].周国平，译.北京：生活·读书·新知三联书店，1986：326.

括毁灭中的欢乐。”[1]因此，“在悲剧面前，我们灵魂里的战士庆祝他的狂欢；谁习惯于痛苦，谁寻找痛苦，英雄气概的人就以悲剧来褒扬他的生存——悲剧诗人只是为他斟这最甜蜜的残酷之酒”。[2] 尼采反对叔本华的悲观主义悲剧思想，并通过酒神精神提出了与叔本华完全相对的悲剧思想，正是从这个意义上，尼采自称“第一个悲剧哲学家”。尼采的酒神精神的性质决定了他的悲剧思想必然要与叔本华的悲剧思想相对立，因而也决定了他在整个德国唯意志论悲剧思想史中的地位。

此外，还有一点必须要加以说明，那就是尼采研究悲剧和阐述悲剧，其真正的目的是想通过对悲剧的论述来阐发他的哲学思想。正如西方有的学者所指出的那样，德国的美学家们感兴趣的其实不是悲剧的专门性技术问题，而是对悲剧的哲学思考。由于历史的原因，近代德国在西欧国家的发展中一直处于落后的地位。这种落后使它在一个历史时期内成为各种错综复杂的矛盾的焦点。正如马克思所说的，德国除了现代的灾难，压迫着我们的还有许多遗留下来的灾难？这些灾难的产生，是由于古老的陈旧的生产方式以及伴随着它们的过时的社会关系和政治关系还在苟延残喘。不仅活人使我们受苦，而且死人也使我们受苦，死人抓住活人！这就是近代德国社会历史发展的悲剧特征。尼采和叔本华的悲剧理论其实就是从美学的角度对德国社会生活的悲剧性所做的两种不同的解释。他们关于悲剧的哲学思考，其实就是对德国的历史和现实的本质的思考。

---

① 尼采.偶像的黄昏[M].卫茂平，译.上海：华东师范大学出版社，2007.

② 尼采.悲剧的诞生[M].周国平，译.北京：生活·读书·新知三联书店，1986：326.

艺术即经验的自然形态
——关于桑塔耶纳美感经验和美的本质之探讨

桑塔耶纳的自然主义美学思想是在他的自然主义哲学思想影响下产生和形成的。它的最基本的特征是把艺术看做是一种自然的经验形态,它始终把美感经验和艺术活动作为美学研究的主题。它虽然不完全否认理论概括的作用,但坚决反对离开美感经验去规定美的抽象本质,反对离开人的艺术活动作美的概念的演绎,注重把自然科学的成果吸收到美学研究中来,不是从单一的认识论角度研究美学,而是从生理学、心理学乃至人类学和文化史等各个方面去研究美学。正因为此,桑塔耶纳的自然主义美学呈现出一种与以往传统美学截然不同的风格。下面,我们就桑塔耶纳自然主义美学思想的基本内容和特征作一考察。

一、简要生平和著作

乔治·桑塔耶纳(George Santayana, 1863 年—1952 年)是现代美国最早、最著名的哲学家和美学家,同时也是诗人和文艺评论家,早年就读于哈佛大学,1886 年以优异的成绩毕业,随后去柏林大学学习两年哲学,之后又重回哈佛大学任教。他在美学和文艺批评方面的主要论著有:《美感》(1896 年)、《诗与宗教的阐述》(1900 年)、《艺术中的理性》(1905 年)、《三位哲学诗人:卢克莱修、但丁和歌德》(1910 年)等。其中《美感》是桑塔耶纳的第一部美学论著和代表作,也是美国的第一部美学著作。这部著作是桑塔耶纳 1892 年—1895 年给哈佛大学讲授关于美学理论和美学史的讲稿基础上整理而成的,曾被《英国百科全书》誉为是“对美学的重大贡献”,比较集中地反映了桑塔耶纳的美学思想。在这部著作中,作者致力于对美感经验及其条件作心理学意义上的研究,即它主要是想对“美”和“表现”这样两种司空见惯的审美现象做出心理学意义上的解释。由于桑塔耶纳的自然主义哲学观是侧重于道德方面的,所以,他所关注的问题往往是人关于真善美的最高理想。在《美感》一书中,桑塔耶纳试图重新构建一个崭新完整的美学体系,通过这个体系将美学和伦理学予以严格地区分。他在此书中摆出了“美是一种客观化了的快感”的著名定义,正是这个定义的产生,使桑塔耶纳成了西方美学史上“快乐说”的重要代表人物之一。然而,他的“快乐说”与别的代表人物不同,即他是以自然主义哲学基点出发来构建其美学框架的。当然，尽管在《美感》一书中，这种自然主义的哲学特征已经有所展露，但真正比较全面完整地体现这种自然主义风貌特征则是在继《美感》之后他所写的五卷本《理性的生活》(上面提到的《艺术中的理性》只是其中的一卷)大著中。《艺术中的理性》是桑塔耶纳继《美感》之后的又一部重要美学论著，这部论著的诞生与《美感》的问世相隔九年。这时，桑塔耶纳的哲学和美学思想已经更加丰满成熟。在这部著作中，桑塔耶纳非常重视艺术和本能的关系，甚至把鸟的筑巢本能和人的艺术创造相提并论，并由此得出结论认为，艺术的目的就是使人的这种生物性冲动得到实现，从而获得精神上的愉快。所以，正是从这个意义上，他认为艺术就是使人获得快乐的最有效手段。从《美感》和《艺术中的理性》中，我们可以看到桑塔耶纳的基本哲学立场和具体的美学主张。

二、关于美感经验和美的本质

作为一个现代美学家，桑塔耶纳非常重视美感经验，在《美感》一书的导言中，他开宗明义地明确指出："美感在生活中，比美学理论在哲学上，占有更重要的地位。造型艺术，以及诗和音乐，就是这种人类兴趣的最显著的纪念碑。因为它们虽然只诉诸观照，但是仍然在一切文明时代，都曾吸收大量精力、天才、荣誉为之服务，并不下于对工业、战争或宗教所贡献的。然而，美的艺术，虽然看来是美感最纯粹的所在，但绝不是人类表现其对美的感受的唯一领域。在人类的一切工业品中，我们都觉得眼睛对事物外表的吸引特别敏感，在最庸俗的商品中也为它牺牲不少时间和工夫，人们选择自己的住所、衣服、朋友，也莫不根据它们对美感的效应。"①这段论述明确指出了美感在生活中所涉及的领域是非常广阔的。可以说，人类所赖以生存的现实自然环境，都会对人产生一种"美感效应"，吃饭、走路、社交、买东西、生产劳动、学习、娱乐、体育锻炼、艺术创造活动等一切人类活动，莫不都是如此。因此更不用说，专门从事艺术创造的艺术家，在他们的眼中，客观世界对他们的"美感效应"则是更加强烈。正是在这个意义上，那些为艺术家们创造出来的雕塑(如米开朗琪罗的《大卫》)、诗歌(但丁的《神曲》)和音乐(贝多芬的《田园》交响曲)等都是自然存在对艺术家所产生的强烈"美感效应"的"最显著的纪念碑"。当然，桑塔耶纳这里所说的"美感效应"对于主体的人来说是有条件的。这种条件是从自然主义的心理学的意义上来说的。桑塔耶纳说："我们甚至知道，许多动物的外貌也是因两性选择悦目的颜色和形状所残留的遗迹(如孔雀等)，所以，我们的天性中必定有一种审美和爱美的最根本最普遍的倾向。任何心理原理的阐述，如果忽略如此显著的一种能力，都是极不恰当的。"②这里，桑塔耶纳已经从进化论的角度，对动物的天性和人类爱美之性的积淀角度来认识自然世界对主体所产生的"美感效应"。他之所以要在导言中开宗明义地强调这一点，就是因为他把这种"美感效应"看做是他阐述美感经验的一个关键。如果谁在这个问题(即心理学问题)上疏忽大意，那谁就无法理解他的"美感效应"说。关于这一点，他在《美感》的初版

①② 桑塔耶纳.美感[M].缪灵珠，译.北京：中国社会科学出版社，1982：1.

序言中就作了重点的提示，他说："我的唯一要求，是力图在一种自然主义心理学的启发下，把那些零散的一般评论总结成一个体系，从而取得那么一点创获。我们研究的是实情，而不是新奇。如果说，我用一个新的观点提出了某个论题，例如悲剧的优长之处，那么，我的改变仅仅在于把大家的简单判断中得到公认的那些原则应用到复杂的论题上面。我的努力，完全是为了把那些基本审美感情纳入正轨，从而使判断得以允当，鉴赏得以高卓。"这就是桑塔耶纳美学研究的基本目的。

一谈到美学经验，自然就引出了"什么是美?""美的本质究竟是什么?"这样一些古老的为历代美学家们争论不休、众说纷纭的美学问题。翻开西方美学史，我们看到古代美学家们对之做出了各种各样的解释。古希腊卓越的唯物主义哲学家、"辩证法的奠基人"赫拉克利特提出了"美在于和谐"的理论；唯心主义哲学家柏拉图则提出了"心灵美和身体美的谐和一致"是最美的境界；公元3世纪的朗吉弩斯则认为"美是各部分综合成一整体"；普洛丁认为物体美是由于分享一种来自神明的理式而得到的；奥古斯丁则认为美在上帝；笛卡儿认为美是判断和对象之间的一种关系，是一种恰到好处的协调和适中；斯宾诺莎认为美是对象作用于神经所感到的舒适；夏夫兹博里主张美是和谐和比例，是真善美的统一；18世纪的启蒙学者狄德罗认为，美是关系；不可知论者康德提出了"美不在于事物的存在，它是一种对象的合目的性的形式，鉴赏判断只以此为依据，它不依存于刺激和情感，也不依存于完满性"的概念；歌德认为，美是一种本原现象，事物的构造符合它的目的，才显得美；席勒认为，美是游戏冲动的对象，活的对象；到了黑格尔，他集古典主义美学之大成，提出了"美是理念的感性显现"著名论断，如此等等。历史上的美学大师们都是从其自身的哲学立场或世界观出发来看待和解释美的本质。同样，现代自然主义美学家桑塔耶纳从其哲学立场出发，提出了"美是一种价值"，是"客观化了的快感"的著名美学定义。面对着历史上的美学家们所提出的种种关于美的解释，桑塔耶纳是怎么看的，他为什么要提出他的上述论点呢？对此，桑塔耶纳作了这样的解释，他说："要寻找一种关于美的定义，以寥寥数语给这名词做出有力的释义，那是容易的。我们根据美学权威知道，美是真，美是理想之表现，是神的完善性之象征，是善的感性显现。这些光荣的称号不难编成一卷祷文，反复颂赞我们的神祇。这些词句可能激发思想，给我们一时的快慰，但是很难给人多少永久的启发。一切真正能规定善的定义，必须完全以美作为人生经验的一个对象而阐明它的根源、地位和因素。我们必须根据这个定义尽可能弄清楚：美为什么出现，在何时出现，又怎样出现；一件东西必须具备什么条件才是美的，我们天性中有什么因素使我们能感觉美；审美对象的构造和我们的感情兴奋之间有什么关系。舍此之外，就不能真正阐明美，或者使我们了解审美的欣赏究竟是什么。"[1]不难看到，桑塔耶纳把美是作为"人生经验的对象"来加以研究的。如果不这样做，就无法解释美的本质。从人生经验出发来研究美的本质，这是桑塔耶纳美学的一大特色。正是通过这样一种研究，他才发现"美是一种价值"。那么，桑塔耶纳为什么如此重视人生经验呢？答案仍然应该从其"本质论"中去

---

① 桑塔耶纳.美感[M].缪灵珠，译.北京：中国社会科学出版社，1982：10.

寻找。因为桑塔耶纳的美感理论就是建立在这种“本质论”的认识论基础上的。他不承认客观事物本身有美,因此也就更谈不上研究客观事物中的美的现象。他只是致力于研究形成美感的条件和美的感觉,而这种研究必须诉诸人生的经验,因为桑塔耶纳认为,人生经验是一种颇为独特的载体,不但有判断,而且还有感觉。感觉包括快乐、痛苦以及其他所有等级的感觉。判断和感觉结合起来就形成了“价值判断”。这是一种在直观事物时伴有主体激情享受或受排斥的感动的和感情的经验。价值判断又区分为道德判断和审美判断。道德判断是间接经验,审美判断是直接经验,后者是由直接“本质”加上“兴趣”联合而成。审美判断是一种内在的快乐感觉,它又可分为低级的一般快乐和高级的审美快乐。桑塔耶纳的“美是客观化了的快感”的美学定义,其实也是对“美感”本质的定性。这个定义不仅是对美的本质,同时也是对美感经验及其条件的概括性解释。

把美作为一种价值来看待,这是桑塔耶纳美学研究的一大特点,也是他对美学理论的重大贡献。用他自己的话来说就是:“美学是研究‘价值感觉’的学说”①。现在的问题是,我们要搞清楚桑塔耶纳的“价值感觉”究竟是指什么?

桑塔耶纳的“价值感觉”学说同美学(aesthetics)一词的原始意义是有密切联系的。Aesthetics 的最原始含义是“感性论”,它是一门关于知觉或感受的学说,它的内涵涉及一切快感和不快感。在美学史上,康德曾使用这个词来表示他认为时间和空间是一切感知形式的学说。不过,这个词有时在狭义上也可以与艺术哲学等同。我们知道,在美学中的“批判”是指一种鉴赏性的评论或判断。这种评论或判断自然是以某种特定的审美感受或知觉作为基础的。这里就涉及“批评”与“感性论”在美感经验中的内在联系。桑塔耶纳说:“如果我们将批评的原义同感性论的原义结合起来,我们就兼有美学的两种基本特质了。批评含有判断之意,感性论含有感知之意。要想使两者具有共同的根据,而说‘批评的感受’或‘感受的判断’,我们就得扩大审慎批评的概念,使之包括那些直觉的和直接的价值判断,也就是说,包括快感和不快感。同时,我们也要缩小感性论的概念,使之排除一切非欣赏性的知觉,一切不是从对象中发现价值的知觉。这样,我们便达到批评的感受或欣赏的感受这个范围了。”②这里所谓达到批判的感受或欣赏的感受其实就是指达到了一种审美感受的境界。这是审美活动的最基本表现特征。桑塔耶纳的所谓“美学是研究‘价值感觉’的学说”就是从上述意义上说的。

桑塔耶纳在哲学的根本问题上也持一种怀疑论的观点,他认为,任何事物的存在都是永远无法得到确证的。认识中的世界并非世界的本体,它是由感官传达到心灵,从而在心灵的作用下产生的。既然有感官因素的介入,这个世界就不再是真实的,因而也是不可靠的。那么,最可靠的东西又是什么呢?是经验,或者更确切地说,是此时此刻的经验。正是从这种哲学立场出发,桑塔耶纳认为,完全来自客观方面的印象是没有的,事物之所以给人们留下深刻的印象,是由于具备下述条件:当它与观察者的感受力发生接触,并由此获得进入脑海和心灵大门的手段。这里所强调的是观察者心灵的决定作用。桑塔耶纳将

---

①② 桑塔耶纳.美感[M].缪灵珠,译.北京:中国社会科学出版社,1982:11.

这种观点同样运用于对美学问题的解释。在他看来，美的价值与所有一切其他事物的价值一样，它来源于意识，“正如我们可以想象水会力求平稳、大自然不容真空那样，旁观者可以猜出你的预谋的目的和对象，而物质的粒子始终不会知道自己的安排情况，大自然也不能感觉到物质的变化关系。只有我们，自然过程的唯一旁观者，凭借我们切身的利害关系和习惯，能够看出这过程的进展或顶点。当达到的结果满足了我们实用的或审美的要求，我们便知道这是顶点，当这过程使我们得到满足，我们便知道这是进展。然而，在这样一个机械的世界，除了我们自己和人性偏见以外，我们就不知道有任何价值因素。抛弃了意识，我们就抛弃了一切可能的价值”。① 在这里，我们要特别注意，桑塔耶纳将价值和意识放在等同的地位。根据他的这种观点，所谓的价值，就是意识。没有意识也就无所谓价值。因此，所谓的“价值感觉”，其实也就是“意识”意义上的审美感知。没有意识，就没有世界，或者说，这世界就没有任何价值。没有意识，自然现象的各种变化即使反映到人的心中，也不会引起任何的激动或兴奋。没有意识，一切价值和美好事物都将不复存在。所以，“为了这世界还有任何形式的美可言，我们不但需要有意识，更需要有感情的意识。只靠观察是不行的，必须要有欣赏”。② 桑塔耶纳在这里其实提出了一个关于美感经验的原则性条件。人们的“有感情的意识”是进行审美欣赏（或审美感受）活动的基本前提。Aesthetics 就是一种有感情的感受活动，这种活动也是一种感情化的意识活动（或意识行为）。

通过对“意识”的解释，我们已经基本理解了桑塔耶纳的“美是一种价值”的理论要旨。的确，美是一种很独特的东西，它不像事物的大小、形状、运动等物理学的“第一性质”那样独立于人而存在。相反，美是相对于有情感意识（或情感意志）的人而存在的。美也不像声音、气味等所谓的“第二性质”那样是一定声波或分子运动作用于人的感官所致。美是根据人的主观评价而反映出的事物的某种价值。这种价值自然是指欣赏意义上的“审美价值”。桑塔耶纳把审美价值放在一个十分重要的地位来对待，他将其与道德价值严格地区别开来，他之所以要这样做是基于下述理由：道德价值与审美价值的最大区别就在于，前者是消极的，它涉及避恶从善，而后者则是“对忧虑恐惧的解脱”，它给人们一种内在的积极价值，即它使人愉快。人生就其本性来说是不愿吃苦的，总想在生活工作之余享受一些愉快和欢乐，幸福地生活是为人类普遍渴求的，但这种幸福（或快乐）的根源在哪里呢？桑塔耶纳对之做出了如是回答：“如果我们试图从人生中消除一切苦难，像世俗有时想象的那样，我们将会发现，构成纯粹幸福的东西除审美快感以外所余无几。感情和欲望的满足，是我们人间幸福的主要寄托，它们本身就带有一种美感色彩。如果我们在理想中除去其丧失或变化的可能性的话，奥林匹斯神灵彼此尊重的是什么呢？或者说，天使对上帝崇拜的是什么呢？可不就是他们所体现的永恒属性，某些实质，它们像美那样只有在观照时才使我们感到快乐吗？天堂的光荣唯有用光辉和音乐来象征，此外别无他法。甚至，最清醒的神学者也认为即使是得睹天国之精华的真理知识，也是一种审美快感，因为当真

① 桑塔耶纳.美感[M].缪灵珠，译.北京：中国社会科学出版社，1982：12.
② 桑塔耶纳.美感[M].缪灵珠，译.北京：中国社会科学出版社，1982：13.

理再无其他实际用途时，真理就宛若一片风景。对它的快感是想象的快感，它的价值是审美的价值。"[①]桑塔耶纳的这段论证说明了这样两层意思：一、幸福的根源来自审美快感；二、这种快感诉诸主观心灵的想象或外化。审美的价值（而不是道德的价值）就是由此得以实现的。

审美快感是人的一种特殊的快乐感受形式。桑塔耶纳用比较的方式将其与生理快感进行比较，发现这两种快感形式尽管是有某些联系和共同点，但更多的是两者之间存在着差异，他指出："一切快感都是固有的和积极的价值，但绝不是一切快感都是美感。快感确实是美感的要素，但是显然在这种特殊的快感（美感）中掺杂了一种为其他快感所没有的要素，而这要素就是我们所知所说的美感和其他快感之间的区别的根源。"[②]桑塔耶纳强调人们不要忽视这种要素的差异性程度，因为，这是区分一般快感和审美快感的依据所在。他指出，与审美快感差异最大的一种快感就是肉体快感，这种快感与生理快感的联系是很密切的。当然，审美快感也需要诉诸一定的生理条件，如聆听音乐需要诉诸具有听觉能力的耳朵，欣赏绘画、观看风景需要诉诸具有视觉能力的眼睛，等等。但这并不等于审美快感就是生理快感。因为"审美快感所唤起的观念并不是对于它的肉体原因的观念。肉体的快感都被认为是低级的快感"。[③]相反，审美快感则是一种较为高级的快感，它能够使人的心灵"仿佛乐于忘记它与肉体的关系，而且幻想自己能够自由自在地遨游于全世界，正如它可以自由自在地改变其思想对象……这种超脱的幻觉是使人高兴的，而沉湎于肉体之中、局限于感官之内的快感，就使我们感到一种粗鄙和自私的色调了"。[④]生理快感所唤起的一般都是比较卑贱的联系，而审美快感所唤起的则是高雅的美妙的想象。这就是桑塔耶纳为什么认为审美快感高于生理快感的原因和根据。

审美快感与生理快感的关系是这样，那么，审美快感与功利的关系又是怎样呢？这个问题也是为以往的美学家们所关注的，而且争论也很大。有人认为，审美快感是与功利有关的，有人则认为审美快感同功利无关，并且各自都能说出其所谓的理由。例如康德就认为，通过审美的鉴赏刺激所获得的快感是同利害无关。为了更有利于对桑塔耶纳审美快感的理解，我们有必要对康德关于审美快感与利害关系的观点作进一步的说明。康德对美感的看法，与经验派的感觉主义主张（即美感是一种快感）是根本不同的。康德认为，一般的快感都要涉及对利害的计较，也就是说，这类快感追求的是一种欲念的满足，而主体对满足欲念的东西往往是只关心它的存在而不怎么关心其存在的形式。因为形式对欲念是不生效的（望梅不能真正地解渴）。只有满足欲念的东西的实际存在（即梅子的实际存在）才能使解渴的欲念得到满足。审美快感却不同，它没有上述这种利害计较，即不存在欲念满足的问题，它只是从对象的形式中（而不是从对象的实际存在中）获得审美快感。审美快感只是通过对对象形式的观照活动来获得。总之，审美快感是来自对形式的观照而不是来自对欲念的满足。所以，美感不等于一般快感，美在性质上也不等于愉快。康德

① 桑塔耶纳.美感[M].缪灵珠，译.北京：中国社会科学出版社，1982：20.
②③④ 桑塔耶纳.美感[M].缪灵珠，译.北京：中国社会科学出版社，1982：24.

在谈到他的游戏概念时也涉及这个问题。他提出的"自由"概念就是指审美活动不受欲念或利害计较的强迫，他说："一个审美判断，只要是掺杂了丝毫的利害计较，就会是很偏私的，而不是单纯的审美判断，人们必须对于对象的存在持冷漠的态度，才能在审美趣味中做裁判人。"①康德正是在对他的审美快感不涉及利害计较作了明确阐述的基础上，就审美判断的质的方面，对美下了这样的界说："审美趣味是一种不凭任何利害计较而单凭快感或不快感来对一个对象或一种形象显现方式进行判断的能力。这样一种快感的对象就是美。"②康德在上述美的界说中的所谓快感就是我们所要说的对对象形式进行美学观照意义上的"审美快感"。由于这种观照只关心对象的形式而不关涉对象的实际存在，所以它是一种区别于其他任何快感的特殊快感，即审美快感。

显然，桑塔耶纳对康德等前辈所持的上述观点是持否定态度的。他在谈到这一点时这样写道："快感与美感的区别有时被认为在于审美快感无关功利性自私性。据说，在别的快感中，我们满足我们的感官和情欲，在审美观照中，我们却能神驰身外，使情欲平静下来，我们认识了一种我们并不想占有的善而感到快乐。画家并不带着渴望思饮的眼光来看一池清水，也不带着荒淫好色的眼光来看一个美人。所以，有人主张，区别在于审美享受的'忘我'，然而，这种区别不过是强烈程度和入微程度的区别，不是性质的区别，只是最无审美能力的人才满足这种说法。"③

与康德的审美快感不关涉利害的理论截然相反，桑塔耶纳正是在对康德等前人理论的批判基础上，重新提出了自己的崭新看法，他一反康德等前辈关于审美快感不关涉利害的理论，提出了"审美快感的特征不是无利害观念"的理论。如果我们用简单通俗的话来对桑塔耶纳上述论点作一表述，那就是：审美快感与利害观念有关。这样看来，桑塔耶纳的审美快感是一种带有很大自私目的的审美追求。计较利害，就无法达到"忘我"的境界，因此，它与"善"也是无关的（而在这一点上，桑塔耶纳与叔本华相对，因为，叔本华是十分重视审美快感中的"忘我"的，他总是力图证明意志或欲念是恶的，而美则是一种"善"）。只要人们对审美快感存在着追求，这种追求本身就是一种自私的且在客观上必然带有耗损性的欲念。例如，当人们在工艺美术馆观赏一部工艺品时，尽管他在欣赏的过程中没有提出要购买这部作品，但他的欣赏本身多少总是与购买欲有一定的关系，欣赏本身就意味着喜欢，喜欢就意味着想占为己有。因此，正是在这个意义上，桑塔耶纳把那种对作品喜欢的欣赏行为看做是一种打算想购买的"预备行为"。这里就可以充分看到在追求审美快感中的某种"自私的"利害计较。为了进一步说明审美追求中的自私行为，桑塔耶纳还说："自然的美和造型艺术的美部分因享受而消耗，它们还保留着感动第二个观众的一切功效。但是，这种情况是次要的；那些依靠变化和消耗时间的审美对象，例如各种表演，它们的享受是竞争的对象，而且像其他娱乐那样使人垂涎。甚至造型艺术的美也往往只能供少数人享受，因为需要旅行或其他困难才得一睹，那么这种审美享受就像其他享受一样是自私的追求。"④当然，对于

①② 朱光潜.西方美学史：下卷[M].北京：人民文学出版社，1964：361.
③ 桑塔耶纳.美感[M].缪灵珠，译.北京：中国社会科学出版社，1982：25.
④ 桑塔耶纳.美感[M].缪灵珠，译.北京：中国社会科学出版社，1982：26.

上述的“利害计较”和“自私”概念，桑塔耶纳也不是一概而论的。审美快感中的“利害计较”和“自私的”追求与一般人们在生活中的对物质享受(如“醉心于酒肉、房地产”等)方面的“利害计划”和“自私”是不同的。后者的情形则是属于“整个地丧失了审美能力”。

审美快感的再一个特征，即不是普遍性。这是桑塔耶纳的观点。对于这一点，以往的美学理论家们也是有争论的。争论的焦点还是在于对美的看法(标准)上。譬如，19 世纪的启蒙学者伏尔泰在论及审美经验时就认为，审美趣味是没有绝对“规格”的，他说：“那些用规格来评价一部著作的人们，对于别人来讲，好像有表的人对于无表的人那样，一个人说：‘我到此已经两小时了’，另一个人则说：‘我只不过三刻钟罢了’，我看了看我的表，我向第一个人说：‘您不耐烦了’，又向第二个人说：‘您不觉得时间太长’。同样，在审美性质的著作里，在音乐、诗歌、绘画中，那‘趣味’代替了‘表’；那个用规格来衡量它们的人，不会衡量对的。”[①]当然，伏尔泰也承认，在趣味和审美感知方面也有一些普遍性的特征，如自从文艺复兴以来，人们拿荷马、德谟斯特尼斯、弗吉尔、西塞罗等古代作家的作品为楷模。他们这样做好像就已经把整个欧洲民族的艺术风格和审美趣味都统一到一个单一的“文艺共和国”中去了，其实不然，因为，即使在这种单一的“文艺共和国”中，或者说在这“文艺共和国”的“一般性的协调一致中”，每个民族的风俗习惯仍然在每个国家也造成了一种特殊的审美趣味。审美感受的特殊性仍然占据主导性地位。德国古典主义美学家谢林提出了与伏尔泰上述之说不太相同的观点，他认为，“美的要素是高于形式的普遍性”，即这种美的要素不可能仅仅是形式，而是一种高于形式的东西——一种普遍性，一种自然的内在精神的外貌和表情。当然，谢林在强调“美的要素是高于形式的普遍性”的同时，他也承认在事物的外表和本质的表现上存在着程度的差异。所以，在这个意义上说，美也是有种种程度差异的。对于谢林的上述论点，桑塔耶纳显然是不会同意的，他说，“普遍性的要求是一种自然的误会……众所周知，在审美中是找不到多少一致性的，所有的一致性是基于人们的出身、性格和环境的相同而得出的，如果有这样的相同，就会产生各种判断和感情的一致。当一个人认为某件事物是美的，就认为别人也必定认为它是美的，这种说法毫无意义。如果他们的感觉一样，他们的联想和意向也相同，那么同一事物在两人看来当然也都是美的，但如果他们的性格不同，那么一个人为之神魂颠倒的形式，对另一个人来说甚至连瞧也不瞧一眼，因为他在感知方面的分类和识别标准不同，在别人看来是一个完美的整体，在他看来也许是可怕的、支离破碎的或不成样子的一团……所以，对象的一致性完全是功能和运用的一致性。认为一个使人连看也不愿看的东西能使他感到美，那就荒谬绝伦了。审美快感上的差异(或大相径庭的区别)是无法消除的，因为，这种差异是由一些特殊的背景条件所决定的”。正是这种特殊的背景条件决定了一代人又一代人的审美趣味标准，一个民族又一个民族的审美趣味标准，一个人又一个人的审美趣味标准。审美快感的产生和强烈程度都是与这种不同的审美标准有着紧密的内在联系。正是在这个意义上，审美快感是无法由外界力量强迫或强加的。所以，桑塔耶纳指出：“这种要别人对某种

---

① 伏尔泰.哲学通信[M].高达观，等译.上海：上海人民出版社，1961：141.

性质得到同样感受的要求，取决于具有相同的能力，但是世界上就没有两个人会具有恰好相同的能力，事物也不能对任何两个人都有恰好相同的价值。”①这里，桑塔耶纳旨在强调审美快感的特征不是在于其普遍性，而是在于其特殊性。世界上没有两件完全相同的事物（哪怕是两片树叶），同样，世界也没有两个对事物具有一模一样感知的人。所谓在审美上要人为地确立一种统一标准或统一模式的理论和做法，都是行不通的，站不住脚的。一件艺术作品的审美价值，并不取决于它为多少人所知道，而是取决于那些真正深刻理解其意蕴的鉴赏者。阳春白雪的作品，尽管应和者稀少，但它的价值终究是阳春白雪的价值。通俗的作品（例如流行音乐等）尽管应和者千千万万，但它毕竟是停留在“下里巴人”的水平。“对艺术作品的真正价值毫无关系的标准，莫过于说人人都能欣赏它；真正的标准是一件作品所给予最能欣赏者的快感程度和性质。即使人类一半都是聋子，像人们十之八九对于交响乐的微妙和声确实是聋子那样，交响乐也不会因此而失去任何价值，但是，假如贝多芬不曾存在，交响乐的损失就很大了。”②看来，尽管伟大的交响乐相对于大多数人来说犹如聋子听戏一般，但它的价值本来就并不是建立在这种“聋子听戏”基础上的。相反，它的价值取决于有多少个“贝多芬”去发现它。只要“贝多芬”存在，交响乐就永远有其独立不朽的特殊价值。在“贝多芬”式的音乐欣赏者看来，他们对音乐的审美快感就是以某种“特殊”的形态出现的。当然，不会欣赏交响乐的人，也许在其他方面（如对绘画的欣赏、对诗歌的鉴赏等方面）可能具有某种特殊的能力，有的甚至不但具有鉴赏能力，而且同时还具有创作能力。这种人在审美快感方面更具有特殊性。桑塔耶纳在谈到这一点时这样写道：“假如对欣赏和创作两方面都具有最大的能力，那就会导致高级的专一性和排他性，所以，艺术史上最伟大的时代往往也是最不宽容的时代。”③伟大的艺术时代之所以是不宽容的时代，究其原因就是要捍卫某种特定时代的特定的艺术审美价值。艺术批评或美学批评的目的就是要捍卫一种艺术的价值和美学标准。因此，美学上的艺术批评或挑剔在桑塔耶纳看来已是一种艺术健康的表现，是完全可以理解的。他认为，流派与流派之间的互相抨击或攻击在哲学上这样做，往往显得有些偏激，但这种情形体现在艺术方面，则完全是一种“健康的表征”，“因为他们表示对某些种类的美的激赏，对它的爱已经变成了嫉妒的激情。建筑家凭自己的思想挑剔古代建筑物的缺点，比如查理五世在艾尔罕不瑞[1]旁边建立他的宏伟宫殿，从某一观点看来是可以指责的。他的干涉破坏了不少美；但是，他们却显出对自己的直觉的莫大信心，对自己的趣味的自豪感，这是审美诚意的最大佐证。反之，我们的摸索、折中、慕古都是无能之征候。假如我们不是这么博学，这么公平，我们也许更有魅力。假如我们的欣赏不是这么一般化，它也许更真实；假如我们锻炼我们的想象力达到排它的程度，它也许具有个性”。④ 由此可见，桑塔耶纳推崇的是艺术欣赏或艺术创作中的自信心和由此产生的排他性。因为这与主体的审美快感的特殊性有着直接的本质联系。

上面我们讲了审美快感的非普遍性特征，下面我们来重点谈谈审美快感的另外一个

① 桑塔耶纳.美感[M].缪灵珠，译.北京：中国社会科学出版社，1982：28.

②③ 桑塔耶纳.美感[M].缪灵珠，译.北京：中国社会科学出版社，1982：29.

④ 桑塔耶纳.美感[M].缪灵珠，译.北京：中国社会科学出版社，1982：29-30.

特征，即它的客观化。这个特征非常重要，因为它与桑塔耶纳的“美是客观化了的快感”这一著名的美学定义关系密切，它也是桑塔耶纳审美快感的最主要特征。

必须指出，审美快感的客观化特征同审美快感的非普遍性特征是有着密切关联的。所谓的非普遍性特征，其实就是从心灵（或知觉）意义上来说的那种感知（或审美观照）的特殊性。没有这种特殊性（或个性），就谈不上审美快感的客观化。没有审美主体的心灵外化，又何来美的客观化呢？桑塔耶纳在表达这一论点时曾这样说：“现代哲学教我们按下列方式来说明感性世界的一切因素，一切皆是感觉；感觉所组合成的东西就被想象为永恒的和外在的事物，这是理智的某些习惯之成果。散漫的生活经验，若不予以组织，不予分类，从混乱印象中构成那些习惯而易辨的事物之世界，我们就不能考察和记住这些经验。”①其实，桑塔耶纳是想说明世界存在于感觉中，美的事物的存在和观赏者的经验是同格的。美，充其量是一种经验而已。美之所以是一种经验，就在于审美客体的属性与审美主体的经验有着互相呼应的同格性。美在审美主体面前呈现出美，必须诉诸审美主体的经验，再美的艺术对于一个没有艺术经验和审美经验的人来说就等于零。审美感知、审美接受、审美批评和审美创造等美学活动，是审美主体从经验出发对于审美客体的再创造。这种再创造确实有点像布洛的“心理距离说”和里普斯的“移情说”。前者认为，人们在通常的审美活动中之所以产生美感，是因为在主体和对象之间介入距离的结果。这种距离不是传统美学所说的时间或空间的距离，而是一种心理距离。这种心理距离的特点是，使得对象无从同现实发生直接关联。因而，这种心理距离就使得对象能充分显示其本色。在主体上，这种心理距离就使主体感情转化成了对象的特征。后者认为，审美对象本身并不是引起美感的客体，它只不过是主体的想象材料而已，只有主体的想象才使其对象具有审美意义，审美对象其实就是直接呈现于观照者的感性意象，这种移情作用的基础是物（对象）我（主体）的同一。无论是布洛、里普斯还是桑塔耶纳，他们都有一个共同点，那就是他们都一致认为，审美经验（或审美快感）包含着一种本质上是主观因素的表面上的客观化。当代著名美国哲学家、现象主义者维吉尔·C.奥尔德里奇在谈到桑塔耶纳的审美快感特征时曾经给予了这样的评价：“乔治·桑塔耶纳把美描述为客观化的快感。这种客观化使这种快感显得像是被人们当做美来经验的那个事物的一种特性。只要把这种经验培养成一种评论性的和欣赏性的知觉，人们就会知觉到作为审美客体的事物的价值。”②的确，在桑塔耶纳看来，意识和知觉决定一切，除掉了意识和知觉，也就除掉了价值的一切可能性。在解释审美快感的客观特征时，桑塔耶纳认为，情感客观化在其他方面都已消失，但唯有在美感中还存在。这是为什么呢？究其原因是，事物所唤起的快感，大多数情况下是容易同对它的感觉区别开来的。某种能引起快感的事物（如酒），它总是首先作用于某一具体的感觉器官，如味觉器官，方能产生快感。所以，这种快感与感觉之间总是极易分离的。不过，当感知的过程本身是愉快的时候，当各种感觉因素联合起来集中投射到

① 桑塔耶纳.美感[M].缪灵珠，译.北京：中国社会科学出版社，1982：30.

② 奥尔德里奇.艺术哲学[M].程孟辉，译.北京：中国社会科学出版社，1985：15.

某物上并产生出某事物的形式和本质的概念时，当这种知性作用自然而然是愉快的时候，主体的快感就与这一所产生的（或曰新构成的）事物密切地结合在一起了，同它的特性和组织也分不开了。而这种快感的主观根源也就同知觉的客观根源一样了。面对上述这种情况，人们当然很难区分什么是快感和什么是客观化了的情感。因为在上述情况下，快感犹如其他感觉一样，它已经变成了事物的一种属性。桑塔耶纳正是基于上述观点，最后结论性地指出："我们把这种属性同其他在知觉过程中不是这样结合的快感加以区别而称之为美。"①换一句话说，一种不是消解在感觉器官中的快感（即与感觉并存的快感）就是一种美感。桑塔耶纳的这一观点曾受到西方一些学者的高度赞誉，如现代英国学者 W.E.施汀克拉奥斯在他的《艺术哲学》一书中曾这样写道："桑塔耶纳从一种唯物主义立场出发来进行其研究，认为艺术的本质在于它是一种'客观化了的快感'，这一论点在他那种与形而上学和道德问题相悖的观点中，在他为争取（使美的问题）独立于形而上学和道德问题的努力中得到了发展。而传统的理论则往往倾向于纯粹的推理，在它涉及艺术的本质时，往往并不去充分考虑人的情感问题，更不考虑生物学上的问题。而一种审美判断显然是有利于智力判断或认识判断的，它是一种直接经验对积极的内在品质的感知。"施汀克拉奥斯对桑塔耶纳美学命题的评价，尽管将其观点称为是基于唯物主义的立场是欠妥的，但说他的某些看法突破了某些传统的观念而有独创性的价值却是说得颇为中肯的。

三、关于美的材料、美的形式和美的表现

上面我们对桑塔耶纳的美的本质观作了比较详细的叙述，只有将这个问题叙述清楚了，才有利于我们对桑塔耶纳其他美学论点的理解。桑塔耶纳从心理学的角度把美分为材料美、形式美和表现美这样三种，并由之对它们的欣赏活动也相应地分为三个部分，即感性材料的欣赏（其快感的客观化就是材料美或感性美）、抽象形式的欣赏（形式美）和联想价值的欣赏（表现美），并分别对它们加以具体的论证。

先谈谈材料美。桑塔耶纳认为，低级的审美快感往往只注重于材料的贵重，而对形式美的鉴赏则需要训练。如果有人因为玻璃珠光洁美丽而喜爱它，尽管幼稚，却不庸俗；而仅仅因为宝石贵重而去喜爱它，这就很庸俗。桑塔耶纳认为，人体的一切机能（包括性本能在内）都对美感有贡献。这些机能都是构成审美意识的重要成分。通过对这些成分的审察，他发现，"每当它们同悟性的客观化活动纠结一起时，它们就有所贡献。每当快感的金丝进入我们智力经常勤敏地织成的网络中，它就授给这万象世界以我们称之为美的那种神秘微妙的魅力"。② 人的一切机能无不能对这种效果有所贡献。所不同的是这些机能的贡献存在着质和量的程度上的差异。桑塔耶纳认为，美感主要来自视觉机能和听觉机能，但也不能排除其他一切机能所作出的积极贡献。人体是一部机器，这部机器的运行

① 桑塔耶纳.美感[M].缪灵珠，译.北京：中国社会科学出版社，1982：33.
② 桑塔耶纳.美感[M].缪灵珠，译.北京：中国社会科学出版社，1982：36－37.

是有赖于各个部分之间的有机协调。即使是像血液循环这样的机能，都是对美感有贡献的。因为，如果这一机能发生障碍，新陈代谢就会遭到破坏或中止，人的整个机体就会因此而进入失调或紊乱，由此将会导致包括视、听觉机能在内的人体功能的丧失（包括审美知觉的丧失）。尽管像血液循环这样一类机能发生毛病的情况，也许“并不构成任何一个观念或感情的全部基础，但是它们却是决定这一切存在和性质的条件”。[①] “它们对于我们的经验价值是尤其重要的。它们造成我们的健康，而没有健康就不可能有纯粹的快感，它们还决定了我们暇时的兴致，提供剩余的精力给我们用于游戏上、艺术上和思考上。这些追求的吸引力，乃至审美境界之确实存在，都归功于我们机体活动的效率和美满。……虽然它们在意识上始终是不可识别的，却能给任何事物增加一些兴趣，或者给这世界投入一种普遍的光辉，这对于这世界的美和情趣是颇为有利的。”[③]桑塔耶纳从其自然主义的观点出发，把人体机能的健康同事物的美学价值联系起来，即主体的良好的审美感受必须有赖于人体健康的机能。相反，如果一个病魔缠身的人，在他眼里，一切美的事物都是要大打折扣的，因为人体机能的病态会削弱主体的审美观照和感受能力，甚至会影响他发现事物的美。

人体机能的情况是这样，人的性本能情况也是这样。桑塔耶纳从自然主义哲学立场出发，强调性本能在审美活动中的作用。他认为，性的本能属于生理机能和社会功能的中间地带，人的审美敏感的全部感情来源于性机能的轻度兴奋。因此，他非常重视对这个问题的研究，并认为，如果我们不探索性对于我们的审美敏感的关系，那么就会暴露出我们对人性的观点完全不切实际。在谈到性的敏感和审美敏感的关系时，桑塔耶纳指出，一个对女性缺乏热情的男人，很难想象对他的审美对象能够敏感，并有温情。相反，只有对女性很多情，他才有可能变得同时对其他事物（或影响）也很敏感，而且对每一个对象能够存在温情。因此那种导源于性本能的恋爱能力赋予主体的审美观照以某种光辉。如果不具备这一点，对事情的审美观照便无法完成，客观化的快感也就不能实现，从而美或美的本质也就无法显示。这就是桑塔耶纳上面所说的性机能的轻度兴奋能产生审美敏感的道理。

不过，性的美感作用需要一种条件，那就是必须通过感官。一个男人对一个女人的追求（或一个男人发现某个女人美，从而要去狂热地追求她），首先靠的是什么呢？靠的是感官。如果他用眼睛这一视觉器官看到某一女人的迷人风韵和高雅气质，或用手这一触觉器官抚摸到异性富有弹性的胴体和神秘的性特征区，或用鼻子这一嗅觉器官闻到洒在某女人身上的香味，或用耳朵这一听觉器官聆听到某一女人那柔美的声音，如此等等，这些属于第二性征范畴的东西对男人的性欲冲动的唤起是有极其重要的作用，但它们必须通过眼、耳、鼻、手等感觉器官，只有通过这些“材料”，才能将上述这些产生于色、声、味、体等美感刺激传导给更高的性欲机构，从而可以导致由上述美感所诱发的性欲冲动。因此，在人类（甚至包括某些动物在内）的两性交往中，除了第一性征外，如颜色、仪态、容貌、声音、气味等“也变成了对性欲的刺激和两性选择的向导”，而且是一种强有力的向导。这种向导在识别和追求美并获

① 桑塔耶纳.美感[M].缪灵珠，译.北京：中国社会科学出版社，1982：36－37.
③ 桑塔耶那.美感[M].缪灵珠，译.北京：中国社会科学出版社，1982：37－38.

得美感方面的能力是极强的。因此桑塔耶纳说:“如果幻想制造一个对美极其敏感的生灵,你再也想不出比性更适合这个目的的工具了。”在性的驱使下,不仅可以发现美,而且对美怀着一种深刻的精神之爱。性赋予人一种无声而有力的本能。性可以驱使其身心不断地向往异性。性可以使人把选择和追求伴侣或情侣视为他生活中最美最甜蜜的事情。正是在这种性力的驱使下,人们一旦获得理想的异性就会产生一种强烈的快感。反之,就会为孤寂无偶之苦所折磨和煎熬,从而感到无限的孤苦和不快感。看来,在性力驱动下,通过某种感官所获得的美和审美快感是理想而强烈深刻的。因此,桑塔耶纳满怀豪情地自我发问:“还需要什么样的最深刻的意义和美来弥补这世界呢?一往情深于一个明确的对象,它在心中所产生的一切影响,不难当做是这对象的威力或属性。然而,在这里,这些影响是有力而且深远的。它们触及你的灵魂深处,深藏在心中的财宝都浮到意识的表面上来。你的想象力和心灵第一次觉醒,所有这些新的价值都结晶在那时呈现于心中的那些事物。如果幻想为某个人的形象所盘踞,而她的品质也有力量促成这种变革,那么一切价值都集中在这一形象上了。这个对象就显得十全十美,而我们就是所谓坠入情网。”①

以上是体现在男人之于女人(或女人之于男人)意义上的性欲同美的关系。性欲除了把异性作为对象之外,它同时还可以有另一种对象,那就是自然(也包括社会意识形态在内的自然世界)。个人如果异性意义上的伴侣(或情侣)追求不到,或者说他的性欲暂时受到了压抑,那么,这并不标志着他的性能力没有出路。相反,他可以通过把这种业已被压抑的能力弥散于整个自然世界。通过这一途径,他也同样可以成为大自然或大千世界的爱好者,并从中同样可以发现事物的美和意义。例如,当某人在性能力方面受到压抑时,他可以转而去从事宗教信仰的活动,或者去做慈善事业,或者溺爱于犬鸟,等等,但上述这些转向的选择还不算是最理想的,在桑塔耶纳看来,最理想、最幸运的选择应该是投身于自然,因为自然往往也是我们的“第二情人”(或者说是人的性欲的第二对象),“她对我们的第一次失恋发生安慰”。自然美的大部分情形都是出于此种情况。桑塔耶纳上述的这些看法,似乎与精神分析学创始人弗洛伊德的观点颇有几分相似之处。

其次,我们来谈谈桑塔耶纳的“形式美”究竟包含着什么。桑塔耶纳本人十分重视对这个问题的研究,并承认这是“美学上最显著最有特色的问题”。② 那么,什么是“形式美”呢?它同“表现”又有什么区别呢?桑塔耶纳认为,所谓的形式美完全是由材料按照一定的规律(或规则)而有机地组合而形成起来的,形式之为美是因为有“表现”的因素,但两者不可等同。因为形式用不着去表现什么,它本身就具有直接的审美价值,而表现则是一种“意味深长”的东西。用桑塔耶纳的话来解释就是:人们“只要有感官的愉悦,例如对颜色的愉悦,而且对事物的印象中各个成分都是可喜的,我们就无须再去寻找我们所感到的魅力的理由。如果有意味深长的表现,而且对象虽然不惹人注目却同耐人寻味的别的观念有联系,这个问题虽然复杂而有分歧,在原则上也是比较明显的。然而,有一种介乎两者

① 桑塔耶纳.美感[M].缪灵珠,译.北京:中国社会科学出版社,1982:40-41.
② 桑塔耶纳.美感[M].缪灵珠,译.北京:中国社会科学出版社,1982:55.

之间的效果，它是更神秘更特殊的一种美的效果。它出现在这样的场合：一些本身平淡无奇的感性因素一经此般结合起来就都赏心悦目了”。[①] 正是在这个意义上，桑塔耶纳也承认：“形式美是由于表现，这种说法较为可取。”

为了论证这一点，桑塔耶纳作了举例说明。他用九条长短不等的线条作为材料，分别用不同的规则将它们进行组合排列，结果显示（表现）出人脸侧影的不同形状（形式）。从这些不同的形状（形式）中，体现出了不同的审美价值（即有标准的美的，也有不标准的美的，甚至是丑的，即奇形怪状的）。由于这些线条所表现出来的不同审美效果“不仅因为它们使人联想到美或丑的面孔，而且因为按照它们的表情，按照不同类型生理的和品德的联想，可以说，这几张面孔确实是美的或丑的”。如果要把以上所述图情形中所显示的形式美归之为表现，那就从根本上否定了直接的审美价值，从而把它视为一种道德意义上的善恶暗示。桑塔耶纳不同意这样的观点。他认为，这种观点只有为道德家们所青睐，他本人则无法接受。他说，“无数审美效果，诚然都是属于特殊的和纯粹的效果，它们都是苦乐的直接变形，它们决不表现本身以外的东西，更不能表现道德的优点”。[②] 就拿上述图中的直线来说，它在按照一定规则的情况下组合起来的构图形式产生了不同的审美效果。同样，它在没有按一定规则排列组合的情况下，作为直线本身，也有其价值。既然曲线是美的，那么，区别于曲线的直线线条同样也应该有它自己的一种美，这正如圆形是美的，方形同样也是美的道理一样。“在这些简单的线条中有一种明显的属性和价值，往往是一种独特的美，它在对其形式的知觉中是固有的美。”[③]对这种形式美的判断和领悟，根本不存在道德的联想和暗示，形式美本身就是有一种直接的审美价值。

在形式美和表现美之间，桑塔耶纳用“统觉”机能来将这两者加以沟通。那么，什么是“统觉”呢？桑塔耶纳对之的解释是：它是一种根据过去获得的经验对所观照的事物形式作想象性的（或曰经验联想性的）观赏。这种统觉桑塔耶纳把它看做是人体验形式美的一种主观条件。这种主观条件也是因人而异的。由于每个审美主体有他的特殊性，因此，“统觉”相对于每个主体来说也是不一样的。桑塔耶纳说：“我们对形式的统觉不但因我们的气质、年龄、健康状况而异，正如对美感价值的欣赏一样，而且也因我们的教育和天分而异。”[④]必须指出的是，在桑塔耶纳看来，光凭统觉也是不能产生快感的，同时也必须要看主体的观照对象是否能与我们的心理结构产生呼应。因为，快感的产生是有条件的，即它必须是在心理结构与统觉联想互相结合的情况下完成。因此，桑塔耶纳指出，一切表现都是实际显现的事物同这一事物所暗喻的形象或更深远的思想、情感的有机结合。在这两者中缺乏任何一方都是形成不了表现美的。表现美的存在既取决于形象所暗示的思想和情感，同时也取决于审美主体的统觉机能，其中包括审美情感的联想这一主观能动性。因此，一切被主体观照的客观事物的表现力的强弱程度往往取决于观照者本身的条件（如他的领悟能力

① 桑塔耶纳.美感[M].缪灵珠，译.北京：中国社会科学出版社，1982：55.
② 桑塔耶纳.美感[M].缪灵珠，译.北京：中国社会科学出版社，1982：56.
③ 桑塔耶纳.美感[M].缪灵珠，译.北京：中国社会科学出版社，1982：57.
④ 桑塔耶纳.美感[M].缪灵珠，译.北京：中国社会科学出版社，1982：76.

等）。桑塔耶纳同时也承认，事物在其具有形式美的同时，他也具有表现美，这两者同时为事物所固有。从表现上看，桑塔耶纳的上述理论很像里普斯和浮龙·李等的移情学说，其实不然，因为桑塔耶纳虽然一方面强调“统觉”说，同时，另一方面，又强调事物的“客观性质”；他试图将上述两种学说进行有机综合的尝试，这一点，在他谈论“形式美和表现美”的关系时体现得尤为充分。也正是在这一点上，构成了桑塔耶纳美学观的又一特征。

四、艺术的基础

在《美感》一书中，桑塔耶纳围绕着美感经验问题，对美的本质及其他与之有关的问题进行了较为详细的论证和阐述。时隔九年后，桑塔耶纳的另一部美学著作《艺术中的理性》问世，这部美学论著是继《美感》之后的又一部重要著作，应该说，这时，桑塔耶纳的观点比以前更加成熟和定型。我们从中可以更进一步地看到他的一些基本的而且是更成熟的美学观点。

在《艺术中的理性》一书的第一章，桑塔耶纳着重论及艺术的基础问题。那么，什么是艺术的基础呢？艺术的基础就是在于本能和经验。桑塔耶纳十分强调艺术和本能的关系，甚至把鸟的筑巢本能与人的艺术创造看做是一回事，认为艺术的目的就是使人的这种性冲动得到满足，从而获得快乐，所以，艺术是使人获得愉快最行之有效的形式，他说：“所有的艺术都有一种本能的根源和物质的体现。如果筑巢的鸟儿知道它们所干的事情的功用，它们就是在从事一种艺术实践；由于本能被认为是合理的，人们甚至有足够的理由可以这样说：这些鸟儿的传统目的和方法有时应当成为有意识的。因此，筑巢是一种艺术，虽然筑巢的鸟并不是每时每刻都意识到筑巢的目的，但它像其他劳动者一样，会按照它的艺术的例行手续进行劳动；语言是理性的产物，不是因为语言总有一种用处或意义，而是因为它常常被感到有一种用处或意义。艺术和本能一样是不自觉的，如同亚里士多德所注意到的，通常它并不完全为一定的目的服务，因为那些遗传下来的和存在于天生的结构中的本能，必须节省地和深入地组织起来。”鸟儿筑巢是一种天生的本能活动，艺术家的创造也是一种犹如鸟儿筑巢一样的天生本能活动。不过，它与鸟儿的筑巢本能活动的区别仅在于：鸟儿的筑巢是一种非理性的创造本能，而艺术家的创造活动则是一种诉诸理性得到的开放性、创造性习惯所培养出来的本能。因此，在衡量艺术的标准问题上，桑塔耶纳认为，“凡是一切体现了理性的艺术，都是最壮丽和圆满的”。[①] 在艺术（或艺术创作）中，理性原则高于一切（这一点，我们在后文还要谈及）。艺术的基础在于本能，换言之，本能使艺术创造成为可能。艺术作为一种精神形态的表现形式，它是诉诸某种物质，并使某种人类的精神变为不朽或永存。桑塔耶纳在谈到艺术的功能时指出：“在艺术出现之前，所有的成就都在大脑内部，随着个人的死亡而消失，甚至这些成就在他身上消耗掉而不能复得，就像在梦中听到的音乐那样。艺术，由于在人的身体之外建立了人的生活手段，并

① 蒋孔阳.二十世纪西方美学名著选：上册[M].上海：复旦大学出版社，1988：264.

造成外部事物同内部价值的一致，它就确立了一个能不断产生价值的领域。防备今天下雨的茅屋顶也会继续防备明天下雨。从前表现一种思想的符号，今后是以唤起这种思想。”[①]艺术的创造不仅使人类的某种精神得以体现，同时也使这种精神的传播成为可能。人在自然环境中生存，必须要有合理的行为，这种合理的行为在世代相传中给自然留下了痕迹，还是这种痕迹使人类的进步成为可能。从这个意义上，自然界给人的生存提供了一种更好的理性生活的基础。人类生活正是在这个理性的基础上得以改善和进步，这种改善和进步乃是一种“改善生存条件的艺术”。[②] 当然，在世代相传的人类生活中，更好的理性生活仍然需要各种经验和训练。在人类的实践过程中，人们所长期积累起来的经验成果都存在于共同的环境中，后代的人为了使自己更理性地生活，就必须要向包括他们自己父母在内的榜样学习，从而从前辈那里获得经验和智慧，“他们通过模仿前辈的明显习惯（他们也有强迫他模仿的方法），能够很迅速地获得许多智慧。而这种行为过程中就包含着本能的遗传和经验的积累，哪儿有艺术，哪儿就有训练的可能性”。[③]那些本来也爱玩耍的农民的孩子，从小受其父辈耕耘劳动实践的影响，有时也受其父辈的强迫性驱使而参加诸如犁地之类的劳动，他们正是在这种劳动过程中使自己养成了劳动的习惯和懂得怎样种植庄稼。庄稼成熟了，“他们的闲逛念头和起初的对抗情绪会被收获的希望所代替。当他们的父亲去世时，他们主观地从事于耕作和为他们自己的孩子而从事于耕作，就不是不可能的了。体现在物质上，通过训练可以传播艺术，使持久的合理化进展成为可能，这种进展是非常伟大的。因为在艺术中获得的价值，更容易作为最初享受到的（当其他人将这种手段向他提供时）而被认识。同时，这些价值的保持，由于一种外部传统富于感染力或强迫地把自己强加给新一代新人，而得到进一步发展”。[④] 桑塔耶纳的上述论点的核心是要说明这样一点：艺术即理性，这种理性使艺术本能的传播和遗传成为可能。

作为艺术，它自然是美的，桑塔耶纳把艺术看做是一种超越于人的身体，并使世界成为对心灵的一种更相宜的刺激物。一切艺术的有用性和实效性都体现于此。在这种有用性和实效性中无疑是包含某种道德意义上的美的因素。相当一部分艺术作品正是由于其道德意义才具有显著的审美价值。这种作品本身其实是艺术提供给作为整体的人性的一种满足。这种艺术的审美价值，在相当程度上取决于这种道德意义上的合理因素。此外，桑塔耶纳对审美价值作了这样的界说，在想象、瞬息的直觉和赋有形式的知觉中所固有的价值，叫作审美价值，而这种审美价值的来源又何在呢？桑塔耶纳揭示了下述的双重来源，即“它们主要在自然界的各种生物中被发现，但也常常在人所创作的作品、语言所唤起的形象及声音的领域中被发现”[⑤]。

在对“审美价值”的性质作了界说和对“审美价值”的基本来源作了揭示的基础上，桑塔耶纳接着对“美与其他事物的关系”问题展开了论证，并对“美的艺术”提出了他的看法。何谓“美的艺术”？桑塔耶纳说：“审美价值存在或被认为是明显地表现出来的那些作品，

① 蒋孔阳.二十世纪西方美学名著选：上册[M].上海：复旦大学出版社，1988：265.
②③ 蒋孔阳.二十世纪西方美学名著选：上册[M].上海：复旦大学出版社，1988：265－266.
④⑤ 蒋孔阳.二十世纪西方美学名著选：上册[M].上海：复旦大学出版社，1988：266.

称为美的艺术。但是，这样解释的美的艺术作品，几乎总是对具有许多非审美的功能和价值的实际事物的一种抽象化。区分审美成分（它经常是抽象和从属的），这种技巧不是使人清楚明白，而是更把人引向歧途。因为把事物的审美功能与事物的应用和道德的功能分离开来，艺术史上是不可能的，在对艺术价值的合理判断中也是不可能的。"①桑塔耶纳不主张将审美价值的内涵狭窄化。在他看来，审美价值应当包括道德价值和功利性在内，因为，这些东西能给人性以满足。艺术史和对艺术的审美评价实践已经证明，那种想把审美功能与事物的实用和道德功能截然分开的做法导致人们对美的认识造成混乱。美的来源并不是唯有艺术作品中才有，自然界中的所有事物都可以有审美的魅力。在一定的条件下（比如，在引起人的感觉或理智时），它们也能唤起审美主体的想象。一朵月季、一束牡丹、一座高山、一座峡谷、一条江河、一座建筑，甚至是一条蜿蜒曲折的柏油大道、一座农舍、一个小孩或者一次灾难性的沉船事件等，都会具有审美的魅力，关键的问题是人们怎么去看。人们的想象往往是由于经验的缘故，换言之，没有经验的想象也是不可思议的。那么，想象中的因素不一定纯粹是严格意义上的审美想象，其中就包含着许多道德和实用的东西，桑塔耶纳说："凡是富于想象力的民族所创作的艺术作品，都是富于想象地创作出来的。凡是他们所说或所做的，都说得或做得十分合适、可爱和优美。或者，我们从心理学角度论证这一问题，不停地试验和思想冲动，在孕育它所喜爱的东西的过程中，常常产生一些虚构的东西，正是这些东西才使人们的思索愉快地平息下来，这些美是初步的知识，人们捕捉到这些美是由于真实和有用事物的初步暗示。"②但是，困难也是存在的。由于一切事物都有审美的魅力，其中包括道德上的善（如由于某人的某种崇高行为所唤起的审美快感）和功利方面的实用（由于某种水果能够解渴而使人产生爽心清凉的快乐感），由于种种事物具有的属性引起的审美魅力不同，因此，审美成分的来源和结构也是不一样的。美与其他任何事物是一种不可分割的关系。正是由于自然界的一切都具有美的魅力，所以，它"在其限度内习惯于整个地满足。人的种种兴趣，在试图增加那种满足时，就会同时在每个理想的方面都发生作用。如果它导致同所有其他的兴趣疏远，那么任何一个方面也不可能建立在完整的善之上，或者诱惑经过充分锻炼的意志。因此，审美的善常常和其他的善在同一个窝中孵出，不会在不同的天空中展翅高飞"。③桑塔耶纳真不愧为自然主义的美学大师，他把主体意识中的一切东西都看做是具有审美魅力，并对美感有所贡献的。他不承认一切事物中有美，而只是承认它们有美的魅力。而他所说的这个美的魅力都是建立在客观化基础上的。这种客观化当然是相对于主体的心灵而言的。

五、艺术和愉快

艺术是什么？艺术的目的又是什么？这个问题我们在前面已经作了一些叙述。在这

① 蒋孔阳.二十世纪西方美学名著选：上册[M].上海：复旦大学出版社，1988：266.

②③ 蒋孔阳.二十世纪西方美学名著选：上册[M].上海：复旦大学出版社，1988：267.

里，我们重点谈谈艺术和愉快的关系。桑塔耶纳认为，艺术和愉快的基本原则是理性。换言之，“在艺术中如同在生活中一样，要获得一种愉快的结果只有借助于理智。理智就在于理解内心的活动并辨认潜伏在那儿的激动；其次在于理解世界并辨认世界的规律和结构，从而明了内心的理解能够如何体现出来及在哪里体现出来”。① 这是理智的基本使命，即它要理解主体内心活动和展现世界的规律和结构。如果做不到这一点，就无法揭示主体的审美理想及其表现，也就更谈不上对艺术价值的揭示。那么，艺术的价值是什么呢？桑塔耶纳对之的解释是：“艺术的价值在于使人愉快，最初在艺术实践中，然后在获得艺术的产品时，都是为了使人愉快。”② 当然，对愉快有一个合理追求和不合理追求的问题，而对愉快的追求，这往往“是一种伴随着进步或伴随着理性生活的事情”。③ 因为这种追求不是盲目的，而是要考虑到种种的社会环境等客观条件（如政治的、道德的）。总之，那种有碍于美的艺术产生和有碍于人们对愉快追求的陈旧制度必须废除，这种制度依赖于传统的风尚与迷信行为，并借以曲解和背叛活着的一代人的意志。抛弃这种制度不会颠覆秩序，恰恰相反，“它只是第一次建立了秩序。它将是一种伟大的恢复，是把事物重新放在它们的基础之上。”④在这种基础上，将会产生更多更美的真正的艺术，从而给人们提供种种欢乐。因此，一个理性的社会乃是产生真正的艺术和真正使人愉快的基础。这就是艺术与愉快的内在关系。桑塔耶纳说：“如果愉快是对艺术的最终认可，那么，艺术反过来是愉快的最好手段。”人的自我表现在艺术中比在其他活动中更直接地得到积累，并发现一种直接的报偿。由于这种表现改变感觉的物质条件，感觉变得更令人愉快，但就其程度而言，唯有真正的艺术是令人愉快的，这也是为其他艺术以外的事物所无法企及和替代的。然而，艺术就其产生的本质而言，它是一种本能的产物，因此，艺术就是一种与自然协调一致的东西（或者说是大自然的一部分）。正是在这个意义上（即在艺术是从本能中产生这个意义上），桑塔耶纳把它看做是大自然成就的象征和准确的尺度，也是人的愉快的象征和准确的尺度。这就是桑塔耶纳的自然主义的“艺术和愉快”美学理论的基本特征。

六、关于审美趣味的标准问题

关于审美趣味的标准问题，这是一个既古老而又年轻的美学问题。所谓的审美趣味，用我们今天的美学观点来解释，那么，不妨把它解释成是一种人们在主观审美关系中，对某些审美对象所产生的不由自主的喜好和偏爱，或者可以说它是在人的审美经验中所形成的某些独特的审美倾向。审美主体只有通过这种审美倾向才能满足自己的审美需要，从而获得审美享受。审美趣味是主体审美意识的一个组成部分。每个主体由于其生理心理素质、文化修养、生活环境和生活阅历等的不同，其从对象上所产生的审美感受也就会有质和量的差别。审美趣味是形成人们的审美理想和审美观点的基础，而审美理想和审

---

①②③ 蒋孔阳.二十世纪西方美学名著选：上册[M].上海：复旦大学出版社，1988：272－273.

④ 桑塔耶纳.美感[M].缪灵珠，译.北京：中国社会科学出版社，1982：274－275.

美观点本身又作用于审美趣味，并制约和引导着它的运动。总之，审美趣味既有个性差异的一面，又有时代的、阶级的、民族的共同性的一面，承认审美趣味的阶级、时代、民族的共同性，并不意味着可以缩小甚至取消审美活动中个人爱好的广阔天地。关于审美趣味及其标准问题，以往的美学家们对之也都不乏论述，例如，18 世纪著名的不可知论美学家休谟专门就审美趣味及其标准问题曾予以全面系统的论述。他把审美趣味与理智对立起来，认为审美趣味是一种先天的功能。休谟在对审美趣味标准和差异的研究方面，曾提出了一些相当有价值的见解。这种见解曾在美学史上产生过一定的影响。除了休谟，其他一些美学家也都有过一些关于审美趣味及其标准问题的论述，我们现在来看看桑塔耶纳在这个问题上的态度。

桑塔耶纳对审美趣味的看法同样是以自然主义哲学观为其基础的。在这个问题上，他是承认审美趣味多样性的。他反对那种“趣味霸权主义”的武断论点，他说：“只要人们没有忘掉审美趣味的基础和职能，并且各种审美趣味没有各自自认为有权独霸天下，那么，各式各样的审美趣味就不会彼此冲突、互相争执，也不易引起道义上的问题。要求一种审美趣味一家独鸣，这种态度是荒诞可笑的。”①关于审美趣味的衡量标准，桑塔耶纳则给予下述界说：“审美趣味的衡量标准只不过就是以深思熟虑的形式所表现出来的审美趣味本身。”②审美趣味由于主体的个性原因的各有不同而致使它“在权威性方面有相当的差异”。就审美趣味而言，发生在每一个人身上都是有明显差异的，有的显得很典雅高贵，有的则显得很低级粗俗。艺术家和普通人的审美趣味的衡量标准显然是不一样的。有艺术修养和艺术情趣的人与缺乏艺术修养和艺术情趣的人的审美趣味标准也是很不同的。寒冬腊月，大雪纷飞，坐在温暖的家中，围着火炉从明净的玻璃窗户中观赏屋外鹅毛般的大雪无疑是一种赏心悦目的乐事，在拥有这种生活条件的人们看来，这冬天，这大雪，这自然景色太美了，但同样的景色在一个饥寒交迫、无家可归、露宿街头的难民看来，它不但没有丝毫的美感，而且对他构成了灾难和威胁。因为，此时此刻，他需要的是如何得到温饱和维持生计。当然，这只是审美趣味个性化的一种特殊原因。所有一切审美趣味个性特征都是由于主体自身的原因。正是由于人的主体原因的不同，所以反映在审美趣味上，其差异也很大，正如桑塔耶纳指出：“某些人很欣赏皮鼓和鹰的羽毛并由此得到真诚的享乐。这种趣味虽然比较低级，但无须为此感到羞惭。但是，无论是在程度方面或是代表性价值方面，这种欣赏是不能和对一首交响乐曲或对一首史诗的欣赏来相提并论的。美可以满足某种本能，这种本能使人们对各种美有所选择，有所偏爱。只要我们检查一下我们的审美情感并予以净化提炼，就可以获得我们的审美趣味的衡量标准。这种得到的审美趣味的衡量标准是天然的、属于个人的、并且是独立自主的。”③桑塔耶纳把这种审美趣味衡量标准看做是真正具有权威性的标准。

桑塔耶纳的上述所谓“权威性的审美趣味衡量标准”，其实是以主体的心灵情感为基

---

①② 马奇.西方美学史资料选编：下卷[M].上海：上海人民出版社，1987：969－970.
③ 马奇.西方美学史资料选编：下卷[M].上海：上海人民出版社，1987：970.

础。而这种主体的心灵情感与社会的环境条件是有密切关系的。在谈到这种情感是怎样形成时，桑塔耶纳说："一个人把自己的感受与他人的感受做一番比较以后，他的天性就会促使他认识到他的感受是与别人的感受密切相关的，因而将两者协调配合，从而他就理解了这些感受在他自己天性中的基础，也就可以更有理由来肯定他自己的感受。"①正是凭着这种感受，他们可以对事物作出种种所谓美和不美的趣味性选择。正是基于这一点，桑塔耶纳认为，"当审美情感占有主宰和独特地位的时刻，审美趣味就形成了"。的确，审美情感的具备和审美趣味的形成都是需要一定条件的，而且往往是因人而异。一个不敏感的人往往是没有能力来感受和表达美的价值的，这种能力是与敏感性成正比的。

人的审美趣味同时也有待于培养。因为经过训练的艺术家和没有经过专门培养的普通人无论是在美的欣赏或美的评价方面，甚至美的创造方面所显示出来的能力差异是很大的。一个精通绘画的画家对于画技的评论、一位卓越的诗人对于诗所发表的见解较之那些对此一窍不通的门外汉来说，那显然是要高明得多，卓越得多，这种情况显然是由于画家和诗人的博学多才。因此，就这点而言，桑塔耶纳认为："艺术的具体价值就是技术价值"，任何一部交响乐曲，尽管人们也能给予种种评论或解释，但如果让贝多芬来解释，那么，这一艺术的具体价值将会获得最充分的实现。也正是基于这一点，桑塔耶纳指出："只有经过技术训练，才能提高人们对于音乐作品的判断。受过这种训练的批评家往往把一首乐曲当成是作曲家的自传，从而发表一些不得要领的见解。"②对音乐作品的判断是这样，对别的艺术作品的评判也是如此。因此，桑塔耶纳要求人们在对待艺术家（或专家）的艺术评判时要虚心地重视并接受他们所提出的意见，因为，他们的意见是建立在他们博学多才基础上的。人们请艺术家意义上的专家提出意见或做出评判，如果他又不接受这些专门家的忠告，"那并不是因为他们（指艺术家或专家）喜爱的美妙观感不真实，而是因为我们不理解这种美的效果"。③我们在审美趣味的衡量标准上有问题。如果按照我们这种（即不懂行的）审美评判看做品，那么，就会对作品做出令人遗憾的评价，这无疑是一种"低劣的审美趣味的表现"。这种表现的成因就在于我们"不具备优雅精致的匠心技巧"。

良好的审美趣味还应该包括对那些朴实无华的事物能做出积极的反应。因为，朴实无华的东西乍一看似乎不太起眼，但它给主体留下某种纯洁美好的印象。这些东西的缺点往往不是本质性的。相反，有某些事物表面看上去娇艳无比，令人眼花缭乱，然而，它们可以激起人们的某种不纯洁、不健康的心理，或者说使人的心理陷入某种腐朽性的邪念。同这些东西相比，朴实纯洁的东西的审美优点就充分地显示出来了。所以，桑塔耶纳认为，"朴素纯实的事物，如野花、朴实的小曲调、一件紫红色的制服等都是美的。它们的朴素纯实就是积极的优点，而它们的粗糙只是相对的"④。如果一个历经世故沧桑的人对这种朴素纯实的东西缺乏理解和正确欣赏的话，那么，这种人的心理状态就多少有点病态或虚伪的味道。这犹如一个人不会享受一杯白水的滋味一样，因为，一杯白水是最朴素纯实

① 马奇.西方美学史资料选编：下卷[M].上海：上海人民出版社，1987：970.

②③④ 马奇.西方美学史资料选编：下卷[M].上海：上海人民出版社，1987：973.

的东西，它不论在实用意义和审美意义上都是富有价值的。因此，任何一位真正的享乐主义者都不会丢掉这类真实的快感。桑塔耶纳把能不能正确对待（或欣赏）自然中的那些朴素无华的纯美事物看做是一个人是否具有良好审美趣味的一个标志，因为在他看来，自然界中那些朴素无华的美好事物对人的主体所产生的影响比那些人为刺激是更具有魅力的（尽管后者也具有一定的魅力）。正是有鉴于此，桑塔耶纳要求人们"宁愿放弃人为刺激，也决不应该变得对自然的享乐无动于衷。能不能欣赏朴素纯实的美，这是决定一个人的判断力是否正确的一个考验"。[①] 由此我们看到，桑塔耶纳完全认为自然作品第一，人为作品第二。按照这种理论主张，一切为艺术家所创造的作品都是"人为刺激"意义上的艺术作品，它较之自然之美是远远逊色的。同样一朵花，在桑塔耶纳看来，画家所画的那种花较之自然界中的朴素纯实的鲜花要远远逊色得多。人们在艺术之花和自然之花面前，他理应更欣赏后者。这样的审美趣味，在桑塔耶纳看来才是真正良好的。因为，他的审美判断力已经经受了一种严格的考验。总之，按照桑塔耶纳的这种自然主义审美趣味理论，那么，在确定艺术美与自然美的地位时，他更关心的是自然美。在他的心目中，也是自然美高于艺术美。这一点，他同黑格尔的艺术美高于自然美的观点截然相反。

审美趣味由于同自身的生活条件、环境、学识乃至气质、性格和艺术修养等有关，所以，它不可避免地会带有主观性或个性化的特征。审美趣味是在实践中培养和形成的，其中教育的影响和引导起着举足轻重的作用。趣味与每个人的个性是密不可分的。正是由于人的个性各不相同，所以反映到趣味上，有人喜爱音乐，有人喜爱戏剧，有人喜欢自然山水之美，有人则喜欢艺术之美。人们日常所说的"趣味无争辩"，大概就是从这种意义上说的。如果想在一个喜欢拉斐尔的画像和一个喜欢米开朗琪罗雕塑的欣赏者之间去评价谁的审美趣味更好似乎是没有什么意义的。当然，就审美趣味的标准而言，这确实存在着一个高低、雅俗之分。不过，每个时代或每个民族，甚至不同的美学流派之间，对所谓的审美趣味的高低、雅俗之分是有不同看法的。现在我们来看看桑塔耶纳对之的态度。

桑塔耶纳极力主张要用一种良好的审美趣味去看待和感受美的事物。庸俗低级的趣味往往在审美价值方面会起一种混乱和破坏作用。就拿"野蛮艺术"来说，这种艺术由野蛮艺术家盲目冲动或承袭传统的习惯创作而成。其实，当这种艺术被创造出来后，就连野蛮艺术家自己也未必真正认识和理解，"这种作品与其说是他的创作，不如说是他的分泌物"。[②] 野蛮艺术家也"很可能对自己多产的创造力感到惊讶，因而认为自己受到神的启示感召。他不知道，清晰的理智乃是真正的和最高的灵感"。[③]总之，野蛮艺术是一种自然主义冲动的产物（或曰野蛮艺术家本能的产物）。这些艺术的特点是庞大的体积，某些细节的突出和花样的繁复，正是"仅仅这些特点就足以产生一种神秘的奇迹，人们世世代代为此所吸引。野蛮艺术一事是巫术魔法"，那么，对于这种艺术为什么人们还如

---

① 马奇.西方美学史资料选编：下卷[M].上海：上海人民出版社，1987：974.

②③ 马奇.西方美学史资料选编：下卷[M].上海：上海人民出版社，1987：974－975.

此热烈地喜爱和崇拜呢？桑塔耶纳的答案是："就某种意义上来说，野蛮艺术受到人们的赞许，正是由于人们的迷惑心理和被假象所欺骗。"[①]说到底，他们的审美趣味还停留在比较低级庸俗的水平上。一句话，对野蛮艺术的过度喜爱和赞许，只能表明这些喜爱和赞许者的审美趣味不高，他们对审美对象没有做出合理的恰如其分的判断和表达，而是被某种不洁的成分所迷惑和欺骗。因此，桑塔耶纳强调要"把这些不纯的因素从审美趣味中清除出来"，但要做到这一点，就是"需要有清晰的理智和更强烈的精神火焰"。他认为，"如果一件艺术作品给人以恰如其分的感觉，那么它的表达形式也一定是恰如其分的。有些艺术作品，它的畸形怪异的各种因素与一些吸引人的因素结合在一起，如果一个人仅对于这样的吸引人的因素有所感觉，那么他也会感觉到那些畸形怪异的特点。如果他思考一下他的感官知觉并且分辨出那些使他迷惑的混杂因素，那么他就会发现，要仔细弄清一个因素则必须把其他因素与它隔离开来。……应该把审美对象的不纯洁因素清除掉，否则它们仍是一团混乱和令人冲动的各种因素……要完整地表达一个野蛮艺术的问题，就要把那些彼此矛盾的因素清除掉，这样才能使它成为合理的美的艺术"。[②] 看来，对一种审美对象（包括原始的野蛮艺术在内）的判断，需要一种良好的审美趣味，而良好的审美趣味是不含有任何心理的迷惑和欺骗的，它必须经过净化，从而达到清醒和理智。只有在此基础上，合理的美的艺术才能被发现或得以生成。然而，良好的审美趣味本身在它形成之后，还有一个应该继续发展的问题。这种发展当然是基于时代和社会的发展。因为，作为一种审美意识的观念形态和作为一种具有审美情趣的人都是在一定的时代和社会背景下存在的。因此，作为一种审美理想，它必须要有一个与内外部条件相一致的基本条件，如果没有这种条件，那么，这种理想就不会生成，或者即使生成了，那在性质上也必然是怪诞的，因而也一定不会长久（或者说将必然自我毁灭）。换言之，审美理想必须要有一个物质基础，必须要有一个适合于它成长的土壤和环境。这种理想是这种基础的形式化显现。正是从这个意义上说，任何审美理想都是随着其基础的变化而变化的，所以，审美理想不可忽视给它的那些外部条件。审美理想决定了一个人的审美趣味和审美标准。试想，一个没有崇高审美理想的人，要他具有崇高的审美趣味和审美标准是不可思议的。正是由于审美理想与人的社会生活和具体的时代条件有着本质的联系，所以，桑塔耶纳在谈到良好审美趣味的培养和发展时才强调："审美趣味的衡量标准要参与社会活动"，这种标准不仅是判断艺术的一个尺度，也是育人的一个尺度。它理应"代表艺术和美学的各个方面"，从而真正使其"成为一个可以实行的和公正的法规"。

审美趣味是一个复杂的美学范畴。它涉及的领域极其广泛。作为一种优雅的审美趣味，它在人们的生活中往往扮演一种富有魅力和富具代表性的角色。就拿人来说，反映在每一个人身上的审美趣味是不大相同的。一个富有崇高审美理想的审美者与一个在审美理想方面显得很平庸或有缺陷的人，这两者在审美趣味方面显然存在着差距。他们对同

① 马奇.西方美学史资料选编：下卷[M].上海：上海人民出版社，1987：974－975.
② 马奇.西方美学史资料选编：下卷[M].上海：上海人民出版社，1987：925.

一件事物的审美标准是绝对不同的(或者说是大相径庭的)。那么,我们怎样来给审美趣味的社会性问题做出合理的解释呢?这的确是一个比较棘手的问题,桑塔耶纳也承认这一点。那么,通过什么来解决这种审美趣味上所存在的差异呢?桑塔耶纳认为,唯有通过审美经验,即用审美经验去加以协调。他说:"审美经验必须协调某些人类的普遍要求以及这些经验所影响的那些希望,否则,审美经验就只不过是一团混乱。……一件艺术作品越是出色和持久,它就越需要这样一种调整,以便与人们的普遍要求协调一致。"①一般说来,高尚的艺术往往是高尚审美意识和审美情趣的一种反映,它往往起到一种引导性的作用,这对于提高整个群体(或者一个国家、一个民族或全人类)的审美意识水平都能起到促进的作用,但引导和普及永远是两个不同的审美层面。正因为此,所以桑塔耶纳认为,在出色的艺术作品和公众的普遍要求之间存在着一个美学调整的问题。如果不考虑这种调整(即不考虑每个时代、每个国家或民族等种种客观条件),艺术家一意凭着自己的热情和审美理想创作,那他的事业也将很难获得成功。因为艺术作品被创作出来是需要人们去理解、接受和喜欢的,如果脱离了大众的普遍的接受标准,那么,这种艺术再好又有什么用?!"一位建筑师、一位雕塑家或一位出众表演家,如果只是凭自己的内心喜好就轻易地把一个形象强加在我们的眼前,这种人只能把自己搞得令人讨厌不已。"之所以令人讨厌是因为艺术家脱离了现实的环境和条件,带有一意孤行的性质。他在艺术创作中缺乏一种调整(即对在他的艺术理想与公众的审美要求之间所存在的距离之间作一种调整)。因此,任何艺术家,如果在创作中光考虑自己的审美理想和审美趣味而视大众(国家或民俗)的普遍的审美理想与审美趣味于不顾,那么,他的艺术事业也是不会成功的。因为,他的艺术由于为大众所不能接受,又谈何起"引导"和"提高"的作用呢?!应该承认,艺术上的这种教训是不乏其例的。正是有鉴于此,桑塔耶纳认为,"必须建立起一个审美趣味的社会标准,否则,任何有功效的、累积性的艺术都是不能存在的。在这方面,优雅的审美标准不能脱离世间的传统、功利和希望。审美趣味一定要使自己成为人类的解释者"。②艺术要使其获得持久的为人所喜爱的地位,就必须体现其社会的有效性(或曰功效),而要做到这一点,艺术家在艺术创作时就"必须把它与其他合理的功能更紧密地结合在一起"。这样,在美化事物的同时,就可以使它们更为有用。在以富有想象力的方式来表现它们的时候,就能够以其本来面目来看待它们。最高尚的艺术在其最高尚的发展阶段,实际上或多或少达到了这一境界。在这方面,桑塔耶纳尤为推崇两个人:一个是古希腊的悲剧诗人索福克勒斯,另一个是意大利文艺复兴时期的大画家达·芬奇。他们"完全掌握着梦幻般的表现工具,并且借助它来加工现实世界。这些大师是使功能协调的中心,他们的这种作用应当扩散到整个世界。像宗教一样,艺术应该吸引到理智的生活之中去"。③的确,要想让大众人人达到索福克勒斯和达·芬奇那样的审美水平,显然是办不到的,但是,为了达到艺术和美的尽善尽美的崇高境界,人们必须要掌握更多的知识和具有更高雅的审美趣味,有了这些条件,人们会更准确地把握和认识世界。桑塔耶纳说:"当一个人思想上拥有

①②③ 马奇.西方美学史资料选编:下卷[M].上海:上海人民出版社,1987:977.

重要的和真实的观念，而且能够看出事物的真正关系，他就不会欣赏任意曲解世界的图像。当神话和隐喻是表现事实最合适最形象的工具时，神话和隐喻就是美的。可是一旦神话和隐喻不再是有用的和真诚的，它们就变成虚假的装饰了。”[①]高雅的审美趣味和审美经验都是使审美主体在审美活动中达到完美境界的必备条件，但这些条件的形成和具备又与人们的博学多才分不开。很难想象，一位知识浅薄、孤陋寡闻、什么都不懂的人能具备高雅的审美趣味和丰富的审美经验，并在审美活动中准确有效地认识和表现现实。因此，桑塔耶纳认为，无论是艺术家或艺术批评家们，他们首先必须是博学多才之人，只有博学多才了，才有可能使其审美情趣高雅，审美理想崇高，才能在其审美活动中借此揭露现实世界中的畸形和怪诞，完美地表现世界美的现实。

桑塔耶纳的自然主义美学思想的内容是比较丰富的，限于篇幅，我们只能作一扼要的叙述。对于这位自然主义美学奠基者的美学思想怎么看，在以前的研究界是存有不同看法的。甚至在对桑塔耶纳究竟是属于唯心主义美学家还是属于唯物主义美学家这个问题上都存在着意见上的分歧。如有人鉴于他在黑格尔思想的影响下，把理性生活看做是并非完全局限于知识活动，理性的各种表现形式都是本能冲动和与观念相对应的客体结合而把他划入了与黑格尔一样的唯心主义美学家的行列；有人则根据他对表现主义的唯心主义美学家克罗齐的批判而把他归入唯物主义的行列；也有的学者认为，桑塔耶纳是西方“快乐说”美学的代表，他站在自然主义哲学的立场，用近代内省心理学方法论证快乐，认为美不是客观存在，只是对象内在的积极价值，这种价值只存在于人的快乐的感知中。尽管“快乐说”较之生理学的快乐说有些进步，对美感经验的研究也比较深入，但基本上没有超出主观唯心主义的范围。其实，桑塔耶纳的美学思想与其自然主义的哲学思想体系一样，是比较庞杂繁复的，在他的美学思想中，既有露骨的唯心主义一面，又有他自称是“自然主义”和“唯物主义”的一面；既有因循守旧的古典主义一面，又有狂放不羁的浪漫主义一面。如果仅仅根据桑塔耶纳的某种片言只语或某种倾向性理论而就此简单地将其冠之以唯心主义或唯物主义似乎都有些失之偏颇。这正如吉尔伯特、库恩在谈到桑塔耶纳的美学成就时所说：“在20世纪前半期，在重要性方面可与克罗齐相匹敌的是乔治·桑塔耶纳。克罗齐是唯心主义者，桑塔耶纳是唯物主义者。初看起来，这两位哲学家似乎毫无共同之处。固然，在1903年，桑塔耶纳在评论克罗齐的著作《作为表现科学和普通语言学的美学》时，曾谈到这部著作的乏味和无益的先验论，走钢丝式的造作状态，以及形式上的陈词滥调。固然，他们两位美学理论发展的路线，完全背道而驰，他们两位所喜爱的术语和强调的重点，并形成鲜明的对照。然而，如果正确地考查一下他们，从整体上看一看他们的哲学观点，那么人们就会注意到：克罗齐是唯心主义的先验论，由于广泛地利用了详细、具体的历史材料而避免了枯燥乏味；而桑塔耶纳则以一种较之克罗齐学说中的任何东西更虚幻缥缈的本体学说确立了自己的唯物主义。”[②]吉尔伯特、库恩把桑塔耶纳与克罗

---

① 马奇.西方美学史资料选编：下卷[M].上海：上海人民出版社，1987：985.

② 吉尔伯特，库恩.美学史[M].夏乾丰，译.上海：上海人民出版社，1989：731－732.

齐列入唯物主义美学家的行列是值得商榷的。从桑塔耶纳的整个哲学、美学思想看，他是非常注重对认识论的研究。为了在唯物主义和唯心主义之外寻找第三条路线，他提出了心理状态（即心灵）、感觉材料和物理世界“三元分立”的体系，并用一个“本质”的概念作为这个思想体系的核心。在论述“美感”理论时，桑塔耶纳是通过艺术论来将其具体化的。他把艺术分为两种：一种是仅由物质构成的艺术，这种艺术他谓之“隶属艺术”，另一种是从具有价值的“本质”材料灌注形成的“自由艺术”。他非常看重这种艺术，认为唯有“自由艺术”才是真正的艺术，它有三个要素，即材料、形式、表现。前两个要求是直接的、非感觉的、解释性的，它们属于心灵范畴，后者（即表现）的内容必须用形式做符号，感性地加以象征才能显现出来，这就形成了桑塔耶纳走向象征主义的创作理论。

桑塔耶纳是一位典型的自然主义美学家，他热爱自然超过了一切，在他看来，唯有在大自然中才能寻找到真正令人心醉神往的美。其实，他是比较轻视艺术的，除了承认艺术作品的灵魂有其代表性外，认为“艺术作品”的躯体没有实质功能，甚至把艺术作品视为“大自然的寄生虫”①。的确，桑塔耶纳本人是一位审美趣味广泛的学者，但也难免有其不足或缺陷，正如吉尔伯特、库恩所说：“在桑塔耶纳的美学王国中，有许多高楼大厦，因为他的气质是能够宽容的，富于想象力的。……不过，他也有各种偏爱，并且在言语中流露出来。他赞美古希腊沉静和严谨的艺术，而且他还对感官的魅力充满着爱。”②他过分地钟情于大自然而轻视了艺术之美及其价值。这一点，我们可以从其一段自述中看到他的审美趣味和审美理想：“我喜爱美，但我任何时候都不走到艺术中去寻找美的主要养料。如果艺术使人们心荡神移，如果艺术使人们的心灵获得自由，那么，我就珍视它。但是，大自然和人们的沉思常常更是如此，而且更有权威性。如果说有什么东西总使我迷恋的话，那就是美丽的地方、美好的行为和美好的制度；我之所以赞美古希腊和英国，或者之所以满心欢喜年轻气盛、寻欢作乐和天真烂漫的美国，道理就在于此。”由此可见，在艺术美和自然美之间，桑塔耶纳更钟情于后者，这显然与其自然主义哲学立场是一脉相承的。

桑塔耶纳的自然主义美学思想，在其早期阶段（即《美感》一书的问世阶段）就已表明他的美学思想已初具轮廓了，在以后的历程中，尽管其内容有所丰富和发展，但从其基本论点来看并没有发生根本性的重大变化。桑塔耶纳本人也认为，他的美学思想很早就已基本定型，多年来没有发生多大的变化，如果说有变化，那也只不过是随着他的自然主义哲学和本体哲学的发展而使其美学获得了“扶手和支架”。桑塔耶纳把美感这一美学的关注中心自然化、经验化，这在20世纪初的审美心理时代无疑是独树一帜的。桑塔耶纳以自然化、经验化的美感为中心，从美的材料、美的形式、快感的客观化给对象带来的表现性这样三个方面着手，构建自然主义美学思想体系，这是桑塔耶纳的重要美学贡献。他的美学思想为经验派美学代表杜威和托马斯·门罗所继承，并对苏珊·朗格的符号论美学也产生了重大的影响。总之，桑塔耶纳的自然主义美学思想在西方美学史上的作用、地位和

① 马奇.西方美学史资料选编：下卷[M].上海：上海人民出版社，1987：985.

② 吉尔伯特，库恩.美学史[M].夏乾丰，译.上海：上海人民出版社，1989：733.

影响是不能低估的。

注释

1 艾尔罕不瑞是西班牙著名的伊斯兰教宫殿，室内外装饰极具阿拉伯风格。1492 年西班牙排伊斯兰运动后，受到查理五世的破坏，他用文艺复兴时期的宫殿替换了部分旧的结构。

现代西方美学的揭幕者

——评克罗齐和科林伍德的美学思想

表现主义美学是现代西方美学史上的一个重要流派，它的诞生揭开了现代西方美学的帷幕。表现主义美学对整个现代西方美学的发展产生了极大的影响。它的最繁盛时期是在20世纪初到二次大战前夕，人们普遍把它看做是对以往18世纪—19世纪欧洲浪漫主义文艺创作的一种理论总结。表现主义美学的最大理论特征是主张艺术是情感的表现，而情感的表现就是直觉的表现，美是直觉。该派的主要代表和创始人是意大利的克罗齐。在西方美学界，人们一谈起表现主义，就自然同克罗齐的名字联系在一起。这就足以说明，克罗齐的表现主义美学理论对现代西方美学的影响及其在现代西方美学史中的地位。除了克罗齐以外，表现主义美学的代表人物还有英国的科林伍德、鲍桑葵、卡里特和阿诺德等。这些人作为克罗齐的后继者和表现主义美学的杰出代表，都是为西方学界所公认的。限于篇幅，本文并不打算对表现主义美学理论作全面系统的考察和论证，而只是就其中最基本的理论内容和思想特点作一概括性的评述。先谈谈表现主义美学的创始人克罗齐的美学思想，它分四个部分。

一、克 罗 齐

本尼季托·克罗齐(Benedetto Croce，1866年—1952年)，20世纪前半叶意大利最著名的哲学家、美学家和文艺批评家，他在1903年创办了《批评》杂志，在以后历时41年的漫长时间里，他在该刊发表了相当多的文章和著作，其中对当时欧洲的各种重要历史、哲学及文学作品均有独到的评论，克罗齐的主要哲学成就体现于他对“精神哲学”所做的系统阐述。克罗齐的表现主义理论的形成和确立，基本可以归因于维柯学说、桑克梯斯的文艺理论、康德思想和黑格尔哲学等的影响，其中，受黑格尔唯心主义思想影响最深，因此，西方学界在给克罗齐思想作定评时，一般都将其归之于新黑格尔主义的名下，称他是新黑格尔主义者。在哲学上，克罗齐和黑格尔一样，强调“绝对精神”，在他看来，绝对精神是世界万物的本原或基础，并由此构成他的所谓“纯粹精神哲学”体系。不过，尽管如此，克罗齐还是不太同意黑格尔关于“物质世界和自然界是绝对精神的异化”这样一种观点，从而在对黑格尔的上述观点予以修正的基础上重新提出所谓的“精神就是整个实在”的理论主张。克罗齐表现主义美学理论的核心命题是“直觉即表现”。这一命题的提出是由他的哲学观所决定的。克罗齐的直觉，具有很宽广的内涵。首先，它是一切知识的基础，是各种感觉印象的内在反映，它与主体的感官有着直接的紧密的联系。直觉也是美的根源。克罗齐的整个美学思想体系，都是建立在这一核心命题基础上的。

(一) 关于“直觉即表现”和“艺术即直觉”的观点

克罗齐的“直觉”，指的是一种主体的认识活动，它纯粹是一种精神性或主观心灵性的东西，直觉作为“心灵的综合作用”，它既表现了情感又创造了客观世界中的万事万物。1902年，克罗齐出版了他的《美学》一书，此书所要阐述的核心命题就是“直觉即表现”。克罗齐从其新黑格尔主义的哲学立场出发，首先把精神活动分为“认识的”和“实践的”两个种类，而“认识的”和“实践的”这两个种类的活动又各分两个阶段，这样，精神活动的四个阶段就是分别属于认识的直觉、概念阶段和实践的经济、道德阶段。而这四个阶段又是分别具有美（直觉）、真（概念）、利（经济）和善（道德）的价值。而与这四种价值相对应的学科则是美学、逻辑学、经济学和伦理学。这就是我们通常称之为克罗齐哲学的“两度四阶段”。克罗齐认为，美学这门学科的核心是“直觉”。在这里，我们首先要强调，克罗齐所说的那种“直觉”与我们通常一般人谓之的“直觉”（或直观）的意义相去甚远。它是一个非常特殊的美学（哲学）概念。为了全面、深刻地理解克罗齐美学思想的真髓，我们必须首先要廓清克罗齐美学意义上的“直觉”的最基本内涵究竟是指什么？直觉与“美学”又是一种什么样的关系？

为了叙述上的方便，我们先来看看克罗齐对美学的解释。在谈到美学的本质时，克罗齐对之下了如是界说：“美学只有一种，就是直觉（或表现的知识）的科学。”[①]按照此种界说，我们不妨列出这样一个公式：

美学即直觉，直觉即表现，表现即艺术（美学 = 直觉 = 表现 = 艺术）

克罗齐的直觉，是以主体的心灵为立论出发点的。他在其理论代表作中，开宗明义地提出了“直觉即表现”的核心命题。在整个理论阐述中，克罗齐力图将直觉与概念严格区分开来。那么，直觉又是深含着什么呢？直觉即是一种审美。克罗齐的直觉-表现学说，构成了他整个心灵哲学的主体，而心灵的活动是由认识与实践这样两个部分所构成。认识蕴涵着直觉（个别意象）与概念（普遍概念）两部分。在我们上面提到的克罗齐的“两度四阶段”（即美学、逻辑学、经济学和伦理学）不是一种等同的或并列的关系，而是一种依次递进的逻辑关系，即它们是一种由直觉到概念，再由概念到经济，再由经济到道德的渐进发展关系。由此，我们不难看到，克罗齐的“直觉”只是一种心灵活动的出发点，同时也是其整个唯心主义哲学的基础，正是从这个意义上，我们说，研究“直觉”是解开克罗齐整个“心灵哲学”的一把钥匙。既然“直觉”是出发点或基础性的东西，它当然是一种低级的认识层次，但这种低级的认识层次有一个最大的优势就是，它可以不依赖于概念而独立存

---

① 克罗齐.美学原理·美学纲要[M].朱光潜，译.北京：外国文艺出版社，1983：21.

在。反之，概念就与之不同了。概念的确立或存在必须有赖于种种直觉的有机联系。因此，在克罗齐的美学中，“直觉”具有独立自存的艺术特性。

在基本弄清了克罗齐的“直觉”特征之后，我们现在来谈谈“直觉”与“表现”这两个范畴与艺术特性的关系。克罗齐历来认为，所谓的美学和语言学、艺术科学和语言科学，它们之间其实并没有什么区别。因为，作为真正科学的美学和语言学，不是两回事，而是一回事。语言哲学和艺术哲学恰好是相同的。这是从它们的对象是相同的这一点上所必然得出的结论，用克罗齐自己的话来说：“语言本质上就是一种表现，而表现又是基本的审美事实。”①在《美学纲要》一书中，克罗齐又指出，所谓的艺术或美，其实，它们无非是一种“直觉”而已。直觉是在概念形成之前的一种思维阶段，因此，艺术或美完全不同于物质的现实，不同于有用的东西，不同于给人快感的东西，不同于道德的行为，也不同于概念和知识。克罗齐在这里所说的那种“直觉”，其实是指审美意义上的艺术直觉。艺术直觉不同于一般意义上的直觉，它是一种超然独立的艺术化的心灵活动，正是在这个意义上，直觉即艺术，艺术即表现。

在克罗齐的表现主义美学理论中，艺术也是有其严格的规定性的。它不是我们通常所说的那种艺术，它是一种内在的心灵活动及其产物。在谈到艺术与直觉的知识统一时，克罗齐明确指出：“我们已经坦白地把直觉的(即表现的)知识和审美的(即艺术的)事实看成统一，用艺术作品做直觉的知识的实例，把直觉的特性都赋予艺术作品，也把艺术作品的特性都赋予直觉。但是，我们的统一说和连许多哲学家也在主张的一个见解却不相容，就是以为艺术是一种完全特殊的直觉。”②由此可见，克罗齐在关于“艺术”的界说中，旨在要说明下列两点：第一，艺术中蕴含着直觉的特性；第二，直觉中也包含着艺术的特性。为了给上述界说提供论证，克罗齐就得着手进行以下两个方面的工作：第一，拓宽通常人们所理解的那种艺术的外延，以便让一切直觉和表现都能进入艺术的殿堂，这就构成了“一切直觉皆艺术”的命题；第二，缩小一般意义上的艺术概念的内涵，艺术仅仅是一种直觉，从而将一切与直觉无关的、在一般人看来是艺术的东西，都不能进入克罗齐的艺术概念的圈子。克罗齐的艺术，是指一种为人类所特有的心灵创造活动，它也是一种人性的解放形式，这种创造活动或解放形式高度体现了主体的一种能动性，是一种对自然的、被动性的征服。克罗齐为什么要把艺术和直觉视为同一的东西呢？其理由就是直觉与表现是密不可分地有机联系在一起的。换言之，当直觉出现的时候，表现也就同时存在了。因为两者“并非二物而是一体”③。艺术也是借助形象的表现，因为，它与直觉也完全是同一的。这里，我们特别要注意，克罗齐对直觉的表现-艺术的阐述，涉及了黑格尔“美是理念的感性显现”的核心命题和康德的“先验综合”学说，他的直觉即表现和艺术即直觉的理论其实是对康德、黑格尔上述命题和学说的一种有机综合，即他直觉中的心灵对感受的综合主要受康德主观先验综合的影响，表现中物质通过形式而成为具象主要受黑格尔的“显

① 克罗齐.美学原理[M].朱光潜，译.北京：作家出版社，1958：31.
② 克罗齐.美学原理·美学纲要[M].朱光潜，译.北京：外国文艺出版社，1983：19.
③ 克罗齐.美学原理·美学纲要[M].朱光潜，译.北京：外国文艺出版社，1983：15.

现”说的影响。因此，在西方学界，人们在称克罗齐是新黑格尔主义者的同时，他们也在一定程度上承认他美学中的康德主义色彩。为了更深刻地来透析克罗齐的“直觉即表现即艺术”这一美学核心命题，我们有必要对此作更深入的分析。

在克罗齐的“直觉”理论中，他始终把直觉看成是一种艺术的抒情。由此出发，他强调应该把艺术的特殊价值同那些通常与艺术相混淆的东西区分开来，应该把艺术同那些由外界侵入冒充艺术的东西区分开来，艺术之所以具有其特殊的价值，就在于它的抒情性和想象性。他对艺术的最基本界说是：艺术是一种情感的表现，是一种纯粹的但却是充满了活力的想象活动。由于艺术本质上是想象性的，因此，它分享着想象力的原始的天真无邪。无论是直觉即表现也好，还是艺术即直觉也好，克罗齐的直觉既是指一种主体的心灵活动本身，又是指一种心灵活动的对象（或产品）[1]。我国已故著名美学大师朱光潜先生在谈到这一点时曾指出：克罗齐的“‘直觉’就是意象，就是意象的形成。意象就是直觉品。它的材料来自生活的情感，它的形式是直觉的心灵综合作用。情感这内容在意象形成中才得到形式，才成为认识的对象，才得到表现，也才算是直觉到。所以直觉就是表现，也就是抒情的表现。从直觉就是想象，就是抒情的表现来说，很显然，它也就是艺术的活动。直觉到一个可以表现情感的意象，就已经是完成了一件艺术作品。克罗齐的这种艺术观颇近似于中国过去批评家所说的‘情景交融’、‘意象’等等。”①在这里，我们还要补充说一点，克罗齐的这种艺术观，与以里普斯为代表的“移情论”美学观也很接近，看来，后者对表现主义美学的形式也是存在着一定影响的。

从克罗齐的“直觉”说中，我们看到，他把艺术活动视为一种人人皆可参与的普遍的基本活动。因为作为有思维和理性能力的人，他们普遍具有认识能力并参与认识的实践活动，也就是说，人人都不可没有直觉或艺术活动。从这个意义上，人人都是具有创造“直觉品”（意象）能力的艺术家。直觉的过程，就是主体心灵和直觉对象共同创造“直觉品”（或意象）的过程。因此，所谓的人人都有直觉，意味着人人都具有艺术创造能力，人人都在进行直觉，就是意味着人人都在从事着艺术性的创造。艺术创造和艺术创造能力绝非是专门为艺术家所拥有。相反，它具有普遍性。艺术家和一般人在艺术创造方面只有量的不同而不存在质的区别。一般人与专门从事艺术创造的专业艺术家的关系只是大艺术家与小艺术家的关系，因此，克罗齐说：“‘诗人是天生的’一句话，应该改为‘人是天生的诗人’；有些人天生成大诗人，有些人天生成小诗人。天才的崇拜和附带的一些迷信都起源于误认量的分别为质的分别。人们忘记天才并不是天上掉下来的，它就是人性本身。”②克罗齐不承认大艺术家同普通人在艺术创造方面所存在着质的差别，其实就是在强调艺术家与普通人在“直觉”方面所具有的同一性。他认为，在艺术家和普通人之间只有具备了这种同一性，艺术作品才有可能被人欣赏、理解和接受。相反，如果大艺术家在“直觉”方面与普通人存在着质的区别，那么，这就意味着他们彼此之间有着一道不可逾越的鸿沟，这

① 朱光潜.朱光潜美学文学论文选集[M].上海：上海文艺出版社，1982：319.
② 克罗齐.美学原理·美学纲要[M].朱光潜，译.北京：外国文艺出版社，1983：22.

将是艺术家及其作品的不幸。因为，如果是这样，艺术家将会失去欣赏者。他们的作品也将会失去市场。此外，克罗齐所说的艺术活动，与我们通常所说的那种“艺术活动”不同，前者的内涵要比后者更广泛得多。克罗齐认为，只要有认识活动，就必然有艺术活动，因为艺术活动（直觉）始终是建立在认识活动基础上的。艺术活动（或曰艺术创造）的实质，就是将各种感觉印象（即感触或情感）形式化。这就是说，直觉是一种抒情的表现形式，即艺术。艺术的本质是直觉-表现。克罗齐之所以要把直觉-表现视为艺术的本质（或特性），其根本原因就在于：这样做符合他的心灵哲学体系的需要。美是艺术的特性，是直觉-表现的具体体现，美向上层发展则依次是逻辑、经济、伦理，要形成这个规模恢宏的理论体系，必须对艺术作深刻的研究，并将其纳入直觉之中，因为，艺术需要直觉这个对应物。

总之，“艺术即直觉”“直觉即表现”理论构成了克罗齐表现主义美学的核心。当然，克罗齐的“直觉”说本身也是经历了一个发展的过程。在《作为表现的科学和一般语言学的美学的历史》一书中，克罗齐陈述了他对“直觉”的看法，认为直觉是认识的最初阶段，是对个别的认识。1908 年，他又把“直觉”修订为“抒情直觉”，认为艺术所直觉到的和表现的是一种感觉，一种主观的心灵状态（即区别于原始情感的那种感情）。1918 年，克罗齐又把直觉修正为“宏观直觉”，从此，这一“直觉”概念比较强调艺术的“宏观灵感”，而不再注重个体的艺术。

（二）美是成功的表现

上面我们将克罗齐美学中的三个范畴作了简要的论证，其中的“直觉即表现”理论充分说明了它同主体心灵和艺术创造之间的血缘联系。在克罗齐看来，既然“艺术即直觉”，“直觉即表现”，那么，作为“美”这个范畴，同样也可以将其规定为“表现”或曰“成功的表现”。相反，不成功的表现就谈不上是美的，而只能算是一种丑。不但如此，从直觉即艺术这个意义上来说，“不成功的表现不但不是美，而且也算不得是一种真正的表现。美是一种直觉或表现活动的价值界定，而绝不是那种对物理性的艺术品予以传达的价值界定。克罗齐从来就不是根据物理性的‘艺术品’的内容与形式及其关系来给美下界说，而是用‘成功的表现’作美的定义，似很稳妥，或是更好一点，把美干脆当做表现，不加形容词，因为不成功的表现就不是表现”。[①] 在克罗齐看来，表现是一种主体心灵的创造性活动，是人性对兽性、主动性对被动性、形式对感受的一种冲突和战胜。只有在这种对应关系双方的冲突（或搏斗）中前者获取胜利，表现才算成功，只有在此种情形下，美才得以产生。反之，就是不成功的表现，而不成功的表现只能产生丑，这种丑“和它所附带的不快感就是没有能征服障碍的那种审美活动，美就是得到胜利的表现的活动”[②]。

美是成功的表现，因而也是真正的表现，丑是不成功的表现，因而它不是严格意义上的表现，或者说不配称之为表现。现在，我们来看看克罗齐对“美”和“丑”这两个美学范畴是怎样去具体衡量和判断的。首先，克罗齐把美看成是一种成功的表现，那么，很显然，这

①② 克罗齐.美学原理·美学纲要[M].朱光潜，译.北京：外国文艺出版社，1983：89.

种表现是很完善的(或曰完美的),它必定是一种完美的心灵活动(或直觉),美是衡量主体心灵直觉的一种标尺,即美是"表现的操作业已达成"。在克罗齐的思想中,表现有成功或不成功之分,即有美丑之分,但成功的表现(即美)则不能再有程度上的或量上的区分,它具有质的绝对价值,也就是说,美就是美,表现成功就是成功,而根本不可能再有相对来说比较美、相对来说表现比较成功这种情形。因此,体现在艺术作品中,它们之间就根本不存在谁美、谁更美的问题。就这些作品所具有的美的绝对价值而言,它们之间的关系是一种等价等值的关系。从这个意义上来说,克罗齐的成功的表现即是一种十全十美,一种无可有等级比较(或等级差别)的绝对完善。然而,克罗齐对不成功的表现即丑,就不这样看了。他认为,丑是无法与美同日而语的。将上述美(即成功的表现)和丑(即不成功的表现)相比照,克罗齐明确得出这样的结论:"就失败的艺术作品(即不成功的表现结果)而言,有一句看来似乎离奇的话实在不错,就是:'美现为整一,丑现为杂多'。所以,我们常听到有几分是失败的艺术作品的论点,这就是其中'一些美的部分';完美的作品就没有这种情形,我们不能列举它们的优点,指出某部分为美,因为它们既是完整的融合,通体就只有一种价值,生命流注于全体,不退缩到某某个别部分。……不成功的作品可以有各种程度的优点,甚至于最卓越的优点。美并没有程度上的差别,所谓较美的美,较富于表现性的表现,较恰当的恰当,是不可思议的。丑却不同,它有程度上的差别,从颇丑(也许是美的)到极丑,但是如果丑到极点,没有一点美的因素,它就因此失其为丑,因为它没有借以生存的矛盾极丑失其为丑,丑是一种反价值,起于活动和被动的矛盾,极丑则活动消失,全是被动,没有矛盾,它就不是对价值而言的反价值,只是无关价值(Non-Value)。价值就会变成无关价值;活动就会让位于被动,不和它斗争;有活动与被动对抗,才有矛盾冲突。"[①]当然,克罗齐在论述"美是成功的表现"这一重要的美学定义时,把"丑"这个概念也提到了重要的地位来加以论证,但他的主要目的不是要论述丑这一范畴本身,而是借助这一概念来与"美"作比照,从而从一个反证的角度来强调成功表现的绝对价值和完美性,这一点,我们在这里是必须要说到的。

(三)心灵活动中的艺术创造和审美判断

克罗齐的唯心主义哲学观决定了他的美学理论的支点必定是唯心的。在对美的解释过程中,他把美的根源归之于主体的心灵,世上一切美的东西(包括艺术品)似乎都是从心灵中派生出来的。无论是美的创造或美的判断,都是基于人心的活动。的确,自从美学作为一门独立的学科诞生以来,无论是东方的还是西方的美学大师都对美的本质问题进行了探索,他们各抒己见,众说纷纭,两千多年来,一直对此争论不休,而争论来争论去,其焦点不外乎美是客观的还是主观的,从而构成了美学史上的唯心主义和唯物主义两大营垒的对峙。克罗齐在这种对峙中充当了主体心灵派的代表,在美的根源问题上,他自然主张心灵是创造美的始基。当然,在谈到这个问题时,既然涉及心灵,就自然又要牵涉"审美趣

---

① 北京大学哲学系美学教研室.西方美学家论美和美感[M].北京:商务印书馆,1980:290-291.

味”“鉴赏力”和“天才”等问题。克罗齐与以往的唯灵论美学家们一样，认为所谓的艺术作品其实就是具有天才创造能力的艺术家心灵的一种外射作用的结果，而对艺术作品的审美判断，其实就是通过心灵的一种审美再创造。他认为，审美创造与审美判断应该统一。艺术作品的诞生，就是一种全部审美的和外射过程的完成，他说：对一部艺术作品（或曰表现品）“下判断的活动叫作‘鉴赏力’，创造的活动叫作‘天才’；鉴赏力与天才在大体上所以是统一的”。这里，就有一个表现品鉴赏者与表现品创造者之间如何协调统一的问题。在克罗齐看来，鉴赏者必须与创造者统一。为了要做到审美判断的准确，判断者（即鉴赏者）必须把自己提高到创造者的水平上，借助创造者提供的东西，再循原来的创造者的程序走一遍。这里不涉及对鉴赏者和创造者各自的审美修养要求。这种要求是出于对表现品的创造和鉴赏的需要，即作为创造艺术品的艺术家，他应该不但具有天才的艺术创造手段和能力，而且也应该具备几分艺术批评家所具有的那种评审或鉴赏能力，而作为艺术批评家，他也应该具有几分艺术家的创造能力，用克罗齐自己的一句名言来说就是：“要判断但丁，我们就须把自己提升到但丁的水平。”①当然，但丁尽管是伟大的诗人，但他也不是鉴赏者。他也同样存在着如何与鉴赏者一致的问题。因此，就在对艺术的共同观照和判断那一顷刻而言，“我们的心灵和那位诗人（指但丁）的心灵必须一致，就在那一顷刻，我们和他就是合二而一。我们渺小的心灵能应和伟大心灵的回声，在心灵的普照中，能随着伟大的心灵逐渐伸展，这个可能性就全靠天才与鉴赏力的统一”。②克罗齐把判断（即艺术的再造）的过程分为这样三个：（1）物理的刺激物（即艺术品或表现品）；（2）主体、心灵印象；（3）快感或不快感的伴随。克罗齐承认审美判断存在着差异性，这种差异性往往同时来自创造者（艺术家）或再造者（鉴赏者）主观方面所受到的各种干扰。正是由于这些干扰导致了他们不能对自己所创造的（或鉴赏的）艺术作品做出美与丑的正确评价。同样，“（艺术）批评家们也往往因为匆忙、懒惰、省察的缺乏、理论上的偏见、私人的恩怨以及其他类似的动机等而把美的说成丑的，把丑的说成美的，如果他们能消除这些扰乱的因素，他们就会如实地感觉到艺术作品的价值，从而不把它留给后世人（那个较勤勉而且较冷静的裁判者）去给奖，去主张他们自己不曾主张的公道”③。

（四）关于艺术的几点特殊解释

在对“直觉”范畴作论证时，我们已经在不同程度上谈到了克罗齐的“艺术”观，但克罗齐对艺术的主要解释集中体现在下述四个方面，这就是：（1）艺术不是“物理事实”；（2）艺术不同于逻辑和艺术不能分类；（3）艺术不是功利性的或经济性的活动；（4）艺术不是道德活动。下面，我们试作简要叙述：

1. 艺术不是“物理事实”

艺术不是“物理事实”理论的提出是克罗齐表现主义心灵哲学使然。因为，在克罗齐

①② 克罗齐.美学原理·美学纲要[M].朱光潜，译.北京：外国文艺出版社，1983：132.
③ 克罗齐.美学原理·美学纲要[M].朱光潜，译.北京：外国文艺出版社，1983：131.

看来，主体靠心灵的直觉就可以完成艺术创造，所以，无须诉诸“物理事实”。而我们通常所说的物理事实，无非是指画家作画所用的色彩或线条，演奏家演奏时所用的乐音，雕塑家雕塑时所采用的大理石材料，诗人创作时所采用的那些文字和符号（如语气词、惊叹号）等，这些作为物理事实的颜色、线条、乐音、大理石、文字等，都是为我们所可闻可视可触摸的东西，它其实是在艺术家（诗人也是艺术家）的创作过程中充当了一种材料（或媒介）。艺术家通过它们才使自己原先构思的艺术形象（无论是有形的，如雕像、绘画，还是无形的，如音乐等）得以传达。这就是我们常人所理解的物理事实在艺术创作中的物理性功用，但体现在克罗齐的美学中则不然。按照克罗齐的表现主义美学，直觉即表现，艺术作品完全是有赖于艺术家的心灵所构建而成的。至于艺术家要把心灵中构想的“艺术作品”外现出来，如雕塑家把雕像雕塑出来，画家把画面绘画出来，这犹如把音乐灌到留声机唱片上那样，只是一种实践活动，这种活动与艺术活动是两回事。艺术家的创造到心灵产生意象就算是结束了，根本无须去把物质材料作为媒介使这种心灵意象转化成为审美对象，他说：“审美的事实在对诸印象作表现加工之中就已完成了。我们在心中做成了文章，明确地构思了一个形状或雕像，或者找到一个乐曲的时候，表现品就已产生而且完成了，此处并不需要什么。如果在此之后，我们要开口——起意要开口的话，或提起嗓子歌唱，这就是用口头上的文字和听到的音调，把我们已经向我们自己说过或唱过的东西表达出来，如果我们伸手——起意要伸手去弹琴上的键或运用笔和刀，用可久留或暂留的痕迹记录那种材料，把我们已经迅速地发出来的一些动作，再大规模地发作一次，这都是后来附加的工作。另一种事实，比起表现活动来，遵照另一套不同的规律。这另一种事实暂时与我们无关，虽然我们将来要承认这第二阶段所造作的是事实，是一种实践的事实，意志的事实。”[①]克罗齐的艺术不是物理事实的理论，其实是要从根本上否认艺术美的客观性。他所要强调的艺术（或美）是一种经过人类形式塑造的事物，一种直接面对人的心灵的东西。艺术作品不具有客观性，而只具有主观性——它是存在于艺术家的心中。一切艺术形象只有存在于艺术家的心中才具有审美的特征和属性。一切物理性的东西，如颜色、大理石块乃至乐音、语言材料或艺术技巧等统统都是一种服务于实践活动的知识，它们不过是充当了产生审美再造的刺激物而已，不能产生审美意象，它不属于直觉-表现的范畴，所以也就根本谈不上是艺术。应该看到，克罗齐的艺术构思在前的思想，是有其积极意义的（这里当然是撇开艺术构思成熟本身具有实践经验性而言的），但是，他另一方面却又完全抹杀了下列事实，这就是：艺术构思再好，也只是存在于心灵中，如果没有优秀的媒介（如石块、颜料、技巧等）的帮助，也是无法将这种心灵中的构思传达出来的。正像我们常人有时在心中有美好的构思，但他不具有艺术家所独有的绘画或雕塑的艺术手段，如果没有必要的艺术媒介，他是无法将心灵中的美好形象构思、传达出来，因此，主观意象永远停留在“尚待完全”或“尚待成型”的阶段。正确完整的说法应该是：艺术创造是一种主客体结合的工程，心灵的构思只是一种艺术创造的早期阶段，但真正要使艺术得以显现或完成，还

---

① 克罗齐.美学原理·美学纲要[M].朱光潜，译.北京：外国文艺出版社，1983：59-60.

得诉诸“物理事实”。对于这一点，朱光潜先生曾有过如是点评：“克罗齐因为把传达看做物质的事实，把媒介看做物质，便把古今中外所公认的艺术类别完全推倒，也未免过于轻率。”[①]克罗齐的这段偏执一端的艺术论点，不但不能为我们所接受，甚至是他们同一派别里的人（如科林伍德等）也对此提出了异议。科林伍德在他的《艺术原理》一书中，对克罗齐的上述观点毫不客气地予以了修正性的解释。

2. 艺术不同于逻辑和艺术不能分类

艺术为什么不同于逻辑，这个问题自然就牵涉“直觉”，因为，克罗齐的直觉在定义上就先于概念而不依赖于概念，所以，它不能同时是科学的或哲学的活动。“思想的科学（逻辑学）就是概念的科学，犹如想象的科学（美学）就是表现的科学。要维持这两种科学的健全，就必须把这两个领域谨严地区分开来。”[②]无论是哲学还是科学，它们的产品都是概念。这种概念的天然使命就是对事件或事物的意义或真实性予以肯定或否定。相反，艺术是不可能产生概念的。艺术是主体的直觉，这种直觉是最基本的或曰最原始的认识活动。这种认识活动在逻辑上先于概念活动而存在，而当概念这一因素融于直觉时，概念本身就不复存在了，而仅仅是作为直觉的一个有机组成部分，而这种部分的性质取决于整体（直觉）的质的规定性。所以，所谓在直觉或艺术中产生不出一般概念也就是从这个意义上讲的。直觉或艺术的产品不是概念，而是意象。它并不要求这种意象具有科学或哲学的真实性，而只是要求它具有表现上的完整性。克罗齐认为，艺术与逻辑是一种双度关系，两者并不是一种等同的关系，也并不是各自独立存在。作为第一度的艺术，它是可以不依赖于第二度的概念的逻辑而独立存在，但作为第二度的概念的逻辑，却必须依赖于（或曰离不开）前者。逻辑上的真实和艺术上的真实是两码事，因此，“诗的真实”也不同于哲学或科学的真实。往往有这样一种情形，从艺术的角度来看是真实的事物，在哲学或逻辑的角度来看却是错误的，反之亦然。正是鉴于上述情形，因此也有人提出这样的疑问：艺术中不也经常含有一些科学或哲理的东西吗？这又怎么解释呢？对此，克罗齐的答案是：概念性的逻辑或哲学可以蕴含于艺术之中，但它们在其中不显现其自身的功用，而是通融于意象之中。把概念性的逻辑或哲学融入艺术作品之中，其实是一种审美再创造形式。正因为此，所以，克罗齐对艺术分类是持有异议的，他认为，这样做将会对艺术创作带来损害，因为艺术分类的最大弊端就在于用各种抽象的逻辑理念去衡量作为表现或直觉的艺术，从而破坏了表现，背离了艺术的审美本质。总之，克罗齐的艺术与逻辑的关系是一种彼此既颇相同，但又必然要融合于一体的关系，而这种融合（或曰连贯）只是体现于审美方面的“交汇”。

3. 艺术不是功利性的或经济性的活动

这个题目牵涉艺术的实用功能与审美功能的问题。功利的或经济的活动是一种实践性的活动，它们是后于认识活动的，功利或经济活动的目的在于追求一种实际的效用，而艺术活动的目的则不在效用，而是在于追求一种美。这种美就是表现本身，因而它是一种

---

① 朱光潜.朱光潜美学文集：第2卷[M].上海：上海文艺出版社，1982：454.

② 克罗齐.美学原理·美学纲要[M].朱光潜，译.北京：外国文艺出版社，1983：55.

完整的东西，也没有等级、程度上的差别。艺术所追求的不是一种外在的而是内在的东西，那就是主体的直觉（或表现）。表现在这里也是一种形式化的东西。在克罗齐的表现主义美学理论中，我们不乏看到，形式是一种最活跃的因素，是艺术与艺术创造的灵魂所在。形式决定着艺术家及其作品的前途和命运。克罗齐在谈到形式与内容的关系时曾这样写道："诗人或画家缺乏了形式，就缺乏了一切，因为他缺乏了他自己。诗的素材可以存在于一切人的心灵，只有表现，这就是说，只有形式，才使诗人成其为诗人。"[①]在这里，克罗齐明确地把形式和表现置于等同的地位，由此足见，克罗齐的形式也是一种直觉的审美创造活动，而且是具有主体意义上的内在性。它代表了一种完整的表现，追求的是一种美，从而排解一切功利目的。在西方美学史上，关于艺术创造活动中的功利目的和审美目的有过长期的争论。功利派美学家主张艺术的目的在于追求效用（或快感），而更多的美学家则主张，艺术的主要目的还是在于追求一种审美意义上的完美或优美。当然，我们也承认，优美的艺术（有高度审美水准的艺术作品）在给欣赏者的心灵产生美感的同时，也的确给欣赏者的心灵带来了快感。的确，我们并不否认艺术可以给人产生快感，但这种快感同实用性的经济活动（如为了满足饥饿感而狼吞虎咽地大吃大喝）或其他种种肉欲快感都是不同的。因此，克罗齐认为，在这两种快感中，理应有一种区别因素，他说："就艺术之为艺术而言，寻求艺术的目的是可笑的。再者，定一个目的就是选择，艺术的内容须经选择说也是错误的。"[②]所谓的区别因素，就是表现。表现的确有快感因素相伴随，但伴随物终究是伴随物，不能把它混同于主体。艺术作品由于它也在经济领域流通（例如当做商品出售）而有其经济的或实利性的价值，但这种价值也取代不了、因而也更抹杀不了艺术本身所固有的审美价值（即表现的价值）。作为艺术家，他首先不应从经济价值（即实用功能）出发去创作，而首先甚至完全应该从纯粹的审美立场出发。鉴于艺术作品具有商品的经济价值，故有些人就将艺术作品说成是一种经济产品。克罗齐认为，不能这样看。尽管客观上的确存在着这种现象，但如果谁因此而把它看做是一种有目的的经济活动，从而想抹杀或否定艺术的审美目的，那将无疑是片面的。

4. 艺术不是道德活动

艺术不是道德活动，它与艺术不是功利性的或经济性的活动一样，都是一种实践的活动。正因为道德是一种实践活动，所以它也具有功利的性质（这主要是从社会学或政治学意义上来说的）。艺术与道德确实存在着联系，但同时又有很大的不同。克罗齐指出："艺术不是由意志活动产生的。造成好人的善良意志不能造成一个艺术家。它既然不是意志活动产生的，就与道德上的种种分别无关。""一个艺术家固然可以在想象中表现一个从道德观点可褒可贬的行动，但是它的表现，就其只是一种想象来说，都不应该因此而就受到褒或贬。世界没有一条刑律可以定一个意象的死刑或是判它下狱。世间也没有一个头脑清楚的人对一个意象下道德判断。判定但丁的佛兰切斯卡是不道德的，或是判定莎士比

---

① 克罗齐.美学原理·美学纲要[M].朱光潜，译.北京：外国文艺出版社，1983：33.

② 克罗齐.美学原理·美学纲要[M].朱光潜，译.北京：外国文艺出版社，1983：60.

亚的考地利亚是道德的——这些角色对于但丁和莎士比亚都纯粹是艺术的，就像音乐的音调一样——就等于判定一个三角形是不道德的，或判定一个方形是道德的一样。”①克罗齐的上述论点，只是旨在说明艺术是无关涉道德的东西，尽管许多艺术家的创作的形象具有可贬可褒的道德成分，但这只是一种艺术意象，任何一个正常人都不可能把艺术意象当做实际的道德履行者来加以道德评判。克罗齐强调艺术与道德的原则，并针对当时社会流行的将艺术和道德混淆的说法提出了他的不同观点。例如，当时在文艺批评界，有人就从道德标准出发来对艺术作品的题材做出评价，克罗齐则认为，从道德标准出发衡量艺术作品的题材是不可取的，这必将会使艺术受到损害。艺术创作的关键就在于其作品的完美性。因此，艺术批评家理应抛弃他们的那种所谓的道德观念，从而“完全采取美学的和纯粹的艺术批评观点”②。

与克罗齐的“艺术不是道德活动”有关的理论还有如“风格即人格”的说法。我们知道，“人格”是一个与道德关系十分密切的概念。那种所谓的“风格即人格”的说法其实就是把艺术家与其作品划了道德上的等号。持这种观点的人往往是因持着一种作品与人品一致的观点。克罗齐从其知行分离说的立场出发驳斥了上述这种“风格即人格”的理论，认为这种理论不能成立。一个专门描写社会上的风流韵事的作家或艺术家，他的实际生活难道就必然是乱伦和淫荡的吗？一部充斥着凶杀擒劫情节的剧本，难道其创作者就必定也是凶杀擒劫（或至少说有凶杀擒劫的作案动机）者吗？答案自然是否定的。克罗齐提出了这样的看法：“人不仅是知识与观照，而且也是意志，而意志包括认识阶段。因此，风格即人格只能有两个可能：如果它指风格就是具有风格方面的人，即只指表现活动方面的人格，那就是完全空洞无意义的；如果要想从某人所见到而表现出来的作品去推断他做了什么，起了什么意志，即肯定知识与意志之中有逻辑的关系，那就是错误的。许多艺术家传说中的传说都起于风格即人格这样一个错误的等式。好像一个人在作品中表现了高尚的情感，在实践生活中就不可能不是一个高尚的人，或是一个戏剧家在剧本中写的全是杀人行凶，自己在实践生活中就不可能没有做一点杀人行凶的事。艺术家们抗议道：‘我的书虽淫，然而我的生活却正经。’不但没有人相信，反而惹出欺骗和虚伪的罪名。可怜的梵罗那城的妇女们，你们谨慎得多了，你们看到但丁的黝黑面孔，就以为他真正下过地狱，你们的猜测至少还是一种历史的猜测。”③在这里，我们有必要想顺着克罗齐所说的上述思路再补充一句：猜测毕竟是猜测，而所谓的“风格即人格”的理论是根本不能成立的。

以上是我们就克罗齐的表现主义美学思想的最基本部分作一扼要的叙述，其实，克罗齐的表现主义美学思想体系远不止这些，如他对艺术创作和艺术欣赏等问题也谈了不少观点，其中包括模仿问题、审美联想、快感说、移情论、自然美和物理美、自由美与非自由美等，限于篇幅，本文权作从略。

---

① 朱光潜.朱光潜美学文学论文选集[M].上海：上海文艺出版社，1982：326.
② 克罗齐.美学原理·美学纲要[M].朱光潜，译.北京：外国文艺出版社，1983：61.
③ 克罗齐.美学原理·美学纲要[M].朱光潜，译.北京：外国文艺出版社，1983：63.

二、科林伍德

表现主义美学创始于克罗齐，之后，在科林伍德那里得到了较为全面的继承和长足的发展。科林伍德(Kobin George Collingwood，1889年—1943年)，出生于英国兰开夏郡的考尼斯顿，从小受到良好的艺术和学术的熏陶，1908年考入牛津大学，并以哲学和史学方面的优异成绩毕业于该校。科林伍德的哲学思想的发展大致经历了这样三个阶段：早期阶段，即1912年—1927年，在这一个阶段中，他接受了以黑格尔学说为主的唯心论；中期阶段，即1928年—1937年，这是他思想的成熟期，也就是说，这一时期的思想是对其早期哲学思想的发展；后期阶段，即1938年—1943年，这时，他抛弃了某些过分明显的唯心论观点，不过，尽管如此，他也并未因此而转入唯物主义，就其哲学思想的基本倾向来说，始终是唯心主义的。科林伍德的哲学思想，就其来源而言，它是直接来源于克罗齐，间接来源于黑格尔的复杂变体。正是从这种唯心主义的立场出发，他对当时流行的客观实在论提出了质疑，认为实在论把对实在的研究转化为逻辑分析和语言分析，最终流于只问命题的用法而不问其意义。他主张真理仅存在于心灵过程中，人类对客观外在世界的认识仅仅是作为一种心灵感知真理的中介而已。科林伍德的这种唯心主义哲学特征也决定了他的美学思想的基本特征。在美学上，科林伍德也和克罗齐一样，主张艺术即情感的表现，艺术是一种纯粹的主观想象活动，但他不赞成克罗齐的“直觉即表现”的理论。科林伍德认为，作为审美主体的人的审美活动，其实是一种思维在意识形式中使感觉经验转化为想象的活动。通过想象，主体意识到自己本来没有意识到的情感，并把它提升为自觉的情感，使其获得表现。科林伍德十分强调艺术想象不是对现存情感(指明朗的情感)的单纯表现，而是一种对本来不明朗的内在情感的探测或使之明朗化的过程。科林伍德的表现主义美学理论和克罗齐的一样，它对后来的学说(如缺点的)和戏剧(如布莱希特的)等都深有影响并在更广阔的范围内，对20世纪美学文艺学产生了极其深远的影响。

科林伍德的美学思想，集中体现在他的理论代表作《艺术原理》一书中，此书一出版，立刻在当时的西方美学界引起了不小的轰动。人们正是在看到了此书后，才真正公开承认科林伍德是克罗齐的最忠实、最正宗的学生和后继者。正如那位专门为他们二位写传的J.霍斯珀先生在《克罗齐和科林伍德》一书中所说的那样，当科林伍德的《艺术原理》一书公开问世后，学界的许多研究者们随即就将科林伍德和克罗齐的理论联系在一起。科林伍德本人也承认他在美学理论上与克罗齐思想的血缘关系，这一点，我们可以从科林伍德的自述中得到证明。在《艺术原理》一书出版后不久，科林伍德将这部著作送请克罗齐看，并在随后的一封信中对这位意大利的美学大师在美学领域方面给他的思想启迪深致谢意，他说：“我的核心论题就是艺术与语言的同一性，我的这本书除了对这一论题做出解释，以及牵涉一些与此相关的问题外，别无其他的东西。”由此可见，科林伍德受克罗齐的思想影响之深，以致有位英国学者在谈到这两位师生之间的惊人相似之处时这样写道：“那些想为克罗齐的门徒科林伍德画肖像的人们，几乎可以将此二者的区别忽略。”下面，让我们来简要叙述一下科林伍德美学思想的主要内容和基本特征。

（一）艺术即是情感的表现

关于艺术在任何时候都离不开情感这一点，大概任何人都是不会怀疑的。科林伍德的“艺术即是情感的表现”理论是对克罗齐“艺术即直觉即表现”说的一大演进和发展。他认为，艺术是艺术家的一种情感表现，但是，这种情感的表现不是简单地描述式地暴露自己的感情，而是一种创造性的活动，是在创造性的想象中表现某种自我情感。在科林伍德的“情感”论中，他认为，情感的表现方式可以有多种多样，一个人说话、举手投足固然是他内心情感的一种表现，但这并不意味着凡是包含有情感成分的动作都能称之为情感的表现。一个人在心灵不平时愤怒地咒骂别人，甚至做出更激烈的举动，但这种情形称不上是情感的表现，充其量只能算是一种情感的发泄或泄露。在科林伍德看来，泄露情感和表现情感是两个截然不同的概念，千万不能将其混为一谈。从逻辑的递进关系来说，泄露情感乃是表现情感的一种原始形式，甚至可以将其称为“不成功的表现”或“非真正的表现”，它和真正的即成功的表现具有质的区别。在解释“艺术是情感的表现”这一论点时，科林伍德诉诸语言。他认为，有意识控制情感的表现就是语言。“语言，作为意识水平上的经验的一个特征，它是随着想象而产生的。语言正是在这里接受了它的一种原始特点，为了适应理智的要求，语言无论对自己作了多少修正，它都绝对没有完全丧失这些特点……语言在其原始或素朴状态中是想象性的或表现性的，称它为想象的是说明它是什么，称它为表现性的是说明它做的事情。语言是一种想象性活动，它的功能在于表现情感。理智语言是经过理智化或修正变通后的同一个东西，以便能够表达思想。……任何特定思想的表达都是通过表现伴随它的情感而实现的。”[①]总之，在一个广泛的意义上，语言可以包括一切具有表现性的活动。因此，克罗齐非常强调语言与艺术的同一性，认为“艺术必须是种语言”，当然，科林伍德的语言也是有其特定含义的。它不是一般语言学意义上的那种被泛化了的语言，而是一种与表现和艺术画等号的语言。科林伍德将它称之为是一种“理智化的语言”。这种“理智化的语言”是以普通语言为其基础的。科林伍德批判了传统的语言理论对“理智化的语言”与普通语言的颠倒和混淆。例如，他在批判霍布士、贝克莱等人的语言论点时指出：“霍布士在《利维坦》中说过，言语的首要用途是为了‘获得科学’，为此目的，第一需要就是‘给名称下正确的定义’；显然，他是把一般意义上的语言与‘理智化的语言’或符号体系混为一谈了。……贝克莱虽然大体上也采取了同样的观点，但却承认语言具有第二种用途，‘就是影响我们的行为与动作，而要做到这一点，就必须或者是通过为我们制订一些行动所遵循的规则，或者是通过在我们的心里激发起某种激情、意向和情感’。贝克莱所做的这种区分是重要的，但是，由于为某一特定目的（影响某人的行动等）寻找手段的活动是一种理智的活动，因而，贝克莱所说的这种语言的第二种用途就仍然是一种理智的用途。用语言作为手段在别人身上唤起某种激情和用它去表现说话者本人的

---

① 科林伍德.艺术原理[M].王至元，陈华中，译.北京：中国社会科学出版社，1985：232.

激情，两者并不是一回事。”[①]“理智化的语言”唤起激情，普通的语言表现或泄露激情，前者是一种完善、完美的表现，后者则是一种较为低级的不成功的表现。因此，只有前者才可以与艺术和表现进入同一行列。在科林伍德的情感表现理论中，表现、艺术、语言三者是等同的，如果将其列为公式，则可以表述为：表现即艺术即语言（表现 = 艺术 = 语言）。

科林伍德在谈到“表现情感”和“唤起情感”时还认为，情感的表现并非是完全无意识的，它是一个将潜意识的情感提升到显意识中来的过程，他说，“对于表现出来的情感，感受它的人对于它的性质不再是无意的了”。不过，表现情感虽然是一种有意识的活动，它与描述情感也不是一回事。“描述不仅丝毫无助于表现，实际上反而损坏了表现。”[②]因为，描述是一种纯粹的概括性活动。即把所要描述的对象的个性特征勾勒出来，赋予其明确的概念并加以分门别类。这体现了某种经验的普遍性。相反，与这种经验的普遍性活动不同，“表现却是一种个性化的活动”，它表现的并不是某一类的情感，而是某一具体的情感——一种有别于普遍情感的特殊情感。正是这种以独特性为其宗旨的表现，赋予艺术以应有的价值。

（二）艺术是一种想象性的创造活动

上面讲到，表现是一种个性的活动，只有这种个性化才能使艺术具有独特性和价值。表现或艺术都不是一种技艺，“技艺想要实现的目的，总是从一般性的原则加以设想，而从不加以个性化。不管技艺的目的可以多么精确地加以定义，它总是被定义为制作某种具有特征的事物，然而，这种特征也同样能为其他事物所具有”。[③] 艺术不是技艺或工艺，艺术作品也不同于工艺品。艺术家所从事的是一种复杂的同时又富于成果的创造性活动——一种富具构建力的想象活动。这种想象活动始终“处于发动者有意识的控制之下，这种控制没有任何技艺特征”。[④] 工艺品的产生是通过能工巧匠的精心制作活动，而艺术作品的产生则是通过艺术家（或是有艺术创造能力的人）的创造性活动，这种创造性活动就是艺术家的想象性的构思活动。前者是指技巧意义来说的，后者则是指不用技巧或技艺，但仍然是自觉的有意识地制作某种东西。制作是达到预想目的的一种手段，创造则没有上述这种目的与手段之间的联系。克罗齐说：“我们谈到一个艺术家制作一首诗、一幕剧、一幅画或一支乐曲时，我们所指的制作就是我们所称之为创作的那种活动。因为我们已经知道，只要是真正艺术的作品，它们就并不是为了达到某种目的的手段而制作的，它们并不是按照任何预想的计划而制作的，而且它们也并不是把某种新形式赋予特定材料而制作的。然而，它们是由知道自己在做什么的人抱着认真负责的态度制作的，即使他们事先并不知道会造出一个什么东西来。”在神学中，由于上帝创造了万物世界，因此，这种“创造”是带有一种神秘、神圣的色彩，但科林伍德同时又指出，上帝的创造和艺术家的创造，其前

① 科林伍德.艺术原理[M].王至元，陈华中，译.北京：中国社会科学出版社，1985：233 – 234.
② 科林伍德.艺术原理[M].王至元，陈华中，译.北京：中国社会科学出版社，1985：115.
③ 科林伍德.艺术原理[M].王至元，陈华中，译.北京：中国社会科学出版社，1985：113.
④ 科林伍德.艺术原理[M].王至元，陈华中，译.北京：中国社会科学出版社，1985：131.

提条件是截然不同的。上帝是在“无”（不用任何东西、没有任何前提条件）的情况下创造了世界。这就是上帝创造世界这一行动的独特性所在。然而，谁要是将上帝的创造与艺术家的创造混为一谈，那谁就无疑是犯了思维混乱的错误。那种所谓的可以在“无”的基础上进行创造世界的神学理论，也只能是在虔诚的宗教徒中才有市场。除此之外，任何创造都是需要或具备一定的基质和条件的。权且拿生育孩子来此作“创造”吧，它也需要父母基因的合理结合，加之此后的物质养育。“为了使一个孩子被‘创造’出来，必须存在有机物质和无机物质的整个世界，并不是因为双亲要用这些物质来装配一个孩子，而是因为一个孩子只有在那样一个世界中才能出世，正如他的父母只有在那样一个世界中才能生存一样。”[①]针对神学家的那种“上帝创世”说，科林伍德在这里所强调的是“创造”必须要有物质和精神等基础条件，同样，艺术家的创造也是如此，“为了创造一件艺术品，一个有可能成为艺术家的人，在他身上就必须具有某些未加表现的情感，还必须具有表现它们的必要的资力。在这些情况下，创造是由有限的存在来完成的，很明显，这些存在因为是有限的，首先就必须处于使他们能够创造的环境中”。[②]在创造是有前提条件和无前提条件的问题上，科林伍德特别强调必须将艺术家的创造与上帝的创造作严格区分，这是两种不同含义的创造。我们所说的艺术家的创造是指有物质和精神基础的创造。我们也无意于要想把艺术家的创造人为地提升到一种“神圣创造”的地步，但就艺术的这种创造活动本身，也的的确确是一种“创造”，而且，这种创造绝不是带有技巧意义上的那种“制造”。

在确定了“创造”的不同含义之后，科林伍德接着详细论证了艺术创造的特征。他认为，并不是一切创造活动都是艺术活动，创造可以产生出一件精美事物，但作为艺术家创造成果的艺术作品则算不得真实的事物，而它却是一种货真价实的想象性事物。从这个意义上，艺术就是一种想象性活动的产物，或者说艺术就是一种认识形式或经验形式，它是通过借助于想象活动来得以实现。正是基于这一前提，科林伍德把想象的理论作为其审美经验理论的基础。艺术是一种想象活动，它和表现活动不可分割地联系在一起。科林伍德这里所说的想象其实就是一种艺术创造的被完成。就拿音乐创作来说吧，科林伍德这样写道：“如果一个人编了一首乐曲却没有把它写下来，或者唱出来，或者演奏出来，或者做出其他任何举动使之成为公众财富，那么我们就会说，该曲调只存在于他的头脑里，或者说它是一首想象的乐曲。如果他把乐曲唱出来或演奏出来，由此造成一系列可以听得见的音响，我们就称这一系列音响为真实的乐曲，以别于想象的乐曲。”尽管真实的乐曲就其形成的时间阶段来说是在想象的乐曲之后，但在科林伍德看来，想象中的乐曲已经标志着艺术创造的完成，而通过想象把乐谱记录下来，这只是一种运用符号的具体性工作而已，这种活动对乐曲本身已不发生任何质和量的影响，因此他说，任何艺术作品，就它作为被创造的事物而言，“只要它在艺术家的头脑里占有了位置就可以说它被完全创造出来了”。[③]因此，“音乐艺术品并不是音响的集合，它是作曲家头脑中的那首乐曲。表演者制造出来

①② 科林伍德.艺术原理[M].王至元，陈华中，译.北京：中国社会科学出版社，1985：133.
③ 科林伍德.艺术原理[M].王至元，陈华中，译.北京：中国社会科学出版社，1985：142.

的，观众所听到的那种音响，其本身根本不是音乐，它们只是一种手段，假如观众聆听时有了理解力的话（否则不行），他们凭借这些音响可以把存在于作曲家头脑中的那个想象的乐曲为自己重新建立起来。”[①]从以上论证来看，科林伍德不愧为克罗齐的忠实学生，他在对其艺术形式的理解上受克罗齐的影响是很深的，在克罗齐那里的“直觉即表现”，在科林伍德这里则体现为“想象即表现”，而这种表现是一种既不是概念，又不是感受，而是一种创造。在这里，我们觉得，科林伍德用“想象”的概念来取代“直觉”，前者似乎比后者在提法上更明确，更生动形象，人们对直觉的理解往往比较费劲，比较难以把握，而且，与那种欣赏意义上的感受很难划清界限。而科林伍德的想象则明确与感受相对立。这种想象意味着艺术家创造活动的全部完成。因此，物理事实意义上的音响、线条、颜料、大理石块以及其他一切为艺术创作所需的物理材料都不能算是艺术作品的构成成分，而只能被视为一种欣赏的媒介。既然如此，所以，我们也完全可以有理由这样说：科林伍德的绘画不是由可以看得见的线条或色彩构成，他的雕塑也不是由可以看得见和摸得着的物理材料所构成，而仅仅是一种想象，它包含着艺术的整体知觉结构，这种结构意味着对“表现”的全面完成。因此，所谓的想象也就是表现，它是一种追求内部心灵真诚的创造性直觉。想象主要是强调相对于感觉的心灵的一种主动性。想象是一种纯粹的主观心灵活动，艺术家通过这种主观心灵活动从事其艺术创造活动。画家可以不用眼睛，而是用心灵去作画。艺术欣赏者对艺术作品的审美评判也不是依靠眼睛、耳朵等感觉器官，而是凭着心灵中的想象运动。至于作画，那只是作为将其心灵中的“表现”传达出来的一种媒介和手段而已。在艺术创造或艺术欣赏中，对艺术作品的感觉部分是客观地存在于艺术作品中，想象部分是主观的，唯有它才体现心灵的主动性。所以说，想象即表现，表现的精髓就是我们上面所说的那种既不同于物理事实和感觉经验的沉于其中而又超越其外的东西，一种主观心灵的东西。

（三）审美经验与心灵意识

科林伍德的审美经验理论在他的整个表现主义美学体系中同样占有重要的地位。前面我们已经用了较大的篇幅叙述了“想象”的基本意义。在谈论科林伍德的审美经验理论时，我们同样要在相当程度上论及“想象”这一范畴。因为，在《美学原理》一书中，科林伍德始终把想象置于整个经验结构中来进行考察的，而审美经验同具体的主体的心灵意识水平又有着密切的联系。

科林伍德对他的审美经验结构也有特殊的解释。对此，他从思维和想象入手。科林伍德首先指出：“一切思维都以感觉为前提，而一切表达我们思维结果的命题都属于以下两种类型中的一种，它们或者属于对感觉的论述，或者属于对思维本身过程的论述，在前一种场合，它们被称为经验的，在后一种场合，它们被称为先验的。”[②]感觉与思维的联结

① 科林伍德.艺术原理[M].王至元，陈华中，译.北京：中国社会科学出版社，1985：143.
② 科林伍德.艺术原理[M].王至元，陈华中，译.北京：中国社会科学出版社，1985：145.

点便是想象。艺术是一种经验的形式,一种认识的形式,它借助于想象活动而实现,正是在这样的前提下,科林伍德把想象的理论作为他审美经验理论的基础,他认为,艺术是一种有意识的活动,它使纯粹的生理的情感得到转化,“在想象经验的水平上,那种粗野的、肉体水平的情感转换成一种理想化了的情感,或所谓的审美情感”。① 科林伍德反对把想象活动看成是一种任意性很大的无意识活动。相反,它是感觉生命的第二阶段。它不同于那种对客观事物的真实感觉(即实际看见)。科林伍德把真实感觉与想象之间的区别看做犹如哲学史上长期在研讨的那种印象与观念之间的区别。印象意味着同客观的事物发生了直接的感受性接触,观念则是一种想象客观事物的东西,即把上述这种印象与观念之间区别理解为“相当于纯粹感觉与受到意识修正的感觉之间的区别”。② 按照科林伍德的上述理解方式,那么,想象就是“意识对感觉的修正”,而意识对感觉的修正是通过“注意”活动进行的。那么,何谓“注意”呢?科林伍德对之作了如是界说:“在我能够说‘这是红色的’之前,我必须首先鉴定色彩的性质。这种鉴定某种事物的活动,当那个事物维持原状不变时,在我们能够开始对它进行分类之前,我们就称之为对事物的注意。”③看来科林伍德的“注意”同审美经验有着直接的联系了。正是这个“注意”的出现或介入,才使“想象”成为可能,才使艺术或表现成为可能。从刚才所列举的对红色的感受例子中,我们看到,红色本身是如何存在的,这一点无关紧要,重要的是“红色”是如何在感觉生命的第二阶段中得以产生或形成的。如果主体的心灵没有鉴别色彩的能力,那么,红色永远不存在。相反,红色的存在有赖于对“感受物之间的关系”的注意或思维观察,通过这种注意或思维观察,去发现某感受物同其他事物的类似性质,这种注意或思维观察就包含着意识对感觉的修正,它是一种诉诸审美经验的心灵鉴别活动,这种鉴别活动在整个审美鉴赏和审美评判中是十分重要的。科林伍德因此认为,鉴别一块红的色彩和说看见红色是一回事。不过,对此他又作了这样的补充说明:“我在这里称为注意的东西不过是感觉本身而已。对上述说法,有人可能会予以反对。在回答这个反对意见之前,我将首先指出,观看不同于看见,倾听不同于听到。看见和听到都是感觉活动的种,而看见和听到则是注意活动的种。”④科林伍德强调注意活动的功能和作用,他说:“当在感觉(纯感觉的情感经验)的单纯心理经验以外又加上了注意活动时,呈现于心灵的那一块感觉就一分为二了。其中我们给予注意的那一部分称为‘意识’部分(确切地说,进行‘意识’的并不是感觉,意识到经验的是我们人),其余则属于无意识部分。被称为‘无意识’的东西并不是经验本身的心理等级,而是注意所集中的那个东西的相反的配对物或边缘,这种无意识是相对的而不是绝对的,它并不在注意活动之外,它是离开了注意的焦点而被忽略了。”⑤注意的功能就是修改或改变感觉,而这种感觉的性质一旦改变,随即就成为想象。因此,科林伍德的审美经验是一种带有想象性特征的艺术经验。它“不同于单纯心理-生理经验”,由于产生这种艺术经

① 科林伍德.艺术原理[M].王至元,陈华中,译.北京:中国社会科学出版社,1985:274.
② 科林伍德.艺术原理[M].王至元,陈华中,译.北京:中国社会科学出版社,1985:219.
③ 科林伍德.艺术原理[M].王至元,陈华中,译.北京:中国社会科学出版社,1985:147.
④ 科林伍德.艺术原理[M].王至元,陈华中,译.北京:中国社会科学出版社,1985:210.
⑤ 科林伍德.艺术原理[M].王至元,陈华中,译.北京:中国社会科学出版社,1985:211.

验的活动是意识活动。所以,“这就排除了各种把艺术起源置于感觉或它的情感之中的理论,即置于人类的心理本性之中的理论,艺术的起源不在那里,而是在作为思维存在物的人类本性之中。同时,它也排除了把艺术起源置于理智之中,使艺术成为与概念相关的某种东西的各种理论。无论如何,这三种理论中的每一种都可以视为对其他理论的反对。由于意识是介乎心理水平和理智水平之间的一种经验水平,艺术可以说与这两种水平中的任何一种都有关系,这种说法也意味着说它与另一种水平没有关系。”①

三、对表现主义的评价

作为20世纪西方美学的一面旗帜,表现主义美学确实开辟和代表了一个时代。这一理论流派的诞生,标志着整个西方美学从旧的传统羁绊中解放出来。换言之,表现主义美学是作为反传统的意识形态出现的,这一流派(理论)早在19世纪末期就已经产生,而真正作为一种独立的现代观念和强大的理论思潮登上社会历史发展舞台则是在20世纪初,表现主义美学从总体上来说,就是在一种全面的反传统的社会历史背景下产生、形成和发展起来的。从表现主义美学理论中,我们不难看到它所包含着的这种反传统的时代特征和革命性的倾向。克罗齐和科林伍德这两位表现主义美学的杰出代表,他们像其他诸多的现代西方美学代表人物一样,站在涌动着的时代变革大潮前头,高高地举起了这面旗帜。他们所建立起来的这种新型的理论,曾有过一度的骄傲和辉煌。尽管表现主义美学的光焰今天由于随着时间的推移而不再如同昔日那样耀眼夺目了,但它的一些重要的理论观点,至今仍然熠熠闪烁。

克罗齐对表现主义美学所做的理论贡献使他当之无愧地被人们公认为该流派的领袖和代表。他所提出的“直觉即表现”的理论顺应了时代发展的潮流,代表了一种崭新的时代愿望和要求。记得早在克罗齐之前,俄国著名的美学大师车尔尼雪夫斯基就已下了这样的定言:“美是有其强烈鲜明的时代性的,它是随着时代的发展而发展的,每一代美都是而且也应该是为那一代而存在,它毫不破坏和谐,毫不违反那一代的美的要求,当美与那一代一同消逝的时候,再下一代就会有它自己的美,新的美,谁也不会有所抱怨的……今天能有多少美的享受,今天就给多少,明天是新的一天,有新的要求,只有新的美才能满足它们。”②车尔尼雪夫斯基说得对,的确,每个时代都有每个时代自己特有的美。由于人类精神和物质文化生活的发展,人们的情感生活的丰富,对情感的愿望和要求也越来越高。20世纪的美,我们当代人所正在热烈追求的美是一种富于情感的美。而情感所具有的那种富于流变的特征决定了20世纪美学形态必然是趋向多元化的。克罗齐表现主义美学思想的形成和确立,标志着现代西方美学家已经开始关注现代人的审美情感,也就是说,它是对现代人的审美情感形态的一种历史性的理论总结。他在西方美学史上开创了对传

① 科林伍德.艺术原理[M].王至元,陈华中,译.北京:中国社会科学出版社,1985:280.
② 北京大学哲学系美学教研室.西方美学家论美和美感[M].北京:商务印书馆,1980:246.

统美学作批判性反思的先河，正是从这个意义上，我们完全有理由这样说，克罗齐及其表现主义美学是划时代的。在西方美学界，人们因此而从不低估克罗齐对20世纪西方美学发展所产生的影响。一句流行的“Croceanist”饱含着学界对克罗齐这位表现主义美学大师和现代西方美学开山祖的敬意，同时也说明了克罗齐对表现主义美学所享有的“先师”和对整个现代西方美学所享有的“源头”地位。当然，用我们今天的眼光来看，尽管表现主义直至今天仍在发生着影响，但克罗齐表现主义美学理论毕竟已是一种历史，它是在一种较为特殊的时代背景下形成和发展起来的，因此，细细考察他的学说，我们就会发现，这种学说的来源是颇为复杂的，除了我们在正文中所分析到的，他的基本倾向是新黑格尔主义的，但除此之外，也有别的思想成分在影响着他。比如，在克罗齐的美学思想体系中康德的主观唯心主义成分也不少。在这里，我们值得有必要提及的是，18世纪意大利美学大师维柯的思想对他的表现主义美学的形成和确立也产生了重大的影响，尤其是维柯的“形象思维”理论给克罗齐的“直觉即表现”理论的形成和确立起了奠基性的作用。从历史的角度看，克罗齐的“直觉即表现”的理论对西方颓废时代的“为艺术而艺术”的思想作了全面、系统而有效的辩护。我国朱光潜先生在读到这一点时说：“正是在这个意义上，克罗齐是帝国主义时期西方美学思想的代言人。”吉尔伯特和库恩在谈到20世纪的美学发展方向时也认为，“在19世纪和20世纪的交替时期，及以后的至少25年间，本尼季托·克罗齐关于艺术是抒情的直觉理论，在美学界占统治地位。”[①]麦尔文·拉得(Melvin M. Rader)先生在《近代美学文选集》中对克罗齐及其美学思想的影响作了这样的评价：“克罗齐在美学领域里比任何其他活动的作家影响都要广泛。”这种广泛的影响正说明他符合西方帝国主义时期的社会需要，同时也反映了帝国主义时期西方美学思想的基本特征。

克罗齐表现主义美学的主要理论贡献，我们不妨从这样几个方面来认识：第一，他的“艺术即直觉”的理论，强调了形象思维在艺术创造和审美鉴赏中的重要性。艺术家在艺术创造的过程中不仅要靠外部感觉，而且也要靠内在的情感体验，要靠一种想象，这种想象就是心灵的形象思维活动。克罗齐的形象思维理论虽然是来自维柯的影响，但其强调的程度较之后者则有过之而无不及。第二，强调艺术自身的主体独立性。艺术是一种心灵的思维直觉活动，它与逻辑意义上的概念和功利、道德等没有本质上的联系。他的那个二度四阶段理论的创立，就是旨在用来作为艺术与其他事物分野的标志。第三，克罗齐的“艺术即直觉”“直觉即表现”的理论，强调了主体心灵在审美创造活动中的决定性作用。在克罗齐所强调的这一理论模式中，我们看到昔日为古典主义美学家们要求的客观现实的再现变成了一种主观情感的表现。人的主体性地位在克罗齐的上述表现主义美学中重新得到了重视和肯定。

同样，克罗齐表现主义美学也存在着一些消极和不足。首先，克罗齐的“直觉”是一种纯粹的主观心灵活动。这一活动是建立在客观实在的基础上的，从而使一切艺术创作都变成了一种同客观实在世界(甚至同艺术创作中的具体物理或物质材料)无关的东西。这

① 吉尔伯特，库恩.美学史[M].夏乾丰，译.上海：上海译文出版社，1989：722.

种近似荒诞的论调显然是不能为我们所接受的。其次，克罗齐在强调艺术独立性的同时，完全抹杀了它同逻辑概念、功利、道德等的联系，从而使艺术变成了一种纯粹存在于直觉思维中的心灵活动和使这种理论变成了一种形式主义和反理性主义的主观唯心主义说教。再次，克罗齐理论中所用的语言和文字都比较艰涩，也存在着一些概念上的模糊含混之处，重复性的叙述也并不少见，有些地方也有一些似是而非、自相矛盾的解释。这些缺陷和不足尽管不能从根本上动摇其表现主义美学的学术价值，但无疑也在一定程度上影响了人们对其思想体系的评价。德国当代的著名美学理论家伏尔盖特在谈到克罗齐的理论缺陷时曾作了这样的评估，他说，克罗齐"老是用一些不准确的、晦涩的以及没有经过分析的概念来进行工作。他所借以工作的心理学根据是那样的含糊不清，因此人们很少碰到过这种情况。对于一切精微奥妙的问题，他却表现出令人吃惊的愚昧无知"。[①] 尽管伏尔盖特的上述评论存在着某些偏颇，但他同时也从一个方面说明，在克罗齐表现主义美学理论中确实存在着一些类似的不足或缺陷，这一点，我们在对这位美学大师作评价时也是应该看到的。

科林伍德作为克罗齐的学生，他的确在克罗齐的思想理论基础上继承和发展了表现主义美学理论。具体地说就是，他是在规模上比其先师大得多的哲学和美学的背景下，对艺术与情感表现之间的联系做出了论证。这是科林伍德表现主义美学的主要贡献。科林伍德美学思想的核心命题是：艺术是一种富于想象力的情感的表现。审美活动是一种思维在意识形式中将感觉经验转化为想象的活动。艺术就是想象活动，或者说是一种总体性的想象活动。通过想象，主体意识到自己本来没有意识到的情感，把意识的情感升华为自觉的情感，从而使情感获得表现。科林伍德把情感表现看做是艺术至高无上的目的，所以，其他一切诉诸艺术想要达到的目的，都被他称之为实用的目的而被排除在"真正艺术"之外。科林伍德的美学思想，其脉络与克罗齐是基本一致的，但他绝不是克罗齐学说的简单解说者和传播者。相反，他在继承克罗齐思想的同时，在许多方面发展了他，超过了他。例如，科林伍德的审美经验理论就是在克罗齐"艺术即直觉""直觉即表现"思想的基础上发展演进而来。我们知道，"审美经验"理论在克罗齐的美学著作中是很少涉及的。正如吉尔伯特和库恩所说的："尽管克罗齐对经验主义可能采取骑墙的态度，然而，科林伍德同经验主义却保持着密切的联系。他深信他所新锻造的思想，可以促进对新的艺术实践的判断。"[②]是的，科林伍德与克罗齐明显不同的地方就在于克罗齐把艺术仅仅看做是一种认识活动，而科林伍德在承认艺术是一种认识活动的同时，也把它看做是一种实践的活动，由此出发，他认为艺术家所做的工作不仅仅是在头脑中进行的工作，而且也是一种社会工作。科林伍德的这种新颖的美学观使原来的表现主义美学理论摆脱了一种个体性的狭隘圈子，因而，艺术也被当做是一种社会现象，并对社会发生效益和作用。这一点，我们不能不说是科林伍德表现主义美学理论的一大贡献。当然，作为一种时代和历史发展的

① 李斯托威尔.近代美学史评述[M].蒋孔阳，译.上海：上海译文出版社，1980：129.

② 吉尔伯特，库恩.美学史[M].夏乾丰，译.上海：上海译文出版社，1989年：279.

产物，科林伍德美学思想也存在着一些缺陷，如它将艺术创造活动与技艺活动截然分开，重视艺术表现，否认艺术的再现，等等。这些都是为我们所不可取的。

综观以克罗齐、科林伍德为代表的表现主义美学理论，我们认为，尽管这一理论已经走过了它最鼎盛的时代，今天也已经不再处于为现代研究者所关注的焦点地位，但科林伍德和克罗齐的美学理论被人们合称为“克罗齐-科林伍德说”，并在20世纪整个西方美学界产生了深远的影响。这一“辉煌的过去”将永远作为富有意义的历史性一页而载入西方美学史册。

注释

1 我国已故著名美学大师朱光潜先生首先把这种心灵活动的产品称为“直觉品”或“意象”。

“泛性欲主义”的文艺观
——弗洛伊德和荣格美学思想述评

作为20世纪现代西方美学流派之一的精神分析学美学，在现代西方美学史上居有独特的地位。精神分析学是19世纪末发端于奥地利的一个新兴的心理学派别，其创始人是西格蒙德·弗洛伊德。弗洛伊德虽然严格说来不是一个美学家，而是一位精神病医生和心理学家，但他所创立的精神分析学说却对现代西方美学产生了巨大而又深远的影响，以至逐渐形成了一个独立的美学流派。所谓的精神分析学美学，概括言之就是，它将精神分析运用于对艺术心理学、艺术批评理论和审美教育等方面的研究。弗洛伊德精神分析学的主体由无意识、婴儿性欲、恋母情结、抑制和转移五大支柱构成，其中与美学关系最密切的是“无意识”（或曰“下意识”或“潜意识”），其核心内容就是“性爱”。从某种意义上我们也完全可以这样说，所谓的精神分析学美学，其实也是一种“泛性欲主义”的文艺论。在弗洛伊德看来，无意识是一种本能欲望所控制的潜在冲动，它所有的意识的心理过程更为复杂，这种本能要求满足的冲动从各种奇妙的无意识过程表现出来。精神分析的目的就是要探索这种精神现象的深层根源。因此，精神分析学也被称为“深层心理学”或“深部心理学”。弗洛伊德把人分为“原我”“自我”和“超我”。所谓的“原我”是指最本原的一种本能冲动，“自我”是指受社会伦理等原则抑制的伪装了的本能，所谓“超我”则是指受伦理原则支配的道德化了的“自我”。他的“里比多”（Libido）指的就是那种被压抑在“原我”中的性本能。按照弗洛伊德的观点，无意识和性本能是文艺创作的原动力，是本能冲动的净化和升华。因此，文艺是为了表达作者不能满足的愿望，是通过以艺术的形式使原被压抑的本能欲望得以宣泄。艺术家之所以从事创作是因为欲望得不到满足，他要从现实转开，并把他的全部兴趣、全部本能冲动转到他所希望的幻想生活的创作中去。正是在这个意义上，弗洛伊德认为，艺术无异于“白日梦”。人们在梦中可以以幻想的形式使欲望得到满足，使压抑的情感和本能欲望得到宣泄。不过，弗洛伊德认为，艺术家通过创作，不仅使自己的无意识愿望得到满足，而且，他与众不同的地方就在于他能在艺术创作过程中把性本能纳入一定的轨道，并转变到另一些事物（艺术作品）中去，由此激发并满足艺术（作品）鉴赏者的无意识欲望。因此，弗洛伊德认为，许多艺术作品都是“求看和求被看”的性本能冲动的升华。如果被压抑的原始本能得不到排解或宣泄的机会，那它势必在寻找发泄的过程中会走上犯罪和精神错乱。艺术品是一种比较好的和比较高级的东西，它可以通过将人的压抑的欲望宣泄出来，以达到内心的平衡和平静，从而引导人的心灵走向健康。

精神分析学美学的另一著名代表是瑞士心理学家荣格(C. G. Jung, 1875年—1961年)。此人原先是弗洛伊德学说的信奉者，后来在“里比多”(即无意识本能)理论问题上与弗洛伊德发生了观点上的分歧而彼此分道扬镳。荣格反对弗洛伊德片面夸大个体的性本能冲动作用，认为人的性格可以分为外倾型和内倾型两种，前者倾向于有形的现实世界，它主要关心的是社会关系，后者则专注于其内心的幻想世界。人的基本心理活动有四个领域，即感觉活动、情感活动、思维活动和直觉活动，而每一个领域的这种活动又都是有内倾型和外倾型两个方面，它们都受本能所制约。艺术家属于内倾型性格者，但荣格又认为，艺术家在创作过程中也并不一定完全显示其所属的性格类型。在弗洛伊德的学说中，“无意识”仅仅是指“性本能”，而荣格的“无意识”理论所包含着比弗洛伊德更宽泛的内涵，他把“无意识”区分为“个体的”和“集体的”两种，集体无意识是由遗传保留下来的一种普遍精神，它是长期的社会经验的积累在人脑结构中留下的生理印痕，为人人所具有。这种由人类经验的积淀而得的“集体无意识”对艺术家的创作发生着作用。作为艺术家，他一方面是具有个人生活经验和具有个性品格的个体之人，但同时又是具有“集体无意识”的集体之人。在艺术创作中，它受“集体无意识”的使唤，创作出带有反映整个集体(人类)共同意愿或意象的艺术作品。因此，艺术家(除了代表他个人外)同时也是“集体无意识”的代表，他的作品也就是“集体无意识”的象征或标志。总之，荣格是以一种普遍的人性来解释艺术，却抹杀了在艺术(无论是创作还是欣赏)问题上的个性特征。

精神分析学美学的基本特征则主要集中体现在弗洛伊德和荣格这两位代表的学说中。除了上述两者外，颇为著名的精神分析学美学家还有与弗洛伊德同一国籍的爱尔弗雷德·阿德勒(Alfred Adler, 1870年—1937年)、法国的拉康(J. Lacan, 1901年—1981年)、英国的琼斯(Ernest Jones, 1879年—1958年)、美国的埃利希·弗洛姆(Erich Fromm)、肯尼思·勃克(K. Burke)、特里林(L. Trilling, 1905年—1975年)、霍夫曼(F. J. Hoffman, 1909年—1967年)等。鉴于篇幅所限，本文不打算对精神分析学美学的所有代表的思想作一无遗漏的考察，而只是对这一流派的两位最主要代表——弗洛伊德和荣格的学说作一叙述。

一、弗洛伊德的美学思想

在弗洛伊德的精神分析学美学中，最值得我们关注之点就是人的本能与艺术的关系。然而，这一点又是与他的精神分析学主体理论有着致密的联系。为了有助于对上述之点的理解，我们有必要对弗洛伊德精神分析学的一些基本理论特征作一简要释述。

在前面，我们已经简略地谈及精神分析学的有关特征。所谓的精神分析，本质上就是一种探索和研究无意识存在的方法。换一句话说，它既是一种精神病的心理治疗方法，又是在医疗实践中逐渐形成的一套心理学理论。弗洛伊德精神分析理论也是经历了一个发展过程的。我们可以从这位心理学家的著作中看到他的精神分析理论的发展轨迹。弗洛伊德的精神分析理论大致经历了前后两个不同的历史发展阶段。其中早期阶段的理论与我们所要阐述的精神分析学美学关系密切,故在这里我们有必要对其早期理论的一些基本特征作一简要介绍,以便有助于对其整个美学思想的理解和把握。

关于弗洛伊德的早期理论,心理学史家们往往把时间界限划定在1913年,把在此之前的理论称为早期理论。在这个时期,弗洛伊德的主要著作有《梦的解析》(1900年)、《日常生活的心理病理学》(1904年)、《性欲理论三讲》(1905年)和《精神分析引论》(1910年)等。在这一时期,弗洛伊德主要提出了下述主要的精神分析理论:

1. 意识和潜意识

这个理论是弗洛伊德精神分析学说最重要的组成部分。弗洛伊德早在和精神病理学家布洛伊尔治疗癔症患者的临床过程中发现,这些病人不能意识到自己的一切情绪经验。患者在催眠状态中,如果回忆起自己的有关病症的经验并向医生和盘托出,心理就会感到畅快,病情因此也就能得以缓解。根据这种临床实例,弗洛伊德认为,这是精神病患者经历过的情绪经验受到压抑,被排挤到意识之外,潜藏于无意识之中,因此产生了病症。弗洛伊德那著名的意识和无意识理论正是从这一早期的设想开始,并逐渐得以确立和形成的。弗洛伊德的意识和无意识理论,如果我们用一种比较形象的比喻来说,它犹如一座冰山,露在水面上的意识领域,它只代表个性的外表方面,只占很小一部分,并不很重要;淹没在意识水平之下的是无意识领域,是绝大部分,它是隐藏着的,却具有决定性的作用。弗洛伊德的“无意识”是一个极其广阔深邃的领域,它那易于进入意识领域的部分,称之为“前意识”;而很难或很少进入意识领域的那部分,称之为“无意识”。这种从原始的性欲冲动为其主要特征的“无意识”一般不能被社会伦理所容,故被压抑在心理结构的底层。弗洛伊德整个精神分析学的任务和目的就是要研究和探索这种深层基础的结构和原因,所以,正是在这个意义上,人们又把精神分析学称为“深层心理学”或“深部心理学”。

2. 压抑和抵抗

早年的弗洛伊德在其对精神病患者治疗的临床实践中发现,患者对自己以往的情绪经验很难叙述出来,当对患者进行某种暗示,希望他能回忆起以往的情绪经验时,这种经验遇到了强烈的抵抗。弗洛伊德认为,这种抵抗力的根源,就是当初把经验压抑到无意识中并使之遗忘的力量。精神病医生的最基本任务就是要引导患者从其无意识中去唤起(或开发)那早已被压抑的情绪经验,从而使患者恢复正常。这里面就有一个精神病医生如何进行深层的或深部的精神分析,帮助患者进行某种自由的联想以便克服对情绪经验的抵抗。这是精神病患者治疗的关键,这一部分工作做成功了,患者的康复就有希望。反之,就难以进行精神分析,也无法对患者进行合理、有效的治疗,精神康复就无法实现。

3. 释梦

释梦理论是弗洛伊德整个精神分析学的主要理论,其观点集中在代表作《梦的解析》(1900年)一书。此书的出版标志着精神分析学的基本完成。早在1897年,弗洛伊德就开始对自己进行自我分析。通过这种自我分析他发现,梦是通向无意识的一条迂回曲折的道路。通过对梦境的解释,可以发现精神病患者最终被压抑的欲望。因此,弗洛伊德以梦为研究中心,从此对无意识和精神病患者作深层心理的探讨。弗洛伊德认为,梦有显梦和隐梦之分，这两种梦既有区别又有联系。显梦只是一种浅表性的东西，它不具有任何实质性的意义，而隐梦才具有梦的本质意义，它隐藏于显梦中。因此，弗洛伊德主张，要了解隐梦的真正意义，必须从显梦着手才能实现。弗洛伊德意义上的"梦的解释"其实就是把这一工作看做是了解人的无意识的重要途径。在弗洛伊德看来，任何梦都是有意义的，不仅整体的梦具有意义，而且就是其中每一细节也均有意义。精神分析学家们完全可以把它们当做联系梦者人格和情绪来加以解释。总之，梦是研究人类深层心理复杂活动的关键。

4. 泛性论

所谓泛性论，这是一个似乎颇为尖端的问题，坦白地说，弗洛伊德本人就是一个地道的泛性论者。他的精神分析学说生成后，无论是东方还是西方，相当一部分人对他的这一学说持否定的态度，有的甚至对之嗤之以鼻，认为弗洛伊德本人就是一个流氓医生。那么，弗洛伊德的泛性论究竟在他的整个理论中占据什么地位呢？

前面我们讲到，无意识是弗洛伊德精神分析学的一大支柱，同样，泛性论则构成了弗洛伊德精神分析学的另一大支柱（也可以说，这是精神分析学的一个主要发现和研究对象）。生物学家认为，生物的需要主要有两种，那就是保存个体的生命和延续种族的生命。如果没有上述两种需要，一切生物的生存和繁衍都是无从谈起的。生物既然要保存个体，就要吸取营养，以维持生命。同样，为了要保存种族，其前提必须要有繁衍，要繁衍则必须要寻求配偶，而配偶的本质就是"性"。因此，弗洛伊德把性本能看做是完成上述两项生命活动的自然倾向。不过，弗洛伊德虽然把性视为生殖活动的重要表现，但他同时认为，除此之外，性还有其他的表现形式，如接吻和肉体的触摸等。有的器官和身体部位虽然不是性器官，但它们同样可以产生性的快感（如用嘴接吻，用手触摸性爱对象躯体的某个部位等）。由此，弗洛伊德得出这样的结论，一切快感，都是直接或间接地与性有关。这就是弗洛伊德"泛性论"的最主要内容。弗洛伊德把性本能的冲动看做是人的一切内在的潜力，这种潜力往往驱使人去寻求快感。弗洛伊德把这种潜力称为里比多。在这里，我们特别要指出的是，这种里比多在弗洛伊德的精神分析学说中，往往是一种"心能"，尤其是性本能意义上的那种"心能"。这种"能"或"潜能"在正当的性活动中得到发泄，然而，在非正常的情况下它会附丽于别的活动。因此，在弗洛伊德看来，许多从表面上看似乎与性无关的活动，其实都是与性或性本能有关的。艺术家的艺术创作，在弗洛伊德的心目中就是一种性欲望冲动的结果。下面，我们拟从三个方面对弗洛伊德的精神分析学美学思想作一具体阐述。

（一）幻想、梦境与艺术创作

艺术创作的源泉和动力是什么？对于这个问题，历来艺术家和美学大师各自根据自己的创作实践和研究做出了各种不同的回答。譬如，模仿论者认为，艺术创作本质上是一种模仿的冲动，表现主义者则认为艺术创作是人的主观情感的一种表现欲望。唯意志论者则认为艺术创作是艺术家的自我意愿的盲目冲动，如此等等。弗洛伊德对艺术创作的动力的解释则与上述观点截然不同，他从人的心理结构和人格结构着手，对艺术创作的动力问题做了全新的研究和解释，即他从无意识领域去探寻艺术创作的原动力。弗洛伊德认为，艺术就是人们通过幻想使久已被压抑（这种压抑主要是指伦理意义上的社会背景条件的压抑）的欲望得到满足，即一种无意识本能（性力）的升华。艺术就是久已被压抑的性力冲动的表现结果。

弗洛伊德所说的“升华”，其严格意义就是指“把原本的性目的转变为一种与性目的有关的有心理关系的非性目的的能力”。[①] 正是这种性目的向非性目的的转移，使性本能由性目标向社会目标的转变成为可能。如果这种性本能指向属于社会目标的艺术领域，升华就会成为艺术创作的原动力。在弗洛伊德看来，最具有追求审美愉快能力的艺术家，他们与常人最大的区别就在于：他们具有一种与众不同的特殊禀赋，这种禀赋具有一种强大的升华力。具体地说，就是当他的内心欲望受到压抑（即欲望得不到满足）时，可以通过幻想来得到满足。艺术家靠他的这种禀赋，强大的升华力来反抗压抑，从而使幻想变为现实。艺术家与“白日梦”者一样，都是在幻想中使自己的本能获得替代性的满足。弗洛伊德认为，他们都是“用幻想代替现实”，为曲折满足性欲“制造白日梦之类的东西”。弗洛伊德的“升华”是指性欲冲动的升华，他的“艺术是性欲望冲动的升华”这一重要的美学命题是在揭示梦与艺术的相似性的过程中提出来的。尽管这两者的生成形态具有很大的相似性，但严格说来绝对不是一回事。作为里比多转移即性欲望的替代性满足，梦是一种消极方式，艺术则是一种积极方式。艺术想象是里比多的一种特殊转移方式，这种转移方式就是弗洛伊德精神分析学意义上的升华，它的最基本的表现特征是本能冲动向社会认为对自己有用的或得到社会承认、理解和赞许的思想、思想和活动的自行转变。人们在梦境中的有些羞于见人的东西是不能与社会现实见面的，而艺术则是可以（而且目的就是要）与现实见面的，并为社会现实所接受，这正如弗洛伊德所说的：“正如像普通人的愿望未能得到满足一样，作为艺术创造者的艺术家，他从现实转开，并把他的全部兴趣、全部本能冲动转移到他所希望的幻想的创造中去。一个真正的艺术家，懂得怎样把他的白日梦加以苦心经营，从而使之失去那种刺耳的个人音调，而变得对旁人来说也是可以欣赏的。他也懂得怎样把它们加以充分的改造，以致它们那种来自禁域的根源不容易被人觉察到。当他做了这一切，他给旁人打开了一条路，让他回到自己舒服而又安适的、快乐的、无意识的根源中去，并从而得到他们的感激和赞赏。”[②]由此看来，梦幻的原动力是一种本能的性欲冲动，幻想则是对性欲冲动在现实中受到压抑后的一种宣泄或曰抵抗形式。艺术类似于白日梦，它不仅是想象中欲望的满足，而且是现实中欲望的满足。由幻想到现实，艺术家的升华力起着重要的作用，这是为白日梦所难以企及的，因为后者不具有升华能力。

因此，弗洛伊德的艺术或艺术创作是与幻想紧紧联系在一起的。要理解弗洛伊德的艺术和艺术创作的动力问题，就必须研究弗洛伊德对“幻想”的解释。弗洛伊德对“幻想”的研究开始得比较早，大约始于 1808 年（以《作家与白日梦》一书的问世为标志）。他主要

---

① 弗洛伊德.性爱与文明[M].滕守尧，译.合肥：安徽文艺出版社，1987：265.

② 李斯托威尔.近代美学史评述[M].蒋孔阳，译.上海：上海译文出版社，1980：28.

通过对一些具体的艺术种类(或曰艺术表现形式)来阐述其幻想同艺术和艺术创作的关系。弗洛伊德在谈到他为什么要探讨艺术创作的原动力问题时这样写道:“我们这些外行总是怀着强烈的好奇心想要知道——就像那位红衣主教一样,他向阿里奥斯托[1]提出了类似的问题——不可思议的造物(作家)从什么源头吸取了他的素材,他如何用这些素材使我们产生了如此深刻的印象,才在我们的心中激起了我们也许连想都没有想到自己会有的感情。如果我们向作家请教,他本人也说不出所以然,也不会有一个令人满意的解释,正是这个事实引起了我们更大的兴趣,即使我们彻底地了解了作家是怎样决定选材的,了解了具有创作性想象力的艺术的本质是什么,我们所了解的一切也根本不能帮助我们自己成为作家——尽管如此,我们的兴趣一点儿也不会减弱。”①首先要说明,在弗洛伊德看来:所谓的艺术家与常人之间是没有严格分野的(尤其是从享乐和追求快感意义上来说是如此),他说:“如果我们能够至少在我们自己身上,或者在像我们一样的人身上,发现在某些地方有与创作相类似的活动该有多好啊。检验这种活动将使我们有希望对作家的作品开始做出一种解释。确实,这种可能性是有的。毕竟作家自己是喜欢缩小他们这种人和普通人之间的距离的。他们一再要我们相信,每一个人在心灵上都是一个诗人,不到最后一个人死掉,最后一个诗人是不会消逝的。”②从弗洛伊德的上述论点中我们可以看到,我们每个普通人自己就是诗人和艺术家,因为,我们在心灵上从孩提时代起就已懂得在儿童的游戏玩耍中寻求某种心灵的快乐。而在这种寻求快乐的游戏活动中,我们的行为与作家的创作行为是没有什么两样的。孩子在玩耍中也有创造性的行为产生,例如,他通过想象或幻想创造了一个游戏的世界,尽管他对这个游戏的世界全身心地沉湎于其中,但他还是相当清楚地把这游戏的世界与现实世界区别开来,“而作家的所作所为与玩耍中的孩子的作为一样,他也同样创造出一个他十分严肃地对待的幻想世界——也就是说,他对这个幻想的世界怀着极大的热情——同时又把它同现实严格地区分开来”。其实,无论是孩子的游戏还是作家的所作所为都是一种审美意义上的艺术创造活动。他们通过这种活动,使被压抑的欲望得到满足,两者只是在程度上存在着差异而已。这种满足就是意味着感官上的快乐和痛苦的被解除。因此,所谓的艺术追求快乐,其实就是在追求审美快感。艺术使被压抑的欲望得到满足是诉诸幻想来实现的。这种幻想不仅使艺术家本人的欲望得到满足,而且也使广大的艺术鉴赏者去欣赏这种被艺术家所描述的幻想,从而引起其自身的审美愉快。由此看来,幻想在艺术及其创作中的地位是非常重要的,从这个意义上,我们也完全可以这样说:没有幻想就没有艺术,也就没有欲望的实现和满足,没有审美愉快。当然,幻想并非艺术家的专利,但是,艺术家或艺术意义上的幻想却是一种最有效地导致审美愉快的活动,这种幻想自然有其独特的性质,它与儿童的游戏和白日梦、晚间梦中的幻想是既有联系,又有区别的。弗洛伊德通过将艺术幻想与其他幻想的联系和比较,从而揭示艺术幻想的特殊美学价值。

① 弗洛伊德.弗洛伊德论美文选[M].张唤民,陈伟奇,译.北京:知识出版社,1987:28.
② 弗洛伊德.弗洛伊德论美文选[M].张唤民,陈伟奇,译.北京:知识出版社,1987:29.

弗洛伊德在《诗人与幻想》中谈到艺术家的幻想时，尤其以诗人的幻想为研究对象。他认为，儿童在进行他们的游戏活动时，其心理注意力是十分投入的。他们全神贯注地在游戏中为自己创造出一个幻想的世界——一个属于他们自己的天地。他们“把属于自我世界里的那些东西置入一个新的、为他们所喜爱的结构中去”。作为艺术家意义的诗人也是同样，他创造出一个幻想的世界，并且是十分严肃认真地去创造。这就是说，艺术家在其艺术创作中，他是把“幻想世界与现实严格地区分开，把满怀着的激情灌注在幻想中”①。这里我们可以看到，无论是艺术家的创造还是儿童的游戏，他们都具有一个共同点，即当他们在从事这种活动时，都充满着幻想和激情。从这一点上，我们也可以说，艺术家的创造性活动是其早年孩提时期的一种发展了或者说更臻于成熟、完善的高级游戏。此外，儿童的游戏也好，艺术家的艺术创造也好，它们都是想通过这种活动来摆脱一切压抑人的心灵的精神重负（包括悲愁之类的心灵痛苦）而寻求某种感官上的快乐，简言之，游戏或艺术创造能够把人们本来不愉快的甚至是痛苦的东西转化为具有审美愉快的东西。针对这种情形，弗洛伊德说：“许多由于太真实而不能带来快感的东西都可以出现在游戏中；许多本身带有痛苦成分的情欲在诗人的听众和观众看来却是快乐之源。”从上面所述的游戏和幻想特征中，我们可以看到，弗洛伊德为什么如此重视幻想，因为，游戏和幻想其实在性质上是十分相近相似。两者最基本的一致性就在于：它们都是充满激情地创造一个为艺术家所渴望的幻想世界，它们都可以摆脱或消解痛苦，达到快乐。幻想的这一特殊重要性（或者说特殊的美学价值）也许正在于此。在弗洛伊德看来，幻想对于艺术或艺术家来说是至关重要的。艺术之所以是如此了不起，最根本的原因和奥秘就在于艺术家用幻想来进行其创造性活动。在《文明及其缺憾》一书中，弗洛伊德这样写道：“幻想产生的领域是想象的活动；当现实感出现时，这个领域被特地免除了现实检验的要求，以便用来满足很难实现的愿望。”幻想是一种任凭心灵自由驰骋的非现实性的东西，它无须受现实性的制约。因此，诉诸幻想来进行创造的艺术家或艺术作品就完全不必拘泥于现实的框架，只要为快乐原则所需，艺术完全可以不受任何限制地去实现各种愿望。

前面我们讲到了幻想和游戏所存在的共同点，除此之外，我们也必须指出，这两者也存在着差异性。这种差异性主要表现在下述两个方面：首先，游戏总是离不开对真实对象的依赖性，而幻想则不同，它完全可以在不依赖于任何真实对象的条件下构建起某种类似于被人们称之为白日梦的东西（一般都是指快乐意义上的那种幻想世界）；其次，儿童的游戏活动无须掩饰欲望，但成年人的幻想则不然，由于成年人对其幻想感到羞耻，故往往有可能“把幻想当做自己个人的私事隐藏在心里”。

在弗洛伊德看来，幻想与白日梦是颇为相近相似的概念，因此，幻想者和白日梦者也是差不多的。谁要想使自己成为一个伟大的艺术家，谁就必须会幻想，就必须使自己成为一个伟大的白日梦者。在谈到幻想的基本特征时，弗洛伊德首先指出，幻想不是人人都有

---

① 弗洛伊德.诗人与幻想[M]//中国社会科学院哲学研究所美学研究室.美学译文(3).北京：中国社会科学出版社，1980：329.

的。相反,幻想只会在那些欲望得不到满足或者说被社会伦理观念所压抑的不幸之人身上才会产生。正是这种欲望得不到满足的情形才有可能产生幻想的驱动力,“每一个幻想都是一个愿望的满足,一个对不予人满足的现实的矫正。这种带有冲动性的愿望是各种各样的,它们依幻想者的性别、性格和生活环境而定,它们很自然地分为两个主要的方面,或者是为了提高个人地位的功名欲,或者是性爱。在年轻妇女身上几乎只有性爱欲望,因为她的功名欲一般说来已被爱的渴求吞噬干净了,但在青年男子身上,除了性爱的愿望外,还有急不可待的自私自利的功名欲……我们决不能把这种幻想行为的产品,这种独一无二的幻想物,这种空中楼阁式的白日梦想象成僵死的、一成不变的东西,它们在很大程度上与变化着的生活的影响力紧密相关,它们随着每一个生活状况的波动而有所变化,并从每一个强有力的新的影响中获得一个所谓的时代标志。幻想所产生的那个时代的环境是十分重要的”①。弗洛伊德把幻想与白日梦解释成十分相似的东西,其主要理由就是,这两者都是建立在非真实的幻想性世界基础上的。人们之所以产生幻想,主要是由于他所处的那个现实环境欠缺种种为心灵得以满足的条件。由于现实中得不到满足,于是,人们只能退避现实而从与现实相对的非现实的幻想中去寻求快感和满足。于是,在人的心灵机制中就会出现一种应运而生的特殊活动——幻想或白日梦。人们正是通过这种幻想或白日梦使在现实中得不到满足的欲望在幻想或白日梦中得到了满足。当然,弗洛伊德在解释这一点时同时也指出,这种幻想或白日梦也不是不无条件地产生,而是有前提条件的,即它是以一个现实的影响,从一个现实生活中的动因为起点,这一动因可以唤起一个人的强烈愿望,从这一愿望出发又可唤起对更早的、差不多是婴儿期的经历的回忆,这些经历本来就是充满了愿望的,与此同时,心灵又创造出一个将来才会实现的情境。在这情境中,愿望被描绘成得到了满足。这就是白日梦或者幻想,它在其自身中包含着现实的和孩提时代的回忆的痕迹。这样,所谓的幻想或白日梦就把过去、现在和将来都历史地联系起来了。

幻想是痛苦的表现,是欲望得不到满足的一种表征,幸福之人用不着去幻想,因为他什么都不需要,一切都满足了,还有何所求呢?贫穷潦倒、没有社会地位的人,他们想着有朝一日能成为大富翁,手里有钱,该有多痛快;接受施舍的人,幻想着有朝一日能给人以施舍;受雇于老板的伙计,多么渴望着有朝一日能像老板那样阔绰神气,主管工厂、掌握钱财。这些愿望得不到满足的不幸之人,在现实动因的驱使下,诉诸幻想或白日梦来实现心灵的满足。在白日梦或幻想中构建他愿望中的理想图景。当然,这种愿望有的从伦理意义上来说是不能表现出来的,它乃属于一种“隐私”的范畴。

幻想与夜梦是一种什么关系呢?弗洛伊德说,与白日梦一样,夜梦也是一种愿望的满足,它也不过是些幻想而已。不过,所不同的是,在夜梦中,人们的愿望往往是“仍处于激动状态,我们为它感到羞怯,并不得不把它们对我们自己隐藏起来,为此,它们受到排挤,

① 弗洛伊德.诗人与幻想[M]//中国社会科学院哲学研究所美学研究室.美学译文(3).北京:中国社会科学出版社,1980:331-332.

被压抑到无意识中去了。这种压抑的愿望及其衍生物只能得到严重歪曲的表现”。[①] 这里，弗洛伊德虽然也承认夜梦同样像白日梦一样是一种幻想的满足，但这种梦中的愿望是无意识的。夜梦的幻想是经过改造的，它呈现荒诞离奇的色彩，很难为现实所接受。相反，白日梦的幻想是根据愿望和现实而有意构建起来的未来世界，它是以现实为基础的，因此，艺术家的创作是可以为现实所接受的。这样看来，尽管幻想和艺术的内容都是一种未被满足的愿望，但两者是不同的，幻想不受任何条件的拘束，艺术却是使人克服了幻想中的那种自我厌恶、自我责备和自我羞愧感。总之，艺术中蕴含着幻想，但又区别于幻想。孩子为了自己的快乐可以无拘无束地尽情游戏，没有任何掩饰。然而一旦他长大了，就再也不能像儿时那样游戏了，但追求快乐的观念却仍然是不变的。有些幻想甚至是羞于见人的，怎么办？只得将其隐藏起来。作为一种艺术，它是直面于那些具有社会伦理观念的公众的，因此，艺术不可能将人们内心某种羞于见人的愿望原封不动地公之于众。于是，艺术家只有用梦的方式对其(幻想)进行改造、装扮，以至于合乎现实，从而为社会所接受。弗洛伊德说，这样，其客观效果是好的。因为，它“缓和了幻想中显得唐突的东西，掩盖了幻想中个性化的起因”[②]。总之，在弗洛伊德看来，艺术就是幻想的内容、梦的改造和美的形式三者的一种有机统一。

(二) 对艺术作品的精神分析

我们现在所要谈的这个标题，其实是属于一种精神分析的文艺心理学研究。这一方面的理论研究，尽管在我国 20 世纪的早些时候就已有先辈在认真地探索和研究，如已故著名美学大师朱光潜先生就是一个在这个领域作出杰出贡献的典范。在我国的早期文艺创作中，也有一些文艺家在不同程度上受到了弗洛伊德心理学的影响。弗洛伊德用精神分析学的观点对艺术作品进行分析，主要体现在对古代希腊索福克勒斯的《俄狄浦斯王》和文艺复兴时期英国莎士比亚的《哈姆雷特》这两部著名悲剧的分析和评价上。我们从他对上述两部著名悲剧作品的分析和评价中可以窥见弗洛伊德精神分析学与文学的关系。

1. 关于“俄狄浦斯情结”

“俄狄浦斯情结”是弗洛伊德整个精神分析学美学的一个重要支柱。它与“性欲”和“无意识”关系密切。弗洛伊德在他的《精神分析学引论》中曾经指出精神分析的两条定理是“无意识”和“性冲动”。他说，第一条定理认为，“心理过程主要是潜意识的，至于意识的心理过程，仅是整个心灵的分离的部分和动作”[③]。第二条定理认为，“性的冲动，广义的和狭义的，都是神经病和精神病的重要起因，这是前人所没有意识到的。更有甚者，我们认为这些性的冲动，对人类心灵最高文化的、艺术的和社会的成就作出了最大的贡献”。[④]

---

① 弗洛伊德.诗人与幻想[M]//中国社会科学院哲学研究所美学研究室.美学译文(3).北京：中国社会科学出版社，1980：333.

② 弗洛伊德.弗洛伊德论美文选[M].张唤民，陈伟奇，译.北京：知识出版社，1987：139.

③ 弗洛伊德.精神分析引论[M].高觉敷，译.北京：商务印书馆，1984：8.

④ 弗洛伊德.精神分析引论[M].高觉敷，译.北京：商务印书馆，1984：9.

弗洛伊德认为，控制人类行为的不是意识，而是无意识。无意识的本能和欲望，受到压抑或约束而未能得到满足，严重的就引起精神病，轻度的就引起失意、焦虑或做梦。弗洛伊德在对精神病患者治疗的临床实践中，根据其所述梦中与母亲性交和杀死父亲的情形进行心理分析，建立所谓的"俄狄浦斯梦"（或曰"俄狄浦斯情结"或"恋母情结"）的理论。他在《梦的解释》中指出："人的性欲冲动在儿童时期就已存在，儿童在幼年时期——说得直率一点——就有性欲偏向，男孩将父看做情敌，女孩将母亲看做情敌，除掉这种情敌对自己很有利"，他又说："古典作品遗留给我们的一个传说证实了这一发现，只有我们提出的有关儿童心理的假设具有普遍有效性，这个传说——它的深刻而普遍的力量令人感动——才能被理解。我们要说及的是关于俄狄浦斯王的传说和索福克勒斯的同名悲剧《俄狄浦斯王》。"①

弗洛伊德在对俄狄浦斯的传说和剧情作了叙述的基础上联系他的"俄狄浦斯情结"来讨论悲剧的效果问题，他说："《俄狄浦斯王》作为一出命运悲剧为世人所称道。它的悲剧效果被说成是至高无上的神的意志和人类逃避即将来临的不幸时毫无结果的努力之间的冲突。据说，深受感动的观众从这出悲剧中所得到的教训是人必得屈服于神的意志，并且承认他自己的渺小。因此，现代剧作家就靠着把同样的冲突写进他自己发明的情节中去的方法，试图获得一个同样的悲剧效果。但是，当咒语或神谕不顾那些可怜的人的所有努力而应验了的时候，观众们看来并不感动。就后来的命运悲剧的效果而言，它们是失败的。"②看来，弗洛伊德是不太同意悲剧的效果来自"神的意志和厄运者的徒劳抗争"这种说法。相反，他认为，"如果《俄狄浦斯王》感动一位现代观众不亚于感动当时的一位希腊观众，那么，唯一的解释只能是这样：它的悲剧效果并不在于命运与人类意志的冲突，而在于表现这一冲突的题材的特性。在我们内心一定有某种能引起震动的东西，与《俄狄浦斯王》中的命运——那使人确信的力量，是一拍即合的"③。这里，弗洛伊德提出了剧情中的悲剧效果并不在于意志与人格力量的冲突，而是在于另外一种引起观赏者震动的（或曰早已生成于其心中的）东西。那么，这种东西又是什么呢？弗洛伊德说，这种东西"包含在俄狄浦斯王的故事中，他的命运打动了我们，只是由于它有可能成为我们的命运——因为在我们诞生之前，神谕把同样的咒语加在了我们的头上，正如加在他的头上一样。也许我们所有的人都命中注定要把我们最初的性冲动指向母亲，而把我们最初的仇恨和屠杀的愿望指向父亲。我们的梦使我们确信事情就是这样。俄狄浦斯杀了自己的父亲拉伊俄斯，娶了自己的母亲伊俄卡斯忒，他只不过向我们显示出我们自己童年时代的愿望实现了。但是，我们比他幸运，我们没有变成精神病患者，就这一点来说，我们成功了，我们从母亲身上收回了性冲动，并且忘记了对父亲的嫉妒。正是在俄狄浦斯王身上，我们童年时代的最初愿望实现了。我们靠着全部的压抑力在罪恶面前退缩了，靠着全部的压抑力，我们的愿望被压抑下去"④。弗洛伊德的以上论述，从精神分析学角度来解释悲剧的效果，

① 弗洛伊德.弗洛伊德论美文选[M].张唤民，陈伟奇，译.北京：知识出版社，1987：13－14.

②③ 弗洛伊德.弗洛伊德论美文选[M].张唤民，陈伟奇，译.北京：知识出版社，1987：15.

④ 弗洛伊德.弗洛伊德论美文选[M].张唤民，陈伟奇，译.北京：知识出版社，1987：16.

认为悲剧的效果来自恋母妒父，这种性欲望在我们每个人身上都有，只要剧中的类似情节一出现，即可在观赏者那里唤起此种同类的东西，因为弗洛伊德认为，在索福克勒斯的悲剧剧本中有一个十分清楚的迹象说明，俄狄浦斯的传说起源于某个原始之梦的材料，这个材料的内容表明孩子与双亲关系中令人苦恼的障碍是由于最初的性冲动所致。这种现象不仅在古代人中发生，甚至在现代人中也同样存在，“今天像过去一样，许多人都梦见和他们的母亲发生了性关系，并且在讲述这件事时，既愤恨又惊讶”①。弗洛伊德把这种情形看做是“解释悲剧的关键”②。弗洛伊德还认为，俄狄浦斯的故事是两种典型之梦（杀父和娶母）的想象的反映，“正如这些梦在被成年人梦见时伴随着厌恶一样，这个传说也必然包含着恐怖与自我惩罚”。③自索福克勒斯首创《俄狄浦斯王》悲剧以来，在后世悲剧作家中也不乏类似的模仿之作。在有的“修改本”中，由于对传说所做的过多的修改，导致人们对传说产生一定程度的误解，尤其是“修改本”的用意是想利用俄狄浦斯王这一古代传说为神学服务，不过，在弗洛伊德的眼光中，“调和至高无上的神力与人类的责任感的企图，肯定是同《俄狄浦斯王》这个题材无关”④。《俄狄浦斯王》是与人的最初的性冲动有关，是“俄狄浦斯情结”引起观众心灵的震颤，也是俄狄浦斯情结导致了恐怖和自我惩罚。因此，《俄狄浦斯王》悲剧不是来自“神意”与“人力”的矛盾冲突，而是来自悲剧主人公“恋母妒父”的心理。

2.《哈姆雷特》精神分析

弗洛伊德论文学，除了通过对《俄狄浦斯王》的具体研究外，他还对莎士比亚的作品深有好感。在《梦的解析》中，他先后论及《哈姆雷特》《麦克佩斯》《裘力斯·恺撒》《奥赛罗》等。其中尤其对《哈姆雷特》作了重点的分析，他写道：“另外一部伟大的诗体戏剧——莎士比亚的《哈姆雷特》，与《俄狄浦斯王》来自同一根源。但是，同一材料的不同处理表现出两个相距甚远的文明时代的精神生活的全然不同，表明了人类感情生活中的压抑的漫长历程。在《俄狄浦斯王》中，作为基础的儿童充满愿望的幻想正如在梦中那样展现出来，并且得到实现。在哈姆雷特中，幻想被压抑着，正如在神经病症状中一样，我们只能从幻想被抑制的情况中得知它的存在。”⑤莎士比亚的《哈姆雷特》，其悲剧效果较之索福克勒斯的《俄狄浦斯王》来一点也不逊色，但情况正如在其他许多现代悲剧中所发生的那样，人们往往对像“哈姆雷特”这样的悲剧主人公的性格特征并不真正了解。弗洛伊德认为，《哈姆雷特》悲剧的基础就在于哈姆雷特在完成其父所交代的复仇任务时的那种犹豫不决态度，但该剧本却并没有解释哈姆雷特为何犹豫不决的原因和动机，对此，在西方著名的戏剧评论家中，从前也出现过各种各样的不同解释，如歌德在其解释中认为：“哈姆雷特代表一种人的典型，他们的行动力量被过分发达的智力麻痹了（思想苍白使他们病入膏肓）”⑥；再如有人认为，“剧作家试图描绘出一个病理学上的优柔寡断的性格，它

①②③④　弗洛伊德.弗洛伊德论美文选[M].张唤民，陈伟奇，译.北京：知识出版社，1987：15－16.
⑤　弗洛伊德.弗洛伊德论美文选[M].张唤民，陈伟奇，译.北京：知识出版社，1987：17.
⑥　弗洛伊德.弗洛伊德论美文选[M].张唤民，陈伟奇，译.北京：知识出版社，1987：17－18.

可能属于神经衰弱一类"①。显然,上述所列举的解释在弗洛伊德看来都是不成功的,故他对之持坚决反对的态度,并明确指出"戏剧的情节告诉我们,哈姆雷特根本不是代表一个没有任何行动的人"。我们在两个场合看到了他的行动:第一次是一怒之下,用剑刺穿了挂毯后面的窃听者;另一次,他怀着文艺复兴时期王子的全部冷酷,在预谋甚至使用诡计的情况下,让两个设计谋害他的朝臣去送死。从哈姆雷特的上述行为中,至少可以说明,他不是那种在关键时刻犹豫不决的人,而是有决断力的。问题的关键就在于,究竟是一种什么东西在阻碍着这位年轻的丹麦王子去完成其父(鬼魂)吩咐给他的任务的呢?答案恐怕还得从他所要执行的这个任务的特殊性中去寻找。哈姆雷特可以去做任何事情,但就是不能对那位曾经杀死其父亲、篡夺了王位并与他母亲结婚的人进行报复,因为"这个人向他展示了他自己童年时代被压抑的愿望的实现。这样,在他心里驱使他复仇的敌意,就被自我谴责和良心的顾虑所代替了。它们告诉他,他实在并不比他要惩罚的罪犯好多少"②。从弗洛伊德的上述话语中,我们可以看出,他把哈姆雷特的良心谴责不是看做来自社会或道德,而是把它看做由某种"无意识"的思想感情因素所致。因此,他说:"如果有人愿意把他看做歇斯底里症患者,那我只好承认我的解释暗含着这样一个事实。"③

弗洛伊德用精神分析方法对哈姆雷特的悲剧形象作了"无意识"意义上的分析和研究。他认为,哈姆雷特是莎士比亚悲剧中的典型的精神变态者。现在让我们来看看弗洛伊德对这个问题的深入解释。

3. 悲剧中的精神变态

弗洛伊德把哈姆雷特看做是歇斯底里症的患者,其实就是把他看成悲剧中的精神变态者。当然,作为精神变态者,他必定是要经历精神上的痛苦或磨难,而这种精神上的痛苦或磨难总是与某种具体的环境有关(反之,快乐和幸福的情形也是如此),换言之,精神变态者也是形成于一定的环境和条件。对于这个问题,弗洛伊德首先是从分析悲剧的目的着手的,他说:"如果悲剧的目的是引起'恐惧和怜悯',并且起到'净化情感'的作用,就像自亚里士多德以来人们一直认为的那样,那么,我们可以更为详细地论述悲剧这一目的。我们会说,悲剧的目的在于打开我们感情生活中快乐和享受的源泉,恰像开玩笑或说笑话揭开了同样的源泉,揭开这样的源泉都是理性的活动所达不到的。毫无疑问,在这一方面,基本因素是通过'发泄强烈的感情'来摆脱一个人自己感情的过程;随之而来的享受,一方面与彻底发泄所产生的安慰相和谐,另一方面无疑与伴随而来的性兴奋相对应,因为正如我们设想的那样,当一种感情被唤起的时候,性兴奋作为副产品出现,向人们提供了他们如此渴望的引发精神状态中潜能的感觉。成年人作为一个充满兴趣的观众在场景和戏剧中得到的东西正如孩子们在游戏中得到的东西,孩子们迟迟疑疑的希望(希望能做成年人所做的事情)在游戏中得到了满足。"④综上所述,我们看到,弗洛伊德显然不同

① 弗洛伊德.弗洛伊德论美文选[M].张唤民,陈伟奇,译.北京:知识出版社,1987:17.

②③ 弗洛伊德.弗洛伊德论美文选[M].张唤民,陈伟奇,译.北京:知识出版社,1987:18.

④ 弗洛伊德.弗洛伊德论美文选[M].张唤民,陈伟奇,译.北京:知识出版社,1987:21.

意来自亚里士多德的那种悲剧的目的是在于引起"怜悯与恐惧"并且"净化"心灵的传统说法。在他看来，悲剧与其他任何戏剧形式一样，它的目的就是要打开人们生活中的快乐享受的源泉，让所有的人的感情需要(或曰感情饥渴)得到满足。成年人有成年人的感情需要，小孩子有小孩子的感情需要。由于他们各自的经历和所处的环境、条件不同，故需要的对象和内容也有区别。小孩子渴望能像成年人一样与异性发生情爱或交媾的关系，成年人则渴望能使自己长期以来被压抑的感情有朝一日像火山爆发那样崩泄出来，这种在身心未能获得满足之前的那种渴望，既是一种快乐，同时又是一种痛苦。就观赏者而言，一般他们的经历都比较简单，相对于悲剧中的英雄的伟大，他们会感到自己渺小可怜。他们因此而长期默默无闻，但他们心中所久已存在的"野心"(属欲望范畴)"却让他处于世界性事件的中心"；从而也很想"根据自己的愿望去感觉去行动和处理事情"，总之，这个人也渴望着当一个伟人或英雄。悲剧作家和悲剧演员的目的正是在于通过让他以英雄自居而帮助他实现其愿望。让他从这种愿望的实现中去体验或享受快乐。而且，这种以"英雄""伟人"自居的快乐的获得，事先又不需要他付出任何艰难辛劳的代价(因为真正的"英雄"和"伟人"一般都是经历过某种艰难、复杂的人生斗争之路的，并且即使成了真正的"英雄"或"伟人"之后，也会有种种因为成了"英雄"和"伟人"之后的各种艰辛和困扰，如被人嫉妒、暗算、与人发生权力之争、名誉被诋毁等)。他可以在"幻觉"的基础上，在不受任何危害的安全状态中，使原先被压抑的欲望得到满足。总之，"在这些情形中，他可以放心地享受做'一个伟大人物'的快乐，毫不犹豫地释放那些被压抑的冲动，纵情向往宗教、政治、社会和性事件中的自由，在各种辉煌场面中的每一个方面'发泄强烈的感情'，这些场面正是表现在舞台上的生活的各个部分"①。悲剧的目的是让观众享受快乐，让他"在伟大的英雄人物胜利时感到快乐"。这里就在客观上给悲剧提出了一个艰巨的任务：如何更深刻地探索和揭示出伟大悲剧人物情感的奥秘。悲剧塑造伟大人物及其失败或毁灭，"磨难和不幸"往往可以被看做是悲剧的特征，悲剧"仿佛掀起了对宇宙的神圣法规的反叛，正是这个法规造成了灾难。英雄们首先就反对上帝或者反对某种神圣事物，快乐似乎来自反对神的力量的软弱者的苦难——一种受虐狂满足的快乐。也是从不顾一切地坚持下去的伟大人物身上直接享受到的快乐"。② 这里主要是阐述了悲剧中的不幸(痛苦和磨难)与快乐的关系。这种快乐来自伟大英雄人物在神力面前的那种软弱无力的徒劳性对抗，而观赏者必须是带着某种受虐狂意识去欣赏它，上述前提缺一不可。因此，弗洛伊德认为，各种各样的痛苦和磨难可以用来作为悲剧的题材。悲剧通过这种痛苦和磨难，给观众以快乐的享受。不过，这样一来，就涉及悲剧艺术的第一个先决条件，即悲剧不应该给观众以痛苦，而是应该想方设法用它所包含的可能的快感来补偿观众心中产生的痛苦和怜悯，"戏剧所表现的痛苦很快就被限于表现精神的痛苦了"。③因此，为了更好地表现精神痛苦，就必须排斥肉体的痛苦，因为肉体的痛苦一旦发生，就会使人的身体感觉发生变化，一

① 弗洛伊德.弗洛伊德论美文选[M].张唤民，陈伟奇，译.北京：知识出版社，1987：21－22.

②③ 弗洛伊德.弗洛伊德论美文选[M].张唤民，陈伟奇，译.北京：知识出版社，1987：22.

个人在巨大的肉体痛苦的折磨下，那么，这个人的精神快乐因素就会消失殆尽。换言之，一个人如果要使自己处于一种良好的精神感觉中，就得排斥一切肉体上的不良感觉。如果谁有肉体上的疾病折磨，那么，这种折磨必定会给精神感觉带来干扰，体现在艺术鉴赏中，就会妨碍其精神性的“幻想游戏”。因此，在艺术鉴赏中，尽量排除这种干扰“幻想游戏”的因素，从而使自己在这种“幻想游戏”中获取更大的欢乐。悲剧的第二个先决条件是：它必须包含冲突性事件、包含抵抗和意志的努力。这些先决条件在古代希腊的命运悲剧中表现得尤为明显。而且，往往是剧作家和观众都对叛逆者持同情的态度。这种叛逆的深刻性和普遍性程度是与人们对他所赖以生存的现实环境或条件的认识成正比的，即对神的信仰越少，这种反抗就越普遍且强烈，这一点，人们不但可以从古代希腊的命运悲剧中看到，而且从现代社会悲剧中更可以得到证实。弗洛伊德认为，古代希腊悲剧反映的是人与神的对抗性冲突，阶级社会中的社会悲剧，反映的是英雄与社会某种势力的矛盾对抗，这种悲剧体现为“冲突的所有骚动”，它必然有两个主角，即通过一个主角反对象征着某种制度的那种强有力的人物斗争。弗洛伊德认为，上述这些悲剧种类的区分根据就在于“领域的不同”，而“引向苦难的情节正是在这些领域里以斗争的方式得到展开”①。

在对悲剧的目的和不幸（痛苦与磨难）与快乐的关系以及不同的悲剧类型的区别作了简单的释述之后，弗洛伊德接着就转入了在他看来是最关键的“心理悲剧”的论述。他认为，这是一个非常特殊的领域，在这个领域中，“造成痛苦的斗争是在主角的心灵中进行着，这是一个不同的冲突之间的斗争，这个斗争的结束绝不是主角的消逝，而是他的一个冲动的消逝”；这就是“斗争必须在否定中结束”②。这种心理悲剧的先决条件与上面所列举的悲剧类型也可以说是相同的。比如，主人公内心冲突的原因可能是来自社会制度或社会习俗等，因为“被社会文化、人类习俗或‘爱与责任’之间的斗争所压抑的爱就是繁衍不绝的冲突场面的出发点。这些场面就像人们的繁衍不绝的色情白日梦一样”③。

在谈到心理悲剧在什么样的情况下才算是变成了精神病理悲剧时，弗洛伊德说：“当我们参与其中并希望从中获得快乐的痛苦源泉不在两个几乎是相等的意识冲动之间的冲突，而是意识冲动与被压抑的冲动之间的冲突时，心理悲剧就变成了精神病理悲剧了。这里，快乐的先决条件是观众必须自己就是神经病症患者，因为只有这样的人才能从对被压抑的冲动的揭示和或多或少有意识的认识中获得欢乐，而不是报以纯粹的厌恶。”④《哈姆雷特》的悲剧主题表明，正是由于哈姆雷特面临着一项特殊的任务，才使这位丹麦王子精神变态——由正常人变成了一位精神病患者。这种现象说明，在哈姆雷特这位悲剧主人公身上，“一直被成功地压抑着的冲动，正努力要变成行动”⑤。弗洛伊德认为，纵观《哈姆雷特》此剧，不外乎有下述三个基本特征：第一，主角原先并不是精神变态者，而只是在情节的发展过程中变成了精神变态者；第二，哈姆雷特内心中的那种被压抑的冲动也为广大的观众所普遍具有，对这种冲动的压抑乃是人的个人发展的基础的组成部分；第三，发生

①②③④　弗洛伊德.弗洛伊德论美文选[M].张唤民，陈伟奇，译.北京：知识出版社，1987：24.
⑤　弗洛伊德.弗洛伊德论美文选[M].张唤民，陈伟奇，译.北京：知识出版社，1987：25.

在观众身上的那种理解的冲动有进入意识的努力。观众在观赏悲剧时，他的注意力也随着剧情的发展而不断地转移。就在这种转移的同时，在“观众的心中也经历了与悲剧人物同样的过程”，他绝不是仅仅限于自己对剧情有一个大概地了解就行了。不过，在这种注意力转移的过程中，观众是“牢牢控制着他自己的感情”的，“这样，阻碍感情发泄的一定数量的阻力无疑就免去了，就犹如在精神分析的治疗过程中，我们发现，随着对压抑的即使是一个较弱的抵抗，被压抑的经验的衍生物变成了意识，而被压抑的经验本身却不能变成意识。《哈姆雷特》中如此严密地隐藏着的冲突毕竟是留给我们去揭露的东西。”①

（三）弗洛伊德的审美本质论

弗洛伊德的审美本质论同上面两个论题既有区别，又有联系。所相同的是，它们都与精神分析有关，不同的是，它们分别属于弗洛伊德美学思想的几个不同范畴或层面。弗洛伊德对美的本质的分析除了散见于《梦的解析》等著作中，谈得比较多的是在《精神分析引论》一书和《论非永恒性》一文中。

由于弗洛伊德的精神分析学是以“性”或“性力冲动”为基础的，因此，体现在他对审美本质的解释上，其风格也是非常独特的。在谈到美的本质（或者说什么是美）的问题上，弗洛伊德曾作了这样的解释：“美学所要探讨的是什么情况下才被人们感觉为美；但是，它不能解释美的本质和根源，而且，正像时常出现的情况一样，这种失败被夸张而空洞的浩瀚辞藻所掩盖。不幸的是精神分析几乎没有论及美。唯一可以肯定的便是美是性情感领域的派生物，对美的热爱是目的受到控制的冲动的最好的例子。‘美’和‘吸引’最初都是性对象的特性。”③我们可以把弗洛伊德的上述论点看做是他对美的本质的基本解释。按照这种解释，那么，所谓的美或美的东西，其实是一种审美主体性力冲动的结果。换一句话说，美的根源在于“性感”，在于审美主体从其审美对象获得性欲上的满足。由此可见，弗洛伊德把美看做是人的主观欲望的外在表现。从这种心理活动的本质来说，是同人的梦境和精神病患者没有什么两样。弗洛伊德对美的解释在《论非永恒性》一文中是显得格外的充分和有深度。在对美的非永恒性问题上，弗洛伊德提出了独到的主张。他承认一切美和善不可能永恒地存在，但人们也大可不必为此而悲观沮丧。的确，大自然中的某种美不会永远驻足于世，譬如冬日里雪花飘飘的美丽景色迟早要为万紫千红的春姑娘所取代，夏日的明媚也迟早要消逝在隆冬的严寒之中。“一切人类的美景都逃脱不出这种命运的羁縻，为人类所创造了的以及所能够创造的一切美与高雅都不能幸免”，如果人们因此而哀叹，从而感到为他们一向热爱和赞美的那一切，在已成为必然的非永恒性的命运的操纵之下似乎已黯然失色的话，那简直是审美活动中的不幸。弗洛伊德认为，这种情绪的产生，即对一切美和善所感到的深切失望，会在人的心灵上引起两种不同的冲动：第一，它将使人们产生一种厌世的情绪；第二，使人们走向对现实的对抗。上述两种消极情绪的产

---

① 弗洛伊德.弗洛伊德论美文选[M].张唤民，陈伟奇，译.北京：知识出版社，1987：25.

③ 弗洛伊德.文明及其缺憾[M].傅雅芳，等译.合肥：安徽文艺出版社，1987：23.

生给人们的审美活动造成了障碍。在弗洛伊德看来，尽管春去秋来，大自然一年一度的花开花落的美丽景色在形式上是很短暂的和非永恒的，但它留给人们的美难道也是非永恒性的吗？那自然与艺术的一切魅力、外部世界给我们感官所带来的赏心悦目的美真的会化为乌有吗？对此，弗洛伊德做出了否定性的回答，他说，那种相信一切（美的）魅力会消失殆尽的论点是毫无意义的，并且是有渎神明。美的东西不但不会消失殆尽。相反，“它们一定会以某种方式继续存在，战胜一切毁灭性的威胁”。在这里，弗洛伊德表明了这样一层意思：美的非永恒性不但不会使美的自然的价值受到削弱，它反而会提高美的价值。当一年一度的春天百花凋谢之后，对之深怀留恋的人们将会怀着一种更加热切的心情期盼着来年春暖花开季节的到来。由于人生的宝贵，故人们尤其珍惜自己的青春年华，那种希望自己“青春永驻”的心理无疑“也给美的魅力增添了一种新的色彩”。一朵鲜花也绝不会因为它仅仅只在一个黑夜里开放而让人们觉得它少了姿色。同样，那些艺术作品和精神成就的美与善也不可能由于其时间上的局限性而失去价值。战争使一切美好的东西（如美好的河山、美好的家园、美好的艺术珍品）横遭破坏或毁灭，从而也使人们丧失了美的对象，但这并不因此会毁灭我们爱美的本能欲求，反而更加强化我们的爱美的本能。而这种爱美的本能是由性力所使然。因此，人们也就根本大可不必去担心美的对象的非永恒性和易变性。按照弗洛伊德的审美论，尽管美的对象是非永恒性的和易变的，但美总是会有某种载体存在，只要我们还年轻，还富有蓬勃的生命力，就应用有相当的价值或更高价值的东西来代替所失去的对象。因为性力，作为人体的一种本能，它是永远伴随人生的，因此，对美的爱和追求也是人的本能，是不可灭的。一种美的形式或美的对象即使被破坏，或毁灭了、消失了，但就其人的性力而言，他将会重新去热爱和追求新的美的对象，而且是怀着一种更加强烈的愿望和冲动去为之。

由此可见，美和美的对象的本质取决于性力。那么，我们现在来看看弗洛伊德的审美快感究竟是指什么？与美的本质问题一样，弗洛伊德对审美快感的解释同样是基于“性力”。无论是爱之本能还是“性力”，其本质属性都是追求快乐的。当这种快乐的对象一旦追求到，就会获得某种性的满足。这种性的满足就是快乐的产生或曰审美快感的产生和获得。相反，如果这种审美对象一旦失去，随之而来的就不是快感，而是一种悲愁感或痛苦感。因此，就性本能而言，人们在心理上往往是与悲愁对抗的。弗洛伊德指出，悲愁对于普通人来说尽管是极为自然的事，然而，“对于心理学家来说，悲愁都是一个很深奥的谜，它的奇特现象连我们自己也解释不清，但我们却把其他隐秘莫测的东西溯源到它那里。我们设想人具有某种程度的爱之本能，亦即所谓的性力，它在其最初的发展阶段摄住了它自己身上的自我以后，它又从自我转向了某个对象，这对象可以说是由我们以同样的方式纳入我们的自我中去的。这个转变实际上很早就开始了，一旦对象被毁灭，或者我们失去了对象，那么，我们的爱本能就会面临着一种不可名状的惆怅”①。这里讲的是在审

① 弗洛伊德.论非永恒性[M]//中国社会科学院哲学研究所美学研究室.美学译文(3).北京：中国社会科学出版社，1980：326.

美经验过程中的性力及其对象的关系。性力作为一种本能，在任何时候都是在寻找着快乐的对象；一旦获得对象，性欲将获得满足，从而也就获得审美上的愉快。相反，如果对象丧失或毁灭，这是痛苦的，这无疑是审美活动中的不幸。如果一旦遇到这种情形怎么办？出路有两条，或者寻找替代物，或者回归自身。不过，这样人们还是不明白，为什么性力脱离了它的对象就会产生这种痛苦的过程？弗洛伊德认为，这个问题只能从爱本能眷恋其对象，排斥他物这一点来推测，他说："我们只是看到，性力紧张地钳住了它的对象，而一旦对象丧失，即使作为补偿的代用品已经纳入，性力仍不愿放弃那失去的对象。那么，这就是悲愁感。"[①]弗洛伊德所强调的是性爱本能及其对象，两者的结合产生审美快感，同样，主体的性欲一旦丧失对象，它就会产生悲愁感或痛感。而审美快感赖以产生的真正基础乃是主体的性力冲动。

在20世纪的西方美学思想中，对西方精神世界影响最大的恐怕就要算弗洛伊德了。一次大战后，由弗洛伊德所创立的精神分析学说猛烈地冲击着哲学、文学、艺术、宗教、社会风尚、伦理道德等领域，即便是在今天，无论是在社会学、美学、人类学还是教育学、法学和神学等领域，人们也都不能弃它而不顾。弗洛伊德在生前也曾自称是一位"科学家"，以严谨的科学态度探索人类精神生活里的"黑暗大陆"——"无意识"，但他的理论确立也经历了曲折、坎坷的路。自从弗洛伊德1900年发表了他的成名作《梦的解析》以来，他本人就成了国际学术理论界毁誉不一、评价纷纭的人物，有人将他的精神分析学说视为资本主义文化中的一种堕落的表现[②]；有人认为弗洛伊德精神分析学可与人类科学史上的哥白尼、达尔文和爱因斯坦相匹敌[③]；有人认为弗洛伊德的理论良莠共存，瑕瑜互见，单单把弗洛伊德视为思想反动和道德败坏的心理学家是不公允的[④]；也有人甚至不分青红皂白，骂他是"疯子"和"庸医"，对他的精神分析持完全否定的态度。我们认为，弗洛伊德的精神分析学尽管存在着诸多的理论缺陷，它的理论也确实存在着不少谬见，有的甚至可以说是非常荒唐可笑的，但我们同时也应该承认，弗洛伊德本人对性的问题的探讨是十分严肃的，而且他的精神分析学说也有着一定的临床实践基础，因而在治疗精神病过程中确实取得过一些成功。这一学说在西方社会所产生的影响是不可低估的。弗洛伊德把人的心理分成"意识"和"无意识"两个对应部分，认为存在于无意识中的所谓性本能是人的心理的基本动力。这种动力是摆布个人命运、决定社会发展的永恒力量。弗洛伊德用无意识中本能欲望的冲动及其被压抑对美和艺术的起源、动力、本质、作用等问题做心理学上的分析。他的美学理论，主要也是在用上述方式对索福克勒斯和莎士比亚等著名悲剧诗人的剧作及其创作进行分析的基础上提出来的。弗洛伊德的美学理论体现了他的审美动力学，并且也包含着一些有价值的闪光的东西乃至科学的论证。他把无意识或潜意识的研究用于戏剧等文艺领域，从而拓宽了人们认识精神机制的视野。弗洛伊德通过精神分析，对悲剧

---

① 弗洛伊德.论非永恒性[M]//中国社会科学院哲学研究所美学研究室.美学译文(3).北京：中国社会科学出版社，1980：326.

② 奥兹本.弗洛伊德和马克思[M].董秋斯，译.北京：生活·读书·新知三联书店，1986：12.

③④ 克莱芒，布律诺，塞弗.马克思主义对心理分析学说的批评[M].金初高，译.北京：商务印书馆，1985：216－217.

心理的起源和悲剧创作的心理动机做出解释，从而揭示潜藏在悲剧作家内心深处的那种隐秘的东西。从总体上看，弗洛伊德美学理论具有强烈的人本主义色彩，他的所谓的精神分析，其实就是一种人格结构分析。他对艺术及其创作的精神分析，实质上是对人的审美活动原动力的一种揭示。不过，弗洛伊德本人也承认，精神分析法也很难用于艺术功能本质的解释，也无力去说明艺术的本质是什么，更谈不上给艺术家提供理想的创作方法。弗洛伊德只是坚信精神分析学能为探寻悲剧创作的奥秘提供有效的帮助。弗洛伊德悲剧学说是他的精神分析学在悲剧艺术领域里的具体推演和应用。因此，研究弗洛伊德的美学理论，对全面理解弗洛伊德的文艺观和整个精神分析哲学也是很有必要的。

弗洛伊德美学理论也得到了后人的继承和演进。我们在前面所提到的他的几位信奉者——琼斯、霍兰德、拉康和格林，他们也都是著名的心理学家，他们基本上继承了弗洛伊德的主体思想，并有所发展。他们的文艺学说（如对观众的文艺欣赏的心理活动的分析探讨）颇有一些真知灼见，譬如他们认为，观众在观赏文艺时，总是以作品人物自居，一切感同身受，这些论点是颇有道理的，但在对艺术快感来源等方面的解释上，并没有（也不可能）做出科学的论证，充其量是承袭了亚里士多德 Kathacsis（宣泄、净化）原则基础上予以精神分析学的解释而已。

如何客观准确地认识弗洛伊德及其学说，这是我们公正评价弗洛伊德及其学说的关键。应该看到，和历史上的其他一些哲学家一样，弗洛伊德的一些思辨性的哲学断想虽然在自然科学领域不失为真理，但一旦运用到社会文化历史科学领域，就暴露出其唯心主义的弱点。它的文艺观的产生和形成，主要是基于他对西方古典文艺（如悲剧作品）的鉴赏和分析，其中虽然不乏闪光之见，但总体上说，毕竟是印象式的，虚拟的哲学推断大大多于冷峻的科学分析，因此，他的一些结论就往往是失之偏颇的。对之，我们也完全可以这样说，弗洛伊德的美学理论有其积极的历史价值，同时也有其消极的糟粕。记得当代英国著名的美学史家李斯托威尔在谈到弗洛伊德美学思想的局限性时有过这样一段评论，我认为是颇为客观中肯的，他说："精神分析美学的缺点，正像整个弗洛伊德的心理学一样，把一种正确的理论夸大到接近绝对色情狂的地步。"①同样，我们也可以说，弗洛伊德的精神分析学美学的最大错误就在于否认艺术是人类社会生活活动中生活现象的反映。导致这种错误的最基本原因就在于，精神分析学派感兴趣的只是人的生物本能，而忽视了人是社会关系总和这样一个科学的原理。

二、荣格的美学思想

荣格是瑞士著名的精神病理学家、心理学家，也是西方文艺心理学神话原型批评派的代表人物。作为精神分析学的主要代表，他与弗洛伊德齐名。1900 年，当弗洛伊德的精神分析学巨著公之于世，荣格即以极大的热情投入对此著的研究，并一度狂热地追随着弗

---

① 李斯托威尔.近代美学史述评[M].蒋孔阳，译.上海：上海译文出版社，1987：140.

洛伊德，同时也深得弗洛伊德的信任和器重，但随后不久与弗洛伊德开始发生观点上的分歧，最后导致关系破裂。在与弗洛伊德分道扬镳后，他创立了心理分析学体系。荣格的心理分析学体系在许多方面修正、丰富和发展了弗洛伊德的理论。荣格与弗洛伊德学说的基本分歧在于对里比多（无意识本能）的理解。荣格反对弗洛伊德片面夸大人的个体本能，并将其归结为性力的作用，认为里比多并非只是性的愿望，而是个人全部生活的生命力，它通过成长、生殖和各种活动发泄出来。荣格批判地继承了前人的心理学理论，提出了“集体无意识”的理论，并用集体无意识的原型理论进行文艺批评，被人称之为“原型批评”。荣格的主要美学著作有《分析心理学与诗歌的关系》《心理学与文学》《美学中的心理类型》《现代悲剧面面观》等。在这些美学著作中，荣格的着眼点在于艺术创作和艺术欣赏的动力，阐述了自己的文艺心理观、关于审美过程中的心理因素理论以及关于梦、象征和原型的理论，其中写于1930年的著名文艺学论著《心理学与文学》集中体现了作者的美学观。荣格的美学观比弗洛伊德具有更广泛的社会内容，在西方美学与文艺批评界产生了不可低估的影响。

（一）荣格心理学的基本框架

荣格学说与弗洛伊德学说的最基本分歧在于对里比多本质的解释（即荣格修正了弗洛伊德的里比多理论）。正是对里比多本质和无意识结构的不同理解，荣格才在他自己的理论中提出了“集体无意识”的概念。正是“集体无意识”理论的创立，使荣格成了20世纪与弗洛伊德并驾齐驱的精神分析学者。荣格的分析心理学实际上是一种关于人格结构、动力和心理类型的学说。我们可以将其归纳为人格结构论和心理类型论两个方面。下面我们着重谈谈人格结构。

荣格与弗洛伊德一样，他也承认心灵代表了整个人格，心灵包括所有意识的、潜意识的思想、情感、行为及其发展趋势。区别只在于后者将心灵分为意识、前意识和潜意识（即自我、本我、超我）三部分，而前者则在广度和深度上对潜意识进行探索性的研究和划分，认为潜意识实际上由来源于上互不相关的两部分组成，即个人无意识和集体无意识。这样，荣格就提出了人格的三层次，即意识、个体无意识和集体无意识。意识的中心是自我或自身，它包括知觉、记忆等。它是使个人与适应其实在的环境保持联系的通道。不过，荣格认为，意识较之无意识，前者则显得次要些。他批评弗洛伊德的无意识内涵太狭窄。在荣格那里，他把无意识一直追溯到个体婴儿时期，同时也认为在人类漫长的历史进程中所形成的经验、习惯和需要，按照习得性遗传储存在人的心灵深处，也构成无意识的很大一部分。因此，在荣格看来，无意识也就可以分为上述两个部分。荣格将心灵和人格的意识作了这样一个比喻：它犹如一个岛的可见部分，在意识的下面一层，即岛的可见部分的下面则是大部分未知的部分，是属于个体的个人无意识，它是一个神秘的隐藏着的底层，是由一切冲动的愿望、模糊的知觉以及无数的其他经验组成的。它们曾经一度是意识的，但由于被遗忘或受压抑而在意识中消失了。由于它们的内容大部分是情结，因此来自个人无意识的偶然事件也有可能被召回到觉醒的意识中来。个人无意识的下面是第三层，即集体无意识。集体无意识和个人无意识不同，它不是个人靠后天习得，而是由祖先遗传保存下来的一种普遍性精神，是“无数同种类型的经验在心理上残存下来的沉淀物”。这种集体心理是改变整个世界与生活的强有力的因素。人类在原始文化中形成的属于集体无意识的原始意象可通过遗传积累成“原型”，成为一代代艺术创造的不尽的源泉。

在荣格的分析心理学说中，“原型”这一概念在某种意义上与“原始意象”相同。对此，我们不妨看看荣格本人的解释：“原始意象，有时也称之为原型……它对于所有民族、所有时代都是共同的。”①“为了解释我们知觉的这种一致性和规律性，我们不得不借助于这样一个与决定着领悟模式的要素相关联的概念。正是这一要素，我称之为原型或者原始意象。”②正是因为在荣格学说中出现了上述论点，故而有许多荣格的研究者和解释者们认为，在荣格学说中所出现的“原型”和“原始意象”两个概念的内涵是相同的。这种理解也在一定程度上给这两个概念造成了混乱。它的后果是使人们对荣格的理论产生一种误解，即荣格的心理遗传理论是建立在表象（包括观念和意象）可以遗传的假设基础上的。其实，荣格本人对上述这种假设也是持不同看法的。客观地讲，原始意象与原型的这两个概念尽管比较接近，但荣格在使用它们时，在更多的场合是对之做出区分的。我国有的学者曾作过这样的比喻，就是这两个概念区别犹如康德的“构架”与“范畴”。原始意象介于“原型”与“意象”等感性材料之间，起一种规范意象的桥梁和中介作用，而原型则是指一种与生俱来的心理模式。原型是体，原始意象是用。两者的关系既是实体与功能的关系，又是潜在与外显的关系。我们认为，这种比喻是比较合理和恰当的。

以上是我们在论述荣格的人格结构理论的基础上对其集体无意识及其“原型”作一简要概述。荣格的集体无意识及其原型理论渗透于他的整个美学中，下面，我们就他的基本美学思想作一叙述。

（二）原始意象与艺术创作的动力

在荣格的学说中，原始意象是一个包容着古老内涵的心理学概念。荣格认为，原始意象来源于人类祖先重复了无数次的同一类型的经验，它们本身不过是在这些经验的基础上形成的人类心理结构的产物，它们是“同一类型的无数经验的心理残迹”，“每一个原始意象中都有着人类精神和人类命运的一块碎片，都有着在我们祖先的历史中重复了无数次的欢乐和悲哀的残余，并且总的说来始终遵循着同样的路线。它就像心理中的一道深深开凿过的河床，生命之流在这条河床中突然奔涌成一条大江，而不是像先前那样在宽阔然而清浅的溪流中向前漫淌。”③原始意象是一种巨大的决定性的力量，它导致了真正的事件的发生，决定着人类生存和发展的命运。由于荣格把原始意象看做是和人类的整个历史一样古老的概念，因而他把这些概念首先用于对原始神话和宗教的解释上，这一点，荣格无愧于是独创。荣格认为，在一种真正的符号化的艺术作品中，创造性想象的源泉并

① 荣格.荣格文集：第6卷[M].冯川，译.北京：改革出版社，1997：443.
② 荣格.荣格文集：第8卷[M].冯川，译.北京：改革出版社，1997：136.
③ 荣格.荣格文集：第15卷[M].冯川，译.北京：改革出版社，1997：81.

不能在作家或其他艺术家个人的无意识中发现，而只能在那种原始的无意识的神话中发现。因为，只有原始文化才是人类共同的继承物，他进而主张集体无意识的、种族的、历史的积累性质。在这里，我们不难看到，荣格强调集体无意识是旨在用远古时代人类社会生活的经验来解释人类心理结构的形成和原始意象的起源。在他看来，原始意象只是一种形象而已，它在本质上只是一种神话形象。作为集体无意识的主要内容，原始意象不是一种自在实体，而是一种潜能。这种潜能以特殊形式的记忆表象，从原始时代一直传递给我们，或者以大脑的解剖学上的结构遗传给我们。原始意象是一种人类古老活动的经验在心灵深处的积淀。荣格承认原始意象来源于经验，但对于这种经验，他又有其一套独特的解释，荣格从主观经验主义的前提出发，提出了"内心经验"或"内心体验"这一概念，它的这一概念与我们日常所说的"外在经验"或"外部世界的经验"概念相对。因此，也就给这一概念打上了强烈的神秘色彩。而原始意象正是植根于这种内心经验。荣格的"内心经验"大致包含着这样的意思：人的意识来自外部和内部双重现实的影响和制约，"意识的后面并不是绝对的空无，而是无意识心理。这种无意识心理从后面和从内部影响我们的意识，正如外部世界从前面和从外部影响我们的意识一样。"①在对人的意识作了这样的基本解释之后，荣格对艺术创作的方式作了如下两种区分，即它们是心理学的和幻觉的。前者以创作素材诉诸人类意识领域，因此就其性质来说，以此种方式从事创作的艺术家被荣格称为"面向现实的艺术家"，后者则是从潜藏于无意识深处的原始意象中寻找素材，因此，荣格将这类艺术家称为回避现实、面向自我的艺术家。他以毕加索的艺术为例，认为毕加索的整个创作都体现了原始意象。这些作品与外部的客观世界几乎没有什么联系，它们纯粹是属于一种"非客观的艺术"，它们根源于艺术家的内心经验和幻觉。荣格在其理论阐述中用相当的篇幅来解释"意象"是旨在说明其内在体验性。他在谈到意象的本质时曾这样写道："当我说到'意象'时，我指的并不是外部对象的心理反映，而是……一种幻想中的形象(即一种幻想)。这种幻想只是间接地与外部对象的知觉有关。实际上，意象更多地依赖于无意识的幻想活动，并作为这一活动的产物，或多或少是突然地显现于意识之中。"②因此，原始意象是一种形象，"它本质上是一种神话形象"。它不仅涉及艺术幻觉和审美体验，而且涉及神话的起源。当一定强度的情感推动创造性幻想得到自由显现时，原始神话情景得到瞬间重构，原始意象也便得到瞬间的再现。创造性幻想引发原始意象，原始意象又赋予创造性幻想以新的能力。这里就涉及了作家、艺术家在其创作过程中的原动力问题。也就是说，所谓的艺术意象和原始意识究竟是一种什么关系。荣格从其神秘主义的"集体无意识"出发，对艺术家及其创作做出了近乎荒谬但又很值得我们后人加以寻思的解释。

所谓的"原始意象"是什么？对此，我们已经有了比较明确的认识，现在的关键是要看看原始意象与艺术家及其创作的关系。我们知道，在创作的原动力问题上，荣格与弗洛伊

① 荣格.荣格文集：第15卷[M].冯川，译.北京：改革出版社，1997：136.

② 荣格.心理学与文学[M].冯川，苏克.北京：生活·读书·新知三联书店，1987：120.

德都认为，创作的原动力来自意识，他们之间的区别只在于，弗洛伊德主张艺术创作的原动力来自“个人无意识”，而荣格则认为，艺术创作的原动力来自“集体无意识”。在《心理学与文学》一书中，荣格这样写道：“正如我过去所略略提及的那样，很可能诗人，当他显然是在自己内心中进行创造并且创作出正是符合他自己自觉意愿的东西的时候，却仍然完全被创作冲动所操纵，以致他根本意识不到有一种‘异己的’意志。正如另一种类型的诗人，意识不到在那种‘异己的’灵感中，实际上正是他自己的意志在对他说话一样。诗人们深信自己是在绝对自由中创造，其实都不过是一种幻想，他想象他是在游泳，但实际上却是一股看不见的暗流在把他卷走。”艺术家的创作其实不是代表着艺术家本身，而是一种原始意象被唤起被激活的表征。正是在这个意义上，荣格认为，歌德的《浮士德》本质上并非歌德所创造。相反，倒是《浮士德》造就了歌德。因为，《浮士德》这部作品具有一种象征意义。这正如荣格自己所说：“所谓的象征，不是一种寓言，其所指早已为人们所熟知，而是一种表现，它所代表的东西尚未认识清楚，然而却根深蒂固地存在。这里有某种东西，它活在每一个德国人的灵魂中，而歌德则促成了它的诞生。我们除了把他视为写作了《浮士德》的德国人外，还能把他想成是什么人呢？这部作品接触到某种在德国人灵魂中发出回响的东西，也就是一度被雅可布·布尔克哈特称之为‘原始意象’的人类导师和医生的形象。人类文化开创以来，智者、救星和救世主的原型意象就埋藏和蛰伏在人们的无意识中，一旦时代发生动乱，人类社会陷入严重的谬误，它就被重新唤醒。每当人们误入歧途，他们总感到需要一个向导、导师甚至医生。这类原型意象举不胜举，然而除非由于普遍观念的动摇，它们绝不可能被召唤出来，显现在人们的梦和艺术作品中。每当意识生活明显地具有片面性和某种虚伪倾向的时候，它们就被激活——甚至不妨说是‘本能地’被激活——并显现于人们的梦境和艺术家先知者们的幻觉中。”[①]这就是荣格关于原始意象及其作为艺术创作动力的基本界说。

（三）关于艺术和艺术家的本质

在《分析心理学与诗歌的关系》一文中，荣格就艺术和艺术家的本质作了比较深刻的揭示。他认为，艺术实践是一种心理活动，因而主张从心理学角度去对之加以考察，而至于艺术本质究竟是什么之类的问题，就不是心理学家的任务，只能从美学的角度去加以探讨和研究。荣格尤其反对弗洛伊德把艺术家和精神病患者等而视之的观点，而用他关于人的心理分内倾和外倾两种类型的观点对艺术家的心理进行了分类比较研究，从而提出了文学创作植根于“自发情结”和“集体无意识”的原型观念。

心理学与艺术是一种什么样的关系？对于这个问题，无论是心理学家和艺术家还是美学家都一致认为是一个复杂难解的问题。荣格认为，尽管这两者之间不能进行比较，但它们之间毕竟存在着某种密切的关联，这一点是毫无疑问的。我们的任务就是要研究这种关联或关系的内在本质是什么？荣格的美学思想，在相当大的程度上正是在对这个问

① 荣格.心理学与文学[M].冯川，苏克.北京：生活·读书·新知三联书店，1987：142－143.

题的研究中得以体现的。

艺术是什么？它能不能算是一门科学？对此，荣格的答案是否定的，他认为，“艺术本质上并非科学，科学本质上也并非艺术。心灵的这两种领域各自保持着某种对它们自己来说是独特的东西，并且只能用它们各自的术语来加以解释。因此，当我们谈论心理学与诗歌的关系时，我们将仅仅讨论艺术中可以交给心理学深入考察而并不亵渎其性质的方面。心理学家关于艺术所不得不说的一切，都将被限制在艺术创造过程的问题上而与艺术最隐秘的本质无关”。[①] 艺术作品并非疾病，因此，荣格主张，为了公正地对待一部艺术作品，分析心理学必须要做到摆脱任何医学偏见，需要抱着一种不同于医学考察的考察态度来对待艺术作品。荣格在这里其实是强调在对艺术作品的考察时，必须摆脱像弗洛伊德的那种把个人人格因素作为考察出发点的方法，“因为一部艺术作品并不是一个人，而是某种超越个人的东西，它是某种东西而不是某种人格，因此不能用人格的标准来衡量。的确，一部真正的艺术作品的特殊意义在于它避免个人的局限并且超越于作者个人的考虑之外”。[②] 由上述之点开始，荣格认为，艺术创作或艺术作品基本上具有两类，一类是心理学式的，另一类是幻想式的。前一类创作不超越于可以解释的心理学事实之外，它所包含的内容往往是比较易于理解。艺术家为了“让自己的材料服从于明确的目标，对它们作特定的加工处理。他给它增添一点东西，减少一点东西；强调一种效果，缓和另一种效果；在这儿涂上一笔色彩，在那儿涂上另一笔色彩；自始至终小心地考察其整体效果，并且极端重视风格和造型规律，他运用最敏锐的判断，在遣词造句上享有充分的自由。他的材料完全服从于他的艺术目标”。[③] 这种创作完全来源于艺术家的某种预先设定的意图或构想。在创作中，艺术家时时用自己业已设定的原则或模式去规范或指导正在逐步形成的作品。按照艺术家固有的审美意识和情趣，尽量使作品达到与其意向和才华的一致，从而使这样的作品也成了艺术家本人心灵或人格的象征。所谓的“风格即是人”就是从这一类心理学式的作品而言的。相反，后一种创作或作品，即幻觉式的创作或作品就与之截然不同了。这类作品由于供给艺术家表现的素材是潜藏于艺术家心灵深处的幻想，它是一种深不可测的原始经验的曲折反映，所以不容易解释。在这类作品中，艺术家并不是作为作品创造者的形象出现，他只是作为一种无意识作用的代表出现的。正如我们前面讲的，歌德不是创造了《浮士德》，而是《浮士德》造就了歌德一样。荣格说：“这些作品或多或少完美无缺地从作者笔下涌出。它们好像是完全打扮好了才来到这个世界，就像雅典娜从宙斯的脑袋中跳出来那样。这些作品专横地把自己强加给作者，他的手被捉住了，他的笔写的是他惊奇地沉浸其中的事情；这些作品有着自己与生俱来的形式，他想要增加的任何一点东西都遭到拒绝，而他自己要想拒绝的东西却再次被强加给他。在他的自觉精神面对这一现象处于惊奇和闲置状态的同时，他被洪水一般涌来的思想和意象所淹没，而这些大多数都是很好地解释了什么是内倾态度——诗人的自觉意图驾驭了材料。”[④]《浮士德》的

① 荣格.心理学与文学[M].冯川，苏克.北京：生活·读书·新知三联书店，1987：109.

②③ 荣格.心理学与文学[M].冯川，苏克.北京：生活·读书·新知三联书店，1987：110.

④ 荣格.心理学与文学[M].冯川，苏克.北京：生活·读书·新知三联书店，1987：113.

第二部即是一部典型的外倾型的作品。

在对艺术创作和艺术作品作了上述两种分类之后，荣格随之将其考察研究的重点转到对驱动艺术家进行艺术创作的原动力是什么这个问题上来，这一转变也是一种心理学角度的转变。荣格发现，在艺术家的艺术创作背后，似乎潜藏着一种为艺术家本人的意志所无法对抗或左右的力量，正是这种力量的存在，使艺术家“仅仅是作为一个发生反应的主体”出现在我们的面前，即使是“当他显然是在自己内心中进行创造并且创作出正是符合他自己自觉意愿的东西的时候，却仍然被创作冲动所操纵，以致他根本意识不到有一种‘异己’的意志。正如另一种类型的诗人，意识不到在那‘异己的’灵感中，实际上正是他自己的意志在对他说话一样”。艺术家们相信自己是在绝对自由中进行创造，“其实却不过是一种幻想，他想象他在游泳，但实际上却是一股看不见的暗流在把他卷走”。[①] 这股暗流是什么？就是一种“无意识”的原始冲动力，或曰原始意象的冲动力。荣格认为，“那种被唤醒或被激活了的原始意象不仅给艺术家以创作冲动，而且始终制约着其整个创造过程。这种由原始意象所引发的创作冲动具有反复无常、骄纵任性的特点。它们甚至吞噬艺术家的人性，无情地奴役他去完成他的作品”。那种“孕育在艺术家心中的作品是一种自然力，它以自然本身固有的狂暴力量和机敏狡猾去实现它的目的，而完全不考虑那作为载体的艺术家的个人命运。创作冲动从艺术家那里得到滋养，就像一棵树从它赖以吸取养料的土壤中得到滋养一样。因此，我们最好把创作过程看成是一种扎根在人心中的有生命的东西。在分析心理学的语言中，这种有生命的东西就叫作自主情结(Autonomous complex)”。请注意，荣格在这里提到的自主情结概念，是我们理解荣格艺术创造动力论的关键。荣格认为，这种自主情结是心理分裂的一部分，它生活于意识过程之外，它可以依靠其能量负荷，表现为对意识活动的纯粹干扰，也可以表现为一种无上的权威，驯服自我去完成自己的目的。因为，在艺术的整个创作过程中，他并非只是听从个人心灵情感的呼唤，并非遵从灵性的真实，而是听从植根于无意识原型的自主情结的操纵，并使其精神表现为逆行、下降的退向性发展，返回远古集体无意识之中，用荣格的话来说：“只有在艺术中，人们才能理解到一种能允许所有的人都去交流他们情感的韵律，从而使人结合成一个整体。”[③] 集体无意识只有在幻想世界中才能得到体现，由于艺术要从人类的原始意象中去获得其力量，因此，艺术作品与其说是艺术家个人心灵的回声，倒不如说它是整个人类心灵的历史回声。原始意象就像一种模式一样，每个时代的人都在这种模式中贮存起他们的特殊经验。艺术家的创作过程就是在上述意义上，使其“自主情结”得以充分体现的过程。这个过程是由一种原始意象的无意识活动所组成。在艺术家的辛勤劳作(或用心创作)下，他将这种原始意象形象地表达出来，从这种表达出来的作品中，使人们能够隐约地追溯到生命起源时的那种最神圣最奥秘的境界。

---

① 荣格.心理学与文学[M].冯川，苏克.北京：生活·读书·新知三联书店，1987：113.

③ 荣格.荣格文集：第15卷[M].冯川，译.北京：改革出版社，1997：161.

(四)艺术与现代心灵

精神分析学派的创始人弗洛伊德的“无意识”理论为现代人打开了通往心灵研究和心理治疗的入门之道,而荣格的“集体无意识”理论则标志着精神分析学派在心灵研究方面进入了更高的层次。他的《现代灵魂的自我拯救》(又译《寻求灵魂的现代人》)(Modern Man in Search of A Soul)就是这方面研究的代表作。面对着现代人的精神苦闷,对于科学文明的厌倦和抵抗,以及西方人以其物质文明破坏、扰乱了东方世界等现象,荣格提出了自己独特的见解,并为现代灵魂的自我解救开了药方。在荣格看来,现代人的精神之所以痛苦,部分是由于缺乏宗教信仰寄托。尽管人类经过千百年的努力建立起了辉煌的现代文明,但透过这种现代文明的现象,人们仍不难窥见这种现象背后所留有的原始民族的心灵印记。荣格深信,对心灵的探讨必定会成为未来人类的一门重要科学,而且这是一门为人类最为迫切需要的科学。因为,就整个世界发展的总趋势而言,人类最大的敌人不是饥荒、地震、病菌或癌症,而是在于人类本身。人类心灵疾病的肆虐和蔓延要比自然灾害更令人可怕。作为一个现代人,他是很不幸的,很痛苦的,因为,现代人无可奈何地体验着科技与美学、感性与理性、意识与无意识、经验与超验、有限与无限、自由与必然的分裂。作为现代人,他要在心灵上经受生活与理想世界的矛盾冲突,而哲人们总是想在这种矛盾对立中寻求一种中介或共同性。荣格与以往的哲人们不同,他并不是想通过分析心理学简单地为上述分裂寻找一种调和。相反,他将现代人格问题和艺术的超功能统统置于人类的文化这一大背景中来加以考察和阐述。荣格认为,在现代人的心灵中,同样蕴涵着深刻的神话因素,因为神话“不仅代表而且确实是原始民族的心理生活。原始民族失去了它的神话遗产,就会像一个失去灵魂的人那样即刻趋于毁灭。一个民族的神话是这个民族的活的宗教,失掉了神话,无论在哪里,即使在文明社会中,也总是一场道德灾难”。[①] 神话不但是原始人类的灵魂所在,而且也是现代科学、艺术、哲学和宗教的源头。今天,包括从科学技术在内的现代文明发展到了一个崭新的阶段,从而使神话退隐,现代人也变成了科技的婢女,现代人面临着精神的痛苦和失落。为了使现代人重新振作,为了使业已被分裂的精神得以弥合,荣格大声疾呼:回到古代神话中去,从古代神话中寻求灵魂的归宿。

那么,通过什么样的途径或方式才能最有效地使现代人重返自己的心灵故园呢?荣格的答案是——艺术。

艺术是什么?荣格认为,艺术是一种有生命的、自身包含着自身的东西,它本质上是一种超越了艺术家个人的东西,它不受艺术家个人生活的局限,与艺术家的私生活无关。因此,荣格根本不同意弗洛伊德把艺术归之于个人欲望。相反,他把艺术归之于集体——公众的欲望。艺术是集体的,艺术作品是艺术家的命运,他是它的工具。艺术本质上是人生之梦,通过这种人生之梦,现代人可以摆脱对现代文明的焦虑和失望,在这种远离尘世的人生之梦中寻找到使其精神得以满足的东西,从而为现代人的心理分裂提供了综合的可能性。正是因为艺术成为现代人渴望回归的故乡,正是因为艺术成为现代人抵御人性

① 荣格.荣格文集:第9卷[M].冯川,译.北京:改革出版社,1997:154.

深度沦丧的家园，因此，荣格认为，艺术在现代生活中发挥着类似宗教的功能。从荣格的上述观点中，我们也不难看到，他在强调艺术家之所以要远离喧嚣尘世的同时，也看到了艺术家对现代文明生活的不适应，艺术家越来越沉湎于内心生活是由于他对现实人生的漠然。此外，正是由于艺术家对现实的社会人生不感兴趣而导致其远离尘世，返回到“集体无意识”，或者说使其现代心灵得以拯救。

综上所述，我们看到，弗洛伊德与荣格是精神分析学派美学的主要代表，前者美学的理论支点是“个人无意识”和“里比多”，后者则是“集体无意识”和“原型”观念。两者的学说与美学有关的部分，主要在于他们都是对艺术创造和艺术欣赏的动力做出心理学上的解释。荣格在其美学理论的阐述上，在许多方面修正、丰富和发展了弗洛伊德理论。正是由于荣格美学理论的形成和确立，使精神分析学美学在现代西方美学史上拥有更加杰出、强劲的稳固地位。无论是弗洛伊德还是荣格，他们两位严格说来都不是真正的美学家，但他们创立的精神分析学说对现代西方美学和文艺理论发展产生了巨大而又深远的影响。如果从心理学与文艺学、美学的关系而言，荣格在这方面的成就和贡献似乎要超过弗洛伊德。对此，凡是认真研读过荣格《心理学与文学》以及其他有关论著的人们都是不会有任何怀疑的。也正是由于这一点，荣格甚至在西方获得了比弗洛伊德更高的声誉。作为一个心理学家，他始终不倦地探索着人类的精神，而他那些涉及人类文化艺术方面的理论，无非是他借此来建构和完善其分析心理学理论体系的一种手段或形式。尽管荣格的主要理论贡献是在分析心理学方面，然而，他的心理学理论对现代社会和现代文化的影响并不亚于对整个人类心理科学的影响。他那以分析心理学为立论基础的文艺美学观，在现代西方美学史上是有很大影响的。他通过对“无意识”的崭新解释，通过对新颖的人格结构、艺术的象征功能、作家、作品与读者关系等的揭示，确立起其美学理论的基本构架。然而，在西方美学界，对荣格美学的评价也存在着分歧。有的学者，如加拿大的原型批评权威弗莱认为，荣格的美学理论为现代文艺学开辟了崭新的前景。美国的著名心理学家霍尔在其《荣格心理学入门》一书中则给予了这样的评价：“荣格是现代思潮中最重要的变革者和推动者之一”，他的许多观点“成为后来许多作家的指南。心理学领域以及其他与之相关的领域中的许多新趋势新潮流都应追溯到荣格，因为正是他最先给人们指出了路径和方向”。[①] 此外，也有一些学者，如苏联的精神分析学家列夫立克则提出了与上述学者相反的评价，他认为，荣格的理论使现代文艺学误入迷途。当然，西方学者对荣格的评价自然是有他们各自的立论根据。那么，我们今天面对着荣格的美学理论，又应该怎样去评价它呢？

我们认为，荣格的美学思想的创立，不但丰富了精神分析美学，而且也给现代西方美学注入了生机和活力。综观荣格的美学思想，我们看到，它既有独到的价值，同时又有其不可避免的缺陷。就拿他的思想体系的核心“集体无意识”来说，他把“集体无意识”与人的审美活动联系起来考察，并从艺术动力学的角度去研究各种复杂的文艺现象，从而使文艺创造的思维空间和文艺理论研究的领域得以大大地拓宽，这不能不说是他的一大理论

① 霍尔.荣格心理学入门[M].冯川，译.北京：生活·读书·新知三联书店，1987：1.

贡献。值得指出的是，荣格的这一理论是在既承袭了弗洛伊德理论（尤指承袭了他的“无意识”理论），又否定和发展了这一理论（指否定了弗洛伊德的个人无意识而提出了与之相对的“集体无意识”理论）基础上确立起来的。这也是他对精神分析学（美学）的主要贡献。当然，在阐述他的“集体无意识”理论过程中，过分地夸大了无意识的审美动力机制，这一点，荣格似乎失败了，也正是由于他的这一理论缺陷，致使其整个艺术动力学陷入了窘困的境地。

注释

1 红衣主教伊波里托·德埃斯特是阿里奥斯托的第一个保护人，阿里奥斯托的《疯狂的奥兰多》就是献给他的。诗人得到的唯一报答就是红衣主教提出的问题：“罗多维柯，你从哪儿找到这么多故事？”

论精神分析学派的悲剧学说

一、弗洛伊德的悲剧学说

弗洛伊德的悲剧观主要是通过他对古希腊的《俄狄浦斯王》和莎士比亚的《哈姆雷特》等悲剧杰作的分析和评价体现出来的。

(一) 关于“俄狄浦斯情结”

“俄狄浦斯情结”是弗洛伊德整个精神分析学的一大支柱。它与“性欲”和“无意识”关系密切。弗洛伊德在他的《精神分析引论》中曾经指出精神分析的两条“定理”是“无意识”和“性冲动”,他说:第一条定理认为:“心理过程主要是潜意识的,至于意识的心理过程仅是整个心灵的分离的部分和动作。”①第二条定理认为:“性的冲动,广义的和狭义的,都是神经病和精神病的重要起因,这是前人所没有意识到的。更有甚者,我们认为这些性的冲动,对人类心灵最高文化的,艺术的和社会的成就做出了最大的贡献。”②弗洛伊德认为,控制人类行为的不是意识,而是无意识。无意识的欲望和本能,受到压抑或约束而未能得到满足,严重的就引起精神病,轻度的就引起失意、焦虑或做梦。弗洛伊德在对精神病患者治疗的临床实践中,根据其所述梦中与母亲性交和杀死父亲的情形进行心理分析,建立所谓的“俄狄浦斯梦”(或曰“俄狄浦斯情结”或“恋母情结”)的理论。他在《梦的解析》中指出:人的性欲冲动在儿童时期就已存在,“儿童在幼年时期一说得直率一点一就有性欲偏向:男孩将父亲看做情敌,女孩将母亲看做情敌,除掉这种情敌对自己很有利”。他又说:“古典作品遗留给我们的一个传说证实了这一发现:只有我所提出的有关儿童心理的假设具有普遍有效性,这个传说——它的深刻而普遍的力量令人感动——才能被理解。我所要说及的是关于俄狄浦斯王的传说和索福克勒斯的同名悲剧《俄狄浦斯王》。”③

弗洛伊德在对俄狄浦斯的传说和剧情作了叙述的基础上,联系他的“俄狄浦斯情结”来讨论悲剧的效果问题,他说:“《俄狄浦斯王》作为一出命运悲剧为世人所称道。它的悲剧效果被说成是至高无上的神的意志和人类逃避即将来临的不幸时毫无结果的努

---

① 弗洛伊德.精神分析引论[M].高觉敷,译.北京:商务印书馆,1984:8.
② 弗洛伊德.精神分析引论[M].高觉敷,译.北京:商务印书馆,1984:9.
③ 弗洛伊德.弗洛伊德论美文选[M].张唤民,陈伟奇,译.北京:知识出版社,1987:13-14.

力之间的冲突。据说，深受感动的观众从这出悲剧中所得到的教训是人必得屈服于神的意志，并且承认他自己的渺小。因此，现代剧作家们就靠着把同样的冲突写进他自己发明的情节中去的方法，试图获得一个同样的悲剧效果。但是，当咒语或神谕不顾那些可怜的人的所有努力而应验了的时候，观众们看来并不感动。就后来的命运悲剧的效果而言，它们是失败的。"[①]看来，弗洛伊德是不太同意悲剧的效果来自"神的意志和厄运者的徒劳抗争"这种说法。相反，他倒认为，"如果《俄狄浦斯王》感动一位现代观众不亚于感动当时的一位希腊观众，那么，唯一的解释只能是这样：它的悲剧效果并不在于命运与人类意志的冲突，而在于表现这一冲突的题材的特性。在我们内心一定有某种能引起震动的东西，与《俄狄浦斯王》中的命运——那使人确信的力量，是一拍即合的"。[②]这里，弗洛伊德提出了剧情中的悲剧效果并不在于意志与人格力量的冲突，而是在于另外一种能引起观赏者震动的（或曰早已生成于其心中的）东西。那么，这种东西又是什么呢？弗洛伊德说：这种东西"包含在俄狄浦斯王的故事中，他的命运打动了我们，只是由于它有可能成为我们的命运一因为在我们诞生之前，神谕把同样的咒语加在了我们的头上，正如加在他的头上一样。也许我们所有的人都命中注定要把我们最初的性冲动指向母亲，而把我们最初的仇恨和屠杀的愿望指向父亲。我们的梦使我们确信事情就是这样。俄狄浦斯杀了自己的父亲拉伊俄斯，娶了自己的母亲伊俄长斯，他只不过向我们显示出我们自己童年时代的愿望实现了。但是，我们比他幸运，我们没有变成精神病患者，就这一点来说，我们成功了，我们从母亲身上收回了性冲动，并且忘记了对父亲的嫉妒。正是在俄狄浦斯王身上，我们童年时代的最初愿望实现了。我们靠着全部压抑力在罪恶面前退缩了，靠着全部压抑力，我们的愿望被压抑下去"。[③] 弗洛伊德的以上论述，从精神分析学角度来解释悲剧的效果，认为悲剧的效果来自恋母妒父，这种性欲望在我们每个人身上都有，只要剧中的类似情节一出现，即可在观赏者那里唤起此种同类的东西，"今天像过去一样，许多人都梦见和他们的母亲发生了性关系，并且在讲述这事时，即愤慨又惊讶"。[④]弗洛伊德把这种情形看做是"解释悲剧的关键"，[⑤]弗洛伊德还认为，俄狄浦斯的故事是两种典型之梦（杀父和娶母）的想象的反映，"正如这些梦在被成人梦见时伴随着厌恶感一样，这个传说也必然包含着恐怖与自我惩罚"。[⑥]自索福克勒斯首创《俄狄浦斯王》悲剧以来，后世悲剧作家也不乏类似的模拟之作，在有的"修改本"中，由于对传说所做的过多的修改，导致人们对传说产生一定程度的误解，尤其是"修改本"的用意是想利用俄狄浦斯王这一古代传说为神学服务，不过，在弗洛伊德的眼光中，"调和至高无上的神力与人类的责任感的企图，肯定是同《俄狄浦斯王》这个题材无关"。[⑦]《俄狄浦斯王》是与人的最初的性冲动有关，是"俄狄浦斯情结"引起观众心灵的震颤，也是俄狄浦斯情结导致了恐怖和自我惩罚。因此，《俄狄浦斯王》悲剧不是来自"神意"与"人力"的矛盾冲突，而是来自悲剧主人公"恋母妒父"的心理。

---

①② 弗洛伊德.弗洛伊德论美文选[M].张唤民，陈伟奇，译.北京：知识出版社，1987：15.

③④⑤⑥⑦ 弗洛伊德.弗洛伊德论美文选[M].张唤民，陈伟奇，译.北京：知识出版社，1987：15－16.

（二）《哈姆雷特》精神分析

弗洛伊德对莎士比亚的作品深有好感。在《梦的解析》中，他先后论及《哈姆雷特》《麦克佩斯》《裘力斯·恺撒》《奥赛罗》等，尤其对《哈姆雷特》作了重点的分析，他写道："另外一部伟大的诗体悲剧：莎士比亚的《哈姆雷特》与《俄狄浦斯王》来自同一根源。但是，同一材料的不同处理表现出两个相距甚远的文明时代的精神生活的全然不同，表明了人类感情生活中的压抑的漫长历程。在《俄狄浦斯王》中，作为基础的儿童充满愿望的幻想正如在梦中那样展现出来，并且得到实现。在哈姆雷特中，幻想被压抑着，汇如在神经病症状中一样，我们只能从幻想被抑制的情况中得知它的存在。"[①]莎士比亚的《哈姆雷特》，其悲剧效果较之索福克勒斯的《俄狄浦斯王》来一点也不逊色，但情况正如在其他许多现代悲剧中所发生的那样，人们往往对象"哈姆雷特"这样的悲剧主人公的性格特征并不真正了解。弗洛伊德认为，《哈姆雷特》的悲剧的基础就在于哈姆雷特在完成其父所交代的复仇任务时的那种犹豫不决态度，但该剧本却并没有解释哈姆雷特犹豫不决的原因和动机。对此，在西方著名的戏剧评论家中，以前也出现过各种各样的不同解释：如歌德认为，"哈姆雷特代表一种人的典型，他们的行动力量被过分发达的智力麻痹了（思想苍白使他们病入膏肓）"。[②] 再如有人认为，"剧作家试图描绘出一个病理学上的优柔寡断的性格，它可能属于神经衰弱一类"。[③]显然，上述所列举的解释在弗洛伊德看来都是不成功的，故他对之持坚决反对的态度，并明确指出"戏剧的情节告诉我们，哈姆雷特根本不是代表一个没有任何行动能力的人。我们在两个场合看到了他的行动：第一次是一怒之下，用剑刺穿了挂毯后面的窃听者，另一次，他怀着文艺复兴时期王子的全部冷酷，在预谋甚至使用诡计的情况下，让两个设计谋害他的朝臣去送死。从哈姆雷特的上述行为中，至少可以说明，他不是那种在关键时刻犹豫不决的人，而是有决断力的。问题的关键就在于：究竟是一种什么东西在阻碍着这位年轻的丹麦王子去完成其父亲（鬼魂）吩咐给他的任务的呢？答案恐怕还得从他所要执行的这个任务的特殊性中去寻找。哈姆雷特可以去做任何事情，但就是不能对那位曾经杀死其父亲、篡夺了王位并与他母亲结婚的人进行报复，因为这个人向他展示了他自己童年时代被压抑的愿望的实现。这样，在他心里驱使他复仇的敌意，就被自我谴责和良心的顾虑所代替了，它们告诉他，他实在并不比他要惩罚的罪犯好多少"。[④] 从弗洛伊德的上述话语中，我们可以看出，他把哈姆雷特的良心的谴责不是看做来自社会或道德，而是把它看做由某种"无意识"的思想感情因素所致。因此，他说："如果有人愿意把他看做歇斯底里症患者，那我只好承认我的解释暗含着这样一个事实。"[⑤]

弗洛伊德用精神分析方法对哈姆雷特的悲剧形象作了"无意识"意义上的分析和研究。他认为，哈姆雷特是莎士比亚悲剧中的典型的精神变态者，现在让我们来看看弗洛伊德对这个问题的深入解释。

---

① 弗洛伊德.弗洛伊德论美文选[M].张唤民，陈伟奇，译.北京：知识出版社，1987：17.
②③ 弗洛伊德.弗洛伊德论美文选[M].张唤民，陈伟奇，译.北京：知识出版社，1987：17－18.
④⑤ 弗洛伊德.弗洛伊德论美文选[M].张唤民，陈伟奇，译.北京：知识出版社，1987：18.

（三）悲剧中的精神变态

弗洛伊德把哈姆雷特看做是歇斯底里症的患者，其实就是把他看成悲剧中的精神变态者。当然，作为精神变态者，要经历精神上的痛苦或磨难，而这种痛苦或磨难总是与某种具体的环境有关（反之，快乐和幸福的情形也是如此）。对于这个问题，弗洛伊德首先是从分析悲剧的目的着手的，他说："如果悲剧的目的是引起'恐惧和怜悯'，并且起到'净化情感'的作用，就像自亚里士多德以来人们一直认为的那样，那么，我们可以更为详细地论述悲剧这一目的。我们会说，悲剧的目的在于打开我们感情生活中快乐和享受的源泉，就像开玩笑或说笑话揭开了同样的源泉，揭开这样的源泉都是理性的活动所达不到的。毫无疑问，在这一方面，基本因素是通过'发泄强烈的感情'来摆脱一个人自己感情的过程，随之而来的享受，一方面与彻底发泄所产生的安慰相和谐，另一方面无疑与伴随而来的性兴奋相对应，因为正如我们设想的那样，当一种感情被唤起的时候，性兴奋作为副产品出现，向人们提供了他们如此渴望的引发精神状态中潜能的感受。成年人作为一个充满兴趣的观众在场景和戏剧中得到的东西正如孩子们在游戏中得到的东西，孩子们迟迟疑疑的希望（希望能做成年人所做的事情）在游戏中得到了满足。"[①]综上所述，我们看到，弗洛伊德显然不同意亚里士多德的那种悲剧的目的在于引起"怜悯与恐惧"，并且"净化"心灵的传统说法。在他看来，悲剧与其他任何戏剧形式一样，它的目的就是要打开人们生活中的快乐享受的源泉，让所有的人的感情需要得到满足。成年人和孩子，由于他们各自的经历和所处的环境、条件不同，故感情需要的对象和内容也有区别。孩子渴望能像成年人一样与异性发生情爱或交媾的关系，成年人则渴望能使自己长期以来被压抑的情感有朝一日像山洪暴发那样奔泻出来。就观赏者而言，一般他们的经历都比较简单，相对于悲剧中的英雄的伟大，他们会感到自己渺小可怜。他们因此而长期默默无闻，但他们心中所久已存在的野心（属欲望范畴）"却让他处于世界性事件的中心"，从而也很想"根据自己的愿望去感觉去行动和处理事情"，总之，这个人也渴望着当一个伟人或英雄。悲剧作家和悲剧演员的目的正是在于通过让他以英雄自居而帮助他实现其愿望。让他从这种愿望的实现中去体验或享受快乐。而且，这种以"英雄""伟人"自居的快乐的获得。事先又不需要他付出任何艰难辛苦的代价（因为真正的"英雄"和"伟人"一般都是经历过某种艰难、复杂的人生斗争之路的，并且即使成了真正的"英雄"或"伟人"之后的，也会有种种因为成了"英雄"或"伟人"之后，如被人嫉妒、暗算、与人发生权力之争等）。他可以在"幻觉"的基础上，在不受任何危害的安全状态中、使原先被压抑的欲望得到满足。总之，"在这些情形中，他可以放心地享受作'一个伟大人物'的快乐，毫不犹豫地释放那些被压抑的冲动，纵情向往宗教、政治、社会和性事件中的自由，在各种辉煌场面中的每一个方面'发泄强烈的感情'。这些场面正是表现在舞台上的生活的各个部分。"[②]

悲剧的目的是让观众享受快乐，让他"在伟大的英雄人物胜利时感到快乐"。这里就

---

① 弗洛伊德.弗洛伊德论美文选[M].张唤民，陈伟奇，译.北京：知识出版社，1987：21.

② 弗洛伊德.弗洛伊德论美文选[M].张唤民，陈伟奇，译.北京：知识出版社，1987：21－24.

在客观上给悲剧提出了一个艰巨的任务：如何更深刻地探索和揭示伟大悲剧人物情感的奥秘。悲剧塑造伟大人物及其失败或毁灭。“磨难和不幸”往往可以被看做是悲剧的特征，悲剧“仿佛掀起了对宇宙的神圣法规的反叛，正是这个法规造成了灾难。英雄们首先就反对上帝或者反对某种神圣事物，快乐似乎来自反对神的力量的软弱者的苦难——一种受虐狂满足的快乐。也是从不顾一切地坚持下去的伟大人物身上直接享受到的快乐”。① 这里主要阐述了悲剧中的不幸与快乐的关系。这种快乐来自伟大英雄人物在神力面前的那种软弱无力的徒劳性对抗，而观赏者必须是带着某种受虐狂意识去欣赏它。上述前提缺一不可。因此弗洛伊德认为，各种各样的痛苦和磨难可以用来作为悲剧的题材。悲剧通过这种痛苦和磨难，给观众以快乐的享受。不过，这样一来，就涉及悲剧艺术的第一个先决条件，即悲剧不应该给观众以痛苦，而是应该想方设法用它所包含的可能的快感来补偿观众心中产生的痛苦和怜悯，“戏剧所表现的痛苦很快就限于表现精神的痛苦了”。②因此，为了更好地表现精神痛苦，就必须排斥肉体的痛苦，因为肉体的痛苦一旦发生，就会使人的身体感觉发生变化，一个人在巨大的肉体痛苦的折磨下，这个人的精神快乐的因素就会消失殆尽。悲剧的第二个先决条件是：它必须包含冲突性事件和包含抵抗与意志的努力。这些先决条件在古代希啃的命运悲剧中表现得尤为明显。而且，往往是剧作家和观众都对叛逆者持同情的态度。这种叛逆的深刻性和普遍性程度是与人们对他所赖以生存的现实这环境或条件的认识成正比的。即对神的信仰越少，这种反抗就越普遍且强烈。这一点，人们不但可以从古希腊的命运悲剧中看到，而且从现代社会悲剧中更可以得到证实。弗洛伊德认为，古代希腊悲剧反映的是人与神的对抗性冲突，阶级社会中的社会悲剧，反映的是英雄与社会某种势力的矛盾对抗，这种悲刚则体现为“冲突的所有骚动”。它必然有两个主角，即通过一个主角反对象征着某种制度的那种强有力的人物的斗争。弗洛伊德认为，上述这些悲剧种类的区分根据就在于“领域的不同”，而“引向苦难的情节正是在这些领域里以斗争的方式得到展开”。③

弗洛伊德接着就转入了在他看来是最关键的“心理悲剧”的论述。他认为，这是一个特殊的领域。在这个领域中。“造成痛苦的斗争是在主角的心灵中进行着，这是一个不同的冲动之间的斗争，这个斗争的结果绝不是主角的消逝，而是他的一个冲动的消逝，这就是说：斗争必须在否定中结束。”④这种心理悲剧的先决条件与上面所列举的悲剧类型也可以说是相同的。

在谈到心理悲剧在什么样的情况下才算是变成了精神病理悲剧时，弗洛伊德说：“当我们参与其中并希望从中获得快乐的痛苦源泉不在两个几乎是相等的意识冲动之间的冲突，而是意识冲动与被压抑的冲动之间的冲突时。心理悲剧就变成了精神病理悲剧了。这里，快乐的先决条件是观众必须自己就是神经病症患者，因为只有这样的人才能从对被压抑的冲动的揭示和或多或少有意识的认识中获得欢乐，而不是报以纯粹的厌恶。”⑤《哈

①② 弗洛伊德.弗洛伊德论美文选[M].张唤民，陈伟奇，译.北京：知识出版社，1987：22.
③④⑤ 弗洛伊德.弗洛伊德论美文选[M].张唤民，陈伟奇，译.北京：知识出版社，1987：24.

姆雷特》的悲剧主题表明：正是由于哈姆雷特面临着一项特殊的任务，才使这位丹麦王子精神变态一由正常人变成了精神病患者。这种现象表明，在哈姆雷特身上，“一直被成功地压抑着的冲动，正努力要变成行动”。[①] 弗洛伊德认为，纵观《哈姆雷特》此剧，不外乎有下述三个基本特征：第一，主角原先并不是精神变态者，而只是在情节发展过程中变成了精神变态者；第二，哈姆雷特的内心中的那种被压抑的冲动也为广大的观众所普遍具有，对这种冲动的压抑乃是人的个人发展的基础的组成部分；第三，发生在观众身上的那种理解的冲动(进入意识的努力)。观众在观赏悲剧中，他的注意力也是随着剧情的发展而不断转移。就在这种转移的同时，在“观众的心中也经历了与悲剧人物同样的过程”，他绝不是仅仅限于自己对剧情有一个大概地了解就行了。不过，在这种注意力转移的过程中，观众，是“牢牢控制着自己的感情”的，“这样，阻碍感情发泄的一定数量的阻力无疑就免去了，就像在精神分析治疗中，我们发现，随着对压抑的即使是一个较弱的抵抗，被压抑的经验的衍生物变成了意识，而被压抑的经验本身却不能变成意识。《哈姆雷特》中如此严密地隐藏着的冲突毕竟是留给我们去揭露的东西”。[②]

可以看出，弗洛伊德把无意识或潜意识的研究用于悲剧领域，从而拓宽了人们认识精神机制的视野，但是也应该看到，和历史上的其他一些哲学家一样，弗洛伊德的一些思辨性的哲学断想虽然在自然科学领域有一定的真理性，但一旦运用到社会文化历史科学领域，就暴露出其唯心主义的弱点。它的悲剧观的产生和形成，主要是基于他对西方古典悲剧作品的鉴赏和分析，其中虽不乏闪光之见，但总体上说，毕竟是印象式的，虚拟的哲学推断大大多于冷静的科学分析，因此，他的一些结论就往往是失之偏颇的或者甚至可以说是不正确的。弗洛伊德的精神分析学悲剧学说最大的错误就在于否认悲剧是人类社会生活活动中悲剧性现象的反映。

二、琼斯、霍兰德、拉康、格林的悲剧学说

当代英国医学博士、著名精神分析学家琼斯对弗洛伊德的精神分析学及其悲剧理论作过仔细精深的研究，并运用弗洛伊德学说来研究莎士比亚和哈姆雷特。琼斯不仅对弗洛伊德的“无意识”理论大加发挥，而且对索福克勒斯和莎士比亚的著名悲剧也作了弗洛伊德主义的探讨和解释。他认为，在莎士比亚的《哈姆雷特》悲剧中，与其说哈姆雷特替自己报了杀父之仇，倒不如说是克劳狄斯帮助他杀死了父亲，从而解除了他自幼以来一直患有的一块心病，他的理由在于：当哈姆雷特下决心替父报仇时，竟然犹豫不决了，准备工作做得那样拖拉草率，内心斗争又如此激烈，以致几次险些使计划落空。最后他虽然杀死了父亲的仇敌克劳狄斯，但伴随着这一成功来临的却是母子双亡的悲剧性结局。按照琼斯的观点，哈姆雷特的故事本身就是一个“俄狄浦斯情结”的故事。显然琼斯的分析过分强调了“俄狄浦斯情结”本身的意义，在客观上削弱了《哈姆雷特》这部名剧的社会意义和

---

①② 弗洛伊德.弗洛伊德论美文选[M].张唤民，陈伟奇，译.北京：知识出版社，1987：25.

审美价值。琼斯的这一论点立刻引起了当时莎士比亚问题研究的专家们的深刻关注，琼斯的上述论点被公认为是莎士比亚研究中颇为重要的“一家之言”。琼斯把他的研究重点放在对其主人公性格的含糊性方面，即为什么当哈姆雷特在知道并完全确信克劳狄斯是暗害自己父亲的凶手时，却又迟迟不杀死他？对此，琼斯作了这样一种假定：哈姆雷特对母亲怀有乱伦的渴望并有杀死父亲的欲望；当克劳狄斯与哈姆雷特的母亲发生乱伦关系时，哈姆雷特由于他自已有类似的渴望而认为自己与克劳狄斯是一样的。对哈姆雷特来说，如果将克劳狄斯杀死，就等于无法容忍自己的存在，更何况此时此刻的克劳狄斯已娶了他的母亲，客观上已取代了其父亲的地位，也就是象征性地成了哈姆雷特的父亲，杀死了克劳狄斯也就意味着杀死了父亲或犯了杀父之罪。琼斯认为，正是哈姆雷特的这种极其复杂的思想情感决定了他在企图杀死克劳狄斯的问题上“犹豫不定”。

在对作家的人格分析方面，琼斯也在坚持弗洛伊德主义的基础上提出了他的观点。琼斯认为，悲剧作品也是艺术家人格的反映，也是一种性冲动的符号和表征，从这个意义上说，哈姆雷特与莎士比亚关系密切，哈姆雷特在童年时对母亲怀有一种热烈的爱恋。弗洛伊德历来强调，悲剧作品能揭示悲剧作家的某种东西；琼斯就是试图以精神分析学的眼光来分析作者的。在强调哈姆雷特早年的恋母情结的基础上，明确地就哈姆雷特的形象提出了下述基本主张：“正是一个活生生的人在想象哈姆雷特的形象一他的行为、他的反思、他的情感。所有这些都产生于莎士比亚的内心，而且明显地产生于他的内心最深处。因此，我们的研究现在必须朝那个方向进行下去……我们必须探讨哈姆雷特的冲突与莎士比亚自己内心一个类似冲突的回声。”从琼斯的这一重要的理论主张中，我们可以看到，琼斯试图通过深层的心理分析揭示哈姆雷特的恋母情结反映了在写作《哈姆雷特》时被复活了的莎士比亚的恋母情结。

真正能说明琼斯对弗洛伊德及其学说忠诚的还不仅限于《哈姆雷特与俄狄浦斯》，他的《什么是精神分析》一书，似乎可以作为他继承和发挥弗洛伊德主义的代表作。在该书中，琼斯对精神分析学与包括悲剧在内的艺术及其创作的关系做了简要而明确的阐释。琼斯认为，精神分析对个别人所做的详细深入的研究已经证明：艺术才能和创作以某种特殊的方式来摆脱存在于意识深层的原始冲突。艺术家无意识地竭力用一种纯审美的形式将由这些冲突所激起的情绪（或情感）宣泄出来。因此，按照琼斯的以上主张，可以把一切艺术运动的起因都归结为无意识，但无意识不是一个比意识小得多的概念，它所包含的内容比意识内容要多得多。

继琼斯之后，在运用弗洛伊德主义文艺观研究莎士比亚悲剧并取得卓著成绩的还有英国的诺曼·霍兰德和法国的格林。霍兰德于1964年发表了他的专著《精神分析学与莎士比亚》，此书将琼斯的研究范围进一步扩大，它不仅探讨了莎士比亚对精神分析学的影响和意义，而且还分析了这两者之间的内在联系。

虽然霍兰德在写完《精神分析学与莎士比亚》后，他的思想观点有所转向，但他对精神分析学批评之效用的一些理论阐述，用我们今天的眼光来审视似乎也觉得比较符合实际情况，如霍兰德认为，用精神分析方法进行研究，给我们提出了一个有关人的根本性问题——同一事物在不同的个性中将会产生如何的反映？此外，精神分析法不但有助于我们更好地理解悲剧作家及其作品，而且“既以一般的方法，又以极特殊的专门方式帮助我们更好地理解读者”，“这种方法引申开来可以将文学作品中的一般人物理解为一个全面的精神分析过程中的进攻和防御机制，而这种全过程就是文学作品。由此我们可以理解，为什么文学作品的人物尽管不是真的，有时甚至刻画得不那么真实，但看起来却像真人一样”。[①] 从霍兰德的上述理论表述中，我们可以看到，精神分析学的悲剧批评在重视悲剧作者的创作过程、创作背景、创作心理、读者的接受心理和理解方面比起新批评派的那种“封闭式”的分析，无疑更可取。此外，在对悲剧作品的人物性格（包括其心理特点）的分析方面，也是其他学派所不及的。我们这样说，并不等于把精神分析学的悲剧批评视作完满无缺的。

随着这一批评方法的推广和发展，它的局限性就日渐暴露出来了，因此有些精神分析学批评家试图对之进行修正和改造。在这方面，法国的拉康表现得尤为典型。拉康认为，如果假定无意识确实存在，那它是不会具有象征性或本能地发挥其功能的，而应该通过语言这个“中介物”才能产生功能。拉康把无意识看做如语言那样具有结构性，是一种“他体性话语”，很显然，拉康是想从结构主义语言学的角度对传统的精神分析学实行“语言革命”。那么，体现在他的悲剧批评实践中又是怎样的呢？拉康非常喜爱莎士比亚及其作品，他对《哈姆雷特》同时进行了结构主义和心理分析学的深入的分析。他首先同意弗洛伊德的观点，承认“《哈姆雷特》是一部‘俄狄浦斯情结’的戏，是又一部《俄狄浦斯王》”。[②] 在此基础上，他对弗洛伊德的“自我对象化”的观点作了发挥，认为整个《哈姆雷特》悲剧体现了一种“欲望”，即主体（哈姆雷特）对他体（母亲）的欲望：“在哈姆雷特面前，一边是出众的、理想化的、高尚的对象——他的父亲；另一边则是卑劣低下的对象克劳狄斯，这个弑兄娶嫂的罪人，在这两者面前，哈姆雷特无从选择。”[③]拉康通过将哈姆雷特与俄狄浦斯相比较，他发现，这两者的根本不同就在于前者是处于“知情”状态，后者则处于“迷茫”状态。也正是哈姆雷特处于“知情”状态，这一特征可以用来解释他性格行为上的犹豫不决。因此，拉康认为，发生在哈姆雷特身上的疯癫也是很特殊的。他说：“古希腊罗马的悲剧中也有疯癫的主人公，但就我所知，这些主人公——我是说在悲剧中，而不是在传奇中——没有一个是装疯的。然而哈姆雷特则是装疯的。”[④] 当然，指出哈姆雷特装疯并不是拉康的新发现，拉康的突破性意义就在于他在论述俄狄浦斯“不自觉的犯罪”，而哈姆雷特则有点明知故犯这一点时，他同时也注意到了两点，即心理上的紧张和语言使用上的含混。这是区别《俄狄浦斯王》和《哈姆雷特》这两部悲剧差异的根据。拉康的研究方式确实比较独特，他的研究结论也颇为大胆新颖，但我们也不能不看到这种结论的局限性。拉康对《哈姆雷特》的分析也同样是脱离了该剧的社会、历史和审美等方面的具体因素，因此，其结论

---

① 王宁.精神分析[M].成都：四川文艺出版社，1989：56－57.

② 拉康.欲望以及对哈姆雷特的欲望的解释[M]//费尔曼.文学与精神分析学.巴尔的摩：约翰斯·霍普金斯大学出版社，1977：41－42.

③④ 费尔曼.文学与精神分析[M].巴尔的摩：约翰斯·霍普金斯大学出版社，1977：12.

必然是片面的。

安德烈·格林是当代法国著名心理分析学家，他的主要著作是《悲剧效果》一书。此书在当今欧洲心理学界和戏剧理论研究界颇负盛名。在这部论著中，格林从精神分析学的基本原则出发，分析欧洲表现男性敌视女性的几部著名悲剧，如古希腊埃斯库罗斯的《俄瑞斯忒斯》（儿子杀死母亲）、莎士比亚的《奥赛罗》（丈夫杀死妻子）和拉辛的《伊斐革涅亚》（父亲杀死女儿）。这些悲剧中的男性仇杀女性的现象，被弗洛伊德谓之"消极的俄狄浦斯情结"，弗洛伊德并且在此基础上提出了"悲剧空间发生于家庭"等理论。鉴于格林的悲剧理论在相当程度上与弗洛伊德和琼斯的理论相似，并且大多停留在对剧本的分析方面，故我们不再对其详加论述。

在20世纪的思想家中，对西方精神世界影响最大的恐怕要算弗洛伊德了。由弗洛伊德创立的精神分析学说猛烈地冲击着哲学，文学、艺术、社会风尚、伦理道德等领域。因此，我们必须对精神分析学作出科学的评价。无疑，这一理论存在不少谬见，有的甚至荒唐可笑，但我们必须承认它对性问题的探讨是十分严肃的，而且精神分析学说有一定的临床实践基础。从总体上看，其悲剧学说具有强烈的人本主义色彩，其精神分析其实就是一种人格结构分析，弗洛伊德对悲剧艺术及创作的精神分析实质上是对人的审美活动原动力的揭示。当然那是无力说明悲剧艺术的本质的，也不可能给悲剧艺术家提供理想的创作方法。导致这种错误的根本原因在于：精神分析学感兴趣的只是人的生物本能，而忽视了人是社会关系的总和。李斯托威尔的评价是中肯的，他说："精神分析美学的缺点，正像整个弗洛伊德心理学一样，把一种正确的理论夸大到接近绝对的色情狂的地步。"①

① 李斯托威尔.近代美学史述评[M].蒋孔阳，译.上海：上海译文出版社，1980：140.

完形心理学美学初探

完形心理学美学(Gestalt Psychological Aesthetics)乃是现代西方美学思潮中的一个重要流派,其主要代表是德国的考夫卡(Kurf Koffka,1886年—1941年)和美国的鲁道夫·阿恩海姆(Rudolf Arnheim,1904年—1994年)。完形心理学因其德文发音,被人们称之为格式塔(Gestalt)心理学,故人们一般也都相应地将完形心理学美学称为格式塔心理学美学。完形心理学美学的最基本的理论特征是,它运用完形心理学的方法和理论研究美学和艺术现象(如艺术作品的构成、创作和欣赏等)。完形心理学美学同时也是西方现代派抽象艺术的主要理论来源之一。这一美学流派以前在我国不太为人们所广泛了解,大约从20世纪80年代初期开始,我国美学界才逐渐对之予以关注和重视。同时,有关这一流派的主要理论代表作的中文本也陆续被我国学者译介问世。通过近十多年来对这一流派的深入研究,尽管在我国美学界对之的评价论点种种,有的甚至彼此分歧还比较大,但不管怎么说,我国学者对完形心理学美学的研究和认识比以前是大大的深化了,并且取得了一些可喜的成就。由于篇幅的限制,本专题并不奢望于对这一美学流派作面面俱到的考察,而只是就完形心理学美学的基本内容和理论特征作一扼要的叙述。

一、完形心理学美学的心理学基础

完形心理学(Gestalt Psychology),作为现代德国的一个重要的心理学派别,它发端于1912年。早在19世纪70年代,德国心理学家冯特[1]就已经把心理学发展成了一门独立的实验科学,并创造了一套构造主义的心理学理论体系。这一体系的创立,曾遭到了当时国内外许多心理学家的攻击和非难,完形心理学就是当时攻击和非难冯特构造主义心理学理论体系的一支劲旅。该派的心理学家大多是依据现代物理科学的一些新概念,从整体的观点出发,对冯特的元素主义心理学理论体系予以批评和抨击。

“格式塔”是德文Gestalt一词的音译,这个词在德文中可以作“形式”或“形状”解。完形心理学派的主要代表之一柯勒[2]在其《格式塔心理学》一书中对之有这样的解释,他说:“至少从歌德时代以来,尤其是在他自己的有关自然科学的论著中,Gestalt一词具有下述两种含义:除了作为事物的一种特性的‘形状’或‘形式’这一含义外,它还具有作为某种被分离的和具有‘形状’或‘形式’这一属性的事物而存在的具体个性和独特实体这样一种含义。据此传统，在格式塔的学说中，Gestalt 一词的含义乃是指任何一种被分离的整体而言的。”概括言之，格式塔心理学其实就是一种反对元素分析而强调整体组织的心理学理论体系。格式塔心理学最早是由奥地利心理学家爱伦菲尔斯(C. von Ehrenfels，1859年—1932 年)通过对音乐曲调性质的潜心研究，得出结论认为，音乐并不仅仅是曲调音响的总和，它除了音响外，还有别的要素。这种要素就是“格式塔特质”。根据这一论点，那么，任何一首乐曲、任何一幅绘画或诗歌，它们所拥有的品质，也就是上述意义上的那种“格式塔特质”。格式塔心理学的主要代表是德国的韦特海默[3]、柯勒和考夫卡，他们都曾师从与冯特同时代的德国著名心理学家司图姆夫(C. Stumpf，1838 年—1917 年)。司图姆夫是冯特“内容心理学”(Content Psychology)理论的反对者，他本人虽然不是格式塔派的心理学者，然而，他的心理学说对格式塔心理学派的产生和形成具有重大的影响。格式塔心理学是以极端强调格式塔现象的独特性和重要性为其基本特征的。它的最基本的特点是坚决反对元素分析，大力强调整体组织。这个学派的一个著名论点就是“部分相加并不等于整体”。该派主要理论代表韦特海默认为，“人们在曲调、空间图形等方面，必然会看到除了所有孤立的内容(孤立的感觉、观念、动作等等)的总和而外，还附加有别的东西”，他还说：“有人曾断言，曲调、图形大于孤立内容的总和(爱伦菲尔斯语)”。柯勒进而认为，“按照格式塔的最概括的定义来看，学习过程、复呈过程、努力过程、情绪态度的过程、思维过程、动作等，就它们都不是由若干独立的元素所组成而是决定于作为一个整体的情境这一点来说，都可以被包括在格式塔学说的题材范围之内”。正因为在格式塔派心理学家们看来，每一种心理现象都是一个格式塔，都是一个“被分离的整体”，或者换言之，不同的格式塔具有不同的组织或结构水平，知觉者必然伴随着不同的感受，这些感受不是由于联想到某些生活经验而获得的，而是大脑皮层对外界刺激进行了积极组织的结果。因此，某些组织或结构得最好、最规则(如对称、统一、和谐等)和最简单明了的格式塔被他们称为“优格式塔”。在这里，我们必须应该明确指出，格式塔心理学与那种行为主义心理学、构造主义心理学(尤其是铁钦纳[4]的内省主义心理学)是格格不入的。柯勒在其著名代表作《格式塔心理学》一书中曾专门对之予以了批判，他写道：“行为主义的主要概念是反射和条件反射的概念。”柯勒通过一系列的仔细比照和研究，最后得出结论认为，“我看不出为什么内省主义会比行为主义好些，或者行为主义会比内省主义好些。它们在基本见解方面和一般态度方面是如此相似，以致它们的全部争论在旁观者看来仿佛是一种家务的争吵，恰好是在它们所不争吵的那些论题中，我们将要找到格式塔心理学的问题”。柯勒等格式塔心理学家不但对行为主义和构造主义心理学以及苏联的巴甫洛夫条件反射学说等提出了异议和批评，同时，他们对联想主义的心理学也持同样的批判态度，这一点，我们可以从柯勒的《格式塔心理学》一书中清楚地看到。在此书中，柯勒不惜笔墨对联想主义和艾宾浩斯(H. Ebbinghaus，1850 年—1909 年)的研究工作做了精细入微的分析和批驳。格式塔心理学派是极其重视心理现象的整体性分析的，他们视之为生命。同样，在他们看来，任何一种忽视心理现象的整体性分析而只专注于对结构分析的心理学理论，都是元素主义理论，对于这种理论，他们是坚决不能容忍的。由此看来，格式塔心理学是强调整体而反对局部，中文的所谓“完形”也正是从这个意义上来说的。

格式塔心理学的另一个特点是与现代数理概念有关，即它诉诸某些现代的数理概念来对心理现象及其机制问题做出说明。我们知道，大约在19世纪末至20世纪初，由于物理学界已开始重视对电磁现象的研究，故“场”就成为当时物理学中的一个重要概念。格式塔心理学依据现代物理学中的这一新概念来反对冯特的“要素”理论。考夫卡在其《格式塔心理学原理》一书中，根据现代物理学内的场的概念，为现代心理学创造了一系列的新名词，如“心理场”“物理场”“行为场”“生理场”“人心物理场”“环境场”等。我们知道，“场”这个概念，在严格意义的物理学家那里，一般是指下述三种内涵：(1) 它是指某空间一点的场值；(2) 它是指所有场值的聚合；(3) 它是指空间领域中的某一区域(这种区域意义上的场是有其“量值”的，场就是一个相互作用的区域)。完形心理学认为，一切心理现象都与一切物理现象一样是一种完整的格式塔。人有心理场，物理场与心理场的交互作用便形成了一种“心理——物理场”，正是从这个意义上，作为主体的知觉也是一个“场”，也是一个完整的格式塔。由于物理场中蕴涵着某种动力结构，故作为主体的意识经验也同样存在着与之类似的动力结构，正是由于这种心理现象与物理现象存在着同形(场)同构(动力结构)的关系，所以，主体能对物理对象做出整体性的反应。把物理学中的“场”引进“心理学”领域，这是完形心理学的一个主要特征，也是这一流派的主要理论贡献。和心理学史上的其他理论流派一样[5]，完形心理学将“场”引进心理学领域是不足为奇的。这一流派之所以要将现代物理科学中的“场”的理论引入其中，乃是由于该心理学流派构建的需要。对此，我们可以从该派主要代表考夫卡的以下论述中得以证明：“我们的心理学的假定之一，即认为心理学是科学的。所以，让我们寻找一个能够应用于我们的工作的基本概念。我们稍稍浏览一下科学史，就会获得这一发现。……马克斯威尔(Clerk Maxwell)采用了法拉第(Michael Farady)的观念，予以加工，并赋予数学的形式，他又引进了两个更一般的术语，‘电场’和‘磁场’，作为力的传递者，……在爱因斯坦(Einstein)的引力学说中，超距作用已经消失，正如它们以前早已从电磁学消失了那样，而且引力场取代了它们的地位。作为纯粹几何学的一无所有的空洞的空间已从物理学中灭迹，而代之以一个应变和应力的明确分布的系统，应变和应力是属于引力的和电磁的，这个应变和应力的系统决定空间的真正几何学。在一个已知的环境内应变和应力的分布将要决定某种组织的物体在那个环境内的活动。反之，当我们知道这一物体并且观察它在某一环境内的活动时，我们就能够推断出那个环境内的场的特性……因此，场与一个物体的行为是相关的。因为场决定物体的行为，而这个行为则可用作场的特性的指示者……我们能把场的概念引入心理学之中，用它来表明一个应力和应变的系统，将会决定真正的行为吗？如果我们能够，那么我们就为所有我们的一切解释找到一个普通的和科学的范畴。”这就是格式塔心理学为何要将物理学中的“场”引进其中的基本原因。

我们知道，格式塔心理学的奠基和创立，主要归功于韦特海默、柯勒和考夫卡，但真正标志着格式塔心理学的形成和确立则是韦特海默写了他的《关于运动知觉的实践研究》一文。所谓的格式塔心理学美学则是在格式塔心理学基础上发展出来的一个现代西方美学流派。关于这一点，可以追溯到20世纪40年代的晚些时候，即1938年，在这一年，柯勒将他潜心研究的力作《价值在实际世界中的地位》论文公之于世。在这篇著名的心理学论文中，作者提出了一种包括审美价值在内的价值理论。继此之后，1940年，考夫卡的《艺术心理学问题》论著问世，在这部书中，作者力图用完形心理学的基本原理来对各种审美现象做出解释。考夫卡认为，艺术作品是以一种结构的形式出现的。人们通过这种结构形式达到艺术感染的目的。就这种结构的性质特征而言，它不是各个组成部分的简单结合，而是互相依存的统一体。作为审美对象的艺术作品所唤起的情感就在于艺术作品的结构本身。尽管完形心理学美学产生和形成于20世纪30年代末、40年代初，但真正得以充分发育成熟是在50年代及其以后的20年。在这方面，表现得最出色的是美国的鲁道夫·阿恩海姆(R. Arnheim)，是他将格式塔心理学美学的发展推进到一个崭新的阶段。因此，从某种意义上来说，真正能全面深刻地体现完形心理学美学的是鲁道夫·阿恩海姆。换一句话说，鲁道夫·阿恩海姆是运用格式塔心理学的理论和方法来研究美学和艺术现象的最杰出的代表。他在这方面的美学代表作主要有《艺术与视知觉》(1954年)、《走向艺术的心理学》(1956年)、《视觉思维》(1971年)等。就在完形心理学美学的发展过程中，除了一路领先的阿恩海姆外，还有几位著名的美学家在这方面也作出了重大的理论贡献，如奥地利的心理学家和美学家埃伦茨韦格(A. Ehrenzweig)采用格式塔心理学分析的理论研究视、听觉艺术。他在这方面的代表作是《对艺术视觉和艺术听觉的精神分析》(1953年)和《艺术的潜在次序》(1961年)。在埃伦茨韦格的上述两部代表作中，有不少地方体现了作者对艺术心理结构和状态的独到分析。此外，美国的音乐家迈耶(Leonard B. Meyer)也同样试图用格式塔的心理学理论解释音乐现象。迈耶的《关于音乐中价值和气势的若干意见》《音乐中的情感与意义》(1956年)两部论著都从不同的侧面反映了作者为完形心理学美学理论所作的贡献。下面，我们选择在整个完形心理学美学体系中最有代表性的美学家阿恩海姆的美学理论，再结合其他与之有关的美学理论作一阐述。

二、完形心理学美学的基本内容和特征

完形心理学美学，作为现代西方美学中的一个特殊流派，主要是由于它是从心理学角度出发来研究一切审美现象，也就是说，它是一种从探讨具体的审美体验问题为己任的自上而下的美学。相反，西方绝大多数的现代美学流派，一般都是从哲学的角度出发，对美学的本质进行哲学意义上的思辨解析和论证。因此，学界往往将这种美学称之为“自上而下”的美学。同样，我们也可以这样说，以心理学的观点或者更确切地说，以完形心理学的观点来思考审美体验是格式塔心理学美学的最基本特征。对之，我们拟从以下四个方面来分别加以论证。

(一) 关于艺术与知觉及其表现性

这个题目对于完形心理学美学来说，实是一个大题目。我们知道，精神分析美学与意

识流的文艺心理学侧重于对意识内容的研究，与之相对应的是以考夫卡和阿恩海姆等为代表的完形心理学美学则侧重于对文艺形式的研究。因此，我们也完全可以将这一理论流派理解成是形式主义意义上的理论流派。正如J.P.查普林和T.S.克拉威克在其著名的《心理学体系和理论》一书中所说的那样，所谓的完形心理学，其实就是形式心理学。与之相一致的所谓“完形心理学”就是注重用完形心理学的手段和方法解释审美现象。阿恩海姆把完形心理学具体而又系统地运用于艺术，尤其是用于视觉和艺术两者之间关系的分析研究。在完形心理学美学中，视觉与艺术之间具有一种特殊的关系。正是这种特殊的关系规定了完形心理学美学意义上的知觉和艺术具有其特殊的内涵。

阿恩海姆是完形心理学美学的最杰出代表，他的一系列理论都标志着这一理论流派已进入了成熟的阶段。在阿恩海姆看来，艺术作品的价值和意义是建立在知觉的规律基础上的。那么，阿恩海姆所说的知觉又是一种什么东西呢？对之，阿恩海姆在其《走向艺术的心理学》一书中作了这样的界说：“知觉通过一般范畴的外形，再现个别的情况，从而进行抽象。因而，抽象在认知的最基本的水平上就开始了，即是说，从感觉材料的获取开始。”这是一个比较成熟的定义，这个定义是经历了一个逐步完善的发展过程。早在1954年，阿恩海姆就发表了他的美学代表作《艺术与视知觉》。在这部美学大著中，他曾多次提出了所谓的“知觉”的简化原则。在阿恩海姆看来，一些复杂的刺激模式（这种刺激模式即是审美对象）在观察者那里都会趋向简化。因此，一切属于艺术形象范畴的东西都是原型的一种简化。到了1917年，在《视觉思维》一书中，阿恩海姆对其早期关于“知觉”的观点做了某种补充、修正和发展。这时，他认为，艺术理应是知觉的产物，或者说，艺术应是在知觉的基础上产生。如果谁要对艺术进行分析研究，那他首先就应该从对知觉结构的分析研究入手。对之，阿恩海姆又做了进一步的说明，他说，在“知觉”的内涵中，应该包含着“概念”这个范畴，这对于视觉艺术来说尤其如此。人类，作为一种具有高度精密思维的灵性，与动物的一个显著区别就是：他具有把各种不同的概念和知觉活动联系起来的能力（注：这种概念自然是一种经验性的东西）。在艺术鉴赏中，这一点体现得尤为充分。比如，当一个人在审视一件艺术作品时，如果他认为这件东西很美，那么，在得出这样一个结论之前，除了这个人自己进行了知觉活动这个前提条件外，还必须包括他以往对美的事物的经验。这种经验就是一种概念性的东西。在以后的知觉活动中，这种概念性的东西必定是介入其中的。因此，正是在这个意义上，阿恩海姆极力主张知觉和概念是不可分的这样一种理论。在他看来，把知觉和概念截然分开是绝对有害的。因为那样是不利于知觉和艺术的表现性的。人们不要说在鉴赏一件复杂的艺术品，哪怕就是欣赏一件最为简单的东西，也总免不了有原先的概念介入其中，这也是不以人的意志为转移的。阿恩海姆所说的那个“知觉的概念”就是指上述意义来说的。知觉，作为审美主体的人接触、把握外在事物的基本过程或基本手段，在艺术创作和艺术欣赏中尤其显得重要。在完形心理学美学家们看来，知觉不是一种对客观事物的简单的直观性感知，相反，它也是一种创造性的活动。这种创造性活动的最基本特征是它所具有的那种主体性特征。而那种所谓的艺术意义上的知觉，则是体现为在某种具体的审美态度制约下的知觉活动。对之，我们也可以称之为审美知觉。审美知觉的最大特征就是将它的知觉对象——外在世界，按照审美情感(带有概念的性质)的标准重新加以有条理的构建，从而产生一种新的形式(这种形式一定是完形的)。完形心理学美学要求艺术家在其创作时要求艺术欣赏者在其艺术鉴赏时必须以上述原则进行。任何一部艺术都是与某种具体生动的形象有关。而知觉则是艺术家获取艺术形象的一种最基本有效的手段和途径。艺术家要表现时代，反映生活，就要诉诸他所创造的艺术形象。而他们之所以能创造出各种各样的艺术形象，这在相当程度上取决于艺术家自身对生活的经验和理解。这种对生活的经验和理解作为一种"概念"的形式时时伴随着他对生活(或曰对世界的形象)的感知。换言之，艺术家(包括艺术家意义上的其他人)对世界形象的知觉，在相当程度上取决于他们对世界的经历(从这个意义上说，这种知觉既是主观的——相对于他所积累的经验而言，又是客观的——相对于这种经验形成的实践条件而言)。当然，从艺术家(或艺术家意义上的人)对他所处的那个现实世界形象的知觉结果而言，这种感知应该说是一种主体的(或者说是一种心理的)张力所致。就拿绘画艺术来说吧，无论是国画还是西洋画，尽管两者的风格和反映的对象不同，但它们都代表着这两种不同风格画的艺术创造者的知觉层面。我国古代的山水画家，他们一般都钟情山岭河川，偏爱花草虫鸟，其艺术透视的视角往往定向于与人为雕琢无关的素朴的大自然。因此，反映在国画中，我们所看到的往往是不乏奇丽的山峰、奔啸的江涛、蝶飞鸟鸣、花红叶绿以及小桥流水人家、老树枯藤乌鸦之类的极富自然气息的风光景观，而很少去画那些以人体为主的人文性景观。这一点却在西洋画中得到了充分的体现。在西方尤其是在以法国、意大利等国为代表的西欧国家，自文艺复兴后，由于人的价值得到了重新的重视和强调，因此，崇尚人体之美的观念深入人心，画家便把艺术创造的注意力聚集到"人体"这个主题上。这些我们从文艺复兴后意大利的雕塑家米开朗琪罗的作品《大卫》和《垂死的奴隶》、画家拉斐尔的作品《西斯廷圣母》和《花园中的圣母》、提香作品《花神》和《基督与伪君子》、达·芬奇的作品《最后的晚餐》和《蒙娜丽莎》、波提切利的作品《春》和马萨乔作品《失乐园》等伟大作品中看得很清楚。这些作品的诞生，除了与作者所处的时代、历史条件有关外，其中一个相当重要的前提条件就是这与由作者自身的经历(或者说生活阅历和视野)所决定的知觉习惯有关。在以往人们的常规理解中，知觉似乎仅仅是相对于人的感觉器官而言，如耳朵能听到音乐，眼睛能看得见景象，鼻子能闻到气味，等等。而完形心理学美学家提出的"知觉"则具有更新更深刻的含义。最早提出这一新论点的是韦特海默，据说他通过对一种动影器玩具[6]的实践考察，得出结论认为，造成知觉的因素并非局限于五官的感觉。韦特海默的这一论点在当时引起了轰动。因为这一论点的提出是对传统"知觉"论的一种挑战。早在17世纪80年代，英国著名的唯物主义哲学家约翰·洛克在其哲学代表作《人类理解论》一书中就曾这样指出："除了声音、滋味、香气和可见可触的性质以外，任何人都不会想象物体中其他任何性质，不论那些物体的组织如何"①。在洛克看来，人是从个别知觉中去抽象出普遍表象的，个别知觉是第一位的，共相才是后起的

① 洛克.人类理解论：上册[M]关文运，译.北京：商务印书馆，1981：85.

和主观性的东西。冯特学派也曾提出了“知觉是各种感觉要素的复合”的理论。完形心理学的奠基者们（主要是指韦特海默和考夫卡）在他们的实验基础上得出结论认为，知觉不是各种感觉要素的复合。它并不是先感知到个别成分而注意到整体，而是相反，先感知到整体的现象，而后才注意到构成整体的各个部分。阿恩海姆则对“知觉”做了更全面成熟的阐述。他的这些观点主要是在对联想主义美学观的批判过程中提出来的。按照联想主义无论是主观联想主义（主要表现于对过去历史经验的联想）、主观推论（即从已有的知识或概念做出的一种推论），还是移情论（主观情感的外射），从心理学角度来说都应该是属于联想主义的观点，主体的审美知觉都是一些初级的、零散的和无意义的东西，只有通过主观的联想才能将审美知觉中的各个因素联结起来，从而成为完整的审美情感的体验。因而，在联想主义美学家看来，主观联想乃是审美体验的真正根源，唯有它才是将审美对象和审美情感两者得以联结的纽带。然而，阿恩海姆根本不同意联想主义的这种观点，他在《艺术与视知觉》一书中明确写道：“我对这种联想主义的理解一直是持反对态度的。我认为，对于艺术家所要达到的目的来说，那种纯粹由学问和知识把握到的意义，充其量不过是第二流的东西。作为一个艺术家，他必须依靠那些直接的和不言而喻的知觉力来影响和打动人们的心灵。十分幸运的是，我上面所引用的那些关于运动知觉的作用的试验，大都是通过一些与日常生活没有多大联系的事例进行的。这样一来，就能真正发现，当运动呈现时，究竟在什么样的条件下，才能产生出富有表情的形象。”[①]看来，阿恩海姆在对审美联想主义批评的过程中已经涉及知觉与艺术的表现性问题。在西方美学史上，对于审美对象的情感表现性历来存在着不同的看法。例如，有的人认为，表现性取决于审美对象自身所具有的那种固有性质，如米开朗琪罗的杰作《哀悼基督》，这尊制作于1498年—1500年、高1.75米、台座宽1.68米、取材于《圣经》故事的大理石群雕，其旨在表现圣母玛利亚对儿子基督殉难的悲痛与哀悼，寄托了作者对萨伏那罗拉牺牲的哀悼和怀念。在文艺复兴时期，类似于《哀悼基督》的题材比比皆是。米开朗琪罗作品的特征就是，艺术家别开生面地运用雕刻特有的高度集中的优点，只塑造圣母玛利亚和基督两个人物。圣母是作为主要刻画的对象（即哀悼基督的主体），但动作不大，每个细微动作都显得十分简练、概括、富有典型性，致使作品充分显示了一种崇高的母爱和母亲哀悼儿子的悲哀心情。艺术家在这部作品中不仅旨在表现圣母的哀伤，而且也旨在表现圣母的美。米开朗琪罗在对待圣母形象的处理上，并不是采用写实的手法将她刻画成一个年迈体衰的老妪，而是一反常规，将其描绘得异常的年轻、端庄而又秀美，甚至看上去比她死去的儿子基督还要年轻。作者为什么要这样处理圣母的形象呢？对此，米开朗琪罗对他的学生作了如是解释：圣母在人们的心目中是纯洁、崇高和神圣的，因此，应该让圣母的形象永葆青春，这样做不仅是艺术家的需要，也符合一般人们的心灵愿望。正是由于米开朗琪罗对圣母的形象作了“既哀又美”的双重刻画，所以，《哀悼基督》这部杰作给欣赏者一种哀中含美、美中藏哀、哀美兼备的形象特征。无疑，艺术家在当时对题材内容本身也许并不怎么十分关注，而他

① 阿恩海姆.艺术与视知觉[M].滕守尧，译.北京：中国社会科学出版社，1985：546.

关注的是要借此题材来注入崭新的人文主义思想内容，从而肯定人的优美品质。

当然，美学史上的那种认为表现性导源于对象自身的固有性质的观点相对于米开朗琪罗的《哀悼基督》这样的作品来说，的确是有其一定道理的，但这种观点并不普遍适用。它相对于那些纯粹的风景画或抽象画来说就显得没有说服力。与此相反，另一种观点则认为，任何审美对象的情感表现性都是主体投射或赋予的这一论点，在19世纪后半叶的西方美学界是颇为盛行的。其中以德国的美学家里普斯、谷鲁斯和英国的浮龙·李以及法国的巴希为代表。在这些美学家们看来，审美对象本身是无所谓表现性的。它们的表现性是完全有赖于主体的固有情感，或者更确切地说，它有赖于主体感情的外射作用，即把原本在主体的情感外射或投入对象的身上，从而使客体（物）也拥有主体的这份情感。正是由于这种主体的外射作用，使原来没有生命的东西变得有了生命，仿佛它也像人一样具有感觉、思想、情感、意志和活动，这种物我同一（物就是我、我就是物）是移情论的最基本特征。移情学派的美学家们把这种审美移情论当做他们美学的一条基本原理，并将其普遍应用于艺术审美领域。无论是我们以上所述的“表现性导源于对象自身的固有性质”说，还是里普斯等所主张的“感情移入”说，尽管它们都有其自身固有的理论价值，但在阿恩海姆看来，上述两种美学论点都是不可取的，因为前者过分强调对象自身的固有表现性而无视审美主体的知觉的能动作用，后者则从另一个极端否定对象固有的表现性属性而一味强调审美主体的情感建构作用。

阿恩海姆从完形心理学的“同型律”原则出发对其做出了崭新的解释。他认为，物理—生理—心理之间存在着某种同型的对应关系，事物的整体性及其形状的知觉完全是神经过程的一种原始性的组织作用。主体的大脑皮层乃是一个有机的动力系统，大脑的机能不是消极被动的，而往往是积极主动地组织或变更着它所接受的感觉要素，知觉和它的神经活动对应物之间是一一对应的。一定的物理属性或刺激会激起相应的生理反应，从而进一步达到相应的心理效应。大脑的皮层活动是一种定型的整体过程，心理的或意识的经验和作为基础的“大脑经验”之间也必然是相对应的。为了进一步说明这一点，我们不妨以舞蹈为例。为了表现某种处于“哀伤”状态中的形象，舞蹈者的动作往往是呈缓慢、低沉、曲折、柔弱状，且动作幅度小，方向多变。正是这种动作造型的物理特点给观赏者造成一种相应的生理反应，这种生理反应必然导致主体的心理效应——从中体悟到某种悲伤哀愁的情感。阿恩海姆将物理学中“力”的概念引入了它的理论领域。他认为，正是舞蹈者的那种低沉、柔弱、曲折、多变等动作所形成的那种物理学意义上的“力”，在主体的心理上产生了相应的“式样或形式”，也正是在这个意义上，阿恩海姆把他所引入的那种物理学中的“力”假设为同时存在于“物理领域和心理领域”。具体地说，就是物理学意义上的对象的那种张力结构（舞蹈演员的上述舞姿动作或舞蹈形态）对主体产生刺激作用后，经由主体知觉的建构组织作用，使上述的“物理张力”成为一种生理力的形式。当这种生理力形式一旦生成，随之而来的是主体心理力形式的诞生。所谓心理力形式的诞生就是完形结构的全部完成。因此，阿恩海姆认为，其中，知觉是十分重要的，它是审美体验的基础。没有这种知觉结构，舞蹈演员的一切动作都是毫无意义的。所以，他在《艺术与视知觉》一书的引言中就着力强调："无论在什么情况下，如果不能把握事物的整体或统一结构，就永远也不能创造和欣赏艺术品。"①同时，他又指出，艺术是"建立在知觉的基础上的"，而"一切知觉对象都应被看做是一种力的结构"②。这样看来，相对于审美主体来说，一切艺术形象统统都是"力的结构"的东西。米开朗琪罗的《大卫》雕像是一种力的结构，达·芬奇的《最后的晚餐》是一种力的结构，布鲁涅列斯的《佛罗伦萨圣玛利亚教堂》也是一种力的结构，甚至像提香的《花神》这样的作品也体现为一种力的结构。总之，一切艺术都为阿恩海姆的"力的结构"所涵盖。因此，完形心理学美学把审美创造看做是一种力的创造，把审美欣赏看做是一种对力的欣赏，把审美体验看做是一种对力的体验。阿恩海姆认为，审美对于对象来说无疑是一种情感体验，而只有对象中所含有的那种"力"才能给主体以刺激，并产生情感体验（如以上关于舞蹈演员悲哀动作的表演），没有这种"力"就无法实现某种"表现性"。

在谈到表现性的优先地位时，阿恩海姆这样写道："一个视觉式样所造成的力的冲击作用，是这个式样固有的性质，正如形状和色彩也是知觉式样本身的固有性质一样。事实上，这种表现性还是视觉对象的一种最基本的性质。"③阿恩海姆这里所说的那种"最基本的性质"就是指对象自身所固有的那种力的结构。表现性在人的知觉活动中之所以能占据优先地位，靠的就是这种"力的结构"。在对之作进一步的具体解释时，阿恩海姆指出："外部表现性在人的知觉活动中所占的这种优先地位，其实是不足为奇的。我们的视觉并不是一台能够自动进行调节的摄影机，而是有机体在生存斗争中发展出来的对外界环境做出适当反应的工具。与机体关系最为密切的东西，莫过于那些在它周围活跃着的力——它们的位置、强度和方向。这些力的最基本属性是敌对性和友好性，这样一些具有敌对性和友好性的力对我们感官的刺激，就造成了它们的表现性。"④

这是阿恩海姆对表现性生成原则的最基本解释。接着他又进一步对表现性的特征作了如下的刻画："如果说表现性是人的日常视觉活动的主要内容，那么，在特殊的艺术观看方式中，就更是如此了。我们看到，事物的表现性，是艺术家传达意义时所依赖的主要媒介，他总是密切地注意着这些表现性质，并通过这些性质来理解和解释自己的经验，最终还要通过它们去确定自己所要创造的作品的形式。因此，在培养艺术家的时候，就要特别注重学生们对表现性的反应能力，并培养他们把表现性作为使用铅笔、画笔和雕刻凿刀时的用力基准。"⑤阿恩海姆用生活现实与艺术现实比较的方式，提醒人们应该去注意这样一个事实，表现性不仅体现于人们的日常生活，它更体现于艺术审美领域。而作为艺术家，其中的一个重要基本功就是善于对表现性做出及时灵敏的反应。那么，无论是作为一般美学意义上的审美欣赏者，还是作为严格意义上的艺术创作者，他们又怎样去发现表现性（或者说对表现性做出积极灵敏的反应）呢？表现性赖以生成的基础又是什么呢？对

① 阿恩海姆.艺术与视知觉[M].滕守尧，译.北京：中国社会科学出版社，1985：5.
② 阿恩海姆.艺术与视知觉[M].滕守尧，译.北京：中国社会科学出版社，1985：304.
③ 阿恩海姆.艺术与视知觉[M].滕守尧，译.北京：中国社会科学出版社，1985：619.
④⑤ 阿恩海姆.艺术与视知觉[M].滕守尧，译.北京：中国社会科学出版社，1985：620.

此，阿恩海姆作了如下的回答："表现性的唯一基础就是强力"，换一句话说，"表现性取决于我们在知觉某种特定形象时所经验到的知觉力的基本性质——扩张和收缩、冲突和一致、上升和下降、前进和后退等。当我们认识到这些能动性象征着某种人类命运时，表现性就会呈现出一种更为深刻的意义，而且，在涉及任何一件个别艺术品时，我们也都会不可避免地涉及这种深刻意义。"[①]阿恩海姆这里所说的那种"深刻意义"，是为形式和色彩所固有的。因此，主体的知觉模式能带来主题。对对象的表现性的把握不是一种理智功能，而是一种知觉功能、理智活动（包括知识与经验等成分），而知觉它无须去诉诸判断、推理等程序，完全是一种对对象表现性张力的整体把握。因此，表现性是艺术知觉活动的主要内容和基本特征。不言而喻，它在艺术创作中自然就占有重要的地位。艺术家在其创作活动中必须时时牢记自己的每一步创作行为都要能否体现"表现性"这一基本原则。雕刻家在其创作过程中，无论是从对大理石或青铜块的选择，还是对具体雕像设计的正确与否，以及对能否正确地捕捉题材的表现性有着至关重要的意义。在阿恩海姆看来，从一定意义上说，艺术创作的主要工作，就是捕捉并传达事物的"表现性"。

综上所述，我们可以概括地说，"力的结构"及其"表现性"观点构成了阿恩海姆整个艺术表现理论的支撑点。按照这种理论，那么，世上的万事万物，不管它们是属于什么性质的，即不管它们是自然的或非自然的，社会的或非社会的，如此等等，只要它们具有"力的结构"，它们就必然具有某种与之相应的"表现性"。也正是由于这个理论支点，阿恩海姆才从捍卫自己的崭新的理论需要出发，对联想主义移情学说、泛灵论等持批判和否定的态度。那么，阿恩海姆为什么要如此重视事物的"表现性"呢？究其原因，我们不难发现，在阿恩海姆看来，"表现性"是"艺术的一个基本特性"。一切自然事物具有"表现性"，是因为这种表现性内容必定存在于其视觉式样的"力"的结构中，在谈到自然事物的外部表现性时，阿恩海姆写道："尤其值得指出的是，一件艺术品的表现性内容，既不存在于舞蹈者本人所经验到的心理状态中，也不存在于观赏者观看玛丽·玛格达伦或赛也斯提安的画像时所进行的想象中。一个艺术品的实体就是它的视觉外观形式。按照这样一个标准去衡量，不仅我们心目中那些有意识的有机体具有表现性，就是那些不具有意识的事物——一块陡峭的岩石、一棵垂柳、落日的余晖、墙上的裂缝、飘零的落叶、一汪清泉，甚至一条抽象的线条、一片孤立的色彩或是在银幕上起舞的抽象形状——都和人体具有同样的表现性，在艺术家的眼里也都是有和人体一样的表现价值。有时甚至比人体还更加有用。"[②]

现在的问题是，既然造成表现性的基础是一种力的结构，那么，这种结构又为何能使我们引起兴趣呢？阿恩海姆认为，原因"不仅在于它对于那个拥有这种结构的客观事物本身具有意义，而且在于它对于一般的物理世界和精神世界均有意义。像上升和下降、统治和服从、软弱和坚强、和谐与混乱、前进和后退等基调，实际上乃是一切存在物的基本存在形式。不论是在我们自己的心灵中还是在人与人之间的关系中，不论是在人类社会中还

① 阿恩海姆.艺术与视知觉[M].滕守尧，译.北京：中国社会科学出版社，1985：640.

② 阿恩海姆.艺术与视知觉[M].滕守尧，译.北京：中国社会科学出版社，1985：623.

是在自然现象中，都存在着这样一些基调。那诉诸人的知觉的表现性，要想完成它自己的使命，就不能仅仅是我们自己感情的共鸣。我们必须认识到，那推动我们自己情感活动起来的力，与那些作用于整个宇宙的普遍性的力，实际上是同一种力。只有这样去看问题，我们才能意识到自身在整个宇宙中所处的地位，以及这个整体的内在统一”[①]。阿恩海姆的上述论述，我认为是他整个“表现性”理论的核心，它不但表明世间一切事物均是有“力的结构”和“表现性”，同时从完形心理学角度揭示了它们之间的关系，那就是事物的“力的结构”，乃是一切艺术表现的真正奥秘所在。

（二）对大脑力场说和同形同构理论的简要考释

在上述“艺术与知觉及其表现性”小节中，我们已经论及阿恩海姆的“大脑力场”说和“同形同构”理论。只是囿于小节主题，未能详尽展开。下面，我们的主要任务就是对阿恩海姆美学中的这两个主要论题作一考察。先谈谈“大脑力场”说。

这是一个同生理学、物理学和心理学有着密切关系的论题。完形心理学美学十分看重物化意义上的生理力（即它由外在刺激而产生）。没有这种生理力，那么，所谓的“心理对应物”也就无从谈起。正是从这个意义上，完形心理学美学把它看做是审美体验的关键。生理力导源于外界条件（或外界环境）的刺激，但它同时也是“心理对应物”的前提条件。韦特海默在其《现代心理学史》中曾有过这样的表述，他认为，如果研究纲领是把有机体和环境看做一个大场中的一部分，那么就必须把问题重新表述为有机体和环境之间的关系问题，刺激—感觉的联系必然要由场内条件的转变，即生活情境和有机体通过其态度、斗争及感情的变化而发生的总的反应之间的联系来代替。这种联系是艺术表现性的基础。外界事物的力的结构之所以能与大脑皮层生理力结构一致，其根本原因就在于它们为某种共同的组织规律所支配。换言之，客观上确实存在着这样一种现状，即主体的那种视觉感知外物的方式与外在事物的实存方式是一致的，而造成这种极其有意义的一致的原因就是，那反映着大脑视觉区域中所进行的生理活动的视觉经验，与自然界的物体一样，都服从着同一个基本的组织规律。阿恩海姆的这一观点无疑是对韦特海默心理学观点的进一步深化和发展。韦特海默在其长期的心理学研究中已早就得出结论认为，知觉结构与物理结构之间的一致完全是由进化过程中神经系统对周围环境的适应造成的。这是一个涉及用同形同构（或曰“异质同构”）理论来解释审美经验的形成机制和心理活动规律的问题。接下来，我们将着重考察这一点。

由于我们在前面对完形心理学美学的大脑力场说作了简要的阐述，因此，对与之关系十分密切的同形同构理论的理解也就显得比较容易了。同形同构理论的最早提出，也许同样要溯源于韦特海默。他在自己实验的基础上，正式提出了完形心理学的最基本思想，认为既然从视觉的角度来看似动与真动是同一的，那么，也就证明似动与真动的大脑的相同皮质过程也必然是类似的。问题的关键就在于如何去解释这种奇妙的视觉现象。韦特

① 阿恩海姆.艺术与视知觉[M].滕守尧，译.北京：中国社会科学出版社，1985：625.

海默认为，由于这种似动现象不可能是个别感觉元素的总和，所以，传统意义上的分析不可能对之做出合理的解释。相反，人们必须注意下述事实：被我们真正看到的就是这样一个直观现象，它的本质就是这种被知觉的存在即似动，似动无须解释，因为这是一个普遍的不变的结构，一种动力整体的完形，而这种动力整体的“完形”是不可能再分解还原为任何再简单的东西。阿恩海姆正是在认同韦特海默等人观点的前提下，进一步得出结论认为，凡是引起大脑的相同皮质过程的事物，尽管在性质上截然不同，但就力的结构而言，它们都是毫无二致。这就是完形心理学美学中的“同形同构”或“异质同构”理论的最核心思想。关于这一点，韦特海默在 1912 年发表的《关于运动知觉的实验研究》论文和 1923 年发表的《知觉群》和 1945 年（逝世后）出版的《创造性思维》等论著中有更进一步的详尽阐发，限于篇幅，故正文中不再详述。阿恩海姆把同形同构视为艺术表现性的基石。由于在本专题第一小节我们对艺术与知觉及其表现性作了较大篇幅的阐述，因此，这里对“同形同构”与艺术表现性的关系就不再赘述。

（三）艺术论

完形心理学美学的最基本特征就是用完形心理学的理论观点去分析、解释一切文艺现象和指导文艺创作。那么，完形心理学美学家又是怎样对待艺术的呢？他们是怎样对艺术做出解释的呢？

1. 关于艺术的本质

与其他历史上的或现代的美学家一样，完形心理学美学家们在对待艺术的问题上，首先遇到的就是对艺术本质的解释。我们知道，在西方美学史上，对艺术本质的解释是众说纷纭的。如同是古代希腊的哲学家柏拉图和亚里士多德，他们从其自身的哲学立场出发，对艺术的本质做出了截然不同的解释，前者认为，艺术即是理念，从而否定了艺术的真实性和创造性，而后者则对柏拉图的“理念论”提出了尖锐的批判，认为艺术是对自然的模仿。现实世界是真实存在的，所以，艺术对现实生活的模仿，必定是以客观事物和现象为蓝本。他强调诗人的责任并不在于描写已发生的事，而是在于描写可能发生的事。再如在近代，西方一些美学家们认为，艺术就是主体的一种移情，艺术是艺术家意义上的人处于“迷狂”状态下的灵感产物。有人则认为，艺术就是理念的感性显现。也有的则认为，艺术不是客观的，它仅仅存在于天才人物的直觉中，如此等等。那么，作为反传统的完形心理学美学，它对艺术的本质又是如何看的呢？对此，最有代表性的答案要数阿恩海姆在《艺术与视知觉》一书中的一段论述：“艺术的本质，就在于它是理念及理念的物质显现的统一。”[①]特别要说明的是，阿恩海姆这里所说的“理念”，同古希腊柏拉图和近代德国黑格尔古典哲学中的“理念”不同，它指的是客体在主体知觉中整体把握的情感表现性和思想意义等。而所谓的“理念的物质显现”则是指艺术家诉诸某种特定的物质媒介所选取的用

① 阿恩海姆.艺术与视知觉[M].滕守尧，译.北京：中国社会科学出版社，1985：185.

以表现这整体把握的形式结构,“在这个结构中,所有细节不仅各得其所,而且各有分工”[①]。

综上所述,不难看出,在阿恩海姆看来,艺术,说到底是一种表现——一种作为外部世界和内部世界本质的力的表现。在谈到艺术的象征作用时,阿恩海姆这样写道:“如果艺术创作的目的仅仅在于运用直接的或类似的方式把自然再现出来,或是仅仅在于愉悦人的感官,那么,它在任何一个现存的社会中所占据的那种显赫地位,就会使人感到茫然不可理解。我认为,艺术的极高的声誉,就在于它能够帮助人类去认识外部世界和自身。它在人类的眼睛面前呈现出来的,是它能够理解或相信是真实的东西。在我们生活的这个世界上,每一件事物都是一种独特的个体,我们从来就找不到两件完全相同的东西。然而,任何事物也都是可以认识的,因为它的组成成分并不是它独有的,而是许多事物或全部事物所共有的。在科学中,当我将所有存在的现象都归纳在一个共同规律之中时,就会获得最完美的知识。艺术中发生的事情其实也是如此,最成熟的艺术品,能够成功地使其中的一切成分服从于一个主要的结构规律。在完成这一步骤时,它并不是将现存事物的多样性歪曲为千篇一律性,而是通过将各种不同的事物相互比较,使它们的差异性更加清晰地显示出来。”[②]看来,艺术和艺术品的表现、外部世界和内部世界的本质,归根到底取决于“力”的作用。换言之,离开了“力”的表现,那么,所谓的艺术和艺术的表现、外部世界和内部世界的本质就无从谈起。此外,艺术还有一个任务就是如何再现现实和解释现实的问题,这里就牵涉到艺术的象征性问题。阿恩海姆说:“在一件艺术品中,每一个组成部分都是为表现主题思想服务的,因为存在的本质最终还是由主题体现出来的。即使作品看上去似乎完全是由中性的物体排列起来的,我们也能从中发现象征性。”[③]但是,在这里我们必须强调指出,阿恩海姆所说的“象征性”并不意味着艺术是对现实客观世界的模仿或复制。相反,艺术与现实客观世界是两个截然不同的范畴,因此,必须将它们都严格地加以分离。明确这一点,并在实践中严格地将它们区别开来,这对于从事艺术创作的艺术家来说是至关重要的。

这里,就牵涉怎样来看待艺术逼真性问题。按照艺术即是模仿的传统观点,如果一部作品(例如一幅绘画)越是与其原型酷似,作品就越好。这种艺术评判标准在古代希腊乃至我们古代中国都是十分流行的。这种逼真的艺术在西方有人将其称之为“媚的艺术”。这种“媚的艺术”有的逼真到可以乱真的程度,越乱真越能受到评论家们的高度礼赞。阿恩海姆十分反感这种“模仿艺术”,他说:“这种理论(指艺术模仿理论——本书著者注)经过进一步提炼和发展之后,艺术品就被它说成是艺术家从现实事物选取出来的最美、最有意义的形象。但是,即使这种形象十分理想,它最多也不过是对应该如此或能够如此存在的事物所进行的真实模仿。”[④]这种模仿其实是一种拙劣、消极的艺术创作,其不良后果就在于它“妨碍眼睛对于艺术形象的理解”,更进一步说,“用这样的方法去创作艺术品无异

---

① 阿恩海姆.艺术与视知觉[M].滕守尧,译.北京:中国社会科学出版社,1985:67.
② 阿恩海姆.艺术与视知觉[M].滕守尧,译.北京:中国社会科学出版社,1985:636.
③ 阿恩海姆.艺术与视知觉[M].滕守尧,译.北京:中国社会科学出版社,1985:637.
④ 阿恩海姆.艺术与视知觉[M].滕守尧,译.北京:中国社会科学出版社,1985:160.

于艺术生命的自杀"①。看来,阿恩海姆对自然主义的艺术创作方法是持完全否定的态度。他把这种创作方法看做是艺术创作的大忌。既然阿恩海姆反对那种自然主义的写真创作方法,那么,他又是主张什么样的创作手段呢?由于阿恩海姆反对艺术逼真地模仿原型,因此,艺术形象也完全可以不必是生活的图画,而只要表现出某种"力的结构"就算是完成其基本使命了。由此看来,尽管阿恩海姆的这种完形心理学艺术论与以往传统的自然主义创作论格格不入,但它与现代流行的抽象艺术倒是颇为合拍。

2. 关于现代派艺术的思考

前面我们已论及阿恩海姆的基本艺术观点。由于其完形心理学的基本立场所决定,阿恩海姆在美学和艺术创作问题上不可能对自然主义或现实主义的艺术(及其创作)持肯定或认同的态度。相反,他的"力的结构"学说决定了他的理论在现代派艺术中将会更有市场。因此,就阿恩海姆的基本美学观而言,否定现实主义而走向现代派艺术对他来说也是其理论之使然。面对现实中有人仍然在提倡现实主义的艺术及其创作而对现代艺术及其创作持轻视或否定态度这种状况,阿恩海姆极其严肃地指出:"现在,我们所面临的是一种极其反常的现象,这就是,现代派艺术被认为远离了现实,而投影幻象却被认为充分表现了现实。事实果真是如此吗?"②答案当然是否定的。因为,这里牵涉"基本的视觉概念"问题,传统的写真或现实主义的艺术家们视忠实地模仿或复制现实事物的艺术为好作品。然而,阿恩海姆却不这么看,他认为,尽管现实主义的艺术作品与原型或现实事物极其相似,但这种逼真地模仿是非常可怕的。由于持这种创作风格的艺术家往往是用透视法将主体原型予以平面化的表现,尽管由之而生的作品给人粗看起来似乎显得十分逼真,但这种作品仅仅是从一个角度对事物某一瞬间形态记录的结果,它所反映的也只能是该事物的一个特定的侧面,而根本谈不上对于对象整体性反映的知觉概念。我们在这里尤其要注意阿恩海姆所说的视觉概念。现实主义的艺术家只是机械地、甚至是死板地去认真模仿或复制现实事物,他们以此为己任。这种逼真模仿现实的绘画艺术进一步发展的标志,就是电影的出现,这是一种"高度再现幻象"的艺术,但这种艺术仍然只是从一个角度表现事物的一个简单侧面,而不能体现那种"视觉概念"。阿恩海姆说:"在特定的文化环境中,人们对那些自己熟悉的特定的绘画表现风格往往显得无动于衷。在他们看来,所谓的幻象,就是对事物本身进行忠实再现。在我们的文明中,'现实主义'艺术品就遇到了这样的命运。对于那些不了解这一风格的高度复杂性的人来说,这种作品就是'与自然酷似',如此而已。然而,这种'艺术的真实性水准'都是时时在改变的。举例说,今天我们就难以想象,仅仅在几十年之前,塞尚和雷诺阿的画还被人们指责为不真实。"③

看来,对艺术表现"真实"这一点,无论是写实主义的艺术家还是现代派艺术家,对此都是认同的。然而,问题的关键是,艺术家究竟要表现一种什么样的真实?显然,薄伽丘在其名作《十日谈》中言及的画家乔托的作品和塞尚或毕加索的作品所理解和追求的真实

---

① 阿恩海姆.艺术与视知觉[M].滕守尧,译.北京:中国社会科学出版社,1985:165.
② 阿恩海姆.艺术与视知觉[M].滕守尧,译.北京:中国社会科学出版社,1985:159.
③ 阿恩海姆.艺术与视知觉[M].滕守尧,译.北京:中国社会科学出版社,1985:161.

性是截然不同的。前者是通过用铅笔、钢笔、毛笔以及有关的颜料对自然事物或现实事物以精细的描绘，以达到与原物相似甚至达到“它们本身看上去就是原物”的欺骗程度来表现真实性。后两者则是通过现代绘画的风格来表现真实性。就拿毕加索来说，他自1907年后，与当时的画坛大师布拉克一道进行主体主义的绘画创作，这种创作的主要风格特征就在于，主张画家的使命并不在于诉诸具体的现实原型来表现现实，而是通过创造抽象的形象来表现那种所谓科学的真实。在具体的画法中，他采用同时从各个不同的角度来表现物象的“真实”特征，并用实物（如报纸、火柴盒等）贴在“画面”上，从而取得形式上的怪诞奇异对此，我们可以参见毕加索的一幅著名代表作《格尔尼卡》。[7]同是在追求真实性，但这里就牵涉艺术与真实性的关系及其本质。上面讲到，以往的现实主义绘画创作都在“逼真”“酷似”上下工夫，都在“欺骗人们的眼睛”。然而，从塞尚、毕加索等为代表的现代派艺术家，他们则是站在一个全新的立场和视角来对待艺术创作。在他们看来，“艺术真实性水准”不是固定不变的，相反，它们是在不断地变化。也正是鉴于这一点，阿恩海姆才这样写道：“看来，只有在‘艺术真实性水准’不断变化的情况下，毕加索、布莱克和柯立的画才能被看做是与现实事物酷似。任何一个从事现代艺术的人都能体会到，继续与那种能给一切新手留下极其深刻印象的现实主义表现方式分离下去将会变得愈来愈困难。虽然在我们的日常生活中大量地充斥着由那些设计家们设计出来的现代派艺术品，甚至把这些现代派玩意儿放置在墙报、橱窗、封面、标语和包装中，但普通人所持的真实性水准仍然没有超过1850年左右的水平（指绘画和雕塑艺术）。必须声明，我们这里指的不是鉴赏力，而是最基本的知觉经验。在欣赏凡・高的同一幅静物画时，一个现代派批评家所看到的东西肯定与凡・高在1890年代的同时代的人们所看到的东西十分不同。就艺术家本身而言，他们在自己的作品中所看到的东西，毫无影响与客观事物十分酷似。从艺术家所发表的一些见解中，我们可以清楚地看出，艺术家所指的‘风格’，就是指那种达到与现实酷似的手段，他们所讲的‘独到’，就是那些天才的艺术家们为获取真实性和诚实性做了不断探索之后所进行的那些自发的或无意识的创造。相反，故意追求个人风格必然会大大影响作品的质量，因为，这种有意识的追求在一种由必然性所支配的创作活动中掺杂进主观任意的成分。”①阿恩海姆对于艺术真实性的标准持有独特的看法，即所谓的艺术真实性不是一种固定不变的东西，相反，它是在随时发生变化的。如果艺术家用一成不变的观点去创作，那么，其作品必然是失败的，即就不可能创作出真正反映真实的作品。因此，艺术家不能根据自己的主观意识来创造作品，因为主观意识往往是与实际变化着的真实性标准总是有距离的，而是应该超越这种主观成分而走向更高的客观和自由。在艺术家的创作活动中，凡是过多地掺入个人风格的作品，都是不会太成功的作品。因此，他对为现实主义画家们所普遍采用的那种中心透视法持坚决否定的态度。他说：“如果我们从知道和艺术的角度去看待这个问题，就必然会得出中心透视法比别的空间表现法更严重地损害了事物的基本视觉概念的结论。正因为如此，一幅用中心透视法画出来的作品结构显得

---

① 阿恩海姆.艺术与视知觉[M].滕守尧，译.北京：中国社会科学出版社，1985：161－162.

更为复杂。这样说来，只有当人类头脑经过一段漫长时间的改造之后，才能适应这种结构。然而，当我们从另外一个角度去看待它时，它就具有一种积极的作用。正如我们在第三章中论述过的，正是由于变形所产生的那种真实感，才使中心透视法发挥了一种把艺术家从拘泥于表现客观形状和大小的方法中解脱出来的作用（看起来好像是前后矛盾的作用）。也正是这种作用，才为现代艺术的自由性打下了基础。”①由此可见，现实主义的或传统的艺术与现代派艺术的最基本区别之一就在于前者着重表现有形的物质性或立体性的事物，而后者则是对物质性的或立体性的事物的抛弃而走向对知觉概念的表达。下面，我们继续来分析与知觉概念关系十分密切的视觉思维问题。

（四）关于视觉思维

阿恩海姆的“视觉思维”理论，集中体现在他的《视觉思维》一书中，此书初版于1961年，也是与《艺术与视知觉》并驾齐驱的另一部重要的心理学美学大著。我们知道，阿恩海姆的《艺术与视知觉》一书的理论特点在于重点考察艺术形式与视觉的关系，通过对视觉简化机制的考察来揭示完形的性质。而《视觉思维》则是通过对视知觉的无穷奥秘和理性特征的揭示来弥合感性与理性之间、感知与思维之间以及艺术与科学之间业已存在的鸿沟。这诚如作者自己所言：“在那些致力于培养感性能力的人中——尤其是艺术家中——有不少人对理性采取不信任的态度，认为它是艺术的敌人；另一方面，那些从事理性思维的人，又喜欢把理性思维说成是一种完全超越了感知范围的活动。”②显然，在阿恩海姆看来，这纯属是一种偏见。这种偏见对整个人类的认识事业和艺术创造事业无疑已经造成并且将继续造成危害。譬如，这种偏见导致了艺术与科学的互相对立、情感与理智的互相排斥、社会轻视艺术、教育忽略艺术这些状况的出现，使人类丧失了通向真理、通向认识自身的重要途径。针对这种不良现状，阿恩海姆指出，事实上，早在古代中国和古代希腊，哲学大师们就已经发现并强调知觉在人类生活中所发挥的巨大作用，并被认为是发现真理的源泉和起点，知觉中就已经包含着高贵的理性和真理的发现。阿恩海姆的《视觉思维》一书就是力图对知觉与艺术及其科学的关系作详尽的阐述。在该书中，他发展了其中期著作中的一些基本概念，认为艺术是“建立在知觉基础上的”③，所以说，对知觉结构的分析是对艺术分析的基础，并且认为，概念也是属于“知觉”的范畴，它尤其是在绘画、雕塑等视觉艺术中更是如此。人类的心灵是一种很神圣、微妙的东西，它的最基本特征就是具有把概念和知觉活动联系起来的能力。这种能力是人类认识事物和艺术创造的前提条件。一切“聪明能干”的动物之所以不能进行艺术创造，其中一个主要的原因就是它们没有这种将概念和知觉联系起来的能力。因此，阿恩海姆认为，任何一种试图将概念和知觉分离或割裂开来的做法都将是错误的和有害的。人们的一切视觉活动都离不开概念和知觉的作用，即使是在观看一个最简单的图形（例如观看一张长方形的办公桌，或观看一块白色

① 阿恩海姆.艺术与视知觉[M].滕守尧，译.北京：中国社会科学出版社，1985：396.
② 赵宪章.二十世纪外国美学文艺学名著精义[M].南京：江苏文艺出版社，1987：93.
③ 阿恩海姆.视觉思维[M].滕守尧，译.北京：光明日报出版社，1986：3.

的银幕),其中都必然有概念的介入。我们上面论及的所谓“知觉概念”正是在上述意义上说的。

在传统的西方哲学中,哲学家们往往把感性与理性视为两条道上跑的车,很难将其合到一起。而自从启蒙运动之后,由于哲学家们对理性的崇尚而致使感性处于被压抑的地位。针对西方哲学史上的这种将理性与感性对立、割裂,或者褒扬理性、贬抑感性的不良传统,阿恩海姆对之做出了全新的反思,并提出了与传统观念截然不同的理论主张,他写道:“被称为‘思维’的认识活动并不是那些比知觉更高级的其他心理能力的特权,而是知觉本身的基本构成成分。我所说的这些认识活动是指积极的探索、选择、对本质的把握、简化、抽象、分析、综合、补足、纠正、比较、问题解决,还有结合、分离、在某种背景或上下文关系中做出识别,等等。这样一些活动并不是哪一种心理作用特有的,它们是动物与人的意识对任何一个等级上的认识的处理方式。在这方面(即处理认识材料的方面),一个人直接观看世界时发生的事情,与他坐在那儿闭上眼睛‘思考’时发生的事情,并没有本质的区别。”①这是一个破旧立新的崭新理论建树,根据这个理论,包括视知觉在内的一切知觉活动本身都具有思维的一切机能,既然如此,它就必然是一种具有可靠性的理性的认识方式。正是在上述“一个人直接观看世界时发生的事情,与他坐在那儿闭上眼睛‘思考’时发生的事情,并没有本质的区别”这个意义上,阿恩海姆提出了“视觉思维”这样一个重要的审美哲学命题。从传统的哲学观点看,所谓的“视觉思维”是不可思议的,因为,视觉同思维概念之间不存在什么组合和联系。阿恩海姆一反传统的固定观念,认为视觉之所以是有思维的一切功能,其根本原因就在于它有一种抽象概括整体把握的组织功能。尽管它是从意象而非语言为媒介,但意象本身在知觉水平上已不是外物的被动模仿,而是抽象概括。阿恩海姆力图证明心灵没有意象就永远不能思考,创造性思维是以心灵中的意象为基础的,它是超越于科学和艺术界限的。心灵中意象的形成离不开敏锐的感知能力,艺术是增强这种感知能力的最有效手段,没有这种敏锐的感知能力,就谈不上“意象”的形成,故任何领域中的创造性思维活动都是不可能产生的。

当然,在阿恩海姆的视觉思维论中,他对“心灵的意象”也是有其特殊的解释。首先,这种“意象”不是一般人们通常所说的那种意象,而是通过知觉的选择作用而生成的意象,这种意象带有某种概括、提炼的性质,即它是一种被思维者简化了的东西,它具有抽象性而欠缺具象性。例如某人在高空俯瞰一条大江,他只知道这条大江蜿蜒曲折,但对于在江中航行的船只和两岸的高山峡谷往往是模糊的。当某人观看一座建筑,他往往得到的是这座建筑式样的别致、雄伟,而对于这座建筑的具体颜色是什么,究竟有多少窗户,具体高度多少等特征往往是模糊的。再如,当某人在某个大饭店看到服务员对旅客毕恭毕敬的样子,他往往不会注意到他穿的是什么衣服,衣服的颜色是什么,而只是给他一种弯腰点头的“弓”字形状,如此等等。这些都说明,在人们的“视觉思维”中,业已获得的意象都是有选择的和经过提炼的。这些通过思维的选择或提炼而生成的意象,就是一种具有“抽

---

① 阿恩海姆.视觉思维[M].滕守尧,译.北京:光明日报出版社,1986:56.

象"特征的东西，它是一种被简化了的结果。如果我们用最简单明了的例子来加以说明，那就是，当某人看到一座高山时，通过心灵的抽象思维，将其最本质的东西提炼（或抽象）出来，那么，在他的视觉思维中将会仅仅生成一个与山形状相似的"△"图形。这是一种最简练最典型的视觉思维抽象。这个"△"已经是作为一种那座山的符号出现在观看者的心灵中，他也可以用这个"△"符号去印证所有类似的山。因此，阿恩海姆认为，像"△"这种呈几何状的图形符号，这是一种既具体又抽象，既清晰又模糊，既完整又不完整的形象。就其本质而言，它是一种"力"的图像，代表着事物的表现性质或本质。正是由于这种符号所具有的那种动力性质，所以，意象本身的"逻辑"便成了创造性思维活动的首要推动者。记得在《走向艺术心理学》一书中，阿恩海姆对上述的知觉特征作了这样的解释，他说："知觉是种抽象过程，在这个过程中，知觉通过一般范畴的外形再现个别的事实。这样，抽象就在一种最基本的认识水平上开始，即以感性材料的获得来开始。"[①]抽象化是观看者获得"一般形式结构"的条件，它同时也是一个把复杂多样的知觉对象加以简化并使之条理有序的过程。如一座山，它有高度，有颜色，山上还长有各种花草树木，甚至还有寺庙院落，最终通过知觉者的简化，最后达到其条理化的极限——成了"△"的形状。就人的眼睛的视知觉而言，阿恩海姆在用其完形理论解释时同样这样认为，人的眼睛也"倾向于把任何的刺激式样看成已知条件所允许的最简单的形状"。这就是说，抽象或简化并不一定是指意识脱离开具体的事物的具体形象，相反，在眼睛看到一种事物的具体形象时，"抽象"也许就已经发生。一些复杂的刺激模式在观察者那里都往往是趋向简化。在这样的意义下，一切艺术形象都是其原型的一种"简化"。阿恩海姆的简化理论，尽管颇为独特新颖，但也有人鉴于知觉虽然是概念的，但它并不意味着所有的概念都是知觉这种情形而对之提出了质疑。

以上所述，我们至少有一点可以明确，那就是，确证知觉与思维的同一性和确证任何认识活动中知觉与思维的互相交织是阿恩海姆视觉思维论的出发点。现在的问题是，在这种同一性中，语言是否也介入其中发挥作用，对之，阿恩海姆没有持排斥态度，相反，他也提出了比较独特的看法，尽管他认为视觉思维的主要媒介是意象，但词语同时也是必然介入其中。也正因为词语这个要素的介入，故同时构成了意象与词语之间的复杂关系。那么，词语介入其中究竟起到一种什么作用，或者说发挥什么功能呢？阿恩海姆对之的解答是，词语的最大功能就是将业已生成而获得的意象明确固定并将其编目、分类。由于词语具有保守、贫乏、强制和线性排列等特点，而意象的特点则表现为灵活多变、丰富多样和空间的广延性，因此，正是由于词语的介入，使之与意象处于互相制约、互相丰富补充的有机协调状态。这给视觉思维起到一种平衡和完善的作用。因此，阿恩海姆不主张在意象和词语之间持亲近谁疏远谁，而是把这两者视为视觉思维中必须具备的配合双方。他认为，"正是通过两者之间对对方不足的相互补偿，才使得这两种媒介——语言和意象——

---

① 阿恩海姆.走向艺术的心理学[M].北京：商务印书馆，1972：33.

配合得相当成功”①。不过，对于意象和语言的地位，仅仅是在上述互相补偿、配合的意义上是平等的，但就视觉思维的总体过程而言，阿恩海姆还是看重意象而轻视语言，用他自己的话来表述，那就是“语言只不过是思维的主要工具（意象）的辅助者，因为只有清晰的意象才能使思维更能再现有关的物体和关系”②。这个论点，显然是与以往传统理论观点相悖的。

关于阿恩海姆的“视觉思维”理论的具体内容，我们就择要介绍到此。这一理论在阿恩海姆的整个完形心理学美学中所处的地位极其重要。如果说阿恩海姆发表于 1854 年的《艺术与视知觉》与《视觉思维》是姊妹篇的话，那么，后者在许多理论问题上更比前者成熟和深化。这位完形心理学美学家在对视觉思维作深入探讨的基础上，对解决感性与理性的矛盾、思维活动的规律以及艺术在教育和科学活动中的重大作用等问题做出了科学的阐述，从而使他的理论实现了由审美向非审美一般领域的过渡和延伸，为完形心理学美学奠定了认识论基础。我们这里所说的“视觉思维”理论的重要性也还是在上述意义上说的。西方有的学者甚至认为，阿恩海姆的“视觉思维”理论是他全部美学思想在哲学上的反思和概括，我认为，这种研究结论也是有其一定的道理，值得我们作继续深思的必要。

三、简要的评价

以上是我们对完形心理学美学基本内容和特征所做的简要论述。这一美学流派在现代西方美学中所处的地位颇为独特，也很重要，说它独特是因为，在流派林立的诸多现代西方美学流派中，将自己的理论建立在心理学基础上的并不多，而完形心理学美学则是与众不同，独树一帜。与其他任何别的西方美学流派一样，完形心理学美学也不是孤立地产生和发展的，而是特定社会历史发展的必然产物。凡是稍有西方美学史常识的人都会知道，作为一种传统的意识形态，早在 19 世纪就已经出现，但那时尚未形成一股席卷世界的浪潮，而到了 20 世纪，才真正成为一种独立的现代观念和巨大的理论思潮登上了社会历史发展的舞台。完形心理学美学，从总体上说，就是在这种全面反传统的社会历史背景下产生、形成和发展起来的，同时也体现了这种反传统的时代特征和基本倾向。综观整个完形心理学美学体系，我们没有理由忽略或轻视为这个学派的创立立下汗马功劳的开山之祖韦特海默和考夫卡等人，当人们一提起完形心理学美学，人们自然不会忘记韦特海默和考夫卡的功勋之作《格式塔理论》和《艺术心理学问题》二书。此二书无疑是整个完形心理学美学的奠基之作。然而，如果人们要问，究竟又是谁将完形心理学美学在韦特海默和考夫卡理论的基础上发展成枝叶繁茂的参天大树，即是谁真正将这一学派的理论原则应用于艺术领域，并且产生了广泛而又深远的影响。答案可能只有一个，那就是——鲁道夫·阿恩海姆。阿恩海姆的《艺术与视知觉》和《视觉思维》两部经典性的哲学美学著作，标志

---

① 阿恩海姆.视觉思维[M].滕守尧，译.北京：光明日报出版社，1986：359.
② 阿恩海姆.视觉思维[M].滕守尧，译.北京：光明日报出版社，1986：357.

着他在这个领域所做的开创性研究。正是阿恩海姆通过上述二书所作出的理论建树，使考夫卡等人开创的完形心理学美学在西方声誉鹊起。如果说能真正代表完形心理学美学精神的究竟是哪部著作，那么，我们完全可以理直气壮地说，非《艺术与视知觉》莫属。这是一部运用完形心理学理论解释艺术现象的顶峰之作。此著的最大理论特征就在于，它是第一部将完形心理学原理运用于美学或艺术（主要是视觉艺术）领域的心理学美学论著。此著的诞生在现代西方美学界尤其是在西方的审美心理学领域所产生的影响是相当巨大而又深远的，并且也因此而引起了西方学者的广泛关注和高度评价，如当代英国著名学者，杰出的艺术评论家赫伯特·里德在谈到阿恩海姆的理论贡献和《艺术与视知觉》一书的理论价值时写道：《艺术与视知觉》一书是"系统地将格式塔心理学应用于视觉艺术的一部极为重要的著作，艺术心理学的各个课题在该书中第一次获得了科学基础，它势必会产生极其深远的影响"①。

里德的上述评价并不过分，阿恩海姆的美学理论的确包含着许多的新思想。就拿"场"和"张力"说来说，这两个概念本身并非是阿恩海姆的独创，但他将物理学中的这些概念运用到美学和艺术研究领域，用"力"的概念去解释诸多的艺术（审美）现象，这是为前人所没有做过的。他的"力的结构"说，更是体现了他的理论创造性。他把"力的结构"视为"艺术表现性"的基础。阿恩海姆的"力的结构"说从一个全新的角度对艺术表现的奥秘作了不同凡响的揭示。细细辨析，我们觉得，"力的结构"说在解释艺术表现性时，确实有它独到的优长之处。例如，它能较好地解决了艺术中的暗喻等问题，提出了一种注重表现性的艺术教育法，强调了艺术作品与事物本身的表现性，等等。这显然要比那种仅仅从艺术作品和事物的外部条件中去寻找表现性根源的人格说、移情说等要更为科学得多、合理得多。

此外，完形心理学美学尽管对传统的心理学美学进行反叛和更新，但它同时也标志着传统心理学美学发展到了一个崭新的阶段——完形心理学美学的阶段。回顾传统心理学美学所走过的历程，从以培根、霍布士、洛克和博克等为代表的经验主义美学开始，心理学美学经历了一个较为漫长的发展过程。早期的心理学家们（如洛克、博克等），他们普遍重视审美活动的心理基础，重视审美的感性特征以及情欲和本能的作用，忽视理性在审美活动中的地位。完形心理学美学正是在对传统心理学美学反叛、更新（同时也包括有选择地继承）基础上开创了新的理论领域。在这一方面，"大脑力场"说和"同形同构"（或"异质同构"）说就是完形心理学美学发展的一大贡献。前者对审美心理的生理基础进行了更充分更科学的研究，后者则在审美体验的内在心理机制方面打破了传统的审美联想说。这两个学说的创立，使心理学美学研究的历史发展进入了一个全新的阶段。当然，由于完形心理学美学是特定社会历史发展阶段的产物，因此，它也必然有其历史的局限，它也必定存在着种种的缺陷或不足，例如，阿恩海姆过分强调"力的结构"而忽视了人体和自然事物在表现性方面的区别。再如，完形心理学美学强调知觉概念的组织、编排和条理化的作用，

① 阎国忠.西方著名美学家评传：下[M].合肥：安徽教育出版社，1991：474 - 475.

从而在此基础上肯定了知觉概念的能动作用。这一论点是很有见地的，但是它们不承认审美经验在知觉的整体性组织中的作用，而只强调组织的原始性，这一点，又显示出其理论的局限。

总之，与其他现代西方美学流派一样，完形心理学美学有其积极的进步的一面，又有其历史局限和消极的一面，但作为一个重要的美学流派，我们更多的则是要对其独立存在的价值做出基本的肯定。完形心理学美学主要是从心理学角度对人们的审美知觉进行探索，而在阿恩海姆那里，主要是对视觉艺术进行分析。当然，完形心理学美学也并没有到阿恩海姆就止步了，相反，它仍在继续发展和演进。例如，该派的后继者伦纳德·B.迈耶在其《音乐的情感与意义》(1956 年)一书中，用完形心理学的观点去解释音乐作品，这种崭新的独创性的研究方法迄今仍在发展中，并一直为国际研究界所关注。对此，也完全应该引起我们中国学者的重视。

注释

1 冯特(Wilhelm Wundt，1832 年—1920 年)，德国心理学家，构造心理学创始人。

2 柯勒(Wolfgang Khler，1887 年—1967 年)，美国籍德国心理学家，格式塔心理学的主要代表人物之一。

3 韦特海默(Max Wertheimer，1880 年—1943 年)，格式塔心理学的创始人和主要代表，生于捷克斯洛伐克的布拉格。

4 铁钦纳(Bradford Titchener，1867 年—1927 年)，构造心理学派的主要代表，生于英国。

5 如创始于 17 世纪中叶的英国联想主义心理学，最初是由霍布斯根据当时物理学的力学概念创建起来的。诞生于 19 世纪末叶的美国机能主义心理学则是从当时生物学中的进化和顺应等概念为其基本依据的。再如，诞生于 20 世纪初行为主义心理学则是以当时生理学的刺激和反应等概念为基本依据得以创立的。

6 这种动影器玩具是一种利用静态图片迅速地连续出现而造成一种动态错觉的机械。

7 这是一幅抗议德意法西斯入侵西班牙的油画作品，它结合了立体主义、现实主义和超现实主义的风格，主要表现痛苦、受难和兽性等。

西方悲剧学说发展概述

“悲剧”，是美学的一个重要范畴，它在美学史上占有极其重要的地位，悲剧一向被人们称之为“崇高的诗”，它反映的是一种悲壮而又崇高的美。如果要给悲剧下定义的话，我们可以这样说，悲剧是一种以极其严肃的态度探索人在现实世界生存斗争中的地位和命运的艺术作品。它以表现主人公与现实之间不可调和的矛盾冲突及其悲惨结局为基本特点。它较之别的任何一种艺术形态都要更突出地提出有关人的处境的种种问题。例如，人为什么会遭受不幸和苦难？为什么人与人之间会有互相的争斗、暗算和残杀？为什么好人行善总不得好报，坏人作恶却屡屡得势，不受惩罚？为什么人与人之间存在着种种不平等，有作威作福、荣华富贵享不尽的，也有饥寒交迫、无穷苦难受不尽的？如此等等。因此，所有的悲剧艺术作品，都是以人的某种不幸和苦难为其基调，由此而构成的内容也都是邪恶必有，灾祸难免，毁损难补，等等。在西欧戏剧史上，悲剧往往描写主人公所从事的事业由于恶势力的迫害和主人公自身的过错而导致事业（或前途）的失败乃至个人（包括精神化的个人和肉体化的个人）的毁灭。悲剧，作为人类文明历史发展的产物，它起源于古希腊，以后在其各个不同的历史发展阶段，又呈现出各种相同的历史特征。本专题试图从悲剧本体（区别于悲剧理论研究）发展的角度对自古希腊时代以来的悲剧历史发展作一概述。

一、悲剧的起源——古希腊悲剧的形式特征及其历史地位

悲剧的历史同美学的历史几乎是成正比的。在两千多年前（约公元前 5 世纪），在古希腊就已经产生了相当严整完备的悲剧。最早的古希腊悲剧，它的题材大多取自于神话传说。悲剧一词大概也是为古希腊的雅典人所最先使用。原先是专指在节日盛典时上演的一种戏剧，其内容都是包括一些传说、宗教神话和历史上一些英雄人物的不幸遭遇等。而荷马史诗则是当时悲剧的主要来源。人类史上第一个开创悲剧先河的剧作大师埃斯库罗斯（Aeschylos，约公元前 525 年—前 456 年），据传，他一生写有 70 部（一说 90 部）悲剧和笑剧，其中最有代表性的作品是《被缚的普罗米修斯》[1] 和《俄瑞斯忒亚》[2]，前者借用神话，歌颂雅典奴隶主民主派反对贵族统治的斗争，后者则反映了父权制对母权制的胜利和法治精神对血族复仇观念的胜利。《被缚的普罗米修斯》的悲剧主角普罗米修斯就是古代希腊的一个神，他为了人间而盗取天火，触犯了主神宙斯，因而被铁链锁住囚禁在高加索

山的悬崖绝壁上。宙斯还放出恶魔去啄食他的肝脏，但普罗米修斯尽管受尽折磨，却始终不屈。为了把天火带给人间，他甘愿受罚。普罗米修斯的形象是崇高的典型。这个悲剧形象富于深刻的美学意义和教育意义。《被缚的普罗米修斯》的最大价值在于它极其成功地刻画了普罗米修斯这位为人类幸福事业勇于牺牲的英雄形象，同时，通过借喻主神宙斯对普罗米修斯的疯狂迫害来揭露和谴责专制暴君的专横和残暴。当然，无论是宙斯和普罗米修斯，他们按其性质来说，都属于"神"类，但当后者盗天火给人类时，即使是同类，在其根本利益受到侵犯时，他们也分化了。埃斯库罗斯在这个悲剧中，旨在揭露威力神（指宙斯）的凶残，马克思在谈到这部悲剧作品的历史价值时指出，希腊诸神在《被缚的普罗米修斯》中，"悲剧式地受到一次致命伤"[①]。

然而，在强调埃斯库罗斯悲剧中反对宙斯暴虐一面的同时，我们还必须指出他的作品的另一面，即它的妥协性。埃斯库罗斯本人出身于贵族，政治上拥护民主派。他所处的时代正值氏族贵族奴隶主专政向奴隶主民主制的过渡阶段，在这样一个时代，他的世界观必然存在着矛盾。悲剧三联剧的第二部《被释放的普罗米修斯》反映了主人公也有同宙斯妥协的一面，即他也想与宙斯讲和。这是由作者自身的思想受时代和阶级的局限所造成的。

普罗米修斯三联剧，不仅是埃斯库罗斯悲剧的典范，也是古希腊悲剧的高峰。这部悲剧不仅富于美学意义，而且很具哲理。埃斯库罗斯正是通过这部三联剧，将赫菲斯托（用铁链捆绑普罗米修斯的人）、河神等不同角色的不同性格特征刻画得淋漓尽致。普罗米修斯则是埃斯库罗斯在悲剧里着重刻画的英雄形象，他坚贞不屈，英勇顽强，热爱人类，抗击残暴，憎恨恶势力，充满着崇高的自我牺牲精神。这正如马克思所说的："普罗米修斯是哲学历史上最高贵的圣者和殉教者。"这部悲剧是埃斯库罗斯影响最大的悲剧，它在艺术上的最大成就在于，对人物性格的刻画十分成功。正如别林斯基在谈到诗的分类和分型时所说的："史诗以事件为主，戏剧则以人为主。史诗的主人公是变故，戏剧的主人公是人的个性"。的确，在两千多年前，这位伟大的"悲剧之父"就已经很严格地把握了这一戏剧创作原则，在他的悲剧里创造出了一个又一个血肉丰满的人物形象，而尤其是对普罗米修斯的崇高品格作了深刻的描写和讴歌，致使这一形象千古不衰，至今仍是"人类世界中最被爱好的不朽形象之一"（高尔基语）。

然而，埃斯库罗斯的悲剧，毕竟是人类的早期戏剧，它仍在许多方面显示出缺陷，如剧情结构比较简单，歌队的地位过于重要，语言凝重，但独白过多，故不免流于文句堆砌，也在一定程度上削弱了悲剧的艺术效果。

总之，埃斯库罗斯的悲剧尽管在艺术上仍是比较素朴，但它借用神话，开创悲剧，以此歌颂雅典奴隶主民主派反对贵族专制统治的斗争，这是具有积极的进步的社会政治意义的。与此同时，他的其他悲剧，如《波斯人》则描写希腊军在希波战争中战胜外族的入侵，歌颂了雅典公民保卫祖国的昂扬斗志。他的悲剧中的神话形象寓意深刻，一般都是反映

---

① 马克思.《黑格尔法哲学批判》导言[M]//中共中央马克思恩格斯列宁斯大林著作编译局.马克思恩格斯全集：第1卷.北京：人民出版社，1956：457.

了雅典奴隶主民主政治成长时期的社会政治生活和道德观念，突出描写了自由公民的爱国精神和英雄气概。恩格斯称埃斯库罗斯是一位具有“强烈政治倾向的诗人”，他首创三联剧的悲剧形式，使登场的演员由一个增为两个，并缩减合唱，把韵文对白变成悲剧的主要部分，从而使希腊悲剧渐趋成熟和完善。

索福克勒斯(Sophocles，约公元前496年—前406年)，是继埃斯库罗斯之后的又一悲剧诗人。他早年受埃斯库罗斯影响，走上了悲剧创作之路，一生写有一百三十多部悲剧，留传至今的有七部：《俄狄浦斯王》《安提戈涅》《菲洛克梯提斯》《埃阿斯》《特拉克斯少女》《厄勒克特娜》和《俄狄浦斯在科隆诺斯》。其中，《俄狄浦斯王》和《安提戈涅》最为著名。

索福克勒斯所处的那个伯里克里时代，被人们称之为雅典的“黄金时代”，同时，也是战事不断，政治和经济矛盾重重的时期。当时希波战争正在进行，雅典与斯巴达之间的关系也十分紧张，奴隶主贵族和奴隶之间的矛盾也十分尖锐，社会局势潜伏着动乱的危机。索福克勒斯就是在这种历史条件下进行他的悲剧创作。他的作品同样取材于神话传说，只是在处理方法上与埃斯库罗斯不同，而且，他的神和命运观念没有埃斯库罗斯强，他的作品大多描写理想化的英雄人物与命运的冲突，人物的结局总是很可悲的。索福克勒斯的悲剧基础在于人与神的矛盾冲突。在索福克勒斯的悲剧中，人并不像在埃斯库罗斯的悲剧里那样完全被动地由神摆布，相反，他们利用自己的才智和力量同命运之神作抗争，换句话说，这些人的自由程度更高。这种情形同当时伯里克里时代哲学上的自由思想的发展是相一致的。

悲剧《俄狄浦斯王》描写主人公俄狄浦斯无计逃脱神的预言，证实自己就是杀父娶母的凶犯后，悲愤欲狂，于是，自己将双眼刺瞎，外出流亡。剧本着重刻画主人公对命运的反抗，但最终仍摆脱不了被命运摆布的悲剧遭遇，显示出命运具有伤天害理的邪恶性质。悲剧通过主人公的命运来暗示当时雅典自由民对于社会灾难无能为力的处境和悲愤情绪。

俄狄浦斯王是索福克勒斯悲剧的典型。他是一位既同命运之神抗争，但最终又必然无法摆脱命运之神摆布而惨遭不幸的悲剧典型。从人格上说，出生于忒拜莱奥斯家族中的王子俄狄浦斯是毫无罪过的，然而，就在他还是襁褓中的婴儿时，预言就认为他将来要干出杀父娶母的乱伦之事，他的父母为了摆脱这一厄运，因而将这“不肖”之子交给仆人扔进山间，可仆人却又偏偏心慈手软，没有这样做，而是把他转交给邻国科林斯王后作为养子，之后，一系列的厄运由之而生，构成了一张厄运的天罗地网，厄运犹如窄路上的冤家，时时可逢，处处可碰，使俄狄浦斯在这张罗网中受尽无数的苦难，最后铸成杀父娶母的弥天大罪。

对索福克勒斯这一悲剧做一剖析，并将他同埃斯库罗斯的悲剧进行比较，我们可以看到，两者在创作手法上有很大的不同。埃斯库罗斯的悲剧虽然也取材于神话传说，但它的悲剧一般都带有“因果报应”的性质，而在索福克勒斯的悲剧中看不到这种逻辑必然。俄狄浦斯满身正气，他理智而又聪慧、勇敢而又正直、敦厚而又善良，本来，按照善有善报、恶有恶报的因果报应原则，厄运是不会(也不应该)降临到他头上的。相反，这样一个好人也难免惨遭不幸。这里，索福克勒斯有意将“因果报应”打上了问号，对人的命运的合理性提出了怀疑，从而强化了个人对命运的反抗意识。从这里，我们也可以看到，在伯里克里时代，神的观念在人们的心目中，较之埃斯库罗斯时代已经有些不同。从中也可以看到，在那个时代，自由的民主思想已经有了一定程度的发展。

古希腊的悲剧艺术由埃斯库罗斯开创，由索福克勒斯继承和演进、发展。应该说，索福克勒斯的悲剧作品，在艺术处理上较之埃斯库罗斯，则要更加趋于成熟和完备。《俄狄浦斯王》作品简洁有力，语词意义深刻，这一作品普遍被认为是古代希腊悲剧的典范，索福克勒斯本人也被人誉为“戏剧艺术的荷马”。他的《俄狄浦斯王》在人物性格的刻画方面比埃斯库罗斯更加深刻，剧情结构已开始走向复杂化，道白简明深刻，动作性强，布局严谨合理。在创作手法上，索福克勒斯取消了传统的“三联剧”形式，改为三出独立的悲剧，把同时登场的演员增加到三个人，并添设彩画布景，改进悲剧音乐，使希腊悲剧有了进一步的革新和发展。索福克勒斯的艺术成就曾得到后世的戏剧美学研究大师，如亚里士多德、莱辛、歌德等人的推崇和礼赞。

欧里庇德斯是古希腊三大悲剧家中的最晚一个，他早年受智者学派的影响很深，对雅典的民主政治持一种既拥护又不满的矛盾心态，对传统的宗教予以默认，但对神的存在则表示怀疑。一生写悲剧 93 部，流传至今的有 18 部，其中最著名的是《特洛亚妇女》和《美狄亚》两部，前者可以作为他的代表作。欧里庇德斯的剧作，其表现手法同埃斯库罗斯和索福克勒斯都不同。尽管他的剧作也取材于神话，但他主要倾向于表现当时雅典城邦中自由民的思想情感，从而赋予神话题材以强烈的现实主义色彩。他的悲剧在一定程度上反映了雅典奴隶主民主政治危机加深时期的许多现实问题，如内战、民主政治、贫富对立、妇女地位、奴隶生活等。《特洛亚妇女》就是以反对非正义的外敌侵略为主题。《特洛亚妇女》的主要题材虽然来自荷马史诗，但荷马史诗中的那场充满着英雄气概的特洛亚战争，在欧里庇德斯的作品里，已经变成了一片惨不忍睹的残酷景象，数以千计无辜善良的人惨遭屠杀，幸免于难的逃命者家破人亡，妻离子散。总之，作品着力渲染战争的恐怖、残酷和给人所带来的深重灾难。作者以此来强调他的反战情绪，从而寄托他对和平生活的憧憬和渴望。

千古传诵的《美狄亚》是欧里庇德斯最优秀的代表作，它也是一部三联剧[3]。作品主要描写负心汉伊阿宋为了另求新欢，竟忘恩负义，抛弃了曾帮他取金羊毛的美狄亚，要同公主科林斯成婚。多愁善感的少女美狄亚对伊阿宋的这种忘恩负义的卑劣行径深恶痛绝，她终于采取了强烈的报复手段，杀死了公主和她与伊阿宋生的孩子，然后自己设法逃跑。《美狄亚》把主人公美狄亚作为一个特殊的女性人物来重点描写。她生性高傲，但又温良恭顺，对爱情忠贞不渝。为了爱情，她可以为之付出一切。当美狄亚爱上伊阿宋（应该说伊阿宋的早期不失为是一位英雄）时，便不顾一切地狂烈地追求他，把少女最热烈、最纯真、最美妙的感情倾注给伊阿宋。为了跟随伊阿宋，美狄亚甘愿做出一切牺牲，乃至杀弟弃父。然而，美狄亚在爱情的土地上，并没有种瓜得瓜，种豆得豆，得到的是伊阿宋的恩将仇报，他最后竟将美狄亚遗弃。这对美狄亚来说，简直是晴天霹雳，在感情上是无法接受的。最后，美狄亚将原来对伊阿宋的深沉的爱化作一腔仇恨。她用杀死与伊阿宋生的孩子来造成伊阿宋精神上永远无法弥补的痛苦和创伤。这出悲剧的矛盾，始终是建立在人与人的矛盾斗争基础上，描写人物的心灵冲突和理想（爱情）的毁灭，对人物性格的描写也很深刻，尤其是对女主人公美狄亚性格的刻画十分鲜明、生动，把人物复杂的心理活动过程描写得细致入微。由于篇幅上的原因，我们无法去大段引证欧里庇德斯这部悲剧的许多原文，我现在只引用一段美狄亚想杀死孩子时的内心独白：

"唉，唉！我的孩子，你们为什么拿这样的眼睛望着我？为什么你们向我最后一笑？啊！我可怎么办呢，朋友们，我如今看见孩子们这明亮的眼睛，心就软了！我决不能！我得打消我先前的念头，我得把这些孩子带出去。为什么要使他们的父亲痛苦，弄得我自己反受到双倍的痛苦呢？这一定不行，我得打消我的念头。——我到底是怎么啦？难道我想饶了我的仇人不成，反遭他们的嘲笑吗？我必须勇敢一些！我竟然这样脆弱，使我的心里发生了这样软弱的思想！"

"（自言自语地道白）哎呀！我的心啊，不要这样做！可怜的人啊，你放了孩子，饶恕了他们吧！即使这些孩子不能同你一块儿生活，但他们毕竟还活在世上，这对你也是一个宽慰嘛！——不，凭那些住在下界的复仇神起誓，这样做一定不行，我绝不能让我的仇人侮辱我的孩子，不管怎样，他们非死不可！既然要死，我把他们带到人间，我就可以把他们送回冥界。"

这是一段惊心动魄又催人泪下的独白，它展示了一位善良而又狠心的母亲的双重性格，她爱她的孩子，又恨与其共生孩子的丈夫，但在爱子和复仇的天平上，她的灵魂发生了强烈的冲突和震颤，内心的矛盾达到了白热化。这样的描写符合生活中的真实情形，它没有任何神的介入，情节都是在人与人的矛盾中展开，我们从中可以看到，诗人对美狄亚的内心冲突刻画得十分成功。诗人用这种母爱之火和复仇烈焰交织在一起的内心呼号，将主人公的悲剧命运推向一个崭新的高度。观众可以从中领悟到美狄亚的双重形象，作为一个对爱情忠贞不渝的美狄亚，她的灵魂何等崇高，何等之美。然而，作为一个复仇的女人，她的心肠和手段又是何等的狠毒。这是一个矛盾的统一体，一个将崇高和罪恶结合在一起的混合体。悲剧诗人通过这样的描写，暗示美狄亚的严酷冷峻来自她的理想的毁灭，而构成悲剧的正是那种在复仇心理支配下所作出来的那些残酷的手段，而这种残酷手段产生的根源在于背信弃义的负心汉伊阿宋。当然，美狄亚的复杂心理是有其原因的，但是，任何事情做过了头，就会走向反面。伊阿宋负心抛弃她，固然应受到谴责，但美狄亚将无辜的孩子作为复仇的工具和手段，这在客观上就是对命运的自我糟蹋，对此，这位主人公对自己的不幸命运也应负有责任。《美狄亚》妙就妙在作者也看到了这一点，并且借用女保姆的一段道白来概括地揭示美狄亚这种心理形成的历史必然："这些贵人的心理该有多么的可怕——也许因为她们平时只是管人，却很少被人管，这样的脾气总是很狂暴地变来变去，一个人最好还是过着平民的生活。"这里的话，尽管出自一个普通的女佣之口，但它蕴涵着一条鲜明的社会生活的哲理，即平民有平民的自得和乐趣，富人有富人的苦闷和忧烦。每个人在自己赖以生存的社会环境里都各自占有不同的利弊。然而作为悲剧，它的不幸的结局注定要落到富人和王公贵族的头上，平民本身同悲剧的距离相去甚远。在两千多年前，悲剧作为一种高深典雅的艺术形态，从一开始就是同帝王将相和王公贵族结缘的。

欧里庇德斯的悲剧作品，除了上述两部外，还有《希波吕托斯》《阿尔克斯狄斯》和一出羊人剧《圆目巨人》等，这些悲剧都写得十分出色。我们从欧里庇德斯的悲剧作品的内容分析，他的悲剧具有一种强烈的时代感。我们知道，欧里庇德斯所处的时代，正值奴隶主民主制趋向衰落时期，他的作品都是以暴露当时衰败时期的社会矛盾乃至民间的家庭纠纷为主要任务的。在古希腊的三大悲剧家中，他的作品最富于现实主义色彩，最富有时代气息。我们可以在一定程度上把它看做是对当时社会的实录。从埃斯库罗斯的悲剧中，我们也可以从各个不同的角度看到当时雅典社会统治者和被统治者的生活缩影。

古希腊是人类文明的摇篮，也是悲剧艺术的摇篮，古希腊三大悲剧家的诞生，标志着人类艺术史上悲剧的诞生。尽管古代希腊悲剧发源于祭祀酒神仪式，大都取材于神话、传说和史诗（尤其是以荷马史诗为主），但在古希腊的各个不同时期，悲剧有其不同的历史发展和具有不同的时代特征。悲剧之父埃斯库罗斯开创了人类悲剧艺术的先河，他首创了悲剧的三联剧形式，这种形式为欧里庇德斯和其他后世悲剧家所继承和发展。其次是将鬼魂形象搬进悲剧舞台。此后，欧里庇德斯则发展了这一创作手法，将鬼魂变作幽灵和某种象征，甚至作为复仇的工具。后来的塞尼加，再以后的基德，一直到伊丽莎白时代的戏剧，都有鬼神形象出现。这一系谱可以清楚地追溯到埃斯库罗斯这位悲剧之父那里。悲剧到了索福克勒斯时期，神和命运观念较之前者要弱化，悲剧中往往是信神的力量和信人的智慧和能力都有，但最终还是信神占主导地位。正如黑格尔所指出的："原始悲剧的真正题旨是神性的东西。这里指的不是单纯宗教意识中那种神性的东西，而是在尘世间个别人物行动上体现出来的那种神性的东西。不过，在这种实际体现里，他的实体性的性格既没有遭到损害，也没有转化到对立面上去。在这种形式里，意志及其所实现的精神实体就是伦理性的因素，这种伦理性的因素就是处在人世现实中的神性的因素。"[①]从创作技巧看，索福克勒斯对人物心理的描写已经渐趋细腻，悲剧情节开始曲折化，对人物、场景的处理也很精当。此外，索福克勒斯的悲剧已经开始带有浪漫主义的色彩，这一点在《菲洛克梯提斯》中表现得尤为明显。因此，西方有的学者在评价索福克勒斯的创作技巧时认为，索福克勒斯的创作技巧为以后的欧洲悲剧（乃至整个戏剧）艺术创作树立了楷模。我认为，这样的评价不算过分。

无论是埃斯库罗斯，还是索福克勒斯和欧里庇德斯，他们都是希腊悲剧的开创者，对他们的悲剧品质和价值很难分其长短高下，因为，从他的各自的历史背景来看，他们都各自在自己的历史条件下创立自己的悲剧艺术。由于时代的变迁，他们之间的创作观念也是大有不同的。在埃斯库罗斯的戏剧里，神占据着主导地位，而在索福克勒斯的作品中，尽管神性仍占主导地位，但人的智慧和力量已经被人们引起重视。因此，神的观念已经开始弱化，到了欧里庇德斯时期，现实生活中的人的矛盾冲突则成了他的悲剧的主要描写对

① 黑格尔.美学：第3卷（下册）[M].朱光潜，译.北京：商务印书馆，1979：285.

象。亚里士多德在谈到古希腊原始悲剧的生成和发展时说:“索福克勒斯按照应该如此的(即理想的)人来描写,而欧里庇德斯则照实在如此的(即真实的)人来描写。”从中我们看到原始希腊悲剧艺术的一种演进和发展。

古希腊悲剧,是人类艺术史上的一颗璀璨明珠,它是古代人类智慧的结晶,又是古希腊戏剧艺术的精华。它是人类一定历史发展阶段的产物,正如恩格斯所说的:“没有奴隶制的分工,就不会有希腊灿烂的文化。”古希腊悲剧也是雅典奴隶主民主政治的产物。它的产生和发展同当时的社会政治和经济结构有着密切的联系。它们的兴衰同整个雅典城邦的兴衰是一致的。古希腊悲剧也是古希腊民主派用来为其政治斗争服务的一种手段,因此,这种戏剧形式也带有强烈的政治倾向性,这些悲剧在相当深刻的程度上反映了当时奴隶主民主派的生活和斗争状况,表达了他们的社会理想和生活愿望。

二、文艺复兴和莎士比亚悲剧

从欧里庇德斯到莎士比亚,历史的时钟走了整整 20 个世纪。从悲剧历史发展的常理来说,这 20 个世纪理应有悲剧发展的辉煌成就,然而,令人遗憾的是,中间再也没有出现过波澜壮阔的悲剧发展之巨浪。这两千多年间,人类经历了奴隶制从鼎盛时期走向全面崩溃的全过程,又经历了中世纪千年的漫漫长夜。如果说,在这一千年里,戏剧领域毫无成就,这也许太武断,应该说,在这段时期。罗马戏剧大师们,如普拉图斯、泰伦斯等也创作了一批优秀的作品,在中世纪,也存有传播宗教道德观念的所谓“道德剧”“神秘剧”“奇迹剧”等,但作为纯粹的悲剧,古希腊的悲剧家在悲剧的早期阶段,似乎就创作出了许多最优秀、最富于灵感的悲剧,以致后世人很难达到(更谈不上超越)他们所攀登到的艺术高峰,从而只得将古老的悲剧当做创作楷模。正如著名的英国戏剧评论家阿·尼柯尔(A. Nicoll)在谈到亚里士多德《诗学》的历史地位时所说的:“雅典悲剧已发展到了它的顶峰……亚里士多德于公元前 330 年写《诗学》时,摆在他面前的剧本,都是古希腊所能提供的最优秀、最富于灵感的悲剧作品。而在他同时代的戏剧家中,却没有产生什么崭新的或生气勃勃的剧作。年轻的诗人们都把古老的悲剧当做他们写作的楷模。此时,希腊戏剧的创新精神似乎已经衰亡。看来,早期的这三位大悲剧家,似乎把严肃的戏剧家所能探索到的每一件事物都探索殆尽了。”①的确,此后的两千年,却再也没有出现过悲剧艺术的高峰,直到莎士比亚的诞生,悲剧才第二次兴起它的狂涛巨浪。

莎士比亚所处的 17 世纪初期,正值英国资产阶级革命的前夜,伊丽莎白女王的统治已经接近尾声,当时英国社会的各种矛盾日趋尖锐,圈地运动是社会形势恶化、人民生活动乱的重要标志。詹姆士一世当政后,推行一系列比伊丽莎白更为反动的内政外交政策。政治上的腐败和经济上的重重剥削导致了人民的强烈不满。莎士比亚正是在这样的历史条件下,意识到了自己的人文主义思想同现实社会之间存在着深刻的矛盾。因而,他的悲

① 尼柯尔.西欧戏剧理论[M].徐士瑚,译.北京:中国戏剧出版社,1985:3.

剧都是描写英国封建制度解体、资本主义兴起时期各种社会力量的对抗和冲突、提倡个性解放、反对封建主义的束缚和神权桎梏。莎士比亚的悲剧有《罗密欧与朱丽叶》《哈姆雷特》《奥赛罗》《李尔王》《麦克佩斯》《雅典的泰门》等。其中尤以《哈姆雷特》《奥赛罗》《李尔王》《麦克佩斯》最为著名，俗称莎士比亚“四大悲剧”。

《哈姆雷特》是莎士比亚戏剧中最成功的一部悲剧作品。该剧通过丹麦王子哈姆雷特替父报仇为主线，展开了它的悲剧主题。这个王子复仇的故事，取材于12世纪的一部丹麦史。前人作家已经将之改编成戏剧，而到了莎士比亚的笔下，则改编成了具有强烈的反封建意识的、深刻反映时代生活的历史悲剧。这部悲剧一搬上伦敦舞台，立刻引起了轰动。这出悲剧，从其性质来说，是描写王族内部的纷争和残杀，但经过莎士比亚的天才的艺术创造，使剧中人物的形象更加真实、生动，更具风采，使剧本的主题思想也得以大大的丰富和扩展，由一般的个人复仇、家庭内部的矛盾冲突扩展为个人同社会的矛盾冲突。主人公哈姆雷特是人道主义的化身，这一点，莎士比亚是有意要这样描写的。他对世界是寄托着无限美好希望的，他向望着过美好的生活，他也和腐朽的统治阶层进行了斗争，在这一点上，这位主人公是作为当时统治阶级内部的叛逆者形象出现的。然而，哈姆雷特毕竟是贵族王子，他那同统治阶级的天然的血族联系和时代条件的限制，决定了他不可能和广大民众在一起，因此，当他自身的人道主义愿望同铁一般的冷酷现实（这里指罪恶的社会）接触时，主人公美好的愿望立即成为泡影。于是，他开始清醒地意识到自己同世界的矛盾，也意识到个人力量的单薄渺小和意识到改变邪恶社会是何等的不容易。由此在主人公的心理上引起了矛盾冲突，最终必然导致悲剧。

悲剧艺术和所有一切别的艺术一样，都应该是现实生活的反映，而现实生活往往是十分错综复杂的，人就是在这种错综复杂的环境中生存，他在这样的环境里必然会碰到许许多多的矛盾冲突，而这些矛盾冲突有解决好的，也有解决不好的，如果情况是后者，往往就会导致（或酿成）悲剧。当然，就人本身，谁都不愿意自己与悲剧结缘，但是，在严峻的生活现实面前，每个人是否与悲剧结缘，这是不以他的个人意志为转移的。应该看到，《哈姆雷特》的核心思想还不仅仅局限于丹麦王子替父报仇方面，同时还要说明，哈姆雷特在晓得父王是被谋害致死的时候就已经对人间充满了哀怨和愤恨。而当他的母亲与其叔父成婚时，哈姆雷特的内心冲突才开始加剧，由此对人世间的一切产生怀疑。在第一幕第二场的道白中，哈姆雷特这样说：“世间的一切在我看来是何等可厌、陈腐，乏味而无聊！哼！哼！那是一个荒芜不治的花园，长满了恶毒的莠草。”显然，这个“荒芜不治的花园”指的就是他所面对的那个英国社会。这里我们看到，哈姆雷特已把家庭的不幸和社会的丑恶（如虚伪、凶残、自私、不人道等）紧紧地联系在一起。在处理人物的心理活动的递进深化过程中，莎士比亚描写手法的“逻辑”是很严密的。如当哈姆雷特看到其母同叔父结婚时，他的不满情绪已经生成，但还尚未上升到产生要复仇的念头。后来，只是在听到其父的鬼魂控诉之后，复仇之心才开始萌动。这时，哈姆雷特的内心才展开了激烈的搏斗，即父仇报不报？如果要复仇，自己就面临着能否继续生存下去这样一个问题。就在他不能忍受父仇不报的同时，也提出不能忍受“人世的鞭挞和讥嘲、压迫和凌辱、傲慢者的冷眼、被轻蔑的爱情的惨痛”，等等。在这里，莎士比亚笔下的哈姆雷特较之12世纪丹麦史中的那位丹麦王子的精神面貌要丰富得多。它也不再是简单地停留在复杂的思想水平上，而是赋予它以更广阔更深刻的时代意义。

就哈姆雷特的艺术形象来说，这一形象代表了莎士比亚悲剧（或者说代表了他的整个戏剧）的最高成就。悲剧的主要矛盾冲突是在哈姆雷特与其叔父克劳狄斯之间展开。为报父仇，同时为了改造社会，扭转乾坤，哈姆雷特和宫廷集团展开了一系列的严酷斗争。他在杀死了几个宫廷臣卒后，自己也不免中了敌人的奸计，以致中毒剑身亡。尽管他在临死时杀死了奸王克劳狄斯，报了父仇，解了心头之恨，但壮志（即要改造社会的心愿）未能酬，因而，他的斗争的结局仍然是悲剧性的。

莎士比亚也把哈姆雷特作为他理想中的英雄来予以描写和歌颂的。莎士比亚借哈姆雷特情人奥菲利亚之口，将这位主人公的本质特征说得淋漓尽致：他是“朝臣的眼睛、学者的辩舌、军人的利剑、国家所瞩目的一朵娇花、时代的明镜、人伦的典范、举世瞩目的中心”，并且还具有“高贵无上的理智”。在文艺复兴时代，社会上涌现出了不少具有思想开明、行为进步、学识广博、足智多谋、胸怀远大、忧国忧民的反封建人文主义斗士。他们为推动社会的发展做出了巨大的贡献。莎士比亚就是将哈姆雷特作为文艺复兴时期获得“全面发展”的一代理想新人来描写的。从某种意义上来说，哈姆雷特在一定程度上代表了莎士比亚自身。哈姆雷特的某些语言和行为反映了作者自身的理想和愿望，反映了作者自身的社会观。在莎士比亚的四大悲剧中，《哈姆雷特》是最先诞生的一个剧本，最后一个则是《麦克佩斯》。《麦克佩斯》写成于1606年，与《奥赛罗》和《李尔王》都是写成于新旧王朝的交替时期。根据这些悲剧的内容特征，将《哈姆雷特》称之为“思想悲剧”（也有称为“哲理悲剧”），而将《麦克佩斯》《奥赛罗》和《李尔王》则称之为“激情悲剧”。《麦克佩斯》描写主人公麦克佩斯个人主义野心膨胀，为了满足私欲，最后走上了自取灭亡的道路。然而，此部悲剧的特征同《哈姆雷特》全然不同。首先这两部剧的主人公的个人身份和人格品质也有着本质上的区别。前者作为文艺复兴时期具有人文主义思想全面发展的一代新人这样一个正面人物来描写，而后者则是一个“恶人”，因此，描写这样一个“恶人”的悲剧，莎士比亚的构思和运笔都是非凡的。在莎士比亚的悲剧中，《麦克佩斯》是最强烈、最集中、最惊心动魄的一出悲剧，是莎士比亚创作中期的悲剧杰作。

麦克佩斯是一个杀人犯，他利欲熏心，为了谋取苏格兰的王位，竟亲手杀死德高望重的邓肯王。以后，为了保住既得的王位，继续迫害残杀忠良和无辜。正是这个罪恶的麦克佩斯，将苏格兰带入了苦难的深渊。读者面对着莎士比亚的这个剧本，将会自然地提出这样一个问题：悲剧降临在这样的人头上，能构成一种唤起人们崇高感的悲剧吗？莎士比亚正是用他那伟大的神笔，独具匠心地确立起这样一个坏蛋的形象，然后，层层展开，最后构成的悲剧是崇高的，人们对这个凶手也不免“唤起悲悯与畏惧之情”（亚里士多德语）。因为，从麦克佩斯人格的早期性质（或素质）来看，他也不失为崇高和伟大。作为苏格兰的一员大将，他出身高贵，骁勇善战，他也重视自身的荣誉和地位，不信命运，无所畏惧，战功赫赫。即使是在受到邓肯王的恩宠和朝臣们的钦慕时，他也仍然保持不卑不亢的清醒头脑，坦荡自如地慷慨陈述："我的天职就应该效忠与尽责"。我们从这里所看到的是一位具有高尚德行的麦克佩斯。然而，麦克佩斯最终没有完全彻底履行自己所谓"效忠与尽责"的诺言，在"向往伟大，渴望得到更高的荣誉"的野心驱迫下，他开始干起瞒天欺人之事。他没有将自己的"英雄之路"脚踏实地地善始善终地走下去，而是在人生的中途灵魂深处发生了质的变化，以致走上了杀死国王，谋取王位，最终导致自身失败的悲剧。莎士比亚在这部悲剧中，不是简单地描写一位恶人的应得下场，也不是描写一位好人的不应有的悲惨结局，相反，作为一部杰出的悲剧，作者通过人物的许多内心活动和必要的行为来揭示麦克佩斯这位特殊人物从英勇正直走向犯罪和失败的过程，从而把麦克佩斯天性泯灭、精神崩溃的痛苦历程展示给读者和观众，使人们从中看到麦克佩斯向恶性道路上发展过程中的灵魂搏斗，这种搏斗是多么震撼人心。由此产生的作品的悲剧效果同样也是十分悲壮的。正是由于这部悲剧十分独特，因此，以前研究者对之的评价也不尽相同。有人称这部悲剧是"恶人的悲剧""道德的悲剧"，也有人称之为"性格的悲剧"。我认为，上述这些评论都有其一定的道理，但是，从根本上说，应该称它是一部"时代的悲剧"。莎士比亚写这部剧本时，正是处于资产阶级革命的前夜。麦克佩斯原先人格的伟大、高贵的一面，如勇敢正直，对未来充满着信心和追求等，都在一定程度上反映了当时人文主义者的理想和愿望。然而，在这个资本主义的原始积累时期，资产阶级的各种自私的利己主义的特点（如伪善、贪婪、野心、权力和名利欲等）得到了充分的发展。进步的人文主义思想同这种社会现实是冲突的，莎士比亚正是通过麦克佩斯这一悲剧形象，从一个侧面来反映当时的社会状况。

莎士比亚的主要悲剧有七部，本专题限于篇幅，不能将这七部作品一一列述。早期创作的《罗密欧与朱丽叶》，描写男女主人公为了追求自由美好的爱情，竟不顾双方家庭的世仇，但在严格的封建宗法制度和包办婚姻的传统势力笼罩于世的情况下，这对青年男女同传统势力相抗争，其结局仍然是很悲惨的。作品以两家的械斗开场，以两位主人公的惨死换得两家的和好。其代价的惨重不言而喻。这是一部具有强烈反封建意识的爱情悲剧，它的主要矛盾是建立在追求自由恋爱的新观念同传统的包办婚姻这一旧习惯势力的冲突这样一个基础上。

《奥赛罗》描写正直忠厚的主人公奥赛罗元帅受野心家埃古的欺骗和挑唆，轻信谗言，误将自己忠诚的爱妻苔丝德蒙娜杀死，而当有人将这一事实的真相告诉他时，奥赛罗后悔莫及，痛不欲生，最后自杀身亡。作品描写好人无辜受害、坏人一时得逞、阴谋家欺诈的一时得势和谎言终究会被揭穿、事实真相终究会大白于天下的道理。作品将反面人物埃古的阴险、狡诈、伪善、狠毒以及人们对他防不胜防的一面也刻画得淋漓尽致。《奥赛罗》一剧，我认为对人物刻画得最成功的不是主人公本身，而是埃古这个角色。这一悲剧中，导致奥赛罗和苔丝德蒙娜悲剧的直接罪魁是埃古。作品始终抓住此人的内心本质予以细致的描绘。由于这一人物的奸诈狠毒的一面被揭露得极其透彻，因此，在人们的心理上形成了一种反差，对奥赛罗和苔丝德蒙娜在情感上寄予更多的同情和怜悯。我们可以从野心家埃古对洛特力的对话中窥见此人的险恶居心："啊，老兄，你放心吧，我之所以跟随他（指奥赛罗元帅，本书著者注），不过是要利用他达到我自己的目的。……还有一种人，他们表面上，尽管装出一副毕恭毕敬的样子，骨子里却是为他们自己打算，看上去好像替主人做事，实际上却靠着主人发展自己的势力，这种人还有几分头脑，我自己就属于这类。……我这样对他赔着小心，既不是为了感情，也不是为了义务，只是为了自己的利益，才装出这一副嘴脸。”4

一切从利己主义的前提出发，为了自身的利益可以伪装自己，乃至出卖灵魂，为了私利，可以不择手段，欺诈、谋害，什么事都可以干得出来，这正是埃古这个坏蛋的罪恶特征。莎士比亚集资产阶级一切带有本质性的恶行于埃古一身，旨在让人们从埃古身上去透视当时社会的种种罪恶表现。

莎士比亚悲剧的特征在于其寓意的广博深刻，它能切中社会时弊，并在艺术上赋予一种崇高的美。著名的法国戏剧评论家斯达尔夫人在谈到莎士比亚的悲剧成就时说，莎士比亚的作品具有头等的美。莎士比亚没有机械地模仿古人（尤指古希腊的三位悲剧家），而是合理地继承和发展他们的艺术成就。他是“第一个把精神痛苦写到极致的作家”，此外，莎士比亚坚持人必有一死的进步自然观。在他的悲剧中，我们可以看到，不论是罪恶的家伙还是有美德的人，不论是男是女，是老是少，作为一个人，他们统统都将不免于一死。不过，莎士比亚对死亡的描绘手法是极其高超的。莎士比亚悲剧还有一种重要成分，那就是怜悯，有对受苦受难的人的怜悯（如《亨利八世》中阿纳贡的凯瑟琳之死），有对微不足道的小人物的怜悯（如《理查三世》中的克莱伦斯公爵），也有对丑恶人物的怜悯（如《亨利八世》中的霍尔赛主教）。莎士比亚用他那非凡的笔，将这些怜悯写得十分真实、生动，使人们为那种并不是千篇一律、千部一腔，而是具有高度真实性的舞台效果所吸引、所感动。我们可以试想一下，在一般的条件下，按常理，人们对幼小者、弱者、处于痛苦状态下的人或其他万物众生（包括动物在内），往往会产生怜悯的情感，这一点，是不难做到的。但在另外一种情况下，即在某种特定的条件下，人们也可能对“恶者”“卑鄙者”产生怜悯的情绪，如对那些参加非正义的战争而被俘的战犯，当他们个别地或大批地被俘后，将之俘获的一方对他们不予优待，而予以统统严惩或处决时，这时，他们可能会赢得人们心理上的某种同情和怜悯。再如，犯有重大罪行的罪犯被施以非人道的摧残或折磨时，他们也可能会赢得怜悯。怜悯和同情弱者，这似乎是人类的共同天性。因此，莎士比亚悲剧中的怜悯就有多种形式。从其被怜悯的对象来看，也有各种各样的人。斯达尔夫人在谈到莎士比亚悲剧中的这种怜悯成分时写道：“要把这种感情从生活中搬到舞台上，而且还保存它的全部力量，必须具备非凡的才能，不过，只要作家把它表现出来，它便比任何其他东西更引起一种高度真实的效果，因为人们感兴趣的，并不是伟大的人物，而是普普通通的人和普普通通的事。在这个时候，人们并不为有时是公式化的悲剧感情所打动，而只为那种非常接近生活本来的面貌，因而写来也更加伟大的感情所打动。”①

莎士比亚的作品带有深刻鲜明的时代特征，一般认为，他的作品根据其先后顺序大致

---

① 《古典文艺理论译丛》编委会.古典文艺理论译丛(9)[M].北京：人民文学出版社，1962：124.

可分为早、中、晚三个时期，具体地说，他的早期作品主要是历史剧和喜剧，如《亨利四世》《威尼斯商人》《仲夏夜之梦》等；中期作品是悲剧；晚期作品以传奇剧为主，如《暴风雨》《亨利八世》等都是在那时诞生的。那么，莎士比亚为什么在中期阶段要转入对悲剧的创作呢？要回答这个问题，必须同莎士比亚所处的那个时代的社会政治、经济状况联系起来看。我们知道，莎士比亚本人是进步的人文主义者，他的创作特点是直面现实、直面人生，而在17世纪的最初阶段，整个英格兰社会面临着资产阶级革命的前夜，英国社会已经显得十分动荡不安，宫廷的腐败已经成为新的革命高潮(经济发展)到来的障碍，圈地运动造成了"羊吃人"的局面，迫使大量的农民流离失所，农村自然经济大规模地遭到破坏，在这种动乱的年代，各种罪恶的东西在滋生和蔓延。人文主义理想同罪恶的现实之间矛盾太深刻了。因此，莎士比亚通过悲剧来集中反映人文主义理想同现实社会的矛盾，尽管作品中的那些具有人文主义思想的人物都以悲剧告终，但它给人以这样一种启示，即尽管那些人物在同黑暗社会的抗争中一个个地被无情毁灭，但他们获得了道义上的胜利，人文主义理想终归是代表了人类在一定历史发展阶段上的文明、理性和进步。

莎士比亚的戏剧是人类戏剧艺术的顶峰(指到他那个时代止)，而他的悲剧又是他的戏剧之冠。别林斯基曾高度评价莎士比亚，称他是"戏剧界的荷马"。文艺复兴时期是巨人辈出的时代，莎士比亚就是在那个时代所涌现出来的戏剧巨人，他的悲剧，概括起来大致有以下几个特点：

第一，坚持现实主义的悲剧创作原则，即悲剧反映社会现实。他的任何一部悲剧，都是以生活中的原型为蓝本。莎士比亚的悲剧，由于以真实为创作前提，所以，他作品中的人物(无论男女老少、善的、恶的，中庸之道的)都一个个血肉丰满，人们很难在莎士比亚的悲剧作品中发现有虚假、造作的成分。因此，他的悲剧作品经得起时代的检验。我想，即使是再过数百年，乃至数千年，只要后人稍稍了解当时英国社会历史状况和莎士比亚悲剧的创作背景，再去读莎士比亚的这些悲剧，都会领会到其中精湛的创作技艺和深刻的社会意义。

第二，注重人物心理刻画，尤其是对主人公在接受厄运挑战前夕，他将悲剧人物的心理活动推进到一个高度，并细致地去描绘。莎士比亚在主人公命运发生变故的时刻，往往采用独白的形式来向观众展示其内心的灵魂冲突。正是由于莎士比亚对悲剧主人公的心理描写达到炉火纯青的地步，因此，在冲突心理驱使下，悲剧人物的行为举止与现实社会的冲突的原因自然就展示得很清楚。观众和读者会很快对这种冲突结局(失败或毁灭)产生怜悯。在这里，必须指出，莎士比亚在描写主人公内心冲突时，往往坚持冲突的双向特征，这就是：一方面是内向型的心灵搏斗，主人公自己内心灵魂的自我对抗(如同自己的意志、勇气、懦弱、忏悔、恐惧、悲痛、失意、嫉妒、狂妄、迷信等的搏斗)；另一方面是外向型的搏斗，这就是除了自身以外，同他人搏斗，同整个罪恶的、腐朽的非理性的现实世界搏斗。莎士比亚往往就是通过这种人物心理描写来揭示悲剧人物复杂的心理形态。我认为，最能代表莎士比亚对悲剧人物心理描写的作品要数两部，这就是《哈姆雷特》和《麦克佩斯》。

第三，莎士比亚作品中人物性格的复杂化以及描写手法上的多层次、多样化。在谈到这一点时，别林斯基倒是有过这样一段精彩的论述："莎士比亚笔下的每一个人都是生动的形象，里面没有一点抽象的东西，却好像没有经过任何修改和变更，整个儿从日常现实中撷取过来似的。法国人曾经认为（现在也仍旧这样认为，虽然说法相反），典范是散处自然界的同一概念的特征的汇集。按照这个美妙的论点说来，恶徒必须把全部奸恶萃于一身，正人君子必须把全部美德萃于一身，因而也就没有任何个性……莎士比亚是这种可怜理论的绝对的对立物。"①的确，莎士比亚的悲剧人物极富于个性，所有角色都没有任何雷同的痕迹，哪怕是一些不起眼的小角色（如保姆、侍从、农夫等）也都有各自的特色，更不要说是主人公。他写哈姆雷特，把他描写成一位受过高等教育，有强烈的人文主义新思想的王子，他有软弱的一面，又有坚强的一面。他对现实充满了敌意，为父复仇使他与其叔父构成了全剧的主要矛盾。而在《奥赛罗》中，奥赛罗是一位正直而又轻信别人谗言以致被奸人所害的形象。麦克佩斯，这是一位与众不同的"恶人"，他也破例地闯进了莎士比亚神圣的悲剧殿堂。他虽然是"恶人"，但在悲剧中却给人们留下了这样的印象：他既不同于《哈姆雷特》中杀君篡位的克劳迪斯，也不同于《奥赛罗》中阴险、狠毒的埃古，他就是他自己——一个莎士比亚悲剧中的特殊角色——一个集多种矛盾于一身的复杂性格的综合体。他生性高贵、勇敢无畏的气质中带有几分傲慢、凶狠的色彩。他有自尊自爱的高贵心理，但又有渴望伟大、希望受人敬仰的野心。在这一人物的内心中，野心的膨胀和理智的自我制约在打架。最后，麦克佩斯还是经不起权欲和野心的诱惑，邪恶的动机终于挣脱了人性的羁绊，罪恶的行为终于冲决了道德的堤岸，他——麦克佩斯——终于成了可悲的罪人。

如果我们对麦克佩斯这个悲剧形象再作更进一步的深层分析，我们可以看到，本来，麦克佩斯如果在适当的条件下是可以成为一位杰出而又崇高的苏格兰军事将领的。那么，究竟是什么东西使他没有在健康的道路上成长发展，而偏偏发展成为罪人呢？对此的回答是：权欲和野心。在文艺复兴的那个资产阶级革命前夜的年代，这种权欲和野心弥漫着整个英格兰社会，它像瘟疫一样在腐蚀和毒害着人们的灵魂，毒害着无数像麦克佩斯这样一些本来可以大有作为的英雄"巨人"。这是一种社会性的灾难，是时代的不幸。莎士比亚塑造麦克佩斯这出"坏人"悲剧，也是旨在从一个特殊的侧面来揭示当时社会所存在的种种弊病。

第四，继承了古希腊的某些创作方法，如古希腊悲剧中的神性的东西，在莎士比亚悲剧中尽管不占主导地位，但仍有被合理采用的。剧中不乏妖魔鬼怪和神仙精灵出现。例如在《哈姆雷特》一剧中，哈姆雷特父王鬼魂的控诉，导致了主人公复仇心理的萌生等。这种鬼神的出现，对于塑造悲剧形象和深化悲剧效果起着很重要的作用。

莎士比亚悲剧创作还有许多其他方面的特点，如题材丰富，情节生动，再就是在语言使用上，体现了莎士比亚极高深的言辞修养。他的语言极其丰富。在他的悲剧中，语言不乏上流社会中所用的凝重典雅，也有下层社会流行的俏皮话等，有深奥的哲理，也有浅显

① 别林斯基.别林斯基选集：第1卷[M].满涛，译.上海：上海译文出版社，1979：428.

的比喻，有严肃庄重的陈述，也有生动有趣的玩笑和幽默话语。悲剧中的各种隐喻、暗示、双关语等更是比比皆是。正是由于莎士比亚运用丰富的语汇，才使他的悲剧形象描写得个个栩栩如生，活灵活现。在驾驭语言方面，莎士比亚也是举世罕见的。

当然，在评说莎士比亚悲剧的卓越成就的同时，我们也看到了他作品的不足的一面，如悲剧过多地表现人物心灵上的创伤和痛苦，有时过分地将人类残酷的一面绝对化。斯达尔夫人在谈到莎士比亚悲剧缺陷时也曾指出："莎士比亚的剧本比希腊悲剧高明。但是，以艺术性的完整而言，则又有很大的退步。过分冗长，无用的重复，不连贯的形象，这些缺点都是经常用来指责莎士比亚的。"①

诚然，莎士比亚是人类的伟大戏剧天才，他"不属于一个时代，而属于所有世纪"，他"不单属于英国，而且属于全世界"，但作为一个资产阶级人文主义作家，他的作品自然有他的时代和阶级的局限，他对现实生活的反映不可能完全彻底。这些我们在研究莎士比亚悲剧时也应该清楚地认识到。

三、莎士比亚以后的悲剧成就

（一）古典主义悲剧的兴起

从莎士比亚时代到 1642 年清教徒关闭英格兰剧院之时，悲剧的发展逐步开始走下坡路，其间竟没有产生一部能与古希腊三大悲剧家和莎士比亚的悲剧相媲美的作品，这是英格兰的情况。与此同时，在法国，却已有人在努力恢复古代希腊悲剧的传统。法国的悲剧作家们严守他们按照古希腊悲剧模式规定的规则以及亚里士多德所明确提出的规则，尊重动作、时间和地点三者必须完整一致的原则，即喜剧限于单一的故事情节，事件发生在一个地点，并于一天之内完成(简称"三整一律"或"三一律")。17 世纪法国的法兰西学院极力推行这一原则，古典主义剧作家也大多严格遵守。"三一律"倒是有利于剧作情节结构的简练集中，但作为一种规定，却成为束缚剧本创作的清规戒律。他们的作品大多以感情与理智的矛盾冲突为悲剧的主要题材。如法国古典主义的悲剧创始人高乃依的《熙德》，就是描写个人如何克制自己的欲望以服从整体的国家利益等。

彼埃尔·高乃依(Pierre Corneille，1606 年—1684 年)的悲剧，是比较严格地按照三一律原则创作出来的。他的悲剧作品(也是他的戏剧代表作)《熙德》于 1636 年上演后，在巴黎引起了强烈的反响。这一悲剧的创立，为法国古典主义戏剧的创立奠定了基础。这部剧作主要以西班牙历史上的民族英雄唐·罗德里克的故事为题材，悲剧描写男主人公唐·罗德里克与女主人公施曼娜真诚相爱，而双方的父亲又都为了各自争做太子师傅产生了矛盾。最后，罗德里克的父亲唐·狄哀格(一位老功臣)被选上了，没有中选的施曼娜父亲唐·高斯迈不服气，一气之下打了狄哀格的耳光，从此两家结下私仇。罗德里克在其父亲和家族的压力下，为了维护自身家族的荣誉和尊严，决心复仇，竟在决斗中杀死了施

---

① 《古典文艺理论译丛》编委会.古典文艺理论译丛(9)[M].北京：人民文学出版社，1962：128.

曼娜之父高斯迈。此事让施曼娜知道后，她内心悲痛不已，爱与恨交织在一起。为了报杀父之仇，她请求国王惩罚罗德里克，但当罗德里克真的站到她面前任其处置时，施曼娜又踌躇不定了。正在这时，摩尔人入侵斯提尔，罗德里克率军迎击，最后克敌制胜，赢得了“勒·熙德”(君王之意)的称号，但施曼娜一直对他的杀父之仇耿耿于怀，最后，由国王出面做了大量耐心的说服劝导，才使这对旧有的情侣消除世仇，重新结成美好婚姻。

《熙德》是高乃依最优秀的戏剧代表作，也是法国戏剧舞台上第一部古典主义悲剧。《熙德》的悲剧冲突是责任和爱情之间的冲突，剧情的矛盾是建立在究竟要不要报仇的问题(男女双方都存在着这个问题)，然而要实行复仇的最大的心理障碍就是男女双方面对着的彼此相爱这样一种既存的感情联系。在维护家族荣誉、尊严和将美好的爱情予以毁灭之间，让主人公去抉择。当然，这种抉择是很难做出的，它要主人公在心理上承受极大的痛苦。男女主人公双方都面临着现实向自己的感情和意志所提出的挑战。作为男主人公罗德里克，他在父亲和情人之间的选择上，曾一度模棱两可，举棋不定。从个人情感上，他不忍心去伤害施曼娜，但最终他还是在理智的思考下，认识到，相对于自己个人爱情来说，维护整个封建家族的荣誉和尊严是件大事。此外，如果忍着屈辱去分享同施曼娜的爱情，这种懦夫之气也迟早会引起对方的鄙视。因此，从罗德里克之举来说，高乃依成功地描写了一位理智战胜情感的“悲剧英雄”，因而，罗德里克获得了民族英雄和“熙德”的称号。

高乃依给他的《熙德》赋予了十分鲜明的政治色彩。正如古典主义的出现是贵族阶级和资产阶级妥协时期的产物一样，《熙德》的内容正是这两个阶级取得这一历史现实的曲折反映。在究竟是成全一对青年男女的爱情还是全面维护封建荣誉这个问题上，作者通过这对有世仇的男女青年最后化仇结亲，向人们暗示着一条妥协调和的处世原则。这也反映了当时法国贵族阶级正在提倡一种新的道德标准。它要求贵族们都应像罗德里克那样为了维护封建利益，应该勇于放弃乃至牺牲自己的个人利益。同样，在对女主人公施曼娜的个性描写上，作者也是旨在歌颂理性的胜利。施曼娜是对罗德里克集爱和恨于一身的女性形象。她在杀父之仇不能不报和对罗德里克这位英雄深深爱慕的矛盾冲突下，最后以接受国王的规劝并与罗德里克成婚来强调理性的胜利。从这里，我们看到施曼娜起先那种坚持要为父报仇的决心和动机，还是被罗德里克的崇高性一面所征服。理性占了上风。

《熙德》这部悲剧，同以前历史上的悲剧不同，它在思想主题上反映了一种妥协和调和精神，在艺术上，它形成了为高乃依所特有的悲剧风格，在某种意义上，它超过了前人的成就。《熙德》的悲剧人物性格既不同于古希腊悲剧，也不同于莎士比亚的悲剧。剧中男女主人公都给人们一种“正义感”“正直感”“正派感”，性格都属于明快、果决、热烈奔放型，但又不失深沉、冷静。高乃依悲剧中的人物，一般都带有这种特征。

然而，高乃依的另一部悲剧《贺拉斯》却与《熙德》迥然不同。作者想通过这部悲剧来反映右翼贵族势力维护封建传统观念，排斥资产阶级势力的愿望。作品对主人公性格的刻画也不同于《熙德》。作者极力描写贺拉斯三兄弟和居里亚三兄弟之间的亲戚关系，而根本不去区分战争的正义与否。剧本中描写的罗马和阿尔伯之战，很难看出究竟哪一方是正义的，哪一方是非正义的。作者的主题是要描写爱国和个人爱情之间的冲突。作者旨在宣扬封建义务高于一切，要求人们自觉抛弃同这一义务相悖的任何个人情感。这里值得一提的是，同《熙德》相比，《贺拉斯》似乎更具有强烈的悲剧色彩。高乃依在《熙德》之后，由于思想上慑于反动贵族的压力，他的悲剧日渐失去现实主义色彩，取而代之的是语言趋向浮华、宫廷色彩加重。他的戏剧越到后期越走向衰退，最后由拉辛取代了他的地位。

法国古典主义悲剧在继高乃依之后，到了拉辛则进入了比较繁荣的阶段。拉辛可以称得上是17世纪法国最有成就（也是最有代表性）的古典主义悲剧作家。他从1664年到1691年的27年间，连续写出《戴巴依特》《亚历山大大帝》《昂朵马格》《勃里塔尼斯》和《费德尔》等11部悲剧。他的那部最有名的悲剧《费德尔》演出后引起了轰动，后遭宫廷贵族攻击，拉辛被迫停止创作多年。1689年写了《爱丝黛》（此剧本主要以《圣经》为题材），1691年完成悲剧《阿达利》（这是拉辛的最后一部悲剧）。上述两部悲剧是涉及国王宗教政策的悲剧。拉辛悲剧作品大多使用古希腊罗马的历史传说来揭露封建王公贵族的荒诞、贪婪、阴险和残暴。

《费德尔》是一部以揭露法国宫廷贵族腐化堕落为主旨的悲剧。剧情的题材主要取自欧里庇德斯的悲剧《希波吕托斯》。作品描写雅典王后费德尔爱上了国王前妻的儿子希波吕托斯。后来，当费德尔确知希波吕托斯爱着阿丽丝而对她根本没有什么感情时，顷刻间嫉恨交加，最后以杀害了希波吕托斯，自己也服毒自杀作为结局。

这部悲剧的基调是对现实的不满和矛盾的不可调和。作品主要是在对女主人公费德尔的性格发展上下了工夫，尤其是对她的心理描写是很细腻深刻的。费德尔对希波吕托斯的感情经历了一个由爱到恨的复杂转变过程，最后走上了杀害希波吕托斯，自己也自杀的道路，使剧情从一片春光明媚的爱情气氛推进到生命被毁的恐怖境地。费德尔是被作为一个绝望的情人来描写的。应该说，这个女人很不幸，她虽人嫁给了国王忒修斯，但在心灵深处，却潜藏着一个秘密，她偷偷地将自己的爱默默地倾注在希波吕托斯身上，指望着这种爱能为被爱的对象所接受。在平时的生活中，她假装恨希波吕托斯来掩饰自己内心对他的钟爱，但内心深处的这种爱的情感，总得让它有宣泄的地方，让它排解出来，于是，费德尔首先将这种内心的隐秘告诉给了女佣。后来，国王忒修斯离家半年，杳无音信，传说和人们的合理想象都断定她丈夫已死。因此，费德尔也觉得自己的内心隐秘再也没有隐藏的必要了，于是，在女佣的怂恿下，她向希波吕托斯倾诉对他的爱慕。结果，事与愿违。希波吕托斯拒绝接受费德尔的爱。后来丈夫忒修斯突然回家，费德尔顿时充满羞辱、悔恨、恐惧和忧虑。在理性的心理支配下，她也一度谴责自己，并打算向丈夫表明心迹，坦白自己的荒唐之举，但后来当她得知希波吕托斯拒绝接受自己的爱是因为他已爱上了另一个女人阿丽丝时，她内心经受不起对情敌嫉妒之火的燃烧，最后决心借忒修斯之手害死希波吕托斯，自己向国王道明真相，服毒自杀。

应该看到，这个剧本中的女主人公的心理结构十分复杂。拉辛通过费德尔和希波吕托斯的悲剧，旨在将人类的各种罪恶的东西揭示出来，以此教育人们。拉辛一方面在剧本中也谴责费德尔感情的不专、不纯和不正当的一面，同时也告诉人们，这个女性并非坏人，她有良心、有情爱之心，一句话，有理性的一面。在国王外出之前，她把对希波吕托斯的爱深深地埋在心底，因为，理智告诉她，这种心底的秘密是不能轻易让它见天日的，更不能让国王丈夫忒修斯知道。还有当她对希波吕托斯的爱被遭到拒绝时，她羞愧万分，内心充满着自责和悔恨。这些，都表明费德尔有较强的理性素质。此外，作为一个上流社会中的贵族女性，一位王后，费德尔的心理活动和行为方式，从当时社会中是能找到原型的。在17世纪初，法国宫廷贵妇淫荡、堕落的行为和她们的风流韵事比比皆是。从对费德尔的心理描写来看，拉辛将17世纪初宫廷贵族的女性形象勾勒得是十分鲜明的。当然，拉辛写《费德尔》，从其本意来说，他也不想将女主人公写得太坏，“甚至有意地把她写得不如悲剧里的人物那么可恶。”(拉辛语)在剧本的不少地方，我们甚至可以看到作者对这一主角有某种程度的偏爱和美化的痕迹，这一点，我们从费德尔的自责中可以明显地看到。

《费德尔》是拉辛的一部别具匠心的悲剧杰作。从这部杰作中，我们可以看到，拉辛对17世纪统治阶级上层贵族妇女的心理和行为方式研究得很透彻。费德尔完全可以作为当时上层贵族女性的一种典型。她的悲剧带有浓烈的宫闱气味，因此无论是对人物情感的描写和对事件的叙述一般都渗透着一种雅趣，从而使作品在艺术上具有较高的格调和具有较高的审美情趣。

总之，《费德尔》只是拉辛悲剧中最有代表性的一部。其实，他的其他几部悲剧也都各有其独立的艺术价值，如《爱丝黛》(以圣经为题材)和《昂朵马格》(此剧是在法国戏剧艺术中造诣最深的悲剧之一)等。同是处在17世纪，但拉辛的悲剧则和高乃依的有较大的不同，高乃依的作品大多诞生于君主政体上升时期，而拉辛则是在君主政体由鼎盛转向衰落的时期创作的。高乃依塑造了一系列悲剧英雄形象，旨在唤起人们对这些英雄的赞赏和敬仰。而拉辛却着重揭露封建统治的黑暗和罪恶，旨在激起人们的愤怒和反抗。拉辛的作品具有更鲜明的现实主义。就悲剧的艺术特点来说，在拉辛戏剧的早期创作阶段，他的悲剧就已经形成了自己严谨的艺术风格。说拉辛是古典主义悲剧的典型代表是恰如其分的。三一律在拉辛看来，已经不是一种束缚，相反，对他说来，是一种运用自如的法则。当然，拉辛的创作经历了一个较为曲折的过程。到了后期，拉辛的创作题材则以宗教为主。这种变化当然同他思想经历的变化分不开。不过，拉辛的后期悲剧同前期相比，具有更深刻的社会政治内容和更强的现实针对性。

(二) 批判现实主义的悲剧风格

自莎士比亚之后，尽管在悲剧领域出现了像高乃依、拉辛这样一些杰出的古典主义悲剧作家，诞生了像《熙德》《贺拉斯》《费德尔》及17世纪末出现在英格兰的《一切为了爱情》(德莱顿创作)这样一些杰出的悲剧作品，但从整个悲剧的历史发展看，同古希腊时代和莎士比亚时代比，在17—18世纪以及19世纪初期，悲剧基本上仍然处于不太景气的阶段，而反映悲剧的主题和精神这一任务也逐渐由长篇小说来承担。尤其是到了19世纪下半叶，由于自然主义的兴起，小说和戏剧都摆脱了感伤的情调和规避问题的缺陷，使悲剧的发展进入了一个新的里程。挪威作家易卜生的作品就是其中杰出的范例。

亨利克·易卜生(Henrik Johan Ibsen，1828年—1906年)是“问题剧”的代表作家，在他所著的悲剧中，表现理想主义者为重建并改善社会秩序而进行努力，其结果是徒劳无益，反而祸害无穷。易卜生的悲剧一般都是以“问题剧”的形式出现。并且普遍带有浪漫主义的色彩。易卜生的反映社会问题的悲剧主要有《玩偶之家》《社会支柱》《群鬼》《国民公敌》等。其中最主要的作品是《玩偶之家》。这些作品都从社会问题角度提出了关于道德、宗教、法律、教育和妇女地位等社会问题，以此揭露资本主义社会民主、自由的虚伪性和资产阶级的利己主义、市侩主义等，并主张通过道德改善和个人主义的“叛逆精神”来改革社会。易卜生的作品对近代戏剧产生了十分广泛深刻的影响。

《玩偶之家》是易卜生反映社会问题的杰作，他通过主人公娜拉的悲剧来展示她同丈夫的矛盾冲突。娜拉是一个美丽、天真、聪慧、善良的女子。她有丈夫，有子女，本应过一种富裕而又愉快美满的生活，但由于家庭关系（确切地说是夫妻关系）的不幸导致了人生的悲剧。娜拉出生在一个并不富有的小资产阶级家庭，早年受过良好的资产阶级教育，从小无忧无虑，对生活感到比较满足，她也不同于大资产阶级出生的那些太太、小姐，安于过一种寄生的生活。她从小渴望自立，乐观向上，希望自己在社会上和人际关系上有自己的“自立”地位和独立的人格和尊严。她那不富有的家庭出身和小资产阶级的社会地位决定了娜拉对下层社会中的人们寄有一种热爱和同情。然而，她的丈夫海尔茂却是一位自私、冷酷、卑鄙，灵魂深处十分丑恶的伪君子。由这样两位在思想和性格上迥异的男女结合成的家庭，在婚后的生活中必然会发生矛盾冲突。尤其娜拉的丈夫具有男权独尊的封建思想。他把娜拉只是当做一个玩偶、当做一只可爱的小鸟将她终日关在自家的小天地里，供他欣赏和玩耍，他根本不需要娜拉有思想，有自主权，而娜拉身上最显著的特点正是不屈不挠的刚毅性格和斗争精神。她既贤惠善良，又富有头脑，对什么都要想一想，然后问个为什么，从不盲目地追随别人的意志，处处主张自己人格上的独立和完善。当海尔茂威逼娜拉要为自己和儿女们尽力效劳时，她对丈夫作了这样的回答：“我还有别的同样神圣的责任，这就是我对自己的责任。”她还说：“首先我是一个人，至少我要学做一个人。什么事情我都要用自己的脑子想一想，把事情的道理弄明白。”由此看出，娜拉作为一个女性，她没有丝毫的盲从和奴颜。她的人格上的独立意识十分强烈。这样的夫妻，按照戏剧的逻辑发展，男女双方都必然会要导致分道扬镳。易卜生对此也是这样安排的。最后娜拉在忍无可忍的情况下，毅然弃家（离弃她所厌恶的那个鸟笼般的玩偶之家）出走。娜拉出走的主要原因，是无法接受伪君子海尔茂虚伪自私的行为和品格。因为在海尔茂的眼中，娜拉既然作为他的妻子，就自然应该成为他的玩物、他的私有品，他可以对这件私有品任意支配和玩弄。他高兴的时候，廉价地叫一声娜拉“我的迷人的小妖精”“我的小鸽子”之类并非出自肺腑的话，不高兴时，就乱发脾气，骂骂咧咧。当她知道娜拉冒名借款一事，便气得浑身发抖，破口大骂娜拉“可恶极了！”“你把我的一生的幸福全都给葬送了。我的前途也让你给断送了”。可见，他们夫妻之间根本没有什么真正的感情，有的只是冷酷和利己。可是这样的生活居然也过了整整八年，最后，娜拉还是彻底认识到了丈夫海尔茂的丑恶灵魂的全部内容，与他分手了。娜拉原先对海尔茂是寄予了很深的感情，她爱他，为了他，娜拉可以不惜自己的一切，乃至整个生命。然而，她竟没有想到，自己的一片痴情，换来的是虚伪、冷酷、丑恶和自己必须对伪君子丈夫的绝对的无条件的顺从。娜拉的独立意识受到了挑战，她的叛逆精神决定了她必然要挣脱丈夫的束缚，离开这个鸟笼般的“玩偶之家”，“可爱的小鸟”真的飞了，一去不回了。娜拉的命运是不幸的，她在春天播下了善的种子，却在秋天没有得到美的收获，她的婚姻结出的是苦果，命运之神对娜拉是不公的。这种不公的罪责应归咎于谁呢？应该看到，娜拉的婚姻悲剧其实是一个带有典型意义的社会问题。易卜生就是通过这个玩偶之家的夫妻矛盾冲突揭露当时资产阶级社会的种种丑恶。娜拉的出走实际上是在向资产阶级虚伪的道德、法律、婚姻制度的挑战，是一种叛逆行为。娜拉的出走说明，在当时，女性的独立意识已经形成。西方有的学者把《玩偶之家》当做是“妇女独立的宣言”是有一定理由的。这部作品的最深刻的社会政治意义大概也就在于此。

易卜生描写娜拉和海尔茂的家庭悲剧，是作为资产阶级社会制度的必然产物来看待的，因此，主人公内心的一切情节的展开都是围绕着如何更深刻、更有力地来揭露和展示这个社会的丑恶。作者通过剧中其他人物的不幸命运，如林丹太太被迫嫁人、柯洛克斯泰的失恋和贫穷、阮克医生因不治之症（花柳病）感染而丧生等，这些人的不幸命运与娜拉的不幸结合在一起，更有力地说明当时社会给人带来的不幸和灾难。正是由于易卜生的《玩偶之家》提出了社会问题，揭露了黑暗的资产阶级的现实制度，以此唤起人们的觉醒，因此，他的作品也遭到资产阶级的攻击和诽谤。

这部悲剧在创作手法上也很有特点。易卜生是一位卓越的戏剧大师，首先他始终坚持现实主义的创作方法，他作品中的人物给人们一种清新、真实之感。在对剧情的舞台处理上，很少采用当时为欧洲舞台流行的暗算、格斗等场面。其次，对主人公性格的发展变化层次非常清楚。早期的娜拉对丈夫一往情深，并为之而甘愿牺牲自己的一切，以后随着生活矛盾的展开，伴随着主人公思想深处的变化（即对丈夫丑恶灵魂认识的逐步深化），人格的独立意识逐渐强化，最后夫妻争吵，感情上产生矛盾和裂痕，直至家庭结构的解体。而这种家庭矛盾的日益加剧是以娜拉对丈夫认识的日益深化为前提的。正是这种认识因素的增长，伴随而来的是剧情步步走向高潮。这种艺术创作手法，使悲剧获得强烈、鲜明的艺术效果，使观众在心理上产生一种“一定要将戏看下去，看看后来的结果究竟怎样”这样一种“牵引情绪”。再次，作品采用了倒叙的手法，即首先交代悲剧的关键情节，然后再层层展开，易卜生的这种创作手法，最大的优点在于它能有效地突出戏剧主题，并使剧情更加紧凑。由于观众一开始就接受了剧中的关键事件，出于观众心理上的某种本能，观众的情绪自然会被诱引到关心构成关键事件的各种外在条件，从而增强观众的观赏效果和审美判断力。

继易卜生之后，俄国著名的剧作家契诃夫（Anton Chekhov，1860 年—1904 年）也写过一些专门反映下层人民贫穷困苦的悲剧作品，如《哀伤》（1885 年）、《苦恼》（1886 年）、《万卡》（1886 年）等。他的《小公务员之死》描写一位小公务员在看戏时打了个喷嚏，将唾沫星子溅在前排就座的一位将军头上，从此，他唯恐将军要对他处罚而终日忧虑重重，最后是忧愁而死。作品通过社会下层卑微人物的恐惧和奴性心理来揭露官僚统治者的专横跛扈。《苦恼》讲一个马车夫死了儿子，孤苦伶仃，他想向人倾诉内心的悲痛，但路人皆冷漠，马车夫因此感到很绝望，偌大的世界，竟没有一个人能冷静地听一下他对死去儿子感到痛苦的诉说，作品也是旨在控诉人世间的无情和下层劳动人民的孤弱无助的悲惨情景。《万尼亚舅舅》(1897 年)描写一个对“名教授”偶像的盲目崇拜者的绝望和一个想造福后代的乡村医生幻想的破灭。契诃夫的这些作品都是以暴露当时俄国的黑暗现实为主旨的。从这些作品可以看出，作家对俄国下层劳动人民的苦难寄予了深切的同情。

大约在契诃夫之后不久，在美国涌现出了一位杰出的悲剧作家，此人叫奥尼尔(Eugene O’Neill，1888 年—1953 年)。奥尼尔是美国作家中第一个在悲剧领域取得成功的作家。世界进入了 20 世纪(即当代)，戏剧又有了新的较大的发展，出现了许多优秀的戏剧。尽管这些戏剧不能作为悲剧的正宗代表，但也应该引起今天戏剧研究者们的注意和重视。俄国革命作家高尔基(Maksim Gorky，1868 年—1936 年)的《底层》、德国作家布莱希特(Bertolt Brecht，1898 年—1956 年)的《大胆妈妈》、英国萧伯纳(George Bemard Shaw，1856 年—1950 年)的《圣女贞德》、艾略特(Thomas Stearns Eliot，1888 年—1965 年)的《大教堂》等，这些戏剧都是描写广大劳动人民生活疾苦，揭露现存的黑暗制度的“社会抗议剧”。这些戏剧，按其内容的性质来说，也都可列入“悲剧”的范畴。

四、结　　论

从古希腊的“悲剧之父”埃斯库罗斯到伟大的莎士比亚、高乃依、拉辛，再到萧伯纳、高尔基，人类的“悲剧之舟”在历史的长河中整整航行了两千五百年。在这两千五百年的发展历程中，悲剧的发展可谓曲折漫长，波澜起伏。自从三大悲剧家开创了“悲剧”形式之后，直到伊丽莎白时代，悲剧才又开始逐渐复苏，重新兴起了第二次浪潮(以莎士比亚的悲剧作品为主要标志)，而期间的近两千年时间竟处于无声无息(或者说微声微息)的状态。是文艺复兴给沉睡了两千年的悲剧重新唤醒，并灌注了生机和活力。不同时代的悲剧反映了不同时期的社会面貌。公元前 5 世纪是希腊悲剧创作的繁荣时期，这一时期涌现出了大批的悲剧诗人。上演了许多悲剧作品，流传至今的埃斯库罗斯、索福克勒斯和欧里庇德斯三大悲剧家的作品，只是当时希腊最有代表性的作品。他们的悲剧作品反映了奴隶主民主制各个发展阶段的社会生活，也显示出了希腊悲剧在不同时期的思想和艺术特点。古希腊悲剧艺术的产生，是人类艺术史乃至整个人类文化史上的重大事件。尽管当时也出现过像柏拉图这样一些敌视艺术的哲学家，想要把“悲剧艺术”从他的“理想国”中清除(净化)出去，但柏拉图的这种反理性的企图始终未能得逞。希腊悲剧作为人类艺术史上的一颗璀璨明珠，历来为世代人们所尊崇和喜爱。古希腊唯物主义哲学家亚里士多德还对希腊悲剧做了专门的研究，他的《诗学》就是研究古希腊悲剧艺术的千古不朽的理论杰作。

人类悲剧艺术发展的第二次浪潮是以莎士比亚悲剧的诞生为标志。莎士比亚是英国伟大的戏剧家和诗人，欧洲文艺复兴时期最光辉的作家代表。他的悲剧，人物描写深刻细腻，主题构思广阔博大，剧情发展跌宕起伏，剧中主角独具风格。莎士比亚在悲剧创作上继承和发扬了古典文学中的现实主义传统，在创作手法上打破了“三一律”的形式主义束缚，尤其是在对悲剧人物的性格塑造方面注重心理描写，正是由于这一点，他才塑造出了一系列形形色色的典型人物形象。这些人物出自不同的阶级和阶层，从事着不同的职业，履行着不同的使命，上自帝王将相，下至平民百姓。莎士比亚都将这些人物塑造得惟妙惟肖、活灵活现。如果说，莎士比亚悲剧在情节布局方面有许多地方值得我们今天搞戏剧创作或戏剧研究的人们去借鉴，这固然是一个方面，但莎士比亚悲剧的更重要的一面，就是在于作者对人物个性的塑造，即他描写人物不仅善于描摹人物的外部行为，而且更善于刻画人物的内心世界。因此，马克思也称莎士比亚是人类“最伟大的戏剧天才”①之一。

莎士比亚的悲剧，不仅在艺术上具有很高的价值，而且他的作品充分体现了人道主义精神和人民性。莎士比亚是同情和热爱人民的，他不愧为英格兰人民和世界人民的伟大儿子，他的所有悲剧作品都浸透着对人民的讴歌和爱。从整体上看，他的悲剧在广阔的空间范围反映 16 世纪末 17 世纪初英国新兴的资产阶级与封建贵族、王权与领主、领主与领主之间以及资产阶级内部进步力量和腐朽势力的斗争。莎士比亚以他那惊人的洞察力，在那个时候就已经看到新兴资产阶级尽管相对于封建贵族来说是进步的，但资产阶级本身，在本质上也是以虚伪、自私、贪欲和金钱至上为其主要特征的。正是由于莎士比亚是一位典型的人道主义者，所以，他的主观意愿总是希望人民过一种幸福、安宁的美好生活。他反对暴君，反对封建专制，反对贪官污吏的凶残，都是旨在为人民争取自由。他反对战争，旨在让人民休养生息。因为，战争给人民带来的苦难是最深重的。莎士比亚的主观愿望是建立一个没有战争、没有虚伪、没有残酷剥削和压迫的美丽而又富足的“快乐的英格兰”。即便是他对英国社会现状的批判，也是建立在对祖国之爱这个基础上，希望它（指英格兰的现实社会）能消除各种罪恶和弊病，从而健康而强盛起来，让人民在一个没有压迫、没有剥削、更没有虚伪、欺骗和战争的美丽和平的空间环境里自由美好地生存。应该指出，莎士比亚对人类未来的发展是寄予无限美妙之希望的。正是在这个意义上，莎士比亚的作品也带有较强的理想主义色彩。总之，莎士比亚悲剧中的人文主义观点，宣扬新兴资产阶级的政治理想和生活愿望。而在同情人民方面，他已完全超出了资产阶级的局限，而走到了接近于人民大众的一方面来了。因此，我们说，莎士比亚悲剧的真正社会价值在于他的“人民性”。

继莎士比亚之后，在法国兴起了古典主义的悲剧。在高乃依、拉辛等悲剧作家的作品中，充满着理性至上的东西，为了维护封建君主专制，要求人们用理性来战胜情感（或曰克制情欲或欲望），处处应以国家和民族的（整体）利益为重。他们在这个时期创作出来的作品，主人公大多是一些为了国家利益（即为了君主专制制度）而甘愿牺牲自己的英雄。如高乃依的《熙德》就是一部崇尚理性的现实主义代表作。作品把主人公罗德里克描绘成一

① 马克思.致斐·拉斐尔[M]//中共中央马克思恩格斯列宁斯大林著作编译局.马克思恩格斯选集：第四卷.2 版.北京：人民出版社，1995：340.

个在任何时候、任何场合都会绝对地无条件地服从国家利益的英雄好汉。在罗德里克心目中，自己家族的荣誉（属于局部利益）可以丢掉，但封建国家的整体利益不能损害。他不但是这样想的，而且在行动上也是这样做的。外敌入侵，罗德里克一马当先，率军抗击，并且凯旋，从而赢得了举国上下的一片欢呼，如此等等。总之，罗德里克为维护家族的荣誉而舍弃自己的爱情，为保祖国而英勇奋战，在他的生活中，一切都用理性来支配。高乃依把罗德里克是作为一个理性的化身来描写的，而且这个理性化身的形象是颇为成功的。

古典主义悲剧的另一特征是在艺术上崇尚和谐典雅。这些剧本的主人公一般都是帝王将相、王公贵族，而描写的事件一般也大多发生在宫廷中，因此，在戏剧的语言风格上，在人物的气质、情调上都具有独特的风格，它十分注重戏剧的庄严神圣性，特别强调人物品性要与贵族身份相一致，并要求语言规范、典雅、简练、凝重。这种剧最忌讳的是鄙琐和粗俗。因此，它和那种用来取笑资产阶级和小市民、小贵族的“卑下的”喜剧体裁形成鲜明的对照。总之，古典主义悲剧属于一种“崇高型”的戏剧体裁，它的体裁、结构和语言有一套严整的法规。但是，尽管高乃依、拉辛等古典主义悲剧大师各自在悲剧创作领域做出了巨大的贡献，他们将17世纪的法国文学推进到了欧洲文坛的顶峰，但始终未能达到文艺复兴时期莎士比亚的高度。这里当然有各种主客观原因，但最根本的还是受时代和社会历史发展条件的限制。

继高乃依和拉辛的古典主义悲剧之后，启蒙运动时期的悲剧则转向对人类生活（尤其是资产阶级生活）的现实主义描写，可以说这一时期的悲剧现实主义是文艺复兴时期悲剧现实主义的继续。所不同的地方主要在于，文艺复兴时期的悲剧往往是重在对人物心理的刻画和描写，而启蒙时期的悲剧作品则更多的是对人的思想的分析和评论，并带有更强的政治性社会性和批判色彩。悲剧主旨也在于宣扬自由、平等、博爱思想。尤其是进入18世纪中叶以后，启蒙文学已经进入高潮，法国的古典主义悲剧创作手法已经受到了强大的冲击。在悲剧创作方面，也已开始提倡学习莎士比亚，以此反对作家们去模仿古典主义的悲剧创作。这时，古典主义悲剧创作随着启蒙运动高潮的到来而开始走向全面衰微。

19世纪以后的悲剧，又进入一个新的阶段，无论是易卜生的悲剧还是契诃夫的悲剧，都坚持了批判现实主义的创作原则。正是这种创作原则为资产阶级文学史写下了最光辉灿烂的一页。这一时期的悲剧，主要特点是题材广阔，而且比较真实地展示社会生活的各个侧面。它能比较深刻地提出各种带有根本性的社会问题。通过对这些根本性的社会问题的提出，来揭露社会的丑恶，唤起人们的觉醒。

上面我们说的都是悲剧艺术在西方的发展情况，那么，这一艺术在东方的情形又是怎样呢？应该说，在整个世界的东方，无论是中国、日本，还是埃及或者印度等国家，也都有他们自己本民族的悲剧艺术。中国传统戏曲中就有许多描写悲剧性矛盾冲突的作品，如元代关汉卿的《窦娥冤》、清代孔尚任的《桃花扇》、洪昇的《长生殿》、当代曹禺的《雷雨》等，都是历来为世人所传诵的悲剧名作。值得指出的是，在近代西方的悲剧理论研究中，西方学者普遍存在着一种轻视东方艺术的学术偏见。他们表面上似乎也承认中国、日本、印度、埃及等东方国家有艺术水平较高的戏剧，但却没有足以在规模、精湛程度和形式灵活性方面同西方悲剧相媲美的悲剧。其实，这种论点有点过于绝对化。像曹雪芹的《红楼梦》，无论是就其宝黛爱情悲剧的深刻程度上，还是在这部悲剧的气势、规模方面都可以说是“登峰造极，千古绝唱”，正如索福克勒斯不仅仅属于希腊，莎士比亚不仅仅属于英国一样，曹雪芹也不仅仅属于中国，他们都共属于全世界。他们是人类的骑士，他们的悲剧作品，无论是《俄狄浦斯王》《哈姆雷特》还是《红楼梦》，也都是属于全人类的财富。西方学者认为东方没有气势宏大的悲剧，对于这种结论，如果说西方学者不带有任何偏见的话，那么不客气地说，这只能说明他们视野的狭窄和学识上的浅陋和无知。我们认为无论是西方，还是东方，都有伟大的悲剧艺术，它们是人类文明和智慧的结晶，是全人类的共同财富。

总而言之，悲剧作为一门伟大的戏剧艺术，它开创于古希腊，它在两千多年的发展进程中，沿着自己固有的轨迹发展前进，悲剧的形式也为各国戏剧家所灵活采用。随着时代和社会历史的发展变化，悲剧的内容和形式也将会因之而有新的发展和变化。我们希望在不远的将来，在人类戏剧史上能再有第三次新的悲剧高潮的到来。

注释

1 三联剧：《取火者普罗米修斯》《被缚的普罗米修斯》《被释放的普罗米修斯》。
2 三联剧：《阿伽门农》《奠酒人》《复仇女神》。
3 其他两部是《菲洛克梯提斯》和《狄克提斯》。
4 《奥赛罗》第一幕第一场。

开创辩证唯物主义的美学理论

——略论恩格斯的美学思想

恩格斯的美学思想是马克思主义美学体系的重要组成部分。正是恩格斯美学思想的形成和确立，才使马克思主义的美学体系得以丰富和完善。恩格斯对马克思主义文艺美学思想的创立有巨大的历史功绩。作为科学社会主义的创始人，恩格斯与马克思一样，他始终把文艺作为一种社会的意识形态，与社会历史存在的环境和条件紧密地联系在一起来加以考察，从根本上揭示了文艺的起源和发展变化的物质基础，从而把文艺学美学真正提高到历史唯物主义的高度。恩格斯的美学思想是十分丰富的。本文并不奢望对其作面面俱到的考察，而只是就恩格斯美学思想的最主要之点，拟从以下四个方面作一概述。

一、现实主义——恩格斯美学思想的核心

(一) 现实主义的基本内涵

在恩格斯的美学思想中，现实主义问题是它的一个重要内容。从 19 世纪 50 年代末恩格斯对社会主义者拉萨尔的悲剧《济金根》的批判到 80 年代恩格斯与德国女作家敏·考茨基、英国女作家玛·哈克奈斯的通信，关于文艺的现实主义问题一直为恩格斯所重视。“现实主义”并不是马克思、恩格斯的首创，作为一种文学倾向，它很早就已存在。从欧洲文艺史的发展来看，早在古代希腊的文学中，就已经出现了现实主义和浪漫主义这样两种不同的创作倾向，如在亚里士多德的美学经典《诗学》中，就有关于“按照人应当有的样子来描写”和“按照人本来的样子来描写”的两种不同的文学创作主张。这两种创作主张分别代表了两种不同的创作倾向，前者是属于浪漫主义的，后者则是现实主义的。亚里士多德甚至还分别以索福克勒斯和欧里庇德斯的悲剧作品为例，认为他们的作品分别代表了上述两种不同的创作倾向。尽管“现实主义”作为一种文学创作倾向早在古代希腊就已客观存在，但它作为一个独立的文学概念出现则是比较晚的事情了。我们可以在席勒的美学名篇《论素朴的诗与感伤的诗》中找到这一概念的源头。这一概念真正得以流行是在 19 世纪中叶以后，在今天，现实主义这一概念基本包含着两种含义：首先，作为具体的文艺流派运动，它一般是指 19 世纪在欧洲文艺中占主导地位的批判现实主义（这显然是属于文艺史的范畴）；其次，作为古已有之的文艺创作倾向，它属于带有普遍意义的基本创

作方法，同时又是属于美的创造范畴。

现实主义，作为文学艺术的一种基本创作方法，它的主要特征是：主张文艺创作要面向社会的现实生活，从一个客观的角度来反映现实人生。它区别于古典主义的地方在于：它反对从概念和类型出发，注重现实生活中具有鲜明、生动个性特征的人物和事件。现实主义要求作家冷静地观察和认识生活，按照生活本来的样式反映生活。现实主义强调对生活的提炼和典型概括，强调细节的真实和生活本质的真实，反对对生活原型不加选择地机械照相式的描述。现实主义的成熟是19世纪欧洲资本主义的必然产物。资本主义社会道德的败坏和矛盾的尖锐化以及马克思主义的诞生，更促使了现实主义创作思潮的高涨。在文艺上，现实主义作为一种流派，它无疑是一个发展中的概念。它在不同的社会历史条件下具有不同的称谓和内涵。如果我们从古希腊开始算起的话，那么，我们可以将历史上的现实主义称之为古代希腊的现实主义、文艺复兴时期的现实主义、启蒙主义的现实主义、批判现实主义，等等。这就是文学史上自古至今源远流长的现实主义的发展历史。

恩格斯正是用辩证唯物主义和历史唯物主义的世界观总结了文艺发展史上的现实主义文艺经验，肯定了现实主义文艺要求真实地描写现实生活的基本原则。恩格斯非常重视文艺创作中的真实性问题。他认为，现实生活是艺术内容的客观基础，真实地再现现实是艺术作品的前提条件。在恩格斯关于文艺的诸多论述中，我们始终看到他所坚持的现实主义的文艺信条：文艺必须真实地描写生活。恩格斯在1850年与马克思合写的一篇文章中对文学中的现实主义描写提出了这样的看法："如果用伦勃朗的强烈色彩，把革命派的领导人——无论是革命前的秘密组织里的或是报刊上的，或是革命时期中的正式领导人——终于栩栩如生地描绘出来，那就太理想了。在现有的一切绘画中，始终没有把这些人物真实地描绘出来，而只是把他们画成一种官场人物，脚穿厚底靴，头上绕着灵光圈，在这些形象被夸张了的拉斐尔式的画像中，一切绘画的真实性都消失了。"[①]这段论述，道出了马克思恩格斯在现实主义文艺创作上的鲜明主张，即他们反对那种"形象被夸张了的拉斐尔式的画像"，而倡导艺术家们应该向10世纪的荷兰现实主义画家伦勃朗学习，应该像他那样去描写现实生活的真实，像他那样将人物的形象栩栩如生地刻画出来。继此之后，恩格斯在1859年就悲剧《济金根》问题致拉萨尔的信中说："我们不应该为了观念而忘掉现实主义。"[②]这是在恩格斯的文章中首次出现的"现实主义"字眼。恩格斯在1885年致敏·考茨基的信中又谈到了现实主义的创作描写问题，他说，一部具有社会主义倾向的小说，应该"通过对现实关系的真实描写来打破关于这些关系的流行的传统幻想，动摇资产阶级世界的乐观主义，不可避免地引起对于现存事物的永世长存的怀疑，那么，即使作者没有直接提出任何解决办法，甚至作者有时并没有明确表明自己的立场，但我认为这部小说也完完全全完成了自己的使命"[③]。这是恩格斯对艺术要真实地描写现实生活这一现实主义的基本创作原则的进一步说明。

---

① 中共中央马克思恩格斯列宁斯大林著作编译局.马克思恩格斯全集：第7卷[M].北京：人民出版社，1961：313.
② 中共中央马克思恩格斯列宁斯大林著作编译局.马克思恩格斯选集：第4卷[M].2版.北京：人民出版社，1995：345.
③ 中共中央马克思恩格斯列宁斯大林著作编译局.马克思恩格斯全集：第4卷[M].北京：人民出版社，1961：454.

当然，恩格斯在这里所说的“现实关系”，自然是指阶级和阶级斗争的关系。在恩格斯看来，在阶级社会中，艺术的使命就是要描写和反映这种关系。只有描写和反映这种关系的作品才堪称是现实主义的。这方面，巴尔扎克是一个光辉的典范，故深受恩格斯的推崇和礼赞。在《人间喜剧》导言中，巴尔扎克写道：“法国社会犹如一位历史家，他本人不过是这位历史家的书记而已”，并声称他的主要使命就是“开列恶癖与德行的清单，搜集激情的主要事实，描绘各种性格、选择社会上主要的事件结合若干相同性格上的特点而组成典型”，以便写出一部为文学家们忘记写的法国社会的“风俗史”。巴尔扎克写《人间喜剧》，其主旨并不是一般地对法国社会作泛泛的社会风情和人际关系的描写，而是力求一种社会的写真。他也并不仅仅以简单地“开列恶癖与德行的清单”为满足，他认为“这种工作算不了什么”，最重要的是反映生活现实，并从中去发现隐藏在各种社会现象背后的社会本质。巴尔扎克这样写道：“只要严格地摹写现实，一个作家可以成为或多或少忠实的、或多或少成功的、耐心的或勇敢的描绘人类典型的画家、讲述私生活戏剧的人、社会设备的考古学家、职业名册的编纂者、善恶的登记员；可是，为了得到凡是艺术家都会渴望的赞词，不是应该进一步研究产生这些社会现象的多种原因或一种原因，寻出隐藏在广大人物、热情和故事里面的意义么？”巴尔扎克的以上论述旨在强调两点：第一，艺术创作中必须遵循“严格地摹写现实”这一现实主义的最基本原则；第二，从这种现实的背后去发现某种本质的东西，即“原因和意义”。这一论述精辟地阐明了《人间喜剧》的现实主义创作方法。首先，这部风俗史是从客观现实出发，从社会生活出发，而不是艺术家凭空的幻想和虚构；其次，它如实地反映了法国社会风俗的光明和黑暗。这部被世人誉之为“社会生活的百科全书”，通过91部小说、2400多个人物形象，将19世纪上半叶的整个法国社会风貌作了全面深刻的展示。它不愧为法国文学史上规模空前宏伟、内容空前丰富的现实主义鸿篇巨制，因而受到了恩格斯的高度赞誉。恩格斯称巴尔扎克“对现实关系是有深刻的理解”，称其作品犹如时代的镜子，具有深刻的“现实主义的真实性”“给我们提供了一部法国‘社会’特别是巴黎‘上流社会’的卓越的现实主义历史”。从这部现实主义的作品中，人们可以学到“要比从当时所有职业的历史学家、经济学家、统计学家那里学到的全部东西还要多”①。因此，恩格斯认为，巴尔扎克的确“是现实主义的最伟大的胜利之一”②。这个伟大的胜利是建立在对现实关系的深刻描写基础上的。

恩格斯的上述论点是对传统现实主义创作原则的一次飞跃性突破。这种突破就在于恩格斯所指的“现实关系”是在新的历史条件下的一种社会情形，即一种最现实、最深刻的社会关系。在科学社会主义产生以前，在马克思主义美学思想诞生以前，一些美学家和文艺批评家和艺术家，他们在对社会的认识水平也已达到了唯物主义的高度。从这种唯物主义的认识高度出发，他们可以向文学创作提出按照生活的本来面貌再现生活的要求。但是，由于他们的社会历史观不具有完整性和科学性，因此也就根本不可能对构成社会生

①② 中共中央马克思恩格斯列宁斯大林著作编译局.马克思恩格斯选集：第4卷[M].2版.北京：人民出版社，1995：462-463.

活主要内容、决定社会生活各个方面面貌的东西究竟是什么这样一个问题做出全新的科学解释。这个问题只有在辩证唯物主义的科学美学史观产生以后才找到了答案。尽管巴尔扎克写出了《人间喜剧》这样具有深刻现实主义的作品，尽管这部作品对法国贵族阶级注定要灭亡的命运和资产阶级自私贪婪的剥削本性作了淋漓尽致的揭露，但在对于隐藏在这种社会现象背后的真正原因和意义是什么的问题上，限于时代和阶级的局限，巴尔扎克就无能为力了。这个问题只能由马克思恩格斯来解决。马克思在《资本论》第三卷中称巴尔扎克“在深刻理解现实关系上总是极其出色”。马克思恩格斯在其合著的《共产党宣言》中认为，资产阶级在它已经获取了统治的地方把一切封建的、宗法的和田园诗般的关系都破坏了。它无情地斩断了把人们束缚于天然首长的形形色色的封建羁绊，它使人与人之间除了赤裸裸的利害关系、冷酷无情的“现金交易”，就再也没有任何别的联系了，这就是资本主义社会人与人之间的关系。巴尔扎克的《人间喜剧》正是深刻地描写和记录了这种“现实关系”。在恩格斯看来，这种现实关系也就是“现实的社会关系”。恩格斯主张“真实地描写现实关系”，无疑是对传统现实主义理论的一种深化和发展。

（二）关于文艺创作中的“典型化”问题

关于文艺创作中的“典型化”问题，这是恩格斯在谈到现实主义文艺创作时经常重点论及的问题。因为，文艺创作中的“典型”与现实主义是密不可分的，从某种意义上来说，它是现实主义创作的重要组成部分。恩格斯关于“典型”的最卓越论述是他在给哈克奈斯信中的一段话：“据我看来，现实主义的意思是，除细节的真实外，还要真实地再现典型环境中的典型人物”。这是恩格斯对现实主义内容的基本规定。它除了强调现实主义首先必须具备具体细节内容要具有真实性，还强调人物和环境都必须具有典型性。恩格斯的上述论点是针对哈克奈斯的《城市姑娘》有感而发的，他在给哈克奈斯的信中同时还认为，这部小说也许还不是一部充分的现实主义之作。恩格斯之所以要这样评价它是有其立论理由的，那就是这部作品中的人物，“就他们本身而言，是够典型的，但是环绕着这些人物并促使他们行动的环境，也许就不那样典型了”。这种缺乏典型的主要原因就在于在这部小说中，工人阶级始终是以一种消极的形象出现的，这种消极往往体现于“他们不能自助，甚至没有表现出（做出）任何企图自助的努力。想使这样的工人阶级摆脱贫困而麻木的处境的一切企图都来自外面、来自上面。如果这是对 1800 年或 1810 年，即圣西门和罗伯特·欧文的时代的正确描写，那么，在 1887 年，在一个有幸参加了战斗无产阶级的大部分斗争差不多 50 年之久的人看来，这就不可能是正确的了”①。我们之所以要引证上述论点是因为它比较概括地展示了恩格斯的文艺创作中的现实主义的基本思考。我们起码可以从中领悟到这样三层含意：首先，现实主义创作的基本要求是什么？是文艺的真实性。这一点与理想的浪漫主义是有着根本区别的，而细节的真实，也正是现实主义与浪漫主义

① 中共中央马克思恩格斯列宁斯大林著作编译局.马克思恩格斯选集：第 4 卷[M].2 版.北京：人民出版社，1995：462.

的区别要点所在。我们不否认浪漫主义的文艺作品也是具有真实性的,但它并不强调创作中的细节真实性。其次,现实主义除了作品细节的真实性外,它还要求作品的人物和环境都应该是典型的,所谓的非典型环境中的典型人物或典型环境中的非典型人物都是不符合恩格斯意义上的“现实主义”创作原则的,起码来说是属于不充分的现实主义。再次,现实主义必须做到典型人物和典型环境的有机统一。环境和人物必须都具有典型性。当然上述三层含意之间虽然有区别,但也是具有内在联系的。恩格斯要求一切文艺创作都不能忽略上述这三层含意,否则,其作品就难以成为充分的现实主义之作。对哈克奈斯《城市姑娘》的评价,就是基于上述三层含意这样一个标准来衡量评判的。恩格斯在肯定这部作品所具备的“真实性”优点的同时,指出了这部作品的现实主义不充分的缺陷。因为,这部作品尽管就其人物的语言方面来说是具有典型性的,但是,在这些人物的行动以及促使其行动的环境方面缺乏典型性,正是在典型人物和典型环境方面缺乏统一,故导致了这部作品的现实主义不足之缺陷。从这里我们看到,恩格斯的现实主义标准其实就是如同我们前面所说的那种“现实关系”标准。在《城市姑娘》中,工人阶级一个个显得那样的消极无助,这种描写在恩格斯看来根本不是在再现“典型环境中的典型人物”。

“真实地再现典型环境中的典型人物”是恩格斯在“典型”问题上的最卓越贡献。在西方美学史上,自从亚里士多德以来,美学大师们都曾对“典型”和与此有关的问题作过种种理论上的探讨,并提出了许多闪光的见解。如亚里士多德主张:“人物理应画得比实在的更好,因为艺术对原物范本理应有所改进。”①由此可见,亚里士多德是从本质的真实角度去理解人物性格的典型性的。他看到了艺术真实与生活真实的联系与区别。启蒙运动的狄德罗从唯物主义立场出发,他看到了“人物的性格要根据他们的处境来决定”,并指出戏剧中要求性格始终如一是错误的,生活中人物“离开原有性格”的情况很多,打破了类型说和定型说的枷锁,但另一方面,他又强调“自然人性”先于社会环境。自亚里士多德以来,最了不起的是黑格尔,他把辩证法带入“典型”领域,用哲学思辨的方式对传统的典型理论做出了崭新的解释。他认为,典型人物是普遍性与特殊性、共性与个性水乳交融、辩证统一的整体。在《美学》第一卷中,他写道:“理想所要求的,却不仅要显现为普遍性,而且还要显现为具体的特殊性,显现为原来各自独立的这两方面的完整的调解和互相渗透,这就形成完整的性格。”②这种性格的理想在于自身融贯一致的主体性所含的丰富的力量,在谈到人物与环境互相依存的辩证关系时,黑格尔指出,一方面,环境是人物活动的场所和背景,另一方面,“人把环境人化了”③人的活动“修改了它,改变了它的形状”。因此,人物与环境的关系,不是那种互相对立、割裂的关系,而是互相影响、互为依存、彼此协调的关系。此外黑格尔还有一个重要的论点就是:典型人物只有将其自身置于环境的矛盾冲突中,才显示其个性特征,他说,典型人物是“在与外在情况发生关系之中,须直接联系到差异面的对立和斗争”,“因为人格的伟大和刚强只有借矛盾对立的伟大和刚强才能衡量出

① 朱光潜.西方美学史:下卷[M].北京:人民文学出版社,1984:696.
②③ 黑格尔.美学:第1卷[M].朱光潜,译.北京:商务印书馆,1979:326-327.

来”，“环境的互相冲突愈众多、愈艰巨，矛盾的破坏力愈大而心灵仍能坚持自己的性格，也就愈显示出主体性格的深厚和坚强”①。黑格尔把矛盾冲突的观点引进了“典型”领域，显示了马克思主义典型理论诞生以前的最高成就。令人遗憾的是，黑格尔的这种抽象的“典型”说是头足倒置的。在黑格尔的美学中，其“主体性格”只不过是体现为“理念的感性显现”，它与“现实生活”没有联系。恩格斯的“典型环境中的典型人物”理论正是革命导师运用辩证唯物主义和历史唯物主义对黑格尔等以往美学家的“典型论”予以批判的革命改造以后创立起来的。这一理论成了我们今天无产阶级文艺创作典型化的基本原则。当然，“再现典型环境中的典型人物”并不是文艺创作的主要目的，文艺创作的真正目的是要通过“再现典型环境中的典型人物”来反映社会生活的真实。恩格斯是极其强调这种真实性的，他认为，再现典型环境中的典型人物的真实，比起细节的真实，是更为本质的真实。前者可以是自然主义的，后者才是现实主义的。所谓本质的真实，其实就是一种合乎社会历史发展规律的真实。哪部作品能做到这一点，那它就能从根本上揭示社会生活的本来面貌，从而达到反映生活真实的目的。而要做到这一点，作品就不能仅仅诉诸单纯的“细节的真实”，而是要诉诸“典型化”，即诉诸对“典型环境和典型人物的辩证关系”的深刻表现，而且必须把后者，即典型人物视为重点来加以对待。其实，恩格斯所说的“典型环境中的典型人物”不外乎是指下述两种：一种是顺应社会历史发展规律的正面典型，另一种是逆社会历史发展规律的反面典型。尽管这正反两种典型具有本质的区别，他们的思想和行为给社会发展造成截然不同的影响，但他们都从不同的角度折射和反映出社会生活的本质。当然，在描写“典型环境中的典型人物”时，怎样通过这种“典型”来揭示人物的本质，这里的确有一个作者的世界观和方法论的问题。因为，具有不同世界观的作家对社会现实有不同的感受和理解，反映在他们的作品中，对社会本质的揭示也有程度上的甚至是本质上的差异。恩格斯列举的哈克奈斯和巴尔扎克作品就足以说明这一点。在恩格斯看来，前者的《城市姑娘》由于未能做到真实地再现“典型环境中的典型人物”，故导致了“作品的失败”，而后者的《人间喜剧》是充分地做到了真实地再现“典型环境中的典型人物”，使这部喜剧在现实主义创作方面成为一面光辉的旗帜。恩格斯在论述现实主义创作观时，总是把哈克奈斯作为一种经验教训，而把巴尔扎克作为一种成功的典范，这对我们今天的文学创作仍有教育和借鉴意义。今天，我们的文艺创作同样面临着如何反映社会生活的本质问题，反映当代社会生活的本质仍是社会主义文艺典型化的一大课题。恩格斯的现实主义创作理论对于指导我们的文艺创作同样具有现实意义。

二、关于文艺批评

文艺批评也是恩格斯美学思想的重要组成部分，恩格斯非常重视对文艺的评论。和马克思一样，恩格斯年轻时也曾从事过文艺创作，因此也积累了一些创作方面的实践经

① 黑格尔.美学：第1卷[M].朱光潜，译.北京：商务印书馆，1979：227－228.

验。恩格斯关于文艺批评方面的材料大致见之于下面三种情况：一是他就当时的一些文艺作品、论著写过公开的评述；二是在他的著述过程中旁征博引，广泛地涉及各个时代的文艺；三是就一些作品写的一些书信，涉及不少的文艺理论问题。从现已公开发表的恩格斯关于文艺批评方面的文章、论著和书信看，恩格斯的相当一部分美学思想折射于此。

1859 年 4 月、5 月，马克思、恩格斯就拉萨尔的历史剧《济金根》分别致信剧作者提出批评。在这两位革命导师各自给拉萨尔的信中，都不约而同地从美学和历史的角度对该剧本提出了中肯的批评。其中，恩格斯在信中是这样写的："我是从美学的观点和历史的观点，以非常高的、即最高的标准来衡量您的作品的，而且必须这样才能提出一些反对意见，这对您来说正是我推崇这篇作品的最好证明。"[①]从美学的、历史的观点对文艺作品提出批评对恩格斯来说这已经不是第一次了，大约在此之前 13 年即 1846 年，恩格斯在和当时的所谓"真正的社会主义"文艺思潮作斗争时，针对格律恩的《从人的观点论歌德》一书，他写了一篇题为《诗歌和散文中的德国社会主义》专论。在这篇专论中，他就已很明确地阐述了自己的文艺批评主张，他说："我们绝不是从道德的、党派的观点来责备歌德，而是从美学和历史的观点来责备他，我们并不是用道德的、政治的，或'人的'尺度来衡量他。"从上述两段论述中，我们不难看到它大致包含着这样两层含意：第一，评价任何一部文艺作品，必须应该从美学的和历史的观点出发，这是一个非常高的甚至是至高的标准；第二，这种批评不是从政治的、道德式的或"人的"尺度来评判作家及其作品。恩格斯把美学观和历史观作为文艺批评的最高标准，并认为只有这样，文艺批评才能真正提得出有益的意见。值得我们注意的是，从恩格斯 1846 年评价格律恩的作品到 1859 年批评拉萨尔《济金根》的两段论述，前后时隔 13 年。在这 13 年中，恩格斯始终没有更改其"美学观点和历史观点"的评判原则，而且那些"非常高的""最高的标准"的字眼是在给拉萨尔的信中（即 13 年后）出现的。这说明，恩格斯经过 13 年的实践经验和深思熟虑，不但没有对早期的"美学的观点和历史的观点"的提法提出任何异议和修改，相反，更加予以明确肯定。这说明恩格斯已经把"美学的观点和历史的观点"作为文艺创作和文艺批评的科学标准。

那么，我们现在来看看，恩格斯在这里所说的"美学观的和历史观的"批评又是指什么呢？

我们知道，文艺批评无疑是一种审美的评价活动。对于这一点，即使是在马克思恩格斯之前的文艺流派也是持此观点。也就是说，文艺批评应该分析、评价作品本身。当然，这种分析和评价，由于分析评价者的立场观点不同而有唯物、唯心之分。翻开 18 世纪初以来的文艺批评史，我们就不难看到，所有的文艺批评都体现为一种文艺的审美评价活动。文艺批评家们从他们各自的唯物或唯心主义哲学立场出发，提出了他们的文艺批评观。谢林、康德、狄德罗、莱辛、黑格尔等，都对文艺批评有重大的理论贡献。谢林把艺术创作视为一种非理性的、非自觉的无意识活动和直觉现象，康德宣扬审美活动与实际功利无关的论点，狄德罗和莱辛分别在法国和德国把 18 世纪唯物主义文艺批评推向高潮，以至成为一种人类思维进程中的巨大的进步现象。到了黑格尔，文艺批评达到了一个新的

① 北京大学中文系文艺理论教研室.马恩列斯论文艺[M].北京：人民文学出版社，1980：101.

境界。恩格斯在谈到这一点时指出："黑格尔的思维方式不同于所有其他哲学家的地方，就是他的思维方式有巨大的历史感作基础。"形式尽管是那么抽象和唯心，他的思想发展却总是与世界历史的发展紧紧地平行着。他是第一个想证明历史中有一种发展、有一种内在联系的人。这种宏大的历史观反映到美学、文学理论中则表现为对文学要作历史的考察。在这里，我们要特别提出的是别林斯基的观点，因为，别林斯基曾对"美学的批评和历史的批评"的关系提出过独特的看法。他的这一观点对我们理解恩格斯的上述观点是具有一定的借鉴意义的。别林斯基说："当一部作品经受不住美学的评论时，它就已经不值得加以历史地批评了"，因此，"不涉及美学的历史的批评，以及反之，不涉及历史的美学批评，都将是片面的，因而也是错误的。批评应该只有一个，它的多方面看法应该源于同一个源泉，同一个体系，同一个对艺术的观照"[①]。由此可见，作为一个革命民主主义者和唯物主义文艺批评家，在别林斯基的文艺批评观念中已经带有了强烈的历史感。

恩格斯前后两次提出的"美学的、历史的"文艺批评原则从其表面上看与上述学者的文艺批评思想很相似，但仔细分析起来，还是存在着颇大的差异。这种差异的根本之点就在于：恩格斯的"美学的、历史的"批评是建立在艺术创造的规律和历史唯物主义基础上的。恩格斯认为艺术家进行艺术创造，首先要遵循"美的规律"。艺术家的艺术创作活动，不单单是一种"为艺术而艺术"的创造性活动，同时也是一种认识世界和掌握世界、改造世界的活动。文艺批评既然是一种审美评价活动，那它就必须也按照美的规律进行。文艺作品同时又带有意识形态的特征，因此，在对艺术作品作审美意义上的评判时，还必须对其进行政治的、道德的、哲学的、宗教的乃至法律等意义上的分析（当然，这种分析要视具体作品的内容来定）。这种"美学的、历史的"综合分析，将会涉及作品的各方面因素，从而可以使人们充分认识到作品的审美价值及其社会意义。恩格斯的文艺批评标准的深刻含义和科学性也就在于此。恩格斯不但在理论上提出了对文艺作品"美学的、历史的"评判，而且在实践方面也为我们树立了典范。恩格斯曾经对欧仁·苏的小说《巴黎的秘密》、对拉萨尔的历史剧《济金根》和对哈克奈斯的小说《城市姑娘》的评价都是以"美学的、历史的"观点为基础的，并且将这两者有机地融合在一起。关于恩格斯对上述这些艺术作品的具体评价，限于篇幅，这里不再赘述。

三、文艺起源观

关于文艺的起源问题，一直是文艺史家和美学史家长期以来研究的课题。在马克思主义的文艺史观产生以前，近代资产阶级学者们对之做出了各种各样的解释。将这些解释归纳起来大致可以分为这样两种类型：一种认为，文艺的起源在于人的内在需要（即本能需要）；另一种则认为，文艺的产生是由于外力所致。

持第一种解释的学者，他们往往把美学史上关于文艺产生的说法统统归之于人的本

① 别林斯基.别林斯基选集：第3卷[M].满涛，译.上海：上海译文出版社，1980：595.

能。如康德在谈到审美的本质和艺术的起源时认为，艺术和手工艺有着本质的区别，手工艺的目的是为了挣钱，是一种痛苦，而艺术则是一种自由的游戏，艺术创作依靠天才和鉴赏力两个重要因素，实际都是想象力与理解力的自由和谐运动，所以，艺术创作是人的一种本能的自由游戏活动。席勒更是发展了康德的上述思想，认为人有感性冲动（要求理性形式获得感性内容）和理性冲动（要求感性内容或物质世界获得理性形式）。这两种冲动都受到限制，人要成为有完满人性的人，就必须把两者结合起来，游戏冲动就是使上述两者结合。游戏的根本特点是自由活动，使人的感情和理性达到统一，审美就是游戏，艺术起源于游戏。尽管上述资产阶级学者的“游戏说”理论在分析人的审美活动和艺术活动特点上有可取之处，即他们看到了审美和艺术是一种感情和理性的自由和谐活动，有娱乐性，和游戏有某些相似之处，但他们的上述理论的根本错误就在于，它把审美活动和艺术创造看做脱离社会劳动实践的纯粹出自人的本能的一种娱乐性游戏，从而看不到也不可能看到游戏和艺术的根本差别，因而也无法正确解释审美的本质和艺术的起源。

资产阶级学者的另一种文艺起源观与上述论点截然不同。这种观点把文艺的产生归之于某种外在的力量，这种外在的力量，一般是指宗教意义上的魔法等。持这种观点的学者认为，艺术产生于原始宗教，原始宗教常常把动物作为崇拜的对象，而描绘动物的原始艺术（或曰史前艺术）就是为了用于祭祖或魔法的仪式。持这种魔法说的学者，颇为典型的是法国的雷纳克。

无论是游戏说还是魔法说，前者认为文艺是精神、心灵、本能的产物，后者则认为文艺是原始宗教的产物。由于他们都忽视了文艺同人类社会实践特别是物质生产劳动的实践的联系，否定了经济基础对文艺这一上层建筑的决定性作用。因此，资产阶级学者不可能对文艺的起源作出科学的揭示。这个问题只有在马克思主义的科学文艺观和美学观诞生之后才得以解决。

马克思恩格斯为了把历史唯物主义贯彻到底，他们具体论证了人类在进化过程中从猿到人的变化，他们对人类的原始社会状况作了全面细致的考察，在这考察过程中涉及原始艺术。马克思恩格斯的原始艺术观，对于我们今天探索和研究原始艺术无疑具有科学的指导意义。

恩格斯在艺术起源问题上坚持历史唯物主义的方法论立场，反对那种在人类发展问题上的自然主义历史观，他说：“自然科学和哲学一样，直到今天还完全忽视了人的活动对他的思维的影响；它们一个只知道自然界，另一个只知道思想。但是，人的思维的最本质的和最切近的基础，正是人所引起的自然界的变化，而不单独是自然界本身，人的智力是按照人如何学会改变自然界而发展的。因此，自然主义的历史观（例如，德莱柏和其他一些自然科学家都或多或少有这种见解）是片面的，它认为只是自然界作用于人，只是自然条件到处决定人的历史发展，忘记了它也反作用于自然界，改变自然界，为自己创造新的生存条件。”①恩格斯在《自然辩证法》中的一个最著名论断就是：“劳动创造了人本身”。

① 中共中央马克思恩格斯列宁斯大林著作编译局.马克思恩格斯选集：第3卷[M].2版.北京：人民出版社，1995：551.

手是劳动的最主要器官，手的自由是人从猿进化到人这一过程中的关键性一步。对此，恩格斯作了下述经典性的阐述："手不仅是劳动的器官，它还是劳动的产物。只是由于劳动，由于和日新月异的动作相适应，由于这样引起的肌肉、韧带以及在更长时间内引起的骨骼的特别发展遗传下来，而且由于这些遗传下来的灵巧性的不断革新的方式用于新的愈来愈复杂的动作，人的手才达到这样高度的完善。在这个基础上它才能仿佛凭着魔力似地产生了拉斐尔的绘画、托尔瓦德逊的雕刻以及帕格尼尼的音乐。"①恩格斯在这里主要是旨在阐述劳动在人类从猿进化到人的决定性意义。正是有了劳动这一社会生产实践，才产生了手，正是由于"手"的诞生，才使人类的诞生成为可能。人类有了灵巧的双手，从而使艺术的产生成为可能。

随着"手"的诞生和发展，随着人类通过劳动而开始对自然的统治，他们在每一个新的进展中扩大了视野，他们在自然对象中不断地发现新的、以往所不知道的属性。随着劳动的发展，人类就面临着一个互相更紧密合作或协作的问题，这些正在形成中的人在长期日益增多的劳动合作中逐渐意识到互相合作给他们所带来的好处。于是，需要一种交流，恩格斯指出："这些正在形成中的人已经到了彼此间有些什么非说不可的地步了。需要产生了自己的器官，猿类不发达的喉头，由于音调的抑扬顿挫的不断增多，缓慢地然而肯定地得到改造，而口部的器官也逐渐学会了发出一个个清晰的音节。"②这就是语言和意识(思维)的产生过程。所以，恩格斯说，不仅手是劳动的产物，就是发声器官和语言以及人的脑髓和意识，也都是劳动的产物，"首先是劳动，然后是语言和劳动一起，成了两个最主要的推动力。在它们的影响下，猿的脑髓就变成了人的脑髓"③。正是在脑髓进一步得以发展的同时，与脑髓关系最为密切的工具——感觉器官也逐渐地得以发展。总之，人类在从猿进化到人的转变过程中，不仅是手，而且是语言、意识、感觉器官等都是通过劳动而得以进化和发展。劳动创造了手，有了手，人类更强化了征服自然的能力，并拓宽了对自然对象的视野。日益强化的劳动过程中需要合作，合作需要交流，于是产生了语言和思维意识。有了语言和思维，原始文学的产生就成了可能。

在这里，我们尤其要注意恩格斯所提出的猿和人的最基本分别在于大脑(即语言和思维)。因为能用语言思维的大脑已经不是猿脑了，而是人脑所特有的功能。这时的人脑在认识世界方面已经有了质的飞跃。恩格斯认为，就猿脑和人脑而言，"后者和前者虽然十分相似，但是就大小和完善的程度来说，远远超过前者。在脑髓进一步发展的同时，它的最密切的工具，即感觉器官，也进一步发展起来了。正如语言的逐渐发展必须是与听觉器官的相应完善同时进行一样。脑髓的发展也完全是和所有感觉器官的完善同时进行的。鹰比人看得远得多，但是人的眼睛识别东西却远胜于鹰。狗比人具有更敏锐得多的嗅觉，但是它不能辨别在人看来是各种东西的特定标志和气味的百分之一。至于触觉(猿类刚刚

① 中共中央马克思恩格斯列宁斯大林著作编译局.马克思恩格斯选集：第3卷[M].2版.北京：人民出版社，1995：509－510.

②③ 中共中央马克思恩格斯列宁斯大林著作编译局.马克思恩格斯选集：第3卷[M].2版.北京：人民出版社，1995：510－511.

有一点最粗糙的萌芽)，只是由于劳动才随着人手本身的形成而形成”[1]。恩格斯的上述论断说明，人与猿的质的区别就在于，人凭着其语言和意识可以进行抽象的思维和推理，而这一点，对于猿来说是做不到的。因此，根据恩格斯的上述观点，没有人手，就不会有绘画和雕刻，没有语言，那么，作为以语言为基本特征的文学创作也就无从谈起。没有高度发达的人脑和思维能力，人们也就无法去认识(更谈不上改造)包括大自然在内的客观世界，艺术也就无法产生。如果没有欣赏音乐的耳朵，没有识别形式美的眼睛，最美的音乐和美术也就失去其存在的意义。恩格斯的论述正是从人类起源的意义上来论证和说明，为人类所特有的生产劳动实践为文学艺术的产生创造了必要的前提条件。

恩格斯关于文艺起源于生产劳动理论的科学性和正确性，今天已经为对原始艺术的考察和保留至今的原始部落艺术本身所证明。普列汉诺夫曾从人类学家和艺术史家提供的大量资料中，通过分析、研究，得出了艺术起源于劳动的结论。德国著名的艺术史家格罗塞也将艺术的起源和发展同社会经济结构和精神生活密切地结合起来，从中考察艺术同社会发展的内在联系。他的《艺术的起源》一书，就是从原始艺术领域搜集证据来支持恩格斯的科学论证。

四、悲 剧 理 论

在恩格斯的著作中，有关悲剧的论述并不很多，它主要集中在恩格斯于 1859 年给拉萨尔的一封关于悲剧《济金根》看法(批判)的信中。这封信尽管篇幅不算太大，但它却通过对拉萨尔悲剧观的分析和批判，全面深刻地表述了恩格斯的悲剧观。此外，在恩格斯的《法兰克福关于波兰问题的辩论》等文章和其他有关书信中，也都不同程度地论及悲剧问题。

恩格斯和马克思一起创立了科学的辩证唯物主义的美学思想体系。马克思主义美学的产生是美学史上的一次最深刻最伟大的革命。和马克思一样，恩格斯美学是他整个哲学思想的重要组成部分。恩格斯对世界艺术史和美学思想史有着深刻的研究，因此，随着马克思主义理论的制定，他和马克思一起创立了科学的辩证唯物主义美学理论。早在马克思主义美学诞生以前，艺术史家和美学理论家已经就审美创造和审美感知等美学中的重大理论问题进行了不倦的研究和探索，并得出各种不同的结论。由于时代和阶级的局限，这些学者不懂得经济基础对艺术的决定性作用，因此，他们没有(也不可能)从科学的立场出发来揭示艺术的社会本质。这个问题直到马克思主义美学产生以后才得到真正科学的解决。恩格斯美学思想的最伟大之处就在于，他在人类思想史上第一次以辩证唯物主义的观点对各种各样的文艺形式的起源、发展、繁荣和衰落现象作出科学的论证。在恩格斯的美学思想中，现实主义问题是它的核心。恩格斯认为，现实主义是一种能够充分地

---

① 中共中央马克思恩格斯列宁斯大林著作编译局.马克思恩格斯选集：第 3 卷[M].2 版.北京：人民出版社，1995：511.

保证深入而广泛地反映现实世界的艺术方法，现实主义艺术家所反映的现实绝不是一些偶然的、短暂的、昙花一现的现象，而是应该揭示事物的本质。恩格斯的现实主义理论的核心就是文艺要再现典型环境中的典型性格。在恩格斯看来，典型不是人物的某种性格特征的空洞的抽象，而是各种本质特征的辩证统一体，作家或艺术家正是通过这种统一体来反映丰富的社会生活内容和社会存在的本质特征。在解释文艺和劳动实践的关系问题时，恩格斯也是从最广泛的意义上来解释人的实践。审美活动是人和世界实践关系的一种重要形式，“按照美的规律”的创造是在生产劳动的基础上产生的一种审美活动。恩格斯揭示了人类审美活动的神秘外衣，第一次用辩证唯物主义的观点来解释艺术的起源和艺术同劳动实践的关系。恩格斯把审美感和人的认识活动密切地联系在一起来加以考察，因此，他总是强调，人们在进行艺术（或美）的创造时，必须把它与整个社会和时代联系起来。同样，在对文艺批评问题上，恩格斯也以此为标准，他提醒作家和艺术家不要“为了理想而忘掉现实，为了席勒而忘掉莎士比亚”①。在对拉萨尔悲剧《济金根》的批评中，恩格斯更是明确提出文艺批评要坚持美学标准。他运用美学的和历史的观点对革命悲剧的本质和冲突等问题做了深刻的阐述，认为悲剧必须肯定和歌颂代表历史必然要求的人物，而不能像拉萨尔那样，把一个历史上的反动人物当做英雄来歌颂，悲剧的冲突必须是历史的必然要求和这个要求实际上不可能实现之间的冲突。恩格斯的这一理论为无产阶级的悲剧理论奠定了科学的理论基础。总之，恩格斯对美学的理论贡献是巨大的，他在艺术活动（包括艺术的起源和发展）的规律、艺术理论、文艺批评等方面对马克思主义美学思想做了进一步的发展和补充，提出了自己独特精湛的见解，他和马克思一道，共同奠定了马克思主义美学理论的基础，这对我们今天的美学研究和艺术发展无疑具有巨大的指导作用。

---

① 里夫希茨.马克思恩格斯论艺术[M].曹葆华，译.北京：人民文学出版社，1960：33.

当代中国的西方美学研究

西方美学研究在中国已不是一个新的课题，中国学者最早接触西方美学可以追溯到戊戌变法时期。那时，随着民族危机的加剧和资产阶级改良主义的出现，一些有识之士（如梁启超、王国维、蔡元培等）在熟识中国古典美学的基础上大胆地吸收近代西方资产阶级的哲学美学成果，并开始用一种新的审美眼光和研究手段探讨艺术的特性和审美本质等问题。此外，从20世纪三四十年代起，宗白华、邓以蛰、朱光潜等先生对西方美学也进行过不同程度的介绍和研究。可以说，这些先辈学者是将西方美学传入中国并为当代中国的西方美学研究奠定基础的可敬的先驱。然而，这只是中国人研究西方美学的前奏。西方美学思想真正大量地传入中国并为国人所重视则是在新中国成立（尤其是实行改革开放）之后。只有在这个时期，我国的西方美学研究才从量的概念上见出了规模，从而在质的方面有了飞跃性的突破。

当代中国的西方美学研究大致可分为两个阶段。第一个阶段即20世纪50年代和60年代初，中国美学界在百家争鸣大讨论的浪潮推动下，对西方美学研究做了一些工作，并取得了一些令人可喜的成绩，但总的来说还是显得较为薄弱，故未能形成一种气候。有关西方美学名著的翻译介绍寥寥可数，当时出版的汉译西方美学名著只有帕克的《美学原理》、康德的《判断力批判》（下卷）、黑格尔的《美学》（第一卷）和丹纳的《艺术哲学》等几种。中国学者自己撰写的研究之作也很稀少。《西方美学史》（朱光潜）和《西方美学史论丛》（汝信）可以说是当时在这个领域仅有的代表作。当然，这种情形的产生自然同我国当时的具体国情以及由之形成的学术氛围有关。

第二个阶段即20世纪80年代至今，这是我国西方美学研究蓬勃开展的黄金时期。在结束了“十年浩劫”，邓小平主持中央工作，提出了拨乱反正、改革开放的方针之后，中国的西方美学研究迎来了新的春天。广大的美学工作者以极大的热情投入了这项工作。他们先是从浩如烟海的西方美学和文艺理论著作中精选出一批富有思想和学术价值的名著译介给国人。如通史方面的有英国新黑格尔主义者伯纳德·鲍桑葵和美国当代美学家吉尔伯特、康恩分别撰写的两部《美学史》以及苏联舍斯塔科夫的《美学史纲》；断代史方面有西欧著名美学家、波兰学者塔塔科维兹的《古代美学》和《中世纪美学》等。这些中译本论著的出版，大大促进了我国西方美学史研究活动的开展，致使我国学者在这个领域也取得了丰硕的成果。汝信的《西方美学史论丛续编》、蒋孔阳的《德国古典美学》、朱立元的《黑格尔美学论稿》、杨恩寰的《西方美学思想史》、李思孝的《西方古典美学史论》、阎国忠的《古希腊罗马美学》和徐纪敏的《科学美学思想史》以及由阎国忠、曲戈主编的《西方著名美学家评传》(三卷本)等,都是我国学者在西方美学研究方面的重要之作。

除了西方美学史方面的研究外,对现代西方美学的研究则是我国当代西方美学研究的又一重点。现代西方美学是现代西方哲学的重要分支,它是20世纪科学、哲学和文艺学综合发展的产物,它的产生、形成和发展有其深刻的历史渊源和社会背景。因此,在新时期下,对它进行重点研究则显得尤为必要。现代西方美学流派大多产生和形成于19世纪末20世纪初以来的各个不同时期,他们分别代表了各种不同的美学理论思潮。这些流派有的历久不衰(如完形心理学美学),有的风靡一时(如结构主义美学),有的至今余波未逝(如符号论美学),有的则方兴未艾(如解释学美学)。20世纪是整个人类科学和精神文化生活进入迅速发展和重大变革的时代。要变革,就意味着对旧的传统观念和传统文化的批判和否定。现代西方美学从总体上说,就是在这种全面反传统的社会历史背景下产生、形成和发展起来的,同时也体现了这种反传统的时代特征和基本倾向。作为现代西方哲学一个重要分支的现代西方美学,它是一个广阔的理论层面。尽管它的内部派系林立,学说众多,但其基本宗旨就是要对传统的美学进行反叛和否定。因为,在它们看来,旧的传统美学已经无法表现(反映)新的时代生活,而必须开创一种更鲜明更有生命力的美学形态来取而代之。这倒并不是说现代西方美学家们已经完全彻底地抛弃了传统美学,相反,他们正是在对传统美学作严格审视的基础上把理论研究的目光探向未来和新的领域。这就是为什么现代西方美学流派众多、学说纷呈、百家争鸣、精英辈出的原因所在。不过,在研究中,学者们发现,尽管这些流派学说纷呈、观点各异,它们的研究方式和手段也各有不同,甚至同一流派内部的学术观点和研究方法也有差异,然而,有一点却是共同的,那就是它们都试图对传统美学中的一些重大理论问题作出新的思考和解释,具体地说,它们都力图摆脱对美作传统的形而上学的思辨和论证而转向对具体的艺术主题(其中包括对艺术和艺术的审美趣味及其判断、审美主体与客体、审美经验、艺术创作原则等)作出全新的考察和解析。

正是有鉴于此,近三四十年来,我国学者在对传统西方美学作了较为深入研究的基础上,对与之有关的西方艺术史、艺术原理以及现代西方美学流派各主要代表及其思想(著作)逐一分别予以研究考察。据不完全的粗略统计,迄今介绍到我国的有代表性的现代西方美学流派已近30个。这些流派都是在不同的历史时期产生过(或正在产生着)重大的影响。反映我国学者在这方面取得重要成就的主要著作有《当代西方美学》(朱狄)、《20世纪西方美学史》(张法)、《现代西方美学史》(朱立元主编)。此外,由汝信主编的《外国美学》在学界产生了重大的影响。这是目前我国西方美学研究的主要学术园地。此刊以相当大的篇幅比例刊载近二三十年来中国学者在现代西方美学研究方面的代表性文章。上述中国学者的这些论著和文章都从各个不同的角度对现代西方美学的基本内容和特征予以考察和论证,这些文章和论著同时也从各个不同的侧面反映了迄今我国学者西方美学研究的水平。

在当代中国的西方美学研究中，学者们普遍感觉到现代西方美学研究较之西方传统美学研究，其难度要大得多，因为后者的发展线索比较简单，历史上的美学家及其思想和个性特征也早已为世人所定评，因此，为人们所易于把握，但现代西方美学则不然，对其研究的最大困难就在于：它不但流派众多，而且各流派之间的关系纵横交错，极其复杂，真可谓“剪不断，理还乱”。我国学者在对这些流派的界限划分和现代美学家的流派归属以及对每个流派理论主旨的概括、提炼和对其理论来源的探索等方面，历来感到很棘手。他们认为，如果要对这些流派作一刀切的划分，定会将研究导入误区。这种武断的做法显然是不可取的。因此，他们主张，只有根据这些流派的产生、形成和发展的实际情形，采取一种灵活的方式，对其划而不死，引“派”入“流”。通过研究，我国学者发现，现代西方美学从其表面上看，似乎与传统美学彻底决裂，但只要我们深入研究，就会不难发现，现代西方美学中的唯心主义理论往往都是在西方传统唯心主义的一个新的断面上加以扩张、变形发展而来。因而有“流”就有“源”，并且各派之间尽管争论得十分激烈，但仔细研究其理论的深层根源，又往往是“你中有我，我中有你”。其结构关系十分复杂微妙。

当代中国的西方美学研究经过我国学者多年的不懈努力，迄今已形成一定的气候和规模，并已逐步开始由表层走向深化。然而，西方美学中仍有许多未知的领域有待于我国学者去进一步地开发，许多问题之谜仍有待于人们去探索和开启。尽管当代中国的西方美学研究取得了令人瞩目的成就，但总体来说还是不很系统全面。研究过程中还存在着这样那样的问题和缺陷。例如，迄今还有许多重要的西方美学名著因限于人力、物力、学术水平等原因而未能译介给国人。此外，由于研究队伍中个别人受急功近利心理动机的驱迫，致使有的译著（译文）和论著（论文）质量欠佳，甚至有粗制滥造、误人子弟之嫌；有的不加分析地囫囵吞枣，盲目崇拜，一概照搬，无谓地歌颂和吹捧；有的在研究中缺乏严谨的考证和理性判断，一叶障目，以偏概全，甚至穿凿附会，妄下论断，以致谬种流传；有的玩弄概念游戏，哗众取宠，故弄玄虚、故作深奥；有的缺乏独立思考，人云亦云，丧失主张，如此等等。这些都是我国西方美学研究领域中的问题所在，务必引起研究者的深刻注意。

必须承认，西方美学是关于西方人审美意识的科学，它是西方哲学和西方文化、西方文明和智慧的重要标志和组成部分。它们从一个侧面反映了西方人的精神品格和意识形态。当然，由于历史的原因，中西方文化之间存在着固有的甚至是本质的差异。反映在西方美学领域，西方学者的艺术理论和美学观点总体上不能为我们所全盘接受，但在诸多方面毕竟还是有其独特的价值（或者说真知灼见），这正是我们所要吸取的精华所在。我们今天之所以要研究西方美学，就是要通过研究，吸取西方美学中的优秀成果，丰富和发展我国的民族美学研究事业，从而更好地为我国的改革开放和四个现代化建设事业服务。在如何对待西方人的美学观念问题上，我们的态度应该是既不盲目崇拜，也不一概排斥，我们应该坚持马克思主义一分为二的观点和实事求是的科学分析方法对待西方美学。这是我国学者从事西方美学研究所必须坚持的基本原则。我们恳请广大学者在国家的改革开放政策指引下，在西方美学研究领域一如既往地辛勤耕耘，再接再厉，取得更大的成就，从而将当代中国的西方美学研究推向一个更高的阶段。

开放的中国如何对待西方文化

开放的中国如何对待西方文化，这是在新的社会历史发展条件下我们必须予以重视的一个课题。在过去“左倾”思潮泛滥的年代，民族文化与西方文化似乎是两个水火不相容的概念。它们之间的关系往往是互相对立、互为排斥的。因此，西方文化也被视为洪水猛兽而拒斥于国门之外。这种状况直到邓小平主持中央工作、提出拨乱反正、改革开放的方针之后才逐渐得以扭转和改变。其实，无论是我国的民族文化还是西方文化，作为一种意识形态，它们都是一定社会历史发展的产物（或者说是社会历史发展的特定表征）。每个国家、每个民族，都有其符合自身历史发展特点的文化形态，而每种文化形态，它相对于别的国家或民族来说，也都是外来的。如果国与国、民族与民族之间大家各自都实行封闭政策，各自都对自身以外的外来文化持拒斥态度，那么，人类间的文化交流和取长补短、发展创新、共同提高、共同进步岂不就成一句空话了吗？从迄今人类历史发展的轨迹来看，东西方国家或民族的文化都不是孤立的，而是互相渗透、互相影响、互为补充的。尤其是进入到21世纪的今天，由于科技革命浪潮的到来和现代传媒事业的高度发展，给人类的文化交流带来了极大的便利。当今东西方文化和文明的巨大迅速的发展还是在相当程度上得益于东西方国家与国家、民族与民族之间广泛深刻的科技文化交流。很难想象，一个闭关自守的国家或民族，它的文化是充满生机、蓬勃向上的。

我们知道，任何一种文化，它的产生和形成都有其历史的必然性，同样，它们也在具体的时代条件下受各种因素（如政治的、经济的、军事的乃至气候、地理等自然的因素）的影响而不断地发展和衍变的。中国的文化是这样，西方的文化也是如此。因此，早在新中国成立初期，毛泽东就提出了“古为今用，洋为中用”的方针。令人遗憾的是，由于“左倾”路线的干扰，毛泽东的上述正确方针未能得到很好的贯彻，夜郎自大的文化心态不但使大量的有价值的西方文化被拒之门外，而且就是我们自己的优秀民族文化也难以跨出国门，走向世界，发扬光大。

改革开放以来，党和政府一方面提出要弘扬民族文化，另一方面主张要吸取西方文化中的优秀成果。这是在总结了以往历史上正反两方面的经验教训后制订出来的一项英明决策，深得人心。这项决策既体现了我国党和政府对改革开放的决心和信心，又体现了我国党和政府对西方文化的重视和宽容。正是在这项政策的正确指引下，我国出版了不少西方的“汉译世界学术名著”，这些西方的“汉译世界学术名著”的出版，为我国的改革开放和现代化建设事业起了巨大的推动促进作用。中国的四个现代化建设不但要求我们从优秀的民族文化中去吸取营养，而且也要求我们从外来文化中吸取有用的东西。我们只有用全人类的知识武装自己，才能使自己的国家和民族变得更聪明、更智慧、更富有、更强大。科学与文化从来就是没有国界的，伟大的荷马及其《史诗》既是希腊的，也是世界的；莎士比亚和《哈姆雷特》既是英国的，也是世界的；曹雪芹和他的《红楼梦》既是中国的，也是东方的、世界的。它们是全人类文明与智慧的结晶，是全人类的精神财富，理应为全人类所共同享受和拥有。我们介绍、引进和研究西方文化，其主旨就是要吸取人类的这种优秀文化、文明成果，从而使我国的民族文化在新的基础上得以丰富和发展，而发展我国的民族文化是为了让它更好地走向世界，服务于整个人类。

在以经济建设为中心的祖国现代化建设事业中，如果不了解西方文化，不吸取西方文化中的人类优秀成果，那么，从一定意义上来说，我们就会处于某种无知状态，而无知是要被挨打的。就拿前几年出口贸易中的商品包装来说吧，过去由于我们不重视、不研究西方人的商品观念和审美文化，许多商品尽管品质很好，但由于包装简陋粗劣、外观缺乏审美等原因而在激烈的国际市场竞争中屡屡失利。再如，旅游业的情况也是如此，不研究、不了解西方人的美食文化和审美鉴赏心理，我们又怎能在旅游接待工作中做到使外宾们高兴而来，满意而归，从而在竞争日趋激烈的旅游业和娱乐业方面更多地吸引游客，赢得优势呢？中国的改革开放不是一句空话，它是一个有待于全社会共同协调行动、合力完成的综合性配套工程，这其中就包括在意识形态领域对吸取西方文化应持一种什么样的态度。我们讲弘扬民族文化，绝不意味着要排斥西方文化。相反，为了使民族文化更加繁荣和发展，我们必须合理地吸取西方文化。近二三十年来，由于西方文化的介绍和引进，给我国文化事业的发展注入了生机和活力。正是由于各种学术思想和观念的介入；一方面拓宽了我们的视野和研究领域，极大地冲击和改变着我们长期封闭单一的研究格局；一方面又影响和改变着研究者的思维方式、学术观念和知识结构，促使研究者对已有的观念进行反思和调整，从众多的思想理论中去吸取营养、获得启迪，从而使我们在更广阔的世界文化背景中思考和研究中国当代文化的发展走向及其对象、范围等问题。另外，新技术革命浪潮的冲击和现代自然科学、人文科学对我国当代文化的扩张和渗透，各种交叉学科的相互影响，使我们有条件有可能在一个更为广阔的视界和哲学、社会科学、文学艺术和自然科学技术高度发展的基础上对文化作全面、系统、深入的考察，从而综合概括，获得提高、创新和发展。当然，西方文化中确实有许多不适合于我国国情（或者说不能为我们所接受）的东西，但作为一种意识形态，它既然是客观存在，就一定有其存在的基础和理由。就拿现代西方哲学来说，尽管它们有这样那样的缺陷或不足，但它们大多是作为新的时代标志诞生于世，它们普遍透溢着一种独特的灵气和某种“超前意识”，它们虽然立足于它们所处的那个时代，但却以其卓越的远见，提出了某种“闪光之见”，从而为人类的总体发展提供理性的精神指向。

西方文化是植根于西方国家或西方民族的异域文化，它既是西方国家或西方民族人们精神生活的重要组成部分，同时又是他们精神世界的一种表征。尽管西方文化中有些东西不能为我们所接受,但在不少方面毕竟还是有其独到的价值,这就是我们所需要、所应吸取的精华所在。在这里,我们同时还应该指出,在如何对待西方文化的问题上,我们的传统态度历来是十分谨慎的。对于这个问题,历史的经验已经反复告诉我们,一个国家、一个民族如果自我封闭,对包括西方文化在内的一切外来文化一概排斥,那将是不利于自身发展的。对于西方文化,我们的态度应该是既不盲目崇拜,也不一概排斥,应该本着实事求是的精神加以科学理智的分析和判断,从而做出合理的取舍,以便更好地为我所用。我们不是国粹主义者,也不是全盘西化派,我们坚持以实事求是的科学分析方法来对待西方文化,这是我们今天开放的中国对待西方文化所必须遵循的原则。愿我们祖国的民族文化在未来中西方文化的交流、碰撞、融合中得到更进一步的繁荣和发展,但愿开放的中国在吸取包括西方文化在内的人类智慧和文明的同时而变得更加繁荣、更加富强、更加伟大。

美是人类探求的永恒主题

——深圳国际美学美育会议综述

中华人民共和国成立以来，第一次由中国主办的国际美学会议——“深圳国际美学美育会议”1995 年 11 月 15 日至 20 日于深圳大学举行。这次会议由中华美学学会、深圳大学、北京泛亚未来教育中心等单位联合举办。出席会议的代表除了我国(包括港台地区)美学界的一些专家学者，还有瑞典、德国、芬兰、美国、日本等国的学者，共 70 余人。中外学者就东西方美学研究领域中的历史与现状等共同关心的问题进行了广泛的切磋和对话。

一、关于美学内涵及其学科定位

早在两千多年前，美学就成了人类对美和艺术的一种哲学思考。两百多年(尤其是20 世纪下半叶)以来，美学在世界范围内获得了空前迅速的发展，以至今天成了一门涵盖面极广的交叉性学科。作为一门学科，美学面临着一个内涵衍变和学科重新定位的问题。围绕着这个问题，学者们提出了许多看法。有的学者认为，美学按其性质来说，理应属于哲学的领域，因而也应有其特殊的研究对象和范围。但是，由于它所研究的对象(美)是一种极其复杂的现象，且涉及的领域又极其广泛，故美学与其他学科不同的是，对它的研究对象究竟是什么，从来就没有一个明确的定论。古今中外，对于美学研究的对象和美的本质问题一直是众说纷纭。然而，从美学科学的历史发展看，它自身一直在发展演变，尤其是随着现代科学技术的进步，这种演变的特征更是日趋明显。针对这种情形，国际美学学会主席荷米伦指出，从迄今的美学现状看，美学领域中产生的一个最重要的潮流是在哲学学科中涌现出艺术哲学这一分科，它在很多方面区别于古典美学，因而许多西方当代艺术不再具有传统美学所界定的美学性质；另一个重要的潮流是出现了一种新的美学兴趣，这种兴趣在艺术家、设计家和建筑家中得到认可，但还没有一种恰当的词语将其表达出来。有鉴于此，荷米伦认为，如果从传统意义上讲，美学是一种理论科学的话，那么，随着这门学科的发展，从理论科学意义上的美学衍变出实践美学已成为一种可能。

在谈到中西方传统美学概念的差异时，我国有的学者认为，中国传统美学基本上是伦理的附庸，它没有自己的美学系统，而西方传统美学实际上主要是哲学美学，但它关于美的本质还没有明确的定义，故它试图走向科学，由于它完全靠心理实证方法获得的结论又使美学成了心理学的分支。当代中国美学基本上是西方美学的引进和繁衍，它既与传统美学隔绝，又伴随西方美学陷于困境。因此，学者们认为，要使美学走出困境，让东西方美学的对话成为可能，就必须使美学找到自己合理的科学定位。这正是美学有待解决的课题。

二、关于中西美学比较

关于中西美学比较已越来越成为美学研究的一个热点。一位西方学者在谈到中国哲学对西方美学的影响时指出：通过与中国学者的深入交流，使其重新认识到，在这个世界上，只有进入中国艺术才有资格谈论艺术，同样的情形也适用于美学。中国哲学博大精深，是我们这个精神世界不可缺少的要素。他强调，这个世界的精神孕育者应当是柏拉图和老子、亚里士多德和庄子以及其他一些伟大的思想家。令人遗憾的是，我们这个时代的许多哲学著作总是习惯于仅提到欧洲古代的一些哲学家，却忽视了老子的《道德经》，从而很不明智地拒绝了一种对西方美学极为重要的源泉。有的中国学者从中西方古代美学的异同论题出发，得出结论认为，在中西美学思想发展的长河中，各自既有分流，又有许多交汇点，例如“和谐美”就是一个中西美学思想交汇的典型例证。围绕着这个“交汇点”，学者们列述了中西古代“和谐美”的种种表现特征，因而引起了与会者的极大兴趣。与会学者还就中国美学与康德哲学的关系、孔子与柏拉图的美学比较等论题展开了积极深入的探讨，其中不乏闪光之见。

由于历史发展的原因，中国人和西方人对美的理解是有很大差异的。在审美观念和艺术创造领域，这种差异也比比皆是。发现和研究这种差异，有利于人们从这种差异现象的背后去寻找中国人与西方人审美意识的本质特征及其生成之根源。有的学者认为，中西艺术都把塑造人的美视为自己的中心任务，所不同的是，西方人比较重视人的形体美，通过形体表现某种理想的观念，而中国人则比较注重人的内在美，追求一种理想的人格精神。中西艺术关于人之美的不同标准，都是以其各自的审美理论为基础的，而这些理论的产生和形成是以其不同的历史文化背景为基础的。

在如何看待中西艺术的生存背景和历史条件时，有的学者认为，中西方在各自的历史文化土壤上生长起来的艺术之花是各自历代祖先辛勤创造出来的精神财富，这些精神财富既属于某个国家或民族，同时又属于整个世界，它们理应受到全人类的爱护和珍视。今天我们进行中西艺术比较，不是要比出个孰高孰低、孰优孰劣，而是通过比较，从中发现艺术发展的一般规律和特殊规律，从而更有效地指导人类未来的艺术创造。

三、关于审美教育

人类进入到20世纪90年代后，审美教育问题已成为全球共同关注的课题。审美教育是一项较为特殊的教育科目，就其性质而言，它与美学学科既有联系又有区别。如果说美学侧重于思辨意义上的学术研究，那么，美育则带有更大程度的实践操作性。

在这次会议上，来自北京、广东、四川、山东、陕西、江苏以及台湾等地的大中小学和幼儿园的美育工作者，分别介绍了自己在这方面的经验和体会。深圳南山区外语学校的一位负责人指出：美育的概念究竟是什么？美育在儿童整体教育中起着什么样的作用？这些在美学理论家们看来似乎是ABC的问题，可是从目前教育实践来看，教育界似乎并没有真正弄清它。与会学者强调，审美教育并不是某种形式的艺术训练，它是服务于儿童整体教育的一种教育。它通过引导教育对象对艺术和大自然中美的事物的爱和体验去达到陶冶情操、启迪智慧、完善人格的目的。一位多年从事大学生审美教育的学者认为，美育就其性质而言，主要是以形象思维为其特征的情感教育，就其内容而言，主要是对各种艺术形态及其作品和一般社会生活的了解和体验。美育不仅能提高学生的审美水平和创造能力，而且还能帮助教育工作者找到一种全面开发学生智力、培养具有完善人格、优秀品质、良好道德的成功者的有效方法。因此，美育是一种终生性教育，是人们全面发展的重要组成部分。与智育的各门课程比较而言，美育不是一般的知识教育和技能教育，而是一种素质教育，是一种更高层次的教育。它对于人的智力因素和非智力因素的提高起着至关重要的作用。只有把美育与智育等摆到同等重要的地位，我们才能从更深层次上开拓教育，使人才得到更全面、充分、合理的开发和培养。

书语序言溢馨香

——读书篇

彰显新黑格尔主义的审美意识史
——读鲍桑葵《美学史》(古代部分)

伯纳德·鲍桑葵(1848年—1923年)是当代英国著名的美学家,生前致力于美学研究,曾写过两部重要的美学专著,这就是人所熟知的《美学三讲》和《美学史》。这两部著作可以分别作为鲍桑葵美学和美学史理论研究的代表作。鲍桑葵的美学思想,就其性质来说,基本上是唯心主义的,他是属于新黑格尔派的哲学家,自称是“左翼黑格尔派”代表。鲍桑葵的《美学史》一书,集中反映了他的唯心主义美学史观。在该书中,他对自古希腊罗马以来的美学史作了全面而又系统的考察,并提出了自己的观点,我们从此书中不难看出,鲍桑葵的美学研究方法继承了黑格尔美学,在一些具体论述上也深深地打上了黑格尔唯心主义体系的烙印。我的笔记,旨在研究他的美学史观的某些特色。因此,本文明显地避开那些早已为人所熟知的现象和论点,而尽量想多介绍一些迄今为止尚未为人们所了解的现象(乃至细节)和论点。

一、研究的原则和方法

美学,早在古希腊时代就已经产生,然而,美学作为一门独立的学科,则是到了18世纪中叶才出现,这个功劳自然应归于鲍姆嘉敦,是他写了《美学史》一书,从此明确地规定了美学(asthetik)的严格内涵(指严格意义上的美学学科)。以前,写美学史的学者不少,他们的著作也各有其特点,鲍桑葵的《美学史》是一部迄今为止比较详细而完整的美学史著作。他写此书的宗旨十分明确:“我的任务是写作一部美学的历史,而不是一部美学家的历史。”[①]作者写这部美学史的目的并非是要为各个时代的美学家们树碑立传、歌功颂德,而是要探索美学发展历史本身,揭示其真正的发展规律,一句话,就是想“尽可能写出一部审美意识的历史来”。这就是鲍桑葵写此书的指导思想。正是考虑到这一原则,因此,在本书中,我们看到,鲍桑葵对各个时代的美学家在历史上的地位问题没有给予更多的关注,而是在充分揭示各种美学思想的来龙去脉的同时,给美学家们的作用、功绩和历史地位给予评定。这是本书著述上的最显著特点。但是,本书在著述上也带有一种强烈

---

① 鲍桑葵.美学史[M].张今,译.北京:商务印书馆,1985:前言.

的狭隘的民族偏见，这就是他完全无视和忽略了东方艺术在世界艺术发展史中的作用和地位。我们知道，在人类文明史的发展历程中，东方艺术是一个不可忽视和低估的艺术领域，它在人类文明发展的长河中曾经以一种惊人的表现形态出现过，这是谁也抹杀不了的。无论是印度艺术、埃及艺术，抑或是日本艺术和中国艺术都是如此。然而，鲍桑葵同许多西方资产阶级学者和文艺理论家一样，染有这种漠视东方艺术的通病，在本书，几乎完全没有直接提到东方艺术。那么，人们不禁要问，他之所以要回避叙述东方艺术的理由是什么呢？用作者自己的话来回答就是：首先，东方人的审美意识“还没有达到思辨理论的高度”；其次，鲍桑葵写美学史的一条原则就是以西方艺术发展的历史为中心，一切与此无关（所谓无关，其实是有关的，因为早期的西方艺术发展，如早期希腊艺术的发展是受过东方艺术影响的）的东西统统排斥在本书主题考虑的范围之外，鲍桑葵这样做的目的是要使“西方艺术中心论”的主题论述不受支离；再次，无论是中国艺术或者是日本艺术，严格说来都是一种非结构性的艺术，这种艺术同进步种族（尤其是指欧洲）的艺术互相绝缘，毫无干系。上述三点理由是导致鲍桑葵漠视东方艺术的基本原因，从而铸成了本书著述上的一大缺憾。

既然要写一部美学史，首先就必须弄清楚美学史的真正内涵（即它所要包容或者说论述的范围）是什么？这是写好一部美学史的一条重要原则。“asthetik”一词自从首先由鲍姆嘉敦给以特定的界说后，从此，美学作为一门独立的学科从哲学中分离出来。尽管美学这个名词到近代才出现，但真正的美学事实却比美学一词早得多。鲍桑葵认为，美学的起源至少可以从苏格拉底时代算起，从那时起，思想家们已经开始对美和美的艺术进行哲学的思考了。例如，苏格拉底关于美与善的关系的论述，在美学史上是十分有名的。因此，鲍桑葵认为：“如果‘美学’是指美的哲学的话，美学史自然也就是美的哲学的历史；它的内容也就不能不是历史哲学家为了解释或有条理地说明同美有关的事实而提出的一系列有系统的学说。”这就给这部美学史的论述划定了明确的范围。此外，考虑到每个时代的学说（鲍桑葵称之为思辨理论）都有其历史的渊源和同现实的联系，因此，在写这部美学史时，鲍桑葵始终没有忽略以往的形式学说，同时对他所处的那个时代的现实世界予以密切的关注，他说：“当我们试着探讨各个发展阶段的审美意识的时候，我们面前的具体材料就不仅具有考古学上的意义，而且还构成我们今天的生活环境里本身就具有价值的事物的一个重要部分。”正因为如此，我们不难看出，《美学史》一书不仅具有传统性，而且更带有深刻的时代特征。

在这里，我还有必要提及的是，鲍桑葵对下述三个概念，即美的艺术史、美学、美学史分别作了明确的界说，他这样写道：“美的艺术史是作为具体现象的实际的审美意识的历史。美学理论是对这一意识（指审美意识）的哲学分析，而要对这一意识做哲学分析，一个重要条件就是要了解这一意识的历史。美学理论的历史，则要探讨审美意识在学术上的表现——美学理论——的历史，但是它从来也没有忘记，需要阐述的中心问题乃是美对于人类生活的价值。”在这里，鲍桑葵对美学史和美的艺术史的关系作了简明的界说，并对美学理论的使命作了明确的规定，这就为他在著述《美学史》一书时规定了明确的取材范围和取舍依据。

在美学史著述中，还会碰到的一个问题是自然美同艺术美的关系问题，鲍桑葵把美的艺术看做是美的世界的主要代表，他认为："为了哲学研究的目的，把美的艺术当做美的主要代表，不但在实践上是必要的，而且在理论上也是合理的。"在鲍桑葵看来，自然美有赖于人们对大自然的观察，艺术家们对自然表现力的洞察，扩大了自然美的界限，从美学理论这个角度来说，自然美"也就是指每个人都是自己的艺术家那个美的领域"。在这里，鲍桑葵的唯心主义观点表现得很充分，即自然美的范围和程度是建立在作为艺术家意义上的那种人对自然的洞察力基础上的，换言之，没有这种洞察力，就无所谓自然美。黑格尔的唯心主义美学观的最典型的表述是"美是理念的感性显现"，而鲍桑葵在这里则体现为"洞察力"，有了这种洞察力，所谓的自然美才成为可能，也就是说，自然美的发现（或存在）有赖于作为艺术家的那种人的存在。因此，在这个意义上，鲍桑葵引申出下述结论："美学能调和此世界和彼世界、后天和先天、自然和超自然。"我认为，这一结论集中体现了鲍桑葵的唯心主义美学观。当然，同黑格尔一样，鲍桑葵的唯心主义美学理论，在表述上有时以比较晦涩的形式出现，使人们觉得深奥难懂，但是，我认为，在理解鲍桑葵的观点时，首先要把握住他的基本思想脉络，在这个前提下，对具体的学说的理解就有了一根准绳，就像我们首先带着"美是理念的感性显现"这一观点去读黑格尔的美学著作一样，以同样的方式去理解鲍桑葵的美学论述。为了进一步透彻地释述鲍桑葵的这一唯心主义美学观，请允许我引述作者的下述原话："一切美都寓于知觉或想象中。当我们把大自然当做一个美的领域而同艺术区别开来的时候，我们的意思并不是说，事物具有不以人的知觉为转移的美，像万有引力和刚性一样可以相互作用。因此，必须认为，在我们所谓的自然美的概念中暗含有某种规范的、通常的审美欣赏力。但是，如果是这样的话，事情就很明显了：这样的'大自然'主要是在程度上和'艺术'有所区别。两者都存在于人们的知觉或想象这一媒介中，只不过前者存在于通常心灵的转瞬即逝的一般表象或观念中，后者则存在于天才人物的直觉中。"[①]"美"这个概念是美学的最重要范畴之一，然而，美学家们对此各有各的解释，在有的情况下，即使是同一流派，对美的解释也不尽相同。应该承认，美在一定的情况下，它和"美好"这个概念一样，都是可以用来说明和评价现实事物和现象的审美属性，如"完美性""和谐性""表现力"等，也可以用来评价人的外貌或内在品格等。但是，美这个概念又有其严格意义上的特殊内涵，它又是一个狭义的美学概念，它仅仅用来评价事物和现象的个别方面、具体的审美属性。德国美学家谷鲁斯认为，从"美"这个词的严格意义来讲，它是任何审美外观给我们带来直接的感性快感，即给眼和耳带来快感的东西。科恩则认为，美是那种完全消失了矛盾的特殊的审美形态。伏尔盖特认为，美等于纯粹的快感，常常来自对象的完满的有机整一性。同上述列举的几位美学家对美的解释相比较，鲍桑葵对美的解释的特点是，他过分强调审美主体的作用，他不承认美像万有引力和刚性那样客观存在，而是赖以主体的知觉或想象而存在。因此，他认为，在通常人们所说的自然

---

① 鲍桑葵.美学史[M].张今，译.北京：商务印书馆，1985：7.

美概念中已经渗透了主体的审美欣赏力，所不同的只是，由于每个主体在对其对象（大自然）的观照时所站的角度不同，或者主体本身的审美欣赏力程度上的差异而使大自然的美在程度上也相应地变得不同。至于“大自然”与“艺术”两者相对于审美主体来说，没有本质的区别，而只是在程度上有差别。这两者都存在于主体的知觉或想象这一媒介中。上述观点，是鲍桑葵美学思想的核心，综观他的美学史观，他始终坚持了这一唯心主义美学观的基本信条。

由于美的概念由来已久，加之这一概念在不同的历史时期含有不同的内容，因此，对于任何一个撰述美学历史的美学家来说，首先都会遇到对美下定义和这一定义同美学历史的关系问题。作为《美学史》作者的鲍桑葵，当然也毫不例外地会遇到这个问题。鲍桑葵认为，尽管对美的概念的解释，迄今为止，尚未有过举世一致的定论，但是，他就其《美学史》一书中所使用的“美”一词的意义加以解释是必要的，他说：“如果在做这样解释的时候，我们可以把古代人的基本理论看做是近代人的包容赅博的概念的基础的话，由此得出的定义至少对写作一部美学史是很合适的。”①接着，鲍桑葵又指出：“在古代人中间，美的基本理论是和节奏、对称、各部分的和谐等观念分不开的，一句话，是和多样性的统一这一总公式分不开的。至于近代人，我们觉得他们比较注重意蕴、表现力和生命力的表露。一般说来，这也就是说，他们比较注重特征（The Characteristic）。”② 从上面的论述中，我们看到，鲍桑葵对古代人的美的概念和近代人的美的概念既加以联系，又加以区分，指出近代的美的概念同古代的美的概念尽管各有其特征，但有着深刻的源流关系。这里就意味着：任何一个概念的演化和发展都有其历史的继承性和变异性，美的概念当然亦是如此。在鲍桑葵看来，当在给“美”作解释时，如果忽略了这一概念所赖以形成的历史基础，就不可能对其做出全面的界说。因此，鲍桑葵在解释“美”时，尤其注重这一词的“古代要素”和“近代要素”，他说：“把这两个要素融合在一起，我们就可以得到一个全面的美的定义：‘凡是对感官知觉或想象力具有特征的、也就是个性的表现力的东西，同时又经过同样的媒介，服从于一般的、也就是抽象的表现力的东西就是美’。”鲍桑葵为什么给美下这样的定义呢？原因很简单，因为，一般说来，尽管“美”这个词在美学中是一个最重要的概念，它和“美好”一词一起用来说明和评价现实事物和现象的一些审美属性，但是，严格说来，“美”是一个比较狭义的美学范畴，它所包容的内涵要比“美好的”窄得多。而鲍桑葵给美所下的上述定义，就比通常所说的“美好的”一词更富于包容性。

鲍桑葵在从事他的美学史研究时，他始终没有忽略古代审美哲学的历史地位，在《美学史》的第二章，他对希腊人的美感和美学理论进行了详尽而又严格的考察，认为，古希腊艺术的最主要特点在于它的和谐和规律性，因此，他指出，审美哲学家们在从事他们的理论研究时总是首先提请人们注意希腊艺术中无所不在的和谐和规律性，那是不值得奇怪的。例如，亚各斯派雕刻家的杰出代表波吕克利托斯，他对人体的描绘极其细致准确，他的杰作《执矛者》《戴锦带者》《希拉像》都体现出一种雄伟、静谧和庄严，同时，所用材料的

---

①② 鲍桑葵.美学史[M].张今，译.北京：商务印书馆，1985：9.

豪华和技术的巧妙构成了波吕克利托斯乃至所有古典艺术的特点，即充分体现出人体各部位的匀称、和谐和规律性。这种艺术类型的特性，在于它以一种诉诸感官知觉的方式，象征着次序分明、秩序井然的行动或生活的最抽象的关系。早在两千多年前，希腊人已经认识到了这种关系的审美价值，这是人类文明史上的一大发展。鲍桑葵认为，古代哲学“能认识到这种关系是美的组成要素，这是它对审美分析的主要贡献”①。正因为如此，鲍桑葵才在叙述早期希腊艺术思想时下了很大的工夫，并对早期希腊艺术以详细的反映和真诚的赞赏。

到了近代，美学上产生了浪漫主义的美感形式，随之而来的是对于自由的热烈表现的渴望，到了这时，“公正的理论已经不可能再认为把美解释为规律性和和谐，或多样性的统一的简单的表现就够了”②。当时，康德、席勒等学者对美和崇高、悲剧性、自由、天才等范畴的研究，歌德对个性特征的强调以及赫尔德和黑格尔等人把文学艺术放在历史发展的大轮廓里去看的初步尝试，对于浪漫主义美感的形成和发展都产生过巨大的而又积极的影响。美学上的“崇高说”也就在这个时候才真正引起人们的重视。当然，崇高说并不是一开始就被列入美学的范畴，只是到了以后出现了关于丑的学说，“崇高”才与“丑”一起被公认列入美学的范畴。

鲍桑葵著述美学史，首先，旨在着重叙述各个时期的审美意识的特征以及这些审美特征赖以形成的历史基础和现实条件；其次，旨在说明，作为一门美学科学，为什么要把美的艺术当做主要的研究对象；再次，尽管迄今为止对美的解释仍然是众说纷纭，莫衷一是，但鲍桑葵还是在本书对美这一概念做出了界定，用他自己的话来说：“我……用短短的几句话提出了一个适合于古代美学到近代美学发展的美的定义。”③此外，值得提及的是，鲍桑葵论述美学史有其自己的独特方式，这就是他先是从论述美学史和美的艺术史、自然美和艺术美、美的定义及其与美学史的关系入手，在对这些关系作了明确阐述的基础上，而后再按照美学史发展的线索，逐一阐述希腊思想家的美学理论，并分别介绍了前苏格拉底、苏格拉底、毕达哥拉斯、柏拉图、亚里士多德等学派的美学特征，对整个中世纪的美学发展也作了扼要的介绍。在论述近代美学理论时，除了重点介绍了“德国古典美学”外，还对从叔本华到施图姆普夫时期的“德国精密美学”作了专门的分析和评价，其中有些材料为我们对西方美学的研究提供了相当宝贵的依据。

二、古代希腊美学思想

希腊，是人类早期文明的摇篮，也是美学的摇篮，希腊文化揭开了人类文明史上的光辉一页。希腊文化到了公元前 5 世纪，在雅典已经发展到了顶峰。这时的希腊已经开始由文化传统思想统治转变到了自由批判、由文艺时代转变到哲学时代，著名的三大悲剧家

---

①② 鲍桑葵.美学史[M].张今，译.北京：商务印书馆，1985：10.

③ 鲍桑葵.美学史[M].张今，译.北京：商务印书馆，1985：14.

的作品已经流露出自由批评精神，理性的思辨日趋上风。哲学家们既然要思考社会问题，就势必要注意到文艺问题，而文艺发展本身，也要求人们能对它进行理论性的概括，于是，审美哲学就在这样的历史条件下诞生了。

近代意大利美学家克罗齐在论述美学历史发展时曾经说过这样一句话："在希腊，艺术、艺术的功能，只是在诡辩运动之后，作为苏格拉底辩证法的结果才成为哲学问题的。"[①]克罗齐的这一研究结论，鲍桑葵是支持的。按照迄今为止国际美学界的研究结果，普遍认为希腊美学思想发端于公元前6世纪，鼎盛时期要算柏拉图和亚里士多德时代。这个时期主要的美学思想家有毕达哥拉斯(派)、赫拉克利特、德谟克利特、苏格拉底、柏拉图和亚里士多德。他们在美学理论上各有其建树和贡献。鲍桑葵在叙述这段美学历史时，首先对希腊的美学思想轮廓作了一个大致的介绍，而后再从历史发展的角度对上述美学家(不包括赫拉克利特和德谟克利特)的理论分别做出解析和评价。

首先，他对希腊美学家关于美之探讨的三项原则作了阐述，这就是：道德主义原则、形而上学原则和审美原则。他认为，这三项原则是构成"希腊人关于美的性质和价值学说的基础"，在对整个希腊美学的叙述中，鲍桑葵始终没有忘记体现这三项原则。

毕达哥拉斯学派，这是任何一位研究古希腊美学的学者都不敢忽视的重要学派。这一学派的成员主要是由一些数学家、文学家和物理学家组成。关于这一学派，流传至今的资料已经不多了，然而令人感到欣慰的是，在亚里士多德的著作中，记载了他们在数学方面的卓越成就。鲍桑葵在论证毕达哥拉斯学派的美学贡献时，以亚里士多德《形而上学》中的记载为依据，认为毕达哥拉斯学派确实把"数"看做是万物的本源，万物都是这个本原的"模仿品"。数的原则就是一切事物的原则，整个宇宙天体就是一种和谐和一种数。总之，数的原则统治着宇宙中的一切现象，数就是统摄一切的原则或要素。在这个总的哲学观支配下，毕达哥拉斯学派认为"美就是和谐和比例"。他们最初是用数学和声学的观点去研究音乐节奏的和谐，发现声音的质的差别都是由发音体方面的数量的差异所决定，因此，音乐的基本原则在于数量关系，音乐节奏的和谐是由高低、长短、轻重各种不同的音调，按照一定数量上的比例所组成。毕达哥拉斯派的"数的和谐就是支配一切生活现象的客观规律性"的学说，奠定了对美的辩证解释的基础(尽管他们也强调对立面的调和)。为了说明这一点，我想在这里转述毕达哥拉斯学派的门徒波利克莱特斯在其《论法规》中的一段话："毕达哥拉斯学派说，音乐是对立因素的和谐统一，它把杂多导致统一，把不协调导致协调。"据上所述，至少有一点可以肯定，毕达哥拉斯的"美是和谐与比例"的学说标志着希腊早期辩证思想已经萌芽。毕达哥拉斯学派后来又把音乐中的数与和谐理论运用到其他艺术领域(如运用到雕塑、建筑等领域)，并且总结出一些经验性的规范，例如"黄金分割律"等。当然，毕达哥拉斯学派除了上述历史贡献外，它还带有许多神秘主义的色彩，如所谓的"大宇宙"类似于"小宇宙"观点，对后人(如柏拉图、普洛丁等)产生了很大的影响。尽管如此，鲍桑葵仍对这一学派给予很高的评价，他说："毕达哥拉斯学派热情地坚信，形

---

① 克罗齐.美学的历史[M].王天清，译.北京：商务印书馆，1984：3.

式和数是宇宙结构的基础。这种信念不管附有多么神秘的观念，仍然给批判分析带来了近代思辨在大不相同的实际知识水平上所具有的那种全面性和果敢精神，我们必须记得，公元前5世纪和公元前4世纪是数学理论获得真正进步的一个时期。欧几里得的《几何原本》中所包含的知识就是部分地得力于前两百年中毕达哥拉斯学派的研究。……波利克莱特斯曾经把抽象比例的原则或规则体现到他所塑造的《多罗斯雕像》中去。”①由此可见，鲍桑葵已经充分估计到了毕达哥拉斯学派的美学贡献，因此他发出了上述这样的由衷赞叹。

在西方美学史上，柏拉图是最早对美的问题进行系统哲学思考的美学家。他的美学思想的基础是理念论。从这个基础出发，柏拉图认为，个别事物都是理念的摹本，而艺术作品又是模仿个别事物的，因此，它是摹本的摹本。美就是真，就是善，纯粹的美就是达到了绝对理念的高度，它们是不能为艺术（家）所表现出来的。柏拉图的美学体系对整个美学思想的发展有着极大的影响。鲍桑葵指出：“在柏拉图的著作中，我们可以看到希腊人关于美的理论的完备体系，同时，又可以看到注定要打破这一体系的一些观念。”②这里，这位哲学家以一种较为委婉的语气既承认柏拉图思想体系有“很伟大”的一面，同时又认为他有“不很伟大”的一面。在鲍桑葵看来，柏拉图的那些作为人类智慧结晶的东西（即他的学说）确实闪耀着灵光，但是，他的思想体系中的某些错误观念又注定要被后人所打破。这是鲍桑葵对柏拉图美学思想两重性的基本评价。

柏拉图的美学思想几乎全部以对话的形式出现，这是为人所共知的。他的那些以对话形式出现的文学体裁在希腊的戏剧和史诗中占有十分重要的地位。西方有的学者把柏拉图视为美学的奠基人（或曰“美学之父”），这并不过分。如克罗齐就说过：“美学问题正是和柏拉图一起产生的，他是第一个也是唯一的一个对艺术做过伟大否定的人。”③的确，在《理想国》中，我们可以看到，柏拉图对希腊文学艺术进行了全面的检验，并持严厉的否定态度。在柏拉图看来，文艺不可能给人以真理，他只能给人的心灵以影响。在《理想国》中，柏拉图对诗人是很蔑视的，认为理想国的统治者和教育者不应该是诗人，而应该是伟大的智者——哲学家。鲍桑葵在综观了柏拉图对艺术的否定理论后指出，诗人和艺术家在柏拉图心目中的地位很低，他们“比真正的爱美者低好几等”，而有资格同真正的爱美者享有同等地位的只能是哲学家。换言之，诗人和艺术家都称不上真正的爱美者。鲍桑葵又说：“由于这个缘故，甚至有人（指夏勒斯等人）认为，对柏拉图来说，美的艺术不在美的领域之内。”④

的确，柏拉图对艺术的批判是严厉的，他的“模仿说”则集中反映了他对艺术的否定态度。柏拉图一方面承认，作为美的东西是存在的，而且确实存在着一种绝对的美，但是，另一方面他又认为，这种绝对美只存在于人们观念的图式或自我存在的形式中，它不可能作为事物的属性而被发现出来。人们所发现的只是美的东西，而不是美本身。这种绝对美

①② 鲍桑葵.美学史[M].张今，译.北京：商务印书馆，1985：63.

③ 克罗齐.美学的历史[M].北京：商务印书馆，1984：4.

④ 鲍桑葵.美学史[M].张今，译.北京：商务印书馆，1985：67.

的理论是导致柏拉图轻视乃至敌视美和美的艺术的根源。柏拉图的模仿说，归纳为一句话，就是艺术模仿现象，现象模仿理念，理念才是唯一真实可靠的，现实现象只是理念的影子，艺术又只是影子的影子，而这种影子的影子自然是昏暗浑浊的，它们不合理性，更称不得崇高。总之，艺术的模仿仅仅停留在自然事物和意象上，它达不到逻辑的真实，达不到理念的高度，因此，在他的"理想国"中丝毫没有艺术的地位。在柏拉图那里，导致这种状况的最基本原因是文艺仅仅是作为再现现实的一种手段，本质上，它与"理念"是不相融合的。

对柏拉图在审美经验领域所作的贡献，鲍桑葵也作了较深的发掘。首先他指出，柏拉图认为，在再现性的艺术中，形式美体现了统一原则。这种统一原则不仅"适用于自然对象，而且也适用于一切艺术和技艺"。在艺术的分类上，柏拉图常常把两种艺术（即一种是以提供快感为目的的艺术和另一种以增进道德为目的的艺术）区别开来，但是，鲍桑葵认为，尽管如此，我们也"决不能到这种区别中去寻找柏拉图对于真正的审美兴趣的态度。……早期的批判界向艺术提出的提高道德的要求包含着对于美同生活的实质关系的健全判断，然而，在我们估计美学理论本身的进步情况时，我们决不能承认增进道德是一种审美兴趣，正如我们不能承认罪恶的作乐是审美兴趣一样。我们倒应该到柏拉图所设想的令人愉快的表象的领域中、到这种表现的纯粹的和不纯的类型和条件的区别中去寻找柏拉图对于实在兴趣和审美兴趣的对比的意见"①。这里，鲍桑葵提出了一个重要的论点，那就是柏拉图美学中的两种艺术观，即提供快感的艺术和增进道德的艺术。这里的问题涉及审美兴趣同快感的关系和同道德的关系。就快感而言，柏拉图的快感又有纯粹快感和不纯的快感之分，前者，即纯粹的快感是从真正的美中产生出来，这类快感不包含任何坏的意义上的自私兴趣；后者，即不纯的快感则充满了感官兴趣，甚至充满了痛苦和不安的兴趣。但是，"这种快感之所以能和真正的美给人的那种快感区别开来，究竟是因为它们和实在欲望有联系（像道德同实在欲望有联系一样）呢，还是由于他们作为快感有不安的瑕疵呢，还是只有在人们认为它们属于不道德的类型的时候才能和真正的美给人以快感分开"②？这种原因显然不是很好找的。鲍桑葵在这里已经明智地意识到了这种快感构成的复杂因素。

《大希庇阿斯篇》是柏拉图的美学专论，在这篇专论中，柏拉图提出审美感官和非审美感官之间的分界问题。这一理论的提出标志着在美感领域，审美兴趣和非审美兴趣的界限已经逐渐在受到注意。鲍桑葵看到了这一理论所具有的历史意义，他在论述中这样写道：退一步说，即使《大希庇阿斯篇》是一部并非出自柏拉图手笔的伪作，那至少也可以说明，"在审美兴趣和非审美兴趣的界限问题上，已经有明确的观念形成"③。

在西方美学史上，美和美感问题的讨论和研究已经延续了两千多年。两千多年前，柏拉图就对审美经验中的美和美感问题提出了如此深刻而有条理的综合，这在人类思想史

①② 鲍桑葵.美学史[M].张今，译.北京：商务印书馆，1985：67－68.
③ 鲍桑葵.美学史[M].张今，译.北京：商务印书馆，1985：69.

发展的长河中确是十分难能可贵的。鲍桑葵在评价柏拉图的这一综合时说："后来的历史证明，这一综合是符合这种现象的性质的，……单单把审美感官和非审美感官区别开来，就给后代的哲学界留下了一个极其有趣而困难的问题，……柏拉图就是这样凭着他那哲学家的本能，搜罗并整理出一批比他的抽象美学理论的内容更能启发人的经验，并提出了一些只有比较具体的批判才能解答的难题。"①由此我们看到，由于柏拉图美学体系的确立，从而使美学思想的发展进入了高潮时期。柏拉图美学理论体系的确立，刺激了后人的理论思考，它为以后的美学发展奠定了基础，铺平了道路。亚里士多德就是在批判地继承柏拉图美学思想的基础上产生的又一美学巨人。鲍桑葵用"在一位伟大的开山大师之后，就产生了一位最伟大的研究家"②这样的话语来比喻柏拉图和亚里士多德之间的师承关系是再也恰当不过了。

亚里士多德是继柏拉图之后又一位杰出的美学先师，尽管他是柏拉图的学生，但是，他始终坚持了批判继承的原则，并且，在他的思想体系中，批判部分远比继承部分显得更重要。除了受柏拉图影响外，亚里士多德还受到早期毕达哥拉斯学派和赫拉克里特和德谟克利特等唯物主义美学流派的影响。他的《诗学》标志着亚里士多德用科学的方法为希腊文学艺术的辉煌成就作了精细的分析和扼要的总结。在西方美学史上，《诗学》成了第一部最重要的美学论著。车尔尼雪夫斯基在谈到亚里士多德的历史功绩和影响时说："亚里士多德是第一个以独立体系阐明美学概念的人，他的概念竟雄霸了两千余年。"面对这样一位美学巨人，鲍桑葵细致谨慎地分析研究了有关亚里士多德美学的第一手材料，并着重从以下两个方面展开论述。

（一）象征主义和模仿

首先谈谈象征主义同模仿的关系。鲍桑葵说："'模仿'一词的原有意义是指临摹某件可以临摹的东西，可是亚里士多德在给美下定义时并没有抛弃'模仿'一词。"③因此，鲍桑葵认为，在研究亚里士多德的象征主义时，最重要的是，首先要研究"模仿"一词在亚里士多德那里，究竟还保留着多少原有的意义，"模仿"一词是否在亚里士多德的著作中完全为象征主义所利用？围绕着这样的发问，鲍桑葵做出了论证。对现象的选择，是亚里士多德象征主义的最重要的构成成分。因此，在分析象征主义时，鲍桑葵认为，我们必须首先要明确认识到，究竟有哪些审美现象能引起亚里士多德的关注。亚里士多德的《诗学》固然是一部前无古人的最早阐明文艺基本规律的美学专著，但是，他的题材很受限制（即仅仅局限于文学方面），那些造型艺术和小型装饰艺术都不在这篇专著的论述范围之内（尽管在举例时有时也提到绘画之类）。他的选材范围主要包括叙事诗、悲剧和喜剧三大类。音乐只是在论述诗歌时附带地提了一下，表演艺术则被认为基本上不在戏剧艺术和叙事诗艺术之内。抒情诗在《诗学》中还没有一个独立的名称，换言之，在亚里士多德的心目中，

---

① 鲍桑葵.美学史[M].张今，译.北京：商务印书馆，1985：73－74.

②③ 鲍桑葵.美学史[M].张今，译.北京：商务印书馆，1985：75.

它还没有被当做一种独立的体裁来看待，这当然是一件憾事。

《诗学》中关于喜剧的论述，鲍桑葵认为这是亚里士多德对柏拉图戏剧理论的“最重要的发展”。所不幸的是，《诗学》中这一部分细节已经失传，这无疑给后人的进一步研究带来了论据上的困难。亚里士多德十分重视喜剧这一主题，他认为，“丑”这一概念是同喜剧有着内在联系的，因为滑稽构成了喜剧的主题，而滑稽又是丑的一个分支。从这个意义上说，滑稽也好，丑也好，自然是就属于美的艺术的范畴。为了强调他的这种逻辑推论，亚里士多德在《诗学》中重点指出：“一件模仿品（指艺术）常常是令人愉快的，虽然被模仿、被临摹的东西是令人不愉快的。”这是亚里士多德的一个著名论断。它涉及模仿对象和模仿技巧的关系问题。我们今天的人们，如果按照亚里士多德的这一理论去看安徒生作品中的癞蛤蟆，那么，尽管现实中的癞蛤蟆是丑陋的，但安徒生童话中的那种癞蛤蟆却能给人以一种审美愉快。这里就涉及安徒生闪光的艺术技巧同人的领悟的亲和力问题。在这一点上，亚里士多德说的是对的，他在两千多年前就道出了一条真理，道出了文艺（即模仿性艺术）与现实（模仿对象）之间的关系。但是，当亚里士多德解释诗的起源原因时，却对模仿做出了片面的解释。在他看来，诗的起源首先起源于模仿，因为模仿是人的天性，人区别于动物的一个重要方面就是在于人喜欢模仿；其次，是人的领悟力所引起的快感。他举例说，科学家在运用领悟力时感到有莫大的乐趣，常人也是如此，只是后者的领悟力不及前者罢了。正因为如此，当人们在看到一幅酷似原物的肖像时，就会感到快乐。如人们看到波提切里的《春天》和提香的《圣爱和俗爱》，或看到达·芬奇的《蒙娜丽莎》，就会产生一种快乐。按照亚里士多德的解释，这种快乐感的产生就是由一种领悟力和经验性的联想所致。如果观赏者以前从来没有见过（或领略过）原人或原物，那么，引起快感的就不是肖像（即模仿品），而是艺术家在创作作品时的处理技巧（如合理的选材和构思、合理的布局和色泽调配等）。由于亚里士多德认为，运用智力（领悟力亦属智力范畴）和对模仿品感到惊奇能给人以快感，因此，他就得出这样的结论：凡是属于模仿性艺术，如绘画、雕塑和诗歌以及一切模仿得惟妙惟肖的东西，都能给人以快感。就是在对象本身不能给人以快感的时候（如以上所说的癞蛤蟆一例）也是如此。鲍桑葵在释述了亚里士多德的上述观点后指出，亚里士多德以上所说的那两种原因，其实后者是为前者服务的，即后者是用来为前者作补充解释的。而这种解释本身就已经为浪漫主义艺术和近代的美学理论开辟了前景。

在谈到音乐的象征主义时，鲍桑葵说，在亚里士多德看来，只有音乐和诗歌能表现心理上的或精神上的情绪。亚里士多德为了证明音乐直接包含情绪的本质而提出的中心论点就是，“情绪实际上是由音乐所引起的，特定类型的曲调似乎能引起特定类型的激动，如舞蹈、进行曲或赞美诗的音乐重新引起某些基本情感和活动倾向，差不多就好像一种药物能起一定的作用一样”①。因此，鲍桑葵的结论认为，亚里士多德的意思是要说明，同绘画的间接表现不同，“音乐的运动乃是听到音乐时产生的意识或冲动的实际运动”。正因为

① 鲍桑葵.美学史[M].张今，译.北京：商务印书馆，1985：81.

此，亚里士多德“不但没有把‘模仿’提高到象征主义美学学说的高度，而且我们甚至可以怀疑模仿一词所指的究竟是不是审美效果，如果我们所谓的审美效果不仅仅是指刺激所引起的反应，而且是指表现给人的快感的话。但是，亚里士多德喜欢从物理事实谈到它的理想意义，因此，我们这样说大概是接近真理的，从音乐刺激能引起不随意的反应这一事实出发，他同意了柏拉图所坚持的观点，即心理情绪和音乐表现之间有类似的亲缘关系。因此，像我们一眼可以肯定判断的那样，他的确把一个象征要素吸收到他的‘模仿性’再现的学说中来，同时把造型艺术的临摹这一简单情况排除出去”①。

（二）悲剧的功能和道德感

亚里士多德在他的《诗学》中给悲剧下了这样一个定义：“悲剧是一个高贵的和自身完备的情节的再现（直译就是模仿品），具有可以感知的规模，用具有特殊魄力的语言写成，在各个部分采用不同种类的吐发方式，通过表演者而不是利用叙述方法展开，并且依靠（刺激）怜悯和恐惧心理，使那种性质的情绪得到宣泄而缓减下来。”在引述了上述定义后，鲍桑葵提醒人们注意这一定义中的下述几个提法：第一，定义中的“高贵”一词把悲剧所采用的题材同喜剧和讽刺所采用的题材（即各种低级的东西或丑）作了明确的区别；第二，“自身完备”指的是作为悲剧，它的结构要有机统一，要有整体性，即有开头，有结尾，有中局；第三，所谓的要“具有可以感知的规模”，就是指悲剧作为一种美的事物，它要为人所领悟；第四，“用具有特殊魅力的语言写成”是指采用节奏和旋律，“采用不同种类的吐发方式”是指抑扬格的朗诵和合唱曲的区别；第五，“通过表演者……展开”是指把戏剧和叙事诗区别开来，如此等等。这是鲍桑葵对亚里士多德悲剧定义的最基本解释。在谈到悲剧的结构成分时，亚里士多德认为，悲剧应由以下六种成分构成，即情节、性格、思想、言词、形象和歌曲，其中两种是模仿的媒介，一种是模仿的方式，其余三种是模仿的对象。在这六种成分中，亚里士多德比较重视情节、性格和思想，而在这三种成分中，又以情节为之最，因为，情节是全剧的生命，任何一部悲剧，它所再现（模仿）的不是人们的自然形体，而是人们的行为和生活，而行为总是伴随着结果，结果总是有幸和不幸之分，所以，“悲剧的目的就是在于事件和情节”②。因此，当亚里士多德在谈到悲剧的情节结构时，他说：“在最完美的悲剧里，情节结构不应该是简单直截的，而应该是复杂曲折的，并且它所模仿的行为必须是能引起哀怜和恐惧的——这是悲剧模仿的特征。因此，有三种情节结构应该避免：第一，不应让一个好人由福转到祸；第二，也不应让坏人由祸转到福，因为，前一种结构不能引起哀怜和恐惧，第二种结构则丝毫不具备悲剧的性质，它既不能满足我们的道德感，也不能引起哀怜和恐惧；第三，悲剧的结构也不应让一个坏人由福变成祸，因为这虽然满足我们的道德感，却不能引起哀怜和恐惧。”③在亚里士多德看来，悲剧的关键特征就应该是结局必须悲惨，像《奥德赛》中的善有善报、恶有恶报的双重情节是算不得纯正的悲

① 鲍桑葵.美学史[M].张今，译.北京：商务印书馆，1985：95.
② 鲍桑葵.美学史[M].张今，译.北京：商务印书馆，1985：81－82.
③ 亚里士多德，贺拉斯.诗学·诗艺[M].罗念生，杨周翰，译.北京人民文学出版社，1962.

剧结构，因为这种结构所产生的快感只是满足了观众的道德感，却不是悲剧的快感，也达不到悲剧的目的。鲍桑葵指出，亚里士多德"并不想把粗俗的或不健康的情感同悲剧艺术的作用等同起来。快感的确是悲剧的目的，但也只有悲剧给人的快感才是悲剧的目的，而悲剧带来的快感则是一种为悲剧定义中的条件所严格限定的享受"①。这里，我们已经看到，鲍桑葵在有意识阐述亚里士多德悲剧意义上的那种快感，以便把这种由悲剧所产生的快感同别的艺术所致的快感区别开来。他这样做的目的是想进一步阐明古希腊意义上的悲剧特征及其审美功能，从而从事实上来论证古希腊悲剧的存在。因为，在西方美学史上，围绕着悲剧的起源等理论问题，各流派持有不同的观点。他们不仅在对于审美观照、善与恶、道德观、人生观、情绪、好奇心的满足、因果报应等这样一些同悲剧有直接关系的概念上有争论，甚至对悲剧本身也都持有不同的看法。如德国的唯意志论美学家叔本华，从他的虚无主义反现实的立场出发，否定希腊悲剧，认为它没有达到悲剧的理想。鲍桑葵的上述论证本身就是对叔本华错误观点的否定。

在《诗学》中，不少地方谈到由艺术所引起的快感问题，悲剧所致的快感只是其中的一种。鲍桑葵强调悲剧快感同其他艺术所致的快感（如乐音所引起的听觉快感，绘画、雕塑所引起的视觉快感）的区别，实际上是提出了一个在衡量艺术（这里尤指悲剧）时的审美标准问题。一部艺术作品只有使观赏者喜爱，使他们得到审美感官和审美心理上的满足，才称得上是真正的好作品。同样，一部悲剧和一部喜剧，两者都是戏剧，但各自具有不同的审美功能，它们以自己的戏剧特性给观赏者以审美愉快，观赏者也以不同的审美标准去领悟、判断他的审美对象（悲剧或喜剧）的审美价值。因此，从上述意义讲，鲍桑葵在分析亚里士多德的悲剧理论时，显示出了他的这一理论的进步性。至于悲剧与道德净化、美德与快感等问题，鲍桑葵也作了较为详细的论述，由于篇幅上的限制，这里就从略了。

三、对亚历山大理亚和希腊罗马时代文化艺术特征和美学思想的综述

（一）这一时期的文化艺术特征

从亚历山大理亚时代到希腊-罗马时代，西方文化的发展处于一个低潮时期，史学上一般把这一时期称之为"衰颓时期"。这种衰颓的迹象在文学艺术和美学领域也表现得十分充分。鲍桑葵在谈到这一时期时写道："这两个时代占去了一个神秘的过渡时期的一半左右；而在这个过程中，整个欧洲没有产生任何可以同雅典和爱奥尼亚的创造性时期司空见惯的作品媲美的富于个人天才的作品。"②这种状况自然是挺可悲的。但是，尽管如此，这并不等于这个时期没有存在的意义和价值。鲍桑葵认为，在"每一个表面上的衰颓时代中都包孕着后来进步的根源"，亚历山大理亚和罗马时代的情形当然也是如此。在这一时

① 鲍桑葵.美学史[M].张今，译.北京：商务印书馆，1985：89.
② 鲍桑葵.美学史[M].张今，译.北京：商务印书馆，1985：104.

期,“哲学变得缺乏理性的思辨,而比较趋向于物理观念,诗歌比较偏重于描写自然美和表现日常生活,造型艺术也开始转向风景、肖像、解剖研究等方向,而文学批评则树立了历史观点,并且开始对个人风格作细致的区别了”①。因此,鲍桑葵在谈到这一时期的文化特征时指出:“‘衰颓时期’的文化既是比较‘客观性的’,又是比较‘主观性的’,既是比较富于个人主义色彩,然而又对全人类比较敏感,既是比较富于禁欲色彩,然而又比较富于浪漫主义色彩。”②这是“衰颓时期”文化艺术的最大特征。鲍桑葵正是以上述几大特征为论题,对这一时代的文化艺术和美学思想成就做出了评价。

罗马时代的美学家们,多半受亚历山大理亚学派思想的熏陶,崇古风气就是从那时开始的。在罗马时代的美学家们看来,古希腊的艺术成就是前无古人后无来者的人类艺术的最高成就。希腊人所强调的模仿说,也被罗马艺术家所全盘接受。因此,从那时的诗歌、戏剧等作品中,我们能看出模仿和继承希腊的深刻痕迹。这是反映在当时文化艺术作品创作手段上的特点。此外,从这时的作品的内容特点来看,它们普遍充满着浓烈的感伤情调和人情味。这种情形在当时的诗歌(如田园诗)、喜剧中处处可见。就拿提奥克里塔斯(Theocritus)为例,他在田园诗创作方面的成就算是达到了顶峰。他的作品中的人物,大多是些村民百姓,如农夫、渔夫、牧童、牧女等。苏联史学家B.C.塞尔格叶夫在谈到提奥克里塔斯的田园诗时认为,这种田园诗是大城市和宫廷心理的产物,它从一个侧面反映了有人厌弃繁华喧闹的都市生活、厌弃那种充满束缚、充满礼节、排场和阿谀的宫廷气氛的心理(就提奥克里塔斯本人,他自己就曾先后在西西里僭主厄伦的宫廷和埃及王托勒密·菲拉德尔福的宫廷居留过相当长一个时期,因此,他的田园诗在某种意义上就是他自身厌弃宫廷生活、向往田园风情的感情流露)。提奥克里塔斯的田园诗的确以优美、清新的风格吹响了浪漫主义诗篇的前奏,鲍桑葵在评价提奥克里塔斯田园诗的历史价值时说:“所谓伤感或浪漫主义的个人情感的有意识的发扬在提奥克里塔斯的田园诗中得到了依然很朴素而健康的表现……事实上,提奥克里塔斯只不过是处在浪漫主义所需要经历的一个漫长而多事的历程的起点而已。”③鲍桑葵的这个结论是可靠的。就在这位伟大的田园诗人与世长辞之后一百年,第一部真正的爱情罗曼史在罗得岛的阿波罗尼阿斯的《亚尔古英雄历险记》中出现了。

至于这一时期的雕塑和绘画等造型艺术,它们的取材之广,所运用的技术之娴熟,以及传达人类心理活动的精妙是深为后人所钦叹的。例如雅典雕塑家普刺克息忒利(Praxiteles)的《神像》(指赫耳墨斯神,手中抱着酒神狄奥尼索斯)传达出最完美的男性人体。还有为克尼多斯城而作的《美神像》(Aphrodites Chidus),表现出最美妙最理想的少妇形体。在《半人半羊神像》上,洋溢着愉快无忧的生活和接近自然的那种生存的自由和欢乐,等等。然而,对这一时期中的造型艺术和建筑的成就,鲍桑葵没有做系统详尽的论述,因为,这是符合他在著述《美学史》一书时开宗明义明确规定的,他的任务是要写一部审美意识史,而

① 鲍桑葵.美学史[M].张今,译.北京:商务印书馆,1985:106.
② 鲍桑葵.美学史[M].张今,译.北京:商务印书馆,1985:106-107.
③ 鲍桑葵.美学史[M].张今,译.北京:商务印书馆,1985:116.

不是写一部美的艺术史。基于这条原则，故鲍桑葵只是就当时造型艺术和建筑的时代特征作了论证和分析。

首先一个特征是：在当时的造型艺术（绘画和雕塑）中，"寓言"手法尤为流行。如莱锡泊斯的《凯罗斯（机会之神）雕像》和阿帕利斯的《污蔑》（油画）都在不同程度上运用了"寓言"手法。鲍桑葵认为，像《污蔑》这样的作品，人们应该把它"完完全全地看做是寓言"，而且，正是从这些作品中可以看出，"代表美德、和谐、正义之类观念的寓言式的人物构成了希腊-罗马时代雕塑的一个正式分支"①；其次，另一个反映在造型艺术中的显著特征是：国家、城市和人民理想的人格化。尽管这种情形在早期希腊的雅典艺术的繁荣时代见不到先例，但是在这个时候已经占据着重要地位。如莱锡泊斯的学生优蒂采德斯的《安提戈涅命运》中的人物就体现了这种理想的人格化。鲍桑葵指出："在这种艺术中，历史趣味代替了艺术价值。"但是，由于这种艺术是通过理想化的或神格化的肖像来展示主题（如把亚历山大作为宙斯的象征来描写），因此，在某种意义上，它们又重新回到了寓言的领域；第三个特征是，有一种以描写残酷恐怖然而又不属于悲剧性的主题为内容的作品。这种论据在罗得岛学派的雕塑中可以找到。如雕像《垂死的斗士》，就是描写一个高卢人在战斗中行将死亡这种感伤主义主题。这种情形在罗马共和政体行将解体时得到了进一步发展，如帕西特斯学派在创作中"把细腻的感伤主义、矫揉造作的复古主义和解剖学观点三种倾向奇妙地结合起来"这种情形就是例证；第四个特征是，风景画有了一定的发展。在意大利的庞贝城和希尔姑兰城墙的风景画上，可以推断出当时人的审美风格特征。另外，从这些城墙风景画的内容看，普遍不具有地域性特征，因此，鲍桑葵做出了如下的推断：这就是尽管那个时代的艺术家们的那种描绘自然的高超技巧受到近代专家们的赏识和赞扬，但当时艺术家们在创作中的灵感的源泉恐怕主要还是传统性的。

综观西方美学史研究领域，学者们普遍对从亚历山大理亚和希腊-罗马时期的文化艺术持一种轻视态度，其理由就是因为那是一个"衰颓时期"，因此，在研究和著述上得不到足够的重视。就拿克罗齐来说就是如此。他在《作为表现的科学和一般语言学的美学的历史》一书中，从古希腊的美学观念一直讲到近代美学思想，就是只字不提亚历山大理亚和希腊-罗马这一时期。对这一时期持回避态度，并直接进入对中世纪和文艺复兴时期美学观念的论证。而鲍桑葵则不然，他虽然和克罗齐同是属于黑格尔唯心主义美学体系的继承者，但是对待"衰退时期"的态度上却和克罗齐迥然不同。鲍桑葵他怀着一种深情的历史观，不同寻常地对这一时期给予更多的关注和重视，尤其是他对这一时期的一些艺术特点作了重点的分析和研究，例如，他分别对这一时期的哲学和艺术关系以及拉丁喜剧、田园诗、建筑、绘画、雕塑、装饰等艺术特征作了较为详细的叙述。在鲍桑葵看来，任何一个表面上衰颓的时代中都包孕着后来进步的根源，他认为，必须在本书中强调指出这个衰颓时代的积极成就，因为，那个时代的美学思想就是从这些成就中吸取自己的材料的。这

① 鲍桑葵.美学史[M].张今，译.北京：商务印书馆，1985：125.

大概就是鲍桑葵之所以十分重视这一时期各种艺术研究的真实动因。

（二）这一时期的美学思想

古代希腊的美学思想，到了罗马时期，尤其是到了新柏拉图主义者普罗提诺那里已经显露出明显的衰颓。按照鲍桑葵的本意，在对这一时期的美学探讨中，他“所要探讨的不是连续出现的完整的学说，而是只言片语表现出来的‘美学流派’”。因此，他只对斯多噶和伊壁鸠鲁等学派和普罗提诺的美学风格做出论述。

斯多噶学派在美学上的泛神论观点，给后世影响很大。例如希腊哲学家克吕西普斯，就是在受这种观点的影响下提出了“许多动物之所以被大自然创造出来是为了美的缘故”“只有宇宙是完美的，人是不完美的，虽然人身上有某种完美的粒子，它是生来要观照和模仿宇宙的”等论点。鲍桑葵针对上述论点指出，从这些用语不严密的思想中，仿佛听到了基督教神学的某种论调。概括起来说，正因为斯多噶学派持有这样一种信念，即“神意以及对于人和自然之间有一种合理的亲缘关系”，因此，决定了斯多噶学派提不出一个完满的审美表现学说，也无法正确摆对人和自然的关系。这是鲍桑葵对斯多噶派观点的最基本评价。伊壁鸠鲁派就不同了，这一派对于斯多噶派的观点是持反对态度的。鲍桑葵以卢克莱修为例。卢克莱修由于在哲学上坚持一种不以神的干预为转移的自然规律不可违背的思想，所以，反映在美学思想上，认为艺术不是神意的体现，艺术只产生于“需要”，即人的需要。艺术是对自然界的形形色色现象的模仿，艺术不仅使人“愉悦”，而且有其实用价值，例如，艺术也是一种传播知识的手段，等等。此外，在美感的知觉问题上，卢克莱修坚持物理要素论，他认为，锯的刺耳的噪声和人们熟练地弹奏乐器时所产生的乐音，应该归因于锯的物理要素有棱角，乐器的物理要素较平滑。尽管卢克莱修的上述说法缺乏其严整性和科学性，但是，在他的作品中，“到处贯穿着人类不断进步的观念和坚决恪守物理解释的精神，还有对于自然美的丰富感觉（这种感觉可以魔术似地反映在诗歌运动中——他的长诗《物性论》中）。这就使卢克莱修的作品，像我们自己对于必要性中包含的美所产生的感受一样，多少带上几分异彩和神秘意味”①。卢克莱修的理论，足以代表伊壁鸠鲁学派的美学思想特征。鲍桑葵在论述各个时期的美学思想时，比较善于抓住其代表人物的主要美学观点加以阐述和论证。应该说，他的这种著述方式是可取的。

后期的希腊-罗马，涌现出了不少杰出的文艺批评家，这些批评家们由于对修辞学逐步引起了注意，因此，他们对“艺术的目的”也有了比较明确的（较少以前那种带有偏见的）认识，尽管这种认识大部分还不是用美学的方式加以阐述的。这个时期的批评的最大缺陷就是风格千篇一律，缺乏个性特点，缺乏生气和战斗性。如公元3世纪的弗朗托，他的批评似乎就只知道给每个艺术家或诗人贴标签，甚至像西塞罗这样的伟大批评家，尽管他对艺术怀着深沉的挚爱，但对那些伟大的艺术家只给予简单的形式化的评价。然而，尽管如此，这些批评家们还是给后人留下了一些有价值的东西。

---

① 鲍桑葵.美学史[M].张今，译.北京：商务印书馆，1985：135.

西塞罗在哲学上是一个折中主义者，企图折中学园派和斯多噶派等各派学说。要指望这样一个人在美学上创立一个完整的体系自然是很难的，但是，鲍桑葵又看到了此人的另一面，即他的“诚恳的、坦率的、博学的”一面和他所具有的那种“熟悉实际生活的人所特有的直接知觉力”的一面，正是由于这些条件，所以“当他断定希腊人眼中的美是指部分对全体的适当的关系时，我们就可以知道，这一见解已经成为流行的看法了。当他把美的形式同艺术家所摹写的心理形象混为一谈，从而歪曲了柏拉图关于抽象形式学说时，我们就知道，他对待艺术是太认真了，以致把艺术家的心理形象和柏拉图明确地认为艺术家永远也无法领悟和再现的那个最高的客观秩序混为一谈了”①。西塞罗除了对艺术批评持严肃谨慎态度外，他还像别的罗马诗人一样，对自然风景之美有越来越锐敏的感觉，而且，这种锐敏的最大特点是同一种充满情趣的“神意论”结合在一起。在西塞罗的文艺批评中，尽管他还并不懂得美和用途之间的区别，但是有一点可以肯定，这就是他“对意趣和崇高具有感受力了”。另外，西塞罗提出的有两种美的观点，在美学上是很有价值的。西塞罗认为，美有两种：一种是秀美，另一种是威严。他把前者比作女性之美（或曰阴柔之美），把后者比作男性之美（或曰阳刚之美）。的确，在此之前，还没有人能像西塞罗这样将美分成若干类（除了所谓的道德美和智慧美之外）。西塞罗的这种分类步骤显示出了它同恪守纯形式的希腊美学的对立态度。这种分类的价值在于，它给后人对美作更深入的分析铺平了道路。后世人受这种学说影响的不少，朗吉弩斯的“崇高说”从某种意义上说，就是对“威严说”的更深刻的发展，近代的席勒也是如此，他的《秀美与威严》，人们一看书名就知道同西塞罗的两种美学说有某种源流关系。

朗吉弩斯的《论崇高》是于奥古斯都时代以后不久诞生的重要美学论著。“此论著在哲学上的重要性倒不在于它对崇高的性质作了系统的考察，而在于它证明心灵在这方面已经变得敏感起来”。作为一个古典主义者，朗吉弩斯明确地意识到他的《论崇高》的主要任务是论证希腊-罗马古典艺术的伟大、优美和崇高，从而诱导人们去向往希腊-罗马的古典时代精神。分析朗吉弩斯的崇高说，归纳起来可以列出以下几条：(1) 崇高就是那种具有伟大气魄的灵魂的形象；(2) 崇高就是对一切神圣美好事物的渴望和追求；(3) 崇高就是懂得人生存在的价值和意义；(4) 崇高就是在巨大的竞技场上勇敢无畏地竞争和搏斗，为了某一信仰而舍得抛弃（牺牲）一切；(5) 崇高就是要求人们的灵魂（思想）和行为不要卑污下贱，而应该走向光明和神圣。这里，鲍桑葵认为，朗吉弩斯已经在一定程度上认识到了“崇高有赖于心灵作出努力或反应来同气派宏大、力量无穷的气象展开某种竞争。在这种努力或反映中，主体觉得自身肯定有了比通常经历的更深刻的精神力量”②。《朗吉弩斯》一书的作者哈威尔在谈到朗吉弩斯的崇高说时曾经说了这样一句话：“当一个作家采取了某种别的手法的时候，他可以显示出他是一个人。但是，崇高却可以使他升华到接近神的伟大精神的水平。”③在朗吉弩斯崇高说理论中，还有一个值得提及的观点就是对

① 鲍桑葵.美学史[M].张今，译.北京：商务印书馆，1985：137－138.
②③ 鲍桑葵.美学史[M].张今，译.北京：商务印书馆，1985：140.

作品衡量时所采取的一种普遍永恒的标准(或者说绝对标准)学说。他认为,“一部作品只有当它能博得一切时代中的一切人的喜爱时,才算得上真正的崇高。如果在职业、习惯、理想和年龄各方面都不相同的人对于同一部作品异口同声说好,这许多不同方面的意见一致,就有力地证明他们所赞赏的那篇作品确实是好的”。当然,朗吉弩斯的这种绝对标准其实是不可能成立的,他的这种绝对标准说的提出是基于一种普遍的人性论基础。我国朱光潜先生对这一学说的评价是:这种学说既有正确的一面,又有错误的一面,正确的一面是它肯定了标准的客观存在和标准的人民大众性,错误的一面是它没有把历史观和人类认识的差异性考虑进去。《论崇高》一向为西方美学界所重视。鲍桑葵也认为“这部著作不管从哲学上说多么不完备,却给经验在美学的范围内所揭示出的范畴,又增添了一个新的范畴,而关于崇高的理论所以在近代思辨中起着极其重要的作用,大概也应归因于这部著作”①。这是朗吉弩斯《论崇高》的最大美学贡献。它的崇高学说至今仍为人们所重视的原因也正在于此。

普鲁塔克是活跃于公元50年—公元100年左右的一个特殊人物,从其立场观点看,他既对伊壁鸠鲁派持批判态度,又不同斯多噶派合流,他自己也从来没有表白过属于哪一哲学流派。普鲁塔克的美学贡献在于提出了一个比亚里士多德更明确的美学问题,那就是“现实中丑的东西在艺术中能否成为美的东西?”鲍桑葵把上述问题看做是“一个真正的美学问题”,并且认为,普鲁塔克对这个问题所作出的回答也是正确的。按照普鲁塔克的观点,就本质上来说,丑不可能成为美,但是,反映在艺术作品中,如果模仿得酷似原型(丑的原型),同样可以引起审美主体的快感。从这个意义上,反映在艺术作品中的丑的原型可以成为一种理想的令人赞赏的审美对象,这是一层意思。更深一层的意思就是,普鲁塔克意识到了美本身和通过模仿得到的美完全是两码事,这犹如丑的原型同反映在艺术作品中的逼真是两码事一样。人们之所以对艺术作品中的形象予以赞赏,就是因为倾注在艺术作品中的艺术家的创作技巧对观赏者的领悟有一种亲和力。这种关系是使艺术家的作品成为观赏者审美对象的基础,没有这种领悟和没有这种亲和力,审美对象就永远不可能形成和诞生。

普鲁提诺,这位新柏拉图主义的创始人,他在哲学上以更神秘的形式改造了柏拉图的理念论,提出了“流溢说”。他认为万物的泉源是“太一”(希腊文 to hen 的意译)或神秘的精神实体。从这个学派首先“流溢”出理性,再从理性流溢出灵魂,然后,从灵魂流溢出物质世界。人生的目的就是通过直觉同“太一”(亦即至善)重新合而为一。普鲁提诺的学说对中世纪早期基督教父哲学影响很大。在普鲁提诺美学中也浸透了这种哲学观。普鲁提诺生前是处在罗马史上最多灾多难的时期,因此,从这位哲学家的学说中(尤其是美学中)可以看出这个多灾多难时代的社会烙印。罗马的辛酸和多难使罗马的思想家们感到世界似乎毫无希望,唯有另一个世界似乎才可值得献身,这个所谓的“另一个世界”对于基督教徒来说,就是人生的彼岸——天国。对于柏拉图主义者来说,它就是永恒的理念世界,是

① 鲍桑葵.美学史[M].张今,译.北京:商务印书馆,1985:141.

与虚幻的现象世界相对的"真实"世界。普鲁提诺这位与罗马史上最多灾难时期共始终的思想家却"摆脱了现实世界中毁灭与悲惨的景象，转而去观照一个善与美的永恒世界"，在那个世界里去寻找他的希望和慰藉。

下面，我们看看普鲁提诺在美学上是怎样体现他的那种神秘的哲学观的。换一句话，就是普鲁提诺的神秘主义美学究竟包含些什么？

1. 艺术与实在的关系

按照普鲁提诺的观点，凡是实在化的东西，总比理念要欠缺，凡是被创造者也总是比创造者欠缺，即使是对自然事物的看法也是如此。自然界的事物本身就是对另一些东西（即理性、理念）的模仿，而模仿毕竟是模仿，它终究是有缺陷的，而只有理念最完美。同样，一件美的物质的东西是靠了参加神所流溢出来的理性而产生出来的，因此，凡是实在的东西，都是一种"流溢"的东西。这就是普鲁提诺流溢说在艺术理论上的应用。鲍桑葵称普鲁提诺的这一学说是对他的全部观念的高度概括。

2. 审美兴趣的本质

普鲁提诺有一个十分重要的论点，就是灵魂不仅像亚里士多德和普鲁塔克所说的那样，在艺术家的模仿的技巧中找到自身的亲和力，而且在美的物质中找到对自身的亲和力。这种亲和力在于它参加了理性和形式，因此，同美具有共同的外延。美只寓于形式中，而不寓于物质中，而且情形必然是这样，因为只有形式才能为我们所领悟，此外别无他物。这是普鲁提诺关于审美形象的最基本看法。鲍桑葵指出，这种看法同近代席勒对审美形象的看法十分接近，他们都是把对于感官实在的欲望从对美的兴趣中彻底排除了出来。这就是普鲁提诺所要阐明的审美兴趣同实用兴趣（即欲望）的区别。

在普鲁提诺以前，早已有美学家们认为美就是对称，美就是和谐的说法，如前面讲的毕达哥拉斯学派就持这种观点，他们认为身体美是各部分之间的对称和适当的比例。普鲁提诺对这种观点则持否定态度，他反对把美和对称视为一体，他说："美与其说是对称本身，倒不如说是在事物的对称性上面闪耀的光，它的魅力也就在这里。我们为什么要这样说呢？你看，虽然死人的脸庞和活人的脸庞，就物质的对称性来说，还没有变形，然而，活人的脸庞上却闪耀着美的光芒，死人的脸庞上只有一点美的痕迹。还有，比较栩栩如生的雕像，即使没有别的雕像对称，也仍然要比别的雕像更美一些。而且，一个比较丑的活男子也比一个美男子的雕像要更美一些，……其所以如此，则是因为它具有更多的善的性质而已。"这里，普鲁提诺已经涉及审美对象的两个方面，即"生命力"和"表现力"，无论是上面所说的活人或雕像，都具有这种"生命力"和"表现力"。鲍桑葵认为，尽管普鲁提诺的这种见解有其缺陷，但它毕竟是朝着具体的美学理论向前迈进了一大步。

普罗提诺是古代（特指古希腊-罗马时代）伟大哲学家中的最后一个杰出代表。他继承和发展了柏拉图的客观唯心主义美学思想，并且带有浓厚的宗教神秘主义色彩。他的美学思想，尤其是给中世纪的美学和艺术影响极深。圣·奥古斯丁在把柏拉图的体系说成是"一切哲学中的最纯粹最光辉的"体系的同时，又把普鲁提诺说成是"柏拉图的再现"，尽管奥古斯丁的这种评价似乎有点过分，但它毕竟从一个侧面说明了普鲁提诺在整个人类思想史上的重要地位。整个古希腊-罗马美学思想发展到了此时，随着普鲁提诺的逝世而遂告终结。

莫尔——科学社会主义理论的奠基者

（英文版“大师经典文库”之《乌托邦》序言）

托马斯·莫尔（Thomas More，1478 年—1535 年）是英国早期空想社会主义的主要代表，欧洲文艺复兴时期的文学和政治活动家，杰出的人道主义者。1478 年 2 月 7 日生于伦敦一个较为富裕的家庭，用莫尔自己的话来说，它“名声虽然不大，却是一个正直的家庭”。其父约翰·莫尔曾任英国皇家高等刑事法庭法官，甚至还受到了国王爱德华四世的器重，曾获得过贵族爵位。莫尔早年受到过良好的教育，还在孩提时代，他就被送入伦敦的圣安东尼学校。在那里，他几乎熟练地掌握了拉丁文。13 岁那年（1491 年），由于其父的关系，他寄住在坎特伯雷红衣大主教莫顿的家中。莫顿这位具有政治家和大法官等多重身份的博学长者给少年莫尔留下了深刻的印象和愉快的回忆。1492 年，14 岁的莫尔进入牛津大学，继续攻读和深造拉丁文和形式逻辑。在此期间，他大量广泛地研读了古代希腊罗马学者的哲学著作，并深受希腊大哲柏拉图和亚里士多德思想的影响，尤其是柏拉图的《理想国》对其后来思想的发展产生了至关重要的影响。此后，即于 1496 年，他又转而攻读法律，1497 年结识了荷兰人文主义者 D.伊拉斯谟，并在以后的岁月中与其建立了深厚的友谊，1501 年成为正式律师。作为一个公正无私的法官和穷人的庇护者，莫尔受到了公众的敬爱。伊拉斯谟在谈到莫尔在法律界出色的工作和廉洁奉公、为人正直的品格时总是说他不吝啬，也不贪财，任何时候都乐于听取和接受人们的诚挚友好的建议，关心他人的利益比关心自己为重，而且，这些美好的品格一直保持到他当了法官的时候，丝毫未变，在那时，无论谁也没有像莫尔那样审理过这么多的案件，无论谁也没有比他更为光明磊落地处理这些案件，在大多数情况下，莫尔宁可自己蒙受损失，也要降低诉讼人因立案而照例应支付的费用，莫尔的这些高尚品德使他赢得了包括同事在内的人们对他的崇敬。1504 年，26 岁的莫尔当选为英国议会下院议员；1509 年，亨利八世继位后，莫尔历任国家要职；1923 年，当选下院议长；1529 年，莫尔被国王任命为大法官。莫尔在亨利八世刚继位之初，曾对这位新国王寄予厚望，他也曾和许多英国朋友为新国王的继位而激动、兴奋过，欢呼雀跃过，然而，后来的情形却使他们大失所望。莫尔由于对亨利八世的宗教政策提出异议，拒绝承认国王在教会的领袖地位，此外，作为大法官，他对国王的离婚案亦提出了异议，故于 1532 年不得不辞去大法官职务。1534 年，他被诬陷入狱，1535 年 7 月 6 日以“叛国罪”被处以极刑，莫尔因此成了亨利八世心胸褊狭与暴政的牺牲品。就莫尔的死而言，他是不幸的，但就莫尔一生的思想贡献而言，他又是伟大的、不朽的。就在莫尔死后 400 年，1935 年，他重新被世人追谥为圣徒。他的英名又被列入苏联莫斯科红场石碑上的革命英雄名单。英国天主教辩护士 G.K.切斯特顿认为，莫尔堪称英国历史上的伟人。今天，在英国的威斯敏斯特大厦和伦敦塔均有他的纪念碑。

莫尔只活了 57 岁。在他 57 年的生涯中，他无疑为人类的进步做出了不可磨灭的贡献。他的那部未来得及完成的《国王理查三世的历史》(约 1513 年—1518 年）一书，是人们公认的英国编史工作的第一部杰作。1516 年，莫尔的代表作《乌托邦》出版，在这部惊世之作中，作者对当时欧洲各国，尤其是对英国的普遍经济状况和社会环境进行了深刻的分析，对当时这些国家的政治制度和社会制度进行了严厉的批判和控诉，并提出了私有制是一切社会罪恶的根源的观点，指出英国“圈地运动”的后果是出现了一个“羊吃人”的社会。莫尔描绘了一个没有剥削、没有压迫、没有欺诈、没有私有财产和贫富差异的理想社会，并提出了一系列诸如人人劳动、按需分配、助人为乐、人人平等的理想和原则。莫尔的这些空想社会主义的原则和理想为后来科学社会主义的产生和形成提供了基础和条件。下面，我们就莫尔《乌托邦》一书的基本内容和特征对莫尔空想社会主义思想做一简要的叙述。

《乌托邦[1]》一书初版于 1516 年的比利时卢万城，用拉丁文撰写而成。据说，在经过了四个半世纪之多的今天，该书的初版珍本举世共知的仅有五部，其中的一部为苏联的马克思恩格斯列宁学院所珍藏。

莫尔的《乌托邦》以对话的形式，反映了早期无产阶级对资本主义原始积累时期残酷剥削和压榨的强烈抗议，同时描绘了作者的理想社会，对以后社会主义思想的发展有很大的影响。我们有时提到的所谓“乌托邦的社会主义”，其名称的来源即在于此。在莫尔的理想社会中，私有制被废除，劳动产品全归社会所有，公民在政治上一律平等，人人参加劳动，但由于时代和阶级的局限，这个理想的社会是以农业和手工业生产为基础的，而且还有奴隶的存在。在教育上，他主张儿童都应受初等教育，教学都应用本族语进行，并提出劳动教育的主张。在哲学上，莫尔崇尚伊壁鸠鲁的思想，相信人的认识来源于经验，但他往往以唯理论的观点反对经院哲学和宗教迷信，而不完全否定宗教，故在乌托邦中仍有宗教存在。

莫尔的乌托邦思想不是凭空捏造的，它是人类社会历史发展到了一定阶段的必然产物。我们知道，早在莫尔之前很久，尖锐的社会矛盾就已存在，尤其是社会的贫富悬殊和人与人之间的阶级差别以及由之造成的不平等现象，使人类之间的敌对斗争尖锐化、复杂化。因此，通过一种什么样的途径、方式或手段来摆脱这种社会矛盾，消除人类之间的敌对状态和残酷斗争，一直是有识之士和进步思想家们所关注和思考的焦点。正如列宁曾经指出过的那样：“许多世纪以来，甚至几千年来，人类早已幻想过‘立即’消灭所有一切剥削。”①因此，在英国早期的资本主义原始积累时期，莫尔亲眼所见的是农民大批地失去土

① 中共中央马克思恩格斯列宁斯大林著作编译局.列宁全集：第 9 卷[M].北京：人民出版社，1959：431.

地和家园，劳动者由于被残酷地剥夺而变得极度贫困这样一种社会现状。面对着这种社会现状，他开始对“消灭所有一切剥削，建立人人幸福平等”问题的思考就不足为奇了。《乌托邦》一书的写作动因，首先来自当时英国由于资本主义关系而导致的激烈的社会冲突。写作的原料或素材当然也来自组成当时社会现实的各个方面，其中包括政治、经济、社会、文化教育和宗教、道德、法律等；其次，由于受古代希腊哲学家柏拉图《理想国》思想的影响，莫尔早在青年时代就已十分推崇柏拉图的《理想国》，并且常常是废寝忘食地研读它，爱不释手。伊拉斯谟在致乌尔里赫·冯·胡滕的一封信中曾这样说道：莫尔酷爱“柏拉图关于公有制的学说”，并千方百计地捍卫了它。[①] 莫尔早期的传记作家斯塔普莱顿也在其著中论证了柏拉图思想对莫尔思想的影响，他说：莫尔“最喜欢阅读和研究柏拉图以及柏拉图派哲学家的著作，因为，从他们的著作中能够了解到关于国家管理、公民的社会生活以及他们相互关系的许多事情”。[②]我们可以在《乌托邦》中找到柏拉图的《理想国》对莫尔思想影响的痕迹。[③]

莫尔《乌托邦》一书中的空想社会主义思想的展开，主要是从对当时英国社会一经济发展现状的批判入手的。首先，莫尔对英国“羊吃人”的圈地运动作了全面的调查、分析和批判。《乌托邦》中所提供的有关文献资料反映了16世纪的英国在经营农业的方式方面所发生的历史性变化：原先那些对耕种其世袭领地的农民进行剥削的封建领主已不再满足于获得传统的地租。随着市场情况的变化，许多英国封建主开始抛弃原有那种需要劳动力较多而收入较少的土地经营方式，转而经营大规模的牧羊业。正是由于牧羊业的迅速发展，导致了大规模的圈地运动和对农民的掠夺，流离失所、漂泊无定的农民成了大地主暴力的牺牲品，整个社会顿时显得更加混乱、黑暗和残酷。莫尔在书中怀着十分沉痛的心情描绘了把耕地变为大牧场给人民带来的悲惨后果以及大地主圈地者的残暴和不人道，他说：这些贪得无厌的剥夺者们“把可以居住可以耕种的每个角落都弄成荒地，仿佛他们的鸟囿和兽园占地还不够大”。[④] 莫尔爱憎分明，他对那些被无辜剥夺家园而实际是“全部财富的创造者”的农民和手工业者们深表同情，而对那些圈地者怀着深刻的憎恨，把他们斥之为“寄生虫”，一种“馋嘴而且是贪婪的国蠹”，[⑤]他们“破坏地界，用一条篱栅圈起几千亩土地。佃农们从土地上被逐出，他们的财产被用诡计或压制的方式剥夺掉。他们受尽折磨，不得不出卖自己的家业”。[⑥] 由于人们为了生计而被迫出卖自己一切值钱的家业，一旦他们在流浪中钱花尽后，在叫天天不应、呼地地不灵的走投无路的情况下，又不得不走上以诸如抢劫、盗窃为生的犯罪之路，有的甚至因此而受到绞刑等惩处。总之，圈地运动使千千万万的男人和女人走上了悲惨绝望的境地。

当然，圈地运动也并不是造成当时英国普遍灾难性贫困的唯一原因。在《乌托邦》的第一部，莫尔通过杰出人物拉斐尔·希斯拉德之口指出了造成这种普遍灾难性贫困的另外两个原因：一是战争；二是统治者腐败的寄生性生活。

---

①②③ 奥西诺夫斯基.托马斯·莫尔传[M].杨家荣，李兴汉，译.北京：商务印书馆，1984：105.
④ 奥西诺夫斯基.托马斯·莫尔传[M].杨家荣，李兴汉，译.北京：商务印书馆，1984：113.
⑤⑥ 奥西诺夫斯基.托马斯·莫尔传[M].杨家荣，李兴汉，译.北京：商务印书馆，1984：114.

亨利七世和亨利八世统治期间，频繁的、旷日持久的战争不但耗尽国力，而且导致民不聊生。战争造成了千百万少胳膊缺腿的病残者，这些曾经响应国家和国王号召而浴血疆场的人们，由于病残的躯体，再也不能从事正常的劳作，因为健康因素和年龄状况，他们不可能拥有重新学习、掌握新技术、谋求新职业的机会和条件，等待着他们的无疑是贫困、饥饿、衰老和死亡。这些人既是社会和时代的牺牲品，同时又成了社会的包袱和不安定因素。

此外，统治者们腐败和不劳而获的寄生性生活，更是造成社会不平等现象的主要因素。他们对广大老百姓进行敲骨吸髓的重重盘剥，他们的生活穷奢极欲、挥霍无度。极大的社会反差致使一些人过着花天酒地、醉生梦死的生活，另一些人走投无路，铤而走险，沦为流浪汉、乞丐、小偷或强盗（其中自然也有因不平而豁出性命的杀人犯）。《乌托邦》第一部十分深刻地揭示了导致英国社会普遍性贫困的三大原因，切中了社会之时弊。当时英国社会所面临的主要问题就是人与人之间的不平等。那么，如何能消除或摆脱这种不平等呢？这便是莫尔《乌托邦》一书所关注的主题。

《乌托邦》不但对产生（包括普遍性贫困在内的）社会灾难的原因进行了深刻的揭示和分析，同时还指出了种种恶习（如不平等、剥削、对下层劳苦大众血腥立法以及农民和手工业者等劳动大众的赤贫等现象）得以产生的基本根源就是私有制。针对这种私有制统治，莫尔指出，“凡是有私有制，凡是人们用金钱衡量一切的地方就会有这种统治，那么，对国家的管理未必有一天能够是公正和成功的”①，如果有谁面对着这样的统治而承认这样的社会是公正的，那就无异于承认“最坏的人获得一切美好的东西是正确的”，②或者说承认一切财富由极少数人瓜分，其他人同时一贫如洗、饥寒交迫是可取的。③莫尔看到了私有制统治的恶果必然是创造财富的劳动者不能拥有财富，劳动者创造出来的财富必然被私有制的统治者（即“社会上最坏的那部分人”）所攫取。因此，莫尔认为，只有消灭私有制，财富的分配才能公平合理，人们也才有可能过安宁无忧的日子。相反，如果私有制存在，那么，人类的绝大多数人将永遭贫穷和苦难。照这样下去，复兴社会并使它日益完善美好也将是没有任何指望的。这就是莫尔要消灭私有制的基本理由。

莫尔在《乌托邦》的第二部中，着重对他那个消灭了私有制和不平等的理想社会进行了详细、具体、生动的描绘。首先，他想到的是如何治理国家，从而使之有利于公众的社会福利事业。莫尔乌托邦理想社会的基本制度是实行财产公有。国家为了全社会的利益，一些生活必需品由元老院来负责统计和支配。这个社会之所以物质丰富，其原因就是：第一，没有个人财产私有制；第二，人人都必须参加生产劳动，社会上没有游手好闲之徒，每一个人除了从事农业劳动外，还必须要学会一门或多门手艺。这样，劳动，就不再会出现过寄生性生活的人了。参加创造财富的人多了，社会的物质就自然会极大地丰富，在这个基础上，按需分配的原则就可以实现。

由于实行了人人劳动和按需分配的原则，因此，货币的功能也就随之丧失。金钱用不

---

①②③ 奥西诺夫斯基.托马斯·莫尔传[M].杨家荣，李兴汉，译.北京：商务印书馆，1984：119.

着了，人们也就不贪金钱了。莫尔说：在乌托邦取消货币的使用，“这就砍掉了多少烦恼啊！这就铲除了多少罪恶啊！谁不知道，金钱既然取消，欺骗、盗窃、抢劫、吵架、骚乱、喧闹、叛乱、暗杀、变节、放毒等虽然每天受到惩罚却只能施以打击而不能制止的罪行，就不发生了？谁又不知道，恐惧、焦虑、烦恼、辛苦的操作、不眠的通宵也会随着金钱的消失而消失？而且，贫穷的手仅仅由缺乏金钱造成，一旦金钱到处废除，贫穷也就马上减少以至消失了”①。金钱是财产或财富的象征，对金钱的占有就是对财产或财富的拥有。金钱是万恶之源，多少人的苦难和多少人的犯罪以及社会的不安定都与金钱有关。因此，乌托邦社会经济制度的基本特征就是取消金钱制。金钱制的取消从制度上铲除了私有制的基础，从而从根本上割除了一大社会毒瘤。

在《乌托邦》中，莫尔除对未来理想社会的经济制度作了描绘外，他还对未来新国家的社会政治制度作了具体的构想。

乌托邦是一个由诸多城市组成的联邦。这些联邦直接管辖下的城市，其法律和设施均是相同的，首都设在西马乌鲁提城，元老院是国家的主要政治机构，其成员均由各个城市每年选派出来的人员所组成，任期一年。除了元老院外，还有一个民众大会，此乃与元老院并存的国家政治机构。国家政治管理机构的管理方式完全是公开性的，换言之，它是在全民的监督下进行的，因此，带有极高的透明度。其中还规定：共和国的高级行政官员必须从博学多才的学者中挑选。只有由深明事理的哲学家和学者来领导，才能“把粗野、不文明的人民引到那种迄今还优越于几乎所有凡人的生活方式和文明”。② 在乌托邦中，不但国家的官吏富有学识，清正廉明，而且，他们与民众也始终保持一种密切的友好关系。在那里，官员们工作不怠惰，态度不傲慢，丝毫不会有令人望而生畏之感，百姓们因此也乐意把他们视为“父母”，由衷地尊敬他们，爱戴他们。国家官员与人民大众的这种鱼水相依、水乳交融的关系和废除了私有制与特权阶层的人与人之间的平等关系以及民主政治制度的切实实行，使我们当代人似乎真正从中感悟或想象到：在那样一种理想社会中，一个个挺立着的都是不受任何压迫、剥削、欺诈的自由人民和昂首挺胸、掌握了自己命运的真正的主人。

乌托邦人酷爱自由，反对暴政，热爱民主，憎恨专制。他们也希望邻国的人民像他们一样过上幸福安宁的生活。因此，他们也常常应邀派出一些人员去邻国当官员，按照乌托邦的管理模式进行管理。由此可见，乌托邦社会的人们已经具有了那种不仅要使本国人民获得幸福和解放，而且还要让他人或他国人民获得幸福和解放的宽阔胸怀和远大理想。

乌托邦不但是一个官民平等、互尊互爱、亲密无间、共享幸福的民主国家，同时也是一个高度重视法制的国家。乌托邦人深深懂得法制能保护人民大众的利益。法律能使他们幸福安宁地生活，法律能给他们带来人与人之间的种种平等。因此，自觉地学法、守法、用法成了公民的自觉意识和行为。乌托邦的法律并不繁杂，一切法律条文的制订都以普通

① 莫尔.乌托邦[M].戴镏龄，译.北京：商务印书馆，1982：117.
② 莫尔.乌托邦[M].英文版.北京：外语教学与研究出版社，1998：10.

老百姓能看懂为前提。在那里，没有所谓"含混不清"的法律条文，所以，一般的老百姓理解和掌握并不难。在乌托邦人看来，任何公正的法律，都是简单而又明了的。越简单越明了的法律就越为广大人民所学习和掌握，而一个人人懂得法制和人人掌握法律的社会就必定是安宁幸福的社会。由于乌托邦人人都懂法、守法，因此，在那里，律师职业就成为多余的了。

在对外政治和战争问题上，乌托邦人主张国与国之间应该和睦共处，相安无事，不应该发生冲突和战争。乌托邦人崇尚和平，厌恶战争。他们认为，战争是一种极野蛮的行为，没有比通过战争赢得的荣誉更不光彩的了。不过，乌托邦人反对战争，但他们又不怕战争。如果一旦有战争，他们也同样可以在不得已的情况下接受战争的挑战，因此，莫尔说："他们的男女在固定的日子里刻苦地参加军训，锻炼自己，唯恐一旦有需要而他们不能作战，但是他们决不轻易地投入战争。他们出战仅仅是为了保护本国领土，或驱除侵入友邦的敌人，或出于怜悯某个受专制压迫的民族而用武力把他们从暴君的桎梏奴役下解放出来，这是人类的同情心所激起的一种行动。"①由此可见。乌托邦人在对外政策和战争问题上的看法是：主张国与国之间的和睦友好和平等，但如果有战争，他们一是反对，二是不怕。一旦打起仗来，也决不手软。乌托邦人决不首先发动战争，但他们也随时准备给外来入侵者或侵略友邦的敌人以迎头痛击。不过，他们在介入战争时，尽量不让战争在本国进行，即使是在他国进行，也尽量做到不伤害广大人民，决不滥杀平民和无辜。乌托邦人的这种不要战争，不怕战争，为正义而战和为国家、为人类的和平幸福而战、战而胜之的英勇无畏精神，仍是我们今天的人们所应学习的。

莫尔在《乌托邦》中还论及宗教问题。乌托邦人有其自己的意识形态。莫尔认为，国家应该实行宗教宽容，允许每个公民有宗教信仰自由。在乌托邦岛的每个城市，都有各种各样的宗教。一些信奉者都各有自己的崇拜之神，如有人崇拜日神，有人崇拜月神，有的崇拜星辰，有的则将以往历史上某个为人所尊崇或爱戴的圣贤奉为神明。不过，在乌托邦岛上持上述信仰的只是一小部分，而对于绝大多数人或者说对于那些较有见识的人来说，他们不信上述这些神灵，"而只信某个单一的神，这个神是不为人知的，永恒的，巨大无边的，奥妙无穷的，远远超出人类理解的，就其威力说而不是就其形体说是充塞宇宙间的。他们称他为父，把万物的起源、生长、发育、演化、老死都归之于他。只有对他，乌托邦人才加以神的尊称……并且其他所有的乌托邦人尽管信仰不一，却在这点上意见一致，即只有一个至高的神，是全世界的创造者和真主宰，在本国语言中一致称为'密特拉[2]'"。② 无论是一神信仰还是多神信仰，在乌托邦社会中都是不受干涉的。乌托邦人崇尚信仰自由，故即使是对于其教义不为乌托邦人所赞成的基督教来说，他们也还是持"既不阻止别人信从，也不侵犯已经信从的人"的态度，③乌托邦人历来就有一条最古的制度，那就是："任何

① 莫尔.乌托邦[M].戴镏龄，译.北京：商务印书馆，1982：94.
② 莫尔.乌托邦[M].戴镏龄，译.北京：商务印书馆，1982：103.
③ 莫尔.乌托邦[M].戴镏龄，译.北京：商务印书馆，1982：105.

人不能由于自己的信仰而受到责罚。"[①]这也许就是乌托邦人具有高度宗教信仰自由的重要历史原因吧。莫尔的乌托邦的宗教宽容精神与乌托邦的国家政治管理手段是有密切联系的。它是与理性主义精神有关的。在乌托邦国家,只要每个人的宗教信仰是积极的,就允许他持有这种信仰。乌托邦社会中的每一个人都可以不受阻碍地自由信奉适合其特性的宗教。不要小看宗教信仰自由,这里与国家的统治管理水平有着极大的关系。甚至可以说,宗教信仰自由有利于国家的统治。美国的乔·奥·赫茨勒在谈到乌托邦的宗教信仰与社会秩序的关系时这样写道:"乌托邦的每一个人都可以不受阻碍地信仰适合其特性的宗教。理性这个仁政的唯一试金石证明没有别的规定比这更合理了。哪里不强迫人民信仰某种宗教或压制宗教,哪里就不用害怕派别斗争和由此而引起的反社会后果。"[②]宗教宽容使乌托邦公民们按照自己的意志和特性自由地信奉他们心中的尊神。人们在精神上有了理想的寄托,就自然会胸襟开阔,心平气和,社会上就再也不会有不平之人起来反抗或作乱。这样的社会,一定是安宁和祥和的。这样的国家管理是理性的和成功的。乌托邦之所以要主张信仰自由和宗教宽容,其实也是为了国家的长治久安和人民的幸福安康,因此,它既是国家理性管理的重要组成部分,同时也是国家仁政的体现。

关于莫尔《乌托邦》一书中的主要思想,限于篇幅,我们大致就论述到这里。上文讲到,莫尔的乌托邦思想在相当大的程度上受启示于柏拉图的《理想国》,然而,尽管如此,他在许多方面仍与柏拉图不同,甚至可以说是在《理想国》的基础上有了新的否定、修正、演进和发展。例如,柏拉图的《理想国》要求他的统治阶级那部分人的财产和妻室归公,以此作为限制或摒弃个人主义本性、让这些统治者能专心致力于国家治理和公众福利事业的一种积极举措。莫尔与柏拉图不同的是,他不但要废除财产私有制,而且主张必须废除阶级的差别。只有废除了阶级差别,"法律面前人人平等"才有实现的可能。此外,莫尔还在其他诸方面提出了与柏拉图不同的思考。记得著名德国哲学史家文德尔班曾将莫尔的《乌托邦》与柏拉图的《理想国》作了精细的对照和比较,并做了如是评述:"莫尔以现实为对比所描绘的、在乌托邦岛上的完美的社会状况的理想蓝图,其主要轮廓是模拟柏拉图的理想国。然而,这种人本主义的复活带有近代社会主义的色彩,它与原型不同之处在于废除了阶级差异:'据那位古代思想家看来,在他思考现实存在的个人的智力和道德地位的差异之后,他认为阶级似乎是必然的了。'它所效法的与其说是柏拉图的《理想国》,倒不如说是柏拉图的'规律'。莫尔从所有公民在法律面前人人平等的思想出发,为了尔后的发展,进行了典范的抽象工作;莫尔认为一切公民有权参加社团,而柏拉图的理想国则认为这些社团是对统治阶级的要求,把参加社团当做扬弃个人利益的本能的方法。在柏拉图那里,特权阶级应扬弃一切私有财产以便全心全意奉献于全民福利;而在莫尔那里,则要求把废除私有财产当做消除罪恶的最可靠的方法。废除私有财产是基于对公有财产人人有份的平等权利,但是与此同时,这位近代的乌托邦主义者还坚持那位古代哲学家的理想

① 莫尔.乌托邦[M].戴镏龄,译.北京:商务印书馆,1982:105.

② 赫茨勒.乌托邦思想史[M].张兆麟,译.北京:商务印书馆,1990:140.

模型，以致认为对物质利益的绝对平分是所有公民同等享受社会、科学、艺术、精神财富的不可缺少的基础。这位英国大臣比起那位雅典革新家来，思想民主得多，给予个人更大的私人生活的自由：莫尔决不会让全体公民限制在共同的信条和信念上。国家的公共设施就其有效的正常秩序而言基本上是针对外部生活事务的。他认为，要满足社会的物质需要，对于全社会成员，六小时的正常工作日就足够了，剩下的时间每一个人可以自由支配，去做更高尚的工作。在莫尔那里，根据这些规定，产生了出自柏拉图的蓝图、更高级形式的近代社会主义的纲领。”①文德尔班的以上述评揭示了《理想国》与《乌托邦》的源流关系，又阐明了这两者之间的思想之异同，既承认了柏拉图《理想国》的历史地位，又肯定了莫尔《乌托邦》源于《理想国》又高于《理想国》的历史进步意义。

莫尔，作为一名空想社会主义者，比柏拉图这位古代哲人要高明得多。莫尔不愧是一位高瞻远瞩的思想家，他始终站在时代的高度，以其深邃的洞察力，预见到了人类社会发展的美好远景和精神走向。早在16世纪资本主义原始积累时期，作为一个资产阶级学者，莫尔以一种超前的意识预示着人类未来发展的曙光，从而给迷茫的人类以理性的启示。莫尔的乌托邦思想对人类的发展产生了持久而深远的影响。莫尔不仅是一个人道主义者，而且，他更是一位卓越的思想家。他写《乌托邦》，并不是像一般作家那样凭空臆想或从其他作品中寻求资料。相反，他从资本原始积累时期的英国现实社会中发现问题，寻找答案。作者在书中充满着对当时社会中的黑暗面（诸如对农民的残酷剥削，统治者的贪婪、荒淫和寄生性等）的无情揭露和批判，同时对下层劳动人民（尤其是农民）寄予深切的同情。这些都说明作为资产阶级学者的莫尔已经摆脱了资产阶级人道主义的局限。西方有的学者如别克尔、霍勒利斯、布里奇等，他们试图通过对《乌托邦》的诠释，把他与古希腊罗马和中世纪的思想混为一谈，以此阉割莫尔思想最本质的东西——共产主义理想。莫尔在对封建专制国家的政治制度进行无情批判的同时，早已看透了私有制是这种以剥削为特征的专制国家赖以存在的基础，并首次提出要消灭私有制，用一种没有私有制和没有人剥削人的制度来取代资产阶级制度。然而，由于历史的局限，莫尔这种空想共产主义者在提出这个理论之后，却无力去解决它。这正如恩格斯所说的，这种“不成熟的理论，是和不成熟的资本主义生产状况、不成熟的阶级状况相适应的。解决社会问题的办法还隐藏在不发达的经济关系中。”②莫尔的最大历史功绩就在于他深刻地批判了当时业已产生的资产阶级制度，这正如列宁所指出的：“当农奴制度被推翻而‘自由’资本主义社会出现的时候，立刻就暴露出一件事实，即这种自由意味着压迫和剥削劳动者的一种新制度。于是反映这种压迫并且表示反对这种压迫的各种社会主义学说就立刻产生了。”③正是列宁所说的这种早期社会主义学说为科学社会主义理论的创立奠定了基础和条件。莫尔，作为空想共产主义的创始人，他的学说和集中体现这一学说的《乌托邦》理应受到我们今人的

---

① 文德尔班.哲学史教程：下卷[M].罗达仁，译.北京：商务印书馆，1993：588.

② 恩格斯.反杜林论[M]//中共中央马克思恩格斯列宁斯大林著作编译局.马克思恩格斯选集：第3卷.北京：人民出版社，1972：298.

③ 中共中央马克思恩格斯列宁斯大林著作编译局.列宁全集：第19卷[M].北京：人民出版社，1959：7.

重视和厚爱，同时，我们也理应予以充分肯定和高度评价。

注释

1 “乌托邦”一词由希腊文的“否”和“地方”这两个词义所构成，意即“虚无之乡”。后来这个词成了通用词。莫尔《乌托邦》一书的书名最初是 Nusqama（由拉丁文 nusquan，意即“无处”一词而来）。“乌托邦”这个标题最初出现在 1516 年 11 月 12 日给伊拉斯谟的信中。

2 密特拉，即古代波斯的太阳神。

培根——将毕生精力贡献给科学的人

（英文版“大师经典文库”之《培根论说文集》序言）

弗兰西斯·培根（Francis Bacon，1561 年—1626 年）是 17 世纪英国的著名思想家、政治家和经验主义哲学家，同时又是实验科学的前驱者，出身于伦敦一个新贵族家庭，其父尼可拉斯·培根爵士是伊丽莎白女王的掌玺大臣。因而，培根是在一种充满着政治国事氛围的家庭环境中成长起来的，这无疑对他的一生影响极大。培根 12 岁（1573 年）进入剑桥大学三一学院读书，在校期间，对当时被教会奉为经典的经院哲学深为不满，认为它流于空论，对人生无实际效益。1576 年受命赴巴黎，出任英国驻法国大使随员，1579 年因丧父回国，后于 1582 年转而从事律师工作，并当选为国会议员，1596 年被女王聘为特别法律顾问，1607 年任副检察长，六年后，晋升为总检察长，1617 年转任掌玺大臣，1618 年被加封为大法官兼上议院议长。培根一生曾多次接受王室的封号，1603 年受封为爵士，1618 年受封为维露廉男爵，1620 年受封为圣阿尔班子爵。1621 年因被控受贿（培根本人对此亦供认不讳）而被免去官职，另被判处罚金四万镑，监禁于伦敦塔中，期限随国王的旨意而定，终生逐出朝廷，不准再任官职。不过，这个判决实际只执行了一小部分，也没有强令其缴付罚款。培根本人在伦敦塔内只被监禁了四天。由于被免官革职，重进官场无望，故转而从事学术研究和撰述著作，聊度余年。5 年后（即 1626 年），培根因在一次关于雪的防腐作用的野外试验中遭受风寒而病逝，终年 65 岁。

在培根 65 年的一生中，尽管他大半时间混迹于官场，但他与许多官僚政客不同的是，他始终矢志于推进人类知识与文明的发展。培根的一生著述颇丰，且涉及的领域广泛，其中包括政治，经济、哲学、历史、法律、宗教、艺术、教育、科学、婚姻与道德、社交与休闲、民风与习俗等，1597 年《培根论说文集》问世，这是一本关于政治伦理道德艺术论等方面的文集，出版后，在当时产生了不小的影响，并又分别于 1612、1625 年两次增订再版。培根企图将全部的科学、技术和人类的一切知识进行全面的改造和重建，故而他倾全力撰述鸿篇巨制《伟大的复兴》，尽管此项工程未能全部完成[只完成了第一、第二两部，即《学术的进展》（1625 年）和《新工具》（1620 年）]，但它对西方乃至整个人类思想产生了巨大而又深远的影响。除此之外，培根还撰述了专门研究古代文化的学术论著《论古人的智慧》（1609 年），此书通过古代希腊神话表述了培根对政治、科学和哲学等问题的见解。此外，法律和历史方面的著作有《亨利第七朝史》（1622 年），幻想游记方面的有《新大西岛》（1626

年)等。

培根,作为人类思想史上的一个重要人物,作为一个伟大的思想家,他具有一种与众不同的历史地位。当人们对培根进行全面思考时,便会自然而然地提出这样的问题:培根一生,写过重要的哲学著作,但在他的哲学著作中,关注的并非那些为人们所公认的纯哲学问题,因此,也有一些人就此认为,培根难以望近代哲学史上一流的哲学家项背,还有人认为,培根尽管对科学研究有执著的追求,甚至可以说,他几乎把毕生的精力贡献给了科学研究事业,然而,他终究算不上真正意义上的科学家。再拿教育来说,培根一生从未当过教员,他也没有从事过任何真正的教育实践,然而,西方的一些教育家们却认为"他对教育思想所产生的影响比任何或全部教育家的影响更大"[①]培根没有专门的经济学著作,然而,令人不可思议的是,他的大名却常常出现在经济思想史一类的著作中。此外,培根没有专门的美学专著,但美学史家们屡屡在其史著中怀着由衷的敬仰之情予以歌颂和礼赞,如此等等。这种学术研究史上的种种奇特现象说明了什么?的确,无论是纵向地或者是横向地看培根,我们认为,在任何一个具体的学术领域,人们都很难说培根是第一流的人物,然而,就人类文明发展的整个历史长河而言,培根乃是当之无愧的第一流的思想家。早在19世纪的德国,古典哲学的集大成者黑格尔就对培根作了如是评说:尽管此人不喜欢抽象的推理,但他终究是经验主义的奠基人。[②] 英国现代分析哲学家罗素在谈到培根哲学的历史功绩和地位时,一方面承认他的哲学有许多不尽人意或不够完善的地方,但另一方面又认为,不管怎么说,就其哲学的价值而言,培根"仍旧占有永远不倒的地位"。[③]无论是19世纪的德国哲学家黑格尔,还是20世纪的现代英国大哲罗素,他们都从不同的角度看到了培根思想的特征和价值。

培根思想的最大贡献莫过于科学和哲学方面,就其思想的价值和历史地位而言,革命导师马克思对之曾作过精确的评价,称他是"英国唯物主义和整个现代实验科学的真正始祖"。[④] 培根反对经院哲学和唯心主义,提出"假象"说,认为经院哲学使人与自然隔绝,束缚于教条和权威之下,不能获得真正的知识。他主张打破"假象",消除各种幻想和偏见,他还主张"双重真理说",强调发展自然科学的重要性,提出知识就是力量,认为掌握知识的目的是认识自然,以便征服自然。他指出,自然界不是精神,而是物质的东西,而这物质是多种多样的,能动的,具有内在的力量和强力,一切知识都来源于感觉,感觉才是唯一真实可靠的。科学在整理感性材料时,用的是归纳、分析、比较、观察和实验的理性方法等。培根思想的进步性反映了英国资产阶级上升时期对发展科学的合理要求,但其学说中也犹如马克思所指出的那样,充满了"神学的不彻底性",如认为有不死的"理性灵魂"的存在。在教育方面,他强调学校应该传授百科全书式的知识,在美学方面,培根从其科学的实践观点和。归纳方法出发,将美学由玄学思辨的领域转到科学的领域,从而使由他的思

---

① 博伊德,等.西方教育史[M].任宝训,译.北京:人民教育出版社,1965:233.
② 黑格尔.哲学史讲演录:第4卷[M].贺麟,王太庆,译.北京:商务印书馆,1983:31.
③ 罗素.西方哲学史:下卷[M].马元德,译.北京:商务印书馆,1976:61.
④ 中共中央马克思恩格斯列宁斯大林著作编译局.马克思恩格斯全集:第2卷[M].北京:人民出版社,1957:163.

想发展出来的英国经验派美学朝着科学的方向前进。下面,我们就沿着上述培根思想的轨迹作一概述。

综观培根的整个哲学思想,我们认为,知识论始终是其核心。培根一直把改造人类的知识、实现科学的"伟大的复兴"、建立一个能促进生产发展和技术进步的新哲学当做自己理论活动的目的。培根对人类的心智能力始终是寄予信心和厚望的。他看到了人的智慧和认识能力所蕴含的巨大力量和价值,认为只要人们认识到自己的这种力量,并将这种力量付诸实践性的尝试,那么,人类将会获得更多更有价值的东西。就拿人和自然的关系来说,一方面,人是自然的仆役,人在自然面前必须服从其规律,遵循其法则,另一方面,人可以发现和掌握自然的规律,找到自然的法则,人在发现自然、认识自然的过程中,逐步地可以征服自然,改造自然,驾驭自然,成为自然的主人。培根在人与自然的关系问题上,已经悟到两者之间的辩证关系,即一方面自然法则不可违背,另一方面,人对自然的认识是人征服、改造、驾驭自然的前提条件。由此,培根得出结论认为:人要命令自然,就要服从自然,而人类命令、驾驭、征服自然的力量源泉在于对自然规律或自然法则的认识,而知识就是对规律或法则的认识。在培根之前不久由意大利航海家哥伦布完成的地理大发现给他以深刻的印象和启示。培根认为,中国印刷术、火药和指南针的发现和发明"改变了全世界的整个面貌和事态",尤其使培根感到欣喜和鼓舞的是哥伦布的地理大发现和伽利略用天文望远镜所揭示的宇宙新景象,因为,这是人类用其新的知识力量发现的征服自然的最好标志和典范。当代英国著名学者、伦敦大学教授亚·沃尔夫在谈到上述科学启示时这样写道:"培根还想亲自作出实用的发明,并发现一个新世界,至少是一个'新的理智的世界'。为此,他提议找出当代学者的缺陷,详细制订关于协同研究的新方法的计划,这些新方法能够导致真正的知识和实用的结果。他为履行这个计划所做的主要贡献包括在他的《学术的进展》(Advancement of Learning)、《新工具》(Novum Organum)和《新大西岛》(New Atlantis)之中。值得指出的是,这些著作中最重要的一部《新工具》的扉页上是一幅图,一艘张满帆的船驶过旧世界的尽头'海格立斯柱'而进入大西洋去探寻新世界。培根显然志在成为'新的理智世界的'哥伦布。"[①]的确,沃尔夫的上述论断是对培根作为思想家的恰如其分的评价。培根的一生,犹如哥伦布一样,在人类知识的海洋上勇敢地探险,为了寻找一个"新的理智世界",他付出的实在是太多了。

培根重视科学知识,倡导科学探索,并不是为了科学本身,而是为了利用科学知识,并把它作为一种为人类谋求福利的有效手段(或工具)。培根深知,在他那个时代(16—17世纪),广大的人民还生活在粗野而又悲惨的境况中,迫切需要某种力量去解救。生活在贫困线上的饥寒交迫的人们,由于他们在现世中得不到幸福、舒适和快慰,故自然而然地对现实产生绝望,而把渴望过幸福生活的理想寄予来世或彼岸。在贫困的人群中,人们普遍乞求神灵、魔法和占星术,加之传统上对奇迹的迷信和流行的神秘的泛灵论的自然观助长了对占星术、魔法和巫术的信仰,因此,即便是像卜勒刻这样的伟大天文学家,也免不了

① 沃尔夫.十六、十七世纪科学、技术和哲学史[M].周昌忠,译.北京:商务印书馆,1985:708.

是个神秘主义者和占星士。培根面对这种实际生活中的现象，他坚持认为，驾驭自然的唯一途径是利用科学知识而不是巫术的或占星术的仪式。神秘主义的操作(这里主要是指巫术或占星术等)不可能制服自然现象。对于自然现象，人们应予以研究、遵守、服从。只有理解它们的特征和规律，它们才有可能被用来造福于人类。由此可见，培根关于"对自然的知识"的思想是服从于实践目的的，并且他一直为实现这一实践目的而不懈地努力。在培根看来，一切人类知识的最后的也是唯一的任务就是利用人类对世界的认识来征服全世界。培根提出了"知识就是力量"的著名论断。在他看来，知识不但就是力量，而且是唯一持久的力量。德国哲学史家文德尔班就此指出："如果说魔术利用奇异的艺技力图主宰自然，那么，此种盲目的企图在培根那里变得明朗起来，并得到了这样的认识：人类之所以能支配事物，只是由于对事物的真正本质作过理智的调查研究。人只有服从'自然'才能统治'自然'。因此，对他说来，解释自然只不过是人类理智克服自然的手段。"①人类理智水平如何，取决于人类的知识程度。那么，人类又如何能够获得真正的而且又富有成果的知识呢？换言之，人类是通过什么方式或手段获得征服自然的知识的呢？对此，培根做出了如是回答，即摆脱成见和采取正确的探索方法。关于摆脱成见，培根坚持认为，一切科学知识都必须从不带偏见的观察开始。然而，在实践中要真正做到这一点是十分不易的，因为，人的心灵犹如一面魔镜，它反映某种虚假的或失真的映像，这种虚假的或失真的映像是由于某种缠绕于人的心灵的成见或"假象"所致。培根将这些假象分别称之为"种族假象""洞穴假象""市场假象"和"剧场假象"，并对这四种假象分别作了分析和批判(关于这四种"假象"，下文将另有细述)。关于采取正确的探索方法，这是培根强调的又一要点，因为它是获得科学知识所必需的基本条件。在这一点上，培根主张应该把经验主义和理性主义、仔细的观察和正确的推理结合起来，并且，他用一种比喻的方式生动形象地把单纯的经验主义者比作蚂蚁，把单纯的理性主义者比作蜘蛛，认为经验主义者(或曰实验家)之所以像蚂蚁，是因为他们只知道采集和利用，理性主义者(或曰推理家)之所以像蜘蛛，是因为他们只知用自己的物质编织蜘蛛网，唯独科学家不但像蚂蚁那样会采集原料，而且用自己的力量来变革和处理这些原料。因此，培根认为，科学家是知识的象征，力量的象征。科学家之所以为科学家，就是因为他掌握了科学。要促进科学的发展，必须要有正确的理论和方法指导，因而培根着重研究了认识论和方法论的问题。正是这些研究，使培根成为近代经验主义认识论的创始人和科学归纳法的奠基者。

培根的经验主义认识论是在反对经院哲学的斗争中确立起来的。培根认为，一切观念和知识都起源于感觉经验，经验乃是一切知识的源泉，人们若要想获得真正的知识，就必须把认识建立在经验及其科学实验的基础上。相反，经院哲学脱离实际，玩弄概念，崇尚空谈。经院哲学家的玄学思辨不解决任何实际问题，它犹如蜘蛛那样，只会从自己腹中吐出丝来织网，而真正的哲学家就应该像蜜蜂那样，从各种花蕊中采得甜汁，然后通过自己的消化，把它转化为蜜。这也就是说，哲学家不应从概念出发，而应从感性经验出发。然

① 文德尔班.哲学史教程：下卷[M].罗达仁，译.北京：商务印书馆，1993：503.

而，培根同时也承认，纯粹地凭感性也不行，因为人的感官往往是带有欺骗性的。在人们的头脑中，往往带有不同程度的种种迷信思想或偏见，所以将这些迷信或偏见归纳起来，培根提出了著名的四种"假象"(idole)说，这就是上文提及的"种族假象"(idola tribus)、"洞穴假象"(idola specus)、"市场假象"(idola fori)和"剧场假象"(idola theatri)。培根认为，所谓的"种族假象"是指整个种族(或人类)所共有的成见，例如，它倾向于只看到并相信为人们所赞同的东西，在万物中看到一种目的，用拟人的方法解释一切，使自己成为衡量外在世界的尺度，盲目地保留由印象所引起的思维模式；"洞穴假象"就是指每个个体的人被他的天性和生活环境禁锢于他的"洞穴"之中，从而产生一种偏爱等特有的个人成见。培根以与他同时代的吉尔伯特博士为例，此人"在极其勤奋地从事磁石的研究和观察之后，立刻就着手按照他所偏爱的这个问题构造一个完整的哲学体系"；①"市场假象"，这类错误主要来自人与人之间的互相交流，尤其是语言交流。因为人们往往用语言或语词代替概念。例如，人们一般都倾向于认为，同他们所使用的一切名称相对应的事物是存在的，例如机遇、命运、巫术等，也倾向于忽略一个语词的字面意义和隐喻意义的差别(例如有限与无限在应用于物理和非物理客体时的那种情况)。培根把这些情形归因于这样的事实："学者们激烈而严肃的争执往往终止于围绕着词和名称的论争"；②"剧场假象"则是指人们轻信历史上的理论而又不经过自己独立思索和判断、人云亦云的虚妄观念，它是特别忠于特定的哲学、神学体系的产物。培根认为，"一切公认的'哲学'体系都只不过是许多舞台上的戏剧，按照一种不真实的布景方式来表现它们自己所创造的世界罢了。"③亚里士多德、毕达哥拉斯，还有那些近代人，"他们试图根据《创世记》前几章或《约伯记》和圣书的其他部分来建立一种自然哲学体系。"④培根之所以要详细论述以上四种假象，旨在阐明这四种存在于人们头脑中的由来已久的假象是人们正确认识自然的大敌，是科学(发展)的大敌。培根正是通过对上述四种假象的剖析，抨击经院哲学只知道玩弄词句，搞概念游戏，抨击腐朽权威的统治，抨击经院哲学所鼓吹的神人同性学说，从而提出要亲自检验事物本身，不要人云亦云，要不带任何偏见地去接受现实。总之，他要求科学家和一切与科学有关的人们，如果要想获得使人类驾驭物质世界的知识，从而进入建基于科学之上的王国，那么，他就必须从其心灵中清除所有上述四种"假象"。

在崇尚科学的道路上，培根不但对四种"假象"作了分析批判，同时，他还对亚里士多德的逻辑三段论予以根本性的否定。培根否定亚里士多德逻辑三段论的主要理由是：它由命题所组成，命题是由语词所组成，而语词则代表概念。如果概念混乱，即是由粗率的事物抽绎而成(实际情形正是这样)，那么，整个上层建筑就不牢固。三段论中的概念、原则和公理都建立在模糊和错误的经验基础上，这其实是对经验的轻率概括。因此，它不能发现科学原理，旧的归纳法(即简单枚举法)得不出可靠的结论。培根认为，必须要清除科学之路上的种种障碍，制订出认识自然的新工具和新方法。在《新工具》一书中，培根提出要建立一种新的逻辑体系，这个新的逻辑体系就是区别于亚里士多德逻辑三段论的"归纳

---

①②③④　沃尔夫.十六、十七世纪科学、技术和哲学史[M].周昌忠，译.北京：商务印书馆，1985：711.

法”。他认为,唯有归纳法才是处理事实的最正确的方法。人们在对自己的观察和探究中,他们借助于归纳法就有可能获得一般的认识(或公理),从而可以最后达到据此解释其他现象的目的。培根强调观察和实验,不主张那种从经验材料直接飞跃到最普遍公理的认识方法。在培根看来,从感性上升到理性的过程不是一个跳跃式的突变过程,而是呈逐渐递升的过程。这是培根归纳法的一个基本原则。这一原则是对当时自然科学中的实验分析方法的总结,它对当时自然科学的发展起了很大的推动作用。同时,它在反对经院哲学的空洞烦琐的演绎推理方面亦起了积极的作用。但是,培根片面地夸大归纳法,贬低演绎法,不理解分析与综合的辩证关系,便形成了形而上学的思维方式。

作为唯物主义哲学家,培根在对世界的看法上始终坚持其唯物主义的自然观。例如,他认为世界是物质的,在自然界中,真实存在的是无数个体事物,构成物体的最基本成分是“简单性质”,这些性质的数目很多,然而都是有限不变的。一切事物中都存在着“形式”,即“潜伏的结构”和“潜伏的过程”(或曰“事物内部的规律”)。形式和简单结构的关系是本质和现象、原因和结果的关系。培根不主张把物质视为抽象的东西,相反,他认为,运动是物质自身所固有的特征。运动是绝对的,静止是相对的。静止是由物质运动的均衡或由物质运动的绝对优势所引起的。在物体表面的静止中,物体内部的物质分子仍在不停地运动着。培根还强调指出物质的无限性和永久存在性,物质并不是由什么东西产生而被什么东西所消灭,没有什么东西比物质更原始的了。物质是原因之原因。因此,培根主张,无论是研究物质也好,还是研究自然规律也好,都必须要研究其“简单的性质”,从中去发现它的“形式”,人们一旦发现了形式,在思想方面能得到真理,在实践方面就能得到自由。当然,人们在研究物质时,最关键的是要抓住物质的“运动”性质,因为运动乃是物质的第一重要的特性。

从培根的唯物主义自然观中,我们可以看到,其中不乏辩证的思想因素,它与后来的机械唯物主义有很大的不同。不过,由于时代和阶级的局限,培根的唯物主义也是不彻底的,例如他把上帝说成是万物的最高主宰,承认“双重真理”,从而表现出他对神学批判的不彻底性。

培根除了对科学、哲学的贡献外,我们在这里再值得书上一笔的是他在美学上的贡献。培根一生,尽管他把主要精力用在“科学的复兴”上,但对美学问题也曾给予了相当的关注。培根本人虽然没有撰写过专门的美学论著,但在《培根论说文集》的58篇论说文中,一篇《论美》文章,深刻地表达了培根对美的精深见解,加之还有其他几篇文章,如《论建筑》《论花园》《论宫剧与盛会》和《论礼节与仪容》等,都从各个不同的角度折射出培根的美学思想。因此,如果一部美学思想史竟然不提及培根,这不能不说是该著的一种缺憾。值得指出的是,培根的经验主义哲学观点,对其美学思想产生了很大的影响。在培根的诸多美学观点中,最重要的一点是:他认为“美的精华在于文雅的动作”。在《论美》中,培根这样写道:“在美方面,相貌的美高于色泽的美,而秀雅合适的动作美又高于相貌的美。这是美的精华,是绘画所表现不出来的,对生命的第一眼印象也是如此,没有哪一种高度的美不在比例上出现几分奇特。很难断定在亚帕利斯[1]和杜勒[2]两位画家之中的哪一位比较肤浅，杜勒要按照几何比例去画人像，而亚帕利斯却从许多面孔中选择最好的部分去画一个最美的面孔。我并非说这两种画像不能叫任何人满意，除掉画家自己。我并非说画家不应该把面孔画得比实际的更美，我只是说他在画的时候，应该凭一种得心应手的轻巧（就像音乐家奏出一个优美的曲调那样），而不是凭死规矩。我们常看到一些面孔，就其中各部分孤立地看，看不出丝毫的优点，但是就整体看，它们都显得很美，如果美的精华在于高雅的动作这句话不错，老年人比青年人往往美得多这个事实就当然不足为奇了。拉丁谚语说得好：'秋天的美才是真正的美。'因为只有带着宽容的意味，并且承认青年人的美是由于他们年轻，才可以说青年人美。美就像夏天的果子，容易烂，留不住。就大多数情形来说，青年人美，就容易放荡，到老来，就失去恩宠，但是另一方面，如果美碰巧落在一个正当的人身上，也就一定会使他的德行放射出光辉，使他的罪过引起面孔上羞惭的红晕。"[①]从培根的上述论断中，我们看到，他重视对人的美的研究，而人的美无疑包含着两个方面的内容：一是人的形体相貌（外在）的美，二是人的精神品格（内在）的美。前者是指人的物质美范畴，后者则是指人的精神美范畴。突出重视和研究人（包括人体）的美，这是自文艺复兴以来的一大时代特征。无论是思想家还是艺术家们都普遍相信人的智慧和力量，要求一切以人为本。美的东西也只有在人那里得到最完满的体现。如果我们说：一幢建筑很美，一片彩霞很美，一座山峰很美，这种人为之美或自然之美，都只是一种纯粹的物质性美，因为无论是建筑物，还是彩霞和山峰，它们都是无生命、无灵魂的东西，而人则不同，他除了由物质构成的躯体外，还包含有思想和灵魂（或曰精神）。因此，任何人的美都有其内在美和外在美（即精神美和物质美）的双重衡量尺度。一个外在很美而道德品格不好或知识欠缺或举止粗卑的人，就很难说他是美的。这里，精神的因素起了很大的作用。这正如黑格尔所言的那样："人的躯体不是一种单纯的自然存在，而是在形状和构造上既表示它是精神的感性的自然存在，又表现出一种更高的内在生活，因此就不同于动物的躯体，尽管它和动物的躯体大体上很一致。"[②]因此，培根认为，在一个人的身体上，很难做到既有外在美，又具内在美。有些科学家或具有高超技艺的人尽管他们的长相挺美，但缺乏远大的志向，不注重道德修养，这样的人是称不起美的。当然，这也不是绝对的，培根认为，品貌双全的美人也是有的，但毕竟不具有普遍性。培根关于人的美的论点，其主旨是强调人的内在精神之美，与人的外在美相比，内在之美才是真正的美的精华。人体的外貌之美犹如夏日的水果，随着时间的推延而终究要"衰退"，而唯独精神美可以永葆青春、永垂不衰。由此，培根提出了青年人和老年人各有不同之美的审美标准，老年人可以由于丰富的知识和高深的修养等因素而给人一种德高望重的成熟之美，真可谓越老越美越可爱。培根美学思想的最高境界是美德与美貌的和谐结合。除了关于人的美的论点外，培根在其《培根论说文集》中还就造型艺术、诗歌艺术和宫廷戏剧等提出了自己的独特看法。对于培根的美学贡献，我们也应该从他的科学观点和科学方法角度去认识。正是由于培

---

① 培根.论美[M]//北京大学哲学系美学教研室.西文美学家论美和美感.北京：商务印书馆，1961：77－78.

② 黑格尔.美学：第3卷（上册）[M].朱光潜，译.北京：商务印书馆，1979：126－127.

根奠定了科学实践观点和归纳方法的基础，才使其美学有可能从玄学思辨的领域转到科学的领域。应该看到，培根的美学思想对英国经验派美学产生了巨大而又深远的影响。

关于培根的生平、成就、学术思想及其历史地位，暂且叙述到这里，至于《培根论说文集》一书，鉴于奥利芬特·斯韦顿先生为该书写了一篇世所公认的定评性绪论，故本文就不再对此详作细论了。不过，尽管如此，我仍有必要就此书的有关问题向读者作以下叙述：

第一，《培根论说文集》共收论文58篇。就这些论文所涉的内容而言，概括起来可分为三类，即人与世界及人群的关系；人与自身的关系；人与上帝的关系。这些文章不仅对创立英国文学新风起了重大作用，而且对近代唯物主义哲学及科学的思想方法也有很大的影响。

第二，《培根论说文集》不是一部一气呵成的著作，而是一部经作者多年反复锤炼、推敲、修改而成的精工之作。凡是细细阅读过该书的人，都不难看出，它是作者自己的经历之谈，是培根毕生的经验总结。从那58篇论文的字里行间，人们可以看出作者的智慧和独具匠心。用斯韦顿先生的话来说："凡是细心研究过他的这些文章的人，没有一个不发现它们是作者自己的经验之结果，而经过他的奇妙的心智所陶冶锻炼过的。没有一篇文章里面不包含着一两句话，把那篇文章的主旨或结论与作者的生平关联起来。这种关联有时微妙不显，有时却很明显。培根的《论说文集》可说是少数的'世界书'的一部，这种书不是为一国而作，乃是为万国而作的，不是为一个时代，而是为一切时代的。在这本书里，极高的智力与变化无穷的兴趣和同情心合而为一了，所以，世人之中，无论什么样的类型或脾气，都可以在这部书里找到一点与他有联系的东西。在培根的时代，颇有几本专门描写刻画英国人的性格、地方人士和习俗的书……培根要写这样的书是很容易的。但是，假如他真的这样写了，那就只有英国人能充分领略书中的精神和情绪了。而现在培根的《论说文集》的影响可说是仅为世界的四极所限，因为既然大家都能懂，自然无人不能享受了。"[①]总之，文字精练、内容丰富、贴近生活、雅俗共赏是《培根论说文集》的一大特点。

第三，《培根论说文集》的成书过程大致经历了三个阶段，这三个阶段的标志分别为：1597年、1612年和1625年出版的三个不同版本。第一版出版于1597年，当时只有10篇文章，也许是由于显得太单薄了，故又增补了一篇《宗教默想》(Religious Meditations)。到了1612年出版时，已由原来的10篇增加到38篇。而且原先的10篇文章也多半作了较大的修改，甚至有的篇章几乎是重新撰写的。从那时起到培根逝世时止的那一版，即末版，共收文章58篇。自第一版成书后，作者前后28年一直将此书随时携带于身，不断地加以增删、修改，故此书随着培根个人阅历的丰富和知识的增长而不断地得以修改、充实和完善，如该文集中的《论请托》《论党派》《论友谊》等文章，各个不同的版本都有重大的修改。由此可见作者对此书的用心之良苦。

第四，综观《培根论说文集》中的58篇论文，涉及人生世事的方方面面，几乎人们在日

---

① 培根.培根论说文集[M].水天同，译.北京：商务印书馆，1958：5.

常生活中所遇到的，其中也都有所论及。看看那些《论真理》《论死亡》《论高位》《论嫉妒》《论恋爱》《论迷信》《论野心》《论虚荣》等文章，我们不难看到，作者一生始终希冀用知识的眼光和经验主义的认识论去思考人生，探究世界。尽管他的思想观点由于受历史的局限而难免在我们今人看来失之偏颇，但这不应该成为影响我们对培根做出客观评价的理由。当然，要对培根这样的思想家作评价的确不是一件容易的事，还是韦斯顿先生说得好："就智力方面说，培根是伟大的；就道德方面说，他是很弱的。他的人格是多方面的，他的天才不限于一隅。他是法学家、政客、科学家、哲学家、历史学家，又是散文作家。对于这样繁复的性格与才能要下一个总评是很难的。"①斯韦顿先生的上述论点，也许可以给我们以这样的启示：每一个手捧《培根论说文集》的读者，当你从这位先人的智慧和思想光芒中领略到什么时，你就可以根据你对这位先哲的了解所达到的知晓程度，得出一种结论。怎么评价，全由你自己了。因为，除了你自己，别人不会勉强你，更不会武断地指责你。就我个人而言，结论性的评价当然是：培根，作为人类的思想家，他是伟大的，不朽的。同样，作为他思想的一个缩影，《培根论说文集》也将永远在人类的思想宝库中闪闪发光，与世长存。

注释

1 亚帕利斯是公元前 4 世纪的希腊大画家，曾替亚历山大画过像，他在训练上特别看重素描。

2 杜勒(公元 1471 年—1528 年)是德国大画家，曾留学意大利。文艺复兴时期意大利的艺术大师，多半强调比例的研究，杜勒受此影响，著有《论比例》一书。

---

① 培根.培根论说文集[M].水天同，译.北京：商务印书馆，1958：20.

早期人类艺术之美的历史回溯

——写在《格罗塞原始艺术研究》前面

对原始艺术的研究，在西方很早就已经开始。围绕着艺术的起源问题，人类学家、人种学家、考古学家、艺术史家和美学大师各自从其不同的立场和角度予以探讨。在欧洲，有关艺术的起源问题曾都被列入发生学美学的名下。这一学科所要探讨的核心主题就是：美，最早出现于什么时候？它是以什么样的形式（形态）出现？在我们这个全人类所共同赖以生存的地球的什么年龄（或什么时刻），在这个地球的社会结构和自然结构处在什么样的情况下，并以什么样的形式，艺术的潜在萌芽才得以展露？这是我们研究和考察艺术和美的起源这个大的课题中所包含的几个主要方面。由于时代相隔久远的原因，留给我们今天的研究者的文献资料范围是相当有限的。因此，要想在这样一种条件下对艺术和美的起源问题做出绝对精确无误的答案显然是不可能的。研究者们只能根据现存的史料、实物和现存的原始部落进行考察和推论，从而揣测原始人类的艺术创作的实践环境条件和心理动机。当然，在对原始艺术的考察中，由于研究者的立场、观点不同，研究方式的不同，对研究对象的考察深度不同等原因，故得出的结论也就不同（有的甚至有相当大的差异）。

19 世纪末叶，在德国艺术史研究领域，涌现出了一位杰出的学者，这就是著名德国艺术史学家——格罗塞（Ernst Grosse，1862 年—1927 年）。格罗塞毕生从事艺术史研究，并取得了卓越的成就，为当代世界的艺术史研究开辟了新的领域。他研究的最显著的特点是将艺术史发展同社会经济结构和精神生活密切地结合起来，从中考察艺术同社会发展的内在联系，格罗塞在 1894 年出版的《艺术的起源》一书，集中反映了他对艺术史发展领域研究的卓越成就。在该书中，格罗塞对艺术的起源和发展作了详尽的探讨和论述，并且提出了自己独到的见解，最终得出结论认为：在社会的经济组织和精神生活之间，尤其是在艺术领域，存在着一种密切的相互关系。在格罗塞之前，马克思和恩格斯从他们的科学世界观出发，曾对上述观念做出了合乎逻辑的结论。然而，格罗塞的历史功绩在于：他是第一个从艺术领域收集根据来支持上述观念。格罗塞对原始艺术逐步演变发展的心理基础和经济基础作了深刻的考察，并且在此基础上，试图找出原始艺术的自然主义风格的决定性因素。格罗塞认为，原始时期的采集者和狩猎者发展出了一种自然主义的艺术，而后，经济时期的人（即农人）却在艺术上形成了因袭的风格。格罗塞在上个世纪末叶，能得出这样的结论是十分了不起的。这无疑是对人类艺术史研究的一大贡献。这一结论对后人产生了相当大的影响，如奥地利的艺术史家赫尔内斯（Hoernes）、德国史学家屈恩（Kühn）等都深受其影响。因此，我们也可以看到格罗塞在整个世界艺术史研究领域中的地位。

试述格罗塞的原始艺术观

——读《艺术的起源》

著名德国艺术史家格罗塞（Ernst Grosse，1862 年—1927 年）毕生从事艺术史研究，他的研究的最显著的特点是将艺术史发展同社会经济结构和精神生活密切地结合起来，从中考察艺术同社会发展的内在联系，格罗塞于 1894 年出版的《艺术的起源》一书，集中反映了他对艺术史发展领域研究的卓越成就。在该书中，格罗塞对艺术的起源做了详尽的探讨和论述，并且提出了自己的独到见解，最终得出结论认为，在社会的经济组织和精神生活之间，尤其是在艺术领域，存在着一种密切的相互关系。在格罗塞之前，马克思和恩格斯从他们的科学世界观出发，曾对上述观念做出了合乎逻辑的论证。然而，格罗塞的历史功绩在于，他是第一个从艺术领域收集根据来支持上述观念。格罗塞对原始艺术逐步演变发展的心理基础和经济基础作了深刻的考察，并且在此基础上，试图找出原始艺术的自然主义风格的决定性因素。格罗塞认为，原始时期的采集者和猎人发展出了一种自然主义的艺术，而后一经济时期的人（即农人）却在艺术上形成了因袭的风格。格罗塞在 19 世纪末叶，能得出这样的结论是十分了不起的，这无疑是对人类艺术史研究的一大贡献，这一结论给后人产生了相当大的影响，如奥地利的艺术史家赫尔内斯（Hoernes）、德国史学家屈恩（Kühn）都深受其影响。由此，我们也可以看到格罗塞在艺术史研究领域中的地位。

格罗塞对各种原始艺术的具体考察和论证，给我们勾画了一幅生动形象的原始艺术的图景。他从原始民族的经济结构来考察人类早期艺术的萌芽和发展，从而试图揭示原始艺术的本质。

格罗塞把原始艺术分成人体装饰、装潢、造型艺术、舞蹈、诗歌、音乐六大类，并分项进行具体考察。下面，就从这六大类来对格罗塞的原始艺术观作一详细介绍。

一、人体装饰

人体装饰的历史大约和人类爱美心理的历史是成正比的。根据人种学家和人类学家的研究结果表明，人类早在最原初时期，就已经具有朦胧的审美意识，正是在这种审美意识的驱使下，诱导着当时人们的审美活动。人体装饰正是这种审美活动的一种主要表现形式。

按照格罗塞的分类，原始艺术的人体装饰，基本可分为两类，即固定性装饰和活动性装饰，前者包括刺纹、穿鼻、穿唇、劙痕等，后者则是指系到人体上的一些活动性装饰，其中包括在原始人看来较为珍贵的缨、索、带、环和坠子之类。然而，格罗塞认为，真正能足以代表原始民族人体装饰的形式是画身，因为，画身按其性质来说，虽然属于活动性装饰，但它同某些固定性装饰（如刺纹等）也有着某种因果联系。由此可见，画身在原始人体装饰中所占的地位十分重要。

（一）原始画身

原始人的画身，在他们的所有活动性装饰中要算是最简单最朴实的一种装饰形式，它既不像劙痕、刺纹那样要忍受一些肉体上的苦痛，也不像缨、索、带、环那样具有一定程度的“豪华”性和“奢侈”性，它只需要用白垩粉或有色矿土一类的颜料就能完成人体装饰的目的，为了证明这一点，格罗塞以生活在澳洲地区的土人为例。这些土人随身带着白垩粉等有色颜料，在平时，他们只在胸、肩等部位涂抹几笔，以示装饰，然而，一旦出席社交场合，他们就用这些颜料涂遍全身。尤其是在参加舞会一类的社交场合，他们更是把身体画得富丽多彩。原始人用于画身的颜料种类并不多，一般不超过四种（这四种大致是红、黄、白、黑），其中红色（尤其是橙红色）是最为原始人所喜欢的（直至今天，我们现代人对红色怀有特殊喜欢的也不乏其人，这一点，下面还要专门讲）。格罗塞对红色在人体装饰（尤其是在画身）中的作用十分关注，他特别强调，在原始的土著中，一个孩子长大成人，当被接纳到成人行列中来时，在举行接纳仪式的庆祝宴会上，他要接受人们用红色（也有用白色的）给他画身，其他参加庆祝仪式的人身上也要涂上红色，以此表示被接纳者的生命进入旺盛时期，同样，原始人也用这种颜色表示退出生命，如那林伊犁人在人死后用红色矿土来装饰尸体，此种风俗在原始部落中很为流行。应该看到，从原始时期就已经开始的人类对红色的特殊喜爱，在人类的审美意识的发展长河中逐渐积淀，故直到今天，人类仍然保持着原始祖先的这种对红色的偏爱心理。对此，格罗塞考察得十分细致，他要人们去仔细观察当今（指他所处的那个时代）儿童的生活，他说：“我们只要留神察看我们的小孩，就可以晓得人类对于这颜色（指红色）的爱好至今还很少改变。在每一个小彩画的颜料盒中，装朱砂红的管子总是最先用空的。”①这里，格罗塞旨在说明儿童对色泽鲜艳的红色有一种天生的偏爱心理。在对待红色的兴趣问题上，格罗塞认为，不但儿童的情形是这样，成人的情形也是如此。格罗塞又以欧洲军队为例，他说，在欧洲，“得胜的将军用红色涂身的习惯，虽已和罗马共和国俱逝，但直到上世纪（指 18 世纪）为止，深红色仍然是男性正服中最时行的颜色，在远距离的射击发明之后，欧洲的军装在相当长一个时期仍然保留着许多的红色”②。歌德生前对各种颜色颇有研究，格罗塞所持的观点，基本上同歌德一致。歌

---

① 格罗塞.艺术的起源[M].蔡慕晖，译.北京：商务印书馆，1984：47.
② 格罗塞.艺术的起源[M].蔡慕晖，译.北京：商务印书馆，1984：47－48.

德在他的《色彩学》中，对橙红的颜色在情感上能使人激发无比的力量这一点也大为赞叹，他说："橙红色，这种颜色最能表示气力，无怪那些强有力的、健康的、裸体的男人都特别喜爱此种颜色。野蛮人对这种颜色的爱好，是到处彰著的"。综上所述，我们足以见得红颜色在人体装饰中尤其是体现在男性装饰上的地位。格罗塞之所以强调红色的原因也就在于此。

上面关于红色的简要叙述，只是交代了红色为原始人喜欢的现象，现在的问题是：为什么红色尤其为人所瞩目，为人所喜欢？这是一个比较复杂的问题，以前，不少西方学者（也有东方学者，包括许多色彩学家）对这个问题作过研究，他们在不同程度上作过研究和论证。从红色本身来分析，在赤橙黄绿青蓝紫诸种颜色中，它的色调较之其他颜色更能给人（也不排斥给动物）的视觉感官以较为鲜明强烈的刺激，这是红色自身的本质属性决定了它必然要受到人（或动物）的瞩目。格罗塞在论及这个问题时，对此没有做出明确的回答，在他看来，这种红色的效果，到底是由于该色的直接印象所致，还是由于某种联想所唤起，实在是一个疑问。格罗塞之所以无法断定，是因为他看到许多兽类对于红色的感觉和人类十分相像，他以牝牛和火鸡为例，这两种动物一旦看到红色的布，立即异常兴奋；另外，人们可以从狒狒臀部红色的硬皮、雄鸡的红冠、雄性蝾螈在交尾期间负在背上的橙红色冠等事实中看到动物用红色来表示第二性征的例子。因此，格罗塞说，这种种事实证明红色的美感主要是靠着直接印象。然而另一方面，这种直接印象在人身上所产生的效果又凭借着人在感情上的强烈的联想而增加，这也是事实。最后，格罗塞说，大概原始人最初所用的红色，就是他亲手杀死的敌人或兽类的鲜血，而到了后代，则大概都采用红矿石装饰，因为红矿石是到处都有的，即便有些地区缺乏这种东西，也可以通过交易获得。比如，澳洲的代厄人为了要重振他们红色颜料的供给，曾作过长途跋涉，这也足以作为他们珍视红色的一个例证。格罗塞在论述原始画身的同时，详细论及红色，旨在说明红色在原始时期的审美价值和它在原始民族画身中的地位。至于在原始画身中还采用的其他几种颜色，如黄色、白色和黑色，各自也都有其重要的审美价值和审美地位，格罗塞也分别做了一定程度的论证，限于本书篇幅，这里就不详加赘述了。

（二）劙痕和刺纹

格罗塞认为，劙痕和刺纹同画身一样，都是原始民族人体装饰的重要形式，这两者同画身既有共同点，又有区别之处。说它们有共同点是从这三者表现在人体上都是以图案（也谓之图谱）的形式出现的，不同的是，画身比较简单，装饰人体时并不费劲，但是，画身不能持久保留（这是画身的重大缺憾），而劙痕和刺纹在人体上则经久不衰。当然，原始人要使自己的身体实现劙痕和刺纹，自然要经受苦痛和磨难。格罗塞通过对大量的原始人体装饰资料的分析认为，劙痕和刺纹在不同的人种地区有着不同的分布，这种分布的具体情形基本上取决于原始人种的肤色，例如，皮肤呈黄色的布须曼人和皮肤呈铜色的因纽特人，他们普遍采用刺纹装饰法，而皮肤呈深褐色的澳洲人和明科彼人则用劙痕装饰法，如此等等。

先谈劙痕装饰法。原始人的劙痕，显然是野蛮民族的一种标志。在我们现代人看来，自然有点不可思议，这犹如我们今天的青年人对我国旧时代流行的女人缠足不可思议一样。原始人用锋利的贝壳、石片一类的东西作为利器，割破自己的肌肤，创伤之处，日后长出色泽浅淡的凸起的图形，劙痕的部位也因民族的不同而有所不同，有的在胸部，有的在腹部，有的在背部，有的则在手腕和腿部，无论是男是女，都不例外。劙痕的图案也有各种各样，有点有线，线又有曲直之分，直线一般都是横亘于胸部，尤其是像在维多利亚土人的背部，劙割得非常可怕。在托累斯海峡一带的男人肩上，都有呈马蹄形的劙痕。施行劙痕不是一次完成的，而是根据每人的发展分阶段进行，因此，在年轻人身上是见不到完整图案的。在澳洲东西部，一个成人要经历五个劙痕阶段，人们往往可以根据不同的劙痕阶段推知一个人大约什么年岁。劙痕之风在原始人中非常流行，但各个部落之间在具体做法上却略有不同，如安达曼人，他们往往要求儿童在八岁之前就要施行劙痕(这显然比澳洲人要早)，并且在十六七岁一定要完成，但他们施行劙痕无须像澳洲人那样要举行仪式。除了北方那些部落外，安达曼人一般都由妇女来施行劙痕，只是在背部由男人来完成，各部落间的具体图案也各不相同。

格罗塞重视劙痕的研究，是要揭示原始人劙痕的真实意义，他说："我们的责任，自然不是要……发现一般的劙痕的意义，我们只是要研究一个问题，那就是，劙痕在最低的文化层中，例如在澳洲和安达曼群岛，是含有宗教的意义呢还是审美的意义?"①从这里，我们可以明显看出，格罗塞研究劙痕的宗旨十分明确，即是要弄明原始人劙痕究竟是出于宗教意义还是出于装饰意义(即审美上的意义)，或者说是两者兼而有之。对这个问题，人类学家、人种学家和艺术史学家也都众说纷纭，莫衷一是。然而，格罗塞在研究方法上走自己的路，他仔细地分析了以前学者们的研究结论，既不是笼统地照搬吸收，人云亦云，也不是一概排斥，而是通过分析加以鉴定，从而在此基础上得出自己的结论。例如，有的学者(如人种学家该尔兰德)认为，劙痕主要是由于作为部落和家族的标记(持这种观点的还有布马尔、拉姆荷尔兹等)。格罗塞没有排斥该尔兰德等人的上述观点(即劙痕作为部落标记的观点)，同时，他也不排斥在个别情形中，这些部落标记同时也可以具有一种宗教意义(这是格罗塞的一种推断)，他说：我们假设"该尔兰德都已加以证明(指劙痕是部落标记的观点加以证明)，我们把澳洲人和明科彼人的劙痕视为是装饰意义居第一，也还会是对的。除了一个部落的标记和宗教的象征，同时也可以是装饰的这个事实之外，还有许多记载，很确定、很一致地断言，有几种劙痕或几群劙痕是部落的标记，但确有更多的劙痕是具有纯粹的装饰意义"。② 考虑到在许多史料的记载中，已将两种性质的劙痕(即作为部落标记的劙痕和作为人体装饰的劙痕)间的关系已十分正确地揭示了出来，格罗塞为了论证这一点，他引证埃尔(Eyre)在昆士兰亲眼看见的对少女施行劙痕的事件后所说的一段话为证，埃尔说："尽管是可怕的痛苦，少女们却一概热望着在自己身上完成那种标记，因为

① 格罗塞.艺术的起源[M].蔡慕晖，译.北京：商务印书馆，1984：54.
② 格罗塞.艺术的起源[M].蔡慕晖，译.北京：商务印书馆，1984：56.

一个劙痕很密的背部,是视为足以增加她们的秀美的。"布拉夫·斯迈斯对此作了更详细明确的论证,他说:"劙痕虽说也是部落的标记,他们之所以愿意忍受痛苦,大半是为了打扮的缘故。"作为对明科彼人深有研究的曼恩更是说得明确:"劙痕的最大意义是装饰。"格罗塞之所以要引述以上几位学者的论断,其倾向性是很明确的。在他看来,上述学者的诸种论证实际上就是土著自己表示出来的意思的转述,它揭示了人类历史上确实存在过的事实。格罗塞略带着嘲讽的口气指责:"作为对人种学文献颇为精通的该尔兰德显然是不会不知道,但他却不相信这种断言,这是不足取的。"格罗塞有所指地这样写道:"我们不能因为要适合我们在斗室中构成的臆断,就轻视土著们直接肯定的宣告。"①由此我们看到,格罗塞的一切论证,都是围绕着要说明他的一个最基本的论点,即原始劙痕的最重要的意义在于它的审美价值,退一步说,即使还有其他的意义,如宗教意义、部落标记意义等,那它的地位充其量也只是从属性的,次要的。

刺纹,也是一种在原始部落中流行的人体装饰形式。刺纹和劙痕犹如一对孪生姐妹诞生于原始民族。上文已略略提到,由于民族肤色等前提条件的不同,所以,有的民族施行劙痕,有的民族则采用刺纹。一般说来,劙痕装饰法往往流行于肤色深褐的民族中,因为,深褐的肤色易于浮现出劙痕文瘢,相反,刺纹在肤色较浅的民族中颇为流行(顺便补充一句,在最低的文化阶段,也有一些民族,如布须曼民族和爱斯基摩民族施行刺纹)。总之,刺纹装饰和劙痕装饰,在原始人的心目中,其意义是十分相似的。格罗塞在列举了大量的原始刺纹的事实之后,对于这种刺纹的价值和意义得出了与劙痕大致相同的结论,他说:"综合我们研究原始劙痕和刺纹的结果,我们知道哪些标记有用作部落的标记,也许有时会有所谓的宗教意义……但在大多数情况下,劙痕和刺纹却都是为了装饰。没有什么可以指出装饰的(审美的)标记比社会的(部落的)标记来得不原始一些。如果我们一定要认定两种功能中的哪一种居先的话,我们倒是不会不挑中装饰。喜欢装饰,是人类最早也最强烈的欲求,也许在结成部落这个意思产生之前,它就已经流行很久了。无论怎样,我们总觉得先有装饰标记再有模仿而变成部落标记的说法,要比先有部落标记经过没落降为纯粹装饰标记的说法来得自然些。而且,没有什么东西能够阻挡我们猜度这两种标记原是各自独立发展的。"②以上是格罗塞对整个劙痕和刺纹装饰法研究所做出的综合性论断,这一论断既承认原始的刺纹装饰法有作为部落标记的功能和有其宗教意义的功能,又着重强调这两种装饰的更主要的功能是在审美方面。同时,格罗塞也并不排斥这两种标记原初就各自独立发展这样一种可能性,当然,这只是格罗塞的一种假设,他也没有足够的根据,因此也无法定论。我们在这里就更无须多言了。

(三)固定性装饰——唇栓、耳栓和鼻栓

综上所述,我们可以看到,无论是画身还是劙痕和刺纹,都是原始民族人体装饰艺术

---

① 格罗塞.艺术的起源[M].蔡慕晖,译.北京:商务印书馆,1984:58.

② 格罗塞.艺术的起源[M].蔡慕晖,译.北京:商务印书馆,1984:60.

的重要表现形式，而且流行甚广，但是，事物都有一般和特殊之分，尽管上述三种人体装饰情形甚为流行，但在原始民族中，也有同这些装饰形式丝毫不搭界的民族。格罗塞对布托库多人和翡及安人进行重点考察，这两个民族的人体装饰基本不用劙痕和刺纹，他们有自己的一套独特的人体装饰方法，这就是我在前面提到的那种固定性装饰——唇栓、耳栓和鼻栓。小孩长到了七八岁的年龄，都要接受这种装饰，开始是在下唇和耳轮上穿个洞眼，然后用栓子塞进去，以后逐步以较大的塞子替换较小的栓子，有的栓子直径达到 4 英寸，正是布托库多人由于他们的唇栓过大而竟成了他们的特点，从而也就成了这一部落的标记（从这一点上看，原始人体装饰的某些形式作为部落的标记这种论断是有其一定根据的）。

唇栓、耳栓和鼻栓的装饰在美洲地区的一些部落里也广为流行，如爱斯基摩的女人，她们在下唇的两个口角上穿了孔，每一个孔中塞进欧洲纽扣似的象牙、贝壳一类的东西，布须曼人用铜环或铁环挂在耳朵上，在澳洲的某些地区，穿通鼻孔的中隔，戴上一根木条或骨片，在节日，则换上两根羽毛。吉波兰士的土人流行鼻子装饰，他们普遍相信，如果鼻子上没有装饰，来世会受到可怕的惩罚。在这一点上，自然带有宗教色彩。至于这种耳栓、唇栓和鼻栓一类的装饰，除了作为部落的标记外，是否具有装饰所需要达到的那种审美功能，格罗塞做了这样的回答："无论怎样，在布托库多人的眼光里，这些栓塞总不会像在欧洲人的眼光里那样不悦目，否则他们绝不会坚持忍受这等不愉快的装扮。也许因为受着习惯的麻木刺激，栓塞对他们并不是太难堪；也许采用这种栓塞，原来就是为了它的威吓力，为了它在别人——敌人——身上起一种感应。按照这个推论，则最初的时候，布托库多人不拿栓塞当悦目的装饰，也许正如现在的欧洲人一样，只因受着那和部落象征联合在一起的影响，慢慢就变成装饰了。"①格罗塞的以上论述是极其精彩的，有人认为以上论述有模棱两可之意，其实不然，我认为，格罗塞上面这段论述大致含有两层意思：第一，它比较明确地肯定这些栓塞有作为部族标记的一面，然而在他们的眼里，这种栓塞"并不是太难看"，甚至有悦目的一面，这里就意味着唇栓和耳栓具有审美意义的了；第二，即使从发展演变的角度来看，假设这些形式在其初期具有宗教的目的，那么，它们在发展过程中也能导致成为装饰。因此，格罗塞上述论断的倾向性是显而易见的，只不过是在论证方法上含蓄了一些罢了。

（四）发饰和头饰

发饰和头饰，从形式逻辑角度来解释，这两个名词概念的内涵显然是不等同的，即发饰应该属于头饰的范畴，头饰应该包括发饰在内，但在原始人体装饰活动中，尤其是按照格罗塞划分的那种固定性的和活动性的装饰类型来区分，这两者在特定的场合仍有区分的必要。从理论上划分，头饰是属于活动性装饰的范畴，发饰则是从活动性装饰进到固定性装饰的一种过渡形式。发饰在原始民族中不是一种经常性的装饰，尽管这种头发装饰在非洲和大洋洲等地区的农耕民族间已达到了奇幻的发展。至于原始民族的头饰（指区

---

① 格罗塞.艺术的起源[M].蔡慕晖，译.北京：商务印书馆，1984：61.

别于发饰概念的那种头部装饰)，色样也是五花八门，其中最重要也是最常见的就是原始的头巾装饰，这些头巾的原料质地也各有不同，如澳洲人用袋鼠筋或植物纤维织制，再涂上红色或白色泥土。布须曼人和翡及安人则用皮条子或筋腱一类的织物来制作。除了头巾装饰外，还有一种头髻。在澳洲人的头饰中，又以约克海角(Cape York)人在科罗薄利舞会中所戴的“鹅髻”为最高贵、最新奇(这种鹅髻的原始样品陈列在不列颠博物馆人种学部)。关于头饰，格罗塞用许多实际的例子来加以证明，他先是列举了培因思(Pains)的考察结果：培因思在对西南非洲考察时，亲眼看到两个布须曼人的很奇特的头饰，其中的一个在额上带一个鹫鸟的头，另一个则在额上带一只乌鸦的头。接着格罗塞又举德国著名人种学家拉策尔的研究为例，拉策尔在《人种学》一书中对于翡及安人用高超的技巧将美丽的羽毛织入他们的头巾中去这一艺术性装饰以极高的赞美，并且认为，后代帝王、官员那庄严的冠冕无疑就是从他们中间的原始冠发展演化而来。格罗塞认为，从这些别具匠心、富于技巧性的装饰物件可以看出原始人的审美意识，尤其是流行于澳洲人中的那种“法烈须”(Frisures)头发装饰，充分表达了澳洲人的审美意趣，他们常常把自己那浓密而又卷曲的头发装饰成各种奇幻的式样，格罗塞称这种装饰艺术“是原始发饰艺术的最高成就”。

(五)腰饰、服饰与羞耻情感

原始民族的腰饰、服饰与羞耻情感是人种学家、人类学家和美学史家们致力研究的重大课题，要想对这个课题做出比较科学的结论，最根本的一条就是要揭示出人类服饰同人类羞耻情感有什么关系。我们知道，人类发展到了今天，一般的常人都普遍具有羞耻情感(或曰羞耻心理)。至于人类羞耻情感的产生、形成和发展则是属于心理学家和道德学家们研究的主题，但是，在关于原始民族的人体装饰的研究中，也必然会涉及对人类羞耻情感的研究。因此，研究原始人的服饰(尤其是腰饰)必然要同时研究人类早期的羞耻情感，即研究它们之间是一种什么关系。反映在原始人的服饰上，也有多种表现形式，如腰饰、四肢装饰、臀部装饰等，其中腰围间的装饰在整个原始民族人体装饰中占据主要地位。在美学界、人种学界和史学界，对原始人的腰间装饰的研究也特别重视，其原因可能就是同羞耻情感的研究这一主题有关。

下面，我试图就原始人的腰饰与羞耻情感的关系，重点叙述格罗塞对此所持有的观点。

对于腰部装饰(推而广之，甚至对于人体的整个服饰)同羞耻情感的关系，不能用一刀切的方法来加以考证，因为这里首先牵涉一个时代发展的历史条件问题，也就是说，进入文明时代的人的服饰同原始人类的服装在装饰上有何不同的目的。对这个问题，武断地下结论不是一种研究问题的科学态度，而必须根据足够的证据来加以证明。有人认为，原始人的腰饰就是出于一种天生的羞耻情感的需要，有人则持与此截然不同的看法，认为原始人的羞耻情感正是由于长期的人体装饰所形成的。那么，原始人的腰饰究竟是为了美观呢还是为了遮羞？德国一位叫舒尔兹的服饰专家在他的《衣裳哲学》中这样写道：“羞耻观念普遍存在的最好证据，就是这些腰部的掩蔽物的存在……衣裳的起源，除了羞耻感之外，不能寻求其他的理由。”很显然，在舒尔兹一类的专家看来，服饰是一种同羞耻情感有着密切联系的人体装饰行为，他是人类羞耻情感的一种表现形式。然而，格罗塞不同意上述这种观点，他认为，衣服的起源不是为了遮羞，而是衣着的习惯导致了羞耻心理的形成。格罗塞说，如果说原始人的掩蔽物的存在是羞耻感的最好证明，那么，像布托库多人、翡及安人，他们的男男女女都过着赤身裸体的生活又怎样解释呢？他们的那种所谓“与生俱来的”羞耻心理又到哪儿去了呢？按照上述道理，有人也许会提出，澳洲等地区的原始人常常在他们的性器官部位安上一小块掩蔽物，这又作何解释呢？这难道就是他们的羞耻情感在起作用吗？格罗塞认为，这一小块掩蔽物的用意不在于掩饰性器官，而是作为配合腰带的一种附带装饰，它绝不是在羞耻心理支配下的一种行为。当然，有人又会提出下面这样的问题：猪狗马牛（甚至猩猩、猿猴）之类的动物为什么不懂得掩饰，而原始人为什么要掩饰其性器官呢？人类的这种意识与举止又从何产生的呢？格罗塞说，正统派哲学家（或伦理学家）一定会用“人的与之俱来的天生羞耻心”的说法来解答这个问题，如果这种观点是正确的话，那么，面对着我们今天文明人的孩子，在没有接受社会的启蒙和开导之前，为什么毫不羞涩地坦然地显露他们幼小的性器官呢（无论是小男孩和小女孩都是如此）？据此，格罗塞坚决否认这种所谓羞耻情感与生俱来的观点。他讥讽那种羞耻情感是与生俱来的论断犹如说戴大礼帽是英国人天生的需求一样的不合理。为了进一步论证他的上述观点的正确，格罗塞援引了芬兰哲学家和人类学家韦斯特马克在其《人类婚姻史》中的一段论证：“一个大家都通行裸体的地方，裸体是不足为奇的，因为我们每天看见的东西，就不会有特殊的印象，但当男人和女人们用光亮的流苏加在上面时，不论是一对斑驳的羽毛、一串小珠、一簇叶子或一个发亮的贝壳，就不能逃避同伴们的注意，这小小的装饰，实作了很强烈的可以设法引起性感的刺激。”上述论断，言下之意是要说明这种原始民族的掩饰物不仅不是为了遮羞，而且倒是旨在要突出地“展示些什么”。在这里，我们看到，韦斯特马克的论点，显然同格罗塞的论点是一致的，而格罗塞对此的最终结论是：“原始人的身体遮护的首要意义，并不在于衣着，而是在于装饰，而这种装饰又和其他大部分的装饰一样，为的是要帮助装饰人得到异性的喜爱。”①然而，从整个历史发展的情形考察，在低级文化状态，偶然的掩饰性器官倒能吸引周围人的注意，从而引起性刺激，但一旦这种情形成为普遍现象，掩饰的本来意义（即引起他人性刺激的意义）就会消失，而重新会产生一种新的相反的情形，即身体的偶尔裸露会引起性刺激，当然，这是一种伦理上的历史进展的结果，这个主题应该留给人类学家和伦理学家们去研究，在这里就不多笔墨了。

以上所述，旨在介绍和论证格罗塞原始民族人体装饰的主要研究成果，其实，格罗塞关于原始民族人体装饰的研究是比较系统的，远远不止上述这些。如四肢装饰、臀部装饰、项颈装饰等各自在原始民族人体装饰中占据重要地位，并且，不同的民族（或部落）都有自己的装饰风格，如狩猎民族，一般都倾向于用光灿耀眼的饰物装饰身体，如翡及安人就是如此，他们将闪光的贝壳等碎片加在他们的颈饰上，并把它视作最名贵的装饰。皮肤呈黄色的布须曼人，总愿意用暗色的小珠子作装饰，而皮肤呈暗色的卡斐人则不喜欢布须

---

① 格罗塞.艺术的起源[M].蔡慕晖，译.北京：商务印书馆，1984：72.

曼人所喜爱的那种暗色饰品。这里，我们可以看到，原始民族的装饰尽管有各种各样，但各种各样的装饰形式都是有其产生和形成的根源。

二、舞蹈、诗歌和音乐

舞蹈、诗歌和音乐早在人类的童年就已有之。这三种艺术发展到了今天，已经进入了非常高深的阶段，有的竟进入了极其抽象神秘的境界。但是，尽管人类早期的艺术和我们文明时代的艺术不能同日而语，但它们毕竟是人类艺术发展里程中的一个重要环节。要研究艺术之本质，除了对我们当代的艺术现象做深入细致的研究，还必须对人类早期艺术的产生、形成和发展作深刻的探讨，从而从中找出艺术发展的规律性的东西。格罗塞认为，“一种彻底的研究，是应该从艺术本质的探讨开始的”。[①] 格罗塞正是抱着这样一个宗旨来研究各门具体的原始艺术的。格罗塞懂得，任何科学研究的任务都是要从特殊的现象中去寻找事物发展的一般规律，对艺术的科学研究当然也是为了达此目的。但是，这里就牵涉到研究的方法和手段。格罗塞对原始舞蹈、诗歌、音乐诸艺术的研究，比较注重考察这些艺术在原始民族中的地位和意义（即这些艺术的社会价值），并且看到了原始舞蹈、诗歌和音乐之间有密切的联系，因此，为了便于叙述起见，我将在性质上具有内在联系的舞蹈、诗歌和音乐专列。

（一）舞蹈

格罗塞认为，原始舞蹈，它在原始民族中具有深刻而又特殊的社会意义，这是为文明民族所没有的。所以，研究原始的舞蹈艺术，较之研究其他艺术更能加深我们对艺术社会价值的认识。

格罗塞在论述原始舞蹈时，首先强调提醒现代研究者不要低估原始舞蹈的社会意义和作用。他说，原始舞蹈，作为一种造型艺术，它曾有过“伟大的社会势力”。这种“伟大的社会势力”为我们今人所难以想象。至于现代舞蹈，它“不过是一种退步了的审美的社会的遗物罢了。原始舞蹈才是原始的审美感情里最直率、最完美、却又最有力的表现”[②]。

格罗塞对原始舞蹈作了详尽的考察，在人类最原始时期，部落中存在着两种最基本的舞蹈形式，一种是操练式舞蹈，一种是模拟式舞蹈。这两种舞蹈形式不存在孰先孰后、孰主孰次的问题，两者所处的地位是完全平等的。在澳洲，最有名的舞蹈就是科罗薄利舞（属操练式舞），它的特点是：(1) 一般舞者只限于男子参加（女子只能协助奏乐）；(2) 它的规模比较大，往往是由若干个部落联合而成；(3) 时间一般都选择在有月色的夜晚。这种舞蹈在原始舞中是比较完善的一种，因此，也比较有代表性。格罗塞为了对原始舞蹈的性质做出比较中肯的结论，他曾经考察了许多部落的舞蹈，这些舞蹈，从其场面来看，有的

① 格罗塞.艺术的起源[M].蔡慕晖，译.北京：商务印书馆，1984：37.
② 格罗塞.艺术的起源[M].蔡慕晖，译.北京：商务印书馆，1984：156.

的确不乏壮观，有的不乏激昂，有的不乏“高雅”，有的不乏猥琐。在这里，我就以科罗薄利舞会为例，下面请允许我摘录一段格罗塞关于科罗薄利舞会场景的具体描写：“……等全体排列就绪的时候，他（指导演者）就发出起舞的信号。他用那两根棒打着拍子，舞蹈者即时合上那拍子，女人们则击鼠皮而歌。这样，科罗薄利舞就开始了。拍子是令人吃惊的准确，音调和动作也都非常和谐。舞蹈者纯熟地舞着，正像一班经过良好训练的优伶。他们取着各种可能的姿势，有时跳在一边，有时尽向前进，有时休止一二步，或者伸或者缩，或者用手回旋或者将脚顿触。导演也没有闲着，当他一进一退的时候，一面用棍棒打着拍子，一面忽轻忽重地哼着一种特别的歌。他没有一刻停留，时而向着跳舞的人，时而向着提高歌喉在尽力歌唱的女人。舞蹈者渐渐地更显紧张，拍子也愈打愈急，动作也变得更敏捷、更活泼，舞蹈者扭动全身高高地纵入空际，最后乃异口同音发出一种尖锐的喊声。过了一会儿，他们突然地隐入灌木丛中和他们来时一样。舞场空了一会儿，后来导演者重新发出一声信号，舞蹈者又再度现身……”[①]格罗塞的这段描写真是极其生动，他惟妙惟肖地描绘了当时原始人跳科罗薄利舞的壮观情景，他采用了惊人的形象描绘的手法，把原始人的舞会活动描写得栩栩如生，简直把我们带入了那个距今遥远的古代“王国”。任何一位读者看了上述这段描述，一定会油然而生一种身临其境之感。一位文明时代的戏剧导演如果看到这样的论述，无疑可以编导出一台足以反映原始人生活风情的戏。

原始民族的舞蹈是多种多样的，并且因民族风情的不同而体现在舞蹈风格上也是情趣迥异。有的舞姿可谓奇形怪状，千姿百态，很难为我们今人所想象。如果我们假设原始时代就有录像机，把那时的舞蹈场面实录下来，重新展示在我们现代人面前，那人们一定会大饱眼福，同时也一定会为原始人的那种惊人的舞蹈模拟天才而惊叹不已的。例如，布须曼人就具有惊人的舞蹈模拟天才。再如，在澳洲地区，模拟舞的式样也比较多，他们主要的模拟内容是动物的舞姿，模拟的对象是飞禽走兽、蝶蛙蛇虫之类，那里的土人具有相当强的舞蹈模拟能力。格罗塞认为，这些原始民族模拟舞蹈的主旨是根据人生的两件大事——爱情与战争。战争舞中有许多场面是展现战争中交战双方生死格斗、呻吟呼号等野蛮场面。爱情舞中有一些是展现猥亵动作的，如有一种舞蹈，就专门是在甘薯收获季节皎洁的月色之夜进行，舞蹈者围着长有灌木的凹地，他们把这块凹地象征着女性器官，男子手中晃动着的枪代表男性器官，男子们围绕着凹地跳跃，把枪捣刺凹地，并用最野蛮，最热烈的体势借以发泄他们情欲上的兴奋，这是原始模拟爱情舞中比较典型的一种猥亵性舞蹈。在我们今天的人们看来，自然觉得十分愚昧野蛮和粗卑不堪，但这确是原始舞蹈史上实有的事件。格罗塞说：文学史家舍累尔（Scherer）正是在这种野蛮的猥琐舞蹈中寻求到了“诗的原始胚芽”。在这里，格罗塞之所以要这样论述，显然是要充分肯定这种舞蹈的历史价值和存在的意义。至于模拟舞，澳洲地区的土人其模拟能力也是相当强的，格罗塞这样写道：“旅行澳洲的人对这种舞蹈已经有许多记述了。一切旅行者全都赞叹土人们表

---

① 格罗塞.艺术的起源[M].蔡慕晖，译.北京：商务印书馆，1984：157－158.

现在舞蹈中的模拟才能。”[①]曼台(Mundy)曾经说,看了这些舞者的跳跃竞争就会觉得不能有比这更神妙更成功的模拟了。埃尔在看了维多利亚湖上的袋鼠舞之后,感慨地说:“他们表演得这样令人叹美,如果在欧洲剧场里演出,定然彩声雷动。”[②]格罗塞在分析这种舞蹈的审美价值及其诱因时说:“原始人类无疑已经在舞蹈中发现了那种他们能普遍地感受的最强烈的审美的享乐。……事实上,我们知道,给予狩猎民族跳舞机会的,就是那触发原始人易动感情的各种事情。澳洲人围绕着他们获得的战利品跳舞,正如儿童围绕着圣诞树跳舞一样。”[③]所有原始舞蹈的一个显著的共同特点就是:它们都具有严格的节奏,尤其是当舞步移位时,舞姿形态更显出强烈的节奏感,这是实为令人钦叹的。埃尔说:“看到他们的拍子如何严正不苟以及舞者的动作和音乐韵律如此精确一致,实在令人惊叹。”

在原始民族中,模拟舞和操练舞虽然是独立并行的两种舞蹈形式,然而前者更能给人以快乐。这种快乐的主要来源是模拟。原始舞蹈通过模拟获得更多的情感上的欢愉和满足。有模拟嗜好的原始人,他们往往会把这种嗜好转化为一种真实的欢乐情绪。格罗塞说,一切澳洲的土人都有惊人的模拟天才,布须曼人在模拟特殊的人和动物不甚正确的动作中得到最大的快感。这里,格罗塞已经发现了原始民族有沉溺于模拟舞这一特点,并且对这一特点作了极高的评价:“能给快感以最高价值的,无疑是那些代表人类感情作用的模拟舞蹈,最主要的例如战争舞和爱情舞,因为这两种舞蹈也和操练式的及其他模拟式的舞蹈一样,在满足(某种)欲望时,还贡献一种从舞蹈里流露出来的热烈的感情来洗涤和排解心神,这种 Katharsis 就是亚里士多德所谓悲剧的最高和最大的效果。”[④]格罗塞还指出,模拟式舞蹈中的那种爱情舞,而且还是人类戏剧的雏形,他认为,从整个历史发展的演化过程来看,戏剧只不过是舞蹈的一种分支而已。由此我们看到,原始的模拟舞蹈的价值和地位,在格罗塞那里再一次得到了强调和肯定。

(二) 诗歌

诗歌在人类的艺术史中,同样占有十分重要的地位。一般说来,诗歌高度集中地反映社会生活,它是诗人的思想和情感的流露,它富于想象性,而且语言凝练,富有韵律节奏。在中国,诗歌源远流长,历史上的《诗经》和《楚辞》是我国古代最优秀的诗歌代表作。在西欧,古希腊的荷马史诗就是光辉一例,这些诗歌都是人类进入文明时代以来的那种严格意义上的诗歌,然而,格罗塞所考察的原始民族的诗歌是人类最古老最原始的诗歌,它同文明民族的诗歌既有联系又有区别。

对于原始诗歌艺术的考察,是一项极其艰巨而又复杂细致的工作。在以前,确实有人认为,这种野蛮人的“缺乏诗意”的歌谣没有多大研究价值,因此,一度有人忽略了这方面资料的收集和整理,致使这种研究工作处于某种停滞不前的状态,格罗塞自己也认为,由

---

① 格罗塞.艺术的起源[M].蔡慕晖,译.北京:商务印书馆,1984:163.
② 格罗塞.艺术的起源[M].蔡慕晖,译.北京:商务印书馆,1984:164.
③ 格罗塞.艺术的起源[M].蔡慕晖,译.北京:商务印书馆,1984:165-166.
④ 格罗塞.艺术的起源[M].蔡慕晖,译.北京:商务印书馆,1984:167.

于历史(即年代相隔太久远)的原因,造成了供研究的资料来源的缺乏,因而给研究带来了困难。另外,格罗塞也看到了这样一个事实,即使欧洲人经历了巨大的用心所收集的资料(如将澳洲民族的歌谣和故事译成欧洲语言)也不能足以作为“真正充分的研究资料”。这里牵涉民族间所存在的巨大的语言差别,更何况原始民族的语言与近现代民族的语言差别之大。格罗塞在考察原始歌谣时清醒地意识到这一点,他说:“当我们回想到用法兰西的文字从来不能表现出歌谣曲调中的神韵,甚至用最接近的英国语言来翻译,也时常会失去德国诗歌大部的特殊性时,我们怎能轻易希望对于语言文化和我们悬殊的狩猎民族的诗歌的原意,在翻译成欧洲文学之后,还能很近似原意呢?”①由此可见,格罗塞对原始诗歌的考察是十分谨慎的。他对原始诗歌的研究并没有抱着一种超乎实际可能的奢望,即并不打算非得要研究个水落石出,对它们的本质下精确的定性,相反,格罗塞比较冷静地看到了这种研究的艰巨性和复杂性,他的目的是要给原始的诗歌艺术勾画出一个大致的轮廓。

什么是诗歌?格罗塞下了这样的定义:诗歌是为达到一种审美目的,而用有效的审美形式来表示内心或外界现象的语言表现。这个定义包括主观的诗(即表现内心现象——主观的感情和观念——的抒情诗)和客观的诗(即用叙事或戏曲的形式表现外界现象——客观的事实或事件——的诗)。在这两种情形里,表现的旨趣,都是为了审美目的,诗人所希望唤起的不是行动,而是感情,并且除了感情以外,毫无别的希冀,“……一切诗歌都从感情出发,也诉之于感情,其创造与感应的神秘也就在于此”。②格罗塞的此段论述,我完全同意,的确是这样,任何一首诗,都是诗人带着感情色彩来加以抒发,他的目的绝不是自我抒发,而是要向社会抒发,即向他的诗作的对象抒发,抒发诗人的那种内心现象(即抒发他的主观感情和观念),要把这种内心的现象展拓给诗作的对象。格罗塞这里讲到的“诗人所希望唤起的不是行动,而是感情”。这是任何诗人作诗的目的。格罗塞的“一切诗歌都从感情出发,也诉之于感情”的论断,其意思和我们平常所说的“不是诗人莫献诗”的意思极其相近。在格罗塞看来,诗,尤其是抒情诗在艺术中是最自然的形式。原始的抒情诗,在“抒情”这个意义上同我们今天的抒情诗类型基本上是相同的,但是在其抒情的内容和思想深度上,这两者自然是无可等同的。由于原始人的生活内容(这是一种受生活环境所决定的生活内容)是十分单调而又粗劣的。物质的贫乏和生活环境的粗劣决定了原始民族的抒情诗不可能有卓越高超的思想,而往往是内容粗劣,意义浅薄。自从人类进入到现代文明时代以来,抒情诗中相当大的一个比例是描写爱情主题的,具体地说,是描写男女之间在爱情生活中的悲欢离合,喜怒哀乐。然而,原始的抒情诗却在这个领域表现得尤为薄弱(或者说几乎是一个空白),在这种抒情诗里,“难得看见他们叙述两性的关系。在澳洲人、明科彼人或布托库多人中,我们决然找不出一首恋歌”。这是什么原因呢?格罗塞认为,原始人的所谓的爱,其实并不是一种真正的精神之爱,而“只是一种很容易在享乐中冷却的肉体之爱”,尽管在原始民族中也许可能会有一些“风云月事”,但即使

①② 格罗塞.艺术的起源[M].蔡慕晖,译.北京:商务印书馆,1984:175.

有也毕竟是极为个别的。至于已婚夫妇之间的那种内心之爱，自然是有的，但“这种长期满足的结婚之爱，在澳洲并没有比欧洲更需要形之于歌咏罢了”。

此外，我们文明时代的抒情诗中，不乏对大自然的歌颂和赞美，诗人们面对着滔滔的江河、奇丽的山峰、绿色的原野、盎然的春意、明净的秋水都可以诗兴大发，纵情地吟咏奔泻，大自然中美不胜收的壮美奇景不知叩开了多少诗人的心扉，催开过多少抒情诗的瑰丽花朵。然而，令人遗憾的是，原始民族不善于对大自然美丽奇景的欣赏，他们的审美意识水平决定了他们不可能从大自然中去发现更多的美，因而，他们的抒情诗中很少有关于对大自然的赞美。格罗塞指出：出现这种情形不足为奇，“因为，野蛮人是自然的奴隶，这种……不得不使其难随人意的生活的奴隶，是既没有时间，也没有心绪去称赞那残酷的主人的伟大和优美的”。存在决定意识，原始民族的社会存在决定了原始人民对大自然这位“美丽女神”的审美感受是麻木的，甚至觉得她十分可怕可憎。因此，在原始民族的人类，很少有对自然的赞美，很少有“描写云雾漫漫的雪山峰上的光明景象的诗”。这在我们今天看来，也就不值得奇怪了。

应该看到，原始的抒情诗，就像原始生活那样单纯质朴、简陋粗野。但是，尽管如此，就诗的本质价值来说，他同我们文明人的那种高尚的表述细腻的诗是没有什么区别，因为，两者都是为了抒发郁积在诗人内心的感情，使诗歌者的情绪得到发泄，使他们的心灵得以慰藉。从原始抒情诗的内容分析，原始人一般只注重自身的欢愉和痛苦、幸喜和灾难，而往往不太关注周围人的苦难和不幸，而且，比较擅长讽刺和嘲笑的歌谣。

格罗塞还认为，原始的抒情诗，除了诗本身的含义外，它的更重要的价值似乎是这种诗的韵味和曲调（即形式）。格罗塞通过对大量的原始诗资料的考察，对这个问题的回答是肯定的。原始的抒情诗人，他们一方面是诗歌的作者，一方面又是音乐作品的作者，而且更注重诗歌的那种韵调形式，在某些情况下，不惜牺牲诗歌的意义来成全诗歌的形式。例如一首诗歌，在意义（内容）与节奏（形式）发生冲突时，自然就得迁就节奏。由此可见，在原始的抒情诗中，当时就已经对形式问题十分关注了。例如，在澳洲地区，许多人尽管会娴熟地吟唱家乡的歌谣，但对其中的意义却茫然不知。因此，格罗塞断定：“最低级文明的抒情诗，其主要的性质是音乐，诗的意义只不过占次要地位而已。”[①]格罗塞的以上论述，是对原始抒情诗在表达意义上的作用作了一定程度的承认和保留，即承认原始诗的主要价值在其形式（即诗的韵味和音乐效果），同时也承认有一定程度上的词义功能。当然，这是以格罗塞为代表的一派之言。在对原始抒情诗研究持有不同的或相反见解者中，如维尔纳，就认为原始的抒情诗都是些没有意义的语言（他在某种程度上对诗的意义是持完全否定态度的），而他们在部落舞会上的衷情吟唱，只是为了表达、宣泄一种狩猎成功、饱餐一顿的狂欢情感。这里，我们也足以见得原始诗的粗陋、卑劣。诗歌的发展是经历了一个漫长的过程，只有当行吟诗人耗尽心机地用语言来精心地描绘激情的时候，只有当做为诗歌的“语言获得了确切而明确的意义的时候，诗歌才算摆脱了它早期那种质朴、粗陋、卑

---

① 格罗塞.艺术的起源[M].蔡慕晖，译.北京：商务印书馆，1984：189.

劣的状态，从而进入了一个飞跃”，使之“变得优美纯净”，以致“向着表现个人感情的方向发展”。但是，犹如一个人的发展一样，即使是一个伟人，他也有自己幼稚可笑的童年，原始诗尽管质朴、粗劣，但它毕竟是诗歌发展史上的一个重要里程，它毕竟是这种“优美纯净”之诗的前身。对这种人类早期诗的价值是绝不能低估的，正是看到了这一点，因此，维尔纳特别强调指出：正是“在抒情的叫喊声中，在对饥渴的痛苦的呼唤声中，后来，在对燃烧的性欲赤裸裸的表示中，以及在对死亡无可奈何的悲叹中，我们发现了一切高级形式的抒情诗的萌芽”。黑格尔在谈到抒情诗的历史发展时，也强调了要从历史观的角度去研究诗（尤其是抒情的诗），他认为，只有用历史方法才能对抒情诗进行具体的研究，“因为几乎没有任何其他诗种在内容和形式上所受到的民族和时代的特点以及诗人的个性和才能的影响，比在抒情诗里更深刻”。我认为，黑格尔的用历史观考察诗歌（当然，黑格尔在美学中所指的抒情诗，主要指的是他的那个象征型、古典型和浪漫型三个基本类型或曰三个基本阶段的诗）的思想，同样适用于抒情诗发展的所有阶段（包括适用于原始抒情诗这一抒情诗的早期阶段）。

下面谈谈原始叙事诗，稍有文学史常识的人都会承认这样一个结论：叙事诗的历史基本上和文学史的历史同岁，换一句话，在欧洲，文学史就是以叙事诗为其发端的。这种诗体的特点在于它有比较完整的故事情节和人物形象，一般包括史诗、英雄颂歌、故事诗和诗剧等。然而，格罗塞所考察的原始叙事诗是人类最早的叙事诗体（或者说叙事诗的萌芽阶段）。

什么是叙事诗，格罗塞对此的回答是：“是用审美的观点为着审美目的的一种事实的陈述。”[①]这一简洁的回答，应该说是比较概括地揭示出了叙事诗的基本特性和功能。但是，这只是这位艺术史家从叙事诗（包括我们现代叙事诗在内）的最一般意义上所下的定义，原始叙事诗基本上受其上述定义所支配（或者说规定）。但是，我在这里必须指出，人类早期的叙事诗同人类进入文明时期的叙事诗，尽管都是用审美的观点并都是为了审美的目的而对事件加以“诗的陈述”，然而，在形式上有许多区别。格罗塞在考察时意识到了它们（即原始叙事诗和文明叙事诗）之间的区别。首先，在诗的篇幅上，我们现代叙事诗有长、有短，短的有几行、十几行或几十行，长的则有几百行、上千行（例如诞生于公元前 9 世纪—公元前 8 世纪的希腊荷马史诗《伊利亚特》《奥德赛》）。原始叙事诗则不然，它们一般都很短，“像印度人、希腊人和德意志人那样伟大的叙事诗，在原始期的文化上，是和金字塔、宫殿一样稀少的”。在取材上，其范围也不像我们现代人那样，随着科学的发展和对审美奥秘的深入探索，叙事诗的题材越来越广泛，领域也越来越广大，原始叙事诗的取材范围比较狭窄，一般只限于他们所生活的那个领域里的那些为他们所感兴趣的人物、动物和事件。至于爱情和大自然这两个主题，在原始的叙事诗中犹如在原始抒情诗中一样的稀少，究其原因同我在叙述抒情诗一节中所陈述的大致相同。因为在原始人的心目中，爱情、大自然乃是两个不亲近的主题，因此也不屑去对其留意和歌颂之。

① 格罗塞.艺术的起源[M].蔡慕晖，译.北京：商务印书馆，1984：190.

原始民族，由于没有文字，没有像我们今天这样的现代科学的传播条件，因此，他们的诗歌往往是限制在一个极其狭小的领域，仅仅是在原始人的口头上传诵。此外，由于方言和部落的关系，“原始的语言也分为许多小群各不相同的方言”，如在澳洲南部，每一个孤立的游牧部落，都各自有自己的语言，还有不少部落，地理位置虽然互相接近，然而语言却大不相同。即使有个别的诗歌偶尔流传到比较遥远的地方去，尽管这种流传也是事实，但这种流传到遥远的其他民族中去的已不是诗的内容，而只是音乐的形式而已，诗的具体的语言形式在被传播到的那个民族看来，已经成了一种传播音乐的负载工具了。当然，任何一种作为文化的传播都必须具备一定的条件，作为原始民族诗的传播也同样如此，除了我们上面所说的原始民族那范围狭小的地域性语言是阻碍原始诗歌传播的主要因素，还有其他诸种因素，如地理因素、交通因素、传统因素、经济因素等。

任何一位伟大的诗人（推而广之，任何一位诗人或喜爱诗的人），尽管他们写了（或者热爱）伟大的诗篇，然而他们也决不会因此而嘲笑和轻视人类早期的那种粗劣幼稚乃至可笑的诗，这犹如父母从来不会因为自己的子女幼稚可笑而遗弃、蔑视他们一样，应该说，原始的诗和人类的童年一样的可爱，一样地令我们今人所珍视。的确，原始诗不可能做到像我国伟大诗人屈原的《哀郢》那样，使人读了潸然泪下，也没有像现代诗那样给人以最优美的憧憬或无限的悲怆，它的魔力也无法达到使“行刑者为此停刀，打铁匠为此弃锤，学生为此弃书而侧耳谛听”，它更无法达到使“被政治分割了的意大利”重新得以统一那样一种程度。恰恰相反，原始民族的诗，既缺乏唤起民众团结一致为了某个目标而斗争那样一种手段，也不能丰富听众的感情生活。纵然如此，这种诗却能“联结后代的人，由第一代传给第二代的诗歌和故事中，子孙可以认识他们祖宗的声音。当他们听到他们祖宗的忧患，分享他们的感情时，他们就感到他们自己是给予他们的个人生活以维护和意义的那个集团中的分子。所以诗歌在这里也尽着他处在人和人之间的媒介的职务”①。这是格罗塞对原始诗功能的一大发现。尽管这一发现（或者说对原始诗价值的评价）似乎苛刻了一些，但毕竟还是一种积极意义上的评价。

（三）音乐

音乐是一种通过有组织的乐音所形成的艺术来表达人们的思想感情、反映社会现实生活的艺术种类。就其自身的性质来说，它是一种抽象艺术。法国艺术理论家丹纳曾就认为：“在诗歌、雕塑、绘画、建筑和音乐五大艺术中，音乐是比较难于解释的一种。”②这里所说的音乐之所以难于解释，主要原因就在于它的抽象性。原始民族的音乐尽管同我们今天用黑管、钢琴和电子琴奏出的音乐不能同日而语，但从音乐的本来意义上说，它和我们现代的音乐一样，都是一种用乐音来构成艺术形象，从而展示社会生活面貌（包括展示人的内心世界）。总之，正如叔本华论证的那样，人类“在任何时代都从事过音乐”③，这里

① 格罗塞.艺术的起源[M].蔡慕晖，译.北京：商务印书馆，1984：190.
② 丹纳.艺术哲学[M].傅雷，译.北京：人民文学出版社，1975：12.
③ 叔本华.作为意志和表象的世界[M].石冲白，译.北京：商务印书馆，1982：355.

的任何时代，自然是包括原始民族时期人类所处的那个时代在内，区别只在于，不同的时代产生不同的音乐，人们在不同的时代对音乐有不同的感受和不同的理解罢了。

格罗塞在谈到原始音乐时，首先强调了这种音乐同舞蹈、诗歌的联系，在原始部落中，很难想象没有音乐伴奏的舞蹈，他们从来没有歌而不舞的时候，也从来没有舞而不歌的时候。当时，音乐与舞蹈是形影相伴的孪生姐妹，两者互为依存，不可分离。例如，因纽特人就是用唱歌和打鼓来伴奏，而且音乐在表演中占有重要的地位，此外，原始的抒情诗常常要由音乐伴奏，“澳洲人的、安达曼人的或北极人的歌词，常常由一种旋律传出（或者可以说常常传出一种旋律），因为旋律似乎比词句更重要，为了旋律的缘故，往往把词句改变或删削得失了原意。至于叙事诗（或至少是部分叙事诗）也不单单是记述，而是用宣叙调歌咏出来的”。鉴于上述情形，格罗塞说：“舞蹈、诗歌和音乐几乎成了一个自然的整体。”从这个事实出发，格罗塞强调，在研究原始音乐（诗歌、舞蹈）时，时刻不能忘记它们三者并不是独自孤立的，而是有着密切的（互为依存的）联系。

为了更有利于对原始音乐的探讨和解析，格罗塞首先对音乐艺术本身的性质在理论上作了扼要的阐述。格罗塞援引了叔本华关于音乐的下述论证：“音乐是跟有形世界完全独立的、完全无视有形世界的，即使没有世界也能够在某一形式上存在的，这是别种艺术所不及的地方。”[①]格罗塞认为，叔本华的这段精彩的论述道出了音乐艺术的特殊性质，这就是音乐同其他艺术（如雕塑、绘画、建筑等）不同，它无须从客观（即有形世界）中提取材料，从而加以描绘或模仿。相反，“在纯粹的音乐作品里，并不抄袭自然界的任何现象”，这是格罗塞对音乐的最基本的看法。

此外，格罗塞又把音乐分成材料和形式。那么，何谓是音乐的材料，何谓是音乐的形式呢？格罗塞对此作了如下的界说：“音乐的材料是乐音。这些乐音所附加的形式都为两种不同的原则所规定——就是节奏与和声的原则。这两种原则对于音乐效果是同样必要的。”[②]

由于相隔年代十分遥远，加之当时原始民族的地区差异性，因此，想从一堆纷繁复杂的有关原始音乐记载中获得对原始音乐性质的正确结论是很难的。格罗塞深刻意识到研究原始音乐这一任务的艰巨性，但是，尽管如此，他还是努力地去探索，并且在这一领域的研究中取得了成就。格罗塞在分析了各原始民族音乐的基本状况后认为：“人类最初的乐器，无疑是嗓音。在文化的最低阶段里，很显然，声乐比器乐流行得多。”[③]尽管那些民族，如布托库多人，明科彼人的歌唱十分粗陋。在原始民族中，具有较好音乐天分的要算是布须曼人，他们学习旋律快而准确，而且独特的发音方式和奇异的旋律，由此产生“一种很别致的美感”。格罗塞从大量的记载中发现，狩猎民族的歌曲特别注重节奏，“严格遵守规则的节奏在他们的歌曲中到处可见，比之各音间的距离，动摇不定而且限于二三个音间的调和，要算是更重要、更复杂的元素。”[④]此外，在最低级的文化阶段，乐器多半只是用来标记

① 叔本华.作为意志和表象的世界[M].石冲白，译.北京：商务印书馆，1982：340.
② 格罗塞.艺术的起源[M].蔡慕晖，译.北京：商务印书馆，1984：216.
③ 格罗塞.艺术的起源[M].蔡慕晖，译.北京：商务印书馆，1984：217.
④ 格罗塞.艺术的起源[M].蔡慕晖，译.北京：商务印书馆，1984：221.

拍子，这类乐器用得最广泛的是苏鼓。在狩猎部落中，除了布托库多人例外，其余部落都有这种苏鼓。这种苏鼓的原始形式发现于澳洲。格罗塞推断，"这恐怕就是乐器中最原始而且最古老的样子"。这种鼓的用法是女子敲击鼓，以此应和男子舞蹈，这种乐器一直被流传了下来，格罗塞写道："鼓到如今还是大部分狩猎民族的唯一乐器，因纽特人、明科彼人以及大部分的澳洲部落，都是除了鼓，就不知道还有别的任何乐器。"[①]只有埃斯顿港一带的土人有一种竹制的箫，长两三英尺，用鼻子吹。布托库多人虽然没有鼓和箫，却有两种吹奏乐：一种是塔夸拉(taquara)竹箫，另一种是用大犰狳的尾巴皮制成的喇叭，这两种乐器，前者常为妇女们所用。格罗塞在列举了各原始民族的音乐状况后得出结论认为："在文化最低阶段里，声乐的势力是超过了器乐的。"[②]这是格罗塞对原始声乐和器乐状况的最基本概括。

综上所述，我们可以看到，格罗塞对原始声乐和器乐状况的这一基本概括，已经揭示出了原始音乐起源的性质。在格罗塞以前，已有学者对音乐的起源作过探讨，并提出了各种论点。例如，英国哲学家斯宾塞认为，"音乐的源泉在于情绪与兴奋的语言"，生物学家和进化论者达尔文根据自己对大部分雄性动物在繁殖期间利用它们的声音来引诱雌性动物的注意、发泄自己的情欲这一现象，从而推断出乐音和节奏的才能，是由我们的动物祖先当初用来作为引诱异性的手段而获得，等等。格罗塞不同意上述学者的论点，并根据自己的考察，详细地提出了新的论点。

三、结 束 语

格罗塞在19世纪后半叶，通过自己的独立研究，在吸取前人学者研究成果的基础上，重新对原始艺术的起源问题做了新的探索，并提出了新的看法，尽管格罗塞的有些观点未必完全正确，甚至是错误的，但是，他的美学唯物主义立场是进步的、可取的。众所周知，在艺术史研究领域中，对原始艺术进行全面而又系统的研究是一门十分艰难的课题。在近代，不少艺术史学家和有关学者各自从其不同的角度出发，对原始艺术做过不同程度的研究，并提出了他们的种种研究结论，但都未能得出比较科学的结论——人类艺术的真正起源是什么？法国艺术史学家丹纳在艺术史研究领域总算颇负盛名，但他的结论却认为物质文明与精神文明的性质面貌都取决于种族、环境和时代三大因素，是种族和气候等条件决定了艺术的起源和发展。丹纳的这一理论在艺术史领域所产生的影响至今余波未逝，有的论点仍为今天的某些艺术批评家们所援用。丹纳虽然也竭力挖掘精神文化的构成因素，然而却只限于思想感情、道德宗教、政治法律、风俗人情等上层建筑领域的东西，而根本不涉及社会的基础，他虽然考察了人类生活的诸多方面，却忽略了人类生活的最基本的一面——经济生活。格罗塞在19世纪后半叶，能通过自己对原始艺术的全面而又系

① 格罗塞.艺术的起源[M].蔡慕晖，译.北京：商务印书馆，1984：222.
② 格罗塞.艺术的起源[M].蔡慕晖，译.北京：商务印书馆，1984：227.

统的研究，重新对原始艺术的起源问题做了新的说明，即经济因素的影响，谋求生活方式的影响——完全支配着整个艺术领域。格罗塞的艺术起源观是一个完整的理论体系，要对这一体系做全面的论述并非易事，本文并不奢望于对格罗塞的原始艺术观作面面俱到的考察，而只是旨在就其中的核心论点作一个简要的叙述，如果做不到这一点，敬请读者和美学界的同行们、朋友们鉴谅。

大科学家的步履

——谈《尼耳斯·玻尔集》

人类发展到了20世纪，自然科学的步伐迈进了一个惊人的不同凡响的时代，尤其是在物理科学领域，科学家们从寥廓无垠的宇宙到物质构造的最内在部分都进行了非凡卓越的探讨，并且取得了伟大的成就。其中爱因斯坦和尼耳斯·玻尔是这个科学时代所涌现出来的两位最杰出的物理学巨人。他们的科学思想曾为整个物理学的发展确定了发展的宗旨和方向。他们的作用和历史地位可以同最初开始就给科学指定了目标和方法的伽利略和牛顿相比拟，也可以同19世纪上半叶的拉普斯和法拉第以及19世纪下半叶的麦克斯韦和波尔兹曼相比拟。

最近，商务印书馆出版了《尼耳斯·玻尔集》。这为物理学界研究玻尔的科学业绩和生平提供了新的第一手材料。

诚如该书"总序"作者罗森菲耳德所言：《尼耳斯·玻尔集》包括玻尔的全部作品，首先是他在原子物理学和核物理学中的伟大的创造性工作，以及他对认识论作出的同样基本的贡献。此外也包括他撰写的有关公众事务的作品，这种作品显示了他的兴趣的广泛以及他处理一切人类问题时的那种豪爽和乐观的态度。该书附有《尼耳斯·玻尔传略》一文，借此，能使一切珍视科学精神的人们更容易理解玻尔的毕生工作和他对自然规律所作贡献的内容及意义。

尼耳斯·玻尔，1885年10月7日生于哥本哈根一个小康式的知识分子家庭。父亲克瑞斯克·玻尔是哥本哈根大学的教授，也是一位才能卓著的生理学家；母亲艾伦·阿德勒属犹太人，也是一位有识妇女。玻尔在这样一个比较优裕的环境中熏陶成长，使自己的天赋和才能得到了充分的发展。中学时代，玻尔的学业虽然并不像他的弟弟哈诺德那样优异出众，但却已经开始显露出对诸多领域的广泛兴趣。大学时代，是玻尔的个性和才能得到最充分发展的时代。在这期间，就显露出了他那非凡的研究才能。1906年（也就是他还是一个学生的时候），他完成了第一项研究成就。这项研究使他荣获了丹麦皇家科学文学院这一全国最高科学机关的金质奖章。这项研究工作的内容是关于水的表面强力的一种精确的测定，所用的方法是观测水注的规则振动。这项研究在当时引起了科学界的关注。1911年，玻尔写了一篇专门论述金属电子论的博士论文，这篇论文是一部纯理论的作品，它显示出玻尔在金属电子理论这一巨大课题方面的精通。在这篇论文中，玻尔将金属状态描绘成一种在势场中或多或少自由地运动着的电子气体。而其势场则是位于规则点阵上的带正电的原子所引起的。这种理论能够定性地说明金属的极其多样化的性质。

在哥本哈根学习结束后，1911 年 10 月，玻尔便到了英国的剑桥，次年 4 月转而到曼彻斯特，他在由卢瑟福创建的一个实验室里潜心研究，从而为他后来在物理学方面所取得的卓越成就——原子构造理论——奠定了基础，也就在这个时候，这两个性格迥异的同行竟在科学研究中不但为物理学开辟了一个新的时代，而且还建立了一种罕见的终生友谊。玻尔一来到卢瑟福实验室，很快就接受了卢瑟福的“有核模型”说，并对此提出了自己的论证。1912 年 7 月，玻尔离开了曼彻斯特，去哥本哈根任教，并开始撰写他在曼彻斯特构想的论文，但到了 1913 年初，他突然转向了对原子辐射问题的考虑。这就引导玻尔在把作用量子引入原子构造理论过程中迈出了决定性的一步。这一年的其余活动，都是为重新建立他的理论——撰述论著《论原子构造和分子构造》作准备。

玻尔在原子理论方面的贡献也是巨大的，有人曾说他在这个领域里，“揭开了科学史上最神奇的二十年的序幕”。例如关于用电子的撞击来激发原子辐射的弗朗克和赫兹的实验以及用强电场来改变原子光谱的斯塔克实验，对于研究原子体系的动力学行为提供了新的门径，玻尔很快就对这些实验的诠释作了全面准确的概述，使重要性日益高涨的光谱学得到了积极的发展。

在原子理论的研究过程中，玻尔的研究方法也是十分科学的，他抓住了量子跃迁中光的发射和辐射的经典过程之间残存的唯一联系，即要求经典描述应该能够适用于量子数很大的态之间的跃迁这一极限情况。假如原子被当做一个多周期体系来看待，它的动态就可以表示成一些谐振动的叠加，各该谐振动分别具有特定的频率和整倍数的频率，并各自具有确定的振幅。事实上可以证实，量子数很大的态之间的跃迁频率趋于变成和经典频率的由这些量子数的差所给定的倍数相等。于是，在这一象限下，就可以直接利用经典振幅来计算量子数的态之间的跃迁，这样的对应也应该成立，起码来说是近似地成立，换句话说，经典运动的谐频分量的振幅在一切情况下都应该给出相应的量子振幅的估计值。这种“对应论”的威力很快就从克喇摩斯一篇高水平的论文里得到了例证。他把这种论点应用到了氢谱线在电场中劈裂问题上。“对应论”还不仅因为缺少一种更加确切的表述而在光谱学数据的诠释中起了不可缺少的作用，它事实上为首尾一贯的量子力学数学结构提供了定性的线索。

综上所述，我们看到，玻尔在物理学事业上取得了巨大的成就，正是这些成就，使玻尔在 1922 年荣获诺贝尔物理学奖。记得当时俄国著名的理论物理学家福克对玻尔的成就钦仰备至，他怀着对这位物理学巨人的崇敬心情，激动而又深情地写下了这样的诗句：

斟满美酒，燃起火堆，
为他干一杯，再干一杯！
拉起我们的七弦琴，
歌颂我们的英雄和伟人
——尼耳斯·玻尔的丰碑，
你与太阳神阿波罗的形象同辉！

审美哲学的精致化
——写在《艺术哲学》中译本的前面

《艺术哲学》是美国普伦蒂斯-霍尔出版公司1963年出版的一套哲学丛书中的一本，专论美学问题。作者奥尔德里奇是美国凯尼恩大学哲学系主任，美国西部地区哲学协会前任主席，在美国的哲学界有一定的声誉和影响。此书共分四大部分：审美经验、艺术作品、各种艺术、艺术谈论的逻辑。作者以十分简练、概括的笔法阐述了最基本的艺术审美现象，同时，对当前西方流行的若干美学（包括美术）流派及其代表人物的美学思想作了扼要的介绍，并结合艺术现象分析其立场观点，指出各流派之间的相互关系、相互影响及其各自不同的特色和倾向。

我们翻译介绍奥尔德里奇的《艺术哲学》，旨在介绍西方重要的艺术和美学流派，为我国的专家、学者和其他有关读者的美学研究提供新的材料和论据。下面就《艺术哲学》一书的基本思想作一简要的分析和介绍。

一、关于审美经验

任何一部以"艺术哲学"为题的书，必然首先会涉及美学中一个十分重要的概念——审美经验。本书的第一章就是紧紧围绕着这一中心论题展开的。什么是审美经验？它在整个美学中处于什么地位，也就是说，它的作用是什么？对此，本书作了精辟的回答，并且结合典型的艺术现象来予以论证。我们知道，作为一个有血有肉有思想有情感的理性的社会化的人，都会有自己的情趣和意向，反映在对客观事物的审美评价中就会有自己的审美经验，对审美客体作出判断（或者说作出评价）。例如，当人们在日常生活中谈到某部艺术作品时，常常会出现这样的情形：你说喜欢这部作品，而我却不喜欢它，甚至对它感到有厌烦心理。这种在我们日常生活中司空见惯的情形，反映了这样一个问题，就是由于人们的情趣和学识修养程度的不同，或由于每个人所受的专业训练和所从事的职业不同等原因，他们对同一部作品会产生各自不同的审美评价。

当我们鉴赏某一部艺术珍品（例如达·芬奇的《蒙娜丽莎》）时，我们常常用"美丽的""文静的""雍容华贵的""迷人的"之类的赞扬性词汇来评价它。但是，这样说实际上只是表达了欣赏者对作品的一种喜爱的情感。从根本上说，并没有揭示出作品的特性。因为，揭示艺术作品的特性，不能靠这些赞扬性的词。那么，怎样才能揭示出艺术作品的特性呢？对此，奥尔德里奇作了这样的阐述，他说："如果有人说，这件艺术作品是动态的、统一的、精巧的、温暖的、形式化的、简洁的，那么很显然，它们接近于描述了作品的某些特性。"因为这类说法的前提是需要有一种知觉，即意识到作品中的某种东西。但是，光有这种知觉还不能刻画出艺术作品的审美特性，正像一个人用眼看或用手触摸一台落地电扇时，根据自己的经验，说它的叶片如何旋转，说它的形状又是如何如何，这种说法显然并不是对这件事物的审美特征的描绘。由此看来，确实存在着一种具有独特审美性质的知觉方式。问题的关键在于，人们应该把审美知觉方式中对事物的经验同以非审美描绘为基础的那种知觉方式中对事物的经验区别开来。

奥尔德里奇对审美经验的研究采取了这样一种逻辑方式，即把审美知觉放到一般的知觉哲学的背景中来加以考察。在他的著作中，这种方法的运用显然是成功的。作者以笛卡尔的二元论为例，介绍了一般的知觉哲学。这种二元论认为，在经验领域中，最基本的形式是主体和客体相辅相成的关系，这两者各自都有自己的核心（或者说本质）。在主体的心灵中，最本质或最核心的东西是它的思想，这种思想是极其内在和隐秘的。在客体方面，它的最本质或核心的东西，就是它所赖以存在的物理空间。这种本质是感觉不到的。此外，客体还有其他一些同样也感觉不到，或者说只有通过科学分析才有可能接触到的不那么重要的属性。在客体方面，它的那些可以观察得到的属性是最不重要的属性。这些属性同观察主体的感觉有联系。这种二元论运用于审美领域，便提出了这样一个至今尚未解决的问题，即审美知觉究竟是主观的还是客观的。美学家们对此众说纷纭，莫衷一是。

奥尔德里奇关于超然和主观主义的论述，是他阐述其审美经验原理的一个重要环节。什么叫超然？他说："为了审美目的的超然这个古老的概念，从根本上说就是要同某些利害关系相脱离，因此，它是与'无利害关系'的概念相联系的。"鉴于作者对超然这个概念已下了非常明确的定义，对此我就略而不述了。我现在扼要谈谈奥尔德里奇所说的主观主义概念及其内涵。奥尔德里奇在书中指出："这种主观主义在艺术哲学中是一种普遍现象。……而且，主观主义不能公平地对待审美知觉的概念，它用某种主观状况的概念代替了后者。"应该看到，艺术哲学上的主观主义对于幻觉这个概念用处极大，因为主观主义和幻觉往往是密不可分的，换句话说，哪里有幻觉，哪里就必然有主观主义，尽管主观主义的种类形形色色，它们的程度也各有不同。

乔治·桑塔耶纳在《美感》一书中把"美"描述为被客观化了的快感。这种客观化使这种感觉好像成为被人们当做美的东西来体验的那种事物的一种属性。以后，布洛在他《作为艺术和审美原则的一个要素的"心理距离"》那篇颇有影响的论文中，也同样坚持这种观点。布洛认为，应该摆脱实际的主观的利害关系，把我们自己的各种情感——它们通常是主观的——不是作为内在的行为动机，而是作为某种外部事物的客观特性来加以体验。而在奥特加·依·加西特的学说中，超然的题目发生了戏剧性的变化，他在《艺术的非人性化》中，对主观主义的幻觉说作了模棱两可的解释。他认为，人们应当使自己脱离生活现实，从而造成一种精神距离，这样，人们就会在观照中和一种奇妙的实体（一种有它自己的一套特殊审美特性的“超客体”）产生交流了。到了里普斯和浮龙·李那里，他们的移情说就进一步把这种主观主义学说推进到了一个新的高峰，它要求人们在观察外界事物时，置自身于事物的境地，把本来无生命的东西看做是有生命的。

在详细论述了超然和主观主义这两个概念后，本书紧接着对幻觉说和现象主义作了阐述。这是艺术哲学家们所尤其关心的问题。冈布里奇是一位卓越的艺术哲学家，他在这个问题上有独到的建树。鉴于人们在某幅油画面前后退几步，并把它看做是一个人或一座山的那种幻觉给人们所留下的深刻印象，冈布里奇认为，当代艺术家们为这种现象以及它对艺术所提出的有害要求所苦恼，如果没有这种现象，艺术将会变得更纯。艺术家们为了摆脱在他们心灵中占了支配地位的幻觉，于是就求助于那种避免描写再现性结构的抽象艺术。例如，一幅立体派绘画就能不使人们产生幻觉，而把注意力集中到形式和媒介上。如果根据上述标准，那么，那些通常称之为现实主义的作品，则是最虚幻的。为了达到其艺术效果，它们依赖于一种在审美上没有多少价值的视错觉。

关于艺术作品的审美价值问题，冈布里奇似乎给人们留下了这样的印象，审美价值显示了心灵对其知觉材料的创造力和表现力。按照冈布里奇的这种思想，艺术作品表现或展示的东西（即它所表现的内容），好像就是这种心灵的构造能力。这就证明了在艺术作品中更为引人注目的有规则的客体世界，是一种精神定向的创造物。奥尔德里奇在此书中围绕着审美知觉这个问题，对冈布里奇的理论作了重点详细介绍，他之所以这样做，是因为这个学说是研究艺术哲学基本概念的理想出发点。

另一种现象主义的学说是由比尔兹利提出的，这一学说集中体现在他的《美学》一书中。在比尔兹利的现象主义学说中，幻觉这个概念受到了更多的限制。这是因为它对审美知觉的创造力所起的作用的估价要低得多，根据比尔兹利的现象主义，产生审美知觉主要是把人们的注意力限于某种审美客体，这种审美客体是一种在感官表象的“现象的”或知觉的领域里所形成的知觉客体。它所包含的唯一结构就是艺术家操作其材料的那种结构，这种操作的结果就是艺术作品。这时，作品对知觉者就好像是一种特殊的现象客体，比尔兹利强烈要求，把许多东西如主观情感和对审美客体的物理和心理条件的考虑从审美方式中排除出去。奥尔德里奇称这种主张是一个“赞成审美知觉客观性的卓越的独立宣言”。比尔兹利还说：“由于我们的丰富而充足的反应能力……依赖于某个大的知觉群……而这个大的知觉群可能包含着我们对作品一般风格的某种先入之见，所以，我们并不是完全客观地接近审美客体的。”根据这一论点，心灵通过一种有经验的和训练有素的知觉，确实作出了某种贡献。如果没有这种训练，“幻觉的”特性将会迷惑观看的经验，并导致错误的判断。

关于奥尔德里奇就幻觉说和现象主义所作的评论，暂作以上这些扼要的提纲挈领式的分析和介绍。奥尔德里奇详尽地阐述上述这些美学观点，其主旨是要为论述审美经验理论奠定基础，因为，只有搞清楚什么是超然和主观主义，什么是幻觉说和现象主义等问题，才能对进行审美判断所必须具备的审美经验作深刻的分析和阐述。奥尔德里奇正是严格按照这样一种研究的逻辑程序，对审美经验的性质作了精辟而又中肯的解析。

奥尔德里奇认为，反对幻觉说和主观主义的最行之有效的方法是彻底抛弃超然这个概念，并强调与之相反的概念。奥尔德里奇强调知觉的整体性，认为审美知觉的作用是要揭示经验的潜在的有机统一，或者说通过对感官经验的明智整理来制造这种整体性，从而把经验从支离破碎的状态中拯救出来。这一关于制造整体性的思想被杜威发展成为“艺术即经验”的著名论断。因此，在杜威看来，超然对于审美经验来说是完全不必要的。

杜威认为，向人们提供产生审美经验的机会无疑是艺术家的特殊的神圣使命。正是鉴于这一点，艺术家不辞辛劳地创造艺术作品，而这些作品能表明经验达到何等完整和何等富有意义的地步。这些作品的主旨在于用感性手段说明感觉到的整体性。总之，在杜威看来，艺术就是经验，换言之，经验的最完美的表现就是艺术。因此，他坚持认为，那种把艺术孤立起来进行解释的理论，从根本上割裂了艺术与其他经验方式的联系。杜威的艺术即经验的理论在他的美学理论中占据着核心和主导的地位，西方有的学者就称他的这一理论是澄清他的艺术哲学的主导思想。不过，奥尔德里奇在看到杜威理论富有价值一面的同时，也看到了杜威这一理论的不足方面，那就是，杜威在强调艺术即经验的同时，却“抽掉了艺术就是再现这个概念的支柱”。

二、关于艺术作品

上面，在介绍奥尔德里奇审美经验理论的同时，我们在一定程度上已经涉及了作为审美客体的艺术作品这个题目。作为以创作为天职的艺术家，他最关心的就是他的艺术作品。我们现在来看一下奥尔德里奇关于艺术作品的论述。

艺术作品从根本上说是什么？对这个问题，艺术哲学家们作出了不同的回答。第一种回答，唯心主义或唯灵论的艺术哲学家从他们的形而上学观点出发，否认艺术作品是物理的。在他们看来，没有一种东西从根本上说是物理的，甚至我们叫作物理自然界的位于时空中的东西，也是精神或心灵在最大限度地将自身外化为与自身不同的他物时的表现。奥尔德里奇尖锐地指出，按照唯心主义和唯灵论的这种观点，“即使是物理世界——尽管严格说来不是艺术作品——也是心灵的产物”。显然，作者是不同意这种观点的。

第二种回答是，艺术作品既不是物理的，也不是心灵的，它是一种中间物，一种和柏拉图的普遍概念有点相像的第三种东西。这是逻辑实在论的观点。按照这种观点，艺术家的一切艺术活动，并不是在创造艺术客体，而是通过媒介向审美的视觉器官展示艺术客体。他实际上构造的东西就是这种媒介要素的排列。

第三种回答是现象主义的回答，这种回答同第一种回答（即艺术作品不是物理的）是一致的，而不承认柏拉图式的“艺术作品是一种普遍的概念实体的观念”。奥尔德里奇在全面分析了现象主义关于艺术作品的观点后指出，现象主义偶尔也会注意到艺术作品同它的物理基础的联系，但是，现象主义的基本观点已经不言自明：由于这种物理基础本身严格说来并没有在知觉中被给予，所以，它不应被认为是艺术作品固有的组成部分。

第四种回答是一种语言学观点，它关系到艺术作品究竟是什么的问题。它认为，艺术作品基本上是物理的，但是，谈论艺术作品的语言却有两种用法，我们应该认识“艺术作品”一词的审美用法。正像玛格丽特·麦克唐纳在其《艺术和现象》一书中说的：“造型艺术作品就像石头或星星一样是物理客体，文学作品和音乐作品的表演（它们的共同媒介是声音）都是物理事件。”

在上述四种答案中，究竟哪些答案是正确的，哪些答案是错误的呢？要对这些答案做出裁决并非易事。这里牵涉一个重要的概念——“物质性事物”以及它的“种类外观”，因为作为“物质性事物的种类外观”，它可以表现为物理客体或审美客体，奥尔德里奇正是通过对“物质性事物”这一概念和“物质性事物的种类外观”的详细考察和论证，来揭示艺术作品之性质的。奥尔德里奇概括地指出：“唯心主义”的观点认为，艺术作品是一种心灵的或精神的东西，这种观点迄今仍是错误的。在认为作为审美客体的艺术作品与物理属性相分离这一点上它是对的。唯心主义者的错误在于，它认为，因为艺术作品不是物理的，所以，它同物质性事物就没有联系。这就使人们得出这样一个结论：“艺术作品完全是主观的，因而也是心灵的，即一种奇怪的主观客体。”奥尔德里奇接着又指出：“（逻辑）实在论的解答也是导源于这样一种认识，艺术作品在它同审美经验的联系中不是一种物理客体。但是，这种观点还有一个优点，即拒绝使艺术作品主观化或心灵化。它的错误在于这样一种假定：由于艺术作品不是存在于时空中的物理客体，所以，它像逻辑的普遍概念一样，是一种没有空间和时间的实体。这就忽略了事物作为一种审美客体在其中出现的那种审美空间和时间；忽略了一种环境，在这种环境中，作为审美客体的事物是有历史的，而这种历史和永恒的普遍概念不同，而且，这种历史跟物理性事物的历史也不一样。”

由现象主义所作的第三种回答，实际上是体现了这样一个主张，即物理客体是更微妙的审美知觉客体的基础。现象主义者对如何了解审美客体则是一筹莫展，其原因就是，他们也否认审美客体是物理的，例如，比尔兹利就是持这种观点。因此，奥尔德里奇清楚地看到，现象主义者所缺乏的正是这样一种观念：物质性事物——艺术作品——是作为一种审美客体出现的。同时他又补充道：物理客体绝不会作为一种审美客体出现，说它们作为一种审美客体出现就是犯了哲学家们现在所说的“种类混淆”的错误。

对第四种回答的分析这里就不赘述了。总之，作者对“艺术作品”这个总的概念的确是作了一番精心的研究和论述。因为，只有将这个总概念论述清楚了，我们才能对构成这个总概念的其他各个重要方面（如材料、形式和内容等）作深入的理解。下面就分别来谈谈构成艺术作品的这几种要素。

先谈谈艺术的材料。材料一词，最初来源于拉丁语 materialis（即物质的），意指艺术家在创作的过程中用来体现艺术作品的东西。正像伟大的高尔基说的那样，语言是文学的建筑材料，作家凭借语言来描写生活现象，表现自己的情感和思想。乐音是音乐的材料。雕塑家使用黏土、木材、花岗石、大理石和青铜，画家则使用画布和颜料。在戏剧和电影中，演员的身体条件（演员的外表、动作、手势、面部表情、嗓子等）也是创作的材料。总之，材料在艺术中具有极其重要的意义。艺术家在创作中所选择的正是那些从艺术角度来看最能全面体现作者构思的材料。围绕着材料在艺术创作中的作用和地位问题，奥尔德里奇对此作了深入的探讨，并结合具体的创作实例，从实践上加以明确的论证，而最能说明问题的是作者在《艺术哲学》第 51 页绘制的那张反映工匠和艺术家各自所关心的事情的图表。奥尔德里奇首先以音乐和绘画为例，他说，音乐家一旦获得了乐器，如小提琴、钢琴、长笛、单簧管等，他就获得了基本的艺术材料。以此类推，绘画也是同样，画家一旦获得了画笔、颜料、彩色粉笔和画布，他也就获得了艺术材料。同样，对于雕塑家来说，青铜块、大理石、花岗石等也是艺术材料。对艺术家同材料的关系，奥尔德里奇还是以小提琴为例作了这样的概述：由工匠所制造的“完工了的小提琴才是艺术家的器具，小提琴和弓才是艺术家的材料，艺术家用这些材料创作或演奏音乐艺术作品”。此外，还有一个艺术家在创作中对器具的感受问题，例如钢琴家对键盘的感受，画家对画笔的感受等。艺术家对器具的感受是他能否成功地使用器具，从而能否成功地进行创作、演奏（或表演）的极为重要的条件。

下面谈谈什么是艺术作品的媒介。

媒介这个概念，相对于材料来说，是要较为抽象一些。同时，它同材料又有着甚为密切的关系。但是，作为器具的艺术材料显然并不是媒介。钢琴的琴键、彩色粉笔或青铜块，就是在工匠为了艺术家的使用而加工好之后，也不是艺术媒介，甚至在艺术家使用这种琴键、彩色粉笔或青铜块时，它们也不是媒介。那么，到底什么是媒介呢？它的作用又是什么呢？奥尔德里奇对此写道：“在创作的过程中……艺术家首先是领悟每种材料要素——颜色、声音、结构——的特质，然后使这些材料和谐地结合起来，以构成一种合成的调子。这就是艺术作品的成形的媒介，艺术家用这种媒介向人们展示作品的内容。严格地说，艺术家没有制作媒介，而只是用媒介或者说用基本材料要素的调子（或调性）的特质来创作，在这个基本意义上，这些特质就是艺术家的媒介。”

较之材料和媒介，艺术作品的形式和内容同艺术作品的本质更为接近。在艺术作品的形式和内容问题上，历来的美学家根据其不同的哲学观点，做出了不同的解释。例如亚里士多德，他认为事物的内容本身是没有形式的僵死的材料，而形式则是可以脱离内容而预先存在的“理式”。这种观点反映到艺术上，就必然会导致关于艺术作品的形而上学观，把作品的内容和形式看成是两个没有内在联系的组成部分。记得英国的新柏拉图主义者夏夫兹博里曾经这样认为，凡一切美丽、漂亮、好看的东西都不在物质（材料）上面，而是在艺术和构图设计上面；绝不在物体本身，而是在赋予形式的那种力量。那么，奥尔德里奇的“内容、形式观”又是怎样的呢？

首先应该指出，奥尔德里奇对艺术作品的形式和内容的理解始终是紧密结合着艺术题材来进行的，他认为，如果抛开艺术题材，就会处于“不利的地位”。因为艺术作品的内容就是在艺术作品的媒介中通过形式体现出来的艺术作品的题材。因此，离开了题材，形式和内容就无从说起，我们在谈论形式和内容时，就必须把题材考虑进去。为了说明形式、内容以及它们同题材的关系，我在这里不妨举例说明，一块云——一块呈教堂状的云，这种形状就是一种形式，凭借这种形式，我们可以把它看做是教堂，我们把云彩的形状看做的教堂就是艺术作品的内容，这种呈教堂状的客观形象给具有这种形状的事物（云彩）灌注了生命。教堂的形象本身在没有体现出来的情况下，就是被看做教堂的那块云彩的题材。

形式主义者在这个问题上是有错误的。他们片面地追求形式而忽视或否定内容，认为不是内容决定形式，而是形式决定内容，形式就是一切，形式就是艺术的本质。形式主义者为什么会如此注重形式呢？奥尔德里奇认为，归根到底，是形式主义者没有把内容和题材严格地区别开来，这是导致形式主义错误的主要根源。

艺术作品的风格问题。

所谓风格，无疑是作家、艺术家在创作中所表现出来的艺术特色和创作个性。作家、艺术家们由于各自的生活经历、立场观点（当然也包括政见等）、艺术修养、个性以及他所处的那个具体的环境的不同，在塑造形象、运用语言等方面都会有其各自不同的特色，反映在艺术作品中，就是我们所说的那种“艺术作品的风格”。下面我来谈谈奥尔德里奇关于风格的见解。

风格是不是一种形式？它同形式是一种什么关系？奥尔德里奇认为，艺术作品的风格是相对于一部完整的作品而言的，正如音调的音色是相对于艺术家用来创作艺术作品的完整器具而言的。艺术家使用的那种乐器的性质在这种音色（Timbre）中得到显示。这就包含了作为创作者然而仅仅是作为一个组成部分的那个艺术家的性质。对此，左拉说，艺术作品就是通过艺术家的气质看到的一部分自然。但是，这种作品是通过对材料和媒介的使用来完成的，而这些材料和媒介的特性也在作品的风格中得到显示。题材这一部分自然对风格也有自己的要求。所以，风格是一种比形式更丰富更复杂的东西。

至于艺术表现（Expression）和艺术再现（Representation），奥尔德里奇认为，只要“再现”一词与美学发生关系，它就很难与“表现”区别开来。其原因在于，艺术再现不可能像镜子那样光是对现成事物作纯粹的被动反映，而是对显现为艺术作品内容的题材的一种建构性的重新展现。而艺术家进行再现的方式在一定程度上有赖于他观看事物的方式。奥尔德里奇比较重视对艺术表现和艺术再现性质的论述，他在书中结合了一些具体的艺术现象对上述两种“概念”作了颇为细致的分析和论证。

三、关于艺术领域

下面，我想重点谈谈奥尔德里奇所研究的这个艺术领域。在这里，首先需要说明的是，艺术的领域十分广大，它可以包括许多种类，而奥尔德里奇在本书所致力研究的只限于下述九类，即建筑、雕塑、绘画、摄影、舞蹈、戏剧表演、哑剧、音乐和文学。

我们先来看看建筑和雕塑。建筑和雕塑同是属于造型艺术。在人类的发展史上，建筑无疑是人类的一种特殊的创造活动。然而，建筑作为审美客体，则是一个历史的产物，它有自己的那种从实用到审美的发展过程。因此，一般说来，建筑都具有实用和审美的双重功能。应当说明的是，在不同的建筑物中，这两种功能各自所占的比重是不同的。如房屋之类的建筑，实用功能占主要地位，而纪念碑一类的建筑则不然，它往往首先考虑的是审美功能，而实用功能则是第二位的。在这里，我只是就奥尔德里奇的研究线索，着重谈谈“功能性建筑”这个专题。

作为存在于三维空间的，具有体积、平面、线条、色调、材料等因素的建筑来说，它与雕塑有某些相似的地方，我们说它是造型艺术也正是在这个意义上说的。例如，它们都是以可视性的形体直接诉诸视觉，适应着视觉活动的一般规律。建筑属于一种形式艺术。作为艺术家的伟大的建筑师，也像任何伟大的艺术家一样，热爱他的材料，他想通过一种完工了的“功能性的”艺术作品，来展示他的建筑材料的特性。建筑材料的合乎规律的结合，给人以韵律和节奏感。在这个意义上，我们完全有理由说，建筑与音乐有着某种内在的联系。因此，德国哲学家谢林称建筑是“凝固了的音乐”是有他的道理的。奥尔德里奇认为，建筑上的功能主义有助于创作一种具有审美空间的形式化的艺术作品，而一个真正伟大的建筑师，他应该懂得怎样使人类对一个良好的生活和工作场所的要求和审美观念的要求都得到满足。因此，现代的建筑越来越趋向于将实用功能和审美功能最密切、最理想地统一在同一座建筑里。因此，一个好的建筑师，他应该时刻记住自己不单单是一个艺术家(相对于审美功能而言)，而且是一个工匠(相对于实用功能而言)。这样说来，如果他的完工了的作品是一座教堂，那么，这个作品就是人类精神或神灵的寓所。所以，建筑师在“创作”这部作品时，他就既要使之体现材料的性质和这些材料的外形结构的审美性质，又要使之体现精神或神灵的性质。例如，佛罗伦萨的圣洗堂就是这种风格的典型代表。从里面看，它的顶部呈高高的尖拱状，从外面看，顶尖高高耸立，扇形拱密布，以大型彩色玻璃装点，这种建筑以最典型的表现手法给人以跃跃欲升的升天之感，以表现神秘的宗教色彩。

奥尔德里奇认为，就建筑是一种艺术来说，它基本上是形式的。严格说来，作为一种艺术，它既没有内容，也没有题材。区别建筑和雕塑根据这样一个事实，雕塑除了形式外还有题材和内容。雕塑艺术通过材料同建筑发生联系。对于这两种艺术来说，它们的材料几乎是一样的。由于这种材料的相同性，建筑物自然就可能附有许多雕塑。但是，雕像如果不比建筑物更形象的话，它就失去了其独立存在的价值。在上述意义上，雕像更具有再现性，它具有更强的表现能力。

雕塑师为了能使他的作品更有表现力，故十分重视材料(如大理石、花岗石等)的线晕和纹理。但是，对于一部完工了的作品的形式来说，这些线晕和纹理则是第二位的。这种形式同雕塑材料的形状很有关系。雕塑师选择这些纹理和线晕不是为了这些线晕和纹理本身，而是考虑到这些东西同雕像的明亮度有关。因为雕像接收和反射光线的情况，对于它的形式来说是很重要的。

鉴于绘画这个主题，无论是美学界还是美术界对它都有许多探讨和论证，因此我就不涉及它了。我想就舞蹈和戏剧表演专题来分析奥尔德里奇在这方面的见解。

作为通过人体的某种动作、手势、舞姿、造型来表达思想和内容的舞蹈，通常是在音乐的伴奏下进行的。奥尔德里奇写道：“舞蹈艺术的材料是舞蹈演员活动着的身体，它是一种表演艺术。”那就是说，一方面，它是通过设计“编写出来”的舞蹈，另一方面是对这种舞蹈的表演。这就意味着舞蹈演员一般不是他所表演的那个舞蹈的创作者(当然也不排除有自编、自导、自演的)。但是，在某种意义上，舞蹈演员也创作。在由单个的舞蹈演员主演的解释性舞蹈中，就有更多的创作余地。此外，我们可以说，舞蹈演员的身体就是供创作者创作的材料，这个创作者无须成为舞蹈演员。因此，奥尔德里奇说：“有点像雕塑家对青铜进行加工一样，舞蹈创作者使人体活动起来，从而构成各种形态样式(男性的或女性的)。正在跳舞的舞蹈演员就是一座完成了的青铜雕像，它是创作者的而不是舞蹈演员的艺术作品。”同时，奥尔德里奇还指出，舞蹈艺术也许是一种次要的艺术，因为就它同音乐等配合在一起而言，它是一种不纯的艺术。

至于戏剧表演，自然与舞蹈不同，这里不准备详谈整个戏剧表演，而只是谈谈它同演员个性的关系问题。奥尔德里奇写道：“在戏剧表演中，个人的因素变得至关重要。……为了展现演员在戏剧表演中应当被领会成的那种东西即戏剧内容，在需要加以控制的材料中，除了演员的身体外，还包括演员的个性。”在戏剧中有各种角色，正是这些角色将通过这些演员在剧场舞台上的活动来表现或实现。考虑到演员的个性，因此，必须认真地选择适合于角色的演员，但这个事实并不意味着演员的个性将在剧中得到展示，相反，它意味着，由于戏剧表演艺术的材料包含着演员的个性，所以，犹如雕塑家选择带有合适线晕的大理石那样，导演在考虑演员担任角色时，会尽量选择那种其个性最符合(或最相似、最接近)被扮演的人物或角色的演员。此外，说话和手势属于戏剧表演的要素。这种要素把戏剧表演同舞蹈、雕塑区分开来，奥尔德里奇在谈到表演的语言和手势时说：“一个好的演员，如果他认识到剧场中大多数观众看不到他的怪相或微笑，那么必要时，他就会用言语和手势来代替微笑和怪相。”这是言语和手势在表演中的独特的功能，也是戏剧表演中的一个极其重要的组成部分。

奥尔德里奇在他的艺术分类中，对哑剧、音乐、文学和摄影也作了详细的阐述，并且提出了自己的观点。

在对审美经验、艺术作品以及各种具体艺术的本质作了阐述的基础上，最后，奥尔德里奇着重探讨了艺术谈论的逻辑问题。这一问题同艺术批评的关系十分密切。这种艺术谈论的逻辑从其性质来说是一种批评性的哲学活动，故人们通常把它称之为批评哲学或曰新批评。它的主要表现形式是，通过对艺术作品的描述、解释和评价来分析和澄清艺术批评中所使用的一些重要的基本概念。它实际上是一种哲学分析活动。奥尔德里奇在第四章中分别从艺术描述、艺术解释和艺术评价三个方面，对这一问题作了详细的阐述和论证。由于这一部分严格说来不属艺术本体部分，加之受篇幅的限制，故我对这一问题不打算做更多的评述了。

奥尔德里奇的《艺术哲学》一书就介绍到这里。记得国外有一位学者曾经说过这样一句话：“哲学家一生的标志就是他的那些著作，而哲学家生活中的那些最激动人心的事件，就是他的思想。”艺术哲学家奥尔德里奇写下的这部《艺术哲学》，可谓是他艺术思想的综合体现，我想，他的思想一旦同有关的读者见面，也可能会“激动人心”的。因为，一部《艺术哲学》，往往不同于一般的哲学或艺术理论书籍，它无疑具有某种特殊的地位。正如桑塔耶纳说的："艺术哲学比之鉴赏心理，往往是更耐人寻味的科学，尤其是对于某些人，他们与其说醉心于美本身，不如说神往于人的艺术本能及其在历史上五花八门的表现这个微妙的问题。"[①]本书是一部哲学意味较浓的美学专著，全书文字简练，内容丰富，观点新颖，结构严谨，论述颇为深刻透彻，每章节各自独立，又互相联系，使全书构成一个有机的整体。由此不难看出，奥尔德里奇是一位学风正派、治学态度严谨、思维清晰，有独立见解的艺术哲学家。他在本书中对不少流派的艺术探索基本上都是持肯定的态度，同时，也毫不隐讳地批评现代艺术流派中的某些派别，指出它们的问题所在。令人感到不足的是，作者的文字比较晦涩；另外，在列举大量的艺术现象时，只字不提东方艺术，这一点，每一个中国读者都会敏锐地意识到的，但是，这并不从根本上影响本书的价值和意义。作为读者，我们可以不同意本书中的某些观点，但是，作者在论述哲学美学和阐述现代艺术流派发展的历史过程中所提出的许多艺术观点和理论问题，值得我们去借鉴，去予以认真的思考和对待。

① 桑塔耶纳.美感[M].缪灵珠，译.北京：中国社会科学出版社，1982：1.

学说纷呈　百家争鸣

——写在《现代西方美学》前面

现代西方美学是现代西方哲学的重要分支。

现代西方美学是20世纪科学、哲学和文艺学综合发展的产物。

现代西方美学的产生、形成和发展有其深刻的历史渊源和社会背景。

早在19世纪末和20世纪初，西方社会就已经开始发生剧烈的动荡和变化，尤其是20世纪初以来两次世界大战的爆发，使潜在的社会危机充分暴露。大战以前，西方的大国都处于侵略成性的国家主义状态。战争的结果，不但使西方的政治、经济和社会结构普遍发生了深刻的变化，而且也给人的心灵造成了巨大的创伤。那时，迷惘、焦虑、恐惧和绝望的情绪弥盖着欧美大陆，西方世界到处呈现一片思想和精神危机。人们面临着令人失望的现实，不得不对以往的传统重新进行哲学的反思，西方人价值观念的转变导致了悲观主义和弗洛伊德学说的流行。到了20世纪中叶，尽管两次大战已经结束，但西方人在心理上仍然没有摆脱新的世界大战的威胁。于是，他们又千方百计地通过总结历史上的教训来寻求一种新的社会平衡，以有利于自身民族的稳定、繁荣和发展。这时的西方，已经不像大战时代那样，一味雄心勃勃地想征服全球，称霸世界，而是比较多地把注意力集中在整顿、治理自己国家和民族的内部事务上。他们也尽量把自己扮演成一个“较为不那么狂妄”的角色，并力图在社会、经济和文化形态方面充当“人类有经验的带路人”[①]西方社会所形成的这种一反大战时代的理性和缓气氛，给科学主义和主体哲学的发展开创了有利条件，也给现代西方美学的发展提供了温床。

我们下面将要介绍的这些现代西方美学流派，它们基本上都产生和形成于19世纪末和20世纪初以来各个不同的时期，分别代表了各种不同的美学理论思潮。这些流派有的历久不衰，有的风靡一时，有的至今余波未逝，有的则方兴未艾。20世纪是整个人类科学和精神文化生活进入迅速发展和重大变革的时代。要变革，就意味着对旧的传统观念和传统文化的批判和否定。精神领域里的创新者们，他们严格而又苛刻地审视着先辈的遗训，并且对之重新作出取舍和评价。当然，作为反传统的意识形态，它早在19世纪就已经出现，但那时尚未形成一股席卷世界的浪潮，而到了20世纪，才真正成为一种独立的现代

---

① 休斯.欧洲现代史[M].陈少衡，译.北京：商务印书馆，1984：3－4.

观念和巨大的理论思潮登上了社会历史发展的舞台。现代西方美学诸流派，从总体上说，就是在这种全面反传统的社会历史背景下产生、形成和发展起来的，同时也体现了这种反传统的时代特征和基本倾向。

作为现代西方哲学一个分支的现代西方美学，尽管它的内部派系林立，学说众多，但它的基本宗旨就是要对传统的美学进行反叛和否定。因为，在现代西方美学家们看来，旧的传统美学已经无法表现（反映）新的时代生活，而必须开创一种更鲜明更有生命力的美学形态来取而代之。这倒并不是说现代西方美学家们已经完全彻底地抛弃了传统美学，相反，他们正是在对传统美学作严格审视的基础上把理论研究的目光探向未来和新的领域。这就是为什么20世纪现代西方美学流派众多、学说纷呈、百家争鸣，精英辈出的原因所在。不过尽管这些流派学说纷纭，观点各异，他们的研究方法也各有不同，甚至同一流派内部的学术观点和研究方法也有差异，但有一点却是共同的，那就是他们都试图对传统美学中的一些重大理论问题作出新的思考和解释。具体地说，他们都力图摆脱对美作传统的形而上学的沉思和解析而转向对具体的艺术主题（其中包括对艺术和艺术的定义、艺术的本质、艺术的可界定性、艺术概括、艺术欣赏、审美判断、审美主体与客体、审美经验、艺术创造等）作出全新的考察和阐述。

以克罗齐为主要代表的表现主义美学的诞生，揭开了现代西方美学的帷幕。这一学派的美学思想对现代西方美学产生了极大的影响。人们普遍把它看做是对以往长期存在的浪漫主义文艺创作的一种理论概括和总结。在西方美学界，人们一谈起表现主义，就自然同克罗齐的名字联系在一起。这就足以说明，克罗齐表现主义学说对现代西方美学的影响及其在现代西方美学中所处的地位。在英美地区的哲学著作中出现了一个专名：Croceanist。科林伍德（R.G. Collingwood）、阿诺·理德（A. Reid）等美学大师均被当之无愧地冠于Croceanist名下，可见他们都是西方公认的克罗齐学说的后继者和表现主义美学的杰出代表。克罗齐在哲学上严格说来属于新黑格尔主义者，承认绝对精神是世界万物的基础，并由此构建起他们所谓“纯粹精神哲学”体系。不过，他不太同意黑格尔关于“物质世界和自然界是绝对精神的异化”的观点，从而在对黑格尔这种观点予以修正的基础上重新提出所谓“精神就是整个实在”的学说。克罗齐表现主义学说的核心命题是“直觉即表现”。这一命题的提出是由他的哲学观所决定的。克罗齐哲学的基本性质是一种非理性主义和主观唯心主义。克罗齐的直觉，具有很宽广的内涵。首先，它是一切知识的基础，是各种感觉印象的内在反映。它与主体的感官有着紧密的直接联系。直觉也是美的根源。克罗齐把主体的直觉同客体的存在视为同一，这一点倒很像贝克莱的“存在就是被感知”。继克罗齐之后，科林伍德在克罗齐理论的基础上，发展了表现主义美学。科林伍德也和克罗齐一样，他认为，艺术即情感的表现，艺术是一种纯粹的主观想象活动，但他不赞成克罗齐的“直觉即表现”的理论。科林伍德认为，作为审美主体的人的审美活动，其实是一种思维在意识形式中使感觉经验转化为想象的活动。通过想象，主体意识到自己本来没有意识到的情感，并把他提升为自觉的情感，使其获得表现。故科林伍德十分强调，艺术想象不是对现存情感（指明朗的情感）的单纯表现，而是一种对本来不明朗的内在情感的探测(或使之明朗化)的过程。克罗齐—科林伍德的表现主义美学理论对后来的小说(如卡夫卡的)和戏剧(如布莱希特的)等都深有影响。在更广阔的范围内,对于 20 世纪美学文艺学都产生了极其深远的影响。

几乎与表现主义同时,以桑塔耶纳(G. Santayana)为代表的自然主义美学在欧洲十分流行。这一学派大约形成于 19 世纪与 20 世纪交替时期,其核心理论体现在桑塔耶纳的代表作《美感》一书中。桑塔耶纳受自然主义心理学的启发创立了这一学派。他主张把审美经验和审美判断当做生理心理现象和心灵发展的产物来加以研究,认为在人的天性中必定有一种审美和爱美的最根本最普遍的倾向,而美学的目的就是在于揭示出这种审美经验和欣赏力的根源。他试图通过《美感》一书创立一个完整的美学体系,从而想把美学和伦理学严格地区别开来。桑塔耶纳认为,审美判断是一种对善的积极的感受,而道德判断是对恶的消极的感受,美是一种积极的,固有的和客观化了的快感。桑塔耶纳还指出,在主体的感觉中,视觉是最卓越的感觉。因为任何事物的“形式”差不多是“美”的同义词,而这种“形式”只能为视觉所感知。桑塔耶纳美学理论的核心就是“美是一种价值”,“是一种被客观化了的快感”。这一学说强调审美主体的内省心理,由于它的创立,从而进一步推动了人们从经验的角度去欣赏、审视和研究美的艺术。在西方,桑塔耶纳被人们誉为第一位有影响的自然主义美学家。《美感》一书在西方美学史上所产生的巨大影响是不能低估的。桑塔耶纳作为美国现代美学的代表,他的自然主义美学理论对实用主义美学代表杜威和艺术符号论代表苏珊·朗格等都产生过深刻影响。比如,苏珊·朗格就是借鉴了桑塔耶纳的调和“本能”与“功用”的关系的方法调和形式美与表现美的关系,从而开创了艺术符号理论。

约翰·杜威(John Dewey)的实用主义美学理论是建立在“自然主义经验论”和“工具主义”哲学基础上的。在杜威哲学中,经验有两种,这就是认识的经验和非认识的经验(即原始经验)。人的认识就是一种把原始的混沌不清的经验转变成明晰的对象的过程。由此出发,实用主义美学认为,艺术与经验,两者之间有着密切的联系,艺术是一种经验的延续。所谓独立于日常经验之外的“特殊的审美经验”是根本没有的。艺术的源泉存在于人的经验之中,一切美的形式只有依靠经验才能被理解和领悟。经验是进行美的享受的前提。因此,一切艺术鉴赏都是必须依靠“经验”,这种“经验”是一种主客体兼收并蓄的混沌整体。它由“主体”和“客体”“自我”同其“世界”之间的相互作用所构成。其本身是一种既非精神又非物质的“超越物”。用这种超越性的“经验论”来解释艺术、艺术创作、艺术欣赏,其实是否定艺术的客观性和美的客观性。杜威的主要美学思想集中体现在《艺术即经验》一书中,此书阐述的中心即经验最完美的表现是艺术。应该承认,杜威的实用主义美学理论,有其积极的一面(如他批判当时西方流行的“为艺术而艺术”的观点等),也有消极的一面(那就是对经验作主观唯心主义的解释,否认艺术是客观生活的反应等)。尽管如此,杜威对现代西方美学的贡献是巨大的,比尔兹利在谈到实用主义美学的历史贡献时这样写到杜威在 75 岁高龄时所撰写的《艺术即经验》一书:“就 20 世纪用英语写成的美学著作而言,甚至包括所有美学著作在内是一部最有价值的著作。”由此足见实用主义美学的历史地位和影响。

以美国著名美学家托马斯·门罗(Thomas Munro)为代表的新自然主义美学是在杜威哲学的影响下形成的。从新自然主义美学的基本内容和特征来看,它和杜威的经验自然主义理论体系几乎是一脉相承。这两个美学流派的共同特点就是两者都用自然主义的生物学和进化论观点解释包括艺术在内的一切美和审美现象。他们把美、艺术和美感现象看成是生物性的个体对环境适应的产物,看成是基于日常生活经验,从而否定了美的社会性和历史性。所不同的是,新自然主义美学较之杜威的实用主义美学更注重用科学和实验的方法来研究和解决美学问题。门罗是最早试图将美学发展成为一门独立科学的西方美学家之一。他的论文集《走向科学的美学》就是这方面的一种尝试。这些论文从不同的角度代表着门罗美学思想的主要观点和见解,用门罗自己的话来说:"这些论文所探讨的是当前美学在向科学转化的过程中的各个方面"。在托马斯·门罗看来,传统美学只不过是思辨哲学的一个分支。那些对美的本质及其传统美学范畴的抽象探讨,只能使美学处于纯粹的知识状态,而于艺术实践没有什么好处。正因为如此,门罗才主张创立一种能适合于大众的"科学美学"——"新自然主义美学"。门罗的美学研究尤其注重其方法,它力图摆脱任何哲学体系对美的本质观点的影响,而着眼于对美感经验与艺术实践作出验证和描述。门罗将他的科学美学的研究重点放在以下三个方面:(1)审美形态;(2)审美心理学;(3)审美价值学,并分别对之作出界说:所谓的审美形态学,就是用科学的方法对艺术进行分析、描述和归类;审美心理学"则是把艺术作品放在更广阔的人类行为范围内进行研究。它感兴趣的是要弄清究竟是艺术家个性中的什么力量促使他创造艺术作品"。另外,审美心理学还要"理解这些创造活动和欣赏活动与艺术以外的其他人类经验的关系,以及他们与人类机体结构的关系"。至于审美价值学,鉴于以往对美学价值的讨论"大都过于概括和抽象",而且,都把价值视为可以独立的自然事物本身秩序而存在的一种东西,认为对审美价值不可能进行经验的描述,而门罗则强调:"人们现在可以用更加带有描述性的方法对许多与审美价值有关的现象进行研究。""科学美学"是20世纪一门创新的科学。这门科学"正处在一种迅速变化和发展的状态中",众多流派间的意见分歧,使艺术家们无所适从,这是一个事实。在未来的研究道路上,艺术家、科学家和哲学家更应该一道有效地合作。这也是为了适应当代科学美学发展的需要。

20世纪初,是俄国社会变革和动荡最激烈的时期,这些激烈的变革和动荡也导致了俄国文坛进入重大的历史转折。俄国形式主义美学就是这种历史转折的标志和产物。我们知道,美学文艺学的本体方法发端于1915年—1917年开始形成的"俄国形式主义"。"俄国形式主义"包括什科洛夫斯基(V. Shklovsky)领导的彼德格勒"诗歌语言研究会"和雅各布森(R. Jacobson)领导的"莫斯科语言学小组"等。它以关注文学形式、强调文学自立性、重视审美感受并以建立一门独立、系统的文学科学为己任。由于俄国形式主义美学是从研究诗歌开始的,所以,该派更关注于语言的研究。俄国形式主义美学尽管在历史上出现的时间比较短暂,但它所产生的历史影响却不能低估。俄国形式主义美学十分注重文艺作品的研究,它认为,作为审美对象的文艺作品,它具有一种不依赖于其他东西而存在的独立性，它反对那种把文艺作品当做再现形式表现的工具的看法。在内容与形式之关系上，俄国形式主义美学认为，形式是内容的载体，形式能制造内容，新形式制造新内容，不同的形式会有不同的内容和意义。正确解决文艺的内容与形式的关系的途径，就是以形式为轴心来调节内容与形式之关系。在对艺术的看法上，俄国形式主义美学强调文艺作品的自主性和独立性，反对把艺术作品作为一种服务性工具的说法，并认为，艺术既不是作为思维或认识的方式，也不是形象思维。不过，艺术作品作为一种审美客体，它所具有的艺术性与鉴赏者（主体）的感受能力相对应。这就是说，艺术作品尽管作为客体是一种独立的自主体，但它要真正成为审美对象，又必须与主体的感受能力相关联。我们由此看到，在俄国形式主义美学看来，审美主体的感受方式对作品是否具有艺术性起着至关重要的作用，而作品价值却仍存在于形式中，艺术家从事创作的秘密也在于"形式"。俄国形式主义美学的形式统辖了传统的形式与内容，它成了主宰、决定艺术品是否具有艺术性的关键。其实，在俄国形式主义美学看来，所谓的"形式"就是指一种审美形式，一种给作品赋予艺术性，由此产生艺术感染力并唤起鉴赏者审美感受的形式。俄国形式主义美学虽已成为历史，但它对当今西方美学的发展是有很大的理论贡献的，西方有人甚至把俄国形式主义美学看成是整个20世纪美学文艺学的源头，不仅仅是指它所提出的诸如"陌生化"以及关于艺术的"形式"等重要理论，而且更主要的是指它所首倡的关于艺术的本体研究方法，这显然是有其一定道理的。许多现代西方美学流派（如流行于英美的"新批评派"等）都从俄国形式主义美学中吸取了营养并受到启迪。

英国形式主义美学在现代西方美学中也是一个较为特殊而又重要的艺术心理学流派。该流派产生于20世纪初，活跃于二三十年代。主要代表是英国著名的文艺批评家克莱夫·贝尔（Clive Bell）和罗杰·弗莱（Roger Fry）。英国形式主义美学在西方现代美学之林中可谓独树一帜，被公认为西方"三大美学"之一（其余两大美学是以克罗齐、科林伍德为代表的"表现主义美学"和以卡西尔、苏珊·朗格为代表的"符号论美学"）。著名英国美学大师奥斯本甚至称它是"当代艺术理论中最令人满意"的一种。英国形式主义美学与一般的现代西方美学流派不同，它更多地与艺术（尤其是与有形的视觉艺术）有密切的联系。更准确地说，现代形式主义美学是对以塞尚、凡·高、高更为代表的后印象派美术经验的概括和总结。作为一种美学形态，英国形式主义美学可谓源远流长。早在两千多年前的古希腊就已产生。那时，毕达哥拉斯学派就曾试图从几何关系中寻找美的规律，如他们认为一切立体图形中最美的是球形，一切平面图形中最美的是圆形，等等。形式主义美学发展到20世纪，由贝尔和弗莱在英国分析哲学和后印象派文艺思潮的影响下，创立了一种新的形式主义美学理论。弗莱一生写有多部艺术论著，但最有名最有价值的是《视像与构图》一书，此书中的《论美学篇》集中体现了他的形式主义美学观。这篇著作给贝尔"有意味的形式"学说的确立产生了相当大的影响。贝尔本人曾称弗莱这一论著是"自康德时代以来对这门科学所做的最有益的贡献"。弗莱形式主义美学理论的形成同分析哲学的代表穆尔的影响有很大的关系。穆尔在伦理问题上提出了"通过直接的理解可以认识'善'"的理论，被人们称之为"伦理的直觉主义者"。弗莱（也包括贝尔）深受穆尔的伦理观念和“直觉”学说的影响，强调伦理意义上的“善”和艺术意义上的“美”各自具有独特的性质和价值，并由此认为艺术与人的现实活动无论从目的和手段来讲都存在着本质的区别。作为具有“审美感”意义上的艺术，它应该凭借其美的形式取悦于人，由此唤起人的审美情感和心理快感。这种审美快感和心理快感的产生同任何现实生活内容无关。作为创造美的艺术家，他的主要任务是考虑如何表现，而不是考虑表现什么。作为一部有价值的艺术品，它的全部意义就在于作品的形式结构。这就是弗莱的“纯形式理论”。这一理论与贝尔的“有意味的形式”学说融会合流，从而构成了英国形式主义美学的基本内容和特征。

贝尔学说的核心命题是“有意味的形式”。对之，贝尔曾作了这样的界说：“所谓‘有意味的形式’，就是我们可以得到某种对‘终极实在’的感受的形式。”贝尔将这个“有意味的形式”与主体对某种对象（艺术作品）的感受之间划了一个等号。他在进一步的解释中说：“当人们把审美对象本身看做目的，而不是达到任何其他目的的手段的时候，我们所获得的审美感受就是对某种‘终极实在’的感受。这种‘终极实在’就是由形式表现出来的意味。”反言之，一切“有意味的形式”也必定仅仅存在于艺术作品之中，并且只为艺术家所创造。因为只有艺术家才能够在作品中组合和安排各种线、形、色，并以这种线、形、色为媒介，来表达自己的审美感受（情感）。因此，贝尔的审美之美就是专指由艺术家所创造的那种“有意味的形式”——“艺术之美”。总之，英国现代形式主义美学所研究的不是艺术的社会性和艺术的自然性，而是艺术的主观性和艺术的某种“纯形式”价值。现代英国形式主义美学对于其他现代美学流派，如结构主义、格式塔完形心理学美学、符号论美学、现象学美学等都产生过较大的影响。

新实证主义美学（又称逻辑实证主义美学）是一个形成于 20 世纪 20 年代的美学流派，主要代表是理查兹（I.A. Richards）。所谓的“新实证主义”，主要是为了与 19 世纪孔德等人的实证主义相区别。新实证主义从经验主义出发，把对科学语言的逻辑分析和经验的实证结合在一起，强调尊重事实和经验，并认为一切科学知识均起源于经验。理查兹在哲学上坚持新实证主义的基本原则，并由此出发，认为只有对语词、句子和意义作出科学的分析，在此基础上讨论与审美判断有关的问题才有意义。因此，他们一般都以语言问题和意义问题作为美学讨论的中心，强调对美学术语作语言学的分析，以消除美学用语上的含混性。理查兹不主张对美和艺术的本质进行研究，认为传统美学中所作出的努力已经证明，这种研究没有意义。因此，他始终将美和艺术、艺术与客观现实事物的联系等传统性的研究主题排斥于他的美学研究范围之外。相反，理查兹却十分注重对艺术传达和艺术价值等主题的研究，他认为，艺术是交流的最优越的形式，艺术的价值在于“能够满足一种欲望”，艺术的作用正是在于它能使审美主体的冲动条理化和经验的秩序化。理查兹这里所说的“冲动”既是一种潜意识的生理本能的需要，又是一种有意识的心理欲望的需要，审美经验与日常经验的区别只在于冲动的程度不同而已。在对艺术作品的分析问题上，理查兹认为，作为审美对象的艺术作品，其实是一种封闭性体系。这种体系与客观存在的实在世界没有任何联系。作为一个高水平的优秀的艺术评论家，他必须具备下列条件：其一，他必须善于准确地体验与艺术作品相关的心灵状态；其二，他必须能够区分经验之间不甚明显的特征；其三，必须对价值有稳健的判断。理查兹不但把艺术作品同客观的实在世界割裂开来，而且从根本上认为，艺术是一种主观的心灵反应，心灵之外是没有什么特殊的审美特质而言。对于理查兹的这种美学理论，哈罗德·奥斯本（H. Osborne）曾作了这样的评价："理查兹专心致志于这样一种理论，即除了一种主观的情感反应外，美不可能是其他任何东西，这种理论企图使我们相信，鉴赏是一种下意识和反省的冲动，一种在情感的平衡中的想象状态。"不难看出，新实证主义美学的主观经验论明显带有生理学意义上的自然主义色彩。在西方美学研究界，对新实证主义美学的评价也很不一，有的鉴于理查兹在对实验心理学方面所表现出来的兴趣，将其理论归之于"心理语言学"的名下，有的则认为，理查兹过分强调了艺术中的情感效能而导致了对审美主体领悟力的低估，有的甚至根据理查兹的语言使用理论而认为新实证主义美学具有唯名论的倾向，等等。新实证主义美学对维特根斯坦和魏茨为代表的分析美学也产生了极大的影响。它的理论主要为分析美学在逻辑的表述上提供了一种崭新的方式。这一点，我们可以从"分析美学"的主体理论中清楚地看到。

新批评派是第一次世界大战后流行于英美文学和评论界的影响较大的一个文学批评流派，得名于美国约·兰塞姆的论文集《新批评》（1941 年）。这部文集赞扬 T.S.艾略特等人的批评见解和以文学分析为主的批评方法，称之为"新批评"，以别于 19 世纪以来学院派的传统批评。新批评派是西方现代形式主义文学理论发展过程中的一个重要环节，其活跃时期是在 20 世纪的 20 年代至 50 年代，其理论在现代西方文学和美学史上占有重要的地位，主要代表是英国诗人艾略特（T.S. Eliot）和理查兹（I.A. Richards）。20 世纪 20 年代初，艾略特和理查兹分别以象征主义的诗歌主张和文学分析的批评方法奠定了新批评派的理论基础。艾略特提出了文学的"非个人化"观点，认为作品中的情感不是作家个人的产物，而是借助"客观关联物"所表现的普遍性情绪。对作家进行传记式的研究毫无意义，"诚实的批评和敏感的鉴赏都不是指向诗人，而是指向诗"。针对浪漫派直接抒情的手法，艾略特认为，"在艺术形式中唯一表现情绪的途径是寻找'客观对应物'"，即"一套事物、一种形势、一串事物"，它们是你想表现的那种特殊情绪的公式，只要这类东西一出现，那种情绪就引发了。新批评派还提倡以"字义分析"为文学批评的具体方法。他们认为，文学在本质上是一种特殊的语言形式。理查兹提出了语言的两个功能的区别：语言的象征或指代功能在于利用语言描绘客观世界，即显示事物；语言的情感功能，表现在利用词语并通过词语带来的联想唤起情感和态度。后者的最有说服力的例证就是诗歌。理查兹等批评派的批评家认为，诗歌的价值完全在于运用词语的情感功能。词语的客观意义一方面包括它的字典意义（即字面意义），另一方面包括它们的联想意义（或具有的含义）。理查兹关于诗歌语言是一种特殊的、不反映客观真实性情绪的语言以及诗歌文字同受上下文的影响而且有复杂意义等理论观点，促使新批评派强调字义分析和诗歌含义的丰富性和复杂性。同时，新批评派在批评实践中崇尚象征派，对弥尔顿、雪莱等的诗则持贬抑的态度。新批评派的理论和实践，对现代派诗歌的发展起到了很大的指导和促进作用。

英美新批评派，作为20世纪西方文学批评和美学领域的一个重要流派，它的理论影响相当深远，它的一些基本论点和方法已在西方文坛，尤其是在美国文学批评和文学教学方法中留下了无可消除的印记。大约进入20世纪60年代，新批评派开始逐渐走向衰落。

精神分析美学是20世纪影响最深广的美学流派。其主要代表是著名奥地利心理学家西格蒙德·弗洛伊德(S. Freud)。弗洛伊德的精神分析理论发端于19世纪末20世纪初。弗洛伊德虽然不是美学家，但在他的精神分析学说影响下，产生和形成了一个独立的、影响巨大的美学流派。所谓精神分析美学，其实就是指将精神分析运用于对艺术心理学、艺术批评理论和审美教育等方面的研究。弗洛伊德学说的主体由无意识、婴儿性欲、恋母情结、抑制和转移五大支柱所构成。其中与美学关系最为密切的是“无意识”(或曰下意识或潜意识)。其核心内容就是“性爱”。从某种意义上我们也完全可以这样说，所谓的精神分析美学，其实也是一种“泛性欲主义”的文艺论。在弗洛伊德看来，无意识是由一种本能欲望所控制的潜在冲动，它所有意识的心理过程更为复杂，这种本能要求满足的冲动以各种奇妙的无意识过程表现出来。精神分析的目的就是要探索这种精神现象的深层根源。因此，精神分析美学也被称为“深层心理学美学”。弗洛伊德把人分为“原我”“自我”和“超我”。所谓的“原我”是指最本原的一种本能冲动；“自我”是指受社会伦理等原则抑制的伪装了的本能；所谓“超我”是指受伦理原则支配的道德化了的“自我”。他的“力比多”泛指的就是那种被压抑在“原我”中的性本能。按照弗洛伊德的观点，无意识和性本能是文艺创作的原动力，是本能冲动的净化和升华。因此，文艺是为了表达作者不能满足的欲望，是通过以艺术的形式使原被压抑的本能欲望得以宣泄。艺术家之所以从事创作是因为欲望得不到满足。他要从现实转移，并把他的全部兴趣、全部本能冲动转移到他所希望的幻想生活的创作中去。正是在这个意义上，弗洛伊德认为，艺术无异于“白日梦”。人们在梦中可以以幻想的形式使欲望得到满足，使压抑的情感和本能欲望得到宣泄。不过，弗洛伊德认为，艺术家通过创作，不仅使自己的潜意识欲望得到满足，而且，他与众不同的地方就在于他能在艺术创作过程中把性本能纳入一定的轨道，并转移到另一些事物(艺术作品)中去，由此激发并满足艺术品鉴赏者的潜意识欲望。因此弗洛伊德认为，许多艺术作品都是“求看和求被看”的性本能冲动的升华。如果被压抑的原始本能得不到排解或宣泄的机会，那它势必在寻找发泄或宣泄的过程中会走上犯罪和精神错乱。艺术品是一种比较好的和比较高级的东西，它可以通过将人的压抑的欲望宣泄出来，达到内心的平衡，从而引导人们的心灵走向健康。

精神分析学派的另一著名代表是瑞士心理学家荣格(C.G. Jung)，他原先是弗洛伊德学说的信奉者，后来在“力比多”(即无意识本能)理论问题上与弗洛伊德发生了观点上的分歧而彼此分道扬镳。荣格反对弗洛伊德片面夸大个体的性本能冲动作用，认为人的性格可以分为外倾型和内倾型两种，前者倾向于有形的现实世界，它主要关心的是社会关系，后者则专注于其内心的幻想世界。人的基本心理活动有四个领域，即感觉活动、情感活动、思维活动和直觉活动，而每一个领域的这种活动又都具有内倾型和外倾型两个方面，它们都受本能所制约，艺术家属于内倾型性格者，但荣格又认为，艺术家在创作过程中也并不一定完全显示其所属的性格类型。在弗洛伊德的学说中,“无意识”仅仅是指“性本能”,而荣格的“无意识”理论则包含着比弗洛伊德更宽泛的内涵,他把“无意识”区分为“个体的”和“集体的”两种,“集体无意识”是由遗传保存下来的一种普遍精神,它是长期的社会经验的积累在人脑结构中留下的生理痕迹,为人人所具有。这种由人类经验的积淀而得的“集体无意识”对艺术家的创作发生着作用。作为艺术家,他一方面是具有个人生活经验和具有个性品格的个体之人,但同时又是具有“集体无意识”的“集体之人”。在艺术创作中,它受“集体无意识”的使唤,创作出带有反映整个集体(人类)共同意愿的艺术作品。因此艺术家(除了代表他个人外)同时也是“集体无意识”的代表。他的作品也就是“集体无意识”的象征和标志。总之,荣格是以一种普遍的人性来解释艺术,却抹杀了在艺术(无论是创作还是欣赏)问题上的个性特征。

以维特根斯坦(L. Witgenstein)和莫里斯·魏茨(M. Weitz)为代表的分析美学是现代美学思潮中一个最为奇特最为引人注目的流派。将近半个世纪以来的美学争论大多是在分析美学的名义下进行的。分析哲学乃是20世纪最流行的哲学思潮,它包含了新实证主义、逻辑语义学、新实用主义和批判理性主义等派别。其主要特征是在反形而上学的同时,否定研究精神与物质、思维与存在的关系等问题的传统哲学,认为哲学的根本使命就在于对科学的语言作逻辑的分析,从而阐明其意义。分析美学正是从上述基本哲学原则出发,从否定方面来对“艺术”和“美”作语言上的分析,从而得出结论认为:“艺术是没有也不可能有一种必需和充分的特征以便对它作出明确的规定。”以往的传统美学在关于艺术定义问题上的争论一无所获这一事实本身就足以说明,美学不可能成为一门科学学科。他们仅仅把美学的任务局限于澄清语言、消除由于语言的含混性所引起的困惑以及理解语言的特殊作用、意义和方法上面。在对美的问题的解释上,维特根斯坦深受该派创始人穆尔的影响,穆尔首创对概念进行逻辑分析的方法并提出对“美”不能下定义的理论。维特根斯坦也同样认为,像“什么是美?”“什么是善?”这类命题是没有意义的,它们同属于“语言批判”之外的无意义命题。因此,“美”这种东西是不能表述的。在“全部哲学就是语言批判”的口号下,维特根斯坦对美学完全采取一种消极的立场,甚至将“美”也列入不能说的命题而予以沉默。

魏茨是紧跟维特根斯坦亦步亦趋的分析美学的又一杰出代表。他基本上全面继承了维特根斯坦的美学思想,他从维特根斯坦的“游戏分析”中得到启示,从而提出了艺术也和游戏一样,表现了一种“开放性结构”概念。这种“开放性结构”概念是不可能对艺术下真正明确的定义。因此,在魏茨看来,对于“艺术”这种现象,我们首先不是要研究“艺术是什么”,而倒是应该弄清“艺术”属于何种概念,以及对这一概念的实际用途和使用条件等作逻辑的描述。魏茨认为艺术无法下定义的主要理由是:艺术是在日新月异地发展变化,并以复杂多变的形式出现,而这种形式的出现,对艺术特征的理解条件也随之发生变化,因此,难以给艺术下定义。所谓的“能为艺术的必要的特征做出规定和能给艺术下一定义的设想,全都是错误的”。艺术的性质正如游戏的性质一样,在那种被我们称之为“艺术”的东西之间,并没有共同的特质,有的仅仅是些类似的因素。要想去知道艺术是什么,并不是去理解某种宣言或那种隐而不见的本质，而是能够去认识、描述并解释艺术仅有的这种相似性，而这种概念之间的基本的类似就是它们的开放性结构。这是魏茨美学思想的基本核心。对分析美学作出理论贡献的还有美国美学家乔治·迪基(G. Dickie)、玛格丽特·麦克唐纳(M. Macdonala)等。

与分析美学差不多同时兴起的符号论美学，在20世纪四五十年代达到了它的顶峰。该派的主要代表人物是法国的恩斯特·卡西尔(E. Cassirer)和美国的苏珊·朗格(S. Langer)。卡西尔是德国新康德主义马堡学派的代表，同时也是符号论美学的奠基者。在哲学上，他将康德的"先验"原则应用于感觉领域，否认事物的客观实在性，主张不研究客体和世界本体论，而研究认识客体的方式。他把人类的整个文化形态看做是人类从事符号活动的结果，并认为，人与动物的根本区别就在于人能创造符号，并以之交流思想和认识对象，而艺术就是人创造出来的一种直观形式。它不同于逻辑概念一类抽象语言，是一种直觉语言。卡西尔对符号的基本解释是：所有在某种形式或其他方面能为知觉所揭示出意义的一切现象都是符号。符号不仅是意义的载体，而且它本身也创造意义。基于上述原则，卡西尔认为，美必然地而且本质上也是一种符号。文艺是表现情感的符号形式，而符号形式一般却蕴含着"物质的呈现"和"精神的意义"这样两个方面。由于这两个方面的不同而决定了人类精神文化活动具有三大符号体系，这就是：其一，表现功能的艺术与宗教；其二，直观功能的日常语言；其三，概念功能的科学。与其他现代西方美学相比，卡西尔的符号论美学缺乏一种"美的价值"论，卡西尔只是承认符号有一种"功能的价值"，这就是符号能揭示意义。卡西尔美学理论虽然不够系统全面，但它却为苏珊·朗格的后期符号论美学思想的发展奠定了基础。

苏珊·朗格是现代杰出的女性美学家，卡西尔的学生。她是沿着其师的研究足迹亦步亦趋地继续前进。西方有人称她是当代美学"最伟大的哲学家之一"。朗格继承和发展了卡西尔的符号论学说。为了更全面更深刻地阐述"艺术是人类情感的符号形式的创造"这一符号论美学的核心命题，朗格将符号区分为"推理符号"和"表象符号"，并从艺术创造的角度对表象符号的性质和特点作了重点的考察和研究。她认为艺术本身是一种具有表象形式的独立符号，这种符号与推理的形式截然不同，它是一种直观的、表现情感的符号。此外，朗格对科林伍德的表现主义学说也提出了否定性的论点，这就是她不同意那种所谓的"艺术是个人情感的表露"的说法，而强调艺术的使命在于表现那种为艺术家"所了解的人类情感"。换一句话说，艺术作为一种情感符号，它不是要表现艺术家的个人情感，而是要揭示人类的情感。通过对科林伍德表现主义理论的否定，朗格将"表现"和"自我表现"作了概念上的严格区分。这是朗格对符号论美学的又一贡献。朗格符号论美学的代表作《情感与形式》，从"艺术符号""符号创造"和"符号的力量"三个方面全面地阐述了人类情感符号的理论。应该看到，苏珊·朗格的符号论美学在20世纪中叶曾风靡一时。美国著名文艺评论家理查德·科斯特拉尼茨在谈到朗格学说时曾这样写道："战后十年，在美国几乎没有一种艺术哲学比苏珊·朗格所阐述的理论占据更大的优势。"托马斯·门罗也认为，符号和符号论在当时是一种占统治地位的美学理论。尽管符号论美学到了20世纪六七十年代逐渐开始衰落，但它的历史地位和影响我们都是不可低估的，更何况这一流派的思想至今余波未逝。

存在主义美学兴起于20世纪30年代的法国，它以存在主义哲学为其理论基础，创始人是法国哲学家海德格尔（M. Heidegger）和雅斯贝尔斯（K. Jaspers）。第二次世界大战期间，存在主义传到了法国，并很快成了法国哲学中影响最大的流派。在法国的主要代表有萨特（J.P. Sartre）、梅劳庞蒂（M. Merleau-pauty）等，其中萨特哲学声望为最高。存在主义哲学的基本观点是“存在先于本质”。它把孤立的个人的非理性意识活动当做最真实的存在，并以此作为其全部哲学研究的出发点。它自称是一种以人为中心、尊重人的个性和自由的哲学。整个存在主义美学也都体现了上述精神。存在主义美学认为，艺术的存在决定艺术作品和艺术家的本质。艺术作品及其形式有其自身存在的独立自主性，它们必须通过鉴赏者的想象才能得以显现。美不在现实世界之中，美只是运用想象于事物的一种价值。想象在存在主义美学中占有极其重要的地位。萨特认为，想象有四个特征：(1) 想象是一种意识，是好像在意识中的表现方式；(2) 想象是一种准观察，它与知觉和概念不同，不像知觉那样需要连续观察，它也不像概念、法则那样有合理的性质；(3) 想象意识把对象设定为虚无，使对象虚无化、非对象化、非现实化；(4) 想象是自发的，是自发地在自己的形象中作出并保持对象的。所谓“美感”，本身就是想象意识的一种，是包含在想象里面的一种意识。在艺术家与个性问题上，存在主义美学认为，艺术家首先是有个性的生存，才能成为艺术家。在艺术和现实的关系问题上，存在主义美学认为，艺术作品不停留在单纯对现实世界的陈述上，艺术作品必须是以“未来的名义”对现实存在的审判。艺术基于现实，超越现实。艺术就在以超越现实世界为目的的运动中去把握世界。用文学的形式来阐明哲学观点乃是存在主义美学的一大特征。从克尔凯郭尔开始，他就喜欢用形象思维的方法，以小说、戏剧等文学形式，间接地表达其哲学观点。而到了萨特，则以更高明的手法出现。萨特是把哲学和文学紧密糅合的典范，从而形成了一种既有生动形象，又具鲜明哲理（存在主义）的、与任何流派都不同的流派——存在主义文学。在戏剧创作方面，萨特强调“境遇”，即不是按照传统戏剧的原则处理环境与人物的关系，而只是给人提供一定的环境，让人物在其特定的环境中自由地选择自己的行动，造就自己的本质，表现自己的性格和命运。在文学创作方面，存在主义美学尤其注重“真实感”。他们认为，以往的作家所塑造的各种类型的典型人物其实都是经过加工过了的“失实”的人物，存在主义就是要排除这种先入为主的理性观念，忠实地再现个人的内心生活，恢复其真实的精神面貌。总之，存在主义美学是对当代西方的形式主义、表现主义、伤感主义、颓废主义、理念的（古典的、浪漫的）艺术、追随的艺术的逆反。他们以一种独特的方式提出并解释了艺术与生存、艺术与现存、艺术与存在、创作与欣赏等一系列重要问题，同时还提出了观察这些问题的新的角度。存在主义美学对现代文艺产生了较大的影响，如“荒诞派戏剧”就是这种影响的产物。

兴起于20世纪30年代，以胡塞尔创立的现象学哲学为基础，至今都在产生着影响的现象学美学是现代西方美学中最为艰涩的派别之一。主要理论代表是法国的杜夫海纳

(M. Dufrenne)和波兰的英伽登(R. Ingarden)。现象学的基本口号是“回溯到事物本身中去”,意即要人们通过直接的认识去把握事物的内在本质,其方法是现象学的还原法。现象学美学就是根据这一还原法来研究审美对象和审美经验。它一方面并不否认审美对象初始阶段的“实在性”和最终对它的审美价值的理智判断;一方面则强调感觉知觉的直观性在审美经验各阶段的决定作用和本质特征,如英伽登所认为的审美过程的最有趣和最难把握的部分就是从对一个实在对象的感觉向审美经验诸方面的过渡和转变,而要实现这种过渡或转变必须诉诸(或唤起)一种“预备情绪”。这种“预备情绪”的唤起,标志着这种过渡和转变已纳入审美经验发展的轨道。随着这种“预备情绪”的发展,我们对审美特质的直觉也就更加强烈,对审美满足的需求也就更加急切,这样就有可能对原有对象的特质有更多的发现,从而使对象变得丰富,给人以更新更强烈的情感刺激和审美快感。

杜夫海纳的现象学美学理论集中体现在《审美经验现象学》一书,他强调感觉和知觉的意义,并把审美对象和审美经验作为其主要的研究任务。杜夫海纳认为,审美对象不只是一种自在自为的对象,同时也是一种为我们而存在的自在自为的对象。它既不是一种理想意义的对象,也不是一种纯粹意义的对象,而是一种感觉的对象,它仅仅在感觉中才能被真正了解。[①] 审美对象只有在知觉中才能完成,而审美经验只能是一种知觉经验的形式。杜夫海纳十分看重知觉的重要性,因为唯有知觉才使我们对审美对象产生感动,审美对意义,是为了给审美经验提供一个坚实的基础。无论是英伽登还是杜夫海纳的现象学美学,尽管本质上都是唯心主义的,但其中也包含着不少辩证因素。比尔兹利曾评价杜夫海纳的《审美经验现象学》和英伽登的《文学的艺术作品》是当今“两部最杰出的现象学美学著作”。现象学美学从其源流关系来说,它与存在主义系同源。它对以后的结构主义、接受美学产生过较大的影响。

完形心理学美学是建立在完形(格式塔)心理学基础上的现代西方重要美学流派,其主要理论代表是鲁道夫·阿恩海姆(Rudolf · Arnheim)。阿恩海姆是完形心理学创始人之一韦特墨的学生。他把完形心理学具体运用于艺术研究,从而创立了完形心理学美学。“格式塔”是德文 Gestalt 一词的音译,在德文中,它是“形式”或“形状”的同义词。奥地利心理学家埃伦菲尔斯(C. Von Ehrenfels)在他所撰的《论格式塔特质》一文中首先提出“格式塔特质”一词。他通过对乐曲的研究,得出结论认为,一首乐曲绝非仅仅是乐音的总和,音乐中的曲调旋律,除了若干乐音的总和外,还有一种十分重要的东西,那就是“格式塔特质”。阿恩海姆将完形心理学具体而系统地运用于对艺术的分析研究,认为艺术作品的意义是基于知觉,因此,要认识艺术首先必须认识人的知觉结构,而概念和知觉又是密不可分的。人的心灵具有把概念和知觉联系起来的功能,正是在这个意义上,艺术家的知觉模式能决定艺术作品的主题。格式塔心理学美学的最主要贡献就是阿恩海姆对审美知觉的系统研究。阿恩海姆认为,眼睛对外物的观看,其实就是一种视觉判断,在这种视觉判断中,知觉的“简化原则”在起作用。所谓的“简化原则”就是眼睛在观看外物时在条件许可

① 朱狄.当代西方美学[M].北京:人民出版社,1984:90.

的情况下尽力将外物改造成最简单的形状的规律。阿恩海姆美学理论集中体现在其代表作《艺术与视觉》一书中。此书除了阐述知觉的简化原则外，还阐述了下列三个原则：其一，似动运动原则，即几个位置不同的静止的刺激所构成的刺激模式可以产生似动的特征。静止的部分相加不等于静止的全体，而是产生新的东西，只有对这种整体性形成完整的形象才能创作和欣赏艺术；其二，方向性张力原则。艺术对象在审美知觉中会产生运动的幻觉，这是由于对象的形象或结构由"方向性能力"所造成的；其三，艺术的表现性在于形体结构之中。艺术要善于发现事物的表现特征来造成结构完形，从而唤起人们身心结构的类似反应。① 总之，格式塔完形心理学美学主要是从心理学角度对人们的审美知觉进行探索，而在阿恩海姆那里，主要是对视觉艺术进行研究分析。当然，完形心理学美学也一直是在演进发展的，例如该流派的后继者伦纳德·B·迈耶在其《音乐中的情感与意义》(1956年)一书中，用完形心理学的观点去解释音乐作品，这种新的研究方法迄今仍在发展中，并一直为研究界所关注。

人本心理学美学是在20世纪五六十年代兴起于美国的一个美学流派，它是人本心理学在美学中的延伸和运用。人本心理学在20世纪五六十年代是作为与当时影响最大的行为主义和精神分析两大学派相对立的面貌出现的，故又被人们称之为"第三势力"或"第三思潮"。人本心理学的主要代表是马斯洛(A. H. Maslow)、奥尔波特(G.W. Aubort)和罗杰斯(C.R. Rogers)等。尽管这些代表本身都不是严格意义上的美学家，但他们都具有良好的艺术和美学修养，尤其是他们注重对人物的动机、需要、感性、创造力、价值观、审美经验和审美活动等方面的研究，致使其心理学理论中含有大量的美学内容。同时他们在心理学领域中所提出的原则、方法、范畴和主题对美学文艺学也具有极其丰富的启示意义，从而形成了声势颇大、影响深广的美学流派。人本心理学美学把主体的审美活动看做是健康人的整个自我实现过程中不可分割的一部分，是一种主体的"自我观照"。"自我"不再是受动物性的本能欲望所驱动的存在，而是成了永不停止的追求、在创造中实现自己的一切潜在力的存在。存在的最终状态不是像弗洛伊德所说的死亡和沉默，而是自我实现得到完成后的平衡与和谐。② 人本心理学美学，它不同于精神分析学美学那样，将文艺创作和审美活动完全归结为性欲冲动的结果，也不同于行为美学那样把审美活动视为动物式的刺激，更不同于格式塔完形心理学美学那样仅仅侧重于对审美活动中知觉反应的研究，但它同时又吸取了这三者所运用的内省论、价值论和整体论，从而把审美活动和文艺创作确认为人在自身的整体发展中要求发挥内在的潜能、获得充分的自我实现、到达最高的生命价值的超越性需要，并以此为核心总结出一整套理论原则、研究方法、概念范畴和重要结论。因此，在现代西方众多的心理学美学流派中，人本主义心理学美学似乎更能代表和预示着未来的发展方向。

大约在20世纪60年代初，正当以艾略特和理查兹为代表的英美新批评派走向衰落

---

① 蒋孔阳.二十世纪西方美学名著选：下[M].上海：复旦大学出版社，1988：309.

② 王向峰.文艺美学辞典[M].沈阳：辽宁大学出版社，1987：1350.

的时候，以法国为中心的结构主义美学却以一种独特的风姿登上了西方文坛。所谓结构主义美学，其实就是指结构主义哲学在美学领域中的运用、延伸和发展。早在20世纪50年代，法国的一些批评家由于受到列维-斯特劳斯(C. Lèvi-Strauss)结构主义人类学的影响而再次把文学研究的重点放在作品的语言符号上，并用结构主义的方法对文学作品的语言单位进行分析、归类、组合，试图由此找到艺术作品形成的根源。结构主义美学的主要代表是罗朗·巴尔特(R. Barthes)和弗莱(N. Frye)。结构主义美学从理论上否定形象内容的审美价值，只注重结构技术的功能，主张以形式结构来取代文艺反映现实的基本特性，也就是说，创作或思考并不是为了重视客观世界，而是要用结构模式“重新制作一个客体”，艺术的目的在于通过创作活动来创造一种形式。罗朗·巴尔特还借用结构主义语义学、神话学和符号学的方法来研究文艺作品、探索艺术品的结构成分和规律。巴尔特十分重视“可写的文本”，因为他认为，文学的价值并不在于它如何表现或解释世界，而在于它对人们理解这个世界的思维方式所提出的挑战。当读者发觉他们无法读懂某些作品时，便开始对他们惯有的思维方式以及许多传统观念进行反省和检讨，并努力探讨新的“密码”，这就使阅读成为积极的活动，使读者参与了创造和变革，从而和作者达到同一。巴尔特的理论和方法在法国批评界享有很高的地位，尤其是对“新小说派”作家的创作产生了很大的影响。20世纪70年代后，巴尔特的思想出现了重大的转折，成为后结构主义的理论先驱。①

西方马克思主义美学是以匈牙利著名文艺理论家卢卡契(G. Lukacs)为代表的美学理论思潮，产生和形成于20世纪二三十年代，从20世纪60年代开始逐渐流行。卢卡契早年受康德主义哲学思想的影响，主张文学表现异己和与现实敌对的非理性心灵，并持一种悲观主义的宇宙观。在美学上，他第一个证明马克思主义美学是一个体系，是马克思主义哲学的有机组成部分。卢卡契美学思想的一个重要组成部分是他的现实主义理论。卢卡契以马克思主义经典作家的美学理论为依据，继承俄国革命民主主义美学和普列汉诺夫的现实主义美学理论，吸取了德国古典(尤其是黑格尔)美学的合理部分，在对艺术现象进行大量研究的基础上，提出了“整体性”“客观性”和“典型性”等一系列美学范畴，从而构成了其现实主义的美学体系。卢卡契虽然注重文艺的整体意识，但他更强调文艺的创造作用。他不同意“模仿论”或“再现论”的文艺主张，认为这种观点只是强调了文艺必须纯客观地反映生活而却违背了艺术的规律。因为艺术的根本目的不是在于机械地模仿或再现自然中的客观事物，而是在于在不排斥“模仿”或“再现”的前提下重新获得一种创新。在对艺术作品的要求上，卢卡契主张作品要有完整性，即它必须表现出整体性的人物或整体性的社会结构。卢卡契认为，最伟大的艺术家都是那些能恢复和再创造和谐的人类生活的整体的艺术家②。“整体意识”是卢卡契美学理论中的一根重要支柱。从这种“整体意识”出发，卢卡契还提出了他的“典型”理论。他说：“按照马克思恩格斯的看法，典型不

---

① 蒋孔阳.二十世纪西方美学名著选：下[M].上海：复旦大学出版社，1988：389.

② 伊格尔顿.马克思主义与文学批评[M].文宝，译.北京：人民文学出版社，1980：32.

是古典悲剧中的抽象化的类型,也不是席勒式的理论化概念化的人物,更不是左拉和仿左拉的文学和文艺理论炮制出来的'平均数',可以这样来说明典型的性质:一切真正的文学用来反映生活的那运动着的统一体,它的一切突出的特征都在典型中凝聚成一个矛盾的统一体,这些矛盾——一个时代最重要的社会的、道德的和灵魂的矛盾——在典型里交织成一个活生生的统一体。"①卢卡契的这种"典型"理论的核心是客观性,其特点在于它揭示了典型的运动性、发展性和统一性。此外,把人道主义作为现实主义理论的核心乃是卢卡契美学思想的一大特色。在卢卡契看来,"人道"是艺术的本质,因此,艺术的根本使命就在于写人。在一切伟大的艺术中,现实主义和人道主义是互相紧紧伴随的。任何现实主义的作品,都首先必须应该如何从人的本质、从人的完整性上来描写人,表现人的本质力量,捍卫人的完整性。以卢卡契为代表的西方马克思主义美学尽管其理论有许多缺陷,但对于他们追随马克思主义,并为马克思主义美学思想的传播、发展所做出的成就和贡献,我们还是应该加以肯定的。当然,在介绍和论述以卢卡契(也应该包括本雅明和葛兰西等)为代表的西方马克思主义美学思想的同时,我们理所当然地应重视对该流派最主要的分支——法兰克福学派——的研究和介绍。

在西方马克思主义美学中,以马尔库塞(H. Marcuse)和阿多尔诺(T.W. Adorno)为代表的"法兰克福学派"的影响为最大。法兰克福学派的主要创始人是霍克海默(M. Horkheimer),由于这一学派源于莱茵河畔法兰克福大学的社会研究所而得名。由于马尔库塞、阿多尔诺等主张用精神分析学来"补充"和"发展"马克思主义,用黑格尔的理性武器批判现象学和存在主义,故也被人们称之为"弗洛伊德主义的马克思主义"和"黑格尔主义的马克思主义"。法兰克福学派产生于20世纪30年代,但活跃于20世纪60年代。社会批判是法兰克福学派理论的基本倾向。在美学理论方面,该派也始终贯穿着这一以人道主义为中心的社会批判倾向。他们认为,资本主义现代文明是以人性的异化与丧失为代价的。真正的艺术应当对现存社会持彻底批判和否定的态度,以此拯救和恢复丧失了的人性,并要求艺术同现存的社会相对抗,成为人的解放的工具。② 法兰克福学派美学认为,以前的马克思主义者过分强调现实对艺术的决定性作用,这是很片面的。其实,文艺不仅由现实所决定,而且它还反作用于现实。文艺虽然不能直接改造世界,但它能间接地帮助人们改造世界,成为人们改造世界的一种潜在的能量。20世纪70年代后,法兰克福学派美学开始逐步走向低潮。

解释学美学是传统的哲学解释学在艺术研究领域中的运用。"解释学"这一个词本身就是与美学有着致密的联系。解释学美学的主要代表伽达默尔(H.G. Gadamer)所著的《真理与方法》一书,不仅被人们誉为现代哲学解释学的代表作,而且也被人们誉为现代解释学美学的经典。这一流派兴起于20世纪六七十年代,至今仍呈现着一种继续发展的势头。

---

① 卢卡契.卢卡契文学论文集:第2卷[M].中国社会科学院外国文学研究所,译.北京:中国社会科学出版社,1981:536.

② 蒋孔阳.二十世纪西方美学名著选:下[M].上海:复旦大学出版社,1988:421.

解释学美学注重研究文艺的意蕴和精神价值，认为文艺作品作为精神产品，可以促进人际交流。文艺是一种在长期的社会历史发展中形成的精神形态，是人的生命之流的象征和表现。解释学美学的最高目的就在于发现文艺中的美，并对其进行理性的把握，从而发现其内在的精神价值。在对文艺的阐述过程中，解释学美学十分强调解释的先验图式、社会历史（包括文化）条件、个人的学识修养等。伽达默尔等人认为，对文艺的解释离不开历史、文化条件，否则就是一种无稽之谈，但由于每个人的先验图式、历史文化状况不同，所以，在对文艺解释时就会出现各种各样不同的情况。解释学美学所研究的中心问题是文艺作品与读者的关系，在这种关系中，读者的地位比作品更重要。作品本身不具有固定的永恒性意义，它的精神（美学）价值取决于在与读者建立起关系之后，读者在理解方面所发挥作用的效果程度，而各种读者本身由于他们受不同的社会历史条件的影响和由于他们自身的学识修养程度的限制，他们对作品的理解也必然是各有差别，故从读者理解千差万别这个意义上，解释学美学认为，文艺作品永远不可能有固定的含义，对它的认识也是永无穷尽。正是从这一思想的发展中，枝蔓出了一种以研究读者为中心的接受美学理论体系。

接受美学是20世纪60年代末至70年代初在联邦德国出现的一个美学流派，在西方影响很大。它在方法论上开创了新的文学批评方式，即从鉴赏者对作品的“接受”过程中来评论文学。其创始人是德国的五位青年文艺理论家，他们是姚斯（H.R. Jauss）、伊泽尔（W. Iser）、普莱森丹茨（W. Preisendanz）、弗尔曼（M. Fuhrmann）和斯特里德（J. Striedter）。由于接受美学诞生于联邦德国南部的博登湖畔的康士坦茨，故也被人称为“康士坦茨学派”。姚斯和伊泽尔的观点比较全面集中地体现了该派的基调。他们认为，读者对作品的接受、反应、阅读过程和读者的审美经验以及接受效果等应成为美学研究的主题。通过回答和解释的方法去研究创作和接受以及作者、作品、读者之间的动态交往过程，对于生存在主体方面的审美经验，也应该历史地社会地进行考察。接受美学尤其强调读者的文学地位和作用，认为文学史不仅是作家创作的历史，而且更是读者阅读和反应的历史。读者方面的接受意识决定了文学作品的价值和地位。姚斯认为，文学的产生、流通和被（读者）接受，构成了接受美学实践的基本内容。接受不是一种被动的影响过程，而是读者借其审美经验进行创造作品的过程，它发掘出潜藏于作品之中的种种底蕴。艺术作品本身并不具有永恒性，它对于在不同时代和不同社会条件下阅读它的读者来说，具有不同的意义，甚至经典性的作品也只有当它被读者接受时才存在。作家只有当其作品被读者阅读时，才与读者建立起一种对话关系。因此，在接受美学看来，阅读是一切文学作品的前提，只有阅读才能给作品灌注以活力和生命，从而将作品从机械呆板的语言材料中拯救出来。作品的意义和价值取决于整个阅读过程。一部作品只有进入了读者的接受过程，才算真正进入完成阶段。因此，接受美学认为，不是作家创造和影响读者，而是读者创造和影响了作家。他们把读者视为推动创作、促进文学发展的决定性因素。总之，接受美学的理论特征主要有以下三个方面：第一，强调读者在文学（史）发展中的至上地位；第二，注重对读者的审美经验及其有关条件的考察和研究；第三，注重对作品、读者与文学史的关系的研究，从而提出了“接受的文学史”的理论。接受美学的核心是把作家、作品和读者联系起来，放在一个总的框架里进行综合考察，但同时又着眼于对“读者”的研究。在现代西方文论史上，接受美学占有重要的地位。如果说表现主义、精神分析学和新批评、结构主义分别于20世纪初、20世纪30年代和20世纪四五十年代在西方文论史上各领风骚的话，那么以姚斯、伊泽尔学说为主体的接受美学则代表了最近40年来西方文化研究的主要倾向。它有助于我们从一个全新的视角去观察和研究文学历史的发展，从而拓宽和深化对文学史领域的研究。值得指出的是，我们上面介绍的许多西方美学流派，尽管在历史上有过闪光的时期，但随着时代的发展，有的早已不可避免地成为过时了的东西，但唯独接受美学，自20世纪70年代中期以来，则显示出越来越快的发展势头，其影响面也越来越大，无论是比较文学、比较诗学，还是文艺传播学、文学未来学等新兴学科，都有接受美学的思想渗透并发生作用。总之，接受美学在灿若繁星的西方美学流派中，正在闪烁着奇异而又耀眼的光彩，为世界文坛所瞩目，它生机勃勃，方兴未艾，对之，我们不但有理由要予以更多的关注，而且更有理由另眼相待。

以上是我们对现代西方各主要美学流派的理论观点所作的一个鸟瞰式的大致勾勒。应该承认，现代西方美学不但流派众多，而且各流派间的关系纵横交错，极其复杂，真可谓“剪不断，理还乱”。因此，在对这些流派的界线划分和现代美学家的流派归属以及对每一个流派的理论主旨的概括、提炼和对其理论来源的探索等方面，研究界历来感到棘手。如果要对这些流派作一刀切的划分，这种武断的做法是绝对不可取的。我们只有根据这些流派的产生、形成和发展的实际情况，采取一种灵活的方式，对其划而不死，引“派”入“流”。现代西方美学从其表面上看，似乎与传统美学彻底决裂，但只要我们深入研究，就会不难发现，现代西方美学中的唯心主义理论往往都是在西方传统唯心主义的一个断面上加以扩张、变形发展而来。因而有“流”就有“源”，并且各流派之间尽管争论得十分激烈，但深入研究其理论的深层根源，又往往是“你中有我”“我中有你”。我们这里所介绍的这些现代西方美学流派，它们基本上都是诞生和活跃于19世纪末至20世纪七八十年代这一时期。这些流派的代表人物们，其思想理论普遍透溢着一种独特的灵气和具有某种天才的“超前意识”。他们虽然立足于他们所处的那个时代，但他们都以其卓越的远见，提出了某种“闪光”的理论，从而给人类的美和艺术创造等活动指明了方向。20世纪的现代西方美学是以一种独特的观念、方式和理论展现在我们面前。任何一种理论形态，只要它存在，就一定有其存在的理由或合理性。既然它有产生和发展之日，也就必然有其衰落和消亡之时，这是一条辩证的、铁的规律。现代西方美学也正是这种规律的产物，同时也将一定会成为在这种规律支配下的消逝物。任何一种学术流派或理论形态都不可能是永远占据雄霸地位，它总有其产生、兴盛、衰落和消逝的过程，这是正常的，符合历史发展规律的，因为随着实践的不断深入发展，理论也必须不断更新，才能使自身具有其存在的价值。正是在这个意义上，我们可以说，20世纪现代西方美学是对19世纪和19世纪以前的传统美学的一种否定或更新。早在19世纪美学家们的“超前意识中”，人类就已经看到了20世纪美学发展的曙光。同样，现代西方美学今天仍然正以一种独特的风姿迅速发展。

从20世纪的现代西方美学中去发现21世纪的曙光和灵气——我们今天的美学研究所必须具备的“超前意识”和“控制论思维”。

现代西方美学是现代西方哲学和现代西方文化的重要组成部分。尽管西方资产阶级学者的艺术理论和美学观点总体上为我们所不能接受，但在某些方面毕竟还是有独到之见（或者说真知灼见），这正是我们所需要、所应吸取的精华所在。在这里，我们同时还应该指出，在如何对待外国（尤其是西方）文化问题上，我们的传统态度历来是十分谨慎的。对于这个问题，历史的经验已经反复告诉我们，一个国家、一个民族如果自我封闭，对外来的文化一概排斥，那将是没有出路的。对于西方文化，我们的态度历来是既不能盲目崇拜，也不能一概排斥，而是应该本着实事求是的精神加以科学的分析和判断，从而做出合理的取舍，以便为我所用。我们不是国粹主义者，也不是全盘西化派，我们坚持以马克思主义一分为二的观点和实事求是的科学分析方法来对待西方文化。这是我们介绍和研究现代西方美学所应必须遵循的原则，但愿我国学者在西方美学研究领域有一个更新的突破性进展。

审美重建　精英辈出

——写在“青年美学博士文库”出版之际

美，是人类探求的永恒主题。

千百年来，人类为探求美的本质进行了不懈的努力。从苏格拉底、柏拉图和老子、庄子时代到 21 世纪初的今天，无论是希腊还是中国，无论是世界的西方还是东方，人类始终没有终止过对美的本质及其规律的探索和研究。历代的美学思想家们，他们在吸取和继承先辈研究成果的基础上，不断地拓宽和深化美学研究的主题，从而有所发现，有所创新，有所建树，有所前进。

随着时代的发展和社会的进步，人们的观念形态正在发生巨大的变化，反映在美学领域，情形同样也是如此。早在 19 世纪中叶，俄国著名美学大师车尔尼雪夫斯基就已经明确指出，每个时代有每个时代的美，一代人有一代人的审美标准和审美要求，只有新的美才能满足他们日益发展的审美趣味和鉴赏心理。这种审美意识的发展无疑取决于整个社会的文明和进步。正是基于这一点，我们认为，美学研究的一个重要任务，就是从现实的审美需要出发，借鉴历史上的审美经验，博采众长，以树立适合我们时代要求的审美趣味、审美观念和审美理想。人类对美的认知和了解，对审美意识的认知和了解，正如对任何其他客观事物的认知和了解一样，都是经过了一个逐步深化的历史过程。一个时代有一个时代对美的认识和看法，新时代的美学观，来源于新时代的现实。换言之，时代的发展和更新也意味着必将导致美学观念的发展和更新。在 21 世纪初的今天，我们的美学理论研究固然不能割断历史，但我们更应该强调把理论研究的目光探向未来和新的领域。当然，由于美本身是一种极其复杂奇妙、变化万端的现象，它不仅具有无限多样的表现形式，而且涉及的领域又非常广泛，因此，美学研究的任务是复杂而又艰巨的。作为以揭示美的本质为己任的美学工作者，我们理应对此有足够的认识。我们应穷尽毕生的精力去探索美的规律，寻求美的真谛。

然而，纵观美学思想史的发展历程，我们又不得不承认，尽管东西方古代思想家在两千多年前就已经开始对美和美感等问题进行哲学的思考，但美学作为一门独立的学科出现，其历史还很短暂。伟大的德国哲学家鲍姆嘉敦于 18 世纪发表了 *Aestheticus* 一书，从而宣告了“美学”的诞生（它从此由哲学科学中独立分离出来）。因此，“美学”在我们国人心中，无疑是一门“外来学科”。它传入中国也只是约一百年的时间。戊戌变法时期，随着民族危机的加剧和资产阶级改良主义的出现，一些有识之士（如梁启超、王国维、蔡元培等）在熟识中国古典文艺典籍的基础上，大胆地吸取近代西方（尤其是德国）资产阶级的哲学、美学成果，并开始用一种新的审美眼光和研究手段探讨文艺的特性和审美本质等问题。此外，从 20 世纪三四十年代起，宗白华、邓以蛰、朱光潜等先生继续对西方美学予以介绍和研究。可以说，这些学者是将西方美学传入中国并为当代中国的美学研究奠定基础的可敬的先驱。然而，这只是美学这门学科在中国兴起和发展的前奏。在中国，美学研究真正蓬勃开展则是新中国成立以后（尤其是实行改革开放后）。只有在这个时期，我国的美学研究才从量的概念上见出了规模，从而在质的方面有了飞跃性的发展。

众所周知，我国于 20 世纪 50 年代和 20 世纪 80 年代曾先后出现过两次美学研究的高潮。这两次高潮的兴起使美学这门既古老又年轻的学科在中国有了新的发展。特别是在第二次高潮中，由于受改革开放形势的驱动，使本已荒芜沉寂、萧瑟凋零的美学园地又重获生机，从而使广大的美学工作者重新看到了美学发展的广阔前景。这期间，大量外国学术著作的翻译、介绍和引进，给我们的美学研究提供了丰富的有价值的资料，从而拓宽了我们的研究领域。各种美学思想和观念一方面极大地冲击和改变着我国长期封闭单一的研究格局，一方面又影响和改变着研究者的思维方法、美学观念和知识结构，促使研究者对已有的观念进行反思和调整，从众多的美学理论中吸取营养、获得启迪，从而引导我们从广阔的世界文化背景中去思考和研究美学及其对象、范围等问题。另外，新技术革命浪潮的冲击和现代自然科学、人文科学对美的扩张和渗透，各种相邻学科的交互影响，使我们有条件在一个更为广阔的视界和文化史、艺术史、哲学史高度发展的基础上对美学作全面、系统的考察，从而综合概括，获得提高、创新和发展。这也就规定了我们中国的美学工作者在新的历史条件下应该走自己的路，应该有自己的研究手段，特别是在如何对待我国自己的民族美学，如何对待外国（尤其是西方）美学问题上，我们必须坚持马克思主义一分为二的观点，弃其糟粕，择其精华，取长补短，为我所用。

我们在总结中外美学思想史发展的同时，必须应该看到，我国美学研究事业的发展从来都不是一帆风顺的，而总是历经坎坷，呈大起大落之势，换言之，它往往是喜忧参半。的确，美学这门学科在中国的起步是较晚的，但其发展速度之快、规模之大，恐怕也是为现世所罕见。尤其是进入 20 世纪 80 年代，美学热几乎达到了时代的峰巅，但不久，这股骤然而起的热潮便在汹涌的商品大潮袭来之时，迅即呈退却之势。在这样一种时代背景下，在美学界，我们经常可以听到一些朋友感叹，美学已跌入低谷，其前景暗淡。那么，美学的现实境况究竟如何？这个问题必须由美学历史发展的现实本身来予以回答。上面所说的那种所谓美学低谷的论点，粗听起来似乎有点道理，但细细辨析，结论恐怕未必如此。首先，我们应该从概念上搞清楚，何谓“低谷”？所谓“低谷”，显然一定是相对于“峰巅”而言的。我认为，在十年浩劫期间，美学才是真正坠入了低谷，那时，“美学”被作为“封资修”的东西而受到无情的批判，偌大的中国，竟连一本美学专著都未见问世，国人也皆谈“美”色变，正常人的心灵被扭曲。在这种爱美之心不许有的非理性年代，美学界才是真正到了万马齐喑的低谷状态。进入 20 世纪 80 年代，正如前文所述，随着改革开放形势的发展，我国的美学研究事业才出现了空前的繁荣。学者们先是从浩如烟海的美学和文艺理论中遴选出一批富有思想和学术价值的名著译介给国人，并在大量吸收外来有益成果的基础上，结合本国美学研究的具体特点，撰写出不少富具时代意义和民族特点的有价值的力作。此外，除了学者们在学术上所起的那种导向性作用外，广大的民众也为20世纪80年代中国美学热潮的兴起起了推波助澜的作用。经受了十年动乱之苦的国人，怀着对幸福人生重建的愿望和对美好事物热烈追求的心态，不同程度地自觉不自觉地介入了这场美学热的大潮。然而，任何一位有识之士，只要能冷静地谛视和观察当时这种现象，分析它的生成根源，那么，他就会不难预料这种现象的发展结局将是什么。客观地说，这种美学热的出现是一种特殊现象。尽管这种现象其持续时间不长，但它的产生却带有某种因果必然性。因为，它是对十年浩劫期间美学低谷（或曰美学被压制）的一种自然性反弹。说到底，这种现象是特殊历史时代的特殊产物，并且，它其中带有相当大程度的盲目性。这股热潮后来之所以很快退却下来，其原因很简单，因为，美学既然作为一门独立的人文学科，它本质上还是哲学的，它毕竟带有根本的思辨特性。而艰深的美学研究任务也不是为任何一位未经专门培养和训练的普通民众所能接受或胜任的。说到底，它毕竟是属于少数专家、学者们研究的科目。因此，就今天的中国美学研究的现状而言，我们是否可以这样说，它既不是处于高峰，也不是如有些朋友所言那样处于低谷，而是处于对前些年在特定时期由于反弹作用而出现的暂时的美学热的一种合理的（或曰理性的）“回落”中，或者说，它已基本步入了一种正常的良性的稳定状态。当然，尽管目前也常听到有些学者抱怨美学研究步履维艰，美学著作出版困难，等等。的确，这是实情，但应该看到，这不单单是美学一家的境遇，几乎整个社会科学领域不都是如此吗？尽管这样，不是还有不少学者的美学著作仍然通过各种途径，以种种不同的方式在陆陆续续得以问世吗？我们这套“青年美学博士文库”的出版，不也从一个侧面证明了这一点吗？

“青年美学博士文库”是在新旧世纪交替之际与广大读者见面的。这套文库能在这样一个为世人瞩目的特殊历史年代问世，足以使我们感到激动和欣慰。本文库的作者队伍基本上是一批脱颖于20世纪末的时代骄子——一群学有所长的年轻博士学者。这里的每部著作都是作者长期研究、思考的结果，它们凝聚了作者本人以及他们的导师、兄长、亲友们的智慧和心血。这些著作大多是经由国内有关专家、学者和教授审阅、推荐，并几经作者本人反复推敲、修改，反复锤炼的工力之作，有的其学术价值和思想水平具有一定的先锋性。值得一提的是，本丛书的选题原则是不拘一格。从目前本辑所收的10部著作来看，它们涉及的内容是多方面的，其中有中国美学（史）、西方美学（史）和具体的门类艺术（史）的研究，也有美学原理方面的研究，等等。

为了更有利于广大读者对此套丛书的整体有一个大致的了解和把握，以便他们在阅读时有的放矢地根据自己的专业特点和兴趣爱好有所选择，我们在这里有必要就这套文库的每部著作的内容特点作一提纲挈领式的扼要介绍。

先谈谈为人们所感兴趣的修辞论美学问题。迄今为止，我国学界关于修辞论美学专题的研究一直很少有人重视。令人可喜的是，王一川（我国第一批文艺学博士、北京师范大学教授）经过其多年的潜心研究，终于写出了第一部专门论述这一专题的著作，他的《走向修辞论美学》，在分析中外美学现状和发展趋势的基础上，大胆地提出了“走出经典美学体系”和“走向修辞论美学”的新思路。此著一改经典美学的美的本质中心论和体系性渴望，创造性地在理论与批评的结合上阐释文艺文本与文化语境的互赖关系，显示了内容形式化、体验模式化、语言历史化和理论批评化等特色，从而对修辞论美学作了具有开创性意义的探索。该书尤其对20世纪中国文学中的卡里斯马典型、20世纪90年代电影领域的张艺谋神话、近些年审美文化中的杂语喧哗、启蒙和沟通等新问题，作了深入的修辞论阐释，视角新颖，分析透辟，见解独特，在美学理论和文艺批评两个方面都表现出了勇于突破和创新的锐气。

傅谨（浙江艺术研究所副研究员）的《感性美学》，旨在阐述一种人性的美学观。此书凝结了作者多年来从事美学研究的主要成果。阅读此书，我们可以不难看到，作者由审美感受的构成与体验、审美能力的生成与功能实现、审美过程的心理剖析等自从美学诞生以来就众说纷纭的难题入手，从心理与文化两个角度展开对美和美感的深入探讨，因而包括了那些在美与艺术领域最为核心、最为重要的美学问题的独特思考，并且通过对某些艺术、自然领域中的个例分析，使得这些思考避免了在纯粹理性领域中推演的枯燥与艰涩，同时，也获得了时代性。

封孝伦（贵州师范大学中文系副主任、副教授）的《20世纪的中国美学》以一种崭新的视角，通过运用历史与逻辑相统一的思想方法，宏观把握20世纪中国美学思潮发展历史，比较客观、真实地反映了近一个世纪来奔腾在中国大地的审美思潮的主流。此著并非空泛、抽象地就美学理论谈美学思想的发展，而是与特定的时代审美场、审美创造联系起来综合思考。因此，使此著所选的美学思想史具有立体、丰富、生动的特征。此外，此著还把20世纪中国美学主要看成是崇高美的崛起与衰落的历史过程，而崇高美思想的历史和逻辑展现又分为悲剧美时期和英雄美时期。此前有一个从古典和谐美向崇高美转型的时期，此后有一个从崇高美向自由美转型的时期。这样，它就把20世纪中国美学的发展分为“转型”“悲剧”“英雄”和“自由”四个阶段。这样的阶段划分，比较符合中国审美思潮发展的实际。值得提及的是，此著首次提出了“审美场”的思想，认为审美创造取决于审美场，而审美创造同时也制约审美理论。此著对20世纪文学艺术史和文艺批评史的逻辑构架有重要的参考价值，对于学习和研究近现代美学思想史的朋友们来说，尤其值得一读。

李庆本（北京语言学院副教授）的《20世纪中国浪漫主义美学》是一部专题性较强的论著。我们知道，浪漫主义是一个内涵比较丰富且内在的含意结构又比较复杂的概念。在我国，它不是作为“流行的”术语来使用，就是作为“创作方法”来使用，此著则试图从美学史的角度给予“浪漫主义”以新的界定，提出浪漫主义是在特定历史阶段存在的一种特殊结构方式的审美意识类型，而对立性原则和主体性原则则是浪漫主义审美意识的两大基本原则。人所共知，我国学界以往不乏对20世纪现实主义和现代主义的研究和论述，然而，对20世纪中国浪漫主义问题则很少有学者予以高度重视，李庆本的《20世纪中国浪漫主义美学》就是试图弥补上述缺憾。此著以审美意识为研究对象，以马克思主义历史与逻辑相统一的原则为指导，在古典主义、浪漫主义、现实主义、现代主义的纵向比较和中西横向比较中，适当吸收了系统论、建构主义等方法，多方面地揭示了中国20世纪浪漫主义的本质特征及其发展规律，并提出了许多新的命题，例如中国20世纪美学自身发展的历史分期问题、近代美学史的研究应以浪漫主义的研究为起点的问题、近、现代审美主体发展的三个阶段问题和新时期文学中的浪漫主义问题等。当然，这些新命题只是作者思考的一种结果，它是否合理，是否经得起实践和时间的检验，这应该是由历史来证明。

苏州大学文学院朱志荣先生的《中国艺术哲学》，以较为简洁的笔法对该书的主题作了深刻的论证。此著认为，中国古人将艺术境界视为人生理想的最高境界，中国人的艺术观念体现了主体的生命意识。他们从天人关系出发来看待艺术，并将艺术作品的结构视为一个生命整体。同时，他们还强调艺术心灵的身心贯通，认为艺术家对外物的体悟只是一种超感性的体悟，即基于感性生命又不滞于感性生命本身的体悟，从中使主体的感性生命受到感发，并通过艺术创作而实现心灵的自由。艺术家在感悟过程中，物我是双向交流的。传统的文化形态在艺术发展过程中有着中介意义。中国艺术的发展，与古人素来注重消化和兼容各民族优秀传统是分不开的。该书正是在上述特征的基础上对艺术活动的主体、艺术作品的本体及其特质，以及艺术发展的诸规律进行探讨的。它对于长期从事中国艺术和中国哲学（史）研究的学者和朋友们会有良好的启迪作用。

熟悉中国美学思想史的人都会知道，中国古代的魏晋美学无疑是中国古典美学的一个相当重要的组成部分。它上承先秦道家美学，下启宋元禅宗美学，继往开来，形成了自己独特的美学个性，并对此后的中国古典美学产生了相当深远的影响，魏晋玄学美学因此成了中国美学理论史研究的重要课题。张海明（北京师范大学中文系副教授）的《本体的探询与美的发现》正是在深入探讨魏晋玄学美学的哲学背景——玄学的产生、发展的基础上，较为全面地分析了魏晋玄学对这一时期文学、诗学和艺术理论的影响，接续了玄学精神与魏晋审美思潮的内在关联，澄清了若干为以往学界所纠缠不清的难点，从而将此课题的研究大大地向前推进了一步。

中国社会科学院哲学研究所的徐碧辉女士是参加本丛书撰述的唯一一位女博士，她的《文艺活动创价论》主要是从文艺活动中的主客体关系入手，对文艺活动的本质、特征、功能、文艺的主体性与客观性等文艺理论中争论不休而至关重要的问题提出了独到新颖的见解。此著认为，文艺活动是人们以直觉的、整体的和综合的方式把握客体对象并在此基础上以象征性符号形式创造某种蕴含着新价值的艺术形象的精神性实践活动。换言之，文艺活动是以象征性符号创造精神价值的精神性实践活动。它的过程是主体与对象进行双向精神交流和价值建构的过程，它把握客体的方式是一种积淀着理性的感性方式。此著把这种观点称之为文艺主体创价论和文艺主客交融论，以区别于以往的那种文艺反映论和主体论，并力图克服后两者的缺陷，对文艺本质等问题作出科学合理的说明。此著对文艺的主体性和客观性的构成、内容和表现形式等问题进行了全面分析，提出了文艺主体构成的个体—集体—类三层次说，分析了构成文艺主体的生理和社会基础及其构成要素。在对上述问题进行全面分析之后，此著对20世纪80年代中后期围绕文艺的主体性所进行的文艺争论进行了回顾和总结。

金元浦(中国人民大学中文系副教授)的《文学的审美解释和意义生成》一书是目前国内全面系统研究当代文学解释学的具有开创性意义的理论专著,此著将西方现象学、解释学、接受美学等理论资源与中国传统美学、批评理论融会贯通,展开了建设当代中国文学解释学的有益探索。此外,它还对当代文学美学中的一系列重大论题(如文学美学的范式及其演变、当代对话主义与主体间性的出场、阅读进入文学本体、主体思维的分裂及游移视点的运作、文学阅读中的张力结构与接受度等)进行了富有创见的深入论述。应该说,这是一部富于启发性的新作,值得一读。

北京大学彭峰先生的《生与爱》,主要是对影响古代中国人审美意识的两个基本观念——“生”与“爱”作重点的研究和考察。此著认为,中国古典美学的诸多特征从根本上都可以还原到上述两个观念。“生”与“爱”不仅是中国美学的基础观念,而且也是中国哲学的基础观念,正是由于中国哲学与中国美学在基础观念上的相通,才使中国哲学具有更多的泛美学色彩,这种泛美学色彩不仅体现于一些基本的哲学观念具有浓重的美学意味,而且也体现于中国哲人所崇尚和亲身实践的艺术人生。此著之所以把“生”与“爱”视为人类最普遍的观念,其根据是,作者坚信中国古典美学和艺术所具有的永恒魅力,不仅在于它表现出了某种特别的文化趣味,而且更重要的是在于它们始终关注着“生”与“爱”这个人类最基本的问题。

上海社会科学院文学研究所马驰先生的《卢卡奇美学思想论纲》对匈牙利著名美学家卢卡奇的美学思想作了全面系统的考察。卢卡奇是20世纪西方最有影响的美学家之一。他的美学理论对现代欧洲产生了重大的影响,甚至对中国现代文艺思潮也影响不小。卢卡奇一生为发展马克思主义美学和文艺理论作出了巨大的贡献。该著以卢卡奇的主要著作和他所处的时代为经纬,力图从纵横两个维度全面阐释、评价卢卡奇美学思想的体系结构及其历史嬗变的轨迹。全书共分三个部分:上篇论述了卢卡奇思想的演变历程,特别是他的意识形态、人道主义异化观念等理论在马克思主义发展史上的贡献,以及他对自谢林至费希特的德国非理性主义哲学批判的重要意义,分析了卢卡奇上述思想对他的美学、文艺理论所产生的重要影响;中篇论述了卢卡奇美学思想与文艺思想的核心问题,诸如艺术的起源、艺术的拟人化特征、审美主体——客体的关系、美学范畴以及文艺与政治的关系等一系列问题;下篇论述了中国左翼作家的现实主义理论的比较,论述了卢卡奇现实主义理论在中国传播过程中的历史命运及存在的问题。该著站在一个比较客观的视角,对卢卡奇的一系列重要美学命题进行了认真的考察,力图揭示他的美学思想与马克思主义、德国传统哲学、美学之间的错综复杂的关系,最终得出了与国内其他卢卡奇研究者不同的结论:卢卡奇本质上并没有抛弃经典马克思主义,他是马克思主义从经典形态过渡到当代形态的代表人物。同时,他也是一个坚定的马克思主义者。

以上是对“青年美学博士文库”每部著作基本内容的扼要介绍,旨在让读者朋友对本丛书有一个整体性的了解。记得国外有一位学者曾经说过这样一句话:“哲学家一生的标志就是他的那些著作,而哲学家生活中的那些最激动人心的事件,就是他的思想。”本文库所集结的上述10部著作，也可以说是这些年轻学者学术思想、知识水平和研究能力的综合体现。我想，这些著作一旦与广大读者朋友见面，也可能会“激动人心”的。从上述著作的内容看，他们都普遍具有“艺术哲学”的特性（或曰审美哲学意义上的那种思辨性）。因此，这些著作就其价值和地位而言，往往具有某种特殊性。这正如现代美国哲学家桑塔耶纳所言：“艺术哲学较之鉴赏心理，往往是更耐人寻味的科学。”[①]桑塔耶纳的这一观点，简明扼要地道出了那些具有哲学思辨性质的美学著作之所以富有魅力、受人青睐的真正原因。当然，上述这些论著，除了它们所具有的知识内涵和思想深度外，由于撰述时间的仓促、参考资料的欠缺等原因，可能还存在着这样那样的不足或缺陷，但不管怎样，它们至少从一个侧面反映了迄今我国青年学者的学术状况和当今中国美学研究的水平。参加本丛书撰述的多数著者曾对我说，在他们的撰述过程中，最大的困难莫过于一是资料的缺乏，二是找不到一种理想的参照系。怎么办？走自己的路！在科学探索的道路上，本来就不是一帆风顺的，而往往是险象丛生。正如德国著名学者格罗塞说的：“在一块从未有人探索过的新境地，谁都不可能找到许多无价的事实，只要找到路径，就应当知足了。”[②]的确，我们应当感到知足，这倒不仅仅是因为上述学者的著作得到了出版，而更是因为这些年轻学者在自己的学术研究之路上有了一个良好的开端，他们就自己未来的发展找到了理想的入门路径。我们深信，一分耕耘，一分收获。只要这些学者沿着这条路径矢志不移地走下去，那么，等待着他们的定将是成功的欢欣和收获的喜悦。“青年美学博士文库”奉献给读者朋友的并不是许多无价的事实，也不是许多不偏不倚的精确答案，而是学术研究上的种种问题，因为，答案来自研究，问题才发人思考。我们愿与一切阅读和厚爱本丛书及有志于美学研究的朋友们共同探索美学研究领域中的种种问题之谜。

人类文明发展的步伐已经迈入了21世纪。我们所处的时代是一个卓越的非同凡响的时代，我们所面临的是机遇和挑战。20世纪科技革命浪潮的兴起，正在迅速而又深刻地改变着人类的社会实践和生存方式，改变着每一个人的固有观念。对于每一个以探求美的规律为己任的美学工作者，我们理应随时根据社会和时代的发展变化，不断地修正和确定我们的美学思考方式，而要做到这一点，就必须要有某种符合时代发展的“超前意识”。只有这样，我们才有可能提出某种闪光的见解和理论，从而给美和现代艺术创造提供论据，指出方向。与任何其他理论形态一样，美学理论也只有随着美学实践的深入发展而逐步地得以修正和完善，才能使之具有生命的活力和存在的价值。正是在这个意义上，我们可以说，20世纪的美学理论是对19世纪和19世纪以前传统美学的一种否定或更新。早在19世纪美学家们的超前意识中，就已经孕育着20世纪美学的雏形。同样，从20世纪的美学中去发现21世纪美学的曙光和灵气，也是我们今天的美学研究者必须完成的历史使命。

---

① 桑塔耶纳.美感[M].缪灵珠，译.北京：中国社会科学出版社，1982：1.

② 格罗塞.艺术的起源[M].蔡慕晖，译.北京：商务印书馆，1984：序.

有味无价的探索

——写在“中国艺术论丛书”出版之际

美是人类探求的永恒主题。作为以探求美、创造美为其基本特征和主要使命的艺术，它与人类的产生、形成和发展几乎是同步的。

“艺术”，既是一个历史的概念，又是一个社会学的概念。大千世界，芸芸众生，唯独人类这个拥有语言和思维灵性的“动物”才真正懂得美，并由此而产生对美的需求和创造。因此，也只有“他”才真正拥有“唯美”意义上的艺术及其创作灵感和创作冲动。艺术，起源于人类的社会劳动实践。马克思在《1844年经济学-哲学手稿》中曾经说过：劳动创造了美。马克思在这里所提到的“劳动”这个概念，是一个经济学的概念，同时也是一个社会学的概念。正是在人类起源这个意义上，我们可以说，所谓劳动创造了美，其实也就是劳动创造了艺术的同一含义的不同提法。首先，“劳动”一词内涵的规定性足以说明它是一个社会学范畴的概念，因为，宇宙方物中，唯一能承担起劳动使命的只能是具有情感和理性的“人”。劳动既是人类维持其生存的一种手段，同时又是显示人类具有创造性特征的一个重要标志。因此，我们说，从艺术起源这个角度研究艺术必须从研究早期原始人类的生活方式和经济方式入手。同样，我们今天在考察整个人类艺术发展的历史过程时，也可以清晰地看到，任何国家和民族的艺术发展都是与其独特的社会经济、政治、宗教、文化、自然环境等背景条件紧密相关的。换言之，任何一个研究艺术本体或艺术发展历史的专家，在他所从事的艺术或艺术史发展研究的过程中，必须将其研究的艺术对象或艺术个案放在历史发展的大背景中来加以考察。否则，就不会得出科学的结论。

我们今天版的“中国艺术论丛书”是一部专门以研究中国各门类艺术发生、发展、演进、变革等为其主要特征的大型艺术论研究丛书。参加此丛书撰写的大都是一些活跃于我国哲学社会科学和文艺理论研究领域并有卓越建树的中青年学者。他们聪明智慧、视野开阔、思维敏捷、激进前卫，是目前我国社会科学和文艺理论研究领域的一批精英和中坚。他们现大多是一些具有博士学位或教授、博导职位的知名学者。“中国艺术论丛书”涵盖了中华民族源远流长发展历史的18种主要艺术门类，具体地说，它们是：戏剧、音乐、舞蹈、建筑、雕塑、书法、绘画、诗歌、小说、散文、文学、器物、装潢、服饰、陶瓷、曲艺、园林、民间(艺术)。毫不夸张地说，在我国艺术论研究史上，迄今还没有一部艺术论丛书像它这样涵括门类如此之多。此部丛书从各个不同的角度和不同的侧面对我国18种具体的艺术门类进行专门深入地剖析、探讨、研究和论证。它们不但是对中华民族各具体艺术门类发生、发展、变革、演进历程的一次全面检阅，而且也是对这些艺术门类发生、发展、变革、演进的一次深刻总结。此部丛书从一个侧面反映了我国目前艺术发展现状和研究水平，具有较高的学术价值和时代意义。它的出版，定将给我国学者（尤其是从事哲学社会科学和艺术研究、艺术创造的人们）提供重要的参考资料。他们会从中得到有益的借鉴、启示和指导。我们深信，此部丛书的出版，定将在中国乃至国际学术界和研究界产生重大的影响。

记得国外有一位学者曾经说过这样一句话：哲学家一生的标志就是他的那些著作，而哲学家生活中的那些最激动人心的事件，就是他的思想。阅读本丛书所集结的上述18部著作，也可以说是这些学者学术思想、知识水平和研究能力的综合体现。我想，这些著作一旦与广大读者见面，也可能会“激动人心”的。从上述著作的内容看，它们都普遍具有一种“艺术哲学”的特性（或曰审美哲学意义上的那种思辨性）。因此；这些著作就其价值和地位而言，往往具有某种特殊性。这正如现代美国哲学家桑塔耶纳所言：“艺术哲学较之鉴赏心理，往往是更耐人寻味的。”[①]桑塔耶纳的这一观点，简明扼要地道出了那些具有思辨性质的美学著作和艺术理论著作之所以富有魅力、受人青睐的真正原因。当然，上述这些专著，除了它们所具有的知识内涵和思想深度外，由于著述时间的仓促、参考资料的缺乏等原因，可能还存在着这样那样的不足或缺陷，但不管怎样，它们至少从一个侧面反映了迄今我国学者的学术状况和当今中国艺术论研究的水平。参加本丛书撰述的多数著者曾对我说，在他们的撰述过程中，最大的困难莫过于：一是资料的缺乏；二是找不到一种理想的参照系。怎么办？走自己的路！这些年轻的学者在自己的学术研究之路上有了一个良好的开端，他们就自己未来的发展找到了理想的入门路径。我们深信，一分耕耘，一分收获。只要这些学者沿着这条路径矢志不移地走下去，那么，等待着他们的定将是成功的欢欣和收获的喜悦。“中国艺术论丛书”奉献给读者朋友的并不是许多无价的事实，也不是许多不偏不倚的精确答案，而是学术研究上的种种问题，因为，答案来自研究，问题才发人思考。我们愿与一切读者和厚爱本丛书及有志于学术研究的朋友们共同探讨艺术研究领域中的种种问题之谜。

对于每一个以探求美的规律为己任的艺术理论工作者，我们理应随时根据社会和时代的发展变化，不断地修正和确定我们的艺术理论思考方式，而要做到这一点，就必须要有某种符合时代发展的“超前意识”。只有这样，我们才有可能提出某种闪光的见解和理论，从而给美和现代艺术创造提供论据，指出方向。与任何其他理论形态一样，艺术理论也只有随着艺术实践的深入发展而逐步地得以修正和完善，才能使之具有生命的活力和存在的价值。正是在这个意义上，我们可以说，20世纪的艺术理论是对19世纪和19世纪以前传统艺术理论的一种否定或更新。早在19世纪艺术理论家们的超前意识中，就已经孕育着20世纪艺术理论的雏形。同样，从20世纪的艺术理论中去发现21世纪艺术理

① 桑塔耶纳.美感[M].缪灵珠，译.北京：中国社会科学出版社，1982：1.

论的曙光和灵气,也是我们今天的艺术理论研究必须完成的历史使命。

最后,需要特别说明的是,这套丛书并未涵括所有的艺术门类。对于博大精深的中华艺术而言,我们所接触到的可能仅是其较为引人注目的部分,还有广大的未知领域需要继续发掘、探究。另外,为了使丛书能容纳更多的艺术品类,我们在拟定丛书书目的时候,并未有意规避各艺术门类之间的交叉甚至包容,而以其研究状况、研究水准作为其取舍的标准。我们真诚地希望,通过广大读者和研究人员的共同努力,"中国艺术论丛书"能够不断地得到修正、充实和完善,从而使古老卓越的中华艺术显示起绵延不绝的魅力和不同寻常的当代意义。

一位东方学者的西方美学观

——读蒋孔阳《德国古典美学》

德国古典美学是德国古典哲学的重要组成部分，它是18世纪末19世纪初形成于德国的美学思潮和学术流派，其主要代表人物是：康德、费希特、谢林、歌德、席勒和黑格尔。德国古典美学的产生和形成是有其深刻的时代背景条件的。从整个西方美学发展的历史来看，德国古典美学具有继往开来、承上启下的划时代意义。关于德国古典美学的研究，中外学界不乏其人，有关这方面的著作也可谓"汗牛充栋"，然而，我国著名西方美学家蒋孔阳先生的力作《德国古典美学》（商务印书馆出版）却站在一个全新的时代高度，以当代中国学者特有的智慧、学养和睿敏，对"德国古典美学"的基本内容和特征作了全面的考察、研究。从作者在该书的观点中我们不难看出，其中不乏闪光之见。

蒋孔阳先生的《德国古典美学》是一部全面以科学世界观分析、研究和诠释从康德开始、黑格尔为终结时段的美学发生、形成、鼎盛和终结的过程。它的问世，是我国学者在"德国古典美学"研究领域填补了一项空白。当然同朱光潜先生的《西方美学史》相比，尽管在涉及的范围上没有前者全面广泛，但较之前者却要更全面、系统和深刻。由于德国古典美学是德国古典哲学的重要分支，故它是一个十分复杂艰深的领域。朱光潜先生的《西方美学史》是国内学者迄今唯一一部全面述解西方美学的历史著作，而蒋孔阳先生的《德国古典美学》则是一部中国学者撰述的西方美学"断代史"。蒋先生在本书的第一章就开宗明义地指出：所谓的德国古典美学，就是十八世纪末到十九世纪在德国以康德、费希特、谢林、歌德、席勒和黑格尔为代表所形成的一个美学流派。这个流派不仅以德国古典哲学作为其理论基础，而且就是德国古典哲学的一部分。因此，了解德国古典哲学的产生和形成，也就了解了德国古典美学的产生和形成，关于德国古典哲学，恩格斯曾有过这样的精辟论述："在法国发生政治革命的同时，德国发生了哲学革命。这个革命是由康德开始的。它推翻了前世纪末欧洲各大学所采用的陈旧的莱布尼茨的形而上学体系。费希特和谢林开始了哲学的改造工作，黑格尔完成了新的体系。从人们有思维以来，还从未有过像黑格尔体系那样包罗万象的体系。"[①]就恩格斯的以上论述，我们可以明确看到，从康德到黑格尔所进行的是一场哲学的革命。而经过这场革命重新建构的德国古典哲学，其体

① 中共中央马克思恩格斯列宁斯大林著作编译局.马克思恩格斯全集：第1卷[M].北京：人民出版社，1956：588.

系之广大乃至包罗万象，是人类哲学发展史上绝无仅有的。而作为“德国古典美学”，情形同样如此。德国古典美学，它继承和发展了以往的德国乃至整个欧洲的美学体系，从唯心主义的基本美学立场出发，批判和改造了 18 世纪的战斗唯物主义美学，从而在此基础上生成一个西方美学史上声势浩大、影响深广、承先启后的美学流派。以德国古典哲学为基础的德国古典美学，它本身就是德国古典哲学的重要组成部分。例如反映在美学上，康德美学就是沟通他的认识论与伦理学的桥梁，而谢林则把艺术美作为其“同一哲学”的最高境界，而到了黑格尔那里，他把美学置于其描述绝对理念运动全过程的最高阶段，即绝对精神阶段的第一个环节上，与德国古典哲学一样，德国古典美学也以康德为发端。康德所提出的“审美先验综合判断”为德国古典主义美学的创立奠定了基础，开辟了方向。正是基于这一点，蒋孔阳先生这样评价康德：“康德的地位也是很重要的。他不但是德国古典美学的奠基人，而且是近代欧洲美学承前启后的人。至于近代资产阶级的美学家，我们更可以这样说，差不多没有一个不受康德的影响。他们的一些基本的（美学）论点，也差不多都是从康德那里受到启发而来的。”①因此，蒋先生认为，研究欧洲的资产阶级美学，不能不从康德开始。关于这一点，德国古典美学的集大成者黑格尔也早有评论，他说，康德哲学无疑是“近代哲学的转折点”；另一方面，他又说：“对于了解艺术美的真实概念，康德学说确是出发点。”②黑格尔把康德美学看做是近代美学的出发点，而谢林则讲得更为透彻明确，他说，康德在其不朽著作中播下的那些伟大的种子，如今随着时间的推移而日趋成熟。歌德对康德学说同样怀着虔诚和敬意，他认为康德的理论一直在起作用，并且已经深入到德国文化的深层内核，因而，德国人即便不读康德的书，照样也要受其影响。总之，为德国古典美学奠定基础，这是康德美学的最大历史价值。

德国古典美学是在康德美学的基础上得以进一步发展的，此后的主要代表是费希特和谢林。前者的哲学观点对于当时的德国浪漫主义美学产生了重大的影响。记得俄国的普列汉诺夫在其《从唯心主义到唯物主义》一文中，曾这样写道：“有名的浪漫主义者诺瓦利斯（德国作家）把费希特称之为发现了世界内部体系规律的新牛顿。谢林最初也是费希特的学生，但是浪漫主义者很快就发现，他们能够比费希特本人更‘费希特化’。”普列汉诺夫的这段精彩论述，从一个侧面深刻地揭示了费希特的哲学与浪漫主义美学的关系。蒋孔阳先生在谈到此种关系时指出：“浪漫主义的美学不仅从费希特的哲学出发，而且进一步把它绝对化，使这个与封建贵族相妥协，但仍然表现了当时资产阶级某些情绪和愿望的费希特哲学，变成了主要反映当时没落的封建贵族思想情绪的美学。”谢林的美学思想，尽管有其受费希特哲学美学思想影响的一面，但更多的则是与费希特美学有着不同甚至完全相左的观点。我们知道，谢林美学的哲学基础则是他的“同一哲学”，黑格尔在《美学》中这样评价谢林：“到了谢林，哲学才达到它的绝对顶点。艺术虽然早已在人类最高旨趣中显出它的特殊性和价值，可是，只有到了现在，艺术的真正概念和科学地位才被发现出来，

① 蒋孔阳.德国古典美学[M].北京：商务印书馆，1980：56.
② 黑格尔.美学：第 1 卷[M].朱光潜，译.北京：商务印书馆，1979：66，72.

人们才开始了解艺术的真正的更高的任务，尽管从某一方面来看，这种了解还是不很正确。”[①]蒋孔阳先生在谈到谢林美学的核心思想时则认为，从康德、席勒以来，德国古典美学都是企图把美和艺术当成是调和矛盾的手段。谢林也是这样做的，谢林认为主要有三种理念：真、善、美。真是必然性，善是自由，而美则是两者的综合。美把真的科学知识和善的道德行为综合实现在艺术之中。因此在谢林来看，艺术高于哲学。蒋先生在揭示谢林美学的基本哲学特征后，分别从谢林对于美和艺术的看法、对于艺术直觉的看法，对于神话和艺术发展的看法和对于艺术分类的看法四个方面对其美学进行了全面的诠释。歌德与席勒两位都是德国伟大的诗人和剧作家，其思想倾向和创作态度有其相同的一面，也有其不同的一面。他们在德国古典美学中的地位也是十分重要的。歌德曾对自然和美的关系、艺术创作的原则、自然的真实与艺术的真实关系等发表了一系列的观点。蒋先生在综观歌德的具体美学观点后指出，比起席勒，歌德是更偏重于实际的。他不像席勒那样，逃向康德的唯心主义哲学，而且他对这种唯心主义哲学持反对态度，认为它妨碍创作。他对自由科学作过比较深刻的研究。这有助于它反对空洞的理想，反对主观的创作态度，要求一切从客观的现实出发。这一点，他与席勒是十分相似的。对此，黑格尔有如是评价：席勒的大功劳就在于克服了康德所了解的思想的主观性与抽象性。敢于设法超越这些局限，在思想上把统一与和解作为真实来了解，并且在艺术上实现这种统一与和解。在对歌德和席勒的基本美学思想作了提纲挈领式的介绍后，蒋先生总结性地指出：因此，席勒的美学可以说是从康德到黑格尔的一个转折点，而歌德则在这个转折点上起了重要的推动作用。他们两人在德国古典美学中的地位，我们认为应当这样理解。当然，德国古典美学奠基于康德，终结于黑格尔，因为黑格尔是德国古典美学的集大成者，是他把德国古典美学推向了时代的巅峰。黑格尔美学思想主要集中体现在二卷本的《精神现象学》和三卷本的《美学》中。尤其是在《美学》中，他建立了完整、系统的美学思想体系。黑格尔的美学是其整个哲学体系的重要组成部分。他从其基本的哲学立场出发，提出了其美学理论的核心命题——“美是理念的感性显现”。黑格尔的全部艺术美学主张都是由这一核心命题生发出来的，并且与他的整个哲学体系保持高度一致。对于“美是理念的感性显现”，黑格尔作了如是界说：“这个概念是有两重因素：第一，是一种内容、目的、意蕴；第二，是表现，即这种内容的实际存在；第三，这两方面是相互融贯的，外在的特殊因素显现为内在因素的表现。”在这里，所谓的“理念”就是美或艺术的内容、意蕴，具有概念的普遍性和无限性，所谓“感性显现”则是指作为理念的客观性相的具体可感的外在表现形式，它具有特殊性和有限性，美正是这两者的统一。黑格尔美学观点之所以堪称是德国古典美学的顶峰，就是因为他的美学起了“划时代”的作用，即它能将辩证法全面地运用到美学研究中。在谈到黑格尔美学在其哲学体系中的地位时，蒋孔阳先生在书中指出：像康德、谢林等人一样，黑格尔的美学也是他整个哲学体系的一个组成部分。他的美学属于“精神哲学”范畴，而且是属于绝对精神自我认识的低级阶段。黑格尔的美学，不是研究人对现实的审美关系、

---

① 黑格尔.美学：第1卷[M].朱光潜，译.北京：商务印书馆，1979：75.

研究艺术如何反映客观现实的美，而是服从于客观唯心主义哲学体系的需要，研究艺术在绝对理念发展到最高阶段时，如何作为绝对理念自我认识的一种手段。他的哲学体系，完全是一种唯心主义的神话。恩格斯就说："在哲学家那里，例如在黑格尔那里，创世说往往采取了比在基督教那里远要混乱荒唐的形式。"[①]建立在这种哲学体系基础上的美学，不管它在具体的内容上具有多少"合理的内核"，但在根本的性质上，却不能不是消极乃至反动的唯心主义。

综观蒋孔阳先生的《德国古典美学》，给我的总体印象是：此书是迄今中国国内就德国古典美学断代史研究的杰出代表作。它从一个侧面反映了当代中国学者研究西方美学的资质和水平。当然，由于受到时代和资料等条件的限制，本书也还有继续深化和完善的空间和必要性。全书给人的感觉是可读性高。由于作者是长期从事文艺学教学的著名学者和教授，故就本书的文笔而言，不乏隽永流畅，一反以往哲学学者们的玄虚、晦涩。这是本书著述风格上的一大亮点和特色。蒋孔阳先生生前与我交流甚多，看了此著，给我的印象是文如其人。因此，每当阅读此著，我就犹如与先生在亲切交谈。只要此书在，蒋先生生前的音容笑貌历历犹在。从而怎能不令我深切地怀念。愿蒋先生英灵永存！愿蒋先生的《德国古典美学》永远为我们当代或后世学子们所珍视和厚爱。

① 恩格斯.路德维希·费尔巴哈和德国古典哲学的终结[M].中共中央马克思恩格斯列宁斯大林著作编译局，译，北京：人民出版社，1972：15.

《新华字典》的划时代飞跃

——写在《汉英双解新华字典》出版一周年之际

2000年6月6日，商务印书馆国际有限公司在北京王府饭店举行《汉英双解新华字典》出版座谈会，出席会议的国家领导人以及一百多位来自汉英语言界、新闻出版界、教育界和发行界等的专家学者对此书的成功问世表示了充分的肯定和高度赞誉。中央电视台在当日的一套晚间新闻节目中向全国读者报道了这一消息。广大读者纷纷来信来电表示欢迎和祝贺。作为一个出版工作者，我为《汉英双解新华字典》出版后在社会上引起如此巨大的反响而感到高兴，同时也为广大的读者对此书的厚爱和青睐而感到欣慰。

一年来，《汉英双解新华字典》热销海内外已成为不争的事实，据不完全统计，此书在最初发行的一个月内五次重印，不到短短的一年中，八次重印，累计印数已突破百万大关，并已有新加坡的出版商前来购买版权，美、英、法、德、加拿大等西方国家也拟在近期内前来洽谈该典的版权贸易事宜。此书的成功问世，的确给当今略显疲软的图书市场注入了一股强劲的风。面对着《汉英双解新华字典》这种畅销不衰的现象，直到今天，仍有不少读者乃至出版界的同行这样问我：此书如此长销又畅销，究竟奥秘何在？要回答这个问题，我们恐怕不能不回溯一下历史。

早在20世纪中叶，中华人民共和国刚刚成立不久，百废待兴，教育事业也不例外，全体国民还没有一本真正像样的能充分反映新型社会风貌和时代特征的比较规范的汉字语言工具书。后来，在党中央和毛主席、周总理等党和国家领导人的亲切关怀和指示下，选调一批国内一流的汉字语言专家，专门组建了《新华字典》编写班子，经过专家学者们的多年艰苦努力，1957年6月，《新华字典》初版终于诞生。《新华字典》的诞生，标志着新中国语言文字改革发展到了一个崭新的阶段。新中国国民从此有了一本真正属于自己的全新的汉字语言经典读本。屈指数来，《新华字典》已经面世整整45年。众所周知，在中国，成千上万种图书浩如烟海，其中有一本书，几乎是家喻户晓的，那就是《新华字典》。这部几乎伴随着新中国一起成长发展的语言圣典，培养了新中国几代人。在人们的文化生活中，它成了文化人和启蒙教学不可或缺的良师益友与必备的语言工具书。随着时代的发展和社会的进步，语言文字发展规律本身也向《新华字典》提出了更新更高的要求。因此，自《新华字典》诞生的近半个世纪以来，它一直适应潮流，与时俱进，历经9次修订，从而日臻完善，声誉剧增，重印次数高达120余次，总发行量累计已高达3.8亿册（无法统计的盗版数量除外)。就是这样一部具有极高语言文字价值和享有独特语言文字权威的字典,创造了我国乃至世界图书印刷、出版、发行史上的众多“之最”,这不能不说是一个奇迹。仅凭这些惊世的记录就足以说明,这部汉语字典所具有的强大的生命力、无与伦比的优点和无法替代的独尊地位。其科学性、实用性和权威性早已为历史及反复的使用实践所证明,并且也为广大的海内外读者所一致公认。

随着时代的发展和社会的进步,尤其是高新科技革命浪潮的兴起和全球经济一体化以及电子信息网络时代的迅速到来,加之我国政府所一贯坚持的改革开放政策的实行,并且其力度日趋加大等原因,如何让《新华字典》既为国人的学习、教育服务,同时又让它走向世界,为全世界人学习汉语、了解中国及其文明和文化服务,这就成了摆在我们商务人面前的一个崭新的课题,国际的交流日趋广泛和频繁,因此,中国人学英语和外国人学汉语已越来越成为一个全球性的热潮。据有关方面的不完全统计,目前世界上已有60多个国家1000多所各类学校开设了汉语课,不少大学还为之专门设置了中文系,有的国家的中小学也把汉语课列入了教学课程。美国已有200多所高校创办了中文专业或中文系,进修汉语的大学生有1.3万人之多,早从1992年起,美国就将汉语列为所有初中、高中和大学正式教授的第二种外国语。美国还专门成立了汉语教师协会。在日本,学汉语的在校学生有10万人之多,如果将通过电视、广播等形式学习的学员计算在内,估计已达百万人之多。在法国,巴黎第三大学创办了世界上规模最大的中文系,共有学生1800名。德国目前在各大学学习汉语的人数也超过2000人,开设汉语课的中学从10多年前的4所增加到现在的20多所。在荷兰,越来越多的机构重视掌握荷、英、中三语的人才。现在荷兰有汉语学校20多所,学生3000多人。加拿大汉语普及率仅次于英语和法语,使用人数高达40多万。近几年来,由于华裔移民的增加,在政府的某些刊物和文书中,也都逐渐开始使用起简单的汉语。一些民间企业也陆续在汉语杂志上做广告。澳大利亚近40所大学中几乎三分之二的学校设有汉语课,其中19所大学设有中文系或中文专业。另外,在一些技术与继续教育学院、中小学以及政府机关,也都开设了汉语课或汉语培训中心。因此,也有专家预言,今后汉语很有可能会取代日语而成为澳大利亚使用的最主要的亚洲语言。由此可见,汉语已越来越为世界各国政府和人民所重视,有的已成为该国人民不可或缺的必修语言。正是在这样一种国内国际语言交流频频升温的背景下,商务印书馆国际有限公司着手考虑将《新华字典》全面译解成英文,同时又系统完整地保持《新华字典》蓝本的全部原文和所有功能,并以集汉英双解释义于一体的辞书形式,这就是《汉英双解新华字典》出版的早期创意和考虑出版此书的动因及缘由。

凡是稍有常识或对《新华字典》内涵稍有了解的人们都知道,《新华字典》虽是一部基础性的百科综合性汉语字典,但要想将它的全部内容完整、准确、贴切、生动地译介出来,其难度是可想而知的。我们这样说,倒并不是仅仅因为我们的汉语和西语(尤其是英语)属于两种截然不同的语言种类和语言系统,以及中西方文化本身所存在的社会、历史、政治、经济、文化、军事、宗教乃至科技和风俗习惯等方面的巨大差异,而且更为重要的是,《新华字典》所涵盖的内容极其广泛,真可谓古今中外无所不包、无所不涉,尤其是其中所收的许多字、词蕴涵着深厚的中国文化，例如姓氏称谓、职业头衔，民俗礼仪、器具装饰、人名地名以及各种动植物的名称等。因此，我们在这里说它是一部极为精致的综合类汉英双语百科语言（语字、语词）辞书是一点也不为过的。

此外，该典在例证中所引用的大量的古代诗词、典故、成语、谚语和歇后语等，也给翻译带来了相当的难度，因为，它难就难在译者很难找到十分恰当的对应字或对应词来将其原意精确表达。为了忠实于原文，保持字典的“原汁原味”，译者对之的基本原则是：达意通顺，尽可能将原文的含义准确地表达出来，以便最大限度地让读者看懂和会意。因此，当读者在使用英译本《汉英双解新华字典》时，有时也可能会有点直译的感觉，但是，如果他只要将译文和原文加以仔细地对照，就定然会深切地感受到编译者之所以要这样做的苦心与无奈。为了保证该字典的学术质量，在编译过程中，英语释义由国内资深的英语专家完成，他们对《新华字典》中的字、词、句、文及其他资料用英文逐一对译、解释，使它们集汉英两种释义于一书，实现了汉英互见、相辅相成、一书两用的功能。此外，该字典中的每条汉语例句均加注了汉语拼音，这就为汉语初学者和外国人学汉语提供了极大的便利。为了保证字典的译文质量，我们还专门请英美语言专家专项审订，从而使之既保持了原《新华字典》的语言风格和特点，又吸取了现代英语之精华，真可谓一典在手，汉英、英汉双向使用，汉英互补，相得益彰，事半功倍。也正是在这个意义上，我们说，《汉英双解新华字典》堪称是外国人学汉语的最佳工具书，中国人学英语的必备经典书。它是中西方语言与文化交流的桥梁和纽带。

《汉英双解新华字典》不仅将《新华字典》的正文部分全部用英文诠释，同时还一个不落地将原蓝本中的9个《附录》逐一译出。要知道，这些《附录》大多与中华民族的历史、政治、经济、宗教、文化、科技、历法等有着密切的关系，如《汉语常用标点符号用法简表》和《二十四节气表》等都是学习汉语和了解中国历史与文化的重要参考资料。然而，要将这些包含独特的中华民族文化底蕴的材料译成英文并非易事，就以《二十四节气表》后的《二十四节气歌》为例，原拟略去不译，但考虑到它是中国农民对气象、农事、历法三者关系的几千年观察的经验之总结，在民间广为流传，颇有参考价值，因此，编译者在翻译过程中，还是将其译成了英文，并对之反复推敲，几经易稿，尽量赋予其英语诗歌的韵味。

正如《新华字典》不是个人的产物一样（一个人的能力是根本无法完成这种浩繁而又巨大、复杂的工程项目的），《汉英双解新华字典》也是集体劳动和智慧的产物，简单地说，它融各种专家（首先是翻译家、编辑家、汉英语言学家和其他有关门类专家）的智慧和创造于一体，经过近5年的艰苦努力，由30多位英汉语言学界及辞书编纂界的专家反复修订达5次之多。之后，又因《新华字典》1998年编译蓝本的修订出版我们又随之相应地做了两次较大幅度的修改和补充。《汉英双解新华字典》发行一年来，受到了包括海外学人在内的亿万广大读者的欢迎，这不能不说是中国出版界的一件幸事。它的诞生是《新华字典》在新的历史时期的演进、发展、延伸和创新，也是社会发展的一种历史必然。《汉英双解新华字典》问世以来，国内外好评如潮，不少媒体将其称之为新世纪中国最有品牌价值的图书之一，是《新华字典》的划时代创新和飞跃。全国人大常委会副委员长、我国著名语言文字学家许嘉璐称该书是“一个有创造性的，非常聪明的选题”，它能使国人更好地学习英文，使全世界更便于学习中文，此书适应了时代发展的需要。北京大学的著名英语教授胡壮麟认为，此书体现了时代性，它是我国两代人努力创造的结果。此书不仅体现了权威性，而且还体现了其实用性、普及性和科学性。正是因为这些优点，所以，此书一上市，就备受国人和全世界读者的欢迎。一位美国朋友一下子购买了200本，准备带回去送给其家人和朋友，他认为，此书不但质量高，而且价格很低廉。我国著名出版家、商务印书馆总经理杨德炎在谈到该书的出版价值时指出，商务国际成立以来出了不少好书，但《汉英双解新华字典》是最好的、最有影响的一本，并相信，这本书将来会同牛津、朗文、兰登、拉鲁斯一样，成为我们中国的名牌辞典，全世界学中文的人应该用我们这本字典作为学习中文的蓝本。近年来，在中国正在兴起一股学英语，在全世界正在兴起一股学汉语的热潮，而《汉英双解新华字典》无疑会起到一种桥梁的作用。令我们感到欣喜的是，中国进一步的改革开放和申奥的成功，更为国人学习英语和外国人学习汉语创造了得天独厚的时空条件，同时也为他们的学习注入了强大的精神动力，为2008年北京奥林匹克运动会创造一个美好的英汉双语环境也是我们商务人的由衷期盼和美好愿望。《汉英双解新华字典》的应运而生，定将会为祖国创造更美好的语言交流环境作出它应有的贡献。

当然，对《新华字典》这样一部具有广泛普及性和极高学术价值的权威语言圣典进行全面的英文译解乃是我国语言辞书编纂史上的一次独创和探索性尝试。由于中西语言、文化所固有的差异，这部字典编译工作的难度之大是超乎我们原先所想象的，加之我们编译者自身水平的限制，字典中难免还会有不尽如人意或令人遗憾的地方，我们恳望广大的读者从关心、爱护的角度出发，对之提出宝贵意见。我们更希望广大的专家学者对之不吝赐教，以便在今后再版时，使这部饮誉海内外的举世瞩目的语言圣典更加美好，更加完善，更加光彩夺目。

人类在向未知领域的探索过程中，必须要有敢为天下先的英勇无畏精神。从未知到已知，从知其然到知其所以然，从不敢为到敢为，这都需要首创者的勇敢探索和实践。我们知道，第一个吃螃蟹的人，他不单单是一个勇敢者，他同时也是一位向未知领域发起挑战的勇敢探索者。那种敢为天下先的英勇无畏的探索创新精神才是这位吃螃蟹者的灵魂精髓。

汉语难学将成为历史

——序《倒序现代汉语词典》及《识字快车》

我国著名语词编纂学家梁兴哲先生经过多年的不懈努力编纂而成的《倒序现代汉语词典》(以下简称《倒序》)最近由商务印书馆国际有限公司正式出版。此典是信息科学技术延伸到汉字学、辞书学的杰出典范。它之于我国的倒序汉语体系,可以说是继汉朝许慎创立的部首体系、近代王云五发明四角号码检字法体系和1958年出现的汉语拼音编排体系之后的又一大革新和创举。该字典的问世,实属我国第一部国际通用的倒序汉语字典。它的诞生无疑是现代信息科学的重要产物。《倒序》的编创者梁兴哲先生长期从事汉字信息处理技术的研究和实践,他把汉字音序用数学基本理念和逆向创新思维方法重新排列与组合(其中包括合并同类项),激活了汉字固有的多种科学规律。他神奇地发现,汉字对于国际通用的倒序法有着惊人的适应力,其最大特点是:发明者用逆向创新思维法和现代信息技术相结合的方式,将汉语拼音重韵母的特点十分巧妙地"嫁接"在国际通用的倒序法上,从而在此基础上研制、开发、创编出新型实用的汉语工具书——《倒序现代汉语词典》。此书的诞生,无疑将对我国现有的汉语教学和科研会产生积极而又深远的影响。

一、"倒序法"检索发明的缘起和概况

20世纪50年代以来,全球已有30多种语言有了自己的倒序字典。1995年,梁先生就曾编辑出版过一部《现代英汉倒序词典》,此书的编辑成功,致使作者引发出了这样一种思考(或曰奇想):能否将汉语字音用国际通用的倒序方法排列,编辑一部汉语倒序字典呢?那样,定会对汉语的研究和推广以及使汉语走向世界发挥重要的作用。正是在上述奇思妙想的作用和驱使下,梁兴哲先生开始尝试用倒序法对汉字音序进行重新排列和组合。经过多年的反复研究和实践,终于取得了突破性进展——尝试的实践结果证明:中国的汉字不仅更适合于用倒序排列,而且,汉字倒序法的应用更凸显了汉字语言自身体系的科学与神奇。然而,令我们惭愧的是,在我国长达数千年的汉语编纂史上,以倒序的方式编纂的汉语工具书竟一直是个空白。我们知道,汉语是人类文明史上最博大精深的语种之一,同时也是世界上最难掌握的一门语言。这种语言绝大多数为形声字,并且,它的语音具有重韵母的基本特征。在《倒序》一书的"倒序拼音字族表"中,我们看到,同一声旁

的汉字韵母基本相同或相似。而按韵母相同或相近的原则排列，这种情形在我国历代的各种韵书收录的汉字中已能见到。《倒序》编创者梁兴哲在科学总结我国历代汉语发展史规律的基础上，重新将汉语语音重韵母的特点和倒序法十分巧妙地结合在一起，从而创建了“倒序汉语拼音系统”和“倒序汉语字族表”两个体系。也正是这两个体系构成了《倒序》的核心和精髓。

二、“倒序法”和倒序字典的基本内容和特征

翻开商务国际新近出版的《倒序》，我们首先可以看到在该字典每一页的左侧标有用6条虚线予以间隔开的垂直性纵形条格，其底端分别标有“1、2、3、4、5、6”这样六个字符。值得我们注意的是这六个字符是从右到左反向排列的。在这“6、5、4、3、2、1”六条垂直性纵形条格中是每个字的汉语拼音(即“倒序拼音检索”)，这些汉语拼音的韵母部分通通标有浅灰色的底纹，以与声母相区别。此外，在每页的一个侧面(单页为右侧，双页为左侧)分别标有“Aa、Ee、Cg、L1、Mm、Nn、Oo、Rr、Uu”九个字符的大小写(即“九个尾字母”)，其中有一个字符的大小写均涂有黑底以示区别。夹在这“倒序拼音检索”和“九个尾字母”之间的则是汉字及其释义。就该典的汉字及其释义本身而言，它与其他中国语言字典的版式风格没有多大区别。然而，问题的关键就在于：将汉语拼音置于每一页的左侧(即每个汉字字头的前面)能起什么功用呢？而那“九个尾字母”的作用又何在呢？对此，梁先生认为，“倒序拼音检索”是构成“倒序汉语拼音系统”的基础，而“九个尾字母”则构成了“倒序汉语字族表”的基础。这两者的有机结合，就构成了他研制成功的“汉字倒序法”。倒序是对汉字字序的一个重新排列组合。我们知道，自从有了汉字以来，汉字的检索难易程度是和汉字在其编纂过程中的排列方式有着至关重要的内在联系。就拿我国的汉字部首来说，它的主要功能是给同一偏旁的汉字确立门类。其中有两种性质不同的部首：一种是文字学原则的部首，它严格按照六部体系，只有同一意符的字才可隶属同一部首；另一种是检字法原则的部首，它按字形结构，取其相同部位，作为查字依据，分部排列，其相同部位称部首。如“甥”“舅”两字，许慎的《说文解字》都归“男”部，而《康熙字典》则按检字法原则，将“甥”入“生”部，将“舅”入“臼”部。应该说，许慎在距今1900多年前的东汉时代创编的部首体系无疑是中国汉字发展史上的一大奇迹，正是这一奇迹所带来的汉字检索的便利惠泽了中华儿女。直至我们今天的高科技信息时代，我们的汉语检索仍然离不开部首体系。令人感到不解的是，自许慎所处的汉代以后，直到20世纪上半叶王云五发明四角号码检字法前的将近两千年的时间内，汉字检索领域竟没有什么重大的根本性的突破和进展。王云五先生的四角号码检字法的发明，终于打破了以部首检字法一统天下的局面，从而给汉字检索方法带来了一场革命。四角号码检字法的发明，第一次将数码(或曰数字代码)引入汉字检索领域。这次发明的成功及其后来的被广泛应用，对于始于我国八十年代在电子计算机等领域用数码(数字代码)输入等方法进行汉字录入新技术的开发成功不无借鉴和启发性的意义。

从东汉许慎的汉字部首检字法到20世纪30年代王云五的四角号码检字法，其间用了1900多年，而从王云五的四角号码检字法再到1958年由我国第一届全国人民代表大会第五次会议批准推行的《汉语拼音方案》的公布，其间用了20年，而从四角号码检字法到梁兴哲的倒序，只用了45年的时间。由此可见，进入近现代，尤其是进入现当代时期，汉字检索方法的革新和创造进入了快速发展的时期。梁兴哲先生的倒序系列的发明成功，就是这种快速发展的明证。正是这种倒叙系列的发明和许慎的部首检字法、王云五的四角号码检字法以及汉语拼音检字法，我们一并视之为中华语言文字检索发展史上的里程碑。在谈到梁氏倒序体系的功能和特色时，这位编创人这样告诉我们：（他以《新华字典》为比较）我们常用的《新华字典》的"汉语拼音音节检索"是以声母为主的。从声母开始排，这是符合人们发音的顺向思维，但需要检索23个声母。倒序则是倒着排，整个汉语拼音从后往前排，应该是逆向思维。从一个字的最后字母来检索，只有9个字母。汉字的拼音音节最多是6个。所以，在每个汉字前标有6条虚线，比如说，"闯"字的拼音是chuang，以往习惯的检索方法是先查声母拼音ch，而梁氏的倒序字典则先查该字韵母uang的末尾字母g。梁先生指出，这种倒序仅仅是对汉字进行重新排列，对汉字本身及其释义不做也不会做任何改动。从上述列举的两种倒序检索方法中我们可以清楚地看到，就检索所需的字母数量而言，倒序法比常规的正序法少了许多。正是由于检索所需的字母减少了，所以，新型的倒序检索速度自然就加快了。速度加快了，检字效率自然也就提高了。因此，如果一旦将这种崭新的倒序检索方法运用到电子计算机的文稿录入等领域，就一定会给这种传统的文稿录入带来生产力的提高和革命性的飞跃发展。

三、倒序字典的优化性功能

我们说梁氏的倒序是对现有汉字检索体系的一次革命性的发展和演进，主要是从这一发明的科学化特征这个意义上来说的。在与梁先生的交谈中，他十分强调这一点。例如，他在将《新华字典》和他的倒序字典作了全面准确的比较之后得出结论，认为前者解决的是标准化、规范化、战略化，而后者则解决的是科学化和规律化。

倒序和正序检索的最基本的区别就在于：正序以相同的声母为排列的基础。我们就拿声母b为例，它们可以有bo、bai、ban、bu等，不管韵母有多大程度的差异，它们均以声母b为划分的系列标志。而在《倒序》里，则以相同的韵母作为排列的基础，例如以单字符韵母a为基础排列的字母有ba、ca、da、wa、ya、za等。以双字符韵母ia为基础排列的字母有jia、qia、xia等。从以上所列的各汉语拼音字组中，我们可以清楚地看到，它们的末尾字母都为a。此外，还有以三个字符或三个字符以上的多字符韵母为基础排列的字母。同样，我们可以从以上各组的汉语拼音中清楚地看到，无论是以三个字符结构的ing韵母和三个字符以上结构的uang韵母，它们的末尾字母都是g，如此等等，这里不再一一列举。我们通过以上各种汉语拼音同韵字的组别列举，旨在从这些实例中看到倒序字典里的汉字，不但同音的字在一起，而且，同韵的字也在一起。因为，倒序法从汉语拼音的最后一个字母开始排列，自然就使相同韵母的汉字同归一个门派。换言之，《倒序》里的字不但同音，而且同韵。例如，fa 这个拼音，它在《新华字典》一类的顺序字典里，就有各种声调的 fa，这种情形在倒序字典里也有，不过，区别在于：在倒序字典里，继 fa 之后是 ga、ha、ka 等，而《新华字典》里，紧随 fa 其后的必然是 fan、fang、fei 等。由此可见，《倒序》注重同韵，故梁先生认为，这一特征正暗合了汉字重韵母的规律。同时，倒序检索法的同韵规律也改变了我国传统韵书排列方式繁复的状况。正是有鉴于此，梁先生又由此演进派生出《倒序现代诗韵表》和《倒序汉字韵律表》等。谈到梁先生在倒序研究过程中的演进和派生，我们在这里又不能不谈及他的汉字“字族”研究。翻开《倒序》，我们首先看到的就是“倒序汉语拼音音节索引表”（或曰“大音节表”），就在这个倒序音节系列表中，梁先生发现，有很多同根字。比如，我们就以 a 族为例，在该族中，有念 ga 的呷，念 zha 的闸念 jia 的甲、钾、岬、胛，念 xia 的匣、狎，念 ya 的押、鸭等。在上述所列的 a 族系列或 jing 族系列的有关汉字中，我们清楚地看到了它们的同音特征，而且也看到了它们具有同字根的血缘关系。梁先生正是根据汉字及其汉语拼音各自所具有的这种同族同根的音韵特征和汉字结构的组合特征，研制开发出了《识字快车》的科研成果。我们从《倒序》一书中可以看到《识字快车》的几张彩色图表（梁先生的《识字快车》一书，不久将由商务印书馆国际有限公司正式出版）。这些彩色图表简明扼要地揭示了每个汉字的字音规律（即它的声、韵、调规律）和字形规律（即它的同根字族规律）以及它的字义规律。这些汉字规律被梁先生的系统揭示，从而使人们对汉字的识别、认知和掌握进入快车道成为一种可能。经过在各种人群中的试验实践表明，《识字快车》可以大大提高广大海内外人士学习和掌握汉语的效率和速度。因此，正是在这个意义上，我们完全可以这样说：以倒序法为基础的《识字快车》是全球所有汉语学习者学习汉语快捷高效的优先方法。这种方法一旦被推广，定会给汉字语言文化的普及、发展乃至走向世界带来更加广阔的前景。作为《倒序》和《识字快车》的编创者和出版人，我们衷心地期待着这种先进的倒序检索法（《倒序》）和先进的识字方法（《识字快车》）尽快在全国乃至全球加以推广，以便在最广泛意义上惠及大众，让几千年来一直困扰着人们的所谓汉字难学、难记、难懂、难掌握的历史成为过去。我们相信，这一天的到来已经不会遥远了。

艺术的超越

——读老九《五环下的幽默》有感

2017 年 6 月 26 日，由中国高等教育学会美育专业委员会主办，北京市美学会、中国喜剧美学研究会协办，中国戏曲学院中国喜剧美学研究所承办的“老九漫画美育研讨会”在中国国家图书馆综合楼举行。中国高教学会美育专业委员会常务副会长、中国人民大学教授王旭晓，著名喜剧美学家陈孝英，中华美学会副会长、中国社科院研究员徐碧辉等美学家围绕老九漫画的起源与发展、文化与创新、教育与传播等方面进行深入的交流与讨论，而传播正能量和艺术创新是众多学者对老九漫画的普遍评价。

漫画家有很多，不乏成就卓著者，但上升到哲学美学意义的确实不多。迄今发表漫画作品近 3000 幅的老九，本名王九成，颇有传奇色彩。

老九是 1983 年就读北京师范学院后才开始学绘画的，他是政教系的，专业非画画，只是他从小对画画有兴趣。大学期间，老九每周骑着自行车，背着画板去西单，去中国书画研究社学画画，每周从学院到西单往返四次，学习素描和色彩。正是在这个过程中逐渐开始专攻漫画，并将学校图书馆所有涉及漫画、幽默、喜剧类的书报资料一无遗漏地翻阅了个遍。之后发现，在美术学院里，油画、国画等都有专业，唯独漫画没有专业，许多著名漫画家都不是科班出身。于是他就暗暗地下定决心，向这个领域突破。

漫画是喜剧的艺术，幽默诙谐的艺术，大学期间他还说了四年的相声，通晓怎么幽默怎么抖包袱。所有艺术本质上都是相通的，更何况相声和漫画，一个诉诸舞台，一个诉诸平面，本质上都是喜剧的艺术，在幽默本质属性上，两者不但是共同的，而且相得益彰。艰辛勤奋地执著漫画艺术创作，从而成就了老九的艺术风格。由此可见，功夫不负苦心人，老九先生的漫画艺术能有今天的成就，与他早年的勤奋努力分不开的，正是由于漫画家早年的刻苦、勤奋、潜心钻研和之后持之以恒的经年积累，才有今天的厚积薄发，硕果累累。

1986 年 4 月，老九发表漫画处女作《——瞧你给我做的作业全错了！》，这是投稿数十次失败后第一次被报纸采用。主题反映了“儿子埋怨父亲”，作品中的那个父亲，估计是被“文革”耽误的一代，没有文化，因此，他辅导儿子做作业，那可不是“误人子弟”，而是货真价实的“误己子弟”。作品既令人唏嘘，又令人啼笑皆非，但也可以理解，这是一代人的不幸和悲哀。同时，当年“知识无用论”结出的苦果留下的后遗症，也让观赏者读到某种时代的印痕和历史感。此幅作品，足见漫画家的独具匠心，给观赏者以巨大的想象空间，发人深省，引人思考。

这幅作品在画坛很有意义：在讽刺漫画一统天下的20世纪80年代，他独辟蹊径，将邮票与漫画巧妙结合，创造出了一个艺术新品种——老九集邮幽默画。

最让人惊奇和感佩的是，老九在1987年还是在校大学生时，就成功举办了第一场个人画展。正是在这次画展上，我国漫画界泰斗华君武先生的亲临给了老九极大的鼓舞和鞭策，老九从此一发不可收，并在同行中迅速脱颖而出，为我国漫画界鲜见。

老九的成功是天才加勤奋的范例。世界上没有一样事业是随随便便就可以获得成功的。老九的成功看似一个个案，却是一种必然。

开创集邮幽默画，是老九漫画艺术的一大亮点。小毛驴看到大老虎，撒腿就跑，因为它想到了"黔之驴"的故事。漫画家老九的《黔驴之鉴》童趣十足，令人捧腹，令人没想到的是那只老虎其实是一枚1986年发行的虎年邮票。

几幅作品发表以后，老九的才思和创作成果便如泉涌，一发不可收。以邮票作画纸，以妙趣为宗旨，老九开创的漫画新品种，让邮票有新的生命。

老九也放弃起初选择的传统讽刺漫画。他说："当时漫画界在内容和形式上都出现了严重的'撞车'现象，我希望画不一样的作品。"

有一些视角很特别几乎没什么题目的漫画：梅花鹿和刺猬分别欣赏着梅花和仙人掌的邮票；恋人在长椅上共读《红楼梦》，而背景是1981年发行的《红楼梦》小全张邮票；人托着鸟笼，鸟笼里的兀鹫是一枚1987年发行的特种邮票。老九表示：我希望画一些充满哲理的幽默画，而不是无聊的幽默，因此我非常推崇漫画界宗师丰子恺的那种淡雅的启真致远的作品，味道浓烈会掩盖真实。

老九漫画题材具有广泛性和丰富性。老九曾送给我一套集邮幽默化扑克和一册《五环下的幽默》。前者作品内容主题相当丰富广泛，题材涉及人与自然（动物）、绿色环保、爱情爱心、体育健身等；后者作品虽然以奥运为主题，但其所涉及的领域则远远超出了这一范畴，而延伸拓展到人类社会与宇宙世界的方方面面。其中借用奥运和健康的主题，弘扬当今人类的绿色环保主题，如那张浇灌绿色和平之树的"集邮漫画"；如面对蒙古虎，猎人终于放下了他手中业已高举的猎枪的"集邮漫画"；如那张利用丹麦（DANMARK）邮票中人类爱鸟的主题，发挥画家的想象力，构思创作的那幅将关在笼中的小鸟拯救出来，意欲放归山林的作品等。作品均体现一种人类关注自己未来前景的主题，给人以某种崇高感和使命感。这就是老九漫画作品的艺术魅力和社会价值。

老九的集邮幽默画作品数量大、涉及面广，题材广泛，诙谐，风趣。老九漫画作品不是一味辛辣嘲讽的那种，而是乐观向上、豁达幽默、引人进取的那种。针砭时弊，通俗易懂，环保，爱情，健康，人与自然，积极正面，有一种引人发奋向上的正能量。画如其人，以幽默、诙谐和机智见长的老九漫画，其实就是画家本人那整天乐呵呵的性格和智慧、心灵在他作品中的表露和折射。

老九从20世纪80年代中期创作集邮幽默画，到2015年献礼建党节创作《漫画红都》，他对漫画的创新贯穿始终。

进入21世纪，新漫画风起云涌，各种创新理念和人物时常出现在报端。而老九却领衔创作出中国第一部以毛泽东等革命领袖为主人公的叙事漫画《漫画红都》，作品入选2015年文化部动漫扶持计划。

《漫画红都》由人民出版社出版，用19个漫画故事串起了1929年至1934年的中央苏区史，展现了老一辈革命家与苏区群众亲如一家的故事，得到广大青少年喜爱，达到了寓教于乐的效果。

创新需要大量阅读，创作需要人文关怀，创新还需要哲学的提炼，创新更需要灵感。而灵感是可以通过具体选择而激发的。

老九曾为朋友举了几个激发灵感的例子。比如，蝴蝶在城市的水泥森林中难觅花朵，这是常识，他在选择邮票时就会配上了一张古巴的蝴蝶特种邮票；儿子在母亲逼迫下练琴，却想着踢足球，老九选择邮票时会配上一张1998年法国世界杯的法国纪念邮票。为此，老九说一些朋友知道他的创作，会热心帮他在国外收集一些邮票。

当然绝大多数邮票来自他平时的集邮，但他的集邮更在意邮票刚入眼时的感应。构思一旦确定，从连票上撕一两张入画，也不可惜。别人集邮大多是按类别去购买，而他首先选择的是那些能激发创作灵感的。

作为酷爱京剧的中国戏曲学院教师，漫画家老九便自然地把戏曲内容收编到漫画作品中。这不仅拓宽了老九的题材，更是创新和艺术开放性精神的延续。他将他的戏曲漫画分为四类：借戏讽今、少儿京剧拾趣、戏曲人物漫像和集邮幽默戏曲。更可贵的是他的许多漫画关照到教书育人和社会担当。

老九经常把自己的画拿到课堂上给同学们讨论。他用《行到水穷处坐看云起时》鼓励学生努力上进，只有站得足够高才能看得足够远。他在邓小平理论课上用《蒙娜丽莎与弥勒佛》告诉学生中国特色社会主义的合理性。他用近700幅环保和体育主题的漫画，倡导环境保护和拼搏精神。

在谈到他的艺术家与教师双重身份的责任时，老九说："艺术也应该育人，不应该丢掉这个本。""艺术家要有社会担当和道德底线。中国有厚重而灿烂的文化，要弘扬真善美、抨击假恶丑，在创新时不能丢掉自己原有的优点。"

老九是当今中国富有自身个性特征又不可多得的漫画家和美学（审美哲学）理论家，是双料多元的复合型人才，在中国教育界可谓凤毛麟角。

在我看来，老九是一个承先启后，颇具时代特色和时代特征的漫画家。从他的作品中，我们不难看到，既吸纳了我国老一辈漫画家（如华君武、方成、丰子恺、丁聪等）的优秀画技、画风的精华，继承了他们的血脉、风格和传统，同时，又在此基础上，不断创新、发展和精进，走出了一条全新的漫画艺术的创作之路，形成了自己独特的漫画艺术基调和风格，堪称我国新时代漫画艺术的创新者和引领者。

在艺术界，当人们评论一部艺术作品时，我们经常会提到或听到"风格即是人"一说。没有错。老九作品就是老九作为一个艺术家对世界、人生、艺术、审美、社会，甚至对科学、教育以及宗教、道德伦理等看法和理解的综合体现，这些作品从各个不同的视角和侧面折射和反映了画家的内心世界，体现了画家的世界观和方法论。

老九本职教书育人，但不忘社会责任。作为北京市美学会副会长、文化部国家动漫项目评委，他应邀在国家图书馆和全国几十所大学进行过学术讲座，他的美学讲座甚至开办到喜马拉雅的雪域高原。如日中天的他，如今继续一如既往地用他那手中的画笔，书写新时代的新篇章。

编者注：老九，本名王九成，1965 年生于北京，现为中国戏曲学院中国喜剧美学研究所所长、新媒体艺术系动漫专业硕士研究生导师；中央电视台“国宝档案特别节目”主讲嘉宾；兼任北京市美学会副会长、文化部国家动漫项目评委、北京市动漫项目专家评委、“全国大学生杯”动漫大赛评委。

创新是人类进步的灵魂

——从《世界首创纪录大全》出版谈起

堪称《吉尼斯世界纪录大全》姊妹篇的《世界首创纪录大全》新近已由我国首家中外合资出版机构——商务印书馆国际有限公司正式出版。

众所周知，由英国人创立的《吉尼斯世界纪录大全》，迄今已成为一部享誉全球、妇孺皆知的记录“世界之最”的大书。它于20世纪50年代问世后，立即引起了个球性的巨大轰动，至今长盛不衰。今天，《吉尼斯世界纪录大全》的影响力已远远超出了图书本身的范畴而演化为一种影响巨大的文化产业。然而，令人费解的是，长期以来，与记录“世界之最”具有同等价值高度的记录“世界首创”这一题材的载体却一直无人问津和开拓。这对于全世界的发明、创造者们来说不能不说是一种冷落或怠慢；对于世界文明这一人类的共同财富来说，不能不说是一种疏忽或缺憾。今天，值得我们欣喜的是，填补这一空白的《世界首创纪录大全》终于问世。

在世界进入21世纪的今天，我们回顾人类有史以来的发展历程，不难看到，人类社会的发展历史，就是一部人类自身在其漫漫的历史长河中不断探索、不断发现、不断创造、不断前进的历史。当我们赞叹今天的人类所取得的巨大文明成果和科技成就时，我们首先应该缅怀我们的先辈，尤其是要感谢那些为了人类崇高而又神圣的发明创造事业而在不畏劳苦、不怕艰险、勇于探索、立志求新的科学发明道路上敢为天下先的人们。正是他们那种敢于向未知世界发起挑战的首创精神和首创行动，为我们留下了大量的成功经验和失败教训，留下了大量可以继承或扬弃的精神财富和物质财富，从而使我们能够在前人实践的基础上不断地分析、思考和总结，有所发现，有所发明，有所创造，有所前进。纵观人类发展历史，综览当今世界现状，人类从蒙昧时代到今天的科技文明，其发展和进步的前提就是不断地发现和创新。正是人类社会一个又一个的首创活动构成了人类从愚昧走向科学，从野蛮走向文明的辉煌发展历程。正是人类无数的首创活动，构成了世界的成长进步史，从而也构成了我们人类赖以生存的这个世界的丰富多彩。而世界如此之大，万事万物变化无穷，这又在客观上为人类对未知世界的探索和不断创新提供了广阔的时空条件。纵观人类社会的发展历史，我们看到，人类对于任何事物的认识都是要经历一个不断的探索、思考、实践、判断，再思考、再实践、再判断的过程。换言之，人类在向未知领域的探索过程中、必须要有敢为天下先的英勇无畏精神。从未知到已知，从知其然到知其所以然，从不敢为到敢为，这都需要首创者的勇敢探索和实践。我们知道，第一个吃螃蟹的人，他不单单是一个勇敢者，他同时也是一位向未知领域发起挑战的勇敢探索者。那种敢为天下先的英勇无畏的探索创新精神才是这位吃螃蟹者的灵魂精髓。同样，那位第一个吃西红柿的人，也一样具有吃螃蟹者的精神品格。据说，就是这个第一个吃西红柿的勇者，在此之前早已做好了死的准备。当我们今天的人们在大口大口品尝西红柿美味的同时，难道我们不该感谢这位敢为天下先的吃西红柿的勇者吗？更有甚者，为了坚持和捍卫其伟大的发明或发现，不惜付出沉重的代价：近代实验科学与机械唯物主义的奠基人、意大利天文物理学家伽利略主张研究自然界必须进行系统的观察和实验。他通过大量的观察和实验，推翻了向来被奉为权威的亚里士多德关于“物体落下的速度和比例”的学说，并在此基础上建立了他的“落体定律”。他还发现物体的惯性定律、摆震功的等时性、抛体运动规律等，并确定了伽利略相对性原理，因而被认为是经典力学和实验物理学的先驱。众所周知，伽利略是人类有史以来运用望远镜观察天体取得大量成果的第一人。他在天文学上的重要发现有力地证明了哥白尼的日心说。他于1632年发表的《关于两种世界体系的对话》，公开对托勒密的地心学说提出了质疑和挑战，并支持和发展了地动说。正因为此，伽利略被当时的罗马教廷视为异端邪说而遭判罪监禁。由此可见，人类的许多伟大的发现或创新思想、创新活动，一开始未必被人们看好或重视，有的甚至被认为无用、谬误或大逆不道的异端邪说，但经过实践的检验和时间的考验，最终人们发现并认定：它是好的，是真理，是有用的，是切实可行的，是人类创新史上的发展和进步。就以伽利略的科学发现案为例，直到1980年罗马教廷才宣布取消对伽利略的审判，梵蒂冈则到1993年才正式承认伽利略科学工作的正确性。因此，对待首创事例的最好办法是将其一一记录（或记载）下来，如果当代人限于其认知水平而不能予以认定的，那就留待子孙后代去评说，留待历史来做最终的检验。这才是客观、公正、忠于历史的政治态度。这也是我们编辑、出版《世界首创纪录大全》的动机和缘由。

古今中外，无数的首创事例推动着人类科技与文明的发展。从中国古代的造纸、印刷、火药、指南针到近、现代外国的蒸汽机、汽车、飞机、电话、电影电视、计算机等的发明确实给我们的生活带来了极大的便利。日心说、元素周期律、万有引力定律、遗传规律、相对论等理论的提出，使得我们对人类自身以至整个宇宙有了更准确、更生动、更清晰的认识。总之，没有无数的首创事例，人类社会就难以发展，我们也就享受不到今天方便而又舒适的生活，也就不可能拥有现在这样丰富多彩的精神和物质世界。正是从这个意义上，我们这些因先驱们的发明成果而享受着舒适、便利、优越现代化生活的人们，理应由衷地向他们致谢。要知道，发明创造是一项艰难而又崇高的事业。正如马克思所说的，在科学的道路上，没有平坦的大道可走，只有那些在崎岖小路的攀登上不怕劳苦，不畏艰险的人，才有希望到达那光辉的顶点。虽然有些首创者的创新设想实现起来异常艰难，虽然有些创新事物在当时看不出有多少实用价值，但首创者走的是一条前人从来没有走过的路。他们在对大千世界和茫茫宇宙的探索过程中毕竟先行了一步，至少他们勇于探索和创新的精神是值得我们学习的。更何况失败乃成功之母，即便是首创者的失败的教训，也可以让其他后来者少走弯路，为其早日成功提供前车之鉴。所以，作为人类不断探索与创新的一面镜子，本书的宗旨就是对各种首创事例予以记录，以供后人鉴赏和抉择，继承和扬弃，总结和提高。同时，我们也希望每一个人都能发挥自己的积极性和创造力，为了给我们的子孙后代留下一点宝贵的创造性纪录，为了人类的明天，去尝试做一件或若干件称得起世界首创的事。我们相信，每一位为了推动人类社会的文明与进步而不断探索的首创者，都会令世人爱戴和景仰。

为了弘扬首创精神，鼓励探索和发现，《世界首创纪录大全》编辑委员会接受世界各国和地区的单位、组织和个人的首创事例的报告，并将陆续在一些国家和地区设立申报中心或申报站。全世界在各界有首创成果的人士均可通过本书了解具体的申报事宜并踊跃申报。由来自各领域权威人士组成的《世界首创纪录大全》编辑委员会在对申报事例通过一定的程序进行严格的审核和检验后，最终向合格者颁发证书，并将其首创事例编入《世界首创纪录大全》。

最后，要特别说及的是，《世界首创纪录大全》编辑委员会计划从 2006 年起，将该书逐渐发展为与《吉尼斯世界纪录大全》相似的、每年一卷的形式。我们相信，本书将以其首创性、丰富性、社会公益性等赢得广大读者的青睐，并激起一种勇为探索者、争当首创者的社会风尚，从而极大地推动中国和世界文明的前进步伐。而本书的编纂、出版，也将与《吉尼斯世界纪录大全》一样，最终成为一项既属于中国，也属于世界的文化产业。

优良家风代代传

——研究文集《好母亲传承好家风》讲评

由中国家庭文化研究会编著的《好母亲传承好家风》研究文集(中国妇女出版社 2017 年版),在上级领导的大力支持和专家们的共同努力下,终于成功面世。

《好母亲传承好家风》,作者无论年纪大小,无论职位高低,无论从事何种工作,一律都以儿女的身份,从各自不同的角度和感受讲述他们心中母亲的故事。本书主旨明确,主题鲜明。书名本身,顾名思义就已经将全书的核心内容作了高度的凝练和概括。这一主题所含的两个核心关键词就是“母亲”和“家风”。两者既是各自独立的概念,同时又有着紧密的内在逻辑关联。

我们知道,关于“母亲”和“家风”,既是一个现代话题,同时也是一个历史悠久的古老话题;既是一个理论问题,同时又是一个实践问题。那么,什么是“家风”? 简单地说,家风,就是指一个家庭的所有成员共有的生活习惯、思维方式及行为表现的总和,也是家庭成员品格、文化素养、道德情操、人际关系的具体体现。任何一个家庭家风的形成都是建立在这个家庭成文的或不成文(即约定俗成)的家训、家规基础之上的。借用我们当今流行的现代说法,家训就是家庭的核心价值观,家规就是家庭的基本法。

我们中国人所说的家风,本质上就是指一个家庭的家族子孙世世代代恪守祖传沿袭下来的家训、家规而长期形成的具有鲜明家族特征的家庭文化,如为我们在座各位所熟知的中国近代政治家曾国藩的家族文化(或曰家族治理文化),如曾国藩的《治家格言》等。这种带有家庭个性特征的家庭文化乃是家族世代沿袭、累积和传承下来的宝贵遗产和精神财富,是每个家庭成员为之而感到幸福和自豪的基础和源泉,同时也是每个家庭成员世界观、价值观、人生观的基石。

家风是融化在我们血液中、铭刻在我们心灵中的气质,是沉淀在我们骨髓里的品格,是我们立世做人的风范,是我们工作生活的格调。家风是民风社风的根基,也是社会和谐的基础。习近平总书记在十八届中央纪委六次全会上强调:“每一位领导干部都要把家风建设摆在重要位置,廉洁修身、廉洁齐家,在管好自己的同时,严格要求配偶、子女和身边的工作人员。”习近平同志在这里虽然强调的是领导干部的家风建设,其实,他对任何一个家庭的家风建设都有着方向性的重要指导意义。因为,家庭是社会的基本细胞,是人生的第一所学校。不论时代发生多大变化,不论生活格局发生多大变化,我们都要重视家庭建设，注重家庭、注重家教、注重家风。

中国民间有句警世恒言：积善之家，必有余庆；积恶之家，必有余殃。家风好，一个家庭及其成员就能生机勃勃、繁荣昌盛并余荫后代；家风不好，一个家庭及其成员自然会走向消极和衰落，甚至难免遭受殃灾。由此可见，家风建设对于一个家庭来说是何等的重要。当然，良好的家风不是从天而降的，而是要经过家庭或家族成员长期甚至是世代的精心培植和建树，这自然会涉及方方面面的因素，其中母亲的作用则是至关重要的。

下面，就让我们来听听《好母亲传承好家风》一书的作者，他们笔下的好母亲是如何传承好家风的动人故事。

在讲述上述主题之前，让我们首先简要介绍一下《好母亲传承好家风》一书的基本内容和结构：

全书共收文稿 36 篇，本书的主体内容作者 31 位，他们分别在不同的年龄层次，来自我国各个不同的界别和领域，从事不同的职业。其中有中华人民共和国的开国领袖和元帅，有中国人民解放军的高级将领，有共和国的部长、有著名的作家、教授、知名学者、影视明星、企业家和新闻传媒工作者以及其他业界代表等。他们在此书中一律以儿女的身份，从各自不同的人生经历和感受角度讲述他们心中“母亲的故事”。

本书主题的开篇之作就是我们敬爱的朱德总司令的《回忆我的母亲》。朱老总这篇文章写于 1944 年 4 月 5 日(抗战胜利前的最关键时刻)。文章虽然不长，全文也不到 3000 字，但却堪称是我国老一辈无产阶级革命家回忆母亲的代表作，富具经典价值。凡是 20 世纪 50 年代(现在俗称 50 后)出生的朋友们都知道，朱老总的这篇文章对我们来说并不陌生。我记得我们念小学的时候语文教科书中就有这篇文章，可谓“经典之作”。今天重读它，别有一番感受在心头。因为，一个少年儿童对“母亲”这一概念的早年理解与几十年后一个成人对“母亲”的理解和心灵感悟是有很大不同的。前者往往是停留在对母亲的单纯情感依恋，而后者则是在经过长期的生活实践体验后对“母亲”这个人类最伟大、最崇高称谓所产生的理解和感受，要比早年丰富得多、全面得多、深刻得多。只有这种深刻感觉到了的东西，才能更深刻地理解它。朱老总的文章，饱含对母亲的无限深情和眷念，同时也含有对母亲的深深愧疚、无奈和遗憾。文章语言朴实无华，文如其人。例如他在文章中有一系列的如是描述：“得到母亲去世的消息，我很悲痛。我爱我的母亲，特别是她勤劳一生。很多事情是值得我永远回忆的。”“母亲一共生了十三个儿女。因为家境贫穷，无法全部养活，只留下了八个，以后再生下的被迫溺死了。这在母亲心里是多么惨痛悲哀和无可奈何的事情啊。”“母亲是个好劳动，从我能记忆时起，总是天不亮就起床……母亲把饭煮熟了，还要种田、喂猪、养蚕、纺棉花。因为她身体高大结实，还能挑水挑粪。”“母亲在家里极能任劳任怨。她性格和蔼，没有打骂过我们，也没有同任何人吵过架。因此，虽然在这样的大家庭里，长幼、伯叔、妯娌相处都很和睦。母亲同情贫苦的人……虽然自己不富裕，还周济和照顾比自己更穷的亲戚。”“大革命失败了，我和家庭完全隔绝了。母亲就靠那三十亩地独立支持一家人的生活。抗战以后……七年中间，我曾寄回几百元钱和几张自己的照片给母亲。母亲年老了，但她永远想念着我，如同我永远想念着她一样。”“母亲最大的特点是一生不曾脱离过劳动。母亲生我前一分钟还在灶上煮饭。”“我应该感谢母亲，她教给我与困难作斗争的经验。我在家庭中已经饱尝艰苦，这使我在三十多年的军事生活和革命生活中再没感到过困难，没被困难吓倒。母亲又给我一个强健的身体，一个勤劳的习惯，使我从来没感到过劳累。”“母亲现在离我们而去了，我将永不能见她一面了，这个哀痛是无法补救的。”“我用什么方法来报答母亲的深恩呢?”

从上述引文中，让我们看到了朱老总怀着无比的深情对其母亲进行了多方面的描述和刻画、歌颂和礼赞，让我们从中领悟到，所谓的母亲是人生的第一位老师，指的不光是体现在母亲对儿女的语言训导上，而是更多地体现在母亲平时待人接物对儿女所产生的潜移默化的影响上，即不但言教，更是一种身体力行的以身作则(身教)，从而传授给朱老总“与困难作斗争的经验”“生产知识和革命的意志”、体谅战争时期党的困难、全力支持儿子投身革命等。朱老总正是用这种极其平实、质朴而又深刻的语言，由爱母亲升华到爱中国广大的普通劳动人民的思想境界。为了突出母亲“勤劳”的品格特征，文章用煮饭、种田、喂猪、养蚕、纺棉花、挑水挑粪等中国农民最典型的日常劳动方式来表现母亲的勤劳俭朴。“没有打骂过我们，没有同人吵过架”表现了母亲的慈祥和宽厚。“周济和照顾比自己更穷的亲戚”则表现了朱老总母亲的善良和仁爱。“在家庭遭遇离散不幸时不灰心”表现了母亲不为困难所吓倒的坚强意志。作者正是通过这些平凡而又典型的事例，表现了母亲作为“千百万劳动人民中的一员”所拥有的优秀品质。

朱老总的《回忆我的母亲》，严格说来是一篇记叙体回忆文章，文章以抒情纪实的笔调，概括母亲可贵的一生，写出母亲所给予自己的宝贵财富(这里主要指精神财富)。正是这些宝贵的精神财富对作者几十年的革命生涯产生了巨大而深远的影响。感情真挚深沉，并由此点明了母亲值得作者永远回忆的理由和原因。

文章字里行间，流露出了朱老总对母亲的无限深情和爱戴，充满着对母亲勤劳、善良、质朴、贤淑和坚韧品格的崇敬和赞美。好母亲传承好家风，正是有了这样一位伟大的母亲，才使朱德的家庭有了长慈幼恭、伯叔妯娌互尊互敬的和睦氛围，也才有可能产生出朱德这样伟大的中国人民的儿子。我们从朱老总身上也不难看到她母亲折射在他身上的光辉影子。总之，朱老总这篇回忆母亲的文章虽然是反映旧时代的旧式中国劳动人民家庭，却给我们记录和描述了一个传统中国农家好母亲传承好家风的光辉范例，它同时也是旧时代中国好母亲传承好家风的光辉缩影。

本书收录了另一篇我军高级将领讴歌母亲的经典佳作，那就是中央军委原副主席、国防部原部长迟浩田上将的《怀念母亲》。当我打开中国家庭文化研究会寄来的全部书稿，从目录上一眼看到迟浩田将军这篇文章时，说实话，我倍感亲切。因为，在此之前，我就有幸在《人民日报》刊发此文的第一时间读了这篇文章。我之所以对迟将军发表在《人民日报》上的这篇文章尤其关注是基于两个原因：一是，我素来被儿女回忆和眷念父母一类的人文情感类作品天然地吸引；二是，在此之前，当时我的母亲也离世不久，故我也写了一篇纪念母亲的缅怀之作，因此，看到迟浩田将军的《怀念母亲》，倍感亲切，作为儿子，我们都有着对自己平凡而又伟大母亲的共同认知和感受。尤其是当我看到文章末尾那句“‘树欲静而风不止，子欲养而亲不待’，这种爱只能化作永久的回忆和无尽的思念……不知有过多少次，每当夜深人静时，妈妈那忙碌的身影，殷切的教诲，常常浮现在我眼前，一觉醒来总是老泪纵横。妈妈，我永远想念您！”时，我的眼眶也湿了。刊有迟将军这篇文章的那页《人民日报》，我至今一直将它与我那篇追思母亲的缅怀之作叠放在一起。作为儿子，我们对母亲爱戴、思念的情怀和心灵共鸣是共通的、一样的。

迟浩田将军的这篇文章，与朱老总的忆母之作，无论在年代上、思想内容上和行文风格上，基调基本相同，思想和情感脉络一脉相承。迟将军在文中写道：“我出生在胶东一个贫穷落后的小山村。母亲一共生了 11 个孩子，其中 4 个夭折。我在男性中排行老三。家里人多物薄，我小时候的记忆就是穷，‘家徒四壁’的矮屋和‘康菜半年粮’的日子。我家孩子那么多，一人一张嘴就是无底洞。……母亲是位身材弱小的缠足妇女，没读过一天书，但母亲的的确确是我们家的顶梁柱。她就是凭着那双小脚、那副弱小的身躯和如柴的双手，跟父亲一起担负着繁重的农务劳作，还要整天为全家人的吃饭穿衣精打细算。为困苦的事情费尽心思，这就是母亲生活的全部内容。”“1968 年 10 月，我在北京接到妈妈病危的电话。当时正在‘文革’比较乱的时期，部队有任务不能请假，只好让 11 岁的儿子代我回去看望。我没来得及赶回去，妈妈就离开了人世。儿子替我给妈妈送了终。及至我到家，妈妈已经下葬。儿子告诉我，奶奶临走时还问：‘三儿哪去了？’，我顿时泪如泉涌。妈妈一生为我操碎了心，可我却没能为妈妈做点什么，就连妈妈走的时候，也没能见上一面。看着地上的一堆黄土，想着操劳一生却没有享一天福的妈妈，无尽愧疚都化成伤心的放声痛哭。”在我看来，在旧时代，幸福的家庭各色各样，但贫穷苦难的家庭却大致相同。母亲这个称呼之所以神圣伟大，就是因为我们每个人的成长都是与母亲的辛劳付出和无私母爱分不开的。为了家庭、为了子女的成长，每个母亲从年轻力壮到岁月染白双鬓，都在无怨无悔地付出，流尽了汗水，淘尽了青春，以致白发爬上了额头，衰老的皱纹无情地刻进了原本青春美丽的容颜，生活的重担压弯了母亲曾经健康挺拔的腰肢。

看了朱德元帅、迟浩田将军的文章，身为人子的我们是否应该想想我们应该为母亲做些什么了吧?！“树欲静而风不止，子欲养而亲不待”这句话，很多人都读过，也深知其意。我们决不应该等到“亲不待”的时候，再去忏悔我们心灵的愧疚、再去诉说我们永久的痛悔和无尽的思念，要不然，我们的心中将会留下多大的悔恨和遗憾?！

有好母亲，就必然有好家风。这种好家风又必然能代代传承。朱老总和迟将军的家庭都非常温馨和睦。给子女做出榜样的迟浩田、姜青萍夫妇，据说教育子女十分严格，他们从不让自己的孩子有任何特殊，也从不利用已有的地位和手中的权力为子女提供任何方便，而总是教育他们要好好学习科学文化知识，不靠父母，靠自己的本事吃饭。故他们的一双儿女，都很朴实敬业。迟将军的儿子在部队当了几年兵，办理复员时，部队中竟无一人知道他是迟浩田的儿子。女儿当兵复员后，在一家工厂当普通工人，后来，也是通过自己的努力考上了大学。他们的女婿、儿媳也都是一般工作人员，住公家分配的房子，没有自己的私车。迟浩田走到哪儿都不带自己的儿女，据在迟浩田身边工作多年的工作人员说，他们都不认识迟部长的孩子。

好母亲传承好家风，迟浩田母亲把优良的家风传给了迟浩田，迟浩田又和夫人一道将优良的家风传承给了自己的儿女一代，代代相传。迟浩田将军品格高尚、一身正气、两袖清风、心底坦荡，浑身上下透着一股崇高的人格力量。他深受军内外人们的尊敬和爱戴也是很自然的事。

同是作为反映中国旧时代母亲的纪念文章还有老舍先生的《我的母亲》和季羡林先生的《赋得永远的悔》。这两篇也是写得非常生动感人，饱含着作者对母亲的无限深情。例如，老舍先生在文中写道："母亲生在农家，所以勤俭持家，身体也好。这一点事实却极重要，因为假若我没有这样的一位母亲，我之为我恐怕也就要大大的打折扣了。""母亲并不软弱……联军入城，挨家搜索财物鸡鸭……皇上跑了，丈夫死了，鬼子来了，满城是血光火焰，可是母亲不怕，她要在刺刀下，饥荒中，保护着儿女。""从私塾到小学，到中学，我经历过起码二十位教师，其中有给我很大影响的，也有毫无影响的，但是我的真正的教师，把性格传给我的，是我的母亲。母亲并不认字，她给我的是生命的教育。"大作家、大文豪老舍，作为老北京，满怀深情地生动描绘了八国联军入侵北京城时，母亲在战乱的饥荒和刺刀血光中不顾个人安危，淡定从容地保护着自己的儿女，从而感慨没有母亲，就没有自己，母亲是他一生中给予他生命教育的真正的老师。字里行间，流露出老舍对母亲的崇敬和爱。季老也同样在文中抒发对母亲的无限深情和愧疚："自己寄人篱下，经济不能独立，空有雄心壮志，怎奈无法实现。我暗自地下了决心，立下了誓愿：一旦大学毕业，自己找到工作，立即迎养母亲。然而没有等到我大学毕业，母亲就离开我走了，永远永远地走了，古人说：'树欲静而风不止，子欲养而亲不待'，这话正应到我身上。我不忍想象母亲临终思念爱子的情况。一想到，我就会心肝俱裂，眼泪盈眶。当我从北平赶回济南，又从济南赶回清平奔丧的时候，看到了母亲的棺材，看到那简陋的屋子，我真想一头撞死在棺材上，随母亲于地下。我后悔，我真后悔，我千不该万不该离开了母亲。世界上无论什么名誉，什么地位，什么幸福，什么尊荣，都比不上待在母亲身边。……这就是我'永久的悔'。"两位大家，一样的母子情怀。两位母亲，一样的母爱如水，一样的勤劳质朴、坚韧伟岸，要不然，怎么能养育出如此优秀卓越的文坛大家？

中国记协（名誉）主席、新华社原社长田聪明的《妈妈的心》、北京大学著名教授钱理群的《这也是一种坚韧和伟大》、中国作家协会副主席陈建功的《妈妈在山冈上》、李文朝少将的《仁心善举、德厚恩深》、田永清少将的《琐忆母亲》、联想集团原总裁柳传志的《母亲对我的影响很大》、华为集团总裁任正非的《我的父亲母亲》、著名作家二月河的《母亲》、新乡作协副主席冯杰的《朱砂痣——母亲的片段》、王志先生的《把母亲放在心里最柔软的地方》、许建辉女士的《母亲对我的红色教育》等文章，都从作者人生经历的各个不同侧面讲述心目中的"母亲的故事"。这些作者除了个别出生于20世纪40年代，大多出生于20世纪50—60年代。由于新中国成立之初和成立以后相当一个时期，中国经济水平仍然处于比较贫穷落后的状态，这种经济上的贫穷落后客观上给当时每个中国家庭和每位中国母亲带来了生活上的困难。许多作者都不同程度地谈到这一点，尤其是讲到了诸如20世纪50年代末60年代初的那段时间，好母亲们如何艰苦奋斗、勤俭持家、任劳任怨、苦渡难关的动人故事。例如，田聪明在文章中写道："妈妈是位典型的吃苦耐劳持家，真心爱孩子、惜子弟的陕北农村妇女""父亲一直在病中，不久两岁的小弟弟夭折了。就在这样极端困难的条件下，妈妈仍然支持我到五原县一所农村小学读六年级最后一学期。要高小毕业了，我觉得难以再上学了，生产队也希望我回队里当会计。可学校决定保送我上初中后，又是在妈妈的力主下跨进了五原县第一中学的校门。三年困难时期，班里同学多数离校了，而妈妈则说再苦也要念下去。"母亲的语录："咱在家，老有老样，小有小样；咱在外，地分高低，人分老幼；咱无论走到哪里，分里外，知好歹，咱就甚时候也是个有模有样的人。对那些个不把自个儿当人看的人，他有钱，咱不爱，有权有势也不向他低头，咱抬起一只脚也比他孙子们的头要高三分。"还有"鞋新鞋旧利落点儿，穷来富个质骨点儿"（这句话的意思就是鞋不论新旧都不能走样，人不论穷富都不能没有骨气）。以上所述，我的领会不妨将其概括为两个词四个字："操守""骨气"。对此，作者自己也谈道："小时候只是觉得这些语言说起来很上口，听得多了，特别是随着自己逐渐长大，经历的事情多了，才慢慢体会出其中一些做人的道理来，也在不知不觉中影响着自己的思想和行为。"通读全文，给我印象尤其深刻的是作者在文章结尾那段话，他以一种十分凝练的笔法，高度概括并契合了本书"好母亲传承好家风"的思想主题："妈妈用慈爱、勤劳、坚强、正直'呵护'了我五十多年。有道是'有生一日，皆报恩时；有生一日，皆伴亲时'。妈妈留给儿女们不尽的思念，也是永远激励我们堂堂正正做人、做事的精神财富。我们将用忠诚和尽力对待党、对待国家、对待社会；用尊重他人、尊重社会、尊重自己的原则对待亲戚、朋友、同志；用言传身教传给后人。"

陈建功文章中的精妙之笔是作为儿子，他费尽心思和辛苦将母亲的骨灰安葬在距北京一百多里外、早年自己曾挖过煤的那座大山的山冈上。他不会忘记母亲是怎样领他去叩开文学的殿堂："我十岁时，母亲开始督促我写日记，我十二岁时，她让我读《西游记》。同样是十二岁那年，她教我'反叛'老师：'老师让你怎么写，你就怎么写吗？为什么不能写得和老师不一样？'——其实，妈妈也是个老师。多少年后我才明白，敢让学生'反叛'的老师，才是最好的老师。""妈妈说，她也想过，除了让姐弟俩吃苹果皮，穿补丁衣服使她有点儿难过外，她也不是一个事事不如人的妈妈。比如，她可以告诉我们应该读些什么书，怎样写好作文。""每一个人都可以选择适宜的方式来表达孝心，不过，这'母难日'三个字，总使我难免动容。因为我不仅是那个在出生那天给母亲带来痛苦的儿子，而且是给母亲带来了终身灾难的儿子。因我的出生，使妈妈患了风湿性心脏病，而母亲如此过早地亡故，恰恰是由于心脏病的发作。我没有更多的话好说。好好活着，充实、自信、宠辱不惊，像妈妈期望的那样。"作家用了极其质朴、平实的语言文字，在抒发和表达对母亲深切缅怀的同时，也传达出了母亲既普通又不平凡的精神风貌。

李文朝、田永清两位将军和柳传志、任正非两位著名企业家以及钟桂松先生和许建辉女士所讲述的母亲的故事，也同样非常生动和感人。尽管这几位作者的个人经历和社会背景有所不同，但他们笔下的母亲是一样的勤劳、质朴、善良、知性，甚至不失高大、伟岸。李文朝将军在行文中用"贤妻良母、善举仁心、良知正义、德厚恩深"来表达对母亲的崇敬和爱戴。在我看来，这不但是在写她的母亲，同时也揭示出了众多优秀母亲所具有的共同品格特征，很有代表性。钟桂松先生用“有来生，我还叫您妈！”作为文章篇名，标题就极具视觉冲击力。一句“有来生，我还叫您妈！”重重地叩击着所有儿女和所有读者的心扉。柳传志先生的《母亲对我的影响很大》，文章标题本身就开宗明义地紧扣了“好母亲传承好家风”思想主题。内容也写得很充实。文章开头的第一句话就是：“妈妈特别善良，困难时期，所有人家都陷入饥饿之中，吃饭时，妈妈总是默默地把饭分成几份，自己留最少的一份，尽量把有营养的和多的留给父亲和孩子们。”一语中的。毫无疑问，家中有着一位特别善良的母亲。好家风的建树和传承是绝对不成问题的，所以，出了一个为众人钦敬的联想集团的总裁和创始人柳传志，对于这个家庭来说也是因果使然，不足为奇，意料中的事。任正非，华为集团的总裁和创始人，早年家境贫困，全家九口人，仅靠父母微薄的工资维持生活，因为没有钱买火车票，扒火车回家，挨过人打，可谓历尽艰难困苦。任正非的母亲，用作者自己的话来说，母亲程远昭“是一个陪伴父亲在贫困山区与穷孩子厮混了一生的一个普通得不能再普通的园丁”。任正非牢记父母“知识就是力量”的教导，勤奋苦读、努力工作，为了事业，为了华为，作者深感自己忠孝不能两全的愧疚和无奈。他在文章中这样写道：“要奋斗就会有牺牲，华为的成功，使我失去了孝敬父母的机会和责任，……回顾我自己走过的历史，扪心自问，我一生无愧于祖国，无愧于人民，无愧于事业和员工，无愧于朋友，唯一有愧的是对不起父母。……爸爸妈妈，千声万声呼唤你们，千声万声唤不回。逝者已经逝去，活着的还要前行！”与笔者一样作为“50后”的许建辉女士的《母亲对我的“红色”教育》堪称是本书文章中的一篇特色之作。特就特在它的“红色”教育。一看文章标题，就可知道这是一篇弘扬优良革命传统，传递正能量的忆母佳作。作者自称自己“属于那个激情燃烧的年代”。很早就投身革命的父母对子女要求极其严格。母亲是吟唱着《东方红》投奔的革命，是用风凰琴弹奏着《国际歌》时遽然倒在了生命的终点。在作者看来，母亲的信仰、追求和她一生为之而奋斗的事业，全在这两首歌里。母亲没有给她和其他子女留下什么，如果一定要说留下了什么的话，那就是她生前对孩子们的一贯要求和愿望：踏踏实实工作，清清白白做人；永远不忘本，永远不变色。这就是母亲对自己的子女进行红色教育的根本主旨和目的。

《好母亲传承好家风》除了收入了朱德、迟浩田、老舍、季羡林等老一辈革命家、知识学者和出生于20世纪五六十年代的专家学者的优秀佳作，同时还收录了许多出生于改革开放前后的新生代的忆母之作，如河北大学文学院教授阎浩岗的《回味母亲》、杭州师范大学“80后”现当代文学副教授詹玲的《母爱如山》、五洲出版社图书出版中心编审王峰的《母亲教我的那些故事》、王曼曼的《回馈是一种欢愉》、金鑫的《宽厚的魅力》和影视明星陈坤的《我把整个心用来疼母亲》、佟大为的《向守护植物人爸爸20年的妈妈致敬》等。这些文章的作者大多站在一个全新的时代历史高度、以一种崭新的社会视角和人生感悟书写他们心中的母亲，文章真实质朴、优美生动。例如，詹玲笔下的母亲，是一位从不干家务（那些做饭、洗衣、拖地之类的家务全由她的父亲包揽，甚至詹玲小时候每次洗澡，也是由父亲领她到单位的女澡堂门口，再拜托女同事带她进去），那么，她的母亲在干什么呢？“在我的童年记忆里，母亲几乎被定格成了一种姿势，那就是趴在书桌前，或是备课，或是批改作业，或是研究一些难题。母亲是一名小学教师，从18岁到58岁，教了整整40年的书。她教出的学生，很多到了高中都会选择理科，原因是小学数学基础打得特别好。很多学生在毕业后会再回来看望她，不少学生在结婚的时候，还会邀请母亲参加他们的婚礼。”这是一位从不做家务，对子女要求严厉，一心扑在事业上的敬业型母亲，或者也可以说是母亲中的异类。对此，詹玲总结得很好：很多东西，直到长大了之后才懂得，母亲和父亲一样爱我们，只是爱的方式不同。父亲的爱让我们温暖而甜蜜，而母亲的爱则让我们的将来更加广阔。人们常说，父爱如山，在我们家，却是“父爱如水，母爱如山”。

在我审读全书稿件时，发现作者金鑫在《宽和的魅力》一文中的某些段落写得也是非常深刻、精致、到位，她从一个侧面对什么是好家风，这种好家风又是如何代代得以传承和发扬作了平实而又深刻的诠释：“母亲虽是一名教师，却不爱讲什么大道理，姥姥宽以待人的品行影响着她的子女，耳濡目染，我母亲也形成了这种品行。除了对我二姑一家以德报怨外，对我弟媳也是如此。”“生活中不一定每个家庭都有能够言传的家风，但倘若你用心观察，在你的长辈身上一定有某种品质是闪光的，这种品质会慢慢地影响孩子，久而久之就形成了一种无形的家风。大音希声，好母亲传承好家风，从姥姥和母亲身上，我体会到了宽和的魅力。”这是一篇典型的有感而发之作，字里行间，充满着作者对好母亲传承好家风的切身感受和理解。

在这本书所收录的文章中，陈坤和佟大为两位影视明星的文章也是写得血肉丰满，这非常出乎我的意料。原来我总以为影视演员，艺术界的后起之秀，平时忙于奔波拍戏，他们的文章不会有多大的深度和可读性。这次阅读这两位同是出生于20世纪70年代末期、成长于改革开放年代的影视明星的文章，简直可以说是彻底颠覆了我原先的那种形而上学的看法和固有观念。这两位年轻的影视演员，不仅戏演得好，“母亲的故事”也讲得格外生动精彩。他们的文章笔调流畅，从容自如，娓娓道来，一切都是作者有感而发的生活体悟和情感流露。佟大为用他那一目了然的“向守候植物人爸爸20年的妈妈致敬!”作为故事标题，平实质朴而又无限深情地向坚守植物人父亲病床前长达20年之久的母亲致以敬意，可谓可歌可泣。默默地、无怨无悔地守候在父亲病床20年是最令作者对母亲心生敬佩的地方，其中“决意考大学只是为了不让母亲掉泪”一节，更是写出了一位“苦难之家”孝子心灵上的无奈和挣扎。文章的结尾传导出了好母亲传承好家风的精髓：“妈妈在电话中叮嘱我，做人要脚踏实地，不要因为成名了就摆不正自己的位置。我让妈妈安心，我不会那样。事实上，我更多的时间是待在家里，几乎不出席那些带有虚名的圈内外活动。让自己永远生活在一个平实的状态中，少些心浮气躁，这就是我的人生哲学。”我们知道，演艺界、娱乐界多浮躁，但佟大为则不然，就是因为他从小有一个好母亲和好家教。

另一位明星陈坤，出生于重庆，早年父母离异，生活艰难，经历坎坷，好在母亲善良，加之生活的磨难，催生了作者的艺术天分，用作者自己的话来说：“小时候，同龄孩子都有玩具，我理解母亲挣钱辛苦，从不向她要，总是自己发明‘娱乐花样’，比如和弟弟一起做仿真枪，还无师自通地学会了画画。我特别喜欢画龙凤图，没什么技巧，画得像模像样。母亲看后很感动。同事结婚，还送给人家当礼物呢。就从那时起，我发现自己心灵手巧，模仿力很强。我常想，自己将来一定要做个艺术家，挣很多钱，让母亲过上好日子。”陈坤的确是心底藏有大爱的大孝子，他的文章题目《我把整颗心用来疼母亲》，言为心声，令人动容。整个文章分别用“我的童年：母亲是头顶上的一片天”“初闯社会：母亲是我奋斗的动力”“进军影坛：母亲是我坚强的后盾”“住进大屋：母亲和我尽享天伦之乐”四个部分来抒发和倾诉对母亲的深爱。文中有这样两段话语，我认为很有代表性地折射出了陈坤母子母慈子孝的优良家风及其传承。陈坤说：“有母亲的爱和保佑，我终于考进了北影。……母亲文化水平不高，但她秉承了中国妇女的传统美德：善良、大气、坚韧，每当事业遇到难题时，我都会找她寻求精神支柱。……自从给母亲买了房后，一家人团聚了，我从小梦寐以求的幸福家庭图景真实地展现在眼前，我变成了爱回家的人。在北京拍戏时，每当导演喊‘OK’后，我就急急地问同事：‘几点了？我妈在家等我呢！’那时，我归心似箭，想着吃完饭后，可以和老母亲卧在沙发上聊天，替她捶背，这种天伦之乐，才是我这个浪子心底最深的渴望。”

篇幅所限，不一一点评了，总而言之，《好母亲传承好家风》所收的文章普遍都写得很好，真实、生动，富有情感，有的文章内容极具感染力，给人以深刻的思想教育和强烈的心灵震撼。我也在仔细审读这些优秀佳作的过程中深受教益和启迪，并被故事中的情感屡屡感动。作者朋友们的文章写得好，但由于本人的学养、视野和水平所限，也许我遗漏了其中更重要更精彩的，如果挂一漏万了，敬请大家，尤其是敬请本书的作者朋友们见谅。

美学星空，遇见更好的你

——《女性形体健康管理概论》导言

重视女性权益，实行男女平等是我国的一项基本国策。男女平等的实现和女性权益的有效保障程度是衡量一个国家社会文明进步的重要标志。在以习近平为总书记的党中央提出实现中华民族伟大复兴中国梦的历史进程中，保障好妇女权益，促进妇女发展，推动男女平等，对国家的经济和社会发展以及中华民族的文明进步都具有重要的意义。中国是世界上名列之冠的人口大国，也是女性人口最多的发展中国家，中国妇女的发展进步，不但与中国社会的整体发展进步密切相关，同时也对全球妇女乃至整个人类的发展进步都有着举足轻重的巨大影响。研究妇女问题、研究中国女性形体健康是时代的需求，是推进实施《中国妇女发展纲要》的需要，它与推动男女平等基本国策息息相关。在新的历史时期，女性的权利和地位随着时代的进步和社会的发展而得到了显著的改善和提高，特别是女性性别意识的觉醒更是极大地推动了女性的文明与进步，从而使女性拥有了更多自我实现、自我组织、自我选择、自我提高和升华的机会。正是在这样的历史条件下，中华全国妇女联合会在对当下中国妇女发展状况作了大量深入细致的社会调查基础上，与时俱进，决定开启“中国女性形体健康管理”学科的探索和研究，旨在为中国女性的形体健康管理提供有益的借鉴、指导和帮助，由此普及和提高广大中国女性对其自身形体健康管理的学理修养、认知水平和管理能力，从而在此基础上，使我国广大女性同胞的生活、生命质量及其家人或家庭乃至整个社会的幸福（感）指数获得进一步的提高。

《女性形体健康管理概论》是新兴学科“女性形体健康管理学”范畴的一部重要理论专著，也是迄今我国专家全面系统关注和研究现代中国女性形体健康管理的开创性论著。此著的主要任务就是要研究现代女性美重要范畴之一的“中国女性形体审美”及其健康管理。我们知道，在这个世界上，凡是能够称得起“管理”的都是一门学问，因此，人的形体管理就是一门学问，而作为人的形体健康管理重要组成部分的女性形体健康管理则更是一门重大学问。相对于男性的形体管理而言，女性形体健康管理较之前者则更要精致得多、复杂得多、艰难得多，同时也更重要得多。女性形体健康管理作为一门新兴的管理学科，在我国党和政府的关怀、支持和帮助下，在全国妇联的直接指导下，在课题组领导、专家和全体成员的不懈努力下，终于在21世纪的今天，走上了中国学术研究的历史舞台。这门新兴理论学科的诞生，标志着我国女性问题研究发展到了一个新的历史阶段，它同时也从一个侧面反映了我国现阶段女性问题的研究水平。

《女性形体健康管理概论》是当代我国在“女性形体健康管理学研究”方面的一个重要建树和突破。此书的诞生无疑具有划时代的意义，它开启了我国关于女性形体健康管理研究的新的历史征程，这无疑具有开创性和里程碑式的意义。关于人类的形体健康研究，是一个非常复杂而庞大的主题，本书并不奢望于对所有关于人的形体管理作面面俱到的研究和考察，而只是就有关中国女性形体审美及其健康管理范畴研究中的若干有代表性的问题提出我们（研究者）的看法、理解和主张。旨在让广大的读者尤其是广大的女性朋友（群体）提高对其自身形体健康管理的认知水平和管理能力，从而提高广大女性朋友及其家庭乃至整个社会的幸福感指数，为实现伟大的中国梦创造精神和物质方面的必要条件。

我们知道，在整个人类世界，女性是一个伟大的性别，一个无与伦比的伟大性别，因为，她是整个人类世界有机结构中的另一半——伟大而又神圣的另一半。假如没有了“她”，我们的人类将会变得单调而无生机；如果没有了“她”，我们的世界将会变得黯然而无色；如果没有了“她”，我们的社会将会变得孤寂而冰冷；如果没有了“她”，我们的地球将会变成没有劳动、没有创造、没有艺术、没有审美、没有家庭、没有安宁、没有人烟、没有繁育生息、没有万物灵长的蛮荒原野。由此可见，女性乃人类之母，“她”对于这个世界来说是何等的重要和神圣，因为，如果一旦没有了“她”，国将不国、家将不家、人将不人，甚至整个人类社会就将不复存在，而作为人类家园的地球从此也就失去了其存在的价值和意义。

关于“女性美”，我国曾有学者这样认为：人类全部文明的提纯和结晶，是不同时期的人们对女性共同的理想与期望的汇集和积淀，它既包含男性的目光，也包含女性自身的期望和认同，是精神和肉体两方面的综合写照。我们今天所致力关注和研究的当代中国女性形体健康管理就是以我们今天全新的时代审美意识和审美眼光，探寻和发现处于当今这个特定时代（21 世纪初）、特定空间（经历了近四十年改革开放后的中国）女性自身所具有的那种普遍的、独具价值和美感的性格与情感特征。我们之所以要如此歌颂和赞美女性，就是因为“她”的伟大而又神圣的品格特征。也正是在此意义上，我们说，任何时代的任何国家、民族或个人，都不能忽略或轻视女性的存在以及女性在整个人类历史发展长河中的作用、地位和影响。因此，一个国家、一个民族或个人对待女性的观念和态度如何，换言之，就是对待女性生活或生存状态、环境或条件的关心、关切、关怀和重视程度如何，直接、间接地反映或折射出这个国家、民族或个人的人文理念及其品格和品位，反映和折射出这个国家、民族或个人对人类及其生命意义和人生价值的重视程度，它也从一个侧面折射和反映出一个国家、民族的政治（执政）理念、水平和价值观取向。

在我们当代中国，实行男女平等。广大的妇女在伟大祖国的发展建设进程中，与所有的男性同胞一样，在不遗余力地贡献着她们的才能、智慧和力量，顶起了半边天。广大的女性，不但是人类社会发展进程中不可缺少的伟大人力资源，同时也是人类社会乃至整个宇宙世界中一道美丽的风景，而且是一道最为亮丽、无与伦比的美丽风景。如果用美学的专业术语来表述的话，那就是：女性人类不但是我们这个地球甚至整个宇宙世界最高等级的审美客体，同时，她也是对包括女性自身之美在内的地球甚至整个宇宙世界之美最具有审美洞察力和最具有审美敏感(敏锐)性的伟大的审美主体。正是因为有了这样伟大的“女性人类”和这样伟大的审美主体和审美客体，我们的人类才变得如此妩媚生动、娇美灿烂。因此，重视对女性问题的探索和研究，也是我们党和政府历来极为关注的重要国计民生主题。因为，它涉及人类的每个家庭和家庭成员以及他们的幸福感指数。“中国女性形体健康管理”学科的创设，就是基于上述原因、理由和动机。当然，对于女性问题的研究，是一个极其庞大而又复杂的系统工程，而我们本书的主旨则是就“中国女性形体健康管理”这一主题，探索和寻求某种最为科学合理而又简明实用的理论和指导方法。

人生如歌

——序《金婚往事》

《金婚往事》是黄骅先生继《爱的真谛》之后推出的又一部纪实体现实主义长篇力作，全书共 40 章，约 40 万字，堪称鸿篇巨制。

作品主要描写我国江南地区一对夫妇半个多世纪一路走来的风雨历程，并以此为主线，展现了自 20 世纪 50—60 年代以来中国江南农村的社会变革和时代变迁。作品通过对男主人公王宇杰的人物描写，成功地塑造了一位独子出身、性格外向、积极向上(13 岁入团、18 岁入伍、23 岁入党)，本可在城里谋求发展，但响应组织召唤、毅然放弃优越环境和条件，义无反顾地投身家乡教育事业的正面形象。在此期间，这位主人公经历了包括爱情和婚姻、事业和家庭、道义和责任、理智和情感、利益和良心等一系列人生考验，甚至被人诬陷、备受屈辱以致一度想轻生，这些困苦磨难令其犹如凤凰涅槃，浴火重生。

《金婚往事》给笔者的总体印象是：作品视角独特、题材新颖，风格清雅。首先，就其书名而言，颇具情韵，很艺术，也很人文化，而且富有历史感。从语言文字形式逻辑角度审视，“金婚往事”的书名概念为作者的创作(想象)提供了足够的内涵和外延的伸展空间。金婚五十载，作者在叙述长达半个多世纪的生活经历时，不免心潮澎湃、浮想联翩、思绪万千：世事沧桑，交织着包括主人公早年初恋在内的爱情、婚姻、事业、家庭等各种内容，交织着主人公的喜怒哀乐、悲欢离合与爱恨情仇。在王宇杰成长发展的生活道路上，我们看到了这位江南赤子一路走来的艰难和欣喜、悲愁和欢乐、失意和庆幸、迷茫和从容、动摇和坚定、绝情和多情、孤寂和相伴、理解和误解、冷漠和温馨、热烈和冷静、无奈和自信、无助和多助、绝望和重生、失败和成功、苦难和辉煌。作品内容丰富，情节曲折生动，主人公一生的经历虽然谈不上轰轰烈烈、波澜壮阔，但也堪称跌宕起伏、有声有色，甚至略带几分传奇色彩。小说生活气息浓厚，且富有浓郁的地域特色和鲜明的时代感。此部小说的最大特点是作者采用了自传体白描纪实的手法，全面、系统、准确地把握住了时代的脉搏，真实、生动地记录了自 20 世纪中叶(尤其是 50—60 年代)以来我国农村所发生的翻天覆地的变化和人们思想观念、意识形态的转型，故令作品烙有深刻鲜明的时代印痕。凡是从 20 世纪中叶走过来的人，读到此部作品，一定会感同身受，都会不同程度地与之产生心灵的共鸣。

《金婚往事》，按其笔调的风格来说，无疑是一部反映我国当代江南城乡历史变迁的纪实体小说。作品忠实地记录了那个波诡云谲、复杂多变的特殊年代，其中包括那个时代人们的喜怒哀乐、所思所想、所作所为、道德伦理、社会观念、价值判断和精神风貌等。由于作者黄骅本身就是中国江南本土作家(除了早年的军旅生涯不在家乡，其余时间均活跃在江南这块热土上)，故从作品的字里行间，我们不难看出，作者对于生他养他的这片故土一往情深，无限眷恋，说他是一位典型的江南赤子是十分贴切的，说他是披肝沥胆守望传统精神家园的江南才俊也同样一点儿不为过。黄骅先生，我是比较了解他的：这是一位足具良知、富有情感、博学勤奋、才华出众又不乏忧国忧民意识和情操的社会精英。如今虽然有了一些年岁，但老骥伏枥，志在千里，仍壮心不已。工作狂、事业狂、劳碌命、务实主义者、完美主义者、理想主义者等名词、称号用在本书作者黄骅这里也是同样名副其实、恰如其分。这是一位一心想做事，从来闲不住和从来不甘平庸的人，一位从地方教育领导岗位退休多年、年近耄耋的长老级人物。在一个阴差阳错的偶然机会，他受到某种外力影响(由初恋情人的谈话启示)的驱动，经过深思熟虑，竟决意用两年的工夫，潜心构思、执著创作，居然一气呵成，写出了今天这部洋洋大作——《金婚往事》。

由于作者长期生活和历练于基层，对下层民众怀有深厚的情感，并对他们的生活情状了然于胸，加之悉心观察、研究提炼，故他笔下的作品不是那种闭门造车式的无中生有、故弄玄虚或矫揉造作、无病呻吟，而是每字每句的灵感都来自或触发于实实在在的生活底蕴，可谓源于生活、高于生活。比如第十五章“巧遇李小妹”和第十六章“妻子病危”，夫妻间的真情道白，情真意切，令人唏嘘，令人动容，写得非常成功。试想，如果没有以真实的生活原型作为创作的动力和源泉，是绝对写不出如此动人的篇章(场面)的。作品写出了家庭、夫妻和人性中最善良、最亲爱、最理解、最包容、最自然、最崇高、最本真、最光辉的一面。由此，也让每个读者从中看到了家庭和家族亲情的力量、伦理的力量、爱的力量和美好婚姻的神圣力量。

读《金婚往事》，其实就是在读作者黄骅先生本人以及与之如影随形、紧密相伴的社会和时代的缩影和发展史。任何一部小说或文学作品，都是作家心灵的感悟和思想、灵魂的流露、展现和折射。黄骅的作品，我深信自己读懂了、理解了、领悟了——黄骅先生一路走来，分外艰辛，实属不易。写到这里，我不禁想起《牡丹之歌》中有这样的歌词大意：你虽然百花丛中最鲜艳，你虽然众香国里最壮观，但又有谁人知道，你曾历经坎坷磨难，你曾历尽人间辛寒。第十八章“苦难使人走向成熟”中有这样的描述：从开河工地上下来，饥肠辘辘的人们“吃饭时是用大碗的、限量的……王宇杰狼吞虎咽地吃饭又吃菜，这顿饭多么香啊，菜又多么鲜啊！限量的饭菜一下就吃完了，可肚子还只是半饥半饱，不、不能再去‘打饭’了，因为王宇杰是居民户口，他的粮食定量每月只有 29 斤，再吃，就是吃妻子和孩子的(份额)了，不能再吃了”。此外，关于在开河工地上米饭吃不饱、啃锅巴等生活细节的刻画、描写，也都很生动传神、入木三分。由此可见，作者如果没有生活的历练和体验，光在斗室中凭空臆想是绝对写不出如此生动具象的文字情节的。这段文字情节同时也深深地震撼和触动了我，因为，只有经历过那个艰困岁月的人们，才能对这样的文字情节和生活场景有比常人更深刻、更透彻、更准确的读解和领悟。我看后不禁心怀恻隐：王宇杰，真的很不易，尤其是在“文革”期间以及此后的相当一段时间，由于种种错综复杂的社会、政治和历史的原因，他历经磨难，倍受屈辱，一度落魄，甚至说他落难也一点儿不为过啊！其实，对于这样一位好人来说，他的命运真的不该如此！

《金婚往事》的主人公王宇杰是一位富于理性、善于自我反思和反省的人。尽管他和王小芬的婚姻是在特定历史条件下的媒妁婚姻，并经历了一个相当长的磨合期，然而，每当谈到对妻子情感转变的心路历程时，他总是念及妻子的好：尽管王小芬平时讲话有点儿冲（性格使然，直来直去），但她心肠好，一心顾家爱丈夫，爱儿女，任劳任怨，一个普普通通的农村妇女能做到这样，足矣！作品对这位女主人公的描写，也有许多地方可圈可点。在作者的精心描述和刻画下，一个直率、大气、厚道、善良、忠诚，勤劳、爱丈夫，爱子女、爱家庭，孝父母、敬公婆的优秀传统中国妇女的形象栩栩如生地跃然纸上，尤其是在对其流产后住院等情节的描述上更是显出这位平凡农家女性的非凡品格。一个整天高强度超负荷地忙于田头劳作、忙于锅台转悠、忙于孩子家务、普通得不能再普通的农村妇女，通过作者的精心描绘，让我们看到了其品格的高尚、形象的正派和内心的强大，由此可见作者的文字功力。正是从这个意义上讲，王宇杰娶了这样的妻子，他的此生是安然的、吉祥的、成功的、幸福的。家有贤内助，何愁没后福?！王宇杰的生平经历，更是让我们从中悟出了这样一个道理：婚姻的成功与否，是决定人生未来幸福与否的前提和基础，故人们（尤其那些现已坠入爱河、正在热恋中谈情说爱的年轻人）千万要慎重，万万不可轻慢对待或草率处置，因为婚姻乃人的终身大事，不可儿戏。

综观《金婚往事》，小说主题鲜明、内容丰富、结构紧凑、布局合理、构思巧妙，独具匠心，文风朴实，语言流畅、行文简洁，文笔生动，文如其人，尤其对于只有小学文化程度的妻子某些不足之处的包容和理解，更是倾注着作者发自内心对妻子的歉疚、感激和深爱，越到后期夫妻越加恩爱。看得出，这是作者源自心灵深处有感而发的真情吐露。在笔者看来，婚姻磨合、发展到此种境地，其基础已很扎实稳固。此即是大爱，此即是人生的善果和成功。

小说在描述主人公一路走来的人生经历中，不仅内容丰富、场面宏大壮阔，而且同时涉及这个复杂社会中形形色色的人与事：美丽聪慧的初恋情人陈丽英，恋情歧途上姗姗走来的李小妹，为人敦厚的赵教导，温良有加最后结局很不幸（自尽）的杨校长，颇有政策水平的宣传部部长高炳，正直和善解人意的李正义，勤劳善良又厚道的生身父母，三个活泼可爱、天真无邪的儿女，从小善待自己、恩义不断的大姐，老于世故而又胆小怕事、谨小慎微的二叔，仁义有加、常出手相助的堂兄弟王恩和宇忠，见义勇为、奋不顾身与歹徒搏斗的好儿子王毅，乡村痞子陈水忠，极左官僚主义者胡书记，造反派代表张明中，因心梗而不幸英年早逝的优秀基层干部马书记，理性稳重的教育组长王一鸣，腐化堕落、流氓成性的下台干部沈四根，灵魂阴暗、居心叵测、一心想置王宇杰于死地而后快的贫协（贫管会）副主任屈齿……出场人物不管属何类性质，大多血肉丰满、活灵活现，逼真而又生动。文学的基本属性和使命就是写人，《金婚往事》做到了，而且做得相当到位。在这一点上，它似乎超越了《爱的真谛》。

总而言之，小说《金婚往事》确实写得很成功。试想，如果作者没有扎实的文学功底，如果没有丰富的知识积累和储备，如果没有对生他养他的江南故乡的深沉大爱，如果没有对他所生活的那个环境以及形形色色人与事的细心观察、揣摩、洞悉和领悟，如果没有那种对生活的热爱和对理想（或梦想）的执著追求，如果没有吃苦耐劳永不言败、永不放弃的坚强意志和锲而不舍的坚毅品格，如果没有一种历史担当的责任感和使命感，如果没有对包括形形色色、纷繁复杂人与事在内的社会现状的深度分析、思考和理解，要想在一两年这样一个较短的时间内完成这样一部长篇纪实叙事体自传小说是难以想象的。然而，今天，黄骅先生做到了。这正应了我们中华民族的经典古训：功夫不负苦心人，有志者事竟成。的确，天道酬勤，成功的机会永远是青睐或赏赐那些早已有所准备并矢志不渝、执著追求的人，黄骅先生就是这样一种人。他无疑是一位令人折服、令人感佩、令人钦敬的成功者。上苍都愿意眷顾他。这也许就是一种种瓜得瓜、种豆得豆的人生命运因果使然！

最后，我要特别说及的是，纵观全书，我们似乎也隐隐约约从主人公王宇杰的形象中窥视到了作者黄骅先生本人的生活影子。从王宇杰和王小芬的金婚岁月中看到了作者婚姻历程的真实写照和幸福美满的大团圆结局，不禁令人羡慕，令人欣慰，令人慨叹。夫妻之间，风风雨雨几十年，过日子不容易，生活更是很现实，总难免会有坎坎坷坷，甚至吵吵闹闹、磕磕碰碰，更何况，他们之间还确实存在着不同的人生经历和文化层次、生活理念、情趣志向等方面的个体差异。其实，这就是生活，这就是人类婚姻生活最本真的原始情状和主流形态。社会和时代发展到了 21 世纪的今天，真正严格传统意义上所谓举案齐眉、相敬如宾的夫妻又有几对?！即便有，也未必能成为今天人们婚姻方式的典范和楷模。然而婚姻中夫妻双方的彼此谦让关爱、互相理解包容、不离不弃、风雨同舟、甘苦与共的默默坚守才堪称彰显真爱、大爱。这样的真爱、大爱才是现代美好婚姻之基础和正果，也是人们热烈向往、追求的婚姻目标、真谛和永恒主题。

时间过得真快，转眼又进入 2016 年，如果我没有记错的话，本书作者黄骅先生这一年正好年届八十。八十高寿，佳作问世，堪称双喜临门，实在是大吉大利，可庆可贺。值此拙序尾声之际，我由衷地向作者黄骅先生致以最诚挚的祝愿和深深的敬意，愿这位一辈子恪尽职守、以教书育人为己任、如今桃李天下的辛勤园丁及其家人吉祥如意、幸福平安！

奏响时代凯歌

——《爱的真谛》序

黄骅新著《爱的真谛》是一部专门描写进入改革开放以来我国广大农村发生巨变的现实主义纪实作品。小说通过对回乡知识青年王金平和优秀基层干部龚大英等人的描写，展现了当今我国农村巨变的壮阔场景，讴歌了党的十一届三中全会以来中国农村的发展和巨变，同时也对在这种发展巨变过程中所滋生出的各种阴暗丑恶社会现象予以揭露、针砭和批判。此书从一个侧面真实生动地记录和反映了当代中国社会历史发展的风貌，同时也是一部深度描写处在转型时期中国社会发展现状的纪实体小说。作品内容丰富、构思巧妙、文笔生动、语言流畅。由于作者黄骅同志长期致力于对中国农村社会问题的调研、观察与思考，故对当下中国农村（尤其是处于转型时期中国农村）发展前进过程中所产生的各种积极的或消极的社会现象，都能做出自己的评价、判断和诠释。这些评价、判断和诠释对人们如何更全面、准确、客观地看待和理解当今中国社会现状提供了有益的视角。

版苑波涛涌独声

——出版篇

中国出版业转制的若干思考

中国出版业的转制已经不单单是个理论问题，而且已经是一个迫在眉睫、势在必行的实践问题了。改革开放以来，中国出版业改革的步伐，如同整个中国的改革开放事业一样，速度之快，效率之高，涉及面之广，实为史无前例，令人振奋。自从党的十六大提出要进一步加大文化业的改革开放力度，大力发展文化产业的指示精神以后，中国的出版业更是迅速行动起来，响应党中央国务院的这一英明决策，积极投身于进一步深化出版界改革的伟大浪潮。2004 年年初以来，全国出版界雷厉风行，行动起来，积极学习和努力贯彻落实中共中央和国务院关于包括出版业在内的文化体制改革（即经营性文化事业单位转制为企业）的一系列政策和法令、法规。根据中央的有关指示精神，中国的出版业将用整整五年的时间完成从经营性文化事业单位转变为企业的转制任务。最近，经国务院批准，全国文化体制改革试点单位中国出版集团转制为中国出版集团公司，此举既是推进中国出版体制改革试点工作的重要举措，同时也标志着中国的出版业体制改革迈出了重要的关键性的步伐。由此看来，中国出版业在新时期、新形势下进一步深化改革的目标已经十分清晰，前途一片光明，同时也预示着中国出版业未来改革的迫切性和改革任务的艰巨性。作为出版人，我们对之必须要有清新的认识和足够的思想准备。我就中国出版业由经营性文化事业单位转制为企业这一目前为大多数业内人士所关注的热点问题，从几个方面谈谈自己的一些粗浅看法。

一、当代中国出版业体制状况的简要回顾

众所周知，当代中国出版业的体制状况，由于中华人民共和国成立后的特殊社会历史背景条件，决定了当代中国出版业体制的特殊性。在过去半个多世纪的出版发展历史进程中，出版业的体制始终处于一种较为特殊的地位。这种体制的特殊地位就在于对其本质属性的界定（或规定）。中华人民共和国成立前，我国相当大数量的出版机构都是私人性经营的文化企业。在我国乃至世界享有盛誉的商务印书馆等著名出版机构都是属于此类企业。中华人民共和国成立后不久，即便是上述这些企业也都随着国家时事政治形势的发展变化而被一律收归国有。这些被收归国有后的出版机构，不但其经营主体发生了根本的变化（即由原来的私人资本拥有者经营改变为由党和政府任命或委派下来的出版

社领导，如社长、总编辑或党委书记等经营），而且，出版社的体制性质也随之而发生变化：新中国的出版社不像旧时代出版机构那样是一种纯粹的企业，相反，它除了承担起传播知识、传播人类文明的同时，它还负责宣传党的路线、方针、政策，为国家的政权建设和无产阶级专政（现在的人民民主专政）制造舆论。因此，它具有强烈的意识形态特征。正是由于新中国出版社具有了上述这些特征，才使它负有新的并与以往历史上的出版机构根本不同的历史使命，因此也决定了新中国出版事业与旧时出版业具有本质的不同，即由以往的那种以经济赢利为主要目的转变为以为无产阶级政治服务、为新生的中华人民共和国国家政权建设服务为目的。正是在这个意义上，新中国的出版社乃是无产阶级政权建设的舆论工具。因此，就其体制的性质而言，它是纯粹的事业单位（新中国的出版事业乃是党和政府的重要舆论宣传事业）。正是这种肩负着为无产阶级政治和新中国政权服务的使命性质，决定了新中国出版业地位的卓越和重要，决定了中国出版社是纯粹事业单位的体制性质。

中华人民共和国成立以后至改革开放前夕，中国的出版社几乎都是清一色的纯事业单位。进入改革开放年代以来，尤其是我国步入社会主义市场经济以后，出版社才逐步从原先计划经济时代的那种单纯的事业单位模式过渡到事业单位企业管理的模式。在利益目标的追求上也逐步从对单一的社会效益的追求过渡到既要重视社会效益，又要重视经济效益，即我们通常所说的“双效益”。这也是区别改革开放以前出版社和改革开放以后出版社体制衍变、演进（或者说体制改革、进步）的一个重要标志。也正是基于这一点，我们说，在我国社会的转型时期，出版社由原来计划经济时期所负的单一使命（纯事业单位，主要服务于政治和思想意识形态，只负有社会效益使命而无须负经济效益责任）到今天所负的双重使命（事业单位企业管理，既要坚定正确的政治方向，为党和国家的政治和意识形态服务，又要在获取良好社会效益的同时，获取良好的经济效益），乃是我国出版业进入社会特定发展时期使然。

二、出版社的转制已水到渠成、势在必行

凡是在出版界待过一些年头的同志大概都知道，在中国，将出版作为一种“文化产业”这样一种提法在以前，尤其是在计划经济体制条件下是不可想象的，而将原来是事业单位的出版社转制为企业，则更是不可想象。然而，在经过了改革开放 26 年后今天的中国，则已成为事实（或者说正在变为事实），这不能不说是我国政治经济改革的一大飞跃性进步。在这里，人们不禁要问，出版社转制的提出为什么不在改革开放之初期，也不在将来，而是在今天。这里就牵涉到改革开放广度和深度的历史阶段性和历史必然性问题。换言之，在 21 世纪初的今天，中国出版业转制的提出，从社会历史发展的角度看，绝不是一个偶然事件，它是中国改革开放发生、发展（成熟）到一定阶段的产物（或者说必然结果）。中国的出版业在经过了历时 26 年的改革开放实践和社会主义市场经济的洗礼之后，已经变得日趋成熟。尤其是在我国加入世贸组织（WTO）后，为了使我国的出版业尽快与国际接轨，并参与国际出版业的激烈竞争，党和政府采取了一系列积极应对的政策和措施。经过近

几年来的改革和调整，出版业已逐渐从过去那种计划经济的框架(或模式)中摆脱出来，从而向社会主义市场经济的轨道迈进。综观全国的出版业，我们不难看到，迄今已有相当大数量的出版机构已经正在根据市场规律，努力按照企业化原则进行自我调适、自我整顿和自我改造，从而也使其比较适应在市场化条件(环境)下运作。有的已正在加速其改制和内部结构的调整。在坚定正确的政治方向的同时，坚持以市场为导向，已越来越成为当今出版社领导和员工的共识和工作理念。出版既然作为一种文化产业，它的产品(图书)无疑就是一种商品，既然是商品，就面临着销售问题，要销售，就势必要进入流通领域，而要进入流通领域，首先自然就应该进入市场，而市场则有其内在的规律和法则，而且这种规律和法则还很无情。这就在客观上要求我们的出版人必须遵循规律，谨慎从事。要不然，就会受到规律或法则的无情惩罚。因此，我们完全可以这样说，将中国的出版业纳入产业化的轨道，并将从事这一产业的主体——出版社，由原来的事业单位转制为企业，实是我国党和政府通过对以往几十年来，尤其是对计划经济时期中国出版业发展的历史与现状进行全面的总结和反思(其中当然也包括对以往几十年我国出版业成功的经验尤其是失败的教训的总结和反思)后所作出的新的英明决策。而且，时间已经成熟，万事俱备，可谓水到渠成，势在必行。

三、出版业转制就是将出版社全面引入(或推向)市场

将现有的出版社由原来的经营性文化事业单位转制为企业，这就意味着党和政府经过长期的深思熟虑后，决定在现今这样一种政治经济发展的特定环境条件下，将出版社全面引入或推向市场。而对于转制后的出版社来说，这就首先面临着为适应市场竞争而进行全面深刻的内部机制改革和外部环境的改造。转制后的出版社，它必须以企业实体的身份，与其他企业一样，全方位参与市场竞争。在激烈的市场竞争中，它必须按照市场规律运营，其中最主要的是按照经济规律办事。应该承认，即便是在转制前的相当一个时期，尤其是在党的十四大建设社会主义市场经济理论被提出以后，为了迎接日趋激烈的市场竞争，我国的出版业曾适时作过一定程度的调整、改组、分化和整合。随着市场化机制的逐步完善和市场竞争的日趋激烈，什么优胜劣汰、强强联合、政企分开、人才战略、猎头公司、按劳分配、开源节流、转变观念、信息大战、开拓创新、海外投资、贸易壁垒、市场预测、市场营销、市场分割、海外销售、库存积压、股份合作、利益分成、白领阶层、精品战略、盘活资金、期货交易、独家代理、委托加工、商业炒作、广告大战、经济杠杆、价值规律、成本核算、知识产权、著作权人、版权贸易、图书版税、打击盗版、建造大船、集团化建设、不公平竞争、地方保护主义、投资(成本)的最低化和利益(利润)的最大化等等的种种经济学现象和种种经济学理论概念在我国出版业的出现，都从不同的角度和侧面反映了我国出版业在市场化方面的快速发展，反映了我国出版业作为一种文化产业在中国的产业大军中突飞猛进，异军突起。正是中国出版业在这些市场化和经济学意义上的发展和进步，为其当下由经营性的出版事业单位转制为企业奠定了坚实的基础。有了这个基础，我们深信，中

国出版业的整体转制必将会获得全面成功。中国出版企业的宏伟大厦定会在不久的将来更加傲然屹立于中国文化产业大军之林，屹立于整个中国产业大军之林。

四、选配卓越的企业领导、组建优秀的领导团队

转制后的出版社，它不仅在性质上是以全新的企业形象出现，而且，在经营的理念和经营的方式上也都将不同于转制前的事业性出版社。因为，作为企业，这就意味着它在从事其经营实践过程中具有更大的活动空间、更多的灵活性和独立自主性。与此同时，对于作为该出版社企业的领导来说，他也负有更重大的责任（尤其是要承担起政治、经济意义上的重大责任，如由于把关不严而造成的政治导向问题、由于经营不善而导致经济亏损，从而使企业发展受阻或衰落、破产等）。因此，对于转制后的出版社企业，最关键的是要选择和配备德才兼备的领导人（尤其是它的第一把手）和组建一支优秀的领导团队。翻开中外出版企业发展史，从中外出版企业的成功经验和失败教训的个案中，我们可以不难认识到：出版社只要它一旦成为企业，那么，它就将与其他任何企业一样，无论是从无到有，从小到大，从弱到强，从衰败走向强盛，从繁荣走向更加繁荣，还是由强变弱，由盛变衰，由辉煌鼎盛走向破败没落，在很大程度上取决于它拥有一个什么样的领导人。在市场经济条件下，经济杠杆的作用无处不在，因此，转制后作为企业意义上的出版社参与激烈的市场竞争，这种带有巨大风险的竞争，要求出版社的领导人不但要具有高超的领导艺术，而且要有高超的决策能力和最大限度的决策成功率。这就在客观上要求出版社必须正确选择有胆有识、富裕创新精神、勇于开拓进取这样一种德才兼备的领导人来管理转制为企业后的出版社。在计划经济时期，由于出版社是纯粹的事业单位，所以，那时的出版社不肩负经济赢利的使命，对于它来说，经济上的盈亏都是无关紧要的，重要的是在意识形态领域方面为党和政府把好关。正因为如此，那时的出版社领导在工作上普遍存在着一手硬一手软的问题，即抓意识形态和政治这一手硬，抓经济建设这一手软。因为，那时的出版社与我们今天所说的经济学意义上的“自负盈亏”没有关系。然而，在经过了 26 年改革开放后的今天，出版社和所有其他企业一样，在坚持党的正确出版方向的同时，坚持以经济建设为中心。

出版社的领导也一改以前那种一手硬一手软的现象而坚持政治、经济两手同时抓，同时都要硬的管理理念。此外，对出版社企业领导人的综合素质也提出了更新更高的要求，其中包括他的政治素质、知识水平、文化素养、管理理念、创新意识、协调能力、道德情操、精神境界乃至人格魅力等。上述这些要素都是作为一个现代出版社企业领导人所必备的人格要素。只有具备了上述要素的出版社企业领导人才堪称是当代意义上的新型出版企业家。这样的出版社领导人才有可能为增强或提升出版社企业的生存能力和出版产业的竞争力起到至关重要的作用。因此，要想使转制后的出版社企业健康成长，快速发展，并在市场经济的惊涛骇浪中长盛不衰，永远立于不败之地，就首先必须选择配备优秀卓越的出版社企业领导，尤其是它的第一把手。

此外，在出版社企业选配了优秀卓越的主要领导（尤其是它的第一把手）后，同时还必须组建起一支与之相适应的优秀的企业领导团队。对于转制后的企业化出版社来说，正确的发展路线一旦确定之后，那么，由什么样的人来执行这种正确路线，并使出版社企业获得成功或胜利，这就成了决定性的因素。为了在未来的市场大潮的搏击中立于不败之地，出版社必须要组建自己强有力的领导团队。这支团队的每一个成员都必须忠诚积极、兢兢业业、爱社如家、无私奉献，并且必须具有现代意识和开拓创新精神。他们必须学识丰富、视野广阔，并具有超前的眼光和决断力。我们这里所说的"优秀的企业领导团队"就是指一个转制后的出版社企业的决策层。这个决策层的学识、智慧和能力可以决定一个出版社企业的发展命运。因此我们说，它是构成出版社"企业竞争实力"的一个重要方面。出版社既然转制为企业，这就意味着出版社要全面走向市场。同样，出版社既然全面走向了市场，那它就得严格按照市场的规律和法则进行操作和运营。这也就是说，组建一支强有力的优秀的出版社企业领导团队，乃是出版社作为企业为完成其自身的历史使命使然。在这样强有力的团队的带领下，使全体员工奋斗目标明确，因此感到前景有望，从而团结一致，努力拼搏，在激烈残酷的市场竞争中所向披靡，创造辉煌、无往不胜。

五、先进的经营理念和科学决策

一个出版社，当它一旦被纳入企业化发展的轨道后，它首先面临着的问题就是按照什么样的经营理念来对其实行管理。理念其实纯粹是一种观念形态的东西。人们平常所说的所谓观念领先，一切领先，观念滞后，一切落后，就是指人们在从事一切实践活动（尤其是在进行创造性的实践活动）过程中，首先必须要有先进的思想观念作指导，以此将人们所从事的事业（或曰实践活动）引向胜利或成功的彼岸。正是从这个意义上，我们认为，在出版社完成从经营性的文化事业单位转制为企业后，作为这时候的出版社领导，他的经营理念的好坏直接关系到出版社企业的兴衰成败。我们知道，任何一个出版社都只能在生存的基础上求发展，在获取阶段性发展的基础上追求可持续性发展并创造辉煌。那么，这样的出版社又是通过什么来使自己获得发展，从而在此基础上创造辉煌的呢？答案很简单：通过创新。创新不但是一个民族的灵魂，同时也是任何一个企业成长和发展的前提条件或关键性要素。因此，也正是从这个意义上，我们完全可以这样说，一个没有（或缺乏）创新意识和创新实践的出版社领导就不是好的企业领导。同样，一个没有（或缺乏）创新观念或创新机制的出版社企业就不是好的企业。社会和时代的迅速发展要求人们的观念也要与时俱进，并不断地发展和更新，要接受新事物，研究新问题，适应新环境，创造新局面，铸造新辉煌。应该看到，转制后的出版社，将和我国其他各种各样的企业一样，发展的机会将更多，同时随之而来的挑战和风险也就更大，竞争也将会变得更加激烈残酷。因此，作为文化产业实体的出版社企业的领导乃至全体员工必须要有足够的思想准备，尤其是在考虑和制订出版社企业的近期或长远发展规划的决策方面一定要做到眼光超前，志向远大，高屋建瓴，做每一件事都要有前瞻性或超前性。总之，他们必须做到决策的科学性。从某种意义上来说，转制后的出版社企业的成功在相当程度上取决于其决策的成功，而决策成功的前提就在于其决策的科学性。因此，一个转制后的出版社企业的经营（管理）理念的先进与否以及它决策的科学与否，在相当大程度上取决于该出版社领导人的知识能力及其综合素质。因此，要想使转制后的出版社企业长期保持经营（管理）理念的先进性和决策的科学性，就必须让这个出版社长期由具有超前意识和前瞻性眼光并具有科学化头脑和科学化决策能力的现代精英来管理和掌控。

六、建立（或引进）先进科学的现代企业经营管理机制

上面，我们已经谈到转制后的出版社必须配备既懂科学又懂经营管理的领导人来对其执掌和管理，但光停留在这样一个水平还是不够的，同时还必须建立（或引进国内外一切）先进科学的管理方法和手段。应该看到，东西方国家在关于企业经营管理方面已经积累了大量的极其丰富的理论原则和实践经验。就企业的经营管理这一点来说，资本主义国家和社会主义国家都各自不同程度地积累或总结了自己成功的经验和失败的教训。资本主义国家的企业有其与之相适应的企业管理模式，社会主义国家同样也有其适合自身国情发展需要的企业管理模式。但是，不管是资本主义国家的出版企业还是社会主义条件下的出版企业，在面向市场这一点上，它们所面临的环境条件基本上是一样的，它们所面临的机遇和挑战也是一样的。这就是在市场化条件下的所谓机会均等，公平竞争。转制后的中国出版业，当它的实体——出版社，一旦完成了由经营性的文化事业单位转制为企业后，这时的出版社就企业这个意义上说，它和国内国外出版社（或出版公司）一样，都要在经济杠杆的作用下，参与市场竞争，并受其法则的制约。因此，谁在市场化条件下顺应规律，遵循法则，谁的成功和发展的概率就高，反之，势必会受挫，甚而失败。这是早已为无数的企业实践所证明了的不容争议的事实。我们现在这里要说的就是：转制后的出版社，它在其自身的经营过程中如何来顺应规律，遵循法则。这就向人们提出了出版社经营过程中的一个最基本的问题，即为了使出版社企业永远在遵循市场化原则的前提下发展前进，出版社企业内部必须建立起一整套健全完备的管理体制。我们平时所说的管理是一门科学，其实主要就是指管理机制的科学或曰管理科学。这种科学，其基本使命就是对出版社企业中的各项管理问题进行系统的定量分析，并作出最佳的规划和安排，以达到最大限度地有效利用人力、物力、财力和其他种种无形资产等资源。一个现代化的出版企业，若要想在激烈的（图书）市场竞争中立于不败之地，就必须要有一整套先进的现代化的经营管理机制。从目前国内出版业发展的现状来看，凡是在建立现代企业管理机制方面步子迈得早、迈得快的出版社，它的发展就快，反之，它的发展就缓慢或者说停滞不前甚至面临危机。当然，在现今条件下，出版作为一种文化产业，出版社作为一种由原来的经营性文化事业单位转制为企业，其转型（或曰转性）的过程本身无疑就蕴含着许多特殊性。例如，迄今除了像“商务印书馆国际有限公司”这样的极个别的合资出版社的体制性质为企业外，我国其他所有的出版社几乎都是清一色的事业单位（企业管理）模式。中国出版

业的这种历史特殊性在客观上给当今的出版社体制改革(转制,其中自然也包括改革或废除旧的管理机制,建立和完善新的管理机制)带来了一定的难度。这种难度主要集中体现在作为正在转制为企业的出版社实体。它要尽可能快地从原先那种事业单位的模式框架中摆脱出来,并调试自己,从而使其适应市场化的企业管理模式。当然,在这里,有一点,我们必须要说及的,那就是:出版社即便是由事业单位转制为企业,但它毕竟还有别于一般的那些纯生产经营性的企业,如专门生产皮鞋的制鞋厂或专门生产床椅板凳的家具工厂等,它是生产制造精神产品,积累和传播人类知识、智慧和文明的车间或基地。也正是从这个意义上讲,出版社企业的使命不光是仅仅为了获取单一的货币学意义上的金钱效益,而且,它更重视其政治学意义上的社会效益的获取,两者缺一不可。这就是我们经常强调的所谓“双效益”理论。正是这个“双效益”理论,决定了社会主义制度(体制)条件下的中国出版业所肩负的伟大、光荣而又神圣的双重历史使命,决定了作为转制后中国出版业实体的中国出版社企业,又不同于其他一般的纯物质性生产意义上的企业,它必须长期坚持一手抓政治(社会效益),一手抓经济(产业利润),而且两手都要抓,两手都要硬。两者不可或缺,不可偏废,更不可互相替代。转制后的出版社企业的经营管理机制就是要紧紧围绕着这“两个效益”来确立的。因此,出版社企业的领导必须通过建立和健全其科学有效的管理机制,使转制后的出版社企业获得理想的社会效益和经济效益。总之,出版社企业在未来的经营岁月中,必须长期坚持“两个效益”一齐抓的实践原则,并且要坚定不移,毫不松懈。作为每个出版人,我们要务必清醒地认识到,坚持“两个效益”,乃是中国共产党中国和政府、中国人民赋予中国出版社的特殊使命,正是这种特殊的使命决定了转制后的中国出版业经营管理机制的特殊性。

七、构建强大、忠诚而有向心力的人才队伍

转制后的出版社,其奋斗目标已经很明确,然而,也更加任重而道远。为了迎接更加激烈的市场化挑战,它必须在思想、组织等方面有所准备。其中,尤其是在人才队伍的建设方面,必须先行一步。因为,在市场条件下,所谓企业与企业之间的竞争,说到底乃是人才的竞争。因此,出版社只有不断地发现、吸收、选择、培养、扶持、造就人才,爱惜人才,储备人才,充分发挥人才的潜能和创造力,才能使企业蒸蒸日上。当然,人才是一个具有深广内涵的社会学和经济学概念,我们这里所说的人才概念主要是指在自然科学和人文科学领域内的那些学有所长的佼佼者。一个出版社,就是一个小社会,在这个小型社会中,需要各种各样的人才,如编辑、出版、印制、美术、网络、信息、计算机、版权、广告、企业策划、人事、宣传、市场营销、财务、后勤、外交等。长期的出版工作实践告诉我们,相对于出版社来说,最重要最核心的问题是必须配备好图书的编辑出版人才队伍和图书的市场营销人才队伍。作为出版社领导,应该高度重视这两支主体基本队伍的建设。并且也要两手都要抓,两手都要硬。尤其是在出版社转制为企业的情况下,更是如此。对转制后的出版社来说,没有一支优秀的高素质的编辑人才队伍,就不可能在市场化的条件下有新的编

辑思路和创意，就不可能获得巨量的国内国际的出版动态和信息，就不可能对现实的出版形势作出准确的理解、分析和判断，因而也就不可能发现或物色到好的选题，即使有，那也是偶然得之。值得说明的是，我们这里所说的“高素质的人才编辑队伍”，除了它所必备的现代科学文化知识和编辑工作经验等条件外，更重要的是这支队伍中的每个成员的观念必须是崭新的甚至是超前的或前瞻性的。具体地说，转制后的出版社编辑，再也不能像以前计划经济时期那样思考问题和物色选题，他应该站在企业和市场的角度和高度去立意和思考问题，应该带着市场化和全球一体化的原则去寻求和开发新选题，并在此基础上开辟和建构新的图书出版新天地。

上面我们讲到，出版社必须要有一支优良的高素质的编辑出版队伍，但仅仅这样还是不够的。它还必须建设、培养和锻造一支既懂出版又懂市场的能攻善战的图书市场营销队伍，这支队伍习惯上被人们称之为“发行部”，但在这里，我更愿意将其称之为“市场营销部”。在我的记忆中，计划经济时期的出版社发行部，它的角色是比较纯粹意义上的发行，即首先考虑出版物发行后的政治意义和意识形态意义，而不太在意出版物发行后的经济效益如何。这当然是与当时出版社的体制是纯粹的事业单位性质有关。后来，随着社会的开放和政治经济体制改革的逐步深化，有相当大一个比例的出版社实行的是事业单位企业管理（我所供职的商务印书馆就是如此），并且，开始强调或注重图书出版的社会效益和经济效益。也正是从这时开始，出版社的发行部门开始逐步进入以市场为导向的竞争轨道，其发行人员也逐步开始树立起图书的市场营销意识和营销理念。应该说，这个时期的出版社改革的深化和图书发行业及其成员观念的转变，无疑为我们今天出版社体制由事业单位转制为企业打下了坚实的理论和实践基础。就市场化这个意义上来说，在改制后的出版社看来，很难说编辑队伍和发行（营销）队伍哪个比哪个更重要。作为出版社，它首要的任务当然就是要如何更有效地多出书、快出书、出好书。作为编辑，他的主要任务就是如何去物色和寻找好选题。从而通过其编辑加工，制作成书，面向社会。当然，一部好书出版后，如何让它走向社会，走向读者，这就需要市场营销方面的部门去努力开拓市场来完成。当今中国，图书市场和其他任何商品市场一样，同样面临着“酒香也怕巷子深”的现状，好书也得有人推介。在这一点上，图书市场营销部门任务艰巨、责任重大。特别是在我国加入世贸组织后，随着我国图书零售业的逐步对外开放，出版社的图书销售部门所面临的挑战无疑将日趋白热化。这一点，对于正在转制或行将转制的出版社来说，必须从现在起就要有所准备。从根本上来说，首要的准备就是必须从出版社市场营销队伍的建设着手，即着手建立起一支能在转制后从容应对国际国内图书业市场竞争的图书营销队伍，这无疑是增强和提升转制后的出版社市场竞争实力的一个重要方面。作为出版社的领导，万万不可掉以轻心。

八、商务国际——中国出版业改革个案简要剖析

众所周知，商务印书馆是中国近代出版事业中历史最悠久的出版机构，1897 年创立

于上海，后在海内外建有分馆。1949年后，由于历史原因，香港、新加坡、吉隆坡和台湾等分馆均独立经营。长期以来，商务印书馆为弘扬中华文化，传播人类的智慧和文明做出了重大贡献，享誉海内外。商务印书馆国际有限公司（简称“商务国际”）正是在中国实行改革开放政策后，由北京商务印书馆、商务书馆（香港）有限公司、台湾商务印书馆股份有限公司、商务印书馆新加坡分馆、商务印书馆马来西亚有限公司于1993年共同投资而建立的国内首家综合性合资出版机构。其性质属于企业化的出版社。公司实行董事会领导下的总经理负责制。商务国际致力于促进和加强中外经济合作与文化交流，采用先进的科学技术和管理方法，出版面向海内外的语文工具书、知识性丛书、华人学校教科书以及弘扬中华文化和文明的书籍，经营中外文书刊和与文教有关的声像制品（包括电子出版物）的出版、发行、印刷和销售。商务国际自1993年成立以来，声名鹊起，成为一家享誉海内外的知名出版企业，迄今已累计出版各类图书600多种，累计发行438万余册，其中，重点外语类图书有《汉英双解新华字典》《张道真英语语法》《张道真英语用法》《最新高级英汉词典》《当代美国英语词典》《中阶英汉双解词典》《英语语法快车》《英汉缩略语大词典》等；重点汉语类图书有专供外国留学生学中文用的《新编汉语教程》和专供国内小学生用的《新世纪小学生字词通典》（全彩版）、《小学生字典》（全彩版）、《汉语成语词典》《汉语同义词词典》、10卷本新课标教材系列《新编学生实用词典》《新华小学生作文分类百科词典》《现代汉语字典》等；科技创新类图书有《学生识字快车》《倒序现代汉语字典》《井字格字典》等。商务国际成立以来，一方面坚持发扬百年商务的光荣传统，一方面又与时俱进，按照现代企业管理模式实施管理。公司实行全员聘任制和员工队伍优胜劣汰制以及利用经济杠杆和市场法则奖勤罚懒、绩效挂钩等激励机制，取得了明显的成效。商务国际成立10年来，作为我国首家合资出版企业，它一直在董事会的领导下，恪守公司章程，严格执行我国党和政府的各项方针政策和法令法规，一手抓社会效益，一手抓经济效益，从而使公司获得了良好的成长性。10年来，始终坚持坚定正确的政治方向和正确的出版导向，并在出书的具体实践中，严把政治、学术和质量关，因此，在商务国际历年所出版的图书中，没有一本不良读本，其中《最新高级英汉词典》《汉语同义词词典》等图书分别荣获“中国辞书奖”“中国出版集团图书奖”等奖项。纵观商务国际10年风雨历程，我们完全可以这样说，在当今中国发展的现实背景条件下（即在新中国改革开放30年后的今天），中国出版业由原来的经营性事业单位转制为企业的条件已经成熟。如果要以事实说话的话，那么，我国迄今首家（而且是唯一一家）合资出版社企业——商务国际成功运作的范例，就是对此的最好佐证和回答。

关于出版社核心竞争力问题的思考

关注中国出版业命运的人都知道，眼下书界谈论得最多的恐怕就是出版社的“核心竞争力”问题。在当前中国出版业改革逐步向纵深发展之时，“核心竞争力”问题的提出是整个中国出版业改革使然。前些时期，一些有关部门和新闻媒体也对这个问题作了不同程度的讨论和研究，并取得了积极的成果。2002 年 4 月，由《出版广角》杂志社和江西教育出版社在江西联合举办了题为“如何提升出版社核心竞争力”的专题论坛，来自北京、上海、江苏、浙江、安徽、山东、湖南、湖北、河北、吉林、黑龙江等中央和省市出版社的社长总编出席了会议。这些长年工作、奋斗在出版第一线的老总们，都从自己的工作实际出发，结合当前我国加入 WTO 后，出版业改革所面临的机遇和挑战等问题阐述了自己的观点，其中不乏真知灼见和闪光之见。下面是笔者在当前形势下关于出版社“核心竞争力”问题的粗浅看法。

出版社的“核心竞争力”的内涵是什么？要回答这个问题，恐怕要从更宏观的角度去考虑当前我国文化产业在整个国民经济发展中所处的地位和现状。因为，文化产业与其他产业相比是有其特殊性的，正是这种特殊性前提决定了文化产业发展所面临的机遇和挑战也富有特殊性。而作为文化产业重要组成部分的出版业自然同样也会具有这种特殊性并在其自身的发展过程中遇到种种具有上述特殊性的机遇和挑战。今天的中国出版业已经基本上全方位纳入了市场的轨道。全国所有的出版社基本上也都按照事业单位企业管理的模式来操作运营。有的出版社干脆实行公司制和总经理负责制。这是中国出版业改革深化和迅速向市场化发展的重要标志。正是在这样一种发展的历史条件下，出版社的“核心竞争力”的内涵是由其明确的时代规定性的。换句话说，在不同的时代背景条件下(或者说受不同的时代背景条件的制约)，出版社的“核心竞争力”的内涵也是在不断演化和衍变的。而我们今天所要谈的是中国出版业在与国际接轨和转型时期出版社如何提升或增强自身的“核心竞争力”问题。那么，在中国出版业发展到当今的条件下，构成出版社“核心竞争力”的要素究竟有哪些？

一、领导人的综合素质及其人格魅力

一个企业，无论是从无到有，从小到大，从弱到强，从衰败走向昌盛，从繁荣走向更加繁荣，还是由强变弱，由盛变衰，由辉煌鼎盛走向破败没落，在很大程度上取决于它拥有一个什么样的领导人。这样的例子在近现代中外企业发展史上可谓不胜枚举。随着人类的发展和文明的进步,企业家个人在企业中的地位愈来愈显得突出和重要。当今世界,科技文明的高速发展和人类知识的迅速更新或更替,给企业的发展提出了更新更高的要求,其中最重要的一条就是选择什么样的带头人。具体到一个出版社,情形也是如此。今天的中国出版社已经不是计划经济时代那样,纯粹是事业单位,只追求社会效益而不太考虑其经济利益,干好干坏一个样,干多干少一个样。相反,它已全面纳入市场化运营轨道,从而,受经济规律的驱动和制约。在市场经济杠杆的作用下,出版社参与激烈的市场竞争,这种带有巨大风险的竞争,要求出版社领导人要有最大限度的决策成功率。这就在客观上要求出版社必须选择有胆有识、富于创新,开拓进取这样一种德才兼备的领导人来管理出版社。在计划经济时期,出版社是纯粹的事业单位,不肩负经济赢利的责任和使命,对于它来说,经济上的盈亏益损都无关紧要,重要的是在意识形态领域方面把好政治关。因此,那时的出版社领导在工作上普遍存在着一手硬一手软的问题,即抓政治这一手硬,抓经济这一手软(或者说根本没有抓,从其上级主管部门那里就根本没有这个要求)。当时也没有要求出版社的国有化资产保值增值。在这样的大背景下,出版社中出现亏损的现象屡见不鲜,即便是这样,出版社也不会垮,因为,它一不在政治方面犯错误,二在经济方面由政府可以贴补和扶持。它与我们今天所说的"自负盈亏"没有关系。然而,在今天,出版社与全国所有的企业一样,在坚持党的正确的出版方向的同时,坚持以经济建设为中心。出版社的领导一改以前那种一手硬一手软的现象而坚持政治、经济两手同时抓,两手都要硬的管理理念。此外,对现有出版社的主要领导综合素质也提出了更新更高的要求。其中包括他的政治素质、知识水平、文化素养、管理理念、创新意识、进取精神、协调能力、道德境界乃至人格亲和力等。上述要素都是作为一个当代出版社领导人所必备的人格要素。具备上述要素,出版社领导人才可能成为当代意义上的新型出版家;才有可能为增强或提升出版社的"核心竞争力"起到至关重要的作用。说到这里,我顺便提及 2002 年 5 月 22 日在北京大学举办的"华凌·中国经济论坛"上,有不少经济学家就认为,人们之所以将当代企业领导人的综合素质及其人格魅力看做是企业的"核心竞争力",就是因为这些领导人本身就是企业制度和市场制度人格化的集中体现。同样,我们今天的中国出版业,在面临入世后的未来更多更复杂的机遇和挑战中,必须把对出版社领导(尤其是它的第一把手)的配备和选择作为增强和提升出版社核心竞争力的头等大事来对待从而真正从根本上为出版社"核心竞争力"的增强和提升提供最强有力的基础性保证。

二、经营理念和科学决策

对一个企业的管理,如同对一个国家、一个省、一个县的管理一样,都有一个管理理念的问题。具体到一个企业来说,它更多的是经营,因此,一个企业经营理念的好坏直接关系到企业的兴衰成败。我们这里所说的经营理念其实与人们日常所说的经营观念或经营意识是同一含义的不同表述。一个企业,如果它没有以先进的经营理念为先导,就不可能有先进的管理方式和手段，而一个没有先进的管理方式和管理手段的企业，要想在当今激烈的企业竞争中使自己立于不败之地显然是不可能的。在今天的企业看来，最重要的莫过于企业的生存与发展。在激烈的竞争中求生存，在生存中求发展，在发展的基础上创造辉煌。这是企业发展的逻辑三部曲。一个企业，当它的生存都存在问题时，又谈何发展呢？而当它老是故步自封、徘徊不前时，又怎能去创造骄人的业绩，走向辉煌呢？因此，任何一个企业，都只能在生存的基础上求发展，在发展的基础上创辉煌，那么，出版社又通过什么来使自己获得发展，从而在发展的基础上创造辉煌呢？答案很简单：通过创利。一个没有创利意识的出版社领导不是好领导，同样，一个没有创利观念的出版社就不是好出版社。观念领先，一切领先，相反，观念滞后，一切滞后。由此可见观念的重要。回顾中国改革开放 24 年所走过的光辉历程，其实就是一部中国人民在中国共产党和中国政府领导下的艰苦创业史和观念转变或观念更新史。社会和时代的迅速发展要求人们的观念也要迅速实现更新，要接受新事物，研究新问题，适应新环境，创造新局面，铸造新辉煌。当今的出版业，和我国其他所有行业一样，竞争日趋激烈，因此，作为出版业实体的出版社，对此必须要有足够的准备，尤其是在出版社的决策方面一定要做到高瞻远瞩，立志高远，做每一件事都要有前瞻性或超前性。总之，它必须做到决策的科学性。从某种意义上来说，出版社的成功在相当程度上取决于其决策的成功，而决策成功的前提就在于决策的科学性。从中外企业发展史上看，由于决策的科学而导致一个濒临倒闭的企业起死回生，同样，由于决策的失误而导致一个原先强盛的企业彻底破产的例子难道还少吗？而出版社决策的科学主要取决于其领导的智慧、理性和勇气以及他所具有的长远战略目光。很难想象，一个知识面狭窄、目光短浅而又缺乏实践、明哲保身、谨小慎微、故步自封的出版社领导能使其带领的出版社朝气蓬勃、欣欣向荣。其实，一个出版社管理理念的先进与否以及它决策的科学与否，在相当大的程度上取决于该出版社领导人的知识能力及其综合素质。因此，要想使一个出版社长期保持管理理念的先进性和决策的科学性，就必须让这个出版社长期由具有超前意识和前瞻性眼光并具有科学化头脑和科学化决策能力的精英来管理。

三、管理机制

上面讲到经营理念问题，同样，什么样的经营理念派生出什么样的管理机制。企业管理机制的优劣很大程度上决定着企业的优劣和成败。一个成功的企业，其内部必然有一整套优秀健全的管理机制，这是毫无疑义的。相反，凡是业绩不佳，发展不快或惨淡经营面临危机的企业，深究其根源，尽管原因种种，必然有其管理机制上的原因，而且往往还是主要原因。由此可见，管理机制对于一个企业的生存与发展是多么的重要。我们平时常常说的所谓管理是一门科学，其实主要就是指管理机制的科学或曰管理科学。正是这种科学，其基本使命就是对企业中的各项管理问题进行系统的定量分析，并作出最佳的规划和安排，以达到最大限度地有效利用人力、物力、财力和其他种种无形资产等资源。一个现代化的出版社，若要想在激烈的市场竞争中立于不败之地，就必须要有一整套的先进的现代化管理机制。美国的麦道、日本的松下是如此，德国的贝塔斯曼也是如此。从某种意义上来讲，企业的管理机制决定企业的命运。我们迄今还没有看到一个内部管理机制欠缺或混乱的企业，它的现状是欣欣向荣的。我们以前经常说的所谓向管理要效益，其实就是向管理机制要效益。从国内目前出版业发展的现状来看，凡是改制快的出版社，其发展就快，反之，其发展就慢或者说停滞不前。当然，中国出版业的改革有其诸多的特殊性。例如，目前我国的所有出版社几乎都是事业单位企业管理。这种特殊性给出版社在改革旧的管理机制，建立新的管理机制方面带来一定的难度。这种难度主要在于作为出版业实体的出版社，它既要考虑到其“事业单位”的根本性质，同时又要以企业管理的方式来面对市场。说到底，出版社是负有双重使命的，即在政治上，它要获取“社会效益”，同时，在经济上，它又要获得“经济效益”。两者缺一不可。出版社的管理机制就是要围绕着这两个“效益”来确立的。出版社的领导们也正是通过建立和健全其管理机制，使出版社获得理想的社会效益和经济效益。总之，这是中国出版业的特殊使命，正是这种特殊的使命决定了中国出版社管理机制的特殊性。

四、优秀的管理团队

一个出版社当它有了一整套先进完善的管理机制后，还必须要有一个能充分利用这种机制来进行有效管理的管理团队。这支团队的每一个成员都必须忠诚积极、兢兢业业、爱社如家、无私奉献，必须具有现代意识和开拓创新精神。他们必须学识丰富、视野广阔并具有超前的眼光和决断力。我们这里听说的“优秀的管理团队”就是指一个出版社的决策层。这个决策层的智慧和能力可以决定一个出版社的前途和命运。因此我们说，它构成了出版社的“核心竞争力”。记得在计划经济大锅饭时代，出版社的领导日子中，所谓的“软、懒、散”现象很普遍。领导班子成员不乏平庸之辈和外行领导内行者，甚至从未在出版社工作过而一来就当社长者有之，从未做过一天编辑工作而一来就当总编辑者有之。在那个时代背景下，这种现象的出现不足奇，“外行领导内行”在当时已成了干部配备上的不成文定律。在计划经济时代，出版社的主要任务就是要把好意识形态这道政治关，即它所出的书不要出乱子，不要捅娄子，至于在经济上能否赚钱赢利这种考虑是不太重要的。出版社由国家统包统揽，经济上如果有赢利，悉数上缴商量，相反，如果出现亏损那也没有关系，由上级部门补。因此，当时的出版社领导，如果过多地考虑经济效益可能还会遭到某种非议(如“重经济，轻政治”“埋头业务，不注意方向”“搞唯生产力论”等)。在这样的条件下，出版社的管理团队(或曰领导班子)根本用不着在生产上下工夫，更无须去考虑所谓的经济效益问题。然而，现在的情况可就不同了。出版，作为一种文化产业，它与其他经济行业一样，进入了市场。图书作为一种商品进入了商业流通，出版社在经济上也开始由原先的一切由上级党和政府部门统管统包、不自主经营、不自负盈亏、平均主义、旱涝保收转变为自主经营、自负盈亏和自我发展。出版社既然走向了市场，就得严格按照市场的规律和法则进行操作和运营。这就要求出版社必须有一个强有力的管理团队。在这个强有力的管理团队的带领下，全体员工奋斗目标明确，感到前景有望，从而团结一致，努力拼搏，在激烈的市场竞争中创造辉煌。

五、建立强有力的人才队伍

一位伟人说过：在世界万物中，人是第一宝贵的，只要有了人，什么人间奇迹都可以造出来。在我看来，这里所说的“人”，是指具有工作、生产和创造性能力的人才。上面讲到，一个出版社要前进和发展，除了要有一位优秀的领导人和一支精良的管理团队，它还必须建立一支优秀的人才队伍，尤其要建立一支优秀的编辑队伍和市场营销队伍。作为出版社的领导，他应该高度重视这两支队伍的建设，两手都要抓，两手都要硬。在今天的出版社看来，就编辑队伍和营销队伍而言，很难说哪个比哪个更重要，也很难说哪个比哪个更不重要。作为一个出版社，它首要的任务就是如何更有效地多出书、快出书、出好书。作为编辑，他的主要任务就是如何去物色和寻找好选题，从而通过其编辑加工，制作成书，面向社会。然而，一部好书的问世不仅有赖于作者的学养和功力，同样还有赖于慧眼识珠的高手编辑。综观我国出版业的历史和现状，不难看到，哪个出版社好书不断，其背后必然有若干或一批精英编辑在精心运筹和策划，他们不但聪明智慧、积极肯干，而且学识丰富、眼光高远。他们既有扎实的理论知识，又有丰富的实践经验，既懂书本，又懂市场。在物色选题问题上，他们以其敏锐前瞻的目光，广泛扫描，个别锁定，严格分析，科学论证，理性抉择，从而使其出版物达到社会效益和经济效益的高度统一，即它既满足了广大读者的精神文化需求，又在经济上获得了可观的利润回报，为出版社的繁荣发展打下坚实的物质基础。当然，一部好书出版后，如何让它走向社会，走向读者，这就需要市场营销方面的部门努力开拓市场来完成。当今世界，图书市场和其他商品市场一样，也同样面临着酒香也怕巷子深的问题，好书也得有人去推介。在这一点上，图书市场营销部门责任重大。特别是我国加入 WTO 后，随着我国图书零售业的逐步对外开放，出版社的图书销售部门所面临的挑战将日趋白热化。这一点，我们要有所准备。从根本上来说，首先必须从出版社市场营销队伍的建设着手，即着手建立一支能在今后从容应对国际图书营销业竞争的营销队伍。这无疑是增强和提升出版社“核心竞争力”的一个重要方面，作为出版社的领导，万万不可掉以轻心。

六、知 识 结 构

当今时代，全人类都面临着一个知识更新和知识结构调整的问题。出版社属知识密集型机构，它的员工的知识结构特别是它的领导决策层的知识结构的状况与出版社自身发展的前途和命运有着至关重要的联系。因为，具有不同知识结构和知识水平的个人或群体对事物的认识和判断结果是大不相同的。现代的出版社必须特别注重其员工队伍的知识结构。由于历史的原因和中国的具体国情，每个出版社又都不可能指望在一个很短的时间内使其内部成员的知识结构实现完全彻底的调整或更新（事实上也根本做不到）。

面对这样的现状怎么办？我认为，实行优胜劣汰的竞争上岗制度不失为是一种好方法。因为在这个制度背后潜藏着一种巨大的驱动力，这种驱动力可以开发人的潜质，激发人的潜能，可以使慵懒之人戒除慵倦懒散而变得勤奋好学、有斗志和有上进心，它也同样可以使一贯勤勉好学的人更加斗志昂扬，奋发向上。所谓人才的竞争，其实就是智慧和知识的竞争，准确地说是知识结构的竞争，而所谓知识结构的竞争其实就是指有用或有效知识的竞争。基于这一点，当今的莘莘学子及其父母在填报高考志愿时总是为选择什么样的志愿而颇费脑筋，为的就是让孩子将来学一门有用的知识。这里就涉及学生所学专业的知识结构问题。同样，人才部门在录用和配备人员时，总是挑选一些专业对口或知识新颖实用的人才充实原有的员工队伍，从而使原有员工队伍的知识结构得以调整和改善。近几年来，我国相当多的出版社已经开始注重其员工队伍知识结构的调整和更新，有的出版社下的工夫很大，取得了成效，给出版社当下和未来的快速发展注入了强大的后劲和活力。可见，在新的世纪，建立起一支具有现代先进文化和先进科技知识结构的优秀员工队伍，实在是出版社养精蓄锐，长治久安，发展壮大，并在激烈的市场竞争条件下立于不败之地的重要保证。

七、信 息 化 管 理

世界处于信息爆炸的时代，国际传媒技术的高度发展给信息产业带来了无限的生机。在今天，谁拥有巨量的信息就意味着谁拥有成功。同样，在激烈的图书市场竞争中，信息，对于作为一个具体的竞争实体——出版社来说，那无疑是至关重要的。出版社竞争的成败与否，在相当大的程度上取决于信息的竞争。在这方面，我们有成功的经验和失败的教训。例如，有的出版社由于平时注重信息资料的采集和分析，并及时加以利用，从而使之转化为可观的生产力和经济价值，利国利民，一举多得。同样，有的出版社，由于信息不灵，或者说信息来源不可靠，甚至被虚假的信息或错误的信息所欺骗和误导而生产出了一些不太理想或不合时宜的图书产品，不但给出版社造成了经济等方面的重大损失，也给社会造成负面的影响。因此，我们必须有计划有步骤地培养和选聘一批既懂编辑专业，又擅长信息获得和信息管理的优秀人才充实到出版社的员工队伍中来，从而使出版社的决策者们和实际从事编辑出版工作的人们能够站在一个全新的信息获取高度，为出版社在参与国内国际激烈的市场竞争中立于不败之地提供更加准确、可靠的信息资料。由此可见，一个出版社的信息化管理水平，直接关系到它发展的好坏。因此我们认为，信息化管理无疑是构成出版社“核心竞争力”的重要因素，我们万万轻视不得。

八、优化选题与精品战略

记得在 1988 年，我曾写过一篇关于图书选题与出版社的生存、发展的关系的文章。文章刊出后，引起了诸多方面的关注。当时谈这个问题的背景是中国图书市场骤然低迷。2002 年，中国的图书市场又发生了重大的变化。总的来说，中国的图书业市场目前正处于一个整体转型时期。大家知道，在计划经济时代，出版社习惯于在指令性的管理体制下计划和安排图书出版。各出版社之间普遍有较为明确的分工，不存在激烈的竞争，因此图书出版也往往是按部就班。各家出版社的图书大多是黑纸白字，开本样式也大多为大32开，小32开，即使当时也有一些出版社在其图书开本、印制风格等方面不落俗套，有所创造，也往往会被视为“怪异”而被冷落。总之，在转入市场经济运营体制后的相当一段时间，图书市场虽然已开始逐渐发生变化，但仍在不同程度上自觉不自觉地受旧体制框架的束缚（或者说不能彻底摆脱其习惯势力的影响）。因此，直到今天，在出版社之间已开始出现明显的差别：凡是针对图书业的现状改制快的出版社，在当今图书业市场上就显得比较活跃和主动，反之就显得比较呆滞和被动。不管怎么说，转型阶段出版社最重要的仍是图书的选题。一个好的出版社，它要在汹涌激烈的图书市场上站稳脚跟，稳步发展，必须要有好的选题。这种选题不是一两个，而是几十个上百个甚至更多，越多越好。这些选题一旦成书出版，即为广大读者所喜爱和青睐。这些书不但是畅销的，而且最好应该是长销的（或者说起码也得有一个相对长的有效生命周期）。这里就涉及一个如何使每一个图书选题打造成为一种优秀的图书品牌的问题。

任何一个出版机构，如果要想使其有强劲的发展势头和成长后劲，就必须实施品牌战略或精品战略。在激烈的图书市场竞争中，说到底是品牌分割市场，品牌是出版社赖以生存和发展的基础。品牌也是一个出版社的特征、象征和标志。实施精品战略，可以使出版社进入良性循环的轨道。一个没有精品意识的出版社，就不可能产生大批量的精品图书，而一个没有以大批量（或相当数量）的精品图书作为其基础的出版社，就很难想象它在图书市场的竞争大潮中能长盛不衰，立于不败之地。同样，更难想象一个没有品牌图书（或没有足够量的品牌图书）的出版社能在当今的市场竞争中获得良好的社会效益和经济效益。当然，出版社不可能做到它所出版的图书每本都是精品或名品，但应该有把每本书都当做精品来加工和打造的意识。在这里，我们所说的精品，不光是形式好就行，或者说装帧精美、材质好就行，还应该是图书内容和图书形式的高质量统一。在当今读者的消费观念中，一部图书如果光有好的内容而在材质、装帧等方面有所欠缺，那它一定会制约或削弱读者的欣赏和购买欲望。同样，一本拥有精致豪华装饰的图书，如果内容空泛，或不能给人提供有效实用的知识，那它也不会有广阔的市场前景。今天的读者消费心理已相当成熟，他们很有鉴别力，尤其是在图书品种空前繁多的情况下，作为读者，他们自然要货比三家而择之。因此，出版社要想在激烈的市场竞争的大潮中具有强劲的竞争力，它就必须本着对读者高度负责和诚实无欺的精神，老老实实地、实实在在地打造精品。同时一定要低价位，而且是精品低价位。当然，精品低价位是有风险的，但我们历来认为，风险和机遇并存。低价位也会带来广泛意义上的销售，而广泛意义上的销售也会在薄利意义上为出版社赢得经济效益。当然，出版社实施“精品低价位”战略的同时，必须做许多最大限度压低成本的工作。压低成本是很不容易，其中也包括向管理要效益，如机构精简、减员增效等等。总之，参与图书市场竞争，是出版社全方位都得动员的配套工程。只要积极进取、努力创新，我们的图书出版业定会越来越兴旺的。

市场条件下的编辑意识

中国的改革开放已走过二十多个年头，取得了举世瞩目的辉煌成就。随着我国的改革开放更进一步向纵深发展，各行各业正在努力实现由原来的计划经济体制向市场化经济体制的飞跃性转变。尤其是中国正式加入世贸组织（WTO），这标志着我国的改革开放事业发展到了一个崭新的阶段，与其他各行各业一样，自进入21世纪，尤其是中国加入世贸组织后，我国的出版业也同样面临着机遇和挑战。为此，我们必须努力学习，从容应对。就在这样一场由计划经济向市场化经济逐步转型的过渡时期，我国的出版业同样也面临着自身的体制改革问题，其中，作为出版队伍主体的广大编辑人员，如何实现其自身意识（或观念）的转变和更新，这对于出版业改革能否顺利进行并取得更大成功是至关重要的。下面，我就市场经济条件下，编辑意识的转型问题谈谈自己的一些粗浅的看法。

首先谈谈为什么在新时期编辑有一个意识转型的问题。对于这个问题，如果用一句话来回答那就是：编辑意识转型是中国出版业走向市场使然。换言之，当今的编辑意识转型取决于我国出版业改革进入实质性的攻坚阶段这样一种时代背景条件。记得在计划经济体制时期，国内的任何一家出版社，按其性质来说都是纯事业单位，它的机制特征主要表现为：出版社在上级机关或政府的监管下运营，例如，在行政方面，它的党政主要领导乃至其他高层专业骨干都是由上级有关部门考察任命或统一调配，并经常定期或不定期地对他们进行政治时事等方面的教育和培训；在业务方面，每个出版社的业务和出书范围都有严格的明确规定，其专业人员的数量和规模也是由上级机关核定，不得超编；在经济方面，虽然它也独立核算，但并不自负盈亏，即如果盈利了，其盈余部分悉数上缴，不存在物质货币意义上的奖励制度。反之，如果经营出现亏损，当领导的也不用着急，不用担忧，因为，亏空部分全由上级财政部门予以贴补，所以，出版社也根本不存在员工发不出工资的问题，更不存在由于经营不善或效益低下而导致单位倒闭、员工下岗等问题。总之，一切由上级党和政府部门统管统包，不自主经营，不自负盈亏，平均主义，旱涝保收乃是在计划经济体制下，作为纯事业单位的出版社所享有的最大优势（或曰优越性）。现在看来，正是出版社拥有了上述这些所谓的优势或优越性，从而导致了出版社长期以来，缺乏风险意识，缺乏经营意识，它的员工干好干坏一个样，干多干少一个样，平均主义的大锅饭导致了出版社的图书良莠不齐，效益低下，发展缓慢。反映在广大编辑队伍方面，情形同样如此。编辑可以不问市场（在当时的条件下，也没有什么严格意义上的真正的市场可问），一味埋头编书就可以了。对于他所编出来的图书，能否卖得出去，卖几个钱，能否给出版社带来可观的经济等方面的效益，这些，似乎与他们关系不太大，正因为如此，所以，编辑在物色或确定书稿选题时，往往不考虑图书在出版后的市场前景，以及它可能在多大程度上给出版社带来利润。所以，在那样一种环境条件下熏陶出来的编辑，他的业务意识相对来说就比较单一，例如，他比较偏重于关注图书的社会效益而不太关注其经济效益（在当时的情况下也没有这种必要，因为，对于一个常年由国家统管统包，又不是自负盈亏的出版社来说，它的编辑如果去重视或关注他所编的图书的经济效益，那简直就是一种多余，因为，就连他们的领导也不太在乎这些）；他比较偏重于关注图书选题出版本身而不太关注该图书选题出版后进入发行阶段后的销售前景；更不会去考虑如果该图书选题出版后卖不出去怎么办，由此而导致库存积压怎么办，因而造成浪费和给国家造成损失怎么办，如此等等。这一切现象形成和产生之基本根源，乃来之于近半个世纪我国所实行的计划经济的政策和体制。当然，计划经济体制是我国进入社会主义初级阶段时期的必然产物，它的历史存在自然有它的适时性和合理性。但是，随着我国改革开放力度的日趋加大和经济建设的飞速发展，原来的计划经济体制已经不能完全适应新的生产力发展的需要，因此，必须在此基础上进行全面的改革、更新、发展和蜕变，以适应现阶段我国政治和经济形势发展的需要。党的十五大提出的建立和发展社会主义市场经济的理论，就是我们党在深刻总结了我国社会主义初级阶段政治和经济建设过程中的经验教训之后制订的一项伟大战略决策。我们出版业改革之所以有今天，也完全得益于党的这一英明决策。同样，我们所说的在市场条件下的编辑意识或观念转型，也完全是以这一决策为基点。

由此来说，我们今天的编辑，为了迅速适应新的形势发展的需要，必须将自己从传统的思维模式中解放出来，从而确立起崭新的编辑意识或观念。

一、图书选题市场化意识

由于我国的许多出版社已经从以前计划经济体制下的政府统管统包过渡到经济上独立核算，自负盈亏。这就意味着这些出版社如果经营不善，就会面临着自谋出路的问题，他们要依靠自己养活自己，发展壮大自己。出版社走向市场后，市场是无情的，然而也是公平的。市场本身就意味着竞争和实力间的互相制约和抗衡，意味着优胜劣汰，意味着优质高效，意味着成本的最低化和利润的最大化，等等。图书出版作为一种文化产业，它和其他产业一样，一旦进入市场，进入商业流通领域，它同样受市场机制的调节和价值规律所支配。因此，此时的编辑，再也不能像以前计划经济时期那样思考问题和物色选题。他应该站在市场的角度和高度去立意和思考问题，应该带着市场化原则和全球经济一体化的原则去寻求和开发新选题，寻找和占领新市场。我们今天的出版社编辑应该明确地看到，中国改革开放的迅速发展已将图书出版这一产业推向了市场，因此竞争也已变得日趋激烈，而出版业的所谓竞争，其实，就是图书选题的竞争，图书市场的竞争，又在相当程度上取决于图书选题的竞争。从某种意义上来讲，选题就是出版社生存与发展的命脉，尤其是在市场经济体制的条件下就更是如此，所以，我们今天的出版社编辑，应该树立起“结合图书市场的实际考虑选题”这样一种图书选题市场化原则。

二、独具一格的创新意识

所谓“创新”，简单说来就是走出常规，突破传统，不落俗套，并在此基础上有所发现，有所发明，有所创造，有所前进。任何改革本身都是意味着要摒弃旧有体制或旧有体系中的一切不合理因素，冲破束缚人们思想的旧传统、旧观念、旧模式，从而不断地推陈出新。任何新生事物或新生力量的产生和形成，都是一种历史发展的必然。它既是对以往旧事物的一种否定或更新，同时也代表了事物的某种发展方向和生命力。同样，在我们今天强调编辑要转换意识或观念的时候，我们尤其要重视编辑人员的创新意识，因为，对于一个出版社来说，编辑人员是否具有创新意识，直接关系到它所出版的图书质量的优劣和市场前景，直接关系到出版社经营的好坏和它的兴衰成败。我们知道，随着中国加入世贸组织，这就意味着作为中国文化产业重要组成部分的中国出版产业，必须尽快全面与国际出版业经济接轨的问题。要接轨，就必须创新，必须全面、准确、快速地把自己纳入市场化原则的发展轨道。在当前我国整个出版业正在全面进行出版制度创新，出版观念创新，出版技术创新，出版管理创新的过程中，我们应该尤其注重出版观念的创新。所谓观念的创新，其实就是思想创新，意识创新，由此而导致行动创新和结果创新。因此，对于在市场条件下的出版社编辑来说，是否富有创新意识，乃是衡量其政治思想素质和业务素质的基本标志。

三、高瞻远瞩的超前意识

在市场经济条件下，出版社的编辑除了要具备经营意识和创新意识外，还必须要有高瞻远瞩的超前意识。这种超前意识对于每个具体的编辑来说不是随意生成的，它是有条件的。作为一个具有超前意识或超期观念的编辑，他的这种意识或观念是建立在对自然和人类社会发展，对科学知识等事物有着广泛深刻的理解和认知基础上的。很难想象，一个平时不看书不看报、不接触社会、不接受新生事物、离群索居、孤陋寡闻的编辑，会具有超前意识，会懂得市场、应对市场，会寻找到许多方方面面、形形色色的好选题，并通过其有效的创新和编辑加工，将其变成在图书市场上有竞争力并为广大读者所喜爱的精品图书，从而给出版社带来良好的社会效益和经济效益。一个出版社要生存和发展，尤其是要让自己在激烈的市场竞争中获取成功，用人是最关键的，其中，培养、选用和造就一大批学有所长、德才兼备、爱岗敬业、意识超前的编辑人员是当前出版社工作的当务之急。

四、广闻博采的信息意识

当今世界正处于一个知识爆炸、信息爆炸的时代，国际传媒技术的高度发展给信息产业带来了无限的生机。在今天这样一个信息量高度充分,信息传播高度准确快捷的世界里,谁拥有巨大的信息就意味着谁拥有成功。同样,在激烈的图书市场竞争中,信息,对于作为一个具体的竞争实体——出版社,或对于一个具体的竞争个体——编辑来说,都是至关重要的。出版业竞争的成败与否,在相当大的程度上取决于信息的竞争。在这方面,我们有过不少成功的经验和失败的教训。例如,有的出版社由于平时注重信息资料的采集和分析,并及时加以利用,从而使之转化为可观的生产力和经济价值,利国利民,一举多得。同样,有的出版社,由于信息不灵,或者说,信息来源不可靠,甚至被虚假或错误的信息所欺骗和误导而生产出了一些不太理想或不合时宜的图书产品,从而不但给单位造成了经济等方面的损失,同时,也给社会造成负面影响。因此,我们必须有计划有步骤地培养和选聘一批既懂编辑专业,又擅长信息获得和信息管理的优秀人才充实到编辑队伍中来,从而使出版社的决策者们和实际从事编辑出版工作的人们能够站在一个全新的信息获取高度,为出版社在参与国内国际激烈的市场竞争中立于不败之地提供更加准确、可靠的信息资料。

图书选题：出版社生存与发展的命脉

业内人士普遍认同这样一种判断：图书出版发行业已进入低迷状态。1999 年北京图书订货会，总订货码洋呈滑坡趋热这一事实，就更从实践上给上述判断提供了佐证。分析图书市场的这种低迷滑坡的态势，我认为：不外乎有以下几种原因：首先，整个东南亚近年来经济动荡给中国经济带来的冲击；其次，国内正在实行的由计划经济向市场经济转变过程中的震荡必然给国内图书市场造成时起时伏的发展特征；再次，1998 年的洪水泛滥也在一定程度上对图书市场发生不利影响；第四，经过几年的出版繁荣，图书市场的供求关系也出现了一定程度的饱和状态；第五，重复出版和盗版等现象，也是导致目前国内图书市场销售不畅的重要原因。除上述几种原因外，还有其他一些因素，也是构成图书市场销售不旺的原因，如平庸选题过多过滥、境外版本的盲目引进，图书定价偏高、领导不力、营销策略失当等，但不管怎么说。我认为，图书市场繁荣与低迷都是相对而言的。所谓的绝对繁荣和绝对低迷都是不存在的。因为，从辩证的角度来看，当一个事物的发展出现高潮时，它必然孕育着低潮就在后头，同样，任何事物的发展当它进入低谷时，那么，它也不可能永远是低谷，一旦走出低谷，随之而来的则是一种更新、更高的发展阶段。

图书市场既然作为一种市场，它也就必然受市场规律所制约，这个规律也就是“供求关系”。而与这个“供求关系”规律关系最为密切的就是图书的“选题”。在同等的市场条件下，为什么有的出版社步履维艰，而有的出版社却生机勃勃，我看关键就是它的选题是否适销对路。随着市场经济的逐步发育和完善，出版社的经营者也同样面临着思维方式和操作方式的转型问题。回顾前些年，我们都知道，只要是个出版社，一般都能赢利。当时是社会对图书的需求大于供应而现在是许多图书品种的需求都呈饱和过剩状态。就拿大中小学的教辅材料来说，五花八门，各种名校考试题目汇编的资料书林林总总，品种不计其数。辞书类的情形也是如此，各种辞书重复出版现象十分严重，以前出版语文工具书的，仅是商务印书馆等寥寥可数的几家权威出版机构，现在，有的出版社根本没有出版辞书的传统和能力（我这里主要指编审能力），但为了追求利润，也盲目地出版一些具有高学术水准的辞书，结果，有的辞书虽然定价昂贵，但在内容和装帧等方面却粗制滥造，有的甚至误人子弟，坑害读者。总结以上经验教训，我认为，出版社到了该重新整顿、调整经营思路的时候了，其中，最主要的就是如何抓住时机，生产适销对路的图书精品。我们商务印书馆国际有限公司和广东教育出版社最近联手向社会各界隆重推出的《新世纪小学字词通典》就是在调整出版思路后策划出版的一部富有创意的新颖语文工具书，此书获得了国家专利，由于选题对路，一走向市场就受到广大读者的欢迎，在 1999 年北京订货会上，首次开印 10 万套（定价 138.00 元）全部征订完。此书十万套的总码洋就达 1380 万元。由此可见，所谓的图书市场不景气则是相对而言的，只要选题对路，图书市场的发展前景仍然是十分广阔的，关键就在于出版社的图书选题是否对路，商务国际和广东教育的《新世纪小学字词通典》的成功发行就足以说明了这一点。

选题创新是出版社生存与发展之关键

转制后的中国出版业，其前景无疑将会更加美好。因为，转制给出版社企业竞争的机会更多，发展的余地更大，成功的概率自然也就更高。但是，即便是这样，作为出版人，我们仍然必须要坚定不移地树立起“书业无限，质量至上，选题创新最关键”的信条和经营理念。全力打造图书精品，充分挤占图书市场。

创新是一个民族或一个国家进步的灵魂，同样，也是我们中国出版集团公司发展的动力所在。综观当今世界的图书出版业市场，中国的图书出版业市场可谓“风景这边独好”。就在当下国内同行压力重重，甚至抱怨中国图书出版业市场竞争激烈的时候，要知道，有多少外国同行（主要是书商和出版商）的眼球正紧紧地盯着中国的图书出版业市场。在他们看来，拥有 960 万平方公里面积和 13 亿读者消费群体的中国，乃是全球最大最活跃的图书出版业市场，他们极其羡慕中国出版业同行所拥有的这种与生俱来的天然优势，并很想有朝一日，长驱直入中国的图书出版业市场，从而挤占在他们看来比比皆是的图书出版（销售）市场空间。在他们看来，中国出版业白热化的竞争远远没有到来。

记得在五六年前，我曾撰述过一篇关于“选题创新与出版社生存、发展关系”的文章，文章刊出后，引起了诸多方面的关注，当时谈论这个问题，是在中国图书出版业市场处于相对低迷的背景条件下进行的。时隔多年，如今的中国图书出版业市场情况又发生了重大的变化。其一，中国的经济在经历了东南亚经济动荡的冲击之后岿然不动，并仍然以平均 8%—9%的增长速度平稳发展；其二，民营、合资、独资企业的纷纷介入并快速发展、国企改制和全国范围内的出版业转制的不断深入，使中国图书出版业市场的操作和管理日趋理性和规范；其三，中国政府在入世后对其企业的经营方针和策略的改革和调整，也给图书业市场带来了新的生机和希望；其四，中国申奥的成功也将会给现在和未来的中国出版业带来不可限量的发展和成功的机会，因为，为了 2008 年北京奥运会的成功举办，无论是高新科技领域的图书，还是包括中外文语言类图书等方面的科技教育图书都将会有一个巨大的需求量；其五，科教兴国和教育（尤其是素质教育）体制的改革也会给未来转制后的图书出版业提出更高更新的要求，同时也因此而刺激市场，形成更为广泛、深刻而又巨量的市场需求；其六，包括计算机、信息、网络在内的 IT 高新科技产业的发展，也将在相当程度上对现在和未来的图书出版业产生影响。此外，国际上一些重大事件的发生、发展以及国内、国际形势的重大变化（如外交方面的巨大成功、中国进一步的对外开放，使更多的中国人去学习外国语，与此同时，又使更多的外国人学习汉语。又如，中央的西部地区大开发和振兴东北老工业基地等的战略决策，又导致了国内某一区域性领域的整体经济文化需求等等)。

所有这一切国内国际的社会、政治、经济、科技、教育、体育、医疗、卫生、文化、军事乃至宗教和民俗等领域的发展和变革，都将给我国的图书出版业带来了前所未有的发展机会。当然，就在这千载难逢的大好历史机遇来临之际，作为正在转制或行将完成转制的出版社企业，能不能及时抓住机会，能不能为抓住机会做好一切充分有效的准备，这就要取决于“人”的因素了。同样的时空条件，同样的机会，当它来临时，有的人抓住了，有的人却丧失了。更有甚者，当在机遇或挑战来临之时，则显得漠然、茫然或措手不及。这究竟是什么原因呢？区别就在于有无“准备”。这里就涉及一个转制为企业后的出版社，如何以国内外的图书市场为导向，将其每一个图书选题打造成为一种优秀的创新型的图书品牌。任何一个出版社企业，如果要想有强劲的发展势头和成长后劲，当务之急就是必须实施品牌战略或精品战略。而要做到这一点，首先必须坚持图书选题的全面创新和优化。在激烈的图书出版业市场竞争中，说到底是品牌分割市场，在当今的图书市场上，15％的名牌图书分割了85％以上的市场销售份额，而85％的普通(非名牌)图书，却只占15％弱的市场销售份额。这一事实告诉(甚至警示)我们：在中国图书出版业市场经济发展到今天的条件下，所谓的竞争，说到底是图书选题和图书品牌创新的竞争，更准确地说，是品牌分割市场。

品牌图书是一个出版社赖以生存和发展的基础和命脉。图书选题创新和图书品牌创新更是一个出版社的特征、象征和标志。实施精品战略和选题创新战略两者是紧密联系在一起的。借此可以使正在转制或转制后的出版社和原先处于后进或弱势的出版社迅速摆脱困境和危机，从而进入良性发展的轨道。同样，它也可以使原先那些处于相对先进或强势的出版社更加如愿以偿，如虎添翼，从而获得更加快速的发展。一个没有选题创新意识的出版社，就不可能产生大批量的精品图书。而一个没有以大批量的(或相当数量的)精品图书作为其基础的出版社，很难想象它在国内国际图书市场的竞争大潮中能立于不败之地。同样，更难想象，一个没有品牌图书的出版社能在当今的市场竞争中取得良好的社会效益和经济效益。

当然，在出版工作的具体实践中，出版社很难(或者说根本就不可能)做到它所要出版的每本图书的选题都是全面创新的，但在出版者来说，应该有最大限度地提高每个图书选题创新含量并将其当做精品来打造的意识。我们所说的选题创新和图书精品，不光是内容好就行，或者说装帧精美、材质好就行。我们所说的选题创新和图书精品的关系，应该是指图书选题的创新程度与图书的形式、内容的高质量统一。毋庸讳言，在当今读者的消费观念中，一部图书如果光有好的内容而在材质、装帧等方面有所欠缺，那它一定会在不同程度上制约或削弱读者的欣赏和购买欲望。同样，一本拥有精致豪华装饰的图书，如果其内容空泛，或不能给人提供真正的知识，那它同样也不会有广阔的前景。当今的读者消费群体，其消费心理已日趋成熟，因为，他们已经很有鉴别力了。尤其是在当今图书品种空前增多，图书精品灿若繁星的情况下，读者自然要书比三家而择之。因此，作为出版人，我们一定要本着实事求是的原则和对读者高度负责的精神，老老实实地、实实在在地创新图书选题，打造图书精品，以此奉献给读者。而图书出版业的关键之关键就是图书选题的创新。对此，作为长期战斗在出版第一线的出版工作者，我们在今后的具体工作实践中务必要充分注意，万万不可轻视和大意。

从图书装帧的奢华谈起

关于图书的装帧设计历来是业内人士所关注和重视的重要话题。因为,图书的装帧质量直接关系到图书的质量和图书出版后的前途与命运。最近,学林出版社原老社长、我国资深出版家李景端先生就当前我国出版界(乃至更广阔的领域或范围)在图书装帧方面所存在的种种问题和弊端秉笔直书,直抒胸臆,坦陈了自己的意见和看法。李社长的观点不但鲜明简洁,而且很中肯。他就当前图书出版界在装帧问题上所存在的奢靡豪华化等种种不正常的现象及其生成根源作了实事求是的分析和揭示。在当前出版业整体改制进入实质性的攻坚阶段,李先生就图书装帧问题提出了专题性的论证和呼吁,我认为是很适时的,而且也体现了一位优秀出版工作者的良知和责任。搞好这方面的讨论,这对于提高我国广大的图书出版从业人员的思想认识和专业修养、专业素质,从而进一步搞好图书出版工作是大有裨益的。

的确,相当长一个时期以来,在我们图书出版业内存在着一种令人既感困惑又很值得深思的奇怪现象——装帧的盲目豪华或超豪华、不顾及内容的虚夸装帧设计、乱用插图、画不对题,更有甚者,为了谋取更多的商业利润,在图书的装帧和版面设计上大做文章:最大限度地缩小版心,同时又最大限度地加大字号,加大字与字之间的间距和行距。如果文字(或字数)不够,还有一招撒手锏就是用大量的精美插图来填补。在有些人看来,反正许多图画无须支付稿酬或版税,用这些图片,出版者既可以不付稿酬和版税,又无侵权之嫌,故而拿这些图片来充数乃最佳选择。前些日子,我在北京的某家大型书店里就看到有相当数量的图书涉嫌利用图书装帧做手脚欺骗读者消费者的事实和倾向。一本少儿读物,本来可以给儿童提供更多更全的图文并茂的知识和材料,但经过某些人的手,生产出来的儿童读物就完全变了味:不是开本过大,就是封面过厚,页数偏少,花里胡哨的外表背后,不但内容缺乏创新,有的甚至是些东拼西凑的剽窃或炒冷饭之作。在此,更值得一提的是,不知从什么时候开始,一些庄重严肃严谨的学术著作,也开始不但在封面和封底上披上了华丽多彩的外衣,而且在文字内容的某个部位被硬生生地插入了“媚美无限”的题图或画照。这样说,并不是指所有的学术类著作一定不允许有插图,恰恰相反,我们承认在某些情形下,即便是学术著作,适当加插一些图片等内容,对帮助读者理解原文是有好处的,但我们反对那种一味为了商业利益而刻意通过过分的或不适当的豪华装帧来抢读者眼球的诚信缺失或商业欺诈。

作为一个有良知的出版工作者，我们在任何时候和任何场合都必须明确和懂得自己身上的责任与使命。诚然，在市场经济条件下和出版业市场化运作程度日益强化的今天，出版者确实也面临着经济效益的问题，但是，作为人类知识和人类文明的传播者，除了经济利益的考量因素，我们还有比这更重要的考虑因素，那就是出版人的道德良知和社会责任。在这一方面，我们如何使自己做得坦坦荡荡，问心无愧。无疑，广大的读者和市场是我们工作以及作为我们工作衍生物——图书出版物——的最好评判者。我们应该对得起读者，对得起社会。我们奉献给读者的应该是美玉和明珠，而不是那些表面装帧精美豪华，实际内容平庸空泛、定价昂贵的假冒伪劣的糟粕或不实之作。我们应在整个出版业甚至更广大的范围内倡导一种优良的氛围和风气，这就是出版人的科学、理性、诚实、诚信以及良知和责任。我们期盼并坚信，经过我们全体出版人的共同努力，明天出版业的天空将会变得更加洁净更加晴朗。

图书定价的辩证法

出版社每出一本书，当它走向市场之前，都面临着一个定价的问题。图书定价，看来似乎是个简单的问题，其实不然。从一定意义上来说，图书定价的合理与否，不但关系到出版社、书商、读者之间的经济利益，甚至会直接影响一本书进入市场后的前途和命运。因此，出版社给图书作定价，并不是一个简单的成本核算和利润追求意义上的加减乘除问题，而是牵涉到对市场的综合价值判断，因此是一项颇为繁复的工作，其中充满着辩证法。

图书，既然作为一种商品，它的制作（或生产）过程，与其他商品（如皮鞋、服装、家具、食品、电器等）的制作（或生产）过程都是基本相似的。这里，我们试以皮鞋为例，将图书和皮鞋两者作一比较就可以知道，图书出版的情况与皮鞋生产的过程大致相同。首先，出版社要出版一本书，也要考虑到它的市场需求，即潜在的读者群体究竟有多少。有了这种市场需求之后，出版社就要据此来物色或制定选题。一旦选题确定后，就要请人编写。而当书稿完工后，出版社还要进行必要的编辑审订加工，然后，再经过录排、校对、印制等工序，最后成书，变成图书商品。皮鞋制成后，要通过商家（皮鞋批发商和皮鞋销售店）流通到消费者手中。同样，图书也要通过商家（图书批销商和书店）流通到读者手中。制造皮鞋需要皮革、橡胶、胶水、线等原材料。同样，印制图书也需要纸张、油墨、颜料等。我们之所以要将图书与皮鞋一类的商品作一市场经济学意义上的比较，就是旨在说明，在市场经济条件下的出版业如何以一种积极的心态来面对经过转型后的中国图书市场。其中，做好图书产品的定价工作是十分重要的。从某种意义上来说，做好图书定价工作，是我们能否在激烈的图书市场竞争中使自己立于不败之地的重要保证。记得在计划经济时代，作为意识形态和党的舆论阵地和舆论工具的出版社，普遍都是严格意义上的事业单位，它的运营没有纯商业化行为，它也无需有这种行为，上级也不允许它有这种行为。也正是在这样一种情况下，即出版社只需注重政治效益，不需要过多考虑经济效益的情况下，出版者往往是不太注重图书定价的。因为，图书定价的合理与否，关系到的是图书的市场销售，而在不以经济业绩论英雄的时代背景条件下，又有谁能真正从市场经济的立场出发来考虑图书定价呢？出现这种情形也是当时我国特定的具体国情所决定的。对此，我们今天的出版人也无可厚非。

然而，近些年来，随着我国社会主义市场经济体系的逐步建立和出版业改革开放向纵深发展，许多出版社已开始不同程度地走向市场。在图书定价问题上，也开始坚持“以市场为导向”的原则：第一，定价要基于图书生产过程中所需原材料的实际消耗（直接成本）；第二，要考虑每个具体出版社行政消费或行政开支的实际消耗；第三，要考虑每本图书首次的开印数量；第四，要考虑该图书的生命周期；第五，要考虑在生产制作过程中由于工作安排不当或由于主管人员缺乏经验而导致工价、生产原材料进价过高等原因，致使直接成本过高而有可能造成的定价偏高的后果；第六，要考虑高材质导致高价位后消费者的心理接受度；第七，要考虑到城市和乡村以及发达富裕地区与欠发达贫困地区综合平衡的接受度；第八，要考虑精品低价位的原则和薄利多销的原则；第九，要考虑社会效益和经济效益兼顾和统一的原则等等。很显然，在图书定价问题上，要考虑的方面还远不止这些。以上九个方面只是在图书定价问题上经常遇到并且也比较有典型意义的方面。其实，图书定价是一项综合判断工程。它的定价合理与否，直接关系到图书的市场生命力和出版社、作者乃至编者、译者和读者的经济利益。

综观我国出版社目前的图书定价情况，就总体水平而言还是好的，但我们又必须看到我国出版业在图书定价方面所存在的诸多问题，主要表现在以下几个方面：第一，定价的机械性。有的出版社，事先不作任何市场的调查和研究，也不管图书出版后是否卖得出去，对其实行一刀切的定价原则，如直接成本乘 3 或乘 4（不等）得出图书定价；第二，定价的随意性。有的出版社，仅由一两个人，甚至还不太懂成本核算的人拍拍脑袋，粗略估算后，得出定价结果；第三，定价的偏高性。有的出版社，由于主观赢利心切，故在图书定价问题上采取主客观相分裂的一厢情愿的做法，盲目地将图书定价一味定高。在我印象中，有这样一个出版社，出了一本某位高干子弟写其父亲生平事迹的书，全书 25 万字左右，内有若干幅黑白插图，纸张用的是 70 克双面胶版，封面和装帧十分一般，篇幅在 300 页左右，就是这样一本无论从材质到内容、装帧都十分普通的书，封底的定价栏里却赫然标着：58.00 元。将其印张一折算，平均每 1 印张的定价竟然要高达 7 元之多，不知这家出版社为何敢如此定价？

当然，对于图书定价合理性的评判目前还没有一个统一的标准，其实，也很难有一个统一的标准。因为，每个出版社的经营理念和管理手段都是不太一样的，故体现出来的效益优劣情况也是各不相同的，加之每个出版社对图书的评判原则、付酬标准以及对图书材质的选用情况也是各不相同的。从某种意义上来说，图书制造过程中所消耗的成本的高低在相当程度上对定价产生决定性的影响。而成本的高低又与每个出版社的具体管理状况有着密切的关系。我们平常所说的管理出效益，其实，在相当大的程度上就是指通过科学优良的管理，将图书产品的生产成本压下来。任何一个出版社，它所做的类似这方面的工作，如精简员工、原材料竞价招标、压低工价、各种考勤、职工的技能培训、加强信息化管理等，其实都是在直接或间接地做降低消耗、降低成本的工作。这些工作做好了，图书制作的成本降下来了，图书定价便自然可以相对降低，而图书定价降低了，它的市场竞争力自然就得到了增强。薄利多销是市场营销的一种基本策略，它同样适用于图书的生产和销售领域。事实上，在图书定价问题上，历来存在着不同的认识，有的人主张薄利多销，有的人主张宁可少销也要高定价，有的人主张精品高价位，有的人则主张精品低价位，有的人主张低定价高折扣，有的人主张高定价低折扣，更有甚者，则主张高定价高折扣，如此等等，均反映了在图书定价问题上的种种理念和做法。至于反映在上述图书定价问题上的理念和做法孰是孰非，我们无意妄断。然而，市场和广大读者是图书定价合理与否的最佳评判手，供求关系和价值规律是图书定价的公正无情的审判官。因此，作为出版人，我们一定要本着对读者高度负责和诚实无欺的精神，老老实实地、实实在在地打造精品，以此奉献给读者。不但如此，同时一定要低价位，而且是精品低价位。在这一方面，我们商务国际做了一些有益的尝试。我们的《汉英双解新华字典》就是迄今国内图书业中精品低价位的典范，全书 31.75 印张，定价只有 26 元，平均每个印张只有 0.82 元，而在材质方面，它用的是与《新华字典》完全一样的字典纸，连国内的许多印制专家对这样低的价位都难以置信，甚至惊叹，而我们却实实在在地做到了。继《汉英双解新华字典》精品低价位战略实施之后，我们最近又隆重推出了全彩版《小学生字典》和《学生英汉详解词典》两部精品辞书，前者 12.5 印张，定价 19.80 元，平均每印张约 1.58 元，后者 23 印张，定价 29.80 元，平均每印张 1.30 元。全彩的印制，其定价比一般的黑白印张还要低廉。当然，这样的低定价对于出版社来说，的确是很有风险的，但我们认为，风险和机遇始终是并存的，低定价会带来广泛意义上的销售，而广泛的销售也会在薄利的意义上为出版社赢得经济效益。这就是图书定价的辩证法。当然，在实施这种“精品低定价”策略的同时，我们也要做许多尽可能多的压缩成本等工作。要知道，压缩成本的工作是很艰辛的，其中自然也包括向管理要效益，如精简机构、开源节流、以成本的最低化追求利益的最大化等等。总之，如何做好图书的定价工作，乃是出版社参与图书市场竞争的重要环节。我们必须认真对待，万万不可掉以轻心。我们深信，只要积极进取，努力开拓，勇于创造或创新，我们的图书出版业定会愈来愈兴旺的。

关于“发行部”称谓的思考

每个出版社都有一个叫作“发行部”的部门，它的主要任务是将出版社已出版的图书，通过发行渠道播发出去。图书出版是这样，报纸杂志也是这样。然而，随着我国加入WTO和出版业改革力度的日益加大，出版业与其他许多行业一样，也面临着激烈的市场竞争。在这样一种情势下，原有出版社的“发行部”，在其体制上和称谓上是否应该与国内国际市场接轨，是否可以将现有出版社习惯称之为“发行部”的机构改制或改称为“市场部”或“市场营销部”。这是一个在新形势下很值得我们深入思考和探讨的问题。

几十年来，我国广大的出版工作者和亿万读者，在过去长期的计划经济体制下已经对“发行”这个概念有了一种固有的理解。它似乎是一种纯粹为了某种知识（或技能）的传播，或为了政治和意识形态领域的宣传服务的传播机构。包括报纸杂志社出版社在内的所有新闻出版机构，无一例外的都是事业单位，并且严格按照纯事业单位的体制模式和管理思维操作运营。其中，最为明显的特征是：它的机构是定员定编的，分配制度上实行单一的工资制，没有奖金分配制度，员工干好干坏一个样。人员配备方面（包括党和行政领导人乃至主要的业务骨干的配备）都由上级部门考察任命。出版社也不自负盈亏，因此，既不愁员工发不出工资，也不怕破产（或者说，根本不存在这个问题），即使有盈利，也是如数上缴。在这种情况下，出版社只需注重社会政治效益，无须过多考虑经济效益，它的图书发行确实是注重社会效益意义上的纯粹“发行”。正是在这样的背景条件下，将出版社的传播输送图书的方式称之为“发行”，将实施这种方式的机构称之为“发行部”是合理的和名副其实的。

然而，近些年来，随着我国社会主义市场经济体系的逐步建立和出版业改革开放迅速向纵深发展，许多出版社已开始不同程度地走向市场，并正在实现从由原先只注重单一的社会效益到既注重社会效益又注重经济效益的观念的历史性转变。随之而来的是出版社管理体制上也出现了相应的变革，相当大的数量的出版社已由原来的纯粹的事业单位改制成为事业单位企业管理。有的出版社已经干脆将社长、馆长负责制改为总经理负责制，这一称谓的改变标志着中国的出版业已向市场化迈进了坚实的一大步。同样，图书作为一种精神化的物质产品，也与其他千千万万的物化产品一样，按照市场原则和经济规律参与自由竞争。今天的图书市场已经离不开利润率、低成本、高回报、利润的最大化等营销学意义上的市场经济学概念。

图书营销的业绩好坏直接关系到出版社的兴衰成败。正是在这种意义上，我认为，出版社负责图书发送的部门或机构，与其说将它们称之为“发行部”，倒不如将其称之为“营销部”或“市场营销部”更为贴切和名副其实。

坚持出版创新　提升文化软实力

在当下中国出版业改革发展进入到关键性时刻，中国出版集团将“出版创新与文化软实力”作为2007年“香山论坛”的主题和集团当前和今后相当长一个时期工作的重心和主题，我认为是非常正确和明智的。因为，这样做本身不但代表集了团领导的智慧和眼光，更是体现了一种意识和观念上的前瞻性。

何谓“软实力”？在进行主题讨论之前，我们显然有必要将对这个概念的内涵和外延有一个大致的了解。大家知道，“软实力”是一个外来词，也是一个新概念。这个概念最初是由美国哈佛大学教授约瑟夫·奈提出来的。1990年，他分别在《政治学季刊》和《外交政策》杂志上发表的《变化中的世界力量的本质》和《软实力》等一系列论文中，以及在此基础上出版的《美国定能领导世界吗?》一书中，提出了“软实力”的重要概念。约瑟夫·奈指出：一个国家的综合国力既包括经济、科技、军事、实力等表现出来的“硬实力”，同时也包括以文化和意识形态吸引力体现出来的“软实力”。“……硬实力和软实力依然重要，但是在信息时代，软实力正变得比以往更突出。”中国的“软实力”概念的最先出现，据说是源自一位西方记者(据说是一位美国记者)在谈到“对中国最近取得的成功的尊崇和着迷以及它的影响力的自然增强”时所涉及的。我国著名学者，中国人民大学新闻学院教授喻国明在谈到国家实力时作过如是表述：“一个国家是存在着两种实力的，一种是硬实力，一种是软实力。硬实力通常是指国家的GDB、硬件设施等，而文化、制度、传媒等被称为软实力。”由此看来，尽管“软实力”概念最先是由一位西方学者所提出，但迄今却正在逐步为世界所认同和接受。参考约瑟夫·奈上述关于“软实力”概念的解释，我们可以将软实力归结为以下四个方面的影响力：(1) 文化影响力；(2) 意识形态影响力；(3) 制度影响力；(4) 外交影响力。而在四种影响力中，与我们出版关系最为密切的就是前两者(即文化影响力和意识形态影响力)。

改革开放将近有30个年头，我国的经济实力快速提升，从而也使我国的综合国力不断增强。中国作为大国在世界的崛起之势也日趋明显。正是随着中国经济实力的不断增强，中国的科技、文化等也出现了欣欣向荣的局面，其主要表现在文化和意识形态方面发展的空前活力、张力和亲和力。由于改革开放和经济的发展带动了中国与世界的接轨、交流与融合。在这个过程中(即伴随着经济发展的运营过程中)，我国的文化和意识形态也随之活跃和发展，向世界发散着它的影响力。其实，中国改革开放30年的过程，也就是中国国家软实力不断积累和成长发展的过程。一个国家要和平崛起，单靠硬实力还是不够的，它还必须要有软实力的发展和提升。因此，作为世界性的经济大国，我们在未来的发展过程中，还必须将建构和强化软实力放在重要的位置。

那么，我国的软实力主要有哪些方面？应该说，五千年的中华文化底蕴和中华民族的精神形态无疑是迄今我国软实力的重要组成部分。在构建和强化我国软实力的过程中，我们必须高度重视对传统文化资源的保护、开发和利用。换言之，要让传统文化发挥其独特的价值和作用。

由此可见，作为文化事业重要组成部分的中国出版业，它在我国的文化软实力中担当着举足轻重的重要角色。因为无论是文化的影响力还是意识形态的影响力等，都要通过新闻出版传媒得以体现。中国需要软实力，中国更需要软实力的快速提升。在这一方面，我们出版工作者义不容辞，责无旁贷。我们必须以出版创新来提高我们的文化软实力。记得温家宝总理在谈到如何构建和强化我国的软实力时曾说过这样的话："因为我们有自己的文化，源远流长的文化，这种文化的核心又是以和为贵，就是和的文化，当然我们还要和而不同，这种不同是互相补充，互相借鉴，而不是冲突的来源。"显而易见，随着世界经济的一体化，各国各民族之间也不可避免地在文化和意识形态等方面加速互相的交融与渗透。这种交融和渗透其实说到底是国与国、民族与民族之间软实力的一种竞争。人类社会发展的实践经验愈来愈清楚地证明在世界多极化和全球化的格局下，尤其是在和平发展年代，这种软实力在国际竞争中的作用愈来愈显著。我们知道，在非和平年代，国与国、民族与民族之间的矛盾或竞争往往体现在硬实力方面，如经济的力量和军事的力量。而在和平发展年代，软实力的作用日趋彰显。当然，这种软实力彰显的基础是硬实力。机遇则的确是对于有所准备的人而言的。就目前中国图书出版业市场的发展现状来说，它现正处在一个整体转型时期。在计划经济时代，具有纯事业单位性质的出版社习惯于在指令性的管理体制下策划图书选题和安排图书的出版和发行(那时几乎没有图书的市场营销概念)，因此，各出版社之间也不存在激烈的竞争，所以图书出版业的图书选题创新问题并不突出。而往往是按部就班，各家出版社的图书大多是黑纸白字，开本样式也大多为大32开或小32开，即使当时也有一些出版社在其图书开本、印制风格方面不落俗套，有所创新，也往往被视为"怪异"的少数派或标新立异者而备受冷落。甚至在转入市场经济运营体制后的相当一段时间，图书出版业虽然已开始逐渐发生变化，但仍在不同程度上自觉不自觉地受旧体制框架的束缚(或者说不能彻底摆脱其习惯势力的影响)。因此，直到今天，在出版社之间已开始出现明显的差别：凡是市场化意识强和在图书选题创新上做得好的出版社，由于其较好地遵循了出版规律，故在当今的图书出版业市场上就显得比较活跃和主动，反之，就显得比较呆滞和被动。但不管怎么说，在当今这种图书出版业市场条件下(即由计划经济向市场经济实现全面转型、出版社由事业转向企业的阶段)，对于正在转制为企业的出版社来说，至关重要的仍是图书出版物的选题是否具有较高的创新含量。在市场经济条件下，一个优秀的出版社企业，它要在汹涌激烈的图书出版业市场上站稳脚跟、迅速发展，必须要有好的创新型选题。这种创新型选题不是一个两个或十来个，我们明显地感觉到由于中国经济又快又好地飞速发展，从而导致我国软实力的快速发展和提升。就拿汉语言来说，迄今学习汉语已经成为世界性的潮流。世界各国都在高度重视汉语学习。改革开放以来，尤其是近些年来，孔子学院雨后春笋般地在世界各地涌现，其势锐不可当。由于中国经济的发展和市场的开放，要与中国政府和人民打交道，要与中国的企业做生意，不了解中国的语言和文化是不行的。正是在这种中国人走出国门和全世界人走进中国的良性互动中，中国和全世界人民都得到了好处。与此同时，我们的软实力也得到了快速的发展和提升。由于我们实行了改革开放，由于我们面向了世界，所以我们的经济得到了腾飞。同时，正是由于我们经济的腾飞，从而使自己更有走出去认识世界和宣传、弘扬自己民族优长之处的能力。正是由于中国软实力的增强，使世界各国政府和人民愈来愈多地了解中国，同时也使我们自己越来越多地了解世界。应该看到，在这种走出去和走进来的交流互动中，中国传统文化中的优秀东西，诸如以孔子为代表的儒家文化中的许多重要思想观点被国际社会所愈来愈广泛地认同与接受并被运用于许多国与国、民族与民族关系的处理中。由此可见，作为一种文化的软实力，有的是通过硬实力未必能解决的问题，通过软实力反而能解决。因此，正是基于这一点，海内外舆论普遍认为：随着中国的不断发展强大，作为软实力的中华文化的吸引力（或曰魅力）也正与日俱增。例如，中国在国际舞台上的话语权也正在增强，它对世界，尤其是对亚洲（包括日本、印度等大国在内的）事务的影响力明显增强。纵观当今世界，大小各国均越来越多地将其目光投向中国。对此，记得著名中国问题专家、美国威斯康星大学教授艾德华·费雷德曼曾不无感慨地如是说："中国的软实力改变了整个世界，尤其是亚洲。"这是国际友人对当今我国软实力地位提升的客观中肯的评价。

当然，我们的软实力较之某些西方发达国家的软实力还是有相当差距的。因此，在提升中国软实力的问题上，我们的出版业其实是有不少事情可做的。首先，在语言方面，我们面临着大量的工作要做。回顾近代世界历史的发展，我们不难看到，在世界各国的竞争发展中，语言的作用非同小可。英国通过其早期的工业革命，使其在生产力方面突飞猛进，科技和军事的发展使其有能力利用坚船利炮向外扩张，从而谋求国家硬实力的发展。同时，在这种扩张的背后，将一个国家的文化语言等向被扩张国家或民族输出或渗透，当今世界，英语已经成了不是世界语的世界语，这一点，似乎已经成为全世界的共识了。这种软实力地位的确立，离开了对早期英国产业革命和殖民统治的考察是很难说清楚的。继英国之后美国的崛起，美国综合国力的强大，其中仍然离不开作为大不列颠文化重要组成部分的语言——英语。试想，如果没有英语，无论是英国还是美国，能在当今世界舞台据有如此的强势么？从一定意义上说，正是这种语言文化的软实力优势在相当程度上促进了或有助于一个国家硬实力的提升与发展。因为，语言优势给一个国家或一个民族所带来的好处是不可估量的。

正是有鉴于此，我们国家现在也已经清醒地意识到这一点。党和政府新近提出包括出版业在内的"走出去"战略，就是旨在通过在世界范围内弘扬中华民族的优秀语言文化来扩大我国的国际影响力，即一方面是我们要认识世界，另一方面是要让世界了解我们。

而在这个互动过程中，语言交流是首当其冲的，第一位的。因为，语言乃是信息传播和信息交流的基础，也是衡量一个国家软实力强弱的重要指标。世界头号强国美国之所以能将他们的生活方式、意识形态和价值观远渗到全世界，除了得益于美国政治、经济、军事等因素的支持外，主要依靠的是语言的优势。从美国的这一经验中，我们完全应该有所总结，有所借鉴，为我所用。在中国经济继续蓬勃发展的今天，我们必须利用我们的出版优势，做好汉语和中华文化的普及和推广。党和政府的所谓实施“走出去”战略，其中中华文化和语言是很重要的一块，也是国家软实力的重要方面。而语言和文化之间又具有天然的血缘和不可分割性。当然，从形式逻辑的角度而言，语言和文化尽管是两个既有联系，又有区别的概念，但后者具有更大的广延性。人们通常所说的文化，一般是指人类在社会历史发展过程中所创造的物质财富和精神财富的总和，特指精神财富，如教育、科学、文艺等，而诸如宗教、民俗风习、生活方式、礼仪和饮食等也都属于文化的范畴。当然，各国各民族的文化之间都在不同程度上具有其相似性或相异性。因此，当一个国家或民族的文化对别的国家和民族产生影响或为其所认同或接受，那么，起码来说，这种文化上的接受和认同一般都建立在意识形态或价值观共鸣基础上的。这种共鸣其实是以国家或民族乃至人民间互相吸引和亲和为基础的。这种文化价值观的接受和认同其实就是一种精神的融合与吸纳。国与国、民族与民族之间这样的融合与吸纳程度越高，那么，国与国、民族与民族之间的友谊和亲善和谐程度也就愈高。因此和平发展的国际国内环境也就会更好，国家、民族或地区之间的纷争、冲突或战争的硝烟也就会有可能远离人类。这就是一个国家软实力强大的功用。

中国出版集团领导根据中央的战略部署和指示精神，适时举行这次“出版创新和文化软实力”的论坛，抓住了当前中国出版业发展的重点，我们一定在集团公司的正确领导下，将如何通过出版创新来搞好我国的文化建设，从而提高我们国家的软实力。我们一定要从出版社的机制创新、制度创新入手，搞好本单位的改革和制度建设。同时，要在新的机制平台上，重新制订选题战略，调整选题方案和选题思路，尽量做到让国产图书走出国门，走向世界。让世界各国通过我们的语言和我们的图书信息的有效传播来认识中国，了解中国。我们之所以要坚定不移地坚持这样做，其理由就是：只有当一个国家的文化和价值观在其他国家甚至在整个世界被广为流行或被认同、被接纳时，它的软实力才算是其综合国力的重要组成部分了。因此，我们今天举国出版业正在进行的改革与转制，目的就是为了一个，那就是抓时间，抢速度，三步并作两步走，快速进入冲锋阵地。总之，中国出版业的改革势在必行，时不我待，等待和观望是没有出路的。我们必须以创新的思维、创新的眼光、创新的手段和创新的要求投身到这场改革的洪流中去，真正通过有效的转制和改革做好出版业，从而使我国的文化软实力得以快速的发展和提升。

书业竞争呼唤诚实、理性与公平

在当前纷繁复杂的市场竞争态势下，究竟怎样用全新的思维来看待当前我国图书出版业市场竞争中所出现的种种困难和问题，怎样来共同维护和营造一个健康的图书出版业市场环境？这一直是近年来为我国广大业界人士所关注的问题。

中国的改革开放已经进入了第 27 个年头，中国的市场化建设正在逐步深化和发展。在中国出版业逐步走向市场化的今天，我们在获得许多荣誉和喜悦的同时，也面临着许多困惑与无奈。其中，在市场竞争活动过程中所出现的违规、失信和欺诈等现象，给我们的正常竞争带来了许多不安定的因素乃至危害。出现这些令人不安的现象当然是我们所不愿看到的。这些现象的背后其实就是一种不公平的竞争。这种不公平竞争的现象在我国图书出版业初始阶段就已露端倪，而随着市场化的日益深入，这种现象已开始呈愈演愈烈之势。作为我们每个具有良知的出版人，万万不可掉以轻心。因为，如果让这种消极的现象发展下去，必定会对我国的整个图书出版业的发展带来巨大的隐患。

我们知道，所谓市场，就意味着竞争，这是市场规律的本质属性使然。但是，任何竞争都应该是建立在诚信和公正、公平原则基础上的竞争。这种公平竞争的基础和前提就是竞争对手（或竞争伙伴）的守诺和诚信。图书市场的竞争与其他任何领域的竞争一样，都必须是建立在正当、规范、合理基础上的公平竞争。任何在竞争过程中的违背原则或规则的竞争，都是不良竞争或恶性竞争。这种不良竞争或恶性竞争不利于我国图书出版业市场的繁荣和发展，也不利于竞争主体及其事业的长远利益和发展。然而，这种不良竞争或恶性竞争产生的背景条件，都是与利益驱动有关。自从中国的图书出版业走向市场化之后，图书作为一种商品进入流通领域。从此，被商品化了的图书销路问题则从未受到过出版人（或图书商）像今天这样的关注和重视。在这种背景条件下，出版人（或图书商）开始利用宣传媒体等种种手段为自己的图书商品进行宣传促销。其中，广告是一种被人们用得最多最广泛的行之有效的促销手段。这种手段（即诚信的广告）用得合理、得当，确实给商家和消费者以及整个市场的繁荣带来巨大的利益和好处。它可以使广大的图书消费者买到称心如意（或价廉物美、物有所值）的图书商品。同时，也给图书商品的制造者或销售者带来可观的经济利益。反之，那些虚假的广告就是一种欺诈。这种欺诈的主要原因是为经济利益所驱动。他们通过夸大其词的大声叫卖兜售其名不副实的伪劣商品，蒙骗那些对其产品本质知之甚少的广大消费者群体。在巨大的经济利益的驱动下，为了追求高额的商业利润，有些图书制造者和销售商完全可以置事实于不顾。在前些时期有关辞书出版问题的大讨论中，众多的语言文字学者对当下图书（尤其是辞书）出版领域愈演愈烈的炒作现象都表示了严重的关切和深深的忧虑。大家普遍认为，图书作为一种特殊的精神文化产品，它事关一个国家、一个民族的文化积累。任何不负责任的炒作不仅会破坏正常的出版秩序，也会给一个民族的文化传播造成阻碍或损失。眼下，一些图书不是凭实实在在的内在品质走向市场，而是完全依靠炒作打造“品牌”，占领市场。这里就有一个不正当竞争的问题，图书市场的竞争应当是以建立竞争规则为前提条件的。这就是首先应当区分图书质量的优劣。如果说劣质图书可以通过夸大其词的炒作，依靠种种不正当的竞争手段即可成为精品化的名牌，从而可以在中国的图书市场上长驱直入，纵横驰骋，行销于世，那么，长此以往，其后果不仅会贻害读者，而且也必然会在我们的书业界形成一种华而不实、弄虚作假的浮躁恶劣的风气。

当下，在图书出版业市场竞争中，与炒作行为形影相随的是图书出版业领域中的那种越来越有恃无恐的剽窃（或抄袭）行为。如果任何人都可以把别人的原创作品或产品拿来改头换面再进行炒作，富有知识增量的原创作品或产品受不到人们足够的重视和保护，那么，我们的民族将无法继续保持其源源不断的创新动力。我很赞成在前一时期关于辞书出版问题的讨论过程中有学者所持的观点，这就是：如果我们这个社会允许侵犯原创图书作品的知识产权，那么，这样的后果不只是原创者的损失，而且也是国家文化建设、道德建设和良知建设的损失。因此，在不公平竞争普遍存在的今天，我们认为，政府这只“看得见的手”尚有大量的工作要做，其中包括尽快制定和完善图书业竞争政策，保护知识产权，实现可持续发展，创造公平竞争的良好市场环境，促进图书出版业经济的持续、稳定、健康发展。

“国际图书博览会”之我见

博览会这种方式，国际上都在办，已成为一种世界性的形式，书也一样。2001 年的北京国际图书博览会，这一届规模还可以，比上一届热烈，有气势。

商务印书馆的书一直是热点，品种也好。地方好多参展者以集团身份来参加，如上海、辽宁。“国家队”（指中央部委出版社）比较平静。“商务”的热点比较清楚。

博览会的指导思想是扩大影响，所以应又展又销。商务国际版的书卖得很好，码洋较高。为了读者，我们第一天就卖书，日平均销售额 6 000 多元，把摊位费都挣回来了。其中《汉英双解新华字典》和“心理透视丛书”卖得好，还有几本工具书。几个员工每天忙于应付读者，不能按时吃饭。

除《汉英双解新华字典》不打折（按定价卖已供不应求），别的书打了折。读者非常高兴。

关于展而不销。其实可以改变一种方式。展而不销吊人胃口，你不卖，人家又不能老在这儿等着。应该既展又销，展的最终目的是为了销。展而不销，等于与自己过不去，也跟读者过不去，与博览会的初衷不符。不要让我们的“上帝”太失望。《汉英双解新华字典》一个上午就卖了一百多本，既赢利又满足了读者需要，还了解图书信息，吸引观众参加下一届博览会。观众的积极性更高，对办博览会有益处。海内外的读者得不到书，削弱了他们观展的欲望。全国所有的出版社的参展欲望也会被削弱。出版社出书要有对象，展而不销违背了平时的做法。

国际书展大家都拿出自己的精品，相对来说，档次高，精品多，读者来看值得，是出版社扩大本版图书影响和销售的机会。如果人家问某本书在哪儿买的？你说是在国际图书博览会上买的，无形中为博览会贴了金。如果你不卖，读者拿了一大堆订单、招贴画回去，看也不想看。

我们商务印书馆国际公司有一种滚雪球的感觉。每天人山人海，就因为卖了书，有好书卖。所以我们感觉极好。销售本身是扩大图书影响的方式。出版本身就是通过图书来扩大影响的，关键要通过国际书展把书传播到读者群里。通过这个辐射看到其生命力，从量上推断出某种书在国内的生命力如何。这也是一个社会调查，博览会就是一个社会调查的窗口。

看了一些展厅，感觉比较平淡，没什么热点的书。有的展位乏善可陈，纯粹展示自我，空荡荡的，没什么像样的书，没什么好选题，很可惜。

人文世情抒锐意

——随感篇

中华民族的人文之谜

——“古崖居”随想

早就听人说过，北京西北郊有一处叫“古崖居"的地方，被人们称为“中华第一迷宫”。最近利用节假日邀几位同学朋友专程来到这个神秘之地——古崖居，实地考察，我不得不为我们先民的“生路历程”由衷赞叹，感慨万千。

古崖居位处京郊延庆县(现已改为区)西北部山区一条幽长深邃的峡谷中，是由一支迄今尚未发现有任何确切史料记载的古代先民在陡峭的岩壁上开凿出来的岩居洞穴。任何一位参观者，只要他一踏上那里的土地，就定会为它的险要地形叫绝，同时又为它的非凡气势所震撼。所谓的“古崖居”，其实就是一片区域，或者说是一片先民们占山为王的“领地”。它由若干个小区组成。整个古崖居区域共有岩居洞穴117个。这也是迄今在我国境内发现的规模最大的古崖居遗址。这117个岩居洞穴错落有致地分别散布于峡谷三面直立陡峭的岩壁上。从其表面略显粗糙的形状看，该崖居风雨剥蚀、历经沧桑，已有相当久远的年代了。至于说到古崖居开凿的确切年代，由于迄今缺乏可靠的史料记载，故史学界和考古学界的学者也众说不一，他们只能根据一些零星的民间传说和野史作种种推测。例如有的史学家和考古学家认为，该古崖居诞生于距今七百多年前的元代，有的则认为它应该是在魏或唐、辽时期。除了年代是一个谜之外，还有许多谜团有待于我们今天的人们去考证和开启，如到这里来的都是些什么人？是流寇？是叛兵？是盗匪？还是当年的一个少数民族部落群体？抑或是一支难民队伍来到这里生根立足、安营扎寨，定居了下来？抑或是哪个朝代的一位兵变未遂的将领带领其部下和家眷逃亡于此，落脚谋生？他们为何而来？来了又为何不走？他们是百姓，为了躲避战乱而到此？他们是战士，为了成边保国而到此？一切的一切任由到此一游的人们去遐思，去想象。

这片坐落于北京西北远郊的古崖居，不但它所处的地理位置非常奇特险峻，而且各岩居洞穴的具体布局也很合理。这些用巨大的人工开凿出来的用作住人的石室大小规格不等，大的一般有二十多平方米，最小的只有三四平方米。他们有的是正方形，有的是长方形，其中有单间，也有套间。有几个房间，它们之间彼此是相通的。也有套间与套间之间互相平行的，甚至还有上下层相通的住房结构和两居室结构。更有甚者，我们看到其中有一石穴，内有上下两层，并有楼梯设施，上下走动非常方便。此外，还设有耳房，廊柱历历。从这些开间不等、面积不等、层次不等、高矮不等、走向不同的石室内部构造看，它们也各有特色。除了为取暖用的火炕外，有的石室内设有马槽，而且各家各户的马槽都建造得颇为讲究，且马厩一般都与人的居室紧紧挨着，似乎是为了方便主人日夜照看马匹。由此看来，在这里居住的先民们是很看重和爱护马匹的，因为，在这样一种情况下，像马这样一种牲口，对于他们的生活来说无疑是至关重要的。他们要用它来耕作，用它来碾米磨面，用它来驮运东西，用它来助人出行，甚至用它来传送信息、征讨敌人，等等。在那样一种艰难困苦的环境条件下，谁家如果没有马，或者马被人盗走，那简直就是雪上加霜的大不幸。由此看来，古崖居的先民们如此钟爱和呵护马匹，以至于不惜人马同居就完全不难理解了。除了从古崖居先民们对马匹（推而广之，当然也还有可能对除了马以外的别的牲口，如驴、骡之类）的关怀中我们生发出了上述的诸多思考、推测外，从石屋的内在结构中，我们似乎也能窥测到他们的生活方式和卓越的智慧：古崖居的每个石屋内门、窗、炕、灶、壁橱、烟道，甚至于像日常用的点油灯所置放的位子等也都一应俱全，其造型和位置的布局、大小比例等都显得十分自然和谐。用今天美学专家们的专用术语来说，他们且圆则圆，且方则方，中规中矩。由此可见，这里的先民们的审美意识水平已经达到了相当的高度。在他们的石屋建造中，他们已经很懂得如何使用黄金分割率了。他们居住的卧室，一般都朝西向阳，卧室中的石炕也建造得很巧，巧就巧在石炕紧挨做饭用的炉灶，炉膛后端直接与整个石炕的暖气通道相连接。通道呈弯弯曲曲的S形。不难想象，这种炕的取暖效果是不会差的，更何况这里的先民们守着山林，不愁没柴烧。北国山岭的隆冬季节，严寒不会给他们构成多大的威胁。我们今天这些衣着无忧的现代人，不妨做这样一种想象：在寒冬来临之前，这里的先民们早已秋收冬藏，颗粒归仓，为过冬做好了一切足够的准备。所以，即便是在“高天滚滚寒流急，大地微微暖气吹”的千里冰封的三九严冬之际，在北国山野，他们也照样可以全家老少安坐在暖洋洋的火炕上，透过自家挖凿的石框架构的窗户，欣赏户外山间松林怒涛或白絮纷飞的寒冬美景。这也许就是先民自有先民的情趣，先民自有先民的快乐的原因所在吧！作为现代人，我竟不免要为自己推测、想象中的先民的生活方式油然生出几分赞叹，几分妒羡。想想我们这些在大城市、特大城市中居住得太久的人们，终年喧嚣不息的闹市红尘使我们神情疲惫、烦厌丛生，渴望超脱，但又欲罢不能。正是在这个意义上说，我们活得还不如古崖居的先民们潇洒自然，我们的生活有些可怜和可悲。也正因如此，对国人一旦遇到诸如五一、国庆这样的长假就乐此不疲地组织家人好友，倾巢出动，甚至不惜财力物力远足旅游，去海边、去湖滨、去丛林、去山野的举动，我就有了更多的理解。是啊，我们这些现代人从一生下来就住在由钢筋水泥浇铸而就的鸟笼子似的居室里，我们的生活水平就未必比古代的先民们高出多少。我们不是老念念不忘要返璞归真、回归自然吗？古崖居先民们这种最能体现人类原汁原味的纯自然生活方式也许正是我们现代人孜孜不倦地去追求的一种理想。从这个意义上来说，这一不可多得的古代生活的真传版本，真不愧是先民们留给今人的一部既物化又生动的宝贵文化遗产。正是通过这样一种物化形态的人文景观，我们可以窥视到先民们那种大气磅礴的精神天地、意志品质以及他们与人、与自然英勇抗争的大无畏精神。我想，坐落于北京西北远郊的这座古崖居，它的历史文化价值的含量是很高的。我们权且可把它看做是一座古城堡或者是某个古代少数民族的部落群遗址或者是因战乱、饥荒、水患、瘟疫之类的天灾人祸所致的不可抗原因而逃离故土的难民的聚居点，甚至也不排除是某支亡命的叛军为了躲避朝廷的追捕杀戮而逃奔于此的落脚处……这一切都因为迄今没有足资佐证的史志记载而任由现代人去自由想象，并经由想象引起更多的思考与反省……

综上所述，我们之所以说北京西北远郊的这座古崖居具有很高的历史人文价值，就是因为它的产生和形成与人的生存，尤其与人的政治生存有着致密的关系。我们就以上的假设而言，这些先民无论他们来自何方，也不管他们是什么人，这些现在看来都已不重要，重要的是这些先民们通过古崖居这部“杰作”，给我们后人留下了太多的谜题和思考空间，尤其是社会学、政治学、经济学、历史学、考古学、宗教学、民族学和民俗学等范畴方面的问题。例如，凡是前往观瞻的人，都不会不注意到那里的住房的开间大小、地理位置、朝向等，这些构造似乎都隐隐约约体现着在这个流亡部落中所存在着的某种等级制，特别是在一处叫“奚王府”（俗称“官堂子”）的崖居景点，这种情形似乎体现得更为明显。首先，从它所处的地理位置看，这里不失为一块上好的风水宝地：整个宅基地正面朝西，正午以后，居室受阳面极其充分。此外，南北两侧分别凿有两堵挡避风雨的扇形墙，既很对称，又显得十分和谐美观。综观整个古崖居部落区，“奚王府”的岩居洞穴是其最杰出的代表。该堂凿建精巧，布局合理，上下两层相互贯通，原宽敞的大殿内，六根雕凿精细的石柱直撑洞顶，中间设有宽大的石案，一层大殿的两侧凿建有两个小居室。据说这里是专供首脑集会和祭祀神灵的地方。其祭坛造型别致，设计精巧，由此可见，尽管古崖居的先民们流亡落魄到如此境地，但他们的等级制观念没有变，他们的宗教信仰没有变，他们追求生活质量的信条没有变，他们的社群交往的习惯没有变，他们的互助合作精神没有变，还有，他们的谨防外敌攻袭的警惕性和集体防范意识也没有变——这一点，我们可以从进入山寨时所设的道道山门哨所略窥一斑。

离开京郊宁静、清幽、恬淡的先民岩居——古崖居，重又回到喧嚣不息的京城闹市，我的心绪为古崖居的景致和遗韵所萦绕，久久不能平静。我总在想，古崖居先民们是怎样欢度他们的除夕之夜的？怎样在“奚王府”的袖珍广场上张灯结彩、狮跃龙舞的？他们是如何进行婚丧嫁娶、祭祀神灵的？他们怎样众志成城保寨卫家？他们是以狩猎为生还是以农耕为生？他们怎样生儿育女、繁衍生息？怎样治理内政以防外患？他们与外界有何联系？怎样联系？他们如何走出山寨？靠什么样的交通工具？靠马、驴、骡子？抑或兼而有之？他们走出山寨有多远？他们的驻地对于周边的山民（假设附近有山民的话）保密吗？他们与其住地附近的山民之间是一种什么样的关系？他们何时离开这块故土，重赴他乡，从而使这里沦为一片“人去楼空”的废墟？他们去向哪里？他们的子孙后代现今都流布何方？……太多太多的谜题留给我们，致使我们这些自认为聪明绝顶、无所不知、无所不晓的高智商的现代人在如此纷纭复杂的诸多谜题面前显得力不从心，自惭形秽。的确，要想解开这些千古之谜实在是一件艰难而又复杂的工程。既然这样，权且让我们对已有的考古学家认为的“这里就是唐、辽间奚族人聚居的部落岩寨”这样一种不确切的考证、推断信以为真吧，而此时面对这“奚人已乘黄鹤去，此地空余古崖居”的历史遗景，我们还能感叹什么呢？我愿用这样几句话来作为本文的结束语：

古崖居先民——这是一个被历史遗忘的民族，这是一个淹没了生活足迹的民族，这是一个魂系四方的民族……京城西北郊的延庆古崖居，一个巨大而又深邃的中华民族人文之谜，待您去光顾，待您去品评，待您去诠释，带您去破译。

岁月与情感

——贺年卡感怀

和许多人一样，每到岁末年初，我总是陆陆续续地收到许多来自全国各地和国外的一些亲朋好友、同行伙伴的新年贺卡。每当我收到这些图案考究、印制精美的贺年卡，心头总是感到无限的欣喜。真可谓贺卡年年收，年年都有无限的感慨涌心头。可别小看了一张小小的贺年卡，它是人与人之间感情抒发和交流的重要载体。它在我们的生活（尤其是人类情感交流的生活）中起着重要的作用。

一张贺卡往往蕴涵着以下几种基本表意，即它的第一表意是：寄卡人在远方还记得我；第二表意是：他对我怀着好感和友情；第三表意是：他在思念着我；第四表意是：他愿意继续发展这种友谊和感情。应该说，上述这四种表意是一张贺年卡的基本表意，除此之外，它还表达寄卡人对亲友的尊敬、爱戴、忠诚、信任、器重、亲善、眷恋、慰藉、报答、感激、感谢或感恩等情感。正是因为一张小小的贺卡中蕴涵着如此广博而又深刻的情感内涵，故而，它尤为当今的现代人所青睐。的确，忙忙碌碌了一年的人们，不管他们是些什么人，不管他们是工人、农民、军人，还是干部、学者、从商者，或者他们是业已离退休的老干部，或者他们是些校园中的莘莘学子，或许他们是些终年离乡背井的外出打工者，甚至或许还有远在海外求学和谋生的游子……每逢佳节倍思亲，尤其是到了元旦春节这样的大节，对于中国人来说，更是思亲之情倍增。这时，亲朋好友即使因种种主客观条件的限制而不能聚会，但他们可以通过这张贺卡向远方的亲友聊表思念和祝贺之情。寄卡人的这种一片深情，收卡人定然是心领神会，欣喜不已的，真可谓新禧年年贺，贺卡年年受，岁月年年不相同，真情年年总相似。人一生活着，还不就是讲究一个"情"字嘛。我们日常所谓的"人情"，其实就是指的那种友情、亲情、爱情、恋情、柔情、关爱之情、战斗友情、夫妻之情、父子之情、母女之情、父女之情、母子之情、老乡之情、爱国恋家之情、兄弟姊妹的同胞骨肉之情等等。当然，上述这些情感范畴仅仅是人情范畴中正面的积极的一面。既然有正面的积极的一面，它自然也有其反面的消极的一面，例如，我们平常所说的愤怒之情、仇恨之情、嫉妒之情、冷漠之情等。除此之外，还有一些比较中性的人情，例如忧伤之情、焦虑之情、企盼或期待之情等等。总之，人类的情感领域是一个极其丰富多彩的精神世界。这种世界也只能为有血有肉有灵魂和有思维灵性的人所独有。有的高等动物，尽管它也具有情感、记忆和简单的思维，但它们的思维能力的低级化等先天条件决定了它们缺乏理性和高等情感。当然，就动物而言，我们对之也不能作一刀切的结论。动物之间的情感区别也是颇大的，有的甚至是悬殊的。我们知道，人是情感动物，而且具有群居性特征。一个普通的人，当他人为地被隔离后，他首先的渴望是与人相处，与人说话，与人交流。对于人来说，独面四壁和孤立无助是一件很令其难以忍受的事。记得国外有位学者曾经说过这样一句话：对人的最大惩罚莫过于让其与世隔绝，永远不要让他与世交流和对话。为什么？就是因为人的天性和本能就是渴望合群或群居，渴望交流。人类的情况是这样，同样，动物中也有类似的情形（当然不是全部）。我们看到，那些具有温和性或温良性的动物，一般来说，它们普遍具有合群性或群居性。这类动物中的兽类，有如马、牛、羊、鹿、猪、猴、兔等，禽类中有如鸡、鸭、鸽、鹤、燕、雁、雀等。上述这些动物，不管它们是禽类还是兽类，似乎都有一个共同的特点，那就是它们都具有温和性或温良性，但这种温和性或温良性不是为所有的动物所具备，例如，兽类中的虎豹，禽类中的鹰鹫等就不具备上述温良性，故这些动物在其日常生存生活中几乎是不太喜欢合群的。因此，谁若不信，可以据实考察，现实生活中，一群虎生活在一起，或一群鹰生活在一起的情形是不太多见的。人们可以在各种中外语言词典中找到诸如“羊群”“马群”“牛群”“鸡鸭成群”等词语，但人们却很难找到诸如“虎群”“狗群”或“鹰群”这样一类词语。很显然，动物是否具有群居的性质或倾向，很大程度上取决于动物的种类及其凶猛或温和的自然本质属性或天性。正是因为由这种本质属性使然，故群居性的动物让其不群居很难，同样，非群居性的动物要想让它群居也很难。作为有思维灵性的动物——人类来说，我们的主体本质属性是倾向于合群的，或曰社群性的。这个高级的思维群体，它不仅具有灵感，而且更富具情感。正是基于这种情感，由此可能生成出对同类伙伴的好感或渴望，从而也有可能由此衍生出欲与同伴同行、同工、同食、同住、同作、同息。由此再往其深度发，随之而生的就是愿与同类伙伴同苦同乐，同悲同喜等。这时候，人类已经区别并超越于动物的那种简单的原始的集群境界而进入一种全新的境界——友谊或友情的境界。从某种意义上来说，人的一生是靠友谊和情感来支撑和生活的。换言之，一个没有由友谊和情感来支撑的人生是谈不上有幸福感的，是不可思议的。在我看来，就人的本性而言，人与生俱来就有渴望得到同伴、亲友或周围人的关怀和喜爱，得到他们的尊重、重视、呵护、同情、赞誉、欣赏、惦念、思恋、支持、帮助等的心理倾向。这些心理倾向都是构成人类情感和友谊的至关重要的因素。试想，一个每年在岁末新春常常能如期收受到许多寄自祖国或世界各地亲友贺年卡的人，他（或她）的内心一定是非常幸福、愉悦和充实的。反之，如果他哪年因某种原因而很少甚至连一张贺卡都收受不到的时候，他的心境一定是凄哀怆然的，其内心一定会觉得有某种失落感。我想，这是一种人之常情。如果没有这种感觉，反而倒是一种不正常。因此，正是在这个意义上我们说，贺年卡，实在是人类（尤其是现当代人类）友谊和温情的象征。就拿一张具体的贺年卡来说，人们之所以对它如此青睐和厚爱，就是因为它是人与人之间友谊的使者，情感的桥梁，亲昵的表达，忠诚的明示。总之，它是具体的人与人之间良好关系的真实记录。如果收卡人将它保存下来，在过了若干年后再来重新阅读和审视它，无疑会从中读到人生的经历，体会到某种人文的沧桑和历史感。这也许就是贺年卡本身所具有的价值、魅力和底蕴吧。愿贺年卡年年岁岁，岁岁年年与人类的友谊、真情和幸福相随相伴，直到永远！

牵挂是福

母亲走了，而且是永远地走了，任我这个“少小离家”的儿子怎么呼唤，她都听不见了。今生若要再见到母亲，只能在梦中的天堂。母亲走后，一种难以名状的冷寂和失落感袭上我的心头。我才真切地意识到父母双亲健康地活着，这对于我们做儿女的是多么的重要，才真正懂得了人世间“牵挂”二字的含义。

母亲是什么？母亲就是家，母亲就是令我魂牵梦绕的天堂和故乡。对于我们这些游子，母亲走到哪儿，家就在哪儿。一句话，母亲就意味着“牵挂”。人活着，拥有牵挂真好。对于任何一个活着的或往生的人来说，无论是牵挂或被牵挂，都是一件幸事。母亲健在的时候，我虽然也时常惦念着她，但我从来没有像今天这样去细细品味和领悟这牵挂的含义，也从来没有像今天这样对她的刻骨思念。如今母亲走了，在我心灵深处留下的只是她生前那慈爱的音容笑貌。我和母亲生活在一起的时间其实并不长。17 岁那年，我应征入伍，此后，就走上了“好儿女志在四方”的人生旅程。然而，不管走到哪里，最为我“壮行千里”而牵挂的是母亲。作为儿女，从呱呱坠地到长大成人，无时无刻都伴随着父母的呵护、期待和牵挂。同样，儿女对自己的父母也怀有血缘的依恋和牵挂。牵挂应该是彼此的，双向互动的。牵挂也并不仅仅局限于父母和儿女之间，除此之外，还有同胞之间、情侣之间、亲友之间、同事之间、邻里之间、同学之间、师生之间、合作伙伴之间、领导和下属之间等的牵挂。牵挂来自什么？牵挂又源自什么？牵挂来自关爱，牵挂源自思念。牵挂是人类特有的真善美范畴高尚的精神活动。诚然，牵挂多了，不免使人精神疲惫、心力交瘁，然而，当人们一旦失去了那些往日的牵挂，则会变得更加孤寂和落寞。牵挂，意味着责任；牵挂，意味着希望，意味着生活的充实，意味着心灵的慰藉和精神上的满足，更意味着生活的幸福。无论是什么样的牵挂，都离不开一个“情”字。不管是父母对于子女的牵挂，还是子女对于父母的思念；不管是丈夫对于妻子的牵挂，还是妻子对于丈夫的依恋；不管是骨肉同胞之间的亲情之爱，还是乡亲好友之间的真诚惦记；不管是尊长对晚辈的钟爱，还是晚辈对于尊长的敬仰；推而广之，还有那种同学之间，邻里之间，同事之间，合作伙伴之间的牵挂，等等。一句话，凡是有人群的地方，都会产生交情、友情、亲情和爱情。因为，人是一种情感动物，加之他有其独特的思维灵性，所以，哪里有人类，哪里就有情感，哪里有情感，哪里就有思念和牵挂。因此，正是在这个意义上，我们说，没有情感的人类是根本不存在的，同样，没有牵挂的人类就更不可思议。由此可见，人类在其自身的交流活动中产生情感，情感衍生牵挂。在这个世界上,人类任何形式的牵挂都是建立在情感基础上的。因此,没有以情感为基础的牵挂同样也是令人不可思议的。不妨,我们将自己的视野转向现实的社会生活:戍边儿女的一封家书;海外游子的一份急电;家中父母的一个邮包;逢年过节,亲朋好友寄发的精美贺卡或短信;雏子要远行,临行前,父母的千叮咛,万嘱托;丈夫要登程,妻子的远送和不舍;每当年关将至,无论是在城市或乡村,那些行色匆匆的“风雪夜归人”,他们的内心又何尝不揣着对亲人好友的牵挂。“回来吧,浪迹天涯的游子!”这动人心魄的故乡呼唤,竟令多少远离故土的游子为之动容,从而更加驱使他们急急匆匆,不管远隔千山万水,昼夜兼程,加快回归故乡的脚步。“妈妈呀妈妈,孩子我想您!”——这是一曲由游子的思亲情怀而发出的衷情呼唤。在中华民族这个百善孝为先的国度,作为儿女,每逢佳节,最大的心愿就是能回家看看正在故乡望眼欲穿、苦苦期盼远方儿女早日回归的衰老的爹娘。父母,乃天下儿女牵挂的永恒主题。这一主题蕴涵着父母对子女的养育之恩和子女对父母的血缘亲情,任何人都有父母儿女,任何人都有亲友故交,因此,任何人都有其情感的依恋和由此而生的心灵牵挂。愿天下的有情人不但牵挂别人,同样也被别人所牵挂。请问朋友:幸福在哪里?幸福难道不在“牵挂”吗?!

忆母亲

母亲走了，享年82岁。母亲走的时候，正值天气阴晴交替，虽说已是中秋时节，但江南平原的上空，风雨乍起，并随之伴有一声惊雷巨响。据说，这是吉祥之兆：母亲升天了。尽管我是一个无神论者，但出于对母亲的爱戴和怀念，内心深处还真希望她能升入天堂，因为，我宁愿相信有来世。这样，她可以继续做我的母亲，我也可以继续当她的儿子。

我的母亲，一生平凡，既没有跌宕起伏的人生经历，也没有建立轰轰烈烈的伟业。她和天底下所有的母亲一样，慈爱、温柔、勤劳、善良、正义和坚韧，似乎天下女性所具有的美德和天性，在她身上都有体现。在我的记忆中，母亲年轻时候，很美，也很有气质。尽管到了晚年，病魔缠身，白发苍苍，但母亲依然韵致犹存。我们家的亲友和周围的街坊邻居后来缅怀起母亲时，对这点也总是慨叹不已。我们作子女的也总是为自己拥有这样一位母亲而倍感骄傲。

其实，我和母亲生活在一起的时间并不长。记得17岁那年，我应征入伍，从此走上了独立生活的军旅生涯。我年轻的时候，独立意识较强，总想远离父母，摆脱父母，寻找一片完全属于自己的自由天空。"少年壮志不言愁"的我，哪知"儿行千里母担忧"的惆怅和牵挂。在服役两年后的一天，我因故回家，当时那种归心似箭的心情真是无法形容。回家的路上，我简直就像一个孩子，载欣载奔，恨不得一步就跨入家门，第一个想见的人，就是母亲。回到家后，最为我的回归而高兴的也是母亲。母子两年多不见，我生平第一次看到了爬在母亲额头上的白发，此时此刻，作为游子，我的心为之一阵紧缩。因为，在我的心目中，母亲永远美丽年轻，似乎是不会老的。可以想象，就在我离家后的这七百多个日日夜夜里，母亲是怎样日夜思念儿子，在苦苦期盼中度过每一天。后来，我从兄弟姐妹那里知道，自我参军走后，母亲几乎时时刻刻都在想我。尤其是每当看到我那件挂在家中以前常穿的中式棉袄，就会勾起她对远方儿子的深深思念，并常常一人暗自落泪。我很理解在我走后母亲的那种思儿之情，同时，我也终于从兄弟姐妹们众口一词中，找到了我走后这两年多来母亲迅速变得如此消瘦憔悴的原因。

大概当过兵的人都知道，部队的生活都是整齐划一、步调一致，连穿衣戴帽也都有一定之规。而且，十七八岁的小伙子，火气旺，一般也都冻不着，但作为母亲，她可就不这样想。在她看来，儿子去当兵，就是去吃苦受累的。因此，她唯恐自己的儿子在外面被饿着、冻着。记得就在我入伍第一年的深秋季节，我刚从训练营回来，突然接到家里寄来的一个包裹，打开一看，里面有毛衣、毛裤和毛背心等御寒用品。当时接到这些东西，心里真是十分感动，我流泪了。我觉得，在这个世界上，还有谁能为我如此牵挂，如此操劳。其实，部队配发给每个战士的冬衣足够穿戴和御寒，但母亲却唯恐远离自己的儿子会在外面挨饿受冻。后来我才知道，寄给我的这些毛衣毛裤是母亲和我那怀孕在家的二姐一起突击织出来的。每当想起这些经历和亲情，我的内心总是充满着幸福和慰藉。我总觉得“世上只有妈妈好”这句普通得再不能普通的歌词，却唱出了全人类儿女对母亲的由衷爱戴、赞美、崇敬和呼唤！在我看来，这是人类儿女对天下母爱的讴歌和绝唱！母爱是人类最崇高、最圣洁的爱，也是最值得珍视和珍惜的人类至爱。为了儿女，天下的母亲们可以历尽千辛万苦而无怨无悔；为了儿女，母亲们可以鞠躬尽瘁、赴汤蹈火，甚至不惜生命的代价。古今中外，由这种伟大的母爱衍生出来的可歌可泣的动人故事难道还少吗?！母亲之所以伟大，之所以如此受人敬仰，就是因为在母亲身上洋溢着神圣博大的慈善和母爱。母爱乃是母亲品格的内涵和精髓。母爱既是一种天性，同时又是一种品格。母爱既是一种伦理的力量，同时又是一种崇高使然。母爱是绝对的、无私的和无条件的，更是非功利的。正是母爱的这种无私性决定了母爱的本质，即它的伟大和神圣。

我的母亲，一生富具爱心和同情心。在我的印象中，她是一位看不得别人受苦的人。看到别人遭遇不幸，她会为之难过不安，甚至伤心落泪。平时，她也不敢看街坊邻居宰杀鸡鸭。生性的善良使她时时处处善解人意，体恤别人。在力所能及的情况下，母亲总想尽其所能为人排忧解难。每当看到街上那些乞讨的人，母亲总是有求必应，不忍心让他们失望而归。在母亲看来，给他喝口水，给他一碗饭，给他一些钱，这对平常人家来说是件不难做到的事，但对于生存处于困厄状态的乞讨者来说，却是雪中送炭。她常对我们说：“人人要面，树树要皮，人到了这种地步，不是故意的，总是有他的难处和不幸，我们能帮多少帮多少。”与人为善，但行好事，莫问前程是母亲的人生信条，尤其是当她看到那些无儿无女、缺乏人照顾的孤寡老人，总是流露出对他们的深切关怀和同情。记得有一次探亲回家，我陪她去我们家附近的菜场买菜，就在买菜回来的路上，遇到一位年迈体弱的驼背老奶奶顶着凛冽的寒风蹲在马路边的地上卖菜。这情景让母亲顿生恻隐之心，走上前去询寒问暖，并随即买了她的一些菜，正当我们提着菜想要回家时，母亲又回过头来，向路过老奶奶菜摊的人推介菜的质量不错，希望大家帮助给买一些。嗨，真没想到，经母亲的这一推介，大约不到一刻钟光景，老奶奶的这些菜全被人们买走了。当我和母亲看着这位老人高兴地边走边数着她手中那有限的零星毛票渐行渐远时，已近黄昏。母亲望着这位远去老人的背影，自言自语道：“这位老人不知有没有儿女，她的生活真是够困难的，以后还有谁帮她?”言语间，不难看出，母亲对这位老人的生活处境寄予了深切的同情和不安，并也流露出几分隐忧与无奈。

母亲不但善良，而且颇具理性和智慧。母亲从小没有念多少书，据说，幼年的她，聪明伶俐，念了不到一个月的小学就展示出博闻强记、善于学习的天赋。但是，我的太奶(她的祖母)认为，女子无才便是德，女孩子家书念多了也没有用，还不是迟早要嫁出去，在祖母的强烈反对声中母亲辍学了。说到这一点，母亲一直对她的“祖上”耿耿于怀，大有记恨一辈子的怨尤。母亲常常跟我们说,她要是早年继续受教育,一定也能干成一番事业。对此,我们深信不疑。这一点,我们可以从母亲的言谈举止、待人接物窥其一斑。母亲的思维条理清晰,讲起话来表达精准,做起事来井井有条。在我们的印象中,我的母亲胆大心细,这与父亲的谨言慎行有明显的差异,也正是这种差异形成了父母性格的互补性。我的母亲和父亲,作为风雨同舟、相濡以沫的夫妻,在我的印象中,彼此之间好像没有任何龃龉、争执。这一点,在我看来是很不容易的。我想,在生活中,家家户户都会遇到一些困难和矛盾。因此,我的家庭也是一样,母亲与父亲在抚养、哺育我们成长的过程中,也一定会遇到不少的困难和矛盾。在解决和克服这些困难和矛盾的过程中,必然会因思想观点和方式方法上的差异发生分歧,但父母即使有这些分歧或矛盾的,却从来不在我们孩子面前有所表露。话是这么说,我们与父母毕竟生活在同一个屋檐下,即便父母再怎么注意,也难免有被我们这些子女(小不点儿)"洞悉"的时候。记得有一次,那时我正在上小学三年级,作文得了奖,放学回家,刚放下书包想跟父母报喜,不料,看到母亲独自坐在床边暗暗流泪,我问她什么原因(因为这种情形我有生以来第一次看到),她一直没有说。后来,由于家中一切如常,少不更事的我也随着日子的推移而把这件事给淡忘了。直到今天偶尔想起,我还没有弄明白那天让母亲伤心而泣的原因究竟是什么?如今,母亲走了,我再也问不到那次令她伤心而泣的真正原因了。看来,这将要成为埋藏于我内心深处永远难解的"千古谜题"。每当想起这件事,我不免感到有些遗憾,也由此而生出几分懊悔。为了儿女们身心的健康发展,母亲和父亲在言教和身体力行方面是做得很用心的,这一点,他们堪称模范和表率。现在回想起来,我才真正认识到:家庭是人生的第一学校,父母是人生之初最原始然而也是最重要最深刻的启蒙老师,尤其是父母生前的那些做人原则和生活信条,给成长中的儿女以潜移默化的影响和熏陶极其深刻的。今天,我们尽管早已长大成人,并且也早已为人父母,但我们也同样可以从我们自己的成长轨迹和人格素质中清晰地透视到父母对子女一生的决定性影响及其血缘遗传的基因特征。

"父母在,不远游",这是中国千百年来的古训。毋庸讳言,天下的父母与子女之情都是与生俱来的。正是基于此种与生俱来的血缘亲情,两千多年前的伟大思想家孔子才有可能提出这样的教育主张。多少次回家,我总是想腾出尽可能多的时间待在母亲身旁,即便是到了晚上就寝的时候,我也更情愿在母亲的床前支起一张简易小床,仍像孩提时代那样舒舒服服地蜷缩在她的身旁,聆听她的叙说,感受她的气息,本能地对母亲有一种天然的情感依恋。江南平原的冬天,比较阴冷,多少次,半夜里,母亲仍然像我儿时那样,要起来给我拾掖被子,怕我凉着、冻着。这样的情形,一直到母亲卧病不起。要知道,这时的母亲,已是年过八旬的耄耋之人了,而我也已经是知天命的"老孩子"了。尽管人生的岁月如此快速无情地流逝,但在母亲的眼里,不管你离开她有多久、多远,不管你的年岁有多大,不管你从事何种事业,不管你是一个高官或一介平民,也不管你是贫还是富,甚至出息与否,你永远是她的孩子。她的内心永远是在牵挂你、呼唤你、希冀你、呵护你,因为,母亲永远是儿女心中的至亲、至爱,而儿女则永远是母亲心中的明灯和希望。在弥留之际,母亲还讲了令我们深思的话,母亲说:"自古人生谁无死?我不是舍不得这个世界,我是舍不得你们这些孩子!”面临着人生旅途行至终点,面临着自然法则无情使然,面临着要与那些由她一手哺育长大、现今也都已为人父母(甚或祖父母)的子女们永诀,母亲带着生离死别的怅惋与理智,平静而又安详地离开了我们——离开了令她永远牵挂和思念的儿女。因为,在母亲看来,这个世界就是儿女们,儿女们就是这个世界!

附录　本书作者的夫人回忆母亲的两篇文章

心心念念我的娘

张晓明

到美国已两月有余,女儿生孩子后,我到美国为女儿帮忙,每天为外孙忙得昏天暗地,可心心念念的还是我远隔万里的老娘。

到美国后,不时从弟妹们那里传来的信息让我忽悲忽喜:老娘还好,意识清醒,坐着看女排。老娘最近吃不下饭,营养不良,肾功能有衰竭现象。老娘又得褥疮,化脓了……每每听到这些,我心里慌乱得很。曾有一次,我抽空和老娘视频了一下。我们隔着大洋,老娘在中国看着我,我在美国看着她。老娘平躺在床上,微睁着眼,说还好。我泪眼蒙眬,紧盯着老娘。我知道老娘在安慰我,不让我担心。视频后,我立刻泪崩。我知道老娘年事已高,身体极度虚弱,类风湿四十余年,手脚全已变形,肝脏因长年用药而损坏,每个月要注射两支白蛋白。

还记得,当年,父亲患脑梗死卧床不起,妹妹得淋巴瘤也在医院治疗。虽在同一间医院,但在不同的病房和不同的楼层。老娘拖着病体,熬着汤水,提着饭盒,每天奔波穿梭于父亲和妹妹之间,那劳累可想而知。父亲脑萎缩了,但他知道最亲近的人是我老娘。也正因为如此,他不骂儿女,专骂老娘。老娘委屈,刚开始还生气,久而久之也任由他了。

多年后,老娘对我说,你爸爸对我太好了。老娘得类风湿初始,父亲为老娘四处寻医问药,一段时间老娘完全不能动弹,父亲就背着她上厕所。父亲在长沙任职期间,老娘处处严格要求自己,生怕影响了父亲的工作。一贯清廉、严于律己的父亲压着老娘,直到退休,老娘也没有弄到一个科长当当,始终就是一个股级干部,这在今天看来真是不可思议。

去年以来,老娘感觉来日无多,常跟我说起她想我父亲了,梦见我父亲了。今年四月我从广州返京,老娘坐在轮椅上坚持要送我到地铁口。我泪水婆娑,一步一回头,远远望去,轮椅上的老娘仍在那里一动不动地目送着我。老娘知道,此次离别也许就是永别。老娘这辈子经历的事情太多,她两岁就被亲生爹娘送进孤儿院,后被领养。为寻找亲生父母,老娘奔波几年无果,就再也不提此事。丈夫和孩子是她的全部。

老娘具备中国妇女所有的好品行——忠诚、善良、坚韧、勤劳。我家孩子多,从小家里就有保姆,老娘对保姆极好,从20世纪50年代每月就给我们称之为“婆婆”的保姆15元。到20世纪80年代,婆婆已是千元大户。家里第一台9寸电视就是婆婆出资买的。家里5个孩子,婆婆纳鞋底,老娘做衣服。还记得,我刚参加工作,穿着老娘做的闪光发亮的蓝丝绸裤子欢蹦乱跳。困难时期,5个孩子的学费已是一笔不菲的开支。这时,老娘就要向婆婆借钱交学费,然后等第二个月发了工资后再还给婆婆。那时的我们少年不知愁滋味,现在想来这日子过得是太艰难了。婆婆在我家40多年,不是亲人胜似亲人,最后由我娘为90岁的婆婆送终。

老娘曾经当过幼儿园副园长。大夏天,她经常蹬着三轮车满头大汗,回到家就用冷水冲脚,这也为类风湿埋下了祸根。古语云:父母在,不远游。年轻的我哪里懂得这个道理,跟着先生到北京,一待30多年。我的女儿生在长沙,老娘看我在北京工作不方便,帮我照看孩子4年多。4年多的看护让孩子对姥姥有深厚的感情。如今,姥姥驾鹤西去,令远在美国的小女痛哭不已。

我妹妹和我父亲相继离世后,我把老娘接到北京散心,同时也让老娘平生第一次坐了飞机。老娘喜欢牡丹花,承蒙朋友的帮助圆了老娘看国之牡丹的梦。

往事如烟,然而往事并不如烟。老娘走了,世界上那个生我养我、最疼我、最爱我的人走了。我最亲爱的妈妈,您在天堂和爸爸、妹妹相会了,走好啊,妈妈!

(写于2016年9月)

铭记母亲的恩情

张晓明

去年的今天,我最亲爱的老娘走了。那时我还在大洋彼岸,每天围着刚出生不久的外孙忙忙叨叨,但是内心的忧虑与日俱增,满满都是对病中老娘的牵挂,祈祷着老娘一定要坚持到我回去。那天傍晚时分,弟弟的微信不啻为晴天霹雳,他沉痛地告知我:老娘走了。那一刻,我哭得撕心裂肺、昏天暗地,泪飞顿作倾盆雨。我知道,世界上那个生我养我、最疼我、最爱我的人真的走了,而且是永远永远地走了。她呼唤我的声音、她凝视我的眼神、她轮椅上的身影、她凌乱飘飞的白发、她那因病痛永远抬不起来的胳膊、她那似乎老在思考的面容一一在我脑海中频频闪现。飞机上,我一夜无眠,草就了一篇祭文。

我的老娘普通得不能再普通了,她的离去分量很轻很轻,可能连一张讣告都没有,只是左邻右舍、老同事们的一声叹息。可老娘对于我却如泰山那么重要,须臾不可离开。她活着,我就心里踏实。她是我心中的一缕祥云、一片蓝天,她轻轻、细细的耳语声,让我觉得天地很宽广,世界很博大,爱很深邃。我至亲至爱的老娘怎么能不和我打声招呼就驾鹤西去了呢?我无法理解,更无法接受这个残酷的现实。作为女儿,我特别想做的事情就是让很多人知道质朴无华的老娘在女儿心中是多么慈爱、多么厚重、多么善良、多么坚毅、多么聪慧。当一篇《心心念念我的娘》在《广州铁道报》上发表后,我终于可以告慰老娘,女儿对她的赞美赢得了太多的共鸣,激发了很多朋友、同事、邻居对她的思念。平凡与伟大并存,普通与崇高不悖。

每当月牙儿挂在清朗的夜空,我便常常想起老娘。这辈子我为一老一小剪过指甲。老的是老娘,小的是外孙。因为类风湿,老娘的手已经多年不能伸展了,纤细白皙的手指因为变形，五个手指头直僵僵地紧紧并在一起，稍一掰开，老娘便会疼痛至极。因此她极不喜欢鲁莽的动作。老娘很喜欢我为她剪指甲。剪指甲时我会观察剪指甲从哪开始，从老娘舒适的角度以捏着手指不痛为原则，轻轻剪去那形似月牙的长指甲。为了老娘舒适一点，我半跪在地，很精心地剪，唯恐剪刀伤及她的皮肉。每次剪完指甲，老娘总是很高兴，连说“谢谢、谢谢”！这让我很无语，女儿为妈妈剪指甲不是很天经地义的事吗？曾经有一次，一不小心，我把老娘的手指头给剪破了，鲜血立刻沁了出来，我心痛不已，老娘却笑着说“不痛不痛，一点都不痛”。她却不知我内心的自责和愧疚迟迟不能释怀。老娘年轻时很漂亮，大大的眼睛，皮肤尤其白净。经年劳累，养儿育女，令她的身体每况愈下，光阴荏苒，她的风韵早已不再，秀发也变得灰白枯槁。前些年老娘还经常拾掇拾掇，在外洗头烫发也常有。近些年卧床不起后，她的精气神大不如前，头发长了也显得凌乱。有一次，我试探着说，老娘我给您剪发吧，老娘喜不自禁。我拿出给先生剪发的手艺试着给老娘剪发，大获成功。从此，只要我在广州，就常常给老娘剪发，虽然没有发廊的手艺高超，但老娘仍会开心不已。一则不需坐着轮椅出去排队剪发，二则省了费用，三是女儿孝心使然，老娘很受用。

老娘年事已高，疾病缠身，身体清洁全靠家政，作为女儿我很清楚老娘需要什么。2011 年我为老娘买了国产的智能马桶盖，这是我自认为为老娘做过的最重要的事情。从此以后，老娘就再也离不开这个卫生洁具，并伴随了老娘最后 5 年。她会向邻居们骄傲地介绍智能马桶盖的优越性能及使用体会，其实她是在炫耀儿女的孝心。我 26 岁随先生调往北京，几十年里和老娘相聚的时间真是有限得很。退休后的我就想和老娘每年能多聚一些时间。近 10 年，每年年底就是我出京南下的日子，老娘会早早问我什么时候到，叮嘱开车要小心，然后就是一天天的翘首以待。出走半生的女儿，老娘希望我归来仍是少年。因此每次当我出现在老娘面前，一定认真将自己打扮一番，穿的既清新又艳丽。老娘会上上下下打量，然后念叨，不出老不出老，眉眼之间舒展着盈盈笑意，流露出的是对远方女儿归巢的欣喜和期盼。

我的老娘是个坚强的老人，努力让自己快乐的老人。记得老娘年轻时就爱唱歌，那时没有现成的歌本，老娘就自己抄歌，什么洪湖水浪打浪，什么绣红旗、红梅赞等，工工整整，几大本。受老娘的遗传，我和小弟都爱文艺。现在想来还有特别可乐的一件事，我曾经在广州铁路医院当团委书记，爱组织团员青年搞搞活动，但我有一个毛病，跳舞时爱忘动作，老娘在台下看我跳舞，就担心我把舞蹈动作忘了。几十年后，提起往事老娘还乐不可支地不忘挖苦我几句。老娘卧床不起后仍然达观，经常会听见她随着电视播放的节目哼歌和唱小曲，而且绝不会走调。每当这时我会充分地肯定老娘卓越的记忆力，赞扬老娘唱歌的水准不输当年。

我家旁边的东山湖公园有自发的群众性唱歌组织，我常推着轮椅陪着老娘去公园转转，让老娘听听歌，哼哼歌。推着老娘转公园是最温馨的时刻，也是老娘舒心的时刻。我知道，老娘特别希望她的儿女精精神神给她推着轮椅，希望看到周围老人投来艳羡的目光。所以，每次出发前我会给老娘把头发整理好，然后戴上帽子，裹得严严实实。冬天的东山湖公园是老人们最愿意聚集的地方，跳舞、唱歌、打牌、踢毽……公园里既有喧嚣又有宁静，沿着湖堤，在满铺着粉色紫荆花瓣的小路上，我推着轮椅上的老娘慢慢悠悠地走着，不时有纷纷扬扬的紫荆花瓣落在老娘的头上，我轻轻拂去花瓣，让老娘瘦弱的身躯沐浴在冬日的暖阳中。那时真是岁月静好，我内心默默祈祷老娘能让我一年又一年永远依傍在她身旁。可是，我也深深知道，大自然的法则是无情的。小外孙来到世界，意味着人生周而复始的循环，世世代代，生生不息。老娘走了，她的灵魂已经和老爹又融合在一起，这是她生前向往的境界。今年春天，我再次来到东山湖公园，在曾推着老娘照相的九曲桥上，一种物是人非的悲伤重重地向我袭来。

仰望长空，我回忆着老娘那沧桑的脸庞。我要告诉亲爱的老娘，您的儿女们对您有着深深的眷念，母女亲情比天高比海深，我将珍藏于心，永远永远！

（写于2017年9月）

女儿远行

“父母在，不远游”，这则中国千百年来的古训，让多少欲搏击长空、展翅翱翔的儿女困顿在父母的身边。然而，在今天，无论是当父母的，还是做儿女的，早已冲破了古训的桎梏。想得开的父母们，毅然决然地将身边唯一的孩子早早地送出了国门。而在儿女们眼里，父母仿佛会永远年轻，父母的身体会永远健康，因而头也不回地“壮行千里”去了。

我有一个女儿，在如花似玉的季节，远离了我们。作为父母，我们很不舍。我们多么希望亭亭玉立、雀跃可人的女儿永远温婉地挽着父母的胳膊，伴行身旁。然而，这似乎只能成为奢望了。孩子长大了，要远走高飞，留下的只是父母不尽的思念和望眼欲穿的等待。女儿生性活泼开朗，O 型血。据说，此种血型大多性格外向。记得女儿 5 岁左右的时候，我们还住在商务印书馆的办公大楼里。商务印书馆地处王府井大街，每天游人不绝，每当看到那些棕褐肤色或金发碧眼高鼻子的外国人在大街上来来往往，她总是先用一种好奇的目光看着他们，然后便初生牛犊不怕虎地鼓足勇气冲着老外喊“Hello! Hello!”当外国客人回头友好地向她招手走近，并“Very nice! Very nice!”地夸赞她时，小女却叶公好龙似地被这种意想不到的局面吓得落荒而逃。事后我问她为什么要逃，她说：“除了Hello，我什么也不会了。”外宾说的“very nice”是什么意思，她也不知道。从此以后，女儿见到外国人，再也不主动喊“Hello”了。也许是孩提时代的涉外交流活动受阻的“滑铁卢”，致使女儿在小学期间就对英语学习情有独钟。中学时她又考上了为多少家长和考生梦寐以求的北京外国语学校。应该说，女儿在北京外国语学校的 6 年学习生活，奠定了她后来去香港中文大学学习和赴美生活的基础，决定着她未来发展的方向。在我的印象中，女儿的外语学习是很出色的，在北京外国语中学也堪称佼佼者。进入初三，她的口语能力开始展露优势。一个国庆之夜，我带着女儿上天安门广场观赏烟花。在回来的路上，一个老外正在与三轮车车夫讨价还价，大概是因为语言障碍，那个老外似有放弃的意思。这一幕正巧让女儿看到了。在征得我的同意后，她跑上前去为车夫和老外当翻译。经过三四分钟的交涉后，车夫同意从天安门广场到三里屯使馆区只收 30 元人民币。而据那位老外讲，车夫原先的要价是 60 元。这次挺身而出的经历，使女儿获得了一种成就感。女儿外语学得好，除了有出色的外教，主观努力也是一个重要因素。每天晚上 10 点半，她都会准时戴上耳机收听国际广播电台的英语专题广播，雷打不动。美国总统克林顿来华访问时，女儿在地坛公园的书市上看到了克林顿演讲的光盘，一定要买，说是带回家去听。高二时，女儿和其他几位学生代表学校赴澳大利亚友好学校交流访问。访问期间，女儿吃住在一个中西合璧的家庭——男主人是香港人，女主人是英格兰人，他们有两个女孩。女儿与这姊妹俩相处得很好。她们白天一同去学校上课和玩耍，晚上有时出席学校举办的聚会。承蒙主人厚意，女儿偶尔会即兴弹奏一首贝多芬的《月光》奏鸣曲或中国的《梁祝》。至今，女儿仍和这个家庭保持着友谊和往来。

女儿天生颖悟，而且富有理性判断和抉择能力。她原先考取的是北京大学，跟父亲一样学哲学。当就读香港中文大学成为可能时，她经过反复的权衡，最终还是义无反顾地选择了香港中文大学。之所以会如此，其主要原因有二：一是可以改变专业（香港中大是工商管理专业）；二是后者有英文授课。他们这些孩子是香港从内地的北大、清华和复旦招收的第二批学生，几乎清一色地享受全额奖学金，香港特区政府也十分重视。在开学典礼上，女儿作为北大学生的代表即席发言。事后，我从香港《明报》等媒体上看到了这样的报道：来自北京大学的程秧秧同学，用一口流利的、令人赞叹的英语回答了校长和记者们的提问。在香港中文大学学习一年后，她有感而发，写了一篇《无悔的选择》，讲述了自己在香港这个中西文化交汇之地的切身感受，刊发在国内一家著名读书报的“我的大学”副刊上。看了女儿这篇文章，我改变了对她作文水平的固有看法。这篇文章给我的感觉是：女儿长大了。

香港中文大学是一所在亚太地区享有盛名、在世界上具有一定影响的国际化大学。那里云集了来自世界许多国家和地区的留学生和交换生。这些由不同国籍、不同肤色、不同宗教信仰和不同文化背景组合在一起的留学生群体，给置身其中的每一个学生提供了了解世界的环境和条件。在香港中大就读 4 年，女儿曾与美国、日本、德国及中国香港等不同国家和地区的交换生同住在一个屋檐下。这种交流对开阔青年学生的视野确实大有裨益。这一点，我们从香港有线电视台“细味人生”栏目为她跟踪拍摄的 12 分钟个人专访中可以略窥一斑。见的人多了，才真正感到这世界真可谓“山外青山楼外楼，英雄好汉争上游，争得上游莫骄傲，更有好汉在前头”。这种大境界、大视野让女儿顿悟了井底之蛙的悲哀和渺小。因此，在港就读的那几年，她总是积极主动地与具有不同思想观念、不同语言、不同信仰和不同文化背景的人交流。因为，她想知道，在这个大千世界上，别人是怎么想的，是如何生活的，他们又是如何理解和对待这个世界的。寻找差异的过程对女儿来说就是一个兴奋和激动的过程，而发现他人身上闪光点的过程则是一个自我完善的过程。在与香港本土同学的合作过程中，女儿时时感受到他们创造性思维的活跃和张力，也经常为自己某些平庸肤浅的思想而感到惭愧。于是乎，从小不甘平庸和默默无闻的她，便绞尽脑汁，抛出一个个“异端新说”，企图一鸣惊人。当同学们听到她的“新思想、新见解”，并对她说“这真是个绝妙的主意！”时，女儿兴奋不已。她曾跟我坦言：她喜欢那种在相形见绌情形下不自暴自弃、自我超越后获得成功的快感。女儿在香港求学期间结交了一些与她年龄相仿的中外朋友。这些朋友中有两位给她留下深刻印象：山姆（Sam）和凯文（Kevin）。这二位都饱读诗书，谈起话来旁征博引。尤其是凯文，一个生长在加拿大的华裔男孩，谈起中国的国家领导人，其通晓程度绝对不亚于国内普通大学政治学专业的研究生，而且对中国的国计民生和政治状况见地颇深。凯文还很多才多艺，有一次，当女儿弹奏了一首她自认为水准较高的钢琴曲后，凯文从容不迫地弹奏了肖邦的《即兴幻想曲》，令女儿“大跌眼镜”，深切感受到什么叫“相形见绌”。于是乎，她暗暗发誓：此种班门弄斧的把戏一生决不能上演第二次，并决心借暑期回家之际，再度去中国音乐学院拜师学艺，奋发练琴，以期有朝一日，洗雪“耻辱”。

女儿尽管颇具悟性，但她毕竟同其他普通孩子的成长轨迹一样，要走一条曲折、漫长、艰辛而又复杂的路。当她振翅离巢远飞后，等待着她的就不再是父母的呵护，而是复杂艰险的风雨里程：人生的磨难和历练才刚刚开始，其中当然也包括怎样处世和做人，怎样认识自己和他人。

如今，女儿已经去了美国，这其中没有多少父母的意志。作为父母，我们要做的，也许就是对他们这一代年轻人选择的理解和尊重。

附录　本书作者的女儿写的两篇文章

我是这样长大的——老爸和我的故事

程秧秧

记得小的时候，当我还住在商务印书馆筒子楼里的时候，每当爸爸当着一帮小朋友的面亲我的脸颊的时候，那帮小伙伴们便会围过来，叽叽喳喳地说：“秧秧的爸爸‘吻’秧秧了。”每当那个时候，我就会反问：“难道你们的爸爸妈妈不爱你，不亲你吗？这有什么好奇怪的？”从那时起，我就知道我的爸爸和别人的爸爸不一样。

中国家长对儿女的爱通常都是很含蓄的，尤其是父亲对女儿的爱。我的爸爸则不然。他从来不会因为在公众场合的缘故而收敛或是掩饰对我的爱。记得在我上小学的时候，我、爸爸和妈妈住在现在商务印书馆大楼的五楼。爸爸那时是个编辑，办公地点在三楼。每逢放学，我都会迫不及待地跑到爸爸的办公室，像小猴子一样哧溜一下窜上他的肩膀，骑在他的脖子上。爸爸呢，他也根本不理会我，若无其事照样办公。过一会儿，我在爸爸脖子上待腻了，自己就下来了。那时，大楼里的叔叔阿姨都管我叫作“一天到晚骑在程孟辉（我爸爸的名字）脖子上的小丫头”。

爸爸从小就鼓励我发展全部的兴趣爱好。小的时候，我喜欢画画，画了不少米老鼠、唐老鸭。爸爸就把它们贴得办公室满墙全是。在爸爸的鼓励下，我有一年送给爸爸的生日礼物是我画的一只小兔子，因为爸爸是属兔子的。我当时就想，光画不行，得写点什么。于是我就在那幅画上写下了“祝爸爸兔子尾巴长不”了。爸爸不仅高兴地接受了我这份精心绘制的礼物，并且骄傲地把它挂在了办公室的墙上。

小学一至三年级时，我是最令老师头痛的。爸爸三天两头地被班主任请去“谈话”，弄得他老脸无光。那时爸爸做得最多的事情就是“赔粉笔”。我喜欢在课间用粉笔在黑板上画画，多次劝说无效，于是班主任“请”来了我的爸爸，告诉他我每用一根粉笔，我们家就要赔学校一盒。我已经不记得爸爸的工资有多少是用来为学校捐献粉笔了，但是我记得爸爸从来都是保护我画画的积极性，不愿用一些条条框框的规矩扼杀了我的天性。后来，我对画画的兴趣渐渐减弱，爸爸赔粉笔的故事也就成为历史了。

我从小就是个最诚实的孩子。爸爸妈妈经常教育我说："犯了错误没关系，但是一定要告诉爸爸妈妈，我们不会骂你，但是如果你犯了错误却不告诉爸爸妈妈，那么我们就会惩罚你了。"在这种教育之下，我是最愿意和爸爸妈妈说心里话的，就连有时晚上我做梦梦到和同班的一个小朋友长大后结婚了，我都会在第二天清晨醒来之后难为情地告诉爸爸妈妈，请求他们原谅我梦见"不好的东西了"。

小的时候，爸爸要求我每天练两个小时钢琴。小小的我，哪里经得起外面小朋友和小狗玩耍时传来的阵阵欢笑声。于是，我不假思索地将爸爸设好的闹钟往前拨了一个半小时，心想反正我也弹到了你要的那个点，没骗你，我该去玩了。爸爸回家后发现了我的小戏法，对我进行了"有史以来"最漫长的声讨和教育。教育的结果是我似懂非懂地认识到"只练了半小时钢琴不是问题，问题的本质在于'我对自己不负责任'。人生不应该是做给别人看的，是给自己活的"。当然，从那以后，爸爸逐渐放宽了对我弹钢琴的要求，因为他认识到每天让一个小不点坐在钢琴前，水深火热地煎熬两个小时实在不符合人性。用爸爸的话说，就是"我最不忍心做的事情的就是在女儿和小狗抱来抱去的时候把她拉开，让她按照大人的意愿去做事。那太残忍了"。

刚入初中时，我面临一个很大的困难。小学的时候，我没有学过英语，但我误打误撞地进了我所在外国语学校里的英语快班。周围的同学似乎都有很好的英语底子。记得我们初一第一节课就是听一篇英国人朗诵的小文。看着周围同学"之乎者也"似地点头，我慌了。回家后，我告诉爸爸我不想待在快班里，因为我一个字也听不懂。爸爸并没有马上告诉我应该如何去做。他问我："秧秧，你想不想和别的同学一样能听得懂磁带里讲什么？"我点头。"你想不想和英语很棒的人在一个班里学习？"我又点头。"那别人付出一份努力，你付出十分，你就可以做到。"我望着爸爸，对他说："可是我哪有那么多时间去追赶别人呢？我每天还要花很长时间在钢琴上。"爸爸回答："我们一起来考虑一下接下来应该怎么做，然后再做个决定，好不好？"最终我们共同的决定就是我停止6年的钢琴学习，腾出时间专心学习外语。现在回望那段经历，我总觉得其实如果时间可以倒流，我一定会选择继续学习钢琴，因为我相信人的潜能是无限的，我们只是需要给自己一点信心，一点压力，将自己的扩得更大些。但是，我感激爸爸，永远鼓励我规划自己的人生，让我的意志存在于每一个与我有关的决定里。

初三那年，我一心一意要考出外国语学校。我的梦想是进入北京最好的中学——四中。爸爸支持。后来，在学校恳切地挽留下，我决定留在本校。爸爸同样支持。高三了，要报志愿了。我的心情忐忑不安，因为我的一模考试、二模考试都不尽理想。但是，我仍然义无反顾地填了北大，因为那是我多少年来的一个梦啊！爸爸告诉我，如果进不了北大，落到个第三志愿，也没有什么大不了，"条条大路通罗马"。幸运的是，我高考发挥不错，如愿以偿地拿到了北大录取通知书。爸爸总是告诉我，报北大是我自己的决定，那是个勇敢的决定，他为我骄傲。

北大录取通知书来了，香港中文大学的面试邀请也随着一起来了。经过一次小型全家会议，我们共同决定“不要错过这个好机会”“年轻人就是应该‘闯’”。后来，我就到了香港。再后来，我又到了美国。正如爸爸在《女儿远行》中所说，“这其中没有多少父母的意志”。

我深知，我有一个伟大的爸爸。

当我告诉爸爸，我想辞去那份在公司里稳定上班的工作，而去做些跳出框框的事情时，爸爸会告诉我：“朝九晚五的工作是人为的，你看人家埃及人，下午两点钟就下班了。”

我极少听到爸爸对我说“我走过的桥比你走过的路都多”，或是“不听老人言，吃亏在眼前”之类的话。他总是鼓励我去尝试，去下自己的结论，通过“摔跟头”来领悟人生的真谛。

如今，爸爸总是对我说：“秧秧，你大了。路，就在你的脚下。怎么走，全靠你一个人了。爸爸妈妈也给不了你什么有用的建议，因为我们也不了解你那边的情况。但是，爸爸妈妈一定会为了你好好保重身体，这样你在那边就不会有后顾之忧了。”他还会对我说：“秧秧，我们把你养大，目的不是要你留在我们身边，‘养儿防老’。我们希望你能够活出自己的精彩来。”

现在，我有了自己的网站。我告诉爸爸，我希望不断扩大网站的影响，让更多的人看到我写的文章，因为我喜欢写东西，而且相信自己写的东西对他人的影响是积极的。爸爸一如既往地鼓励我去追逐梦想。爸爸的鼓励不是虚无缥缈的。他会认真阅读我的每一篇文章，告诉我他的想法。他还会时不时地告诉我他有多为我骄傲。最近，爸爸对我说，他准备自己学着建立一个博客，不为别的，只为推广我的网站。我笑了。天底下到哪里找这样好的爸爸呢？

每次回家，爸爸妈妈都会为我拍很多照片、很多录像。从 18 岁起，我就离开了他们，独自生活。这些年，每一年我的变化都很大，以致爸爸妈妈在看我网站的时候，觉得我都不像他们从前熟悉的女儿了。于是，每次回家，他们都会尽可能多地为我拍照，以便在我走后慢慢地回放，不致对女儿的面孔感到生疏。

在我北京家里的钢琴上，爸爸摆满了各式各样的小毛绒玩具，小猪、小鸡、小猴子等。他对我说，这些小动物全是为我准备的，它们就等着我回家给它们弹钢琴听呢。

终有一天，我也会为人母。我希望我能够像我的父母一样，对子女“不问收获，只求耕耘”，成为他们生命中最好的朋友。我希望我的子女在他们成长之后，也会对我说：“妈妈，有你在，我什么也不怕。”

（写于 2007 年 6 月 27 日）

无悔的选择

程秧秧

正当我兴高采烈地拿着北京大学录取通知书，准备踏进这从小就令我朝思暮想的大学门槛时，老天爷却偏偏让我的命运朝着那个我从未想到且永不可预知的方向发展着。

我得到了从天而降的另一选择。人们总说，拥有选择是件好事，但在我看来，一边是北大——一个令我12年为之魂牵梦萦，矢志不渝的梦；一边是香港中文大学——一个充满诱惑与挑战，从天而降的绝好机会。我感到彷徨、举棋不定。然而，从小就喜欢尝试新鲜事物的我，最终做出了自己的决定——一个我认为是自从我出生以来所做出的最明智的选择——去港中大，看看香港这个100多年殖民地产物如今在“一国两制”下发展得如何了。

从没说过“我后悔”，那是骗人的，但是仔细想想，想象痛苦到极点时说的话，可信度有多少，值得怀疑。现在，在与北京友人的信中，我总会肯定地说上一句：来香港是我明智的选择，我不后悔。

外面的世界很精彩，从小到大在北京生活的我却对周围的一切早已麻木，认为理所当然。思维的确在运转着，量的积累不断，但是却总难有质的飞跃。我期盼着一剂催化剂，使我的思维真正活跃起来，使我在18岁这最美丽的年龄，更加充满激情与活力地感受这世界的精彩。

香港令我的18岁丰富与灿烂

有人说：人的思想就像降落伞，只有在打开的时候才起作用。在香港，我用眼睛去看，用耳朵去听，用心去感受。这个世界在我面前呈现了其多样性的一面。我强烈地感到我的思想被打开了，我的思维在跳跃着，我感受到了世界跳动的脉搏与快节奏、高效率带来的振奋。香港的确迷人，随意说两处。

信息爆炸了

到香港之后，在我内心深处不止一次地发出过这样的呐喊。康德曾说：“绝对的光明与绝对的黑暗一样，在其中，你什么也看不见。”信息也是如此，太多与太少都会令人无所适从。就拿听音乐会来说吧，从小热爱音乐的我，听音乐会是我生命中不可缺少的一部分。在北京，欣赏正规音乐的地方及顶尖音乐的演出为数不多，因此每每选择起来自然不必过多伤神费心。在香港则不同，众多的大剧院、音乐厅，哪一个都有可能是世界顶尖级名家光顾的地方，有时候，一天之中，竟会有几场经典演出。实在不忍心错过任何一场的我，只好认认真真地啃起了节目表。天哪！本想在音乐厅看完节目表便拍板，谁知，这个厅、那个殿、这个剧院、那个中心的，看得我眼花缭乱。算了，只好老老实实将所有宣传单、节目表各取一份带回宿舍慢慢研究。每次从选择到买票都是历尽“千辛万苦”。“香港艺术节”期间更甚，我在自己的时间安排表上取舍了一遍又一遍，于是不禁感叹：“信息量太大，也着实是件痛苦的事呀。”可是，唠叨这话时，心里却是美滋滋的。

见多识广

见的人多了，才真正感到这世界应了这样一句老话“林子大了，什么鸟都有”，真是“山外青山楼外楼”，我这才为那只井底之蛙感到悲哀。在香港，我总是主动地与不同国籍、不同肤色、最重要的是具有不同思想的人倾谈与交往，因为我想知道，在这大千世界里，别人是怎么想的，是如何生活着的。寻找差异的过程在我看来是一个令人激动的过程，发现他人身上不可思议闪光点的过程更是一个看到差距、自我完善的过程。在与香港同学合作的过程中，我时时感受到他们创造性思维的跳跃，我也经常为自己某些过于平庸的想法而感到惭愧。于是乎,我便绞尽脑汁,争取一鸣惊人一下。当他们听到我的新想法,对我说“真是个绝妙的主意”时,我会兴奋不已。我喜欢那种在相形见绌情形下,不自暴自弃,自我超越后成功的快感。有时候,我真的惊诧于一些香港学生:有人可以通宵不睡觉,第二天照旧精神饱满;有人可以在讨论演示任务时不停地打字,讨论结束后,一篇完整的演示整体构想及每个成员的分工已跃然纸上;有人则在课堂上用熟练的英语与教授辩驳着某件近日来发生的重大经济事件,口若悬河,头头是道。

再来说说周围的外国人吧。到了香港才明白,“ABC”“CBC”实际上是指美籍华人和加籍华人。开始时,有一种情形很有意思,每次我外出购物,常常听见周围的人用地道的美语在交谈,然而朝四周望去,却全是黄皮肤、黑头发呀!这种情况在香港真的很普遍。因为我对那些在国外长大、香港移民的后代很感兴趣,所以我总在有意识地寻找他们身上的共同点。但是,我最终得到的结论是:他们个性中的差异远远超过了共性。他们中有些人迷恋中国文化,与我聊天的目的单纯——寻根。有些人则是标准的“香蕉人”——黄在外,白在内。“作为美国公民”“为我的国家加拿大而工作”等是他们常常挂在嘴上的。尽管我对其共性的探索失败了,但是,有一点令我感到欣慰,我实实在在感受到一个人是作为一个独一无二的个体在这个世界上存在的,他应有独立的人格与思想。我想,这也正是这个世界之所以五彩缤纷的原因吧!

结识朋友是件惬意的事,结识优秀的朋友则是一件令人受益匪浅的事。在我所结交的交换生朋友中,有两个给我留下深刻印象:山姆和凯文。山姆是“ABC”,凯文是“CBC”。他们分别是美国宾州大学沃顿商学院及加拿大艾维商学院的高才生。两个人都饱读诗书,谈起话来旁征博引。尤其是凯文,一个生长在加拿大的男孩儿谈起中国的国家主席和总理来,所知远甚于我,而且他对中国政治的评价见地颇深。一次,当我在他面前弹奏了一曲自认为水平较高的钢琴曲后,他从容不迫地弹奏了肖邦的《即兴幻想曲》,令我“大跌眼镜”。于是我发誓:这种班门弄斧的把戏一生绝不可再上演第二次,并决心借假期之际,奋发练琴,以期有朝一日,洗雪“耻辱”。

见的人多些,这才发现自己从前对这个世界的认识是如此单一与肤浅,见的优秀的人多些,这才了解自己实在差得太多。于是便在心中暗暗思量:这一生恐怕就要在不停的追赶之中度过了!

记得在最初那段思家、痛苦难熬的日子里,是汪国真那句“既然选择了远方,就只顾风雨兼程”不断给我信心与勇气。如今,当我回过头去看那其实算不上风雨的风雨时候,我微笑着对自己说:“风雨过后是彩虹,秧秧,接下来的三年里,你便该用心去感受,去体会,去欣赏这通往远方道路两旁那迷人的风景了!永远勇敢地向前走,不后悔!”

抱团取暖

我生性怕冷，故每年冬季都要离京赴穗，在广州小住一段时间，就在我所住小区对面的一个相对空旷开阔的街面上，总是可以看到这样的一幕：一群（十来个、男女不等，其中有老的，也有较年轻一些的）盲人朋友，除了特殊的天气变化，几乎每天清早都会冒着寒冷聚集到这里，吹拉弹唱。他们的前面，总是放着一个铁制的投币筒，凡路过此地的路人无论是驻足聆听还是匆匆而过，就往筒里投进一些钱，少则五毛一元，多则五元十元不等，以表怜悯恻隐之心。以前，那些街头卖艺的见得多了，对此，我也熟视无睹了。然而，这几年每次回广州，都能让我见到这日复一日、年复一年的固定一幕，此情此景，不禁让我的心灵为之深深震撼。

吾等常人可不要小觑或轻视这个群体，它可是这个盲人群体成员的一片“祥云蓝天”啊！因为，这些盲人朋友们唯有在这个群体里互相抱团取暖，才能获得些许温存。这样的认知和心理感受，一般的健全人是很难体悟到的。然而，作为盲人，他们则会本能地产生这种认知心理。这样的情形也只能是在这些特殊的群体中产生。其实，抱团取暖是人类生存的一种方式和本能，其最原始的本义是指在寒冬的季节人们紧靠（紧贴）或紧抱在一起，互相取暖，以后则引申和比喻为人们（也包括动物在内）的互助协作、积聚力量、共度时艰。盲人朋友们在这个群体中，他们彼此间都是平等的，谁也不小看谁，谁也不笑话谁，在这个群体中，人人都是半斤八两，谁也不比谁强多少，谁也不比谁差几何。在这样一个特殊的“小型社会”中，他们找到并实现了人人平等、彼此尊重的最佳处所。在这个群体中，每个成员都有明确的分工合作，吹拉弹唱互相配合、各司其职。每人都在自己的岗位上努力尽职，做出贡献。在每个成员的心目中，都觉得自己是有用之人，是这个小乐团中不可或缺的一部分，因而都有一颗自强不息的自信心。每当路过那里，每当看到这些盲人十二分认真地演唱，看到他们脸上洋溢着的那种志得意满、自信自足，我这个顺便驻足的聆听者都为他们感染并为其感到高兴：要知道，这就是人与人之间抱团取暖的效应和结果啊！如果，这些盲人朋友不聚拢在一起，而是各自散兵游勇，那他们中的相当一部分人也许就是一些沿街乞讨、孤伶无助的残障卖艺人。由此，我们看到了抱团取暖的希望和力量，这样的抱团取暖，其结果不是 $1+1=2$，而是 $1+1>2$。

诚然，抱团取暖不是此类残障艺人的发明和专利，而是古已有之。不但人类会抱团取暖，甚至有生命的动物乃至植物都懂得抱团取暖：你看植物中的葵花朵朵向太阳，花草树木迎着太阳生长，富有灵性的马牛猪羊猫狗鸡鸭等动物，更是无师自通地本能懂得在极寒天气里抱团取暖的重要性和必要性。记得有一年冬天，我自驾去了一趟内蒙古的呼伦贝尔大草原，那些马厩中的马匹在严寒的冬季来临之时，往往是彼此身贴身地紧紧地依偎在一起。寒冷的冬季，牧场里的牛羊、农家的鸡鸭，都懂得用抱团取暖度过那寒冷的冬天。

诚然，抱团取暖狭义上单纯是为了捱过寒冷的互相依靠，同时，广义上的抱团取暖更被赋予了深刻的社会人文互助关怀的意义。今天的人们懂得抱团取暖的重要性，即便是我们的祖先，也早已懂得组织起来抱团取暖的生存学意义。原始社会的人们只有组织起来集体狩猎，才能征服凶猛的野兽，才能有效地保护自己不受生存之敌的追杀或侵害。说到底，抱团取暖是人或动物自身生存的需要。无论一个强势的人或弱势的人，既然在社会中生存，其内心都程度不同地存在着对抱团取暖的心理需求。你别看那些高高在上、位高权重、不可一世的王者或高位者，其内心也终究摆脱不了高处不胜寒的内在忧惧，他也需要在他那个层面团体内的抱团取暖，古谚“一个篱笆三个桩，一个好汉三个帮”说的就是这个意思，而对于那些无权无势、积贫积弱、孤苦无助的弱势人群则更是如此。

最近，我在诸多资讯和传媒上不时看到关于20世纪六七十年代上山下乡的老知青一代，如今已逐步渐入老境，由于社会历史发展等特殊原因，他们中也出现了抱团取暖、安度晚年的种种设想和实践(如自动发起组织老知青互帮互助团体等)。我认为，这种现象的出现，也是一种社会历史发展的必然。因为，在这样一个群体中，相当比例的老人必须面对仅有一个子女这样一种历史现状，即便是这样的一个硕果仅存的儿女，也不一定就留守在父母的身边。有的老人孩子在国外，有的老人甚至因命运多舛而残酷地沦为“失独”老人。因此，如今这些“知青老人”抱团取暖养老意向和实践，其实折射出了当下这个社会无奈、窘迫而又严峻的养老现状。如果说这是一种对现有养老机构供不应求紧缺现状的有效调节和补充，那么，这对政府来说，又何尝不是一种暂缓燃眉之急、摆脱窘困之境的应对良策，如果这样能得到政府的认可和政策支持，并在我国城乡更大的区域范围内实施或推广，那就再好不过了。

故乡的美丽

故乡是美丽的，思念故乡的感觉真好！在这个茫茫人海的世界上，每一个人都有他自己的故乡，而没有故乡的人和没有人的故乡都是不可思议的。

那么，故乡是什么？西文中英语的故乡叫 native place 或 birthplace，意即本土、本地或出生地。而我们中国人的故乡概念，《现代汉语词典》如是诠释：故乡就是一个人的出生地或长期居住和生活的地方。人人有故乡。人人心中装着故乡。人人心中装着对故乡的思念和眷恋。故乡是什么？故乡就是一方水土加一方人。故乡就是生我养我的那个地方。故乡就是生我养我那个地方的一棵树、一口井、一条街、一条江、一座山和那江上游移着的点点白帆，那山上飘动着的朵朵白云，那山下流淌着的淙淙清泉。故乡就是春风又绿江南岸。故乡就是鹰飞草长时节那风吹草低见牛羊的迷人风景。故乡就是山腰间小小村落里飘散着的袅袅炊烟和牛背牧童吹奏的阵阵笛声。故乡就是大豆、粟米、荞麦和白发苍苍的衰老爹娘。故乡就是我早年朦胧纯洁的初恋——如果不是那个“童年的阿娇”，那就是“村里有个女孩叫小芳，长着美丽的大眼睛，辫子粗又长！”故乡谁没有？故乡谁不爱？故乡是最美丽可爱可亲的地方，故乡也是最令人思念和牵挂的乐园。唯有在故乡能找到足够的人间亲情、信任和快乐；唯有在故乡能看到那蜿蜒无尽的茶马山道；唯有在故乡能赏阅到清朗秋夜中那棵参天古槐的婆娑风姿和古槐梢上那轮弯弯的皓月；唯有在故乡能聆听到那久违而又熟悉得不能再熟悉的乡音、马嘶和驼铃声声……

人是故乡亲，月是故乡明。田园牧歌是故乡，车流滚滚是故乡，古道西风瘦马是故乡，小桥流水人家亦是故乡。故乡有爱情，故乡有情爱，故乡更有那童年的笑靥、梦幻和牵牛花，故乡还有那外婆的澎湖湾、牛车水和田埂小径。远走他乡的小伙子，怎能忘记表妹家的清水塘；已为人妻的幺妹子，还常想起堂兄屋前那颗蓬勃生长的龙爪树。故乡有从小好吃懒做但性格温顺如今已当上了爷爷的河东狗顺表叔，故乡还有从小到大与我一起成长、在中学时代就疾奔于绿茵场上的邻家兄弟。美不美，家乡水，亲不亲，故乡人。故乡犹如一片洁白的祥云，一道永远也说不完道不尽的迷人风景。唯有那片生我养我的土地，才最值得游子为之魂牵梦萦、无穷牵挂。不管他的脚步丈量到世界的哪个角落，不管此时的他已经是乡音未改鬓毛衰，这些都始终不会改变他那心际悠悠思故乡的情怀。总有一天，他还要步履匆匆风雨兼程地奔向故里，俨然一个重投母亲怀抱的“风雪夜归人”。古往今来，唯有对故乡的眷念情思是一个亘古不绝的梦。无论是少年壮志别故里，还是晚年失意重还乡，故乡是人生进退的避风港与后花园。陶渊明官场失意，还是回归故乡找寻到了“采菊东篱下，悠然见南山”的怡然自得、天人合一的伊甸境界。这就是故乡的神圣和魅力，这就是故乡的博大和包容。要不然，当年“星夜赶考场”的抱负儿男，又为何在若干年后要“辞官归故里”呢?!

当然，人生的故乡可以终生只有一个，人生的故乡也可以有多个。从广义上讲，除了第一故乡，人生还可能或可以有第二故乡、第三故乡甚至更多。因为，就人生而言，有的人一辈子从生到死就在一个地方，有的人一辈子不知到过或跑过多少地方，连他自己都不清楚。有的人，在一个地方一生下来就离开故土，而有的人则出生没几天就来到此地，从此不再离去，纵使他乡变故乡。

故乡的概念还有它的相对地域性和广延性。当一个人一辈子死守着生他养他的那块土地，从没离开过，此人心目中的故乡就是他脚底下的那块三里之地(或曰本土)。如果当他离家出走来到省城，这时，此人心目中的故乡标志就是某个地区或某个县域。而当他来到一国之都，这时，他心目中的故乡标志就是某个地区或某个省城。如果他移居海外，在他看来，祖国即故乡。因此，所有的国人也都成了故乡的人。如果在美国的费城街头见到说中国话的人，那就算是见到故乡的人，听到故乡的音了。回味着国内一切的一切，此时此刻的他或她，思乡之情必将油然而生。这种思乡之情不管是向往的还是惆怅的，不管是幸福的还是痛苦的，都是表现为对故乡的眷念和牵挂。而这种眷念和牵挂本质上都是一种思乡情怀的自然流露。这样的情怀流露无疑是一种特有的深沉和美丽。当中国航天第一人杨利伟脱离地球，奔向太空时，在他看来，离开地球即是离开了祖国，离开了这个人类的故乡。在他长达 21 小时的航天生涯中，从宇宙天际观测地球，那颗镶嵌在蔚蓝色宇宙巨幕中的绿宝石般的地球才是他魂牵梦萦的人类故乡。那里有英雄的父母妻儿，那里有祖国的各族兄弟，那里还有各种不同肤色的 60 亿人类同胞。飞越太空过程中所感受到的那种超级冷峻、空茫、静谧使这位航天英雄对地球故乡滚滚红尘的喧嚣嘈杂和人间烟火的温情暖意重有新的认知、领悟和深情渴望。此时此刻在这位翱翔太空的地球之子眼中，浩渺的宇宙中，唯有生他养他的那个地球故乡才是最为神奇和美丽的！这种神奇和美丽既是亘古存在，又是为任何东西所不可企及和替代。让我们共同为爱家乡、爱祖国、爱地球——我们人类赖以生存的共同家园和故乡——共同努力，以实现人类生活的永远和平、繁荣、幸福和美好。

感恩乃幸福之源泉

在生活中，常常听到人们这样说：幸福是一种感觉。尽管这样的幸福定义有些过于简单，甚至可以说还有进一步将其完善的必要，但我还是对如此简约的定义由衷地举双手认同。古今中外，人类对于幸福的探究和诠释已经很多，但在生活实践中，尤其是人们在对幸福的具体追求过程中却仍然呈现出各种不同的理解方式和行动情状。常言道：知足者常乐。由此可见，知足无疑是快乐的前提，而我更认为：感恩才是人类幸福的源泉。

什么是感恩？权威的《现代汉语词典》如是表述：对别人所给的帮助表示感激。其实，《现代汉语词典》的这一表述是对感恩这一概念的严格意义上的（或曰狭义的）解释。这里所说的“帮助”其内涵是极其广博丰富的。这里的帮助我们还可以理解为恩典与恩惠。这种恩典与恩惠包括精神层面的和物质层面的，它有来自社会个体的或社会群体的，甚至推而广之还有可能是来自自然和宇宙（如果在宗教信仰者的理解中，还可能来自包括某些超自然范畴的东西）。感恩是一种人类的文明，是一种由来已久的生存意识，也是一个道德范畴的社会学概念，还是一种哲学的世界观和方法论，一种人类高尚的生存方式和生存形态，更是人与人之间的关系处于一种和谐积极状态的反映。在国外，尤其是在美国、加拿大等一些西方国家，感恩是一个家喻户晓、妇孺皆知的概念，并且是一种为社会公众所普遍接受并付诸实践的生活内容，它们在每年的适当时候举国过“感恩节”，尽管这一节日起源于因获丰收而向上帝的感恩，但发展到今天，感恩节和感恩意识也已远远超越了西方的地域乃至深广的时空界限，丰收后的感恩对象已不再仅仅局限于上帝。其实，无论西方还是东方，作为人类，都是普遍具有感恩之心的。西方人在庆祝丰收的感恩节上将感恩献给上帝，而作为同住地球另一端的我们东方人，除了向上苍祈求风调雨顺，我们还有“谁知盘中餐，粒粒皆辛苦”“一粥一饭，当思来之不易”的感恩教诲。记得在我们小时候，启蒙老师也向我们讲述烈日正当午，汗珠滴下土的乡间劳作情景和面朝黄土背朝天的农民伯伯种地的艰辛，从而启发和引导我们那幼小的心灵，从情感上理解从事农耕的不易和珍惜粮食的重要。不知道从什么时候开始，这样的宣传和教育日渐被淡化或弱化。这也许是因为时代的变迁，也许是因为时运的转换，也许是因为由此所致的人们观念的更新。我走过世界的一些地方，作为一个有心人，世间万象的观察者，每当看到、听到或接触到一些特殊的或特别的人或事，我总是愿意做纵向的（即历史的）或横向的（即当下社会的）比较。当今世界，人与人之间有穷有富，国与国之间亦是如此。就目前我国的国情而言，比中国富的国家有的是，然而比中国穷的国家也不在少数。我去过一些欧美和其他一些西方国家，所到之处，给我感触最深的就是那里的人们尽管生活在一个富足的地区或国度，物质生活充裕，但那里的人们从不浪费，甚至还处处体现出本能的（或曰习惯性的）吝啬和节俭。从衣着到饮食起居，处处体现简朴的原则。他们有的是美食，但从不狂餐；他们有的是美帛，但从不滥穿；他们有的是金钱，但从不乱花。更要说及的是，他们珍惜生活，懂得感恩。然而，回过头来看看我们国内的一些生活现状，就不能不令人困惑和深思：首先是浪费现象严重。凡是去过饭店用餐的朋友可能都不难发现，那里的浪费现象惊人，无数的美味佳肴在用餐者浅尝辄止后便被倾盆倒入垃圾桶。这样的情形在一些公费吃喝者那里则表现得更甚。他们哪里知道，我们国家还是一个发展中的国家，全国还有将近一亿的百姓生活在贫困线以下，缺吃少穿。而在有些消费者看来，现在改革开放了，生活富裕了，大吃大喝，奢靡浪费无所谓，一切似乎都是那么的名正言顺，心安理得。更有甚者，觉得花的是自己的钱，浪费奢靡是自己的事，别人管不着。其实，这是一种狭隘的人生观。人类自从进入社会形态，他就必然处于与其他社会人有着某种必然的关系或联系。原始社会的人们为了生存，必须由整个集体或部落共同狩猎才能征服巨兽，从而与这个获取胜利的部落或群体分享战斗（或曰劳动）的果实。一个离群索居的人是不可能独立生存的，或者换言之，即便它能生存下来，那他也是注定活不好的。因为，人类社会中的任何个体，他们的基本生存状态首先应该是彼此合作、互相支撑。在这个社会中，本来是一个“人人为我，我为人人”的合理良性的生存状态，可是不知从什么时候开始，人们对这样一种生存状态的看法渐渐变得沉默、暧昧和避而不谈了，甚至一度作为错误的东西而被否定、批判、挞伐。值得庆幸的是，当今社会提倡重建和谐的人际关系，重新建立“人人为我，我为人人”的和谐社会合作关爱体系。在这样的社会里，光靠金钱还是不够的，有些东西是不能用金钱来衡量，也是用金钱买不到的。因为，作为一个个体的人，他的个人能力或能量再强再大，也总是有限的。只有将有限的个体力量通过社会关系的有机协调和整合、开发和利用，个人的力量才有可能得以最大限度地扩张和发挥。你会种地，我会织布——只有彼此的互助合作，人类的温饱才有实现的可能。正是在这个意义上，我们要强调对世界和社会的感恩。种地的感谢织布者所施以的温暖，织布的感谢种地者提供稻粱果腹。推而广之，人类社会发展到今天，农工商学兵，三百六十行乃至今天的三千六百行或三万六千行，社会分工的日趋精细和生活消费的多元化，致使当今社会的人类生活对于他人乃至整个社会的依赖性空前增强。但是，又有谁人，当他脚穿皮鞋时曾这样想过：为了这双皮鞋的诞生，其中浸透着多少人的辛劳、汗水、心血乃至作为皮革奉献者的动物的鲜血与生命！当你驾着名车风驰电掣般地疾奔在无限伸展的现代高速道上时，你可曾想过，为了这车、为了这路，有多少（少则几百几千，多则几万）人为之而劳作！此时此刻，不管是穿着这皮鞋的他，还是飙着这名车的你，在充分享受生活美好的同时，内心难道不该产生由衷地感恩之情吗？要知道，在这个世界上，不是所有的东西都是靠钱买得来的。如果没有人来为你周到地服务，有钱又有什么用？烈日当空的沙漠跋涉者，他最渴望的是绿洲和茫茫漠野中送水者的出现。饥寒的灾民，最渴望有人能及时给他送去帐篷、粮油、果蔬和罐头。在那样的情势下，一个人光有金钱是不够的。不要以为我用自己的金钱买来或换来的一切，享受起来心安理得。其实，不是这样的。当你用金钱买不来，或呼唤不来你所要索求的东西，你又会是一种什么样的心态呢？心安理得的心态背后永远不会有感恩，只有惭愧、负疚和不安的心灵背后才有可能产生感激或感恩的道德情感和道德意识。因此，过分高估自己能力或能量的人，不会产生感恩。过分自负和自私自利的人，不太容易产生感恩；一味理直气壮地向他人或社会谋取私利的人则更不会产生感恩。其实，这样的人，我怀疑他也可能一辈子在追求幸福，但幸福会一辈子与他保持着等恒的距离。因为，我们前面说了，幸福是一种感觉，而这样的人——不懂感激和感恩的人——是永远体会不到幸福之精髓的。综观当今社会，懂得幸福、珍惜生活的人不少。同时，抱怨生活、糟蹋幸福的人也不在少数。总有这样一些人，当生活遭遇不幸，他怨天尤人，当生活好转，他又不懂珍惜，不懂感谢、不懂感激、不懂感恩。因此，在本质上，这样的人，幸福即便降临其身，他也未必就有幸福感，或者说，这样的人，他的幸福度是要打折扣的，甚至可能与幸福无缘。

因此，在一个和谐文明的社会环境中，我们渴望感恩，我们倡导感恩，让我们的国人在一个更高的层面上去认识自己，也认识社会，认识人类，认识世界和宇宙，从而确立起高尚的文明修养和情操，去爱祖国，爱人民，真正懂得我们周围世界的人类群体，不但是我们的服务者，而且是我们生活的恩惠布施者——走在都市的茫茫人海中，迎面而来的男人或女人，也许是学校的谆谆教导孩子的教师，也许是国际著名的建筑师，也许是救死扶伤的医生，也许是袁隆平式的农业科学家，也许是保家卫国的将士，也许是刚下机床的工人，也许是正在走街串巷的商贩，也许是为官一任、造福一方的政要和官员，也许是曾赴汤蹈火、舍己救人的侠士，也许是默默贡献的无名英雄……我愿将他们视为生命里程中给我带来便利和帮助的不可或缺的恩人。离开了他们，我的生活将缺乏质量，甚至没有基本保障。正是在这个意义上，我们说，受恩者，理应感恩。同样，爱人者，必被人所爱。在当今建立和谐社会的过程中，我们追求一种文明的道德意识和风尚。其中，提倡感恩，知恩图报，回馈社会乃是当前和今后相当一个时期国民教育的重要任务。让我们共同为此而努力吧！

从朋友的孩子转学美国谈起

我有一位原先在上海社科院工作、现已举家迁居美国的朋友。前些日子他来信说，移居美国的最大得益者和精神爽者不是他自己，而是他那刚满九岁、正在读小学三年级的儿子乐乐。因为，转学美国，乐乐再也不用放学回家后，还要愁眉苦脸地做那些国内小学老师布置的、没完没了的 homework（家庭作业）了，从此，放学后，书包可以扔到房顶上了。看来，乐乐是“翻身得解放”了！说实在的，乐乐虽然不是我自己的孩子，但我还真是从内心深处为乐乐的“翻身解放”而感到高兴。——因为，乐乐的幸福童年又回来了，孩子又可以无忧无虑地享受他那个年龄段的孩子所应该享有的或者说应该得到的（而且是一旦失去就再也无法追回或无法弥补的）美好童年时光了。

的确，乐乐是幸福的，甚至有些幸运。他跟随父母移居美国，从此摆脱了家庭作业的重负。但是，我在为乐乐的幸运感到高兴的同时，又为国内没有乐乐这样的移民机会而出不了国的广大中小学生仍然要面对“应试教育”这样一种教学模式和教学现状感到困惑和忧虑。这种教学模式和教学现状的最主要表现特征就是它的“应试”性。中国的教育改革，可以说不但口号叫了几十年，而且，的确也实践了几十年。但是，改来改去，结果怎么样？国人心中一本账。客观地说，我国党和政府历来重视教育改革。在我的记忆中，自中华人民共和国成立，党和政府就一直在重点抓教育改革。就目前中国的教育现状来说，绝大多数人不赞成现在这种应试教育的模式，但谁都拿它没办法。俗话说，不破不立。现在教育界（尤其是中小学）的教育改革，几乎成了整个国民教育中难以攻克的一大难题或顽症。为了应付那些没完没了的（有的甚至可以说是无谓或无聊的）考试或测试，广大的教师和学生也自觉不自觉地被卷入这场旷日持久、烽火连天、声势浩大、规模空前的“家庭作业”大战或大潮。在这场大战或大潮中，学生有做不完的试题，老师有批不完的作业。在这个意义上，我们光说做作业的学生辛苦也不公平，因为，每天要批改学生堆积如山的作业，教师也同样不堪重负、千辛万苦啊！——一句话，这都是应试教育惹的“祸”。应试教育最典型的表现形式是“题海战术”。这种战术的直接贯彻执行者是身在教学一线的广大教师。我想，搞题海战术一定不是广大教师的本意，但教师们在其所教学生的升学率统计表（同样也是其教学质量和教学业绩考核表）面前，不得不屈服于上级主管部门所规定的刚性而又冷酷的评判标准。这真是一种不得已的无奈选择。应试教育和题海战术之间是明显存在着内在的逻辑必然，而且，显然是有了前者才有后者。应试教育不寿终正寝，题海战术就永无穷期，除了乐乐一类幸免者外，其余的莘莘学子很难从现在这种家庭作业的重负中摆脱出来。

应试教育的另一个必然后果，是夺取了学子们许多宝贵而有限的时光。远的不说，就拿我女儿为例。虽然她高考成绩不错，考分也不低，并被北大录取，但由于应付学校经常性的各科测试，孩子中学时基本上没有什么节假日。由于课余时间少，课外阅读量很有限，故知识面受到相当的限制。作为一名首都的高中毕业生，连中国最著名的《红楼梦》《三国演义》等四部古典小说都来不及读完，更不要谈其他的世界文学经典了。女儿的高考成绩虽然是高分，但她仍然显得学识平平，孤陋寡闻。应试教育导致学生高分而知识面狭窄是一个方面。同时，应试教育还有可能导致学生高分低能。在应试教育体制下培养出来的学生，他们必然擅长传统意义上的“殿试”而弱于对实际社会生活中所遇到的种种问题或困难进行克服、解决和领悟。有的学生，高中毕业，以高分考取了名牌学校，却对自己入学后的独立生活能力缺乏信心，从而提出让自己的母亲辞去公职，陪其就读（主要是帮助其洗衣做饭等），还十分心安理得。由于应试教育环境下培养或成长起来的学生普遍缺乏对实际社会生活环境艰难性和复杂性的认知、理解和应对，故一旦面临社会，就会显得茫然和不知所措，无所适从。这一点，我们不妨看看国外教育孩子的方式，也许会有一定的借鉴、参考意义。几年前，我女儿所在的外国语学校迎来了一批欧美的交换生，就在他们一同去野外旅行的途中，一名叫戴瑞丝的 9 岁小女生，身高还不到 1.3 米，一路上，她背着一个沉甸甸的与其体型很不相称的大旅行包，身子前倾着吃力地艰难前行。当陪同前去的中国老师和大哥哥大姐姐看后不忍心，提出要帮助她背背包时，小戴瑞丝一脸迷茫不解并略现不悦地问道：“为什么？我自己的事情为什么要让别人来做？”更令旁人不解的是，此时此刻，小戴瑞丝的父母就在该旅行团中，夫妇俩一路上只管走他们自己的路，聊他们的天，赏他们的景，对小戴瑞丝的“无助”状态根本熟视无睹，装着没看见。让我们设想一下上述情形要是发生在中国孩子身上，那情形就迥然不同了：中国的独生子女，在家中个个以小皇帝自居，即便像春游一类的活动，只要是由家长带着出去的，那么，小皇帝（和小公主）个个都是轻装上阵，因为，那些一路上需要的吃、喝、玩、用的包裹装备都是由唯恐自己的宝贝孩子被累着、被压垮，故心甘情愿尽“犬马之劳”的父母甚或爷爷奶奶、姥爷姥姥等长辈提着、背着或扛着。这就是中西方父母在如何教育、培养和对待子女成长问题上的观念差异（说到底，本质上也是一种文化差异和意识形态差异）。应该看到，学校和家庭是孩子成长发展过程中的两大主要环境。这两大环境对孩子一生的发展起着至关重要的甚至是决定性的作用和影响。因此，我们可以想象，年幼无知且又天真烂漫的孩子在一个既是应试教育、又是百般呵护环境中成长，他们未来的发展结果将是怎样。其实，类似的答案已经昭示于世了。当代中国教育学家们的不安和忧虑足以说明这一点。

在这里，我还要特别指出的是：特长生的培养，乃是应试教育的衍生和变种。这种衍变和发展更是加重了本来就已如牛负重的学子们的负担，从而使这一问题变得更加纷繁复杂，也使试图解决或改变这一问题现状的工作变得更加艰难。在这里，让我们不妨简要回顾一下中国特长生教育和培养的现状：“千军万马”争先恐后地去学钢琴、提琴、扬琴、古筝，当然，绘画、书法也不能少，足球和游泳也很重要，女孩子为了将来的气质和形体而从小苦练健美和芭蕾，为了防身和自卫，还要加上击剑、武术和跆拳道。望子成龙，望女成凤，普天下的父母们，都希望自己的子女比自己强，比别人强，甚至希望自己的子女是天才、通才、奇才。总之，他们将自己毕生的夙愿统统押宝似地一股脑儿寄托在孩子身上。有的人自己从未学过外语，因此发誓今生今世要让自己的孩子报考外国语大学，目标定位是联合国大会同声翻译；有的人自己的汉语文字水平白字连篇，却一定要让孩子报考名牌大学的中文系，毕业后，一定要著书立说，当大作家；即便是乡村举办婚丧喜事的吹喇叭者，也决意要培养自己的孩子去学吹唢呐或小号，而且必须要得乡试、县试、地试、省试抑或全国考试的第一名。这些家长自己资质平平，遗传因子里缺这少那，却要求自己的孩子成龙成凤。总之，父母是天才或博学多才的人，理所当然地要求自己的孩子继续成为天才和博学者；父母是生不逢时的遗憾者，同样理所当然地希望自己的孩子出人头地，以此弥补其平生的遗憾。因此，千军万马过独木桥的惨烈的局面终于产生和形成了。要知道，大科学家、大艺术家、大文豪、大学问家乃至统领芸芸众生的领袖人物，其产生概率是极低的，用“凤毛麟角”来形容一点也不为过，更何况其中还带有某些运气、机遇或偶然性。也正是从这个意义上说，一个成功者的背后，必然有成千上万个当父母者的辛酸和眼泪！

公允地说，“应试教育”和“特长生培养”并不是一无是处，相反，它在整个人才队伍的建设、培养过程中，有其积极的、成功的和健康向上的一面。然而，它的负面影响所导致的后果，我们也不能不引起关注和重视。我们应该在人才队伍的着力培养和科学培养之间，出人才和出效果之间，长远目标和短期行为之间，盲目跟风和理性选择之间，互相攀比与因地制宜、因人制宜之间，资质平庸与富俱天赋之间，现实可能与理想追求之间，家境贫困与财资丰裕之间，繁荣发达地区和萧条贫弱地区之间，城市与乡村之间，过度培养和社会需求之间寻求一种最佳平衡。这才是我们的教育工作者和广大的家长所要关注、研究和思考并予以切实认真解决的问题所在。

提倡“孝道”教育

“孝顺”和“孝道”教育，这是一个千百年来为人类，尤其是为我们中华民族所重视和关注的人文话题。在我们中国，自古以来就有“万恶淫为首，百善孝为先”的道德箴言和道德判断标准。由此看来，“孝”在我国传统文化中占有多么重要的地位。中国古代著名的《二十四孝》一书，就是从虞舜、汉文帝到黄庭坚等二十四人的孝行，序而诗之，用训童蒙。尽管此书是中国历史上封建时代的儿童道德训诫启蒙教科书，在我们21世纪的当下中国未必完全适用，但它起码在中国历史发展中给一代又一代国人精神品格的生成与发展产生了巨大深刻的影响。

毋庸讳言，我们今天国人的孝道观念和孝道意识，在相当程度上源自此，这种民族意识形态历史传承的事实是谁也抹杀不了的。但是，不知道从什么时候开始，中国人似乎渐渐远离谈论孝道和与之相关的意识形态。倒是我们周边的一些国家（如韩国、新加坡等）不但没有忘记这一伟大的传统文化的传承，而且在新的时代还与时俱进地有所发扬光大。我们今天之所以要谈论这个话题，其主旨就是要阐明“孝”的道德教育对国民精神品格的形成和发展所产生的决定性影响。记得前些时候，我在传媒资料上看到这样两则报道，内心不免感到既震撼又沉重：一则是讲某一家庭，母亲下岗，一天，经济拮据的母亲从市场买了些便宜的虾煮好了给自己的独生儿子吃，儿子心安理得地吃得狼吞虎咽，津津有味，这时，坐在对面看着他吃的母亲拿起筷子也想尝尝鲜，但当母亲将筷子伸向碗中夹虾的时候，儿子马上将母亲刚伸出的筷子挡了回去，嘴里还振振有词：“你吃什么呀？这不是你做给我吃的吗？有你什么事啊？”面对儿子这突如其来的疾言厉色，这位母亲先是一脸惊愕，继而哽咽，泪如雨下。还有一则是讲一位学生，因厌烦家长对其管教太严，亲手杀死母亲并将其肢解的血腥故事。其实，上述这类现象尽管比较极端和少见，也不具有社会的普遍性，但它确实从一个特定的角度折射出当下我们在教育下一代上所存在的问题和弊端，换言之，这种现象的出现绝非偶然，必然有其深层的社会根源。

当今的孩子，绝大多数是独生子女。他们从生下来的那天起，注定了自己的“独特”身价和地位。与生俱来的小环境是他所在的那个家。在这个“家天下”的小环境里，他享有独尊、独享、独有、独行甚而独霸的地位。由于家庭中只有如此一个宝贝疙瘩，物以稀为贵的不二法则，在当代的独生子女身上显示着威力。爸爸、妈妈、爷爷、奶奶、外公、外婆、叔叔、婶婶、舅舅、舅妈以及其他所有的七大姑八大姨们，统统在这些孩子面前呈众星捧月状。其主要的表现形式是百依百顺，有的甚至无原则地阿谀奉迎和讨好。马克思说得好："存在决定意识。"大人们的顺从、偏袒、溺爱和一味地满足、过度地呵护，使这些孩子在降临人间后就得到无限的关爱和温暖，随着时光的推移和自我意识的觉醒，小皇帝小公主的意识和脾气就渐渐滋长、生成。有了这种小皇帝小公主的意识和脾气，接下来的便是唯我独尊，"君"临天下了。既然是君临天下，当然就是目空一切。由于是独生子女，所以"孔融让梨"的传奇故事在这样的环境里显得格外的苍白无力，从而失去了往昔的教育功效。正是这种从小在一个不愁吃不愁穿，外加受到家庭或家族全方位呵护的环境里长大的原因，导致众多的独生子女以自我为中心。他们要求别人对其关心、爱护、顺从，而他们自己却不懂得怎样去关心和尊重他人。比较极端的例子就是上述那位不让母亲尝虾味的孩子。因此，家庭的过分疼爱，其实就是一种溺爱。这样的爱不但对子女的成长没有好处，甚至有害。其实，我们提倡的孝道是指作为子女对长辈的应有的感情、尊重、爱戴和赡养等。中国古代的那种"老吾老，以及人之老"的道德教化，不但迄今没有过时，而且依然可以作为今天年轻后生的道德准则。我联想到我国某些地区的干部组织部门，开始在培养和考察干部时将其是否孝顺父母、善待老人作为一条重要的政治指标，我认为是有其合理性的。试想，一个连自己的父母或亲人都不疼、不爱的人，当他掌权后怎么可能会全心全意地关心人民疾苦，为老百姓办事？大贪官胡长清，尽管当上了省级干部，自己声色犬马，花天酒地，对自己的亲生母亲却冷暖不知。这样一种对自己生身父母都缺敬少爱的人，又怎么可能会将百姓的利益放在心中，从而殚精竭虑地去为官一任、造福一方呢？

中国社会发展到了今天，首先需要的就是社会的和谐与稳定，而建立一个和谐稳定社会，离不开全体国民素质的培养和提高，而这其中，提倡"孝"的教育是很重要的甚至可以说是必需的，这也是我国社会主义道德文明建设使然。这种教育必须要有针对性，必须从幼小的娃娃抓起，其受教的主体应是年幼的孩子和一切未成年群体。

从名人戴墨镜谈起

名人戴墨镜，其实不是一件什么新鲜事，还用得着人们去大惊小怪吗？最近，几乎每天早上，我在我居住的那个生活小区都会看到一位戴着墨镜跑步的中年男子，走近后才看清，那人是我国一家著名电视台的著名栏目的著名节目主持人。第一次见到这种情形，直觉使我感到惊诧和怪异：大清早的，自然光线挺柔和的，干吗要戴上墨镜？名人也不至于这样啊！这时，谁戴上墨镜，谁就令人注目，这是毫无疑义的，那么，大清早的，这个时候戴墨镜，究竟是为什么？答案当然是戴墨镜者自己最清楚。当然，名人，也和常人一样，穿衣戴帽，各有所好，这本来是件无可厚非的事。作为旁人，我们也不宜无端猜测，但问题是要看情形的产生是在什么样的时间、地点等环境条件下。任何人的行为举止，都应该考虑到要和行为举止者所处的时间、地点等环境条件相协调和一致，否则，就会显得突兀或异样。而这种突兀或异样是不会产生美感的，更谈不上令人愉悦和爽心。因此，也不可能给周围环境带来什么积极意义上的人文效应。

以前，我也在各种不同的场合遭遇到名人戴墨镜现象，如在某个城市的某条大街上，或在某个地方召开的某个会议上，或在北京的某个超市商场中，甚或在某个盛大的宴会上。在一般情况下，人们对名人在公众场合戴墨镜的现象都是见怪不怪，持某种理解的态度。因为由于某人是公众人物，戴上墨镜从一定意义上来说，确实可以起到减少不必要的麻烦或种种意外事件发生的作用。但是，更多的场合，名人还是应该自我调适，自我放松，摆正自己与公众的位置，以随意一些地处世和生活为好，尤其是不要把自己太当一回事。

名人是一个跨学科、跨等级、跨行业、跨阶层、跨时间和空间的概念。不管是哪一种名人，也不管他们是通过何种渠道或方式出的名，都应该摆正自己在人群中的位置。其实，在我看来，所谓的名人和普通人都是一个概念，即我们通常所说的“人”的概念，而名人和普通人这两个概念都是由“人”这个种概念派生出来的属概念或子概念，而且，它们也都是一个相对概念，两者之间在一定的场合和条件下是可以互置互换的。有相当一部分的名人，他们在其成为名人之前也是普通人，他们之所以出名是由于其通过自身的努力，在其从事的领域中事业有成，或取得了比常人更优秀更卓著的业绩，并获得了业界或公众的认可。正是在这个意义上我们说，名人队伍中也有大名人和小名人之分，有在一村一乡有名的名人，也有在十里八乡有名的名人，还有在一县一市有名的名人，更有在全省全国有名的名人，甚至还有在全世界范围内享有盛名的超级名人。还有的名人则是在某个领域或某条战线出名。有的名人在某个时期声名显赫,但只是名噪一时,死后很快就被人遗忘。而有的名人的声名却历久弥坚,世代流芳。有的名人功名显赫,有的名人毁誉参半,也有的名人则遗臭万年。有的人做梦都想出名,并挖空心思,不择手段,沽名钓誉,但总是未能如愿。相反,有的人根本不想当名人,甚至连想都没想过,却一不留神,出了名,成了名人,真可谓应了那句“有心栽花花不发,无心插柳柳成荫”的古训。

一般来讲,当上名人毕竟不是一件坏事。人一旦成为名人,随之而来的就是所谓的名人效应。这种效应往往会给名人带来许多意想不到的利益和好处。同时,也有可能会给当事者带来意想不到的不便和麻烦,所谓“人怕出名猪怕壮,名人反被名人误”的事想必人们也耳闻目睹过不少。上面讲的那位大清早跑步戴墨镜的某电视台名人,他之所以大清早起来就戴墨镜,我想他必有他的用意或苦衷:或许生怕别人认出来,与其打招呼、聊天,影响本来就有限而宝贵的清晨时光,或许压根儿就不想与人打交道,或许怕别人求其帮忙,或许从其心灵深处就觉得自己是大名人而不屑于与常人交往,如此等等。当然,在现实生活中,愿意不愿意与人打交道,愿意不愿意给人以帮助,这是每个人的生活权利,外界和他人无须强求和干涉。我们这里涉及的问题是名人如何看待成名后的自己以及成名后的自己与常人之间的关系。广大的普通人群体,乃是名人辈出的源泉和基础。普通人一旦成了名人不要过分自以为是,普通人成不了名人也不必妄自菲薄或自暴自弃。人到这个世界上的目的并不是一定要做名人的,而是作为一个生命的个体有意义地活着(如果是有个性地活着则更好)。也正是基于这一点,我们希望那些业已走出普通人群而成为名人的人,在庆幸自己成为名人的畅快之余,是否应经常回过头来重温一下自己的历史足迹,多与普通人建立一些密切的联系,哪怕是在日常的生活中多多注意同普通人的交往或交流,这样也许对他的事业的发展会更有帮助。不要时不时地就以名人自居,比如在太阳光线不太强的情况下,是否就可以不要或者尽量少戴墨镜或者换一副浅色的(当然,病理上有畏光症者除外)。要知道,那副墨镜其实是一道墙——一堵将名人与普通人隔开或阻隔联系和交流的墙。名人只有保持和最广大的普通民众的紧密联系,与这个群体同呼吸共命运,才会活得更有声有色,更有价值,他的前景才更加广阔,他自己也才能真正获得积极意义上的名人效应,这样的名人才更能赢得人民大众的尊敬和喜爱。

服饰演变的历史循环

宇宙世界是在有限发展和无限发展的有机统一中运动和演进。人类的服饰发展应该说是一种有限发展，即在御寒、遮羞和审美三大功能的基本框架内螺旋式上升式的发展。

最近，我在翻阅香港商务印书馆出版的《中国近代珍藏图片库》画册时，偶尔看到汪精卫身上所穿的一件三个扣子款式的西装，深感惊愕。原以为，最近一两年在市面上流行的西装三个扣是目前时装界的革新或首创，因此，在服饰穿戴上历来不太讲究的我，也不假思索地随意买了一件。没曾想，这种款式的西服，早在20世纪初的一二十年代，就有人穿过。为这件事，我思考良久，它给了我一个很大的心灵启示：人类从茹毛饮血到衣冠楚楚，其间经历了千万年的历史进化和演变。这种进化和演变可以说是巨大的或翻天覆地的。但是，尽管如此，任何事物的发展都是受某种规律和法则所支配或制约。在我们人类所赖以生存的这个世界上，有的事物是无限发展的，有的事物则是有限发展的，例如，作为大千世界的浩瀚宇宙，它的发展是无限的，而作为像我们人类这样一种生命个体（及其由此派生出来的事物），它的发展，则是有限的。宇宙世界就是在这种有限发展和无限发展的有机统一中不息地运动和演进。服饰，作为我们人类个体所拥有的东西，它的发展应该说是一种有限发展。因为，从我们人类开始懂得用服饰遮掩自己躯体的那个时代起，服饰（哪怕是树叶兽皮意义上的服饰）就具备了御寒、遮羞和审美的功能。然而，历史的时钟走过了千年万年，我们今天的现代人，他们对服装的需求心理，依然与我们的先民们相差无几。当今世界的任何一位服装设计大师都不可能离开御寒、遮羞和审美这三大功能而去谈服饰的设计和创新。也正是在这个意义上，我们说，御寒、遮羞和审美功能是一切服装设计师考虑和设计服装的基础和前提，这些基础也是支配和制约服饰事业发展的规律和法则。谁遵循它，谁的创作设计就会成功，反之，成功的希望就渺茫了。现在，让我们回过头来看看，20世纪初三个扣西装在我国的出现，到今天三个扣西装在我国的再度流行，说明了什么。

要回答这个问题，恐怕还得从事物的有限发展和无限发展的辩证统一角度去加以考察和诠释。由于人类的服饰受其御寒、遮羞和审美这三项基本功能的支配和制约，故服饰的发展不可能是无限发展，而只能是有限发展，即在上述三项基本功能的框架内的有限发展。这种发展其实也是一种否定之否定的螺旋式上升的发展。此话怎讲？第一，尽管20世纪初的西装和我们今天市面流行的西装在其外形（造型）、颜色等方面十分相似，但后者的款式价值其实已经升华了。因为，尽管从表面看，外表很相似，但支持后者生成的原材料质地定然是今非昔比。第二，着装的主体发生了变化，现代人对西装的理解与20世纪初期人们对西装的理解是不尽相同的，因此，体现在着装主体的气度和神韵也是截然不同的。由此体现出来的西装品位价值也就不同。第三，时代变了，公众的审美理念和审美标准也在发生变化，因此，它所获得的社会的审美评判结果也是不同的。这里，其实涉及一个变与不变的辩证关系问题。由此，我联想到了在我们日常生活中的许多方面，都存在着此类变与不变的辩证关系问题。例如，产生于1300多年前的唐装，为何迄今不衰。还有，如今有相当数量的女性，又重新开始给旗袍以青睐。这些情形说明了在人类服饰发展史上的某种历史循环。而这种历史循环现象的出现绝非偶然，而是有其深刻的人文根源。首先，从人类的本质属性来说，他自身不但有求新求异，喜欢时尚的心理，同时，亦具崇古怀旧的意识。当人们长时间经历某一环境和某一事物的时候，原初的那种新奇感（或新鲜感）自然会随着岁月的流逝而渐渐退去，转而就是麻木、生厌和拒斥，从而又在新的基础上开始求新求异，创造新奇，以此满足日益变化着的欲求之需。因此，正是在这个意义上说，诸如服饰的历史循环乃是人类求新求异心理的一种特殊表现形式。换言之，当人们将具有几十年、上百年或几百年历史的传统服饰穿腻了、看烦了的时候，就自然要渴望能有焕然一新的、醒目迷人的服装的出现，这时，服装设计师的创造冲动和美丽新颖的现代服装的诞生才成为可能。同样，当整个社会充斥着清一色的现代服装时，久而久之，人们又可能会对当下的服装现状开始产生抱怨和不满，这时，对传统服装的怀旧心理可能会油然而生。2001年，唐装在中国的广泛流行可以说是古典服装的一次大规模的全面复兴，也可以说，这是一次唐装古典主义的复兴，同时，这也是一次极具典型意义的服饰演变的历史循环。这种循环将古代服装的历史价值发展到了一个崭新的阶段，尤其是当它在上海的APEC会议上被亚太地区的各国首脑穿上后，就更被赋予了深刻的时代意义。这也许就是人类服饰历史循环中最富具价值的一页，永载史册。

传统服装就在这种否定之否定的历史演变中获得升华和新生，我们由此也从这种有限发展中见到其所蕴含的无限的生命力。说到这里，我记得我国著名国学大师季羡林先生在谈到服饰演变的历史循环时讲述了他的经历和对此的理解：在穿衣方面，季先生犹如一个清教徒，他的衣服大多是穿过十年八年或者更长时间的，有一件雨衣，是他在1946年从德国回到上海时买的，至今仍在穿。有一天，他穿着这件雨衣，听一位专家说："你的雨衣款式真时髦！"他先是大惑不解，后经专家一解释，他才恍然大悟：原来，50多年前流行的款式，经过了漫长的沧桑岁月，在不知经过多少世事变化后，现在又开始流行起来了。季先生大为兴奋，没想到自己守株待兔几十年，还终于守到了。他也没有想到，人类在衣着方面的那些小聪明，原来竟是如此有限！然而，也正是在这种有限的发展中，我们见出了服饰演变过程中否定之否定的辩证发展规律。

综上所述，我们完全有理由认为，无论是从20世纪初汪精卫身上所穿的三扣西装到迄今重新流行的三扣西装，还是唐装、旗袍的再度流行，或者季老先生50多年前从德国回上海时买的那件"时髦"雨衣，它们的重演或再现，都从其各自不同的侧面展示或体现了服饰发展、演变的一种历史循环，这种循环绝不是事物发展过程中的简单重复，而是一种哲学意义上的(即辩证发展意义上的)更高层次的历史循环。它内中必然含有某种新的创意和新的理念。也正是在这个意义上，但愿我们的国人和服装设计师们，在追求和创造崭新的服饰未来的同时，不要忘了我们曾经拥有过的优秀的服饰传统；在尊崇和吸收我们民族优秀的服饰传统的基础上，从事和追求现代服饰事业的创新和完美。

盲人按摩有感

我家小区附近，有一所按摩小院。我在小区住了 6 年多了，每天散步几乎都会路过那里，可我从来没有进去看过，因为，那个盲人按摩小院似乎与我关系不大。可前些日子，我因睡觉落枕，颈椎特别难受，去了几家大医院就诊，而后又是吃药，又是膏药，但治疗效果始终不明显。无奈之际，一天晨练，偶遇邻居老肖，谈起此事，他建议我不妨请盲人大夫按摩按摩。于是，我听取了老肖的建议，怀着试试看的心理踏进了这家我时常路过却从未进去过的盲人按摩小院。

说明来意后，负责给我按摩的盲人大夫是一位陕西人，姓李，我就管叫他“李大夫”。李大夫配有助手，在给我按摩之前，助手动作很麻利地将一副洗得很干净的白色床单和枕巾铺好，而后，我在李大夫的指令下将身子躺平，开始接受按摩治疗。李大大的眼睛属深度残障，一点光感都没有，对周围世界的了解和掌握也是全靠听力和触觉。不要看他视觉已全部丧失，但按摩的技术水平特高，而且特有劲。我尤其注意到了他那双铁钳般有力的大手，按摩时，无论是手掌或手指，其施力强弱有度，点穴精准有序，直达病灶或痛点的核心，那种受力后酸痛交加的滋味令每个前来按摩者着实领略了一把，这种类似于活受罪的难受或痛苦——令每位前来按摩者轻者小声哼哼，重者则必然难熬其苦，并忍不住要龇牙咧嘴，叫喊不迭——此等滋味真可谓自讨苦吃，但它毕竟给受者的感觉是：痛并快乐着！按摩后的第二天奇效果然产生，我的颈椎症状明显出现改善，后来，又接着按摩两次，原先的那些病痛症状全然消失。现如今，我的脖颈又舒适自然，灵活如初。这真的要好好感谢像李大夫这样一些长年累月辛勤工作在按摩一线的盲人按摩师。这是一支千万不可小瞧的队伍，一支给我们健全人排忧解难、消解疾患和病痛的保健军团。

通过这次以患者身份与按摩小院中的那些盲人按摩师的近距离接触，使我对这个特殊的社会人群有了一个更直接从而也更直观更深刻的认知和了解。我认为，这是一个往往很容易被人们所忽视然而的确又很了不起的人群。在这个特定的人群或阶层中，他们和我们正常的健全人群体一样，他们有常人共有的七情六欲和喜怒哀乐，他们也有常人所拥有的亲情友情爱情和故交。他们也和我们常人一样住在同一座城市，说着共同的语言，渴望着向他人倾诉和交流。这个阶层中，不乏智者、能者、强者和开明者、高尚者。在这个阶层中，不乏丰富多彩的生命乐章，不乏令人动容的传奇故事，不乏撼人心魄的爱情诗篇，不乏寻常百姓乃至底层社会人群的恩怨情仇和生活琐事。给我按摩的除了店主老板外，还有其他两位山东籍和河北籍的李姓大夫，我将他们分别称之为“山东李”和“河北李”。这两位大夫的眼睛都属高度残障，但他们的按摩技术都很精湛，待客非常礼貌客气，按摩服务也十分到位。有时，按摩时间到点，他们也不会因此戛然而止，而往往有所超时，这种看似不经意的免费赠送或优惠，给每个前来按摩者感觉到他们待客的诚实和守信。这种顾客心理的感动之余必然给这个看似不起眼的按摩小院带来为数不少的回头客和人气指数的飙升。工作之余，这些盲人按摩师们也总是有说有笑，有的甚至不乏机智和幽默。从他们的言谈举止中，很难看得出他们内心深处因视力残障而深感痛苦，从而自暴自弃、怨天尤人的消极厌世情绪。相反，他们的言语竟是那样的欢快，他们的谈笑竟是那样的阳光。每当领略到此情此景，总不免令我这样的健全人深深感佩。其实，再往深层处想，作为残障人，他们毕竟是一群生活在当今社会底层的弱势群体，他们在现实生活中所遭遇到的艰难困苦一定不比我们少。他们也有自己的家庭和妻儿老小，也要承担为人父、为人子、为人夫的社会责任和义务。而他们仅凭自己这粗大有力的双手，挣钱吃饭，养家糊口，培育儿女，仅凭这双劳动的手，自食其力，不给社会添麻烦，如此等等。这些都是隐藏在这些按摩师幽默言谈和阳光笑颜背后最艰辛最沉重最真实的生活内容。与这些人比，我们这些健全人还有什么可自暴自弃，悲天悯人的?！相反，应该庆幸、知足和感恩。感谢爹妈给了自己一个健全的身躯，从而努力为这个社会多作贡献，最大限度地体现和开发自己的人生价值。做一个真正有益于人民，有益于社会的人。

除了陕西李、山东李和河北李几位按摩师，在这个按摩小院中，一个名叫欧阳平原的盲人按摩师给我留下了特别深刻的印象。此人就是这个按摩小院的领导和法人，视力接近全盲，仅有一点光感。正是靠这点光感和惊人的记忆和灵敏的听觉，他能最大限度地记住每个去他那个按摩院按摩的客人的各种信息资料。当你第二次去那里并与他接触、交谈时，你一定会为他过人的记忆所惊叹。欧阳平原，身高约180厘米，北京人，温文尔雅，待人热情中始终秉持着不卑不亢，脸上也总是挂着一幅沉静的微笑，彬彬有礼的举止透溢着一股儒雅之气。此人知识面极宽，天文地理，无所不涉，无所不谈。虽是盲人，其谈吐一点不俗。记得有一次是他亲自给我按摩，我们彼此聊得也很投机，古今中外，纵横驰骋，什么秦皇汉武、唐宗宋祖、东周列国、七侠五义、唐宋元明清；什么希腊罗马、神圣帝国、铁血宰相、彼得大帝、滑铁卢战役。与欧阳平原一席谈话下来，不禁令我暗暗叫绝。在我看来，眼前这位正在全心全意为我服务的盲人按摩师，简直就是一位哲人。我真不明白，作为一位几乎全盲仅靠一点光感生活的人，他是通过何种方式或途径撷取那样巨量的知识和信息。我想，如果光用所谓的“勤奋”“用心”“刻苦”等字眼来解释是远远不够的。这里必然还有某种与生俱来的天赋因素。因为，在人群中，人与人之间的个体差异是很大的。对此，也许有人会说，盲人的记忆功能特别发达，所以，他们所学东西经久不忘。现在的问题是，像欧阳平原这样的情况，也不是其他盲人所能具备的。所以，在承认他自身努力的同时，我还真不得不为他的个人禀赋所慨叹和折服。在这位具有特殊天赋和素质的盲人按摩师身上，人们不难看到他身上的那种特殊的人格魅力。正是因为欧阳平原身上的那种特殊人格魅力构建起了他那与众不同的人格魅力和特征。欧阳平原的生活并不单调孤独，不要以为他是盲人而小瞧了他。欧阳平原游历颇丰，见多识广，改革开放初期，他就与朋友结伴南行，去广东的深圳、东莞、番禺一带，并在那里开设盲人按摩院，结交了一些朋友，似乎也淘到了一些金子。这无疑为他后来在北京开设按摩院奠定了资金基础。欧阳平原不但有智慧，肯吃苦，而且人缘好，人脉广，因此回头客也多。据说他还是北京某区残障人联合会的主要负责人。他有他自己的圈子，他是他那个圈子里的业界名人。众多的天时地利人和因素，促成了欧阳平原的按摩事业红红火火，一路顺风。生命之途上并且也出现了这样可歌可泣的动人一幕：一位健全而又美丽出众的姑娘被欧阳平原的高尚素质和人格魅力所打动，并渐渐爱上了他，最后以身相许，将丘比特之箭射向了这位出色的盲人按摩师。这位姑娘姓柳，陕西汉中人，她的美丽印证了俗话“米脂的婆姨绥德的汉”的当代有效性。小柳确实美丽大方，待人接物不卑不亢。与欧阳平原结成伉俪后，除了对心仪的丈夫恩爱有加，还一心一意全力支持丈夫的按摩事业。我们去了几次，与那位小柳姑娘也有了一些了解和交情，因此，我们每次到了按摩小院，欧阳平原夫妇总是非常热情。我和我太太也总是以礼相待，像见到老朋友一样感到高兴并与之交谈。现在，这个按摩小院在我们小区已小有名气，故按摩生意也日益红火。作为这个按摩小院的朋友、常客和得益者，我由衷地感谢这些终生博弈于光明与黑暗间的按摩师，并祝愿按摩小院发展壮大，长盛不衰。

艺术作品的审美价值与社会效果

朋友，在现实生活中，您是否常常有这样的感觉，当您观赏一幅美丽的图画，那绚丽多彩、美不胜收的画面可以把您带向繁花似锦的仙山琼阁；当你聆听一首优美的乐曲，那时而深沉、时而激越的旋律将会使您心旷神怡，憧憬美好的未来；当您阅读一部世界名作，那智趣横生、引人入胜的情节将会使你爱不释手，陷入那如痴如醉的漩涡。请问，这究竟是什么力量在驱使着您？艺术，这就是艺术的魅力在唤醒人们沉睡的心灵！

那么，什么样的艺术才算有魅力？什么样的艺术作品才能收到更好的社会效果？要回答这个问题，就必须从作品的审美价值谈起。

"美"，自从有了人类以来就是人的心愿。在日常生活中，人们之所以珍视美，追求美，首先是因为美能给人以精神上的快慰和奋发向上的力量。自古以来，文学艺术家的创作都是力图借助"美"这一特定的艺术表现形式来影响人们，感化人们。我们社会主义的文艺作品，也正是通过"真善美"给人以美的感受，从而吸引人民，感化人民，以此取得宣传人民，教育人民，唤起人民努力奋斗，去争取我们事业上的更大胜利这样一种社会效果。

反映在艺术创作中，一部艺术作品，一般说来，它也并不只限于单一地反映美，因为，艺术毕竟是实际生活的再现。凡是稍有生活常识的人都会懂得，生活中除了"真善美"的东西，还有"假恶丑"的东西，此外，还有许多按其本质来说同审美价值没有直接联系或是中立的东西。例如，丑陋的癞蛤蟆在安徒生的童话中变成美了吗？没有！但是，和现实中的癞蛤蟆不同，安徒生作品中再现出来的癞蛤蟆乃是作为艺术作品的表现对象。由此可见，一部优秀的艺术作品，它之所以能激起人们的审美情感，从而收到良好的社会效果，不仅是因为它和现实相似，而且还在于它不是真正的现实，更准确地说，是现实的再现，是技巧，是艺术的闪光，一句话，是它所表现出来的审美价值。因此，在安徒生的作品中，美的已不是本来意义上的癞蛤蟆，而是癞蛤蟆在艺术上、技巧上的生动再现（当然，也并不排斥癞蛤蟆的属性——丑陋——的再现）。此外，我们还常常会遇到这样的情形，就是那些在生活中平淡无奇的东西，体现在艺术中却是美的、可爱的、高尚的，甚至可以使人为之倾倒。这又是什么道理呢？这并不是因为这些情景在客观上是美的，而是因为在艺术上人们所看到的不是真实的客观实体，而是真实的客观实体表现在艺术再现和强化感染力中的技巧，是一种源于实践高于实践的现实抽象。例如影片《庐山恋》有这样一幅动人的画面：周筠和她的父亲出游打猎在丛林中，歇息之际，一群大雁从丛林上空飞过，此时此刻，周筠的父亲望着远去的大雁，触景生情，勾起了这位身在异域的炎黄子孙落叶归根、思念祖国的情怀。影片紧接着的另一幅画面是，熊熊篝火旁，放着一盒“大中华”。艺术家采用这样一种象征和比喻的手法，鲜明、生动地烘托出这位国民党前高级将领晚年的思亲爱国之情，可谓恰到好处。从这两幅画面上，使观众不单单在艺术中观赏到“群群大雁往南飞”的大自然的优美景色，而且使观众从中欣赏到了艺术家在其作品中，从生活的一个侧面进行巧妙地宣传和歌颂粉碎“四人帮”后，党所重新制订的“统一祖国，爱国一家”“爱国不分先后”的统战政策这样一种细致入微、别具匠心的艺术技巧和再现活生生的现实生活的能力。应该说，这部影片的作者想象力是丰富的，它的艺术构思也是合理的，体现在影片中的艺术家的表演手法也是成功的，因而使作品产生了较高的审美价值，收到了引人入胜、耐人寻味的艺术效果。

从这个例子我们看到，一切艺术作品主要都是由下述两种要素构成：一是现实的内容，二是对现实的反映。我们的同志在创作过程中，最基本的一条宗旨，就是时刻不要忘记一个人民艺术家的社会责任和他的作品的艺术效果给社会所带来的影响。而要做到这一点，就必须重视、了解和体察人们的审美趣味和审美标准。因为，一个时代或一个民族的审美趣味和审美标准是受一定的政治制度、社会道德、思想文化和传统的风俗习惯等条件的制约而有所不同。俄国著名美学大师车尔尼雪夫斯基曾经有过这样一句名言，叫作一代人有一代人的美。这句充满哲理的话，简洁、精辟地强调了审美趣味和审美标准随着时间、地点、条件的转移而变化的辩证法。任何想摆脱、超越或违背这一原则而产生出来的艺术作品都是不会有理想的审美价值，因而也不可能收到良好的社会效果。

前些时期，在我国的某些文艺作品中，夹杂着一些粗制滥造、生搬硬套、平庸低劣、莫名其妙的东西，就是因为艺术作品中没有考虑读者和观众的审美趣味和审美情感这个创作原则，艺术家犯了主观与客观相分裂的毛病，致使艺术作品的社会效果违背了艺术家本人的如意愿望。就以电影艺术为例，银幕上的东西本来可以五彩缤纷，千姿百态，形形色色，各有不同。但是，有些电影为了片面地追求所谓的艺术效果而不顾及作品对象所处的时间、地点等历史条件，凡是描绘爱情的，大凡都是男女间的互相追逐、亲昵接吻甚至有在雪地里打滚之类的镜头；凡是描写一些凶杀事件之类的场景，作案者大多是一些剪长发、留鬓角、蓄小胡子一类的亡命徒。当然，对于这样的艺术处理，一概排斥固然不妥，但为了赶时髦而不顾及我国的具体国情并离开了生活的真实去盲目追求和机械模仿，就不免使人感到索然无味，俗不可耐，为时代所遗弃。

凡此种种，归结到一点，还是因为我们的艺术家没有准确细微地领会和理解他所创作的作品对象的审美趣味和审美心理，有的甚至是由于作者本身的思想境界和审美趣味不高所造成的。我们的艺术家和艺术工作者只有深入生活，在实践中陶冶自己的情操，提高自己的思想境界，从而真正熟识和掌握有血有肉有思想有情感的活生生的人的审美趣味和审美心理的脉搏，才有可能创作出引人入胜、扣人心弦、富有时代气息的艺术珍品。这样的艺术之花才能经得起时代风暴的洗礼，才能在社会主义祖国的文艺百花园里，为建设社会主义的精神文明吐芳争艳，放射异彩！

光明、黑暗与艺术家的爱憎

在中国新民主主义革命时期，涌现了像鲁迅、郭沫若、茅盾这样一些文学巨匠，他们能够在时代的激流中奋勇进击，从人民的革命斗争中开发艺术创作的泉源，歌颂光明，暴露黑暗。他们怀着对人民的忠诚、对正义的热爱和对恶势力的憎恨和鄙视，在旧中国风雨如磐的漫漫长夜中探索人生的真谛，追求光明的未来。

今天，我们的文艺界肩负着建设社会主义精神文明的特殊使命，可谓任重而道远。粉碎"四人帮"以来，我国的文艺创作摆脱了极"左"路线的影响，重现了革命现实主义的光辉，社会主义文艺园地出现了欣欣向荣、生机盎然的景象，社会主义的文艺创作空前活跃，涌现出了一大批振奋人心、脍炙人口、足以反映社会主义时代精神的优秀作品，为丰富人民的精神生活，提高人民的精神境界和鼓舞人民的革命斗志起了积极的作用。但是，与此同时，也出现了一些值得一个严肃的作家、艺术家深思的现象：有些作者，由于思想境界不高，审美趣味不够健康，在他们的作品中流露出热衷于猎奇的倾向，如着力渲染那些惊险的、惨痛的、奇特的、骇人听闻的情节，偏激地把个别的、局部的社会阴暗面夸大为普遍的、整体的社会阴暗面，使人读了感到消极和悲观，缺乏积极的、进步的、奋发向上的鼓舞力量。在艺术形式的探求上，也存在着这样那样的偏颇。

这些现象的产生，反映了我们有些同志的时代使命感不强，革命责任心较差，他们没有将自己的感情脉搏与整个时代的脉搏紧连在一起，没有把个人的情感、愿望、爱好和追求与时代赋予我们的光荣使命结合在一起，而是脱离了今天的时代和革命的现实去追求一些虚无缥缈的东西。当然，我们不否认作家应该具有自己的思想情感（而且应该是强烈的思想情感），有自己的志趣和爱好，但是，任何人的感情都不能脱离祖国的前途和民族的命运这个根本问题。作家必须写自己所了解、所熟悉的东西，这固然是艺术创作中一条不容忽视的规律。但是，不管怎样，这里都有一个爱什么和恨什么的问题。文艺作品中的爱什么，恨什么，歌颂什么，讽刺什么，在一定意义上说，也是作家、艺术家本人思想情感的自我表露。在艺术创作中如何处理歌颂光明和暴露黑暗的关系上，历来就有一个作家、艺术家本身的立场和爱憎问题。要歌颂时代的光明，除了必须要有强烈鲜明的爱憎，还必须具备认识光明和发现光明的能力，否则，歌颂光明也就成了一句空话。歌颂光明是这样，暴露黑暗也是如此。试想，一个没有先进审美趣味和审美理想，没有对事物鲜明爱憎的作家、艺术家，要想创作出对丑恶暴露和鞭挞的作品是令人难以想象的。这里提出了一个问题，就是要求我们的作家、艺术家热爱生活，热爱正义，追求真理，追求光明。果戈理在创作《钦差大臣》时曾经说过这样一句话：我决定把当时所知道的俄罗斯的一切丑恶的东西，一切非正义的行为都集中在一起加以嘲笑，而那些非正义的行为恰恰是在最需要人们表示正义的地方和场合下干出来的。可见，果戈理的这句话，足以说明作者本人对光明的追求和对正义的热爱。应该指出，在文艺创作中对黑暗的无情揭露，对丑恶的蔑视和嘲笑，正是为了唤起人们同那些低级的、庸俗的、丑恶的、腐朽的东西划清界限，从而使人们有所警惕，有所觉悟，有所改正，有所提高。一句话，正是为了更好地伸张正义，捍卫真理，更好地歌颂光明，歌颂时代的真善美。这就是文艺创作中处理光明与黑暗的辩证法。果戈理的这种创作态度正是值得我们今天的文学艺术家们所要学习和借鉴的。

总而言之，为了更好地履行一个人民作家、艺术家的神圣天职和义务，我们的同志应该不怀任何的私利打算去探索时代的光明，他们决不肯为了某种不良的目的而在创作中歪曲自己的良心。文学艺术家应该永远是塑造人类灵魂的工程师，他献给人类的应该是美玉和明珠，他的最神圣的宗旨应该是用真善美的力量去拨动人们的心弦，唤醒人们沉睡的心灵，用战斗的笔去开拓一个更高尚、更美好的光明未来！

民国时期的女性审美意识

民国时期，在中华民族发展的历史长河中，可谓昙花一现，但这个时期却生发出许多惊世骇俗、光怪陆离的事情。这既是一个军阀割据、内战不断的混乱时代，同时又是枭雄崛起、文人辈出、文化和文明倔强生长发展的时期。从封建王朝脱胎而出的民国，必然带有社会转型期深刻的时代烙印和特征。30 多年间，人们的意识形态包括审美观念，都发生了巨大变化。这里仅就狭义的意识形态的一个分支——民国时期的审美意识中关于女性及其形体的审美意识或审美观念作一历史观照和探讨。

20 世纪初，随着资本主义在中国的萌芽，人们的审美意识和审美情趣也应社会潮流的转变而转变。受西方文化影响，在女性审美文化方面，民国时期的女性不再像明清等前朝那样以缠足为美，"三寸金莲"也已不具原来意义上的审美形象和审美价值了，它不再受人青睐，自然失去了代表女性之美的"权威"，为浩浩荡荡的历史新潮所荡涤和抛弃，取而代之的是"性感美"的抬头。为适应这种性感美的新的女性形体审美时尚趋势，反映在女性的服饰着装穿戴方面，一种高度体现女性丰盈流畅曲线身材之美的旗袍开始盛行，中国女性的美女标准逐渐与西方接轨。1919 年"五四运动"，其本质是一场破旧立新的新文化运动，这场运动点醒了民国女性的审美意识甚至整个女性意识，她们清醒地意识到，妇女需要的不是以女人的身份或资格去行动和主宰什么，而是作为一种本性或与生俱来的天性在发展，作为一种理智在辩解，作为一种灵魂在自由自在的生活时空中无拘无束地发挥好女性天生的智慧、能力和美丽。在这种女性意识被空前唤醒和觉醒的时代大背景下，民国女性的审美意识也获得空前的激活和发展。在我国长期的封建社会中，在重男轻女传统观念影响下，女子一直是被视为男性世界的附庸和点缀，她们无独立人格，更无独立的女性意识，因此也就更谈不上女性的独立审美意识。女性作为占"半壁江山"的性别，仅仅具有人口统计学上的数量意义。民国在中国历史上是一个较为特殊的历史发展时期，也是一个承上启下，承前启后的时期。民国社会脱胎于清朝的封建帝国，后又为中华人民共和国所取代，前后 30 多年时间，却也在中国发展史上留下了一抹重彩，尤其是在女性审美意识和观念方面，更有它自己的风格和特色。下面，我们就以民国时期"上海小姐"选美为例，从那时女性选美所持有的审美标准中去探求民国时期人们的女性审美意识和审美观念特征。

早在 20 世纪三四十年代，上海滩就有所谓的"名媛"选举，这种选举又被称为"上海小姐”选举。这种在当时看来是一种非常时尚超前的美女选秀，其主要表现特征是：20 世纪早期到中期(二三十年代或三四十年代)的时代聚光灯不仅投射在参选美女们的音容笑貌和言行举止上，而且还要聚焦于她们的服饰、妆容、性格、气质、情调和其他的一些兴趣及业余爱好等方面。因此，我们也就可以从中读出那个时代中国女性的精神气质和时代的审美意识、审美观念和审美能力。我们知道，自近现代以来，中国女界有一个名号十分响亮的贵族群体，那就是“名媛”。“名媛”这个词在我们中国古已有之，但不常用，到了 20 世纪 30 年代却开始流行。那么，何谓“名媛”？对此，中国古代的《尔雅》中对此就有明确的解释：“媛”，美女也，而且是具有美好品德的美女。后来，人们又将之引申，仪态万方、风情万种的女人就是“媛”。而那些与生俱来就拥有沉鱼落雁闭月羞花之容貌的美女，则冠以“名媛”的高贵称谓。我是上海人，因此，我对“名媛”一词并不陌生。记得在我们老一辈(父辈以上)上海人尘封的记忆中，旧上海的所谓“名媛”，其实是专门指当时一些生活在象牙塔里的贵族(或贵族化)女子。这样的女子岂能用一句“漂亮”或“美丽”涵盖?！即便用所谓的“名门闺秀”也不足以传达出其雍容华贵。这些人堪称淑女中出类拔萃之人，中国女子的超级精英和翘楚。她们不但具有高贵的出生，更具备后天的中西方文化的教育熏陶。她们大多在国内顶尖女子学校受教并获得文凭。早年所请的家庭名师中既有清王朝遗老遗少中的饱学之士，也有举止温文尔雅的英国绅士或没落的俄罗斯贵族。她们不但琴棋书画样样精通，而且会流利地讲一口标准伦敦音的英格利希。她们一方面精通诗词格律，另一方面又能歌善舞。更有甚者，她们动则可以驾车、骑马、打猎、打网球、玩女子棒球甚至开飞机，静则可以舞文弄墨、弹奏乐器。名媛们的闺中密友也来历非凡，其中可能有左宗棠的侄女或荣禄的外孙女，或者某西方大国总统或首相夫人的嫡亲小妹……总之，汉语中的“媛”，严格的本意就是“美女”，故“名媛”顾名思义就是有名气的美丽女人。尽管在民国时期的“名媛”中，有的严格说来不一定就是那种选美意义上的美女花瓶，然而，她们自有家族与社会资源上的强大的气场和气派来将其美化与烘托，故即使算不上一流的美丽，但一定是雍容华贵和富有气质的(气质是更高层级的美丽，是审美品质)。的确，名媛有名媛的矜持、雍容和高贵，然而，名媛也有名媛的苦恼、遗憾和不幸。诸如违背人性常理的人欲克制，令闺阁多怨妇。她们通常逃脱不了被丈夫或社会人讥笑为“木美人”的尴尬境遇。名媛，名媛，好一个“名”字，已将出身名门、雍容华贵、知书达理、睿智聪慧、美丽贤淑等的巾帼女杰的卓越品格以一字高度概括之。

那么，民国时期究竟有哪些美女堪称名媛呢？细细数来，最具代表性的，也是整个民国时期普罗大众一致公认的当属以下四人：“校园皇后”陆小曼、“才气与美貌兼备”的林徽因、“金嗓子”周璇和“电影皇后”阮玲玉。人们不禁要问，这些“名媛”究竟美在哪里？我们以林徽因为例，看看民国美人的美丽真相及其本质内涵。

林徽因，一个 20 世纪初诞生于杭州西子湖畔，乃集智慧、美丽于一身的优雅女子。有人说她是一个美丽而哀愁、似乎不食人间烟火却又受着世人崇拜的女子。她在寂寞中快乐，在快乐中寂寞。她有着卓越的才华又有着普通人的性情。翻开林徽因的作品，她那隽永流畅、脱俗清雅的文风确实给人以余香，令人赏心悦目。她那细腻幽丽的笔调使呆板凝固的建筑成为一首首灵动美妙的诗篇。有人说，林徽因的美，是一种综合性的整体美，此美乃近于神。在中国近现代史上，林徽因其实也并没有多少令人可歌可泣的伟大思想和壮举，而今人之所以仍对她寄予深切的缅怀和不断地追思，其根本原因在于这位天才美女与三位极富品位的男人（诗人徐志摩、建筑大师梁思成、哲学泰斗金岳霖）的那些极富传奇色彩的动人故事。林徽因本身和她的作品中所散发出来的人性、理智、美丽和智慧的光辉以及她对个人命运和真挚爱情的炽热追求，注定了她在其所处的时代，必定成为一位不同凡响的女杰，成为近现代中国完美女性的经典。

既然谈了林徽因，就不能不谈民国四大美女之一、中国早期无声电影的著名影星阮玲玉。无论是才华，还是美貌，阮不逊于林。阮玲玉表演才华横溢、光芒四射。其美丽，更是举国公认。其美貌特征：一为双目流盼，二为体态苗条，三为处处以笑靥示人。有人这样评价阮玲玉：她是20世纪上海滩上的第一个“骨感美人”，颇有一种“烟视媚行”的独特神韵和风姿。精神气质富具现代风格的阮玲玉，生前的着装总是一袭旗袍，图案不是格纹的就是碎花的，款式不是高开衩的就是镶花边的，阮玲玉几乎成了20世纪30年代中国旗袍的形象代言人了。然而，这样一个绝代风华的美人儿，在她所遭际的三个男人（初恋情人张达民、衣食情人唐季珊、知己情人蔡楚生）中，无一值得她依靠，最后竟以自杀方式香消玉殒。

星移斗转，历史时钟走过了70多年。阮玲玉，这个比烟花更寂寞却依然魅力不减的美丽女子，她的音容笑貌、她的妩媚风姿、她的经典表演，犹如一道柔丽的轻烟，穿越时空，震撼21世纪的人们，牵动今人的心。对于阮玲玉，我们能做的唯有怀念。

怀念人们对她不朽的美评：她25年的短暂生命历程，就像一颗流星划过天幕，在漆黑的夜空中留下一道不灭的光痕。她去世前最后出演的电影《新女性》，与她选择妇女节当天结束自己生命构成反差，是那个时代的悲剧，也是旧上海的女性悲歌。时代造就了阮玲玉，时代又无情地毁了阮玲玉。她没有沉鱼落雁之貌，但她身上那种发自内里、略带悲剧和悲怆的幽怨，如同天空中的一弯弦月儿一般有着牵动人心的味道。她既柔弱，又坚强、独立、那个永远身着旗袍的婀娜身影，定格于历史，成就了民国时期上海滩上的又一段不朽传奇。

综上所述，无论是建筑学家林徽因，还是影星阮玲玉，她们的仪态形象、举手投足、文化熏陶、气质修炼、社会阅历、诗书礼仪等足以代表着一个时代、一个国家或民族的精神品格。从她们的魅力风范中，折射出民国时代国家或民族的女性审美意识和审美观念。这就是为什么我们在论述民国时期女性形体审美意识专题时，要选择以“名媛”这个特殊的女性精英群体作为考察和研究的目标和出发点。因为，唯有这个群体对于我们考察和研究民国时期女性形体审美意识是最为合适的切入点和主体，也最有代表性。

民国时期的美人，除了名媛，还有一个可以与其媲美的特殊美女群体，那就是名妓。江南自古多名妓，钱塘的秀山媚水曾育出多少才貌俱佳的青楼红颜。那么，何为名妓？什么样的女人才能成为名盛一时的名妓呢？毋庸讳言，名妓本质上仍主要是靠出卖肉体为生的妓女，所不同的是，与普通妓女相比，名妓技艺高超，甚至达到炉火纯青、游刃有余的境界。然而，作为美女的一种特殊类型群体，名妓的前提条件首先是天生丽质：她们个个婀娜多姿、风情万种、花容月貌、倾国倾城。除了形体和容貌的美丽，名妓个个身手不凡：她们能琴棋书画（静态中展示心智美），能长袖善舞（动态中展示身形美）。她们饱学诗书，温雅娴静，出得厅堂，进得书房。民国时期，那个以其倾国倾城之貌迷倒云南督军蔡锷，并决计要对蔡锷从一而终、维护蔡锷名声的小凤仙就是此等名妓的典型代表。不过，令人惋惜和遗憾的是，身为青楼中的女子，她们犹如富贵男人手中的玩物，很难为自己的身体和命运做主。为了让自己过上舒适的生活，她们往往攀附权贵或附庸风雅。尽管如此，这些貌美而薄命的女人从来入不了正史学家严苛挑剔的法眼。然而，在浩如烟海形形色色的野史稗记中，却留下了这个美女群体的流光溢彩。她们以美丽多情、娇柔动人、侠义率真、充满灵性的生命姿态，为民国时期女性形体审美增添了绮丽的符号。

除了名媛和名妓，民国时期普通女性的审美风格及其走向才是民国社会审美发展和进步的主流。推翻帝制后，社会的发展推动着人们审美观念的变化。新的审美观念推动并指导着这个时期女性形体审美塑造和女性美容妆饰的发展变化。而这种发展反过来又对整个社会的发展产生影响。美容妆饰的这一影响在一定程度上反映了审美观对社会发展的影响。所以，通过审美观和美容妆饰这个特定的视角，我们可以较为清楚地探求和窥视到处于转型时期民国社会的巨大变迁。尤其是到了 20 世纪三四十年代，在西俗东渐的历史大背景下，受当时西方商业活动方式的诱导、政府的有限推动、时尚前卫摩登女性的示范作用以及传媒等社会舆论的引导等诸多因素的共同作用，人们逐渐摆脱了旧有思想的束缚，逐渐形成了一种符合新时代潮流的新的女性审美意识和审美观念。这时，清新自然、时尚性感、灵动简约、健康活泼、大方美观甚或清丽骨感等成了人们审视、评论、判断女性（尤其是城市女性）容貌和形体之美价值的新标准。在这样的历史转折过程中，既有女性之美的新旧审美意识和审美观念的历史大碰撞，又有碰撞后的审美意识和审美观念的大觉醒、大转折和大变化。

由此，我们看到，美容妆饰是 20 世纪 30—40 年代中国女性（尤其是都市女性）审美实践的重要体现。都市女性是中国女性群体中的时尚主体和主流，她们的审美意识和观念代表着中华民族女性审美意识和观念的发展方向。正是从这个意义上讲，民国时期都市（尤其是在旧上海这样的大都市）女性在美容妆饰方面又具有得天独厚的优势与便利。我国有专家曾专门对 1927 年—1937 年上海女性美容妆饰审美实践的发展变化做过调查分析，发现这 10 年间，上海女性的美容妆饰呈现出多元性、时尚性、创新性、盲目性和差异性并存等特点。正是这些特点和变化对当时民国社会人们的经济、文化、女性审美意识和审美观念等产生了深远的影响。

不错，早在 20 世纪 30 年代，民国女性就已十分重视美容妆饰。这种美容妆饰说到底是为了追求女性的容貌美和形体美。为此，她们心甘情愿、乐此不疲、无怨无悔。有学界朋友为我提供了这样的一份相关资料。

美女郭婉莹，民国时期上海永安百货的大小姐，自幼喝牛奶咖啡说英文，在伦敦生长，回国后就读于基督教中学、燕京大学。无论是在做富商的千金、尊贵的少奶奶，还是在“文革”中家里的东西被充公，包括结婚礼服，她仍然永远不变地讲究和优雅：她穿着旗袍去清洗马桶，她穿着高跟皮鞋在菜场里卖咸蛋。当她独自从劳改农场回家，听法院的人来宣读对她冤屈去世的丈夫的判决书时，她平静地听着，不闹也不号啕，泪水只在心中流淌。她晚年时，有外国记者问起她在劳改的岁月，为何能好好地活了下来？她优雅地挺直背回答道：那些劳动，有助于我保持身材的苗条。

美女严幼韵，民国时期第一个将小轿车开进复旦校园的校花，嫁给了驻菲律宾马尼拉领事馆的杨总领事。日寇侵华，满目疮痍，杨总领事因拒绝为日军筹集物资，与其他七八位外交官一起被枪杀在异国的稻田里。已有三个孩子的严大小姐，携领事馆另几位遇害人员的遗孀及子女，在小岛上顽强生存。她卖掉了首饰珠宝，在花园里种菜，学会了做酱油和肥皂，学会了养鸡养鸭……唯一没有变卖的是她钟爱的钢琴。晨曦晓露或夕阳西下，她会叮叮咚咚地敲响琴键。日本投降后，她携儿带女到了纽约，应聘联合国礼宾司礼宾官，以纯正的英语、优雅大方的气质从几百人中胜出，一直工作到 65 岁方告退休。在百岁生日派对上，她身着宝蓝底红玫瑰花图案的旗袍，与孙子翩翩起舞。主持人曹可凡走上前去彬彬有礼地问她：严先生，你穿着高跟鞋累吗？她嫣然一笑："我一辈子穿高跟鞋，习惯了！"

这就是民国女人，风华绝代、光彩照人的民国女人。

人狗情未了

狗是人类的朋友，对于这一点，恐怕稍有常识人都是不会持有异议的。狗狗之所以能成为人类的朋友，除了它能帮助人类做一些看家护院、牧羊狩猎等工作，更主要的是因为它对人类无比忠诚。狗是人类最早驯化的动物，也是与人类患难与共的朋友。只要人类对它好，它就会忠心耿耿、死心塌地地跟着你。而当你遭遇不测或危难时，狗狗甚至会不惜付出生命的代价奋不顾身地保卫主人的安全。这就是狗的品格。正是在这个意义上，我们完全可以这样说，狗就是上苍赐给人类的宝贵礼物。作为人类，我们理应珍惜并善待之。

至于狗与人类的“情缘”，大约可以追溯到7000—12000年前。那时，人类已经开始驯养动物。早在母系氏族社会时期，生活在黄河流域的华夏先民，就已开始驯养狗类，并将其奉为先祖。有学者将狗与人的关系比喻成像“伏”字一样难以割舍。我认为此等比喻真是再恰当不过了。我们知道，狗由狼驯化演进而来，故而它除了温顺的一面，还有凶狠的一面。这种温顺和凶狠兼具的双面性构成了狗的独特品格。正是这种品格特征让狗在主人面前温良恭顺，唯命是从，可一旦遭遇敌人，它会毫不留情地予以攻击。这一点，我们可以从狩猎犬和牧羊犬的行为特征窥其一斑：狩猎犬每当主人枪令一响，它即奋勇杀敌，冲向“敌人”目标；牧羊犬就更是如此，它用温顺与忠诚替主人看管羊群，同时又以凶狠威猛驱咬入侵的豺狼。此外，在与人的交流和生活中，狗是最没有功利心的。无论主人富贵贫穷，无论主人对其厚爱薄待，抑或苛责打骂，备受冤屈，它总是打不还手，骂不还口。只要主人不抛弃它，它对主人是永远不离不弃、恪尽职守、忠贞不贰。正是狗的这些优秀卓越的品格，赢得了人类的好感和青睐。直至现代，世人们已将原来作为人类助手的狗狗培养成了人类精神生活中不可或缺的爱宠和伴侣。因工作关系，我去过世界的一些地方，无论是亚洲、非洲、拉丁美洲，还是欧洲、北美，无论那里的经济发达与否，狗几乎成了全世界的同爱共宠。综观人类，无论是富人还是穷人，无论是贵族还是平民，无论是政要还是百姓，都普遍具有爱狗情结。美国前总统克林顿和小布什、俄罗斯总统普京、日本首相安倍都是爱狗如命的主。小布什牵着爱犬在他的庄园奔跑的电视画面至今深深地镶嵌在中国人的记忆中。达官贵人们是如此，普通百姓就甭说了。无论是在南非、埃及、阿联酋、印度、菲律宾、尼泊尔，还是在英国、法国、瑞士、意大利、美国，唯有狗这类动物在当今世界大行其道，受宠于人类。在德国法兰克福公园，各种狗儿在草地上尽情地奔跑撒欢；在开罗，可谓满街都是闲庭信步的狗；南亚的印度和尼泊尔，在我看来，更是狗满为患的国度，但那里的政府和国民却并未觉得狗存在“超生”。给我留下最深印象的是加德满都的杜巴广场。那里的狗很多，每只狗是否都有主不得而知。这些狗一看就知道是这里的常客。它们一天到晚在那里悠闲自得地自由游荡，或是三五成群，或是形单影只，有的狗狗甚至当街横卧、呼呼大睡，当地城管也不会出来干预。它们普遍不惧游客，游客一般也不去骚扰它们，它们对来来往往穿梭于广场的人群也全然不介意，一派人狗共处的和谐景象真令我这位异国游客叹为观止。记得有一次，我看到一只体型硕大的“博美”横亘在通往去女神庙的人行大道上，呈酣睡状。见此，我出于好奇，轻轻走上前去，用脚轻轻踢了它几下，只见博美从酣睡状态苏醒过来，懒洋洋地抬起眼皮看了我一下，见是一个老外游客，先一怔，然后用一种略带诧异的目光盯着我，流露出些微尴尬的神色，数秒钟后，它又不管不顾地耷拉下脑袋，并将身子调整到更为舒适的位置，继续追寻它原先的温柔梦去了！今天，我反思并忏悔那天的扰狗举动。作为一个外国公民，也不应该因为博美是一条狗而随意骚扰它。那天，我似乎从博美的眼神中读出了它当时的内心独白：我睡得好好的，你干吗要打扰我呀，我在尼泊尔自己的国土上睡觉，碍着你这老外什么事啊?！的确，作为来自异国旅行者，我失礼了，我愿值此机会，向这位尼泊尔的“博美先生”诚致歉意！还有一次，我和代表团的同事们漫步在南非开普敦的某高尔夫球场，突然间发现不远处有一只可爱的小花狗径直向我们疾奔而来。只见那小狗奔至我的跟前立刻停下，并很快将其口中含的一个小小彩色橡皮球吐置于我跟前，随后用一种期待的眼神看着我。转瞬间我似乎明白了什么，随之飞起一脚，将小狗送来的这小彩球踢上半空，小狗见状，顿时兴奋不已，并极其敏捷地截获住从半空掉落的小球，然后又以最快捷的速度再次将球送到我的跟前，并再次用先前出现过的那祈求的目光看着我，此时此刻，我已完全读懂了这只南非小狗的内心需求：它是想用这样的表情和肢体语言，盛邀我们这些远道而来的外国游客与它一起玩耍。好在我们理解小狗的此番良苦用心，并满足了它的需求。临了，眼看我们一行将要离开，小狗显得有些紧张、不安、焦躁与纠结，恋恋不舍的它，竟然几次试图要上我们的车，面对此情此景，我们一行人的心情又平添了几分不忍和酸涩。事情虽然已经过去多年，但这只有情有义聪明绝顶的南非小狗与我们一行人难舍难分依依惜别的动人场景至今深深植根于我的脑海，挥之不去。

其实，我本人就有着深深爱狗情结。我依稀记得，在3岁左右，那时家里来了两只小狗，我喜爱极了，并吵闹着要求父母将其留下。中学时代，与另外一位要好的同学共养一只名曰“黄克”的狼狗。后小狗因闲来无事将数学老师晾晒的尼龙袜子咬烂而惨遭不幸，付出了生命的代价。痛失爱犬的我们为此还黯然神伤了好几个月，并扬言要与数学老师争个高下，讨个说法。事情虽已过去近半个世纪，世间一切似乎都在变，但唯独我的爱狗情结丝毫没有改变。

爱狗养狗，说起来容易，做起来就不是一件简单的事了，那是一个较为沉重的话题。说沉重，那是因为养狗牵涉庄重的承诺和一份沉甸甸的责任。我爱狗，但在养狗问题上，始终未能完全称心如愿或说令自己满意。首先，由于我的生活经常处于流动状态，家中没有老人等留守人员，而狗狗是离不开人的，而且也是不宜经常移居的，即使用火车、飞机托运，其手续也是不胜其烦，并有丢失的风险（我的朋友就有在托运过程中，由于笼子未能关严，致使狗狗逃出笼子后被机场有关人员击毙的惨痛教训）。因此，我这个爱狗人士只能实行临时性的短期养狗，以求暂时满足自己的养狗欲望。记得有一年，我在外地海滨度假，某个傍晚，当我和夫人从海边散步回来，突然看到，小区门口围着许多人，上前一看，原来是有人将刚生下不久的一窝（共 7 只）小狗遗弃在小区门口的树丛里，其中有两只已被人领养，当我看到第四只小狗从树丛中探出小脑袋时，顿时眼前一亮。小家伙晃动着清澈明亮的眼睛，黄白相间的皮毛洁净而光亮，雪白的小卷尾时而摇摆，背上有一个棕色大写英文“L”字样，犹如李宁牌的商标图案，小家伙跟谁都亲，情商指数极高，一看就是个广结善缘招人待见的主。此刻，我就像从孤儿院里领养婴儿那样，毅然将其抱回了家，并取名“乖乖”。从此，我就心系此犬。也许是缘分所致，“乖乖”总是那样地与我投缘，那样地善解人意，灵犀相通。抱回家不到一个小时，它就很快知道自己叫“乖乖”了。第一次给它洗澡，它就表现出了对新主人意图的高度理解和默契。洗完澡后的乖乖，一脸兴奋写在脸上，它似乎感觉到：自从进了新主的家，心情舒畅了，幸福指数提高了。当晚，我还用纸箱给它建造了一个窝，仅仅住了一个晚上，它就永远以此为家了：高兴时，哪怕从外面捡到一块骨头，它也要载欣载奔地将其叼回纸箱（它的小家）慢慢享受。有时它犯了纪律，我假装要打它时，它也连忙往纸箱里头躲藏。在它看来，这纸箱就是它安身立命的栖息地和避难所。我呢，也乐观其成，予以默认。不管乖乖犯多大的错误（其实它没有错），只要它躲进纸箱，我就不再继续追究。因此，乖乖非常珍惜它这个用纸箱建造的“家”，因为，这是它的领地，它的租界，它神圣不可侵犯的家园。

在乖乖之前，我们曾经还养过一只叫“小黑”的迷你狗狗。那也是一只善解人意聪明绝顶的小狗。那年，我们又要准备出门去国外远行了，鉴于家中无人留守，我们不得不决定将小黑送人。每次将狗狗送人都是我们心灵的一次纠结和煎熬。首先，我们必须得给它寻找到一户好人家，以便能不让它遭受委屈，保证过户后狗狗能继续过上那种起码来说是不受虐待、衣食无忧的生活。为了寻找到理想的新主，某个周日的早晨，我们带着小黑前去海滩广场。我们原本想海滩广场人多，收留小黑的人，也许容易找到。当我们将小黑悄悄放在广场西侧的灌木丛中后，我们就将自己藏匿起来，并暗中跟踪观察小黑的反应：不到两分钟，小黑就迫不及待地从那灌木丛中钻了出来，它先是四处张望，见我们已不在，它便有所觉察似地开始向东（我们藏匿的）方向跑去，没有叫声，只有疾步匆匆地一往直前，同时竭力四处搜寻。几分钟后，它开始仰天发出汪汪汪的凄厉呼叫。小黑生性胆小，平时很怕生人，每当见到生人，它几乎不敢上前，甚至夹着尾巴要将自己躲藏。而今天则不同了，眼看主人寻找无望，它就一反常态毫无惧色疯了似地朝着云集了两三百人的音乐广场狂奔而去，不停地在熙熙攘攘、摩肩接踵的人群中穿梭般来回寻找，直到最后音乐广场曲终人散，也未见主人的踪影。看到小黑孤零零地独自蹲在空旷广场那沮丧和绝望无助的可怜模样，躲在暗中观察的我们，再也不忍心让此幕伤感剧继续演下去了。于是，我们边跑边呼唤着小黑的名字向音乐广场跑去，当小黑看见我们时，它先是激动地摇着小尾巴扑向我们，而当我抱起它时，小狗竟然很反常地冲着我尖利地汪汪大叫。我想，此时的它，一定在埋怨和责备它的主人：你们去哪儿了？你们怎么不管我了呀，我把你们找得好苦啊！有了这次与小黑的“生离”之痛，我们决定仍将它抱回家去。正在这时，天助我也，一对年轻夫妇向我们缓缓走来，他们见小黑如此可爱，欣然愿意将其收养。当我们目送这小两口爱不释手地抱着小黑渐行渐远时，尽管很不忍，但原先那颗纠结的心总算释然，因为，狗狗终于又有好的人家好的归宿了。但愿小黑此生幸福，一路平安！

猫，可爱的精灵

谈起猫，真是有许多感慨的话要说。以前，我在对猫狗的态度上是有所不同甚至可以说是有所偏颇的。我喜欢狗，理由很简单，不但是因为它聪明，而且更因为它忠诚。最近，随着对我居住的小区的一群家猫和野猫（即由原先的家猫因遭主人遗弃而被沦落演化为流浪猫）仔细观察，我越来越觉得猫这样的动物真是太聪明太有灵性了。作为人类，我们千万不要自以为是而小觑、轻视或怠慢它们，相反，我们应该尽量对它们进行呵护和善待。

在我居住的小区，每天早晨七八点钟光景，各路"猫咪"都颇为准时地不约而同陆续从各个角落聚集到小区广场东北的固定一角，等待着慈善家宋阿姨给它们开膳。不管晴雨风雪，宋阿姨十多年如一日地照顾着这些遭受遗弃的流浪猫。要知道，这些猫在宋阿姨的精心关爱和呵护下，个个长得身材壮硕圆润，毛发油亮，不知底细的局外人看来，很难想象这都是些无家可归的弃猫。这些猫也个个知道好歹，饱餐之后，并不急于离去，而是邀宠般地争相向宋阿姨示意致谢甚或献媚。它们的表达方式不拘一格，各不相同，耐人寻味。开饭前的守时和饱餐后的不忍离去，常令宋阿姨倍感欣喜：善待这些心知好歹的小生灵——值！尽管它们没有语言（即便有我们人类也听不懂），但它们的叫声、神情和肢体语言往往已将它们对施者的感激之情表现得淋漓尽致。首先是那种饥饿时渴望施食的哀求表情、获得食物后的欣喜若狂、如饥似渴地进食、吃饱后状态恢复平静以及仍然不愿急于离开主人的举动，最能反映猫性的特征。当有人用手抚摸或梳捋其头部或躯体时，它的两只耳朵总是紧紧竖起并呈夹扁状，与此同时，眼睛也总是安然柔缓地眯成一条细细的缝。此时的猫，处于与人特亲近的状态，心理完全不设防。尤其是当它用其躯体贴着人的裤腿来回蹭，嘴里还不停地咪咪叫唤的时候，这种情感表达方式说明，猫对人已是高度地亲近和依恋。要知道，猫是一种很精灵的动物。由于物种的关系，这种动物的骨子里仍有一种潜在的对其周围生存环境的警惕和提防。因为，像猫这样的弱小动物，其世世代代繁衍生存下来是经过多少适者生存的天择考验，它们的祖祖辈辈也曾惨遭多少陷阱和杀身惨祸。猫眼给人以灵敏、犀利和睿智的神情。当它一旦遭遇到外来的攻袭，即刻会作出快捷灵敏的反应。猫，除了耗子是它的天敌，有时它也会对其周围的小鸡、麻雀之类有些小的骚扰，几乎对世界不构成什么威胁。从猫的日常行为举止习惯中我们可以不难看到，在它对其周围世界的环境获得足够的了解和信任之前，它始终是充满着警觉和戒备。正是从这个意义上，我们有理由说，猫是一种弱势动物，尽管它聪明伶俐，也讨人类喜欢，但它的弱小身躯终究难以抵御那种突如其来的弱肉强食的生态环境。这样的生存环境，决定着猫的警惕多疑的物种特征。因此，即便当它们从其祖先的野生被逐渐驯化成家养，从而生活在相对安全的环境中，但它们却仍然保存着其先祖的那种对周围环境的高度警觉。就拿我所认识的那只“黑猫警长”来说，此猫上体修长且浑身黑亮，四肢却一色洁白，会看的邻居们都说这是一只名贵之猫——“四脚踏雪”。此猫聪明绝顶，而且给人的印象是很清高。它对人的亲疏远近拿捏得特有分寸，除了经常给它好处的施者和好心人，一般与其不大相干的人呼它，它连眼皮都不屑一抬，而当熟悉的人呼唤它时，就迅即从老远的墙脚里、树丛中或车底下奔跑过来，与人亲近，嘴里还不停地慢悠悠地喵喵地叫着。当然，此时如果呼唤者不给它点好吃好喝的奖励，它那失望的表情也一露无遗。如果谁连续几次这样呼唤，那以后的反应就变得不那么热烈了(甚至无效)。我曾反复多次作过这样的试验。当我的态度由热情关怀转为冷淡时，它的反应也是如此精准地相应冷淡。有几次唤它，它在草坪上乘凉，听到我的声音，先是怔了一下，随即就恢复平静，将脑袋耷拉在前腿上，继续若无其事般地呼呼大睡，临了，似乎扔下这样一句话：没有带什么好吃的，还来叫我干什么?!天哪，此时此刻，此情此景，我顿时哑然，一脸无语！

论幽默

幽默存在于宇宙中，却为人类独有。那么，幽默是什么？

幽默是一种语言、肢体、表情（情态）的音乐，它悦耳、悦目，还愉悦心灵。

幽默是一种美丽，一种高尚的美丽，更是一种情操，一种为常人所不易企及的境界，一种人生的参悟和睿智。

幽默是博学的体现，也是一种慷慨。幽默是一种深沉，它彰显博爱、诲人育人、疗伤治病，还可以挽救濒临绝望的肉体与灵魂。幽默可以驱散烽火台上骤然升起的狼烟，化解可怕的人类残杀和战争。有时候，一句幽默的话语，抵得上一个军团的力量。在人类历史上，两军阵前因一句幽默的话语而化干戈为玉帛的故事并不鲜见。

幽默是一种积淀，它源自从容淡定。幽默是一种见识、一种阅历、一种自信，是幽默者对自身所处环境和场合成竹在胸的操控把握。幽默是一种洒脱和大气，是幽默者智商和情商的高度体现，是人生的轻喜剧。幽默是一种能力与能量，它与慢条斯理、从容不迫接近，与诙谐是近亲。

幽默是一种气度，一种张力，是一种幽默者与生俱来的灵性的外显。幽默更是一种实力和境界，甚至蕴含着仁义、豁达和包容，因此，幽默无异于善缘和人脉。

幽默不但显示幽默者的睿智和历练，也体现其侠义、卓识和圆融。幽默也是一种脱俗和超然，它与较真、死板、僵化绝缘。幽默离不开善良敦厚，是一种福音，一首柔美舒缓的田园曲和欢乐颂。幽默不易学会，是门高深的“学问”，但又不在教科书教授范围之内。

幽默是一种气质，一种优雅气质的流露、外化和延伸。幽默似乎可以后天培养，但后天培养所占比例不足十分之一。幽默与生俱来，与祖上有此类基因积淀和细胞遗传有关。幽默不但有个体性，还有群体性甚或民族性。有的人，想学幽默却怎么也学不会，而有的人不学自会，无师自通，幽默因子浑身洋溢，数也数不清。

幽默的前提是具备智慧。没有智慧谈何幽默。只有懂得幽默的人才算真正懂得与生活结善缘的人，这样的人，永远对生活充满信心，即便面临风雨坎坷，也一如既往地报以达观和微笑。具备幽默品质的人，乃上乘之人。

幽默的种类很多，有风趣型的，有诙谐型的，有亲和型的，有自嘲型的，有寓教型的……不管哪种类型，它们都应该是乐观的积极向上的。幽默本来就是洒人心田的雨露、甘霖和阳光，是开启人类顽愚迷沌的金钥匙。它让愚庸者变聪颖，让聪颖者更智慧。因为幽默是智慧的化身和别名。

幽默不但体现人的聪慧，更能彰显人的品格和魅力。美丽固然重要，幽默其实更可贵。一个外貌平平的人如果富有幽默感，那么，他/她会因幽默而变得动人。如果一位天生丽质的美人再拥有幽默，那就卓尔不凡，魅力超群了。

人人羡慕豁达者，为什么？因为豁达者无不幽默。幽默是快乐的源泉，豁达是幽默的底色，幸福是幽默者无心插柳柳成荫的善果。

幽默使家庭温睦兴旺，使社会和谐昌盛。在朋友之间，幽默会滋生友谊；在情侣之间，幽默会增进爱意；在同事之间，幽默会拉近距离；在江湖上，幽默会唤来朋友。落难者的幽默引来助者，弱者的幽默带来力量，强者的幽默赢得追随者的喝彩。高贵者的幽默增其高贵，卑贱者的幽默令人对其刮目……懂得幽默即懂得人生，幽默的人，一般从容淡定又自信，是世上富有之人，幸福之人。因为，人生真正的富有和幸福并不在于其拥有物质世界的多寡，而是精神层面的充实和富足，幽默是人的精神世界丰富多样的真正体现。

因此，让我们为追求富有幽默感的生活而努力吧！幽默的人生才是精彩的、富有价值的人生！

努力追求富有幽默感的生活，让幽默为人生注入精彩的价值！这是我们的选择。

附录一　品评论剑

——学人眼中的程孟辉学术作品

朱志荣：美学范畴史研究的范导性著作

——读程孟辉《西方悲剧学说史》

在中外美学研究史上，过去尚无一部专门阐述西方悲剧学说发展的史论性专著。程孟辉先生的《西方悲剧学说史》（中国人民大学出版社出版）则全面系统地研究和阐述了从古希腊罗马到20世纪80年代悲剧学说的历史发展及其规律，发前人所未发，提出了一系列独到的见解。此书的出版填补了我国西方美学史研究领域的一个空白，是后人研究悲剧学说史和其他美学范畴史的范导性著作。它主要有以下几个特点：

第一，它将悲剧学说史与悲剧艺术史结合起来考察，在分析悲剧理论的同时，对每个悲剧理论家以及他所依据的当时或以往的优秀悲剧作品进行了深刻的剖析，由此探求其理论的实践渊源，并对不同历史时期悲剧实践的特征和悲剧观念的变化给予了相当的关注，如莎士比亚悲剧中的麦克佩斯形象对亚里士多德悲剧观念的超越等。在全书的末尾，还以《西方悲剧发展概略》为附录，从悲剧本体的发展角度，对悲剧在不同历史阶段所显现的各种不同特征予以说明，把著名悲剧诗人（或悲剧作家）的作品放到具体的历史环境中，放到特定时代的社会背景中去研究，从而为全书的论点提供根据和佐证，同时也为读者全面理解原著提供了一个理想的参照系。

第二，它把悲剧理论家的学说与对悲剧诗人（或悲剧作家）的心理学的和社会学的分析和研究结合起来。作者对历代悲剧学说的分析，并没有停留在简单的评述上，而是在对悲剧诗人（或悲剧作家）的个性、学识修养、精神气质、立场观点和艺术才能等方面作详细考察的基础上，对其作品的性质作出全面的、客观的和合情合理的综合评论，诸如对索福克勒斯、莎士比亚、高乃依、拉辛等一系列悲剧诗人（或悲剧作家）的分析，以此来考察与悲剧艺术家同时代的那些悲剧理论家的悲剧学说所赖以形成的主要条件以及这些艺术家的作品对其后世悲剧学说所产生的影响，如受索福克勒斯影响的黑格尔和弗洛伊德的悲剧学说，受莎士比亚影响的布拉德雷悲剧学说，等等。这样，在赋予悲剧学说时代性的同时，也使对悲剧学说一贯性和继承性的研究得以前后贯通，从而使悲剧学说不仅具有整体性，而且具有立体层面。

第三，它将悲剧学说史的研究上升到哲学的高度，把文艺学美学和哲学美学研究综合起来，真正做到史论结合，从而在此基础上探求悲剧学说的基本规律，并提出了自己一系列独到的看法。这不仅体现在对作为哲学家的悲剧理论家亚里士多德、莱辛、黑格尔、尼采、叔本华等人的哲学思想与其悲剧学说关系的论述上，而且体现在对各种著名悲剧学说的价值和历史意义的评价上，体现在从古到今的悲剧情节、悲剧性格、悲剧效果和悲剧本质等理论的历史演进和发展等方面。正因为如此，该书才没有停留于对历史上的各种悲剧学说作一般的人云亦云的简单叙述，而是将它们上升到哲学思辨的高度，对其规律作出深刻的揭示，并从各种悲剧要素的演变规律及其与创作的相互影响等方面进行了科学的概括和总结，因而，使此著既具哲理性，又有历史感，纵横交错，形成了一个颇为严密的网格框架。程孟辉的《西方悲剧学说史》一书所具有的科学价值和理论价值，在这方面得到了充分的体现，由此足见该书作者在西方美学史领域的研究功力。

（本文原刊登于 1998 年 5 月 13 日《中华读书报》）

易琦：从审美哲学的高度诠释西方悲剧

——《西方悲剧学说史》读后

悲剧，作为一种令人震撼而又难以言说的美或艺术样式，在中国和西方都有着悠久的历史。从20世纪初王国维引进叔本华和尼采悲剧观时起，来自“西洋”的悲剧学说就受到我国文艺界高度重视。在70年代末至80年代前期，随着“悲剧”讨论的开展，我国文艺界曾兴起悲剧理论热潮，一时形成研习西方悲剧理论的浓厚风气。那时，这块长久荒芜的园地上，朱光潜先生的旧作新译《悲剧心理学》(1983年)曾在人们眼前展示过一片新绿，陈瘦竹先生关于当代西方悲剧理论的介绍也一度满足人们啜饮新理论的渴求。人们自然急切地期盼能更加全面和系统地吸入西方悲剧理论养料，然而，陷于热潮中的学术界，在当时毕竟还没有足够条件去满足这一合理要求。而今，在退潮后的冷寂中，我们终于见到了学者默默拓荒后的一份收成，这就是程孟辉的新著《西方悲剧学说史》(中国人民大学出版社出版)。该书视野上及亚里士多德下至加达默尔，西方2500年间种种悲剧学说几乎尽收眼底，显然可以适应读者了解西方悲剧理论发展史之需。

西方悲剧学说林林总总，姿态各异，故入门之径原可以有若干条。鉴于西方学者对悲剧的探究常涉及艺术(戏剧、小说、诗等)、心理、伦理、宗教、社会和哲学等多方面，因而可以从悲剧艺术学、悲剧心理学、悲剧伦理学、悲剧宗教学、悲剧社会学和悲剧哲学等不同路径去分别加以把握，写出这各个方面的“史”来。悲剧哲学就是一条值得重视的门径。程孟辉在经过比较后确定了悲剧哲学，从哲学高度俯瞰西方种种悲剧学说，这应是一种明智而有意义的选择。

即便是悲剧哲学角度，也仍然可以有不同把握方式。可以设计一种富于研究者个人特点的逻辑框架，把各种悲剧理论分别排列在合适的位置，再加以阐释。这样做固然有使人耳目一新的功效，但也容易造成削足适履之弊。纠正这一点也不难：索性抛弃逻辑框架的偏爱，顺乎自然地按年代次序一一剖析。这便于清晰地梳理出理论的从古到今演化线索，确定各家学说的不同历史地位或功过得失。此书采取了后一种方式，尽著者所能地发挥其长处，这不失为一次有益探索。

著者对公认重要的悲剧理论家如亚里士多德、黑格尔、叔本华、车尔尼雪夫斯基、尼采、弗洛伊德等作了令人信服的评价和分析。但更让我感兴趣的是，他还对在当代活跃的理论家，如帕克、雅斯贝尔斯、朗格、拉康、加达默尔等，给出了“说法”。而在此之前，这些当代悲剧观在我国研究界是很少受到关注的，更缺乏悲剧学说史上的总体衡量。例如，作者辟专节介绍朗格的新的悲剧观。朗格一反从自然或情感角度界定悲剧的传统做法，转而把悲剧视为生命的一种“节奏形式”，从而提出“悲剧是一种节奏、一种表现了自我完结的生命力节奏”的新观点，向人们显示了现代符号论在悲剧探索上的新贡献。现代阐释学代表人物加达默尔，根据他自己提出的阐释总是读者借助本文而从事的自我阐释的原理，与众不同地尤其关注观众在悲剧中的能动作用，提出悲剧性存在于观众借助本文而作的自我阐释之中的新见解。这一悲剧观由于重视观众的不同寻常的创造性作用，显然是值得我们注意的，也被作者发掘出来加以辨析，使我们得以管窥西方学界在这个领域的较新进展。对于目前在冷寂中探索悲剧的我国学者和艺术家来说，这些新理论的呈现无疑是及时的和有益的。

（本文原刊登于1996年4月4日《人民日报》）

傅谨：述而不作谈悲剧

——读程孟辉《西方悲剧学说史》

在美学理论中，“悲剧”的研究是最具有挑战性也最具有代表性的。几乎每个有影响的美学家，都试图提出自己的悲剧理论，解决悲剧这个亘古不解的艺术难题。

程孟辉新著《西方悲剧学说史》，从中翻检出西方长达两千多年时间里与悲剧相关的各种各样的学说，并且将它们与西方美学近两千多年的发展过程互相印证，使我们更能深切地感受到这点，“悲剧”是一个特定的美学范畴，它的精髓与其说是悲惨的结局还不如说是它所蕴含着的崇高的风格。20 世纪 80 年代初朱光潜先生的旧著《悲剧心理学》被译成中文出版，国内才算是有了第一部比较系统地介绍西方悲剧理论的专著，而朱先生这部博士论文其意并不在于全面客观地介绍西方悲剧学说的理论发展脉络，所以从他的介绍过程中见到一种有意识的取舍抉择，为求立论之有据不免失之于对某些派别的观点叙述上的情有独钟。

与之相比，《西方悲剧学说史》更是“述而不作”的典型。而且它还包括了由于历史的和时代的原因，在朱先生的《悲剧心理学》中没有涉及的马克思主义悲剧理论以及现代西方颇有影响的精神分析学派、存在主义以至解释学的悲剧学说。因而，程孟辉的这部 50 万字的《西方悲剧学说史》堪称我国关于西方悲剧研究史的第一部比较完备的著作。当然，作者所注重的，也是西方哲学家与美学家从美学意义上研究悲剧的思想成果，由于作者主要是将“悲剧”作为一个哲学范畴而不是一个戏剧学范畴，如果说它对西方美学界近两千多年的悲剧理论与学说的介绍还未能做到巨细无遗的话，那么在悲剧理论与美学发展的关系方面，该书显示出了它在理论与历史表述方面的完整性，使我们能够通过一条似乎可以触及的线索与脉络，得以把握整部西方美学史中一个非常关键的领域，并且由之加深了对西方美学史整体上的理解。在这个意义上说，《西方悲剧学说史》的出版，是我国近年来在西方美学史研究领域的一个重要成果，同时它也将对西方美学研究产生不可低估的影响。

（本文原刊登于 1995 年 12 月 21 日《光明日报》）

唐宏峰：学术与创新

——评程孟辉《现代西方美学》

朱光潜先生写于20世纪60年代的《西方美学史》，历经30余年考验，至今仍是高校西方美学史课程的重要教材，被证明是中国研究西方美学的扛鼎之作。不过，这部书只写到19世纪为止(除克罗齐等少数几人除外)，整个20世纪的现代西方美学还是空白。众所周知，20世纪，是人类精神思想发生前所未有的剧烈变动的时代，产生于这个时代的现代西方美学，目前越来越成为我国学术界的热门话题，然而我们对它的研究还远不充分。程孟辉先生主编的《现代西方美学》，对于国内现代西方美学的研究来说，可以说是一个新的收获。

程孟辉主编的这本《现代西方美学》与同类型著作的最大不同，在于它的编写结构。全书以人本主义和科学主义为标准，把22个流派分为两大部分，上编为人本主义，下编为科学主义。我们知道，20世纪的西方美学体现出鲜明的反传统的色彩，主要集中于对黑格尔哲学美学思想的反驳，批判理性主义，放弃"从上而下"的思辨哲学体系。人本主义美学思潮最基本的特点正是非理性主义，不同于文艺复兴、启蒙运动以来古典人本主义对于人的理性、地位、价值的高扬，20世纪的人本主义美学虽然仍旧把人作为哲学研究的基本点，但把人的本质归结为非理性的直觉、体验等，譬如克罗齐的表现主义、弗洛伊德的精神分析美学、海德格尔的存在主义等。科学主义美学思潮力图用精密、科学的手法解决美学、文学问题。以实证主义和经验主义为基础，多采用语言学的角度，"从下而上"地寻找艺术中的规律性。这两种思潮的划分，目前基本得到了学术界的认同，但似乎本书是第一次以这种划分作为全书的体例结构，其他同类著作基本都是以时间为序。这种变化与选择，体现了编著者敏锐的学术意识与创新精神。

与同类著作相比，该书另一个比较鲜明的特点是侧重于从哲学上把握现代美学思潮。美学当然属于哲学的一个分支，目前高校的美学专业，有的设于哲学系，有的设于中文系，而美学史的编著，大多以中文系的学者为主，更倾向于文论的角度，以文学观念、主张为主，对于审美本质、审美形式等并不侧重。而这本《现代西方美学》的编者有许多是研究哲学的学者，这充分在该书的写作中体现了出来。譬如第三章《俄国形式主义美学》，书中先是介绍了该流派的产生和发展历程，包括它的内部变迁、外部论争等复杂情况。之后是详细阐发俄国形式主义美学的基本内容和特征，分为三个方面——自主观与工具观、审美感受、审美形式。这是以一种哲学的眼光打量的结果，用一种具有哲学本体高度的概念来整合该流派的主要理论观点，而不是像通常那样，从文学形式、文学语言等角度展开论述。所以该书把俄国形式主义的基本观点归结为它对于审美感受的全新界定与重视，基于审美感受来谈它的文学本体论、陌生化、注重形式结构等文学主张。这样的阐释，集中于一个聚焦点，不仅切中要害，而且给人新鲜的感受。

这本《现代西方美学》绝不是一部重复之作。该书对于各个美学流派的介绍均有自己独特的侧重点和角度，与同类著作相比有着鲜明的特点。各章节写得比较诚实、扎实，观点有根有据，依据第一手材料发言。语言流畅、明晰，又比较通俗易懂，可以说是一部研究现代西方美学的重要参考书籍。

（本文原刊登于1999年7月18日《读者导报》）

张乐：美论煌煌

——简评《现代西方美学》

著名学者程孟辉主编的学术论著《现代西方美学》是一部相当重要的学术著作。一者，在国内，现代西方美学研究的热潮是近二三十年以来逐渐兴起的，研究成果有限；二者，国内现代西方美学的研究群体范围较小，理论研究和批评相对滞后，整体发展难免势显低迷；三者，自19世纪末以来，现代西方美学风起云涌，各个学说学派如峰林立，国内美学界的构建尚不够成型。程先生在美学研究方面著述颇丰，而以本书最见其学术功力。

《现代西方美学》其名虽无“史”字，实是一部极佳的“美学史”论著。该书在科学的逻辑框架内，对各个学派的发生发展、代表人物、思想特质、理论主张等进行了冷静客观深刻清晰的理论阐述。该书对现代西方美学的审视，是建立在现代哲学、社会学、艺术学等广阔的学术视野上，立论的目标虽然主要围绕现代西方美学各流派本身思想和主张的特性，但关注历史和现实，充分展示了其大学术观念。

由于作者长期研究和关注西方美学的思潮及流变，所论大多不畏人言、敢褒敢贬，在对各种思潮的评论比较中常常充满了通变精神。比如，对于现代西方美学总体特征的论述，作者在广泛考辨、比较和梳理各种哲学思潮的基础上，通过对美学与其他相近哲学门类的综合比照与严格考察，提出了带有本质规定性的理论表述，并且进一步作出了现代西方美学的发生、发展和西方世界战后情绪、精神状况、社会生活诸方面密不可分的深入阐述。此书也揭示了现代西方美学作为一种特殊的哲学形式，其内在的丰富性、审美性和时代性等诸多内涵。

该书的体例清晰、严谨。分上下两编介绍了人本主义和科学主义两大美学潮流。人本主义部分共12章，介绍了表现主义美学、移情学派、俄国形式主义美学、英国形式主义美学、新批评派美学、精神分析美学、神学美学、存在主义美学、现象学美学、人本心理学美学、“西方马克思主义”美学和法兰克福学派美学等学派。科学主义部分共10章，介绍了自然主义美学、新自然主义美学、实用主义美学、新实证主义美学、分析美学、符号论美学、格式塔心理学美学、结构主义美学、解释学美学和接受美学等学派。这22章每一专章都有从起源发展、理论基础、代表人物、支流学派等方面进行更详尽的阐发，可谓条分缕析。并且每一章的最后一节都对这一章介绍的学派作一简要评述，使读者能从更深的层次去把握。

对于关注美学的读者来说,《现代西方美学》无疑是一套开卷有益的书。

(本文原刊登于 2002 年 8 月 11 日《北京日报》)

朱志荣、范英豪：历史与逻辑的交织
——《现代西方美学》述评

在世纪交替之际，不管是中国还是西方，不管在哪一个学术领域，人们都纷纷回过头来，回顾一个世纪来本学科所走过的足迹，以期站在一个制高点上，掌握历史发展的规律，把握学科未来发展的脉搏。在这其中，跨国、跨文化的研究以其独特的视角和对本土的影响而尤其令人瞩目。由人民美术出版社在2001年底推出、程孟辉主编的《现代西方美学》，就是中国美学界对现代西方美学的一个总结性的回顾。

对于现代西方美学的研究，国内也早有先声。对单个流派、美学家的研究不说，一些综合性的论著，如《现代西方美学流派述评》《二十世纪西方美学主流》，及90年代中期的《现代西方美学史》等，都是一些很有成就、颇具影响的著作。在此背景下，《现代西方美学》的编者既敢于再次挑战该课题，又广泛吸取现有研究成果的思想方法，并适时地避开或补足了许多不足，增加了新的资料和独到的思考。这样，《现代西方美学》在尊重历史事实的前提下，以一种沉潜、稳重的学术风格，既注重各种思想、流派间的历史联系，又以事实为依据，挖掘其中学理上的逻辑关联。这是站在新世纪的起点上，对现代西方的美学所做的一个全面的介绍和研究。

现代西方美学是西方哲学的一个分支，而20世纪独特的社会历史背景，造就了异常发达丰富的现代西方美学。在流派林立、学说众多的繁华背后，是对传统美学的反叛和否定。这种反叛和否定又不是与传统的彻底决裂，从根本上讲，其实是传统的一个横断面上的扩张和变形。人本主义和科学主义之间的互相更替，是西方历史发展的主旋律。本书以人本主义和科学主义为轴心，对现代西方美学作了一个提纲挈领式的把握，具有较强的概括力。

本书在具体学派的划分上显出了自身的特点。现代西方美学不但流派众多，而且相互之间的关系也是纵横交错，非常复杂的。对这些流派的划分和现代西方美学有的流派归类，以及对每一个流派的理论主旨的概括、提炼和探源，历来是令学界感到棘手的问题。根据本书编者的说法，对这些流派作一刀切的划分是绝不可取的武断做法，只有根据这些流派产生、形成和发展的实际情况，采取一种灵活的方式，对其划而不死，引“派”入“流”，溯“流”探“源”。

流派的划分归类已经从整体框架上显示了作者的历史感，而资料的翔实丰富，又是编者尊重历史，评史立论的依据。主编程孟辉先生长期从事西方哲学和西方美学的编辑、翻译和研究工作，掌握了非常丰富的材料，具有极深的研究功底，为本书的产生奠定了扎实的基础。书后所附长达9页的全书主要参考书目，为读者提供了一个较完备的索引资料。

但是，资料毕竟不是历史本身，况且本书毕竟不仅仅是一个简单的史的研究，它更注重于对各流派学说在学理上的探源和研究，其中分析的、综合的、比较的研究方法异彩纷呈，形成了逻辑清晰、条理分明，而又观点突出的总体格局。应该说，本书对现代西方美学所做的“论”的研究上做出了卓越的贡献。书中每一章每一节都是独具特色、极有价值的论文，同时又以章领节、互相衔接，形成一个有机整体，对于每一个美学流派的阐述，都以背景、内容、评价为主要编排原则，但又不削足适履。其中对不同学派学说的具体阐发，又是根据具体的内容，采取灵活多样的方式进行的。如对实用主义美学的代表杜威的美学评述，就对它与传统哲学美学之间千丝万缕的联系给予了应有的重视。作者在追源溯流时，其对于欧洲的历史上三位重要的哲学家、美学家柏拉图、黑格尔、休谟进行了分析性的影响比较，使其美学特色在联系和差异的两面趋于澄明。而对于人本主义心理学美学，作者对其进行了跨文化比较的平行研究，将人本心理学美学与中国的道家美学相提并论，并对其可比性进行了开宗明义的说明。这本身即是一篇颇具学术价值的研究论文。对于各学派之间错综复杂的联系，本书的编者通过它们之间互为背景、相互影响的说明，使该书形成论中有论、极具景深的格局。

《现代西方美学》作为一部研究性的著作，在资料充实、论说有力、结构清晰的前提下，能做到深入浅出，化“险”为“夷”。书后所附的《全书主要参考书目》《现代西方美学主要概念(范畴)汉西对照表》《人名译名对照表》，大大增加了该著作的学术价值，给读者带来了很多信息，显示了脚踏实地的学术作风。

（本文原刊登于2003年7月29日《人民日报》）

霍桂桓：美学范畴研究的新境界

——读《西方悲喜剧艺术的美学历程》

就国内美学研究的现状而言，美学范畴（或者叫作“美的形态”）的研究可以说是比较薄弱的一个方面。这突出表现在绝大多数著述在论及这一问题时，都是在指出美学范畴包括“优美、崇高、悲剧、喜剧（滑稽）”的同时，分别以相应的审美对象作为例证加以说明了事，而没有遵循马克思主义美学关于逻辑与历史相一致的原则，从文化发生学的角度系统深入地考察和研究这些美学范畴的来龙去脉，从而揭示它们的基本发展规律和实质内容。程孟辉先生的新作《西方悲喜剧艺术的美学历程》（1997 年 5 月出版，以下简称《历程》）通过系统地考察“悲剧”和“喜剧”在西方文明史上的起源和直至 19 世纪的发展变迁，对目前美学范畴研究的这种停滞局面有所突破，可以说达到了美学范畴研究的新境界。

具体说来，《历程》具有以下几个突出特点：

第一，它强调把西方的悲剧和喜剧当做两个重要的美学范畴来考察和研究其历史发展过程，因而其理论研究的立足点处于美学（或者艺术哲学）层次上，高于严格意义上的悲剧和喜剧理论研究；并且由于侧重考察和概述悲剧和喜剧的起源和纵向历史发展，而与对这两者进行静态分析论述的悲剧和喜剧理论研究有所不同。另一方面，由于它侧重从美学角度出发，把悲剧和喜剧当做美学范畴来追溯其起源，系统概述其历史发展，所以，它与从历史角度出发研究和论述包括悲剧和喜剧在内的西方戏剧史研究也有所不同①。

由于《历程》从美学角度研究和考察作为美学范畴的悲剧和喜剧的起源和历史发展，所以它不仅在研究角度上表现出一定的独到之处，而且更重要的是它使美学对美学范畴的研究具有了考察其起源和历史发展的文化发生学维度，从而突破了以往对美学范畴的静态研究局面，为人们在研究美学范畴的过程中彻底贯彻逻辑与历史相一致的方法论原则开辟了道路，做出了表率。

第二，《历程》在清晰地定义了作为美学范畴的悲剧和喜剧的基本内容的前提下，以西方文明史上先后出现的各种风格的剧作为分析对象，结合对悲剧艺术和喜剧艺术之起源和发展变化的社会文化背景的研究，以及对剧作家的人生经历、性格特征、创作意向的论述，分为上、下两篇系统而概括地论述了悲剧和喜剧的美学历程，从而较好地体现了论与

---

① 程孟辉.西方悲喜剧艺术的美学历程[M].长春：东北师范大学出版社，1997：2.

史的有机结合，比较成功地贯彻了逻辑与历史相一致的基本原则。

具体说来，上篇“西方悲剧艺术的美学历程”通过概述悲剧艺术在古希腊的起源，以及它在埃斯库罗斯、索福克勒斯、欧里庇德斯的剧作中呈现出来的从神的冲突到英雄与命运的冲突和现实人物的矛盾冲突的发展轨迹；文艺复兴时期莎士比亚悲剧剧作呈现的现实主义创作原则，注重多层次和多样化地刻画人物内心冲突，以及使人道主义精神居于主导地位的突出特征；17 世纪法国以高乃依和拉辛为代表的古典主义悲剧从崇尚理性和爱国主义并表现矛盾的消解和妥协，向表现悲剧人物与现实的矛盾冲突无法调和的发展轨迹；启蒙运动时期法国的伏尔泰、德国的莱辛和歌德的悲剧作品抨击宗教迷信和封建专制，颂扬人道主义和启蒙思想，使普通人成为悲剧主要角色，并且运用富有表现力的多种语言风格表现情节和人物性格；19 世纪以来易卜生、契诃夫等人表现下层人民疾苦、揭露资本主义社会的利己主义和自由民主的虚伪性的悲剧作品——这样，作者便以流畅清晰的笔触，勾勒出了悲剧艺术所表现的对象从神到人、从王公贵族到普通人和下等人的发展轨迹，以及与这种发展相伴生的悲剧艺术风格和表现手法的不断丰富和发展。这样，作者便揭示了悲剧这个美学范畴所概括的审美对象的起源和历史发展，展现了它所具有的丰富内涵和历史感。这显然对于我们全面把握这个美学范畴是非常重要的。

《历程》的下篇是“西方喜剧艺术的美学历程”。作者在确定喜剧在古希腊起源于祭祀酒神，因而与悲剧“有着某种原始的血缘联系”①的基础上，概括勾勒出喜剧艺术在西方文明史上发展变化的基本轨迹：古希腊阿里斯托芬的喜剧作品取材于现实生活，涉及重大社会问题，以鲜明的主题嘲讽权贵，倡导理想主义和和平主义；在此后的古希腊新喜剧时期，米南德的剧作表现家庭生活和爱情故事，通过展示人物性格与伦理的冲突歌颂人独立生活的权利和爱情的美满；文艺复兴时期莎士比亚的喜剧宣扬人道主义生活理想、抨击封建世俗道德和宗教禁欲主义，以极其综合、丰满、典型的人物形象反映社会生活；17 世纪莫里哀的法国现实主义喜剧倡导个性解放、平等博爱，反对封建道德，以表现人们的缺点、感动和教育观众为己任；启蒙运动时期法国的博马舍以复杂的情节、严密的逻辑、活泼的形式揭示封建贵族的荒淫无耻和不可挽回的衰败命运；意大利的哥尔多尼则把本土的“即兴喜剧”改造成“性格喜剧”，用精炼、纯朴、通俗多样的威尼斯方言，通过剔除“即兴喜剧”的粗俗成分并代之以构造不平衡的喜剧情境，达到了既嘲讽一般人类缺陷，又进一步嘲讽造成这些缺陷的社会背景的艺术效果，从而歌颂人类的善良和真诚。这样，作者便在确定作为美学范畴的喜剧的起源和基本特征的同时，系统而概括地考察论述了它在西方文明史上的变化和发展，以及相应的艺术创作风格的发展变化，从而把这个美学范畴所具有的丰富内涵和历史感清晰地展现在读者面前。

第三，尤其可贵的是，作者在系统论述悲剧和喜剧的起源和历史发展之余，还用非常宝贵的有限篇幅，以“附论”的形式简要论述了西方正剧艺术的美学历程。就研究和阐述悲剧和喜剧的起源和历史发展而言，此举绝不是画蛇添足，因为 18 世纪出现并且在以后

---

① 程孟辉.西方悲喜剧艺术的美学历程[M].长春：东北师范大学出版社，1997：100.

显示出强大生命力的正剧，实际上既是作为审美对象的戏剧在西方文明史发展到 18 世纪时的必然产物，又是对悲剧和喜剧的扬弃和综合，通过突破这两者之间的僵硬界限而使戏剧获得了全景视角，达到了可以自由运用各种艺术表现手段的境地。

因此，正剧并不是存在于悲剧和喜剧之间的可有可无的"第三者"，而是对这两者的扬弃和综合，并且后来居上而成为 19 世纪以后戏剧创作的主流。所以，作者并没有囿于本书的论题范围和篇幅限制，仅仅论述悲剧和喜剧的美学历程，而是通过简要分析和论述以法国狄德罗为代表的正剧理论和正剧艺术创作实践，揭示了它的基本内涵、艺术特征，尤其是历史发展趋势，因而既使其对"西方悲喜剧艺术的美学历程"的研究论述得以锦上添花，同时也进一步展示了作者努力在论述中贯彻逻辑与历史相一致的基本原则方面所取得的可喜成果。

第四，由于作者在系统展示作为美学范畴的悲剧、喜剧，以及正剧在西方文明史上的起源和发展历程时，是通过对著名剧作家的最优秀剧作的细致分析进行论述的，所以行文轻松自然，毫无理论著述所常见的晦涩难懂之弊。

综上所述，《西方悲喜剧艺术的美学历程》是当前中国美学界罕见的研究美学范畴的理论佳作。由于作者在研究和论述过程中较好地贯彻了逻辑与历史相一致的基本原则，比较充分地实现了论与史的有机结合，所以对美学范畴研究的现状有所突破，在研究作为美学范畴的悲剧和喜剧方面达到了崭新的境界。

当然，任何一项具有突破性的理论研究都不可能十全十美，本书也不例外。作者虽然清晰地勾勒出作为美学范畴的悲剧和喜剧在西方文明史上的发展轨迹，明确指出两者在起源方面"有着某种原始的血缘关系"①，但是却限于篇幅而未能对这种血缘关系是什么，以及它如何随着悲剧和喜剧的发展而变化发展，从理论上加以深入说明。另外，在印刷质量方面，本书虽然装帧精美，但是错别字也偶有所见。不过总的说来，这些都是白璧微瑕；我们期待并且相信作者必定会百尺竿头更进一步，为推动和繁荣中国的美学研究事业做出更大的理论贡献。

（本文原刊登于《戏剧艺术》1998 年第 3 期）

---

① 程孟辉.西方悲喜剧艺术的美学历程[M].长春：东北师范大学出版社，1997：100.

朱志荣：西方悲喜剧研究的新收获

——评《西方悲喜剧艺术的美学历程》

最近，美学家程孟辉先生在系统研究了西方悲剧理论，出版了洋洋50万字的《西方悲剧学说史》一书之后，又系统研究了西方的悲喜剧艺术本体，出版了《西方悲喜剧艺术的美学历程》一书。由于作者具有深厚的理论功底和对大量悲喜剧艺术作品独特的感悟能力，加之论据充分，叙述详尽，故而不但使该著新见迭出，而且使其显得生动有力，深刻严谨。具体说来，该书有以下几个方面的特色：

首先，该书把西方悲喜剧艺术与当时的社会现实密切地联系了起来。悲喜剧在西方人的生活中占有重要的地位，因此，戏剧艺术与社会现实的关系尤其密切。程孟辉先生从社会现实的发展脉络及其与艺术发展的关系中去把握悲喜剧艺术的发展线索，如埃斯库罗斯的《被缚的普罗米修斯》对希腊诸神的批判和对专制暴君的揭露；索福克勒斯对人的命运的合理性所提出的质疑；欧里庇得斯通过着力渲染战争的恐怖、残酷和对人类带来的深重灾难，寄托他对和平生活的渴望等等。这些都表明他们的作品跳动着时代的脉搏。这种戏剧与时代变迁之间的关系，从古希腊到文艺复兴时期人文主义精神在莎士比亚戏剧中的发扬，再到古典主义时期对国家利益的强调等，都贯串在整个西方戏剧发展的历程之中。这对我们把握西方艺术趣味变迁的社会背景和历史条件，无疑具有深刻的启迪作用。

其次，书中揭示了优秀剧作家的历史贡献，特别是美学意义上的贡献。程著在细致分析了一系列西方悲喜剧代表作的基础上，对优秀剧作家的历史贡献也给予了足够的重视，其中尤其揭示了这些剧作家成就的审美价值，如埃斯库罗斯在其三联剧形式中，将鬼魂形象搬上了舞台，这对后来的希腊剧作家乃至莎士比亚均有重大影响；再如索福克勒斯对人物心理的深刻分析，对情节和环境的精当处理等，也给文艺复兴时期的戏剧创作以深刻的启示；而莎士比亚在坚持反映现实的社会生活和对人物心理、人物性格复杂化的刻画等方面所取得的成就则达到了前所未有的高度。

再次，通过对不同剧作家作品的比较，揭示其各自的个性特征，从同一剧作家的前后期作品的比较中揭示其创作变化的基础和原因，也是程著的特征。在分析莫里哀的戏剧时，程著认为，剧作家早期基本上继承了文艺复兴时期人文主义的思想传统，维护个性解放，主张平等、博爱，反对封建道德。在中期，莫里哀的戏剧则更熟练地掌握了古典主义的创作原则，充分表现出更加深刻的社会内容和更加强烈的民主倾向。到了第三阶段其艺术技巧则达至出神入化的境地，从而使《伪君子》和《悭吝人》这样一些杰作的诞生成为可能。

悲喜剧艺术是古代西方占主导地位的文学形式，它在整个古代西方社会生活中具有举足轻重的影响，其地位也有点类似于中国人心目中的诗歌。程孟辉先生选择悲喜剧艺术的美学历程作为其研究的切入点，从感性角度对古代西方人审美意识和审美理想的演变历程作了系统的回顾和考察，其研究方法无疑是成功的。因此，阅读程著不仅有助于我们把握西方悲喜剧艺术本身，而且对学习和了解西方古代审美意识发展的历史也具有相当重要的启示性意义。

（本文原刊登于1998年2月7日《光明日报》）

霍桂桓：体大思精　查缺补遗

——读程孟辉《西方美学文艺学论稿》

捧读程孟辉先生的新作《西方美学文艺学论稿》（以下简称《论稿》），受益颇丰之余对其突出特征亦感慨良多，简而言之可谓“体大思精、查缺补遗”。

所谓“体大思精”之“体大”，不仅表现在该书是一部收录30余篇文稿、具有洋洋70万言篇幅的鸿篇巨制，也表现在该书广泛涉猎了西方美学文艺学研究两千多年的历史发展进程，特别是对其中诸如柏拉图、亚里士多德、圣奥古斯丁、托马斯·阿奎那这样著名思想家的美学文艺学思想，分别进行了比较系统和深入的分析和论述；而所谓“思精”则体现在，作者是基于数十年扎实的美学、文艺学理论研究，基于长期进行的西方美学名著翻译和编辑实践，特别是基于对西方美学界20世纪主要学术流派的比较全面和精当的理解，对其所涉及的所有各个方面论题进行研究和论述的，而且，这种论述运用的研究视角并不是以往许多论者“就事论事”的研究视角，而是中西方文化比较所需要的高屋建瓴的方法论视角，这种举措显然可以通过比以往的美学、文艺学史研究的视域更加宽广的研究视域，把表面上联系并不紧密的西方古代美学文艺学思想和现当代美学文艺学思想有机结合起来加以探讨，进而为进一步发掘出它们相互之间的前后承续关系和发展变迁规律，奠定比较扎实的基础、准备更加充分的条件；此外，与运用大部头论著的形式论述某个特定思想家的美学思想相比，以单篇论文的形式进行探讨和论述显然要求论者对论题的把握更加精当、进行的具体论述更加简练和概括。因此，我们说《论稿》“体大思精”并不是没有根据的。

相比较而言，《论稿》的另一个突出特征即“查缺补遗”也同样引人注目。这一点既充分体现在作者对作为世俗主义美学思想代表的完善的美学思想进行了非常系统的专篇论述，体现在论述“文艺复兴时期的悲剧学说”和“古典主义的悲剧成就”的过程中，对特里西诺、斯卡里格、明屠尔诺、钦提奥、卡斯特尔维特洛，以及对高乃依、拉辛这样一些以悲剧研究为主的主要美学思想家的论述，同时也体现在其对“开创独特唯物主义美学体系”的狄德罗美学思想，乃至对著名艺术史学家格罗塞的艺术史观研究原则、方法和原始艺术观的专篇论述；此外，不可多得的是，《论稿》还以专篇论述的方式，对处于传统文艺理论研究所涉及的“悲剧”“喜剧”之外的“西方正剧”及其起源和发展线索，进行了比较系统而概括的研究和论述。综观国内流行的主要西方美学史著述所涉及的论题和论域可见，上述所有这些方面都要么是这些西方美学史著述没有进行任何论述的，要么是它们即使涉及也不过是一笔带过、未予充分重视和系统论述的。因此，相比较而言，从这个方面来看，《论稿》显然在国内已有的研究水平上前进了一大步，也因此而构成了其非常鲜明的特征和优点。

当然，即使如此，《论稿》也并非完美无缺之作，而是具有一些难以避免的弱点。要而言之，首先，《论稿》虽然指出西方现代美学与其古代美学并非截然割裂而是“流”与“源”的关系，但并未对此进行更加系统深入的研究和论述，进而将其特有的发展变迁规律揭示出来。其次，从总体上来看，《论稿》虽然既论述了西方的“美学”、也涉及了西方的“文艺学”，但其研究和论述的重点主要在后者，因而在具体行文过程中，对具体的文学作品分析和叙述较多，系统深刻的、特别是从哲学研究的高度进行的严格批判反思较少。今天的美学研究者正在通过系统梳理和批判反思西方迄今为止的美学文艺学思想遗产，逐步实现美学理论研究的实质性突破、构建更加科学和完善的崭新美学理论体系，《论稿》所收录的每一篇文章都不乏理论研究的创新之处和学术亮点，为此艰巨任务准备了必不可少的基础和条件，但是，《论稿》却未能在此基础上把这种崭新的美学体系大厦的蓝图概略勾勒出来，不能不使人产生“功亏一篑”的遗憾。

尽管如此，在当今国内美学研究界浮躁之气日盛、严格的美学研究著述日渐稀少的情况下，《论稿》的出版无论如何都是作者为进一步推动国人自己的美学研究所做的一件大好事，因而该书值得广大美学研究者和爱好者充分关注和认真研读，以便我们能够在不远的将来“百尺竿头，更进一步”。

（本文原刊登于2008年1月23日《中华读书报》）

张达：也谈恩格斯的艺术起源学说

——与程孟辉先生商榷

程孟辉先生的文章《开创辩证唯物主义的美学理论——略论恩格斯的美学思想》，对恩格斯的美学思想理论进行了简明扼要的梳理和概括，并指出了其辩证唯物主义的根本性质，读后颇受教益，但程文对恩格斯的某些具体观点，论述却有欠全面、深入，因而甚至有欠准确，其中“关于艺术起源的历史唯物主义解释”部分尤其是这样。故不揣冒昧，提出商榷，以就教于程先生和大家。

程先生将恩格斯关于艺术起源问题的论述归结为“艺术起源于生产劳动的理论”，所依据的主要是恩格斯的这样一段话：“手不仅是劳动的器官，它还是劳动的产物。只是由于劳动，由于和日新月异的动作相适应，由于这样所引起的肌肉、韧带以及在更长时间内引起的骨骼的特别发展遗传下来，而且由于这些遗传下来的灵巧性以愈来愈新的方式用于新的愈来愈复杂的动作，人的手才达到这样高度的完善，在这个基础上它才能仿佛凭着魔力似地产生了拉斐尔的绘画、托尔瓦德森的雕刻以及帕格尼尼的音乐。”①

程先生这样使用论据和提出论点，显然都是有纰漏的。其一，恩格斯说这番话，意在说明手“是劳动的产物”，而不在于说明艺术的起源，拿来证明艺术起源问题自然非常牵强。其二，据此便推断出“恩格斯关于艺术起源于生产劳动的理论”，即我们通常所称的“劳动说”，则更是把恩格斯的理论简单化了。

事实上，过去的包括“模仿说”“游戏说”“巫术说”“劳动说”等在内的种种关于艺术起源的学说，由于都是将艺术起源归于单因，都暴露出了明显的片面性，因而都不能对问题做出令人满意的完满的解释。于是，西方在百余年来，我国在进入新时期以来，许多文艺理论家和艺术史家改变了“单因论”的思路，他们利用生物学、考古学、人类学、文化学的新发现，进行了多学科的综合研究，力求把多种因素有机地结合起来考察艺术起源的问题，并已经取得了不少令人鼓舞的研究成果。实践证明，这样的努力方向是对头的，所显示出的理论说服力也是巨大的。正是由于这种研究思路的转变，当我们今天重读恩格斯的有关论述时会十分清楚地看到，他的理论的精彩深刻之处，恰恰在于没有拘囿于“劳动说”，

---

① 恩格斯.劳动在从猿到人转变过程中的作用[M]//中共中央马克思恩格斯列宁斯大林著作编译局.马克思恩格斯选集：第3卷.北京：人民出版社，1972：515.

而是把艺术起源问题放在人类不断进化、进步的历史过程中加以考察、予以说明，因而不仅在当时，就是放在今天，也仍然居于领先地位，具有开创性和启示性的意义。

与程先生所引的那段话有所不同，恩格斯的另外一段话，的确是直接说到了艺术起源的问题："由于手、发音器官和脑髓不仅在每个人身上，而且在社会中共同作用，人才有能力进行愈来愈复杂的活动，提出和达到愈来愈高的目的。劳动本身一代一代地变得更加不同、更加完善和更加多方面。除打猎和畜牧外，又有了农业，农业以后又有了纺纱、织布、冶金、制陶器和航行。同商业和手工业一起，最后出现了艺术和科学；从部落发展成了民族和国家。"同样的意思，恩格斯曾不止一次地提到过，例如他在《家庭、私有制和国家的起源》中也说："文明时代是学会对天然产物进一步加工的时期，是真正的工业和艺术产生的时期。"这些论述显然可以互相印证，说明恩格斯关于艺术起源问题的思考是非常成熟的，其理论的丰富内涵也是非常确定的。

那么，通过上面的论述，恩格斯在艺术起源问题上究竟告诉了我们什么？根据我的学习体会，是不是起码可以分析为以下依次相互关联着的几个要点。

第一，劳动是艺术起源的基本条件。

恩格斯说："它（指劳动——引者注）是整个人类生活的第一个基本条件，而且达到这样的程度，以致我们在某种意义上不得不说：劳动创造了人本身。"依照恩格斯的观点，劳动是人类区别于其他动物的本质性特征，这样，劳动也就只能是人的劳动。就劳动与人的关系而言，无疑既是人把劳动从动物的自然行为中提升出来，也是劳动把人从动物界提升出来，最终使人类同动物划清了界限。换言之，人的劳动和劳动的人是互为条件、互相创造的。所以，恩格斯只是"在某种意义上"肯定"劳动创造了人本身"，也是在这个意义上将劳动视为人类生活的"第一个基本条件"。人类生活包括方方面面的生活，每一个方面的生活必然都有其相对应的条件，而劳动只能是其"基本条件"而且是"第一个"。恩格斯这样表述，所强调的显然是劳动的最初意义，即物质劳动的意义；而物质劳动并不是精神劳动，更不是艺术劳动，故不能必然地产生艺术，我想，这也正是恩格斯从来没有笼统地说过"艺术起源于生产劳动"的原因。恩格斯的理论是非常科学的又严谨的，我们如果忽视了这种理论的科学的严谨性，简单地将它归入"劳动说"，显然是一种极大的误解。

第二，人的能力的不断提高是艺术起源的内在根据。

在《劳动在从猿到人转变过程中的作用》一文之中，恩格斯分别论述了人的手、人的发音器官、人的脑髓的最初进化过程以及后来的不断提高完善过程。在这样的论述中，他除了肯定劳动对于人的器官的发展变化的作用之外，还同时指出"需要产生了自己的器官"。这就明白无误地揭示出，人类的进化和进步根源于两种最根本的原因：劳动和需要。正是人的劳动和人的需要的共同作用，推动了人的能力的提高；反过来，人的能力的提高，又会促进人的劳动和人的需要的提高。这两个方面互为因果、交相作用、共同发展，"人才有能力进行愈来愈复杂的活动，提出和达到愈来愈高的目的"。毫无疑问，人类的萌芽状态的艺术行为、艺术活动，就出现在人的能力提高到相应水平的时候。人的能力中包含着人的劳动和人的需要,它的提高才是艺术起源的内在根据。

很显然,在这一点上,恩格斯的艺术起源学说,进一步地显示出了与“劳动说”的更大不同。“劳动说”是将艺术起源直接地同物质劳动联系在一起,而恩格斯则在两者之间强调了人的能力——对于艺术,这就是艺术能力;而且,由于人的能力又是人的劳动和人的需要的共同结果,因而,人的能力之中,便自然包含着客观的社会实践与主观的心理动机这样两个方面的诸多因素。如此,恩格斯的理论,便充分展示了艺术起源的非单因性,也即多因素综合作用的复杂性。唯其如此,才足以解释清楚人类历史上这样一个最基本的事实:艺术的出现极其久远地滞后于人类的劳动。众所周知,人类的历史,即人类的劳动史,至少已有 200 万—300 万年了,而人类的艺术史(就连旧石器时代中晚期萌芽状态的艺术也计算在内)却至多才有 40 万—50 万年。两者的起始时间的差距竟是如此之大,这只能说明,艺术的起源,需要直接依赖人类最初的艺术能力的形成,而并不直接依赖人类的一般劳动能力,更不直接依赖物质劳动。那种以为原始人类的狩猎舞蹈就必然地直接产生于他们的狩猎劳动的说法,看起来与恩格斯的理论有些相似,其实却全然不同。

第三,人的思维能力的分化和艺术思维能力的确立是艺术起源的最终标志。

马克思在《政治经济学批判导言》中,根据人的思维的不同,区分出了人类掌握世界的种种方式,并指出艺术方式就是其中之一。也是从这一点出发,恩格斯将“完全形成的人”定位在他们的脑髓和思维能力的高度发达上面。他指出,“脑髓和为它服务的感官、愈来愈清楚的意识以及抽象能力和推理能力的发展”,是人类进步的“愈来愈新的推动力”,正是它,使得“劳动本身一代一代地变得更加不同、更加完善和更加多方面”,产生了社会分工,而且分工越来越细致,“同商业和手工业一起,最后出现了艺术和科学”。恩格斯从人类思维的角度界定艺术的起源,并大致地勾勒出了人类思维能力的最初分化过程,在这一点上也显示了深邃的历史洞察力。

恩格斯在世的时候,由于种种历史条件的限制,人们还不可能对原始人类的思维活动进行研究,尽管如此,后来的有关发现和研究却完全证实了恩格斯这一论述的正确性。西方许多人类学家的研究已经得出了公认的结论:原始人类的思维是一种混沌状态的思维,里面包孕着诸如认识的、宗教的、艺术的等等各种思维的因素和成分,必须经过一个漫长的分化过程,就有可能各自独立出来,成为不同的思维,也即马克思所说的掌握世界的不同方式。在这个分化的过程中,科学自理性思维的出现,是原始人类思维能力得以分化的关键所在。这是因为科学的理性思维必然会以其清晰性,打破原有思维的混沌状态,故科学思维能力的确立,也就同时意味着思维能力分化的完成,意味着艺术思维能力的确立,这也就是恩格斯所断言的“艺术和科学”最后的同时出现。

综上所述,恩格斯关于艺术起源的学说,无疑是一个丰富而又完备的科学理论体系,这个理论体系将艺术起源看做一个非常漫长复杂的历史过程,从人的劳动说到人的能力,从人的物质劳动能力说到思维能力,说到思维能力的分化从而艺术思维能力的确立,其中关涉着多方面、多层次的历史原因。而在过去,我们由于受到机械唯物论思想的禁锢,并没有真正看到恩格斯这一学说的辩证唯物主义的全部内涵。因此，怎样对这个理论体系进行归纳总结，实在还是一个既十分重要又极富新意的美学课题。

（本文原刊登于1998年6月18日《光明日报》）

附录二　媒介之音

——媒体人笔下的程孟辉及商务国际

激情对话：一个文人的文化产业之志

华　实　晓　玲

观乎天文，以察时变；观乎人文，以化天下。商务印书馆达善天下，百年流香，如果谈不上是一种非凡的记录，那至少也是一种力量——长达一个多世纪的文化影响力。

这种影响力在市场化的今天仍在继续……

商务印书馆是中国近代出版事业中历史最悠久的出版机构，1897年创立于上海，而后在海内外建有分馆。在时光长河的漫漫流转中，商务印书馆以一种与生俱来的贵族气息，浸润了人们的思想，丰富了人们的生活。无论是顺势而为，弘扬主旋律，还是逆势而动，以新奇取胜，它都能营造出一种强大的影响力和持久的传播力，从而获得了经久不衰的盛誉。“弘扬中华文化，传播人类文明”是商务印书馆多年以来一直秉承的理念，也是对其最真实贴切的写照。

程孟辉，一位典型的学者型编辑，曾以一部对西方哲学与美学潜心研究的力作《西方悲剧学说史》受到学界广泛关注。《西方悲剧学说史》填补了我国在此方面研究的空白，也为沉寂多时的美学界带来了生机与希望。1998年，程孟辉接任商务印书馆国际有限公司掌门人。从一个纯粹的文人到一名兼有商业智慧和管理才能的经营者，程孟辉完成了一次蜕变。同时作为文化产业的倡导者，他也在积极描绘着未来文化产业的美好图景。

商务国际：文化与市场相得益彰

文化与市场是否可以相得益彰？一直以来，这不仅是来自市场的无情拷问，也是来自文人的扪心自问。程孟辉对此深信不疑，“文化与市场并非一对矛盾，我们在商业化运作的同时，更注重提升自己的文化品位。”是的，通过不断的努力和创新，商务国际的确做到了专业化与市场化同时运作、商业味与文化味兼而有之。

商务印书馆国际有限公司是由中国北京、中国香港、中国台湾、新加坡和马来西亚五家商务印书馆于1993年共同投资创建，是迄今国内首家而且是唯一一家综合性中外合资出版机构，简称“商务国际”。时下里各大出版社正纷纷进行改制，而商务国际却一如既往。“因为我们从诞生之日起，就是纯市场化运作。”公司总编辑程孟辉不无自豪地说。商务国际的组建和诞生是中国出版业改革开放的产物，也是其一个重要标志，无疑具有里程碑式的历史意义。

由于是国内首家，没有可供借鉴的参照系，商务国际只能在探索中走出一条符合自身特色的发展之路。在初创时期，他们也经历了不少困难，甚至走过一些弯路。直到1998年新一届董事会的诞生，公司进行了重新调整，确立了以市场为导向并结合自身特点，以中外语文工具书为主导产品的出版原则。一经调整，商务国际的图书市场局面就有了明显好转，市场占有率也大幅度提高。

商务国际长期致力于促进和加强中外经济合作和文化交流。多年来，在发扬优良传统的同时，商务国际又结合时代发展的要求，形成了鲜明的风格特色。作为一家享誉海内外的出版公司，他们采用先进的科技手段和管理方法，陆续出版面向海内外的语文工具书、知识性丛书和华人学校教科书，经营中外文书刊和与文教有关的声像制品的出版、发行、印刷以及销售。目前，商务国际已累计出版各类图书600多种，发行428万册，包括《汉英双解新华字典》《最新高级英汉词典》《小学生字典》《新编汉语教程》等一批颇具代表性的精品图书。其中《最新高级英汉词典》荣获"中国辞书奖"。

版权输出是商务国际弘扬中华文化的重要方式之一。与此同时，商务国际也从香港等地出版的优秀图书中有选择地引进版权，真正起到了作为海内外多家出版机构的联合体应发挥的作用：联合投资、共同经营、风险共担、资源共享，在此基础上走共同获益、共同发展的出版业合作之路。

出版社的首要任务是如何有效地多出书、快出书、出好书。作为生产制造精神产品，积累和传播人类知识、智慧和文明的车间或基地，它不光要获取经济效益，而且要兼顾社会效益，即肩负着双重使命。商务国际以优质的图书赢得了社会的广泛赞誉。

文化从来不是企业王冠上的装饰品，更不是企业成功后的附庸风雅，而是一种"润物细无声"的潜在力量。商务国际在不断加强市场开发力度的同时，不忘自身企业文化的建设。通过多年的实践，创新的意识和服务读者的文化理念已经潜移默化地融入商务国际，成为它成长的血液和发展的灵魂。

赢得市场的"三把利器"

"意识上设法突破常规，选题上寻找空白点，定价上追求薄利，融高品位、精质量、低价格为一体，立足市场"是商务国际的经营理念，也是其赢得市场的"三把利器"和成功之道。

利器之一：品牌战略和精品意识

当前，过量的信息充塞视听，使人们对某一出版社的注意力严重下降，出版人正为争夺"影响力"而绞尽脑汁。"书业无限，品牌为王，精品战略为最上。"这是程孟辉在多年的经营管理中悟出的非常经典的一句话。在激烈的图书市场竞争中，说到底是品牌分割市场，因为品牌是出版社赖以生存和发展的基础，是出版社的特征与标志。商务国际要充分发挥百年形成的品牌优势，让这种影响力更加深入人心，同时也帮助读者在纷杂的视听世界里,建立值得信赖的判断坐标。

品牌为王的前提是精品战略,即要造就既畅销又长销的图书精品群,使其有一个相当长的有效生命周期。程孟辉对"精品"二字有着更深刻的认识和感悟:"精品不只是内容好、装帧精美,而是要做到内容与形式的高度统一。"在当今读者的消费观念中,一部图书光有好的内容,而忽略了在材质、装帧等表现形式上的精益求精,它同样会制约或削弱读者的审美情趣以及购买欲望。同样,一本装饰精美、外表华丽的图书,如果内容空泛,不能提供真正实用有效的知识,也只能被读者认为华而不实,无法产生价值认同感,广阔的市场前景就更无从谈起。《新华字典》伴随新中国一起成长和发展,成为几代人启蒙教学不可或缺的良师益友和必备工具,总发行量累计近 4 亿册,创造了我国乃至世界图书出版和发行史上的若干个"之最"。要想把这样一部语言圣典全面译解为英文,使其成为世界性工具书,无疑是对出版社自身进行的一次前所未有的挑战。这项浩繁巨大的工程在商务国际的精心策划和组织下,经过 30 多位英汉语言学界和辞书编纂界专家历时 5 年的艰苦努力,终于将这部最具典型性、普及性和权威性的汉英双语语文工具书呈现在世人面前。

《汉英双解新华字典》以汉语为基点,以中华文化为底蕴,集汉英两种释义于一体。该字典一经问世,便赢得一片喝彩,成为当今中国辞书出版界的一大亮点,被誉为中国人学习英语、外国人学习汉语的最佳工具书和"永不过时的书"。《汉英双解新华字典》出版当年就重印五次,销量突破 30 万册,发行 3 年来销售势头长盛不衰,迄今已逾 40 万册。它所创下的销售佳绩充分体现了商务国际的独到眼光和策划能力。目前,该字典已远销海外,并被新加坡、马来西亚等国家出版商购买版权,极大地促进了中华文化的传播。《汉英双解新华字典》的出版标志着在新的历史条件下,《新华字典》已走出国门,走向了世界。

利器之二:市场选题和另类创意

中国的图书市场正处于一个整体转型时期,因此当前市场的低迷和不景气是相对而言的。只要选题对路,图书市场的发展前景依然广阔。选题是出版社生存与发展的命脉,图书市场的竞争在相当程度上取决于选题的竞争。出版社要保持自己强劲的发展势头和成长后劲,就必须优化选题,生产适销对路的产品,并用创意占领和扩张市场。在这些方面,商务国际取得了许多值得推广和借鉴的经验。

选题的判断离不开认知水平。商务国际在确定选题时看似凭着一种直觉,实际上这种直觉并非空穴来风,而是厚积薄发,是多年的经验积累逐步形成的。程孟辉说:"在敲定选题时一定要立足市场,顾及三个层面:社会接受度、经济接受度和大众消费能力。"商务国际始终遵循宁缺毋滥的出版原则,站在市场的角度,高度开发新选题,占领新市场。中外语文词典工具书的强势推出,就是对准不同层次市场的立体化跟进。

应对市场的急剧变化,商务国际一改以往沉稳的学院派风格,将一套色彩亮丽、图文并茂的大开本呈现在读者面前。这套《新世纪小学字词通典》既是大词典,又兼具百科图书的性质,极富收藏价值。它从策划到成书仅用了短短 5 个月,市场回馈是首印 10 万套,3 个月内告罄。此后,商务国际专为小学生量身订制出版了小巧精致的《小学生字典》彩图本。这本字典除具备一般功能外，又加注了部首、笔画、结构和笔顺，版面生动活泼，既简单明了，又愉悦视觉，大大增强了应用功能和审美情趣。根据贫困地区孩子的消费能力，他们又出版了黑白版《小学生字典》。这些图书市场定位准确，满足了不同层次的需求，使得商务国际在小学生字典的出版阵营中形成了无可比拟的优势，稳稳占领了高端、中端和低端市场。

2002年，商务国际又强势推出《学生识字快车》《倒序汉语字典》等语言工具书，成为市场版图扩展中又一枚重要的棋子。《学生识字快车》不仅具备一般汉语字典的各项功能，最关键的是它教人一种识字方法；不仅让学生能举一反三地快捷高效地学习汉字，更重要的是培养了学生的发散型和联想型思维。“选题不仅需要把握市场脉搏进行创新，还要善于发现和培育。”现在销售势头强劲的《张道真英语语法》《张道真英语用法》就是程孟辉在与人闲谈中发现并抓住的。程孟辉慧眼识珠，当即决定将这两部书稿买下，并以最快捷的速度、最优异的质量强势推出。后来，他们又与张道真共同开发了《张道真英语语法练习》，成为英语学习类图书的三驾马车。“一个出版社不仅要有自己的特色产品，还要培育打造自己的品牌作者。”这就是程孟辉的拳头产品论，也是他毅然决然以作者名字为书名的原因所在。

利器之三：低本薄利和辩证定价

市场本身就意味着竞争和实力间的互相制约与抗衡，意味着成本的最低化和利润的最大化。图书出版作为一种文化产业，一旦进入商业流通领域，它同样受到市场机制的调节和价值规律的支配。

当今的读者群，其消费心理日趋成熟，尤其在图书品种空前繁多、图书精品灿若星辰的情况下，读者更是书比三家而后择之。因此，出版社就必须要本着对读者高度负责和诚实无欺的精神，不仅要追求低价位，而且要实行精品低价位。当然，这里也潜藏着很多风险，但商务国际依然在定价上追求薄利。程孟辉说，“物美与价廉并不矛盾，其中充满着辩证法”。《新世纪小学生字词通典》《汉英双解新华字典》采用的是优质的字典纸和精美的设计制作，但定价并不高。商务国际希望在质量和价格方面具有国际市场的竞争力。

程孟辉：你必须站在一个高度上

在侃侃而谈中，程孟辉神采飞扬，思维活力四射，这源于他的敏锐、他的才气、他的见识，当然还有他的责任。对程孟辉来讲，编书是件非常愉快的事情，他也自认有编书的天赋。由他主编的“中国艺术论文库”曾荣荣获第十三届中国图书奖。在编书的同时，他也遵从文人的灵感和直觉，不断集纳心得，将兴趣延伸到写书、译书领域。他的译作《艺术哲学》荣获“首届全国青年优秀美学学术成果奖”。他的随笔《古崖居随想》《从塞纳河游船上的中文解说谈起》等将感性冲动与理性思考糅合在一起，表达了一个知识分子特有的人文关怀和使命感。程孟辉一向重视新版图书的学术评论。他说：“你必须站在一个高度上写书评。”这个高度不是一蹴而就的，而是年复一年、日复一日形成的文化积累。

写书评要站在一定的高度上，经营出版社也是如此，要站在市场和文化产业的高度上。不断超越自我的程孟辉并不满足于已有的学术成就，而是要走出象牙塔，去寻找理想与现实的契合点——在文化产业中一展宏图。为此，程孟辉更加悉心经营商务国际，他要让“商务印书馆”这一百年老字号更加璀璨生辉。

出版社的工作重点莫过于图书选题和市场营销。因此，商务国际最重要最核心的问题是必须配备好图书的编辑出版队伍和市场营销队伍。没有一支高素质的编辑人才队伍，就不可能在市场化的条件下有新的编辑思路和创意，不可能获得大量的国内国际的出版动态和信息，不可能对现实的出版形势作出准确的理解和判断。除此之外，商务国际还建设、培养和锻造了一支既懂出版又懂市场的能攻善战的营销队伍，即“发行部”。商务国际的发行部门从公司成立之初就进入市场化的竞争轨道，因此具有极强的市场开拓力和竞争力。

虽然商务国际从成立之初，就是按企业的性质和经营模式进行运作的，不存在一般出版社由经营性文化事业单位向企业转制的问题，但程孟辉还是基于一个出版人的责任，站在了文化体制的高度，对我国出版社的转制做了深入的思考与剖析。通过对出版业体制状况的简要回顾，他提出了自己的观点：出版社的转制已水到渠成并且势在必行；出版社转制就是将出版社全面推向市场，这不仅需要选配卓越的企业领导、组建优秀的领导团队，还要建立或引进现代化的企业经营管理机制，并辅之以先进的理念和科学的决策；转制后的出版社更加任重道远，因此，构建强大、忠诚而有向心力的人才队伍就成为公司保持良好态势的关键所在。

商务国际的员工和中层管理人员都是面向社会招聘的，这样的建制和管理体制在国内出版业中是唯一的，与国际上的出版公司管理模式较为接近。商务国际不断引入竞争机制，末位淘汰制的实行充分调动了员工的积极性，成为创新文化不尽的“源头活水”。

程孟辉一再强调：“市场经济条件下，编辑意识转型是至关重要的，出版社的社长和总编们更是面临着思维方式和操作模式的转型。”这不仅是出版业走向市场使然，也是编辑自身不断寻求发展使然。今天的编辑，必须从传统的思维模式中解放出来，确立不断开拓的市场意识、独具一格的创新意识和广采博取的信息意识。

中国出版产业要尽快与国际出版业经济接轨，就必须全面创新，必须快速、准确地把自己纳入市场化运行的发展轨道。创新意味着突破传统、走出常规，意味着另辟蹊径、不落俗套，并在此基础上有所发明创造。编辑人员是否具有创新意识，直接关系到它所出版的图书质量的优劣和市场前景，直接关系到出版社经营的好坏和兴衰成败。

当今世界，国际传媒技术的高度发展给信息产业带来无限生机。在这样一个信息量高度充分、信息传播速度准确快捷的世界里，谁拥有巨大的信息就意味着谁能够抢先取得成功。商务国际在信息的把握上力争先人一步，尤其作为出版社的领导，更是注重信息的多渠道采集。程孟辉说：“出版社的社长和总编，不但要有高超的领导艺术，而且要有广泛的交际能力和超强的决策能力。出版社要由那些富有前瞻性眼光、信息化头脑的现代精英来掌管。”

文化产业是学科的边缘交叉地带，是学术发展新的增长点，因此也是可以大有作为的。或许文化产业的兴起正是文化走向成熟的开始。程孟辉畅谈着他作为一个文人的文化产业之志，既有激情，又有路标，自然能带动人们跟随……

（本文原刊登于2004年4月29日《经济参考报》）

长路漫漫思创新　心际悠悠品书香

吴玉华

5000 年中国挥舞着文化长袖，20 年改革掀动起产业激变。

在这场变革中，我们激赏文化名人的层出不穷，感叹文化产品的推陈出新，与此同时，我们更呼唤文化产业的理性繁荣，及其繁荣背后对产业发展的深层思考。尤其身处改革之拐点，回望与前瞻，当是必然；实践与反思，更是必须。

2006 年，中国文化体制改革启动“破冰之旅”。作为先行者，出版业的改革在阵痛中前行并踏出了自己的特色路径。当下出版界正以多元的生存方式展现着各自的生存逻辑，并以多重的发展途径探寻着未来的发展空间。

商务印书馆，作为我国迄今历史最悠久的出版机构之一，在长达一个多世纪的发展进程中，传承文明并折射出文化的光辉。商务印书馆的创立，标志着中国现代出版事业的肇始。从“商务印书馆”到“商务国际”的发展和变迁，意味着以资产和品牌为纽带的文化资源跨地域整合将带来更加持久的国际竞争力。

透过商务印书馆的商务之道，我们可以感知到文化的力量和出版业发展脉搏的律动。通过对“商务国际”总编辑程孟辉的近距离解读，我们可以体察到一位学者的文化积累和学术探索，一位管理者的商业智慧与管理实践，一个文人的理性思考与感性回归。他的文化气质与商务印书馆的文化底蕴和谐统一，他在编辑、学者、文人、管理者之间的角色交叉与转换的轻松自然。“潜心实录美学史，平心纵论天下势”可谓对程孟辉的真实写照。

理性思考：转制后的战略选择与策略实施

出版业的转制势在必行，也恰逢其时。2005 年，出版业集体发力，转制开始加速。然而，理论中的转制轨迹，在实践中常会遭遇重重阻碍，加上转制之路的借鉴视角多囿于同行，使得出版社的转制多数在探索中进行。

多年来“事业单位性质，企业化管理”的观念似乎成了出版社左右逢源的护身符。而在失去这个护身符之后，出版社的经营运行必须呈现“市场化运作”的内核。可以说，确定企业名分仅仅是出版业转制的开始，转制之后的发展战略选择和策略实施问题才是出版社思考的关键所在。“商务国际”由于从诞生之日起，就具有“市场化”的经营特征，采用股份制形式、引入竞争机制、实行末位淘汰等一系列真正按现代企业制度经营管理的制度，使得商务国际更加适应新的形势。这种先行一步带来的“先动优势”将在出版业转制之后的竞争格局中更加凸显。

商务国际总编辑程孟辉在多年实践中不断进行着思考，并将纷繁复杂的思路梳理成章。《图书市场与精品战略》《图书定价的辩证法》《对“发行部”称谓的思考》《市场条件下的编辑意识》等一系列管理理论和方法纷纷见诸报端。尤其《中国出版业转制的思考》与《出版社核心竞争力之我见》两篇文章在业界颇具影响力，为探求转制后出版社的发展提供了可资借鉴的思路。

发展不只是模糊的价值判断，更要体现在具体目标和规划上。这就要求领导者要以一种战略眼光和思维去谋划未来。程孟辉认为，在全面进入市场化运营轨道之后，出版社参与市场竞争带有巨大的风险。这对出版社领导人提出了更高的要求——有胆有识，富于创新，敢于决策，善于沟通等。只有具备这些素质，出版社领导人才有可能为提升出版社的核心竞争力起到至关重要的作用，才有可能成为当代意义上的新型出版家。

出版社的发展战略要兼具前瞻性和可操作性，因此要以相应的理念做引导，以相应的资源做支撑，以相应的制度做保障。程孟辉说，出版社是积累和传播人类知识、智慧和文明的“车间”或“基地”。作为从事精神产品生产的出版工作者，其使命是站在一定高度上发掘、审视人类的智慧和文明成果，并以图书出版的形式予以传播。特别是在信息化时代，对出版人提出了更高的要求。商务国际正是秉承这一出版理念，在选题上寻求空白点，定位上追求薄利，意识上突破常规，融低价、优质、精品于一体，因此呈现出强劲的发展态势和广阔的发展空间。

选题是发展命脉，精品图书是基础

“选题是第一战略，它无异于出版社生存与发展的命脉。”程孟辉一语中的。出版社的首要任务就是要多出书、快出书、出好书，这就要求编辑不断物色和开发优质选题，然后加工制作成书，最终走向市场。从理论上讲，选题要从三个层面进行考量：社会接受度、经济接受度和读者的消费能力。然而在实践中，往往需借助编辑人员的经验、直觉和悟性。高素质的编辑人员，要有强烈的市场意识和独具一格的创新思路，通过广采博闻获得巨量的动态信息，从而对形势作出准确的判断，并站在企业和市场发展的高度去立意和思考，向市场提供具有潜在需求的产品。选题是在与读者的互动中产生的。虽然转制刚刚拉开序幕，但它已经波及产业链的终端——读者。随着转制的逐步深入，出版社经营的逐利性日趋明显，它会一再冲击管理者和读者的心理定式，这种现实影响是出版社不容忽略的。

如果说编辑是源头，那么发行就是渠道，两者密不可分。图书市场开放后，好书也需通过好的营销策略进行推介。为此，出版社要锻造一支既懂出版业务又懂市场供求关系的能攻善战的营销队伍，即“发行部”。目前，有些出版社发行能力遭遇重创，相反民营资本的发行能力正在逐渐壮大。这就要求出版社必须加强自身的营销队伍建设，不断开拓市场，实行多渠道发行。只有这样，才能从容应对日益激烈的市场竞争。

在营销策略中，发挥品牌效应至关重要。“商务印书馆”是一个受人瞩目的“贵族”品牌。在国内外都享有盛名，尤其在辞书领域，很多精品力作不仅畅销，而且长销，保持着长盛不衰的生命力。程孟辉很早就提出“书业无限，品牌为王，精品战略至上”的观点。在这种理念指导下，商务国际一直在全力打造内容和形式高度统一的图书精品。然而，品牌老化现象是市场中的一种常见现象，也是文化产品不可回避的市场规律。要让历史悠久的老品牌在新形势下焕发新的光彩，就需要重新挖掘它的内涵价值，并不断将品牌延伸和提升。2006 年是商务国际加强品牌建设、重塑图书市场的主题年。相信这一品牌战略将为商务国际带来更高的美誉度和读者的忠诚度。

“图书精品战略”的实施不仅使商务国际在国内图书市场竞争中占据了某些领域的制高点，而且为其对外版权贸易奠定了坚实的基础。近年来，商务国际将一大批优秀的语言工具书及其他一些社科类、科技类图书版权授予华文出版的有关地区。例如按照公司成立时制订的“资源共享”原则，将新出版的图书版权资源在第一时间首先提供给各股东出版机构。与此同时，商务国际也从各股东单位有选择地引进版权，互惠互利、共谋发展，真正发挥了作为多家出版机构联合体应发挥的作用。程孟辉对这种“联合投资、共同经营、资源共享、风险共担”的经营模式进行了客观分析：“商务国际作为中外合资综合性出版机构，具有两大基本优势。一是体制上的优势，二是海内外五家股东之间的资源共享或资源互补优势。”图书版权贸易实际上就是一种出版的互补性或广义上的文化的互补性。由此延伸，如果进入图书发行或贸易合作领域，就是一种商业贸易或广义的经济合作，如公共文化资源的联合开发和利用、华文地区出版资源共享和出版业走向问题研究等。

创新是出版社不断超越自我、创造辉煌的前提和基础，而创新求变必须要有思路、有创意。商务国际非常注重自主创新能力的培育，尤其在字典、词典的创新上，可谓煞费苦心，当然也卓有成效。例如，汉英双语工具书《汉英双解新华字典》是对《新华字典》这部具有学术权威性和广泛普及性的语言圣典进行的全面译解，这无疑是我国语言辞书编纂史上的一次独创和探索性尝试。这部字典在当年创下销售佳绩，不仅得益于策划者的独到眼光和判断力，更来源于他们精益求精和突破创新的精神。

为了突破商务一贯沉稳的学院派风格，商务国际尝试以图文并茂、生动活泼的风格吸引广大学生读者。有的辞书还改成缩印本，以降低成本和便于携带，旨在让经济落后或欠发达地区的学生也同时受益。商务国际在“专、深、广、强”的辞书精品战略指导下，力求建立一个全方位覆盖小、中、大学生和研究生以及幼儿类读者的英汉体系市场，开发富有科技含量的创新字典。商务国际长期致力于向海外介绍中国优秀文化，传播汉语言知识，在推介当代学术研究成果方面，也起到了促进学术交流的作用。

人才、信息战略是关键　社会、经济效益两相宜

作为管理者，程孟辉一直将视线聚焦在发展战略选择与策略实施上。他一直在思考：出版社的特色如何形成？定位如何提升？精品战略如何实施？这些思考既涉及商务国际自身发展的个性化问题，也关乎行业发展的共性问题。程孟辉说，出版社的竞争是人力资源的比拼和作者资源的抢夺，归根结底是人才的竞争。如何通过科学的管理机制和长效的激励机制吸收、培养、扶持、储备人才，充分发挥人才的潜能和创造力是管理者思考的重点。管理机制的优劣很大程度上决定着出版社的优劣和成败。从国内目前出版业发展的现状来看，凡是改制快的出版社，其发展就快，反之，其发展就缓慢或停滞不前。

信息化是产业发展的新亮点。商务国际率先搭上了信息化快车，并将信息资源作为企业的战略性资源进行开发和利用。程孟辉认为，国际传媒技术的高度发展给信息产业带来了无限生机。在今天，谁拥有巨量的信息就意味着谁拥有成功。而出版社的信息化管理水平，直接关系到它发展的态势。在激烈的图书市场竞争中，出版社只有注重信息资料的采集和分析，并及时加以利用，才能使之转化为可观的生产力，并最终体现为较高的经济价值。

出版业往往具有双重属性，即它一方面表现为传达知识、思想、价值观等意识形态的东西，强调社会效益；另一方面又是进入流通领域的商品，受供求关系影响，具有一定的市场价值，要求经济效益。出版社要协调好这两个效益的关系。就一本书而言，在策划选题时可以社会效益为重、经济效益次之，而在发行和营销时应以经济效益和社会效益并重为原则。因为经济效益不仅仅是一种利润指标，在很大程度上反映着出版物的发行量和影响力。出版和产业不能割裂，但在挖掘自身产业功能，繁荣经营性产业的同时，还需发展公益性事业。程孟辉介绍，商务国际以扶助教育为己任，在发展文化产业的同时，肩负着文化事业的重任；在聚焦文化热点的同时，承担着文化积累的任务，因此对文化遗产类、有学术价值的图书出版都予以全力扶持。

感性回归：哲学与美学是情感寄居地

人类在精神领域的至高境界是对“真、善、美”的追求，也就是对哲学、宗教与艺术的追求。哲学求真，宗教求善，艺术求美。研究哲学需要形象思维与理性思维并重，当年季羡林老先生就是因文理双全，兼具形象思维与理性思维，最终选择了哲学这一抽象而又艰深的学科领域。程孟辉就是哲学科班出身，加上工作后长期从事西方哲学和美学的编辑与研究，使他贯通中西美学。程孟辉讲：“美学就是美的哲学。而美的哲学就是对美和艺术及其创造的哲学思辨和诠释。”这一通俗解释使我们对美学与哲学的关系有了清晰认识。

程孟辉热爱出版、崇尚学术，可谓学术出版两生辉。如果说出版工作是他安身立命的根本，那么钻研学术则一方面是他的兴趣使然，另一方面也是他的编辑出版工作的延伸。

“执著为治学之本，淡泊为治学之境，踏实为治学之法，创新为治学之魂”这样一句关于治学的至理名言，在程孟辉身上得到了完整体现。

程孟辉在学术领域孜孜以求地探索着，尤其对美学与哲学的痴迷，使他多年来笔耕不辍，著述颇丰。其潜心研究的力作《西方悲剧学说史》将西方2500年间种种悲剧学说收录其中，填补了我国在这一研究领域的空白。另两部代表性著作《现代西方美学》《西方悲喜剧艺术的美学历程》也受到了学界的关注与好评。

编书写书之余，程孟辉先后翻译出版了《人的哲学》和《艺术哲学》两部译著，其中《艺术哲学》荣获“首届全国青年优秀美学学术成果奖”。程孟辉还钟情于为重要的汉译世界学术名著撰写长篇书评，如针对德国唯意志论者叔本华《作为意志和表象的世界》撰写的《简评叔本华的美学思想》、针对英国新黑格尔主义者鲍桑葵《美学史》撰写的《论鲍桑葵的美学史观》、针对德国艺术史学家格罗塞《艺术的起源》撰写的《论格罗塞的原始艺术观》等。凭借深厚的理论功底和过人的颖悟，他将书中的思想精髓做了高度概括和详尽评论，极具学术价值。这些评论文章现均被收入《汉译世界学术名著评论集》。

程孟辉的艺术世界在泼上西方美学的重彩后，并没有让东方艺术这块瑰宝黯然失色。相反，他要让中国小桥流水式的水墨淡彩流芳百世。由他主编的“中国艺术论丛书”就是一个有力的见证。这套横跨园林、建筑、雕刻、绘画和书法等多个艺术领域的学术典籍，在当年一直因找不到博学多才的主编而被一再搁置。就在山西教育出版社即将放弃这个选题时，有人在这个节骨眼上推荐了程孟辉，真可谓山穷水尽、柳暗花明。程孟辉在了解了丛书的内容定位后，毅然答应担此重任。当晚，他就确定并起草了一份关于此套丛书撰写的总体思路和分册主题，将包括体例、风格、章节等撰写要点的规则要求发送给他认为合适的作者。大约一年半后，“中国艺术论从书”付梓出版，并于2002年荣获“第13届中国图书奖”的殊荣。这套丛书从编纂到出版，程孟辉都倾注了很多心血。如果说《西方悲剧学说史》等著作是他对历史的纵向梳理和深度挖掘，那么这套丛书则是他对艺术领域的广泛涉猎和横向贯通，这在出版界是不可多得的。

出版事业是程孟辉自我价值发挥的盛大舞台。在这个舞台上，他始终坚持着对艺术的追求和对学术的探索。而在生活中，程孟辉则更多地表现出一个文人的情怀。他经常被一种创作的热情和冲动所驱使，兴之所至，笔走龙蛇。拜读他的文章是一种享受，他的行文跳跃又不失流畅，这与他在学术上的逻辑缜密并不冲突；文章的内容清新质朴，无矫情伪饰，完全是一种情感的自然流露。

程孟辉是个有心人，他非常留意生活中的某些细节，并将所见所闻和点滴感想注入笔端。随笔《岁月与情感》记录了他由贺年卡引发的思绪；《从朋友的孩子转学美国谈起》从朋友的孩子转学美国引起他对中国教育体制的反思；《女儿远行》表达了一位父亲对赴美女儿的关爱和思念；《牵挂是福》和《忆母亲》更是感人至深，字里行间无不流露出一位孝子对已故生母的牵挂、眷念和不舍：“母亲是什么？母亲就是家，母亲就是令我魂牵梦萦的天堂和故乡。对于我们这些游子，母亲走到哪儿，我们的家就在哪儿，母亲就是意味着牵挂。”如果说哲学是人类的精神家园，那么人间这种最朴素的亲情就是情感的归宿。正是细微之处见真情，这些点滴碎片折射出程孟辉作为一个文人的感性与细腻以及一个中年知识分子的心灵感悟和人文关怀。

因工作关系，程孟辉多次出访国外进行出版业务或学术交流。在领略异域风情之余，他的纸笔也一路随行，及时捕捉灵感，记录点滴思绪，回国后再整理润色，雕琢成文。《塞纳河上的"中国之声"》《圣灵的故园——访莫斯科新圣母公墓》《英国纪行》《狮城情怀》等游记融情于景，由景生情，为同行所称道。

总编身份、学者风范与文人情怀，程孟辉将三者集于一身。当问及他如何兼顾这三重角色和是否感觉辛苦时，他只是简单地说："因为我热爱这项事业，所以在我的字典里没有辛苦二字。"的确，他这种永不言倦的工作热情和对学术挥之不去的情怀也在感染着他的下属和其他与之交往的人，激励着他们在出版事业和学术道路上奋力前行。

程孟辉曾对记者提及对他一生影响最大的两本书：一本是达尔文的《物种起源》，其中"物竞天择，适者生存"的自然发展规律同样适用于人类社会，而且这种适用并非简单的"社会达尔文主义"；另一本是马克思的《费尔巴哈议纲》，该书教导人们如何用"人的本质是一切社会关系的总和"之原则观察、理解人与社会。依据此原则，可以对人的思想和行为作出判断和评价，可以对以人为主体的社会作出反思与评判。或许，正是这种哲学思想应用于他的经营管理工作，并与某些经营理念融会贯通，才使他在学术与管理两个领域找到了最佳契合点，从而使其一路轻松走来，并朝着更高的目标继续风雨兼程地走下去……

（本文原刊登于 2007 年 1 月 8 日《经济参考报》）

行吟在图书出版和艺术回归之间

——出版骄子程孟辉的沥胆实践和人文情怀

楚寻欢

出版社是生产制造精神产品，积累和传播人类知识、智慧和文明的车间和基地，不光要获得经济效益，而且要兼顾社会效益。

何谓美学？美学就是美的哲学，美学就是关于美和艺术及其创造的哲学思辨。

——程孟辉

出版转制　路漫漫其修远兮

今年是商务印书馆创建110周年，作为中国近代出版事业中历史最悠久的出版机构，在长达一个多世纪的风雨历程里，商务印书馆在弘扬中华文化传承人类智慧和文明的同时也见证了我国出版业的历史兴衰变迁。商务印书馆国际有限公司正是在中国实行改革开放政策后，由商务印书馆、商务印书馆（香港）有限公司、中国台湾商务印书馆股份有限公司、商务印书馆新加坡分馆、商务印书馆马来西亚有限公司于1993年共同投资的国内首家综合性合资出版机构。商务国际的组建和诞生是中国改革开放尤其是中国出版业改革开放的一个象征和标志。

当代中国出版业的体制状况，由于新中国成立后的特殊社会历史背景决定了其特殊性，尤其是我国步入社会主义市场经济以后，出版社才开始从原先计划经济时代的那种单纯的事业单位模式过渡到既要重视社会效益，又要重视经济效益还需坚持正确的政治舆论导向的模式转变。这种双重使命是我国出版业发展的必然，是社会主义市场经济发展规律的必然，是改革开放发展到一定阶段的产物。于是，也有了“文化产业”的提法，迄今已有相当大数量的出版机构正在根据市场规律，努力按照企业化原则进行自我调节和改造。然而，这种转制和改造是一件宏大的工程，其中所牵涉的利益与原有体制所遗留的问题和包袱不是一朝一夕所能改变的。我们不难看到，有很多出版机构挣扎在死亡线上靠国家的皇粮勉强度日，还有更多的出版机构徘徊在转制的路口，当从未有过的危难与残酷的市场竞争挤压而来时，他们不知何去何从。作为全新组建的出版企业，商务国际自成立以来就一直按照公司制的管理原则，实行董事会领导下的总经理负责制，定期召开董事会。商务国际以前瞻性的眼光与快人一步的实践走在了出版业改革大潮前端，在其他出版机构还处于转制的风口浪尖徘徊时，商务国际已经先行一招，让同行望洋兴叹。

品牌为王　你必须找到立足点

在当今图书市场上，不到15%的名牌图书分割了85%以上的市场销售份额，这一事实告诉我们，在中国图书市场经济发展到今天的条件下，所谓竞争，说到底是品牌的竞争。商务国际拥有商务印书馆的百年品牌，沿袭了她百年出版经验和文化底蕴，出版中外语言工具书自然也就成为她得天独厚的优势，就像一个脱胎换骨的新生儿，充满着更多的蓬勃与朝气。一个企业的金字招牌是很多年积淀的成果，其价值，不只在出版界，在其他商业各界都是不可估量的。因此，出版社应视品牌为生命。商务国际一直以“书业无限，品牌为王，精品战略为最上”为信条和经营理念。品牌为王的前提是精品战略，即要造就既畅销又长销的图书精品群，使其有一个相当长的生命周期。

程孟辉对“精品”二字有着更深刻的认识和感悟：“精品不只是内容好、装帧精美，而是要做到内容与形式的高度统一。”在当今读者的消费观念中，一部图书光有好的内容，而忽略了在材质、装帧等表现上的精益求精，它同样会制约或削弱读者的审美情趣以及购买欲望。同样，一本装帧精美、外表华丽的图书，如果内容空泛，不能提供真正实用有效的知识，也只能被读者认为华而不实，无法产生价值认同感，广阔的市场前景就更无从谈起。比如商务国际编纂的《汉英双解新华字典》就是一部经典的精品之作。《新华字典》伴随新中国一起成长和发展，成为几代人启蒙教学不可或缺的良师益友和必备工具。要想把这样一部语言圣典全面译解为英文，使其成为世界性工具书，无疑是我国语言编纂史上一次前所未有的挑战和独创。这部最具典型性、普及性和权威性的汉英双语语文工具书一经问世，便赢得了一片喝彩，成为当今中国人学习英语、外国人学习汉语的最佳工具书和“永不过时的书”。《汉英双解新华字典》出版当年就重印5次，销量突破30万册，发行三年来销售势头长盛不衰，迄今已逾40万册，并被新加坡、马来西亚等国家的出版商购买版权，极大地促进了中华文化的传播。它所创下的销售佳绩充分体现了商务国际的独到眼光和策划能力。

在程孟辉看来，出版社是生产制造精神产品，积累和传播人类知识、智慧和文明的车间和基地，不光要获得经济效益，而且要兼顾社会效益。作为出版人，商务国际一直本着实事求是的原则和对读者高度负责的精神，实实在在地打造精品，不但如此，同时是精品低价位，程孟辉深谙图书营销意义上的定价与销售的辩证法，物美与价廉并不矛盾，低价位虽然有一定风险，但会带来广泛意义上的市场销售，而广泛意义上的市场销售也会在薄利的意义上，为出版社赢得了更广泛的市场空间和经济效益。这，大概也是商务国际深入人心的品牌之道。

以人为本　在管理与创新中运筹帷幄

作为管理者，程孟辉一直重视人才队伍的建设，在他看来，企业必须以人为本，人才是企业成长的血液和基石，因此，出版社只有不断地发现、吸收、培养、储备人才，充分发挥人才的潜能和创造力，才能使企业蒸蒸日上。出版社最重要最核心的问题是必须具备好图书的编辑出版人才队伍和图书的市场营销人才队伍。对转制后的企业来说，没有一支优秀的高素质的编辑人才队伍，就不可能对现实的出版形势作出准确的理解、分析和判断，因而也就不可能发现和物色到好的选题。当然，一部好书出版后，如何让它走向社会，走向读者，这就需要市场营销部门的人员去努力开拓市场来完成。当今中国，图书和其他商品一样面临着“酒香也怕巷子深”的尴尬，好书也得有人推介。特别是在入世后，我国图书零售业逐步对外开放，出版社的图书销售部门所面临的挑战无疑将日趋白热化。于是，着手建立起一支能从容应对国际国内图书市场竞争的图书营销队伍也成为转制后出版企业核心竞争力的一个重要方面。在人才选择方面，社会需要各种各样的人才，不同岗位所要求的文凭和学识是不一样的，并不是学历越高越好，比如营销发行人员更注重的是实践经验和业务能力。因此，最合适的人才才是最好的人才。商务国际由于从诞生之日起就具有市场化经营特色，采用股份制形式，引入竞争机制、实行末位淘汰等一系列真正按现代企业制度管理的制度，其最大的特色是用人机制的自主性和分配机制的自主权。这也使得商务国际更加适应新的形势。

在商务国际摸着石头过河的行程中，程孟辉也在不断地总结和思索，《中国出版业转制的思考》与《出版业核心竞争力之我见》等一系列管理理论和方法纷纷见诸报端，在业界颇具影响力，从而为探求转制后出版社的发展提供了可资借鉴的思路。创新是企业不断超越自我的阶梯，程孟辉非常注重创新能力的培育和开拓，尤其在选题和营销上，可谓煞费苦心。他指出：出版社要保持自己强劲的发展势头和成长后劲，就必须优化选题，生产适销对路的产品，并用创意占领和扩张市场。商务国际中外语文词典工具书的强势推出就是自主创新的体现。一套《新世纪小学字词通典》既是大词典，又兼具百科图书的性质，极富收藏价值。它从策划到成书仅用了 5 个月，市场回馈首印 10 万套，3 个月告罄。随后，专为小学生量身定制的《小学生字典》彩图本和针对贫困地区的黑白版因为定位准确满足了不同层次的需求，使得它们在小学生字典出版阵营中独占鳌头。此外，至今风靡畅销的《张道真英语语法》和《张道真英语用法》就是源于程孟辉一次偶然的闲谈慧眼识珠发现的。后来，商务国际还与张道真共同开发了《张道真英语语法练习》，成为英语学习类图书的三驾马车。“一个出版社不仅要有自己的特色产品，还要培养打造自己的品牌作者。”这就是程孟辉不断创新铸就的拳头产品论。

文人情怀　艺术回归：美的哲学与思辨

与程孟辉近距离接触，你能感觉到他深邃眼神后的睿智与才气，如他所言，编书是件很愉快的事情，也是他的天赋。目前，商务国际已累积出版各类图书600多种，发行逾1 000万册。哲学科班出身的程孟辉工作后长期从事西方哲学和美学的编辑与研究，使他贯通中西美学。如果说出版工作是他安身立命的根本，那么，钻研学术则一方面是他的兴趣使然，另一方面也是他编辑出版工作的延伸，尤其是对美学与哲学的痴迷，使他多年笔耕不辍，著述颇丰。潜心力作《西方悲剧学说史》填补了我国在这一领域研究的空白，也为沉寂多时的美学界注入了清新的活力。其他代表性著作《现代西方美学》《西方悲剧艺术的美学历程》以及长篇书评《简评叔本华的美学思想》《论格罗塞的原始艺术观》等也受到学术界的广泛关注和好评。编书写书之余，他还翻译出版了《人的哲学》和《艺术哲学》两部译著，其中《艺术哲学》荣获“首届全国青年优秀美学学术成果奖”。

何谓美学？美学就是美的哲学，美学就是关于美和艺术及其创造的哲学思辨和诠释。这是程孟辉对美学的定义。由他主编的“中国艺术论丛书”就是一部东方艺术的鸿篇巨制，也是他崇尚美学的结晶。这套横跨园林、建筑、雕刻、绘画和书法等多个艺术领域的学术典籍，在当年因为一直找不到一位博学多才的主编而一再搁浅。就在山西教育出版社即将放弃这个选题时，有人在这个节骨眼上推荐了程孟辉。一年半后，“中国艺术论丛书”如期出版，并荣获2002年“第13届中国图书奖”，这部艺术瑰宝的面世既是对美学广泛普及的有力推动，也是对这位钟情于艺术及其理论研究的美学大家的肯定与赞许。

对“真、善、美”的追求是人类精神领域的至高境界，也是程孟辉对艺术孜孜以求的文人情怀。生活中的点滴细节和感想，他都会及时地注入笔端，于是有了《女儿远行》表达了一位父亲对赴美留学女儿的关爱和思念；《牵挂是福》和《忆母亲》更是感人至深，字里行间无不流露出一位怀才学子对已故生母的眷念、不舍和缅怀。因为工作关系出差国外，领略异域风情之余，他的纸笔也一路随行，及时捕捉灵感：《塞纳河上的“中国之声”》《圣灵的故园》《寻找记忆的俄罗斯之旅》《英国纪行》《狮城情怀》《走进埃及》等随笔和游记情景交融，脉脉书香所抒发的是一位异国旅者多情惬意的文人情怀。

行吟在图书出版和艺术回归之间，回味学术与管理的艰深和乐趣之余，尚处中年蓬勃的程孟辉深知，在中国文化体制改革大潮汹涌而来的今天，以后的路还会更长更宽广。

（本文原刊登于2007年5月14日《环球时报》）

决策决定成败　细节铸就辉煌

张　舜　高媛媛

当历史的车轮驶进2007年，中国出版业改革也进入了实质性的攻坚阶段。这场改革力度之大，涉及面之广，超出了一般人的预料和想象。商务印书馆，这个中国近代出版业中历史最悠久的出版机构，从1897年在上海创立，至今已走过110个年头。如今的商务印书馆国际有限公司，秉承商务印书馆的传统与风格，在群雄并起的中国出版业成为改革的排头兵和领航者。人们不禁要问，是什么原因使商务国际异军突起并保持其强劲的发展势头？又是什么原因使他们冲破旧体制的桎梏而焕发出新的活力？

最近，笔者专访了商务国际总编辑程孟辉，他们的成功之路，最终在细节中解密。

时光流逝，斗转星移。就在21世纪的今天。不知有多少中国的"老字号"轰然倒地，又有多少老字号在市场经济的大潮冲击下艰难维系。商务印书馆国际有限公司担负着促进和加强内外经济合作和文化交流，采取先进的科学技术和管理方法，出版面向海内外的中外文语言工具书、知识性丛书、华人学校教科书以及弘扬中华文化的书籍和声像制品的历史任务。作为中国境内合资性质的综合性出版社，商务国际由中国北京、中国香港、中国台湾、新加坡和马来西亚等海内外五家商务印书馆共同出资组建，是迄今国内首家而且是唯一一家综合性中外合资出版机构，简称"商务国际"。在"摸着石头过河"的阶段，商务国际面临着种种问题，更为突出的是：有的出版物内容过时陈旧，缺乏市场吸引力；选题的来源渠道稀少狭窄；市场定位不够准确，库存积压严重；编辑和发行力量较弱，等等。这些问题的存在，严重地影响着商务国际的效益和核心竞争力。

活力在哪里？出路在哪里？这是商务国际的领导每天都在苦苦思考的问题。

商务国际现任总编辑程孟辉先生是一位在商务印书馆工作多年并颇具开拓意识和学术风范的领导者。在激烈的书业市场竞争面前，他在如何提高出版社的核心竞争力、实施图书精品战略、建立行之有效的管理体制等方面进行了有效的探索。经过多年的奋斗和改革实践，商务印书馆国际有限公司终于在激烈的竞争中，成为中国出版业改革开放的一个具有象征性的里程碑式的标志。通过每一个细节，能看到他们走出了一条成功之路的行行足迹。

细节之一：出版永不过时的书

创新难，出书难，要出版永不过时的工具书，更准。

工具书多少年来一直是商务印书馆的重头产品。人们熟悉的《新华字典》，迄今的总发行量已经超过4亿册，创造了我国乃至全球图书发行的世界纪录。说工具书创新难，是因为它具有相对的稳定性和实用性，需要较一般图书更多的知识聚集和准确性，还需要最适当的时代感。在社会上，工具书有着相当广泛的市场。无论是小学生还是大学生，无论是干部还是工人，只要你想获得知识，工具书是一定不可缺少的。然而，由于时代在不断地发展，知识更新淘汰的速度不断加快，加上出版业竞争加剧，所以工具书又必须具有创新性。作为学习的工具，如果内容陈旧，方法繁杂，便会失去存在的意义。

工具书创新谈何容易，它既需要正确的经营理念和科学决策，同时还需要有赖于对选题的优化和品牌战略的实施。正如程孟辉总编所说的那样，经营理念的正确与否，直接关系到企业的兴衰成败，尤其是在中国出版业转型期间，思路往往决定了出路。在出版业进入市场的同时，图书选题是一个至关重要的因素。对图书选题的选择标准，不但是要畅销的，而且还应该是常销的。一个出版社如果想要有强劲的发展势头和成长后劲，就必须实施品牌战略或精品战略。现在的市场，正在向品牌分割的方向发展。因此，品牌也正在成为出版社生存和发展的基础。

自1999年以来，商务国际朝着"出版永不过时的书"的方向努力，经过科学决策和优化选题后出版的各类书籍，普遍体现为传统与创新相结合、继承与突破相结合的特点，深受广大读者的欢迎。商务印书馆的出版风格一贯以沉稳扎实而著称。继承这一传统风格，商务国际与广东教育出版社联手推出的《新世纪小学生字词通典》，耳目一新地展现在读者面前。这本书既是一本大字典，又兼具百科图书的性质，极具收藏价值并获国家专利，首次开印10万册就被全部征订一空。继之推出的《汉英双解新华字典》以汉语为基点，以中华文化为底蕴，集汉英两种释义为一体，成为中国辞书出版的一大亮点，并被学界誉为中国人学习外语、外国人学习汉语的最佳工具书。这本书2000年出版后当年就重印了5次，至今销售量突破40万册。目前该字典已经远销海外，并被新加坡、马来西亚等国家的出版商购买版权。

为小学生量身定做的《小学生字典》，是商务国际的又一佳作。这部字典不但小巧精致，而且还加注了部首、笔画、结构和笔顺等义项，版面生动活泼，愉悦视觉。根据不同层次读者的消费能力，分别有彩色和黑白两种版本。由于内容丰富，形式新颖，首次开印16万册就一销而空。除此之外，商务国际还相继推出了《学生识字快车》《井字格字典》《倒序汉语字典》等创新型图书，这些图书也很受读者欢迎。在日常生活中，程孟辉总编不愧是一个有心人，当他在与人聊天中敏锐地捕捉到人们学习英语的有关信息后，便在最短的时间里推出了《张道真英语语法》《张道真英语用法》姊妹篇，并获得了极大的成功。

细节之二："出无法盗版的书"

盗版，是让出版界感到既头痛又很无奈的事。君不见，出版社好不容易绞尽脑汁找到了一个好选题，又费尽心机和劳力将其推向市场。可谁曾料想，一阵盗版风刮过来，翻版假冒产品"遍地黄金甲"。转眼间，经济效益和年度目标泡了汤。

作为以“继承商务百年传统”为己任的商务国际，受盗版之害也很严重。曾有记者对全国书店的《新华字典》情况进行过调查，结果令人震惊：在书架上摆着的许多《新华字典》，虽然也标明着商务印书馆字样，但这些价格低于正版价，来源于“神秘”书商的字典，无论是内容质量还是材质质量，都是无法与正版相比的。近年来，尽管有关部门不断加大打击力度，在防盗版的方法上也采取了多种措施，防盗版的方法也不少了，有工具式的，有防伪标式的，还有加快销售速度式的，但盗版现象却仍然屡禁不止。面对如此局面，有人感叹：如果能出一种无法盗版的书就好了。

真有一种能无法盗版的书吗？近年来，商务国际在这方面进行了有益的尝试并取得了可喜的经验，那便是他们的“精品低价位”策略。

现在市场上的盗版现象似乎呈现这样一个规律：凡是精品必被盗。因为精品都是品牌，品牌便有市场。在这个市场上，价格越低买的人就越多。盗版读物之所以能生存，就是因为假冒了精品的面貌而压低了价格。一些人买盗版，也是冲着低价位来的。试想，如果精品的价格和盗版差不多，谁还会去买盗版的伪劣产品呢！

商务国际出版的《汉英双解新华字典》《小学生字典》(全彩版)和《学生英汉详解词典》，可谓是国内图书精品。然而在市场上，这几种图书盗版现象极少。在采访中，程孟辉总编向记者披露了这样一个细节：《汉英双解新华字典》全书 31.75 印张，用的是与《新华字典》一样的纸，但定价 26 元，平均每个印张只有约 0.82 元；《小学生字典》(彩色版)12.5 印张，定价 19.80 元，平均每印张约 1.57 元；《学生英汉详解词典》23 个印张，定价 29.80 元，每个印张仅 1.30 元。其中全彩的印张，其定价比一般的黑白图书印张价格还低。试问，如果盗版者费了半天劲还挣不到钱，怎么还会去做这种得不偿失的买卖呢！当然，这样的低价位对一个出版社来说，虽然避免了盗版，但也冒着成本与效益失衡的风险。无论如何，商务国际在防止盗版方面使出的这一“撒手锏”，的确获得了不凡的成功。

细节之三：敢当吃西红柿的“英雄”

在社会上，人们对“敢第一个吃螃蟹的是英雄”的典故已经很熟悉了。可在程孟辉的眼里，敢于第一个吃西红柿的人，也是英雄。

“吃螃蟹”和“吃西红柿”的人都是英雄，似乎有些难以让人理解，但细分析起来，还的确有些异曲同工。如果说两者有什么区别的话，那无非是螃蟹看起来比较凶猛，而西红柿看起来貌似普通。尽管两者不同，但都有一个“第一次”吃的问题。据说，西红柿也叫番茄，最早产在非洲，名为“狼桃”，当时的人们都以为其有毒而不敢食之，故只被当成观赏的植物陈列起来。直到有一天，一个大胆的人初尝了滋味，才使番茄名扬天下，成了千家万户的美味佳肴。当时敢于尝鲜的“第一人”，不也是英雄吗？这个典故的启示意义在于：勇于做那些看起来平常而细小的事，这也是一种创新。近年来，商务国际敢当“第一人”，填补了不少出版界的空白，他们曾先后出版了被誉为中国语典检索和编纂史上革命的《倒序现代汉语字典》《学生识字快车》和堪称《吉尼斯世界大全》姊妹篇的《世界首创纪录大全》等，就是其中的典型范例。

中国的汉字是世界上表达力最强、内容最丰富的文字，但同时又是世界上最难认识和最难检索的文字。从东汉许慎的汉字部首检字法到 20 世纪 30 年代王云五的“四角号码检字法”，再到 1958 年《汉字拼音方案》的颁布和推广，经过了一个漫长的历史时期。经过梁兴哲先生多年的努力，他所研究的以倒序形式编纂的汉语检索法获得了成功。过去常用的《汉语字典》一般都是以声母为主进行检索的，而所谓倒序检索法，就是在总结我国历代汉语发展规律的基础上，重新将汉语语音韵母的特点和倒序法十分巧妙地结合在一起，对汉字字序以韵母为主进行重新组合。由于韵母的字音比声母字音少了许多，这就在客观上加快了汉字检索的速度和效率。由商务国际出版发行的《倒序现代汉语字典》和《学生识字快车》，是中国第一部国际通用的倒序汉语字典，它的诞生成为语典检索和编纂史上的革命，对中国现有的汉语教学和科研产生了积极而又深远的影响。

20 世纪 50 年代由英国人创立的《吉尼斯世界纪录大全》是一部享誉全球、妇孺皆知的纪录“世界之最”的大书。这部书的影响力，已经远远超出了图书本身的范畴而演化成了一个巨大的文化产业。然而，就在“世界之最”令人瞩目的同时，“世界首创”这样的题材却被人忽视或怠慢。其实，就人类历史的发展而言，最有意义的事情往往不是“之最”而是“首创”。因为人类从未知到已知，从知其然到知其所以然；从不敢为到敢为之，都需要首创者的勇敢探索。第一个敢吃螃蟹的人和第一个敢吃西红柿的人，都同样需要同等的精神和勇气。只有在“首创”的基础上，后来的人们才有可能去创造“之最”。正是由于这样的启发和缘由，商务国际才理性地编辑出版《世界首创纪录大全》。这本书的编辑出版，正如人们所预测的那样，产生了积极的社会影响。

细节之四：素质决定水平　思路决定出路

程孟辉是学哲学的，又是一位典型的学者型编辑。因此他常说：“在我生命中编书是件很愉快的事，或许我的细胞里有编书的天赋。”而且，他策划的书，都能“站起来”。的确，在他当编辑的那些年里，编发了连他自己都难以一下子数清的诸多图书，其中包括《外国美学》18 辑和《美学史》《西方的智慧》《物种起源》等著汉译世界名著，同时还负责了《艺术的起源》《培根论说文集》《物性论》等一系列书稿的重印工作。在编书的同时他还著书立说并翻译世界学术名著。他先后完成了《艺术哲学》《人的哲学》等译著，并以一部对西方哲学和美学潜心研究的力作《西方悲剧学说史》受到学界的广泛关注。《西方悲剧学说史》填补了我国在此方面研究的空白，也为沉寂多时的美学界带来了生机与希望。对他在学术和编辑业务方面的水平，人们是熟悉而认可的。然而，自从他走上领导岗位以后人们又发现，程孟辉不仅仅是个业务人才，他的细胞里也不只具有编书的天赋。

改革开放以来，程孟辉对中国出版业所走出的每一步都在进行着理性的思考。他的领导、管理等才能，在他的理论文章和务实的行动实践中得以充分体现。针对激烈的中国书业竞争局面，程孟辉奋笔疾书了《书业竞争呼唤诚实、理性与公平》一文。他认为，究竟怎样用全新的思维来看待当前我国图书出版业市场竞争中所出现的种种困难和问题，怎样来营造和维护一个健康的图书出版业市场环境？这不仅是近年来被广大业界人士所关心的问题，而且也是一个要通过出版业的共同努力和行动，用真诚、用理性、用公平和健康的态度来维护的问题。保护好中国图书出版业的“生态圈”，也就是保护了国家和社会的根本利益。

在中国出版业转制的大潮中，程孟辉认为对出版业的改革势在必行。他认为转制后的出版社要想生存并健康发展，就必须要做到以下几点：(1) 选配卓越的企业领导，组建优秀的领导团队；(2) 要以先进的经营理念和科学决策为先导，高屋建瓴地做出近期或长期规划；(3) 要建立或引进先进科学的现代企业经营管理机制；(4) 由于转制后的出版社企业具有自己的特点，它不同于其他一般的纯物质生产意义上的那种企业，所以它必须将社会效益和产业利润一起抓；(5) 出版社必须实施精品战略。这种精品，不只是内容好、装帧美、材质好，就行了，而且它更是图书内容和形式的高度统一。市场竞争说到底是人才的竞争，在出版行业，人才的问题更为突出。有了强大、忠诚而有向心力的人才队伍，才谈得上多出书、快出书、出好书。程孟辉的上述思想和分析，都体现在他《图书市场与精品战略》《中国出版业转制的思考》《中国出版业核心竞争力之我见》等文章中。

商务国际成立之初，所走的路也是不平坦的。1998 年程孟辉上任领导岗位之时，商务国际正处在一个低谷徘徊。程孟辉靠着扎实的工作作风、果断的科学决策、敏锐的市场眼光和对编辑出版业务的熟悉，与公司的全体员工一起，硬是开拓出了一条具有“商务国际”特色的出版管理经营之路，从而为中国出版业的改革和发展提供了可资借鉴的宝贵经验。

商务国际的发展实践，使我们看到，程孟辉既是一位典型的学者，又是一位具有商业智慧和管理才能的改革实践者。作为文化产业的倡导者，他也在积极描绘着未来文化产业的发展方向和美好图景。

细节之五：高度决定目标　胸怀决定发展

经过十几年的改革发展，商务国际遵循国家给它规定的“出版面向海内外的语言工具书、知识性丛书、华人学校教科书和弘扬中华文化的各类书籍”的原则和宗旨，陆续出版了数百种中外语言工具书、知识性图书和电子出版物，赢得了广大读者、业内同行和专家们的认同与好评。一批精品图书先后与马来西亚、新加坡、中国香港、中国台湾等国家和地区成功地实现了版权贸易，不仅获得了良好的经济效益，而且也促进了中华文化的传播。然而在成就面前，商务国际冷静地看到了自己前面要走的路还很长，困难还很多，故他们制订出了新的五年发展设想，并确定了以下目标要求：

一个指导原则：坚持社会效益第一、社会效益与经济效益齐抓并举；

一个发展战略：精品、质量战略；

一个主攻方向：辞书、工具书；一个核心目标：提升品牌，强化核心竞争力。

通过今后 3—5 年的努力拼搏，到 2010 年，将商务国际打造成一个以出版汉语、外语工具书及人文社科、科学技术、企业管理、经济贸易等领域的工具书为主，以各类学习性知识读物为辅的特色鲜明且具有强劲竞争力的出版社。

中国虽是一个拥有几千年文化和文明历史的泱泱大国，然而也是一个正在发展中的国家。据有关统计表明，中国的人均读书、购书量，只及发达国家的五分之一。这种落后的现状，只能靠中国出版业的繁荣和全体国民的努力以及其文化素质的不断提高来改变。新的目标、新的任务使商务国际的全体员工感到了肩上担子的分量，也看到了新的前途。在未来的日子里，商务国际将为中国出版业的发展壮大，为繁荣我国的图书出版事业做出更大的贡献。对此，作为商务国际的掌门人，程孟辉充满信心。

（本文原刊登于 2007 年 5 月 18 日《中国信息报》）

商务国际

——好书飘香

齐　敏　郝　轶

英国文艺评论家赫兹利特说："无论何地，好书无须倾尽其囊，便可得之，而我们的呼吸也会充满了书香之气。"商务国际出版的一批批好书，带着历久弥新的知识墨香，正走进世界各地的千家万户，把人类思想的光华，远播天下。

书 海 明 珠

在中国出版业，"商务印书馆"无疑是一块闪亮的金字招牌。这个中国近代出版业中历史最悠久的出版机构，自 1897 年创立至今，已送走了它的第 110 个华诞。在这样的"长老"面前，步入"束发"之年的商务国际，恰恰是风华正茂、活力四射的健美少年。

1992 年，由商务印书馆、商务印书馆（香港）有限公司、中国台湾商务印书馆股份有限公司、商务印书馆新加坡分馆和商务印书馆马来西亚有限公司共同投资的内地第一家合资出版机构宣告成立，这就是商务印书馆国际有限公司，简称"商务国际"。

传承着即将"花甲重开"老人的血脉，肩负着文化资源跨地域整合的厚望，这颗商务印书馆家族的掌上明珠，以与生俱来的贵族气质和全新的姿态，生龙活虎地走进了内地书业市场，走进了正在改革开放的内地出版业广阔天地。

然而，最初诞生的商务国际也曾一度步履蹒跚，甚至"水土"不服。

好的体制尚须好的领军人物。1998 年，已在编辑事业上如日中天的程孟辉经过慎重考虑，毅然接手商务国际，从此，这家迄今为止都是唯一一家合资出版机构的诸种先天优势开始得到淋漓尽致的发挥。而它走向市场的成功之道，也正是在这种创新的实践中日趋成熟。

无论是管理运作和战略思考，程孟辉都把商务国际当做自己的掌上明珠。他以一种高速的战略眼光和严谨清晰的理性思维，精心谋划出版社的未来，并提出了"选题上寻求空白点、定位上追求薄利、意识上突破常规和融低价位、精质量、高品位于一体"的经营理念。

他常在思索：商务国际应当有怎样的特色？它的品位如何提升？精品战略怎样有效实施？如何通过科学的管理体制和长效的激励机制，吸收、培养、扶持、储备人才，充分发挥人才的潜能和创造力?

商务国际的诸种优势(如董事会领导下的总经理负责制以及员工和中层管理人员全部面向社会招聘的用人机制等)给经营管理带来了诸多操作上的优势。程孟辉扬其所长的尽心尽责的严格管理,不断发现、培养和储备各类人才,从而建立了一支高素质的编辑人才队伍和一支具有较丰富市场实战经验以及较强业务能力的图书销售队伍,创造了商务国际严谨、和谐、高效而又充满活力的工作氛围。他说:“公司成员除了我是体制内的人,其他全部来自社会招聘。与我上任时相比,这里的人员几乎换了一遍,可见优胜劣汰的力度有多大。我不敢说这里聘用的都是最优秀的人才,但起码说是最合适的人才,因为只有最合适的人才才有可能是最优秀的。”

基于出版人的责任,又立于文化体制改革的高度,他对内地出版社的市场、战略、体制、人才、核心竞争力等问题以及管理实践中的深度思考与有效实践,梳理成文,供同行借鉴或参考、商榷。诸如《图书市场与精品战略》,就当前国内图书市场的发展现状,提出了图书出版必须实施精品战略的重要思路;而《图书定价的辩证法》,则对出版业所面临的风险和机遇并存、既要出精品又要低价位的矛盾等作了辩证的诠释;旨在改变传统观念的《市场条件下的编辑意识》,则着重强调:“今天的编辑,必须确立不断开拓的市场意识,独具一格的创新意识和广采博取的信息意识。”

又如,《书业竞争呼唤诚实、理性与公平》一文,提出用真诚、理性、公平和健康的态度,保护好中国图书出版业的市场“生态圈”以保护国家和社会的根本利益。具有相当深度和高度的《中国出版业转制的思考》与《出版社核心竞争力之我见》,从当前国内出版业体制状况入手,强调其转制已水到渠成,势在必行,并提出转制获取成功的五个要素:卓越领导、优秀团队、先进理念、科学决策和精品战略。这两篇在业界颇具影响力的文章,为探求转制后出版社的发展,无疑提供了可资借鉴的思路。

潜心选题

品味商务国际的精神产品,多是形象思维与理性思维,哲学、美学与社会学的融汇,感性与理性的辩证统一,处处体现着专、深、广、新、久的编辑思路。

中国的汉字是世界上表达力最强、内容最丰富的文字,但又是世界上最难认识、最难掌握和最难检索的文字。近年来,著名语言学专家梁兴哲先生以韵母为主的倒序形式编纂的汉语检索法,大大加快了汉字检索的速度和效率。此法一经问世,商务国际就把握时机,果断组织,实施编辑语典检索和编纂史上的革故鼎新,出版了中国第一部国际通用的倒序汉语字典——《倒序现代汉语字典》,对中国现有的汉语教学和科研产生了积极而又深远的影响。

被誉为当今中国辞书出版耀眼亮点的《汉英双解新华字典》,集汉英两种释义于一体,具权威性、普及性和典型性为一身,是中国人学外语、外国人学汉语的最佳工具书,也是商务国际将创新和辩证编辑思路巧妙融合的力作。该书曾在图书订货会上雄居国内辞书订数排行榜第二(第一为该书的翻译蓝本《新华字典》),不仅远销海外,且已被新加坡、马来西亚等国家的出版商购买版权。

商务国际为小学生量身定做的《小学生字典》是加注了部首、笔画、结构和笔顺等义项的彩图本。它那生动活泼的画面、五颜六色的构图和具有强烈的愉悦视觉的效果大大加强了应用功能和审美情趣。由于内容丰富,形式新颖,此书首次开印16万册就一销而空。此外,商务国际还相继推出了《井字格字典》《五环字典》以及堪称《吉尼斯世界大全》姊妹篇的《世界首创纪录大全》等选题独到的图书,同样广受读者欢迎。

然而,令人惊异的是,商务国际的选题策划并非这样简单,也并非处处理性,程孟辉说:"选题是第一战略,它无异于出版社生存与发展的命脉",然而,"我找选题就是凭感觉。也许有人说,感觉是唯心的,策划怎么能凭感觉呢?我不这样认为。语言不是我的专业,但我对语言有一种特殊的敏感,一部稿子放在面前,能不能适合在商务国际出版,我的感觉很快就出来了。所以说感觉是很直观的,也是很可靠的东西"。

程孟辉又进一步解释说:"经过多年的思考和经验,我会首先判断这一部书稿是否符合商务国际的阅读群体;其次,还要考虑其出版成本、学术质量、市场前景以及社会影响和政治问题,久而久之,这些也成为感觉的重要组成部分。说到本质上,感觉并不是唯心的,而是一种直观有效的经验判断。"

也就是说,商务国际图书出版的选题判断,并没有固定套路。除却基本原则,它有厚积薄发的经验和信息积累,有切实可行的市场和读者互动,有精益求精的直觉和悟性提示,更有不断超越自我、潜熟于心的理论和实践创新,因此只有到了这样的境界,方能实施驾轻就熟的选题操作。这些,在办公室和学校的象牙塔里,是无论如何也学不到的。

守望精品

多快好省,是商务国际精品战略运作的核心。多年来,商务国际铸就了"书业无限,品牌为王"的精品战略意识,并把它不折不扣地变为DNA,融入自身成长的血液和发展的灵魂。程孟辉说:"尽管商务国际每年出书不多,但是对每本书都是要做到极致的。我们不敢说商务国际的每本书都是精品,但是我敢说我们所出版的每本书都是按照打造精品的意识来操作的。"而在最短的时间内、以最快的速度、最好的质量隆重推出的英语学习图书"三驾马车"——《张道真英语语法》《张道真英语用法》《张道真英语语法练习》,先后不过一年,同样获得成功。前者的市场回馈是首印10万套,不到3个月售罄。后者则已再版9次,发行量超过50万册。

此后,一批批精品图书相继问世。程孟辉说:"出版社不可能做到出版的每一本书都是精品或名品,但对于出版者来说,应该有把每一本书都当做精品来打造的意识。而且,精品并不光是内容好就行,或者说装帧精美、材质好就行。我们所说的精品,应该是图书内容和图书形式的高度统一,是精品内涵多少与价格高低的完美结合。"

一向主张赚取"阳光下利润"的程孟辉,为我们算了这样两笔账:《汉英双解新华字典》全书 31.75 印张，用的是与《新华字典》一样的纸，但定价只有 26 元，平均每个印张不到 0.82 元；《小学生字典》(彩色版)12.5 印张，定价 19.80 元，平均每印张约 1.57 元；《学生英汉详解词典》23 个印张，定价 29.80 元，每个印张仅 1.30 元。其中全彩的印张，其定价比一般的黑白印张价格还低。这样货真价低的精品，自然会得到读者的青睐，且有效地避免了盗版，赢得了市场。

然而，这种低价位对出版社来说，要冒成本与效益失衡的风险，也必须承受高质量高效率低成本的管理压力。

"风险和机遇始终是并存的，低定价向企业管理提出了挑战，同时也带来了广泛意义上的销售，而广泛意义上的销售也会在薄利的意义上为出版社赢得经济效益"，程孟辉如是说。为此，他还特意撰写了《图书定价的辩证法》，就如何解决图书出版中物美与价廉的矛盾，提出了卓有成效的见解。此外，程孟辉还在公司内部实施开源节流、精简机构等一系列的策略和营销法则"向管理要效益"的经营改革举措。

程孟辉认为，相比高端市场，中低端市场的竞争则更加激烈。因此，商务国际只有一方面严把质量关，塑造品牌优势，一方面实施"多快好省"的运作模式，以迅速形成出版物的规模化和系列化，才能在当今激烈的图书市场竞争中立于不败之地。

好书自飘香。商务国际自成立至今，已累计出版各类图书千余种；累计发行近千万册。其中《汉英双解新华字典》《最新高级英汉词典》《高阶英汉双解词典》《当代美国英语词典》《新华大字典》《新华小字典》《新华汉语词典》《汉语同义词词典》《小学生字典》《张道真英语语法》《张道真英语用法》《新编汉语教程》等代表性精品图书，都深受国内外读者的欢迎和好评，并多次在各类全国性图书评选中获奖。其中，《最新高级英汉词典》等荣获国家级奖项。

根据最新的开卷图书调查统计，2006 年 100 种最受欢迎的中小学语言工具书，出自商务印书馆国际有限公司的就有 30 种，市场占有率居全国之首。这样的成绩对于一个成立 13 年、员工人数不是很多的年轻出版社来说，实属难得。而究其原因，精品低价位功不可没。

感 悟 书 香

徜徉在出版王国 30 多年的程孟辉，是一位集总编身份、学者风范与文人情怀于一身的思想者。在他的世界里，一面是"思创新"的"长路漫漫"，另一面则是"品书香"的"心际悠悠"。

他在大学的专业是哲学，工作后长期从事西方哲学和美学的编辑与研究，成为贯通中西美学的著名学者。其潜心研究的力作《西方悲剧学说史》将西方 2500 年间种种悲剧学说进行了全新的哲学思辨和诠释，从而填补了我国在这一研究领域的空白。其他代表性著作《现代西方美学》《西方悲喜剧艺术的美学历程》《格罗塞原始理论研究》和《西方美学文艺学论稿》等也受到了学界的关注与好评。

编书写书之余，程孟辉先后翻译出版了《人的哲学》和《艺术哲学》两部译著，其中，《艺术哲学》荣获“首届全国青年优秀美学学术成果奖”。程孟辉还钟情于为重要的汉译世界学术名著撰写长篇书评，其中《简评叔本华的美学思想》《试述鲍桑葵的美学史观》《试述格罗塞的原始艺术观》等，作为我国当代学者的优秀论文被收入《汉译世界学术名著评论集》。程孟辉的《汉字难学将成为历史》被作为当代中国学者的优秀创新型论文收入《当代中国思想宝库》。程孟辉还为英文版“大师经典文库”撰写了《乌托邦》和《培根论说文集》两本书的长篇序言。由他客串担纲主编的“中国艺术论丛书”，获得“第 13 届中国国家图书奖”的殊荣。此外，程孟辉还用心投入学术研究活动，他还曾分别被中国社会科学院研究生院和复旦大学聘为博士学位论文评议人。

在生活中，程孟辉则更多地表现出一个文人的情怀。无论是《女儿远行》《牵挂是福》和《忆母亲》，还是《塞纳河上的“中国之声”》《圣灵的故园》《英国纪行》《狮城情怀》和《走进古埃及》……那些或迤逦或优雅，或隽永或清新质朴的语言表达，都是程孟辉运用心灵的眼睛，怀着崇高和挚爱，去认识去感悟，让意识带着淡淡的墨香，为读者送上一份份不可多得的精神大餐。

也许有人会问，程孟辉并非超人，为何他能不断地在编辑、管理、著述，乃至营销和改革者的角色间自由穿越，并频频喜获耕耘之硕果？

老子云：“天下难事必做于易。”可以想见，穿越于理性与感性、时间与空间、人文与自然、社会与经济思维的研究、实践、积累与感悟的智者，早已赢得跋涉书山的解放。正像伫立在千百条道路交叉点上的旅者，不管他向哪个方位行走，几乎都没有障碍，自然，也会赢得看似轻松的行程。

程孟辉说，今后，商务国际在图书出版上的漫漫征途上将会走得更快更稳。除了中外语文工具书的出版，它还将开发心理学、经济学、文化学类的出版物和高等管理名著系列、中小学生的有关科普读物等，并更加侧重为大众服务，更加悉心商务国际的经营管理，精心擦亮百年老店的金字招牌。

就这样，在图书出版和艺术回归之间行吟的程孟辉，胸怀坦荡地向我们敞开关于商务国际的管理和发展奥秘、关于他本人与书、与家人的感人故事，敞开他朴实平和且宽容高洁的心扉。谈笑间，我们一次次看到了他眉宇间透露出的天高云淡的倜傥和睿智，而这种倜傥和睿智，来自信念的淡定从容，来自知识的融会贯通，也来自他身心的健康与豁达。

于是，我们断言，正是由这样的人领军的商务国际，才会是内地出版业百花园中的佼佼者——不管它是明秀奇绝的樱花还是炽烈绽放的碧桃，抑或是沉静娴美的玉兰，都是文化产业先行的“东风第一枝”，是内地出版界改革创新走入又一春天的信使。

（本文原刊登于 2007 年 8 月 7 日《香港文汇报》）

程孟辉：轻轻松松每本书

温新红

2002年，由程孟辉主编的"中国艺术论丛书"获第13届中国国家图书奖。

说起来，这套由山西教育出版社出版的丛书敲定由程孟辉来担纲主编还颇费了一些周折。最初，山西教育出版社只是模模糊糊地希望出一套和中国务类艺术相关的书，既包括园林、建筑、雕刻，又包括文学、电影、民间艺术、戏剧等，可涉及的范围太大，很长时间找不到合适的主编。就在他们打算放弃选题时，有业内朋友推荐了程孟辉。

当时任商务印书馆国际有限公司总编辑的程孟辉，曾是商务印书馆外国编辑室的主任，美学方面的资深编辑，在学术界影响极深的《外国美学》杂志从开始到结束的18期都是他主持编辑的。那时程孟辉刚刚上任总编辑，管理工作繁杂，加上进入对他来说全新的字词典编辑领域，尽管很忙，不过，程孟辉还是一口答应下来，"完全可以，一点问题也没有"。

很快，程孟辉确定了这套书的总体思路及分册的主题，找到适合的作者，把条例、体例、书名、时间、字数、风格、章节、撰写要素一交代，他便"高枕无忧"了。

偶然客串客串，就获了国家图书奖，可在程孟辉看来也是水到渠成。程孟辉到商务印书馆工作，编辑的第一套书是《西方美学家论美和美感》，涉及的哲学家从古代毕达哥拉斯、苏格拉底、柏拉图到20世纪的车尔尼雪夫斯基，包括黑格尔、谢林、康德、卢梭、但丁等。程孟辉说那时他是全身心扎在里面，用几年时间做这套书。也是从这个时候起，他开始从事美学研究，著作有《西方悲剧学说史》《西方悲喜剧艺术的美学历程》《格罗塞原始艺术理论研究》，译作《艺术哲学》获"首届全国青年优秀理论研究成果奖"。

程孟辉说做好编辑，要有两个关键因素，一是学术积累，编辑不是单单编稿，自己也要对相关领域有深入的研究，这样才能把握书的内容；二是资源积累，即人脉资源，程孟辉说全国搞美学研究的学者他基本了然于心，并且很清楚他们的研究方向。有了这两条，自然就能轻轻松松地"编"书了。

一次闲聊中，一位书店经理问程孟辉，《新华词典》和《现代汉语词典》有什么不同？这个问题并不难回答，前者是有更多普及性，后者是更为纯粹的语词类解释。问题是词典本身正面临着改革，即总结、继承、创新、突破飞跃的问题。如果说过去做编辑是比内容，现在比的是形式，或者说是创新的意识。程孟辉任商务印书馆国际有限公司总编辑后，重点放在字词典的革新上。例如《新华字典》出版了很多年，加上英文方便了读者，同时也是一个突破创新，于是就有了《汉英双解新华字典》，此书现在销售量也超过 100 万册，一年内连续 9 次重印。除此之外，还有针对性很强的《新世纪小学字词通典》《学生英汉详解词典》等。

现在认识程孟辉的人几乎“看不到”他身上美学研究的影子，他更多地把思考放在字词典的出版编辑上。“井字格”获国家双专利，当做者辗转找到出版社时，程孟辉觉得这对学生来说非常有用处，立刻决定出版《井字格字典》；梁兴哲老先生的《倒序现代汉语字典》的情况也是类似，程孟辉意识到这是信息科学技术的延伸，一种新的识字方法，迅速出版了该书。程孟辉说像这样的“另类”字词典，今后还会继续挖掘出版。

略有不同的是，程孟辉说他现在的秘诀是观念领先，并不刻意地做选题策划，积累是重要的，选题是在互动中产生的，像在平时的生活中，与人的交流过程中都能发现信息。因此，程孟辉说他这个总编辑做起来还是轻轻松松的。

（本文原刊登于 2004 年 3 月 18 日《科学时报》）

程孟辉：出版著述两生辉

健　文

在他看来，著述和编书都是自己喜欢做的事情，绝非外界所强加，而做自己喜欢做的事是不会感到累的，更何况这两者在性质上不但没有矛盾，而且是相互促进，相得益彰的。

这两年，因工作关系，笔者与商务印书馆国际有限公司总编辑程孟辉先生有过数次来往，尽管每次见面接触的时间不长，但他却给我留下了难忘而又深刻的印象：一位亲切平易的老师、勤于笔耕的学者和孜孜以求的编辑。

初次与程先生见面是在北京图书订货会的展馆里。平时，展馆人声鼎沸、熙来攘往，走进商务布置精美的展位时，我正入神地浏览书架上的书，突然听到有人叫自己的名字，“来，给你介绍一位大编辑，商务印书馆国际有限公司的程总”。便怔怔地回过头，首先看到一双温和的含笑的眼睛。程先生始终保持着亲切和蔼的笑容，看着我急急忙忙地掏出名片，等着我把片子递上，没有丝毫的不耐烦。接过名片后很认真地把我的名字认读了，便朗朗笑道：“很高兴认识你，欢迎你到北京来。”一刹那，我紧张的情绪舒缓了下来，程先生平易待人的长者风范深深地烙在我的脑海里。

程先生是学哲学出身的，大学毕业后，一直从事哲学编辑工作，在学术界身兼全国青年美学研究会会长和青年学术委员会主任，他崇尚学术，对学术研究怀有十分浓厚的兴趣，并将其视为自己安身立命之根本。他常常说，在工作上，自己的主要角色是一名编辑，编书、为他人作嫁衣才是自己真正的使命，学术研究不做其实也影响不到饭碗。只不过他的这种兴趣的爱好，已经浸润到骨子里了，所以就一直坚持了下来，并且从未有过松懈。于是，他在这一方天地里耕耘出人生的另一种精彩：著作有《现代西方美学》、《西方悲剧学说史》（代表作）、《西方悲喜剧艺术的美学历程》、《格罗塞原始艺术研究》、《西方美学撷珍》等；译著有《艺术哲学》（荣获“首届全国青年优秀美学学术成果奖”）、《人的哲学》。2002年由他主编（山西教育出版社出版）的一套十卷本“中国艺术论文库”荣获第十三届中国图书奖。此外，他长期主持编辑《外国美学》辑刊。这些累累硕果，在业内相当瞩目。

从业多年来，借着对专业和工作需要的造化，程先生还练就了多面写作的特长，除了学术著作，还有谈哲学谈美学的书评。他针对英国新黑格尔主义者鲍桑葵的《美学史》写了《论鲍桑葵的美学史观》，就德国艺术史家格罗塞的《艺术的起源》写了《论格罗塞的原始艺术观》等。在经营管理方面，他认为出版社的发展重在观念，于是写了《图书市场与精品战略》《图书选题是出版社生存与发展的命脉》《图书定价的辩证法》《关于发行部称谓的思考》等文章；就出版改革写下《出版社核心竞争力之我见》《关于中国出版业转制的思考》；随感类的有《从名人戴墨镜谈起》《自然的魅力》《岁月与情怀》《古崖居随想》《论服饰演变的历史循环》等散文。按程先生的说法，这种“不务正业”的东西他写了不少。最为典型的例子是，出国期间，在完成业内工作之余，浏览异域风情之际，他坚持做见闻笔记，不管走到哪，纸笔贴身，仔细观察社会，随时思考问题，捕捉稍纵即逝的灵感，即使那种感悟或者说情感只留下只字片言，他也不觉琐碎而乐此不疲，这点着实令同行们感佩。回国后，他仔细整理笔记，将那些闪光的片段雕琢成珠玉，在生活的细节中拓展思考，写就了《塞纳河上的中国之声》《英国纪行》《箱根行》等随感，真可谓一路风景一路文章。这样的文章，他说有时也谈不上发不发表，纯粹因爱好而为之。程先生的这种精神，我以为对许多人，尤其是对长期从事语言文字工作的人来说，应该是很有启发的。

提到这些时，程先生的微笑始终淡定、平和，接着话茬慢慢地谈自己的感受：“尽管日常工作比较繁忙，在一些人看来哪里还有时间和精力去思考和撰述，也许很多人都会觉得自己这样做，过得像个苦行僧。其实不然。因为我热爱这项事业，所以在我的字典里没有辛苦二字。”程先生之所以能经常写东西到凌晨，完全是一种发自内心的写作热情和研究冲动。正是这种热情和冲动驱使着他不间断地去思考、研究，去写。在他看来，著述和编书都是自己喜欢做的事情，绝非外界所强加，而做自己喜欢做的事是不会感到累的，更何况这两者在性质上不但没有矛盾，而且是相互促进，相得益彰的。

身为商务国际的掌门人，程先生每天的工作日程都排得满满的，其中的辛劳可想而知，可他总是精力充沛，不仅凭扎实的学术功底写了许多文章，还将商务国际的工作调理得顺顺当当的，那他的“法宝”是什么呢?

他认为做出版，观念和定位是关键。因为，讲究创新必须要有思路，有思路才会有出路。思想是创新的源泉。基于商务国际是迄今国内首家综合性的合资出版机构，他着重于从商务国际的“精致”来做文章，将公司的工作重点放在字词典的革新上。他带领员工们通过全面的调查、研究，摸索总结出一套行之有效，又有一定特色的管理方法，走专、深、广、强的辞书精品战略发展道路。在具体的管理中，他非常注重按能者多劳、多劳多得的理念规则来激励员工，重视对员工素质技能的提高和培养，不惜重金送他们去培训，这既吸引了优秀人才的加盟，又充分调动了人才的积极性，在辞典类图书出版市场中打造出了商务国际的金字招牌，例如销售长盛不衰的《张道真英语语法》《张道真英语用法》《汉英双解新华字典》《小学生字典》《当代美国英语》《新华大字典》等，一年内连续多次重印。程先生说，他们现正在筹划建立一个能全方位覆盖小、中、大学生和研究生以及幼儿类的英语汉语体系市场，开发富有科技含量的创新字典。他们还计划在辞书做得相对丰满后，再投入精品图书的打造和公司其他领域的整顿、开发以及公司形象的建树和提升。对于这一块市场，他认为随着市场经济的蓬勃发展，尤其是当下出版社正在普遍进行改制，我国的许多行业都非常需要借鉴英美先进的管理思想、方法来推动自身企业的成长与发展。而且，商务国际做的经管类图书是很具前卫性的和很有现实指导意义的高端产品。他的语气充满了自信，相信这又将在他的出版生涯中书写上浓墨重彩的一笔。

这，就是程孟辉先生，一个崇尚学术、热爱出版、在事业上不断开拓创新的学者。

（本文原刊登于《出版广角》2005 年第 1 期）

程孟辉：要把书做到极致

李晋悦

根据开卷图书调查统计，2006 年 100 种最受欢迎的中小学语言工具书，出自商务印书馆国际公司的就有 30 种，市场占有率居全国之首。这样的成绩对于一个成立 13 年、仅有员工 25 人的年轻出版社来说可谓难得。

商务印书馆国际公司总编辑程孟辉说，商务国际能取得今天成绩，“是与我们坚持发扬商务印书馆的百年优良传统，并视选题为出版社命脉、不断打造精品工程的作风分不开的”。他说，作为领导，尤其是出版企业的领导，必须要有精品意识并实施精品战略。“我到商务国际，首要的任务就是要把企业做大做强，创造商务国际的精品品牌，但是做大的前提是先要做强，盲目做大搞不好就会做衰。而要想做强就要有实力，有品牌，有自己的精品。尽管商务国际每年出书不多，但是对每本书都是要做到极致的。我们不敢说商务国际的每本书都是精品，但是我敢说我们所出版的每本书都是按照打造精品的意识来操作的。”

在选题策划上，程孟辉的观点则颇为独特。他说：“我找选题就是凭感觉。也许有人说，感觉是唯心的，策划怎么能凭感觉呢？我不这样认为。语言不是我的专业，但我对语言有一种特殊的敏感性，一部稿子放在面前，能不能适合在商务国际出版，我的感觉很快就出来了。所以说感觉是很直观的，也是很可靠的东西。”

但是，这种感觉是长期的经验积累而得到的。程孟辉说：“经过多年的思考和经验，我会首先判断这一部书稿是否符合商务国际的阅读群体，其次，还要考量出版成本、学术质量、市场前景以及社会影响和政治问题，久而久之，这些也成为感觉的重要组成部分。说到本质上，感觉并不是唯心的，而是一种直观有效的经验判断。”而且，“这种感觉是随时随地会产生的”。据程孟辉介绍，那套已经再版 9 次，发行量超过 50 万册的“张道真英语语法”系列丛书就是他在一次与香港某出版人士的会面中碰撞出来的。

在这样的思路下，十几年来，商务国际一边“雕琢”选题，一边摸索市场，逐步形成了今天与商务印书馆既有和谐合作，又有相对分工的局面。尽管都有辞书出版的优势，但商务印书馆主要是出版面向国内国际的高端产品，商务国际则主要侧重于出版中低端甚至是外向型的中外语言工具书。

程孟辉认为，相比高端市场，中低端市场则竞争更加激烈，商务国际只有一方面严把质量关，塑造品牌优势，一方面形成出版物系列化，扩大影响范围，才能在市场上有立足之地。而实践证明这些思路是成功的。比如“小学生语言工具书系列”“汉语言文化工具书系列”以及2006年“新课标”系列，在市场上都取得良好的反响。

面对当前出版单位面临转企改制风潮，程孟辉笑称“我们不存在这样的问题”。他说，商务国际的组建和诞生是中国改革开放尤其是中国出版业改革开放的一个象征和标志。商务国际自成立以来就一直按照公司制的管理原则，实行董事会领导下的总经理负责制，定期召开董事会。它的员工和中层管理人员全部面向社会招聘，这样的建制和体制与国内的其他诸多出版社有较大的区别，而在许多方面反而与国际上的出版社比较接近。而这种体制的先天优势，给经营管理带来了诸多便利，特别是在用人方面。“商务国际实行的是全员聘任制，除了我本人在体制内外，其他全部来自社会招聘。与我上任时相比，这里的人员几乎换了一遍，可见优胜劣汰的力度有多大。我不敢说用的是最优秀的人才，但肯定是最合适的人才，因为只有最合适的人才才可能是最优秀的。”

展望2007年，程孟辉表示商务国际将继续开拓中低端辞书市场，力求在选题创新上有更多的突破，同时响应中央号召，加大“走出去”力度，期待在图书版权贸易上更上一层楼，最后，还要不忘严抓质量关，从编辑、校对，到印刷、美工要面面都好。

（本文原刊登于2007年1月17日《中华读书报》）

程孟辉：细胞里有编书的天赋

红　娟

“在我生命中编书是件很愉快的事，或许我的细胞里有编书的天赋。”这话乍听起来有点好玩也有点幽默，然而当仔细地了解了程孟辉先生踏上出版之路20多年来所做的工作后，恐怕得给这个“天赋”加上一个后天的评语：努力。

20世纪70年代中期，带着一身学生气息来到商务印书馆的程孟辉接手编辑的第一部稿子，是前辈高崧先生交给他的《西方美学家论美和美感》。这部书稿从古希腊毕达哥拉斯学派到车尔尼雪夫斯基，汇集了62个学派的代表性理论精华，它使程孟辉对西方美学有了一个要领性掌握，也为其日后走上学者型的编辑道路确定了方向。此后，他编发了18辑《外国美学》《美学史》《我的哲学的发展》《科学究竟是什么?》《尼耳斯·玻尔集》《西方的智慧》《笛卡尔评传》《物种起源》《性》和《毕达哥拉斯与毕达哥拉斯学派》等外国哲学翻译著作；另外，他还负责《艺术的起源》《培根论说文集》《物性论》《狄德罗传》等一系列书稿的重印工作。在编书的同时，他自己也写书译书，除了《艺术哲学》《人的哲学》两部译著外，他在西方哲学与美学方面潜心研究的力作《西方悲剧学说史》业已洋洋洒洒50万言隆重亮相。此著视野上及亚里士多德，下至伽达默尔，西方上下2500年间的种种悲剧学说尽收眼底。它填补了我国在这方面研究的空白，受到了学界的关注好评。人们常用著作等身来形容德高望重的耄耋长者，将这个荣誉冠在年轻有为的程孟辉名前恐怕也不为过。

作为一名不只满足于当编书匠的高级编辑，程孟辉一向重视新版图书的学术评论。他曾为一些重要的汉译世界学术名著撰写过长篇书评，如针对英国新黑格尔主义者鲍桑葵的《美学史》，他写了《论鲍桑葵的美学史观》；就德国艺术史家格罗塞的《艺术的起源》写了《论格罗塞的原始艺术观》。他撰写评论不仅限于自己经手编辑的书，对其他重要的图书也多有涉及。他的观点是：你必须站在一个高度上写书评。除了作者之外，责任编辑是书稿的第一位读者，所以他应该以自己的学术修养谈这本书，对社会有个交代。程孟辉希望有更多的编辑能重视、关心并以实际行动投身于学术理论图书的评论工作，并深信借此，我国的图书评论水平与阅读质量将有一个飞跃。专攻术务的同时，中华全国美学学会青年学术委员会主任等名衔，程孟辉也一个不少。然而他是在认真地做着每一件事情，绝不是应付。我国著名美学家蒋孔阳先生对程孟辉就任全国青年美学会会长以来展开的工作给予了极高评价，他称一些活动的成功开展犹如空谷足音，为沉寂多时的美学界带来了希望和生机。

原来以为对一位优秀的编辑、勤勉的学者程孟辉的描述可以就此搁笔，然而一年多来他作为商务印书馆国际有限公司总经理所呈现出来的喜人业绩，又使一位出色的出版人形象跃上笔墙。

商务印书馆国际有限公司是一家由中国香港、中国台湾、马来西亚、新加坡和中国北京五家商务印书馆合资的综合性出版机构，程孟辉上任伊始正是1998年4月我国书市骤然低迷的时刻。依然是抱定“别人能做好，我也绝对能做好”的自信、敏锐而且挑剔的工作气质，程孟辉又稳又准地开展布置：调整发行、健全管理机制……稍后，他把思路重重地压在了选题——这一出版社生存与发展的命脉上。大大有别于以往商务沉稳的学院派风格，一套大开本图文并茂，呈现着跳跃、生动、亮丽色彩的《新世纪小学字词通典》令小朋友们爱不释手，其适中的价格也让掏钱的大朋友乐不可支。该书从策划到成书仅用了5个月时间，市场的回馈是100 000套3个月内告罄。程孟辉说敲定选题时要顾及三个层面：社会接受度、经济接受度和大众的消费能力。他说等到下半年第二次印刷时，这套通典将改成缩印本，一来是便于携带，二为降低成本，要替经济不发达地区的孩子们着想。

自称干出版凭感觉的程孟辉又在酝酿着他下一步的几个非常漂亮的选题：《学生字典》《新纪元英汉词典》《汉英双解新华词典》……他的经营理念是：选题上寻找空白点，定价上追求薄利，意识上设法突破常规，融低价位、精质量、高品位立足市场。“西方某些国家家电市场的利润率只是千分之几，而在中国则几乎没有这个概念，500多家出版社全部受国家保护，百分之十几的利润率再干不好，显然是说不过去。”素有的规划化、理性化思维相携永不言倦的工作热情，程孟辉志在追求和创造“阳光下的利润”。

（本文原刊登于1999年5月5日《中华读书报》）

老总面对面：赢得市场四招鲜

——程孟辉谈商务国际生意经

王　波

当下出版界关注的话题莫过于改制，对此，热烈拥护者有之，迟疑观望者有之，持异议者亦有之。那么，出版社改制到底是春天来了，还是狼来了？看一看我国迄今唯一一家中外合资企业之出版机构——商务印书馆国际有限公司（简称“商务国际”）的经营业绩，听一听该公司总编辑程孟辉的生意经，也许会得到一些启发。

商务国际是由商务印书馆、商务印书馆（香港）有限公司、中国台湾商务印书馆股份有限公司、商务印书馆新加坡分馆、商务印书馆马来西亚有限公司共同投资创建的，是国内首家综合性中外合资出版机构。商务国际自1993年成立以来声名鹊起，成为一家享誉海内外的出版公司，已累计出版各类图书600多种，累计发行438万多册，其中有《汉英双解新华字典》《最新高级英汉词典》《汉语同义词词典》《新世纪小学生字词通典》《中阶英汉双解词典》《当代美国英语词典》《小学生字典》《张道真英语语法》《新编汉语教程》等一批具代表性的精品图书。近年来，商务国际出版的图书多次在各类全国性图书评奖中获奖，其中《最新高级英汉词典》荣获“中国辞书奖”。

谁能想到，出版了这么多精品图书的出版社，在职职工竟然只有27人，只有综合编辑部、电子出版部、市场营销部、财务部和总经理办公室5个部门。这不能不让人惊奇，公司拿什么赢得了市场？程孟辉一语解密：借用外脑。具体的案头编辑可以聘请那些现已退休的高级编辑来担任，这些老编辑不仅水平和经验不是一般年轻编辑所能比拟的，而且责任心也极强，书稿交给他们放心。编辑部则主要想点子，抓选题，把好政治、学术和质量关。

那么，程孟辉到底有什么生意经呢？

生意经一：品牌为王

任何一个出版机构，如果要想使其具有强劲的发展势头和成长后劲，就必须实施品牌战略或精品战略。在激烈的图书市场竞争中，说到底是品牌分割市场，品牌是出版社赖以生存与发展的基础，品牌是一个出版社的特征、象征和标志，实施精品战略可使出版社进入良性循环的轨道。一个没有精品意识的出版机构，就不可能产生大批量的精品图书，而一个没有大批量的或相当数量的精品图书作为其基础的出版社，很难想象它在图书市场的竞争大潮中立于不败之地。同样，更难想象一个没有品牌图书的出版社能在当今的市场竞争中取得良好的社会效益和经济效益。当然，在出版工作的具体实施中，出版社不可能做到它所出版的每本书都是精品或名品，但在出版者来说，应该有把每本书都当成精品来打造的意识。我们所说的精品，不光是内容好就行，或者说装帧精美、材质好就行。我们所说的精品应该是图书内容和图书形式的高质量统一。品牌为王的前提是精品战略，是既畅销又长销的精品群。商务国际的品牌之王就是字典为王，就是中外语文词典工具书强势跟进推出，是对准不同层次市场的立体化跟进。

案例一：《新世纪小学生字词通典》是商务国际踢开中外语文词典工具书大门的第一脚，图文并茂的大开本，生动艳丽的色彩，既是大词典，又兼具百科书的性质，这些与以往字典那种严肃、沉闷、单一、呆板的传统版面设计完全不同的新颖特质使得这套词典在市场上一炮走红，首印 10 万套 3 个月内告罄。

虽然取得如此佳绩，但商务国际一班人还是不满意，他们又开始自挑毛病，认为《新世纪小学生字词通典》虽然造得好，但还不够巧；开本大气，印制精美，固然令人喜爱，但分量重，只宜收藏，不方便学生携带；虽然价格已经压到最低，但毕竟纸张印制等费用是固定的，不可能再低，对于一些贫困家庭的孩子来说，恐怕只能望书兴叹。于是，他们又专为小学生量身定制出版了一本小巧精致的《小学生字典》彩图本。这本字典的关键之处在于，除了一般字典所具备的功能外，又加注了部首、笔画、结构和笔顺，而且每种功能采用不同颜色，几乎每页都有精美的插图；版面生动活泼，既简单明了，又愉悦视角，大大增加了该字典的应用功能和审美功能。该字典从 2001 年 8 月推出后，销量已达 25 万册。不久，他们又根据贫困地区孩子的消费能力出了一本黑白版的《小学生字典》。如此，这三种字典便稳稳地占领了小学生字典的高端、中端、低端消费市场。

如今，商务国际已在小学生词典出版阵营中形成了无可比拟的优势，新课标新编学生实用词典系列的《同义词词典》《反义词词典》《组词词典》《造句词典》《成语词典》《汉英小词典》《英汉小词典》《作文描写词典》《必背古诗词词典》《唐诗三百首词典》以及《新纪元学生英汉词典》《实用英汉句典》等，满足了各个层次学生的不同角度需求。

生意经二：市场选题

市场是无情的，然而也是公平的，市场本身就意味着竞争和实力间的互相制约和抗衡，意味着优胜劣汰，意味着优质高效，意味着成本的最低化和利润的最大化，等等。图书出版作为一种文化产业，它和其他产业一样，一旦进入市场，进入商业流通领域，再也不能像以前计划经济时期那样思考问题和物色选题。他应该站在市场的角度和高度去立意和思考问题，应该带着市场化原则和经济全球化的原则去寻求和开发新选题，寻找和占领新市场。我们今天的出版社编辑应该明确地看到，中国改革开放的迅速发展已将图书出版这一产业推向了市场，因此竞争也已变得日趋激烈，而出版业的所谓竞争，其实，就是图书选题的竞争，图书市场的竞争，又在相当程度上取决于图书选题的竞争。从某种意义上来讲，选题就是出版社生存与发展的命脉，尤其是在市场经济体制的条件下更是如此，所以，我们今天的出版社编辑，应该树立起“结合图书市场的实际考虑选题”这样一种图书选题市场化原则。

案例二：《汉英双解新华字典》所创下的销售佳绩充分体现出了商务国际人的独到眼力，谈起这部字典的编辑过程，程孟辉说，虽然近年国内出版的各种汉英、英汉双语工具书很多，但却没有一部是提供给中国和世界读者共同使用的，以汉语为基点，以中华文化为底蕴，最具典型性、普及性和权威性的汉英双语语文工具书，于是产生了将《新华字典》全面译解成英文的想法。这个想法是大胆美好的，但要把《新华字典》这样一部基础性的百科综合性汉语字典完整、准确、贴切、生动地译介出来谈何容易，其难度可想而知。这个浩繁巨大的工程在商务国际的精心策划和组织下，经过 30 多位英汉语言学界及辞书编纂界专家历时 5 年的努力终于成为现实。该词典甫一面世便赢来一片喝彩，被誉为是中国人学习英语、外国人学习汉语的最佳工具书。该字典从 2000 年 6 月出版至今销售已突破 40 多万册，远销美国、加拿大、中国台港澳等国家和地区，并被新加坡、马来西亚等国家出版商购买版权，极大地促进了中华文化的传播。

生意经三：另类创意

程孟辉经常对员工讲的一句话就是，商务国际既古老又年轻，说它古老是因为它背靠商务印书馆这个有着 107 年光荣历史的老字号，从这个角度讲它生来就是贵族，有“商务”这个金字招牌的品牌优势，因此只能给商务印书馆这个名字增光添彩，不能抹黑；但同时它又太年轻，没有老本可吃，只有不断创新，才能在市场上立得住脚。图书市场上每年都有 10 多万种新书，更不要提那些旧书了，如果出版一本毫无特色的书放到书店的书架上，立刻就会淹没在茫茫书海中，真的是多你一本不算多，少你一本不算少。不能跟人后面走，永远没创意，要有与众不同的追求，要有另类的新理念，用创意占领市场。一个社必须有看家的东西，出版一本、几本、几十本乃至更多更多永远站得住的书，这才是出版社的真正出路。

案例三：《学生识字快车》让很多读者大有相见恨晚的感觉，感叹如果当年上学识字的时候有这样一本字典该多好。这本由梁兴哲发明编创的识字快车不仅仅具备一般汉语字典的各项功能，最关键的是它教人一个识字方法。它由汉字的字形规律出发，归纳出汉字字根，并将具有相同字根的汉字集中在一起构成“字族”，以“字族”表为单位收录汉字，而每个字族表以“字根”为核心，在其四周加不同的偏旁或笔画构成不同的汉字。如此，不仅让学生能举一反三地同时学会很多汉字，而且还培养了学生的发散型和联想型思维，难怪有人评价这本字典将会让汉字难学成为历史，是中小学师生必备字典。然而，这本在字典编纂史上具有开创性划时代意义的字典却险些夭折，在几家出版社几经碰壁后，程孟辉慧眼识珠当即拍板，三个月之内尽快修改出版。这本字典上市的结果又一次印证了程孟辉的选题创新论，自 2003 年 10 月上市至今不到半年时间，销售量达 5 万本。

案例四：选题不仅需要把住市场的脉进行创新，还要善于发现和培育。现在销售势头强势的《张道真英语语法》《张道真英语用法》就是程孟辉在与人闲谈中发现并抓住的。这两本书是香港一家出版公司聘请张道真在深圳一家宾馆包吃包住潜心编著的，并预付了 10 万港币的版税。但书写成之后，该出版公司由于种种原因又不想出版了。程孟辉在与该公司负责人谈天中得知这一消息后，敏锐地感觉到这是不可多得的好选题，于是当即决定将这两部书稿买下，并以最快速度最好质量强势推出。结果这两本书首印 7 万套很快售罄，到目前为止，两年多时间已售出 15 万多套，他们后来又与张道真共同开发了《张道真英语语法练习》，成了英语学习类系列图书的“三驾马车”。

当初在讨论这两本书的书名时，程孟辉毅然决然地决定以作者的名字作书名，就是要抬举作者，培育打造自己的名牌作者，这才是别人抢不去的独立品牌，是自己的独生子。事实证明，程孟辉这一板扪对了，如今，张道真英语和薄冰英语一样成了英语学习类图书的品牌和旗帜，在读者中享有很高的声誉和影响力。这就是程孟辉拳头产品论，即一个出版社不仅一定要有自己的特色产品，还要培育自己的品牌作者。

生意经四：低价薄利

成本最低化和利润最大化应是出版社的追求目标，当今的读者消费群，其消费心理已经日趋成熟，尤其是在图书品种空前增多、图书精品灿若繁星的情况下，读者自然要书比三家而后择之。因此，作为出版人一定要本着对读者高度负责和诚实无欺的精神，老老实实地、实实在在地打造精品。不但如此，同时一定要低价位，而且是精品低价位。当然，这样的低价位的确是很有风险的，但风险和机遇是并存的，低价位会带来广泛意义上销售，而广泛的销售也会在薄利的意义上，为出版社赢得经济效益。当然，在实施这种“精品低价位”战略的同时，要尽可能多地做压低成本等工作。要知道，压低成本的工作是很艰难艰苦的，其中也包括向管理要效益，如精简机构，减员增效等等。

案例五：《汉英双解新华字典》就是迄今国内图书业中精品低价位的典型范例，全书 31.75 印张，定价只有 26 元，平均每个印张只有 0.82 元，而它用的是与《新华字典》完全一样的字典纸，连国内的许多印刷专家对这样低的价位都难以置信，甚至于惊叹，而他们却实实在在地做到了。此后，他们又隆重推出了全彩版《小学生字典》和《学生英汉详解词典》两部精品辞书，前者 12.5 印张，定价 19.80 元，平均每个印张约 1.57 元，后者 23 印张，定价 29.80 元，每印张仅 1.30 元，全彩的印张，其定价比一般的黑白印张还要低廉。

说千道万，程孟辉认为，商务印书馆国际有限公司能取得这样的业绩，主要还是得益于他们作为一家企业，灵活的体制和机制能够激发员工的潜能，提高劳动生产率。今天，在出版社之间已开始出现明显的差别，凡是改革或是改制快的出版机构，在当今图书市场上就显得活跃和主动，反之就显得呆滞和被动，但不管怎么说，在当今这种由计划经济向市场经济逐步转型阶段的图书市场条件下，对于出版社来说，至关重要的仍是图书的选题。一个好的出版社，要能在汹涌激烈的图书市场上站稳脚跟、迅速发展，必须要有好的选题，这种选题不是一两个，而是几十个、上百个甚至更多更多，这些选题一旦成书出版，即为广大读者喜爱和青睐，这些书不但是畅销的，而且最好应该是长销的，或者说起码也得有一个相对长的有效周期。

（本文原刊登于 2004 年 4 月 9 日《中国新闻出版报》）

要做就做一流的

——访商务印书馆国际有限公司总编辑程孟辉

舒晋瑜

走进商务印书馆国际有限公司，处处感受到一种严谨而又充满活力的工作氛围。总编辑程孟辉对记者说，公司采用控股形式，实行现代化管理，引入竞争机制，实行末位淘汰制，摒弃各种有碍生产力发展的不合理的条条框框，使公司永远在做着“更高、更精、更优”的选择。

作为中国近代出版事业中历史最悠久的出版机构，商务印书馆于1897年创立于上海，后在海内外建有分馆。商务印书馆国际有限公司是由商务印书馆、商务印书馆（香港）有限公司、中国台湾商务印书馆股份有限公司、商务印书馆新加坡分馆、商务印书馆马来西亚有限公司于1993年共同投资的国内首家综合性合资的出版机构。从诞生之日起，商务印书馆国际有限公司一直致力于促进和加强中外经济合作与文化交流，采用先进的科学技术和管理方法，出版面向海内外的语文工具书、知识性丛书、华人学校教科书以及弘扬中华文化的书籍；经营中外文书刊和与文教有关的声像制品（包括电子出版物）的出版、发行、印刷和销售。近年来，公司先后出版了《最新高级英汉词典》《新编汉语教程》等一大批精品图书，还策划推出了“中华文明系列”光盘以及《〈英语世界〉100期精华》《全唐诗》《百衲本二十四史》光盘等电子出版物。

程孟辉说，选题是第一战略，是出版社的命脉。近年来，商务印书馆国际有限公司的图书品种从无到有，由少及多，逐步添加，他们遵循的原则是宁缺毋滥，力求每本书都带来社会效益和经济效益。程孟辉的观点是，敲定选题要顾及三个层面：社会接受度、经济接受度和大众的消费能力。很多时候，他认定选题只是凭一种感觉，“跟着感觉走”，做事反而效率很高。感觉并非空穴来风，而是多年来经验、经历等种种因素的厚积薄发。选题的判断离不开认知水平。胸有成竹了，才可以大胆地拿出出版策略。

当今中国辞书出版中的耀眼亮点——《汉英双解新华字典》所创下的销售佳绩，就充分地体现出了策划者和决策者的独到眼力。

《新华字典》这部伴随着新中国一起成长发展的语言圣典，培养了老中青几代人，成为人们启蒙教学不可或缺的良师益友和必备的语言工具书，总发行量累计近4亿册，创造了我国乃至世界图书出版、发行史上的众多“之最”。

为了使《新华字典》成为世界性的工具书，在商务印书馆国际有限公司的精心策划组织下，30多位英汉语言学界及辞书编纂界的专家共同翻译编纂了集汉英两种释义于一体的《汉英双解新华字典》。这部字典完整地保留了《新华字典》的全部原文和所有功能，还将《新华字典》中的字、词、句、文及全部附录资料用英文逐一解释。在2000年的北京图书订货会上，《汉英双解新华字典》以高达49万册的订数雄居全国辞书订数排行榜第二（第一为该书的翻译蓝本《新华字典》）。迄今为止，该书的征订数已突破百万册大关。

谈起这部字典的编辑过程，总编辑程孟辉说，近年来国内出版的各种汉英、英汉双语工具书虽然很多，但是却没有一部提供给中国和世界使用的，以汉语为基点，以中华文化为底蕴，最具典型性、普及性和权威性的汉英双语语言工具书。经过5年的努力，力图填补这一空白的商务印书馆国际有限公司终于使创意变为现实。《汉英双解新华字典》的出版，标志着《新华字典》在新的历史条件下的创新与发展，使驰誉海内的《新华字典》从中国走向了世界。

在商务印书馆国际有限公司策划的选题中，另一个亮点是《新纪元学生英汉词典》。它的问世，拉近了英语与中国孩子之间的距离，弥补了以往这类学生辞书单调呆板的不足。

翻阅一下商务印书馆国际有限公司的图书目录，你会发现这样的亮点其实还有很多。

多年来，商务印书馆国际有限公司发扬商务出版的优良传统，结合时代发展，形成了鲜明的风格特色，受到各界读者的广泛好评。

在知名度和影响力与日俱增的情况下，公司首先想到的是要回报读者，为山区的孩子着想，为9亿农民着想。程孟辉说，我们要做就做一流的，质优物美与价廉并不矛盾。《新世纪小学生字词通典》《汉英双解新华字典》采用的是优质的字典纸和精美的设计制作，仅合0.8元一个印张。

选题上寻找空白点，定价上追求薄利，意识上设法突破常规，以低价位、精质量、高品位立足市场，这就是商务国际的经营理念。

程孟辉说，加入世贸组织（WTO）后，商务印书馆国际有限公司由于在按照现代企业管理方面先行了一步，所以将会比同类出版社更加适应新的形势，而且会如虎添翼，在出版图书上走得更快更稳。除开发中外语文工具书外，商务印书馆国际有限公司同时还开发心理学、经济类的出版物及高等管理名著系列、中小学生的有关科普读物，更加侧重为大众服务，面向海内外。定位是龙头，龙身、龙尾也要同时发展。

（本文原刊登于2001年1月5日《中华读书报》）

走学者化的编辑之路

张凡苑

目前走访了来上海出席一个学术会议的商务印书馆编审、中华全国美学学会青年学术委员会主任、《美学与文艺学研究》主编程孟辉。程孟辉很重视图书评论，他曾对一些重要的汉译世界学术名著撰写过长篇评论。如针对英国新黑格尔主义者鲍桑葵的《美学史》（这是我国出版的第一部西方美学史汉译名著），他写了《论鲍桑葵的美学史观》，对全书的内容和思想精髓作了较为详尽的评论。19世纪著名的德国艺术史家格罗塞的《艺术的起源》有很高的学术价值。该书中译本的译者是已故复旦大学校长陈望道的夫人蔡慕晖女士。此书无论是译文文笔还是内容质量均属上乘。作为该书的编辑，程孟辉不仅以商务印书馆编辑部的名义为此书撰写了"出版说明"，而且还撰写了长篇评论《论格罗塞的原始艺术观》。程孟辉撰写图书评论不限于他自己经手编辑加工过的书，而且有时也对其他重要的图书撰写评论，如针对石冲白先生翻译的近代德国唯意志哲学家、后康德派悲观主义者叔本华的哲学代表作《作为意志和表象的世界》中译本，他写了《简评叔本华的美学思想》和《叔本华美学中的艺术分类》两篇长篇评论。结合世界名人传记《狄德罗传》的出版，他写下了《狄德罗美学思想述评》等文章。这些文章赢得了学界的好评，其中有的已作为重要学术论文编入《汉译世界学术名著评论集》。在采访中，程孟辉对笔者说，他有一个愿望，那就是希望有更多的出版社编辑能重视、关心并以实际行动投身于学术理论图书的评论工作。他说，如果我国出版界的三分之一以上的编辑能做到对自己所编的图书做出应有的评论，那么，我国的图书评论水平和图书阅读质量定会有一个飞跃性的提高。

程孟辉在编书的同时，自己也写书译书，他至今已撰写学术论文数十篇，计上百万字。最近由中国人民大学出版社出版的《西方悲剧学说史》一书是近年来他在西方哲学和美学方面潜心研究的一部力作。他与首都师范大学赵丕杰教授联手主编的《美学与文艺学研究》学术丛刊从美学和文艺学的双重角度为学界在这方面的研究提供了学术园地。他还主编了《现代西方美学流派》，并与中国人民大学司有仑先生合编《当代西方美学新范畴辞典》，这两部书稿共约160万字，分别由中国人民大学出版社和人民美术出版社出版。

程孟辉还翻译了当代美国现象学家弗吉尔·C.奥尔德里奇的《艺术哲学》和法国存在主义哲学家沙夫的《人的哲学》二书，前者获"首届全国青年优秀美学学术成果奖"。1990年，程孟辉应邀担任为《美学百科全书》的编委和撰稿人，并当选为中华全国青年美学研究会会长，1991 年 4 月，他担任了中华全国美学学会青年学术委员会主任。在程孟辉的带领下，前几年尽管在全国范围内美学研究并不很景气的情况下，全国青年美学研究活动仍然开展得红红火火，有声有色。我国著名美学家蒋孔阳先生对此给予了很高的评价，他称全国青年美学研究会的这些成功的活动如空谷足音，给业已沉寂的美学界带来了生机和希望。

（本文原刊登于 1994 年 11 月 27 日《解放日报》）

我策划的图书都能“站”起来

卢大振

程孟辉1998年执掌商务印书馆国际有限公司后，企业日渐繁荣，其独特的出版理念成为出版界感兴趣的话题。以下是一家刊物记者与程孟辉(以下简称“程”)的对话。

记者：听说您多年来在担任责任编辑期间，除了策划选题，审读书稿之外，还亲自动手写了很多评论文章，曾经给一些重要的汉译世界学术名著撰写书评，而我们的感觉是大多数责任编辑都不愿意写书评，能谈谈您为什么这样做吗？

程：这个问题我很愿意回答。我一向认为，作为责任编辑，不写书评是失职的。我要求每个责任编辑对自己审读加工过的书都要写书评。从一部稿子的选题策划，到书稿加工，到市场运作，都倾注了责任编辑的心血，对于一本书最有资格、最有条件撰写书评的就是责任编辑。读者买回去，可能放到书架上不看，唯独责任编辑，你是第一个读者，你最有理由对这本书做出评价。另外，图书出版过程中和出版后，责任编辑始终要考虑这部书稿的两个价值：一是经济价值，一是学术价值。这都是责任编辑应该做出评价的。当年我在商务印书馆哲学编辑室的时候，要求自己对每一本书都要写书评，写起来也不累。由于专业水平所限，有的写得较为深入，有的只是提纲挈领地介绍。

这样做有两个好处，即有利于读者及时了解该书的出版价值和大致内容，同时对图书的发行也是一种宣传，可以吸引读者去购买。举个例子，罗素写过一本《我的哲学发展》，本来作为责任编辑也要写一个对这本书的概括，但是我除了进行概括外，还写了千八百字的提炼文字，这不是件很好的事吗？如果不写，对社会是个损失，对自己也是个损失。如果让我现在去写，我还要回过头去看这本书，而在当时趁热打铁，我一个晚上就可以写出来——就这么简单。类似的还有鲍桑葵的《美学史》，叔本华的《作为意志和表象的世界》等世界名著，我都写了书评。而且和其他的责任编辑比，我的书评是最长的。商务印书馆出过一本《汉译世界学术名著评论集》，一共70万字，其中有我写的三本书的书评，就有八九万字。

关于字数多少也是有讲究的，几百字有几百字的效果，几千字有几千字的功能。总体来讲，写书评是很难的，必须对这本书的每个章节、每个段落进行详细的研究，才能写得出来，也才能给学者、学界提供参考。另外还要站在一定的高度，像观山一样，如果自己的储备不够，知识背景不足，写起来没有高度，就不可能找到“一览众山小”的感觉。可以说，对书的评判没有止境。

记者：据我所知，您除了担任出版社的领导职务之外，还是一位相当知名的美学家，据说曾担任全国青年美学研究会会长，并且出版了大量专著，在一些美学会议上也有重要的发言。身兼出版人和学者双重身份，您是否觉得这对出版是一种优势？同时，这种美学专长是否会影响商务国际出书的产品结构？

程：这个问题很有意义。当年在中国社科院汝信副院长的支持下，我们创立过青年美学研究会和学术委员会。由于商务印书馆比较有号召力，大家推举我当会长，实际上是出版工作者做了学者的工作。

坦率地讲，我是比较喜欢理论研究的，这对我在商务印书馆工作的确是一种优势，但是到了商务国际之后，又不得不忍痛割爱。为什么？因为我不能在这边发挥专业长项。如果我到商务国际非要发挥我个人的理论编辑优势，一味继续出版汉译世界名著或其他学术类著作，商务国际可能也就因此而陷入困境。

1998 年我到商务国际的时候，出版界的市场化意识已经越来越浓，图书品牌的竞争也日趋激烈，这就要求出版人策划选题必须理性。当时考虑商务国际不是不能出版理论书籍，但是以出什么书为主，这需要认真定夺。此前，商务印书馆已经出版过“汉译世界学术名著”和“商务印书馆文库”，洋洋洒洒几百种图书，蔚为壮观，在读者心中已经形成了公认的品牌。这个时候我们再去抢商务印书馆的选题，一是实在没有这个必要，二是客观上也不具备这方面的优势和能力。

商务国际毕竟是商务印书馆的品牌，它仍然具有贵族血统，但是商务国际再高贵，也不可能吃祖辈老本，在老商务的品牌上睡大觉，而是必须理性、慎重地设定商务国际独有的出版格局，从而最大限度地发掘商务国际的核心竞争力。商务印书馆最大的品牌还是工具书——中外文工具书，比如《新华字典》《现代汉语词典》等，我们决定在商务国际发扬这个优势，力推中外文工具书。

记者：您刚才提到核心竞争力，我想请您简单谈谈商务国际的核心竞争力是什么？

程：商务印书馆国际有限公司是由商务印书馆、商务印书馆（香港）有限公司、中国台湾商务印书馆股份有限公司、商务印书馆新加坡分馆、商务印书馆马来西亚有限公司于 1993 年共同投资创建的首家综合性合资出版机构，至今已有 13 年的历史，相比老“商务”，它还是个年轻的出版单位。因此，商务国际的原始竞争力还是商务印书馆这个百年老店的金字招牌。

商务国际的组建和诞生是中国改革开放尤其是中国出版业改革开放的一个象征和标志。商务国际自成立以来，就一直按照公司制的管理原则，实行董事会领导下的总经理负责制，定期召开董事会议。它的员工和中层管理人员全部面向社会招聘。这样的建制和体制在国内现有的出版社中，还是唯一的。因此，就其基本的管理体制而言，它在许多方面与国内的其他诸多出版社有较大区别，而在许多方面则又与国际上的出版公司较为接近。目前，国家在大力提倡出版单位转企改制，我们显然已经不存在这个问题。这种体制机制上的优势可以视为我们的核心竞争力。

记者：我们知道，商务国际每年的出书量并不大，但特色明显，产品结构紧凑，核心竞争力强，您的选题策划能力也被业界所认可。您以前曾经说过，出版凭感觉，也说过，选题是出版社的命脉。请您简单介绍一下您的策划理念或者说感觉。

程：前些年我写过一篇文章，叫作《选题是出版社生存与发展的命脉》。我抓选题就是凭感觉。也许有人说，感觉是唯心的，策划怎么能凭感觉呢？我不这样认为。语言不是我的专业，但我对语言有一种特殊的敏感，一部稿子放在面前，能不能出版，我的感觉很快就出来了。所以说感觉是很直观的，也是很可靠的东西。

有些非常好的稿子我认为不适合在商务国际出，拿过来我也没有感觉。这种感觉综合了我的多种思考，比如即便是一位著名水稻专家写的稿子，可能稿件质量很高，商务能出吗？如果出版农民会信吗？相反，买字典读者首先会考虑商务的。商务牌子大，但不是什么都能出，这是我判断选题的第一感觉，即是否适合我们出版；其次，还要考虑成本问题、学术质量问题、市场前景问题，有些还要考虑社会影响和政治问题，久而久之，这些也成为感觉的重要组成部分。

说到本质上，感觉不是唯心的，而是一种直观有效的经验判断。

记者：商务国际是海内外“五家商务”共同投资的国内首家综合性合资出版机构，这种股份制结构在中国出版界是十分罕见的，您作为这种独有体制的企业掌门人，有没有什么特殊的感受，也就是说，在经营管理这个企业时，是否能感到体制的便利或者束缚？

程：与其他正在转制的兄弟出版社相比，我们的确具备一些体制上的优势，可以说是具有比较先进的机制优势，这肯定给企业的经营管理带来很多便利，其主要体现在用人上。同时这个问题也要从两个方面看，我们既然是唯一的，也就不免有些“孤单”，没有现成的经验可供借鉴，在整个社会实行计划经济体制下，我们的优势很明显，但发挥起来也不是很容易的。为什么？单位体制与社会大环境如果相去甚远，员工接受起来就会有难度。同样是年轻人，在传统体制下可以当处长、局长，或者当教授、研究员，而在我这儿完全没有这些东西，员工心里肯定会不平衡。现在不同了，社会形势已经在发生变化，很多人反而愿意到企业，甚至是私营企业里工作，不再看重国有企业和干部身份，我们这种优势才得以凸显。

商务国际实行的是全员聘任制，除了我本人是体制内的人，算是国家干部以外，其他全都面向社会招聘。现在和我刚上任时比，人员基本上换了一遍，可见优胜劣汰的力度有多大。我不敢说用的是最优秀的人才，但肯定是最合适的人才，因为只有合适的才是优秀的。

对于出版行业推行的转企改制，我认为不是简单地换牌登记就行了，员工思想、领导观念都要相应转变。最典型的就是怎样看待企业成本，企业就是要追求成本的最低化和效益的最大化，这两个问题是相辅相成的，要追求最大效益，就要控制最低成本，尤其是要控制原材料成本和人员成本。当年商务创始人张元济信封都要两面用，这里面可能只节约了一分钱，但却培养了员工的节约意识，我们很好地坚持了这个传统。

记者：近年来商务国际出版过不少中外语文工具书，工具书的读者大多是学生，因此可以说工具书质量的优劣直接关系到教育的兴衰，商务国际在策划编辑工具书的过程中，是怎样确保质量，履行社会责任的？

程：商务国际主要出版中外文语言工具类图书，这类辞书对文字质量、编辑质量的要求都很高，有些辞书从选题策划到出版发行要经过多年的时间。近年来，商务印书馆和商务国际正在努力形成一个大的出版家族，内部既有和谐交流沟通，又有相对分工合作的局面。尽管两者都有辞书出版优势，但前者主要出版高端产品，后者主要出版中低端产品。好在我们继承了老商务的严谨作风，对我们出版的每一本书都严把政治、学术质量关，凭我在商务印书馆三十多年工作的良知与责任，我对商务国际的产品是有自信的。无论是外语类图书、汉语类图书，还是科技创新类图书，都受到了读者的好评和同行的认可。

在商务国际历年所出版的图书中，没有一本不良的读本。其中如《最新高级英汉词典》和《汉语同义词词典》等分别荣获"中国辞书奖"和"中国出版集团图书奖"等。我们推出的中小学语言工具书在开卷市场调查的市场占有率前 100 种中占了 30 种，市场份额居第一位。去年我们的图书重印率达到 112%，有些图书一年能重印 4—5 次，因此也大大降低了图书的出版成本。

记者：您做过多年出版企业的负责人，对文化产业尤其是出版产业的竞争肯定有更深刻的理解。在大力倡导文化体制改革的今天，您认为怎样才能在激烈的市场竞争中把出版企业做大做强？

程：作为领导，尤其是出版企业的领导，必须要有精品意识并实施品牌战略。我到商务国际，首要的任务是不辱使命，把企业做大做强，创造商务国际的品牌。要实现这一点，前提就是按规律决策，按规则办事。进一步说，我们要认识规律，只有这样才能顺应规律。我向来倡导巧干，坚决反对拙干、蛮干，巧干才是科学发展观。

在出版格局上，我们也有自己的考虑。出版有取舍。商务国际每年的出书量并不大，但是我们坚守自己的阵地，坚持自己的品位。商务印书馆的前辈曾经说过："一个出版社一本赔本书都不出，文明将毁灭；一个出版社每本书都赔本，文明也将毁灭。"有些书不赚钱，但是有利于文化和文明的传承，有利于提升商务国际的品牌，我们也要坚持出版，这涉及一个出版家的良知和社会责任问题。

现在图书出版市场的竞争的确异常激烈，有的可以说已经开始进入白热化。过去我们即便出一本小词典，在北京图书大厦上市的时候，群众都要排队购买，现在这种场面已经一去不复返了。为什么？首先一个原因就是同类书太多了，供过于求。很多出版社一方面库存积压，一方面还在不断造货，盲目扩张，选题资源跟不上，作者资源跟不上，管理水平跟不上，看似做大了，其实内里很空，并没有做大做强。之所以有些出版社难以为继，其中的一个重要原因就是一味盲目扩张，结果导致全面亏损，这种进一步退两步甚至大倒退的教训例子还少吗？因此，关于做大做强的问题，我向来主张出版企业首先要做强，而后，在做强的基础上再量力而行，谨慎扩张。

采访结束后，程孟辉指着桌上的一堆像砖头一样厚重的辞书，不无自豪地对我说："直到今天,令我感到欣慰的是,我策划的图书都能‘站’起来,我给自己定的任务是‘做砖头’,‘做砖头’不是为了放在那里当摆设,而是为了要让读者能购买,今年卖,明年卖,十年八年不会过时。这个愿望实现了。”他一边说,一边把一本本词典立在桌子上,铿锵有力。在整个采访过程中,这个动作给我留下了深刻的印象。

(本文原刊登于《全国新书目》2007 年第 1 期)

出版和著述

——我终生的情怀

王　昕

北京的雪悄然而至，温柔而轻盈。窗外，寒风料峭、雪落无声；屋内，暖意正浓、聊兴正酣。程孟辉背倚书橱，与笔者相对而坐。书橱里整齐地摆放着他参与编撰或主持编写的著作和辞书。

随着话题的深入，程孟辉谈兴渐浓，说到兴头上，他那两只瘦长的手臂会交错地时高时低地比画着，语速渐渐加快，表情越发生动和专注。采访中，程孟辉不时转身，在其身后的书柜里娴熟地找出由他主编或撰写的辞典或书籍，有的墨香尚存，有的则有些破损，满是岁月的烙痕。

在这样一个静谧的飘雪的日子采访程孟辉真是再恰当不过。没有大起大落的人生经历，程孟辉始终以一种朴实平和的心态，怀揣对出版和哲学、美学的痴迷，一步一个脚印，一路走来。程孟辉总说自己是个“非理念先行者”，凡事全凭“感觉”。在近 3 个小时的采访中，始终以一种“意识流”的方式，与笔者分享他的编辑理念、学术思想和童年的点滴记忆，好似在铸就一篇酝酿已久的散文，行文跳跃却又不失流畅。

1958 年一个初春的早晨，年仅 7 岁的程孟辉由母亲牵着他那稚嫩的小手踏进上海的一家小书店，母子俩径直向辞书柜台走去。在为数不多的几本辞典中，一本绿色的小 64 开本的平装《新华字典》引起了程孟辉的注意，封面正下方的“商务印书馆”（依稀记得还是繁体字）的字样更是令他浮想联翩，问号丛生：商务印书馆的叔叔阿姨一定都是奇才——居然什么字都认识！

也许是冥冥中的注定。17 年后的一天，当一辆小面包车载着大学毕业不久的程孟辉驶入地处北京王府井大街北段的商务印书馆大院时，儿时的记忆再次涌上心头。程孟辉的内心不免有些兴奋和激动：他将在这里与曾在幼年时被想象为“奇才”的人们共事，并将在这里实现自己的“学者梦”。

1975 年，程孟辉被分配到商务印书馆外国历史编辑室工作，后因专业对口的原因而转入外国哲学编辑室。身为哲学专业的毕业生，程孟辉决心在自己熟悉的领域干出一番成绩，将自己锻造成为一个学者型编辑。

工作不久，程孟辉扎实的哲学理论基础和踏实认真的作风被时任部门主任的高崧看在眼里，作为对年轻人的考验和激励，他将《西方美学家论美和美感》一书的编纂工作交给了程孟辉。兴奋之余，程孟辉更感到一种责任和压力。当晚，他即挑灯夜战，将全书的编辑思路撰写成一篇长达8000字的编辑方案报告，第二天早晨一上班，即将它递呈到高崧的手里。程孟辉的这股干劲和热情是高崧始料未及的，也令他对这个年仅26岁的年轻人更增添了几分赏识和信任。

在对大量文献资料精读细研的基础上，程孟辉用近半年的时间最终将一部汇集了从古希腊毕达哥拉斯学派到二十世纪俄国的车尔尼雪夫斯基的62个学派的代表性理论著作《西方美学家论美和美感》编纂完成。

《西方美学家论美和美感》一书出版后，程孟辉又先后编发了《外国美学》《美学史》《我的哲学的发展》《科学究竟是什么?》《尼耳斯·玻尔集》《西方的智慧》《笛卡尔评传》《物种起源》等外国哲学翻译著作。

除了编书，程孟辉还先后翻译出版了《人的哲学》和《艺术哲学》两部译著，后者获得了“首届全国青年优秀理论研究成果奖”。不满足于将西方美学哲学理论进行整合编纂成书，程孟辉还勇于开辟新的研究领域，对上及亚里士多德、下至伽达默尔的西方上下2500年间的悲剧学说进行整理和分析，写就了洋洋50万字的代表性著作《西方悲剧学说史》。

程孟辉不仅是编辑高手，更是出色的评论写手。凭借其深厚的理论功底和过人的颖悟，程孟辉为一些重要的汉译世界学术名著撰写了优秀的长篇书评，如针对英国新黑格尔主义者鲍桑葵的《美学史》撰写的《论鲍桑葵的美学史观》、针对德国艺术史家格罗塞的《艺术的起源》撰写的《论格罗寒的原始艺术观》和针对唯意志论者叔本华的《作为意志和表象的世界》撰写的《简评叔本华的唯意志论美学》等。鉴于上述论文的学术价值，它们均被收入《汉译世界学术名著评论集》。

从事出版工作逾30年，在编书方面，程孟辉驾轻就熟。由他主编的“中国艺术论丛书”便是一个明证。这套学术典籍从原先的出版无望到最终编纂完成和顺利出版，并荣获第13届中国图书奖，程孟辉功不可没。

这套横跨园林、建筑、雕刻等各艺术领域的著作一直因找不到一位博学多才的主编而被一再搁置。就在山西教育出版社打算放弃这个选题的时候，有人推荐了程孟辉。时任商务印书馆国际有限公司总编辑的程孟辉在仔细了解这套学术丛书的内容定位后，不假思索地说了句“交给我没问题”。果真没问题？一个人主持一套跨多个领域多个学科的丛书的编写？程孟辉看似轻松的回应还曾一度被人怀疑是一种“轻率”的承诺和“盲目自信”。

然而，程孟辉却非常清楚做成这套书的把握有多大。当晚，他就确定了这套丛书的总体思路及分册的主题，将包括体例、字数、风格、章节等撰写要素的文章发送给他认为合适的作者。大约一年半后，“中国艺术论丛书”付梓出版。

20世纪末，程孟辉走马上任商务印书馆国际有限公司总编辑一职。从一个学者型编辑变换角色成为一家中外合资出版社的总编辑，程孟辉称自己的管理和经营理念都经历了很大的转变。“和纯粹的国有出版社不同，商务印书馆国际有限公司作为一家中外合资出版社，完全按照公司制的理念和方式进行管理，实行董事会领导下的总经理负责制，定期召开董事会议。我们的员工和中层管理人员都是面向社会招聘的。这样的建制和管理体制在国内现有 600 多家出版社中是唯一的。”

秉承商务印书馆的一贯传统，程孟辉将公司的业务重点放在辞书（尤其是中外语言工具书）的编纂出版上。1999 年至 2001 年，用程孟辉的话说，公司“踢出了可喜的‘头脚’”，它们分别是《新世纪小学字词通典》《汉英双解新华字典》和《小学生字典》。这其中尤以《汉英双解新华字典》最为业界所肯定。

“《新华字典》是伴随新中国一起成长发展的语言圣典，已成为学习汉语极其重要的工具书。然而如何让这部语言经典既为国人教育服务，同时又让它走向世界，为全世界人学习汉语、了解中国文化服务就成为摆在我们面前的一个崭新课题。”程孟辉说道。

商务印书馆国际有限公司自 1995 年就着手考虑将《新华字典》全面译解成英文，同时系统完整地保持《新华字典》蓝本的全部原文和所有功能，并以汉英双解的形式出版，但由于种种原因，编纂进程较为缓慢。1998 年程孟辉出任总编辑后便加快了这项“意义深远”的项目的进程。

《新华字典》的英语释义由国内资深的英语专家完成，他们对《新华字典》中的字、词、句、文及其他资料用英文逐一对译、解释，使其集汉英双种释义于一书，实现了汉英互见、相辅相成的目的。此外，该字典中的每条汉语例句均加注了汉语拼音，这就为汉语初学者和外国人学习汉语提供了极大的便利。《汉英双解新华字典》一经面市即大获成功。在 2000 年北京图书订货会上，这部字典以高达 49 万册的订数雄居全国辞书订数排行榜第二。

2001 年，凭借对市场的敏锐洞察力，程孟辉果断决定将《张道真英语语法》和《张道真英语用法》两部书稿作为当年的重大出版项目。紧接着，公司又继续开发了《张道真英语语法练习》，形成商务国际张道真英语语法学习类图书的“三驾马车”。当今出版界的竞争说到底就是图书品牌的竞争。实施精品战略，可以使转制后的出版社和原先处于后进或弱势的出版社迅速摆脱困境和危机，从而进入良性发展的轨道。同样，它也可以使原先那些处于相对先进或强势的出版社如虎添翼，从而获得更加快速的发展。

在其 30 多年的出版生涯里，程孟辉始终扮演着学者、编辑和文人的三重角色。工作之余，程孟辉会将自己的所见所闻和点滴感想注入笔端，写些被他称为“意识流”的散文和随笔。对待学术研究和出版，他是绝对理性的：逻辑缜密、要求严苛、一丝不苟；然而，当耳闻塞纳河游船上的中文解说，身临幽长深邃的古崖居峡谷，目睹白金汉宫威严的英国皇家卫队的时候，程孟辉又是绝对感性的，即兴神驰，奋笔疾书，彼时彼地，落笔成章。行文清新质朴，断无矫情和伪饰。

采访结束已是薄暮时分。华灯初上，街上行人熙攘。冬日雪后清新的空气让笔者联想起程孟辉身上那独特的气质：不喜喧嚣、不求闻达、重义轻利、淡泊志远。程孟辉告诉笔者，母亲的去世让他懂得人生最重要的元素是一种情感上的寄托，一种依恋和牵挂。对于与出版打了30多年交道的程孟辉来说，出版事业就是他情感的寄托和牵挂，是其自我价值得以最大限度发挥的人生舞台。

（本文原刊登于2001年1月14日《21世纪报》）

附录三　程孟辉学术、出版、编纂、科研、管理成果一览表

学术成就

学术著作

1.《现代西方美学》(人民美术出版社 2000 年版,2008 年被教育部批准列入“普通高等教育‘十一五’国家规划教材”“中国高等院校公共艺术课系列教材”);

2.《西方悲剧学说史》(代表作,填补国内学术空白,中国人民大学出版社 1994 年初版;商务印书馆国际有限公司出版 2009 年修订版;人民出版社 2016 年版);

3.《西方悲喜剧艺术的美学历程》(东北师范大学出版社出版 1997 年版);

4.《格罗塞原始艺术研究》(中国人民大学出版社出版 1998 年版);

5.《西方美学撷珍》(高校美学文艺学专业推荐教材,中国人民大学出版社 2004 年版);

6.《西方美学文艺学论稿》(商务印书馆国际有限公司 2007 年版);

7.《女性形体健康管理概论》(合著,程孟辉担纲)(“中国女性形体健康管理”开创性学科的奠基之作,程孟辉应全国妇女联合会之邀担纲该学科课题组长和首席专家,社会科学文献出版社 2016 年版);

8.《艺术哲学》(译著,荣获“首届全国青年优秀美学学术成果奖”,中国社会科学出版社 1986 年版);

9.《人的哲学》(译著,江苏人民出版社 1988 年版)。

主编著作

1. 中国艺术论丛书(十卷本,荣获“第 13 届中国图书奖”,山西教育出版社 2003 年版);

2. 青年美学博士文库(十卷本,东北师范大学出版社 1997 年版)。

撰写《中国美学百科全书》词条

1. 赫拉克利特;

2. 德谟克利特;

3. 智者派;

4. 苏格拉底;

5. 博克;

6. 薄伽丘;

7. 卢克来修;

8. 普鲁提诺;

9. 中世纪美学;

10. 奥古斯丁;

11. 忏悔录;

12. 圣维克多学派;

13. 但丁传;

14. 康帕内拉；
15. 塔索；
16. 马佐尼；
17. 休谟；
18. 博克；
19. 哈奇森；
20. 荷迦兹；
21. 美的分析；
22. 狄德罗；
23. 康德；
24. 格罗塞；
25. 美学史；
26. 鲍桑葵；
27. 艺术的起源；
28. 西塞罗；
29. 贺拉修斯。

为美国《康普顿百科全书》“社会科学卷”翻译词条

1. 安德罗波夫；
2. 卡扎菲；
3. 萨达特；
4. 撒切尔夫人；
5. 柯西金；
6. 戴高乐；
7. 卡斯特罗；
8. 列宁；
9. 斯大林；
10. 勃列日涅夫等哲学社会科学人物词条五十余条（其余词条从略）。

评论

1. 针对德国唯意志论者叔本华的《作为意志和表象的世界》撰写了《简评叔本华的美学思想》；

2. 针对英国新黑格尔主义者鲍桑葵的《美学史》撰写了《论鲍桑葵的美学史观》；

3. 针对德国艺术史学家格罗塞的《艺术的起源》撰写了《论格罗塞的原始艺术观》（论文）和《格罗塞原始艺术研究》（论著）。

以上评论文章均被编入商务印书馆《汉译世界学术名著评论集》。

学术论文

1.《柏拉图和亚里士多德——古希腊诗学双星》；

2.《贺拉斯诗学理论初探》；

3.《中世纪欧洲的美学三杰》；

4.《文艺复兴时期的悲剧学说》；

5.《开创独特唯物主义美学体系的人——狄德罗美学思想研究》；

6.《唯意志论审美哲学中的艺术分类——叔本华美学思想研究》；

7.《弗莱和贝尔——英国形式主义美学的杰出代表》；

8.《尼采的悲剧思想》；

9.《艺术即经验的自然形态——桑塔耶纳美感经验和美的本质之探讨》；

10《现代西方美学的揭幕者——评克罗齐和科林伍德的美学思想》；

11.《“泛性欲主义”的文艺观——弗洛伊德和荣格美学思想述评》；

12.《完形心理学美学初探》；

13.《西方悲剧学说发展概述》；

14.《论精神分析学派的悲剧学说》；

15.《开创辩证唯物主义的美学理论——略论恩格斯的美学思想》；

16.《美是人类探索的永恒主题——深圳国际美学美育会议综述》；

17.《当代中国的西方美学研究》；

18.《开放的中国如何对待西方文化》；

19.《光明、黑暗与艺术家的爱憎》；

20.《艺术作品的审美价值与社会效果》；

21.《探索有味·艺术无价》；

22.《格罗塞和他的〈艺术的起源〉》；

23.《一位东方学者的西方美学观》；

24.《狄德罗——18 世纪的法国大哲》；

25.《论桑塔耶纳的自然主义美学观》；

26.《艺术即经验的自然形态》；

27.《论原始民族的审美意识》；

28.《美学的回顾与展望》；

29.《大科学家的步履——谈〈尼耳斯·玻尔集〉》；

30.《德国古典美学述评》；

31.《语典检索史上的一次革命》；

32.《论马克思恩格斯的美学思想》；

33.《〈新华字典〉的划时代飞跃——写在〈汉英双解新华字典〉出版一周年之际》；

34.《汉字难学将成为历史——序〈倒序现代汉语字典〉及〈识字快车〉》（此文作为我国当代学者的优秀论文收藏于《中国当代教育思想宝库》）；

35.《创新是人类进步的灵魂——从〈世界首创纪录大全〉出版谈起》;
36.《浅论墨翟的反儒思想》;
37.《汉语字典的新思路》;
38.《论精神分析学派的悲剧学说》;
39.《叔本华的唯意志论悲剧学说》;
40.《桑塔耶纳审美趣味理论初探》;
41.《唯意志论审美哲学中的艺术分类》;
42.《人类审美意识的起源与发展》;
43.《从动物快感到人的美感》;
44.《从原始艺术看人类审美意识的形成》;
45.《古代人类女性形体审美意识的形成、流变和发展》;
46.《对古代封建社会消极女性形体审美观念和实践的若干批判》;
47.《民国时期女性形体审美意识》;
47.《现代女性形体健康管理学科创立的缘起》;
48.《现代女性形体管理学科创立的价值和意义》;
49.《关于现代女性健康管理的学科定位》;
50.《现代中国女性形体审美特征》;
51.《女性形体健康管理概论的基本内容和特征》;
52.《女性形体健康管理概论各主体部分的独特价值和意义》;
53.《动物快感及其基本特征》;
54.《老九,当代著名漫画家》;
55.《从严译〈天演论〉到〈汉译世界学术名著丛书〉》。

序言书评

1.《莫尔——科学社会主义理论的奠基者——英文版"大师经典文库"之〈乌托邦〉序言》;
2.《培根——将毕生献给科学的人——英文版"大师经典文库"之〈培根论说文集〉序言》;
3.《汉语难学将成为历史——序〈倒序现代汉语字典〉及〈识字快车〉》;
4.《早期人类艺术之美的历史回溯——写在〈格罗塞原始艺术研究〉前面》;
5.《审美哲学的精致化——写在〈艺术哲学〉中译本的前面》;
6.《流派林立·学说纷呈·百家争鸣·精英辈出——写在〈现代西方美学〉前面》;
7.《审美重建　精英辈出——写在"青年美学博士文库"出版之际》;
8.《有味无阶的探索——写在"青年艺术论文库"出版之际》;
9.《〈新华字典〉的划时代飞跃——写在〈汉英双解新华字典〉出版一周年之际》;
10.《创新是人类进步的灵魂——从〈世界首创纪录大全〉出版谈起》;
11.《试述格罗塞的原始艺术观——读〈艺术的起源〉》;

12.《唯意志论审美哲学中的艺术分类——读叔本华〈作为意志和表象的世界〉》；
13.《彰显新黑格尔主义的审美意识史——读鲍桑葵〈美学史〉(古代部分)》；
14.《大科学家的步履——谈〈尼耳斯·玻尔集〉》；
15.《一位东方学者的西方美学观——读蒋孔阳〈德国古典美学〉》；
16.《伯纳德·鲍桑葵:〈美学史〉序》。

编纂的主要西方(汉译)学术名著(在商务印书馆任职期间)
1.《西方的智慧》；
2.《艺术的起源》；
3.《美学史》；
4.《我的哲学的发展》；
5.《培根论说文集》；
7.《尼耳斯·玻尔集》；
8.《毕达哥拉斯学派》；
9.《德国古典哲学》；
10.《狄德罗传》；
11.《思想录》；
12.《物性论》；
13.《狄德罗哲学文集》；
14.《笛卡尔评传》；
15.《毕达哥拉斯和毕达哥拉斯学派》；
16.《西方美学家论美和美感》；
17.《科学究竟是什么?》；
18.《外国美学》(第1—18辑)等。

任商务印书馆(国际)总编辑期间以总监制和出版人的名义主持并策划编纂的主要中外语文工具书

汉语类
1.《新华大字典》；
2.《新华大辞典》；
3.《新华汉语词典》；
4.《成语大词典》；
5.《古代汉语大辞典》；
6.《汉语成语大全》；
7.《汉语大字典》；
8.《汉语小词典》；

9.《小学生字词通典》；
10.《新华小字典》；
11.《小学生字典》(彩图版)；
12.《汉语倒序词典》；
13.《五环字典》；
14.《识字快车》；
15.《多功能成语词典》；
16.《唐诗宋词鉴赏辞典》；
17.《新课标小学生多功能词典》；
18.《新课标小学生多功能成语词典》。

英汉类
1.《汉英双解新华字典》；
2.《最新高级英汉词典》；
3.《新英汉词典》；
4.《汉英大词典》；
5.《英汉大词典》；
6.《英汉双解词典》；
7.《美国英语词典》；
8.《英汉缩略语大辞典》；
9.《英汉汉英词典》；
10.《新编英汉汉英词典》；
11.《最新英语新词语词典》；
12.《袖珍英汉小词典》；
14.《袖珍汉英小词典》；
15.《袖珍英汉汉英词典》；
16.《袖珍英汉汉英双解词典》；
17.《张道真英语语法》；
18.《张道真英语用法》。

其他类
1.《世界首创纪录大全》；
2.《世界名人名言录》；
3.《企鹅激光唱片指南》；
4.《百衲本二十四史》(电子版)等；
5.《〈红楼梦〉人物大全》(彩图本)。

学术贡献

——创建“中华全国青年美学研究会”

除了上述学术成就外，程孟辉的主要学术贡献是创建“中华全国青年美学研究会”。

在20世纪80年代中国改革开放初期的特定历史条件下，程孟辉以一种卓越的超前意识和前瞻目光，以他为首组织和发起并创建了中华全国青年美学学会(后在民政部重新登记时更名为全国青年美学研究会，简称“青美会”)，这个学会一经成立，就显示出其特有的朝气和学术锋芒。

1990年4月，该会主办了在浙江金华召开的“当代中国的美学研究”学术讨论会。5月，《会员通讯》第一期编印刊发。6月，北京地区的青美会举行了“80年代的中国美学研究状况及当今研究课题的学术座谈会”。10月，开展“首届全国青年优秀美学学术成果奖”评选——22部著作，两部译著，24篇学术论文获奖。10月底，在上海连续召开“走向生活的中国美学”和“美的创造者与美的研究者”两个座谈会。12月，与上海市青年干部管理学院联合在沪召开“当前青少年审美教育问题”研讨会。

1991年4月，发起并联合主办了在厦门召开的“当代中国美学研究前景展望”学术讨论会。同年4月—6月，组织全国各地青年美学工作者在《福建论坛》《文论月坛》《南京社会科学》《天津社会科学》《学术论坛》等学术刊物上，就“当代中国美学研究出路”问题展开笔谈。

1992年9月，发起并联合主办在青岛召开的“文化变革与90年代中国美学”学术讨论会。

1993年1月，发起并联合主办了在北京召开的“当代文化与审美教育发展”研讨会。5月，发起并联合主办了在北京召开的“美学与现代艺术”学术讨论会。“第二届全国青年优秀美学学术成果奖”在京揭晓，有13部著作，30余篇论文获奖。9月，由全国青年美学会与首都师范大学中文系联合主办的《美学与文艺学研究》创刊，青美会长程孟辉与首师大赵培杰教授任联手主编。

1994年，在山西太原召开了学术年会。

1997年，由中华全国美学青年学术委员会主任程孟辉担纲主编的大型学术丛书“青年美学博士文库”由东北师范大学出版社出版发行。10名青年博士的理论专著首期问世，第一次开创性地显示了自新中国诞生以来我国青美学家的整体实力。

游记作品

1.《自由女神的召唤——重访美利坚》；

2.《圣灵的故园——拜谒莫斯科新圣母公墓》；

3.《镌刻心河的记忆——俄罗斯之旅》；

4.《康桥遗梦——英国纪行》；

5.《塞纳河上的“中国之声”》；

6.《自然之魅——日本箱根行》；

7.《狮城情怀——再访新加坡》;
8.《远古的呼唤——走进埃及》;
9.《舞动的岛国——感受新西兰》;
10.《何处是我家——绝色捷克》;
11.《醉在天堂之怀——拥吻马尔代夫》;
12.《中东奇葩——梦幻阿联酋》;
13.《心灵佛国——尼泊尔手记》;
14.《圣邦千秋·文明摇篮——印度行》;
15.《吴哥,我来了——奇迹柬埔寨》;
16.《跨过鸭绿江——朝鲜之行断想》;
17.《马六甲听涛——斑斓之国马来西亚》;
18.《一国千面——亚欧纽带土耳其》;
19.《童话王国——美丽丹麦》;
20.《赤道上的翡翠——印度尼西亚掠影》;
21.《音乐之邦——走马奥地利》;
22.《多瑙河之波——寻梦匈牙利》;
23.《从哥白尼到肖邦——今日波兰》;
24.《南非——魅力四射的彩虹之国》;
25.《澳洲纪行》;
26.《新西兰——百姓住别墅很平常》;
27.《新西兰的中国"80后"》;
28.《红海部落的强悍生活》;
29.《亚历山大城重视异族遗址》;
30.《温柔他乡新西兰》;
31.《澳大利亚环境改变苍蝇》;
32.《埃及人活得虔诚》;
33.《街头闲看开罗人》;
34.《"高人一等"的澳大利亚人》;
35.《瑞士小记》;
36.《瑞士——越富越环保》;
37.《"特例"瑞士》;
38.《瑞士——损人利己零容忍》;
39.《感受瑞士的三个特别》;
40.《德国——一个深刻玄奥而又自尊厚重的民族》;
41.《法国——一个香飘云天柔丽高贵的国度》;
42.《意大利——欧洲民族和文明的摇篮》;

43.《越南——走出硝烟奔向繁荣富强的兄弟邻邦》；
44.《斯里兰卡——探寻神奇的异域之美》；
45.《老挝——一个安贫乐道的国度》。

随笔杂感

1.《中华民族的人文之谜——“古崖居”随想》；
2.《忆母亲》；
3.《女儿远行》；
4.《牵挂是福》；
5.《岁月与情感——贺年卡感怀》；
6.《故乡的美丽》；
7.《感恩乃幸福之源泉》；
8.《从朋友的孩子转学美国谈起》；
9.《提倡“孝道”教育》；
10.《从名人戴墨镜谈起》；
11.《服饰演变的历史循环》；
12.《盲人按摩有感》；
13.《艺术作品的审美价值与社会效果》；
14.《光明、黑暗与艺术家的爱憎》；
15.《德国人，你为什么吝啬微笑》；
16.《人狗情未了》；
17.《猫，可爱的精灵》；
18.《论幽默》；
19.《文曲星下凡·希望的一代》；
20.《我们小区的黑猫警长》；
21.《老年乃从容之悲壮》；
22.《她照亮了我们一生》；
23.《从朋友的孩子转学美国谈起》；
24.《“家天下”里的教育功效》；
25.《一次与大海搏击的旅程——崆峒岛历险记》；
26.《艺术的超越——谈老九〈五环下的幽默〉有感》；
27.《抱团取暖有感》；
28.《青州行》；
29.《聊城雄风》；
30.《高昌古城随想》；
31.《惠州——我永远记得你！》；

32.《梅州归来》。

★《圣灵的故园》(入选中学生作文解析试题)；
★《论幽默》《故乡的美丽》(入选中学生作文范文)；
★《瑞士小记》(配乐散文)。

程孟辉出版思想和管理理念

1.《出版产业化是历史发展的必然趋势》；
2.《总裁论坛：出版社核心竞争力之我见》；
3.《坚持出版创新　提高文化软实力》；
4.《中国出版业转制的若干思考》；
5.《出版社竞争力的八大要素》；
6.《关于"发行部"称谓的思考》；
7.《图书市场与竞品战略》；
8.《关于出版社"核心竞争力"问题的若干思考》；
9.《顺应出版改革　打造图书精品》；
10.《市场条件下的编辑意识》；
11.《图书选题：出版社生存与发展的命脉》；
12.《选题创新是出版社生存与发展的关键》；
13.《从图书装帧的奢华谈起》；
14.《图书定价的辩证法》；
15.《书业竞争呼唤诚实、理性与公平》；
16.《市场竞争≠不择手段》；
17.《"国际图书博览会"之我见》；
18.《从内地首家中外合资出版社的诞生看华人出版社合作》。